浙江省人民政府　主管

浙江年鉴

ZHEJIANG YEARBOOK 2019

浙江省地方志编纂委员会办公室　编

红旗出版社

红旗出版社
HONGQI PRESS
推动进步的力量

图书在版编目(CIP)数据

浙江年鉴.2019 / 浙江省方志编纂委员会办公室编. -- 北京:红旗出版社, 2020.4
ISBN 978-7-5051-5187-1

Ⅰ.①浙… Ⅱ.①浙… Ⅲ.①浙江 - 2019 - 年鉴
Ⅳ.①Z525.5

中国版本图书馆CIP数据核字(2020)第059774号

书　　名　**浙江年鉴2019**
编　　者　**浙江省地方志编纂委员会办公室**

出 品 人	唐中祥	特约审校	傅里甫
总 监 制	褚定华	责任编辑	赵　洁
责任印务	金　硕	责任校对	孙惊初
封面设计	乐读文化		
出版发行	红旗出版社		
地　　址	(北方中心)北京市沙滩北街2号	邮政编码	100727
	(南方中心)杭州市体育场路178号	邮政编码	310039
编 辑 部	0571-85310198		
E - mail	498416431@qq.com	发 行 部	(北京)010-57270296
图文排版	杭州乐读文化创意有限公司		(杭州)0571-85311330
印　　刷	浙江全能工艺美术印刷有限公司		
开　　本	889毫米×1194毫米	1/16	
字　　数	1700千字	印　　张	39.75
印　　数	2000册	插　　页	12
版　　次	2020年4月北京第1版	印　　次	2020年4月杭州第1次印刷
ISBN 978-7-5051-5187-1		定　　价	338.00元

欢迎品牌畅销图书项目合作　　联系电话:(北京)010-57274627　(杭州)0571-85310181
凡购本书,如有缺页、倒页、脱页,本社发行部负责调换

《浙江年鉴》编辑委员会
（浙江省地方志编纂委员会、《浙江通志》编纂委员会）

《浙江年鉴》编辑部

各市编辑室（带*为负责人）

杭州市	蒋文欢*	阮关水	蔡建明
宁波市	姚晓东*	孟俊权	
温州市	王文胜*	魏仕阔	潘　达
嘉兴市	张朱斌*	宋　纯	
湖州市	杨伟民*	梅锦连	吴振振
绍兴市	赵玲华*	郑红光	俞建华
金华市	袁朝明*	张　峰	
衢州市	吾炳才*	贺清峰	钱道本
舟山市	郑学军*	莫瑞安	何　涛
台州市	林金荣*	戴丹丹	
丽水市	雷华英*	邱理平	孙长莲

2018年10月29日，宁波市天一阁·月湖景区获批国家AAAAA级旅游景区

（宁波市委党史研究室　供图）

2018年，温州市开工"大建大美"项目252个，建成193个。图为温州夜景

（温州市委党史研究室　供图）

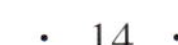

2018年4月9日，浙江红船干部学院在嘉兴正式落成

（嘉兴市政府办公室　供图）

2018年9月16日，浙江省第十六届运动会在湖州开幕

（湖州年鉴编辑部　供图）

2018年5月18日，中日韩商协会合作暨新兴产业经贸投资合作峰会在绍兴举行

（绍兴市地方志编纂室　供图）

2018年6月1日，金华市创建全国文明城市“文明出行”严管整治行动启动仪式在人民广场举行

（金华市地方志办公室　供图）

2018年10月26日，衢州海创园二期项目开工仪式举行

（衢州市地方志办公室　供图）

2018年12月15日，美国波音公司与中国商用飞机有限责任公司共同设立的中国舟山波音737完工和交付中心交付首架飞机

（舟山市委办公室　供图）

2018年，浙江吉利控股集团有限公司和浙江巨科集团有限公司完成并购重组

（台州市政府办公室　供图）

2018年4月17日，以“彰显文化自信、弘扬民族精神、推进乡村振兴”为主题的2018中国畲乡三月三活动开幕式暨大型文艺晚会在景宁外舍凤凰古镇上演

（丽水市地方志办公室　供图）

目 录

特 载

特 辑

2018年浙江大事记

省 情 概 览

人　物

政　治　建　设

经　济　建　设

文 化 建 设

社 会 建 设

生态文明建设

市、县(市、区)概览

附　　录

统　计　资　料

索　　引

中　英　文　目　录

编　后　记

中共浙江省委关于推进清廉浙江建设的决定

Decision of the CPC Zhejiang Provincial Committee on Promoting the Construction of an Incorruptible Zhejiang

（2018年7月20日中国共产党浙江省第十四届委员会第三次全体会议通过）

中国共产党浙江省第十四届委员会第三次全体会议，深入贯彻习近平新时代中国特色社会主义思想和党的十九大精神，全面落实习近平总书记对浙江工作的重要指示精神，研究部署推进“八八战略”再深化、改革开放再出发的重大问题，并根据省第十四次党代会的决策部署，就推进清廉浙江建设作出决定。

一、建设清廉浙江的重大意义、总体要求、主要目标和基本原则

1. 重大意义。浙江是中国革命红船的起航地、改革开放的先行地、习近平新时代中国特色社会主义思想的重要萌发地，建设清廉浙江有着丰富思想渊源和深厚实践基础。习近平同志在浙江工作期间，作出了“八八战略”和平安浙江、法治浙江、文化大省、生态省建设等一系列重大决策部署，并围绕加强党的先进性建设和执政能力建设，提出“巩固八个基础，增强八种本领”，始终强调党要总揽全局、协调各方，强调要标本兼治，有贪必反、有腐必惩、有乱必治，不断强化“不能为”的制度建设、“不敢为”的惩戒警示、“不想为”的素质教育，引领浙江不断推进党的建设新的伟大工程，营造良好的政治生态。这些年来，历届省委沿着习近平总书记指引的路子砥砺前行，坚决贯彻落实以习近平同志为核心的党中央关于全面从严治党的重大决策部署，坚持把管党治党作为深入实施“八八战略”的重要内容和重要保障，与改革发展稳定各项事业统筹谋划、一体推进，全面从严治党取得显著成效，反腐败斗争压倒性态势已经形成并巩固发展，党风政风持续向好。同时必须清醒地看到，我省反腐败斗争形势依然严峻复杂，全面从严治党依然任重道远。建设清廉浙江，是贯彻落实习近平新时代中国特色社会主义思想和党的十九大精神的具体举措，是全面落实习近平总书记对浙江工作重要指示精神的内在要求，是浙江推动全面从严治党向纵深发展的有力抓手，是推进治理体系和治理能力现代化的重要内容，是坚定不移沿着“八八战略”指引的路子走下去的必然要求，在“两个高水平”建设和“六个浙江”建设中处于基础性地位、具有保障性作用。全省上下一定要从政治和全局的高度，进一步提高思想认识，切实增强建设清廉浙江的使命感、紧迫感和责任感。

2. 总体要求。坚持以习近平新时代中国特色社会主义思想为指导，全面落实新时代党的建设总要求，紧紧围绕坚持和加强党的全面领导，紧紧围绕维护习近平总书记在党中央和全党的核心地位，紧紧围绕维护党中央权威和集中统一领导，深入推进党的建设新的伟大工程，推动我省全面从严治党向纵深发展、向基层延伸、向每个支部和党员覆盖，推动清廉思想、清廉制度、清廉规则、清廉纪律、清廉文化融入经济建设、政治建设、文化建设、社会建设和生态文明建设的各方面全过程，努力打造干部清正、政府清廉、政治清明、社会清朗的清廉浙江。

3. 主要目标。经过全省上下共同努力，到2022年，各级党组织管党治党的责任意识更加自觉，党内政治生活更加规范，党内政治生态更加纯净，反腐败斗争取得压倒性胜利，不收敛、不收手的腐败犯罪案件增量明显下降，领导干部腐败犯罪案件数量明显下降，行贿案件数量明显下降，党员干部纪律意识、规矩意识明显增强，党风政风和社风民风相互浸润、相得益彰，党内正气持续上升、社会风气持续上扬，人民群众对党的信心、信任和信赖不断增强。到2035年，清廉浙江建设的各项制度机制成熟定型，权力运行规范有序，社风民风清朗，清廉文化深入人心，社会整体清廉程度显著提升，清廉成为浙江的风尚，清廉浙江全面建成。

4. 基本原则

——坚持党的全面领导。强化政治意识、大局意识、核心意识、看齐意识，充分发挥党委总揽全局、协调各方的领导核心作用，坚决维护党中央权威和集中统一领导，自觉在思想上政治上行动上同以习近平同志为核心的党中央保持高度一致，确保清廉浙江建设始终沿着正确方向前进。

——坚持以人民为中心。践行全心全意为人民服务的根本宗旨，着力解决发生在群众身边的不正之风和腐败问题，不断增强人民群众的获得感、幸福感、安全感，不断厚植党执政的政治基础。充分发挥人民群众的主体作用，拓宽人民群众参与清廉浙江建设的渠道，努力营造以清为美、以廉为荣的社会氛围。

——坚持依法治理。树立全局观念、法治思维，坚持标本兼治、德法并举，做到监督、执纪、问责一体推进，监督、调查、处置一体推进，不敢腐、不能腐、不想腐一体推进，“打虎”“拍蝇”“猎狐”一体推进，巡视巡察、整改落实一体推进，“两个责任”落实一体推进，省市县乡村一体推进。用好治标的利器，坚持无禁区、全覆盖、零容忍，坚持重遏制、强高压、长震慑，坚持受贿行贿一起查，加大惩治力度，强化不敢腐的震慑。夯实治本的基础，深化改革，健全制度，加强对权力运行的监督制约，推动思想教育、法纪约束、制度建设同向发力，扎牢不能腐的笼子，增强不想腐的自觉。

——坚持问题导向。聚焦清廉浙江建设中的重点难点问题，瞄准腐败易发多发的重点领域和关键环节，认真分析查找尚未解决的问题、有待攻克的顽症痼疾，抓住主要矛盾和矛盾的主要方面，准确把脉、精准施策，力争抓一项、成一项、见效一项、巩固一项，积小胜为大胜。

——坚持传承创新。科学总结党的十八大以来我省全面从严治党、党风廉政建设和反腐败斗争的有效做法，认真吸收传承中华民族优秀清廉文化，学习借鉴国内外廉洁建设的成功经验，尊重基层和群众首创精神，立足新形势新任务新要求，大力推进清廉浙江建设的理论创新、实践创新、制度创新。

——坚持共建共创。充分调动全省各级党委、人大、政府、政协、监察机关、审判机关、检察机关、民主党派、人民团体、企事业单位、社会组织的积极性，广大党员干部群众一起行动，全社会共同参与，把清正廉洁的理念和措施覆盖到各行各业，形成齐抓共促的良好氛围。

二、保持政治上的清醒坚定

5. 坚决维护以习近平同志为核心的党中央权威和集中统一领导。把党的政治建设作为党的根本性建设，不断增强忠诚核心、维护核心、看齐核心的政治自觉、思想自觉、行动自觉，始终在政治立场、政治方向、政治原则、政治道路上同以习近平同志为核心的党中央保持高度一致。严明党的政治纪律和政治规矩，高度警惕“七个有之”，坚决同危害党中央权威和集中统一领导的言行作斗争，坚决纠正自行其是、各自为政，有令不行、有禁不止，上有政策、下有对策等行为，确保党的路线方针政策和重大决策部署在我省不折不扣地落到实处。

6. 争当学懂弄通做实习近平新时代中国特色社会主义思想的排头兵。深刻认识习近平新时代中国特色社会主义思想的政治意义、历史意义、理论意义、实践意义，全面把握这一光辉思想的核心要义和创新观点，常态化开展“大学习大调研大抓落实”活动，在学思践悟中融会贯通，在考验磨砺中提高党悟。特别是结合对“八八战略”的学习研究，深入把握习近平新时代中国特色社会主义思想在浙江的萌发与实践，深刻领会习近平新时代中国特色社会主义思想形成的深厚理论基础、实践基础、群众基础，不断增强“八八战略”再深化、改革开放再出发的思想自觉和行动自觉。

7. 严肃党内政治生活。严格执行《关于新形势下党内政治生活的若干准则》，坚持和落实“三会一课”、民主生活会、组织生活会、党员民主评议、主题党日活动等制度，用好批评和自我批评的锐利武器，增强党内政治生活的政治性、时代性、原则性、战斗性。建立各级党委（党组）政治生态分析制度，及时解决苗头性问题。严格执行民主集中制，坚决防止和反对个人主义、分散主义、自由主义、本位主义、好人主义，坚决防止和反对宗派主义、圈子文化、码头文化，坚决反对搞“两面派”、做“两面人”。发展积极健康的党内政治文化，倡导清清爽爽、规规矩矩、老老实实的同志关系，弘扬忠诚老实、公道正派、实事求是、清正廉洁的价值观。

8. 构建党统一指挥、全面覆盖、权威高效的监督体系。严格执行《中国共产党党内监督条例》，强化自上而下的组织监督，改进自下而上的民主监督，发挥同级相互监督作用。健全完善干部大监督工作机制，构建全方位、立体式、动态化干部监督体系。深化派驻机构改革，发挥派驻监督“探头”作用，进一步增强监督效果。用好巡视利剑，深化政治巡视，建立上下联动的巡视巡察机制，实现巡察工作常态化、制度化、规范化，建立健全纪律监督、监察监督、派驻监督、巡视监督“四个全覆盖”的权力监督格局。把党内监督同国家机关监督、民主监督、司法监督、群众监督、舆论监督贯通起来，充分发挥审计监督职能，支持民主党派履行民主监督职能，重视民主党派和无党派人士提出的意见、批评、建议，完善知情、沟通、反馈、落实等机制，推动党内监督和党外监督优势互补、同向发力。

9. 全面加强纪律建设。坚持惩前毖后、治病救人，全面掌握党员干部思想、工作、生活情况，有效运用监督执纪“四种形态”，着力在用好“第一种形态”上下更大功夫。全面推行党委（党组）书记约谈提醒、签字背书制度，发现党员干部苗头性、倾向性问题及时批评提醒、谈话函询，强化对所有行使公权力的公职人员的动态监管，实现抓早抓小、防微杜渐。保持惩治腐败的高压态势，坚持“打虎”“拍蝇”“猎狐”三管齐下，严肃查处党的十八大以来不收敛、不收手，问题线索反映集中、群众反映强烈，现在重要岗位且可能还要提拔使用的领导干部，重点查处资本和权力相互勾结、政治问题和经济问题相互交织形成利益集团的腐败案件，深化追逃追赃和防逃工作。鼓励和支持实名举报，完善公众参与反腐败的保护和激励制度，坚决查处诬告陷害和打击报复行为。

10. 压实压紧主体责任。深入落实中央和省委关于进一步强化党委主体责任的规定要求，完善党委（党组）主抓直管机制，一级抓一级、层层抓落实，确保把责任压实到基层每个党组织。各级党委（党组）要定期听取清廉浙江建设工作汇报，研究解决重大问题，及时听取重大案件情况报告，对本级管理干部严重违纪违法审查调查和处置的决策进行严格把关。发挥好各级党委反腐败协调小组的作用，进一步明确职责定位，规范协调机制。严格落实意识形态工作责任制。深化主体责任报告工作，定期开展重点检查考核和专项抽查。严格执行问责制度，加大责任追究、通报曝光力度，持续释放失责必问、问责必严的强烈信号。各级党委（党组）书记要当好第一责任人，在抓班子带队伍上坚守责任担当，督促班子成员履行好"一岗双责"。

11. 大力支持纪检监察机关开展工作。各级党委（党组）要强化对纪检监察工作的领导，经常听取纪检监察工作汇报，帮助解决纪检监察机关在工作中遇到的困难和问题，支持纪检监察机关履行好职能。充分发挥国家监察体制改革试点的先行先试作用，牢牢把握稳中求进基本工作方针，推动监察体制改革向基层延伸。认真贯彻实施《中华人民共和国监察法》，完善涵盖组织决策、纪法贯通、法法衔接、监督制约的制度体系，完善监察权有效运行的操作规程，完善政务处分种类、适用程序，细化监察问责适用情形和问责措施，规范监察建议使用，加强监察机关与审判机关、检察机关、执法部门的互相配合、互相制约，强化对所有行使公权力的公职人员监察，把制度优势转化为治理效能。

三、推进权力运行公开规范高效

12. 深化"最多跑一次"改革。以深化党和国家机构改革为契机，优化机构设置和职能配置，更好发挥有效市场和有为政府作用，努力打造审批事项最少、办事效率最高、投资环境最优、群众和企业获得感最强的省份。全面公开全省各级政府部门"最多跑一次"事项清单和服务流程，加快推进"一窗受理""一证通办"，全面打破信息孤岛、实现数据安全共享，积极开展第三方评估，努力实现群众和企业到政府办事事项"最多跑一次"全覆盖、一般企业投资项目开工前审批"最多跑一次""最多100天"、办事流程全面优化，推进综合服务窗口向乡镇（街道）延伸，推进"最多跑一次"理念向公共服务领域拓展。规范垄断行业企业收费服务行为，规范行业协会、社会中介组织从业行为，打破中介机构市场垄断，推进具有全套资质的中介机构或中介联合体建设。

13. 加强规范权力的立规立法工作。完善制度设计，依法依规设定权力、规范权力、制约权力、监督权力，把权力关进制度的笼子里。全面落实中央关于加强党内法规制度建设的要求，制定和完善加强党的地方组织、基层组织等方面的法规制度，制定和完善加强党对各方面工作领导的法规制度，制定和完善加强党的自身建设的法规制度，制定和完善对党组织和党员干部监督、奖惩、保障等方面的法规制度，健全我省党内法规制度体系。进一步加强地方立法工作，统筹立法资源与立法需求、立法效率与立法质量，聚焦制度化、规范化、程序化要求，通过立改废建立健全推进权力运行公开规范高效的法律制度，突出完成保障"最多跑一次"改革规定等探索性、标志性、引领性的地方立法项目，重点做好民生实事项目代表票决制、政府信息公开、行政综合执法、国有资产监督等方面的立法。

14. 大力推进党务公开和政务公开。认真落实《中国共产党党务公开条例（试行）》，探索建立统一的党务信息公开平台，保障党员的知情权、参与权、选举权、监督权。严格执行重大决策程序规定，重要改革方案和重大政策措施应在决策前向社会公布决策草案、决策依据，广泛听取公众意见。2018年年底前，省直各部门全面完成本部门本系统主动公开事项基本目录编制工作。以部门全覆盖、事项全公开、过程全规范、结果全透明为目标，推进机关内部事务公开特别是"三公"经费公开。全面实施"双随机一公开"监管，杜绝执法者吃拿卡要。推进"互联网＋政务服务"改革，加快建设浙江政务服务网，打造全省统一的移动互联网政务服务平台，加强政务微博、微信等政务新媒体平台建设，促进政府数字化转型。

15. 加强公共资金规范管理。加强预算管理，将政府收支全部纳入预算，完善经费支出标准，增强预算编制的完整性、科学性和透明度。持续优化公共财政支出结构，推进省以下财政事权与支出责任划分改革，完善专项资金管理政策。推进国库集中收付制度改革，推行电子化支付方式。健全公款竞争性存放管理机制，将所有财政资金全部纳入预算绩效管理。将所有公共资金全部纳入审计监督，对预算资金分配使用进度和效果实行全过程监督。严格控制"三公"经费支出，严肃查处私设"小金库"和截留挪用、骗取套取、贪污侵占财政资金等违法违规行为和财政资金低效无效、造成重大损失浪费的行为，禁止违规出借政府财政资金，严肃查处土地滞纳金长期未缴、虚开发票套取资金等问题，着力堵塞监管漏洞。

16. 推动公共资源阳光交易。用好公共资源交易平台，推进交易电子化，推动有条件上网的公共资源通过网络开展交易，切断权力插手的链条。坚决防止工程建设项目招标投标、土地使用权、矿业权等公共资源配置和交易领域的腐败，加强对具有垄断性质的基础设施和公共服务领域推广政府和社会资本合作模式的监管。严格规范招标、投标、评标、中介等相关方的行为，严厉打击肢解项目、明招暗定、陪标围标串标等行为。完善政府采购制度，加强政府采购的需求管理、履约验收、评审行为监督，推广应用"政采云"平台，创新网上超市、在线询价、反向竞价、协议+批量、电子化招标采购模式。加强对政府购买服务的监管。完善政府产业基金投资决策程序，明确投入政策导向，完善退出机制，防止寻租行为。

17. 看护好经营好公共资产。严格执行"三重一大"决策制度，充分发挥国企党组织把方向、管大局、保落实的作用。积极推行纪检监察、监事会、审计、财务、法务"大监督"机制，从严监管企业改制重组、项目投资、产权交易、资本运营和经营管理等重点环节，从严防控廉政风险，严肃查处发生在企业内部滥用职权、以权谋私、失职渎职、贱卖国资、关联交易、内幕交易、利益输送、违规招标投标、违规借贷等违纪违法案件。统筹抓好金融领域防风险和反腐败工作，严厉打击银行违规授信、证券市场内幕交易和利益输送、保险公司套取费用以及监守自盗、内外勾结等违法违规行为。

四、确保干部队伍忠诚干净担当

18. 树立选人用人的正确导向。贯彻新时代党的组织路线，坚持党管干部原则，坚持德才兼备、以德为先、任人唯贤，坚持事业为上、依事择人，贯彻新时期好干部标准，突出政治标准，落实"四有""四铁""五个过硬"的要求，提拔重用牢固树立"四个意识"和"四个自信"、坚决维护党中央权威、全面贯彻执行党的理论和路线方针政策、忠诚干净担当的高素质干部。建立选人用人"五大体系"，严把选人用人政治关、品行关、作风关、廉洁关、形象关，严格落实"凡提四必"，防止干部"带病提拔""带病上岗"。开展巡视选人用人和干部担当作为专项检查，防范和纠正选人用人上的不正之风，严肃查处跑官要官、买官卖官、拉票贿选和不担当、不作为等行为。完善党委（党组）书记履行选人用人职责情况离任检查制度，严肃追究选人用人失察失误责任。完善干部考核评价机制，持续推进干部能上能下，动真格调整不适宜不胜任现职干部，规范和完善非领导职务干部管理，开展领导干部兼职、档案管理、调动关系转接等专项治理。适应新时代要求，大力发现培养选拔优秀年轻干部，努力建设高素质专业化年轻干部队伍。认真落实中央办公厅印发的《关于进一步激励广大干部新时代新担当新作为的意见》和我省《关于完善改革创新容错免责机制的若干意见》，完善激励干部担当作为的制度机制，为敢于担当的干部担当，为敢于负责的干部负责。

19. 加强党性和法纪教育。推进"两学一做"学习教育常态化制度化，按照中央部署开展"不忘初心、牢记使命"主题教育，大力弘扬伟大民族精神、时代精神和红船精神、浙江精神，引导全省党员干部筑牢信仰之基、补足精神之钙、把稳思想之舵。加强领导干部政德建设，教育领导干部明大德、守公德、严私德，自觉加强党性修养，严守廉洁自律规定。落实宪法宣誓制度，完善国家工作人员学习宪法法律的制度，教育引导广大党员干部对宪法法律始终保持敬畏之心，带头在宪法法律范围内活动，坚持用法治思维和法治方式作决策、想问题、办事情，严格依照法定权限、规则、程序行使权力、履行职责。强化警示教育，凡查结的领导干部违纪违法案件，都要在本地区本部门本单位开展警示教育。

20. 持之以恒加强作风建设。深入贯彻落实中央八项规定及实施细则精神和我省办法，严厉查处顶风违纪的"四风"问题，对照"十种情况"在反对形式主义和官僚主义上下更大功夫，反对特权思想和特权现象。更好地发挥考核评价指挥棒的作用，推动党员领导干部牢固树立正确的政绩观，坚持求真务实、理性担当，在抓重大发展项目、民生实事等工作中科学规划、量力而行、务实推进，多干打基础、利长远的事，不贪一时之功，不图一时之名，力戒好高骛远、好大喜功、寅吃卯粮。发挥领导干部的"头雁效应"，完善领导干部直接联系服务群众机制，认真落实调查研究、下访接访、结对帮扶等制度。

21. 突出对"关键少数"特别是"一把手"的监督和管理。坚持"三重一大"会议集体研究决策制度，严格执行部门和单位主要负责同志"五不直接分管"制度和"末位表态"制度。严格执行请示报告制度，领导干部在涉及重大问题、重要事项时，必须按照规定向组织请示报告。严格领导干部出国（境）管理等制度，进一步规范领导干部兼职行为和离（退）休或辞去公职后的从业行为。健全完善领导干部廉政档案制度。探索建立对领导干部"八小时以外"常态化监管机制。把领导干部经济责任审计和自然资源离任审计结合起来，重点加大对党中央重大政策措施贯彻落实情况跟踪审计力度，加强对资金分配、项目审批、招投标、国有资产处置、土地和矿产资源交易等重大决策，以及依法行政、改进作风等环节审计，及时发现并纠正随意决策、滥用职权、浪费资源、以权谋私等问题。全面落实述责述廉述德述法、领导干部个人有关事项报告和抽查等制度。

22. 构建亲清新型政商关系。严格落实我省《关于构建新型政商关系的意见》，制定政商交往的正面清单和负面清单。健全公职人员任职、地域、公务等利益回避制度，研究制定公职人员防止利益冲突暂行办法。严肃查处党员干部利用职权向企业违规借贷、违规持股、低价购房、乱收费乱摊派、吃拿卡要等违纪违法行为。进一步搭建政商沟通交流平台，健全党政机关与企业的意见征询、政策反馈、精准帮扶等机制，优化亲商安商富商的营商环境。

五、引领全社会崇廉倡廉促廉

23. 全面加强基层党组织建设。牢固树立一切工作到支部的鲜明导向，突出政治功能，深入实施"组织力提升工程"，推动基层党组织全面进步、全面过硬，深化"整乡推进、整县提升"，高标准落实农村基层党建"浙江二十条"。全面加强企业、机关、学校、科研院所、街道社区等党建工作，创新推进"两新"组织、特色小镇、互联网企业等新领域新业态党的建设，大力推进国有企业"强根固魂"工程。加强基层党组织设置和活动方式创新，推进基层党支部标准化、规范化建设，持续整顿软弱落后党支部。全面加强基层党组织带头人队伍建设。坚持开展党委（党组）书记抓基层党建述职评议考核。强化基层党组织对党员干部的教育管理监督，稳妥有序开展不合格党员组织处置工作。

24. 推进清廉机关建设。全面提高机关党建质量，扎实推进举旗铸魂、强基固本、示范引领、公开规范、关心关爱等行动，教育引导机关党员干部弘扬红船精神、走在时代前列、争当先锋表率，自觉做到政治坚定、纪律严明、勤政担当、品德端正。实施机关党支部建设提升工程，努力把机关基层党组织建设成为讲政治、有活力、能战斗的坚强堡垒。深化助推"最多跑一次"改革强服务强效能作风建设专项行动，不断增强谋划、执行能力，提高机关运行的质量、效率和公信力。持之以恒开展机关作风民主评议和监督执纪明察暗访，有针对性地抓好突出问题的整改。定期排查机关廉政风险点，定期分析研判机关干部思想状况，积极采取相应的防范和化解措施，及时提醒和纠正不当行为。坚持严管和厚爱相结合，加强党内关怀帮扶和心理疏导工作，不断丰富机关文化生活，在机关营造团结、紧张、严肃、活泼的良好氛围。

25. 推进清廉村居建设。开展扶贫领域腐败和作风问题专项治理，把惩治“蝇贪”同开展扫黑除恶专项斗争结合起来。严格执行村(居)重大事务、重要工程民主决策制度，严防村(居)集体资金、资产、资源管理等重点领域的腐败风险。建立完善村(居)干部廉洁履职负面清单，建立健全村(居)干部离任必审制度。总结提升推广新时代“枫桥经验”，完善自治、法治、德治相结合的基层社会治理体系。全面推行“宁海经验”，实现小微权力清单制度村(居)全覆盖，防止基层“微腐败”，促进乡村治理。加强村级民主监督，坚持和发展“后陈经验”，深化村(居)务监督委员会建设，积极推行重大事务公决票决、民主恳谈听证、村民询问质询等制度，深化党务、村务、财务公开。发挥德治礼序、村规民约的教化作用，培育新乡贤文化，大力抵制陈规陋习，推动移风易俗。

26. 推进清廉学校建设。严格课堂和思想文化阵地管理，及时发现和查处在教学、科研、管理等方面的违纪违法问题。重点整治教育乱收费、学校违规办学、教师有偿补课等行为，严肃查处招生考试、基本建设、物资设备采购、服务外包、科研经费管理、合作办学、校办企业等方面腐败问题，以及教育民生资金虚报冒领挪用、索取回扣、发放不公等问题。在全省教育系统深入实施清廉教育建设工程，加强校风学风和师德师风建设，营造良好的育人环境，努力建设清明政风、清净校风、清正教风、清新学风，把清廉文化教育融入各级各类学校教育教学全过程。

27. 推进清廉医院建设。持续深化医药卫生体制改革，积极稳妥改革政府对医疗机构的投入机制，建立符合医疗卫生行业特点的人事薪酬制度，探索加强对医药生产、流通、销售企业和医药代表的监管措施。建立完善明察暗访督查制度，紧盯健康扶贫、医疗保险、药品购销、项目建设等重点领域，严肃查处药械购销和医疗服务中收受回扣、“红包”等腐败问题。加强医德医风建设，大力弘扬医者仁心、大医精诚等传统医德医风文化和敬佑生命、救死扶伤、甘于奉献、大爱无疆的医疗卫生职业精神。

28. 推进清廉企业建设。推动国有企业在遵守商业道德、生产安全、保护劳动者合法权益、保护生态环境等方面当好表率，为营造风清气正的社会环境、维护公正公平的市场秩序出好力、尽好责。加强和改进非公有制企业党的建设工作，发挥党组织和党员的清廉引领作用，引导企业在经营活动中不踩红线、不行贿、不欠薪、不逃税、不侵权、不逃废债。加强市场监管和行业自律，坚决治理商业贿赂，依法打击各类市场主体的行贿、受贿行为及其他经济犯罪，坚决打击“围猎”行为。引导广大浙商弘扬新时代浙商精神，将诚信廉洁、守法经营的发展理念融入企业制度、文化和经营活动中，完善现代企业治理结构和内控机制，加强企业内部腐败问题治理。

29. 重视家庭、家教、家风建设。党员干部要廉洁修身、廉洁齐家，净化自己的社交圈、生活圈、朋友圈，教育家人遵纪守法、艰苦朴素、清廉自守。广泛开展“家庭助廉”活动，倡议领导干部家属当好“廉内助”。充分挖掘、弘扬优秀传统家规家训文化，广泛开展“传家训、立家规、扬家风”活动，将好家风建设融入文明城市、文明单位、文明村镇等创建活动。

30. 加强信用体系建设。完善统一社会信用代码制度，建立行贿犯罪档案库，打造社会信用信息共享和网上实时查询平台，健全守信联合激励和失信联合惩戒制度。加强个人诚信体系建设，建立个人信用记录制度，将考试舞弊、学术造假、行贿、醉驾、赌博等有违公序良俗和违法行为纳入个人信用档案，在全省实现人人建有信用档案。加强信用记录运用，把信用记录作为衡量职业准入的重要依据。

31. 加强清廉文化建设。大力培育和践行社会主义核心价值观，弘扬伟大民族精神、时代精神和红船精神、浙江精神，深入实施公民道德建设工程，推进社会公德、职业道德、家庭美德、个人品德建设，努力在全社会形成以清为美、以廉为荣的价值取向。把清廉文化建设作为文化浙江建设的重要内容，挖掘提炼优秀传统文化中的清廉元素，开展清廉艺术作品创作，加大清廉文化产品供给力度，规划扶持一批体现清廉主题的文化项目。精心打造清廉文化教育线上线下传播平台，用好文化馆、图书馆、博物馆、档案馆、工人文化宫、农村文化礼堂等载体，充分运用现代网络传播技术，拓展清廉文化阵地。大力开展清廉文化进机关、进企业、进社区、进农村、进校园等活动，积极开展群众性清廉宣传教育活动。

六、推动形成建设清廉浙江的良好工作格局

32. 加强组织领导。各级党委(党组)要坚决扛起清廉浙江建设的政治责任，认真研究制定具体实施方案，明确工作目标和具体措施，制定年度工作计划，分步骤、分阶段推进。党委(党组)书记要坚持亲自抓、带头做、负总责，当好“施工队长”。领导班子成员要落实好分工范围和分管领域的清廉浙江建设任务。各级党委(党组)每年年底要向上一级党委书面报告落实清廉浙江建设工作任务情况。各级纪检监察机关要认真履行党章和宪法赋予的职责，协助党委做好推进清廉浙江建设工作。

33. 增强工作合力。各级人大要积极发挥权力机关的作用，通过履行立法、监督等法定职能，自觉服务和保障清廉浙江建设。各级政府要制定具体举措，规范权力运行，做到依法施政、阳光施政、廉洁施政、诚信施政，加快建设人民满意的服务型政府。各级政协要发挥独特优势，积极建言献策，广泛凝心聚力，画好清廉浙江建设的同心圆。各级审判机关、检察机关要深化司法体制改革，落实司法责任制，为建设清廉浙江提供司法保障。党委、政府各部门要各司其职，群团组织、社会各界要各尽其力，共同推进清廉浙江建设。

34. 完善督查考评。各级党委要定期开展专项督查，及时发现并解决问题。认真总结推广先进典型和样板经验，形成以点带面、整体推进的工作态势。把清廉浙江建设情况作为巡视巡察、主体责任落实情况检查、日常督查的重要内容，对工作落实不力、搞形式走过场的，依据有关规定追责问责。将清廉浙江建设情况纳入党委政府目标考核评价体系，作为评判各级党组织履行管党治党政治责任的重要内容。

35.加大宣传力度。发挥党校、高校、社科院等研究机构和专家学者的作用，加强清廉浙江建设的理论研究、经验总结。发挥广播、电视、报刊、新媒体的作用，精心策划、科学安排，深入宣传、充分展示清廉浙江建设的进展动态、先进典型、工作成果，强化党员干部群众对建设清廉浙江的心理认同、行为趋同，为清廉浙江建设营造良好的舆论氛围。

清廉浙江建设是一项关系全局、意义重大、影响深远的系统工程。全省上下要紧密团结在以习近平同志为核心的党中央周围，自觉践行“干在实处永无止境，走在前列要谋新篇，勇立潮头方显担当”的新期望，加快建设清廉浙江，为我省高水平全面建成小康社会、高水平推进社会主义现代化建设提供坚强保证。

（原载《浙江日报》2018年7月24日第1版）

浙江省人民代表大会常务委员会工作报告

Report on the Work of the Standing Committee of Zhejiang Provincial People's Congress

（2019年1月29日在浙江省第十三届人民代表大会第二次会议上）

浙江省人民代表大会常务委员会副主任　梁黎明

各位代表：

我受浙江省人民代表大会常务委员会和车俊主任委托，向大会报告工作，请予审议。

一、过去一年主要工作

2018年是改革开放40周年、“八八战略”实施15周年，也是本届省人大常委会履职的开局之年。传好接力棒，争创新业绩，是我们的责任和担当；立足新时代，开创新局面，推动我省人大工作继续走在前列，是我们的目标和追求。一年来，在中共浙江省委的坚强领导下，常委会高举习近平新时代中国特色社会主义思想伟大旗帜，全面贯彻党的十九大和省第十四次党代会精神，坚持党的领导、人民当家作主、依法治国有机统一，坚持围绕中心、服务大局，坚持以人民为中心，切实履行宪法法律赋予的职能，充分发挥地方国家权力机关作用，为我省“两个高水平”建设作出了积极贡献。

——地方立法成效显著。制定修订地方性法规8件，修改9件，批准报批法规33件，审查规范性文件107件，还对4件法规草案进行了初审。创制性立法成为突出亮点。

——监督工作深入推进。听取审议专项工作报告20项，对9部法律法规进行执法检查和调研，向有关国家机关提出审议意见11件50多条。监督的广度和深度进一步拓展。

——代表工作更趋活跃。邀请代表列席常委会会议70多人次，参加重点立法、重点监督活动470多人次，开展代表中心组活动37次、代表小组活动100多次，处理代表议案17件，办理代表建议930件，各级人大代表进联络站联系群众80000多人次。代表主体作用得到更好发挥。

——决定任免依法开展。作出重大事项决议决定7个，任免国家机关工作人员176人次，组织75名国家工作人员进行宪法宣誓。党的主张和意图得到全面落实。

一年来，主要做了以下五个方面工作。

（一）紧扣创新理论武装，深入学习贯彻习近平新时代中国特色社会主义思想

政治坚定必须理论清醒，行动自觉必须思想自觉。

我们以大学习开篇起步，按照省委“大学习大调研大抓落实”的部署要求，把加强学习、提高能力作为开局之年的重要任务。健全常委会党组和主任会议学习制度，举行新一届常委会组成人员专题学习会和各级人大常委会主任学习会，开展25次党组学习、6次常委会专题讲座、3次主任会议专题学法，推进学习常态化、制度化、长效化。深入学习习近平新时代中国特色社会主义思想和党的十九大精神，学习习近平总书记关于宪法和全面依法治国等重要论述，学习习近平总书记对浙江工作的重要指示精神，学习中央和省委重要会议精神，不断加深对习近平新时代中国特色社会主义思想的历史地位、丰富内涵和实践要求的理解，不断加深对“八八战略”再深化、改革开放再出发主题的把握，树牢“四个意识”，坚定“四个自信”，坚决做到“两个维护”，确保中央和省委重大决策部署在人大工作中得到不折不扣的贯彻落实。

我们深入学习贯彻习近平总书记关于坚持和完善人民代表大会制度的重要思想，结合学习栗战书委员长在浙江考察调研期间的讲话精神，深刻领会“十个坚持”的精髓要义，自觉用以指导和推进新时代人大工作。注重依托浙江作为习近平新时代中国特色社会主义思想重要萌发地的优势，组织开展习近平总书记在浙江工作期间关于人民代表大会制度重要论述的研究，深刻阐发其蕴含的重大理论观点和实践要求，形成一批理论研究成果，在全国人大召开的深入学习贯彻习近平总书记关于坚持和完善人民代表大会制度的重要思想交流会上作了交流，得到全国人大常委会领导的肯定，为全国各地学习领会这一重要思想作出贡献。及时召开常委会党组会议和11个设区市人大常委会主任座谈会，专门下发通知，明确重点内容和任务要求，对全省各级人大学习贯彻作出部署，不断掀起学习贯彻的热潮。

我们坚持学用结合，以党的最新理论成果引领推动人大工作。自觉把习近平总书记关于坚持和完善人民代表大会制度的重要思想作为根本遵循，坚持问题导向、目标导向、效果导向，开展“思想大解放行动大担当”专题活动，集中召开12场座谈会，广泛深入开展调查研究，共征集到260多条意见建议，合并形成7个方面63条建议，研究改进落实措施，在强化立法监督工作统筹，完善立法监督工作机制，加强街道人大工作和建设、地方人大外事工作、人大培训工作等方面取得积极进展，以大学习大调研推动工作大落实。加强人大制度理论和工作宣传，配合中央主要新闻媒体做好“最多跑一次”改革立法和民生实事项目人大代表票决制工作的集中报道。创建“浙江人大”微信公众号，办好浙江人大杂志和门户网站，营造人大工作的良好舆论氛围。

（二）紧扣贯彻落实中央和省委重大决策部署，推动全面深化改革和高质量发展

坚持把人大工作放到全省工作大局中去思考把握，聚焦经济社会发展重大问题，充分发挥人大职能作用，为中央和省委重大决策部署的贯彻落实提供法治保障。

全力助推“最多跑一次”改革。“最多跑一次”改革，是省委深入实施“八八战略”、践行以人民为中心发展思想的重大决策部署，是撬动我省各领域改革、勇当新时代全面深化改革排头兵的重大战略抓手。常委会紧紧围绕这一重大改革任务，拓宽履职思路，综合运用立法、监督、决定等多种方式，打好人大履职组合拳。坚持用法治方式凝聚改革共识、固化改革成果，制定《浙江省保障“最多跑一次”改革规定》，在标准地、施工图联审、亩均效益评价、区域评估等方面作出创制性规定，确保重大改革于法有据。这是全国“放管服”改革领域的第一部综合性地方性法规，是以立法引领和推动改革、实现立法和改革同频共振的生动体现，有力推动了我省改革向纵深推进，为法治化保障“放管服”改革提供了浙江方案。开展“最多跑一次”改革专项督察，形成专项督察报告，提出5方面建议，并就推进和保障桐庐县深化“最多跑一次”改革决定的落实情况进行监督，推动这一重大改革任务落实落地，在全面深化改革大局中贡献人大的智慧和力量。

推动解决经济社会发展全局性长远性问题。依法开展“十三五”规划纲要中期评估专项审议监督，围绕规划纲要尤其是民政事业、综合交通、教育事业、少数民族事业、水利发展、环境保护等6个专项规划实施情况开展调研，听取审议省政府中期评估报告和半年度经济社会发展、计划执行报告，就促进经济平稳健康发展、深化改革开放、推动转型升级、保障改善民生等提出建议。按照中央和全国人大部署要求，配合省委出台《关于推进人大预算审查监督重点向支出预算和政策拓展的实施意见》《关于建立省人民政府向省人大常委会报告国有资产管理情况制度的意见》，明确支出预算和政策拓展的主要内容，明确国有资产管理情况报告的方式、重点、程序。深化人大预决算审查监督，听取审议预算执行、决算、审计、审计查出问题整改等报告，积极推进预算联网监督；探索开展国有资产监督，听取审议省政府关于企业国有资产管理情况专项报告和综合报告，指导推动报告制度向市县覆盖。紧扣创新驱动发展战略，开展科技成果转化“一法两条例”执法检查，促进创新主体培育、激励机制完善、支撑服务体系建立等规定的落实。

有效助力“三大攻坚战”。打赢“三大攻坚战”，事关浙江高水平全面建成小康社会。围绕污染防治攻坚战，采取三级人大联动的方式，开展固体废物污染环境防治“一法一条例”执法检查，就处置设施建设、源头减量和资源回收利用、防治体制机制、普法执法司法等提出审议意见，发挥执法检查“法律巡视”利剑作用。按照全国人大统一部署，对生态环境保护领域的45件省的地方性法规进行全面清理，修改了《浙江省饮用水水源保护条例》等8件法规。听取审议全省环境状况和环境保护目标完成情况报告，根据新环保法要求，大力推进报告制度向市县乡覆盖。配合全国人大开展海洋环境保护和大气污染防治执法检查。围绕防范化解重大风险攻坚战，审查批准省级新增地方政府债务及专项债务预算调整，依法控制地方政府债务；为加强地方金融监管，防范化解金融风险，促进地方金融健康发展，审议了《浙江省地方金融条例(草案)》。围绕精准脱贫攻坚战，立足我省扶贫工作阶段性特点，结合“乡村振兴”战略专题调研，结合“十三五”规划纲要中期评估，结合制定慈善法实施办法，就加大低收入群体的帮扶力度，巩固扩大扶贫成果，重点关注因病致贫、因残致贫、因灾致贫群体，对相对贫困人群实施慈善救助等提出意见、作出规定。

主动服务长三角一体化发展。实施长三角一体化发展国家战略，是进一步完善我国改革开放空间布局的战略考量和重大举措。根据省委全面接轨、深度融入的部署，我们提高站位，积极行动，组织承办长三角地区人大常委会主任座谈会，共同签署关于深化长三角地区人大工作协作和地方立法工作协同等两个协议，作出关于支持和保障长三角地区更高质量一体化发展的决定，明确推进机制、重点领域、重点工作和各方责任，为凝聚共识、推进更高质量一体化发展体现人大担当。围绕太湖流域大气污染和水环境防治，参与组织首次长三角地区全国人大代表联合视察活动，推动区域污染联防联治机制实施，推动美丽长三角建设。

依法保障深化机构改革。深化地方机构改革，是推进国家治理体系和治理能力现代化的重要环节，是必须完成的一项政治任务。我们及时作出关于省政府机构改革涉及省的地方性法规规定的行政机关职责调整问题决定，明确职责承担和工作衔接问题。根据机构改革后部门变化的需要，及时任免部分省政府组成部门主要负责人，从法治和组织上为全省深化机构改革提供有力保障。

（三）紧扣回应人民群众重大关切，推动保障和改善民生

坚持以人民为中心，努力增强人民群众的获得感、幸福感、安全感，是人大履职的价值准则。关注贴近民生、保障改善民生，是人大履职的重点领域。

加强民生领域立法。制定《浙江省粮食安全保障条例》，对保护种粮积极性、粮食储备安全和质量安全等作出

规定，保障粮食有效供给。制定《浙江省华侨权益保护条例》，就华侨优惠待遇、收益处置、权益保护等作出规定，在全国率先解决华侨身份证件使用不便等突出问题。制定《浙江省实施〈中华人民共和国慈善法〉办法》，完善慈善组织登记和认定，规范募捐和捐赠活动，明确慈善事业促进措施，推动社会文明进步。制定《浙江省交通建设工程质量和安全生产管理条例》，保护人民群众生命和财产安全。修订《浙江省志愿服务条例》，理顺志愿服务管理体制，强化对志愿者的权益保护和志愿服务的激励，更好彰显社会主义核心价值观。初审《浙江省教育督导条例（草案）》，推动教育法律法规、国家教育方针政策的贯彻实施。

开展民生领域监督。农村土地问题关系到农民的切身利益，常委会开展农村承包土地“三权分置”专项监督，听取审议相关专项报告，推动各级政府继续强化确权登记颁证工作，进一步提高土地流转质量，健全土地经营权权能实现机制，为乡村振兴提供要素保障。开展防震减灾法律法规实施情况检查，提出增强全社会防震减灾意识、强化组织领导和责任落实、加强防震减灾体系建设等审议意见，督促政府树立综合防灾意识，提升综合抗灾救灾能力。关于夯实基层安全基础、构建县域医疗卫生共同体等多件关乎民生改善的代表建议，经过重点督办，得到较好落实解决。做好人大信访工作，受理群众来信来访2900多件次，强化信访综合分析，督促有关问题解决，维护人民群众合法权益。

深化民生实事项目人大代表票决制工作。群众的事情要由群众做主，人大干的应是群众盼的。票决制工作，就是通过群众提、代表定、政府办、人大评，实现政府决策与群众需求的精准对接、高度融合。经过全省各级人大共同努力，去年，11个设区市、89个县（市、区）、907个乡镇已实现票决制工作全覆盖，票决通过7024个项目，累计投资金额3400多亿元，还有300多个街道开展了票选工作。为巩固深化这项工作，常委会深入调研、及时总结、开展交流、加强指导，推进规范化，迈上新台阶。

（四）紧扣厉行法治和全面依法治国，推进法治浙江建设

全面推进依法治国，是“四个全面”战略布局的重要内容。厉行法治，推进法治浙江建设，人大及其常委会义不容辞、责无旁贷。

深入学习宣传和贯彻实施宪法。宪法修正案颁布实施后，根据中央和省委有关部署，常委会把学习宣传和贯彻实施宪法摆在突出位置，召开座谈会，出台指导意见，明确工作重点和任务举措，推动全社会深刻领会、准确把握宪法修正案的核心要义和精神实质。依托“五四宪法”历史资料陈列馆的平台优势，组织具有浙江特色的系列宣传贯彻活动。修改我省组织实施宪法宣誓制度办法，举办好宪法宣誓仪式，开展宪法日纪念活动，增强宪法意识和法治观念。根据推进合宪性审查工作要求，加强规范性文件备案审查，升级备案审查系统，落实全面报备与重点审查的工作机制，维护国家法制统一。

谋划推进新时代地方立法工作。2018年，第二十四次全国地方立法工作座谈会在我省召开，栗战书委员长亲自出席并发表重要讲话，为新时代地方立法明确了方向和重点。省委首次召开全省立法工作会议，研究部署立法工作，这是加强党对立法工作领导的重要体现。常委会深入贯彻落实会议精神，坚持“三个重点领域”和“六个一批”的立法导向，精心编制五年立法调研项目库，提出本届立法工作的意见，报经省委批转实施。完善人大主导立法工作机制，突出对法规立项、调研、起草、审议等全过程的协调把关，组建立法专家咨询委员会，建立立法专家信息库，发挥立法研究院智库作用，提高科学立法、民主立法、依法立法水平。加强对设区市立法工作指导，健全审查指导程序和要求，严把合法性关口。

促进严格执法和公正司法。按照全面依法治国要求，以依法行政为中心，推动行政机关规范执法、文明执法。针对固废污染违法行为，督促政府及相关部门严格整改落实中央环保督察组反馈的意见。针对专利侵权行为，要求政府及相关部门按照《浙江省专利条例》规定，落实保护措施。针对我省宗教发展中的新情况新问题，对国务院和我省宗教事务条例开展执法调研，推进宗教事务依法管理。按照监察法规定，在省委领导下，积极稳妥推进人大监督监察委员会工作，制定听取和审议省监察委员会专项工作报告的试行办法，听取省监察委员会关于贯彻落实监察法情况的专项报告。围绕基本解决执行难的目标，听取和审议省高级人民法院关于执行工作专项报告，提出加强社会宣传引导、切实强化法院执行管理、优化执行联动机制、加大对失信被执行人惩戒力度等审议意见。开展民事行政检察工作专项监督，督促省检察院聚焦法律监督主业，强化对民事行政诉讼活动的法律监督，积极稳妥推进公益诉讼，更好地维护公平正义。

依法行使决定权和任免权。认真做好讨论决定重大事项工作，修订《浙江省各级人民代表大会常务委员会讨论决定重大事项的规定》，进一步明确重大事项的范围和重点，完善议题提出、调研、审议等程序，保障重大事项决定权更好行使。坚持党管干部原则与依法行使人事任免权相统一，决定省监察委员会代理主任，决定任命新一届省政府组成部门主要负责人和省监察委员会组成人员，顺利完成其他各项任免事项，为省级国家机关有效运转提供组织保证。修订任免国家机关工作人员条例，完善代表资格审查工作制度，做好代表出缺补选等工作。

（五）紧扣全面从严治党要求，加强常委会自身建设

新时代新作为新担当，必须政治过硬、能力过硬、作风过硬。

我们坚持以政治建设为统领，旗帜鲜明讲政治，严守政治纪律和政治规矩，坚决维护习近平总书记党中央的核心、全党的核心地位，坚决维护党中央权威和集中统一领导。坚持党对人大工作的全面领导，严格执行请示报告制度，向省委报告重大事项和请示37件，确保人大工作正确政治方向。加强常委会党组建设，充分发挥常委会党组把方向、管大局、保落实的作用。深入贯彻清廉浙江建设要求，落实全面从严治党责任，抓好党风廉政建设，严格执行

中央八项规定及其实施细则精神和我省“36条办法”，驰而不息纠“四风”、正作风。

我们坚持以制度建设为保障，修改常委会组成人员守则和主任会议议事规则，建立主任办公会议制度，制定修改立法、监督、代表等10多项工作制度，健全地方国家权力机关运行机制和工作方式。着眼服务党和国家外事工作大局，研究改进地方人大外事工作，制定实施意见，健全与外国地方议会长期交往机制。

我们切实加强组织建设，根据我省机构改革方案，做好人大机构改革相关工作，完善人大组织机构。健全常委会“一盘棋”工作机制，强化主任会议的统筹协调，充分发挥专工委和机关的组织实施、参谋保障作用。加强干部队伍建设，优化队伍结构，提升干部素质。加快人大信息化建设，形成“113N”信息化推进格局。

代表工作是人大工作的基础。一年来，我们尊重代表主体地位，发挥代表主体作用，深化“双联系”制度，常委会组成人员直接联系256名代表，代表通过进联络站等方式广泛联系群众。组建新一届省人大代表中心组、代表小组以及专业小组，围绕加快“四大”建设等中心工作，组织开展代表视察和调研活动，扩大邀请代表列席常委会会议和参加立法、监督等重点工作。强化议案建议办理工作，落实政府负责人领办、人大重点督办、上门督办等制度，代表提出的17件议案有7件列入立法计划，一批事关改革发展稳定的建议得到了较好落实。实施新一届代表培训计划，举办3期代表履职培训班，全面提高代表履职能力。加强代表履职登记管理服务，改进代表履职表彰和交流，激发代表积极性主动性创造性。此外，我们还配合全国人大做好香港特别行政区第十三届全国人大代表来浙视察工作，使代表对“八八战略”实施和我省发展情况的了解更为深入全面。

全省各级人大是一个有机整体，做好省人大工作，离不开市县人大的支持和配合。我们通过上下联动、举行座谈会、开展培训等方式，密切与市县人大的联系，加强工作指导，构建全省人大工作合力。尊重基层首创精神，总结推广各地人大创新经验，首次开展“浙江人大工作与时俱进奖”评选和表彰。部署开展街道人大工作和建设试点，积极探索实践，不断积累经验，为地方立法作好准备。

各位代表，一年来，常委会各项工作取得的成绩，是省委正确领导的结果，是常委会组成人员和全体代表共同努力的结果，是省人民政府、省监察委员会、省高级人民法院、省人民检察院支持配合的结果，也离不开全省人民、各级人大以及社会各方面的大力支持。在此，我谨代表省人大常委会，表示衷心的感谢！

在看到成绩的同时，我们也清醒认识到存在的问题和不足，主要是：人大主导立法的体制机制还不够完善，立法的精准化精细化精干化有待进一步加强；法律法规实施监督的计划性、系统性还不够，监督实效有待进一步提升；讨论决定重大事项职权行使还不够充分，工作机制有待进一步落实；常委会联系代表、代表联系群众的机制和平台还有待完善，代表建议的落实解决率需进一步提高。这些都需要我们在今后的工作中予以改进。

二、2019年主要任务

2019年是新中国成立70周年，是高水平全面建成小康社会关键之年，也是地方人大设立常委会40周年。省委将召开人大工作会议，对新时代全面推进我省人大工作和建设作出部署。站在新的历史起点，今年省人大常委会工作的总体要求是：高举习近平新时代中国特色社会主义思想伟大旗帜，深入学习贯彻习近平总书记关于坚持和完善人民代表大会制度的重要思想，自觉践行“干在实处永无止境，走在前列要谋新篇，勇立潮头方显担当”的新期望，坚持以“‘八八战略’再深化、改革开放再出发”为主题，进一步解放思想、勇于创新、敢于担当，聚焦中心工作、聚情民生关切、聚力依法履职、聚合代表力量，充分发挥地方国家权力机关的职能作用，推进我省人大工作高质量高水平发展、继续走在前列，为推动“两个高水平”建设提供法治保障。

（一）坚持学懂弄通做实，着力做到常学常新、常悟常进

以习近平新时代中国特色社会主义思想武装头脑、指导实践、推动工作，始终是各级人大的首要任务。以人大常委会党组学习为引领，继续开展“大学习大调研大抓落实”活动，以“服务企业服务群众服务基层”活动为具体抓手，深入学习习近平总书记在庆祝改革开放40周年大会、中央经济工作会议上的重要讲话精神，及时学习习近平总书记最新重要讲话精神，坚决把思想行动统一到中央和省委的决策部署上来。习近平总书记关于坚持和完善人民代表大会制度的重要思想，是做好新时代人大工作的行动指南。要充分利用全省各级人大常委会主任学习会、培训班等载体，实现学习全覆盖，做到学习往心里走、往深里走、往实里走。推动这一重要思想和人大制度理论进党委(党组)理论中心组，进浙江论坛，进党校主体班次。举行学习贯彻习近平总书记关于坚持和完善人民代表大会制度的重要思想专题研讨会，推动发挥全省哲学社会科学研究规划的引领作用，发挥全省各级人大工作研究会的平台作用，建立健全多方参与的工作机制，形成一批高质量的植根浙江人大实践的理论研究成果。深化人大宣传工作，召开全省人大宣传工作会议，举办地方人大设立常委会40周年相关纪念活动，积极推动新闻媒体开设并办好相关专栏，推进人大传播媒体融合发展，加大宣传力度，提高宣传实效，充分展示这一重要思想和人大制度在浙江的生动实践，推动国家根本政治制度入脑入心。

（二）坚持高标准要求、高起点谋划，着力贯彻落实省委人大工作会议精神

今年，省委将召开人大工作会议，这是全省民主法治建设的一件大事，也是推动人大事业发展的重要契机。我们要认真配合省委做好有关文件落实情况督查和会议筹备工作，深入调研，加强谋划，为省委作出新时代加强人大工作决策部署当好参谋助手。要第一时间抓好会议精神的学习贯彻，以最高要求、最严标准、最实作风确保落地见效，乘势推动全省人大工作再上新台阶。更加强化党的领

导。始终坚持党的领导这个最大政治原则,严格落实省委领导人大工作机制,及时向省委请示报告,做到贯彻落实中央和省委决策部署不打折扣、不做选择、不搞变通。全面加强党的建设,充分发挥常委会党组的领导核心作用,设立专工委分党组,按照中央和省委部署要求,深入推进"两学一做"制度化常态化,认真开展"不忘初心、牢记使命"主题教育,坚决做到"两个维护",不断增强走在前列的思想自觉和行动自觉。更加聚焦履职重点。

按照"三个紧扣"要求,坚持围绕中心、服务大局,以"盯住法"和"管好钱"为重点,切实履行法定职能。着眼"盯住法",把制定法规和备案审查作为有机整体,把立法和执法检查作为完整链条,既要注重立法量质并重,真正立得住、行得通、真管用,也要注重法规备案审查,维护法制统一,更要注重法律法规实施,充分发挥执法检查"法律巡视"利剑作用,推动法律法规有效落地。着眼"管好钱",加强全口径全过程监督,加快推进预算联网监督工作,加强预算绩效审查监督,推进人大预算审查监督重点向支出预算和政策拓展,建立健全人大国有资产监督体系,推动人大国有资产监督在县一级实现全覆盖,加强政府性债务的审查监督,不断提高预决算审查监督的针对性和实效性。更加夯实基层基础。深入贯彻落实中发〔2015〕18号文件和省委有关文件精神,持续推动县乡人大工作和建设,进一步加强和规范街道人大工作。按照中央和省委深化机构改革的部署,进一步完善专门(工作)委员会设置,优化人大机关机构设置,健全各级人大组织制度和工作制度。更加凸显开拓创新。坚持加强党的领导和尊重人民首创精神相结合,坚持问题导向和目标导向相统一,坚持试点先行和全面推进相促进,找准工作切入点和着力点,把好工作节奏和力度,创新方式方法,完善工作机制,综合运用人大行权方式,有效整合各方资源,及时总结基层创新经验,高质量高水平履职尽责,推进人民代表大会制度理论和实践创新。

(三)坚持以良法促进发展、保障善治,着力提高立法质量

坚决贯彻全国人大和省委有关立法工作部署要求,加强重点领域立法,提高立法质量和效率,加快立法步伐,推动立法与改革决策有效对接,充分发挥立法引领和推动作用。认真组织实施2019年立法计划,制定民营企业发展促进条例、公路条例、农村生活污水处理设施运行维护条例、反走私综合治理规定、非机动车管理条例、家庭教育促进条例、精神卫生条例等法规,修改职工基本养老保险条例、宗教事务条例等法规,组织开展数字经济促进条例、街道人大工作条例等法规项目的前期调研。进一步健全科学立法、民主立法、依法立法工作机制,推动形成党委领导、人大主导、政府依托、各方参与的立法工作格局。强化人大对法规立项、起草、审议、决策的主导,坚持做好代表分专业有重点参与立法工作,深化立法调研,充分发挥立法专家、咨询委员会、立法研究院和公众参与立法的积极作用,探索运用大数据等信息化手段,推动立法更加有效管用。坚持立改废释并举,增强立法工作的协调性、及时性、系统性。认真做好全国人大法律草案征求意见反馈和省地方性法规配套规范性文件督促制定工作。从加强宪法实施监督、维护宪法权威的高度,加强备案审查制度和能力建设,着力增强备案审查刚性。加强立法指导,加大审查力度,推进有立法权市县立法工作稳步发展,提高全省立法工作整体水平。

(四)坚持正确监督、有效监督,着力增强监督实效

聚焦事关改革发展稳定的重大问题,聚焦事关人民群众切身利益的热点难点问题,精心选题,依法开展监督,不断提高人大监督的实效。围绕推动经济社会高质量发展,采取全省统一部署、上下联动的方式,开展促进民营经济高质量发展专项审议,组织专题询问;听取和审议省政府上半年经济社会发展情况、计划执行、国有资产管理情况等报告;开展台湾同胞投资保障"一法一条例"执法调研;跟踪检查促进科技成果转化"一法两条例"执行情况,组织专题询问;深化财政预决算审查监督,听取和审议预算执行、决算、审计工作以及审计查出问题整改情况等报告,审查和批准决算、新增地方政府债务预算调整方案。

围绕推动我省新一轮改革开放,开展《浙江省保障"最多跑一次"改革规定》执法调研,统一部署组织全省各级人大代表开展深化"最多跑一次"改革主题监督活动,组织在浙全国人大代表专题视察中国(浙江)自由贸易试验区建设情况。围绕生态文明建设和乡村振兴战略,听取和审议2018年度环境状况和环境保护目标完成情况专项工作报告,开展海洋环境保护"一法一条例"执法检查,就消除农村集体经济薄弱村工作情况开展监督。围绕保障和改善民生,就《浙江省学前教育条例》采取全省人大上下联动的方式开展执法检查,听取和审议安全生产工作情况专项报告。围绕推进依法行政和公正司法,就开展扫黑除恶专项斗争工作情况进行监督;听取和审议公检法司四机关依法履职公正司法情况的报告;按照中央部署精神和监察法要求,听取审议省监察委员会专项工作报告。配合全国人大做好有关监督工作。要综合运用多种监督形式,注重监督与立法、决定、代表工作的有机结合,健全工作制度,推进审议意见整改项目化清单化,强化审议意见整改落实情况的监督,切实增强监督实效。

(五)坚持民有所呼、我有所应,着力提升代表工作水平

切实增强代表主体意识,不断加强和改进代表工作。深化"双联系"机制,着力在联系代表、联系人民群众的主动性经常性上下功夫,真正发挥代表作为人民群众代言人的作用。代表联络站是听取民意的重要渠道,代表进联络站接待群众是代表的重要职责,要按照便捷、畅通、有效的原则,进一步规范提升代表联络站建设,召开深化代表联络站工作座谈会,出台相关指导意见,完善群众意见的处理反馈机制,推动领导干部人大代表进联络站联系群众制度化常态化,扩大联络站在群众中的吸引力和影响力,有效发挥"双联系"制度在听取民意、反映民声、集中民智、维护民利上的作用。提出和办理议案建议是回应群众关切的重要履职手段,要引导代表提出高质量的议案建议,改

进办理方式，强化督办合力，完善评价反馈机制，积极开展对代表建议解决情况“回头看”，着力提高办理质量和问题解决率。改进会前视察组织方式，活跃闭会期间代表活动，健全完善工作机制，扩大代表参与常委会和专委会工作的深度和广度，注重依靠代表推进人大工作。加强代表履职服务保障，切实维护代表合法权益。建立健全代表履职档案，研究制定省人大代表履职监督管理办法，引导和激励代表履好职、尽好责。做好在浙全国人大代表的服务保障工作。

（六）坚持与时俱进、完善发展，着力推动我省人大工作走在前列

创新是推进人大事业向前发展的不竭动力。我们要始终坚持解放思想、实事求是、与时俱进、求真务实，坚持在继承的基础上积极探索实践，勇于改革创新，推进新时代我省人大工作完善发展。在全省范围内深入推进街道人大工作和建设试点，召开试点工作现场交流会，研究分析新情况新问题，出台加强街道人大工作和建设的有关文件，研究制定街道人大工作条例。规范提升民生实事项目人大代表票决制工作，出台指导意见，完善工作机制，推进票决制工作规范化制度化。推进学习型人大建设，创新培训载体，逐步形成专业化规范化系统化的我省人大培训体系。深入推进关于支持和保障长三角地区更高质量一体化发展决定的实施，围绕市场统一、生态保护、共建共享、深化改革等重点领域，加强立法、监督和代表工作等方面工作协作和机制建立，为推动长三角区域一体化发展提供法治保障。加强工作指导，积极稳妥推进市县人大常委会听取审议监察委员会专项工作报告。拓展地方人大外事工作领域，探索建立友城和“一带一路”沿线国家地方议会长期交往工作机制，发挥人大外事侨务工作的优势和特点，服务我省高水平开放。加快推进“智慧人大”建设，为全省人大工作创新发展提供信息化支撑。

各位代表，新时代标注新方位，新起点开启新征程。让我们更加紧密地团结在以习近平同志为核心的党中央周围，在中共浙江省委的坚强领导下，不忘初心、牢记使命，恪尽职守、砥砺前行，以干在实处、走在前列、勇立潮头的精神状态，奋力谱写新时代浙江人大新篇章，以优异成绩庆祝中华人民共和国成立70周年！

（原载《浙江日报》2019年2月3日第4版）

政府工作报告

Report on the Work of the People's Government of Zhejiang Province

（2019年1月27日在浙江省第十三届人民代表大会第二次会议上）

浙江省省长　袁家军

各位代表：

现在，我代表浙江省人民政府向大会作政府工作报告，请予审议，并请省政协委员和其他列席人员提出意见。

一、2018年主要工作回顾

2018年是改革开放40周年、“八八战略”实施15周年，是新一届省政府的开局之年。一年来，面对错综复杂的外部环境和艰巨繁重的改革发展任务，在党中央、国务院和中共浙江省委的坚强领导下，省政府坚持以习近平新时代中国特色社会主义思想为指导，全面贯彻党的十九大和十九届二中、三中全会精神，认真落实习近平总书记对浙江工作的重要指示，深入贯彻省第十四次党代会精神，统筹推进“五位一体”总体布局，协调推进“四个全面”战略布局，围绕“八八战略”再深化、改革开放再出发，全面落实省委各项决策部署和省十三届人大一次会议确定的目标任务。坚持稳中求进工作总基调，坚持新发展理念，坚持供给侧结构性改革主线，聚焦聚力高质量、竞争力、现代化，扎实推进富民强省十大行动计划，全力打好三大攻坚战，持续打好高质量发展组合拳，集中财力办大事，全省经济持续健康发展，社会保持和谐稳定，十方面民生实事圆满完成，“两个高水平”建设开局良好。全省生产总值增长7.1%，一般公共预算收入升至全国第4位，增长11.1%，城乡居民人均可支配收入分别增长8.4%和9.4%，高质量发展势头良好。“千村示范、万村整治”工程荣获联合国地球卫士奖，浙江的知名度和影响力进一步提升。

（一）着力抓改革促开放

“最多跑一次”等改革全面深化。配合省人大常委会，制定保障“最多跑一次”改革规定。全面推行“一窗受理、一网通办、一证通办、一次办成”，100%的事项实现网上办理，63.6%的民生事项实现“一证通办”，百姓办事更加方便了。企业投资项目开工前审批全流程实现“最多跑一次、最多100天”；“标准地”出让占省级以上平台新批工业用地的80.1%；深化商事制度改革，常态化企业开办时间压缩至4个工作日，企业投资更加便利了。深化“亩均论英雄”改革，规上工业企业亩均税收增长9.8%，亩均增加值增长7.4%。国资国企改革发展步伐加快，省市县国有资产统一

监管体系初步建立。省政府机构改革任务全面完成。

对外开放向纵深推进。宁波舟山港货物吞吐量10.8亿吨，连续10年居全球第一位；集装箱吞吐量2635万标箱，上升为全球第3。推动中国（浙江）自由贸易试验区扩权，舟山绿色石化产业项目顺利推进，首架波音飞机完工交付。跨境电商进出口额增长35%。“义新欧”班列开行320列，“一带一路”捷克站开始运营。世界互联网大会、世界油商大会、联合国世界地理信息大会、中国—中东欧国家投资贸易博览会、中国国际茶叶博览会、浙台合作周等成功举办。

（二）着力打好三大攻坚战

金融风险防控有力有效。全省不良贷款率为1.15%，下降0.49个百分点。全力化解民营企业债券兑付风险和上市公司股权质押平仓风险。严厉打击非法集资，加大P2P网络借贷风险处置力度。坚决遏制违法违规举债，有序化解地方政府隐性债务风险。

精准脱贫有力有效。启动低收入农户高水平全面小康计划，完善因病致贫的医保制度和救助体系。低保标准实现城乡同标，最低生活保障水平达到7200元。新落地山海协作项目315个，到位资金520亿元。高标准做好东西部扶贫协作、对口支援和对口合作工作。

污染防治有力有效。启动实施蓝天、碧水、净土、清废行动，生态文明建设深入到城乡角角落落。严格做好中央环保督察和国家海洋督察问题整改。完成100个废气清洁排放改造项目，完成32个工业园区和210个生活小区“污水零直排区”建设，启动100座城镇污水处理厂清洁排放技术改造，完成105个入海排污口整治任务。垃圾分类制度全面建立。启动102个重点污染地块和垃圾填埋场修复工程，新增危险废物处置利用能力46.8万吨。设区市PM2.5平均浓度从39微克下降到34微克。全面建立河（湖）长制、湾（滩）长制，省控断面Ⅰ—Ⅲ类水质占比84.6%，提高1.8个百分点，“五水共治”成果全面巩固。完成“三改”2.63亿平方米、拆违2.05亿平方米，城乡环境更美了，发展空间更大了。

（三）着力强创新促转型

新动能明显增强。启动实施数字经济“一号工程”，制定数字经济五年倍增计划，数字经济核心产业增加值增长13.1%。建成“无人车间”“无人工厂”66个，新增上云企业12万家。实施人才新政，新增国家“千人计划”、省“千人计划”320名。制定科技新政，之江实验室建设顺利推进，西湖大学正式设立，新增高新技术企业3187家、科技型小微企业10539家，研发经费支出占比达到2.52%。全面实施凤凰行动、雄鹰行动、雏鹰行动，新增上市公司28家、累计535家。H7N9禽流感防治研究成果荣获国家科技进步特等奖，实现“零”的突破。

传统产业改造升级明显加快。新增“浙江制造”标准559个、“品字标”企业442家、小微企业园区222个；新增工业机器人1.6万台；创建省级产业创新服务综合体48家；淘汰企业落后产能1733家，整治“低散乱”企业（作坊）36179家，处置僵尸企业393家。加大降成本力度，减轻企业负担1650亿元。

需求拉动平稳协调。全面实施投资新政，省市县长项目工程开工建设326个。交通投资、高新技术产业投资、民间投资分别增长25.8%、22.6%和17.8%，浙商回归到位资金5285亿元，实际利用外资186亿美元。实施优进优出战略，出台稳外贸10条措施，出口增长9%，进口增长19%。深入开展“放心消费在浙江”行动，培育发展放心消费示范单位1.54万家，累计1.56万家企业承诺无理由退货，消费增长9%。

乡村振兴势头良好。大力推进“五万工程”。新建高标准农田257万亩，完成粮食生产功能区提标改造65万亩。启动乡村全域土地综合整治工程150个。消除集体经济薄弱村6171个。建成农村电商服务站1.6万个、电商专业村1235个。启动农村人居环境提升三年行动，新增A级以上景区村庄2640个、3A级景区村庄465个。新增珍贵树木2413万株。新建和改造提升农村公路1万公里。新增中国历史文化名镇7个、名村16个。湖州桑基鱼塘成为全球重要农业文化遗产，龙游姜席堰成为世界灌溉工程遗产。新增147万农村人口喝上了达标饮用水。

（四）着力谋划推动“四大”建设

大湾区建设全面启动。制定大湾区建设行动计划，高起点谋篇布局杭州湾经济区，湾区智慧交通体系、重大科创平台等标志性工程启动建设，一批重大产业项目落户大湾区。杭州经济总量达到1.35万亿元、宁波突破万亿大关。

大花园建设开局良好。制定大花园建设行动计划，推动浙东唐诗之路、钱塘江唐诗之路、瓯江山水诗之路、大运河（浙江）文化产业带建设，编制诗路文化带发展规划，出台衢州、丽水大花园核心区规划，打响“诗画浙江”品牌。世界旅游联盟总部落户萧山湘湖。全年接待游客6.9亿人次，旅游总收入1万亿元。

大通道建设明显加快。制定大通道建设行动计划，杭黄铁路开通运营，甬台温高速公路复线、台州湾大桥、三门湾大桥、乐清湾大桥、鱼山大桥建成通车，中断60年的钱塘江中上游航道全线通航，杭绍台、杭温、金台铁路和景文泰高速公路加快推进，杭州萧山机场枢纽、丽水机场开工建设。国际航空航线达到31条，我省率先成为拥有杭州、宁波、温州三家千万级客流量机场的省份。

大都市区能级提升。制定大都市区建设行动计划，规划建设综合交通枢纽，加快集聚高端人才、高端要素、高端产业，都市区辐射带动作用明显增强。

（五）着力提升文化软实力

精神文明建设深入开展。深化“最美浙江人”主题宣传，广泛开展“最美行业”“最美家庭”创建，推进移风易俗、好家风建设。18个市县成为新一轮全国文明城市提名城市，数量居全国前列。

文化事业加快发展。开展文化惠民活动，创建国家级公共文化服务体系示范区。实施公共文化服务“十百千”工程，创建文化强镇30个、文化示范村（社区）89个。新建农村文化礼堂3143个。送戏下乡2.58万场，送书下乡260万册。

文化产业提质增效。规划建设之江文化中心、之江文化产业带。组建省文化产业投资集团。浙报控股、浙江出版、华策影视、宋城演艺跻身"全国文化企业30强",中国(浙江)影视产业国际合作实验区成为第一批国家文化出口基地。

（六）着力惠民生保平安

社会就业充分。城镇新增就业125.3万人,城镇调查失业率4.1%,登记失业率2.6%。做好重点群体就业工作,帮扶15.93万困难人员实现就业。

公共服务稳步提升。开展庆元县农村学前教育补短板改革试点,新建及改扩建幼儿园219个,义务教育阶段学校消除大班额,扩大中高职一体化培养规模,支持"双一流"建设高校和省重点建设高校发展。果断处置高考英语加权赋分事件。深化"三医"联动和"双下沉、两提升",70个县(市、区)开展县域医共体建设。社会保障扩面提标,全省基本养老保险参保率达到92%、基本医疗保险参保率达到98.6%,新建居家养老中心333个。开工建设棚改安置住房40.6万套、建成33.7万套。世界短池游泳锦标赛、省运会成功举办。我省运动员在雅加达亚运会上取得了历史最佳成绩。

平安建设成效明显。坚持和发展新时代枫桥经验,加强基层治理四平台建设,构建6.8万个网格组成的社会治理体系。加强安全生产,强化消防、危化品、食品药品、交通等安全风险管控,有效处置各类突发事件。生产安全事故起数下降33%、死亡人数下降28%,火灾事故起数下降32.5%、死亡人数下降37.5%,道路交通安全事故起数下降35.4%、死亡人数下降29.1%。完成农村危房治理改造12.2万户,减少地质灾害隐患点2426处,完成重大隐患避让搬迁和工程治理项目679个。坚决捍卫国家政治安全,全面开展扫黑除恶专项斗争,有效防范化解社会稳定风险,百姓安全感持续增强。

（七）着力提高政府履职能力

学懂弄通做实习近平新时代中国特色社会主义思想,树牢"四个意识",坚定"四个自信",坚决做到"两个维护"。围绕"八八战略"再深化、改革开放再出发,扎实开展"大学习大调研大抓落实"活动,制定实施富民强省十大行动计划,扎实推进"六个浙江""四个强省""两个高水平"建设。深入实施政府"两强三提高"行动计划,大兴调查研究之风,高质量制定实施一批事关长远的重大规划和政策举措,尽心尽力干大事解难事办实事,确保开好局起好步,努力干在实处、走在前列、勇立潮头。强谋划、强执行,完善省政府工作规则,建立健全抓落实的指标体系、工作体系、政策体系和评价体系。启动实施政府数字化转型,政务服务网成为全国有影响力的公共数据平台,推广应用掌上办事"浙里办"、掌上办公"浙政钉"。省市县乡政府法律顾问全面建立,推动各级政府依法行政、廉洁施政,不断提高行政质量、行政效率和政府公信力,努力建设人民满意的服务型政府。

各位代表,过去一年,在外部环境发生深刻变化、风险挑战明显增多的情况下,我们取得的成绩来之不易。这是以习近平同志为核心的党中央领航掌舵、坚强领导的结果,是省委正确领导、科学决策的结果,是全省各级干部和广大人民群众奋力拼搏、攻坚克难的结果。在此,我代表省人民政府向全省人民、广大建设者和中央驻浙单位,表示衷心的感谢!向人大代表、政协委员,各民主党派、工商联、人民团体和社会各界人士,表示衷心的感谢!向驻浙人民解放军、武警部队官兵、公安干警、消防战士,表示衷心的感谢!向关心支持浙江发展的港澳同胞、台湾同胞、广大侨胞和海内外朋友们,表示衷心的感谢!

我们也清醒看到,我省经济社会发展中还存在不少矛盾和问题。主要是:经济形势稳中有变、变中有忧,民营企业和实体经济面临困难明显增多,经济下行压力加大;发展不平衡不充分问题和结构性矛盾尚未根本解决,发展质量和效益还不够高,创新发展能力还不够强,传统产业改造提升任务依然繁重;P2P违规网贷、非法集资风险突出,金融风险防控任务依然艰巨;生态环境保护任重道远,民生领域还存在不少短板,群众对教育、医疗、养老等还有不满意的地方,公共服务有待加强;安全风险隐患仍处高位,火灾、交通事故多发频发,风险管控能力亟待提升。同时,少数政府工作人员不依法行政、不担当、不作为,工作中重留痕轻实绩,基层负担依然较重,行政质量和行政效率有待提高;"四风"问题仍然不少,腐败现象时有发生,党风廉政建设和反腐败斗争任务艰巨。

我们要坚持底线思维,增强忧患意识,抓住主要矛盾,切实加以解决。

二、2019年目标任务和重点工作

2019年是新中国成立70周年,是高水平全面建成小康社会的关键之年。面对充满不确定性挑战的外部环境和我国经济长期向好的发展大势,今年工作的总体要求是:全面贯彻党的十九大和中央经济工作会议精神,高举习近平新时代中国特色社会主义思想伟大旗帜,统筹推进"五位一体"总体布局,协调推进"四个全面"战略布局,时刻牢记和践行习近平总书记赋予浙江的"干在实处永无止境,走在前列要谋新篇,勇立潮头方显担当"新期望,以"八八战略"再深化、改革开放再出发为主题,以实施富民强省十大行动计划为抓手,坚持稳中求进工作总基调,坚持新发展理念,坚持推进高质量发展,坚持供给侧结构性改革主线,坚持深化市场化改革、扩大高水平开放,突出稳企业、增动能、保平安,统筹推进稳增长、促改革、调结构、惠民生、防风险工作,提高人民群众获得感、幸福感、安全感,保持经济持续健康发展和社会大局稳定,为高水平全面建成小康社会收官打下决定性基础,以优异成绩庆祝中华人民共和国成立70周年。

根据省委经济工作会议精神,建议2019年全省经济社会发展主要预期目标为:全省生产总值增长6.5%左右,努力争取更高质量、更好结果;研发经费支出占比达到2.6%;一般公共预算收入、城乡居民收入增长与经济增长基本同步,全员劳动生产率稳步提高,节能减排降碳指标完成国家下达的目标任务。

具体工作中,着力把握两大取向:

第一，坚持底线思维，主动应对困难风险挑战。抓住并用好重要战略机遇期，坚持把应对风险挑战作为解决自身问题的机遇，倒逼推动改革创新，迎难而上不退缩、苦练内功不浮躁、爬坡过坎不松劲。保持战略定力，完善风险防控体系，提高风险管控能力，提前研判风险所在，准确把握风险走向，及时发现重大问题，果断作出科学决策，做实做细做好防范化解重大风险工作，把各类风险隐患管控在属地、消除在萌芽、处置在未发。要发扬斗争精神，提高斗争本领，坚决扛起防范化解各类风险的政治责任，牢牢守住政治安全、经济安全、生态安全、公共安全的底线。

第二，致力于高质量发展、竞争力提升、现代化建设。坚持以人民为中心的发展思想，全面实施数字新政、科技新政、人才新政、生态文明新政，全力打好高质量发展组合拳，充分激发市场、企业、大众的活力，不断推进浙江经济提质增效升级。坚持对标先进、奋勇争先，深化以“最多跑一次”改革为牵引的全面改革，扩大以“一带一路”为统领的全面开放，大力推进以科技创新为核心的全面创新，全方位提升区域、产业、企业、品牌的竞争力，打造新时代浙江“金名片”。坚持以人的现代化为核心，把人民对美好生活的向往作为奋斗目标，不断促进人的全面发展和社会全面进步，加快建设富强民主文明和谐美丽的社会主义现代化浙江。

做好今年工作，必须全面落实深化供给侧结构性改革“巩固、增强、提升、畅通”八字方针，坚定不移抓机遇、用机遇，想方设法破难题、克难关，以“三服务”的非常之功，全力做好“六稳”工作，以稳应变，以进固稳，一步一个脚印推进“两个高水平”建设。

（一）扎实做好稳企业稳增长工作

全力抓好支持民营经济高质量发展政策举措落地。深入贯彻落实习近平总书记在民营企业座谈会上重要讲话精神，旗帜鲜明支持民营经济，全面实施民营经济31条，着力激发微观主体活力，增强企业创新发展动力。实行企业帮扶“白名单”制度，量化细化民营企业发债需求清单、上市公司股权质押纾困帮扶清单、困难企业帮扶清单，着力化解民营企业流动性风险和股权质押平仓风险。实施小微企业信贷增氧计划和金融服务滴灌工程，有效破解融资难融资贵问题。建立服务民营企业的工作平台和长效机制。支持温州创建新时代“两个健康”先行区。依法保护企业家人身财产安全。引导民营企业坚守实业、做强主业，推动民营经济再创新辉煌。

大力推动减税降费。坚持放水养鱼、休养生息，谋划实施稳企业增动能的新招实招，制定实施新一轮减负措施，减轻企业社保缴费实际负担，降低工商业电价，坚决治理乱收费、乱罚款，全力抓好减税降费政策落地落细落实，力争为企业减负1500亿元以上，切实增强企业获得感。

积极扩大有效投资。全面实施投资新政，加大基础设施补短板力度，加强浙商回归工作，滚动实施省市县长项目工程，促进民资、国资、央企投资、外资“四个轮子”一起转。着力推进数字经济、生命健康、高端装备、文化旅游、能源环保等五个千亿投资工程，谋划实施一批产业大项目，提升八大万亿产业竞争力。

促进外贸稳定增长。完善订单管理综合平台，建立健全“订单+清单”预判和管理机制，加强对重点企业的动态监测和跟踪指导。支持企业巩固传统市场，开拓“一带一路”新兴市场。加强浙非经贸合作。发展市场采购、外贸综合服务平台、跨境电商等新模式。推进口岸减证、降费、提速、增效，加快建设国内领先的国际贸易“单一窗口”。

大力推动消费升级。积极参与强大国内市场建设，加快专业市场转型升级，培育服务消费、信息消费、绿色消费、定制消费、智能消费、时尚消费等热点，打造一批新零售标杆城市、新零售示范企业和高品位步行街，促进中高端消费集聚，加快建设新型贸易中心。大力实施放心消费行动，完善无理由退货、明码实价、支付安全保障等制度，推进线上线下商品同标同质同价，培育发展放心消费示范单位2万家、无理由退货承诺单位1万家，建设城乡放心农贸市场300家，打响“放心消费在浙江”品牌，激发居民消费潜力。

（二）坚持创新引领制造业高质量发展

提升浙江制造品质。编制实施制造强省建设规划纲要，开展一批浙江制造示范市县试点，创建制造业高质量发展国家级示范区。持续推进标准强省、质量强省、品牌强省建设，提升政府质量奖，打响“浙江制造”品牌，新增“品字标”企业300家。开展块状特色经济质量提升三年行动。构建开放、协同、高效的共性技术研发平台，创建省级产业创新服务综合体30家。培育发展数字安防、新能源汽车、绿色石化、现代纺织等一批先进制造业集群，争创人工智能、生物医药、航空航天、集成电路、新材料等产业新优势。深化绍兴市传统产业改造提升试点。增强制造业技术创新能力，实施新一轮重大技术改造升级工程，实施5000项智能改造项目，新增工业机器人1.7万台。实施百千万高技能领军人才培养工程。推进企业优胜劣汰，淘汰1000家企业的落后产能，整治1万家“低散乱”企业和小作坊。实施首台套、首批次产品和“浙江制造精品”首购制度。建立政府产业基金促进“浙江制造”竞争力提升的有效机制。联动推进制造强省和网络强省建设。深入开展“互联网+”行动，构建工业互联网平台体系，加快推动互联网、物联网、大数据、云计算、人工智能和实体经济深度融合。深入实施军民融合发展战略，争创国家军民融合创新示范区，建设一批特色产业基地，大力支持“民参军”。推进先进制造业与现代服务业深度融合，制定实施服务业重点领域高质量发展行动，大力发展信息服务、研发设计、现代物流等生产性服务业，加快发展服务贸易，打响“浙江服务”品牌，确保服务业平稳较快增长。

全面实施科技新政。坚持创新强省，强化高新企业、高新技术、高新平台支撑，大力引进高端人才，打造“产学研用金、才政介美云”十联动创业创新生态圈，加快建设“互联网＋”科技创新高地和生命健康科技创新高地。深化科技奖励制度改革，设立浙江科技大奖。加快建设杭州、宁波温州国家自主创新示范区，提升高新区，打造科技城，联动推进杭州城西科创大走廊和钱塘江金融港湾建设，培育宁波甬江科创大走廊、温州环大罗山科创走廊。全面推广科技创新新昌模式。深入实施“双倍增”计划，新增高新技术企业2000家、科技型小微企业6000家。充分发挥浙江大学引领带动作用，大力支持之江实验室、西湖大学、清华长三角研究院、中科院宁波材料所、阿里达摩院等建设，加强基础研究，推动科研机构、实验室向社会开放，着力解决关键核心技术“卡脖子”问题。加快推进中国(浙江)知识产权保护中心建设，健全知识产权保护和交易机制。超常规加大财政科技投入，引导企业加大研发投入，力争全省研发经费支出增长12%以上。

深入实施数字经济“一号工程”。坚持数字产业化、产业数字化，全面实施数字经济五年倍增计划，深入推进云上浙江、数字强省建设。支持杭州打造全国数字经济第一城、乌镇创建国家互联网创新发展综合试验区。率先开展5G商用，推广应用城市大脑和电子发票，加快建设移动支付之省，争创国家数字经济示范省。设立100亿元数字经济产业基金。重点打造100个“无人车间”“无人工厂”，扶持100个骨干数字企业，推进100个数字化重大项目，实施100个园区数字化改造，力争数字经济核心产业增加值增长15%以上。

加快市场主体升级。深入实施凤凰行动，提升上市公司质量，制定支持科创企业上市行动方案，支持企业并购重组。实施雄鹰行动，支持一批本土跨国公司加快发展。实施雏鹰行动，引导企业走“专精特新”发展之路，新增“隐形冠军”“单打冠军”企业40家。培育壮大一批独角兽企业。实施小微企业三年成长计划，新建小微企业园200个。

（三）深化市场化改革、扩大高水平开放

将“最多跑一次”改革进行到底。增创市场有效、政府有为、企业有利、百姓受益的体制机制新优势。总结推广“领跑者”最佳实践，所有民生事项和企业事项开通网上办理，60%以上的政务服务事项实现“掌上办理”，70%以上的民生事项实现“一证通办”。实施企业开办、施工许可、用电用水用气、信贷、纳税、跨境贸易等便利化行动，打造稳定、可预期、法治化的最佳营商环境。全面推动能评、环评、压覆矿、地质灾害、水土保持、防洪、地震、雷电、文物等区域评估制度，推行多评合一、结果互认，原则上不再实施项目评价。全面实施“标准地”制度，完善事中事后监管机制，打造标准地招商新模式。深化企业投资项目审批制度改革，探索用地预审和规划许可审批制度改革，推进联合测绘、建筑工程竣工测验合一改革，完善中介超市，规范承诺制改革，力争实现企业投资项目竣工验收前审批“最多90天”。毫不动摇支持国有经济做强做优做大，实施国资统一监管、国企改革转型、布局优化整合、公司治理完善、监管职能转变、国企党建强化等六大攻坚，突出抓好混合所有制改革。加快推进事业单位分类改革。全面推动社会信用体系建设，打造信用浙江。

全面推进“亩均论英雄”改革。实施亩均效益领跑者行动，全面启动规上服务业企业、开发区(园区)、特色小镇、小微企业园的亩均效益评价，力争规上工业企业亩均税收和亩均增加值增速均超过7%，改造提升5000家亩均税收1万元以下低效企业，推动资源加快向优质企业、优势区域集中。

进一步扩大对外开放。全面实施打造“一带一路”枢纽行动计划，高质量建设十大标志性项目，深化义甬舟开放大通道建设，加快海港、空港、陆港、信息港“四港”联动。全面深化eWTP试验区建设。高标准推进“一带一路”系列站、境外经贸合作区和国际合作产业园建设。做强“义新欧”班列品牌。加快建设宁波“一带一路”综合试验区、“16+1”经贸合作示范区。推进海关特殊监管区、开发区优化整合。实施扩大进口战略，培育进口主体，打造义乌、青田等“世界超市”。建设嘉兴、湖州高质量外资集聚先行区和绍兴、台州境外并购回归产业园，提升利用外资质量。

（四）坚定不移打好三大攻坚战

打好金融风险防控攻坚战。引导支持金融机构用好增量、盘活存量，促进融资总量平稳增长、融资结构不断优化。织密织牢“天罗地网”风险监测网，强化省市县协同、政银企联动，守住不发生区域性金融风险底线。防范化解企业流动性风险，落实民营企业债券融资支持计划，加强政策性融资担保体系建设，加快企业发债进度。用好上市公司稳健发展支持基金，纾解股权质押困难。坚持严禁增量、严打违法、严控存量、强化社会稳定、强化舆情管控，深入推进P2P网络借贷风险处置，压实属地责任和主体责任，引导有序退出，全力追赃挽损。坚持减少存量、严控增量，严格整改违法违规举债行为，规范融资平台转型、规范棚改举债、规范市场化融资，有序化解地方政府隐性债务风险。

打好精准脱贫攻坚战。全面实施低收入农户高水平全面小康计划，确保低收入农户收入增长10%以上。扎实开展因病致贫家庭救助工作，发现一户、救助一户。加大少数民族村帮扶力度。决战决胜消除集体经济薄弱村。加快打造山海协作升级版，促进区域协调发展。加强东西部扶贫协作、对口支援和对口合作工作，切实增强受援地百姓获得感。

打好污染防治攻坚战。编制实施美丽浙江建设规划纲要，深化生态文明示范创建，积极参与长江经济带共抓大保护，高标准打好治气、治水、治土、治废四大硬仗。加快清洁能源示范省建设，实施100个工业园区废气整治、1000个挥发性有机化合物整治项目，加强臭氧治理，实施运输结构调整三年行动，加快淘汰国Ⅲ及以下营运柴油货车，全省PM2.5平均浓度达到国家二级标准。深化“五水共治”，完善河长制和生态补偿机制，确保水质持续改善。完成30个工业园区“污水零直排区”建设，确保大花园核心区和重点生态功能区29个出境断面水质全部达标，确保其他地区116个出境断面Ⅳ类水质以下比例控制在4%以内。坚持像保护西湖一样保护千岛湖，高标准推进千岛湖临湖地带综合整治，确保水质不下降、景观不破坏。制定实施城镇污水治理三年行动，完成100座城镇污水处理厂清洁排放技术改造。加强近岸海域污染防治，完成入海排污口整治，实现在线监测全覆盖。有效推进重点土壤污染地块和垃圾填埋场的生态修复，五类重金属污染物排放量比2013年削减8%以上。大力推进垃圾减量化资源化，加强固废全过程闭环式管理，严打固废违法倾倒行为，新增危险废物利用处置能力15万吨以上，加快实现危险废物不出市、生活垃圾不出县。

（五）认真落实国家战略举措

加快落实长三角一体化发展国家战略。坚持全省域全方位融入长三角，充分发挥浙江体制机制、对外开放、数字经济、绿水青山、民营经济等优势，制定浙江推进长三角一体化发展行动纲要，共同打造长三角一体化发展示范区。加快推进嘉兴全面接轨上海，提升舟山群岛新区建设水平，合作共建G60科创走廊，共同实施长三角一体化发展三年行动计划，牵头抓好数字长三角、世界级港口集群、油气贸易中心建设，推动重点任务落到实处。

大力推进中国（浙江）自由贸易试验区创新发展。主攻油气全产业链，加快建设“一中心三基地一示范区”，突出重大项目落地，谋划实施首创性、差异化的改革探索，创建数字自贸区和联动创新区。加快建设国际油品交易中心，大宗商品交易额突破3000亿元。加快舟山绿色石化基地建设，确保一期项目建成投产。推进国际油品储运基地建设，油品储存能力达到3100万方。加快建设海事服务基地，健全国际船舶低硫燃料油供应体系，保税燃料油供应突破400万吨。大力推进油气等大宗商品国际贸易使用人民币计价结算，跨境结算额达到700亿元。

深化海洋经济发展示范区建设。推动甬台温临港产业带加快发展。做强做大宁波舟山港，带动沿海港口加快发展。全面推进舟山江海联运服务中心建设。大力发展海工装备、海岛旅游、远洋渔业等现代海洋产业，加快发展蓝色经济，建设海洋强省。

积极推进国际贸易和金融改革试点。实施义乌国际贸易综合改革试验区建设方案。加强杭州、宁波、义乌跨境电子商务综合试验区联动发展。加快建设杭州金融科技中心，深化温州金融综合改革、宁波保险创新、台州小微金融改革和丽水农村金融改革，推动湖州、衢州绿色金融改革，扎实开展民营银行试点，做好全国首家中外合资银行卡清算机构落地工作，打造新兴金融中心。

（六）全面开展“四大”建设年活动

扎实推进大湾区建设。整合提升产业集聚区等园区，打造杭州江东新区、宁波前湾新区、绍兴滨海新区、湖州南太湖新区等高能级平台。提升环杭州湾高新技术产业带。谋划构建沪杭甬高速高铁双回路，推动湾区智慧交通网和物流网建设。加快推进杭绍甬一体化示范区，谋划推进宁波舟山一体化、嘉兴湖州一体化建设，启动实施数字湾区、“万亩千亿”新产业平台、未来社区等标志性项目，提高杭州湾经济区能级。

扎实推进大花园建设。深入开展“人人成园丁、处处成花园”行动。着力抓好“四条诗路”千万级核心景区建设，串珠成链，打造黄金旅游线，变盆景为风景。加快建设天目山、莫干山、会稽山、四明山、天台山等十大名山公园和嵊泗、韭山、大陈、洞头等十大海岛公园。做实做好“百县千碗”。打造开化钱江源国家公园，争创丽水、仙居国家公园和浙皖闽赣国家生态旅游协作区，创建全域旅游示范省和全域长寿之乡，打造“诗画浙江、美好家园”。

扎实推进大通道建设。围绕构建省域、市域、城区“三个1小时”交通圈，实现文成通高速，铁路杭州南站、杭州湾大桥北接线二期建成投用，加快推进金甬、沪嘉甬、甬舟、杭丽、甬台温铁路和杭金衢高速拓宽等补短板工程，开工建设沪苏湖、杭衢等铁路项目，建成地铁68.5公里，加快构建多元立体、无缝对接、便捷高效的现代综合交通体系。

扎实推进大都市区建设。加快推进四大都市区核心区建设。全面开工铁路杭州西站，谋划建设宁波高铁门户，改造扩建温州北站、金华站，推动综合交通枢纽建设。带动环杭州湾城市群、温台沿海城市群、浙中城市群、衢丽花园城市群加快发展，统筹地上和地下建设，提升城市精细化管理水平，加快打造长三角世界级城市群的“金南翼”。高水平建设特色小镇。推动龙港撤镇设市。

实施有机更新行动。编制实施省市县国土空间总体规划，建立国土空间开发保护和多规合一制度，推进空间重构、产业重整、环境重生。实施城市有机更新，深化“三改一拆”和创建无违建县行动，推进老旧小区改造和棚户区改造，建设美丽城市、美丽县城。实施乡镇有机更新，深化小城镇环境综合整治，建设美丽乡镇。实施园区有机更新，运用特色小镇的思路和方式，分类、分块、分步改造100个传统开发区（园区），建设美丽园区。

（七）深入实施乡村振兴战略

深化农村改革。坚持农业农村优先发展总方针，把“三农”工作作为压舱石和战略后院。健全城乡融合发展体制机制，推进科技进乡村、资金进乡村、青年回农村、乡贤回农村。全面深化农村土地制度改革，完善“三权到人（户）、权跟人（户）走”机制，开展土地经营权入股发展农业产业化经营试点。深化生产、供销、信用“三位一体”农合联改革。

振兴乡村产业。深化农业供给侧结构性改革，加快调整优化农业结构，增加优质绿色农产品供给，促进产业兴旺、农民增收。加强粮食生产功能区建设，提高粮食安全保障能力。加强现代农业园区建设，做优做强10大优势特色产业，培育30条特色产业带。实施农业“三名”工程，振兴历史经典农产品，加快发展乡愁产业，打造丽水山耕、三衢味、景宁600等生态品牌，开展生态产品价值实现机制试点。推进农村一二三产业融合发展，创建“互联网+”三农先行区。

建设美丽乡村。开展新时代美丽乡村创建活动，打造“千万工程”升级版，描绘新时代“富春山居图”。新增乡村全域土地综合整治项目200个。实施“四美联创”，高水平建设“四好农村路”，新建和改造提升农村公路8000公里，新建农村文化礼堂3143个，培育A级景区村2000个、示范乡镇100个、美丽乡村示范县10个。全面推广“拯救老屋”松阳模式，加强历史文化（传统）村落保护。实施农村饮用水达标提标行动，确保到2020年全省农村居民喝上好水。

加强乡村治理。完善自治法治德治融合的乡村治理体系，深入实施万村善治示范工程，大力弘扬新时代枫桥经验，全面推广桐乡“三治融合”、武义后陈村务公开、宁海小微权力清单、温岭民主恳谈、安吉余村“两山”转化、龙游“村情通”、杭州“武林大妈”等基层治理经验，建成善治示范村2000个。

（八）大力推进文化浙江建设

繁荣发展文化事业。推进公共文化服务标准化均等化，完成“十百千”工程，打造公共文化服务数字化平台。认真筹办杭州亚运会。加快大运河（浙江）文化带规划建设，扎实推进之江文化中心等重大文化设施建设，实现县级融媒体中心建设全覆盖。繁荣哲学社会科学，加强新型智库建设。传承越剧、婺剧、绍剧、瓯剧等地方戏曲，发展文学、书法、美术、音乐、舞蹈等文艺事业。推进社区文化家园、城市文化公园、企业文化俱乐部、城市书房建设。做好良渚古城遗址申遗工作。

推动文化产业高质量发展。实施文化产业发展“八大计划”，培育一批文化龙头企业，加快发展影视演艺、数字内容、文化创意、动漫、网络视听等新兴文化业态，提振丝绸、茶叶、青瓷、黄酒、浙八味等历史经典产业。加快打造之江文化产业带，做大做强横店影视文化产业实验区，建设一批文化产业基地和特色文化产业集群，力争文化产业增加值增长10%以上。

开展社会文明提升行动。培育践行社会主义核心价值观，秉持红船精神、浙江精神、新时代浙商精神，大力弘扬科学精神、工匠精神、劳模精神，从举手之劳做起，从点滴小事做起，从文明礼貌做起，倡导尊老爱幼、礼让行人、垃圾分类、爱护环境、健康生活，争当“最美浙江人”。推进学习型社会建设。加大文明城市、文明村镇、文明单位、文明行业、文明家庭、文明校园创建力度，加快实现全国文明城市创建设区市全覆盖。

（九）扎实推进富民惠民安民

坚持就业增收富民。突出创业带动就业，落实好就业优先政策，城镇新增就业80万人，城镇失业人员再就业30万人，城镇调查失业率、登记失业率分别控制在5%、3.5%以内。深入推进高校毕业生基层成长计划，加强就业困难人员帮扶，持续开展“浙江无欠薪”行动。

坚持公共服务惠民。坚持立德树人，深化教育教学改革，加强教师队伍建设，优先发展教育事业。加强3岁以下婴幼儿托育工作，加快农村幼儿园补短提升，扩大普惠性幼儿园覆盖范围，全面实施小学放学后托管服务，着力破解“托育难、入幼难、接送难”问题。加强乡村小规模学校和乡镇寄宿制学校建设。减轻义务教育阶段学生课业负担，规范校外培训机构管理。加强青少年近视防控。净化校园周边环境。完善高考综合改革。大力支持“双一流”高校提升发展，推进重点建设高校和优势特色学科加快发展，积极推动高水平大学在浙江办学。深化校企合作、产教融合，完善应用型人才培养体系，加快发展现代职业教育。广泛开展全民健身活动。以医保支付制度改革为抓手，深化健康浙江建设，加快“互联网+医疗医保”平台建设，扎实推进医保、医疗、医药、医院、中医、医生“六医”统筹。启动实施医学高峰计划，县县建成县域医共体，加快基层医疗服务能力升级达标，着力破解“看病难、看病贵、看病繁”问题。健全医疗纠纷处置机制。积极促进中医中药振兴。提升大病保障精准度，设区市全部实现大病保险统筹、基本医保制度纵向统一。健全社会保障体系，重点推进儿童、灵活就业人员、新就业形态人员等群体参保扩面，加强困难家庭住房保障。总结推广城乡老年食堂试点经验，加强失能失智老人照护和农村留守老人关爱服务，探索推进康养联合体建设。切实加强老龄、妇幼、残疾人、慈善、民族宗教、外事、人民防空等工作。健全退役军人服务管理体系，完善“光荣之家”制度，让军人成为全社会尊崇的职业。

坚持平安建设安民。加快推进社会治理社会化、法治化、智能化、专业化，提高“雪亮工程”覆盖率，用好基层治理四平台，完善信访制度、人民调解制度和立体化治安防控体系，打造共建共治共享的社会治理格局。加快建立网络综合治理体系，维护网络安全。全面实施安全生产综合治理三年行动，深入开展道路交通、消防、渔业船舶、危化品、危旧房、城市安全等六大攻坚，深入推进百项千亿防洪排涝工程，加强防汛防台等自然灾害防治工作，构建重点风险隐患清单式防控治理体系。加大对食品药品、特种设备安全的管控力度。加强应急救援、物资储备和防灾减灾能力建设，坚决遏制重特大安全事故，确保事故起数、死亡人数持续下降。深入实施大搬快聚富民安居工程，确保搬得下、稳得住。深化扫黑除恶专项斗争，紧盯涉黑涉恶重大案件、黑恶势力经济基础、背后“保护伞”不放，在打防并举、标本兼治上下功夫。依法惩治盗抢骗、黄赌毒等违法犯罪活动，依法打击电信诈骗等网络犯罪行为，确保社会安定、百姓安宁。

按照群众提、大家定、政府办的理念，认真办好十方面民生实事，着力解决人民群众普遍关心的突出问题。

1. 创建“美丽河湖”100条（个）以上，完成500公里中小河流整治，清除淤泥3000万方，创建“无违建”河道6500公里。

2. 推进农村饮用水达标提标工程，新增410万农村居民饮用水达标提标，达标人口覆盖率提升至90%以上；新增1500个日处理能力30吨以上农村生活污水处理设施标准化运维。

3. 新增清洁能源公交车、出租车各5000辆；新增停车位10万个。

4. 全面推进“互联网+义务教育”，推进1000所中小学校结对帮扶，让城乡孩子共享优质教育资源。

5. 建成300家综合供能服务站，实现供油、供电、供气、供氢、供水一体化，加快补齐能源基础设施短板，便利群众生产生活。

6. 启动15个县（市、区）的生活垃圾分类系统和200个垃圾分类省级高标准示范小区建设，全省设区市城区垃圾分类收集覆盖面达到85%以上，县以上建成区垃圾分类收集覆盖面达到55%以上；推进530个省级农村生活垃圾分类处理项目村建设，生活垃圾分类处理建制村覆盖面达到65%。

7. 将高血压、糖尿病、肺结核等12种常见慢性病纳入城乡居民门诊规定病种范围,允许城乡居民在药店刷卡购买规定病种药品,全面推进医保慢性病药品第三方配送服务。加强出生缺陷防治工作,对2万余例筛查可疑患儿开展心脏超声检查。设立送药上山进岛便民服务点300个。

8. 提升居家养老服务能力,建成350个乡镇(街道)示范型居家养老中心。

9. 加强助残服务能力建设,建设1000家规范化乡镇、社区残疾人庇护中心,为2万名重度残疾人提供庇护服务。

10. 全面完成"除险安居"三年行动各项任务,基本消除重大地质灾害隐患点,核销地质灾害隐患点500处。建设3000个规范化避灾安置场所,完成500个老旧小区消防设施增配改造,培育100支社会化救援队伍。

(十) 全面提升政府治理能力

把习近平新时代中国特色社会主义思想内化于心、外化于行,树牢"四个意识",坚定"四个自信",坚决做到"两个维护"。认真贯彻落实习近平总书记重要指示批示精神,全面贯彻落实党中央、国务院和省委各项决策部署,做到信念过硬、政治过硬、责任过硬、能力过硬、作风过硬。聚焦服务企业、服务群众、服务基层,深入开展"大学习大调研大抓落实"活动,全面实施政府"两强三提高"建设行动计划,更加关心爱护基层干部,着力提高治理体系和治理能力现代化。一是着力推进政府数字化转型,加快建设数字政府。聚焦观念转变、职能转变、流程转变和数据共享,以"互联网+放管服"为重点,全面推进一批重大项目建设,系统性重塑政府工作流程,实现跨部门高效协同推进工作,加快创建"掌上办事之省"和"掌上办公之省"。二是坚持政府过"紧日子",加快建设节俭政府。坚持集中财力办大事,严控"三公"经费预算,取消低效无效支出,压减一般性支出5%以上,完善全方位、全过程、全覆盖的绩效管理体系,做到花钱必问效、无效即问责。依法接受人大监督,自觉接受政协民主监督,加强审计监督、群众监督、舆论监督。三是坚持依法行政,加快建设法治政府。加强政府立法,规范行政决策程序,探索建立"开门决策"机制,严格规范公正文明执法,善用法治思维和法治方式解决问题、制定政策,形成"办事不求人"的社会氛围。四是坚持说到做到,加快建设效能政府。完善抓落实的指标体系、工作体系、政策体系和评价体系,增强政府执行力,确保说一件、干一件、成一件。五是落实全面从严治党主体责任,加快建设廉洁政府。把纪律挺在前面,守牢廉政底线,严格落实中央八项规定精神和省委"36条办法",驰而不息整治"四风",努力营造政府系统风清气正的政治生态。

各位代表!新思想指引方向,新时代催人奋进。让我们更加紧密地团结在以习近平同志为核心的党中央周围,高举习近平新时代中国特色社会主义思想伟大旗帜,在中共浙江省委的坚强领导下,不忘初心、牢记使命,锐意进取、埋头苦干,共创共享高质量发展、高品质生活,以优异成绩庆祝新中国成立70周年,为"两个高水平"建设作出新的更大贡献!

(原载《浙江日报》2019年2月2日第1版)

中国人民政治协商会议第十二届浙江省委员会常务委员会工作报告

Report on the Work of the Standing Committee of the Twelfth Zhejiang Provincial Committee of the Chinese People's Political Consultative Conference

(2019年1月26日在政协第十二届浙江省委员会第二次会议上)

浙江省政协主席　葛慧君

各位委员:

我代表政协第十二届浙江省委员会常务委员会,向大会报告工作,请予审议,并请会议列席人员提出意见。

一、2018年工作回顾

2018年是贯彻中共十九大精神的开局之年,是改革开放40周年、"八八战略"实施15周年,也是十二届省政协履行职能的第一年。一年来,省政协坚持以习近平新时代中国特色社会主义思想为指导,全面贯彻中共中央、全国政协和中共浙江省委决策部署,自觉践行"干在实处永无止境,走在前列要谋新篇,勇立潮头方显担当"的新期望,坚持团结和民主两大主题,谋划提出"学习新思想、携手新时代、聚焦高质量、服务高水平、画好同心圆"的总体思路,强化理论武装,突出党建引领,注重质量提升,勇于探索创新,加强系统联动,认真履行职能,充分发挥专门协商机构作用,各项工作实现良好开局,为推进我省"两个高水平"建设作出了积极贡献。

(一) 以大学习开局,牢牢把握正确的政治方向

学习是人民政协的优良传统和重要任务,开局之年加强学习尤为重要。我们始终把学习摆在首位,切实加强和改进政协学习工作,从思想上政治上系好履职第一粒扣子,确保政协事业沿着正确方向笃定前行。

强化思想理论武装。深入学习习近平新时代中国特色社会主义思想和中共十九大精神,深入学习习近平总书记关于加强和改进人民政协工作的重要思想,深入学习全国政协和中共浙江省委部署要求,切实做到学深悟透、入脑入心。拓展学习渠道,丰富学习载体,统筹抓好党内和党外学习、委员和机关学习、集中和自主学习,建立完善以党组理论学习中心组学习为引领,党组会议、主席会议、常委会议集体学习和主席读书会、学习讲座、委员培训等相配套的学习体系。全年共举行7次省政协党组理论学习

中心组学习会、18次党组会议、17次主席会议、8期崇学讲坛。在省政协履职之初，集中1个月时间，连续举办4期培训班，突出政治培训和能力培训，对省政协委员集中轮训一遍。完善学习制度，制定出台关于习近平新时代中国特色社会主义思想学习座谈会办法、加强和改进省政协委员学习工作的意见、崇学讲坛工作规则。通过学习，不断提高思想理论水平，树牢“四个意识”，坚定“四个自信”，坚决做到“两个维护”，增进“四个认同”，巩固团结奋斗的共同思想政治基础。

开展专题学习研讨。按照全国政协统一部署，在全省政协系统组织开展习近平总书记关于加强和改进人民政协工作的重要思想学习研讨活动。以学习原文、查找差距、开展研讨、加强改进为基本环节，覆盖全省各级政协领导班子、专委会、界别组、机关和广大委员，全省三级政协分别召开了专题理论研讨会，省政协党组和主席会议成员带队分赴各设区市政协督促指导，并带头学习研究，带头交流发言，带头撰写理论文章。注重把学习研讨和查改问题结合起来，聚焦薄弱环节，抓好问题整改，在政治层面、思想层面、工作层面取得积极成果。梳理辑录《习近平总书记在浙江工作期间关于人民政协工作的重要讲话摘编》，深入研究习近平总书记关于加强和改进人民政协工作重要思想在浙江的萌发和实践。建立习近平总书记关于加强和改进人民政协工作的重要思想研究基地，召开研究基地成立大会暨省人民政协理论研究会年会，出台进一步加强人民政协理论研究工作的意见。协助办好全国政协在浙江召开的沪苏浙皖四省市政协片区学习研讨座谈会。认真完成全国政协交办的加强和改进人民政协工作有关问题研究、人民政协是具有中国特色的制度安排研究等4个课题。

加强调查研究工作。认真贯彻中共浙江省委关于开展“大学习大调研大抓落实”活动部署要求，制定实施方案，制发关于进一步加强和改进调查研究工作的意见，围绕加强和改进政协工作的着力重点，确定27项具体任务深入调研、抓好落实。紧扣重点工作开展课题调研，主席会议成员牵头负责，专委会、界别组等积极参与，深入实地调研，形成41份调研报告。围绕推进新时代我省政协工作高质量发展，确定发挥专门协商机构作用、打造工作精品等21个专题，主席会议成员牵头负责开展调研，建立工作务虚会制度，深入交流研讨新时代政协工作的具体思路和工作举措。

（二）以紧扣“两个高水平”建设为重点，深入建言资政

围绕中心、服务大局是人民政协履行职能的重要原则。我们紧紧围绕坚定不移沿着“八八战略”指引的路子走下去、加快“两个高水平”建设这条工作主线，贯彻新发展理念，聚焦聚力高质量、竞争力、现代化，把协商民主贯穿于政协履行三大职能的全过程，坚持融调查研究、协商议政、民主监督于一体，用好政协话语权，助力党政增强决策科学性和施政有效性。

助力经济高质量发展。精心选择经济高质量发展若干重要议题深入调研协商、汇智献策。围绕推动民营经济高质量发展，开展专题调研和宣讲活动，组织参加全国政协“优化营商环境、促进民营经济高质量发展”首场远程协商分会场活动。围绕实施创新驱动发展战略推动高质量发展，分8个专题开展调研，提出对策建议，助力打造高质量发展新引擎。围绕深化“亩均论英雄”改革开展专项督察，组成9个督察组深入11个设区市、14个县（市、区）、66家企业蹲点调研、实地督察，召开17个座谈会，总结经验做法，推动解决问题。围绕高水平建设我省国家科技成果转移转化示范区、中小企业科技创新等议题开展对口协商和界别协商，选择我省能源发展、国际金融科技中心建设等重点问题进行专题性经济分析。围绕推进杭州湾大湾区建设、加快人工智能产业发展、发展全域旅游等议题，扎实做好重点提案、专项提案办理协商工作，推动了相关问题的解决。围绕构建区域创新共同体、推动长三角科技创新圈建设，与上海、江苏、安徽等省市政协一道开展联合调研，提出建设性对策建议。

助力全面深化改革。紧紧围绕重大改革举措出台和实施献计出力，做到聚焦改革、建言改革、服务改革，以实际行动庆祝改革开放40周年。紧扣中共浙江省委十四届三次全会关于“八八战略”再深化、改革开放再出发和推进清廉浙江建设的重大决策，召开专题议政性常委会议，提出加快推进企业投资项目承诺制改革、打造最佳开放环境和建设清廉机关、弘扬清廉文化等对策建议，为省委科学民主决策提供了有益参考。紧扣深化“最多跑一次”改革，开展贯穿全年的三级政协联动专项集体民主监督，并召开专题议政性常委会议协商建言，设置“委员大家访”、“委员大家议”、“委员大家谈”、“委员大家查”等协商监督载体，综合履职，多维发力，既广聚共识，又广纳群言，助力把“最多跑一次”改革这张金名片擦得更亮。

助力美丽浙江建设。着眼推进我省大花园建设，综合运用课题调研、专题协商、民主监督等多种履职方式，助推高质量建设美丽浙江。围绕全力打开“两山”转化通道、高质量推进乡村振兴示范省建设深入调研，形成1个总报告和34个分报告，召开专题议政性常委会议协商讨论，提出高质量推进城乡融合发展、因地制宜制定乡村振兴规划等39项对策建议，被采纳34项。围绕中央环保督察反馈意见整改落实情况开展专项集体民主监督，组织3个监督调研组，实地监督调研整改点位27个，随机抽查点位2个，并指导各设区市政协开展联动监督，有力推动了中央环保督察反馈问题点位的整改落实。围绕长三角区域污染防治协作机制落实情况参与联动监督，实地监督调研共性或跨界领域点位48个，形成中期监督报告和总报告，助力建设绿色美丽长三角。围绕城乡生活垃圾分类处理，组织开展三级政协联动专项集体民主监督，坚持集中监督与分散随机监督、明察与暗访相结合，并与相关议题提案督办、界别协商统筹推进，采取阶段性报告和总报告相结合的方式，列出问题清单58项，提出意见建议8206条，大部分被党政决策采纳吸收。

助力增进民生福祉。主动顺应人民群众对美好生活

的新期盼，抓住民生领域重要问题资政建言，协助党委政府破解民生难题。聚焦民生"关键小事"，制定民生协商论坛工作规则，围绕医养护结合加快养老事业和产业发展、共筑个人信息安全防线、加强外卖餐饮食品安全监管、减轻中小学生负担、建立健全农村留守人员关爱服务体系、强化危险废物处置监管、"全面二孩"政策实施后的公共服务供给等议题，举办7期民生协商论坛，共有282名政协委员、48名界别群众代表、14名县（市、区）政协主席，与省政府领导、省直有关部门负责人面对面协商交流，促进了民生热点难点问题的解决。聚焦省政府征集"十大民生实事"项目，首次开展"为民办实事，请你来协商"活动，征集意见环节共有584名委员提出919条建议，参与率达92.6%；召开专题协商会，提出19方面建议，为省政府提供民意民智参考。聚焦基层群众所需所盼，制定"六送下乡""两走进"活动月活动工作规则，采用统分结合方式，在龙游县开展集中服务和在常山县、文成县等6个山区海岛县开展分组服务，签署合作协议22个，落实支持项目135个。聚焦推进"厕所革命"、深化农村文化礼堂建设等，组织开展委员视察，为推进相关工作建言献策。聚焦浙江省无障碍环境建设实施办法草案、浙江省口岸管理和服务办法草案等，组织委员参与对口立法协商，推动政府规章的完善和贯彻执行。

（三）以画好最大同心圆为目标，广泛凝聚共识

政协因团结而生，依团结而存。我们自觉把凝聚共识、汇聚力量摆到政协工作更加重要位置，正确处理一致性和多样性的关系，广泛凝聚共识汇聚力量，充分发挥人民政协作为统一战线组织的大团结大联合优势。

着力加强思想政治引领。坚持把加强思想政治引领落实到政协工作的各方面，在开展调研、协商、视察、监督等工作时，注重加强自我教育、宣传引领、沟通交流，领悟新思想，感受新成就，强信心、聚民心、暖人心、筑同心。鼓励和支持政协委员深入基层和界别群众，协助党委政府做好解疑释惑、宣传政策、理顺情绪、化解矛盾的工作。搭建多媒体融合的"同心"系列新平台新载体，创办浙江政协"同心苑"微信公众号和钱江晚报"同心桥"、浙江卫视"同心树"专栏等，办好联谊报、门户网站等宣传阵地，广泛传播政协好声音，汇聚强大正能量。

着力促进五大关系和谐。深化党派合作，以"五一口号"发布70周年为契机，坚持和发展新型政党制度，支持和保障省级各民主党派、工商联、无党派人士积极参与政协履职活动，优先安排发表意见建议。开展加快我省少数民族村发展调研，与省有关部门联合举办首期民族乡村"百村论坛"。开展加强我省民间信仰事务管理等调研，重视发挥宗教界政协委员的作用。密切与新的社会阶层人士等的联系沟通，进一步扩大团结面。组织港澳华侨委员、港澳台侨代表人士"看家乡巨变"考察活动，增进对改革开放40周年、"八八战略"实施15周年带来历史性变革和成就的共识。指导香港浙江政协委员联谊会做好换届工作，支持港澳委员为维护港澳繁荣稳定发声出力。

着力发挥政协经常性工作的团结联谊作用。积极做好社情民意信息反映工作，出台省政协领导批阅群众来信办理制度，修订反映社情民意信息工作条例，全年共收到社情民意信息6542条，编报政协信息《专报》161期。加强政协文史工作，编纂完成《浙江通志·人民政协志》，征编出版《之江春潮——浙江改革开放40周年记忆》等，发挥存史、资政、团结、育人的作用。鼓励省政协之友社、诗书画之友社、企业家之友社等社团突出自身特色，开展各类联络联谊活动。支持长三角（浙江）民营经济研究会开展课题研究，举办长三角地区新生代企业家论坛。支持浙江树人大学创新发展，提高办学水平。

（四）以改革创新为动力，推动政协工作与时俱进

改革创新是时代主题，也是推动人民政协事业发展的不竭源泉。我们主动顺应"时"和"势"变化的要求，以新理念谋划思路，用新办法解决问题，建新机制推进工作，推动我省政协事业守正创新、更进一步。

树立"数量适度、质量为要"的导向。坚持把调研作为政协各项工作的必经程序来落实，规定每次专题协商、每期民生协商论坛、每项民主监督、每个提案等都要先期深入调研，做到不调研不协商、不调研不监督，边调研边协商、边调研边监督。探索完善协商议政提质增效机制，注重优化委员参与，强化互动交流，凸显界别集体声音，改进工作流程，营造良好氛围，不断提高协商建言的质量。提高提案质量、办理质量和服务质量，全年提案立案717件，并案后705件，已全部办复。倡导打造工作精品，在全省政协系统推介6个政协工作创新案例。

探索建立开放性履职平台载体。探索开展委员会客厅创建工作，按照"学习交流新载体、联系群众新纽带、协商民主新路径、团结联谊新平台"的功能定位，注重把好方向、积极稳妥、建管并举，制定创建方案，出台实施意见，统一制作标识，完善配套制度，在中国网络作家村、杭州未来科技城海创园等建立了8个委员会客厅，通过牵头委员组织开展各类主题活动，影响界别群众和有影响力的人，把更多的党外知识分子、非公有制经济人士、新的社会阶层人士团结凝聚到党的周围。热情拥抱互联网，出台网络议政和远程协商实施意见，探索建立常态化的网上议政厅，建设浙江政协·掌上履职平台，深化网络直播重点提案办理，民生协商论坛从第3期开始探索运用网络议政新形式，累计有26.1万多人次参与，扩大了参与面和影响力。制定应用型智库组建方案和工作规则，建立14个智库小组，举行首批智库人员聘任仪式，共建共享应用型智库。指导6个县级政协探索开展"请你来协商"平台建设，更好发挥县级政协专门协商机构作用。

提升政协履职制度化规范化程序化水平。以贯彻新修订的政协章程为契机，系统梳理完善政协工作制度，规范工作程序，完善运作机制。省政协制定或修订了会议组织、履行三项职能、经常性工作、自身建设等方面的29项制度，指导省政协机关制定或修订了进一步加强机关建设管理等18项规章制度，同时抓好各项制度落实，切实发挥制度效用。

（五）以党的建设为统领，从严从实加强政协自身

建设

加强政协自身建设，是政协工作高质量发展的重要基础。我们持之以恒践行严实要求，进一步提高履职能力，夯实履职根基，增强履职合力，为推进政协事业发展提供有力保障。

加强政协系统党的建设。认真贯彻中共中央、全国政协和中共浙江省委关于加强新时代政协系统党的建设的部署要求，开展政协系统党建工作专题调研，首次召开全省政协系统党的建设工作会议，协助中共浙江省委制定关于加强新时代人民政协党的建设工作的意见，制定落实重点任务分工方案，以党的建设统领政协各项工作。健全党的组织设置，组建省政协专委会分党组，指导推动全省政协系统全部建立政协机关党组。落实党员领导双重组织生活制度，探索建立无党派人士界、宗教界委员联系机制，健全机关党建工作定期通报、汇报机制。充分发挥政协党组领导核心作用，修订省政协党组工作规则，制定专委会分党组工作规则，完善重大事项报告制度，切实把方向、管大局、保落实。支持省纪委、省监委派驻省政协机关纪检监察组履行职责，营造风清气正的良好政治生态。

加强专委会和界别组建设。根据中共浙江省委部署要求，做好省政协机构改革工作，优化专委会设置。围绕发挥专委会基础性作用开展专题调研，主席会议定期研究专委会工作，完善主席会议成员分工联系专委会制度，修订专委会通则，推动专委会工作提质增效。健全副主席联系界别活动组、专委会分工联系界别活动组制度，修订重视和发挥界别作用的意见、开展界别活动组活动的实施办法、界别活动组联络员工作的若干规定。坚持以专委会为依托开展界别工作，专题研究创新界别协商形式，更好发挥界别作用。

加强政协委员队伍建设。始终把政治建设摆在首位，省政协第一次常委会议专门研究常委会自身建设，制定实施加强常委会自身建设的意见、常委提交年度履职报告工作办法，通过常委示范带动全体政协委员做好“委员作业”。优化委员服务管理，建立主席会议成员联系走访约谈委员制度，修订制定委员履行职责的若干规定、委员履职量化考评实施细则、委员履职考评制度等，突出强调政协建言环境要宽松、但纪律规矩不能宽松，教育引导广大委员“懂政协、会协商、善议政，守纪律、讲规矩、重品行”。按照“政治强、能力强、作风强”的要求，加强政协机关干部队伍建设，提高服务保障水平。

加强对市县政协工作的联系指导。强化系统联动的理念，制定关于加强对市、县(市、区)政协工作联系和指导的若干意见，构建“思想共引、问题共解、履职共推、队伍共建”的工作格局。在思想共引上，通过会议交流、学习培训、理论研讨等多种途径，指导推动全省政协系统深入学习贯彻习近平新时代中国特色社会主义思想，筑牢共同思想政治基础。在问题共解上，开展县级政协工作专题调研，建立走访调研、经验交流、专题研讨等常态化沟通协商机制，及时总结推广典型经验，推动解决共性问题。在履职共推上，聚焦“最多跑一次”改革、“亩均论英雄”改革、乡村振兴示范省建设、城乡生活垃圾分类处理等开展联合调研、联动监督，在联合联动履职中提升工作实效性。在队伍共建上，首次举办县级政协主席培训班，支持市、县(市、区)政协加强委员培训，弘扬一线精气神，不断加强政协委员和机关干部队伍建设。一年来，各市、县(市、区)政协勇于探索、争先创优，创造了许多鲜活经验，为推动我省政协事业创新发展作出了积极贡献。

各位委员，各位同志！对省政协工作，省委省政府高度重视。一年来，中共浙江省委常委会会议4次听取省政协工作情况汇报；省委书记车俊同志3次出席省政协会议活动并作重要讲话，亲自阅批省级各民主党派、工商联重要提案；省委副书记、省长袁家军同志在全省政协主席读书会上通报经济社会发展形势，带头领办省政协重点提案；省委省政府领导领办18件重点提案，对政协履职成果批示184件次，其中省委省政府主要领导批示99件次，这是对省政协工作的高度重视和有力鞭策，是对省政协委员的充分信任和极大鼓舞。

各位委员，各位同志！2018年省政协各项工作成绩的取得，是中共浙江省委坚强领导的结果，是省人大常委会、省政府和社会各方面大力支持的结果，也是参加省政协的各党派团体、各族各界人士、广大政协委员和全省各级政协组织共同奋斗的结果。在此，我代表省政协常委会表示衷心感谢！

总结一年来省政协的履职实践，我们深刻体会到，做好新时代政协工作，必须坚持中国共产党对政协工作的全面领导，把习近平新时代中国特色社会主义思想作为统揽各项工作的总纲，牢牢把握正确政治方向；必须坚持建言资政和凝聚共识双向发力，围绕中心服务大局，为“八八战略”再深化、改革开放再出发聚智献策、汇聚力量；必须把提质增效贯穿履职的全过程和各方面，不断提高履职质量，加快实现各项工作从注重“做了什么”、“做了多少”向“做出了什么效果”的转变；必须树立与新时代要求相适应的开放性思维，不断推进政协工作思路理念、方式载体、制度机制创新，切实增强政协工作的生机与活力；必须打造政治过硬、能力过硬、作风过硬的政协委员和机关干部队伍，加强自身建设，为政协履职提供有力保障。

我们也清醒地认识到，工作还存在一些亟待加强和改进的方面，主要是：建言资政和凝聚共识双向发力还不够到位，团结联谊的范围和渠道有待进一步拓展；有些调研议政活动还不够深入，建言资政的质量有待进一步提高；委员履职积极性主动性还不够均衡，评价激励机制有待进一步完善；机关运行机制还不够科学高效，服务保障水平有待进一步提升，等等。这些都需要切实加以改进。

二、2019年工作任务

2019年是中华人民共和国和人民政协成立70周年，是高水平全面建成小康社会的关键之年。省政协工作的总体要求是：高举习近平新时代中国特色社会主义思想伟大旗帜，深入学习贯彻习近平总书记关于加强和改进人民政协工作的重要思想，深入学习贯彻中共中央、全国政协和中共浙江省委部署要求，牢牢把握团结和民主两大主题,把推动人民政协这一具有中国特色的制度安排更加成熟更加定型、发挥好专门协商机构作用作为新时代的新方位新使命,把加强思想政治引领、广泛凝聚共识作为履职工作的中心环节,学习新思想、携手新时代、聚焦高质量、服务高水平、画好同心圆,努力推动我省政协工作走在前列,为推进“八八战略”再深化、改革开放再出发贡献智慧和力量,以优异成绩庆祝中华人民共和国和人民政协成立70周年。

(一)深入学习贯彻习近平新时代中国特色社会主义思想,着力扛起思想政治建设新担当。做好新时代政协工作,首位任务就是要持续学懂弄通做实习近平新时代中国特色社会主义思想,增强“四个意识”、坚定“四个自信”、坚决做到“两个维护”,不断巩固团结奋斗的共同思想政治基础。要完善以政协党组理论学习中心组学习为引领的学习体系,落实习近平新时代中国特色社会主义思想学习座谈会制度,提高学习的针对性和实效性。要持续推动习近平总书记关于加强和改进人民政协工作的重要思想学习研讨活动走深走实,切实做到学思用贯通、知信行统一。要以习近平总书记关于加强和改进人民政协工作的重要思想研究基地为依托,深化对政协重大理论和实践问题的研究探讨,推出更多有理论深度、有思想高度、有实践价值的研究成果。要深入贯彻中共中央、全国政协和中共浙江省委关于加强政协系统党的建设的部署要求,充分发挥省政协党组、机关党组、专委会分党组作用,建立健全政协系统坚持党的全面领导的组织体系、制度体系、工作机制,加快实现党的组织和党的工作“两个全覆盖”。要扎实开展“不忘初心、牢记使命”主题教育。要坚持把强化思想政治引领同经常性思想政治工作结合起来,制定出台关于推进建言资政和凝聚共识双向发力的若干意见。

(二)发挥政协优势作用,着力展现围绕中心服务大局新作为。紧紧围绕省委省政府重大决策部署,谋划和组织好省政协重点履职工作。要聚焦中共中央和中共浙江省委对经济工作的形势判断和决策部署,继续抓好“大学习大调研大抓落实”活动,扎实开展“服务企业服务群众服务基层”活动,做好宣传政策、统一思想、提振信心工作,服务助推我省在迎接和战胜挑战中抓住用好新时代重要战略机遇。要深入协商议政,围绕“一府两院”工作报告,召开全体会议进行协商;围绕省委十四届五次、六次全会重大决策,优化营商环境推进民营经济高质量发展,省政府2020年为民办实事项目等,召开专题议政性常委会议或专题协商会;围绕主动融入长三角一体化发展国家战略、推动高质量一体化发展,推进基层社会治理,补齐“民生领域短板”,加强农村饮用水水源保护和加强文化遗产保护、打造浙江文化标识等,开展重点课题调研;围绕经济社会发展中的热点问题和经济运行中的苗头性问题,开展专题性经济分析。要发挥协商式监督优势,围绕城乡生活垃圾分类处理,继续开展三级政协联动专项集体民主监督;围绕深化“最多跑一次”改革、支持民营企业各项政策落实情况、淳安生态保护特别功能区建设等,开展专项民主监督;围绕深化“千万工程”、推进美丽乡村和大花园建设,推进大运河(浙江)文化带建设等,开展委员视察;与上海、江苏、安徽等省市政协一道,围绕加强交通基础设施互联互通、统筹建设开展联合调研,继续围绕长三角区域污染防治协作机制落实情况开展联动监督;组织委员就中国(浙江)自由贸易试验区建设等开展专题视察,促进以“一带一路”为统领全方位扩大对外开放。要紧扣富民强省十大行动计划,围绕促进民宿和农家乐健康发展、充分发挥农村文化礼堂作用、持续推进智慧交通建设、加强小学放学托管等议题,举办民生协商论坛,开展网络议政或远程协商,综合运用多种履职方式助力民生实事;不断提升“六送下乡”“两走进”活动月活动实效,为增强人民群众的获得感幸福感安全感聚智聚力。

(三)凸显团结联谊功能,着力增强凝聚共识新成效。顺应统一战线内部构成、外部环境和工作任务的新变化,把发挥团结联谊功能融汇于政协各项工作之中。要坚持和发展新型政党制度,建立健全联动调研、联合监督、联谊联络等工作机制,积极为省级各民主党派、工商联和无党派人士在政协更好履职创造条件。组织开展以自我教育为主旨的党外委员专题视察。要用好“同心”系列新平台新载体,强化媒体联动,打造舆论矩阵。要持续助推我省民族地区经济社会发展,就我省关于进一步支持民族乡村加快发展等政策文件贯彻落实情况开展民主监督。要加强与宗教界代表人士的沟通联系,积极引导宗教与社会主义社会相适应。要组织港澳华侨委员和港澳台侨代表人士开展看浙江变化专题考察,组织港澳华侨委员开展“我和我的祖国”征文活动,探索建立以凝聚海内外共识为目标的委员讲堂和专题性委员宣讲团,组建海外、港澳委员宣讲团,开展“同心汇”专题宣讲活动,汇聚智慧、汇聚力量。发挥海外港澳台侨代表人士在推进祖国完全统一和“一国两制”实践中的积极作用。要按照积极稳妥、成熟一个创建一个的要求,在全省三级政协创建100个左右委员会客厅,健全长效运行机制,更好发挥委员会客厅的作用。要鼓励支持省政协各社团发挥专长开展活动,促进团结联谊。

(四)突出提质增效,着力实现建言资政质量新提升。提高建言资政质量,是新时代人民政协的时代命题。要坚持把履职质量导向放在更加突出位置,建立完善各项工作制度机制和方式载体,促进政协工作持续向高质量瞄准、向高质量发力。要把调查研究作为提质增效的必经环节抓紧抓好,不断改进调查研究的思想作风和工作作风,坚决破除调查研究中存在的形式主义、官僚主义现象。要把互联网优势同政协协商特色结合起来,整合资源、拓展渠道、丰富载体,深入开展网络议政和远程协商,建好用好网上议政厅、浙江政协·掌上履职平台等。要协助省委省政府修订关于加强省直党政部门同省政协专委会和界别对口联系工作的意见,建立完善向政协通报工作制度。要更好彰显政协人才荟萃、智力密集的优势,发挥应用型智库的作用,为高质量建言资政提供智力支持。要深化协商议政质量体系建设,积极探索提高协商议政质量的方式方法,推进“请你来协商”平台建设,适时出台更好发挥专门协商机构作用的办法。要将协商理念贯穿于提案工作全过程,从源头上把好提案质量关,加大集体提案比重,加强重点提案协办督办协商，探索提案办理协商新形式，促进提案工作高质量。要深化开展政协工作创新案例推荐活动，更好发挥典型示范作用。

（五）以庆祝中华人民共和国和人民政协成立70周年为契机，着力迈出政协事业发展新步伐。庆祝中华人民共和国和人民政协成立70周年，是今年省政协的重要任务。要按照中共中央、全国政协和中共浙江省委的统一部署和安排，组织开展中华人民共和国和人民政协成立70周年系列庆祝活动。要协助中共浙江省委组织开展对中共中央和省委关于政协工作的重要文件、会议精神贯彻落实情况的专题督查调研，召开省委政协工作会议，制定出台我省关于新时代加强和改进人民政协工作的意见，第一时间抓好学习宣传和贯彻落实。要开展以“同呼吸共命运”为主题的口述史征集，编辑出版《70年·70人》。要结合庆祝人民政协成立70周年，进一步加强政协常委会、专委会、界别组和委员、机关干部队伍建设，建立完善全省三级政协履职联动、合而成势的工作机制，更好发挥整体优势、形成强大合力，不断把我省政协工作提高到一个新水平。

三、树立新时代人民政协的新样子

中国特色社会主义进入了新时代，政协工作使命更为光荣、任务更为艰巨、责任更为重大，新时代人民政协要有新样子。我们要在全省政协系统组织开展“新时代人民政协的新样子”专题讨论，团结引领参加政协的各党派团体和广大政协委员保持奋斗者的姿态和干劲，大力推进转理念、转方式、转作风、提质量，推动我省政协事业与时俱进，形成蓬勃向上、活跃有序的生动局面。

（一）把握新方位新使命，把新时代人民政协的政治责任担当起来。一个时代有一个时代的方位，一代人有一代人的使命。习近平总书记强调，新时代人民政协的新方位新使命，就是推动人民政协制度更加成熟更加定型、发挥好专门协商机构作用。浙江作为习近平新时代中国特色社会主义思想的重要萌发地，我们必须以更高的站位、更加自觉的行动，把握新的历史方位，锚定使命任务。要着眼推动人民政协制度更加成熟更加定型，在理论上深化研究、实践上积极探索、制度上不断规范，切实提升政协履职的制度化、规范化、程序化水平，自觉担负起政协制度参与者、实践者、推动者的重大责任。要着眼社会主义协商民主是独特独有独到的民主形式、人民政协是协商民主重要渠道和专门协商机构，把握政协协商长期性、经常性、广泛性、多层性等特点规律，进一步丰富协商内容，创新协商方式，提高协商实效，充分展示专门协商机构的风范与样子，推进协商民主广泛多层制度化发展，为彰显我国社会主义民主政治的特点和优势提供浙江素材、作出浙江贡献。

（二）坚持双向发力，把新时代人民政协的价值作用发挥出来。人民政协作为国家治理体系的重要组成部分，发挥作用的方式、机理和目的具有鲜明特色。人民政协协商不决策、监督不强制、参政不行政，主要通过政协制度的有效运行和民主程序，把党的主张转化为社会各界的共识，同时运用协商的方式向党和政府建言资政，帮助完善决策。对于政协来说，建言资政是服务中心大局，凝聚共识同样是服务中心大局；建言资政被党政采纳是实效，凝聚共识汇聚合力同样是实效。我们要坚持建言资政和凝聚共识双向发力，完善相应的制度、程序和机制，在建言资政中不断拓展凝聚共识的深度，在凝聚共识中不断提高建言资政的质量。既要引导广大委员深入调研，提高建言资政质量，促进党政科学决策，又要通过调研视察等加强自我教育，广泛凝聚共识，促进党政决策部署落地见效；既要在政协内部加强思想政治引领，又要面向社会广泛联系和动员各界群众，做好统一思想、引导预期、提振信心的工作；既要尊重多样性，又要巩固一致性，做到增进一致而不强求一律，包容多样而不丧失主导，切实把党的决策部署贯彻落实下去、把各方面的智慧力量汇聚起来。

（三）锤炼过硬本领，把新时代人民政协的履职能力提升起来。新时代人民政协工作的内涵和重点、理念和方式、环境和条件、标准和要求，都与过去有很大的不同。我们要持续补足能力上的短板、本领上的不足，不断提高政治把握能力、调查研究能力、联系群众能力、合作共事能力。要跟得上时代的步伐，把握时代大势，知大局、识大体、明大事，因时而进、顺势而为，不能身子进入新时代，而思想认识和能力水平还停留在过去时。要跟得上理论的发展，不断强化理论武装，把新时代政协工作的本质和规律把握准确，把推进工作的思路和办法研究透彻，做到以认识成果推动实践、以实践探索深化认识。要跟得上技术的进步，顺应互联网、大数据发展趋势，增强互联网思维，主动适应科技进步的新变化。要跟得上实践的要求，着眼政协正在思考、谋划、推进的事，突出问题导向，着力练好内功，提高实际工作的能力水平，把过硬本领转化为履职尽责的实绩。

（四）践行一线要求，把新时代人民政协的良好精神风貌展现出来。人民政协处于凝心聚力第一线、决策咨询第一线、协商民主第一线、国家治理第一线，是党和国家一线工作的重要组成部分。进入新时代，全省上下都在撸起袖子加油干，万众一心高水平谱写实现“两个一百年”奋斗目标的浙江篇章。我们不能自外于这种时代大背景，要切实严起来、紧起来、动起来，以焕然一新的风采和作为不负新时代。要增强一线意识，始终保持昂扬向上的工作热情和良好的精神状态，看重政协工作，热爱政协岗位，奉献政协事业。要追求一线作为，发挥政协独特优势，在服务党政中心大局、增进民生福祉、发展协商民主上展现作为、彰显价值。要弘扬一线作风，秉持履职为民的情怀，保持求真务实的传统，守持严格自律的准则，自觉守纪律、讲规矩、重品行，展示新时代政协一线新气象。

各位委员！新思想引领前行方向，新使命激发奋进力量。让我们更加紧密地团结在以习近平同志为核心的中共中央周围，在中共浙江省委领导下，同心同德，群策群力，以建言资政和凝聚共识的积极成果，为我省推进“八八战略”再深化、改革开放再出发作出新贡献，庆祝中华人民共和国和人民政协成立70周年。

（原载《浙江日报》2019年2月1日第4版）

“中国共产党的故事——习近平新时代中国特色社会主义思想在浙江的实践”专题宣介会在杭州举行

"Stories of CPC: Zhejiang's Achievements in Practicing Xi Jinping Thought on Socialism with Chinese Characteristics for a New Era" Briefing in Hangzhou

2018年11月23日，由中共中央对外联络部和浙江省委共同举办的“中国共产党的故事——习近平新时代中国特色社会主义思想在浙江的实践”专题宣介会在杭州举行。宣介会以“推动高质量发展”为主题，面向外国政党介绍习近平新时代中国特色社会主义思想中关于高质量发展的理念及其在浙江的具体实践及成功经验。来自30多个国家80多个政党的领导人和代表参加专题宣介会。

中联部部长宋涛出席会议并致辞，表示习近平新时代中国特色社会主义思想是中国共产党必须长期坚持的指导思想，推动高质量发展是保持经济持续健康发展的必然要求。中国特色社会主义进入新时代，中国经济发展也进入新时代，基本特征就是由高速增长阶段转向高质量发展阶段。如何实现更高质量的发展，成为全球范围内亟待解决的重大课题。宋涛向各国政党提出倡议：牢牢把握以人民为中心的发展要求，不能让发展偏离正确方向；充分发挥好理念引领作用，凝聚社会共识，推动形成政策、动员各方参与，为实现高质量发展提供思想理念引领；全面提升自身能力和水平，切实担负带领党员和民众实现宏伟蓝图、推动国家发展的重任；大力加强交流互鉴，为推动各国共同发展、构建人类命运共同体、建设更加美好的世界做出自己的贡献。

浙江省委书记车俊出席会议并在致辞中表示，浙江是中国改革开放先行地，也是习近平新时代中国特色社会主义思想的重要萌发地。习近平总书记在浙江工作期间擘画实施的“八八战略”，是成功打开高质量发展大门的“金钥匙”。实践“八八战略”，浙江坚持以“最多跑一次”改革撬动各方面改革，为高质量发展提供最优制度供给。浙江将深入学习践行习近平新时代中国特色社会主义思想，推进“八八战略”再深化、改革开放再出发，围绕高质量参与“一带一路”建设，高水平推进全面开放；深入实施创新驱动发展战略，统筹抓好新兴产业培育和传统产业改造提升；进一步打开绿水青山向金山银山转化的通道，大力发展美丽经济，做深做实高质量发展大文章。

埃及议会第一副议长谢里夫、巴基斯坦正义运动党总书记阿尔沙德、新西兰国家党主席古德费洛在会上分别发言，表示在习近平新时代中国特色社会主义思想引领下，中国取得巨大的发展成就并进入改革发展的新阶段，为世界提供可学习借鉴的“中国方案”，愿积极参与“一带一路”建设，为构建人类命运共同体而努力。

（资料来源 《浙江日报》）

浙江实施“八八战略”15年取得的历史性成就

The Historical Achievements of Zhejiang Province in the Strategy of "Making Full Use of Eight Advantages and Implementing Eight Major Measures"

2003年7月，时任浙江省委书记习近平深入调查研究，深刻洞悉发展大势，深邃思考浙江经济社会发展战略问题，亲自谋篇布局、开篇破题，做出“八八战略”重大决策部署，为浙江赢得战略主动、抢占发展机遇指明方向、提供根本遵循。15年来，历届浙江省委坚持一张蓝图绘到底、一任接着一任干，坚定不移沿着“八八战略”指引的路子走下去，有力推动浙江经济社会发展取得巨大成就。2002—

2017年，全省生产总值从8004亿元跃升至51768亿元，年均增长10.5%；人均生产总值从16841元增加到92057元，年均增长9.2%；一般公共预算收入从567亿元增加到5803亿元，年均增长16.8%。

一、“八八战略”指引浙江“腾笼换鸟、凤凰涅槃”，实现产业和企业的浴火重生、脱胎换骨

浙江省坚决打破拖累转型升级的“坛坛罐罐”，把产业创新作为转型升级的主战场，做大做强信息、环保、健康、旅游、时尚、金融、高端装备制造、文化等八大万亿级产业，全面实施“凤凰行动”，培育建设特色小镇，改造提升传统动能，培育发展新动能，大力振兴实体经济。2002—2017年，浙江三次产业增加值比例从8.6∶51.1∶40.3调整为3.9∶43.4∶52.7。2017年，以新产业、新业态、新模式为特征的“三新”经济增加值约1.25万亿元，占生产总值的24.1%，信息经济核心产业增加值占生产总值的9.4%。

二、“八八战略”指引浙江深化改革扩大开放，再创体制机制新优势

浙江省充分发挥有效市场和有为政府作用，全力推动国家级重大改革试点落地见效，推动以“最多跑一次”改革为突破口撬动各领域改革，以“一带一路”建设为统领构建全面开放新格局，持续提升浙商创业活力，主动参与“一带一路”、长江经济带建设和长三角区域一体化。2002—2017年，全省进出口总额从420亿美元增至3779亿美元，年均增长15.8%。2017年，全省对“一带一路”沿线市场出口6302.6亿元，增长9.2%，占全省出口总额的32.4%，截至2017年底，全省在“一带一路”沿线国家和地区投资项目总额为191.9亿美元，占全省对外直接投资的27.1%。

三、“八八战略”指引浙江统筹城乡发展、促进区域协调发展，形成城乡融合互动、区域优势互补的良好格局

浙江省大力推进以人为核心的新型城市化，加快提升杭州、宁波、温州和金华—义乌四大都市区能级，积极推进大湾区大花园大通道大都市区建设，大力推动嘉善县域科学发展示范点建设，深入实施“山海协作工程”，积极开展中心镇培育工程和小城市培育试点，大力实施乡村振兴战略，扎实做好东西部扶贫协作和对口支援工作。2002—2017年，浙江城镇居民人均可支配收入从11716元增加到51261元，农村居民人均可支配收入从4940元增加到24956元，年均实际增长分别为8.0%和7.9%，收入比从2.37∶1缩小至2.05∶1；全省城市化率从47.5%提高到68.0%。15年来，山海协作26个山区县共实施山海协作产业合作项目10634个，到位资金4875亿元。全面消除低收入农户家庭人均纯收入4600元以下贫困现象。

四、“八八战略”指引浙江改善和发展民生，群众获得感幸福感明显提升

浙江省深入践行以人民为中心的发展思想，一以贯之坚持为民办实事长效机制，坚持把全省财政支出增量的三分之二以上用于民生，加强高校毕业生、就业困难人员、农村转移劳动力等重点人群就业服务，加大基本医疗保险、基本养老保险的精准扩面力度，推动城乡义务教育高水平均衡发展，推进县域医共体建设，开展扶贫搬迁和地质灾害隐患治理“除险安居”行动，大力推动农村危旧房治理改造。2012—2017年，累计完成农村困难家庭危房改造13.9万户。2013—2017年，累计完成异地搬迁8.04万户、25.73万人。

五、“八八战略”指引浙江加强和创新社会治理，优化社会环境、提升软实力

浙江省深入推进平安浙江、法治浙江、文化大省建设，坚持和发展“枫桥经验”，深化“基层治理四平台”建设，大力推进科学立法、严格执法、公正司法、全民守法，深入实施浙江文化研究工程，认真抓好高校思想政治工作和中小学育人工作，大力弘扬伟大民族精神、时代精神和红船精神、浙江精神，实现经济发展与社会稳定同步推进。2017年，群众安全感满意率达96.58%，浙江被认为是最具安全感的省份之一。

六、“八八战略”指引浙江推进生态文明建设，呈现出“诗画江南、山水浙江”的美好景象

浙江省认真践行“绿水青山就是金山银山”理念，深入推进“千村示范、万村整治”工程，持续开展“811”美丽浙江建设行动，打造美丽乡村升级版，扎实推进治水拆违和小城镇环境综合整治，认真做好中央环保督察反馈意见整改工作，加快形成绿色生产方式和生活方式。2017年，全省森林覆盖率61.2%，地表水省控断面水质Ⅲ类及以上比例82.4%，劣Ⅴ类水断面全部消灭，设区城市空气优良天数比例为82.7%，万元GDP能耗降至0.42吨标准煤。累计约2.7万个建制村完成村庄整治建设，占浙江省建制村总数97%；74%的农户厕所污水、厨房污水、洗涤污水得到有效治理，100%的建制村生活垃圾集中收集处理。“千村示范、万村整治”工程获得2018年联合国“地球卫士奖”。

七、“八八战略”指引浙江全面从严治党，巩固和发展风清气正的良好政治生态

浙江省把学习贯彻习近平新时代中国特色社会主义思想作为首要政治任务，高质量开展党的群众路线教育实践活动、“三严三实”专题教育和“两学一做”学习教育，严格落实加强和规范党内政治生活、强化党内监督要求，高标准执行中央八项规定精神，打好“上下管育爱”干部工作系列组合拳，建立市委书记例会、县（市、区）委书记工作交流会、专题现场会制度，总结推广农村基层党建“浙江二十条”，推进基层治理现代化，实施消除集体经济薄弱村三年行动计划，大力整治“为官不为”，推动形成重实干、敢担当、勇作为的良好氛围，扎实推进国家监察体制改革试点工作，推动形成反腐败斗争压倒性态势。2017年，群众对全面从严治党、党风廉政建设和反腐败工作的满意率达94.8%。

（省委办公厅　夏勇鹏）

坚持创新发展新时代“枫桥经验”

Strengthening Social and Public Security Management in the New Era

2018年11月12日，中央政法委与浙江省委联合在“枫桥经验”发源地绍兴召开纪念毛泽东同志批示学习推广“枫桥经验”55周年暨习近平总书记指示坚持发展“枫桥经验”15年大会。中共中央政治局委员、中央政法委书记郭声琨出席会议并讲话。国务委员、公安部部长赵克志主持会议。最高人民法院院长周强，最高人民检察院检察长张军出席。浙江省委书记车俊致辞并介绍经验。中央组织部、民政部和北京、上海、安徽、福建、四川、新疆等省（区、市）有关负责人做典型发言，分别介绍坚持发展“枫桥经验”的做法和成效。

浙江是习近平新时代中国特色社会主义思想的重要萌发地，也是新时代“枫桥经验”的探索实践区。55年前，浙江诸暨干部群众在社会主义教育运动中，创造“发动和依靠群众，坚持矛盾不上交，就地解决问题，实现捕人少、治安好”的“枫桥经验”。1963年11月，毛泽东批示“要各地仿效，经过试点，推广去做”。

15年前的2003年11月，时任浙江省委书记习近平在纪念毛泽东批示“枫桥经验”40周年暨创新“枫桥经验”大会上发表重要讲话，要求充分珍惜“枫桥经验”，大力推广“枫桥经验”，不断创新“枫桥经验”，由此开启新时代“枫桥经验”孕育、发展的新征程。2013年10月9日，习近平总书记做出重要指示，要求各级党委和政府紧紧扭住做好群众工作这条主线，把“枫桥经验”坚持好、发展好，把党的群众路线坚持好、贯彻好。

回顾55年特别是15年来发展历程，“枫桥经验”形成于社会主义建设时期，发展于改革开放新时期，创新于中国特色社会主义新时代，经历从社会管制到社会管理再到社会治理的两次历史性飞跃。实践充分证明，“枫桥经验”不断被赋予新的时代内涵，成为全国政法战线的一面旗帜，成为基层社会治理的“中国方案”，是新时代政法战线必须坚持、发扬的“金字招牌”。

会议认为，习近平总书记关于坚持创新发展“枫桥经验”的新理念新思想新战略，是推进基层社会治理现代化的根本遵循，充分表明以“枫桥经验”为重要内容的中国特色社会主义社会治理体系具有独特优势。各地区各有关部门特别是浙江省认真贯彻落实习近平总书记重要指示精神，积极探索社会治理新思路新举措，推动“枫桥经验”从地方精致的“盆景”上升为全国精彩的“风景”，从乡村“枫桥经验”衍生出城镇社区“枫桥经验”、海上“枫桥经验”、网上“枫桥经验”等集群，从社会治安领域扩展到经济、政治、文化、社会、生态等领域，形成满园春色的新局面。各地区各有关部门坚持创新发展“枫桥经验”主要有6个方面特点：一是创新党建引领的方式方法。把党的基层组织作为创新社会治理的“主心骨”，探索完善政治引领、思想引领、组织引领、能力引领、机制引领等渠道，让党组织的服务管理触角延伸到社会治理每个末梢，确保基层社会治理的正确方向。二是探索群众路线的实践路径。把党的群众路线贯穿基层社会治理全过程，健全依靠群众、组织群众、发动群众的体制，创新为民谋利、为民办事、为民解忧的机制，努力使社会治理过程群众参与、成果群众获得、成效群众评判。三是丰富“三治结合”的有效形式。积极探索构建“自我管理、自我服务、自我监督”的自治建设体系、“严格执法、公正司法、全民守法”的法治建设体系、“以评立德、以文养德、以规促德”的德治建设体系，推动基层社会治理体系不断健全。四是开创“三共一体”的治理格局。围绕实现共建共治共享，统筹政府、市场、社会力量，共同建设治理体系、共同实施治理活动、共同分享治理成果，打造人人有责、人人尽责的命运共同体。五是健全“三不目标”的实现机制。把工作基点转移到预测预警预防上来，创新完善基层矛盾纠纷源头预防、排查预警、多元化解机制，最大限度把问题化解在萌芽、解决在基层，努力实现“小事不出村、大事不出镇、矛盾不上交”。六是迈向“三和相融”的崭新境界。把中华传统治理智慧和现代治理理念结合起来，着力预防和化解人与人、人与自然的冲突，努力促进百姓和顺、城乡和美、社会和谐。

会议要求，各地区各有关部门要围绕推进国家治理体系和治理能力现代化的总目标，坚持把党的领导作为根本保证，努力形成共建共治共享的基层社会治理新格局。坚持把以人民为中心作为根本立场，努力满足人民群众美好生活新需要。坚持把自治、法治、德治作为根本方式，努力构建基层社会善治新体系。坚持把预测预警预防作为根本任务，努力打造矛盾风险防控新模式。坚持把基层基础建设作为根本支撑，努力激发基层社会治理新动能。

纪念大会上，车俊代表省委做《坚持发展新时代“枫桥经验”争当基层治理现代化排头兵》的讲话，全面、系统、科学地总结浙江坚持发展新时代“枫桥经验”的经验做法。车俊指出，“枫桥经验”发源于诸暨枫桥，是浙江的光荣和骄傲。坚持和发展“枫桥经验”，是浙江的使命和担当。15年来，浙江省委坚持一张蓝图绘到底，坚定不移沿着“八八战略”指引的路子走下去，在推进社会治理过程中不断总结推广和创新发展“枫桥经验”，有力夯实平安浙江、法治浙江建设的基层基础，有效防范化解一个又一个社会治理难题，较好实现浙江经济发展与社会稳定同步推进、社会治理与平安建设同步提升、人民群众获得感幸福感与安全感同步增强。浙江坚持发展新时代“枫桥经验”的经验做法是：

一、党建统领是新时代“枫桥经验”的政治灵魂

党的领导是新时代“枫桥经验”的最大优势。浙江省

把基层治理和基层党建结合起来，牢固树立一切工作到支部的鲜明导向，高标准落实农村基层党建“浙江二十条”，积极探索“党建+市域治理”“党建+网格”“党建+市场治理”“党建+流动人口管理服务”等做法，不断强化党组织对基层改革发展稳定各个方面的政治领导、组织引领、能力引领、机制引领，推动党组织的服务管理触角延伸到社会的每个末梢，充分发挥基层党组织在基层治理中的战斗堡垒作用，进一步巩固党的执政根基。

二、人民主体是新时代“枫桥经验”的核心价值

一切为了群众、一切依靠群众，是新时代“枫桥经验”的初心所在、力量所系。浙江省深入践行党的群众路线，以群众需求为工作导向、群众参与为工作方法、群众满意为工作追求，全面实施“最多跑一次”改革、领导干部接访下访等创新举措，把“最多跑一次”的理念落实到基层治理各个方面、各个环节，千方百计为群众办实事、解难题，较好地实现“治理过程让群众参与、治理成效让群众评判、治理成果让群众共享”。

三、“三治融合”是新时代“枫桥经验”的主要路径

自治、法治、德治“三治融合”，是新时代“枫桥经验”的重大创新，是基层治理现代化的发展方向。浙江省坚持自治为基、法治为本、德治为先，健全完善“民主恳谈”“村民说事”等基层协商民主方式，扎实推进村规民约和社区公约、百姓议事会、乡贤参事会、百事服务团、法律服务团、道德评判团等建设，全面推行村级小微权力清单制度，深入开展民主法治村建设，大力弘扬“最美现象”，建立健全社会诚信体系，自治、法治、德治相辅相成，相得益彰的基层治理体系基本形成。

四、“四防并举”是新时代“枫桥经验”的重要手段

人防、物防、技防、心防并举，是新时代“枫桥经验”实现网上和网下相衔接、传统与科技相结合的题中应有之义。浙江省积极探索“科技+”“互联网+”等社会治理新模式，大力推进雪亮工程、大数据运用、互联网法院等信息化建设，全面推进“基层治理四平台”建设，全面实施重点领域实名制管理，加快社会心理服务体系建设和“全科网格”建设，积极构建具有浙江特点的风险预测预警预防体系，最大限度地降低全社会各类风险发生的概率，最大限度地减少风险造成的损失。

五、共建共享是新时代“枫桥经验”的工作格局

新时代“枫桥经验”打开共建共享的通道，体现大社会观和大治理观。浙江省坚持有效市场和有为政府相统一，建立健全多元主体对话、协商、合作机制，全面推行“民生实事项目代表票决制”，按照“群众提、代表定、政府办、人大评”的办法确定每年要办的10个方面民生实事，大力培育发展社会组织和各类志愿者队伍，鼓励和支持其在矛盾化解、社区矫正、帮扶救助、慈善公益等领域发挥积极作用，党委领导、政府负责、社会协同、公众参与、法治保障的基层治理体制运转顺畅、运行高效。　（省委政法委　张爱平）

“千村示范、万村整治”工程获联合国“地球卫士奖”

"Zhejiang's Green Rural Revival Program" Won Champions of the Earth Award

2018年9月27日，浙江省“千村示范、万村整治”工程获联合国“地球卫士奖”中的“激励与行动奖”，安吉县递铺街道鲁家村村委会主任裘丽琴代表浙江省委、省政府赴联合国领奖。

浙江“千村示范、万村整治”工程是“ 绿水青山就是金山银山”理念在基层农村的成功实践。此次获奖意味着浙江推进生态文明建设的努力和成效得到国际社会的认可。2003年，时任浙江省委书记习近平亲自调研、亲自部署、亲自推动，启动实施“千村示范、万村整治”工程（简称“千万工程”）。15年来，浙江以实施“千万工程”、建设美丽乡村为载体，突出重点，持续用力，先后经历示范引领、整体推进、深化提升、转型升级4个阶段，不断推动美丽乡村建设取得新进步。浙江坚守与实践“千万工程”的主要经验有以下7个方面。

一、始终坚持以绿色发展理念引领农村人居环境综合治理

15年来，浙江省通过深入学习和广泛宣传教育，让习近平总书记“绿水青山就是金山银山”理念深入人心，成为推进“千万工程”的自觉行动。把可持续发展、绿色发展理念贯穿于改善农村人居环境的各阶段各环节全过程，扎实持续改善农村人居环境，发展绿色产业，为农民增加收入、提升农民群众生活品质奠定基础，为农民建设幸福家园和美丽乡村注入动力。

二、始终坚持高位推动，党政“一把手”亲自抓

浙江省历届党委和政府坚持农村人居环境整治“一把手”责任制，成立由各级主要负责人主抓的领导小组，每年召开一次全省高规格的现场推进会，省委、省政府主要领导到会部署。全省上下形成党政“一把手”亲自出马抓、分管领导直接抓、一级抓一级、层层抓落实的工作推进机制。省委、省政府把农村人居环境整治纳入为群众办实事内容，纳入党政干部绩效考核和末位约谈制度，强化监督考核和奖惩激励。注重发挥各级农办统筹协调作用，发展改革、财政、国土、环保、住建等部门配合，明确责任分工，集中力量办大事。

三、始终坚持因地制宜，分类指导

浙江省注重规划先行，从实际出发，实用性与艺术性相统一，历史性与前瞻性相协调，一次性规划与量力而行建设相统筹,专业人员参与与充分听取农民意见相一致,城乡一体编制村庄规划布局,因地制宜编制村庄建设规划,注意把握整治力度、建设程度、推进速度与财政承受度、农民接受度的关系,不搞千村一面,不吊高群众胃口,不提超越发展阶段的目标。坚持问题导向、目标导向和效果导向,针对不同发展阶段的主要矛盾问题,制订针对性解决方案和阶段性工作任务。不照搬城市建设模式,区分不同经济社会发展水平,分区域、分类型、分重点推进,实现改善农村人居环境与地方经济发展水平相适应和协调发展。

四、始终坚持有序改善民生福祉,先易后难

浙江省坚持把良好的生态环境作为最公平的公共产品、最普惠的民生福祉,从解决群众反映最强烈的环境脏乱差做起,到改水改厕、村道硬化、污水治理等提升农村生产生活的便利性,到实施绿化亮化、村庄综合治理提升农村形象,到实施产业培育、完善公共服务设施、美丽乡村创建提升农村生活品质,先易后难,逐步延伸。从创建示范村、建设整治村,以点串线,连线成片,再以星火燎原之势全域推进农村人居环境改善,探索农村人居环境整治新路子,实现从"千万工程"到美丽乡村、再到美丽乡村升级版的跃迁。

五、始终坚持系统治理,久久为功

浙江省坚持一张蓝图绘到底,一件事情接着一件事情办,一年接着一年干,充分发挥规划在引领发展、指导建设、配置资源等方面的基础作用,充分体现地方特点、文化特色,融田园风光、人文景观和现代文明于一体。坚决克服短期行为,避免造成"前任政绩、后任包袱"。推进"千万工程"注重建管并重,将加强公共基础设施建设和建立长效管护机制同步抓实抓好。坚持硬件与软件建设同步进行,建设与管护同步考虑,通过村规民约、家规家训"挂厅堂、进礼堂、驻心堂",实现乡村文明提升与环境整治互促互进。

六、始终坚持真金白银投入,强化要素保障

浙江省建立政府投入引导、农村集体和农民投入相结合、社会力量积极支持的多元化投入机制,省级财政设立专项资金、市级财政配套补助、县级财政纳入年度预算,真金白银投入。据统计,15年来浙江省各级财政累计投入村庄整治和美丽乡村建设的资金超过1800亿元。积极整合农村水利、农村危房改造、农村环境综合整治等各类资金,下放项目审批、立项权,调动基层政府积极性主动性。

七、始终坚持强化政府引导作用,调动农民主体和市场主体力量

浙江省坚持调动政府、农民和市场三方面积极性,建立"政府主导、农民主体、部门配合、社会资助、企业参与、市场运作"的建设机制;政府发挥引导作用,做好规划编制、政策支持、试点示范等,解决单靠一家一户、一村一镇难以解决的问题。注重发动群众、依靠群众,从"清洁庭院"鼓励农户开展房前屋后庭院卫生清理、堆放整洁,到"美丽庭院"绿化因地制宜鼓励农户种植花草果木、提升庭院景观;完善农民参与引导机制,通过"门前三包"、垃圾分类积分制等,激发农民群众的积极性、主动性和创造性。注重发挥基层党组织、工青妇等群团组织贴近农村、贴近农民优势。通过政府购买服务等方式,吸引市场主体参与。同时,通过宣传、表彰等方式,调动引导社会各界和农村先富起来的群体关心支持农村人居环境,广泛动员社会各界力量,形成全社会共同参与推动的大格局。

(资料来源 《浙江日报》)

全面深化"最多跑一次"改革

The Reform of "One-stop Administrative Service"

2018年,浙江省全面贯彻党的十九大和十九届二中、三中全会以及庆祝改革开放40周年大会精神,深入学习贯彻习近平新时代中国特色社会主义思想特别是习近平总书记关于全面深化改革的重要论述,坚决落实中央各项改革部署,坚定不移推进"八八战略"再深化、改革开放再出发,深化"最多跑一次"改革,引领撬动各方面各领域改革取得积极进展,为"两个高水平"建设注入强大动力。

一、着力完善深化"最多跑一次"改革推进落实机制

1. 坚持和加强党对"最多跑一次"改革的集中统一领导。以庆祝改革开放40周年、深化机构改革为契机,将省委全面深化改革领导小组改为省委全面深化改革委员会,单独设置省委全面深化改革委员会办公室,加挂浙江省最多跑一次改革办公室牌子,由省委常委、秘书长陈金彪任主任,省委常委、常务副省长冯飞任第一副主任,进一步加强省委对"最多跑一次"改革工作的领导和统一部署。指导各地各部门落实省委机构改革部署、充实改革力量,所有市县均设置"最多跑一次"改革办公室,并配备专职改革工作人员。

2. 坚持以重点突破项目推动"最多跑一次"改革向纵深推进。将"最多跑一次"改革纳入省委书记车俊亲自领衔的重大改革项目,全面落实"一个项目、一名领导、一个团队、一抓到底"的要求,靶向发力集中攻坚,以钉钉子精神全力推进改革落地生根。车俊对"最多跑一次"改革先后做出70多次批示,从理论研讨到实践推动,从经验总结到成果固化,从纵深推进到撬动裂变,不断把"最多跑一次"改革推向深入。省长袁家军牵头推动深化"最多跑一次"改革,推进政府数字化转型工作,每两个月召开政府数字化转型例会,推进各个节点工作,跟进解决存在问题。其他省领导抓好各分管领域"最多跑一次"改革。

3. 坚持强化改革督察促"最多跑一次"改革举措落地见效。省委将改革督察贯穿年度"最多跑一次"改革工作的各领域和全过程,全面落实改革督察主体责任制度,省领导带头督、主管单位主体督、专项小组专题督、改革办统筹督，一级抓一级，层层传导压力，确保“最多跑一次”改革任务不落空。全年省级层面副厅级以上领导带队开展改革督察调研594人次，其中省领导178人次。出台《浙江省重大改革项目评估管理办法（试行）》和《2018年浙江省重大改革项目专项督察工作计划、第三方评估工作计划》，开展深化“最多跑一次”改革专项督查、设区市“最多跑一次”改革专项评估，做到改革推进到哪里、督察评估就跟进到哪里。省委改革办专门创设《领跑者》专刊，以树立标杆、典型引路的方式强化督察，调动各地各部门学习领跑者、争当领跑者、超越领跑者。

二、进一步推动“最多跑一次”改革成为浙江改革的代名词

坚持“认识再深化、内涵再丰富、外延再拓展、质量再提升”，扎实推进“最多跑一次”改革向纵深发展。第三方评估显示，全省“最多跑一次”实现率90.6%，人民群众满意率96.5%。1月23日，中央全面深化改革领导小组第二次会议审议《浙江省“最多跑一次”改革调研报告》；3月，全国“两会”上，“最多跑一次”改革被写入《政府工作报告》；5月，中共中央办公厅、国务院办公厅联合出台《关于深入推进审批服务便民化的指导意见》，将浙江省“最多跑一次”改革的经验做法向全国复制推广。

1. “最多跑一次”事项实现标准化全覆盖。全省持续深化“减事项、减次数、减材料、减时间”工作，完成省、市、县三级办事事项“八统一”，其中主项1411项、子项3443项。除因法律法规对办事程序有特别规定的9个事项外，省、市、县三级办事事项实现“最多跑一次”全覆盖。梳理归集多部门联办“一件事”61项，制定全省标准规范的全流程办事指南。

2. “一窗受理、集成服务”改革持续深化。推进除车辆、船舶、动植物防疫等31项需要现场检验检测事项外的办事事项全面进驻行政服务中心，实现政务办事“只进一扇门”“最多跑一次”。印发《全省“无差别全科受理”工作指南》，稳步推进无差别全科受理。市、县（市、区）、乡镇（街道）、村（社区）四级办事网点电子地图上线运行，采集并发布各类办事网点3.96万个，累计关联事项119.03万个。深入推进行政服务中心综合窗口向乡镇（街道）、村（社区）代办点延伸，推广银行、邮政网点等代办营业执照、驾驶证等业务。全省有“警邮”车驾代办点842个、银行代办网点2300多个。

3. 信息孤岛逐步贯通。印发《浙江政务服务网“一窗受理”平台对接实施指南及技术规范》，发布全省“1253”数据共享体系技术方案Ⅴ3.0版，省、市两级统一管控的数据共享体系加快完善。完成“一窗受理”平台与5套国家系统、85套省级系统、275套市和县（市、区）系统对接，建成个人综合库、法人综合库、信用信息库、电子证照库。除法律法规有特殊规定外，全部办事事项开通网上申请。“浙里办”手机应用上线运行，实现省级168项、设区市平均452项、县（市、区）平均371项审批服务事项掌上可办。全省63.6% 的民生事项实现“一证通办”。杭州市全力打造“移动办事之城”。

4. 企业投资项目开工前审批实现“最多跑一次、最多100天”。实现投资项目在线审批监管平台“4个100%”常态化。印发《关于加快推进“标准地”改革的实施意见》《浙江省一般企业投资项目开工前审批“最多100天”工作指引》。省级以上平台出让工业项目“标准地”909宗、面积3410.7公顷，占省级以上平台新批工业用地总宗数的79.4%、总面积的80.1% ，实现一般企业投资项目开工前审批“最多100天”。建成浙江网上中介超市，入驻中介机构4870个，242个全省性行业协会全部与行政机关脱钩。加强信用监管服务，在线平台2.0版14万余条投资项目信息归集至省公共信用信息服务平台。印发《浙江省工程建设项目审批制度改革试点工作方案》，建设工程建设项目审批管理系统，推动项目审批全程在线无纸化办理。公路、港口、航道工程施工图审批实现12个工作日内办结，公路工程施工许可实现3个工作日内办结。

5. 商事登记便利化规范化水平稳步提升。全省企业平均开办时间（从受理到领取税务发票）基本实现4个工作日完成，嘉兴南湖区通过流程再造、强化协同，实现企业开办全流程1个工作日办结。印发《关于进一步压缩企业开办时间的实施意见》，“28证合一”改革加快落地。推广涉企证照“工商通办”，实现国际贸易“单一窗口”标准版全覆盖。在浙江自贸区、舟山群岛新区和29个国家级开发区试点基础上，“证照分离”改革在全省全面推开。

6. 便民服务领域“最多跑一次”改革深入推进。实现二手房交易登记全流程“最多跑一次”和水电气联动过户，平均2个工作日办结，多个市实现60分钟“当场领证”。医疗卫生服务领域“最多跑一次”改革不断深化，推出挂号、付费、检查、住院、急救等就医便民惠民十大举措，“看病难、看病烦”问题初步缓解，全省医院高峰期挂号现场排队平均时间从改革前的8.26分钟减少到3.81分钟，门诊智慧结算率从56.1%上升到78.2%。推进人力社保和公安管理改革，实现个人参保信息、专业技术人员资格电子证书等事项在线验证与打印，普通护照、往来港澳通行证和往来台湾通行证“一表办理”，居民身份证、驾驶证、出入境证件等事项异地可办。开展“减证便民”工作，全省办事群众提供的证明目录从860项减少到266项，降幅69.1%。出生、婚姻状况等15个大项公证事项实现“最多跑一次”。温州市创新公证模式，开展越洋远程视频取证。

7. “最多跑一次”改革向事中事后监管延伸步伐加快。推进执法监管信息化建设，完成全省县级执法监管清单（主项3424项、子项6558项）梳理，全省统一行政执法监管平台和掌上执法系统上线试运行。推广应用“双随机”抽查管理系统，实现抽查事项100%全覆盖。在环境保护、市场监管、文化管理、安全生产领域梳理确定跨部门联合“双随机”抽查事项20项，探索实行跨部门联合“双随机”抽查。推进“531Ｘ”信用监管体系建设，建立覆盖5类主体的公共信用评价体系。

8. “最多跑一次”改革制度化建设取得新进展。出台《浙江省保障“最多跑一次”改革规定》，制定《专用标识管理和使用》《"双随机、一公开"管理规范》《企业投资工业项目"标准地"管理规范》等地方标准，以制度形式巩固推广改革成果。由浙江省牵头起草的《审批服务便民化工作指南》国家标准通过专家评审。（省委改革办　傅　克）

实施金融风险防控、精准脱贫和污染防治三大攻坚战

Risk Management, Poverty Reduction and Pollution Control

2018年，浙江省全面贯彻党的十九大和十九届二中、三中全会精神，认真落实习近平总书记对浙江工作的重要指示，统筹推进"五位一体"总体布局，聚焦聚力高质量、竞争力、现代化，全力打好金融风险防控、精准脱贫和污染防治三大攻坚战，全省经济持续健康发展。

一、金融风险防控有力有效

2018年，面对稳中有变、变中有忧的经济金融形势，全省着力打好防范化解金融风险攻坚战。针对部分大型民营企业突发的流动性风险，及时采取应对帮扶措施，有效控制可能引发的"多米诺骨牌"效应，进一步稳定市场预期和信心，为全国类似风险处置积累经验。梳理建立民营企业发债需求清单，在全国率先试点民营企业债券融资支持工具，试点规模约占全国三分之一。成立注册资本50亿元的省融资担保公司，推动各地设立或增资融资担保公司，为龙头骨干企业发债、贷款融资提供增信服务。针对上市公司股权质押平仓风险，率先出台有关政策意见，建立上市公司股权质押风险纾解清单，组建省级100亿元规模上市公司稳健发展支持基金，主动防范化解风险。建立全省企业金融顾问制度，选聘首批50名企业金融顾问提供公益服务，助力优质上市公司加快发展。针对企业"两链"（资金链、担保链）风险，创新政府、银行、企业、司法部门会商机制和省、市、县联动处置机制，保持银行业不良贷款"双降"态势。至年末，全省不良贷款余额1208.9亿元，不良贷款率1.15%，分别比年初减少269.3亿元，下降0.49个百分点，浙江省成为全国不良贷款率较低的省份。

下半年，省内一些地方出现P2P网络借贷风险。省委、省政府按照党中央、国务院统一部署，开展金融风险清理整治。明确"以退出为主要方向"的工作思路，有序开展分类处置，风险水平明显下降，相关应对思路和做法得到中国银保监会肯定，并在全国推广。

二、精准脱贫有力有效

2018年，是浙江省扶贫开发工作由消除绝对贫困阶段全面进入减缓相对贫困新阶段的跃迁之年，是实施低收入农户高水平全面小康计划的启动之年。全省贯彻落实党中央、国务院和省委、省政府关于扶贫开发工作的决策部署，紧紧把握精准扶贫精准脱贫的基本方略和"一个都不能掉队"的底线要求，聚焦专项扶贫、行业扶贫、产业扶贫和社会扶贫，精准扶贫取得扎实成效。

启动低收入农户高水平全面小康计划。省委办公厅、省政府办公厅印发《低收入农户高水平全面小康计划（2018—2022年）》，全年组织低收入农户培训12.5万人，实现转移就业1.2万人。扶持发展种植、养殖、农产品加工等优势特色产业和农家乐、来料加工、电子商务等新兴产业，累计投入财政资金2.7亿元，落地项目804个，从事来料加工业110万人。建设村级电商物流服务点4400个，建成县级农村电商服务站1.6万个。金融扶贫全面铺开，全省金融机构发放扶贫小额贷款2亿元，贴息564万元，4883户次农户受益。新开发公益性岗位1.3万个，各地举办专场招聘活动924场，13.3万名农村劳动者实现就地就近就业。实施10个生态农业、生态工业领域的重大科技专项。推进基础设施扶贫，新建改造农村公路1.1万千米，290个自然村开通硬化路。加强结对帮扶工作，全省确定2856个村为重点帮扶对象，安排省级部门、企事业及经济发达县等进行结对帮扶，向部分省级重点帮扶村派驻驻村工作组和农村工作指导员（第一书记），全年省派驻驻村工作组252个，帮助落实帮扶项目156个，安排扶持资金2895万元。通过实施高水平全面小康计划，全省低收入农户收入实现较快增长，全年人均可支配收入11086元，比上年增长14.4%，高于当地农村居民收入增长水平。

加快提升民生保障水平。加强低保兜底保障，完善因病致贫的医保制度和救助体系，率先实现县级城乡低保同一个标准，全省人均低保771元/月，在全国排第四位，居各省、区第一位。义务教育学校生均公用经费实际支出小学3360.54元、初中4966.16元。健全从学前教育到高等教育贫困生资助政策，为6.25万名家庭经济困难普通高中学生免除学费4000万元。实施"雨露计划"，9653名低收入农户学子受益，补助资金2895万元。养老保险总参保人数1198万人，60周岁及以上领取养老金待遇人数539万人。全省城乡居民基本医疗参保率98.6%，基本实现应保尽保。构建集基本医保、大病保险、医疗救助、慈善救助于一体的医疗保障救助体系。全省基本医保财政补助人均742元，政策范围基本医疗住院报销比例75%左右。对特困对象、低保对象、低保边缘对象和因病致贫及其他经济困难家庭，医疗救助住院政策范围内分别按100%、不低于70%和60%进行医疗救助，年度救助封顶线不低于8万元。

加大山海协作和东西部扶贫协作工作力度。召开山海协作现场推进会，制定《关于深入实施山海协作工程促进区域协调发展的若干意见》。新设立15个山海协作生态旅游文化产业园。启动建设山海协作"消薄飞地"9个，助推26个县614个集体经济薄弱村"消薄"。新落地山海协作项目315个，到位资金520亿元。新签社会事业项目200个，落实援建资金8600万元。开展"千企结千村、消灭薄弱村"专项行动，落实一批带动作用明显、示范效应好的帮扶项目，6920个省定集体经济薄弱村有6171个完成"消薄"任务。做好与四川40个贫困县、贵州黔东南州和黔西

南州、湖北恩施州、吉林延边州的东西部扶贫协作工作，积极推进新疆、西藏、青海和四川阿坝州等地的对口支援工作。

三、污染防治有力有效

2018年，浙江省坚定不移践行"绿水青山就是金山银山"理念，以实施生态文明示范创建行动为总抓手，启动实施"蓝天、碧水、净土、清废"四大专项行动，严格做好中央环保督察和国家海洋督察问题整改，把污染防治工作深入到城乡角角落落，全力打好污染防治工作攻坚战，全省生态环境质量在较高水平上持续改善。经生态环境部初步核定，全省化学需氧量、氨氮排放量分别为57.59万吨、8.44万吨，分别比上年下降7.1%和4.8%。设区城市日空气质量优良天数比例平均为85.3%。省内水质达到或优于地表水环境质量Ⅲ类标准的省控断面占84.6%，跨行政区域（市、县级）河流交接断面水质达标率90.3%。全省生态环境状况等级为优，生态环境公众满意度平均得分82.85分，连续7年持续上升。

推进"污水零直排区"建设。省政府召开全省"污水零直排区"建设现场会，全面部署"污水零直排区"建设工作。制定实施《浙江省"污水零直排区"建设行动方案》《浙江省"污水零直排区"建设指导标准》《浙江省"污水零直排区"验收办法》，以"查、订、改、建、管"五项举措，全面厘清管网底账，稳步推进精细化截污纳管。组建省级"污水零直排区"建设专家团队，为"污水零直排区"建设提供科技支撑和技术保障。全年全省完成"污水零直排区"工业集聚区建设32个、生活小区类210个、镇（街道）95个。加强城镇污水处理。印发《关于推进城镇污水处理厂清洁排放标准技术改造的指导意见》，制定实施城镇污水处理厂清洁排放标准，高质量高标准推进城镇污水处理厂清洁排放改造工作，全省启动实施100个污水处理厂改造项目。全省建设改造城镇污水管网2210千米。完成日处理能力30立方米以上的农村生活污水处理设施标准化运行维护项目808个。加强工业、农业农村污染防治。编制农业农村污染治理攻坚战实施方案，开展农家乐餐饮废水处理。深入实施块状行业整治提升"十百千万"计划，全面整治"低散乱"企业（作坊），共整治提升3.6万家。推进饮用水水源保护。开展县级以上集中式饮用水水源地保护专项排查，加快推进饮用水源地环境问题整治。完善饮用水水源"一源一策"管理机制，地级及以上城市通过生态环境部集中式饮用水水源地规范化建设情况专项督查。 全省各地设置饮用水水质在线监测点325个，覆盖集中式供水单位131家。巩固城市黑臭水体整治成果。省环境保护厅组织开展省级城市黑臭水体整治环境保护专项排查和复查，全省总体消除黑臭水体。加强近岸海域污染防治，全省85家重点直排海内企业水质达标率91.9%。开展"美丽河湖"建设，完成河湖库塘清淤8072万立方米，河道综合整治700千米。完成"美丽河湖"市级评定152条（个），并评选出省级"美丽河湖"30条。全面实施《关于深化湖长制的实施意见》，深入开展各级河湖长巡河，乡级以上河湖长累计巡河105万人次。全省221个省控断面中，Ⅰ至Ⅲ类水质断面占84.6%，比上年上升1.8个百分点，满足功能要求断面占89.6%，上升3.6个百分点。生态环境部、住房和城乡建设部组成的国家第二批城市黑臭水体整治环境保护专项督查组对浙江省开展城市黑臭水体整治专项督查，认定全省城市黑臭水体消除率为100%。

高标准部署推进打赢蓝天保卫战。省委、省政府先后召开美丽浙江建设领导小组会议、全省生态环境保护大会，省政府印发实施《浙江省打赢蓝天保卫战三年行动计划》，发布《燃煤电厂大气污染物排放标准》《燃煤电厂固定污染源废气低浓度排放监测技术规范》《工业涂装工序大气污染物排放标准》等地方标准。召开全省打赢蓝天保卫战现场会，印发实施《浙江省清新空气示范区评价办法（试行）》，开展清新空气示范区建设，全省18个城市获第一批清新空气示范区称号。推进能源结构调整，大力发展清洁能源。继续实施燃煤锅炉超低排放改造，全年完成17台燃煤热电锅炉的超低排放改造，全省在用的102家热电企业340台燃煤热电锅炉全部完成超低排放改造。深化工业废气治理，全省石化、钢铁、水泥等十大重点行业完成清洁排放改造项目100个，工业废气治理项目1075个，"散乱污"企业清理整顿5500家。强化车船港口废气治理，全省淘汰柴油车2万辆。对轻型柴油车实施国五标准。省商务厅等七部门联合印发《浙江省国Ⅵ标准车用汽柴油提标升级保供方案》，全省提前供应国六车用汽柴油。出台《浙江省机动车遥感监测平台及联网规范》，全年建设遥感监测设备47套，累计监测70万辆次。严格落实扬尘防控长效机制，强化渣土及砂石、水泥等运输车辆密闭运输。加强餐饮油烟排放管理，建立健全餐饮油烟净化设施定期清洗和长效监管制度。加强秸秆综合利用和露天禁烧，全省秸秆综合利用率94.4%。强化卫星遥感监控，按月通报秸秆露天焚烧火点监测情况。推进矿山粉尘治理，全面完成340座露天矿山粉尘治理。推进区域联防联控。组织修订《浙江省重污染天气应急预案》，完善省、市、县和企业四级重污染天气应急体系建设，建立健全重污染天气应急处置机制。实施应急减排措施清单化管理，编制重污染天气应急减排措施清单，深入排查工业源、移动源、扬尘源等涉气污染源，涉及各类工业企业2.57万家、生产线/工序3.83万条，施工扬尘工地1.04万个。积极参与长三角区域重大活动空气质量保障，完成首届中国国际进口博览会、第五届世界互联网大会、首届联合国世界地理信息大会等重大活动空气质量保障任务。

加强土壤污染防治。全省围绕贯彻落实国家《土壤污染防治行动计划》和《浙江省土壤污染防治工作方案》，突出"遏制、稳定、改善"总基调，着力完善推进机制、实施污染详查、强化源头防控、管控突出风险、推动治理修复、强化保障支撑，全省耕地土壤环境质量保持稳定、污染地块安全利用率100%。率先完成农用地土壤污染状况详查。组织20个采样单位、11个检测实验室和2个质量控制单位700多名技术人员，核实2.3万家企业空间位置、布设调查点位近2.7万个、采集加工检测样品15万件，获取数据62万余个，形成全省农用地土壤污染状况 "一报告、一张图、一套表”(技术报告、分布图、清单表)。加快推进农用地土壤安全利用。省农业农村厅出台《浙江省受污染耕地治理修复规划(2018—2020年)》《浙江省受污染耕地安全利用和管制方案(试行)》,明确“十三五”受污染耕地安全利用、治理修复和管制重点项目,全省实施受污染耕地安全利用试点项目46个。强化建设用地土壤风险管控,出台《浙江省污染地块开发利用监督管理暂行办法》,发布《污染地块治理修复工程技术规范》,全省实施重点污染地块治理修复项目41个,治理修复污染土壤和地下水23.2万立方米。加强土壤污染源头整治。印发实施《2018年度浙江省重点重金属污染物减排方案》,全面完成涉重金属行业全口径排查。推进国家土壤污染综合防治先行区建设,夯实土壤污染防治保障支撑,浙江连续两年在全国第一个完成省对市治土工作考核。健全完善固体废物管理制度,推进危险废物处置能力建设,全省危险废物处置利用能力792.8万吨/年,初步形成焚烧、填埋、水泥窑协同处置等多种方式并举的综合处置体系。

(资料来源 《浙江日报》)

“数字浙江”建设走在全国前列

"Digital Zhejiang" Construction Taking the Lead in China

根据省网信办、省经信厅和省通信管理局联合编著的《浙江互联网发展报告(2018)》显示,浙江省在网民规模和互联网普及率、信息技术创新领域、政府数字化转型、网络综合治理等领域均走在全国前列。报告全面阐述浙江在信息基础设施建设、网络信息技术发展、数字经济“一号工程”、网络内容建设与管理、网络安全保障、互联网法治建设、世界互联网大会等方面的发展情况,表明浙江正从网络大省向网络强省大踏步跨越。

一、浙江率先完成“光网城市”建设

至2018年末,浙江网民规模和互联网普及率均高于全国平均水平。全省网民规模4543.7万人,比上年增加587.7万人,互联网普及率79.2%,比全国高出19.6个百分点。浙江以加快信息基础设施建设、不断提升网络覆盖及保障能力的举措,有力支撑“数字浙江”建设走在全国前列。年内,浙江率先完成全省“光网城市”建设,光纤到户覆盖家庭数居全国首位,100M以上宽带用户占比71.9%,杭州、宁波5G外场技术试验网建设稳步推进,逐步形成高速畅通、覆盖城乡、质优价廉、服务便捷的宽带网络基础设施和服务体系。全年全省数字经济核心产业实现增加值5547.7亿元,对全省GDP的贡献率17.5%,数字经济总量规模居全国第四。作为数字经济最活跃最集中的表现形式,浙江电子商务总体发展水平处于全国领先地位,全省实现网络零售16718.8亿元,增长25.4%;居民网络消费8470.5亿元,增长25.0%。电子信息制造业、软件和信息技术服务业综合发展指数均居全国第三,区块链领域全球专利数量居全国第三,“两化”融合发展指数继续保持全国前列。全省信息技术创新实现新突破,数字经济成为高质量发展新引擎。良好的互联网发展环境,对人才“吸附力”越来越大。其中杭州市互联网上市企业数量占全国9.2%,人才净流入率居全国第一,是“北上广深”数字经济人才流出的第一目的地。

二、政府数字化转型取得新成效

2018年,在“最多跑一次”改革引领下,浙江省政府数字化转型展现新成效。至年末,浙江政务服务网注册用户2021万户,省公共数据平台共享数据调用量1.8亿次,共享数据调用量为上年的14倍。10月,设立浙江省大数据发展管理局,统筹推进数字政府建设,数据资源开放共享不断完善。围绕数据共享模型,不断归集整合全省公共数据资源,完善数据资源体系,累计归集数据114亿条,建立全省统一的证照库、人口库、法人库、信用库。基本建成省、市两级统一管控的数据共享体系,实现与国家共享平台连通。年内,除例外事项清单外,省、市、县三级办事事项实现“最多跑一次”100%全覆盖,梳理归集多部门联办“一件事”61项,制定全省统一规范的全流程办事指南。“浙里办”手机应用上线运行,推出各类便民应用290个,实现省级168项、设区市平均452项、县(市、区)平均371项审批服务事项掌上可办。全省63.6%的民生事项实现“一证通办”,大幅减少烦扰企业和群众的奇葩证明、循环证明、重复证明等。网络信息技术在住房、医疗、教育、交通、文旅、养老等各领域深度应用,群众获得感、幸福感日益增强。市民实现二手房交易登记全流程“最多跑一次”和水电气联动过户平均2个工作日办结,多个市实现60分钟“当场领证”。“互联网+医疗健康”便民服务深入推进,全省医院高峰期挂号现场排队平均时间从改革前的8.26分钟减少到3.81分钟,门诊智慧结算率从56.1%上升到78.2%。

三、互联网由“管理”到“治理”深刻转变

2018年,浙江省围绕提高治理能力、完善治理体系、建设清朗网络空间这一主线,推动实现互联网由“管理”到“治理”的深刻转变。温州市开展网络综合治理体系建设试点,初步形成多主体参与、多手段结合的综合治网格局,为全国、全省网络综合治理工作积累有益经验、提供示范样本。开展电子商务领域失信惩戒机制建设,组织开展“清朗”“净网2018”等专项行动,对互联网数据中心及云平台、网络游戏、网络视听平台、手机应用商店和网络自媒体开展全面治理,不断加强网络执法力度和强度,打好治网“组合拳”。加快搭建网络安全技术平台,从提升网络安全应对能力着手,对各类网络攻击进行有效阻断,不断完善网络安全应急处置体系。全省网络安全企业500余家,网络安全产业销售值超过1000亿元(含安防产业),产业规模居全国第一方阵。

(资料来源 《浙江日报》)

谋划推动大湾区大花园大通道大都市区建设

Planning and Promoting the Construction of "Greater Bay Area, Greater Garden City, Greater Transportation Path, Greater Metropolitan Area"

统筹推进大湾区大花园大通道大都市区建设(简称"四大"建设)是省第十四次党代会和省十三届人大一次会议做出的重大决策和战略部署。"四大"建设作为"富民强省十大行动计划"之一,是浙江省推进"两个高水平"建设的大平台,也是浙江省推动高质量发展的主战场。2018年5月28日,省政府新闻办公室举行新闻发布会,公布"四大"建设目标。目标分为两个阶段,近期到2022年,远期展望到2035年。"四大"建设既立足未来5年,明确通过努力能够达到的目标;又着眼长远,与党的十九大报告提出的第一个阶段现代化目标相衔接。会议指出,全省按照完工建成一批、开工建设一批、前期谋划一批"三个一批"要求,今后5年重点推进交通重点项目70项,总投资约1万亿元,5年计划完成投资约7500亿元,2018年重点推进重大项目44个。同时,突出重中之重项目,集中精力推动建设沪嘉甬铁路、杭温铁路、金甬舟铁路、杭绍甬智慧高速公路、铁路杭州西站枢纽等大通道十大标志性项目,形成"五年项目清单+重大标志性项目+年度推进项目清单"的整体项目推进体系。

年内,根据浙江省委、省政府部署要求,由省发展改革委牵头对"四大"建设进行系统谋划,形成"四大"建设重大项目清单,涉及项目331个,总投资3.45万亿元,精选出各领域十大标志性工程。大湾区未来社区、金融港湾等大湾区标志性工程启动建设,"四条诗路"、静脉产业等大花园标志性工程加快推进,杭温铁路、龙丽温高速公路景宁到文成段、杭州萧山机场枢纽等大通道标志性工程开工建设。依托中国浙江投资贸易洽谈会等载体,专题推介"四大"建设。

一、大湾区建设全面启动

2018年,大湾区8个市GDP合计49461亿元、增长7.2%(占全省比重88%、比上年提高0.5个百分点),数字经济核心产业增加值增长13.9%(全省13.1%),均高于全省平均水平。杭州经济总量达到1.35万亿元,宁波突破1万亿元大关。宁波舟山港货物吞吐量连续10年居全球第一位、集装箱吞吐量升至全球第三位。一是建立工作推进机制。成立由省长袁家军任组长、常务副省长冯飞任副组长,14个省级部门参加的省大湾区规划建设领导小组。会同省科协组建大湾区建设院士专家顾问团,并先后增设航空、未来社区等专项咨询组;会同省工商联组建知名企业家圆桌会,采取轮值制开展工作。批复设立大湾区研究中心和大湾区数字中心。二是编制有关专项规划。以《浙江省大湾区建设行动计划》为引领,组织省级有关部门和相关市开展大湾区及重大战略平台空间规划研究,7个平台空间规划形成成果,大湾区产业、交通等专项规划形成阶段性成果。浙江大学融入大湾区等一系列专项规划编制印发。三是统筹推进各项工作任务。全面梳理并印发大湾区建设2018年重点工作任务清单,制定《浙江省大湾区建设行动计划任务分工表》,将7个方面74类130项具体任务按时间节点明确到相关责任单位,各项建设任务加快推进,绝大部分任务按计划要求完成。以"4+1"项目(交通建设工程包、生态环境和公共设施工程包、高新技术产业工程包、社会资本参与PPP项目推介工程包及"省市县长项目工程")为基础,优选形成大湾区重大建设项目125个,全年完成投资额3168亿元。未来社区、重大科创平台等标志性工程启动建设,一批重大产业项目落户大湾区。四是举办系列宣传推介活动。在投资浙江上海专题活动、2018年中国(浙江)日本商务论坛、浙江台湾合作周和长三角对外投资合作等活动上推介大湾区;结合浙洽会等活动宣传推介大湾区建设目标和重点项目,总投资177.5亿元;召开大湾区建设推进会,组织航空领域央企和高校参与浙江大湾区专题对接会活动,与中国商用飞机有限责任公司、中国节能环保集团有限公司、紫光集团有限公司等大企业签约一批重大项目。

二、大花园建设开局良好

大花园建设各项主要指标完成情况较好,设区市城市日空气质量优良天数比例、PM2.5等4项环境质量约束性指标进展情况均好于国家下达的指标计划。全省累计接待游客6.35亿人次,实现旅游总收入8830.7亿元,分别比上年增长7.8%和12%,AAAAA级景区创建目标已经完成。一是建立大花园建设工作体系。制定大花园建设行动计划,召开全省大花园建设动员部署电视电话会议,袁家军做动员讲话。印发《五大工程责任分解表》《指标体系》《载体建设任务推进表》等文件,明确指标体系,分解责任,提出工作要点和重大项目实施计划,开展大花园建设考核评价办法研究,大花园建设列入省政府督查激励内容。二是重点工作加快推进。研究制定《诗路文化带建设规划纲要编制工作方案》,开展诗路文化带建设规划编制工作,冯飞专题听取规划编制工作汇报,提出"1+1+N"规划体系。核心区衢州、丽水规划编制通过省级专家评审并报送省政府办公厅,启动生态产品价值实现机制等体制改革任务。推进一批名山公园建设,十大名山公园完成红线范围划定。开展"人人成园丁,处处成花园"行动,大花园建设社会知晓度不断提高,筹建浙江大花园建设研究院。三是百个重大项目有序落地。全省大花园建设重大项目136个,总投资12236亿元。全年全省大花园重大项目计划投资1920亿元,累计完成投资2421亿元,为年度计划的126%,超额完成全年目标任务。静脉产业基地、万里骑行绿道等大花园标志性工程进展良好,百河综治超额完成年度任务，各设区市重点平台建设取得实质性进展。

三、大通道建设明显加快

制定大通道建设行动计划，杭黄铁路开通运营，甬台温高速公路复线、台州湾大桥、三门湾大桥、乐清湾大桥、鱼山大桥建成通车，中断60年的钱塘江中上游航道全线通航，杭绍台、杭温、金台铁路和景文泰高速公路建设加快推进，杭州萧山机场枢纽工程、丽水机场项目开工建设。国际航空航线达到31条，浙江省率先成为拥有杭州、宁波、温州3个千万级客流量机场的省份。至年末，全省完成综合交通建设投资2712 亿元，比上年增长14%，完成全年计划（2203亿元）的123.1%。其中，完成公路水运建设投资1730亿元，居国内东中部地区首位。

四、大都市区能级提升

制定大都市区建设行动计划，规划建设综合交通枢纽，加快集聚高端人才、高端要素、高端产业，都市区辐射带动作用明显增强。年内，以杭州湾经济区"三廊四新区"为重点，启动产业集聚区等平台整合提升。起草《关于高质量建设"万亩千亿"新产业平台的指导意见》，按照"面向重量级未来产业，聚焦标志性项目，培育领军型企业，打造高端产业链"要求，启动创建工作。推动新型城镇化发展，发挥对新型城镇化试点工作的牵头作用，对接国家部委，协调省级有关单位和地方政府，加强对龙港国家新型城镇化综合试点工作的指导和协调，龙港新型城镇化试点工作实现突破性进展。推进小城市培育试点三年行动计划。制定实施《浙江省特色小镇创建规划指南(试行)》，公布新一批命名小镇、创建小镇和培育小镇名单，形成7个省级命名小镇、115个省级创建小镇、64个省级培育小镇建设格局。

（省发展改革委　供稿）

省政府十方面民生实事全部完成

The Achievement of Ten Wellbeing Projects of the Provincial Government

2018年，浙江省委、省政府十分重视民生实事工作。按照建立健全落实"目标体系、工作体系、政策体系、评价体系"的要求，各地各部门加强组织协调，完善责任机制，健全政策措施，狠抓各项工作落地见效。通过全省上下共同努力，省政府十方面民生实事全部完成，一批关系人民群众切身利益的热点难点问题得到较好解决。

一、加强食品安全监管

（一）建设300个城乡放心农贸市场。印发《2018年浙江省放心农贸市场建设实施方案》，完善《浙江省乡村星级农贸市场建设行动实施意见》，与各市签订责任状。全年建成放心农贸市场355个，完成年度目标任务的118.3%。

（二）整合资源改造提升1500个农村家宴放心厨房。印发《浙江省农村家宴放心厨房建设方案》和《浙江省农村家宴放心厨房建设标准》。召开全省现场推进会，有效推动工作落实落地。全年改造提升农村家宴放心厨房1603个，完成年度目标任务的106.9%。

（三）打造500个名特优食品作坊。印发《2018年浙江省食品小作坊整治提升试点工作方案》和《2018年浙江省名特优食品作坊建设工作方案》，鼓励传统食品作坊做大做精。全年打造名特优食品作坊621个，完成年度目标任务的124.2%。

（四）涉农县（市、区）全部建成农产品质量安全追溯体系。举办全省工作培训班，印发《"涉农县（市、区）全部建成农产品质量安全追溯体系"工作方案》。全年有21个县（市、区）建成农产品质量安全追溯体系，全省所有涉农县（市、区）均建成农产品质量安全追溯体系。

二、提升学前教育质量

（一）新建、改扩建200所幼儿园。召开专题会议研究工作机制，召开现场推进会，有序推进项目建设。全年新建、改扩建幼儿园219所，完成年度目标任务的109.5%。

（二）撤并一批薄弱幼儿园。召开项目推进会，印发《浙江省薄弱幼儿园提升标准》和《浙江省小规模幼儿园和教学点提升标准》。全年撤并薄弱幼儿园170所，完成年度目标任务的121.4%。

（三）全面整治城镇住宅小区配套幼儿园。召开项目推进会，多次实地督查调研项目进展情况。全年完成54所城镇住宅小区配套幼儿园整治，100%完成年度目标任务。

三、深入实施城市交通拥堵治理

（一）推进轨道交通建设500千米。编制下达2018年综合交通建设投资计划，大力推进重大交通项目建设，有序推进轨道交通投资。全年推进轨道交通建设514.5千米，完成年度目标任务的102.9%；年度总投资527.64亿元，完成年度投资计划的109.7%。

（二）新增停车位10万个。加强停车诱导系统开发建设，创新性结合"城市有机更新建设""海绵城市建设"等工作增加停车位。全年全省主城区新增停车位139397个，完成年度目标任务的139.4%。

（三）新增5000辆公交车拥有移动支付功能。印发《关于加快全省城市公交移动支付技术应用的通知》，鼓励蚂蚁金融服务集团及其生态合作伙伴为公交移动支付提供相关支持。全年新增拥有移动支付功能公交车24152辆，完成年度目标任务的483%。

（四）新建绿道1000千米。召开全省绿道网建设工作现场会，建立项目进度月报制度。开展第二届"浙江最美绿道"评选活动，在《浙江日报》等主流媒体进行广泛宣传。全年新建绿道1286千米，完成年度目标任务的128.6%。

四、加强基层体育场地设施建设

（一）全民健身中心、全民健身广场、游泳池、足球场、社区多功能运动场和小康体育村升级情况。印发《关于做好2018年全省基层体育场地设施建设工作的通知》,明确建设项目、建设标准、检查验收要求等。全年建成5个省级全民健身中心、36个乡镇(街道)全民健身中心和中心村全民健身广场、105个游泳池、117个足球场、201个社区多功能运动场、1101个小康体育村升级工程,分别完成年度目标任务的166.7%、120.0%、105.0%、117.0%、100.5%和100.1%。

(二)建设120个中小学笼式足球场。召开工作推进例会和现场推进会,确保项目落地见效。全年建成133个中小学笼式足球场,完成年度目标任务的110.8%。

五、全面推进城乡生活垃圾分类处理

(一)城镇生活垃圾分类处理情况。围绕《浙江省城镇生活垃圾分类实施方案》,打好垃圾治理组合拳。全年21个县(市、区)垃圾分类系统基本建立,完成年度目标任务的105%。全省设区城市生活垃圾分类收集覆盖面以及城镇生活垃圾回收利用率、资源化利用率和无害化处理率分别达81.6%、33.0%、81.2%和100%,分别完成年度目标任务的102.0%、110.1%、101.5%和101.0%。

(二)农村生活垃圾分类处理情况。制定农村生活垃圾分类处理"三步走"实施方案,健全农村生活垃圾分类相关法规、规章和标准体系。全省设区市农村生活垃圾分类覆盖面、回收利用率、资源化利用率和无害化处理率分别为61.0%、32.1%、82.3%和99.2%,分别完成年度目标任务的122.0%、106.8%、102.9%和100.2%。

六、加强城乡社区养老服务机构建设

(一)建成300个兼具日间照料与全托服务功能的示范型居家养老中心。印发《关于开展示范型居家养老服务中心建设的通知》和《示范型居家养老服务中心基本规范(试行)》,明确居家养老服务中心应具备的服务功能,指导各地做好运行管理。全年共建成示范型居家养老中心333个,完成年度目标任务的111.0%。

(二)助餐、配送餐服务覆盖50%以上的城乡社区。印发《关于切实做好助餐配送餐服务扩面工作的通知》,确定6种助餐、配送餐服务保障模式,重点解决高龄、孤寡、独居、空巢等家庭做饭困难的老人就餐问题。全年老年配送餐覆盖社区12103个,覆盖全省52.6%的城乡社区,完成年度目标任务的105.2%。

七、新增屋顶光伏发电

新增屋顶光伏装机100万千瓦,其中,家庭屋顶光伏15万户,家庭屋顶装机容量30万千瓦。印发《家庭屋顶光伏电源接入电网技术规范》和《家庭屋顶光伏服务指南》等文件,明确技术规范和核验标准。全年新增屋顶光伏装机267.3万千瓦,新增家庭屋顶光伏19.56万户,新增家庭屋顶光伏装机容量66.38万千瓦,分别完成年度目标任务的267.3%、130.4%和221.3%。

八、加强市场消费环境建设

(一)培育发展放心消费示范单位1万个以上。修订《浙江省放心消费示范单位建设评估管理办法》及评估标准等制度。召开全省现场会、推进会,与各设区市签订目标责任状。全年共培育发展放心消费示范单位15609个,完成年度目标任务的156.1%。

(二)全省1万家企业主动做出高于或优于法律规定的七日无理由退货承诺。在全国率先制定公布《浙江省线下实体店无理由退货指引(试行)》,引导线下实体店积极推行无理由退货;根据普查回访和交叉回访结果及时公布撤销或更新名单。全年线上线下新发展无理由退货承诺企业14143家,完成年度目标任务的141.4%。

九、农村文化礼堂建设

新增农村文化礼堂3000个。印发《2018年浙江省农村文化礼堂建设工作要点》,制定《浙江省文化礼堂建设实施纲要(2018—2022年)》。举办农村文化礼堂建设骨干培训班,开展示范县(市、区)、示范乡镇(街道)、五星级农村文化礼堂、"最美文化礼堂人"评定。全年共建成农村文化礼堂3143个,完成年度目标任务的104.8%。

十、全面推进"厕所革命"

(一)完成农村厕所改造50000座。印发《浙江省农村公厕建设改造和管理服务规范》,召开全省现场推进会,要求各地按照"一厕一档一表一案"原则,建立并落实《全省农村公厕改造作战图》。全年共完成农村公厕改造52861座,完成年度目标任务的105.7%。

(二)新建、改扩建景区厕所2000座。印发《浙江省旅游厕所建设管理新三年行动计划(2018—2020年)》。结合爱国卫生月活动,开展"卫生厕所"健康知识宣传。全年新建、改扩建景区厕所2278座,完成年度目标任务的113.9%。

(省政府督查室 供稿)

1月
January

2日　省委召开全省全面深化改革大会。省委书记车俊出席会议并讲话。省长袁家军主持会议。会议以视频形式召开。会上印发《中共浙江省委关于深化"最多跑一次"改革，推动重点领域改革的意见》。

△　"浙江大学医学院附属第二医院医疗集团"成立。集团由该院解放路院区、滨江院区和长兴院区组成。

3日　第四届中国出版政府奖揭晓，浙江19个项目榜上有名。其中，网络文学作品《网络英雄传Ⅰ：艾尔斯巨岩之约》首次获网络出版物奖，实现浙江网络文学的新突破。中国出版政府奖是国内新闻出版领域的最高奖，每3年评选一次，旨在表彰和奖励全国新闻出版业的优秀出版物、出版单位和个人。

4日　全国林业厅局长会议在安吉召开，国家林业局命名安吉县为首个"全国乡村振兴林业示范县"。

5日　在国家环境保护部通报的《关于浙江省〈大气污染防治行动计划〉2016年度实施情况考核结果的函》中，浙江省综合考核连续两年获得优秀，提前两年完成国家下达的空气质量改善目标。

6日　中国·常山油茶博览会在常山县召开。国家林业局授予常山县"浙江常山国家油茶公园"铭牌，标志着全国首个国家油茶公园正式落户常山。

8日　2017年度国家科学技术奖励大会在北京举行。浙江有28项成果获得国家科学技术奖。"以防控人感染H7N9禽流感为代表的新发传染病防治体系重大创新和技术突破"项目获国家科学技术进步奖特等奖(新发传染病是指近30年来由新发现的新种或新型病原微生物引起的传染病)。该项目由浙江大学传染病诊治国家重点实验室、感染性疾病诊治协同创新中心主任李兰娟院士领衔，联合中国疾病预防控制中心等11个单位协同完成。

11日　浙江大学于明坚教授团队实现世界首例百山祖冷杉胚胎培养。百山祖冷杉是浙江特有的一种极小种群植物，仅生长在海拔1500多米的庆元县百山祖国家级自然保护区核心区内，有"植物活化石"之称。

12日　长江三角洲地区主要领导座谈会在苏州举行。省委书记车俊、省长袁家军等长三角三省一市党政主要领导出席会议。会议期间，有关方面签署交通、能源、科技等10个专题合作一揽子协议，以及《关于共同推进长三角地区民航协同发展努力打造长三角世界级机场群合作协议》。

13日　长三角区域大气污染防治协作小组第五次工作会议暨长三角区域水污染防治协作小组第二次工作会议在苏州召开。省长袁家军等三省一市政府主要领导分别介绍本地大气和水污染防治情况及下一步安排和有关协作工作建议。会议审议通过《长三角区域空气质量改善深化治理方案(2017—2020年)》《长三角区域水污染防治协作实施方案(2018—2020年)》等文件。

15日　浙江大学牵头申报的超重力离心模拟与实验装置国家重大科技基础设施(CHIEF)获国家发展改革委批复同意建设。标志着浙江省"国字号"重大科技基础设施迎来"零"的突破。

17日　环境保护部发函浙江省环境保护厅，通报三门、诸暨、海盐、景宁和松阳5个县(市)达到国家生态县指标要求，通过考核验收。至此，浙江已创建39个国家生态县和湖州、杭州两个国家生态市，数量居全国前列。

△　"最美浙江人"展示馆建成开放，"最美浙江人"微信公众号和"最美浙江人"网上展馆同步上线。展示馆位于浙江展览馆，面积近1000平方米，主要展示"最美浙江人"宣传实践活动的经验和成果。

20日　浙江立法研究院在杭州成立。

23日　浙江省表彰国医大师全国名中医暨首批省国医名师命名大会在杭州召开，会议表彰国医大师1位和全国名中医3位，命名浙江省首批国医名师7位。

△　阿里巴巴集团向社会公布其2017年年度纳税、创造就业等情况。2017年，阿里巴巴集团纳税366亿元，带动生态上下游纳税超过2900亿元；带动产业链上下游直接、间接创造就业岗位3300万个。

24—29日　省政协十二届一次会议在杭州举行。省党政军领导车俊、袁家军等到会祝贺。大会主席团常务主席葛慧君宣布开幕,乔传秀做省政协十一届常委会工作报告。大会选举葛慧君为十二届省政协主席,孙景淼、郑继伟、张泽熙、陈小平、吴晶、蔡秀军、陈铁雄、马光明、周国辉为副主席。

25—31日　省十三届人大一次会议在杭州举行。开幕式由大会执行主席、主席团常务主席车俊主持。省长袁家军做政府工作报告。大会选举车俊为省十三届人大常委会主任,梁黎明、姒健敏、李卫宁、李学忠、赵光君、史济锡为副主任;选举袁家军为省人民政府省长,冯飞、朱从玖、王双全、高兴夫、成岳冲、王文序、彭佳学、陈伟俊为副省长;选举刘建超为省监察委员会主任;选举李占国为省高级人民法院院长;选举贾宇为省人民检察院检察长(须报经最高人民检察院检察长提请全国人大常委会批准)。

是月　英国报纸《每日电讯报》从过去100多年的历史里评出最杰出的20部间谍小说,浙江著名作家麦家的首部长篇小说《解密》为中国独占一席。

2月
February

1日　国务院批复同意宁波温州高新技术产业开发区建设国家自主创新示范区,区域范围为国务院有关部门公布的开发区审核公告确定的四至范围。这是继杭州获批建设国家自主创新示范区后,浙江第二个获批建设的国家自主创新示范区。

6日　省党政军领导赴东部战区走访慰问。东部战区司令员刘粤军、政委何平,省委书记车俊分别在军地座谈会上讲话。

△　浙江省文史研究馆新馆在杭州灵隐路18号启用。省文史馆成立于1953年。新馆集办公、文史创作、交流、展示等功能于一体。

7日　省第19届哲学社会科学优秀成果奖颁奖会在杭州举行。成果奖评出《马克思历史认识模式的复杂性及实践解读》等优秀成果奖200项,其中一等奖30项、二等奖60项、三等奖110项。

8日　浙江省第四届农村文化礼堂"我们的春晚"在德清上演。

9日　财政部公布第四批PPP(政府和社会资本合作)示范项目名单,杭州奥体中心主体育馆、游泳馆、综合训练馆等11个浙江PPP项目入选,涉及投资额808亿元,居全国首位。

13日　省委、省政府在省人民大会堂举行春节团拜会,省委书记、省人大常委会主任车俊致辞,省委副书记、省长袁家军主持,省政协主席葛慧君及各界代表500人出席。

22日　省委理论学习中心组举行习近平新时代中国特色社会主义思想专题学习会,拉开新一年"大学习大调研大抓落实"的序幕。

24日　省委农村工作会议在杭州召开。省委书记车俊在会上强调,要全面实施乡村振兴战略,奋力推动乡村振兴走在前列,高水平推进农业农村现代化。

△　浙江吉利控股集团通过旗下海外企业主体收购德国车企戴姆勒股份公司9.69%具有表决权的股份,成为戴姆勒股份公司最大的股东。

27日　英国施普林格·自然出版集团旗下的杂志《科学报告》报道发现于缙云县壶镇的新种类甲龙类化石研究成果,这种甲龙类化石被正式命名为"中国缙云甲龙"。

3月
March

1日　习近平总书记给浙江省余姚市梁弄镇横坎头村全体党员回信,勉励他们再接再厉、苦干实干,努力建设富裕、文明、宜居的美丽乡村。

5日　十三届全国人大一次会议在北京开幕。浙江代表团审议李克强总理代表国务院所做政府工作报告。中共中央政治局委员、十二届全国人大常委会副委员长兼秘书长王晨参加审议。省委书记、省人大常委会主任车俊主持会议。

6日　中央深化改革领导小组会议审议通过《浙江省"最多跑一次"改革调研报告》,"最多跑一次"改革被写入十三届全国人大一次会议《政府工作报告》向全国推广。

△　历时两年编撰,由浙江美术名家、学者吴山明等合作,浙江摄影出版社出版的《中国历代书画名家精品大系》第一辑正式面世。该书从历代名家中遴选10位书画大家并约请相关研究领域的著名美术史论家、艺术家担任主编。

7日　出席十三届全国人大一次会议的中共中央政治局常委、国务院总理李克强参加浙江代表团审议,省委书记、省人大常委会主任车俊,省委副书记、省长袁家军参加审议。李克强希望浙江深化"最多跑一次"改革,更大激发市场活力和社会创造力,努力走在全国高质量发展前列,用发展实效增添民生实惠。

9日　在第44届世界技能大赛上获汽车喷漆项目冠军的杭州技师学院教师蒋应成晋升特级技师职业资格。

14日　浙江作为全国唯一的省级"湾长制"试点,实现"湾(滩)长制"全域覆盖。

20日　第一届中国(宁波)海外工程师大会在宁波北仑开幕,来自美国、俄罗斯、德国、意大利、日本等20个国家和国内的370多名各行业顶尖专家及嘉宾,就航空航天、集成电路、化工新材料、智能制造、生物医药等门类的239个高科技项目进行现场路演和洽谈对接。

21日　省委召开领导干部会议,传达学习全国"两会"精神,对全省学习贯彻工作做出部署。

22日　省委书记车俊在杭州会见美中贸易全国委员会会长傅强恩率领的美国企业家代表团。

△　首届浙江省亲水节暨“世界水日”主题宣传活动在仙居县举行。2017年全省总用水量为179.5亿立方米，比上年减少1.65亿立方米，约相当于15个西湖的水量，其中万元GDP用水量下降20%。

23日　省委书记车俊在杭州会见美国驻华大使特里·布兰斯塔德夫妇一行。

△　商务部发布255个国家级外贸转型升级基地认定名单，浙江有39个基地入围，入围数量占全国总数的15.3%，居全国第一。

24日　“国美之路大典”在中国美术馆首发。该丛书由中国美术学院数百位师生参与编撰，历时10年，共计16卷39册，近1500万字、2万张图版，是中国美术出版史上最具研究性的学术工程。

25日　由中国美术学院、中国美术馆共同主办的“中国·美术·学院——中国美术学院九十周年纪念展”在中国美术馆开幕。

27日　省委第三轮巡视工作启动，对20个地区（单位）党组织进行巡视。

△　国家知识产权局发函同意建设中国（浙江）知识产权保护中心。

28日　省社科院在杭州举行《践行“八八战略”，建设“六个浙江”》首发式暨座谈会。该书系“六个浙江”研究丛书总论，由省委书记车俊做序，是省社科院课题组共同攻关的重大理论研究成果。

29日　全省建设平安浙江工作会议举行。省委书记车俊出席会议并讲话，省委副书记、省长袁家军主持会议。会上，车俊、袁家军与11个设区市党委和政府主要负责人签订2018年度平安综治目标管理责任书。

30日　浙江首个“诺贝尔经济学奖工作站”在浙江财经大学揭牌成立，诺贝尔经济学奖获得者埃里克·马斯金出席揭牌仪式。

4月
April

2日　省政府举行第一次全体（扩大）会议。省长袁家军强调，要学懂弄通做实习近平新时代中国特色社会主义思想，干出高质量发展新业绩，续写“八八战略”新篇章。会议以视频会议形式召开，各市、县（市、区）政府负责人在分会场参加。

△　教育部正式批复同意设立西湖大学。西湖大学系社会力量举办、国家重点支持的新型高等学校，定位于研究型高等学校，主要开展基础性、前沿科学技术研究，着重培养拔尖创新人才。3日，浙江省举行第五批扩大有效投资重大项目集中开工活动暨西湖大学云谷校区校园建设工程启动仪式。16日，西湖大学创校校董会第一次会议在杭州召开，会议确定西湖大学第一届校董会成员。10月20日，由社会力量举办、国家重点支持的新型研究型大学——西湖大学在杭州揭牌成立。韩启德、袁家军、杜玉波、杨振宁、施一公共同为西湖大学揭牌。

△　由复旦大学历史地理研究中心编纂、西泠印社出版社出版的《中华大典·历史地理典》在杭州首发。该书由复旦大学历史地理研究所邹逸麟、葛剑雄两位教授领衔主编，分4个分典15册，计3092万字，按地域、政区、山川、总论、历史地图等专题，将传世历史文献中的有关资料进行辑录、标点和整理。

3日　全省举行扩大有效投资重大项目集中开工仪式，开工653个重大项目，总投资8205亿元。省委书记车俊宣布开工，省长袁家军讲话。开工仪式以视频形式召开，主会场设在杭州西湖区西湖大学建设项目现场，各市在项目开工地设分会场。杭州市市长徐立毅、西湖大学筹委会主任施一公在主会场做表态发言，宁波、温州等10个市在分会场报告重大项目开工情况。

△　由国家广播电视总局和浙江省政府主办，宁波市委宣传部等单位承办的第31届电视剧“飞天奖”暨第25届电视文艺“星光奖”颁奖典礼在宁波举行。电视剧《鸡毛飞上天》等作品和演创人员分别获奖。

4日　省政府与中国出口信用保险公司在杭州签署深化合作协议，省长袁家军与中国出口信用保险公司董事长王毅参加签约。

6日　省委书记车俊在杭州会见津巴布韦总统姆南加古瓦一行，省长袁家军参加会见。访问期间，姆南加古瓦一行出席津巴布韦—浙江商务论坛开幕式，考察大华技术控股有限公司。

8日　中国美术学院举行建校90周年庆典大会。省委书记车俊出席并讲话。省政协主席、省委宣传部部长葛慧君等出席。中国美术学院、中央美术学院、美国罗德岛设计学院负责人分别致辞。

△　省委常委会召开会议，专题研究浙江大学建设发展问题。

9日　安吉县溪龙乡黄杜村20名党员给习近平总书记写信，汇报种植白茶致富的情况，并提出自愿捐赠1500万株茶苗帮助贫困地区脱贫。习近平总书记委托中央办公厅向黄杜村20名党员转达问候，勉励他们先富帮后富，带动更多人为脱贫攻坚贡献力量。

△　浙江红船干部学院成立，红船精神研究院同时挂牌。省委书记车俊和中央党校副校长甄占民为浙江红船干部学院揭牌，车俊向红船精神研究院授牌。省委常委、组织部部长任振鹤主持成立仪式，省政协主席、省委宣传部部长葛慧君等出席。

△　浙江省机电集团有限公司重组国营926厂、国营941厂、国营972厂等国有独资军工企业，并筹建浙江省军工集团暨浙江省军工集团股份有限公司。

9—11日　以“汇集中外文明的典藏，共享全民阅读的盛宴”为主题的省第13届馆藏图书展示会在杭州国际博览中心举行。

10日 浙江省海峡两岸经济文化促进会台商台企专门委员会成立大会暨就职典礼在杭州举行，省委书记车俊致信祝贺。

△ 2018年浙江省对口支援新疆阿克苏地区和兵团一师阿拉尔市的229个项目集中开工，总投资65.72亿元，安排援疆资金17.38亿元。

△ 由舟山建造的国内首艘江海直达船“江海直达1号”从舟山港鼠浪湖矿石中转码头出发，抵达马鞍山马钢港务原料总厂码头，标志着国内江海联运航程正式开启。

△ 浙商银行第一家境外分行——香港分行正式开业。

△ 全国铁路列车运行图调整，“复兴”号列车首次开行，北京到杭州最快只需4小时23分。

11日 全省科学技术奖励大会在杭州举行，省委书记车俊出席，省长袁家军讲话。丁列明、高从堦、姚力军等获2017年度省科学技术重大贡献奖，“真实感图形的高效绘制理论与方法”等286项成果获省科学技术奖。

11—13日 中国国际电子商务博览会暨首届数字贸易博览会在义乌举行。博览会以“电商新时代，贸易新动力”为主题，设国际标准展位2226个，展览面积5万平方米。美国、德国、法国、日本、新加坡、澳大利亚、印度等11个国家和地区及国内19个省、直辖市的1102家企业参展，其中跨境电商企业123家。

12日 陕西省党政代表团到浙江考察，省委书记车俊、陕西省委书记胡和平、省长袁家军、陕西省省长刘国中及两省有关领导出席座谈会。

△ 宁波均胜电子股份有限公司子公司均胜安全系统(JSS)收购日本高田资产并完成交割，收购价格为15.88亿美元。

13日 省长袁家军在杭州会见联合国副秘书长刘振民一行。自然资源部副部长库热西·买合苏提，常务副省长冯飞参加会见。

14日 在深圳举行的第16届中国国际人才交流大会上，“2017魅力中国——外籍人才眼中最具吸引力的中国城市”评选结果发布，杭州连续第八次入选。这是国内唯一一个完全由外籍人才参与评选的引才引智“中国城市榜”。

16—17日 省党政代表团在广东学习考察。代表团专程到深圳莲花山公园瞻仰邓小平塑像。两省举行经济社会发展情况座谈会，中共中央政治局委员、广东省委书记李希和浙江省委书记车俊出席并讲话。浙江省长袁家军和深圳市委书记王伟中、广东省常务副省长林少春分别介绍两省经济社会发展情况。

17日 《省级政府网上政务服务能力调查评估报告(2018)》在北京发布，浙江省居2017年度省级政府网上政务服务能力全国首位。

17—20日 省党政代表团在福建学习考察。两省举行经济社会发展情况座谈会，省委书记车俊、福建省委书记于伟国出席并讲话，省长袁家军、福建省省长唐登杰分别介绍两省经济社会发展情况。

18日 “全国优秀古迹遗址保护项目”颁奖仪式在北京举行，6个重要古迹保护项目获此荣誉，由浙江文化遗产保护企业浙江双林古建园林工程有限公司承担的武汉大学早期建筑——理学院文物保护工程榜上有名，这是浙江首次获得文物保护领域的最高奖。

19—22日 康复国际2018年执委会在杭州召开。来自多个国家和地区的50多名执委及国际组织的代表参加。浙江实施精准康复服务行动，实施残疾儿童抢救性康复补贴制度，补贴覆盖面全国最广。

22日 吉林省党政代表团到浙江考察。两省举行交流合作座谈会。省委书记车俊、吉林省委书记巴音朝鲁出席会议并讲话。省长袁家军、吉林省省长景俊海分别介绍两省改革发展和对口合作情况。

23日 广东省政协主席王荣率部分在粤全国政协委员和省政协委员到浙江考察美丽宜居乡村建设情况。省政协主席葛慧君主持座谈会。

24日 民政部在杭州上城区举办的首届全国社区工作大讲堂开讲，全国各地100多名优秀社区工作者代表参加讲座，分享社区工作创新做法。

△ 中国证券业协会绿色证券专业委员会成立大会暨中国绿色证券高峰论坛在湖州召开。会议由中国证券业协会、湖州市政府、亚洲金融合作协会与德国国际合作机构联合主办。来自87家证券公司、20家基金管理公司的代表与国内外相关专家、学者、企业家参加活动。

25日 省政府与中国远洋海运集团在杭州签署战略合作协议，合力推进浙江海洋强省、国际强港建设。省长袁家军、中远海运集团董事长许立荣参加签约。

△ 省长袁家军在杭州会见新加坡文化、社区及青年部兼贸工部高级政务部长、浙江—新加坡经贸理事会新方主席沈颖一行。

26日 全国改善农村人居环境工作会议在安吉召开。中共中央政治局常委、国务院总理李克强对会议做出重要批示。中共中央政治局委员、国务院副总理胡春华出席会议并讲话。省委书记车俊参加，省长袁家军在会上发言。

△ 中国人民大学国家发展与战略研究院在北京发布《绿色之路——中国经济绿色发展报告2018》，浙江绿色发展指数名列全国第一。

27日 由树兰(杭州)医院牵头组建的全省首个社会办医医联体成立。

28日 杭州市政府与中国科学院大学市校合作签约活动在杭州举行。中国科学院大学支持杭州市建设杭州高等研究院。

△ 浙江民盟盟史馆开馆仪式在杭州举行。

30日 浙江省庆祝“五一”国际劳动节暨劳模先进表彰大会在杭州举行。省委书记车俊、省长袁家军在会前看望劳模先进代表。袁家军出席会议并讲话。会议表彰全国、省五一劳动奖状、奖章获得者，以及全国、省工人先锋号获得者和“浙江工匠”获得者。

5月
May

2日 宁波临空经济示范区获国家发展改革委、国家民航总局批复，成为继杭州之后全国第11个国家级临空经济示范区。浙江也成为全国唯一拥有两个国家级临空经济示范区的省份。

2—4日 省委书记车俊率省代表团赴贵州学习考察并对接深化扶贫协作工作。浙黔两省在贵阳举行扶贫协作工作座谈会。

8日 省工商局对外发布《2017年浙江省商标品牌发展报告》。至2017年末，浙江省累计有效商标注册量为154.48万件，全国排名第二，仅次于广东。

△ 文化和旅游部公布第五批国家级非物质文化遗产代表性项目代表性传承人名单。在第五批1082名代表性传承人名单中，浙江有74人上榜，数量位列各省（区、市）第一。

9日 省委召开全省对外开放大会。省委书记车俊在会上宣布省委、省政府决定推出10项新的对外开放重大举措，省长袁家军主持。会议表彰2017年度省外贸十强县（市、区）、十佳国际投资企业、十佳开放平台、十佳对外合作单位。

△ 省委书记车俊在杭州会见香港中华总商会会长蔡冠深一行。

11日 省委书记车俊在余杭良渚遗址调研时强调，良渚遗址保护是习近平总书记和党中央交给浙江的光荣任务，要全力推进"申遗"工作，进一步擦亮良渚遗址这张世界级文化金名片。

△ 以送文化、卫生、科技、教育、法律、体育下乡为主要内容的省政协委员"走进基层、走进群众"活动月活动在龙游启动。省政协主席葛慧君出席启动仪式并讲话。

13日 在全国各界纪念"5·12"汶川特大地震十周年之际，"浙川携手·共奔小康"扶贫协作现场推进会和系列帮扶活动在四川广元举行。推进会举行结对帮扶、经贸合作项目签约及捐赠仪式，现场签约19个项目，涉及金额165亿元。省委常委、常务副省长冯飞出席会议并讲话。

14日 在杭州名楼——楼外楼创建170周年之际，由湖州拉风传媒有限公司出品的电视剧《楼外楼》在中央电视台综合频道黄金档开播。

15日 全省高水平建设"四好农村路"三年行动计划暨"千项百亿"工程启动，省委书记车俊出席并按下启动球。"四好农村路"指建设好、管理好、养护好、运营好农村公路。

△ 文化和旅游部、工业和信息化部联合发布第一批国家传统工艺振兴目录，共14大类别383项。其中浙江有22个项目入选，涵盖纺染织绣、雕刻塑造、金属加工、陶瓷烧造、文房制作、漆器髹饰、印刷装裱、器具制作8大类别，涉及省内9市，数量居全国各省（区、市）前列。

17日 省委书记车俊在杭州会见俄罗斯鞑靼斯坦共和国总统明尼哈诺夫。

△ 由中国作家协会、浙江省委宣传部、杭州市委宣传部主办的首届中国网络文学周在杭州滨江区白马湖开幕。

17—19日 全国首届"红色文化研究与学科建设"学术研讨会在杭州召开。会上，"浙江省红色文化研究会"揭牌并落户浙江理工大学。

△ 第二届中国国际茶叶博览会在杭州国际博览中心开幕，"西湖论茶"——第二届中国茶业国际高峰论坛同时举行。全国人大常委会副委员长武维华出席并宣布开幕，省长袁家军致辞。来自30多个国家和地区的1540家知名企业参展，近4000家专业采购商参会。

20—22日 中共中央政治局委员、国务院副总理孙春兰在浙江调研医疗卫生和教育等工作。

21日 省委书记车俊在杭州会见由朝鲜劳动党中央政治局委员、中央委员会副委员长朴泰成率领的朝鲜劳动党友好参观团一行。省长袁家军、中联部副部长王亚军等参加会见。

23—24日 省长袁家军率省代表团赴四川考察，对接深化扶贫协作工作。浙川扶贫协作高层联席会议在成都举行，四川省委书记彭清华主持会议并讲话，袁家军和四川省省长尹力分别讲话，并签署两省2018年扶贫协作协议。

24—25日 省长袁家军率省代表团在重庆学习考察。两省市举行工作交流座谈会。中共中央政治局委员、重庆市委书记陈敏尔主持座谈会并讲话，袁家军和重庆市市长唐良智分别介绍两省市经济社会发展和浙江对口支援三峡工程移民工作情况。

26日 由中国科学技术协会、浙江省政府主办的第20届中国科学技术协会年会在杭州国际博览中心开幕。全国政协副主席、中国科协主席万钢致开幕词，省委书记车俊致欢迎词。年会主题是"改革开放·创新引领"，共邀请135位院士、113位国外嘉宾、49位港澳台嘉宾分别参加智库聚才、学术引领、科普示范和群团改革四大板块20多项活动。

28日 省委和求是杂志社共同举办"最多跑一次"改革理论研讨会。省政协主席、省委宣传部部长葛慧君主持。求是杂志社社长李捷讲话。来自省内外的8位专家在会上发言。

△ 省水利厅印发《浙江省美丽河湖建设实施方案（2018—2022年）》，开启新一轮治水探索。未来5年，浙江将以"安全、生态、美丽、富民"为目标，重点实施以流域为单元的"百河综治"，完成河道综合治理5000千米，建成"美丽河湖"500条（个）。自2003年启动万里清水河道建设以来，浙江累计治理县乡河道近3万千米。

29日 全省深化"亩均论英雄"改革工作会议召开。省长袁家军强调，要深入践行新发展理念，加快推动高质量发展。

30日　全省山海协作工程推进会在衢州举行。省委书记车俊在会上强调，要聚力打造山海协作工程升级版，实现更高质量的区域协调发展。省长袁家军主持会议。

6月
June

1日　长三角地区主要领导座谈会在上海召开。中共中央政治局委员、上海市委书记李强，上海市委副书记、市长应勇；江苏省委书记娄勤俭，江苏省委副书记、省长吴政隆；浙江省委书记车俊，浙江省委副书记、省长袁家军；安徽省委书记李锦斌，安徽省委副书记、省长李国英等三省一市主要领导及国家发展改革委有关领导出席会议。会议期间，就组建长三角地区一体化发展投资基金、共建G60科创走廊、推进工业互联网平台集群联动、建立协同优势产业基金等合作项目进行签约。

5日　全省生态环境保护大会暨中央环保督察整改工作推进会在杭州召开。省委书记车俊强调，要以习近平生态文明思想为指引，高标准推进生态文明建设，高质量建设"美丽浙江"。省长袁家军主持会议。

6日　湖南省党政代表团到浙江考察。两省领导在杭州进行座谈。省委书记车俊主持座谈会并讲话，湖南省委书记杜家毫讲话。省长袁家军、湖南省省长许达哲分别介绍两省经济社会发展情况。

△　来自中东欧16国的青年创客在宁波诺丁汉大学举办中国—中东欧"一带一路"青年创客国际论坛。省委副书记、宁波市委书记郑栅洁出席并致辞。

7日　第四届中国—中东欧国家投资贸易博览会、第20届中国浙江投资贸易洽谈会、第17届中国国际日用消费品博览会在宁波开幕。来自70个国家和地区的1.2万名客商参加盛会。其中浙洽会签约项目24个，投资总额658亿多元。

△　由商务部主办的第三次中国—中东欧国家经贸促进部长级会议在宁波召开，会议通过《中国—中东欧国家电子商务合作倡议》《中国—中东欧国家服务贸易合作倡议》，并宣布在宁波正式启动建立首个"16+1"经贸合作示范区。

△　2017年度实行最严格水资源管理制度考核汇报会在杭州召开，水利部部长鄂竟平率考核组对浙江进行考核。考核结果表明，浙江省高度重视水资源保护管理，积极推进最严格水资源管理各项制度措施的落实，完成各项指标任务，全面推进河长制，在推动水环境治理保护方面发挥较好的示范作用。

△　浙江大学医学院附属杭州市第一人民医院揭牌。这是第8所挂牌浙江大学医学院附属医院的医疗机构，也是浙江大学医学院第一家非直属附属医院。

10—20日　省委书记车俊率浙江省代表团访问津巴布韦、南非、毛里求斯三国。

11日　省政府举行新任参事聘任仪式，省长袁家军向14位参事颁发聘书。

12日　省公安厅和杭州市公安局出入境管理局联合为51名外籍人士颁发外国人永久居留身份证。

△　中国人民银行在湖州召开绿色金融改革创新试验区建设座谈会。

14日　省政府召开全省大花园建设动员部署会。省长袁家军强调，要举全省之力全面推进大花园建设，加快打造"幸福美好家园、绿色发展高地、健康养生福地、生态旅游目的地"。

19—20日　省长袁家军率代表团在新疆学习考察。浙江—新疆维吾尔自治区及生产建设兵团对口支援工作座谈会在乌鲁木齐举行。中共中央政治局委员、自治区党委书记陈全国主持并讲话。省长袁家军、自治区主席雪克来提·扎克尔、兵团副政委孔星隆分别介绍浙江省、自治区、兵团经济社会发展和浙江对口援疆工作情况。

21日　由光明日报社、省委宣传部和嘉兴市委联合主办的首届"红船论坛"在嘉兴南湖举行，论坛主题为"红船精神的时代价值"。

21—22日　浙江省代表团在青海学习考察。浙江—青海对口支援工作座谈会在西宁举行。青海省委书记、省长王建军，浙江省省长袁家军出席座谈会并讲话。

22日　国家卫生健康委员会在浙江大学医学院附属第二医院滨江院区召开"医疗技术能力和医疗质量水平双提升"新闻发布会。发布会显示，浙江有51个专科被列入国家临床重点专科建设项目，综合救治能力进入国内第一方阵。

23日　省长袁家军在杭州会见巴布亚新几内亚总理奥尼尔一行。

25日　重新设计布展后的良渚博物院在杭州美丽洲公园内开馆，展出省文物考古研究所、省博物馆、良渚博物院和余杭博物馆4家馆藏文物600多件(组)。

27日　省政府召开全省大通道建设推进部署会。省长袁家军在会上强调，要聚焦3个"1小时交通圈"和十大标志性项目，着力打造互联互通、无缝对接、安全便捷、绿色智能的现代综合交通体系。

△　中央电视台大型人文纪录片《江河密码·一脉钱塘》在央视十套《探索·发现》栏目播出，每集40分钟。该片讲述钱塘江流域的自然环境、地方物产、民间艺术、乡风民俗、历史传说和精英人物故事。

28日　教育部、浙江省政府第一次部省会商会议在杭州举行。省委书记车俊、教育部部长陈宝生、省长袁家军出席。会上，副省长成岳冲、浙江大学党委书记邹晓东分别介绍浙江教育改革发展和浙江大学创建世界一流大学相关情况，双方签署共同推进浙江大学"双一流"建设战略合作协议。

29日　全省网络安全和信息化工作会议在杭州召开。省委书记车俊在会上强调，要紧紧抓住数字革命的历史机遇和战略窗口，充分发挥信息化驱动引领作用，奋力开创新时代网络强省新局面。省长袁家军主持会议。

△　全省三级检察机关公益损害与诉讼违法举报中

心暨12309检察服务中心同步挂牌成立，这是全国首个聚焦公益保护和诉讼活动监督的举报中心。

是月　杭州汽轮机股份有限公司中标全球功率最大的工业驱动机组，标志着“浙江制造”在高端重大装备制造业领域再次取得新的突破。

7月
July

5日　省深化监察体制改革试点工作小组会议在杭州召开。省委书记、省深化监察体制改革试点工作小组组长车俊在会上强调，要严格按照党中央、中央纪委关于深化监察体制改革的决策部署和宪法、监察法规定，坚定不移推动浙江省监察体制改革向纵深发展。

△　省政府召开专题会议，研究《浙江省国家数字经济示范省建设方案》《浙江省数字经济五年倍增计划》和高质量发展指标体系编制工作。

△　省政协主席葛慧君在宁波开展“中央环保督察反馈意见整改落实情况”专项集体民主监督。

6日　习近平总书记对安吉县黄杜村农民党员来信提出向贫困地区捐赠白茶苗一事做出重要指示强调，增强饮水思源、不忘党恩的意识，弘扬为党分忧、先富帮后富的精神，对于打赢脱贫攻坚战很有意义。

△　2018年度亚太区智慧城市大奖公布，组委会从参选的148个优秀智慧城市项目中评选出19个最佳项目，杭州“城市大脑”项目获交通组大奖，杭州首次入围该奖项。

7日　山东省党政代表团考察浙江。两省领导在杭州进行座谈。省委书记车俊、山东省委书记刘家义讲话。省长袁家军、山东省省长龚正分别介绍两省经济社会发展情况。

△　中共浙江省委书记车俊在杭州会见中国国民党前主席、中华青雁和平教育基金会董事长洪秀柱。

8日　习近平总书记在浙江省委关于“八八战略”实施15年情况报告上所做重要指示指出，“八八战略”来自于大量的调查研究，体现出中央精神与浙江实际的结合，见效于浙江广大党员干部群众的共同奋斗。希望浙江以“八八战略”实施15周年为新起点，保持战略定力，秉持浙江精神，努力在决胜全面建成小康社会、夺取新时代中国特色社会主义伟大胜利的征程中继续走在前列。

△　主题为“携手共创新时代”的首届海峡两岸青年发展论坛在杭州开幕。来自海峡两岸的500多名青年参加论坛。省委书记车俊，中共中央台湾事务办公室、国务院台湾事务办公室主任刘结一，中国国民党前主席、中华青雁和平教育基金会董事长洪秀柱在开幕会上致辞并出席主论坛。

9日　省委常委会召开扩大会议，传达学习习近平总书记对浙江工作的重要指示精神，研究贯彻落实意见。

10日　省委召开“八八战略”与习近平新时代中国特色社会主义思想座谈会。省委书记车俊在会上强调，“八八战略”是习近平新时代中国特色社会主义思想在浙江萌发与实践的集中体现，要以习近平总书记对浙江工作的重要指示为动力，推进“八八战略”再深化。

11日　《浙江画报》创刊60周年报告会在杭州举行。《浙江画报》创刊于1958年7月，是浙江唯一以摄影作品为主的图文并茂的综合性大型刊物，属于新闻、社会与摄影相结合的综合性图文读物。

12日　省委召开全省立法工作会议。省委书记车俊在会上强调，要按照法治浙江建设要求和省委批转的立法工作意见，扎实做好新时代地方立法工作，以高质量地方立法护航“两个高水平”建设。

△　之江实验室举行首席科学家聘任仪式，中国工程院院士潘云鹤受聘为人工智能领域首席科学家，中国工程院院士邬江兴受聘为网络安全首席科学家。

17日　全省首届智力运动会在丽水开幕。运动会设“五棋一牌”（围棋、国际象棋、五子棋、象棋、国际跳棋、桥牌）6个大项、62个小项，是全省规模最大、影响力最广的智力项目综合性运动会。

△　省委书记车俊在杭州会见由西川一诚知事、山本文雄议长率领的福井县友好代表团一行，省长袁家军等参加会见。

△　省长袁家军在杭州会见亚残奥委会主席马吉德一行，双方表示将合心合力把2022年亚残运会办成一届精彩、别样、难忘的体育盛会。

18日　中共浙江省委书记车俊在杭州会见中国国民党前主席连战一行。

△　习近平总书记关于加强和改进人民政协工作的重要思想学习研讨情况沪苏浙皖四省市政协片区座谈会在杭州召开。全国政协副主席刘奇葆、省政协主席葛慧君及沪苏皖三省市政协主要领导出席会议。

19日　为总结梳理和宣传阐释习近平新时代中国特色社会主义思想在浙江的萌发与实践，以首篇《从“腾笼换鸟、凤凰涅槃”到高质量发展》为标志，《浙江日报》从当天起连续刊登十大课题的研究成果和实践案例。

△　由连横纪念馆、两岸和平发展基金会共同主办的“连横纪念馆十周年庆系列活动”开幕式在杭州举行，中国国民党前主席、两岸和平发展基金会董事长连战出席并致辞。连横纪念馆成立于2008年12月，是两岸共同弘扬中华优秀文化、扩大交流、增进共识的重要平台。

19—20日　省委十四届三次全体（扩大）会议在杭州举行。全会坚持以习近平新时代中国特色社会主义思想为指导，深入学习贯彻习近平总书记对浙江工作的重要指示精神，听取和讨论车俊受省委常委会委托做的工作报告，研究部署“‘八八战略’再深化、改革开放再出发”重大问题，审议通过《中共浙江省委关于推进清廉浙江建设的决定》。

24日　省政府召开全省数字经济发展大会。省长袁家军强调，各地各部门要以“数字产业化、产业数字化”为主线，全面实施数字经济“一号工程”，持续加力推进数字经济发展，争创国家数字经济示范省。

△　十四届省委第四轮巡视工作正式启动，将安排11个巡视组主要对20个地区（单位）党组织进行巡视。

25日　全省深化“千万工程”推进乡村振兴现场会在宁海召开。省委书记车俊在会上强调，各地各有关部门要自觉践行习近平总书记对浙江提出的“干在实处永无止境，走在前列要谋新篇，勇立潮头方显担当”的新期望，拉高标杆、大胆探索，加快走出一条符合浙江实际的新时代乡村振兴新路子，努力在乡村振兴上走在前列。

26日　教育部学位与研究生教育发展中心公布全国首次专业学位水平评估结果，浙江大学、浙江工商大学等省内10所大学入选。

△　省第十四次妇女代表大会在杭州举行。省委书记车俊出席开幕会并讲话。全国妇联副主席、书记处书记张晓兰到会祝贺。会议对全国三八红旗手（集体）、省先进妇女组织、优秀妇联干部进行表彰。

26—27日　中共中央政治局委员、国务院副总理胡春华在宁波、杭州等地调研外贸工作。

27日　晚19时40分，桐庐县合村乡合村村琅玕自然村村道一座廊桥桥顶发生垮塌。事发时，当地有村民在廊桥上乘凉避雨被压，其中11人被送至县第二人民医院救治，至28日凌晨1时8人死亡。

28日　省内最大规模专业儿童康复中心——浙江中医药大学附属第三医院康复院区（浙江康复医疗中心）儿童康复中心医疗部正式对外接诊。

30日　浙江省代表团赴西藏学习考察。浙江—西藏对口支援工作座谈会在拉萨举行。省委书记车俊、西藏自治区党委书记吴英杰出席座谈会并讲话。

8月
August

1日　国家市场监督管理总局公布2016—2017年度国务院对省级政府质量工作考核结果，浙江省连续第三次被评为第一等次A级，与北京、上海、广东三省市并列全国第一方阵。

3日　全省开启新一轮省级河长巡河行动。浙江已形成省、市、县、乡、村五级联动的河（湖）长架构，并初步形成一套以河（湖）长制为核心的治水长效机制和责任体系。

7日　国家外国专家局、教育部联合下发通知，批准全国25家高校入选2018年度地方高校“学科创新引智计划”（简称国家“111计划”），全省有浙江农林大学等6所省属高校9个学科入选国家“111计划”，入选数量列全国首位。

9日　全省质量大会举行。省长袁家军强调，全面开展质量提升行动，推进标准强省、质量强省、品牌强省和“浙江制造”建设。

11日　中国最高文学奖项之一——第七届鲁迅文学奖揭晓，浙江作家黄咏梅的作品《父亲的后视镜》获短篇小说奖。这是浙江作家在这一奖项领域实现“零”的突破。

12日　凌晨3时58分，杭州绕城高速公路西线北向南81K+500M附近路段发生道路交通事故，事故涉及3辆大货车和2辆小客车，造成3车烧毁、9人死亡和3人受伤。

14日　龙游县姜席堰入选2018年（第五批）世界灌溉工程遗产名录。

15日　全省扶贫开发工作会议举行。省委书记车俊在会上强调，坚决打赢低收入百姓增收攻坚战，让高水平全面小康成果惠及全省人民。

△　浙江省工会第十五次代表大会在杭州举行。省委书记车俊出席开幕式并讲话。省人大常委会副主任、省总工会主席史济锡代表省总工会十四届委员会做工作报告。大会选举产生省总工会新一届领导机构，史济锡继续当选为省总工会主席。

△　省工商局、省工商联、省民营企业发展联合会联合公布“2017年度浙江省民营企业百强榜单”。榜单反映，2017年销售额突破1000亿元的浙企从2016年的4家增加到8家，分别是浙江吉利控股集团有限公司、海亮集团有限公司、青山控股集团有限公司、万向集团公司、天能电池集团有限公司、浙江荣盛控股集团有限公司、浙江恒逸集团有限公司和超威电源集团有限公司。

16日　全省首个“中国医师节”庆祝大会在省人民大会堂召开，大会表彰10名省“医师终身荣誉”称号获得者。

18日　省委书记车俊在杭州会见马来西亚总理马哈蒂尔，省长袁家军等参加会见。

△　浙江吉利控股集团有限公司与马来西亚宝腾控股有限公司在杭州签署深化新能源领域战略合作协议书。双方成立新合资公司，股份各占50%。

20日　省委、省政府与农业农村部在北京签署省部共建乡村振兴示范省合作框架协议。省委书记车俊，中央农办主任、农业农村部部长韩长赋出席签署仪式并讲话。

21日　内蒙古自治区党政代表团考察浙江。两省区领导在杭州举行座谈。省委书记车俊、内蒙古自治区党委书记李纪恒出席座谈会并讲话。

△　省长袁家军率省政府代表团对新加坡进行友好访问。袁家军会见新加坡副总理兼国家安全统筹部部长张志贤等政要，出席浙江·新加坡经贸理事会专题会并考察有关企业。

22日　国务院第十一督查组在浙江开展实地督查。省委书记车俊与督查组组长、科技部副部长徐南平一行出席工作衔接会。

△　中国计算机学会与杭州萧山区政府举行签约仪式，双方将在钱江世纪城打造一座计算机博物馆。该博物馆为国内首座计算机博物馆。

23日　省长袁家军率领省政府代表团访问韩国。袁家军分别会见韩国外交部副部长赵显等政要，签署《进一步落实浙江省·圣罗南道友好交流宣言》,并出席有关活动,考察有关企业单位。

23—24日　省残疾人联合会第七次代表大会在杭州举行,省委书记车俊出席会议并讲话。会议选举产生省残联新一届领导班子。

24日　省委常委会召开会议,传达学习习近平总书记在全国宣传思想工作会议上的重要讲话精神。

26—30日　省长袁家军率领省政府代表团访问日本。袁家军会见静冈县知事川胜平太、枥木县知事福田富一,出席中国(浙江)·日本商务论坛、浙江省·静冈县商务论坛并做主旨讲话。

28日　浙江渔场修复振兴暨"一打三整治"推进会在宁波举行,省委书记车俊做出批示。

29日　在沈阳举行的2018中国民营企业500强峰会上,发布中国民营企业500强榜单、中国民营企业制造业500强榜单及中国民营企业服务业100强榜单,浙江分别有93家、97家、10家企业入围。浙江入围企业数量连续20年居中国民营企业500强榜单第一位。

30日　全省小微企业园建设提升暨"低散乱"整治推进大会在温州举行。省委书记车俊在会上强调,以大抓落实之功,破"小微"发展之难,不断夯实全省经济高质量发展的基础。

9月
September

2日　第18届亚洲运动会在印度尼西亚雅加达落幕。第19届亚运会将于2022年在杭州举行。在闭幕式现场,杭州市以"向往"为主题,进行8分钟的演出。杭州市市长徐立毅接过亚运火炬和亚运会旗,标志着亚运会正式进入"杭州时间"。

3日　省委常委会召开会议,传达学习习近平总书记在推进"一带一路"建设工作5周年座谈会上的重要讲话精神,研究部署贯彻落实意见。

4日　全国政协副主席汪永清率全国政协调研组,就"网络环境下的知识产权法律保护"问题在浙江调研。

6日　中非民营经济合作高峰论坛在杭州国际博览中心开幕。塞内加尔共和国总统马基·萨勒,全国政协副主席、全国工商联主席高云龙,省长袁家军出席开幕式并致辞。论坛以"深化中非民营经济合作"为主题,由全国工商联和浙江省政府共同主办。主论坛发布《首批中国民营企业在非境外经贸合作区清单》,并举行合作项目签约仪式。

7日　省委书记车俊在杭州会见多哥总统福雷,省长袁家军等会见时在座。

△　国务委员、公安部部长赵克志在浙江调研时强调,要坚持和发展新时代"枫桥经验",提高社会治理能力和平安中国建设水平。

8日　省长袁家军在杭州会见前来参加"世界旅游联盟(WTA)·湘湖对话"的中外嘉宾。

△　在之江实验室成立一周年之际,其人工智能领域的5个研究中心挂牌成立,分别为智能机器人研究中心、人工智能算法研究中心、网络大空间搜索研究中心、智能芯片研究中心和网络健康大数据研究中心。

9日　中共浙江省委书记车俊在杭州会见中国国民党前主席吴伯雄一行。

11日　全省119家高风险药品生产经营企业签订落实企业主体责任承诺书。

△　首届中国·环太湖国际旅游节暨中国·湖州国际滨湖旅游节在湖州开幕。

12日　省委书记车俊在符拉迪沃斯托克会见俄罗斯鞑靼斯坦共和国总统明尼哈诺夫、滨海边疆区副州长科斯坦丁。会见结束后,车俊、明尼哈诺夫共同签署浙江与鞑靼斯坦共和国关于经贸、科技、社会文化及人文领域合作协议。

△　浙江·台湾合作周在杭州开幕,合作周以"共享机遇,融合发展"为主题。

△　由中国人民银行和省政府支持主办的浙江民营企业债务融资工具发行推介会在杭州举行,省长袁家军和中国人民银行副行长朱鹤新出席并致辞。

13日　全省特色小镇规划建设工作现场推进会在余杭艺尚小镇召开。省委书记车俊做出批示,省长袁家军出席会议,并向第二批省级特色小镇授牌。

△　第十届"中华慈善奖"颁奖典礼在北京举行,浙江4名"慈善楷模"及"捐赠个人"、2个"慈善项目"及2家"捐赠企业"获奖。

14日　省领导在省人民大会堂看望参加第18届雅加达亚运会的浙江体育健儿。省委书记车俊出席并讲话,省长袁家军出席。在第18届亚运会上,浙江体育健儿取得23枚金牌、18枚银牌、8枚铜牌的好成绩,金牌数和奖牌数均列各省(区、市)第二位。

△　省委书记车俊在杭州会见香港特别行政区全国人大代表视察团一行。省长袁家军出席在杭州举行的情况介绍会,并重点介绍浙江省经济社会发展情况和"八八战略"实施情况。

15日　第二十四次全国地方立法工作座谈会在杭州召开。中共中央政治局常委、全国人大常委会委员长栗战书出席会议并讲话。会后,栗战书在杭州、衢州等地调研,他强调,要以习近平新时代中国特色社会主义思想为指导,围绕中心服务大局,切实加强地方人大工作。省委书记、省人大常委会主任车俊等陪同调研。

16—26日　浙江省第十六届运动会在湖州市奥体中心开幕,省长袁家军出席并宣布开幕。省运会设置26个大项、32个分项、769个单项,是历届省运会设项最多最全的一届。各市、行业代表团参赛总人数超过1.2万人。

17日　省委书记车俊在杭州会见由德国石荷州州长君特率领的石荷州友好代表团一行。

17—19 日　省政协组织“纪念改革开放40周年暨‘八八战略’实施15周年港澳华侨委员、港澳台侨代表人士‘看家乡巨变’”考察活动。

18 日　省委书记车俊在杭州会见瑞典乌普萨拉省省长伊南德。

△　浙江出版传媒股份有限公司成立。

19 日　江西省党政代表团到浙江考察。两省领导在杭州进行座谈。省委书记车俊、江西省委书记刘奇出席并讲话。省长袁家军、江西省代省长易炼红分别介绍两省经济社会发展情况。

△　以“驱动数字中国”为主题的2018杭州·云栖大会开幕。省长袁家军出席并做主旨演讲。大会举行170场主题峰会和分论坛，吸引全球6大洲81个国家及地区的12万人次参会。

20 日　全省县域医共体建设现场推进会在德清召开。省委书记车俊在会上强调，要以县域医共体建设为抓手，深化医疗改革，更好解决群众看病难、看病贵问题。省长袁家军主持会议。

20—21 日　中央宣传部在长兴召开县级融媒体中心建设现场推进会，对在全国范围推进县级融媒体中心建设做出部署安排，要求2020年底基本实现在全国的全覆盖。

21 日　浙江省女企业家协会成立30周年庆祝大会在省人民大会堂举行，省长袁家军出席大会并致辞。大会表彰陈爱莲等40位杰出女企业家，发布《凝聚巾帼心，绽放新时代》倡议书。

△　杭金衢高速公路改扩建一期工程全线通车，杭州到金华实现全程8车道通行。

△　全省第10000个农村文化礼堂——建德市三都镇镇头村文化礼堂正式启用。

25 日　省纪委发出通知，要求在全省纪检监察系统开展学习陈刚先进事迹活动。陈刚生前系中共嘉兴市委常委、市纪委书记、市监委主任，2018年7月因病去世，年仅55岁。

26 日　省政府与中国商飞公司在杭州签署战略合作协议。省长袁家军、中国商飞公司董事长贺东风参加签约仪式，常务副省长冯飞与中国商飞公司总经理赵越让签署战略合作协议书。

△　省政府与中国进出口银行在杭州签署战略合作协议，省长袁家军、中国进出口银行董事长胡晓炼参加签约。

27—28 日　中共中央政治局常委、国务院总理李克强在省委书记车俊、省长袁家军陪同下在舟山、台州考察。李克强先后考察浙江自贸试验区、世界级大型综合石化产业项目、舟山港、台州杰克缝纫机有限公司、台州市人力资源服务产业园，并主持召开国有、民营、外资企业和金融机构座谈会。他强调要更大力度推进改革开放，进一步激发市场活力，推动经济高质量发展。国务委员兼国务院秘书长肖捷及省有关领导陪同考察。

28 日　强化基层公权力监督、社会共建清廉浙江大促进推进会在宁海县召开。省委书记车俊做出批示，要求不断开创清廉浙江建设新局面。

△　乐清湾跨海大桥全线通车，台州玉环至温州乐清车程缩短至20分钟。

10月
October

8 日　省委常委会召开会议，传达学习习近平总书记关于加强和改进人民政协工作的重要思想，研究部署贯彻落实意见。

△　载有3240件跨境电商国际邮件的X8024次中欧班列抵达目的地波兰马拉舍维奇。标志着中欧班列（义乌）运邮业务常态化开启。

9 日　国家发展改革委批复新建上海经苏州至湖州铁路可行性研究报告，同意建设沪苏湖铁路，线路起自上海虹桥站，途经江苏省苏州市，终于湖州站。正线长163.54千米，设计速度目标值350千米/小时，设站6座。

△　温州市飞云江跨海特大桥贯通，为甬台温高速公路复线灵昆至阁巷段明年年底通车奠定基础。

10 日　希腊籍油轮“马安”号在宁波舟山港岙山石油基地卸下13万吨原油。至此，岙山石油基地吞吐量超过2500万吨。

△　由省农业厅和省农科院共同筹建的浙江农艺师学院成立，首批104名在职研修生班学员同日举行开学典礼。

11 日　杭州在云栖小镇启动“打造全国数字经济第一城”行动。

11—14 日　中共中央政治局委员、全国人大常委会副委员长王晨率全国人大海洋环境保护法执法检查组到浙江开展执法检查。省委书记车俊出席汇报会并作讲话。省委副书记、省长袁家军等陪同检查。

15 日　省委十四届四次全体会议在杭州举行。会议传达中央批复同意的《浙江省机构改革方案》主要精神，对全省深化机构改革工作进行研究部署。

△　国家林业和草原局在广东深圳召开会议，授予27个城市为“国家森林城市”称号，浙江省舟山市、桐庐县、安吉县和江山市榜上有名。

16 日　国家粮食和物资储备局、农业农村部、教育部、科技部、全国妇联和联合国粮农组织等在浙江大学共同举办“世界粮食日”纪念活动和粮食安全系列宣传主会场活动，以“努力实现零饥饿”为主题。

17 日　杭州最长一条东西向快速路——文一路地下通道试通车。地下通道是连接杭州下沙和城西的大动脉，全长5.8千米，为双向4车道。

18日　ISO国际标准化培训基地（杭州）和国际法制计量组织培训中心（杭州基地）在中国计量大学揭牌，这是全球设立的第二个ISO国际标准化培训基地。

19日　省领导在省人民大会堂看望载誉归来的第三届亚残运会浙江体育健儿，省委书记车俊出席并讲话。省委副书记、省长袁家军出席。在第三届亚残运会上，浙江健儿获29枚金牌、12枚银牌、2枚铜牌，创造13项赛会纪录、4项亚洲纪录、1项世界纪录，金牌数和奖牌数均位列各省（区、市）首位。

20日　浙江农林大学庆祝建校60周年。经过60年建设，学校发展成为以农林、生物环境学科为特色，涵盖八大学科门类的多科性大学。

20日至11月3日　第20届杭州西湖国际博览会在杭州举行。西博会包含主题展、杭州湾论坛、市民休闲节三大核心项目和24个重点项目，实现贸易成交额101亿元。

23—26日　浙江省第十届残疾人运动会在杭州举行。来自全省各地的850名残疾人运动员分别参加14个项目，决出奖牌734枚，其中金牌354枚。

29日　由首届浙江慈善爱心榜评选活动颁奖仪式在杭州举行。活动由省慈善联合总会组织，评选出“十大慈善之星”、“十大杰出义工”和“十大慈善项目”。

29日至11月1日　浙江省第六届少数民族传统体育运动会在丽水举行。全省有12个代表团参赛，包括11个市代表团和景宁畲族自治县代表团；有运动员、教练员、工作人员等793人，其中少数民族运动员525人。比赛设11个项目（10个竞赛项目和1个表演项目）61类小项，产生一等奖64个、二等奖168个、三等奖140个，合计奖项372个。

30日　武侠小说泰斗金庸在香港去世，享年94岁。金庸本名查良镛，1924年3月出生于浙江海宁。

11月
November

1日　省委第五轮巡视工作正式启动，安排11个巡视组对22个地区（单位）党组织进行巡视。

2日　省委、省政府召开全省非公有制经济人士新时代优秀中国特色社会主义事业建设者表彰大会，学习贯彻习近平总书记在民营企业座谈会上的重要讲话精神。省委书记车俊、省长袁家军分别出席并讲话。55位浙江省优秀非公有制经济人士在会上受到表彰。

3—4日　克罗地亚总理普连科维奇一行访问浙江。省委书记、省人大常委会主任车俊会见普连科维奇一行。

4日　省长袁家军在杭州会见联合国副秘书长、联合国环境规划署执行主任埃里克·索尔海姆一行，并共同签署备忘录。

7—9日　第五届世界互联网大会在乌镇举行。国家主席习近平致贺信。该届大会以“创造互信共治的数字世界——携手共建网络空间命运共同体”为主题，来自76个国家和地区约1500名嘉宾参会。

9日　深化“千万工程”建设美丽浙江推进大会在杭州举行。省委书记车俊出席会议并讲话，省长袁家军主持会议。

12日　中央政法委与浙江省委联合在“枫桥经验”发源地绍兴召开纪念毛泽东同志批示学习推广“枫桥经验”55周年暨习近平总书记指示坚持发展“枫桥经验”15年大会。中共中央政治局委员、中央政法委书记郭声琨出席会议并讲话。国务委员、公安部部长赵克志主持会议。最高人民法院院长周强，最高人民检察院检察长张军出席。浙江省委书记车俊致辞并介绍经验。中共中央组织部、民政部和北京、上海、安徽、福建、四川、新疆等省（区、市）有关负责人作典型发言，分别介绍坚持发展“枫桥经验”的做法和成效。

△　凌晨，上海世博中心数字大屏最终定格在2135亿元，标志着自2009年举办第一届“双11”（指2009年11月11日举行的网络购物促销活动）以来，10年时间，天猫“双11”成交金额增长4000多倍。

16日　《浙江共产党员》杂志创刊60周年座谈会在杭州举行。该杂志已形成“四刊两网五微”红色全媒体矩阵，每月期刊发行量超过70万份。

19日　由联合国主办，自然资源部和浙江省政府共同承办的首届联合国世界地理信息大会在德清开幕。国务院总理李克强致贺信。联合国秘书长古特雷斯致视频贺词。会议围绕衡量与监测可持续发展目标，共享数字经济、位置与大数据等议题进行讨论。会后发布《莫干山宣言：同绘空间蓝图，共建美好世界》。

21—30日　省委副书记、宁波市委书记郑栅洁率宁波市代表团访问意大利、白俄罗斯和罗马尼亚。

22日　由中共中央对外联络部主办的第二届“中国—阿拉伯国家政党对话会”在杭州举行。来自17个阿拉伯国家的60多个主要政党领导人，以及中央党史和文献研究院、外交部、商务部等中央有关单位约200名中外方代表出席会议。对话会主题为“携手共建更加美好的世界”。会议通过《中阿政党对话2018杭州宣言》。

△　省政府召开全省见义勇为先进人物表彰暨见义勇为工作视频会议，省委书记、省人大常委会主任车俊出席并讲话。19人被省政府记（追记）一等功，其中9人被授予（追授）“浙江省见义勇为勇士”，10人被授予（追授）“浙江省见义勇为先进分子”。会前，车俊和省委副书记、省长袁家军看望受表彰的先进人物或家属代表。

23日　由中共中央对外联络部和浙江省委共同举办的“中国共产党的故事——习近平新时代中国特色社会主义思想在浙江的实践”专题宣介会在杭州举行。中联部部长宋涛、省委书记车俊出席并致辞。来自30多个国家80多个政党领导人和代表参加宣介会。

27日　在省十三届人大常委会第七次会议上，浙江全口径、全覆盖的国有资产“家底”第一次以综合报告的形式出现。报告披露，截至2017年底，全省有各级国有企业10862家，全省企业国有资产总额10.44万亿元，负债总额7.18万亿元，净资产3.26万亿元；全省行政事业性国有资产总额12718亿元，负债4112亿元，净资产8606亿元。国有企业实现营业收入15287亿元，利润总额946亿元，收入利润率6.2%，上缴税费581亿元。

28日　81898次国际多式联运列车从诸暨东站启程，开往荷兰鹿特丹，标志着诸暨—宁波舟山港海铁联运国际专线开通首发。

30日　省十三届人大常委会第七次会议全票审议通过《浙江省保障“最多跑一次”改革规定》。该规定为全国“放管服”改革领域首部综合性地方法规。

△　宁波温州国家自主创新示范区建设推进大会在宁波举行。宁波温州国家自主创新示范区与2015年杭州国家自主创新示范区的获批，使浙江成为继广东后拥有2个国家自主创新示范区的省份。

12月
December

5日　省政府新闻办召开新闻发布会，公布浙江省2018年11月高考英语科目加权赋分情况调查结果。经省政府调查组调查，此次高考英语科目加权赋分是一起因决策严重错误造成的重大责任事故。在听取调查组汇报并专题研究后，省委、省政府决定，依据《中国共产党问责条例》《中华人民共和国监察法》《党政领导干部辞职暂行规定》等规定，对相关职能单位和有关责任人分别追究责任。

6日　浙江(杭州)国际生物医药产业投资峰会暨第四届浙江国际健康产业领袖峰会在杭州召开。会上发布《2018浙江健康产业发展报告》。

9日　第五届中国工业大奖发布会在北京召开。会议授予12家企业、11个项目中国工业大奖；授予20家企业、16个项目中国工业大奖表彰奖；14家企业、10个项目获中国工业大奖提名奖。浙江桐乡的巨石集团有限公司获最高荣誉“中国工业大奖”。

10日　省政府新闻办召开发布会，介绍省政府印发《关于全面加快科技创新，推动高质量发展的若干意见》有关情况，即“科技新政50条”。“科技新政”由总体要求、政策举措和保障措施3个部分组成。其中，在政策举措部分，从6个方面提出50条政策举措。

13日　全省数字政府建设研讨会杭州举行。省长袁家军出席并讲话。专家围绕建设数字政府基础设施、打造以数据为核心的共享平台、非接触监管、从“数据、行政、服务”三个维度谋划建设数字政府、构建政府指数等方面进行深入研讨，提出意见和建议。

△　长三角三省一市共同签署《长三角地区教育更高质量一体化发展战略协作框架协议》。在全国率先构建区域联动的食品安全信息追溯体系，参与制订长三角《食品和食用农产品信息追溯》地方标准。

△　浙江省国资国企改革发展情况新闻发布会在杭州举行。会议指出，改革开放40年来，尤其是“八八战略”实施15年来，浙江国有经济居全国第一方阵，国资国企改革发展为推动全省经济社会发展做出积极贡献。

17日　全省农村饮用水达标提标行动会议在杭州召开。省长袁家军出席会议并讲话。会议强调，要深入贯彻习近平总书记对农村饮用水工作重要指示精神，全面实施农村饮用水达标提标三年行动计划。

18日　庆祝改革开放40周年大会在北京人民大会堂举行。大会宣读中共中央、国务院关于表彰改革开放杰出贡献人员的决定，浙江有7人获得“改革先锋”称号。

25日　宁波舟山港梅山港区6号集装箱泊位通过交工验收，6号集装箱泊位可停靠泊位2.2万标箱的全球最大集装箱船，标志着全国最大的集装箱码头初步建成。

△　杭州至黄山高铁开通运营。杭黄高铁全长288千米，其中浙江境内208千米。

△　第20届中国专利奖在北京颁奖，浙江获中国专利金奖3项、中国外观设计金奖2项，创造历史最好成绩。

26日　省委经济工作会议召开。省委书记车俊出席会议并讲话。省委副书记、省长袁家军主持并做具体部署，葛慧君、郑栅洁和其他副省以上领导干部出席。

△　根据国家邮政局全国快递业数据监测系统显示，浙江2018年快递业务量(发件量)超过100亿件，总量接近美国快递业80%的规模，是排名世界第三位的日本快递总量的两倍。全省快递业务量从2012年的8.2亿件增加到100亿件，年均增速逾50%，全国市场份额从原来的10%提升到20%。全国快递业20强城市，浙江占6席。全省快递业日均服务超过4000万人次，快递业从业人员近30万人，快递服务法人企业及其分支机构接近1万家。

28日　之江实验室园区工程奠基活动在杭州余杭区举行。省委书记车俊宣布之江实验室园区工程正式启动，省长袁家军讲话。

是月　第七批历史文化村落保护利用重点村和一般村名单公布。全省有七批304个重点村、1483个一般村的保护利用项目。

是月　《浙江省改革开放40年大事记》由红旗出版社出版。该书由浙江省地方志办公室组织编纂，全面、系统、客观地记述改革开放40年来浙江的发展历史。

是年　浙江省地区生产总值56197.15亿元；人均地区生产总值9.86万元；社会消费品零售总额25007.9亿元；财政总收入11705.82亿元；城镇居民、农村居民人均可支配收入分别为5.56万元和2.73万元。

是年　浙江省常住人口为5737万人，人口自然增长率为5.44‰。

年度综述
Annual Review

2018年是改革开放40周年、“八八战略”实施15周年。省委团结带领全省人民，深入学习贯彻习近平新时代中国特色社会主义思想和党的十九大精神，努力践行习近平总书记赋予浙江的“干在实处永无止境，走在前列要谋新篇，勇立潮头方显担当”的新期望，奋力推进“八八战略”再深化、改革开放再出发，“两个高水平”建设迈出坚实步伐，经济社会发展保持良好势头。全年全省实现生产总值5.6万亿元，比上年增长7.1%；一般公共预算收入6598亿元，增长11.1%，从全国第五位升至第四位；进出口总额2.85万亿元，增长11.4%；城乡居民人均可支配收入分别为55574元和27302元，增长8.4%和9.4%。

回顾全年全省各项事业发展，主要有以下9个方面的情况：

一、学懂弄通做实习近平新时代中国特色社会主义思想，把“两个维护”落细落实、见诸行动

省委从浙江作为中国革命红船起航地、改革开放先行地、习近平新时代中国特色社会主义思想重要萌发地“三个地”的政治高度出发，深学笃用习近平新时代中国特色社会主义思想，自觉将其贯穿到谋划战略、制定政策、部署任务、推进工作的各方面全过程。以“大学习大调研大抓落实”活动开局。年初省委部署开展“大学习大调研大抓落实”活动，以此推动全省广大党员干部高举学习之旗、大兴调研之风、多想破难之策、增强落实之效。省委理论学习中心组召开学习会13次，省人大常委会、省政府、省政协通过党组会、专题学习会等形式开展学习研讨86次，第一时间传达学习、宣传贯彻习近平总书记重要讲话、重要指示精神。省四套班子领导下基层调研1100多次，牵头主持课题124项并形成重要调研成果，有效破解改革发展稳定中的各类问题。组织开展“八八战略”实施15周年系列活动。年初，省委将“‘八八战略’再深化、改革开放再出发”作为全年工作的主题主线。年中，召开省委十四届三次全体会议，全面落实习近平总书记对浙江工作的重要指示精神，回顾总结“八八战略”实施15年来取得的历史性成就，梳理提炼“八八战略”的理论价值和实践贡献，对推进“‘八八战略’再深化、改革开放再出发”重大问题作出部署。制作播出《“八八战略”15年》政论纪录片，编制《读懂“八八战略”》小册子并发行300多万册，做好《之江新语》等著作多语种翻译出版发行工作。对党的十八大以来习近平总书记对浙江作出的历次重要指示贯彻落实情况开展“回头看”，逐一对照检查、逐条细化落实、不断校正纠偏。组织开展“习近平新时代中国特色社会主义思想在浙江的萌发与实践”重大课题研究，组建红船精神研究院，举办“八八战略”与习近平新时代中国特色社会主义思想座谈会，与中共中央对外联络部一起举办“中国共产党的故事——习近平新时代中国特色社会主义思想在浙江的实践”专题推介会。推进“两学一做”学习教育常态化制度化，发挥各级党校（行政学院）主阵地作用，建好用好浙江红船干部学院，全面完成全省4万余名县处级以上干部学习贯彻习近平新时代中国特色社会主义思想和党的十九大精神的轮训。

二、高举改革开放大旗，以更大力度推动改革开放走深走实

省委、省政府召开全省全面深化改革大会、对外开放大会，出台《关于深化“最多跑一次”改革，推动重点领域改革的意见》，推出对外开放“十大举措”，争当改革开放排头兵。以“最多跑一次”改革为龙头，撬动各方面各领域改革。挂牌成立“最多跑一次改革”办公室，全面推行“一窗受理、一网通办、一证通办、一次办成”，100%的事项实现网上办理，63.6%的民生事项实现“一证通办”，朝着“跑一次是底线、一次不用跑是常态、跑多次是例外”的目标迈进。加快要素市场化配置改革，全面推开“亩均论英雄”改革和“标准地”改革。深化国资国企改革，省市县国有资产统一监管体系初步建立。中央和省级160多项改革试点扎实推进。贯彻落实中央关于机构改革决策部署，推动全省机构改革任务不折不扣落实到位。按照“宜早不宜迟、宜快不宜慢、宜先不宜后，确保改革质量”的要求，建立省深化机构改革协调小组，组建工作专班，出台《中共浙江省委关于深化机构改革的实施意见》《浙江省机构改革方案》《中共浙江省委关于市县机构改革的总体意见》，并研究制定省级部门机构编制框架和系列政策意见。召开省委十四届四次全体会议、全省机构改革动员大会，全面启动实施经党中央、国务院批准的《浙江省机构改革方案》。统筹推进省市县乡机构改革，完成机构改革各项任务，浙江成为全国首个完成全省各级机构挂牌、班子配备、人员转隶和“三定”（定部门职责、定内设机构、定人员编制）规定制定的省份。以“一带一路”建设为统领，推进新一轮对外开放。推进海港、陆港、空港、信息港“四港联动”，宁波舟山港货物吞吐量继续保持全球第一位，集装箱吞吐量上升为全球第三位，“义新欧”班列开行320列，“一带一路”捷克站开始运营，“一带一路”沿线国家进出口总额8967亿元，增长12.3%。举办第五届世界互联网大会、首届联合国世界地理信息大会、第四届中国—中东欧国家投资贸易博览会等重要活动。学习贯彻落实习近平总书记关于支持长三角一体化发展并上升为国家战略的重要指示精神，召开市委书记工作例会进行研讨和贯彻，共同编制《长江三角洲区域一体化发展规划纲要》，制订《浙江省推进长三角区域一体化发展行动方案》，全面落实创新共建、协调共进、绿色共保、开放共赢、民生共享工作，全省域全方位推动长三角高质量一体化发展。

三、主动应对严峻复杂外部环境，打出以提振民营企业为重点的稳中求进组合拳

省委、省政府贯彻落实全国民营企业家座谈会精神和中央“六稳”要求，突出稳定民营企业家工作。全国工商联公布的2018年“中国民营企业500强”名单中，浙江占93席，连续20年居全国第一位。全年民营经济创造全省58.1%的税收、63.1%的投资、65.5%的生产总值、78%的外贸出口、87%的就业岗位。加大减负降本力度。全省各级领导干部深入企业调研、摸清情况、排忧解难，制定实施促进民营经济高质量发展的31条政策举措，出台企业减负降本政策，为企业减轻负担1650亿元。防控金融风险。精准化解部分企业债务风险，打击非法集资，妥善处置P2P网络借贷风险，有序推进地方政府隐性债务风险化解，筑牢不发生区域性系统性风险底线。全省不良贷款率1.15%，比上年下降0.49个百分点。弘扬新时代浙商精神。召开民营企业家座谈会和浙江省非公有制经济人士新时代优秀中国特色社会主义事业建设者表彰大会，启动温州新时代“两个健康”先行区建设，在宁波开展践行亲清新型政商关系创新试点工作，加强新生代企业家培养，促进全省非公有制经济健康发展和非公有制经济人士健康成长。

四、强创新促转型，积极促进新旧动能转换

省委、省政府坚持以供给侧结构性改革为主线，推进“腾笼换鸟、凤凰涅槃”，发展以数字经济为核心的新经济，积极为实体经济赋能，推动高质量发展行稳致远。加快培育发展新动能。坚持把数字经济作为“一号工程”来抓，制订数字经济5年倍增计划，推进国家数字经济示范省建设，数字经济核心产业增加值增长13.1%。实施科技新政，推进之江实验室建设，设立西湖大学，谋划打造新一代人工智能创新发展浙江高地，宁波温州国家自主创新示范区获批，国家科技进步特等奖实现“零”的突破，高技术、高新技术、装备制造、战略性新兴产业增加值分别增长13.7%、9.4%、10%和11.5%，研发经费支出占GDP的2.5%。实施人才新政，引进科技领军人才和高水平创新团队，提升高端人才创业创新平台能级。实施“凤凰行动”“雄鹰行动”“雏鹰行动”，积极推进企业上市和并购重组。全面实施“4+1”投资新政，抓好省市县项目工程，以浙商回归为牵引，统筹利用外资、国资、民资，招引落地一批大项目好项目。加大传统产业改造提升力度。做好传统制造业“机器人+”“互联网+”“标准化+”等文章，高水平推进省级产业创新服务综合体建设，联动推进标准强省、质量强省、品牌强省建设，整治“低散乱”现象，全年全省十七大传统制造业利润增长7.2%，增速超过规模以上工业1.9个百分点，对规模以上工业利润的增长贡献率83%。全面实施乡村振兴战略。坚持五级书记抓乡村振兴，出台《全面实施乡村振兴战略，高水平推进农业农村现代化行动计划（2018—2022年）》，全面实施万家新型农业主体提升、万个景区村庄创建、万家文化礼堂引领、万村善治示范、万元农民收入新增的“五万工程”，推进乡村振兴示范省建设。以“四大”建设为重点促进区域协调发展。全面实施大湾区大花园大通道大都市区建设行动计划，一批重大产业项目落户大湾区，浙东唐诗之路、钱塘江唐诗之路、瓯江山水诗之路等建设加快推进，杭黄高速铁路、甬台温高速公路复线等重大交通项目建成，都市区辐射带动作用明显增强。打造山海协作工程升级版，加大对革命老区、少数民族地区、偏远海岛的帮扶力度。高水平参与长江经济带发展，高标准做好东西部扶贫协作、对口支援和对口合作工作。

五、持续深化“千万工程”（“千村示范、万村整治”工程），高质量推进“美丽浙江”建设

省委、省政府以“千万工程”获联合国“地球卫士奖”为新动力，召开全省深化“千万工程”建设“美丽浙江”推进大会，出台《关于高标准打好污染防治攻坚战，高质量建设美丽浙江的意见》，推动绿色发展理念深入人心、生态环境持续好转。打好污染防治攻坚战。做好中央环保督察、国家海洋督察、中共中央办公厅作风建设督查组反馈意见的整改落实，彻底整治千岛湖临湖地带违建。全面打响蓝天保卫战、碧水行动、净土行动、清废行动等重大战役，建立河长制、湾（滩）长制、湖长制、山长制、路长制，打击环境违法犯罪，推动污染防治工作从重点突破向全形态、全链条、全省域治理全面提升。规模以上工业单位增加值能耗下降4.8%。加强生态环境保护和建设。发布《浙江省生态保护红线》，全省生态保护红线总面积3.89万平方千米。开展生态文明示范创建，新增国家生态文明建设示范县6个、全国“两山”实践创新基地2个。深化小城镇环境综合整治行动，加快补齐“美丽城镇”建设短板，全面推进农村“垃圾革命”“厕所革命”“污水革命”，加强历史文化村落保护利用，加快打造“美丽乡村”建设升级版。推进“三改一拆”（改造旧住宅区、旧厂区和城中村,拆除违法建筑),完成"三改"2.63亿平方米,拆除违法建筑2.05亿平方米。打响"诗画浙江"品牌,全年接待游客6.9亿人次,旅游总收入1万亿元。

六、加强宣传思想工作,加快建设具有重要影响的文化文明高地

积极培育践行社会主义核心价值观,弘扬伟大民族精神、时代精神和红船精神、浙江精神,增强文化自信,扛起文化担当,提升文化软实力。牢牢掌握意识形态工作领导权。强化思想引领,组织开展马克思诞辰200周年、《共产党宣言》发表170周年等重大主题宣传宣讲、研究阐释活动。实施马克思主义学院建设质量提升计划,建设专业化高水平新型智库。实施媒体融合发展工程,主流舆论传播力、引导力、影响力、公信力不断增强。扎实推进网络综合治理体系建设,网络空间更加清朗。严格落实意识形态工作责任制,建立完善定期分析研判、情况通报等制度,坚决反对和抵制各种错误思想观点。加强精神文明建设。常态化开展"最美人物"选拔、树立、宣传工作,广泛开展"最美行业""最美家庭"创建,建成"最美浙江人"展示馆,推进移风易俗、好家风建设。推进"浙江好人榜"建设,建立完善道德模范关心关爱机制。18个市县成为新一轮全国文明城市提名城市,数量居全国前列。加快发展文化事业和文化产业。繁荣发展社会主义文艺,涌现一批精品力作。开展文化惠民活动,创建国家级公共文化服务体系示范区。实施公共文化服务重点县及薄弱乡村文化建设"十百千"工程,加强农村文化礼堂建设、管理和使用。谋划推进大运河文化带(浙江)和之江文化产业带建设,以更大力度扶持横店影视文化产业创新发展,4家企业跻身"全国文化企业30强"。

七、发展社会主义民主政治,提升法治浙江建设水平

省委坚持党的领导、人民当家作主、依法治国有机统一,深化法治浙江建设,把法治建设先行优势转化为领导优势,巩固和发展生动活泼、安定团结的政治局面。坚持党委总揽全局、协调各方,支持人大、政府、政协和监察、审判、检察机关依法依章履行职能、开展工作、发挥作用。巩固和发展最广泛的爱国统一战线,依法加强宗教事务管理。深化群团改革工作。加强新形势下党管武装工作,支持国防建设和军队改革,积极推进军民融合发展。坚持和完善人民代表大会制度。省人大及其常委会扎实有效地发挥地方国家权力机关作用,承办全国地方立法工作座谈会,制定《浙江省保障"最多跑一次"改革规定》,开展"十三五"规划纲要中期评估审议监督,上下联动开展固体废弃物污染防治执法检查,深化民生实事项目人大代表票决制,作出支持保障长三角更高质量一体化发展的决定,拓展联系代表和人民群众的平台和渠道。推动协商民主广泛多层制度化发展。省政协紧扣深化"最多跑一次"改革、民营经济高质量发展等重大决策,积极建言资政;围绕"全面二孩"政策实施后公共服务供给、医养护结合加快养老事业和产业发展等群众关注的"关键小事"举办民生协商论坛,组织开展"六送下乡""两走进"活动月活动(以送文化、卫生、科技、教育、法律、体育下乡为主要内容的省政协委员走进基层、走进群众活动月活动);搭建系列"同心"新平台新载体,指导县级政协创建"请你来协商"平台。统筹推进科学立法、严格执法、公正司法、全民守法。设立省委全面依法治省委员会,加强和优化政府法治职能,制定出台《浙江省党政主要负责人履行推进法治建设第一责任人职责实施办法》,聘请首届专家咨询委员会(省委法律顾问),加强党内法规制度建设。召开全省立法工作会议,依法保障深化机构改革,制定修订《浙江省粮食安全保障条例》《浙江省华侨权益保护条例》《浙江省志愿服务条例》等法规。深化法治政府建设,依法规范重大行政决策行为,政府行政质量、行政效率和公信力不断提升。深化以审判为中心的刑事诉讼制度改革,建立省、市、县三级公益损害与诉讼违法举报中心,加强民营经济执法司法保护和法律服务。深化法治宣传教育,营造良好法治环境。

八、坚持发展新时代"枫桥经验",全力建设更高水平的平安浙江

省委、省政府坚持发展与稳定并重、富民与安民共进,加强保障和改善民生,把平安浙江建设引向深入,浙江被公认为全国最安全、社会公平指数最高的省份之一,人民群众获得感、幸福感、安全感不断增强。提升社会治理现代化水平。以召开纪念毛泽东同志批示学习推广"枫桥经验"55周年暨习近平总书记指示坚持发展"枫桥经验"15周年大会为契机,总结提炼以"坚持党建统领、坚持人民主体、坚持'三治融合'、坚持'四防并举'、坚持共建共享"为主要内涵的新时代"枫桥经验",制订实施《高水平建设平安浙江、打造平安中国示范区三年行动计划(2018—2020年)》,全面提升基层治理"四平台"建设水平。制订出台《浙江省党政领导干部安全生产责任制实施细则》,打好道路交通、消防、危险化学品、渔业船舶、城市安全发展、城乡危旧房六大攻坚战,全省生产安全事故、火灾事故、道路交通安全事故起数和死亡人数明显下降。开展"放心消费在浙江"行动,防控校园食品、网络订餐、保健品虚假宣传和欺诈销售等领域的安全风险,全省没有发生系统性、区域性食品安全事故。做好防灾减灾、除险安居等工作。主动回应群众关切,处置高考英语加权赋分事件。完善社会矛盾多元化解体系,加强社会治安防控体系建设,开展扫黑除恶专项斗争,防范化解社会稳定风险。提升公共服务水平。十方面民生实事全部完成。促进更高质量就业创业,城镇新增就业125.3万人。抓好社会保障扩面提标,积极推进跨省异地就医直接结算,加强全省统一的社保公共服务平台建设。15年教育普及率99.02%,推动各级各类教育协调均衡发展。深化"三医"(医疗、医药、医保)联动和"双下沉、两提升"(医疗人才下沉、医疗资源下沉,提升基层医疗服务能力、提升群众就医满意度),高标准全面推进县域医共体建设。深化养老服务综合改革,新建居家养老中心333个。举办世界短池游泳锦标赛、省运会,浙江省运动员在第18届雅加达亚运会上取得历史最佳成绩。

九、加快推进清廉浙江建设,推动全面从严治党向纵深发展

省委全面贯彻新时代党的建设总要求和新时代党的组织路线,不断推进党的建设新的伟大工程,打造政治清明、政府清廉、干部清正、社会清朗的清廉浙江。突出加强党的政治建设。严明政治纪律和政治规矩,加强政治巡视和督察,督促各级领导干部自觉做到"五个必须"、坚决防止"七个有之"。开展党内政治生态状况动态分析,严肃党内政治生活,严格执行民主集中制,发展积极健康的党内政治文化。加快锻造忠诚干净担当干部队伍。贯彻新时期好干部标准,树立重实干重实绩的鲜明导向,激励干部担当作为。注重培养选拔优秀年轻干部,出台《关于适应"两个高水平"建设需要,大力发现培养选拔优秀年轻干部的实施意见》。全面实施"组织力提升工程"。在全国率先制定《浙江省组织工作高质量发展规划纲要(2018—2022年)》,全面部署实施新一轮农村基层党建"整乡推进、整县提升"工作,持续打好消除薄弱村攻坚战。加强基层党组织对基层各类组织、各项事务的领导,全面加强农村、城市、机关、国企、高校、公立医院等各领域党建工作,推进村党组织书记、村委会主任"一肩挑",完善村务监督、村民说事、小微权力清单等民主协商管理机制。在"两新"组织(新经济组织、新社会组织)中开展"争双强、当先锋"活动,持续推动党的组织和工作全面有效覆盖。深化党风廉政建设和反腐败斗争。推进监察体制改革,初步形成纪律、监察、派驻、巡视"四个全覆盖"的权力监督格局。坚决执行中央八项规定及其实施细则精神和浙江省具体办法。开展领导干部违规兼职取酬问题集中督查,开展领导干部房产违规交易和违规借贷专项治理,推动党风廉政建设和反腐败斗争向公共资金管理、公共资源交易、公共资产经营等所有涉及公权力行使的领域全覆盖。坚定不移"打虎""拍蝇""猎狐",查处一批大案要案,追回一批外逃党员干部,查纠一批群众反映强烈的腐败问题。推动清廉建设向广阔社会领域延伸,统筹推进清廉机关、清廉村居、清廉学校、清廉医院、清廉企业、清廉文化建设,使清廉在浙江成为一种风尚。

(省委政研室　黄　翔)

历　史
History

【概况】　浙江是中国古代文明的发祥地之一,历史悠久,素称"文物之邦"。据2002年安吉旧石器时代遗址考古发现,大约100万年前在浙江就有远古人类活动。1974年,中国科学院古脊椎动物与古人类研究所和浙江省博物馆专家在建德的乌龟洞中首次发现浙江第一枚远古人类的犬齿化石,被命名为"建德人",其生活年代在距今大约10万年前。距今7000年至4000年前,浙江境内人类活动的范围相当广泛。近年来,陆续在浦江县的上山遗址和嵊州市的小黄山遗址发现有近1万年前的新石器时代早期遗址及距今7500年至6500年前的萧山跨湖桥遗址。新石器时代中晚期的遗址发现较多,达100处以上,主要有河姆渡文化(距今7000年至6000年前)、马家浜文化(距今6000年至5000年前)和良渚文化(距今5300年—4000年前)。在余姚市河姆渡遗址出土的文物中,有种类齐全的骨、石、陶、木制成的生产工具和生活用具,大量保存完好的古代稻谷,榫卯结构清楚的木构件,色彩鲜艳的漆碗及能吹出动听音乐的原始骨哨等。良渚文化是继河姆渡文化之后浙江历史的第二次发展高潮,良渚文化时代的社会、经济和文化发展水平比河姆渡文化时期有了长足进步,被誉为"文明曙光"。春秋时期(公元前770年—公元前476年),浙江分属吴、越两国。以会稽(今绍兴)为都城的越国,在越王勾践时期曾经相当富强,成为浙江历史发展的第三次高潮。战国时期(公元前476年—公元前221年)属楚。秦朝(公元前221年—公元前206年)在浙江设置会稽郡。三国时期(220年—280年),浙江富阳人孙权建立吴国。唐玄宗开元二十一年(733年),全国分为十五道,其中江南东道辖今浙江、福建两省。唐肃宗乾元元年(758年),从江南东道中分出两浙道,即浙江东道、浙江西道,浙江作为一个省级行政区的雏形就此成形。公元10世纪初,浙江临安人钱镠据两浙十四州建立吴越国,以今杭州为都城。南宋王朝(1127年—1279年)建都临安(今杭州),历时150多年。元至元二十二年(1285年),江淮行省改为江浙行省,浙江省雏形初具。至正二十六年(1366年),今浙江辖区单独置省。清康熙元年(1662年),浙江等处承宣布政使司改名浙江行省,浙江省名首次确立。1949年7月29日,浙江省人民政府成立。1955年1月18日,浙江省行政区域全部纳入浙江省人民委员会管辖范围。2018年末,浙江省辖11个地级市(省会杭州),37个市辖区、19个县级市、33个县(包括1个民族自治县),269个乡、639个镇、467个街道。

【经济发达】　历史上,浙江经济较为发达。早在先秦时代,浙江就同东亚、南亚、西亚等地区及国内沿海地区有交通往来,为此后浙江贸易发展打下基础。东汉时(公元25年至184年),浙江地区出现较大规模的水利工程,煮盐业较为发达,制瓷业达到相当水平。公元3世纪以后,由于北方人口大量南迁,带来先进的生产技术,浙江经济进一步发展。开发较早的平原地区成为田园密迩、物产丰饶之地,原先民户稀少的山区丘陵地带同时得到开发。瓷器烧制初步形成越窑、瓯窑、婺州窑、德清窑4个系统,其中以越窑发展最快、分布最广、质量最佳。商业日渐繁荣。进入公元6世纪,浙江的社会经济快速发展,成为全国工商业发达地区之一。农业产量大幅度提高,杭州、嘉兴成为全国重要粮食产地。丝织、瓷器、造纸等手工业生产发达。商品货币经济活跃,杭州、宁波和温州均为繁荣的商业都市,宁波成为当时中国东南沿海贸易的重要港口。公元10世纪以后，浙江进入封建经济的繁荣时期，“国家根本，仰给东南”，浙江成为当时中国富庶的地区之一。粮食产量大幅度提高，经济作物的种类和种植面积有所扩大。丝织、制瓷、造纸、印刷和造船业等在全国居领先地位。商业发达，商业集镇兴起。海外贸易不断扩大，丝绸、茶叶、瓷器成为出口主要商品，宁波、温州成为中国东南部进行对外贸易的重要商埠，海上航行可达日本、朝鲜和东南亚诸国。

【人才荟萃】 在浙江的历史长河中，人才荟萃，群星灿烂，在政治思想、文化等领域，出现不少杰出人物。其中有哲学家、思想家王充、陈亮、刘基、宋濂、王阳明、刘宗周、黄宗羲、龚自珍等，诗人骆宾王、孟郊、朱淑真、周邦彦、陆游、贺知章等，画家黄公望、吴镇、王蒙、徐渭、陈洪绶、马远、任伯年、吴昌硕等，书法家虞世南、褚遂良、赵孟頫等，科学家沈括等，戏剧家李渔、洪昇等，教育家蔡元培等，革命家秋瑾、陶成章、章太炎、王国维、马寅初等著名人物。浙江历史上产生《梦溪笔谈》等古代科学名著。自东汉至现代，浙江籍文学家载入史册的超过1000人，约占全国文学家的六分之一。特别是五四运动以来，出现文坛巨匠鲁迅、茅盾及郁达夫、冯雪峰、夏衍、邵荃麟、艾青、丰子恺、徐志摩、吴晗等文学名人。新中国成立以来的“两院”院士（学部委员）中，浙江籍的超过五分之一。（浙江年鉴编辑部）

地　理 Geography

【概况】 浙江省位于东南沿海长江三角洲南翼，在东经118°02′～123°08′、北纬27°03′～31°11′之间，东濒东海，南接福建，西与江西、安徽相连，北与上海、江苏为邻。境内最大河流为钱塘江，因江流曲折，又称“浙江”，省以江名，简称为“浙”。浙江省东西和南北的直线距离均为450千米左右。全省土地面积10.56万平方千米，为全国面积的1.06%，是中国面积最小的省份之一。全省面积中，山地和丘陵占70.4%，平原和盆地占23.2%，河流和湖泊占6.4%，故有“七山一水二分田”之说。浙江海域广阔，岛屿星罗棋布。海岸线总长6630千米，居全国首位。

【地形地貌】 浙江地形复杂，整个地势由西南向东北倾斜。西南山地平均海拔高度800米左右，龙泉市境内的黄茅尖高1929米，为全省最高山峰。中部以丘陵为主，大小盆地错落分布于丘陵山地之间。东北部是低平的冲积平原。按地表形态的相似性和地域间的差异性区分，全省可分为浙北平原、浙西中山丘陵、浙东丘陵、中部金衢盆地、浙南山地、东南沿海平原及滨海岛屿等6个地形区。浙江的海域广阔，海岸曲折，形成众多的港湾，其中有杭州湾、象山港、三门湾、台州湾、温州湾、乐清湾。杭州湾是全省最大的港湾，钱塘江河口呈喇叭形，由于潮汐的作用，在海宁附近形成举世闻名的钱江潮。浙江的大陆岸线北起平湖市金丝娘桥，南至苍南县的虎头鼻，长达2134千米。沿海岛屿星罗棋布，形同串珠，北自嵊泗县花鸟山岛，南至苍南县七星岛，面积500平方米以上的岛屿有2880个，其中舟山群岛由680多个岛屿组成，是全国第一大群岛。

【江河湖泊】 浙江省河流众多，主要有钱塘江、瓯江、椒江、苕溪、甬江、飞云江、鳌江、京杭运河（浙江段）等8条水系。钱塘江全长668千米，是全省第一大江。全省的湖泊主要分布在杭嘉湖平原和宁绍平原。杭州西湖、宁波东钱湖、嘉兴南湖、绍兴东湖为浙江四大名湖。东钱湖面积22平方千米，为全省面积最大的湖泊。千岛湖即新安江水库，是全省最大的人工湖泊，面积约580平方千米，是国家级风景名胜区。

（浙江年鉴编辑部）

资　源 Natural Resources

【土地资源】 2018年末，浙江省土地总面积10.56万平方千米，占全国土地总面积的1.1%。其中：农用地857.27万公顷，占81.2%；建设用地134.01万公顷，占12.7%；未利用地64.56万公顷，占6.1%。农用地面积中，耕地197.46公顷，占土地总面积的18.7%，人均耕地面积0.035公顷。建设用地面积中，城镇村及工矿用地104.17万公顷，占土地总面积的9.9%；交通运输用地（扣除农村道路）15.57万公顷，占土地总面积的1.5%；水利设施用地14.27万公顷，占土地总面积的1.3%。

【水资源】 2018年，浙江省平均降水量1571.3毫米，比常年偏多10%。全省水资源总量866.54亿立方米，比常年偏少9.3%，产水系数0.51，产水模数83.5万立方米/平方千米。人均水资源拥有量1521立方米， 低于全国人均水平。境内河流主要分属钱塘江、瓯江、椒江、甬江、苕溪、大运河、飞云江、鳌江等8大水系。钱塘江水系在浙江的流域面积44466.9平方千米，占全省总面积的42.15%。

【海洋资源】 浙江省海域属东海的一部分。全省区域内海岸线总长6630千米，其中大陆岸线2134千米，海岛岸线4496千米，居全国首位。内水面积3.3万平方千米，领海面积1.1万平方千米，总面积4.4万平方千米。浙江海域有海岛4350个，面积2022平方千米，约占全国的五分之二，是全国海岛最多的省份。最大的岛屿是舟山本岛，面积502平方千米，为全国第四大岛。浙江省海岸线曲折，海域岛礁众多，底质细软平坦，冷暖海流交替消长，海水营养盐丰富，自然资源集聚明显，种类繁多。全省有适宜开发的岸线761千米，其中可建万吨级以上泊位的深水岸线资源506千米，约占全国深水岸线资源总量的三分之一以上。浙江海域历来是中国最大的渔场,渔业资源蕴藏量205万吨,年可捕量超过105万吨。浙江沿海的海洋生物有1700多种,大部分为鱼类及药用生物,在渔业捕捞对象中,具有较高产量和经济价值的30多种。浙江沿海有可供养殖的浅海400多平方千米,滩涂560平方千米。东海陆架盆地是一个有着良好开发前景的油气资源区,已探明的油气田3处、含油气构造6处、含二氧化碳气构造1处,发现可能含油气构造200多处。浙江沿海有潮间带面积2285平方千米,其中粉砂淤泥质2159.72平方千米。全省沿海潮汐能理论装机容量2896万千瓦,潮流能理论装机容量523万千瓦,波浪能理论装机容量210万千瓦;海岛的有效风能时数大部分在6000小时/年以上。全省有位于海岛上的国家级风景名胜区2处和省级风景名胜区3处。

【矿产资源】 浙江省矿产资源种类较多,已发现矿产113种。2018年末,全省纳入统计的矿产93种(不包括油气、放射性矿产),甲类矿产矿区数量1609个。非金属矿产丰富,部分矿种探明资源储量居全国前列。全省铁、铜、钼、铅、锌、金、银、钨、锡矿产较多,多数为小型矿床或矿点,少数矿产地达到大中型规模。全省煤炭资源贫乏,海域油气资源前景良好。

【森林资源】 根据《2018年浙江省森林资源及其生态功能价值公告》,2017年末,浙江省林地总面积660.95万公顷。其中:森林607.82万公顷,疏林地2.39万公顷,一般灌木林地14.85万公顷,未成林造林地6.95万公顷,苗圃地5.02万公顷,迹地6.46万公顷,宜林地17.46万公顷。森林面积中,乔木林430.21万公顷,灌木经济林84.91万公顷,竹林92.7万公顷。活立木总蓄积3.67亿立方米,其中森林蓄积3.3亿立方米。全省森林覆盖率61.17%,森林覆盖率居全国前列。乔木林树种类型结构中,针叶林面积161.4万公顷,阔叶林面积197.03万公顷,针阔混交林面积71.78万公顷。

【野生动植物资源】 浙江省拥有丰富的森林生态系统、湿地生态系统及海岩湿地生态系统。浙江植物资源丰富,素有中国“东南植物宝库”之称,有高等植物5500种,其中被列入国家重点保护野生植物名录52种,国家一级保护植物12种,百山祖冷杉、普陀鹅耳枥、天目铁木等28种为浙江特有树种。全省野生动物种类繁多,有兽类、鸟类、爬行类、两栖类野生动物689种。其中,国家一级保护动物18种,国家二级保护动物97种。鼋、扬子鳄、朱鹮、梅花鹿、黑麂、黄腹角雉和白颈长尾雉等属浙江省珍稀濒危物种。

【旅游资源】 浙江旅游资源丰富,素有“鱼米之乡、丝茶之府、文物之邦、旅游胜地”的美称。浙江自然风光秀美奇丽,人文景观底蕴深厚。全省拥有杭州西湖、千岛湖、雁荡山、普陀山等22个国家级风景名胜区,方岩、仙华山等37个省级风景名胜区。有杭州之江国家旅游度假区及东钱湖、太湖、湘湖、安吉灵峰5个国家级旅游度假区和45个省级旅游度假区。有全国重点文物保护单位231处,省级文物保护单位910处。有国家级森林公园41处,省级森林公园82处。有国家级自然保护区11处,其中南麂列岛国家海洋自然保护区是中国唯一加入联合国世界人类生物圈保护组织的岛屿。有省级自然保护区15处。有国家级湿地公园12个、省级湿地公园37个,国家级城市湿地公园5个。国家级历史文化名城10处,省级历史文化名城10处。有嘉兴南湖风景名胜区(中共一大旧址)等全国红色旅游经典景区10处。

(省自然资源厅　供稿)

环　境
Environment

【概况】 2018年,浙江省生态环境质量在较高水平上持续改善。全省水质达到或优于地表水环境质量Ⅲ类标准的省控断面占84.6%;跨行政区域河流交接断面水质达标率90.3%;县级以上集中式饮用水水源地个数达标率94.5%;县级以上城市空气质量优良天数平均占90.8%,PM2.5浓度平均31微克/立方米;设区市空气质量优良天数平均占85.3%,PM2.5浓度平均33微克/立方米;区域环境噪声平均值54.7分贝,道路交通噪声平均值67.6分贝;辐射环境质量总体良好,环境电离辐射水平处于本底涨落范围内,环境电磁辐射水平低于国家规定的公众曝露控制限值;全省生态环境状况等级为优,生态环境公众满意度平均得分82.85分,连续7年持续上升。浙江“千村示范、万村整治”工程获联合国“地球卫士奖”。

【大气环境】 2018年,浙江省实施“打赢蓝天保卫战三年行动计划”。11个设区市环境空气质量综合指数为2.89~4.81,浙江平均环境空气质量综合指数为3.99,比上年下降0.3。11个设区市优良天数在71.0%~95.1%,平均优良天数占85.3%,上升2.6个百分点;PM2.5(细颗粒物)平均浓度为33微克/立方米,下降15.4%。浙江成为全国重点区域首个空气质量达标省份。全国168个重点城市空气质量排名中,舟山、丽水、台州、温州、衢州等5个城市进入前20名,入围城市数居全国第一位。

【酸雨】 2018年,浙江城市酸雨污染水平比上年有所减轻。11个设区市降水酸度pH年均值范围为4.72~5.69,平均值为4.94,比上年增加0.04。11个设区市酸雨频率范围为21.2%~95.7%,浙江年平均酸雨频率为65.2%,下降0.5个百分点。酸雨城市比例为90.1%,下降9.1个百分点。

【水环境】 2018年,浙江省主要河流水质总体为良。全省221个省控断面中,Ⅰ至Ⅲ类水质断面占84.6%,比上年增加2.2个百分点,满足功能要求断面占89.6%,增加3.6个百分点。生态环境部、住房和城乡建设部开展城市黑臭水体整治专项督查,全省城市黑臭水体消除率100%。设区市集中式饮用水水源地水源达标率90.5%,与上年相比没有变化。县级集中式饮用水水源地水源达标率94.5%,提升1.1个百分点。

【海洋生态环境】 2018年，全省近岸海域水质保持稳定。一、二类海水占39.6%，三类海水占17.6%，四类和劣四类海水占42.8%。其中一、二类海水比例比上年增加7.5个百分点，三类海水比例增加0.8个百分点，四类和劣四类海水比例下降8.3个百分点。近岸海域海洋生物生存环境质量保持稳定，浮游植物多样性指数1.9，浮游动物多样性指数为2.29，底栖生物多样性指数1.88。潮间带湿地生物生存环境尚可，群落结构基本稳定。与上年相比，浮游动、植物和底栖生物生境质量等级均持平，潮间带生物生存环境总体稳定，多样性指数略有下降。全省近岸海域表层沉积物保持稳定，海域表层沉积物75.8%为第一类，22.3%为第二类，1.9%为第三类，质量级别为优良。与上年相比，第一类沉积物比例下降19.4个百分点，第二类增长17.5个百分点，第三类增长1.9个百分点。全省潮间带湿地沉积物质量级别为优良，50%为第一类，50%为第二类，质量等级为优良，部分样品铜超标，个别样品铅和滴滴涕超标，其他指标测值均在第一类标准限值内。潮间带湿地沉积物等级保持优良，各指标均值含量基本稳定，与上年相比波动较小。

【声环境】 2018年，浙江省11个设区城市区域昼间声环境质量"较好"的城市占81.8%，与上年持平；"一般"占18.2%，与上年持平；无"较差""差"城市。设区城市81.8%的城市道路交通声环境质量为"好"，比上年上升9.1个百分点；18.2%的为"较好"，下降9.1个百分点；无"一般""较差""差"的城市。城市道路交通声环境质量整体状况与上年保持稳定。

【辐射环境】 2018年，全省辐射环境质量总体良好。其中环境电离辐射水平处于本底涨落范围内；环境电磁辐射水平、电磁辐射设施周围环境敏感目标的电磁辐射水平低于国家规定的公众曝露控制限值。全省自动站空气吸收剂量率处于当地天然本底涨落范围内，7个自动站年均值范围为82.7～108.8纳戈瑞/小时。全省累积剂量测得的空气吸收剂量率处于当地天然本底涨落范围内，11个监测点年均值范围为90.3～157.0纳戈瑞/小时。全年全省设区城市环境电磁综合电场强度低于《电磁环境控制限制》规定的公众曝露控制限值12伏/米，14个监测点位综合场强测量值范围为0.1～3.1伏/米，平均值为0.7伏/米。

【土壤环境】 2018年，浙江省耕地土壤环境质量保持稳定、污染地块安全利用率100%。全省实施重点污染地块治理修复项目41个，累计治理修复污染土壤和地下水23.2万立方米。化肥、农药使用量连续5年实现负增长，废弃农药包装物回收处置体系实现全覆盖。

【农业农村环境】 至2018年末，全省新建高标准生态养殖场53个，建成省级美丽牧场957个，所有保留的4584个规模养殖场全面完成生态治理提升。对存栏500头以上规模养殖场全面建设封闭式集粪棚，敏感区域出栏5000头以上养殖场探索建设臭气治理系统，全省封闭式集粪棚改造或新建1579个，创建臭气治理示范场15个。全面禁止秸秆露天焚烧，全省秸秆综合利用率超过94%。全省新增农村生活污水有效治理村2.3万个，村域农户受益率超过80%，550万户农户的厕所污水、厨房污水和洗涤污水得到截污纳管，基本实现规划保留村生活污水有效治理全覆盖。全省61%的行政村实施生活垃圾分类处理。

【自然生态环境】 2018年7月，省政府发布浙江省生态保护红线，全省划定生态保护红线面积3.89万平方千米，占全省国土面积和管辖海域面积的26.25%。其中，陆域生态保护红线面积2.48万平方千米，海洋生态保护红线面积1.41万平方千米。省政府批准设立东阳东江源省级自然保护区。至年末，全省有国家级自然保护区11个，省级自然保护区15个，保护区总面积约占国土面积的1.75%。

【固体废物】 2018年，浙江工业固体废物产生量4748.84万吨，工业固体废物综合利用量4581.04万吨，工业固体废物处置量169.90万吨，工业固体废物贮存量20.33万吨。危险废物产生量385.48万吨，综合利用量169.88万吨，处置量214.20万吨，贮存量21.59万吨。

（省生态环境厅　杨志新）

行政区划
Administrative Divisions

【概况】 2018年，浙江省行政区划管理工作有序开展，行政区划设置进一步优化。至年末，全省有37个市辖区、19个县级市、33个县（含1个自治县），下辖467个街道、639个镇、269个乡，比上年增加4个街道，减少2个镇5个乡。

【行政区划调整】 2018年，浙江省对部分行政区划进行调整。

磐安县　撤销尖山镇、万苍乡、胡宅乡建制，合并设立新的尖山镇。撤销盘峰乡、维新乡、高二乡建制，合并设立新的盘峰乡。撤销安文镇、新渥镇、深泽乡建制，其行政区域改由磐安县政府直辖。设立安文街道、新渥街道。

湖州市　增设湖东街道，调整月河街道和飞英街道辖区。

宁波市奉化区　将江口街道析分为方桥街道和江口街道。

桐庐县　将城南街道的上洋洲村、下洋洲村、滩头村、桑园村、岩桥村等5个行政村划归凤川街道管辖。

湖州市吴兴区　将八里店镇大钱村划归吴兴区政府直辖。将大钱村划归滨湖街道管辖。

海盐县　撤销元通街道，设立望海街道。

宁波市鄞州区　将梅墟街道析分为梅墟街道和聚贤街道。

绍兴市越城区　撤销蕺山街道，并调整塔山、府山、北海、稽山、迪荡5个街道的管辖范围。

（省民政厅　王　炜）

表1 2018年浙江省行政区划

市名称	县(市、区)名称	辖乡、镇、街道数		
		乡	镇	街道
杭州市	上城区 下城区 江干区 拱墅区 西湖区 滨江区 萧山区 余杭区 富阳区 临安区 建德市 桐庐县 淳安县	23	75	92
宁波市	海曙区 江北区 北仑区 镇海区 鄞州区 奉化区 余姚市 慈溪市 象山县 宁海县	10	75	71
温州市	鹿城区 龙湾区 瓯海区 洞头区 瑞安市 乐清市 永嘉县 平阳县 苍南县 文成县 泰顺县	26	93	66
嘉兴市	南湖区 秀洲区 海宁市 平湖市 桐乡市 嘉善县 海盐县	0	42	30
湖州市	吴兴区 南浔区 德清县 长兴县 安吉县	6	39	25
绍兴市	越城区 柯桥区 上虞区 诸暨市 嵊州市 新昌县	15	67	35
金华市	婺城区 金东区 兰溪市 义乌市 东阳市 永康市 武义县 浦江县 磐安县	31	74	42
衢州市	柯城区 衢江区 江山市 常山县 开化县 龙游县	39	43	18
舟山市	定海区 普陀区 岱山县 嵊泗县	5	17	14
台州市	椒江区 黄岩区 路桥区 温岭市 临海市 玉环市 三门县 天台县 仙居县	24	61	44
丽水市	莲都区 龙泉市 青田县 缙云县 遂昌县 松阳县 云和县 庆元县 景宁畲族自治县	90	53	30

（省民政厅　提供）

气　候
Climate

【概况】 浙江位于亚热带季风气候区，全省气候总的特点是：冬夏季风交替显著，年温适中，四季分明，光照充足，热量丰富，降水充沛，空气湿润。因濒临海洋，温、湿条件比同纬度的内陆季风区更为优越。受季风不稳定性的影响，冬季低温、寒潮，盛夏高温酷暑，伏秋干旱和台风，汛期洪涝，春夏季的冰雹大风等，为省内经常出现的灾害性天气。

2018年，浙江年平均气温18.2℃，较常年偏高1℃，各地分布在17℃（临安）~19.6℃（丽水）之间，湖州、嘉兴、金华、温岭、大陈岛和洞头平均温度破历史最高纪录。与常年相比，除平阳外，其他地区偏高幅度在0.2~1.7℃之间。年低温日数（最低气温≤0℃）21天，低温日数最多为海宁的40天，大陈岛破历史最少记录。年高温日数（最高气温≥35℃）29天，较常年偏多8天，高温日数最多为兰溪的66天，石浦、嵊泗、普陀破历史最少纪录。

各地年平均降水量1571.3毫米，偏多10%。降水量分布在1123.9毫米（龙泉）~2191.2毫米（泰顺）之间，萧山、海宁、桐乡、慈溪4站降水量破历史最多纪录。有37站偏多，偏多幅度在10%~70%之间。有29站偏少，偏少幅度在10%~30%之间。全省年降水日数168天，偏多12天。各地分布在125天（嵊泗）~205天（泰顺）之间。与常年同期相比，有61站偏多，偏多幅度在1~28天之间。有5站偏少，偏少幅度在1~6天之间。

各地平均日照时数1710.2小时，偏少49.1小时。各地分布在1404.9小时（丽水）~2061.5小时（安吉）之间。有24站偏多，偏多幅度在0.2~290小时之间。有41站偏少，偏少幅度在1.4~322.5小时之间。

全年天气平稳，但有台风、强对流、连续阴雨等灾害影响。1月23—29日，全省出现大范围雨雪和严重低温冰冻天气，造成严重交通受阻及农作物损害。春夏季强对流天气频发，3月初遭遇近13年来最强强对流天气；5月14日出现首次高温过程，来临之早、强度之强历史罕见；6月19日入梅，较常年偏晚9天。6至7月多短时强降水天气，其中6月19日强降水导致杭州部分城区出现严重积涝。年内6个台风影响全省，为近14年来最多。11月25日至12月2日，浙中北连续8日出现大范围大雾。11、12月阴雨寡照日数多，对晚稻成熟收割和人们身心健康造成一定不利影响。霾日连续第7年减少，多发生于1—4月。全年综合气象灾害评估为偏轻年景。

【主要气候事件】 2018年，全省发生的主要气候事件7件。

持续偏暖。全年全省年平均气温18.2℃，比常年偏高1℃，是1997年以来第22个偏高年，位列历史第四位。其中，12%的县（市、区）年平均气温破历史最高纪录。

暮春出现历史罕见40℃高温。5月14—18日全省出现大范围高温天气，16日高温面积9.2万平方千米，约占陆域面积的88%，36个县（市、区）超过37℃；杭州、湖州、嘉兴、绍兴、金华、衢州和丽水7市最高气温破5月记录，其中丽水40.1℃，打破全省上半年最高气温纪录。高温过程来临之早、范围之广、强度之强历史罕见。

6个台风影响浙江。年内有6个台风影响全省，为近14年来最多。台风路径偏北，“云雀”“温比亚”先后进入杭州湾。其中台风“摩羯”于8月12日在台州市温岭沿海登陆。“摩羯”带来大范围的暴雨和大风天气，对省内交通、电力、通信、城市绿化及农业等造成一定负面影响。

遭遇持续雨雪冰冻。1月23—29日，全省出现一次大范围雨雪和严重低温冰冻天气过程。省内有31个县（市、区）出现积雪，主要分布在浙北，最大积雪深度22厘米（长兴），杭州雪深13厘米。全省低温覆盖面积约占全省陆域面积的67%，最低气温-12.3℃（临安）。受其影响，全省21条高速公路实施限行，108条农村公路封道；客运大巴取消5907个班次，列车停运43趟；萧山机场航班取消308架次。农作物受灾面积11.57万公顷，直接经济损失17.3亿元。

遭遇最强的强对流天气。3月4日傍晚，受对流云团影响，全省自西向东出现大范围雷雨大风、局地短时强降雨等恶劣天气，有539个乡镇出现8级以上雷雨大风，134个乡镇10级以上。强对流天气给全省农业、电力、通信、市政、建筑、交通及旅游等带来严重影响和一定的人员伤亡。其中丽水、嘉兴和衢州受灾严重，遭遇房屋倒塌、道路中断、冰雹袭击等多类破坏性事件，直接经济损失9165万元，受灾人口1.8万人。

强降水导致杭州部分城区严重积涝。6月19日晚至20日，杭州市主城区遭遇强降雨，主城区平均降水量66毫米，其中上城区117毫米、西湖区82毫米、滨江区78毫米，最大降水量为西湖区龙门岭160毫米。暴雨造成城区部分道路积水及地下停车场进水，影响道路正常通行。

景区雷击事故多发。全年全省发生闪电46万余次，其中9月闪电总数近11万次，为有观测数据以来历史同期最高值。旅游景区成为雷击事故多发地。7月21日，有4名游客在温州市苍南县桥墩镇玉苍山景区因雷击受伤；9月19日，丽水市龙泉宝溪乡披云山风景区山顶木制凉亭遭雷击。 （省气象局 万 奎）

人口·语言
Population·Dialects

【人口】 至2018年末，浙江省常住人口5737万人，比上年增长1.4%。其中，男性2939万人，占总人口的51.2%；女性2798万人，占总人口的48.8%。性别比为105（以女性为100，男性对女性的比例）。居住在城镇的人口3952.8万人，居住在乡村的人口1784.2万人，分别占总人口的68.9%和31.1%。0—15岁的人口831.9万人，16—64岁的人口4124.9万人，65岁及以上的人口780.2万人，分别占总人口的14.5%、71.9%和13.6%。全省人口密度为473人/平方千米。全年全省出生人口62.8万人，人口出生率为11.02‰；死亡人口31.8万人，死亡率为5.58‰，全年自然增加人口31万人，人口自然增长率5.44‰。全省户籍人口4999.8万人。登记在册流动人口2673.8万人，其中来自省外的流动人口2318.9万人，占流动人口总数的86.7%。在浙江居住的人口中已包含全部56个民族，世居浙江的少数民族主要是畲族。 （省统计局 胡 东）

【语言】 全省语言均为汉语方言，除一些方言岛外，省内汉语方言主要有吴语、徽语、闽语和官话四种。其中，吴语是省内最主要的汉语方言，使用人数占总人口的95%以上，俗称“浙江吴语”。

一、浙江吴语分为5个方言片：浙北片、台州片、温州片、金华片、丽衢片。其中，浙北片再分为杭州小片、嘉兴小片、湖州小片、宁波小片和临绍小片5个方言小片，丽衢片再分为衢州小片和丽水小片。

（一）吴语浙北片杭州小片主要分布在杭州上城、下城、江干、拱墅、西湖5个老城区；嘉兴小片主要分布在嘉兴（南湖、秀洲）、嘉善、平湖、海盐、桐乡、海宁；湖州小片主要分布在湖州（吴兴、南浔）、德清、安吉、长兴、杭州（余杭）；宁波小片主要分布在宁波（海曙、江东、江北、北仑、镇海、鄞州）、慈溪、奉化、象山、舟山（定海、普陀）、岱山、嵊泗；临绍小片主要分布在杭州（富阳）、杭州（临安）、杭州（萧山、滨江）、绍兴（越城、柯桥、上虞）、诸暨、嵊州、新昌、余姚、桐庐。

（二）吴语台州片主要分布在台州（椒江、黄岩、路桥）、温岭、临海、宁海、玉环、三门、天台、仙居。

（三）吴语温州片主要分布在温州（鹿城、龙湾、瓯海、洞头）、瑞安、乐清、永嘉、平阳、苍南、文成、泰顺。

（四）吴语金华片主要分布在金华（婺城、金东）、兰溪、义乌、东阳、永康、武义、浦江、磐安。

（五）吴语丽衢片衢州小片主要分布在衢州（柯城、衢江）、江山、常山、开化、龙游；丽水小片主要分布在丽水（莲都）、龙泉、青田、缙云、遂昌、松阳、庆元、云和、景宁。

二、徽语主要分布在西部与安徽省相邻的建德和淳安两县，俗称“浙西徽语”，浙西徽语大多为徽语严州片方言。

三、闽语主要分布在南部与福建省毗邻的苍南、泰顺、平阳、洞头、庆元等县境内，俗称“浙江闽语”。浙江闽语在温州等地叫“浙南闽语”，属闽语闽南片方言；在泰顺叫“蛮讲”，在苍南和庆元叫“蛮话”，属闽语闽东片方言。

四、官话集中分布在西北部与安徽、江苏两省接壤的临安、安吉、长兴等县，俗称“浙西北官话”。浙西北官话主要为中原官话、西南官话和江淮官话。

五、方言岛主要分布在西南山区，有官话、闽语、客家话、赣语、吴语、徽语、九姓渔民方言等方言岛。

随着经济社会的发展，浙江省的汉语方言正在发生巨大的变化，各地方言新老派之间的差异越来越明显，老派方言中一些存古的特点在新派方言中正在加速流失。老派方言在交际中明显退居次要地位，其弱化趋势越来越明显，使用空间日渐缩小。与新派相对应的老派作为一个完整的、原貌的方言语音系统不复存在。新派方言向普通话靠拢的趋势明显，城镇青少年不会说当地方言的人数日渐增多。

2018年，浙江省汉语方言的种类没有变化，各地方言间的差别依旧明显，对一些地点方言的调查与研究不断深入。 （杭州师范大学 徐 越）

主要组织机构及其负责人名录

Main Administrative Organs and Corresponding Leaders

（2018年底在任）

中国共产党浙江省委员会

书　记：车　俊

副书记：袁家军　郑栅洁

常务委员：车　俊　袁家军
郑栅洁　任振鹤（土家族）
陈金彪　冯　飞　朱国贤
黄建发　周江勇　熊建平
王昌荣　冯文平

委　员：（82名，按姓氏笔画排序）
马小秋　马卫光　马柏伟
马晓晖　王文序（女）
王文娟（女）　王昌荣
王剑侯　王晓峰　王海超
王辉忠　车　俊
方　敏（女）　尹学群
史济锡　冯　飞　冯文平
冯波声　吕建楚　朱　晨
朱从玖　朱林森　朱国贤
朱忠明　乔传秀（女）
任振鹤（土家族）　庄跃成
孙贤龙　孙景淼　杜世源
李火林　李学忠　来颖杰
吴晓东　吴海平　吴朝晖
何杏仁（女）　汪　瀚
沈仁康　张　兵　张　耕
张学伟　张雁云　陆发桃
陈　龙　陈　浩　陈　新
陈伟俊　陈金彪
陈奕君（女）　林云举
金长征（女，回族）　金永辉
周江勇　郑才法　郑栅洁
孟　刚　项永丹　赵光君
胡海峰　俞东来　俞志宏
姚高员　袁家军　钱三雄
徐文光　徐立毅　徐宇宁
高兴夫　黄建发
梁黎明（女）　彭佳学
葛慧君（女）　蒋国俊
鲁　俊（女）　温　暖
楼炳文　裘东耀　鲍洪俊
褚子育　熊建平　鞠建林

候补委员：（16名，按得票多少排序）
徐张艳（女）
蓝景芬（女，畲族）　蔡袁强
张才方　张晓强　郑初一
胡　军　盛秋平　王　涛
徐焕明　盛阅春　朱重烈
汤飞帆　张　平　童亚辉
吴伟斌

秘书长：陈金彪

副秘书长：王　纲　刘　芸（女）
胡庆国　吴伟平
郑才法（兼）　吴信林
屠立霞（女）　李　波
徐大可　王忠志（兼）

中国共产党浙江省委员会工作部门

省委办公厅（省档案局）

主　任：王　纲

副主任：王文滋　朱瑞忠

派驻纪检监察组组长：蔡　杭

省委组织部（省公务员局）

部　长：黄建发

常务副部长：张学伟

副部长：鲁　俊（女）　温　暖
马小秋　赵雄文　胡旭阳
鲍秀英（女）

派驻纪检监察组组长：周鲁明

省委新经济与新社会组织工作委员会

书　记：马小秋

副书记：江　宇

省委巡视组

组　长：岑国荣　徐定安
龚吟怡　赵　克　陈春玉
金连山　宋　涛

副组长：夏一鸣　胡浙金
童发根　徐其贵　邵向雷
宣新瑞　章　伟
何丽娟（女）　王　峰（女）
梁山中　厉佛灯

副厅级巡视专员：胡晓春　洪国良
王正林　顾承甫　林华芳
施锦焕　陈德毅　叶　鹰

省委宣传部（省政府新闻办公室、省精神文明建设委员会办公室、省新闻出版局〈省版权局〉）

部　长：朱国贤

常务副部长：来颖杰

副部长：朱重烈　黄明辉　卢春中
葛学斌　琚朝晖　王四清

派驻纪检监察组组长：俞慧敏（女）

省委统战部（省政府侨务办公室）

部　长：熊建平

常务副部长：王晓峰

副部长：吴振宇　楼炳文　张润生
陈　安　王利月　徐　旭
谢　辉

派驻纪检监察组组长：庄莉萍（女）

省委政法委员会

书　记：王昌荣

副书记（主持日常工作）：朱　晨

副书记：王双全　朱恒毅　卫中强

委　员：李占国　贾　宇
马柏伟　白海滨（蒙古族）
黄宝坤　毛善恩

政治部主任：朱巧湘（女）

省委政策研究室

主　任：吴伟平

副主任：朱卫江　杨守卫　童笑柳

省委全面深化改革委员会办公室（省最多跑一次改革办公室）

主　任：陈金彪

第一副主任：冯　飞

常务副主任：李岩益

副主任：沈素芹（女）　谢小云

省委网络安全和信息化委员会办公室（省互联网信息办公室）

主　任：朱重烈

副主任：季晓斌　马晓军
吴君青　石小忠　徐建华
王尧祥

省委机构编制委员会办公室

主　任：吴伟斌

副主任：杨利明　陈　艳（女）
陈建红　许翰信

省委军民融合发展委员会办公室（省国防科技工业办公室）

主　任：冯　飞

副主任：徐焕明　严　杰　王叶青

省委台湾工作办公室（省政府台湾事务办公室）

主　任：庄跃成

副主任：方　颖（女）　何永明
　　周晁利　章启忠

省委直属机关工作委员会

书　记：郑才法

副书记：鲁维明（女）　王　义
翁春光　吴晓宏

省委直属机关纪检监察工作委员会

书　记：翁春光

省委巡视工作领导小组办公室

主　任：徐鸣华

副主任：邱志明　王忠民

省委、省政府信访局

局　长：王忠志

副局长：徐建华　邵根宝　王　宏
　　倪卫东

省委老干部局

局　长：鲍秀英（女）

副局长：诸春华　施建荣
　　王晖玲（女）　詹茂伟

省委党校（浙江行政学院）

校（院）长：黄建发

常务副校（院）长：陆发桃

副校（院）长：季盛清　黄华章
　　徐明华　吴振宇　吕清民

教育长：陈立旭

省社会主义学院

院　长：姒健敏

常务副院长：吴振宇

副院长：张建明

省委党史和文献研究室

主　任：胡庆国

副主任：王祖强　曾林平

省档案馆

馆　长：刘　芸（女）

副馆长：张明决　胡元潮

浙江省人民代表大会常务委员会

主　任：车　俊

副主任：梁黎明（女）　姒健敏
　　李卫宁　李学忠　赵光君
　　史济锡

委　员：（51名，按姓氏笔画排序）
　　丁祖年　丁敏哲　马　以
　　王　毅　王文娟（女）
　　王建康　王敏奇
　　卢　勇　田宇原　朱林森
　　朱绍平　任亦秋　苏为华
　　杜世源　杜时贵　李云林
　　来颖杰　吴桂英（女）
　　岑国荣　宋建勋　迟全华
　　张必来　张国强　张金如
　　张学伟　张宝珍（女）
　　张晓林　陈清玲（女）
　　范柏乃　金兴盛　郑金平
　　俞　立　施利民　袁小强
　　钱　前　钱建民　徐　杰
　　徐伟金　徐纪平　徐鸣华
　　徐育斐（女）　徐铭恩
　　高海浩　郭剑彪　郭清晔
　　唐睿康　梅新林　章文彪
　　蔡宛如（女）　臧　平
　　戴震华

秘书长：李火林

副秘书长：宋建勋　林天宁
　　张国强　任亦秋
　　陈清玲（女）　徐　杰

省人大法制委员会

主任委员：丁祖年

副主任委员：王　毅　徐　杰
　　郑金平　徐鸣华　任亦秋

省人大常委会法制工作委员会

主　任：任亦秋

专职副主任：尹　林（女）　田梦海

省人大内务司法委员会

主任委员：马　以

副主任委员：戴震华　王文娟（女）
　　张晓林

省人大常委会内务司法工作委员会

专职副主任：郑　军

省人大财政经济委员会（省人大常委会预算工作委员会）

主任委员（主任）：张金如

副主任委员（副主任）：钱建民
　　丁敏哲　吴桂英（女）

专职副主任：王柏能　莫红民

省人大教育科技文化卫生委员会

主任委员：金兴盛

副主任委员：李云林　来颖杰
　　梅新林　田宇原

省人大常委会教育科技文化卫生工作委员会

专职副主任：邵　中

省人大民族宗教华侨外事委员会（省人大常委会外事工作委员会）

主任委员（主任）：郭剑彪

副主任委员（副主任）：岑国荣
　　朱绍平　陈清玲（女）

专职副主任：何新国

省人大农业与农村委员会

主任委员：章文彪

副主任委员：王敏奇　迟全华
　　钱　前

省人大常委会农业与农村工作委员会

专职副主任：徐柏兴

省人大环境与资源保护委员会

主任委员：施利民

副主任委员：徐纪平　朱林森

省人大常委会环境与资源保护工作委员会

专职副主任：戴均玺

省人大常委会代表与选举任免工作委员会

主　任：臧　平

副主任：张学伟　徐　杰
　　袁　薇（女，专职）
　　倪永军（专职）

省人大常委会办公厅
主　任:宋建勋
副主任:陶　波　黄玉军
派驻纪检监察组组长:王　炅

省人大常委会研究室
主　任:张国强
副主任:洪开开　卢群星

浙江省人民政府

省　长:袁家军
副省长:冯　飞　朱从玖　王双全
　　高兴夫　成岳冲
　　王文序(女)　彭佳学
　　陈伟俊
秘书长:陈　新
副秘书长:鞠建林　周日星
　　陈广胜　傅晓风
　　张海萍(女)　应　雄
　　董贵波　高　屹　蔡晓春

浙江省人民政府组成部门和机构

省政府办公厅(省政府参事室)
主　任:鞠建林
副主任:蒋珍贵　施清宏　李耀武
派驻纪检监察组组长:马万里

省发展和改革委员会
主　任:孟　刚
副主任:蔡　刚　焦旭祥　徐　幸
　　吴胜丰　陈　伟　翁建荣
　　杜旭亮
派驻纪检监察组组长:范青青

省经济和信息化厅(省中小企业局)
厅　长:张　耕
副厅长:凌　云　吴君青　杜华红
　　岳　阳　诸葛建　陈建忠
　　马锦跃
派驻纪检监察组组长:黄克旭
总工程师:厉　敏

省教育厅
厅　长(党委书记):陈根芳
副厅长(党委副书记):
　　干武东(党委副书记)
　　韩　平　于永明　丁天乐
派驻纪检监察组组长:郭丽华(女)

省科学技术厅
党组书记:何杏仁(女)
厅　长:高鹰忠
副厅长:宋志恒　曹新安　章一文
　　孟小军

省民族宗教事务委员会
主　任:楼炳文
副主任:陈振华　莫幸福　钟昌明
　　钟新章

省公安厅
厅　长(督察长):王双全
常务副厅长:毛善恩
副厅长:王　冰　金伯中　王　建
　　石小忠　杨建忠(挂职)
　　刘　静(女)　沈亚平
　　赵　勇(挂职)　金　志
　　聂展云　金　捷
派驻纪检监察组组长:陈一行
政治部主任:刘　静(女)

省民政厅
厅　长:王剑侯
副厅长:俞志壮　计时华(女)
　　余　强　江　宇　方仁表
派驻纪检监察组组长:李　谙(女)

省司法厅
厅　长:马柏伟
副厅长:率永利　劳　泓　马时明
　　徐华水　蒋建森
派驻纪检监察组组长:钱国伟
政治部主任:胡梅奎

省财政厅
厅　长:徐宇宁
副厅长:沈　磊　邢自霞(女)
　　章启诚
派驻纪检监察组组长:徐首红

省人力资源和社会保障厅
厅　长:鲁　俊(女)
副厅长:刘国富　仉贻泓(回族)
　　陈　中　金林贵　葛平安

省自然资源厅(省海洋局)
厅　长:黄志平
副厅长:马　奇(女)　盛乐山
　　张国斌　沈仁华　陈远景
　　夏晓鸿
派驻纪检监察组组长:徐志军
总规划师:朱先高

省生态环境厅
厅　长:方　敏(女)
副厅长:虞选凌　张培国　王以淼
　　陈　畅　单锦炎
派驻纪检监察组组长:林金德
总工程师:朱留沙

省住房和城乡建设厅
厅　长:项永丹
副厅长:应柏平　沈　敏　张清云
　　张　奕
派驻纪检监察组组长:周仲光
总规划师:顾　浩

省交通运输厅
厅　长:陈利幸
副厅长:夏炳荣　赵　雁　王寅中
　　任　忠　陈　凯
派驻纪检监察组组长:金信地
总工程师:李志胜

省水利厅
厅　长:马林云
副厅长:徐国平　冯强　蒋如华
　　杨　炯　李　锐
总工程师:施俊跃

省农业农村厅
厅　长:林健东
副厅长:张火法　童加朝　陈利江
　　刘嫔珺(女)　孙飞翔
　　唐冬寿
派驻纪检监察组组长:傅智超
总农艺师:蔡元杰

省商务厅
厅　长:盛秋平
副厅长:王　坚　韩　杰　徐高春
　　胡潍康　张钱江
　　房立群(挂职)

省文化和旅游厅

厅　长:褚子育
副厅长(党组副书记):
　　傅　玮(党组副书记)
　　许　澎　杨建武　刁玉泉
　　叶　菁　卢跃东

省卫生健康委员会

主　任:张　平
副主任(党委副书记):
　　夏建成(党委副书记)
　　包保根　苏长聪　曹启峰
派驻纪检监察组组长:杨援宁

省退役军人事务厅

厅　长:林云举
副厅长:金登尚　方金土　宋云峰

省应急管理厅

厅　长:凌志峰
副厅长:李会光　赵孟进　王旭昉
　　李公杭

省审计厅

厅　长:朱忠明
副厅长:陈焕昌　毛子荣　谢永刚
　　金建培
总审计师:金建培

省政府外事办公室(省政府港澳事务办公室)

主　任:金永辉
副主任:彭　波　顾建新　王通林
　　陈江风

省政府国有资产监督管理委员会

主　任:冯波声
副主任:陈月亮　沈建平　朱恒福
　　刘盛辉　胡信才
派驻纪检监察组组长:白剑峰

省市场监督管理局(省知识产权局)

局　长:冯水华
副局长:陈振华　张雪林　马剑平
　　卢永福
派驻纪检监察组组长:卜　敏
总工程师:吴一新

省地方金融监督管理局(省政府金融工作办公室)

局　长:张雁云
副局长:盛益军(女)　潘广恩

省广播电视局

局　长:张伟斌
副局长:单　烈　黄健全　王国富
　　张广洲

省体育局

局　长:郑　瑶
副局长:鲍学军　吕　林　李　华
　　胡国平　张亚东

省统计局

局　长:王　杰
副局长:竺　园　方腾高　张　斌
　　金　川　姚剑平
总统计师:王美福

省粮食和物资储备局

局　长:周维亮
副局长:韩鹤忠、鲍伟民、李益敏
总工程师:叶晓云

省医疗保障局

局　长:杨　烨
副局长:王广兵　龚源昌

省机关事务管理局

局　长:谢济建
副局长:徐樟清　徐　军
　　杜芬萍(女)

省人民防空办公室(省民防局)

主　任:肖培生
副主任:吴家曦　徐学清　黄运成
总工程师:王一明

省政府研究室

主　任:应　雄
副主任:俞　征　汪全立

省供销合作社联合社

主　任:邵　峰
副主任:张　悦(女)　张　建
　　童日晖
监事会主任:施祖法

省政府驻北京办事处

主　任:张海萍(女)
副主任:毛瑞福　高雪波　倪卫东
　　杜旭亮

省政府驻上海办事处

主　任:陈东凌
副主任:徐建刚

省对口支援新疆阿克苏地区指挥部

指挥长:王通林
副指挥长:洪国良　陈建忠

省对口支援西藏那曲地区指挥部

指挥长:陈　澄

省对口支援青海省海西蒙古族藏族自治州指挥部

指挥长:潘建漳

省地质勘查局

局　长:张金根
副局长:周　艳(女)　严宗保
　　徐　刚　陈启强

中国人民政治协商会议浙江省委员会

主　席:葛慧君(女)
副主席:孙景淼　郑继伟　张泽熙
　　陈小平　吴　晶(女)
　　蔡秀军　陈铁雄　马光明
　　周国辉
常务委员:(96名,按姓氏笔画排序)
　　马永信　马梅芝(女)
　　王　珂　王世民
　　王丽峰(女)　王利月
　　王铁磊　王振滔
　　王淑欣(女)
　　王喜法　仇建平
　　方向明(女)　方法全
　　计伟荣　帅燮琅　叶正波
　　叶鉴铭　田　野(女)
　　冯仁强　冯定献　朱　伟
　　朱志泉　朱法君　华宣奎
　　庄跃成　刘　毅
　　刘净非(女)　汤家友
　　孙光明　寿剑刚　李剑飞

李德麟　杨　敬　杨华勇
吴　鸿　吴振宇
吴海燕(女)　邱　萍(女)
闵　云(女)　张少华
张均林　张海萍(女)
张润生　陆雅仪(女)
陈　忠　陈为能　陈伟华
陈仲尼　陈桂秋　陈海啸
陈焕昌　陈清莉(女)
陈越孟　邵千钧　邵铭法
范　渊　林　东　尚　清
罗建红　罗悦明　金　凯
怡　藏　宗馥莉(女)
赵如英(女)　赵雄文
赍圣林　胡伟
胡少云(女)
钟建安(畲族)
段会龙　段树民　宦金元
姚少平　钱水土　徐　旭
徐志康　徐燕峰(女)
郭吉丰　郭胜华　黄　勇
曹惠婷(女)　章月燕(女)
梁细弟　隗斌贤　琚朝晖
董中基　董建伟　童　健
谢　辉　谢永和　谢志坚
楼炳文　裘云庆　詹耀良
鲍虎军　潘海生

秘书长:金长征(女,回族)
副秘书长:帅燮琅　单志强
顾福利　梁细弟
兼职副秘书长:刘净非(女)
徐燕峰(女)　刘　毅
田　野(女)　章月燕(女)
马永信　陶　骏　赵小敏
叶　青(女)

提案委员会

主　任:孙光明
副主任:谢　辉　徐燕峰(女)
方向明(女)　徐焕明
林丹军(女)　陶　骏
周剑英(女,专职)

委员工作委员会

主　任:朱　伟
副主任:赵雄文　王利月　马永信
宋明顺　程鸿娟(女,专职)

经济委员会

主　任:黄　勇
副主任:邱　萍(女)　徐　旭
陈桂秋　仇建平　赍圣林
童亚辉　周华富
王春晓(女,专职)

农业和农村委员会

主　任:姚少平
副主任:钱水土　梁细弟　吴　鸿
王小龙　应义斌　陈利江
王慧琳(女)　孙勤明(专职)

人口资源环境委员会

主　任:华宣奎
副主任:张润生　陈焕昌　张金根
王以淼　应柏平
田　梅(女)
胡亚萍(女,专职)
叶　青(女,专职)

教科卫体委员会

主　任:杨　敬
副主任:王喜法　吴振宇　叶鉴铭
鲍虎军　徐志康　郑　瑶
徐润龙　章一文　苏长聪
叶成伟(专职)

社会和法制委员会

主　任:尚　清
副主任:罗悦明　董建伟
刘净非(女)　谢志坚
冯仁强　蔡国春　石小忠
徐建新　郭　峻(专职)

民族和宗教委员会

主　任:朱志泉
副主任:楼炳文　钟建安(畲族)
方法全　雷群芳(女,畲族)
沈少春(回族)
赵　宏(专职)

港澳台侨和外事委员会

主　任:李剑飞
副主任:庄跃成　张海萍(女)
章月燕(女)　陈清莉(女)
许　勇　郭　东(专职)

文化文史和学习委员会

主　任:潘海生
副主任:寿剑刚　童　健　琚朝晖
田　野(女)　王轶磊
刘　芸(女)　陈东凌
柳　河　周　雷(专职)

省政协办公厅

主　任:帅燮琅
副主任:王洪中　袁伟盛
派驻纪检监察组组长:王　乐

省政协研究室

主　任:帅燮琅
副主任:林孝双　黄甲寅

中国共产党浙江省纪律检查委员会 浙江省监察委员会

书　记:任振鹤(土家族)
副书记:王海超　罗悦明　暨军民
胡志权
常　委:杜　康　徐鸣华　叶怀贯
孙良根
代主任:任振鹤(土家族)
副主任:王海超　罗悦明　暨军民
胡志权
委　员:叶怀贯　孙良根　郑建余
郭卫东

浙江省高级人民法院

院　长:李占国
常务副院长:朱深远
副院长:崔盛钢　何鑑伟　徐建新
陈志君(女)　朱新力
派驻纪检监察组组长:李汉水
政治部主任:黄文斌
审判委员会专职委员:金平强
许惠春　周根才

宁波海事法院

院　长:张宏伟(人选)
常务副院长:章青山

浙江省人民检察院

检察长:贾　宇
常务副检察长:刘树枝

副检察长:陈惠明　高　杰(女)
王祺国　黄生林　胡东林
派驻纪检监察组组长:郭　敏
政治部主任:何小华
检委会专职委员:钱　华(女)
傅国云　沈雪中

民主党派·工商联

中国国民党革命委员会浙江省委员会

主任委员:吴　晶(女)
副主任委员:王建康　叶鉴铭
朱新力　刘净非(女,专职)
段会龙　计伟荣　徐铭恩
朱法君

中国民主同盟浙江省委员会

主任委员:成岳冲
副主任委员:韩　平　罗卫东
方剑乔　许亚南(女)
徐燕峰(女,专职)　唐睿康
苏为华　谢志坚

中国民主建国会浙江省委员会

主任委员:陈小平
副主任委员:张明华　徐育斐(女)
郑亚莉(女)　郭清晔
陈桂秋　陈越孟

中国民主促进会浙江省委员会

主任委员:蔡秀军
副主任委员:谢双成　鲍虎军
张宝珍(女)　陈　忠
刘　毅(专职)　吴国平
卢　勇　王轶磊
王滨梅(女)

中国农工民主党浙江省委员会

主任委员:罗建红
副主任委员:俞　立　蔡宛如(女)
田　野(女,专职)　周智林
陈为能　葛明华　丁列明
徐志康

中国致公党浙江省委员会

主任委员:郑继伟
副主任委员:梁细弟　杜时贵
王　坚　章月燕(女,专职)
裘云庆　胡　伟

九三学社浙江省委员会

主任委员:姒健敏
副主任委员:盛颂恩　罗卫红(女)
马永信(专职)　叶正波
钱　前　方向明(女)
范柏乃

台湾民主自治同盟浙江省委员会

主任委员:张泽熙
副主任委员:胡亚芳(女)　陈伟华
陈清莉(女)

省工商业联合会

主　席:王建沂
常务副主席、党组书记:徐　旭
副主席:黄正强　张必来　赵小敏
潘建漳　元成茂
兼职副主席:励行根　郑坚江
王振滔　潘建清
陈爱莲(女)　李书福
仇建平　胡成中　张天任
姚新义　詹耀良　王世民
冯仁强　熊续强
林俊波(女)　鲁伟鼎

群　众　团　体

省总工会

主　席:史济锡
副主席、党组书记:张才方
副主席:董建伟　周小兵
张卫华(女)　张兆都
应达伟(挂职)
徐　前(挂职)
兼职副主席:陈美芳(女)　竺士杰
叶金龙

共青团浙江省委员会

书　记:朱林森
副书记:王慧琳(女)
周苏红(女,挂职)
兼职副书记:陈积明　吕义聪

省妇女联合会

主　席:王文娟(女)
副主席:林丹军(女)　童丽君(女)
陆　英(女)
兼职副主席:方向明(女)
屠红燕(女)　胡朝霞(女)

省科学技术协会

主　席:姚　克
副主席、党组书记:郑金平
副主席:姜长才　陆　锦　王忠民
田　梅(女,挂职)
兼职副主席:王　涛　方剑乔
李家彪　杨小牛　应义斌
陈剑平　范　渊　蔡袁强

省社会科学界联合会

主　席:蒋承勇
副主席、党组书记:盛世豪
副主席:邵　清　陈先春
兼职副主席:鲍学军　张伟斌
徐明华　罗卫东　梅新林
蒋国俊　沈满洪　沈　翔
何　伟

省文学艺术界联合会

主　席:许　江
副主席、党组书记、书记处常务书记:
陈　瑶(女)
副主席、书记处书记:马锋辉
书记处书记:张均林　赵雁君
徐　晓(女)
兼职副主席:茅威涛(女)　麦　家
陈振濂　翁仁康　应雪林
邹跃飞　郁伟年

省残疾人联合会

理事长:蔡国春
副理事长:高　翔　陈　澄
黄树良
雷绍丽(女,畲族,挂职)
兼职副理事长:陈作兵　楼　宝
周佳敏(女)

省归国华侨联合会

主　席:连小敏
副主席:张维仁
兼职副主席:李承戍　项芳云(女)
郑　耀　林　东　汤春甫
陈乃科　冯定献　卓旭光
沈　浩　丁列明　杨宝庆
吴超英(女)　詹洪良
尹霄敏　刘光华　季志海
虞安林　王立华(女)
谢树华

中国国际贸易促进委员会浙江省委员会

会　长:陈宗尧
副会长:张善坤、许　勇、张青山

浙江省省属事业单位

杭州纪检监察培训中心

主　任:杜　康

浙江日报报业集团

社　长:唐中祥
总编辑:张　燕(女)
副总编辑:李　杲　周咏南
　　　　周天晓　程为民　邓　崴
　　　　金　波

浙江广播电视集团

总　裁:吕建楚
副总裁(副总编辑、纪委书记):
　　　　杨　勇　何跃新
　　　　华宣飞(副总编辑)
　　　　陈立波(副总编辑)
　　　　傅雪梅(女,纪委书记)

省发展规划研究院

院　长:周华富
副院长:傅金龙　董嘉明
总规划师:徐伟金
总工程师:吴红梅(女)

省农业科学院

党委书记:汤　勇
院　长:劳红武(女)
副院长(纪委书记):杨　华
　　　　吴敬华
　　　　楼洪志(纪委书记)
　　　　戚行江

省社会科学院

党委书记、副院长:俞世裕
院　长:何显明
副院长:胡海良　陈柳裕
　　　　陈　野(女)
省地方志办公室主任(省社会科学院党委委员):潘捷军

浙江大学(教育部属)

党委书记:暂　缺
校　长、党委副书记:吴朝晖
常务副校长:任少波
党委副书记(纪委书记):张宏建
　　　　郑　强　叶　民(党委副书记、纪委书记)　朱世强
　　　　邬小撑
副校长:张宏建　罗卫东　严建华
　　　　罗建红　何莲珍(女)
　　　　王立忠

中国美术学院

党委书记:钱晓芳(女)
院　长、党委副书记:许　江
党委副书记:胡钟华　刘　正
副院长(纪委书记):王　赞
　　　　孙旭东(纪委书记)
　　　　姜玉峰　杭　间　高世名

浙江工业大学

党委书记:蔡袁强
校　长、党委副书记:李小年
党委副书记:胡　伟
副校长(纪委书记):陈　鹰
　　　　陈　杰　顾玮(纪委书记)
　　　　虞晓芬(女)

浙江师范大学

党委书记:蒋国俊
校　长、党委副书记:郑孟状
党委副书记:沈　希　朱　坚
副校长(纪委书记):李伟健
　　　　张根福　钟依均　潘慧炬
　　　　傅关福(纪委书记)

宁波大学

党委书记:薛维海
校　长、党委副书记:沈满洪
党委副书记:冯志敏
副校长(纪委书记):邵千钧
　　　　余建森(纪委书记)
　　　　汪浩瀚　乐传永

浙江理工大学

党委书记:吴锋民
校　长、党委副书记:陈文兴
党委副书记:陶伟华　周文龙
副校长(纪委书记):郜正荣
　　　　陈文华
　　　　孙旭东(纪委书记)
　　　　王剑俊　许慧霞(女)

杭州电子科技大学

党委书记:王兴杰
校　长、党委副书记:朱泽飞
党委副书记:朱斌　薛晓飞
副校长(纪委书记):郑　宁
　　　　牛东红(纪委书记)
　　　　吕金海　徐江荣　吴　卿

浙江工商大学

党委书记:金一斌
校　长、党委副书记:陈寿灿
党委副书记:李　军　任志国
副校长(纪委书记):苏为华
　　　　钱天国
　　　　王登先(纪委书记)　赵英军

中国计量大学

党委书记:张土乔
校　长、党委副书记:宋明顺
党委副书记:徐涌金　程　刚
副校长(纪委书记):俞晓平
　　　　王小华(纪委书记)　葛洪良

浙江中医药大学

党委书记:孙秋华(女)
校　长:方剑乔
党委副书记:张元龙　陈　刚
副校长(纪委书记):郭　清
　　　　李俊伟　张光霁　赵　峰
　　　　章建生(纪委书记)

浙江海洋大学

党委书记:严小军
校　长、党委副书记:陈建孟
党委副书记:叶　舟　王　捷
副校长(纪委书记):徐士元(满族)
　　　　徐汉祥　谢永和　吴承亮
　　　　刘秀丽(女,纪委书记)

浙江农林大学

党委书记:周国模
校长、党委副书记:应义斌
党委副书记:方　伟　冯尚申
副校长(纪委书记):金佩华
　　　　钟　平(纪委书记)
　　　　沈月琴(女)

温州医科大学
党委书记:吕　帆(女)
校　长、党委副书记:李校堃(满族)
党委副书记:吕一军
副校长:王良兴　曹建明　陈培根
　　金胜威　吕文革

浙江财经大学
党委书记:李金昌
校　长、党委副书记:钟晓敏
党委副书记:卢新波　黄建新
副校长(纪委书记):
　　陈金方(纪委书记)
　　王奎泉　励如孟　李占荣

浙江科技学院
党委书记:龚建立
院　长、党委副书记:赵东福
党委副书记:符宁平　周加敏
副院长(纪委书记):冯　军
　　单胜道　郑友取
　　陆爱华(女,纪委书记)
　　万　健

嘉兴学院
党委书记:黄文秀
院　长:盛颂恩
党委副书记:吕延勤　严从荃
副院长(纪委书记):费建文
　　周　珊(女)
　　张文华(纪委书记)
　　周亚新　胡俊云

浙江传媒学院
党委书记:杨立平(女)
院　长:暂　缺
党委副书记:徐小洲　宣裕方
　　汤兆武
副院长(纪委书记):徐小洲
　　杨荣耀　姚　争　张　梁
　　徐伟标(纪委书记)
　　李文冰(女)

浙江广播电视大学
党委书记:徐公芳
校　长、党委副书记:叶　宏
党委副书记:卢　方
副校长(纪委书记):王正东
　　卢文辉
　　唐远彤(女,纪委书记)

浙江外国语学院
党委书记:宣　勇
院　长、党委副书记:洪　岗
党委副书记:曹仁清　赵文波
副院长(纪委书记):
　　邱卫东(纪委书记)
　　赵庆荣　张环宙(女)
　　李　安　柴改英(女)

浙江警察学院
党委书记:蒋珍明
院　长、党委副书记:丁　宏
副院长(纪委书记、政治部主任):
　　黄兴瑞　翁　文(女)
　　沈慧敏(纪委书记)
　　周　钦(政治部主任)
　　金　诚

浙江水利水电学院
党委书记:史永安
院　长、党委副书记:华尔天
党委副书记:吴小英(女)　严齐斌
副院长(纪委书记):徐金寿
　　邹　冰　姜翰照
　　李明(纪委书记)　赵　玻

浙江音乐学院
党委书记:胡建新
院　长:暂　缺
党委副书记:张建国　贾秀英(女)
副院长(纪委书记):张建国
　　方培新(纪委书记)
　　杨九华(白族)

杭州医学院
党委书记:姜建鸿
院　长、党委副书记:吕建新
党委副书记:钟振华　娄小娥(女)
副院长(纪委书记):黄东胜
　　何贤晨　郑公寿(纪委书记)

杭州师范大学
党委书记:陈春雷
校　长:暂　缺
党委副书记:张志军　王利琳
副校长(纪委书记):胡　华
　　杨　磊
　　李泽泉(纪委书记)
　　陈永富　方　亮

温州大学
党委书记:林娟娟(女)
校　长、党委副书记:赵　敏
党委副书记:牟德刚　王北铰
副校长(纪委书记):薛　伟
　　吴金法(纪委书记)
　　蔡曙光　钱　强　方益权

绍兴文理学院
党委书记:汪俊昌
院　长、党委副书记:王建力
党委副书记:沈　赤　郝敬习(女)
副院长(纪委书记):寿永明
　　柳国庆
　　柯　羽(女,纪委书记)
　　张　宏　黄　坚

湖州师范学院
党委书记:刘剑虹
院　长、党委副书记:张立钦
党委副书记:蒋云良
副院长(纪委书记):叶金云
　　朱　鸿(纪委书记)
　　马志和　陈亚明

台州学院
党委书记:崔凤军
院　长、党委副书记:陈光亭
党委副书记:潘通天　金先龙
副院长(纪委书记):赵小明
　　王　正
　　吴国庆(纪委书记)
　　胡韶光　李钧敏(女)

丽水学院
党委书记:廖思红(女)
院　长、党委副书记:肖　刚
党委副书记:邵国平　郭献进(回族)
副院长(纪委书记):徐德钦
　　李俊杰
　　徐国强(纪委书记)
　　蒋黎红　叶沙平

宁波工程学院
党委书记:苏志刚
院　长、党委副书记:吕忠达
党委副书记:陈方猛　冯　杰
副院长(纪委书记):鲍吉龙
　　王菁华(女)　陈　炳
　　王杰法(纪委书记)　戴志伟

衢州学院
党委书记:杨　玲(女)
院　长、党委副书记:谢志远
党委副书记:杨　政
副院长(纪委书记):李江波
　　方正则(纪委书记)
　　郑文山　吾国强　徐须实

浙江省省属企业单位

浙江出版联合集团有限公司
董事长、党委书记、总　裁:鲍洪俊
董　事、党委副书记:虞汉胤
董　事、副总裁:朱勇良　吴雪勇
纪委书记:端木义生

物产中大集团股份有限公司
董事长、党委书记:王挺革
总经理:周冠女(女)
副董事长:陈继达
党委副书记:周冠女(女)　宋宏炯
董　事:周冠女(女)　宋宏炯
　　沈光明
副总经理:沈光明　王露宁(女)
纪委书记:龚　平
工会主席:宋宏炯
监事长:刘纯凯

省机电集团有限公司
董事长、党委书记:王　敏
总经理:谢　平(女)
董　事、党委副书记:谢　平(女)
　　葛伟民
副总经理:楼国庆　杨震宇　陈存法
纪委书记:任延飞
工会主席:葛伟民

省二轻集团公司
总经理、党委书记:虞岳明
副总经理:徐旭阳　吴　敏　余显勇
党委副书记、纪委书记:张　城

省建设投资集团股份有限公司
董事长、党委书记:沈德法
总经理:陈　桁
党委副书记:陈　桁　陈光锋
董　事:陈　桁　陈光锋　赵伟杰
副总经理:赵伟杰　刘建韦　吴　飞
纪委书记:陈理泉
工会主席:陈光锋
监事长:娄解民

省商业集团有限公司
董事长、总经理:张　波(女)
董　事:叶晓英(女)
副总经理:叶晓英(女)　蔡玉林
　　高秉学
纪委书记:赵秉凰

省旅游集团有限责任公司
董事长、党委书记:方敬华
总经理:陈祝毅
董　事、党委副书记:陈祝毅
　　徐德良
副总经理:姚志明　刘文波
纪委书记:徐建良
工会主席:徐德良

省国际贸易集团有限公司
董事长、党委书记:楼　晶
总经理:孙建华
董　事、党委副书记:孙建华
　　郑　伟
副总经理:黄道领　骆敏华(女)
　　姜巨舫
纪委书记:盛跃星

浙江冶金集团(杭州钢铁集团有限公司)
董事长、党委书记、总经理:张利明
董　事:殳黎平
副总经理:殳黎平　李　凯
　　杨静波　章建成
纪委书记:严卫华
工会主席:方霞蓓(女)

巨化集团有限公司
董事长、党委书记:胡仲明
总经理:周黎旸
副董事长:沈铭华
党委副书记:周黎旸　朱林辉
董　事:周黎旸　朱林辉　徐建新
副总经理:沈铭华　徐建新
　　李　军　邓建明
纪委书记:胡　斌
工会主席:朱林辉
总工程师:吴周安

省能源集团有限公司
董事长、党委书记:童亚辉
总经理:柯吉欣
党委副书记:柯吉欣、陆　翔
董　事:柯吉欣　陆　翔
　　范小宁　赵建林　孙玮恒
副总经理:范小宁　赵建林
　　徐小丰　朱松强
纪委书记:张荣博(女)
工会主席:许　强

省交通投资集团有限公司
董事长、党委书记:俞志宏
总经理:詹小张
党委副书记:詹小张　黄伟建
董　事:詹小张　黄伟建　陈　敏
　　陈　江
副总经理:陈　敏　陈　江
　　姜扬剑　杨强民
纪委书记:沈秋明
工会主席:柴云妹(女)

浙江省机场集团有限公司(杭州萧山国际机场有限公司)
董事长、党委书记:王　敏
总经理:郑向平
党委副书记:郑向平　王安平
董　事:郑向平　王安平　王恭裕
副总经理:王恭裕　朱　潜
　　徐树雄　蒋福敏　魏建根
纪委书记:朱君明
工会主席:郑智银

省海港投资运营集团有限公司、宁波舟山港集团有限公司
董事长、党委书记:毛剑宏
副董事长、总经理:蔡申康
党委副书记:蔡申康　陶成波
董　事:陶成波　宫黎明　倪成钢
副总经理:倪成钢　向坚刚
　　王　峥　孙大庆　汤宝林
纪委书记:黄清波
工会主席:陈国荣

省农村信用社联合社
理事长、党委书记:王小龙
主　任:金丽丽(女)
党委副书记:金丽丽(女)　潘天灵
副主任:江丕贤　陈博恺　林梅凤
　　陈　隆
纪委书记:高建军

浙商银行股份有限公司
董事长、党委书记：沈仁康
行　长：徐仁艳
董　事、党委副书记：徐仁艳
　　张鲁芸（女）
副行长：张长弓　徐蔓萱　吴建伟
　　刘　龙　张荣森
纪委书记：王诗贤

省农村发展集团有限公司
董事长、党委书记：施小东
董　事、总经理、党委副书记：吴高平
董　事、党委副书记、工会主席：
　　陈怀义
副总经理：冯洪山　毛利豪
　　傅德荣　张　勇
纪委书记：许尚金

财通证券股份有限公司
董事长、党委书记：陆建强
董　事、总经理：阮　琪
副董事长：龚方乐
董　事、党委副书记：胡国华
副总经理：黄敏伟
纪委书记：李昌忠

省国有资本运营有限公司
董事长、党委书记：桑均尧
董　事、党委副书记：任潮龙
纪委书记：李天平

省文化产业投资集团有限公司
董事长、党委书记：姜　军
董　事、总经理、党委副书记：蒋国兴
董　事、副总经理：倪政伟

部分驻浙机构

浙江省国家安全厅
厅　长：黄宝坤
副厅长：施森矣　张颂春
派驻纪检监察组组长：朱凤生
政治部主任：叶东大

国家税务总局浙江省税务局
局　长：暂　缺
副局长、党委书记：龙岳辉
副局长、党委副书记：劳晓峰
副局长：崔成章　王　平　徐敏俊
纪检组组长：陈红卫
总经济师：刘炳荣
总审计师：范国丰
总会计师：王　平

杭州海关
关　长：马建哲
副关长：陈孟裕　田德明
　　孙荣燕（女）　娄传永
　　钱　葵　郑自强　张　翼
纪检组组长：殷玎玓
政治部主任：刘　旭

宁波海关
关　长、党委副书记：顾　勤
副关长、党委书记：吕小斌
副关长：王继蓬　董超　周力沛
　　陈开茂　纪应龙　孙向阳
　　赵　光
纪检组组长：谭建明
政治部主任：唐永飞

财政部驻浙江财政监察专员办事处
监察专员：黎　昭

浙江海事局
局　长：何易培
副局长：周荣祥　梁永铭　唐伟明
纪检组组长：王士锋

浙江省气象局
局　长：苗长明
党组副书记、纪检组组长：薛根元
副局长：周　福　王仕星　王东法

国家统计局浙江调查总队
总队长：仲　柯
副总队长：沈国良
纪检组组长：车艳萍（女）

新华社浙江分社
社　长：何玲玲（女）

浙江省地震局（中国地震局干部培训中心）
局　长：宋新初
副局长：赵　冬　陈乃其　王秋良
纪检组组长：王　剑（女）

国网浙江省电力有限公司
董事长、党委书记：肖世杰
董　事、总经理、党委副书记：杨　勇
副总经理、党委副书记：单　人
副总经理：阙　波　赵光静
　　吴国诚　黄晓尧　司为国
　　王凯军
纪委书记：姜启亮
工会主席：杨玉强
总工程师：凌卫家
总会计师：陈树国

浙江省通信管理局
局　长：徐建华
副局长、纪检组组长：董　艳（女）

浙江省邮政管理局
局　长：陈　凯
副局长：黄立群（女）　王德奔
纪检组组长：黄立群（女）

中国银行保险监督管理委员会浙江监管局
局　长：包祖明

中国工商银行浙江省分行
行　长：戴春林

中国农业银行浙江省分行
行　长：冯建龙

中国农业发展银行浙江省分行
行　长：樊　荣

中国银行浙江省分行
行　长：郭心刚

中国建设银行浙江省分行
行　长：高　强

国家开发银行浙江省分行
行　长：刘　新

中国人寿保险股份有限公司浙江省分公司
总经理：林守道

中国人民财产保险股份有限公司浙江省分公司

总经理:岑志刚

中国证券监督管理委员会浙江监管局

局　长:王宗成

杭 州 市

市委

书　记:周江勇
副书记:徐立毅　张仲灿
常　委:佟桂莉(女)　陈擎苍
　　戚哮虎　许　明　戴建平
　　毛溪浩　姚　峰(挂职)
　　刘国洪(挂职)　任明龙
　　金　志　陈新华　张振丰

市人大常委会

主　任:于跃敏(女)
副主任:许勤华　张建庭　郑荣胜
　　罗卫红(女)

市人民政府

市　长:徐立毅
副市长:戴建平　姚　峰(挂职)
　　刘国洪(挂职)　谢双成
　　陈红英(女)　缪承潮
　　王　宏　陈国妹(女)
　　陈卫强

市政协

主　席:潘家玮
副主席:翁卫军　汪小玫(女)
　　叶鉴铭　陈永良
　　王立华(女)　周智林
　　胡　伟　冯仁强

市纪委　市监委

书　记、主　任:陈擎苍

市中级人民法院

院　长:斯金锦

市人民检察院

检察长:陈海鹰

上城区

区委书记:陈　瑾(女)
人大常委会主任:袁建祥
区　长:金承涛
政协主席:占仁义

下城区

区委书记:刘　颖
人大常委会主任:许岳荣
区　长:柴世民
政协主席:杨国琴(女)

江干区

区委书记:滕　勇
人大常委会主任:蔡建云
区　长:楼建忠
政协主席:黄爱芳(女)

拱墅区

区委书记:朱建明
人大常委会主任:吴才敏
区　长:章　燕(女)
政协主席:周志辉

西湖区

区委书记:章根明
人大常委会主任:施迎利(女)
区　长:高国飞(候选人)
政协主席:叶伟平

滨江区

区委书记:詹　敏
人大常委会主任:韩建中
代区长:李志龙
政协主席:俞少平

萧山区

区委书记:佟桂莉(女)
人大常委会主任:裘　超(女)
区　长:王　敏
政协主席:洪松法

余杭区

区委书记:张振丰
人大常委会主任:汪宏儿
区　长:陈如根
政协主席:阮文静(女)

富阳区

区委书记:朱党其
人大常委会主任:汤金华
区　长:吴玉凤(女)
政协主席:陆洪勤

临安区

区委书记:卢春强
人大常委会主任:李文钢
区　长:骆安全
政协主席:张金良

建德市

市委书记:童定干
人大常委会主任:童定干
市　长:朱　欢
政协主席:吴铁民

桐庐县

县委书记:方　毅
人大常委会主任:游　宏
县　长:齐　力(候选人)
政协主席:王金才

淳安县

县委书记:黄海峰
人大常委会主任:余永青
县　长:董毓民
政协主席:刘小松

宁 波 市

市委

书　记:郑栅洁
副书记:裘东耀　宋越舜
常　委:万亚伟　梁　群　胡　军
　　钟关华(畲族)　施惠芳
　　黎伟挺　朱　宝
　　刘长春(女,挂职)　傅祖民
　　陈仲朝　褚银良

市人大常委会

主　任:余红艺(女)
副主任:翁鲁敏(女)　王建康
　　胡谟敦　王建社　俞　雷

市人民政府

市　长:裘东耀

副市长:刘长春(女,挂职)　陈仲朝
　　李关定　卞吉安
　　许亚南(女)　陈炳荣

市政协

主　席:杨戌标

副主席:林静国　张明华
　　崔秀玲(女)　郁伟年
　　陈安平　陈为能　叶双猛
　　叶正波

市纪委　市监委

书　记、主　任:傅祖民

市中级人民法院

院　长:周招社

市人民检察院

检察长:戎雪海

海曙区

区委书记:孙黎明(女)

人大常委会主任:陈志国

区　长:褚孟形

政协主席:毕东华

江北区

区委书记:丁晓芳(女)

人大常委会主任:费伟华

代区长:傅贵荣

政协主席:邹宇明

北仑区

区委书记:梁　群

人大常委会主任:邬志刚

代区长:孙旭东

政协主席:陈召华

镇海区

区委书记:林雅莲(女)

人大常委会主任:顾国芳

代区长:何黎斌

政协主席:胡祖友

鄞州区

区委书记:褚银良

人大常委会主任:杨慧芳(女)

代区长:王兆波

政协主席:郑坤法

奉化区

区委书记:高浩孟

人大常委会主任:周　涛

区　长:张文斌

政协主席:王德彪

余姚市

市委书记:奚　明

人大常委会主任:诸晓蓓(女)

市　长:潘银浩

政协主席:陈长锋

慈溪市

市委书记:高庆丰

人大常委会主任:孙百南

市　长:项　敏

政协主席:陈杰锋(候选人)

象山县

县委书记:叶剑鸣

人大常委会主任:金红旗

县　长:黄焕利

政协主席:俞　骏

宁海县

县委书记:杨　勇

人大常委会主任:徐真民

县　长:林　坚

政协主席:尤玲娟(女)

温　州　市

市委

书　记:陈伟俊

副书记:姚高员、陈　浩

常　委:胡剑谨(女)　方　向
　　施艾珠(女)　罗　杰
　　马永良　王　军　潘学军
　　陈建明　孙维国(挂职)

市人大常委会

主　任:葛益平

副主任:仇杨均　徐育斐(女)
　　任玉明　王祖焕(回族)
　　潘孝政　厉秀珍　张洪国

市人民政府

市　长:姚高员

副市长:陈建明　孙维国(挂职)
　　苗伟伦　郑朝阳(女)
　　汪　驰　殷志军　娄绍光
　　李无文

市政协

主　席:余梅生

副主席:陈作荣　王振滔　黄寿龙
　　谢树华　徐有平　鲍小瓯
　　诸葛启钏　王丽峰(女)

市纪委　市监委

书　记、主　任:方　向

市中级人民法院

院　长:徐亚农

市人民检察院

检察长:程曙明

鹿城区

区委书记:姜景峰

人大常委会主任:王易进

区　长:胡晓东

政协主席:徐　强

龙湾区

区委书记:陈应许

人大常委会主任:周　赞

区　长:周一富

政协主席:张纯芳(候选人)

瓯海区

区委书记:王振勇

人大常委会主任:吴宏儒

区　长:曾瑞华(候选人)

政协主席:林宝新

洞头区

区委书记:王蛟虎

人大常委会主任:叶国胜

区　长:林　霞(女)

政协主席:汪慧平(候选人)

瑞安市

市委书记:陈胜峰

人大常委会主任:叶建辉

市　　长:麻胜聪
政协主席:管秀云(女)

乐清市
市委书记:林亦俊
人大常委会主任:胡成剑
市　　长:方　晖
政协主席:潘云夫

永嘉县
县委书记:王彩莲(女)
人大常委会主任:谢崇福
县　　长:林万乐
政协主席:陈建良

平阳县
县委书记:董智武
人大常委会主任:许益伟
县　　长:黄　慧(候选人)
政协主席:曾上俊

苍南县
县委书记:黄荣定
人大常委会主任:黄锦耀
县　　长:郑建忠
政协主席:陈国苗

文成县
县委书记:刘中华
人大常委会主任:郑建华
县　　长:章寿禹
政协主席:刘金红(女)

泰顺县
县委书记:陈永光
人大常委会主任:胡荣登
县　　长:黄阳栩
政协主席:卢　嫦(女)

嘉　兴　市

市委
书　　记:张　兵
副书记:毛宏芳　孙贤龙
常　　委:楼建明　祝亚伟　陈利众
王会能　张建明　张仁贵
龚和艳(女)
姜　波(挂职)　许　晴(女)

市人大常委会
主　　任:刘冬生
副主任:武亮靓　陈越强　沈利农
朱海平　王马青　朱　伟
张永红(女)

市人民政府
代市长:毛宏芳
副市长:楼建明　姜　波(挂职)
盛全生　邢海华
沈晓红(女)　洪湖鹏
叶忠华

市政协
主　　席:高玲慧(女)
副主席:朱静绮(女)　柴永强
马玉华　薛佳平　李　跃
孙建华　敖考权　戴　铭
赵如英(女)

市纪委　市监委
书　　记、主　　任:张建明

市中级人民法院
院　　长:姚海涛(候选人)

市人民检察院
代检察长:杨劲松(女)

南湖区
区委书记:朱　苗
人大常委会主任:吴　健
区　　长:徐　军
政协主席:赵建峰

秀洲区
区委书记:吴炳芳
人大常委会主任:董苗虎
区　　长:吴　燕(女)
政协主席:滕根林

海宁市
市委书记:朱建军
人大常委会主任:姚敏忠
市　　长:曹国良
政协主席:周红霞(女)

平湖市
市委书记:祁海龙
人大常委会主任:胡水良
市　　长:仲旭东(候选人)
政协主席:徐春林

桐乡市
市委书记:盛勇军
人大常委会主任:张林洪
代市长:于会游
政协主席:蒋惠玲(女)

嘉善县
县委书记:许　晴(女)
人大常委会主任:郑　明
县　　长:徐鸣阳
政协主席:何全根

海盐县
县委书记:陈玲芳(女)
人大常委会主任:黄江莺(女)
县　　长:王碎社
政协主席:蔡志昌

湖　州　市

市委
书　　记:马晓晖
副书记:钱三雄　陈　浩
常委:夏文星　梁雪冬
范庆瑜(女)　李上葵
江宏勋　杨六顺

市人大常委会
主　　任:胡菁菁(女)
副主任:董立新　曹德平　喻运鑫
胡国荣　沈志华　张兰新

市人民政府
市　　长:钱三雄
副市长:杨六顺　闵　云(女)
施根宝　蒋伟峰　项乐民
许继清(女,挂职)

市政协
主　　席:杨建新
副主席:李建平　方新旗　魏　明
钟　鸣　高　东　叶理中

葛　伟　竺　鸽(女)
李　红(女)

市纪委　市监委
书　记、主　任:梁雪冬

市中级人民法院
院　长:李章军

市人民检察院
检察长:孙　颖

吴兴区
区委书记:吴智勇
人大常委会主任:吴　旭(女)
区　长:陈　江
政协主席:潘　华

南浔区
区委书记:夏坚定
人大常委会主任:梅爱祥
区　长:杨卫东
政协主席:孙根祥

德清县
县委书记:王琴英(女)
人大常委会主任:罗国建
代县长:敖煜新
政协主席:张林华

长兴县
县委书记:周卫兵
人大常委会主任:叶白云
代县长:石一婷(女)
政协主席:潘华明

安吉县
县委书记:沈铭权
人大常委会主任:陆为民
县　长:陈永华
政协主席:叶海珍(女)

绍　兴　市

市委
书　记:马卫光
副书记:盛阅春
常　委:陈　欣　徐晓光
叶卫红(女)　柴祥群
徐国龙　徐良平　丁如兴
陆　维　栾国栋(挂职)

市人大常委会
主　任:谭志桂
副主任:杨文孝　丁晓燕(女)
王继岗　徐挺富　阮坚勇
孙云耀　傅陆平

市人民政府
市　长:盛阅春
副市长:徐国龙　栾国栋(挂职)
顾　涛(女)　陈德洪
孙哲君　邵全卯　俞流江

市政协
主　席:魏　伟
副主席:冯建荣　胡少云(女)
黄文泽　倪善贵　徐青松
何小玲(女)　余利明(女)
陈国阳　华小洋

市纪委　市监委
书　记、主　任:陈　欣

市中级人民法院
代院长:唐学兵

市人民检察院
代检察长:翁跃强

越城区
区委书记:金晓明
人大常委会主任:章烽
代区长:袁　建
政协主席:金百富

柯桥区
区委书记:沈志江
人大常委会主任:吴　晓(女)
区　长:赵如浪
政协主席:孟柏干

上虞区
区委书记:陶关锋
人大常委会主任:陈　坚
区　长:张壮雄
政协主席:顾世明

诸暨市
市委书记:徐良平
人大常委会主任:姚汉松
市　长:王芬祥
政协主席:郭浩良

嵊州市
市委书记:徐建役
人大常委会主任:何国英(女)
市　长:严　钢(候选人)
政协主席:孙海荣

新昌县
县委书记:李　宁
人大常委会主任:求子平
代县长:黄旭荣(女)
政协主席:罗国安

金　华　市

市委
书　记:陈　龙
副书记:尹学群、陈玲玲(女)
常　委:余　杰　陈　晓　郎文荣
郑余良　林　毅　王振勇
吕伟强　张伟亚
吕　兵(挂职)

市人大常委会
主　任:黄锦朝
副主任:金中梁　张荣贵　陶国兴
王丁路　周剑敏　陈志身
董巧娟(女)

市人民政府
市　长:尹学群
副市长:陈　晓　吕　兵(挂职)
邵国强　祝伦根　黄　敏
陶叶萍(女)　王　健
董旭斌

市政协
主　席:陶诚华
副主席:傅利常　傅路红　张跃进
许章才　吴国成　胡锦全
荣安华　邱建中　杨坚明

市纪委　市监委

书　记、主　任:郎文荣

市中级人民法院

院　长:汤海庆

市人民检察院

检察长:毛建岳

婺城区

区委书记:蔡　艳(女)
人大常委会主任:朱利群(女)
代区长:黄国钧
政协主席:张茹先(女)

金东区

区委书记:李雄伟
人大常委会主任:邱银泉
区　长:陈峰齐
政协主席:王瑞海

兰溪市

市委书记:朱瑞俊
人大常委会主任:刘成芝
代市长:王新锋
政协主席:徐建祥

义乌市

市委书记:林　毅
人大常委会主任:陈秀仙(女)
代市长:王　健
政协主席:葛国庆(女)

东阳市

市委书记:黄　敏
人大常委会主任:施侍伟
市　长:姚激扬
政协主席:卜亚男(女)

永康市

市委书记:金　政
人大常委会主任:陈美蓉(女)
市　长:朱志杰
政协主席:朱世道

武义县

县委书记:暂　缺
人大常委会主任:徐华良
县　长:章旭升
政协主席:何俊有

浦江县

县委书记:程天云
人大常委会主任:虞振贤
县　长:俞佩芬(女,候选人)
政协主席:朱受明

磐安县

县委书记:傅显明
人大常委会主任:陈国标
县　长:王志强
政协主席:陈剑波

衢　州　市

市委

书　记:徐文光
副书记:汤飞帆　周伟江
常　委:傅根友　胡仲明　陈锦标
　　　钱伟刚　蔡旭昶　戴克华
　　　林晓峰

市人大常委会

主　任:居亚平(女)
副主任:诸葛慧艳(女)　俞顺虎
　　　余广宇　朱建华　项瑞良
　　　田　俊(女,土家族)

市人民政府

市　长:汤飞帆
副市长:陈锦标　毛建民
　　　马梅芝(女)　吕跃龙
　　　王良春　王顺大

市政协

主　席:吴国升
副主席:陈建良　刘炳炎　金召卫
　　　吕玉茹(女)　祝晓农(女)
　　　吴江平　徐静旋(女)
　　　周　庆　徐旭卿(女)

市纪委　市监委

书　记、主　任:蔡旭昶

市中级人民法院

院　长:魏新璋

市人民检察院

检察长:叶伟忠

柯城区

区委书记:徐利水
人大常委会主任:徐登富
区　长:方庆建
政协主席:徐连土

衢江区

区委书记:周向军
人大常委会主任:耿建新
区　长:朱素芳(女)
政协主席:赵建新

江山市

市委书记:童炜鑫
人大常委会主任:毛江妹(女)
市　长:舒　畅
政协主席:王水亮

常山县

县委书记:叶美峰
人大常委会主任:徐建华
县　长:张少华(候选人)
政协主席:林红汉

开化县

县委书记:项瑞良
人大常委会主任:张伟刚
县　长:鲁霞光
政协主席:华寿军

龙游县

县委书记:张晓峰
人大常委会主任:周中民
县　长:祝建东(候选人)
政协主席:洪一舟

舟　山　市

市委

书　记:俞东来
副书记:何中伟　华　伟
常　委:张明超　徐张艳(女)
　　　周　峰　魏　明　王　伟
　　　刘永艺

宝音太(蒙古族,挂职)
沈国通

市人大常委会

主　任:钟　达
副主任:苗振清　钱　军　李善忠
张　明　周松宽
夏亚红(女)　徐良波

市人民政府

市　长:何中伟
副市长:徐张艳(女)
宝音太(蒙古族,挂职)
许小月　姜建明　蔡　洪
方　维(女)
俞晓丹(女,挂职)

市政协

主　席:江建国
副主席:忻海平　夏文忠　蒋志伟
道　慈　谢永和　邬振悦
孙小晓(女)　张伟平
贝璐国

市纪委　市监委

书　记、主　任:周　峰

市中级人民法院

院　长:孙公幸

市人民检察院

检察长:黄　辉

定海区

区委书记:庄继艳(女)
人大常委会主任:余河通
区　长:侯富光
政协主席:车志宽

普陀区

区委书记:张立军
人大常委会主任:戴灵芝(女)
区　长:潘晓辉
政协主席:张禾波

岱山县

县委书记:毛江平
人大常委会主任:俞福达
县　长:周国岭
政协主席:陈雅君(女)

嵊泗县

县委书记:方　敏
人大常委会主任:周振海
县　长:邵　雷
政协主席:狄承勇

台　州　市

市委

书　记:陈奕君(女)
副书记:张晓强　吴海平
常　委:蔡永波　叶海燕(女)
单　坚　吕志良　徐　淼
周厚江　芮　宏(挂职)
张加波　经希军(挂职)
徐仁标

市人大常委会

主　任:元茂荣
副主任:柯昕野　赵跃进　程　进
陈祥荣　李志坚
沈宛如(女)　周先苗

市人民政府

代市长:张晓强
副市长:蔡永波　芮　宏(挂职)
经希军(挂职)　赵海滨
吴丽慧(女)　郑敏强
蒋冰风　伍建利

市政协

主　席:陈伟义
副主席:郑米良　陈海啸　徐林德
张锐敏　邵先富　褚义军
林仁方　曹　羽　李立飞

市纪委　市监委

书　记、主　任:张加波

市中级人民法院

院　长:王中毅

市人民检察院

检察长:孔　璋

椒江区

区委书记:陈挺晨
人大常委会主任:王国平
区　长:杨玲玲(女)
政协主席:严灵章

黄岩区

区委书记:徐　淼
人大常委会主任:蔡　康
区　长:陈建勋
政协主席:柯善辉

路桥区

区委书记:潘建华
人大常委会主任:蒋临
区　长:叶帮锐
政协主席:戴冬林

温岭市

市委书记:徐仁标
人大常委会主任:陈　辉
市　长:王宗明
政协主席:黄海斌

临海市

市委书记:梅式苗
人大常委会主任:朱坚国
代市长:王　丹(女)
政协主席:张招金

玉环市

市委书记:林先华
人大常委会主任:施红兵
市　长:吴才平
政协主席:林成辉

三门县

县委书记:杨胜杰
人大常委会主任:蔡周钧
县　长:李昌明
政协主席:吴善灵

天台县

县委书记:管文新
人大常委会主任:林　峰
县　长:潘军明
政协主席:陈政明

仙居县

县委书记:林　虹(女)
人大常委会主任:李建平
县　长:颜海荣
政协主席:章维青(候选人)

丽　水　市

市委

书　记:胡海峰
副书记:吴晓东　李　锋
常　委:林　亮　任淑女(女)
方文军　方健忠　杜兴林
范金华　王小荣　陈　重

市人大常委会

主　任:虞红鸣
副主任:陈建波　朱继坤　戚永远
沈根花(女)　杜光旻
邹培书　郑力平

市人民政府

市　长:吴晓东
副市长:林　亮　陈　重　林　康
卢彩柳(女)　徐光文
杨秀清

市政协

主　席:陈瑞商
副主席:韦铁民　陈景飞　金爱武
朱山华　邝平正　计勇强
汤家友　丁绍雄　丁岳清

市纪委　市监委

书　记、主　任:方文军

市中级人民法院

院　长:蒋卫宇

市人民检察院

检察长:过孟超

莲都区

区委书记:杜兴林
人大常委会主任:陈元龙
区　长:陈　豪
政协主席:谷江南

龙泉市

市委书记:王顺发
人大常委会主任:叶磁仙
市　长:吴松平
政协主席:刘赤波

青田县

县委书记:戴邦和
人大常委会主任:季力华
县　长:周和平
政协主席:李飞林

缙云县

县委书记:李一波(女)
人大常委会主任:周保龙
县　长:王正飞(候选人)
政协主席:刘旭标

遂昌县

县委书记:毛建国
人大常委会主任:尹建中
县　长:沈世山
政协主席:华治武

松阳县

县委书记:王　峻
人大常委会主任:翁樟明
县　长:李汉勤
政协主席:毛建南

云和县

县委书记:叶伯军
人大常委会主任:叶晓勇(候选人)
县　长:上官国明
政协主席:王新荣

庆元县

县委书记:蓝伶俐(女,畲族)
人大常委会主任:吴青松
县　长:胡献如
政协主席:叶丽娅(女)

景宁县

县委书记:陈　重
人大常委会主任:严铁华
县　长:钟海燕(女,畲族)
政协主席:张　峰

(省委组织部 提供)

新任省领导

Newly Appointed Provincial Officials

葛慧君　女，汉族，1963年3月生，浙江诸暨人。1983年8月参加工作，1982年5月加入中国共产党。中央党校研究生学历。

曾任诸暨中学教师、团委书记，诸暨团县委副书记，诸暨团县委书记、诸暨县璜山区委副书记，绍兴团市委书记、党组书记，诸暨市副市长，诸暨市委副书记，绍兴市若耶溪水库筹建办公室主任，浙江省会稽山旅游度假区管委会主任、党工委书记，团省委副书记、党组成员、省青联主席，团中央常委、团省委书记、党组书记，宁波市委副书记、市纪委书记，金华市委副书记、代市长、市长，省委常委、金华市委副书记、市长，省委常委、副省长、金华市委副书记、市长，省委常委、副省长、省政府党组成员，省委常委、副省长、省政府党组成员、省委政法委副书记，省委常委、宣传部部长、副省长、省政府党组成员，省委常委、宣传部部长等职。2018年1月，在浙江省政协十二届一次会议上当选为浙江省政协主席，同月任浙江省政协党组书记。

郑栅洁　男，汉族，1961年11月生，福建漳州人。1982年8月参加工作，1985年6月加入中国共产党。在职研究生学历，工商管理硕士，高级工程师。

曾任福建省厦门鱼肝油厂有机硅车间技术员、生产劳工股副股长，福建省厦门鱼肝油厂副厂长，福建省厦门鱼肝油厂厂长，福建省厦门星鲨实业总公司总经理、党委副书记，福建省厦门市湖里区委副书记、代区长、区长，福建省厦门市政府副秘书长、办公厅主任、党组副书记，福建省厦门市发展计划委员会主任、党组书记，福建省厦门市发展和改革委员会主任、党组书记，福建省发展和改革委员会副主任、党组副书记，福建省发展和改革委员会主任、党组书记，福建省副省长、省政府党组成员，国家能源局副局长（副部长级）、党组成员，中央台办、国务院台办副主任，浙江省委常委、宁波市委书记等职。2018年5月任浙江省委副书记、宁波市委书记。

朱国贤　男，汉族，1964年9月生，浙江义乌人。1986年7月参加工作，1986年1月加入中国共产党。大学学历，文学学士，高级记者。

曾任新华社浙江分社记者，新华社浙江分社采编室副主任，新华社浙江分社采编室主任，新华社浙江分社党组成员、采编室主任，新华社西藏分社副社长、党组成员，新华社浙江分社副社长、党组成员，新华社贵州分社社长、党组书记，新华社新疆分社社长、党组书记，新华社浙江分社社长、党组书记（分党组书记），中央纪委宣传部部长（副部长级），中央纪委国家监委宣传部部长（副部长级）等职。2018年10月任浙江省委常委、宣传部部长。

黄建发　男，汉族，1965年1月生，福建邵武人。1987年8月参加工作，1987年8月加入中国共产党。研究生学历，理学硕士，副研究员。

曾任国家地震局地质研究所研究实习员、助理研究员，国家地震局国际合作司一处主任科员，国家地震局国际合作司一处副处长（主持工作），国家地震局国际合作司一处处长，驻新西兰使馆一等秘书，中国地震局科技发展司（国际合作司）正处级干部，中国地震局科技发展司（国际合作司）助理巡视员兼中国地震局港澳台事务办公室主任，中国地震局科技发展司（国际合作司）副司长，福建省地震局局长、党组书记，中国地震局震灾应急救援司司长，四川省成都市委常委，四川省成都市委常委、市总工会主席，四川省成都市委常委、秘书长，四川省委组织部常务副部长，四川省委常委、组织部部长等职。2018年6月任浙江省委常委，7月兼任省委组织部部长、省委党校校长，10月兼任浙江行政学院院长。

冯文平　男，汉族，1961年9月生，江苏无锡人。1979年11月参加工作，1981年11月加入中国共产党。在职研究生，军事学博士。

曾任解放军第十二军坦克二师五团通信连战士，解放军第十二军坦克二师五团一营一连排长，解放军第十二集团军坦克二师五团一营一连连长，解放军第十二集团军坦克二师司令部作训科正连职参谋，解放军第十二集团军坦克二师司令部作训科副营职参谋，解放军第十二集团军坦克二师教导队队长，解放军第十二集团军坦克二师五团参谋长，解放军第十二集团军装甲二师六团团长，解放军第十二集团军装甲二师副师长，海军登陆舰五支队副支队长(代理)，解放军第十二集团军装甲二师师长，解放军第三十一集团军副军长，解放军第一集团军军长，浙江省军区司令员等职。2018年12月任浙江省委常委。

梁黎明　女，汉族，1961年1月生，浙江新昌人。1983年8月参加工作，1983年1月加入中国共产党。在职研究生学历，教育学硕士。

曾任余姚市江北中学教师、团委书记，余姚市体委办公室副主任，余姚市教育局团委书记，余姚团市委副书记，余姚团市委书记，宁波团市委副书记，宁波团市委书记，鄞县县委副书记(副厅级)，宁波市江北区委副书记、区长，宁波市江北区委书记，舟山市委常委、组织部部长，舟山市委副书记、组织部部长，舟山市委副书记，舟山市委副书记、代市长、市长，舟山市委书记、市长，舟山市委书记，舟山市委书记、市人大常委会主任，舟山市委书记，副省长、舟山市委书记，副省长、省政府党组成员等职。2018年1月，在浙江省第十三届人大第一次会议上当选为浙江省人大常委会副主任，同月任浙江省人大常委会党组书记。

李卫宁　男，汉族，1959年10月生，浙江温岭人。1977年7月参加工作，1978年10月加入中国共产党。中央党校研究生学历。

曾任温岭县城关镇建山大队知青、团支部书记、城关镇干部，温岭县委办公室副科长、副主任，温岭县工业委员会主任、党组书记，温岭县委办公室主任，台州地区计划经济委员会副主任、省计划经济委员会计划综合办副主任(挂职)，省计划经济委员会计划综合办副主任(资金处副处长)，省计划经济委员会计划综合办主任(资金处处长)，省计划经济委员会助理巡视员，省发展计划委员会副主任、党组成员，省发展和改革委员会副主任、党组成员，嘉兴市委副书记、代市长、市长，嘉兴市委书记，嘉兴市委书记、市人大常委会主任，省政府党组成员、秘书长、办公厅党组书记等职。2018年1月，在浙江省第十三届人大第一次会议上当选为浙江省人大常委会副主任，同月任浙江省人大常委会党组副书记。

李学忠　男，汉族，1960年11月生，北京人。1980年8月参加工作，1985年1月加入中国共产党。研究生学历，经济学硕士，研究员。

曾任内蒙古赤峰市巴林右旗幸福之路二中教师，浙江省经济信息中心信息处编辑、信息处调研组负责人、信息处副处长，省经济信息中心办公室副主任，省经济信息中心副总经济师、信息处处长，省计划经济委员会计划综合办副主任，省发展计划委员会副主任、党组成员，省政府副秘书长、省政府办公厅党组成员，省政府副秘书长、办公厅党组成员、研究室主任，省政府副秘书长、办公厅党组成员、省政府研究室主任、党组书记，省统计局局长、党组书记，省统计局局长、省发展和改革委员会党组书记，省发展和改革委员会主任、党组书记等职。2018年1月，在浙江省第十三届人大第一次会议上当选为浙江省人大常委会副主任。

赵光君　男，汉族，1963年6月生，吉林长春人。1983年8月参加工作，1985年7月加入中国共产党。在职研究生学历，经济学博士。

曾任吉林省九台市上河湾镇团委书记，吉林大学中文系教师、团委书记，吉林省委办公厅督查室科员、副主任科员、主任科员，吉林省委办公厅秘书、副处级秘书、正处级秘书，浙江省委办公厅正处级秘书，浙江省委办公厅副主任，浙江省委副秘书长，浙江省司法厅厅长、党委书记兼省监狱管理局第一政委、省委政法委委员，金华市委书记等职。2018年1月，在浙江省第十三届人大第一次会议上当选为浙江省人大常委会副主任。

史济锡　男，汉族，1961年12月生，上海人。1983年8月参加工作，1983年9月加入中国共产党。省委党校研究生学历，高级管理人员工商管理硕士，讲师。

曾任杭州师范学院团委干事、团委副书记，团省委学校部部长、省学联秘书长，团省委常委、学校部部长、省学联秘书长，团省委常委、学校部部长、省学联秘书长、党组成员、长兴县副县长(挂职)，团省委副书记、党组成员，台州市委常委、路桥区委书记，台州市委常委、组织部部长，绍兴市委副书记、纪委书记，绍兴市委副书记、纪委书记、政法委书记，绍兴市委副书记、政法委书记，绍兴市委副书记，省环保厅(环保局)副厅长(副局长)、党组副书记、巡视员，省供销合作社联合社党委书记、理事会主任，省农业厅厅长、党组书记，丽水市委书记等职。2018年1月，在浙江省第十三届人大第一次会议上当选为浙江省人大常委会副主任，6月兼任省总工会主席。

王双全　男，汉族，1963年7月生，四川大邑人。1983年7月参加工作，1983年6月加入中国共产党。大学学历，法律硕士。

曾任西藏自治区高级人民法院刑事审判庭书记员、正科级审判员、经济审判庭副庭长、办公室副主任，西藏自治区高级人民法院党组成员、办公室主任，西藏自治区高级人民法院副院长、党组成员，西藏自治区高级人民法院常务副院长、党组副书记(正厅级)，西藏自治区党委政法委常务副书记、自治区维稳办第一副主任，西藏自治区党委政法委秘书长、自治区维稳办第一副主任，西藏自治区党委政法委副书记、秘书长、自治区维稳办主任，西藏自治区公安厅常务副厅长、党委副书记，西藏自治区人民检察院党组副书记，西藏自治区人民检察院常务副检察长、党组副书记，西藏自治区政府副主席、自治区党委政法委副书记，中央政法委副秘书长、中央社会治安综合治理委员会委员，司法部副部长、政治部主任、党组成员、中央社会治安综合治理委员会委员等职。2018年1月浙江省十二届人大常委会第四十七次会议任命为浙江省政府副省长、省公安厅厅长。

王文序 女，汉族，1966年1月生，浙江杭州人。1990年2月参加工作，1985年11月加入中国共产党。研究生学历，工学博士，讲师。

曾任浙江大学材料系团委副书记、政治辅导员，浙江大学团委干部，浙江大学团委副书记，团省委常委、学校部部长、省学联秘书长，团省委常委、青农部部长、桐乡市副市长（挂职），省科技厅副厅长、党组成员，湖州市委常委、组织部部长，绍兴市委常委、纪委书记，绍兴市委副书记，绍兴市委副书记、政法委书记，省委组织部副部长、省委老干部局局长，省委组织部副部长、省委老干部局局长、省人力资源和社会保障厅党组书记，省委组织部副部长、省委老干部局局长、省人力资源和社会保障厅厅长、党组书记，省委组织部副部长、省人力资源和社会保障厅厅长、党组书记等职。2018年1月，在浙江省第十三届人大第一次会议上当选为浙江省政府副省长。

彭佳学 男，汉族，1965年5月生，安徽潜山人。1989年7月参加工作，1987年6月加入中国共产党。研究生学历，工学硕士。

曾任省农田水利总站助理工程师、工程师、常山县科技副县长（挂职），省水电建设投资总公司筹备组副组长，省水利厅规划计划处副处长、水利部计划司干部（挂职），省水利厅规划计划处处长，省水利厅副厅长、党组成员、省政府防汛防台抗旱指挥部副指挥、省政府防汛防台抗旱指挥部办公室主任，温州市委常委、常务副市长，省水利厅副厅长、党组副书记，省海洋与渔业局局长、党组书记，绍兴市委书记等职。2018年1月，在浙江省第十三届人大第一次会议上当选为浙江省政府副省长。

陈伟俊 男，汉族，1966年6月生，浙江宁海人。1986年8月参加工作，1985年6月加入中国共产党。中央党校研究生学历。

曾任宁海县长街区委秘书，宁海县委办公室秘书、秘书科科长（副科级），宁海团县委书记、党组书记，宁海县前童镇党委副书记、镇长，宁海县前童镇党委书记、人大主席，宁海县副县长，奉化市委常委、常务副市长，奉化市委副书记、代市长、市长，余姚市委副书记、代市长、市长，余姚市委书记、市长，余姚市委书记，宁波市鄞州区委书记，宁波市委常委、鄞州区委书记、宁波机场与物流园区党工委书记，湖州市委副书记、代市长、市长，湖州市委书记等职。2018年1月，在浙江省第十三届人大第一次会议上当选为浙江省政府副省长，5月兼任温州市委书记。

孙景淼 男，汉族，1958年3月生，浙江杭州人。1974年11月参加工作，1982年12月加入中国共产党。省委党校研究生学历。

曾任萧山县头蓬公社知青，杭州第二棉纺织厂南织车间工人、团总支副书记，杭州第二棉纺织厂北织分厂党总支副书记，杭州团市委常委、办公室主任、调研室主任，杭州团市委副书记、党组成员、市青联副主席、少工委主任，杭州市统计局副局长、党组成员，杭州市统计局局长、党组书记，淳安县委副书记、代县长、县长，杭州市副市长，杭州市委常委、常务副市长，省农业厅厅长、党组书记，省发展和改革委员会主任、党组书记，副省长、省政府党组成员、舟山市委书记、省发展和改革委员会主任、党组书记，副省长、省政府党组成员、舟山市委书记、浙江舟山群岛新区党工委书记、管委会主任，副省长、省政府党组成员、省海洋港口发展委员会（筹）主任、党委书记，副省长、省政府党组成员、省海洋港口发展委员会主任、党委书记，副省长、省政府党组成员等职。2018年1月，在浙江省政协十二届一次会议上当选为浙江省政协副主席，同月任浙江省政协党组副书记。

陈铁雄 男，汉族，1959年11月生，浙江青田人。1976年12月参加工作，1979年5月加入中国共产党。中央党校研究生学历。

曾任青田县土产公司办事员，青田县鹤城镇团委书记，青田团县委副书记、书记，青田县北山区委副书记、区长，青田县温溪镇党委副书记、镇长，景宁畲族自治县副县长，景宁畲族自治县委常委、常务副县长，景宁畲族自治县委书记，遂昌县委书记，丽水地委委员（市委常委）、西藏那曲地委副书记（援藏），省农业厅副厅长、党组成员，省林业局局长、党组书记，省林业厅厅长、党组书记，台州市委副书记、代市长、市长，台州市委书记，省国土资源厅厅长、党组书记等职。2018年1月，在浙江省政协十二届一次会议上当选为浙江省政协副主席。

马光明 男，汉族，1960年6月生，浙江绍兴人。1982年1月参加工作，1982年1月加入中国共产党。在职研究生学历，文学学士。

曾任省纪委研究室干部，省纪委办公厅秘书，省纪委干部处干事，省委办公厅秘书，省委办公厅副处级秘书，省纪委办公厅副主任（正处级），省纪委办公厅主任，省纪委副秘书长、办公厅主任，嘉兴市委常委、纪委书记，省纪委常委，省纪委常委、省监察厅副厅长，省纪委副书记，省纪委副书记、省监察厅厅长，省纪委副书记、省监察厅厅长、省预防腐败局局长，省纪委常务副书记，省纪委常务副书记、省监察委员会副主任，省监察委员会副主任，省委副秘书长（正厅长级）等职。2018年1月，在浙江省政协十二届一次会议上当选为浙江省政协副主席。

周国辉 男，汉族，1960年3月生，浙江宁波人。1977年12月参加工作，1983年11月加入中国共产党。大学学历，高级管理人员工商管理硕士。

曾任宁波浙东针织厂职工，省人大常委会办公厅秘书处、综合处干部，省人大常委会办公厅综合处副处长，省人大常委会办公厅综合处处长，省人大常委会办公厅副主任、永康市委副书记（挂职），省人大常委会研究室副主任，省人大常委会研究室主任，台州市委副书记（保留正厅长级），舟山市委副书记、代市长、市长，省科学技术厅厅长、党组书记，省科学技术厅厅长、党组书记、省知识产权局局长等职。2018年1月，在浙江省政协十二届一次会议上当选为浙江省政协副主席。

李占国 男，汉族，1962年2月生，山东临清人。1983年7月参加工作，1992年4月加入中国共产党。大学学历，法学学士，讲师。

曾任山东人民警察学校教师，山东公安专科学校教师，山东公安专科学校法律部刑法教研室副主任，山东省人民检察院干部，山东省人民检察院办公室综合科科长，山东省人民检察院办公室副主任兼检察长办公室主任，山东省人民检察院办公室主任，山东省临沂市人民检察院代检察长、检察长，山东省人民检察院副检察长，山东省济南市委常委、政法委书记，山东省委政法委常务副书记，浙江省高级人民法院代院长、党组书记等职。2018年1月，在浙江省第十三届人大第一次会议上当选为浙江省高级人民法院院长。

贾　宇 男，汉族，1963年2月生，青海贵德人。1986年7月参加工作，1985年10月加入中国共产党。研究生学历，法学博士，教授。

曾任西北政法学院法学系刑法学教研室教师，西北政法学院法学系副主任，西北政法学院法学系、法学一系主任，西北政法学院副院长、党委委员，西北政法学院院长、党委副书记，西北政法大学校长、党委副书记，陕西省人民检察院党组副书记（正厅级），陕西省人民检察院副检察长、党组副书记（正厅级），浙江省人民检察院副检察长、党组书记等职。2018年1月，在浙江省第十三届人大第一次会议上当选为浙江省人民检察院检察长。（省委组织部　提供）

浙江获评全国“改革先锋”人物

Recipients of the National Reform Pioneer Medal

马　云 男，汉族，中共党员，1964年9月生，浙江嵊州人，阿里巴巴（中国）有限公司董事局主席。他创立的阿里巴巴集团打造了全球最大电子商务平台，年交易额数万亿元，成为拉动内需巨大推动力；创建互联网支付、物流体系等，为中小企业打造商业基础设施；建立全球领先移动支付网络，通过大数据技术建立新型社会诚信体系；自主研发飞天操作系统，奠定中国云计算基础；首倡世界电子贸易平台（eWTP），并推动写入二十国集团领导人峰会公报，成为践行“一带一路”的重要民间力量。在他的带领下，阿里巴巴集团跻身全球企业市值前十，使中国在电商、互联网金融和云计算领域的国际竞争中居于领先水平，带动一大批企业家和创业青年改革创新、锐意进取。曾获评“浙江省优秀中国特色社会主义事业建设者”称号。2018年12月18日，在庆祝改革开放40周年大会上获评“数字经济的创新者”称号。

李书福 男，汉族，无党派人士，1963年6月生，浙江台州人，浙江吉利控股集团董事长，全国工商联副主席（兼职）。他怀揣着“做老百姓买得起的好车”的理想，1997年进入汽车行业，创办中国第一家民营汽车企业。带领吉利完成一系列国际化战略布局，不仅推动沃尔沃汽车取得品牌的复兴和持续发展，还成为沃尔沃集团第一大持股股东、戴姆勒公司第一大股东，积极推动中国汽车工业“走出去”。经过20多年蓬勃发展，吉利集团连续7年位列世界500强，在全球拥有逾10万名员工。曾获评“浙江省非公有制经济人士新时代优秀中国特色社会主义事业建设者”称号。2018年12月18日，在庆祝改革开放40周年大会上获评“民营汽车工业开放发展的优秀代表”称号。

步鑫生 男，汉族，中共党员，1934年1月生，2015年6月去世，浙江嘉兴人，浙江省原海盐衬衫总厂厂长、党支部副书记，海盐县原二轻总公司副经理。改革开放初期，他解放思想，大胆在海盐衬衫总厂进行企业改革，创品牌、闯路子，努力搞活经营；严格内部管理，打破“大锅饭”“铁饭碗”；创新企业文化，激发职工主人翁责任感。在改革推动下，海盐衬衫总厂面貌焕然一新，成为海盐县第一个产值超过1000万元的企业，在全国产生较大影响。他敢闯敢干、勇于实践，成为“大胆改革、努力创新”的典型，媒体称他“剪开企业改革帷幕”，其用过的裁布剪刀被收入国家博物馆。曾获评“浙江省先进生产（工作）者”称号。2018年12月18日，在庆祝改革开放40周年大会上获评“城市集体企业改革的先行者”称号。

南存辉 男，汉族，无党派人士，1963年7月生，浙江温州人，正泰集团股份有限公司董事长，全国工商联副主席（兼职），第十二届、十三届全国政协常委。1991年中美合资正泰电器有限公司成立以来，他坚守实业、改革创新，推行股权配送制度等股份制改造，使公司迅速发展壮大，成为产销世界70多个国家和地区的大型现代企业集团、中国低压电器行业最大产销企业和新能源领军企业，实现从传统制造向智能、绿色和服务型制造转型。2007年，正泰集团控告国外某知名电气公司专利侵权，对方败诉并赔付巨额资金，成为国内企业在涉外知识产权案件上获得赔付的经典案例。曾获评“优秀中国特色社会主义事业建设者”等称号。2018年12月18日，在庆祝改革开放40周年大会上获评“温州民营经济的优秀代表”称号。

鲁冠球 男，汉族，中共党员，1944年12月生，2017年10月去世，浙江杭州人，万向集团公司董事局原主席。他始终听党话、跟党走，把党的方针政策落实到企业经营发展之中。

改革开放初期，他以开拓者的胆识，主动与乡政府签订厂长个人风险承包合同，开创浙江企业承包改革的先河，并首创浮动工资制。在他的带领下，万向集团从一个小作坊发展为第一个进入美国市场的中国汽车零部件企业，并开创乡镇企业收购海外上市公司的先河，向世界展示了中国企业家勇于改革实践的智慧和担当。曾获评“全国劳动模范”，获得“全国五一劳动奖章”等。2018年12月18日，在庆祝改革开放40周年大会上获评“乡镇企业改革发展的先行者”称号。

谢高华 男，汉族，中共党员，1931年11月生，浙江衢州人，浙江省衢州市人大常委会原副主任，原义乌县委书记。改革开放初期，他坚持群众需求就是第一导向，打破条条框框，以敢于改革创新的勇气和担当，毅然拍板给路边摊市场开绿灯，果断提出“四个允许”（允许农民经商、允许从事长途贩运、允许开放城乡市场、允许多渠道竞争）的政策，首创“兴商建县”的区域经济发展战略，并带领全县干部勇敢坚持、积极作为、精心培育，从而催生了义乌这一全球最大的小商品市场，为全国小商品市场的改革发展树立榜样。2018年12月18日，在庆祝改革开放40周年大会上获评“义乌小商品市场的催生培育者”称号。

鲍新民 男，汉族，中共党员，1956年9月生，浙江安吉人，浙江省湖州市安吉县天荒坪镇余村村党支部原书记。他积极践行“绿水青山就是金山银山”发展理念，带领村民保护生态，关停矿山、水泥厂，坚持不懈对矿山复垦复绿，大力发展第三产业，促进农民致富。积极探索以保护生态资源促进绿色发展的村庄发展新模式，通过强化村庄规划、加快土地流转、发展农家休闲旅游，坚定不移走绿色兴村、绿色致富经济转型之路，带来巨大的社会经济效益。在他的带领下，余村先后获评“全国美丽宜居示范村”“全国生态文化村”等称号。2018年12月18日，在庆祝改革开放40周年大会上获评“‘绿水青山就是金山银山’理念的践行者”称号。

（资料来源 《浙江日报》）

全国五一劳动奖章获得者
Recipients of the May First Labor Medal

陈六明 男，汉族，1971年9月生，安徽蚌埠人。杭州老板电器股份有限公司灶具工程师。2018年获全国五一劳动奖章。

陈六明始终奋战在公司新品开发一线，10多年来开发产品9款，建立技术平台4个，占公司灶具产品线50%，为公司保持30%年增长率做出贡献。完成预研项目4个，获得专利9项，特别是626B项目和7B26技术平台建立工作业绩尤为突出，产品性能稳定可靠。在不影响产品工艺、质量、性能的前提下，他努力做到降本降耗，每笔研发费用都精打细算，有效降低研发费用，为公司节约成本累计5000多万元。多年来，他为公司培养20多名青年技术骨干，多人成为所在产品开发板块的核心工程师，充实各个技术研发部门。

佘运祥 男，汉族，1978年12月生，湖北黄石人。民进会员，杭州市电子信息职业学校教学副校长。2018年获全国五一劳动奖章。

佘运祥自2001年从教以来，一直工作在教育教学第一线。他长期担任班主任，多次获得校、市优秀班主任称号，所带班级曾获得杭州市先进班集体称号，指导学生在技能比赛中获奖20多人次。2013年，他指导学生为杭州市中职计算机专业摘得首枚全国职业院校技能大赛金牌。作为学校计算机专业负责人，他带领老师5年来取得国家级比赛10枚金牌，学生升学本科数近200人。作为浙江省中职名师、全国工业和信息化职业教育教学指导委员会计算机教学类专业指导委员会中职分会秘书长，他多次主持并开展教育部《全国中等职业学校信息技术类》专业课改，开发学校招生系统、浙江省教育厅中职学校考核系统等平台。他个人曾获杭州市中职计算机教师技能大比武一等奖，浙江省中职计算机教师技能大比武第4名。撰写的多篇学术论文在不同层面获奖，编写课改、国规等教材数本。培养全国技能竞赛金牌选手数十名，分别工作在深圳市腾讯计算机系统有限公司、网易公司、华为技术有限公司等信息行业第一线。2014年，他率先在杭州市开展现代学徒制，逐步形成“三元合一”的计算机网管员学徒培养的教育教学模式。

康素贤 女，汉族，1963年5月生，河北邢台人。中共党员，中策橡胶集团有限公司党委副书记、纪委书记、工会主席。2018年获全国五一劳动奖章。

康素贤把提升企业发展质效作为工会工作的重要方向，每年开展各种劳动竞赛、技术比武和职工经济技术创新活动，累计创建市级以上“工人先锋号”12个，职工开展的技术革新活动每年为企业创造效益超过1亿元。中策橡胶连续多年名列全国橡胶行业第一名，世界轮胎企业排名前十。她把维护职工权益作为工会工作的首要任务，与企业行政部门建立平等协商制度，每年协商确定职工增资比例和具体方案，并督促企业行政部门依照执行，近年来公司职工平均每年增资比例为7.8%。她关爱职工，为公司中1483名外来务工人员解决子女入学难题，每年包车60辆、购票近1万张，帮助职工平安返乡。每年工会会员代表无记名评议，对工会满意度100%。中策橡胶工会先后获得全国模范职工之家、全国职工教育培训示范点等荣誉。

高娅琴 女，汉族，1980年8月生，浙江杭州人。中共党员，贝达药业股份有限公司质控部高级QC（质量控制）专员。2018年获全国五一劳动奖章。

高娅琴2010年后参与项目转移分析，与同事陆续交接并转移氯法拉滨、盐酸埃克替尼乳膏、缬沙坦胶囊、X－396、CM082、BPI－9016M、BPI－15086个项目。在2016年新厂区纯化水系统验证中，她放弃双休日与国庆长假，连续工作2个多月，顺利完成验证工作。她积极参与公司“传帮带”活动，并将多年化验工作中积累的经验和独到的化验方法分享给同事。

陈　钢　男，汉族，1981年12月生，浙江宁波人。中共党员，宁波海天驱动有限公司运控部经理。2018年获全国五一劳动奖章。

陈钢以其专业技术特长和技能操作水平，为企业发展作出重要贡献。从事管理工作后更能为企业转型升级、节能提效方面发挥重要促进作用。2009年海天集团导入精益生产模式，他担任推行组副组长，在公司推行MES系统（制造执行系统）、人才育成、团队精神、6S管理（整理、整顿、清扫、清洁、素养、安全）、提案完善等方面成绩显著。2011年公司委派他参加北京国家会议中心举办的中国制造周“新格局、新趋势、新战略”会议，并代表海天集团做总结报告，向国内顶尖制造业同行分享“精益求精、永续经营”生产理念。2010年他受聘成为资深讲师，多次牵头参加公司人力资源部举办的高级钳工操作技能培训工作，在钳工应会、质量管理、仓储管理、设备管理等课程中担任内训师、辅导员职务。2013年他协助集团工会牵头组织开展第一届“海天杯”职工技能竞赛。他牵头成立“驱创”劳模工作室，发挥技术攻关带头人作用，带领团队为电机生产车间解决多项技术难题，在提高装配精度和产品质量、节能提效等方面取得重要成就。

梁伟峰　男，汉族，1963年6月生，浙江宁海人。得力集团有限公司车间主管。2018年获全国五一劳动奖章。

梁伟峰统筹技术革新工作，通过成立技术团队、主导技改项目、自主创新生产工艺，拓宽“机器换人”的广度与深度，助推得力集团迈入工业4.0时代，近年来为企业创造经济效益2000多万元，打造出亿万件具有“中国制造、浙江制造”品质的得力精品。他精通生产工艺与设备改造，为提升企业技术水平，主动开展技术革新、工艺优化、工夹具设计、自动化推广等工作，以精湛技艺打造“绿色得力”，实现企业优质产能的三级跳。他重视人才培养与技艺传承工作，积极开展“名师带徒”活动，率先成立“技能大师工作室”，结合企业生产实际，进行技术培训与交流，推广新型生产工艺与操作方法，并通过技能比赛与等级自主考评等方式，实现优秀人才的“选、育、用、留”，打造企业软实力，曾获全国模范职工小家等多项荣誉。

万亚勇　男，汉族，1970年1月生，江西鄱阳人。中共党员，宁波中大力德智能传动股份有限公司设备科长。2018年获全国五一劳动奖章。

万亚勇从业10多年，从一名普通的一线职工成为企业高技能人才，攻克许多技术难题，获得许多创新成果，累计创造经济效益500多万元。作为一名企业的维修电工和劳动模范，他独创“用眼看、用耳听、用鼻嗅、用手摸、用脑想”的维修高端进口设备技术，打破长期由外国人垄断技术的被动局面，为企业自动化高效率生产、建成数字化工厂做出不平凡的工作业绩。以他名字命名的劳模创新工作室每年攻克技术难题10多项，自主研发高效率配套设备20多种，获得技术创新成果、先进操作法和发明专利10多项，工作室还被授予宁波市万亚勇劳模创新工作室和浙江省高技能人才创新工作室称号。作为一名“浙江工匠”，他践行自己提炼的敬业、勤业、精业、乐业的“工匠精神”，从普通员工成为高级技师，从维修电工成为“创新博士”。作为一名自学成才的“甬城英才”奖获得者，他带出的10多名学徒都成为设备科骨干，有的成为宁波市首席工人和技术能手。

刘兆平　男，汉族，1976年4月生，江西兴国人。中共党员，中国科学院宁波材料技术与工程研究所动力锂电池工程实验室主任、研究员。2018年获全国五一劳动奖章。

刘兆平自2008年回国后，致力于动力锂电池和石墨烯研究，组建一支100多人的大型科研团队，建成动力锂电池浙江省工程实验室和浙江省石墨烯应用研究重点实验室等省级科研平台，承担中国科学院及国家、省市各类科研项目30多项，取得一系列有影响的创新成果，在应用基础研究、科技成果转移转化与新型科技创新载体建设等方面成绩显著。在SCI收录期刊上发表论文150多篇，申请发明专利200多项，获授权专利100多项，主持或参与编写国内外学术专著5部，主持撰写技术专利分析报告5部。他带领团队先后实现石墨烯微片、石墨烯薄膜和新一代动力锂电池正负极材料等3项技术成果转移转化、近100项专利转让和许可，培育孵化3家高技术企业，技术交易额超过2亿元。他负责筹建浙江省石墨烯制造业创新中心，首期吸纳近1亿元社会资本参与创新中心建设，吸引国内外石墨烯技术创新团队入驻10多个，突破多项石墨烯共性关键技术和产业前沿技术，孵化石墨烯领域初创企业3家，为创建国家制造业创新中心奠定基础。

陈宏强　男，汉族，1970年10月生，浙江平阳人。中共党员，浙江温州鹿城农村商业银行股份有限公司董事长。2018年获全国五一劳动奖章。

陈宏强自担任鹿城农商银行董事长以来，面对经济金融新常态的挑战，通过5年努力，实现转型突围，走出城区小法人银行转型发展的有效路径。至2017年末，该行各项存款295.6亿元，各项贷款228.16亿元，5年年均增幅分别为10.4%和12.1%。发展质量效益良好，至年末五级不良率1.4%。5年持续盈利，2017年实现净利润4.05亿元，比上年增长21.6%，获得全国农商银行“标杆银行”称号。他在5年中批量发起设立村镇银行32家，已获批在筹建的11家，共43家。该行于2012至2017年累计上交地方税收11亿元，并积极推行普惠金融工程，年让利客户2.5亿元。他成立“富民公益基金会”，投入1200多万元，支持鹿城助残扶贫、好人评选等多个慈善项目。

郑伟明 男，汉族，1960年7月生，浙江缙云人。中共党员，温州医科大学附属第一医院脑科中心副主任、神经外科主任、神经外科党支部书记。2018年获全国五一劳动奖章。

郑伟明30年来热心守护患者生命，曾连续36小时奋战在病房和手术台上。在突发公共事件时从外地会场连夜驾车赶回医院，曾连续工作15小时通宵抢救患者。其先进事迹入选浙江省委之江先锋优秀党员评选。他带领全科开展各类高新技术，医院神经外科年手术量超过3000台，全国科技影响力100强排名第37位，居全省第二位。他亲自主刀高难度手术，一次又一次把病人从死亡线上救回来。参加国家973联合攻关和“十五”国家科技攻关计划科研课题。先后获省科技进步二、三等奖3项、省医药卫生创新二等奖2项。在国内外学术期刊发表论文90多篇，其中以第一作者发表30多篇，参编著作2部。他自觉遵守教师职业道德规范，以良好的政治素质和思想品德引领学生健康成长，教学工作亲力亲为，作为硕士生导师培养出10多名硕士研究生。他热心公益，积极参加医院义诊，为贫困地区送医送药，为山区海岛百姓提供医疗服务，并将自己所获温州市最美职工3000元奖金和温州市师德楷模奖金1万元分别捐给困难职工和临床学院的学生。

黄寿开 男，汉族，1975年3月生，浙江瑞安人。中共党员，浙江信诺鞋业有限公司电商部部长。2018年获全国五一劳动奖章。

黄寿开自1999年进入浙江信诺鞋业有限公司，历任车间员工、组长、主任、生产经理，现任信诺公司电商部部长。2012年，他顺应“互联网+”新形势，主动要求转岗到需要谋划创新机制、扩展经营思路的电商部工作。他精准品牌新定位，对淘宝、天猫、京东等线上平台的鞋类市场进行深入调查研究，预测到在中老年群体里信诺妈妈鞋有巨大的网络销售前景。他专注发展新零售，尝试连接线上线下、建立全新核心能力的电商中心，超越纯线上或纯线下营销，有效破解企业“以销定产”的模式，挖掘消费潜力，2017年电商营业额4500多万元，占企业销售总额52%。他专注于传承新匠心，秉承“三代传承一双好鞋”信念推广信诺的匠心精神和企业文化，积极参加央视《匠心》栏目录制，并策划拍摄企业纪录片《匠心信诺》。

姜文兵 男，汉族，1974年9月生，浙江玉环人，中共党员，温州市人民医院心内科主任医师、心内科副主任、副院长。2018年获全国五一劳动奖章。

姜文兵以医学学术研究为支撑，专业领域崭露头角。主持完成省市级课题8项。在SCI收录期刊上发表高质量论文20多篇。主持瓯越心血管论坛暨国家级继续医学教育项目，被省卫生厅评为浙江省医坛新秀。他凭借出色的医学临床诊治，救死扶伤成效明显，坚持将高标准的应急诊治和常态化的细致服务相融合。他全年无休，利用休息时间主刀介入诊治病例数超过1000例，指导抢救危急重病人100多人次。他积极参与援疆工作，获省援疆先进个人、感动拜城十大人物、省优秀援疆人才等。2017年1月，他完成援疆任务后，放弃休假立即投入工作。他推进上海名医馆建设、“611”工程建设，助推医院走上健康发展的快车道。

张少民 男，汉族，1971年4月生，安徽歙县人。中共党员，海宁纺织机械有限公司技术中心主任。2018年获全国五一劳动奖章。

他长期从事产品研发工作，特别是担任技术中心主任后，带领企业科研人员开发出一系列具有广泛适用性、引领纺织产品向高附加值、绿色环保的纺织后整理设备，达到国内领先水平。他在海宁纺织机械有限公司为后整理面料产业的转型升级和高速发展做出积极贡献。他承担国家火炬计划，国家中小型企业创新基金项目，产品进入国家替代进口目录，海宁纺织机械有限公司技术中心被评为嘉兴市优秀技术中心、嘉兴市技术创新团队。

吴松明 男，汉族，1975年9月生，浙江嘉兴人。中共党员，嘉兴市公安局交通警察支队直属三大队大队长。2018年获全国五一劳动奖章。

吴松明从事公安交通管理工作22年来，从一名普通交警逐步成长为中队长、副大队长、教导员、大队长。他每天工作10多个小时，认真做好交通管理工作。完成重大活动交通安保任务。他针对“行车难、停车难”问题，进行反复试验，在全省首创“微循环”交通组织措施，挖掘背街小巷的交通潜能。他坚持党建带队建，由他任书记的交警三支部被嘉兴市委组织部评为“五型标尖”基层党组织，下属嘉北交警中队被浙江省公安厅评为“全省公安基层基础工作成绩突出集体”。他推动成立以青年民警为主的事故（重案）先锋队，事故中队被嘉兴市公安局授予集体三等功，并被共青团省委、省公安厅评为2016—2017年度“青年文明号”。

周明明 男，汉族，1968年1月生，浙江长兴人。民盟盟员，超威集团董事长、超威动力控股有限公司董事局主席。2018年获全国五一劳动奖章。

周明明经过20年的不懈努力，把一个家庭作坊式企业打造成国家重点高新技术企业、全国知识产权示范企业。超威集团在2017年中国企业500强排名第162位、制造业500强排名第67位，民营企业500强排名第30位。该企业连续3年获得湖州市纳税大户前三名，连续3年获湖州市金象企业。在他的带领下，企业引进院士、海归博士等高级人才300多名，成功研发电动汽车专用新型动力锂离子电池、石墨烯电池。他主持的年产2000MWh电动汽车用锂离子电池自动化生产示范项目，入选“2015浙江省两化深度融合专项计划”。他推动浙江普朗特电动汽车公司和启停电池相继开工，推动与美国通用电气公司进行深度合作，加快企业转型升级步伐。他坚持绿色发展理念，为提升铅酸蓄电池清洁生产水平，先后投入6亿元，国内第一家自主研发无镉内化成工艺，实现节能28.5%、节水90%、废水“零排放”，填补国内空白，并向同行无偿开放，为全行业的绿色发展做出贡献。该集团获得行业唯一的中国专利金奖、中华宝钢环境奖、中国工业大奖表彰奖。他注重企业文化建设，提出“资源共享、互惠互利、共同发展、长期共存”的经营思想，倡导践行独具特色的“和合”文化。他支持工会开展丰富多彩的活动，超威集团先后被命名为浙江省和谐劳动关系示范企业、全国企业文化示范基地、全国文明单位等。在带领企业自身发展的同时，他先后投入5000多万元用于“慈善捐助”“光彩助学”等慈善公益事业和社会捐赠，集团先后设立慈善冠名基金，成立电池行业首个联营商关爱基金。

陈云明　男，汉族，1972年1月生，浙江湖州人。中共党员，金洲集团有限公司机械车间主任。2018年获全国五一劳动奖章。

陈云明多年来坚持奋战在生产研发第一线，从一名普通的机修工成长为工匠型的技能人才。2017年，以他为核心的团队被授予浙江省职工高技能人才创新工作室。他多次牵头和参与技术改造，有效提升企业生产效率，降低企业生产成本，提高产品科技含量，增强金洲管道市场竞争力。他先后获得国家实用新型专利8项，发明专利3项。参与的“预涂环氧防腐底漆热浸镀锌管”获得省科学技术成果奖，“衬塑复合钢管绿色制造关键技术和产业化开发研究”项目获得湖州市科学进步奖一等奖。

周贤人　男，汉族，1965年5月生，浙江绍兴人。中共党员，绍兴市公安局刑事侦查支队大队长。2018年获全国五一劳动奖章。

周贤人系“浙江第一悬案”主勘主侦队员，具有法庭科学痕迹检验高级工程师、文件检验高级工程师资质。自1986年参加公安工作以来，他坚守在刑侦岗位，刻苦钻研，先后入选首批全国公安刑事科学技术青年人才，并被聘为全国公安爆炸投放危险物质放火案件侦查专家、首批全国公安机关刑事技术特长专家，浙江省公安机关刑事犯罪侦查特聘专家、浙江省公安机关火灾事故调查专家、绍兴市反恐怖工作专家等。他在全省、全市刑事技术和刑事侦查上多有建树，履破大案，直接侦办刑事案件2700多起，并在100多起全省重大影响的案件侦破工作中发挥重要作用。他常年深入一线，面对恶劣的现场环境，多次带病坚持工作，工作30年来仅休过3天年休假。他在公安前沿理论研究和刑事犯罪侦查实践中做出重要贡献，先后在专业刊物上发表论文20多篇。他还开设“周贤人工作室”，长期坚持专业人员培养，先后独立辅导刑事技术、重案侦查参加全省岗位比武取得第一名、第二名的优秀成绩。

严伟灿　男，汉族，1969年2月生，浙江上虞人。中共党员，卧龙电气集团股份有限公司工业驱动事业部副经理。2018年获全国五一劳动奖章。

严伟灿系国际电工委员会工作组成员，全国信息产业用微特电机及组件、全国小功率电机、全国旋转电机、全国微电机等标准化技术委员会副主任委员或委员。自1990年大学毕业入职卧龙公司以来，他历任技术员、总工程师等多个岗位，坚守技术创新工作，组建国家级企业技术中心、省级企业研究院和省级院士专家工作站等技术创新平台。他主持和实施一系列重大科研项目和新产品开发项目，获得包括中国机械工业科技技术奖一等奖的省部级科学技术奖励5项，拥有专利49项，其中发明专利19项，参与制订、修订国际国家标准12项。以企业技术创新平台建设和科技项目实施为依托，先后完成IE2、IE3、IE4效率的系列化产品开发和产业化，完成电动汽车用驱动电机及其控制系统关键技术研发和产业化。他实施国家工业转型升级专项、智能制造新模式应用等重大项目，并培育一支涵盖先进电机、驱动控制和先进制造的科研团队。

俞升强　男，汉族，1971年8月生，浙江新昌人。中共党员，新昌县技工学校实训处主任。2018年获全国五一劳动奖章。

俞升强从事机械加工领域一体化教学、技术研发和技术支持工作，在应用性技术人才培养和校企合作领域有重大贡献。作为浙江省技能大师，他积极培养学生的专业技能，指导学生获国家级技能大赛奖励8人次、省级技能大赛奖励19人次；指导职工获国家级技能大赛奖励3人次、省级技能大赛奖励15人次。他同时注重培养学生工匠精神和综合素养，28年来培养近1000名技能人才，其中100多名成为企业负责人、技术骨干和部门经理。他以校办企业新昌县旗山科技服务有限公司为依托，坚持技术创新和校企合作，为当地企业设计加工工装夹具近100套，参与新产品研发10种，积极开展与企业结对服务活动，累计服务企业18家、技术革新3项，培养高技能人才2000多名。

马爱芳　女，汉族，1972年3月生，浙江东阳人。中共党员，金华开发区三江街道社区卫生服务中心主任。2018年获全国五一劳动奖章。

马爱芳在基层医疗单位领导岗位上，坚持医院管理和人才培养并重，引进“9S”管理体系和“3H”服务理念，规范医疗人员的操作常规、服务程序和服务行为，将服务中心打造成具有家庭氛围的医疗机构，2017年该中心业务总收入403.5万元，被金华市卫计委确定为金华城区社区卫生服务中心的发展样本，创建浙江省百强社区卫生服务中心和全国优质服务示范社区卫生服务中心，创立“政府得民心、居民得实惠、机构得发展”的社区卫生服务新模式。

姚荣金　男，汉族，1970年1月生，浙江浦江人。中共党员，浙江省浦江县教育研究与教师培训中心副主任。2018年获全国五一劳动奖章。

姚荣金以金华市课堂教学第一名的成绩获得"金华市小学数学教坛新秀"荣誉称号。他2次获得金华市赛课一等奖，1次浙江省一等奖，省市级授课、讲座41次，他执教的《图解鸡兔同笼、植树问题》在金华电视台《名师课堂》中播出。他积极参与深化课程改革，公开发表论文14篇，出版发行专著3本，课题研究成果获市级以上奖励9项。他执笔的课题《构建师生协同成长模式》获得省二等奖、市一等奖。他的《小学童话育人实践研究》获金华市一等奖。他创造性地把童话育人与课程建设结合起来，组织全国童话百家发起《童话育人浦江宣言》，举办全国首届童话教学研讨会。

金红艳　女，汉族，1979年7月生，浙江海宁人，海宁佳联沙发有限公司缝纫车间组长。2018年获全国五一劳动奖章。

金红艳1995年参加工作，在岗位上奉献20多年。她担任一线生产组长，成为工作骨干，并获得劳动模范、公司"先进职工"等荣誉。作为组长，金红艳每天10多个小时工作在车间。她总是向职工传授自己的工作经验，成为100多名生产骨干员工的师傅。在2008年金融危机时，她率领企业进行产品转型，组建沙发套生产线，产品主要出口美国，多年来金红艳和她所带领的班组从未因质量问题受到外商投诉和索赔。她在首件样和批量生产过程中及时与上道工序、技术部和品管部等人员沟通反馈信息，根据不同订单要求把质量逐项控制实施到位。她总能超额完成生产任务，创造零投诉、零赔偿、生产产值超过公司四分之一的业绩。2015年3月，某同事的丈夫一度病危，为了帮助他们一家渡过难关，她捐出自己的奖金和部分工资，并发动职工积极捐款。

徐建雄　男，汉族，1965年1月生，浙江衢州人。红五环集团股份有限公司创新工作室主任。2018年获全国五一劳动奖章。

徐建雄长期从事技术创新和产品工艺改进工作，先后在移动式螺杆空压机、履带式潜孔钻车、凿岩机等设备的转型升级及技术改进等方面做出显著贡献，使这些产品的使用性能、安全保障、经济效益在全行业中脱颖而出。他为企业解决技术研发难题100多项，节约成本近1000万元。在推广应用新技术、新设备、新工艺、新材料"四新"活动中做出贡献。他在技艺上做好传帮带工作，先后为企业培养出多名技术工人。

刘海平　男，汉族，1967年6月生，浙江岱山人。舟山岱美汽车零部件有限公司电工主管。2018年获全国五一劳动奖章。

刘海平自2001年11月进入舟山岱美汽车零部件有限公司以来，一直从事电工维修与安装一线工作。10多年来，他都能保质保量地完成公司下达的工作任务。他不断将新技术、新知识应用于工业领域里，先后对公司EPP车间循环水泵冷却系统进行大改造，每年节约资金超过15万元。他完成冲压车间自动级进模具、国产线切割钼丝筒安全保护措施改造工程，并承接对岱津汽车零配件厂成型设备的自动化改造任务。他积极开展名师带徒活动，把自己的技能知识传授给大家，先后培养12名学徒，其中取得电工技师证书3人。曾获舟山群岛新区劳动模范、岱山县劳动模范、第三届舟山市技术能手等荣誉。

杨坚胜　男，汉族，1973年5月生，浙江三门人。三门县三门初级中学教师。2018年获全国五一劳动奖章。

杨坚胜在沙柳中学任教20多年。他教学成绩优异，他上的语文课是学生们的最爱。同时他还主动与英语老师合作开展课题研究，摸索语文和英语学科的一些共通之处，帮助孩子们找到学习英语的捷径，树立起学好英语的信心。尽管收入微薄，但他总是坚持拿出一部分工资来帮助贫困生，帮助辍学学生重返校园。2001年，因教学成绩优异，他到三门初级中学任教。2003年他被确诊为肠癌晚期，此后5年间动了2次大手术，历经10多次化疗，但他并没有放弃教育事业，在与病魔斗争的5年间仅仅缺课半年。

周正平　男，汉族，1967年9月生，浙江温岭人。台州法雷奥温岭汽车零部件有限公司行政总监、工会主席。2018年获全国五一劳动奖章。

周正平多年来围绕管理、服务、培训人事等工作重点，在公司内严格推行"5S"精细化管理，营造良好的工作环境和办公秩序。他积极帮助解决职工思想上、工作上的难题，公司员工流失率由几年前的50%下降至20%。在法雷奥公司计划搬离温岭时，通过与市政府和集团的双方面沟通，为温岭成功留住法雷奥公司做出贡献。他突出工会"维护、和谐、创新、发展"的四大主题并以此开展工作，建立健全医疗互助制度、厂务公开制度、救助帮扶工作制度、工资集体协商制度、企业职工双关爱制度。在每年定期召开的职代会上，他代表职工就劳动保障、工资福利等方面向企业主提出意见建议和合理诉求，维护职工的合法权益，把工会建设成为"团结、文明、温馨、和谐"的职工之家。他热衷于慈善工作，带头组织员工为公司胃癌患者捐款，帮助外来员工子女解决读书等实际问题，组织工会会员慰问矽肺病患者和敬老院老人。

武建伟　男，汉族，1975年6月生，山东潍坊人。民建会员，浙江大学台州研究院机电研究所所长。2018年获全国五一劳动奖章。

武建伟主要从事智能装备、企业信息化、优化设计等方面研究。他在SCI、EI(《工程索引》)收录期刊上发表论文10多篇；作为主要人员获浙江省科技进步一等奖1项、教育部科技进步一等奖1项、台州市科技进步二等奖1项。他主持国家高技术研究发展计划1项，浙江省公益性基金项目1项，申请专利100多项，授权发明专利近50项。自2007年研究所成立以来，他一直工作在科技服务第一线，每周往返于杭州、台州，将研究所建设成一个拥有博士、硕士数十人，年科研经费超过1000万元的科技服务团队。他为企业提供智能装备、3D打印、企业信息化等方面服务数百家次,每年授权发明专利10多项。

洪健萍 男,汉族,1961年12月生,浙江青田人。中共党员,丽水吉华实业有限公司办公室主任、丽水经济开发区党工共建指导员。2018年获全国五一劳动奖章。

洪建萍长期从事企业党建、工会及后勤保障服务,在综治节能、党务工会、安全消防等工作上取得卓越的成绩。2008年的全球金融危机给公司生产经营造成负面影响,对此他引导公司走节约、环保型道路,投入200多万元资金用于构建节约、环保企业,该举措在9年里创造经济效益2000多万元。2015年起,他义务担任开发区张村片区的党工指导员,负责26个民营企业党支部和工会的指导工作,其中示范点2个。他累计走访片区企业104家,组织企业支部书记和党员学习教育274人次;组织工会主席活动4次;组织片区党员职工参加创国家卫生城市和国家文明城市志愿服务活动150多人次。他义务担任经济开发区7家企业的管理顾问,制定、完善企业管理制度2000多条,无偿提供给这7家企业,使这7家企业项目完成落地投产。他积极在企业主和员工之间开展沟通工作,在他的努力下,近年来公司劳动合同签订率维持在100%。

俞志红 女,汉族,1961年10月生,浙江台州人。中共党员,浙江医院院长助理。2018年获全国五一劳动奖章。

俞志红1978年12月参加工作,于2000年开始从事保健工作。她多年来放弃节假日、休息日,由于长时间的连续不间歇工作,导致因身体缺水出现全血尿至急性膀胱炎。有一次她正患感冒,在经历长时间出差后又遇重要保健事务,她坚持带病工作直至任务完成,最后因为大面积肺炎出现缺氧症状住院治疗。近年来,她申报厅级课题10项,在核心期刊上发表论文11篇;承担各类会议出差及到杭州的外国元首、中央领导及大型会议等保健任务373次,派出医务人员738次,累计时间2452个工作日。在G20峰会召开期间完成中央领导的医疗保障任务,被授予浙江省G20工作先进个人。在她的带领下,干部保健科于2014年获得“全国工人先锋号”称号。

潘永坚 男,汉族,1963年12月生,浙江新昌人。中共党员,浙江省水文地质工程地质大队副总工程师。2018年获全国五一劳动奖章。

潘永坚系浙江省工程勘察行业知名专家,工程勘察领域的领军人才,30年奋战在重大工程建设勘察一线,担任过20多项省市重大项目工程勘察负责人,是省政府授予的代表省内行业最高水平的3位勘察大师之一,是中国能源化学地质工会推出学习的“大国工匠”。他在舟山大陆连岛工程勘察过程中优化工程布局,节省国家投资2.5亿元,其研究成果填补国内跨海大型桥梁工程勘察领域空白,并应用于国内多项重大跨海桥梁工程,取得明显的社会效益和经济效益。他是宁波轨道交通首个勘察项目负责人,宁波轨道交通工程勘察被全国各地专家公认为国内轨道交通勘察中测试指标最丰富、资料最翔实、水平较高的勘察成果。他积极推进技术创新、课题科研、专利发明,获省科技进步二等奖2项,华夏建设科学技术三等奖1项,市级科学技术一等奖1项,全国优秀工程勘察设计行业一等奖2项,省部级优秀工程勘察奖19项,出版专著2部,主编、参编地方标准4部,获专利5项。

(省总工会 姜晓蓉)

第18届雅加达亚运会金牌获得者

Gold Medal Winners of the 18th Asian Games

孙 杨 男,1991年12月生,汉族,浙江杭州人。2003年进入浙江省游泳队。在第18届雅加达亚运会上获得男子200米自由泳、男子400米自由泳、男子800米自由泳、男子1500米自由泳4块金牌。曾获得2010年第16届广州亚运会男子4×200米自由泳接力、男子1500米自由泳冠军;获得2012年第30届伦敦奥运会男子400米自由泳冠军、男子1500米自由泳冠军、男子200米自由泳亚军、男子4×200米自由泳接力季军;获得2013年巴塞罗那世界游泳锦标赛男子400米自由泳冠军、男子800米自由泳冠军、男子1500米自由泳冠军、男子4×200米自由泳接力季军;获得2014年第17届仁川亚运会男子400米自由泳冠军、男子1500米自由泳冠军、男子4×100米自由泳接力冠军;获得2015年喀山世界游泳锦标赛男子400米自由泳冠军、男子800米自由泳冠军、男子200米自由泳亚军;获得2016年第31届里约奥运会男子200米自由泳冠军、男子400米自由泳亚军;获得2017年布达佩斯世界游泳锦标赛男子200米自由泳冠军、男子400米自由泳冠军。

徐嘉余 男,1995年8月生,汉族,浙江温州人。2008年进入浙江省游泳队。在第18届雅加达亚运会上获得男子50米仰泳、男子100米仰泳、男子200米仰泳、男女4×100米混合泳接力、男子4×100米混合泳接力5块金牌。曾获得2014年第17届仁川亚运会男子4×100米混合泳接力冠军;获得2016年第31届里约奥运会男子100米仰泳亚军;获得2017年布达佩斯世界游泳锦标赛男子100米仰泳冠军、男女4×100米混合泳接力季军。

柳雅欣 女,1999年6月生,汉族,浙江丽水人。由温州市培养输送,2012年进入浙江省游泳队。在第18届雅加达亚运会上获得女子200米仰泳金牌。

汪 顺 男,1994年2月生,汉族,浙江宁波人。2007年进入浙江省游泳队。在第18届雅加达亚运会上获得男子200米个人混合泳金牌。曾获得2013年巴塞罗那世界游泳锦标赛男子4×200米自由泳接力季军；获得2015年喀山世界游泳锦标赛男子200米混合泳季军；获得2016年第31届里约奥运会男子200米个人混合泳季军；获得2017年布达佩斯世界游泳锦标赛男子200米个人混合泳季军。

朱梦惠 女，1999年3月生，汉族，浙江台州人。由杭州市培养输送，2012年进入浙江省游泳队，在第18届雅加达亚运会上获得男女4×100米混合泳接力金牌。曾获得2017年布达佩斯世界游泳锦标赛男女混合4×100米混合泳接力季军。

李朱濠 男，1999年1月生，汉族，浙江温州人。2012年进入浙江省游泳队，在第18届雅加达亚运会上获得男子4×100米混合泳接力金牌。曾获得2014年第17届仁川亚运会男子4×100米混合泳接力冠军；获得2017年布达佩斯世界游泳锦标赛男女4×100米混合泳接力季军。

李　玲 女，1989年7月生，汉族，河南濮阳人。由宁波市培养输送，2004年进入浙江省田径队，在第18届雅加达亚运会上获得女子撑杆跳高金牌。曾获得2014年韩国仁川亚运会女子撑杆跳冠军。

郑思维 男，1997年2月生，汉族，浙江温州人。2006年进入浙江省羽毛球队，在第18届雅加达亚运会上获得羽毛球男子团体、混合双打金牌。曾获得2017年世界羽毛球锦标赛混合双打亚军；获得2018年世界羽毛球锦标赛混合双打冠军。

黄雅琼 女，1994年2月生，汉族，浙江衢州人。由杭州市培养输送，2006年进入浙江省羽毛球队，在第18届雅加达亚运会上获得羽毛球混合双打金牌。曾获得2018年世界羽毛球锦标赛混双冠军。

王懿律 男，1994年11月生，汉族，浙江嘉兴人。2006年进入浙江省羽毛球队，在第18届雅加达亚运会上获得羽毛球男子团体金牌。

罗　欢 女，2000年3月生，汉族，湖北仙桃人。由温州市培养输送，2008年进入浙江省体操队，在第18届雅加达亚运会上获得体操女子团体金牌。曾获得2018年世界体操锦标赛女子团体季军。

王　凡 女，1994年1月生，汉族，河北新乐人。由嘉兴市培养输送，2004年进入浙江省排球队，在第18届雅加达亚运会上获得女子沙滩排球金牌。

戚昕舣 女，1995年6月生，汉族，浙江杭州人。2009年进入浙江省武术队，在第18届雅加达亚运会上获得武术女子长拳金牌。

潘旦旦 女，1996年1月生，汉族，浙江绍兴人。2010年进入浙江省赛艇队，在第18届雅加达亚运会上获得赛艇女子轻量级单人双桨2000米金牌。曾获得2014年第17届仁川亚运会赛艇女子轻量级四人双桨冠军；获得2017年赛艇世界杯波兰站女子轻量级双人双桨2000米冠军；获得2018年世界赛艇锦标赛女子轻量级四人双桨2000米冠军。

邢　松 男，1994年8月生，汉族，浙江宁波人。2010年进入浙江省皮划艇队，在第18届雅加达亚运会上获得皮划艇静水男子双人划艇200米金牌。

陈　昊 男，1999年9月生，汉族，浙江宁波人。2014年进入浙江省帆船帆板队，在第18届雅加达亚运会上获得男子帆板RS:ONE级金牌。曾获得2017年世界青年帆板锦标赛RS:X级季军；获得2018年世界青年帆板锦标赛RS:X级亚军；获得2018年第17届亚洲帆船锦标赛男子帆板RS:ONE级冠军。

李建鑫 男，1992年11月生，汉族，山西晋中人。由湖州市培养输送，2010年进入浙江省自行车队，在第18届雅加达亚运会上获得场地自行车男子团体竞速赛金牌。

伍少红 女，1967年4月生，汉族，广东广州人。2009年进入浙江省桥牌队，在第18届雅加达亚运会上获得桥牌女子双人金牌。曾获得2014年世界桥牌锦标赛女子团体亚军。

冉静蓉 女，1964年3月生，汉族，重庆大渡口人。2018年进入浙江省桥牌队，在第18届雅加达亚运会上获得桥牌女子双人金牌。曾获得2014年世界桥牌锦标赛女子团体亚军；获得2015年第50届亚太女子桥牌团体冠军；获得2016年亚洲杯桥牌女子团体亚军。

孙铭徽 男，1996年4月生，汉族，吉林省吉林市人。由浙江广厦猛狮俱乐部培养输送，2009年进入浙江广厦篮球俱乐部三队，在第18届雅加达亚运会上与队友合作获得男子篮球冠军。 （省体育局　张　锐）

抗灾英雄·全国公安系统二级英模·烈士

Disaster Relief Heroes·Second Level Paragons of National Public Security System·Martyrs

全国十大杰出消防卫士

方　瑜 男，汉族，1981年11月生，浙江淳安人。任浙江省消防救援总队舟山支队特勤中队中队长助理。2018年，方瑜被应急管理部评为第四届全国“十大杰出消防卫士”。是年，方瑜始终奋战在灭火救援的最前线，带领指战员成功处置“5·15”弘生集团纺织厂火灾、“8·8”工人被困污水井事故、“9·1”骏华水产氨气泄漏、“12·20”油罐车侧翻起火等灾害事故，特别是在抗击台风"玛莉亚""云雀"等灾害中，他竭尽所能守护人民的生命财产安全。他参加灭火救援2500多次，抢救被困人员上百人，保护财产价值超过1000万元，曾立二等功2次、三等功4次，获评浙江省"青年岗位能手"和浙江省优秀人民警察、"全国优秀人民警察"。

（省消防救援总队　朱鹏浩）

全国公安系统二级英模

胡建江　男，汉族，1983年12月出生，浙江余姚人。大学学历，中共党员，2006年7月参加公安工作，余姚市公安局环境犯罪侦查大队副大队长。2018年3月，被公安部授予"全国公安系统二级英雄模范"称号。2017年4月22日，胡建江面对残暴凶狠的犯罪分子，挺身而出，被犯罪分子用匕首刺穿左上臂肱动脉，后经抢救挽回生命，是全省公安机关开展"迎接十九大·忠诚保平安"主题教育实践中涌现出的先进典型。先后获宁波市优秀共产党员、"浙江青年五四奖章"等荣誉。2017年9月，被省人力资源和社会保障厅、省公安厅评为全省模范人民警察。同年12月，被省委组织部、省委宣传部、省人力资源和社会保障厅、省公务员局评为全省"最美公务员"。

王厚鑫　男，汉族，1963年6月出生，江西泰和人。大学学历，中共党员，1981年11月参加中国人民解放军，2002年10月参加公安工作，金华市公安局特警支队三大队民警。2018年11月，被公安部授予"全国公安系统二级英雄模范"称号。王厚鑫38年如一日，坚持奋战在排爆一线。转业至公安机关工作的16年，共经历爆炸物现场59个，排爆1000余枚。曾立二等功1次、三等功3次，并被评为全国模范军队转业干部。

（省公安厅　徐　锋）

烈　士

蓝瑞友　（1913.5—1937.9.26）男，畲族，1913年5月生，浙江云和人。2018年9月27日，蓝瑞友被浙江省人民政府追认为烈士。1937年1月，蓝瑞友参军入伍，曾任国民革命军第六十七师三九八团九连二等兵，于1937年9月26日在上海嘉定小塘子抗日作战时阵亡，晋上等兵，时年24岁。

罗友来　（1957.2.5—2017.8.19）男，汉族，1957年2月5日生，浙江仙居人。2018年9月27日，罗友来被浙江省人民政府评定为烈士。2017年8月19日，一对夫妇带8岁的儿子自驾到仙居县淡水乡义岸村附近溪滩玩水，孩子突然被溪水冲向深水区，情况危急，夫妇二人大声呼救。罗友来正在路边采树上草药，听到呼救后，他立即跑向河道溪滩，奋不顾身跳入溪水急流中参与救援，最后因体力不支壮烈牺牲。

颜曰春　（1978.12.27—2018.10.27）男，汉族，1978年12月27日生，浙江玉环人。2018年11月19日，颜曰春被浙江省人民政府评定为烈士。1999年7月宁波市警察学校毕业后分配到玉环市公安局工作，2005年2月入党，先后在沙门派出所、刑事直属中队、刑事侦查大队、刑事科学技术室港北分室等一线基层单位工作，生前系玉环市公安局刑侦大队民警、三级警督。2018年10月27日，玉环市公安局玉城派出所接警，一名12岁女孩被人劫持。颜曰春等人穿便服随即赶赴玉环市芦浦高速出口设卡堵截。见到嫌疑车辆后，为尽快让女孩脱离挟持，颜曰春等人先后下车实施解救，当他靠近驾驶室控制车辆时，驾驶人梁某突然启动车辆并加速逃逸。为确保女孩安全，颜曰春不顾个人安危，死死抓住梁某不松手，被拖行200多米，并多次冲撞隔离护栏，导致其头部与护栏猛烈碰撞，颅脑严重损伤，经送玉环市第二人民医院全力抢救后英勇牺牲。

（省退役军人事务厅　徐　舜）

邢　骏　（1995.11—2018.3.13）男，汉族，1995年11月生，安徽马鞍山人。2018年3月15日，邢骏被公安部评定为烈士并被授予献身国防金质纪念章。浙江省公安厅追记邢骏一等功，被省公安厅党委追认邢骏为中国共产党党员，共青团绍兴市委追授邢骏"绍兴青年五四奖章"。邢骏生前系武警浙江省消防总队绍兴支队柯桥中队副班长，武警下士警衔。2018年3月13日傍晚，绍兴市柯桥区安昌镇曙光路171号欧华汽车电器有限公司厂房发生火灾。邢骏作为内攻组成员深入火场内部架设遥控炮堵截火势蔓延，在撤离时因突发的猛烈燃烧火势、高温、浓烟、毒气等情况受伤，经全力抢救无效英勇牺牲。

（省消防救援总队　朱鹏浩）

中共浙江省委

Zhejiang Provincial Committee of the Communist Party of China

综 述

【概况】 2018年,省委坚持以邓小平理论、"三个代表"重要思想、科学发展观、习近平新时代中国特色社会主义思想为指导,自觉践行习近平总书记赋予浙江的"干在实处永无止境,走在前列要谋新篇,勇立潮头方显担当"新期望,坚定不移沿着"八八战略"指引的路子走下去,按照省第十四次党代会的决策部署,以新作为展现新气象、以新担当开创新局面,不断推动"两个高水平"建设取得新成绩。

【认真学习宣传贯彻习近平新时代中国特色社会主义思想】 2018年,省委坚持把学习贯彻习近平新时代中国特色社会主义思想作为首要政治任务,带着感情和责任深学笃用习近平新时代中国特色社会主义思想,自觉把这一强大思想武器贯穿到谋划战略、制定政策、部署任务、推进工作的各方面全过程,使所有理念、思路、举措、政策都充分体现习近平新时代中国特色社会主义思想。春节后首个工作日,省委举行专题学习会,以理论学习拉开全年工作序幕。每当习近平总书记发表重要讲话、做出重要指示,都坚持第一时间传达学习、宣传贯彻,对表对标、校准偏差。推进"两学一做"学习教育常态化制度化,发挥各级党校(行政学院)主阵地作用,建好用好浙江红船干部学院,全面完成全省4万余名县处级以上干部学习贯彻习近平新时代中国特色社会主义思想和党的十九大精神的轮训培训。扎实做好"习近平新时代中国特色社会主义思想在浙江的萌发与实践"的理论研究和宣传阐释工作,组建红船精神研究院,举办"八八战略"与习近平新时代中国特色社会主义思想座谈会,与中联部共同举办"中国共产党的故事——习近平新时代中国特色社会主义思想在浙江的实践"专题宣介会。省委常委会成员在与兄弟省份的党政代表团交流座谈时,在接待各国政要和出访时,都全面客观地向来宾介绍在"八八战略"的正确指引下浙江经济社会发展取得的历史性成就,大力宣介习近平新时代中国特色社会主义思想在浙江的生动实践。坚持理论联系实际,把落实习近平新时代中国特色社会主义思想作为头等大事来抓,既一以贯之、不折不扣地抓好贯彻落实,又拉高标杆、努力在贯彻质量和标准上走在前列,以实际行动维护以习近平同志为核心的党中央定于一尊、一锤定音的权威。

【坚决贯彻落实习近平总书记对浙江的重要指示精神】 2018年,习近平总书记对"八八战略"实施15周年做出重要指示后,省委第一时间推动全省上下全面深刻学习领会、深入持久贯彻落实,切实把习近平总书记的关怀期望转化为忠诚维护习近平总书记核心地位的高度自觉。积极组织开展"八八战略"实施15周年系列活动,明确把"'八八战略'再深化、改革开放再出发"作为全年工作的主题主线,以实施富民强省十大行动计划为抓手,深入推动"八八战略"在浙江大地落地生根、开花结果。召开高规格的全省全面深化改革大会,明确提出争当全面深化改革排头兵,宣示高举改革大旗、将改革进行到底的意志和决心。召开全省对外开放大会,提出对外开放"十大举措",加快推进高水平的新一轮对外开放。召开十四届三次全会,全面落实习近平总书记对浙江工作的重要指示精神,回顾总结"八八战略"实施15年来取得的历史性成就,梳理提炼"八八战略"的理论价值和实践贡献,对推进"'八八战略'再深化、改革开放再出发"重大问题做深入的研究部署。省委对党的十八大以来习近平总书记对浙江做出的28次重要指示开展"回头看",逐一进行对照检查,逐条抓好细化落实。

【部署开展"大学习大调研大抓落实"活动】 2018年,浙江省开展"大学习大调研大抓落实"活动,这是省委深入学习贯彻习近平新时代中国特色社会主义思想和党的十九大精神的具体行动,是自觉践行习近平总书记对浙江提出"干在实处永无止境,走在前列要谋新篇,勇立潮头方显担当"新期望的战略部署,是推动"'八八战略'再深化,改革开放再出发"的总抓手,是以作风大提升推动事业大发展的新方略。全省上下高举学习之旗、大兴调研之风、研究破难之策、狠抓落实之效,取得明显成效。春节后首个工作日，省委理论学习中心组举行习近平新时代中国特色社会主义思想专题学习会，拉开"大学习大调研大抓落实"活动序幕。坚持围绕"转变干部作风、推动中央重大决策部署贯彻落实"的目标定位，高起点谋划、高质量推进，组织引导广大党员干部真学、深研、大抓落实，切实推动广大党员干部进一步转变作风，形成以大落实推动大发展的生动局面。省委理论学习中心组召开13次学习会，省四套班子领导下基层调研1100多次，牵头主持124项课题并形成重要调研成果。每位省级领导干部紧密结合自身工作，带头静下心来抓学习、扑下身子搞调研、沉到一线破难题，每个调研课题都亲自主持课题部署、亲自参与实地调研、亲自主持课题报告起草，许多省级领导在《浙江日报》上发表调研报告。各地各部门以学促思、以干促进、知行合一，形成大学习大调研大抓落实同步谋划、整体推进，有机衔接、相互促进的新格局新气象。坚持通过调研发现问题、解决问题，打通学习贯彻习近平新时代中国特色社会主义思想和党的十九大精神的"最后一公里"。全省各级党员干部走访群众500多万户、企业20多万家，收集整理各类问题60多万条次，已解决或者正在解决的达90%以上。通过"大学习大调研大抓落实"活动，进一步提升全省党员干部"绝对忠诚"的政治定力，强化"四个意识"，增强"两个维护"的自觉性和坚定性；进一步落实以人民为中心的发展思想，提升"为民爱民"的情感温度，密切党同人民群众的血肉联系；进一步厘清新时代的新命题新思路，找准"八八战略"再深化、改革开放再出发的发力点，形成一批重要学习成果、实践成果和制度成果；进一步锤炼党员干部能力本领，激发担当有为、奋发进取的工作干劲，凝聚实现高质量发展和"两个高水平"目标的磅礴力量；进一步解决基层反映强烈的突出问题，办成一批难事实事，推动事业大发展。

【扎实推动经济高质量发展行稳致远】 2018年，省委认真学习贯彻习近平总书记关于发展民营经济的重要论述精神，特别是在民营企业座谈会上的重要讲话精神，召开民营企业家座谈会和浙江省非公有制经济人士新时代优秀中国特色社会主义建设者表彰大会，打出一套以提振民营企业为重点的稳中求进组合拳，大力度简政、放权、减税、降负，制定实施促进民营经济高质量发展的十方面31条政策举措，精心组织"五个一百"活动、建立帮扶企业"白名单"制度，出台企业减负降本政策。精准化解部分企业债务危机，妥善处置P2P网络借贷风险。坚持把数字经济作为"一号工程"来抓，启动实施数字经济五年倍增计划，推进国家数字经济示范省建设。坚持人才引领发展，打造最优人才生态省。大力培育信息、环保、健康、旅游、时尚、金融、高端装备制造、文化等八大万亿产业。大力推进"凤凰行动""雏鹰行动""雄鹰行动"，加快市场主体升级。深化"亩均论英雄"改革，积极促进新旧动能转换，大力整治"低散乱"现象。抓好省市县长项目工程，全面实施"4+1"投资新政。深化"最多跑一次"改革，挂牌成立"最多跑一次"改革办公室，推动省人大制定《浙江省保障"最多跑一次"改革规定》。加快推进164项中央和省级改革试点，扎实做好试点复制推广，加快推动改革试点从"盆景"变"风景"。深化投资项目审批制度改革，推进企业投资项目开工前审批"最多跑一次""最多100天"，建成投资项目在线审批监管平台2.0版，全面实施企业对标竞价"标准地"制度，推动"最多跑一次"改革向公共服务领域延伸。谋划实施全省全面深化国有企业改革"1+6"行动方案。高水平推进新一轮对外开放。自贸试验区建设全面提速，自贸区赋权扩区积极推进。积极有效应对中美经贸摩擦，大力实施"外贸稳增长十条"政策和"一带一路"贸易畅通计划，进出口增速三项指标在东部沿海保持领先。全面落实长三角一体化发展国家战略，编制印发《长三角地区一体化发展三年行动计划(2018—2020年)》和《长三角地区合作近期工作要点》，持续深化12个重点专题合作，统筹推进一批跨区域重大合作区和合作平台建设。全面启动实施大湾区大花园大通道大都市区建设，一批标志性重大项目加快落地，交通海港建设取得新突破。

【认真抓好机构改革】 2018年，省委出台《关于深化机构改革的实施意见》《浙江省机构改革方案》以及《关于浙江省市县机构改革的总体意见》，按照"宜早不宜迟、宜快不宜慢、宜先不宜后，确保改革质量"的要求，先后召开省委十四届四次全体会议、全省机构改革动员大会，全面启动实施《浙江省机构改革方案》，省、市、县机构改革有条不紊推进，全面完成省级机构改革挂牌组建和人员转隶工作，市、县(市、区)的机构改革方案全部印发。

【全面实施乡村振兴战略】 2018年，省委成立省乡村振兴领导小组，印发《全面实施乡村振兴战略高水平推进农业农村现代化行动计划(2018—2022年)》，编制出台《浙江省乡村振兴战略规划(2018—2022年)》，与农业农村部签署省部共建乡村振兴示范省合作框架协议，对实施乡村振兴战略做出系统全面部署。新建高标准农田17.13万公顷，完成粮食生产功能区提标改造0.43万公顷。深化农村集体产权制度改革，全面完成农村土地承包经营权确权登记颁证，积极推进"三位一体"农民合作经济体系建设。打造山海协作工程升级版，新落地山海协作项目315个、到位资金520亿元。制定实施《低收入农户高水平全面小康计划(2018—2022年)》。实施行业扶贫"十大行动"，继续安排省级党政部门、企事业单位、经济发达县(市、区)与26县的部分扶贫重点帮扶村进行结对帮扶。精准实施民族乡村振兴"双百村结对行动"计划，有力助推少数民族地区发展。

【持续深化法治浙江建设】 2018年，省委部署14项法治建设省级项目和省市共建示范项目，不断推动全省法治建设的先行优势转化为领跑态势。进一步完善党委领导地方立法的体制机制，完善人大主导立法工作机制，推动实施保障"最多跑一次"改革、华侨权益保护等一批探索性、标志性、引领性的地方立法项目。强化法规、规章和规范性文件备案审查，坚持有件必备、有备必审、有错必纠，维护宪法和法律权威。编制实施省委党内法规制定工作五年规划，健全全省党内法规制度体系，推进市、县两级党组（党委）规范性文件备案工作全覆盖。认真贯彻《浙江省重大行政决策程序规定》，坚持重大民生实事民意调查制度，落实合法性审查、集体讨论决定等法定程序，加强民生重点领域执法监管，深入推进行政执法公示、执法全过程记录、重大执法决定法制审核"三项制度"。深化司法体制改革，推进民事案件繁简分流，全力支持杭州互联网法院建设和发展。省委聘请组建首届专家咨询委员会（省委法律顾问），推动各级党委普遍建立法律顾问制度。

【大力推进文化浙江建设】 2018年，省委大力弘扬红船精神，组建红船精神研究院，举办首届"红船论坛"。持续深化"最美浙江人"主题宣传，建立完善道德模范关心关爱机制，全面推行"礼让斑马线"文明行动。大力推进大运河文化带（浙江）和之江文化产业带建设。挂牌组建省文化产业投资集团。深入实施第二期浙江文化研究工程，积极做好良渚古城遗址申遗工作。中国丝绸博物馆改扩建项目建成并投入使用，浙江自然博物院核心馆区、浙江小百花艺术中心即将投入使用，启动浙江省之江文化中心等项目建设。积极筹办2022年第19届杭州亚运会。大力推进农村文化礼堂"建管用育"长效机制建设，全省建成农村文化礼堂1.1万个。新增中国历史文化名镇7个、名村16个。

【全面深化平安浙江建设】 2018年11月12日，中央政法委、中共浙江省委召开纪念毛泽东同志批示学习推广"枫桥经验"55周年暨习近平总书记指示坚持发展"枫桥经验"15周年大会，总结提炼以"坚持党建统领、坚持人民主体、坚持三治融合、坚持四防并举、坚持共建共享"为主要内涵的新时代"枫桥经验"。深化"基层治理四平台"建设，夯实平安建设的基层基础。着力提升社会风险预测预警预防和化解能力，积极稳妥地做好涉军维稳工作。完善领导干部下访接访机制，全面推进"无信访积案县（市、区）"创建和人民调解参与信访矛盾化解专项活动。积极回应群众关切，果断处置高考英语加权赋分事件，对相关责任人做出处理，有效化解社会风险。坚持打早打小、打准打狠、除恶务尽，依法开展扫黑除恶专项斗争，打掉一批涉黑组织和涉恶犯罪团伙，查处一批涉黑腐败及"保护伞"问题，扫黑除恶形成压倒性态势，取得阶段性成效。强化"发展决不能以牺牲安全为代价"的红线意识，将安全发展理念贯穿生产全过程、各环节，出台《浙江省党政领导干部安全生产责任制实施细则》，落实安全生产巡查制度、警示通报约谈制度等一系列制度。全面开展隐患排查和专项整治，全力推进道路交通、消防、危险化学品、渔业船舶、城市安全发展、城乡危旧房六大攻坚战。坚决贯彻《地方党政领导干部食品安全责任制规定》，强化各级党委、政府对食品药品安全工作的领导，深入实施"放心消费在浙江"行动，切实防控校园食品、网络订餐、保健品虚假宣传和欺诈销售等领域的安全风险。全省全年未发生系统性、区域性食品安全事故，群众满意度达历史新高。

【深入推进美丽浙江建设】 2018年，省委认真学习贯彻习近平总书记的重要指示精神，自加压力、拉高标杆，召开深化"千万工程"建设美丽浙江推进会，对持续深化"千万工程"、高质量推进美丽浙江建设做出全面部署。稳步推进部省共建美丽中国示范区建设，湖州、衢州、丽水等市践行"绿水青山就是金山银山"理念示范区工作顺利推进，积极推荐第二批国家生态文明建设示范市县。深化生态文明体制改革，在省级产业园区和特色小镇实施"区域环评＋环境标准"改革，省、市、县三级全面推行生态环境状况报告制度，生态环境损害赔偿制度在全省试行。全域整治人居环境，深化"无违建"县创建，改造和新建农村公厕5万余座。高水平建设"四好农村路"，新建和改造提升农村公路1万千米。深化小城镇环境综合整治行动和"大棚房"问题专项清理整治行动，全面推动"厕所革命""垃圾革命""污水革命"，大力推进美丽城镇建设，加快打造美丽乡村建设升级版。认真做好中央环保督察、国家海洋督察、中办作风建设督查反馈意见的整改落实，全面打响蓝天保卫战、碧水行动、净土行动、清废行动等重大战役，推动污染防治工作从重点突破向全形态、全链条、全省域治理全面提升迈进。严格环境执法，在全国率先实现省市县三级环保部门与公检法机关联络机构全覆盖，落实环境违法"黑名单"管理制度，执法力度居全国前列。超额完成国家下达的环境空气质量考核目标和二氧化硫、氮氧化物减排指标，国家"大气十条"终期考核优秀。巩固消除劣Ⅴ类水成果，加强污水零直排区建设和涉水行业企业整治，省控断面Ⅰ—Ⅲ类水质占比明显提高。11个设区城市PM2.5平均浓度明显下降。统筹推进土壤污染防治，启动98个重点污染地块和垃圾填埋场治理修复项目。全面推进近岸海域污染防治，完成97个入海排污口规范化整治提升。

【加快推进清廉浙江建设和全面从严治党】 2018年7月12日，省委十四届三次全体会议审议通过《中共浙江省委关于推进清廉浙江建设的决定》，提出要打造干部清正、政府清廉、政治清明、社会清朗的清廉浙江。把"最多跑一次"改革的理念、方法、作风体现到权力运行机制的健全完善之中，推动党风廉政建设和反腐败斗争在公共资金管理、公共资源交易、公共资产经营等所有涉及公权力行使的领域全覆盖。紧盯腐败现象的新变种新情况，开展领导干部违规兼职取酬问题集中督查，开展领导干部房产违规交易和违规借贷专项治理，严肃查处一批大要案。深化运用"四种形态"，一体推进不敢腐、不能腐、不想腐。严格落实意识形态工作责任制，推动建立定期分析研判、情况通报等制度，重视加强新闻舆论、网络安全、高校思想政治等工作。认真贯彻习近平总书记在全国组织工作会议上的重要讲话精神，开展高质量发展党员、教育实践活动、选人用人、党内政治生活、人才培养、党的制度建设等六个方面质量研究，制定《浙江省组织工作高质量发展规划纲要(2018—2022年)》。坚持把政治标准摆在首位，研究制定《浙江省领导干部政治素质考察办法》。全面部署实施新一轮农村党建"整乡推进、整县提升"工作，高标准落实农村基层党建"浙江二十条"，持续打好消除薄弱村攻坚战。加强基层党组织对基层各类组织、各项事务的领导，全面加强农村、城市、机关、国企、高校、公立医院等各领域党建工作，积极推进村党组织书记、村委会主任"一肩挑"，完善村务监督、村民说事、小微权力清单等民主协商管理机制。在"两新"组织中深入开展"争双强、当先锋"活动，持续推动党的组织和工作全面有效覆盖。

（省委办公厅　夏勇鹏）

重要会议

【全面深化改革大会】 2018年1月2日在杭州举行。省委书记车俊出席会议并讲话，省委副书记、省长袁家军主持会议。葛慧君、赵一德、刘建超、郑栅洁、任振鹤、陈金彪、冯飞、周江勇、熊建平、王昌荣出席会议。会议指出，回顾40年来的生动实践，浙江发展之所以有现在这样的大好局面，关键在改革；未来要实现"两个高水平"的奋斗目标，关键还在改革。要大力弘扬红船精神和浙江精神，牢固树立改革强省的鲜明导向，以干在实处的改革举措、走在前列的改革成效，勇立新时代改革潮头。会议强调，必须牢牢把握改革正确方向。坚持和加强党对改革工作的集中统一领导，统筹十九大提出的新的改革任务和十八大以来做出的改革部署，投入更多力量狠抓落实。肩负起向世界展示中国道路、中国方案无尽魅力的重要使命，努力在推进治理体系和治理能力现代化上走在前列。坚持以人民为中心的改革价值取向，真正做到改在民生的关键处，改在人民的心坎上。必须紧紧扭住"最多跑一次"改革这个牛鼻子，进一步深化认识、丰富内涵、拓展外延、提升质量。把"最多跑一次"改革贯穿到政府依法履职的各个方面各个环节，全面覆盖行政权力事项，全面覆盖省市县乡村，并向涉政中介机构、公共服务机构延伸。要瞄准焦点、打通堵点、突破难点，在深化"一窗受理、集成服务"、打破信息孤岛、企业投资项目审批改革和商事制度改革上持续加力。要重质量、见效果、常态化，着力减事项、减次数、减材料、减时间，加快推进标准化、制度化。充分发挥"最多跑一次"改革的牵引作用，以此撬动各领域改革，不断提高改革的系统性、整体性、协同性。要把"最多跑一次"改革的思路和做法体现到产权制度和要素市场化配置改革中去，把这项改革的理念和机制运用到社会体制、文化体制改革中去，把这项改革的创举和模式贯穿到民主法制和党的建设领域改革中去，以动力变革推动质量变革、效率变革，提高公共服务水平，扎紧权力的制度笼子。必须弘扬伟大的改革精神，始终保持永不满足、永不懈怠的改革劲头。要压紧压实各级党委和部门主要领导的主体责任，完善改革试点推广机制，用好改革督察"利器"，完善容错纠错机制，确保各项改革举措落地见效。

【全省对外开放大会】 2018年5月9日在杭州举行。省委书记车俊出席会议并讲话，省委副书记、省长袁家军主持会议。郑栅洁、任振鹤、陈金彪、冯飞、周江勇、熊建平、王昌荣出席会议。会议指出，浙江是习近平新时代中国特色社会主义思想的重要萌发地和改革开放先行地，必须更好肩负起新时代对外开放的新使命，努力在参与和服务"一带一路"建设上走在前列，到2020年基本建成现代物流枢纽、国际科创产业合作高地、新型贸易中心、新兴金融中心、国际人文交流基地；在发展更高层次的开放型经济上走在前列，初步建成高品质产品产销基地和高质量外资集聚地、高水平对外投资策源地、高层次人才创业地；在打造国际一流营商环境上走在前列，使各领域营商环境指标达到国际公认标准的先进水平。会议强调，要紧紧聚焦"一带一路"统领，构建全面开放新格局。全力打造"一带一路"重要枢纽，全面实施打造"一带一路"枢纽行动计划，找准中央总体目标与浙江特色优势的结合点，把握地方参与互联互通建设的切入点，拓宽技术孵化转移与知识产权保护的契合点，打造引进来和走出去相结合的更多特色亮点，更好服务国家"一带一路"建设。全力优化省域开放发展格局，大都市区要成为开放发展的引领区，大湾区要成为开放发展的主战场，大花园要成为开放发展的新亮点，推动省域开放层次全面提升。全力发展更高水平的国际贸易和投资，深入实施多元化战略和国际竞争力提升战略，采取更大力度招引高质量外资，坚持"跳出浙江发展浙江"，积极防范和化解国际经贸风险。全力建设新时代高能级开放平台，突出先行先试、创造更多可复制可推广的制度经验；做强开放型经济，用发展实力、发展质量说话，并以一流担当办好重大国际会展活动。全力推进国际人文交流合作，大力加强国际友城建设，把教育合作放在更加突出位置，多办一些群众喜闻乐见、普遍受益的交流活动。全力加强营商环境建设，锚定"国际一流"目标，全面深化对外开放领域"最多跑一次"改革，以此为牵引系统集成推进营商环境建设，全面提升企业的满意度和获得感。全力培育高素质国际化人才队伍，将浙江打造成为全球人才追逐梦想、实现梦想的理想创业地，创造美好生活、享受美好生活的理想居住地。

【省委十四届三次全体（扩大）会议】 2018年7月19—20日在杭州举行。出席这次全会的省委委员76名，候补委员16名。省委常委会主持会议。车俊、袁家军、郑栅洁、任振鹤、陈金彪、冯飞、黄建发、周江勇、熊建平、王昌荣出席会议。全会坚持以习近平新时代中国特色社会主义思想为指导，深入学习贯彻习近平总书记对浙江工作的重要指示精神，听取和讨论车俊受省委常委会委托做的工作报告，研究部署"'八八战略'再深化、改革开放再出发"重大问题，审议通过《中共浙江省委关于推进清廉浙江建设的决定》。车俊就《决定(讨论稿)》向全会做说明。会议强调，"八八战略"是习近平新时代中国特色社会主义思想在浙江萌发与实践的集中体现。全省各级党组织和广大党员干部要以高度的政治责任感和历史使命感，深刻领悟"干在实处永无止境，走在前列要谋新篇，勇立潮头方显担当"的新期望。"干在实处永无止境"，要求全省在新起点上保持战略定力，保持谦虚谨慎、戒骄戒躁的优良作风，增强不进则退、小进也是退的竞争意识，自我加压、砥砺奋进，撸起袖子加油干。"走在前列要谋新篇"，要求全省在新起点上争当前哨先锋、敢于先行先试，在高质量发展、再创体制机制新优势、推动城乡融合发展、打造具有重要影响的文化高地文明高地、加强和创新社会治理、践行"绿水青山就是金山银山"理念、使法治成为浙江核心竞争力的重要组成部分、推动全面从严治党向纵深发展等方面谋好新篇，不断取得新突破、开辟新境界。"勇立潮头方显担当"，要求全省在新起点上扛起习近平总书记赋予浙江的使命和责任，全省要有大担当的格局，党员干部要有大担当的作为，各级组织要为担当的干部担当，奋勇拼搏、不懈奋斗，以实际行动和实际成果回报习近平总书记的殷切期望，回报全省人民的殷切期待。推进"八八战略"再深化、改革开放再出发，必须扛起新使命、增强新本领、展现新作为。浙江作为中国革命红船的起航地、改革开放的先行地、习近平新时代中国特色社会主义思想的重要萌发地，必须强化政治担当、历史担当、为民担当，扎实推进"两个高水平"建设，让新起点上的浙江改革开放和现代化建设更进一步、更快一步，让浙江的环境更加美丽、人民的生活更加美好。全省广大党员干部要提高政治能力，做政治上的明白人；提高贯彻落实新发展理念的能力，解决好发展不平衡不充分问题；提高抢抓重大机遇的能力，在新一轮科技革命和产业变革中下好先手棋；提高攻坚克难的能力，跨越常规性和非常规性关口，以实干家、排头兵、奋斗者的新姿态，奋发有为谱新篇。

【省委十四届四次全体会议】 2018年10月15日在杭州举行。出席这次全会的省委委员73名、候补委员14名。省委常委会主持会议。省委书记车俊讲话。袁家军、郑栅洁、任振鹤、陈金彪、冯飞、黄建发、周江勇、熊建平、王昌荣出席会议。全会以习近平新时代中国特色社会主义思想为指导，深入学习贯彻习近平总书记关于深化党和国家机构改革的重要论述，传达中央批复同意的《浙江省机构改革方案》主要精神，对全省深化机构改革工作进行研究部署。

【深化"千万工程"建设美丽浙江推进大会】 2018年11月9日在杭州举行。省委书记车俊出席会议并讲话，省委副书记、省长袁家军主持会议。郑栅洁、任振鹤、陈金彪、冯飞、朱国贤、黄建发、王昌荣出席会议。会议传达习近平总书记关于"千万工程"获"地球卫士奖"的重要指示精神。会议指出，"千村示范、万村整治"工程作为"八八战略"的重要组成部分，是习近平生态文明思想的先行实践和生动展示。15年来，"千万工程"给浙江大地带来的变化是全方位的、创造的成就是历史性的、形成的影响是国际性的，给浙江的工作带来诸多启示。深入总结"千万工程"的经验，必须善于从战略安排上去考量、从为民情怀上去体悟、从发展理念上去前瞻、从工作方法上去把握、从意志品质上去升华，全面把握其中蕴藏的理念、思路、原则、方法、政治智慧和宝贵精神，为指导推动全省工作提供行动指南。会议强调，在新起点上，全力打造"千万工程"升级版，就要坚定不移建设美丽浙江，加快把全省建成大花园。要着力从六个方面体现美丽浙江和大花园的美：一是突出城乡融合，坚持规划引领、区域协调、陆海联动，形成"全域秀美"的格局。二是加快绿色发展，推动新旧动能转换，进一步打通"绿水青山就是金山银山"转化通道，强化"生态富美"的支撑。三是下足绣花功夫，高起点规划、高品质建设、"高压线"管控，追求"景致精美"的卓越。四是注重内外兼修，深入推进社会主义核心价值观和生态文化建设，提升"心灵之美"的内涵。五是勇立时代潮头，加强省内、省际和国际合作，敞开"合作共美"的胸怀。六是全力跨越关口，高标准打好污染防治攻坚战，实施好乡村振兴战略，扫除"康庄健美"的障碍。会议强调，深化"千万工程"，建设美丽浙江和大花园，要通过理论武装、群众路线、制度创新和队伍建设来蓄积持久力量，争取更大成效。要坚持以习近平新时代中国特色社会主义思想武装头脑，牢固树立新发展理念、"绿水青山就是金山银山"理念，以思想自觉引领行动自觉；扎根群众、组织群众、依靠群众，从群众实践中汲取智慧和营养；坚持"最多跑一次"改革牵引，优化生态环保制度供给，发挥有为政府、有效市场作用，以生态文明体制改革激发动力和活力；进一步完善党委政府领导、人大政协推动、相关部门齐抓共管、社会公众一道发力的工作格局，合力谱写"千万工程"和美丽浙江建设新篇章。

【省委经济工作会议】 2018年12月26日在杭州召开。省委书记车俊出席会议并讲话。省委副书记、省长袁家军主持并做具体部署。郑栅洁、陈金彪、冯飞、朱国贤、黄建发、周江勇、熊建平、王昌荣、冯文平出席会议。会议强调，要坚持稳中求进，在稳定大局前提下，坚定迈向高质量；要办好自己的事，推进"八八战略"再深化、改革开放再出发，推动经济社会持续健康发展。要坚持以"最多跑一次"改革撬动各领域改革，以"一带一路"为统领全方位扩大对外开放，推动改革开放走深走实；坚持问题导向，强化政策保障、创新思路举措，坚决打好防范化解金融风险、低收入百姓增收、污染防治三大攻坚战；坚持高起点谋划，创新一体化机制，全省域全方位接轨上海，充分彰显浙江特色优势，全面落实长三角一体化发展国家战略。要突出稳企业，始终坚持“两个毫不动摇”，稳健务实推进国有企业改革发展，大力支持民营企业发展壮大，努力在减负降本、解决融资难融资贵、支持企业破解创新难拓市场难以及在营商环境建设上取得实实在在的突破；突出增动能，全面落实创新强省导向，深化实施数字经济“一号工程”，推动制造业、现代服务业高质量发展和各类产业平台整合提升，积极扩大有效投资，充分释放人力资本红利，加快新型城市化发展和乡村振兴，努力在产业数字化和融合创新、构建高质量发展大平台、优结构增后劲、激发人才创新创业活力、城乡区域协调发展上实现新突破；突出保平安，深化平安浙江、法治浙江建设，稳就业、促增收、解民忧、强基础，持续改善民生福祉，着力提升群众获得感幸福感安全感。各级党委要全面加强对经济工作的领导，牢固树立“四个意识”、做到“两个维护”，坚决贯彻落实中央决策部署。坚持大学习大调研大抓落实，聚焦解决问题、破解难题，服务企业、服务群众、服务基层，力戒空喊口号、形式主义。大力弘扬改革开放精神，弘扬红船精神、浙江精神，进一步营造担当作为、干事创业的浓厚氛围。

（省委办公厅　夏勇鹏）

组　织

【概况】　2018年，全省组织系统认真贯彻全国、全省组织工作会议精神，坚持以政治建设为统领，突出学懂弄通做实强化思想理论武装，推进以组织体系建设为重点的“组织力提升工程”，着力锻造忠诚干净担当的高素质干部队伍，聚集爱国奉献的各方面优秀人才。年内，省委组织部把深入学习贯彻习近平新时代中国特色社会主义思想作为加强政治建设的首要任务，举办各类集中轮训班800多期，完成全省4万余名县处级以上干部培训。制定《2018—2022年浙江省干部教育培训规划》，建好用好浙江红船干部学院，构建习近平新时代中国特色社会主义思想在浙江萌发与实践的教材教学体系。坚持把做实“两个维护”贯穿组织工作全过程，严明政治纪律政治规矩，增强政治警觉政治鉴别力。加强对干部政治表现的考察和甄别；开展党员参教信教、村老年协会干政扰政、打黑除恶和“村霸”等问题专项整治，巩固基层政权。

【新时代组织工作】　2018年，省委组织部贯彻全国组织工作会议精神，落实习近平总书记关于提高党的建设“六个方面质量”的要求，抓好专题研究，提高组织工作质量水平。7月15日，全省市委组织部长座谈会在杭州召开。会议以“新时代组织工作要有新担当新作为”为主题，围绕贯彻新时代党的组织路线、为“‘八八战略’再深化、改革开放再出发”提供坚强组织保证进行学习研讨。8月22日，全省组织工作会议在杭州召开。省委书记车俊出席并讲话，会议就做好新时代组织工作进行全面部署。年内，省委组织部围绕提高发展党员质量、教育实践活动质量、选人用人质量、党内政治生活质量、人才培养质量、党的制度建设质量六大课题，总结浙江党的建设和组织工作实践做法，聚焦研究重点难点问题，从操作层面向中央提出可行性意见建议。研究制定《浙江省组织工作高质量发展规划纲要（2018—2022年）》，对组织工作发展方向、目标任务、工作要求等做出战略规划和设计，研究建立具有控制性、约束性、指导性的指标体系。

【机构改革领导班子配备】　2018年，省委组织部按照“以事择人、人随事走”、优化组合、区别安排、严把职数、推进交流、配强正职等10条原则，扎实做好机构改革班子配备工作。注重把握工作节奏力度，稳慎低调做好人事调配。在改革方案研究报批阶段，反复开展人选配备模拟演练，按班子、按岗位、按人选逐一研究；方案经中央批准后，按照省委要求及时落实人事方案；全省动员大会后，2天内集中对11家新组建单位宣布领导班子并挂牌，其他单位在1周内组建完毕。年内，省委组织部把妥善安置干部、关注思想动态贯穿全过程，上门听取各位省领导意见，与涉改单位“一把手”及班子成员一对一谈话沟通。针对谈话中反映出来的苗头性问题，及时下发通知督促各单位做好思想政治工作。加强对市、县（市、区）机构改革班子配备工作的指导，把好设区市党委有关机构改革干部调配方案预审关。

【干部队伍建设】　2018年，省委组织部按照“以对党忠诚选忠诚于党的人，以事业为上选担当干事的人，以扎实作风选作风扎实的人”要求，选好干部、配强班子，建设高素质干部队伍。从严把好选人用人关。坚持“首关不过、余关莫论”，严格人选资格条件。全力做好省人大、省政府、省政协换届人事筹备工作，认真做好省“两会”选举工作；充分用好省直单位届末考察成果，做好省直单位正职集中调整，省委书记车俊与省直单位主要负责人进行集体谈话；扎实开展全省首次高校集中换届工作，协调各主管部门、地方和相关高校，周密组织实施，落实班子配备。探索建立法院、检察院领导干部政治表现考察评价办法。年内，省委办公厅印发《关于进一步激励干部新时代新担当新作为奋力推进“两个高水平”建设的实施意见》，深入开展“最多跑一次”改革、服务民营企业高质量发展等中心工作专项考核，推进乡镇（街道）“基层治理四平台”干部管理考核。坚持完善提升县委书记工作交流会制度，营造以实绩论英雄、以赶考促实干的浓厚氛围。规范干部工作制度办法。制定《省管干部日常调配工作原则》《厅级干部交流回浙安排原则》《改进省管干部任前公示的意见》，加强干部资源统筹和干部工作流程规范。健全高校企业领导人员管理机制，出台《高等学校领导人员管理实施办法（暂行）》，完成《省属企业领导人员管理办法》修订工作。印发《关于进一步规范事业单位工作人员交流的通知》《事业单位特设岗位设置管理暂行办法》,规范事业单位人事管理。健全落实干部大监督机制。运用大数据理念进一步打造信息高度汇集、管理集中有效的干部大监督平台。严格落实个人有关事项报告制度和“凡提四必”要求,加强审计监督。做好公务员工作,推进法官、检察官、公安干警等职务序列改革,配合做好公安边防部队改革,完成西藏专项招收基层公务员工作。

【年轻干部培养】 2018年,省委组织部聚力常态配备使用,注重发现培养使用优秀年轻干部。提出年轻干部常态配备“两个15%”“两个20%”,即在合理使用各年龄段干部的同时,省直单位领导班子和处级领导干部中年轻干部配备逐步达到15%,市、县(市、区)党政领导班子和乡镇(街道)党政正职中年轻干部配备逐步达到20%。深入开展第一轮调研督导。结合中央组织部优秀年轻干部调研,组建8个督导调研组,通过实地走访、与年轻干部集体座谈、与各地各单位“一把手”面谈,以及充分听取省领导意见建议,全面了解掌握省直单位领导班子及中层干部、市县乡党政班子等5个层面年轻干部配备情况。11月21日,省委召开年轻干部座谈会。省委书记车俊出席并讲话,省委常委、省委秘书长陈金彪出席,省委常委、组织部部长黄建发主持。年内,省委组织部进一步推动形成齐抓共管的良好局面。全力配合中央组织部开展年轻干部工作督导调研,做好优秀年轻干部发现工作。结合机构改革班子调整,提拔使用各方面条件比较成熟的年轻干部,逐步形成重视年轻干部、使用年轻干部的导向和氛围。着力抓好源头工程。全年省、市机关选调优秀应届大学毕业生581人。

【专项督查整治】 2018年,省委组织部运用约谈、督办、问责、通报“四把利器”,做好巡视反馈问题整改工作。重点抓好“四项整治”。开展领导干部违规兼职取酬专项治理。在全省范围内部署开展领导干部兼职专项督查,坚持“下管一级、不漏一人”,省直接抓到市管干部、市直接抓到县管干部,以专项审计、检查工商及社团登记等形式对所有兼职信息进行甄别审核、逐一认定清理。开展“三超两乱”问题专项整治。组织开展专项检查,从严预审设区市干部调配方案,除机构改革涉改单位外,11个设区市全面完成超配职数“清零”目标。开展干部人事档案专项治理。推动省直单位干部人事档案集中管理,落实专门场地、专项经费、专职人员,同步推进档案数字化。开展干部调动后工资关系转移专项治理,对省管干部工资关系转移情况进行全面排摸。

【“组织力提升工程”实施】 2018年,省委组织部深入实施“组织力提升工程”,推进基层党组织建设水平整体提升。全面提升各领域基层党建工作。农村深化落实“浙江二十条”,开展新一轮“整乡推进、整县提升”,指导推动各地调整优化行政村规模;城市制定实施“1+2”文件及30项重点任务,推动城市基层党建统筹融合发展;国企推进30项重点任务落实;公立医院出台《关于加强新时代公立医院党的建设工作的实施意见》,全面推行党委领导下的院长负责制;新兴领域全面开展“争双强、当先锋”活动,浙江互联网企业党建在全国互联网企业党建工作座谈会上作为省级层面唯一代表发言,全面推进上市公司党的建设。11月1日,省委组织部、省司法厅召开全省律师行业党建工作会议,理顺律师行业协会党建工作管理体制。优化提升基层党员干部素质。开展村级组织换届“回头看”,对村班子和村干部进行全面审查。9月5日,印发《关于健全落实发展党员政治审查制度的指导意见》,严防政治上不合格的人混入党内;抓好在高知识群体中发展党员工作,做到“成熟就发展,名额不受限”;加强社区工作者队伍建设。推进党员管理信息系统建设,建好远程教育示范带、党建电视频道等教育平台。制定实施党组织底线管理制度,推进超大支部和空壳支部整治;加强基层基础保障,协调省财政对部分社区工作经费进行补助;列支省管党费用于支持新建改建部分村级组织活动场所。召开全省消除集体经济薄弱村推进会,实施消除集体经济薄弱村“三年行动计划”,组织开展“千企结千村、消灭薄弱村”专项行动,帮助薄弱村发展壮大集体经济。

【人才发展生态优化】 2018年,浙江省引进各类人才51万人,比上年增长35%,杭州、宁波人才净流入率居全国前两位。省委组织部强化政治引领,开展“弘扬爱国奋斗精神、建功立业新时代”活动,组织爱国奋斗大讨论、高端人才大走访、人才协作大帮扶等十大行动,组织专家赴贵州遵义等革命圣地开展国情研修,加强政治引领和政治吸纳。精准引才聚才,加大海外引才力度。加强重大引才活动统筹管理,完成第11批省“千人计划”、第二批省“万人计划”、第五批省领军型创新创业团队遴选。打开发展空间,全力保障西湖大学、之江实验室建设,定期开展现场服务,在项目申报等方面开辟绿色通道,在服务保障等方面实行“一事一议”。推进杭州未来科技城建设,人工智能小镇成为人才集聚新热点。新建镇海、乐清、长兴等3家省级“千人计划”产业园。全面落实党政领导联系人才制度,省委、省政府领导,省委人才工作领导小组成员,省委组织部部务会议成员结对联系100多名高层次人才;制订出台高层次人才落户、购车上牌、子女入学、住房公积金等优惠政策9项。

【组织保障工作】 2018年,省委组织部围绕省委重大战略、重要部署,全力提供组织保障。根据中央“六个稳”(稳就业、稳金融、稳外贸、稳外资、稳投资、稳预期)要求和省委“稳企业”部署,全省组织部门推出8项具体举措,服务民营企业高质量发展。各级组织部门走访3259家非公企业和上市公司、400多家“千人计划”人才企业,讲明形势政策,坚定企业信心;开展党员干部和企业家转型升级、化解风险能力教育培训,全省举办涉企类专题培训班644期,培训5.2万人次;举办新生代出资人“红色传承”和“创新转型”2个示范班,促进其完成政治传承和事业传承。开展加快发展地区干部担当作为专题调研，全面摸清全省26个加快发展县干部担当作为情况。开展干部不担当不作为问题专项治理，将领导干部担当作为情况纳入省委巡视选人用人专项检查内容。建立健全容错纠错机制，省本级选树宣传先进典型34人，营造担当作为良好风尚。做好对口支援合作和东西部扶贫协作干部人才选派管理工作。开展找准一个致贫主因、召开一次家庭会议、制定一个脱贫规划、完善一套扶贫资料、选准一项致富产业、对接一个合作社、共吃一顿农家饭、开展一次关爱活动"八个一"活动。10月22日，出台《关于坚决打赢低收入百姓增收攻坚战切实加强干部教育培训的实施意见》，推动扶贫干部教育培训工作。加强舟山群岛新区建设干部人才支持。研究提出支持舟山群岛新区建设的18项具体举措，加强对舟山市、县领导干部专业化培训，帮助开展紧缺急需人才项目对接活动，推动舟山群岛新区跨越式发展。

（省委组织部　王鹏任）

【老干部工作加强】 2018年，浙江省有离休干部12211人，其中党政机关4385人，事业单位3572人，企业4254人；享受省部级以上待遇（含享受单项待遇）离休干部66人，享受厅（局）级待遇492人，享受县（处）级待遇6007人；平均年龄89.2岁。全省有退休干部73.07万人。建立离退休干部党支部13808个，有离退休干部党员41.6万人。

【离退休干部政治思想组织建设】 2018年，省委老干部局坚持围绕"讲忠诚守忠诚践忠诚"，强化政治建设。组织100名讲师开展红色宣讲，开展"最美老干部"和"改革开放40周年人物"宣传等活动。落实老干部政治待遇，全年省委、省政府召开老同志情况通报会8次，冯飞、黄建发、梁黎明、郑继伟等省领导分别参加情况通报。办好老干部党校，全省举办老干部读书会2153次，组织党支部骨干学习培训11.6万人次。5月4日，印发《关于在深化机构改革中做好离退休干部有关问题的通知》，做好机构改革过程中老同志思想政治工作。坚持以坚定理想筑信仰作为思想建设的中心。运用涉老报刊、工作网站、微信公众号、学习教育应用程序等传播媒介，通过教育培训、座谈研讨、心得分享等形式，开展党性教育和理论学习。年内，省委书记车俊对有71年党龄、长期奉献在禁毒一线的郭口顺事迹做出批示，并在全省掀起向郭口顺学习热潮。围绕庆祝改革开放40周年主题，省委老干部局举办老干部"讴歌新时代·永远跟党走"主题征文、朗诵比赛和"浙江活动"。各地创设加强老同志思想建设载体，温州市建立131个党建共享基地；绍兴市打造贤德"蝴蝶效应"；丽水市开展"千名银龄宣讲党的十九大精神"活动；杭州上城区打造"小营红巷"老党员驿站；常山县深化社区老干部"学哲学用哲学"。坚持以提升组织力为重点，召开专题推进会，开展创新案例评比，加强工作指导。加强党支部建设，全省在老同志集中居住地、活动学习场所、兴趣爱好小组建立临时党组织2310个。杭州、宁波、绍兴等地借力城市社区党建资源，湖州市建立"银领驿支部"，推动共建共享，形成区域化组织联动体系。推广老党员驿站，以及"党支部+志愿团队""党支部+社团""党支部+工作室"等特色做法。慈溪市虞波社区建立党建联盟，实行党员、单位、商家、人才四联动机制。

2018年10月25日，由省委组织部、省委宣传部、省委老干部局、省广播电视集团联合举办的"讴歌新时代·永远跟党走"浙江省老干部庆祝改革开放40周年活动在杭州举行

（省委老干部局　供图）

【老干部志愿服务】 2018年，省委老干部局深化"红色典藏""走基层、看变化、促发展""争做最美老干部""银色人才志愿服务"四大行动，系统集成"银耀之江"志愿服务品牌；建立浙江老干部银耀志愿服务总队和15支大队，设立志愿服务站，制定考评办法；建立省、市、县、乡镇（街道）、社区（村）五级联动机制，深入实施"十百千万工程"，发挥老同志在社会治理、乡村振兴等十个方面作用，推进建立百家正能量示范基地，全省建立老干部志愿服务团队4231个，吸纳老干部志愿者16万人。挖掘培育老干部志愿服务典型，全省有3位老干部被评为年度"最美浙江人·浙江骄傲"人物。围绕"银耀新时代·助力新风尚"主题，聚焦推动转型发展、全面深化改革和加强社会治理，深化助力护航专项行动。组织省级老同志赴杭州、丽水等地深入开展"走看促"活动，全省组织"走看促"活动8460次，参与老同志23.76万人次。开展"我看改革开放新成就"走访调研活动，以及"40位亲历者""40件新成就""40个金点子"寻访征集评选。6月6日，举办全省老干部志愿服务行动启动仪式。年内，全省各地"银耀"系列品牌工作

深入推进。温州市整合一月一礼堂、红色网宣、红色星期天等实施“红色细胞”工程；湖州市开展“银领三行动”；嘉兴市搭建“银立方”；杭州余杭区创建近50个银色实践基地；绍兴越城区依托党群服务中心搭建作用发挥平台；仙居县开展“十大银龄志愿服务”等。全年全省开展志愿服务活动3.78万场次。

【服务管理工作】 2018年，省委老干部局拓宽服务渠道，落实中央和省委关于离休干部生活待遇政策。出台省级和厅局级老同志治丧工作规范性文件；发挥“纵向各级老干部局、横向老同志原单位”双重服务管理体系作用；落实重大节假日走访慰问等制度，全年省本级走访慰问老同志1880人次；省、市、县（市、区）联动普遍走访易地安置离休干部。拓宽信息化、社会化渠道，省本级投入经费232.4万元，为1800位离休干部提供电子呼叫和助老员服务；温州市升级“一键通”，开展智慧居家养老服务；杭州下城区推进医养护一体化服务；乐清市建立离休干部看病就医绿色通道和导医制度；海宁市依托专业机构开展社会化养老服务等。健全社区“四就近”服务平台，全省3685个社区将离退休干部纳入服务对象。深化服务管理。省委老干部工作领导小组统筹协调，落实各级领导抓老干部工作主体责任。以深化年度十大惠老实事项目为牵引，通过领导小组成员单位办实事机制，解决重大问题，落实惠老助老实事。省委老干部局落实年度“十大惠老实事”，推动开办老年食堂、开展第三方送餐服务，利用《党建好声音》栏目，反映老同志住宅加装电梯呼声，受到中央组织部老干部局肯定。精准开展困难帮扶。建立省级老领导、离退休干部党员、“银色人才”志愿者和困难离退休干部4个信息库，分层分类开展服务管理。通过健全党内关爱和设立帮扶资金，加强紧急救助和便老助老服务，加强人文关怀和精神慰藉等，对有特殊困难的老同志给予更多关心。年内，全省投入2285.2万元，帮扶困难离休干部（含遗属）1.1万人次。

【文化养老工作】 2018年，省委老干部局坚持把老干部活动中心、老年大学打造成红色阵地、精神乐园、幸福家园。各级老年大学通过开设党建微讲座、讲习所、传统文化课等品牌课堂，依托团体协会开展丰富多彩的主题宣教活动，通过老年大学“红色走廊”“红色宣传廊”“红色宣讲月”等载体，弘扬社会主义核心价值观。把学习活动阵地纳入各地公益类文化事业发展总体规划，加大硬件投入，全年全省学习活动阵地新增面积6.2万平方米，湖州、温州、衢江、松阳等地均启动老年大学新校区建设。开通“网上老年大学”和“掌上老年大学”，推行重点学科微视频教学，推进“智慧老年大学”建设。深化“最多跑一次”改革，简化老年大学报名程序。利用社会资源拓展活动阵地，浙江老干部活动中心建立多个实践基地和活动点。各地引入医务室、图书室等公共服务资源，为“两个阵地”的老同志提供方便快捷服务。拓展老干部学习活动基地，安吉县建立书画创作基地和“两山”理论教育实践基地。浙江老年大学整合社会资源，通过在老同志集聚地、涉老机构、高校等设立教学点，打造“家门口老年大学”。绍兴、宁波、嘉兴等地深化“本部+分部”的“1+X”办学模式，老同志入学“一座难求”问题有效缓解。

【自身建设强化】 2018年，省委老干部局围绕建设忠诚干净担当的高素质专业化队伍，以政治建设为核心，能力建设为重点，作风建设为保障，营造想干事、比作风的良好氛围。以机构改革为契机，将信息化建设作为高质量发展的突破口，以信息化带精准化、规范化。在全国率先开发建成全省离退休干部“互联网+党建+服务+管理”信息化系统，11月底正式嵌入“浙政钉”软件平台上线使用。建设“融媒体”方阵，开通浙江老干部微信公众号，升级工作网站，立体化全方位讲述浙江老干部、老干部工作者和老干部工作好故事。

（省委老干部局　余秋亮）

宣　传

【概况】 2018年，浙江省把习近平新时代中国特色社会主义思想作为理论学习、研究和宣传的重中之重。省委理论学习中心组示范带动，通过“浙江论坛”报告会、专题学习会等方式，开展集中学习。省委宣传部与有关单位联合策划并制作《“八八战略”15年》政论纪录片、《乡村振兴战略大家谈》《中国共产党为什么能：改革开放40年的浙江实践》电视理论对话节目，组织编写《读懂“八八战略”》读本。大力弘扬红船精神。4月，由省委宣传部和嘉兴市委共建的浙江红船精神研究院在嘉兴成立，省委书记车俊为研究院授牌；6月，由光明日报社、省委宣传部、嘉兴市委共同主办的2018“红船论坛”在浙江嘉兴举行，论坛以“‘红船精神’的时代价值”为主题。11月，由省委宣传部、嘉兴市委筹建，位于嘉兴南湖革命纪念馆的红船精神展示厅对外开放；组织编撰《红船精神问答》，翻译出版《红船精神：之江新故事》（英文版）和《红船精神：启航的梦想》（英文版）。加强高校思想政治教育，坚持开展省领导进高校做形势政策报告活动。印发《浙江省高校思想政治理论课建设工程实施方案》《浙江省高校文化育人工程实施方案》，实施马克思主义学院建设质量提升计划。理论研究取得成果。组织开展“习近平新时代中国特色社会主义思想在浙江的萌发与实践”重大课题研究，形成十大研究报告及相关实践案例；召开浙江改革开放40周年理论研讨会、“最多跑一次”改革理论研讨会、“八八战略”与习近平新时代中国特色社会主义思想座谈会，组织“浙江改革开放四十年研究”；实施第二期浙江文化研究工程，开展160多个项目研究，并举办首届“浙学论坛”；由省委宣传部牵头，建立新型智库考核评价指标体系，首批遴选13个新型重点智库和8个重点培育智库。

【社会宣传和新闻报道】 2018年，省委宣传部通过开展“我最喜爱的习总书记的一句话”等主题宣传活动，组织“千支宣讲团、万名宣讲员”及新时代博士生宣讲团、新时代新青年宣讲团等特色宣讲团队进基层，开展“红船驶进新时代”“庆祝改革开放40周年”等主题宣讲，举办“大潮起之江”——浙江省庆祝改革开放40周年图片展、“十月的阳光”——浙江省庆祝改革开放40周年群众性文艺活动，举办第九届微型党课大赛，与党建杂志社共同举办微型党课20年座谈会等方式，推进党的创新理论深入人心。创新加强新闻宣传，加大重大主题报道力度。策划开展新时代新气象新作为、“八八战略”15周年、改革开放40周年、“最多跑一次”改革、乡村振兴战略等重大主题宣传，组织开展“激荡四十年——改革开放看浙江”、湖州生态文明建设典型经验、“一带一路”倡议五周年、“大江奔流——来自长江经济带的报道”、深化“千万工程”建设“美丽浙江”等集中采访报道，统筹做好纪念“枫桥经验”55周年大会、首届中国国际进口博览会、第五届世界互联网大会、首届联合国世界地理信息大会等重大会议活动的宣传报道，营造良好舆论氛围。全年全省有20件新闻作品获第28届中国新闻奖。中央主要新闻媒体刊发涉浙稿件4.87万篇。浙江省网上宣传引导工作扎实有效。组织开展习近平新时代中国特色社会主义思想和党的十九大精神网上宣传、“‘八八战略’十五年”等重大主题宣传；策划“在身边”系列主题网上传播，推出专题专栏300多个，阅读量达3亿人次；组织第九届网络文化活动季；举办“网络中国节”系列活动，围绕传统节日推送一系列网络文化产品。

【媒体融合发展】 2018年，浙江省加快省级媒体深度融合。浙报集团深入实施《浙江日报》、浙江新闻客户端一体化融合改革，浙江新闻客户端用户突破1600万户；浙江广电集团“中国蓝融媒体中心”实质化运行，各类新媒体用户总量突破7200万户。推进县级融媒体中心建设。9月20—21日，中央宣传部在长兴县召开县级融媒体中心建设现场推进会，重点抓好长兴、三门2个全国试点县和32个首批建设县（市、区），全省53个县（市、区）挂牌成立融媒体中心。12月10日，省委全面深化改革委员会第一次会议专题研究县级融媒体中心建设工作。

【社会主义核心价值观弘扬】 2018年，浙江省扎实推进新时代文明实践中心试点工作。12月7日，出台《浙江省建设新时代文明实践中心试点工作指导方案》，做好桐庐县、慈溪市、平阳县、海宁市、诸暨市、长兴县、安吉县7个全国试点和遂昌县等11个省内试点工作。整合现有基层公共服务阵地资源，推进县、乡镇（街道）、村（社区）新时代文明实践中心、所、站建设。“最美浙江人”主题活动持续深化。加强“最美浙江人”主题宣传，开展“最美行业”创建，建成“最美浙江人”展示馆，开设“最美”课堂，举办“最美浙江人”微纪录片大赛。推进“浙江好人榜”建设，完善道德模范关爱机制，编写《道德礼赞》。提升爱国主义教育基地建设水平，重点扶持永嘉县中国工农红军十三军军部旧址纪念馆等11个红色教育基地。推进好家风建设，开展“家书抵万金、最美全家福”等主题活动，常态化选树“最美家庭”。开展“清明节祭英烈”活动、“新时代好少年”主题教育实践活动，实施未成年人思想道德建设十件实事、“春泥计划”、乡村学校少年宫建设。浙江省第十三届人民代表大会常务委员会第四次会议修订《浙江省志愿服务条例》，明确由精神文明建设指导机构建立志愿服务工作协调机制。做好群众性精神文明创建工作。丽水、湖州、台州3个设区市和诸暨、海宁、长兴、余姚、桐庐、瑞安6个县（市、区）被命名为第五届全国文明城市荣誉称号，金华、衢州、舟山、慈溪、义乌、建德等18个市、县（市、区）成为新一轮全国文明城市提名城市。印发2018年版《浙江省城市文明程度指数测评体系》。开展以“垃圾不落地、出行讲秩序、办酒不铺张、邻里讲和睦”为主要内容的小城镇文明行动，推广“礼让斑马线”文明行动。

【精品创作和公共文化服务】 2018年，浙江省文艺创作取得丰硕成果。省委宣传部组织完成“‘百年追梦’——浙江美术书法创作精品工程（二期）”；推出长篇报告文学《东方启动点——浙江改革开放史》《权力清单》，大型交响乐《良渚》、民族歌剧《在希望的田野上》，电影《西小河的夏天》《漂亮的村事》，电视剧《风再起时》《创业时代》《楼外楼》等优秀作品。年内，获国家艺术基金资助项目44个，短篇小说《父亲的后视镜》获鲁迅文学奖，《妖猫传》获中国电影华表奖优秀电影摄影奖，《地球最后的夜晚》《诗人》《烽火芳菲》等影片入围多个国际电影节，《鸡毛飞上天》等3部电视剧获飞天奖，舞剧《花木兰》获中国舞蹈荷花奖，3人获中国摄影金像奖。《心无百姓莫为官》《大决策——邓小平与改革开放》《红船缘》3部作品入选全国2018年主题出版重点出版物。《古砖花供——六舟与19世纪的学术和艺术》入选2017年度中国好书。中国网络文学作家村落户杭州，举办首届中国网络文学周，6部作品入选中国作协“中国网络小说排行榜”。公共文化事业快速发展。公共文化服务标准化、公共文化机构法人治理、基层综合性文化服务中心建设、农村电影发行放映体制改革4项全国改革试点工作顺利开展。推进公共文化服务“十百千”工程建设，创新建立公共文化服务标准体系，制定6个省级标准、9个市级标准和30个县级标准；开展“放歌新时代、文化进万家”“舞动新时代”广场舞展演等活动；举办第四届全民阅读节。启动浙江省之江文化中心建设，基本建成浙江小百花艺术中心，建成浙江自然博物院，完成中国丝绸博物馆改扩建项目。全力做好良渚遗址“申遗”，出台《浙江省省级非物质文化遗产代表性项目管理办法》。农村文化礼堂建设持续推进。全年新建农村文化礼堂3143个，建成1.1万个。推进农村文化礼堂智慧化建设，打造“礼堂家”资讯服务共享平台。组织举办“我们的家园——万家农村文化礼堂庆丰收”活动、“建设美丽家园，歌唱美好生活”浙江省庆祝改革开放40周年村歌大赛，推广“我们的村晚”活动。

【文化领域供给侧结构性改革】 2018年，浙江省文化体制改革工作坚持以“最多跑一次”改革为引领，推进媒体深度融合发展和县域媒体体制机制创新、国有文化企业人才激励制度改革、农村文化礼堂长效机制建设3项重点改革项目，完成文化投融资体系建设等12项重点改革项目。推动国有文化企业公司股份制改革，浙江出版传媒股份有限公司股改上市及宁波日报报业集团的甬派传媒资产重组等项目取得进展；浙江省文化产业投资集团挂牌成立。6月26日，省政府发布《之江文化产业带建设规划》，打造在全国具有示范引领意义和在国际上有一定影响力的文化产业集聚发展带。统筹推进横店影视文化产业集聚区、大运河（浙江段）文化带、浙东唐诗之路、瓯江山水诗之路等建设。省委办公厅、省政府办公厅出台《关于加快推进横店影视文化产业发展的若干意见》，创新推进横店影视文化产业发展。夯实政策保障体系。省委宣传部与省财政厅联合印发《浙江省文化产业发展专项资金管理办法》《浙江省省属文化企业重大事项管理实施细则》。

【对外宣传和新闻发布】 2018年，浙江省对外主题宣传进一步强化。省委宣传部开展习近平新时代中国特色社会主义思想对外传播，实施《之江新语》多语种翻译工程；参与举办“中国共产党的故事——习近平新时代中国特色社会主义思想在浙江的实践”专题推介会等活动；做好“一带一路”沿线国家外宣工作；中国浙江英文网连续两年获评“最具影响力外文版政府网站”；实施外国人写浙江工程，出版发行《来自中国的明信片：大运河纪行》。对外文化交流有序开展。实施浙江“一带一路”建设中外人文交流工程、大运河（浙江）文化带建设国际人文交流工程，承办第二届中国—中东欧国家非物质文化遗产保护专家级论坛、第二届中国—中东欧国家文学论坛等国际性文化交流论坛，在法国、以色列等地举办“浙江文化节”专场活动。推进“浙版图书海外百柜工程”“万家海外中餐馆同讲浙江好故事”活动。新闻发布工作规范有效。策划开展“百场发布会助力新征程”重大主题新闻发布活动，累计举办发布活动103场，各部门和设区市“第一新闻发言人”进行对外发布74人次。健全完善“4·2·1+N”新闻发布模式，探索推出“巡回联合发布”，强化全省新闻发布工作协同联动。创新推出全媒体时政节目《有请发言人》。推进“之江号”政务新媒体矩阵建设，浙江发布“两微一端”用户达665万户。

【宣传文化人才培育】 2018年，浙江省大力推进省级宣传文化系统机构改革。6月19日，省文化厅出台《2018年全省文化系统人才工作要点》，实施文艺荣誉制度，筹备省艺术发展基金。推进宣传文化系统“五个一批”人才工程、青年文艺人才“四新计划”和“之江青年社科学者”行动计划，实施数字出版千人培养计划。遴选产生省“万人计划”人文社科领军人才34名，选拔产生省“151”人才工程宣传文化专项人才第一层次4名、第二层次8名。推进基层文化队伍素质提升工程和“耕山播海”活动，全年培训20万人次。《三分钟理论快讲》等10个项目入围第七届浙江省宣传思想文化工作创新奖。（省委宣传部　供稿）

网　信

【概况】 2018年，全省网信系统以习近平新时代中国特色社会主义思想特别是习近平总书记关于网络强国的重要思想为指导，全面贯彻落实党的十九大和省委十四届三次、四次全会精神，学习贯彻中央和省委关于网信工作的决策部署，聚焦政治建设、体系建设、能力建设，全力营造网上正能量强势，建立健全网络综合治理体系，加快推进数字经济发展，办好用好世界互联网大会，加强网信系统政治建设，坚决筑牢网络安全屏障。

【网上重大主题宣传】 2018年，省委网信办组织全省网络媒体持续深化主题宣传，开设专题专栏近100个，全年刊发相关报道7万篇次，累计阅读量6亿人次。组织省市新闻网站在首页首屏显著位置开设“‘八八战略’十五年”微视频展播窗口，相关视频点击量2700多万人次。杭州、金华、舟山、台州等市创新运用网络主题采访、动漫、微视频、沙画、VR等形式深入宣传主旋律。做好网上重大主题宣传工作。围绕改革开放40周年、“最多跑一次”改革、红船精神等

2018年11月23日，“中国共产党的故事——习近平新时代中国特色社会主义思想在浙江的实践”专题宣介会在杭州举行（图片来源《浙江日报》梁　臻　摄）

组织“在身边”系列网上重大主题传播活动，推出专题专栏300多个，稿件2万余篇，阅读量达3亿人次，“改革在身边”微博话题居全国政务类微博话题热门榜首。组织做好省“两会”、第五届世界互联网大会、首届联合国世界地理信息大会、“枫桥经验”纪念大会等重要会议网上报道，组织参与“美丽中国长江行——共舞长江经济带·生态篇”“千年韵·万象河”大运河文化之旅等网络主题活动。省委网信办获中央网信办年度网上重大主题宣传突出贡献奖。嘉兴市策划推出“同心共话新时代·当好红船护旗手”网络宣传主题活动；衢州市利用今日头条、抖音、小程序、微信朋友圈等新媒体新平台打造“衢州有礼”网红品牌。

【网络阵地和网络文化建设】 2018年，省委网信办推进网络阵地建设：制定网上重点稿件推送规范，开发全省网络媒体传播力测评系统，开展属地新闻网站专项检查整治和新闻资讯平台营销模式规范管理专项检查，摸清全省网站的内容建设、栏目设置、网媒建设等情况。扶持全省主流新媒体发展，支持省政协、省委政法委等政务微信号发展。推动浙江省媒体网站联合辟谣平台建设，推动多部门参与、多渠道共建，实现辟谣发布常态化、精细化、多样化。温州打造政务、商会、侨团三大矩阵体系，温州新闻手机应用、掌上温州手机应用、快点温州手机应用等下载量均突破30万人次。丽水完成各县(市)“问政直通车”微信移动端建设和PC端改版，实现从“鼠标问政”向“指尖问政”跨越。稳步推进网络文化建设。策划组织浙江省第九届网络文化活动季，产生原创稿件1300多篇、网民创作作品10万多件(幅)，2000多万人次网民参与，相关内容点击量3亿多人次。组织全省网络媒体打造“网络中国节”系列网络文化活动，相关页面点击量2亿多人次，线下活动参与35.7万人次。组织参加全国“五个一百”正能量精品评选活动，浙江获选44项，位列全国第二。第三届浙江省“争做中国好网民”接力活动在温岭市启动。以“网聚正能量，展现新作为”为主题的第五届中国网络正能量——江山论坛在台州市举行。实施网络公益工程，选送的阿里巴巴“团圆系统”、公羊会国际应急救援项目、传化·安心驿站获评全国“因爱而行”网络公益年度项目。

【网络综合治理体系建设】 2018年，浙江省开展网络综合治理体系建设温州试点工作，省委网信办指导温州建立健全“五个机制”、全面实施“十大工程”、重点突破“十个项目”，实现网络综合治理体系建设工作精准破题、重点突破，得到中央网信办肯定。12月31日，省委网信办与省发展改革委、省信用办联合印发《关于建立网络信用评价体系加强网络信息服务监管的指导意见》，在衢州开展试点工作，探索建立网络信用评价体系。温州“清朗”指数、绍兴网络管理基础信息数据库、金华“和美乡村”百姓微信群、台州网络“理事长”制度等丰富网络属地治理。年内，省委网信办建立健全互联网信息内容行政执法协调工作机制，逐步实现“分业监管、联合执法”。乐清市成为全国率先确认互联网信息办公室行政执法主体资格的县(市、区)。成立由高校、科研院所专家学者组成的浙江省网络治理法律顾问委员会。研究制定网信行政执法工作流程、办案规范，推进互联网电子取证系统试用，提升网络执法建设规范化、科学化、专业化、精细化水平。完成钱江报系有限公司等17个单位的互联网新闻信息服务许可审核，有序推进互联网新闻信息服务许可工作。网络生态持续净化。梳理确定全省近1000个重点监管网站，按照政府类、媒体类、社会类分类将微信公众号纳入重点监管范围，开展新媒体从业人员教育培训，建立完善浙江省网信基础信息数据平台。集中开展“2018净网·清风迎春”“清朗”“扫黄打非”等30多项网络专项整治行动。做好属地网络直播平台风险漏洞排查和小程序备案，强化对网络直播平台、应用商店、小程序等新平台新业务服务管理。建立全省网络举报协同处置机制，形成全省网络举报“一张网”矩阵。

【网络安全保障能力提升】 2018年，省委网信办建立综合检查、专项督查、责任追究等制度，优化信息共享、研判、通报和重大事项报告等网络安全工作机制。建立政府投资信息化项目网络安全预审制度，开展拟建电子政务项目网络安全审查。统筹开展服务保障“最多跑一次”改革网络安全专项检查，实施中高强度渗透测试和现场督察，排查风险隐患700多个。做好重大活动网络安全保障工作，妥善应对处置重大网络安全事件。杭州、宁波、温州、湖州、嘉兴、绍兴、金华、台州等地统筹开展关键信息基础设施网络安全大检查。推进主动防御、隐私计算、内网管控等新技术试点示范项目和数据安全能力成熟度评估项目试点。强化网络安全人才引进培养工作，鼓励浙江大学、之江实验室等单位引进网络安全领军人才和创新团队。推动浙江大学、阿里巴巴集团等单位建设全国一流的工控系统信息安全靶场、网络安全实验室和工程中心，开展关键核心技术攻关。统筹各市和省级各单位举办2018年浙江省网络安全宣传周活动，高规格主办西湖论剑·网络安全大会和网络安全高峰论坛，指导云栖大会政务云安全专场、数据安全和隐私保护大会等活动。组织阿里巴巴集团、杭州安恒信息技术有限公司等单位组队参加“强网杯”“网鼎杯”等国内顶级网络安全大赛，培养选拔网络安全优秀人才。成立省网络空间安全协会，完成省信息安全标准化技术委员会换届，搭建党政企学研用交流合作平台，为产业发展和技术创新营造良好的发展环境。探索5G、IPv6、区块链和移动互联网等新技术安全管控难题。

【全省信息化发展统筹推进】 2018年，浙江省通过国家信息经济示范区建设中期评估。省委网信办统筹推进全省网络扶贫工作，将网络扶贫纳入全省东西部扶贫协作框架。聚焦加快信息领域核心技术突破，推动全省核心技术自主创新和产业生态建

2018年4月27日，“西湖论剑·网络安全大会”在杭州举行　（省委网信办　供图）

设。助力之江实验室打造浙江人工智能小生态体系，构建高效产学研用模式。与浙江大学区块链研究中心等单位联合成立全省首个由政府、高校、企业三方联手打造的区块链技术研究机构，加强区块链技术的战略研究和技术应用。创新推动网信军民融合发展，指导舟山做好国家北斗产业化、系统化、市场化应用和“东部沿海地区网信动员试点”两项试点建设工作，向中央网信办报送7项网信军民融合发展实践案例并做好推广工作。杭州着力打造全国数字经济第一城，“城市大脑”入选四大国家级人工智能创新平台。宁波重点打造余姚机器人小镇、北仑芯港小镇等重大平台，推动中科院计算机研究所、智能制造技术研究院等国内高端创新平台落户宁波。发挥服务支撑作用。做好全省信息化统计调查工作，摸清全省网络核心技术、网络安全、网络传媒等领域典型企业，初步建立属地网信企业数据库。推动1家省内网信企业通过证监会发审委的批准。组织参加数字经济发展与投融资培训班、数字中国建设峰会、全国深度贫困地区网络扶贫工作现场推进会、IPv6生态发布会等全国培训和会议，做好相关活动在浙江举办的筹备工作。“最多跑一次”改革、杭州互联网法院两个案例入选“数字中国建设年度最佳实践成果”。金华建设市级公共数据共享应用平台并接入省公共数据共享平台。

【第五届世界互联网大会在乌镇召开】 2018年11月7—9日，大会在桐乡市乌镇召开。大会由国家互联网信息办公室和浙江省政府共同主办，主题为“创造互信共治的数字世界——携手共建网络空间命运共同体”。国家主席习近平向大会致贺信指出，各国应该深化务实合作，以共进为动力，以共赢为目标，走出一条互信共治之路，让网络空间命运共同体更具生机活力。来自政府、国际组织、企业和民间团体的嘉宾，重点围绕创新发展、网络安全、文化交流、民生福祉和国际合作等议题进行探讨交流，旨在搭建中国与世界互联互通的国际平台和国际互联网共享共治的中国平台，推进全球共同繁荣，促进提升全球数字化发展水平，构建可持续的数字世界。其间，举行“乌镇峰会”互联网产业合作联盟揭牌仪式，全面搭建产业对接平台；组织开展数字经济产业合作大会、资本相亲会、“直通乌镇”互联网创业创新大赛总决赛等19场产业对接活动，汇聚国内外1196个互联网项目、200多个创投机构和50多个数字经济园区，参与人数4200多人次。省政府专门对大会的产业对接、招商引资工作做出部署，组织全省11个市的招商团队600多人，实际签约23个项目，达成12个意向签约项目，签约金额363.7亿元。

【网信系统政治建设】 2018年，省委网信办严把政治机关定位，采取领导带头学、联系实际学、专题培训学等方式，深入学习贯彻习近平新时代中国特色社会主义思想和党的十九大精神。组织开展全省网信系统纪律和作风专项整顿工作，全省网信系统梳理问题清单398项和制度清单345项，推动网信干部在阳光下用权、在监督中工作。完善网信工作体制机制。以省委机构改革为契机，做好省委网信办机构改革“三定”规定起草及相关工作，加强和完善省、市、县（市、区）网信工作体系建设。加强横向联动，形成各部门各司其职、各负其责、统分结合、合力推进的工作格局，推动各地网信部门提升工作能力和水平。2月22日，印发《关于加强全省网信领域重要工作督促检查的通知》，加大对网信领域重点任务落实情况督查力度。围绕“大学习大调研大抓落实”主题活动，开展“亮学习清单、看谋划项目，亮问题清单、看创新项目，亮任务清单、看落地项目”系列活动。推进网络社会组织建设和互联网企业党建工作。召开全省网络社会组织建设现场会，全省确定10个首批网络社会组织“文润同心”示范基地和20个首批网络社会组织品牌项目，开展浙江省网络社会组织联合会筹建工作。将互联网企业党建工作纳入网络意识形态工作责任制，确定全省互联网企业党建对象1200多家。杭州建成全市网信领域互联网企业动态数据库和党建工作数据库，重点互联网企业中建成独立党组织42个，成立联合党组织9个。温州网络社会组织中建成党组织60个，实现“网上党支部全覆盖”。

（省委网信办　黄铖宇）

统　一　战　线

【概况】 2018年5月10日，省委统一战线工作领导小组会议在杭州召开，省委书记车俊主持会议并讲话，会议审议通过《中共浙江省委统一战线工作领导小组工作规则》《中共浙江省委统一战线工作领导小组成员单位职责分工》《中共浙江省委统一战线工作领导小组成员单位2018年重点工作任务》,调整增加省委网信办等4个成员单位,全面理顺体制机制。统一战线工作纳入领导班子和领导干部综合考核评价指标体系和年度考核内容。6月25日,省委办公厅印发《浙江省统一战线工作年度考核办法(试行)》,开展对各市党委和省委统一战线工作领导小组成员单位党委(党组)的统一战线工作年度考核。统战部门机构改革相关工作有序推进,省委统战部做好原省外侨办人员转隶和省民宗委归口省委统战部领导相关工作,指导推进省台联、省黄埔军校同学会改革。牵头协调各民主党派省委会、省工商联和无党派人士围绕"最多跑一次"改革开展专项民主监督,并列入年度政党协商计划。各民主党派省委会主委带队,省、市、县三级联动,通过点面结合、联合监督,明察与暗访、阶段性与全过程监督相结合等方法,促进具体问题妥善解决。11月28日,车俊出席"最多跑一次"改革专题协商座谈会,对工作成效给予肯定。强化统一战线思想政治引领。创设并按季举办"之江同心讲堂",邀请全国知名专家学者做专题讲座。结合"不忘合作初心,继续携手前进"主题教育,围绕纪念中共中央发布"五一口号"70周年、庆祝改革开放40周年等主题,举办包括"初心·见证"经典朗读活动在内的一系列主题教育活动。

【多党合作和政治协商制度落实】 2018年2月24日,省委办公厅印发《中共浙江省委2018年度政党协商(会议协商)计划》,省委统战部按计划召开各类政党协商座谈会。落实情况通报、对口联系、谈心交友等制度,创办"同舟·知情明政"大讲堂。推进民主党派、工商联、无党派人士围绕省委、省政府中心工作建言献策,形成高质量专题议政建言成果。通过召开特约人员工作座谈会,提高特约人员工作制度效能。推进东西部扶贫协作,组织民营企业家、民主党派专家赴吉林长春市和四川广元市、阿坝州、仪陇县等地开展帮扶活动。支持各民主党派开展"同舟·法律大讲堂""同舟·名医大讲堂""法律援助民革工作站""思源工程""名医下乡送健康"等社会服务品牌建设。指导各民主党派省委会完善领导班子建设相关制度,组织开展民主党派代表人士队伍建设问题课题研究,协助省委形成《各民主党派关于从严加强省委会机关建设工作座谈会纪要》。

【民族宗教工作】 2018年,省委统战部出台推进民族乡村振兴意见,召开全省实施民族乡村振兴计划启动仪式暨"双百村结对行动"动员部署会;实施全省民族乡村振兴"双百村结对行动",全年民族乡村实施重点项目124个,投资额30.4亿元;牵头做好龙游团组结对帮扶工作。规范外来少数民族群众服务管理,与省民宗委联合开展规范外来少数民族群众服务管理工作调研,与有关部门联合做好新疆、西藏籍少数民族大学生在浙江就业创业相关工作,举办少数民族代表人士培训班。承办全国民族自治县全面建成小康社会工作现场经验交流会。指导省基督教"两会"召开省基督教第九次代表会议,完成省基督教"两会"换届;指导省级宗教团体开展工作,分别完成省佛教协会领导班子述职测评、省道教协会和省伊斯兰教协会领导班子成员考核测评;举办省级宗教界代表人士研修班和全省宗教界中青年骨干培训班。

【港澳台海外统战工作】 2018年,省委统战部着力打造港澳台青年工作的"新体系",围绕联谊交流、基地建设、骨干培育等三个层面开展工作。推进"万名香港青年浙江行"计划,邀请1000名香港青年到浙江参访;启动港澳台青年实践实习创业基地建设,基本实现各市基地建设全覆盖;瞄准港澳青年代表人士群体,推动浙商总会举办"港澳青创西湖实训班",举办第10期浙籍港澳台海外中青年代表人士国情研修班。举办浙江海外联谊会成立30周年大会暨迎春团拜会,指导开展包玉刚诞辰100周年系列活动、香港浙联会成立20周年系列活动及台湾大学生浙江夏令营、浙台基层交流周等品牌交流活动。全年接待港澳台代表人士和社团60多批1100多人次,组团赴港澳学习考察60批次、国外2批次。助推"一带一路"建设,参与举办2018浙港经贸合作周,举办"一带一路·浙港同行"主题论坛、"'一带一路'上的龙泉青瓷"主题沙龙活动。实施"海外传播官培育工程",传播中华文化,唱响浙江好声音,该做法得到省委书记车俊批示肯定,中央统战部《统战工作》刊物予以推广。

【推进"两个健康"目标实现】 2018年,省委统战部以促进非公有制经济健康发展和非公有制经济人士健康成长为目标,支持、引导全省非公有制经济有序发展。牵头实施"五个一百"活动,深入基层为民营企业办实事。开展浙江民营经济改革开放40年40人40件事典型宣传,引导民营企业坚持高质量发展,防范和化解金融风险,主动投身精准脱贫和乡村振兴。指导宁波市打造亲清新型政商关系试点工作,制订亲清新型政商关系行为规范;指导温州市开展新时代"两个健康"先行区创建。加强新生代企业家教育培养,建立完善新生代企业家人才库,开展新生代企业家"薪火传承"、长三角地区新生代企业家论坛等活动。开展民营企业风险防范专项调研活动,对近三年入围全国民营企业500强榜单的浙江民营企业和省、市工商联(商会)主席(会长)、副主席(副会长)企业进行走访、面谈,形成专题调研报告报送省委、省政府。11月2日,浙江省非公有制经济人士新时代优秀中国特色社会主义事业建设者表彰大会在杭州举行。省委书记车俊、省长袁家军、省政协主席葛慧君等领导出席,55名优秀非公有制经济人士受到表彰。

【党外知识分子和新的社会阶层人士统战工作】 2018年,省委统战部研究明确新的社会阶层四类对象重点人群的划分标准和范围,并掌握其中重点对象。5月31日,全省新的社会阶层人士统战工作联席会议在杭州召开，会议明确各成员单位年度重点任务。省委统战部完成省委、省政府重点课题“新的社会阶层代表人士培育研究”，形成具有较强指导性的调研报告。推动建立省直相关单位、各市党委列名联系新的社会阶层代表人士制度。开展试点探索工作，按照标准化、规范化、载体化思路，推进新的社会阶层人士统战工作实践创新基地建设，建立4个国家级、16个省级实践创新基地。贯彻落实中央统战部党外知识分子统战工作培训暨党外知识分子联谊会工作推进会精神，指导各地组织实施精品知联会建设。9月18日，浙江省知识界人士联谊会三届一次理事大会在杭州召开，会议选举产生新一届常务理事会和领导班子。年内，省委统战部起草无党派代表人士培养选拔分析报告。开展高校无党派人士认定登记和高校无党派人士培养“青苗计划”实施情况调研检查。推进省直机关、高校、国有企业统战工作，与省直机关工委联合出台《关于加强新形势下省直机关统一战线工作的实施意见》。

【全省网络界人士联谊会建立】 2018年6月26日，浙江省网络界人士联谊会成立大会在杭州召开。会议审议通过《浙江省网络界人士联谊会理事会选举办法（草案）》，选举产生第一届理事会常务理事和会长、副会长。省委统战部相关负责人出席并讲话。省知联会副会长、万邦工程管理咨询有限公司负责人、11个设区市市委统战部有关部门负责人等参加。全年全省建立各级网联会87个，吸收成员4100人。

【党外代表人士队伍建设】 2018年，省委统战部健全与省委组织部两部联席会议机制，制定实施党外代表人士梯队建设“1155”计划、实践锻炼“双百”计划、教育培训“双千”计划三大计划。全年举办培训班19期，培训学员近800人。选派164名党外代表人士参加各类实践锻炼。创新落实“双走访”工作，集中走访省直单位、在杭高校党外代表人士118人。发挥社会主义学院统一战线人才教育培养主阵地作用，推进党外代表人士工作制度化、规范化、常态化。组织开展优秀年轻党外干部调研，积极向省委组织部推荐优秀年轻党外干部。

（省委统战部　胡方亚）

政策研究

【概况】 2018年，省委政研室认真学习贯彻习近平新时代中国特色社会主义思想和党的十九大精神，按照中央和省委重大决策部署，紧扣“‘八八战略’再深化、改革开放再出发”的主题，发挥省委“第一智库”作用，履行文稿起草、课题研究、政策拟订、信息服务、协调督察等职能。全年除起草省委、省政府文稿外，编发《浙江政研》62期、《浙江改革》29期，省委政研室报送调研建议材料获省委、省政府领导批示120件次，其中，省委、省政府主要领导批示68件次。编辑《政策瞭望》12期，编纂完成《浙江年鉴(2018)》。

【省委重要文稿起草工作】 2018年，省委政研室围绕学习宣介“八八战略”与习近平新时代中国特色社会主义思想，做好“中国共产党的故事——习近平新时代中国特色社会主义思想在浙江的实践”专题宣介会等有关文稿起草工作。围绕省委推动“‘八八战略’再深化、改革开放再出发”、清廉浙江建设等重大部署，做好省委十四届三次、四次全体会议，省委经济工作会议，全省全面深化改革大会，全省对外开放大会等有关文稿准备工作，起草省委、省政府《关于深化“最多跑一次”改革推动重点领域改革的意见》《关于以“一带一路”建设为统领构建全面开放新格局的意见》等重要政策文件。围绕省委推进“一带一路”建设、长三角区域一体化发展、“美丽浙江”建设、山海协作工程、扶贫开发、小微企业园建设等重大部署，做好有关文稿起草工作。

【履行省委财经办职能】 2018年，省委政研室认真履行省委财经委员会办公室职能，做好省委财经委员会（财经领导小组）6次会议服务工作，围绕会议讨论研究的省级财政预算、投资项目等“七大盘子”和打好防范化解金融风险攻坚战、构建集中财力办大事财政政策体系、组建上市公司稳健发展基金、国企专项改革、东西部扶贫资金筹措等重大事项，做好前期调研、沟通协调、会务安排、文稿起草等工作，并开展会议事项落实情况跟踪。做好经济形势分析研判和社会形势调研，着重围绕中美经贸摩擦、防范金融风险、帮扶民营企业、推进高质量发展等方面提出对策建议。组织开展义乌国际贸易综合改革试验区框架方案及相关政策研究，统筹协调省级有关部门和金华、义乌，研究提出义乌国贸改革试验区建设的设想和建议，并起草相关文稿。

【履行省委改革办职能】 2018年，省委政研室认真履行省委改革办职能，做好省委全面深化改革领导小组会议服务工作，深入总结上年全省全面深化改革工作，谋划当年省委改革领导小组工作要点、重点突破改革项目和省领导联系重点突破改革项目，提出工作建议。全程参与全省深化机构改革工作，参与机构改革前期调研，承担省委深化机构改革实施意见等相关文稿起草工作，抽调4人参加省机构改革工作专班集中办公。推动重大改革项目督察和第三方评估工作，研究起草重大改革项目督察工作计划、评估工作方案和评估管理办法，协调跟踪推进重大改革项目督察、评估工作，牵头开展“最多跑一次”改革第三轮抽样调查评估和设区市改革满意度评估。做好“最多跑一次”改革理论研讨会相关服务工作，组织开展“最多跑一次”改革地方最佳实践案例评选。协调推动全面创新改革工作，协调启动滨江、余杭全面创新改革试验区建设，指导深化杭州、嘉兴等全面创新改革，组织召开全面创新改革督察专题会议。完成各设区市改革工作实绩考核。

【课题研究和信息服务】 2018年，省委政研室牵头开展上年度省委书记车俊主持的重点课题研究，参与其他省委、省政府领导重点课题研究，完成省委、省政府领导重点课题选题汇总、成果汇编等工作。开展“大学习大调研大抓落实”活动，紧紧围绕省委重大决策部署、省委领导关心的重大问题、改革发展中的热点难点问题组织开展调查研究，全年开展各类调研142批次，其中深入县（市、区）基层一线调研110批次，形成具有重要参考价值的调研成果，部分为省委决策吸收采纳。开展理论研究，完成《习近平全面深化改革重要论述在浙江的萌发及实践研究》《“枫桥经验”在城市基层治理中的运用研究——以浙江为研究对象》课题研究成果。健全完善与省直部门、科研院所横向协作机制和省、市、县（市、区）政研工作互动机制，完成国务院发展研究中心委托的民生入户调查任务，形成课题报告《2018年浙江民生发展总报告》。推进调研成果转化，做好《政策瞭望》和《浙江年鉴》编辑工作，出版《2017浙江民生发展报告》《省领导重点调研课题文集（2017）》等书。

【省委政研室机构改革工作完成】 2018年，根据党中央、国务院批准的浙江省机构改革方案，原设在省委政研室的省委改革办，改为单独设置，作为省委工作机关；省委政研室不再加挂省政府发展研究中心牌子，有关职责交由省政府研究室承担。按照省委统一部署，做好改革协调处（督察处）、改革研究和促进中心的机构职能划转，完成涉改人员转隶工作；做好改革后省委政研室“三定”规定起草、报批工作，经省委同意后，完成内设机构调整、职能落实和人员到位工作。经省委编办同意，将宣传中心更名为政策信息中心，作为公益一类事业单位；将《浙江年鉴》编纂职责移交省地方志办公室承担，并停办《浙江政策年鉴》，主要职责调整为政策信息研究，助推省委“第一智库”建设。机构改革后，浙江省委政研室下设办公室、综合处、财经处、产业处、区域处、社会处、政治和文化处7个处室和政策信息中心。

【全面从严治党主体责任履行】 2018年，省委政研室全面加强机关党的建设，组织室务会议、室理论学习中心组、室领导例会学习21次，全室党员干部集中学习13次，举办“政研论坛”8期。制定和修订完善《干部人事工作细则》《外出参加讲课和评审类活动若干规定》《委托课题管理办法》《保密制度》等管理制度10项，初步形成长效机制。制定清廉机关建设实施方案，部署开展清廉支部建设，组织开展领导干部兼职专项督查和违规房产交易、违规借贷专项治理。经常性开展廉洁教育和警示教育。

（省委政研室　黄　翔）

机构编制

【概况】 2018年，省委编办履行省基层治理体系“四个平台”（综治工作平台、市场监督平台、综合执法平台、便民服务平台）建设领导小组办公室工作职责，致力于总结推广基层实践创新做法，培育“基层治理四平台”建设示范标杆。统筹使用各类编制资源。11月1日，出台《浙江省民办事业单位报备员额管理办法（试行）》《浙江省公办高校、公立医院报备员额管理办法（试行）》，推动报备员额工作更规范、更具操作性。结合承担行政职能事业单位改革，推进编制统筹管理，解决相关部门编制配备不足问题。全面梳理统计2010年以来省属事业单位空编变化情况，研究空编使用政策。

【机构编制服务体制改革】 2018年，省委编办配合做好国地税合并、市县法院内设机构改革、生态环保监管体制改革、地方金融体制改革、全面创新改革试点、统计调查队伍管理体制改革、县域医共体建设、开化国家公园管理体制试点等相关重点领域改革工作。8月9日，印发《关于深化港航公安机关管理体制改革的实施方案》，做好相关编制划转等工作，指导宁波市抓好组织实施。围绕中央和省委深化教育体制机制改革要求，研究形成《深化教师队伍建设改革相关政策调研报告》《统筹体制机制内外幼儿园发展调研报告》。

【机构编制管理刚性约束强化】 2018年4月30日，省委办公厅印发全国省级层面首个机构编制党内法规《浙江省机构编制监督检查办法》，为严肃机构编制纪律提供制度保障。省委编办探索“互联网+机构编制监督检查”工作机制，将实名制管理制度执行情况列入监督检查内容；开展网上机构编制监督检查工作，校准数据信息，开展全省实名制数据信息专项核查；定期与省级单位统发工资库数据比对；完成部分事业单位报备员额人员分库工作；建立健全机构编制审批与问题整改联动机制，精准梳理编制问题清单。强化与组织、巡视、审计协作联动，选派12人次参与选人用人专项核查和市县党政主要领导经济责任审计，督促市县完成机构违规问题整改202项。

（省委编办　贾毅琦）

信访

【概况】 2018年，全省信访系统完成重要时期节点信访护航任务。全省来访、来信29万件人次，与上年基本持平；网上信访35.9万件，增长70.8%；电话登记信访事项169.1万件。其中，城乡建设、劳动和社会保障、环境保护、商贸旅游、交通运输等五类信访问题占信访总量的61.8%。全年来访、来信呈现总量大、重点领域信访问题突出、部分地区信访结构失衡等特点。省信访局梳理习近平总书记在浙江主政期间有关信访工作的重要论述和实践，形成《习近平总书记关于加强和改进人民信访工作的重要思想在浙江的形成与实践》报告，并上报国家信访局。全国信访局长会议期间，省信访局主要负责人代表浙江在专题学习研讨会上做题为“坚持发展‘枫桥经验’推动信访问题及时就地解决”的交流发言。

【信访积案化解】 2018年，浙江省开展无信访积案县（市、区）创建活动。

6月14日，省委办公厅、省政府办公厅印发《"无信访积案县（市、区）"目标实施方案》，提出打好积案攻坚三年战役，实现全省信访积案绝大部分化解，44个县（市、区）实现"无信访积案县"的目标。省委书记车俊、省长袁家军等19位省领导全年下访34次，接待群众35批52人次，化解疑难信访事项28件。省信访局制订"无信访积案县（市、区）"考核量化指标，对各市新增积案率、积案化解率等情况实行"挂图作战"，做好存量积案消减和新增积案控制工作。中央信访联席办交办的信访件全部办结；省、市、县三级排查的信访积案息访率达69.8%；新增积案数量比上年下降64.2%。

【信访工作责任落实】 2018年是浙江省连续实行省委书记、省长与市委书记、市长签订信访工作责任书制度的第15年，并带动市、县、乡层层签订责任书，强化属地属事责任。6月起，省信访工作领导小组按季度通报各地上访情况，评估各地工作，推动形成"金字塔"形的良性信访结构。打击侵害群众合法权益行为，省、市、县三级发出追责通报302件，开展责任追究447起，党纪政纪处分245人。全省以县（市、区）为责任主体，增加县领导接访形式，并将接访责任拓展至镇街、部门负责人，形成接访在县里的机制和导向。2月5日，省委办公厅、省政府办公厅出台《关于进一步完善领导干部批阅群众来信办理制度的通知》；7月9日，省信访工作领导小组印发《浙江省县级领导干部公开接访群众工作办法（试行）》，将接访下访要求外化为刚性制度；省信访局通过工作检查、视频调度督导落实，使接访下访成为领导基本功和必修课。全省1.6万名县级领导干部在信访部门驻点接访到位率达92.4%，三门县、玉环市两地县级领导接访登记占比90%以上。

【信息应用水平提升】 2018年，省政府将统一政务咨询投诉举报平台（简称"统一平台"）纳入首批8个数字化转型标志性重大项目，全省信访系统实现数据共享，助推"最多跑一次"改革进一步发展。加强"统一平台"和"基层治理四平台"融合对接，7月4日，全省统一政务咨询投诉举报平台与"基层治理四平台"对接工作现场会在江山市召开。年内，两个平台的优势得到发挥，社会治理从单向管理向双向互动、线下向线上线下融合、单纯部门监管向社会协同转变。完善大数据应用系统，透过信访大数据收集社情民意，及时将问题向党委政府反映。省信访局有9篇问题类专题分析报告获省领导批示。其中2篇得到省委书记车俊批示，1篇得到省长袁家军批示。杭州、温州、湖州、衢州、舟山、台州等地基于信访大数据生成效能指数、阳光指数，每月向媒体公布。在7月25—26日举行的全国网上信访工作推进会议上，浙江以视频形式做典型经验交流。

【信访工作重要会议】 2018年1月17日，省信访工作领导小组会议在杭州召开。省委常委、秘书长陈金彪，省委常委、政法委书记王昌荣，省信访工作领导小组成员单位有关领导参会。会议要求全省各级各单位围绕推进国家治理体系和治理能力现代化的目标，准确把握全国社会主要矛盾的新变化，用法治的理念、改革的举措做好新时代信访工作，深入推进信访工作制度改革和信访法治化建设，依法及时就地解决群众合理合法诉求，奋力开创全省信访工作新局面。2月1日，全省信访局长会议在杭州召开。各市、县（市、区）信访局长参加。会议总结上年工作，研究部署当年全省信访工作任务，并对全省信访系统23个先进集体、46名先进工作者进行表彰。为44个无信访积案县（市、区）授牌。（省信访局 夏 曦）

党 校

【概况】 2018年，省委党校贯彻落实中央、省委重大决策部署，推动各项工作有效开展。与《学习时报》（中央党校报刊社）签订战略合作协议，与省委宣传部等单位联合召开改革开放40周年理论研讨会。围绕纪念马克思诞辰200周年、改革开放40周年、"八八战略"实施15周年，先后发表《始终坚定马克思主义伟大信仰》《走在前列的不竭动力》《历史的选择逻辑的必然》《新思想理论从何而来》《"两山"理论在浙江的生动实践》等系列理论文章。全年在《光明日报》《浙江日报》等发表理论宣传文章41篇。举办主体班次62个，培训学员7600人次；对外培训班次202个，培训学员1.68万人次。省委党校获全国党校系统4项优秀科研成果奖、3项优秀决策咨询成果奖，是全国唯一全部获科研组织奖、项目中标奖、优秀科研成果一等奖和决策咨询成果一等奖的单位。做好高层次人才推荐工作，新入选国家和省级各类人才3人，其中，享受国务院特殊津贴1人、省"151"第二层次人才1人、钱江人才资助对象1人。选派8人到省级机关、14人到市县挂职锻炼。新增澳大利亚新南威尔士大学和秘鲁国际政治关系学院2个签约单位，国际合作平台达13个。

【习近平新时代中国特色社会主义思想学习研究宣传工作】 2018年，省委党校突出习近平新时代中国特色社会主义思想学习培训。把习近平新时代中国特色社会主义思想贯穿一切教学活动。在进修班和中青班等主体班次中，习近平新时代中国特色社会主义思想课程占总课时50%以上。在对外培训中，优先安排习近平新时代中国特色社会主义思想专题轮训，承办20个省直单位处级干部学习习近平新时代中国特色社会主义思想专题培训，举办33期，培训3300多人；优化班次和课程安排，把习近平新时代中国特色社会主义思想作为每一个班次必修课，在100多个班次中突出习近平新时代中国特色社会主义思想专题学习，培训学员1万余人。开发习近平新时代中国特色社会主义思想课程。采用课题招标、集体备课、教案审核、竞争择优等形式，精心打造习近平新时代中国特色社会主义思想"1+1+6+X"系列课程（"1+1"即总论+"八八战略"，"6"即经济、政治、文化、社会、生态文明、党的建设分论,“X”即根据不同班次特点开设习近平总书记全面依法治国、外交思想、哲学智慧等课程)。开发习近平新时代中国特色社会主义思想系列课程12讲,教学优秀率90%以上。开展习近平新时代中国特色社会主义思想宣讲。开发习近平新时代中国特色社会主义思想现场教学点,建设“绿水青山就是金山银山”等六大专题19条现场教学线路。围绕习近平新时代中国特色社会主义思想在浙江的萌发与实践,组织开展各类宣讲55场次。加强“重要萌发地”研究。省委提出“重要萌发地”重大论断后,省委党校与中央党校、中国社科院联合举办“伟大思想理论从何而来——习近平新时代中国特色社会主义思想重要萌发地”理论研讨会,相关成果在《学习时报》刊发,全国30多个媒体转载。参与省中国特色社会主义理论研究中心重大课题研究,其成果“习近平新时代中国特色社会主义思想在浙江的萌发与实践——区域协调发展篇”在《浙江日报》刊发。6月25—26日,由中央党校习近平新时代中国特色社会主义思想研究中心、中央党校科研部、浙江省委党校、嘉兴市委主办的全国党校系统学习研究宣传贯彻习近平新时代中国特色社会主义思想理论研讨会在浙江红船干部学院举行。作为省委纪念“八八战略”实施15周年系列活动之一,组织教研骨干,编写出版《八八战略》专著,省委书记车俊、中央党校副校长何毅亭做序,在第25届北京图书博览会上获中央宣传部领导肯定。

【省委重大决策部署贯彻落实】 2018年,省委做出“大学习大调研大抓落实”部署后,省委党校结合党校工作特点,多层次、多渠道、多形式开展活动,组织骨干力量到天台县金满坑村蹲点调研,形成《文化让山村焕发别样魅力》调研文章,在《浙江日报》刊发并在省委召开的市委书记工作例会上交流发言。完成“十八大以来中央改革政策在浙江落地情况评估”“浙江省群团改革评估”等第三方评估项目。其中,《十八大以来中央改革政策在浙江落地情况评估报告》梳理中央政策267个。研究提出浙江红船干部学院组建方案,并从教学组织、班次安排、后勤服务等方面全力支持。与省委组织部联合开展“增强理论教育、党性教育针对性实效性问题”研究。围绕“最多跑一次”改革,编写《“最多跑一次”改革》专著,作为省委“最多跑一次”改革理论研讨会用书,入选新华社“庆祝改革开放40周年主题图书”和2018年度“浙版好书榜”。开展“最多跑一次”改革最佳实践案例评选,梳理筛选全省典型案例194个。参与“一带一路”枢纽行动,与省商务厅合作赴越南开展联合调研,形成《关于我省境外经贸合作区建设的调研与建议》专题报告,成果被吸收到省委《加快国际产业合作园发展的实施意见》中。举办“‘一带一路’倡议下浙江—意大利深化经济合作的空间与展望”理论研讨会。

【学科建设与教学培训】 2018年,省委党校专题研究学科建设,分学科分专业听取教研部意见建议,明确各教研部的学科定位和研究重点,加快构建学科体系。10月22日,出台《关于进一步推进学科聚焦的若干措施》,突出马克思主义理论学科主导地位,从七个方面进一步推进党校学科聚焦。进一步落实教研部学科建设主体责任和学科评估考核。按照“核心+创新+特色”要求,推进五大类58项核心课程建设,分两批组织核心课程验收,验收通过28门。成立8个样板课建设团队,开展集体备课、听课、评课,经两轮评审后,确定首批核心课程样板课4门。组织开展第六届全省党校系统精品课评选,10门课程被评为精品奖,15门课程被评为优秀课程。针对不同班次学员特点,在教学板块设计、单元设置、课程布局等方面做出调整,提高教学区分度,教学满意度稳定在90%左右。开展对外培训工作。全年举办处级以上学员培训106期,占比52.5%;厅级以上学员培训12期,委托单位满意率100%,平均优秀率90%以上。完成蒙古国党政干部培训班、中央国家机关公共安全与应急管理培训班、全国中央企业安全生产与应急管理专题班、浙江省首期海外示范性侨团侨领高级研修班、广东县(市、区)长专题研讨班和澳门社团负责人培训班等办班任务。举办全国浙江商会会长学习习近平新时代中国特色社会主义思想培训班。做好研究生教育工作。申报社会工作硕士(MSW)专业学位授权点,年内设有5个一级学科硕士学位点和公共管理(MPA)、社会工作(MSW)2个专业学位授权点,居全国省级党校第一位;做好马克思主义理论、理论经济学、政治学3个省一流学科的中期评估申报;公共管理、马克思主义理论、政治学和理论经济学4个一级学科硕士点和MPA专业学位点通过专家评估。

【科研资政】 2018年,省委党校深入开展理论研究,做好国家课题申报论证和组织工作,立项国家社科基金课题4项。全年在研国家课题28项,省部级以上课题135项,各类课题总数350多项。在《政治学研究》《党建研究》《中共党史研究》等权威期刊发表论文17篇。研究总结浙江改革开放40周年经验启示,推出《浙江改革开放实践的理论贡献》《浙40年》等重要成果。9篇论文入选全省改革开放40周年理论研讨会,总量居各高校和科研机构首位。《中共浙江省委党校学报》更名《治理研究》,再次入选全国中文核心期刊和中国人文社会科学核心期刊,复合因子影响排名全省第二位。成立校决策咨询委员会,加大对省情研究、资政选题的策划组织力度。运用国际合作交流平台,开展海外浙商研究。开展“走进机关、走进实践、走进基层”专项行动,组织教研人员赴基层一线开展蹲点调研,形成专题调研报告14篇。加强与地方党委政府合作,推进嘉善县域科学发展示范点跟踪研究,总结提炼嘉善县域治理经验,编写出版专著《迈向新时代的嘉善县域科学发展实践》。加强清廉浙江建设研究,“全面从严治党研究中心”获批浙江省首批新型重点专业智库。开展资政研究。教师队伍通过跨学科组建创新团队,对红船精神、高质量发展、特色小镇等跟踪研究，形成《杭州未来科技城发展研究报告》等成果。学员队伍基于实践，围绕新经济新动能、八大万亿产业、山海协作工程升级版等开展调研，形成《加大对传统制造业改造提升的服务力度》等报告；高端智库专家借助外脑，就数字经济、“四大建设”等前沿问题开展深入研究，形成《关于组织开展以数字经济“一号工程”为引领的科技“强鹰行动”的建议》等成果。全年报送《决策参阅》56期，获省部级以上领导批示50人次。党校智库入选南京大学、中国社科院、上海社科院三大智库评价机构。

【全省党校系统建设】 2018年，省委党校加强对市、县（市、区）党校业务指导，提升系统统筹度，开展首轮办学质量创优评估。由校领导带队，组成8个评估组赴29个市、县（市、区）党校开展评估，评估结果为优秀等次28个、良好等次1个。加强工作统筹。6月6日，印发《关于进一步提升全省党校系统统筹度的意见》，推进全省党校布局统筹、资源统筹、力量统筹和工作统筹。设立省委党校平阳分校，开展革命传统教育和党性教育。新增案例库，推动全省党校“四库”（师资库、专题库、基地库、案例库）共建共享。推进电子政务视联网平台建设，完成全省设区市党校和干部学院系统接入，实现视频信息互联互通。集聚全省党校力量，加快“红色学府网”二期项目建设，形成“1+5+X”（1：“习近平新时代中国特色社会主义思想”专题数据库；5：“习近平同志在浙江”“红色浙江——网上党性教育”“校院文库”“浙江省情数据及研究”“马克思主义理论教育精品课程”专题数据库；X：全省党校（行政学院）系统特色专题资源库，包括“‘最多跑一次’改革”“长三角一体化”“浙籍马克思主义理论家：华岗”“中共一大与红船精神”“浙江舟山群岛新区”“义乌国际贸易综合改革试点”“互联网+创新发展试验区”“《共产党宣言》中国传播史研究”等特色专题资源库）全省党校共享特色数据库。开展师资培训。举办全省党校“习近平新时代中国特色社会主义思想”教学能力提升师资班、校长培训班、教学管理骨干培训班各2期，参加培训350人次。分学科推进师资培训，召开首届全省党校法学师资教学交流和科研协作会议、社会学文化学协作会议、党史党建教研部负责人会议等专项培训。选派79名市、县（市、区）党校常务副校长参加6期中央党校“全国党校系统学习贯彻习近平新时代中国特色社会主义思想校长研修班”。

（省委党校　朱文艺）

党史和文献编研

【概况】 2018年，省委党史和文献部门推动党史基本著作编写。完成地方党史一卷本（新民主主义革命时期）《中国共产党浙江历史》（第一卷）修订工作。通过组织召开全省地方党史二卷编写工作推进会，赴市、县实地调研，帮助审读二卷书稿等方式，加强对市、县（市、区）地方党史二卷本（社会主义革命和建设时期）编写的业务指导。至年末，全省有70%的市、县（市、区）完成二卷编写出版，杭州、宁波、温州、嘉兴、绍兴、衢州6市成建制完成二卷编写出版。地方党史三卷本（改革开放和社会主义现代化建设新时期）编写工作推开，全省92个任务单位中有56个启动编写工作，其中16个单位进入初稿写作阶段。省本级党史三卷编写工作有序开展。加强党风廉政建设，编写《浙江党史上的70个清廉故事》。开展“大学习大调研大抓落实”活动，通过赴基层调查研究，形成调研成果7篇。

【党史专题研究】 2018年，省委党史和文献研究室深入开展国家社会科学基金特别委托重大项目《中国南方地区侵华日军细菌战研究（浙江地区）》课题研究，组织人员赴黑龙江731细菌战纪念馆征集档案资料，编辑出版《日军侵浙细菌战档案资料汇编》（第七册，甬台温地区）（第八册，金华地区）和《侵华日军细菌战罪行学术研讨会论文集》等阶段性研究成果。启动浙江省抗日战争时期口述资料征集编纂工作；组织开展《浙江工业化的起步》《浙江知识青年上山下乡》2本省级重点研究课题编纂工作；围绕庆祝改革开放40周年，推出总结浙江改革开放历程和经验的研究成果；编辑出版《中国改革开放全景录·浙江卷》，系统梳理浙江改革开放40年的历史脉络，并入选新华社盘点的“庆祝改革开放40周年主题图书”好书；编辑出版《浙江改革开放口述史》，收录亲历浙江改革开放进程的老领导和各条战线主要代表人物回忆文章22篇；编辑出版《聚焦核心决策——回望浙江发展改革之路》，展现浙江改革开放40年发展脉络及大事要事；配合完成中央党史和文献研究院重点科研项目《改革开放实录》（浙江部分）的工作。

【党史资政】 2018年，省委党史和文献研究室深化红船精神研究和宣传工作。指导、配合嘉兴市委开展中共一大南湖会议研究，《中共一大嘉兴南湖会议研究》课题成果在首届“红船论坛”上发布。组织撰写《“总书记之问”引出最早的<共产党宣言>中译本和第一部党章的“神秘守护人”》。指导中国共产党创建史（红船精神）研究基地、红船精神研究中心等研究

2018年，省委党史和文献研究室挖掘浙江党史上清正廉洁的典型人物和典型事例，组织编写《浙江党史上的70个清廉故事》并汇编成册

（省委党史和文献研究室　供图）

机构，加强中国共产党创建史研究，合作开展红船精神研究。配合做好宣教平台和载体建设工作。为南湖革命纪念馆设立红船精神展示厅，提供展陈大纲、史实把关、资料征集等方面支持；参与指导红船干部学院筹建，在校园文化建设等方面提出意见建议；参与省委宣传部牵头组织反映浙江“三个地”内容的画册策划工作，重点提供中国革命红船起航地的相关思路与资料。参与省红船精神研究指导委员会有关工作，2人被聘为省委红船精神宣讲团成员；指导全省各地党史部门把宣讲红船精神作为日常宣讲的重点，利用多种形式把红船精神的内涵和意义传达到基层干部群众。加强对“习近平新时代中国特色社会主义思想在浙江的萌发”课题研究。推出《习近平同志在浙江工作期间对解决“三农”问题的理论思考与实践探索》《习近平同志在浙江工作期间创新发展“枫桥经验”的理论与实践》等研究成果。研究习近平新时代中国特色社会主义思想在浙江的生动实践，推出省委、省政府年度执政纪事，省委、省政府年度核心决策聚焦等研究成果。省委党史和文献研究室撰写的《宁波参与全省大湾区建设的调研报告》获省委副书记、宁波市委书记郑栅洁批示肯定。

【党史宣传教育】 2018年，省委党史和文献研究室创新宣传形式，优化宣教载体，丰富和完善“党史七进”的形式和内容。与浙江在线、《浙江日报》等主流媒体合作，开展宣传活动；与省档案馆合作，在“今日头条”手机应用中开辟“记忆浙江”专栏，推送介绍中共浙江历史，尤其是浙江改革开放历史的内容，全年发文62篇；与省委党校签署战略合作协议，开展党史资源与党史宣传共建共享活动，包括在省委党校图书馆设立党史专题书架、在“红色学府网”开设党史宣传栏目、在省委党校微信公众号中推送研究成果等；与省委宣传部、省教育厅、团省委等单位联合组织在全省大中小学校、青年党团员中开展“讲好革命故事传承红色基因——浙江省红色故事会”活动。在省级机关、市县党委、企事业单位、党校、高校、基层党组织中开展宣讲活动60多场。守好主流思想舆论阵地，加强和改进涉党史宣传教育工作。主动配合清廉浙江建设，编写《浙江党史上的70个清廉故事》，印制6000多本赠送给省级机关各党支部。“浙江党史文献”网站更新内容1200多篇、240多万字；“浙江党史”微博、微信分别更新内容840多条、200多条；《足迹》杂志编发6期；《党史工作信息》发布12期；《党史研究参考》出版8期。做好党史教育基地和纪念场馆建设工作。闽浙赣皖土地革命战争浙西纪念馆等纪念场馆开馆，嘉兴南湖革命纪念馆、中国共产党杭州历史馆等党史教育基地接待参观人数上升。起草《浙江省党史部门助推红色旅游工作的回顾和思考》，为全省红色旅游发展建言献策；配合做好农村文化礼堂建设和红色旅游发展等工作。完成涉党史题材出版物、文章文稿、影视作品的审读、审看，以及对有关党史重大题材展览的审查工作。

表2　2018年省委党史和文献研究室主要成果

成果形式	成果名称	出版单位/发表刊物	出版时间/发表期数
著作	《侵华日军细菌战罪行学术研讨会论文集》	中共党史出版社	5月
	《中国改革开放全景录·浙江卷》	浙江人民出版社	12月
	《改革开放口述史资料》	中共党史出版社	12月
	《大潮起之江——浙江改革开放40年》	内部出版	12月
论文	《“总书记之问”引出最早的<共产党宣言>中译本和第一部党章的“神秘守护人”》	《党史研究参考》	第1期
	《续写“八八战略”新时代篇章开启“两个高水平”建设新征程——2017年省委、省政府科学决策、推进发展纪事》	《足迹》	第1期
		《党史研究参考》	第2期
	《深入推进“最多跑一次”改革——2017年省委、省政府核心决策聚焦》	《足迹》	第1期
	《“枫桥经验”的形成及坚持发展》	《党史研究参考》	第3期
	《故乡人民心中永远的丰碑：周恩来在浙江——纪念周恩来诞辰120周年》	《足迹》	第2期
	《习近平同志在浙江工作期间对解决“三农”问题的理论思考与实践探索》	《党史研究参考》	第5期
	《永远的钱塘情怀——刘少奇与浙江》	《足迹》	第5期
	《习近平同志在浙江工作期间创新发展“枫桥经验”的理论与实践》	《党史研究参考》	第8期
	《浙江改革开放40年的基本经验》	《足迹》	第6期
	《浙江改革开放40年发展历程》	《今日浙江》	第24期
	《浙江非公有制经济组织党的建设》	《改革开放实录》	第二至四辑
	《改革开放以来浙江小城镇建设的历程与经验》		
	《改革开放以来浙江“省管县”体制改革的探索与实践》		
	《改革开放以来浙江海洋经济发展历程》		
	《“法治浙江”建设的历程及经验回顾》		
	《浙江推进生态文明建设的历程及经验》		

（省委党史和文献研究室　提供）

【党史资料征编和文献编研】 2018年，省委党史和文献研究室做好党的文献编研和党史国史资料征编工程。与有关部门和个人开展合作，征集、整理党和国家领导人在浙江的照片；征集历任省委书记在淳安下姜村的活动资料；征集省委、省政府主要领导的新闻报道资料和视频资料等。赴福建等地征集红军北上抗日先遣队、红军挺进师在闽北活动的资料。在全省范围内启动实施全省党史资料征集暨党史资料数字化工程，对全省党史部门自成立以来征集到的文字、视频、音频等各类资料和公开、内部出版的书刊进行集中数字化加工。至年末，完成“浙江党史文献资料数据库”第一期建设，录入书籍2153本、61万页，档案28万页，图片4000页。

【党史纪念活动】 2018年，省委党史和文献研究室围绕庆祝改革开放40周年，在中央党史和文献研究院召开的“不忘改革初心，总结40年成功经验——学习贯彻习近平总书记在庆祝改革开放40周年大会上的重要讲话精神”座谈会上做交流发言；参与遴选推荐浙江报送的改革先锋人选并提供有关资料；精选60幅图片，制作《大潮起之江——浙江改革开放40年》挂图，挂图被列为浙江省庆祝改革开放40周年群众性主题宣传教育活动重要内容；配合推进“百年追梦”浙江美术书法创作工程（二），成果于12月在浙江展览馆展出。组织撰写《浙江改革开放40年发展历程》在党报、党刊上刊登，参与或组织召开浙江改革开放40周年理论研讨会和“改革开放与当代浙江的发展”研讨会。围绕纪念毛泽东诞辰125周年，与中国中共文献研究会毛泽东思想生平研究分会联合主办“毛泽东与中国共产党人的初心和使命”学术研讨会暨毛泽东思想生平研究会年会。围绕纪念周恩来诞辰120周年，组织开展“周恩来与浙江”图片展活动，邀请其亲属做廉政报告，并编印《周恩来与浙江》图片集。围绕纪念刘少奇诞辰120周年，完成《刘少奇与浙江》画册、《追寻刘少奇足迹》丛书浙江卷编写。指导、组织开展“亭旁暴动90周年”“新四军第一、二、三支队在开化集结组编80周年”等地方性纪念活动。

（省委党史和文献研究室　冯　玥）

关心下一代工作

【概况】 2018年，全省各级党委把关工委建设与基层党建工作同步研究、同步部署，纳入到党建目标责任考核。全省关工委采用组织联建、资源联用、人员联动模式，完善组织体系；在商务圈、楼宇群运用合建、混建等方式组建关工委；在楼道、村民小组设立各类小微关爱组织，提高服务覆盖面。全省乡镇（街道）实现关工委组织全覆盖，村（社区）覆盖率达90%以上。1500多个机关事业单位、7700多家企业、6000多所学校建立关工委。省关工委开展重点指导、专题指导和分类指导，制定一系列制度体系，推进“五好”（领导班子建设好、五老队伍作用好、场地建设功能好、活动经常效果好、积极探索创新好）基层关工委建设。全省46%基层组织达到“五好”标准。各地关工委拓宽宣传平台，推进“互联网+新媒体+关工委”建设。年内，省关工委主任常务会议成员进行换届，全省关工委以此为契机，优化领导班子年龄和专业结构。全省关工委创新改革思路，推开“关工委+五老团队”工作模式，全省参加关心下一代工作的“五老”（老干部、老战士、老专家、老教师、老模范）37万余人。

【省关工委开展“大学习大调研大抓落实”活动】 2018年，省关工委深入开展“大学习大调研大抓落实”活动。举办全省关工委主任培训班，省关工委报告团编写《弘扬红船精神争做时代新人》《庆祝改革开放40周年》等辅导材料，新星网、《新星》杂志和各地工作网站、两微平台开辟专栏，策划主题，把习近平新时代中国特色社会主义思想传达到基层和“五老”。省关工委分5个调研组，聚焦青少年核心价值观培育、基层建设、“五老”队伍创新等主题，深入全省各地村、社区、企业，与“五老”、青少年面对面座谈交流，帮助基层解决实际困难。全省关工委撰写调研报告645篇，其中，杭州市关工委调研报告获中国关心下一代工作委员会主任顾秀莲批示，并在全国部分城市关心下一代工作座谈会上做交流发言。全省关工委组织1800个“五老”报告团、宣讲团，举办宣讲报告1.6万场次，编印主题读本和乡土教材35万份，受教育人数360万人次。温州“千场报告会”、湖州“五老+大学生”宣讲团，向基层和青少年宣讲习近平新时代中国特色社会主义思想；作为“新时代文明传习中心”试点的海宁市关工委，组织编写《时代潮儿在海宁》，举办“长者会客厅”；浙江大学关工委开展“在鲜红的党旗下”活动，组织老教授与大学生交流座谈。

【青少年主题教育活动】 2018年，省关工委开展“弘扬红船精神、争当时代新人”主题教育活动。省委宣传部、省关工委、省教育厅等单位联合开展全省中小学生“红船领航”主题读书教育活动，收到征文5万余篇；省关工委、团省委、省教育厅等单位联合开展浙江省大学生志愿者“弘扬红船精神，争当时代新人”暑期社会实践活动，组织浙江大学等12支队伍寻访英雄楷模，宣讲红船精神和浙江故事；全省关工委开展读红色经典、走红色之路、做红色演讲等活动。湖州市关工委评选百名“两山好少年”；嘉兴市关工委开展“红船驶进我的梦”，舟山市关工委开展“我爱这一汪海洋”，余姚市关工委开展“红色四明小导游”，长兴县关工委开展“英雄连队体验营”，台州椒江区关工委开展“垦荒精神代代传”等教育活动；省关工委、团省委联合举办“弘扬中华文化，重走唐诗之路”活动，引领海内外青少年感受中华文化魅力。

【青少年“七五”法治宣传教育】 2018年，省关工委、省司法厅、省生态环境厅等单位联合开展全省青少年“同心共筑美丽浙江”教育活动。通过编写专题读本、开展“同心共绘美丽浙江”“发现金点子，争做环保小使者”等活动，向全省青少年征集环保创意2万余条，总决赛和颁奖仪式于5月22日在杭州举行。11月14日，省关工委、团省委启动“爱心呵护”点亮心愿树行动，编写法治读本，向青少年普及未成年人保护法和自我防护知识。宪法宣传周期间，省关心下一代网上“律师事务所”轮值律师分赴各地学校，开展“保护每一个权益、爱护每一朵花朵”公益宣讲。各级关工委与学校、社区及公检法等共建宣传实践平台，编写案例教材，拍摄微视频，开展“法在心中”、“宪法好声音”、模拟法庭等体验教育。全省2500多名“五老”担任校法治副校长，举办近1万场报告会，320多万人次受到教育。

【青少年公益助学】 2018年，省关工委、省福利彩票发行中心、浙江电视台钱江频道联合开展“福彩暖万家”系列活动，投入公益金1650多万元，为2700名困难中小学生和1300名困难大学生送去温暖。浙江省关心下一代基金会与金华、衢州、丽水等地关工委，以及杭州睿蓝生物科技有限公司、杭州娃哈哈集团、荣怀教育集团等企业联合举办“爱心圆梦”系列助学活动，投入240万元公益金和20多万元爱心物资，资助850名困难中小学生。全省关工委带动180个关心下一代基金会（基金），募集公益金9800多万元，惠及困难学生近20万人。杭州市关工委连续18年开展“奋飞助学”活动；绍兴市关工委连续8年为老区青少年发放“爱心营养餐”；丽水市关工委规范助学工作机制，树立“想助学找关工委”的社会口碑。

【农村青少年关爱】 2018年，省关工委围绕“乡村振兴”战略，深入开展“十万‘五老’结对关爱农村未成年人”活动。针对困境儿童、病残青少年、服刑人员子女等群体，建立帮扶对象信息库，实施常态化帮扶、精准化关爱，构建农村青少年关爱保护网络。各地“五老”代理家长、成长导师、校外辅导员等与10万名农村青少年结对，开展思想引导、文化辅导、心理疏导、行为指导和困难帮扶。农村“五老”通过创办工作室、爱心书屋、亲情服务站等方式，为农村青少年营造良好成长环境。杭州市关工委与市图书馆联合举办温暖阅读“你点我送”，向留守儿童寄送经典书籍；宁波市关工委“甬润童心”项目在全市搭建留守儿童工作室；温州市关工委组织老医生等为山区未成年人免费体检。

【特殊群体青少年保护】 2018年，省关工委通过队伍社团化、关爱项目化、服务专业化，组织1.1万名“五老”担任调解员、社会关护员。3100多个“五老”关爱团带动广大社会志愿者，参与青少年社区矫正、庭前调查、观护帮教、法律援助等公益项目，创建“阳光驿站”“宋大姐帮教室”“老杨调解中心”等帮教关爱基地，结对1.7万名失足失范、涉罪涉毒青少年，进行心理疏导，帮助解决实际困难。与公安、检察、法院、司法系统建立联系指导机制，协助构建青少年权益保护社会体系，形成专业化、精细化、社会化的关心下一代帮教模式。年内，玉环“阳光禁毒会所”帮教吸毒人员432人，61%成功脱毒。

【青少年科教帮扶】 2018年，省关工委针对城镇化进程，街道、社区等关工委开办家长学校、心理辅导室、托管中心，探索新居民子女融入当地生活的关爱渠道。全省6200多所假日学校、“四点钟学校”，为双职工子女、随迁子女等群体提供丰富的假期精神文化生活。教育系统关工委发挥老校长、老教授、老教师传帮带作用，“青蓝工程”“银龄讲学”等平台促进城乡义务教育均衡发展。围绕培养技能人才，全省6000多名老科教专家，组成700多个科教服务团，开展“学文化、学技能、学管理”“‘工匠精神’进校园”“企业家回母校”等活动。丽水市“百名科技专家联百村”蹲点联系151个村、155个帮扶项目，引导青年农民投身新时代乡村振兴事业；温州市创建的“少年航校”及“五老”参与建设的各类校园小农场、劳动体验营，为青少年创业创新做出榜样。

【青少年教育基地建设】 2018年，省关工委成立基地建设专项调研组，全面摸排关心下一代基地建设现状，研究基地发挥作用的有效途径，向全省推广长兴县关工委“英雄体验营”等建设经验，按照活动多元化、管理科学化、运作规范化的发展要求，指导各级关工委加强关心下一代教育基地建设。全省关工委创建基地2300多个，涵盖青少年思想道德教育、身心素质、社会实践、法治体验、关爱帮教、技能培训等方面，参与基地活动青少年800多万人次。推荐上报的南湖革命纪念馆、侵华日军细菌战衢州展览馆被中国关心下一代工作委员会命名为“全国关心下一代党史国史教育基地”。（省关工委　褚雯莉）

浙江省人民代表大会
Zhejiang Provincial People's Congress

综　述

【概况】 2018年，全省有人民代表大会101个。其中，省人民代表大会1个、设区市人民代表大会11个、县（市、区）人民代表大会89个。各级人大代表8.4万人，其中全国人大代表94人，省人大代表635人，市级人大代表4588人，县级人大代表2.1万人，乡镇（街道）人大代表5.7万人。省十三届人大常委会组成人员61人，其中主任1人，副主任6人，秘书长1人，委员53人。省十三届人大设法制、内务司法、财政经济、教育科技文化卫生、民族宗教华侨外事、农业与农村、环境与资源保护7个专门委员会。省人大常委会下设办公厅、研究室，以及法制工作委员会、内务司法工作委员会、预算工作委员会、教育科技文化卫生工作委员会、外事工作委员会、农业与农村工作委员会、环境与资源保护工作委员会、代表与选举任免工作委员会10个工作机构。

【栗战书调研浙江地方人大工作】 2018年9月15—16日，中共中央政治局常委、全国人大常委会委员长栗战书在浙江就加强地方人大工作进行调研。省委书记、省人大常委会主任车俊，省委常委、秘书长陈金彪，省人大常委会党组书记、副主任梁黎明陪同调研。其间，栗战书到衢州柯城区府山街道人大代表联络站调研，主持召开基层人大代表座谈会；并召开省人大机关工作座谈会。栗战书强调，各级人大要以习近平新时代中国特色社会主义思想为指导，围绕中心服务大局，切实加强地方人大工作，为改革开放和社会主义现代化建设做出应有贡献。

【理论研究】 2018年，省人大常委会按照省委“大学习大调研大抓落实”部署要求，把加强学习、提高能力作为省十三届人大常委会开局之年的重要任务。发挥浙江作为习近平新时代中国特色社会主义思想重要萌发地的优势，组织开展习近平总书记在浙江工作期间关于人民代表大会制度重要论述的研究，深刻阐发其蕴含的重大理论观点和实践要求，形成理论研究成果5项，并在全国人大常委会召开的深入学习贯彻习近平总书记关于坚持和完善人民代表大会制度的重要思想交流会上做交流。8月22—24日，全省各级人大常委会主任学习会在杭州举行，省委书记、省人大常委会主任车俊出席并讲话，省人大常委会党组书记、副主任梁黎明出席并做总结。会议深入学习贯彻党的十九大精神和习近平总书记关于坚持和完善人民代表大会制度的重要思想，认真贯彻落实习近平总书记对浙江工作重要指示精神、省委十四届三次全会精神，学习习近平总书记在浙江工作期间关于人大制度和人大工作的重要论述。

【人大建设】 2018年，省人大坚持和落实党对人大工作的全面领导，严格执行请示报告制度，向省委报告重大事项和请示37件。坚持以制度建设为保障，修订常委会组成人员守则和主任会议议事规则，建立主任办公会议制度，制定修改立法、监督、代表等工作制度10多项，健全地方国家权力机关运行机制和工作方式。着眼服务党和国家外事工作大局，研究改进人大外事工作，制定实施意见，健全与外国地方议会长期交往机制。做好人大信息化建设工作，形成“113N”（1张网、1个库、3个平台、N个应用系统）信息化推进格局。通过上下联动、举行座谈会、开展培训等方式，密切与市县人大的联系，加强工作指导，构建全省人大工作合力。尊重基层首创精神，总结推广各地人大创新经验，首次开展“浙江人大工作与时俱进奖”评选和表彰。在全省11个县（市、区）及所辖29个街道开展街道人大相关试点工作。

【学习宣传和贯彻实施宪法】 2018年，省人大常委会把学习宣传和贯彻实施新修改的宪法摆在突出位置，召开座谈会，出台指导意见，明确工作重点和任务举措，推动全社会深刻领会、准确把握宪法修正案的核心要义和精神实质。依托“五四宪法”历史资料陈列馆的平台优势，组织具有浙江特色的系列宣传贯彻活动。修改组织实施宪法宣誓制度办法，举办好宪法宣誓仪式，开展宪法日纪念活动。

【“思想大解放行动大担当”专题活动】 2018年，省人大开展“思想大解放行动大担当”专题活动，集中召开座谈会12次，并深入开展调查研究，征集意见建议260多条，合并形成7个方面63条建议。研究改进落实措施，在强化立法监督工作统筹、完善立法监督工作机制、加强街道人大工作和建设、深化人大外事工作、改进人大培训工作等方面取得积极进展。加强人大制度理论和工作宣传，配合中央主要新闻媒体做好“最多跑一次”改革立法和民生实事项目人大代表票决制工作的集中报道，创建“浙江人大”微信公众号，办好《浙江人大》杂志和门户网站。

（省人大常委会办公厅　李子豪）

重要会议

【概况】 2018年，省人大召开人民代表大会会议1次、常委会会议9次、主任会议21次、主任办公会议6次，以及省人大常委会党组会议25次。健全省人大常委会党组和主任会议学习制度，举行新一届常委会组成人员专题学习会和各级人大常委会主任学习会，组织常委会专题讲座6次、主任会议专题学法3次。深入学习贯彻习近平总书记关于坚持和完善人民代表大会制度的重要思想，结合学习中共中央政治局常委、全国人大常委会委员长栗战书在浙江调研期间的讲话精神，深刻领会“十个坚持”的精髓要义。

【省十三届人大一次会议】 2018年1月25—31日在杭州举行，629名代表出席。会议听取和审议省长袁家军所做的政府工作报告、省人大常委会副主任王辉忠所做的省人大常委会工作报告、省高级人民法院代院长李占国所做的省高级人民法院工作报告、省人民检察院检察长汪瀚所做的省人民检察院工作报告，审查省发展改革委、省财政厅受省政府委托分别提请的关于浙江省2017年国民经济和社会发展计划执行情况及2018年国民经济和社会发展计划草案的报告，关于浙江省2017年全省和省级预算执行情况及2018年全省和省级预算草案的报告，并做出各项决议，批准各项报告以及浙江省2018年国民经济和社会发展计划、2018年省级预算。会议依法选举车俊为省十三届人大常委会主任，选举梁黎明、姒健敏、李卫宁、李学忠、赵光君、史济锡为省十三届人大常委会副主任，选举李火林为省十三届人大常委会秘书长，选举丁祖年等53人为省十三届人大常委会委员，选举袁家军为浙江省省长，选举冯飞、朱从玖、王双全、高兴夫、成岳冲、王文序、彭佳学、陈伟俊为副省长，选举刘建超为省监察委员会主任，选举李占国为省高级人民法院院长；选举贾宇为省人民检察院检察长(于2月24日在十二届全国人大常委会第三十三次会议上审议批准),选举产生王晨等94名浙江省出席第十三届全国人民代表大会代表;会议通过浙江省第十三届人民代表大会专门委员会组成人员名单,其中丁祖年为法制委员会主任委员,马以为内务司法委员会主任委员,张金如为财政经济委员会主任委员,金兴盛为教育科技文化卫生委员会主任委员,郭剑彪为民族宗教华侨外事委员会主任委员,章文彪为农业与农村委员会主任委员,施利民为环境与资源保护委员会主任委员。会议收到代表10人以上联名提出的议案17件。收到代表提出的建议、批评和意见860件,交有关机关和组织研究处理并负责答复代表。省政府组成人员,部分省十二届人大常委会组成人员,市、县(市、区)人大常委会负责人,省级有关机关、单位和各设区市市长、监委主任、中级人民法院院长、人民检察院检察长等228人列席会议。省部属有关企业主要负责人和兄弟省区市驻浙办事处负责人到会听取报告。

【省人大常委会会议】 2018年,浙江省十二届人大常委会举行常委会会议1次,省十三届人大常委会举行常委会会议8次。

省十二届人大常委会第四十七次会议于1月23日在杭州举行。会议为省十三届人大一次会议做准备。省委书记、省人大常委会主任车俊出席并讲话,省长袁家军做关于人事任职议案的说明,省人大常委会副主任王辉忠主持会议。会议表决通过《浙江省第十二届人民代表大会常务委员会代表资格审查委员会关于个别代表的代表资格的报告》。审议提出省十三届人大一次会议主席团和秘书长名单(草案),提请省十三届人大一次会议预备会议选举;审议提出省十三届人大一次会议议程(草案),提请省十三届人大一次会议预备会议通过;审议提出省十三届人大一次会议计划预算审查委员会名单(草案),提请省十三届人大一次会议预备会议通过;审议通过省人大常委会工作报告稿,提请省十三届人大一次会议审查。审议《浙江省人民代表大会常务委员会法制工作委员会关于本届备案审查工作情况的报告》。经会议表决,决定任命王双全为副省长、省公安厅厅长;任命李占国为省高级人民法院副院长、审判委员会委员,决定李占国代理省高级人民法院院长;任命贾宇为省人民检察院副检察长、检察委员会委员。会议还通过其他人事任免事项。省人大常委会其他副主任和秘书长出席,省政府和省高级人民法院、省人民检察院有关负责人列席会议。

省十三届人大常委会第一次会议于1月31日在杭州举行。省人大常委会主任车俊主持会议。会议通报主任会议成员分工;学习《浙江省人大常委会组成人员守则》;表决通过有关人事任免事项。省人大常委会其他副主任和秘书长出席,省政府和省监委、省高级人民法院、省人民检察院有关负责人列席会议。

省十三届人大常委会第二次会议于3月30—31日在杭州举行。省人大常委会主任车俊出席并颁发任命书,省长袁家军做关于人事任职议案的说明,省人大常委会副主任梁黎明主持会议。会议听取并审议省政府关于2017年度环境状况和环保目标完成情况的报告;表决通过新修订的《浙江省组织实施宪法宣誓制度办法》;批准报批法规10件;依法决定任命新一届省政府秘书长和组成部门主要负责人,任免省人大常委会办事机构和工作机构主要负责人;会议通过其他人事任免事项。车俊为新任命的国家机关工作人员颁发任命书,新任国家机关工作人员进行宪法宣誓。省人大常委会其他副主任和秘书长出席,省政府和省监委、省高级人民法院、省人民检察院有关负责人列席会议。

省十三届人大常委会第三次会议于5月28—31日在杭州举行。省人大常委会主任车俊出席并讲话,省人大常委会副主任梁黎明主持会议。会议听取审议通过关于批准浙江省2018年省级新增地方政府债务预算调整方案的决议;听取和审议省高级人民法院关于全省法院执行工作情况的报告;审议省人大内务司法委员会关于法院执行工作情况的调研报告;审议通过关于修改《浙江省人民代表大会常务委员会任免国家机关工作人员条例》的决定;审议通过《浙江省人民代表大会常务委员会组成人员守则》;批准报批法规4件;初审《浙江省志愿服务条例(修订草案)》等法规草案2件;经会议表决,接受刘建超请求辞去省监委主任职务;任命任振鹤为省监委副主任,决定任振鹤代理省监委主任;会议通过其他人事任免事项。省人大常委会其他副主任和秘书长出席,省政府和省监委、省高级人民法院、省人民检察院有关负责人列席会议。

省十三届人大常委会第四次会议于7月24—27日在杭州举行。省人大常委会主任车俊出席并讲话,省长袁家军做上半年全省经济社会发展情况和下半年政府工作的报告。省人大常委会副主任梁黎明主持会议。会议听取和审议有关报告;审议通过关于批准2017年省级财政决算的决议;表决通过《浙江省各级人民代表大会常务委员会讨论决定重大事项的规定》《浙江省志愿服务条例》;批准报批法规6件;初审《浙江省保障“最多跑一次”改革规定(草案)》等法规草案3件;表决通过有关人事任免事项。车俊为新任命的1名国家机关工作人员颁发任命书,新任国家机关工作人员进行宪法宣誓。省人大常委会其他副主任和秘书长出席,省政府和省监委、省高级人民法院、省人民检察院有关负责人列席会议。

省十三届人大常委会第五次会议于9月28—30日在杭州举行。省人大常委会主任车俊出席并讲话。省人大常委会副主任梁黎明主持会议。会议听取和审议有关报告;表决通过《浙江省交通建设工程质量和安全生产管理条例》《浙江省华侨权益保护条例》;批准报批法规3件;初审《浙江省粮食安全保障条例(草案)》等法规草案3件;表决通过有关人事任免事项。车俊为新任命的2名国家机关工作人员颁发任命书,新任国家机关工作人员进行宪法宣誓。省人大常委会其他副主任和秘书长出席，省政府和省监委、省高级人民法院、省人民检察院有关负责人列席会议。

省十三届人大常委会第六次会议于10月23日在杭州举行。省人大常委会主任车俊主持会议并讲话，省长袁家军作省政府工作机构调整情况和人事任免议案的说明，省人大常委会副主任梁黎明主持第二次全体会议。会议审议通过《浙江省人民代表大会常务委员会关于省人民政府机构改革涉及省的地方性法规规定的行政机关职责调整问题的决定》；表决任命省政府工作机构调整后部分组成部门主要负责人；会议通过其他人事任免事项。车俊为新任命的国家机关工作人员颁发任命书，国家机关工作人员进行宪法宣誓。省人大常委会其他副主任和秘书长出席，省政府和省监委、省高级人民法院、省人民检察院有关负责人列席会议。

省十三届人大常委会第七次会议于11月27—30日在杭州举行。省人大常委会主任车俊出席并讲话，省人大常委会副主任梁黎明主持会议。会议听取和审议关于2017年度省级预算执行和全省其他财政收支审计查出问题整改情况等报告；做出《浙江省人民代表大会常务委员会关于支持和保障长三角地区更高质量一体化发展的决定》；表决通过《浙江省保障"最多跑一次"改革规定》《浙江省粮食安全保障条例》《浙江省实施〈中华人民共和国慈善法〉办法》；对《浙江省土地利用总体规划条例》等8件法规进行了修改；批准报批法规10件；初审《浙江省地方金融条例（草案）》等法规草案2件；表决通过"一府两院"关于省十三届人大一次会议代表建议、批评和意见办理工作情况等报告；表决通过有关人事任免事项。省人大常委会其他副主任和秘书长出席，省政府和省监委、省高级人民法院、省人民检察院有关负责人列席会议。

省十三届人大常委会第八次会议于12月20—21日在杭州举行。省人大常委会副主任梁黎明主持会议。会议分别听取副省长成岳冲关于人事任免议案的说明，省人大常委会秘书长李火林关于人事任职议案的说明，省高级人民法院院长李占国关于人事任免报告的说明，省人民检察院副检察长王祺国关于人事任职报告的说明；听取省财政厅厅长徐宇宁关于提请审议2018年省级新增地方政府专项债务预算调整方案（草案）的说明。常委会组成人员就上述议题及关于2018年备案审查工作情况的报告、关于批准2018年省级新增地方政府专项债务预算调整方案的决议（草案）、召开省十三届人大二次会议的决定（草案）、省十三届人大二次会议列席人员名单（草案）、省人大常委会工作报告稿进行分组审议，并征求"一府两院"工作报告稿的意见。省人大常委会其他副主任和秘书长出席，省政府和省监委、省高级人民法院、省人民检察院有关负责人列席会议。

【第二十四次全国地方立法工作座谈会在杭州举行】 2018年9月15日，第二十四次全国地方立法工作座谈会在杭州举行。中共中央政治局常委、全国人大常委会委员长栗战书出席并讲话。省委书记、省人大常委会主任车俊出席并致辞。全国人大常委会秘书长杨振武，全国人大常委会副秘书长信春鹰，全国人大宪法和法律委员会主任委员李飞，全国人大常委会法工委主任沈春耀，以及全国人大常委会法工委、各省区市人大常委会及法制委、法工委有关负责人等220多人参加。会后，省委首次召开全省立法工作会议，研究部署立法工作。省人大常委会深入贯彻落实会议精神，坚持"三个重点领域"和"六个一批"的立法导向，编制五年立法调研项目库，提出立法工作意见，报经省委批转实施。

（省人大常委会办公厅　李子豪）

人大立法

【概况】 2018年，省人大常委会制定修订地方性法规8件，修改9件，批准报批法规33件，审查规范性文件107件，对4件法规草案进行初审。完善人大主导立法工作机制，突出对法规立项、调研、起草、审议等全过程的协调把关，组建立法专家咨询委员会，建立立法专家信息库，发挥立法研究院智库作用，提高科学立法、民主立法、依法立法水平。加强对设区市立法工作指导，健全审查指导程序和要求，严把合法性关口。

【保障"最多跑一次"改革规定出台】 2018年11月30日，浙江省第十三届人大常委会第七次会议审议通过《浙江省保障"最多跑一次"改革规定》，在标准地、施工图联审、亩均效益评价、区域评估等方面做出创制性规定。这是全国"放管服"改革领域的第一部综合性地方性法规，是以立法引领和推动改革、实现立法和改革同频共振的生动体现，推动全省改革向纵深推进，为法治化保障"放管服"改革提供浙江方案。

【民生领域立法】 2018年7月27日，浙江省第十三届人大会常委会第四次会议修订通过《浙江省志愿服务条例》，理顺志愿服务管理体制，强化对志愿者的权益保护和志愿服务的激励。9月30日，省第十三届人大常委会第五次会议通过《浙江省华侨权益保护条例》，就华侨优惠待遇、收益处置、权益保护等做出规定，在全国率先解决华侨身份证件使用不便等突出问题；通过《浙江省交通建设工程质量和安全生产管理条例》，为人民群众生命和财产安全提供保护。11月30日，省十三届人大常委会第七次会议审议通过《浙江省粮食安全保障条例》，对保护种粮积极性、粮食储备安全和质量安全等做出规定，保障粮食有效供给；通过《浙江省实施〈中华人民共和国慈善法〉办法》，完善慈善组织登记和认定，规范募捐和捐赠活动，明确慈善事业促进措施。

【生态和金融立法】 2018年，省人大常委会按照全国人大常委会统一部署，对生态环境保护领域的45件省级地方性法规进行全面清理，修改《浙江省饮用水水源保护条例》等8件法规。审议《浙江省地方金融条例(草案)》,加强地方金融监管,防范化解金融风险,促进地方金融健康发展。

(省人大常委会办公厅　李子豪)

人大监督

【概况】 2018年,省人大常委会推进监督工作。听取审议专项工作报告20项,对9部法律法规进行执法检查和调研,向有关国家机关提出审议意见11件50多条。推动解决经济社会发展全局性长远性问题。依法开展"十三五"规划纲要中期评估专项审议监督,围绕规划纲要尤其是民政事业、综合交通、教育事业、少数民族事业、水利发展、环境保护等6个专项规划实施情况开展调研,听取审议省政府中期评估报告和半年度经济社会发展、计划执行报告,就促进经济平稳健康发展、深化改革开放、推动转型升级、保障改善民生等提出建议。按照中共中央和全国人大部署要求,配合省委出台《关于推进人大预算审查监督重点向支出预算和政策拓展的实施意见》《关于建立省人民政府向省人大常委会报告国有资产管理情况制度的意见》,明确支出预算和政策拓展的主要内容,明确国有资产管理情况报告的方式、重点、程序。深化人大预决算审查监督,听取审议预算执行、决算、审计、审计查出问题整改等报告,加快推进预算联网监督;探索开展国有资产监督,听取审议省政府关于企业国有资产管理情况专项报告和综合报告,指导推动报告制度向市县覆盖。紧扣创新驱动发展战略,开展科技成果转化"一法两条例"执法检查,促进创新主体培育、激励机制完善、支撑服务体系建立等规定落实。

【助力"三大攻坚战"】 2018年,省人大常委会围绕污染防治攻坚战,采取三级人大联动的方式,开展固体废物污染环境防治"一法一条例"执法检查,就处置设施建设、源头减量和资源回收利用、防治体制机制、普法执法司法等提出审议意见,发挥执法检查"法律巡视"利剑作用。听取审议全省环境状况和环境保护目标完成情况报告,根据新环保法要求,大力推进报告制度向市县乡覆盖。配合全国人大开展海洋环境保护和大气污染防治执法检查。围绕防范化解重大风险攻坚战,审查批准省级新增地方政府债务及专项债务预算调整,依法控制地方政府债务。围绕精准脱贫攻坚战,立足全省扶贫工作阶段性特点,结合"乡村振兴"战略专题调研,结合"十三五"规划纲要中期评估,就加大低收入群体的帮扶力度,巩固扩大扶贫成果,重点关注因病致贫、因残致贫、因灾致贫群体,对相对贫困人群实施慈善救助等提出意见、做出规定。

【服务长三角一体化发展】 2018年,省人大常委会根据省委全面接轨、深度融入的决策部署,组织承办长三角地区人大常委会主任座谈会,共同签署关于深化长三角地区人大工作协作和地方立法工作协同两个协议,推动长三角人大区域协作实质化。围绕太湖流域大气污染和水环境防治,参与组织首次长三角地区全国人大代表联合视察活动,推动区域污染联防联治机制实施,推动美丽长三角建设。

【开展民生领域监督】 2018年,省人大常委会开展农村承包土地"三权分置"专项监督,听取审议相关专项报告,推动各级政府继续强化确权登记颁证工作,提高土地流转质量,健全土地经营权权能实现机制,为乡村振兴提供要素保障。开展防震减灾法律法规实施情况检查,提出增强全社会防震减灾意识、强化组织领导和责任落实、加强防震减灾体系建设等审议意见,督促政府树立综合防灾意识,提升综合抗灾救灾能力。做好人大信访工作,全年受理群众来信来访2900多件次,强化信访综合分析,督促有关问题解决,维护人民群众合法权益。

【促进严格执法和公正司法】 2018年,省人大常委会按照全面依法治国要求,以依法行政为中心,推动行政机关规范执法、文明执法。针对固废污染违法行为,督促政府及相关部门严格整改落实中央环保督察组反馈的意见。针对专利侵权行为,要求政府及相关部门按照《浙江省专利条例》规定,落实保护措施。针对全省宗教发展中的新情况新问题,对国务院和浙江省颁布的宗教事务条例开展执法调研,推进宗教事务依法管理。按照《中华人民共和国监察法》规定,推进人大监督监察委员会工作,制定和审议省监委专项工作报告的试行办法,听取省监委关于贯彻落实监察法情况的专项报告。围绕基本解决执行难的目标,听取和审议省高级人民法院关于执行工作专项报告,提出加强社会宣传引导、切实强化法院执行管理、优化执行联动机制、加大对失信被执行人惩戒力度等审议意见。开展民事行政检察工作专项监督,督促省人民检察院聚焦法律监督主业,强化对民事行政诉讼活动的法律监督,稳妥推进公益诉讼,维护公平正义。

(省人大常委会办公厅　李子豪)

决定任免

【概况】 2018年,省人大常委会做出重大事项决议决定7个。根据中共中央、浙江省委的人事安排建议,按照党管干部和依法任免相结合的原则,任免国家机关工作人员176人次,组织75名国家机关工作人员进行宪法宣誓。

【依法讨论决定重大事项】 2018年,省人大常委会修订《浙江省各级人民代表大会常务委员会讨论决定重大事项的规定》,明确重大事项的范围和重点,完善议题提出、调研、审议等程序,为依法行使重大事项决定权提供法制支撑。做出关于省政府机构改革涉及省的地方性法规规定的行政机关职责调整问题决定,明确职责承担和工作衔接问题,依法保障深化地方机构改革。做出关于支持和保障长三角地区更高质量一体化发展的决定，明确推进机制、重点领域、重点工作和各方责任，为凝聚共识、推进更高质量一体化发展体现人大担当。

【依法行使人事任免权】 2018年，省人大常委会坚持党管干部原则与依法行使人事任免权相统一，决定省监委代理主任，决定任命新一届省政府组成部门主要负责人和省监委组成人员，根据机构改革后部门变化的需要，及时任免部分省政府组成部门主要负责人，为省级国家机关有效运转提供组织保证。修订任免国家机关工作人员条例，完善代表资格审查工作制度，做好代表出缺补选等工作。

（省人大常委会办公厅　李子豪）

人大代表工作

【概况】 2018年，省人大常委会邀请代表列席常委会会议70多人次，参加重点立法、重点监督活动470多人次，开展代表中心组活动37次、代表小组活动100多次，处理代表议案17件，办理代表建议930件，全省各级人大代表进联络站联系群众8万余人次。

【代表主体作用发挥】 2018年，省人大常委会深化“双联系”制度，组成人员直接联系256名代表，代表通过进联络站等方式联系群众。组建新一届省人大代表中心组、代表小组及专业小组，围绕加快“四大”（大湾区、大花园、大通道、大都市区）建设等中心工作，组织开展代表视察和调研活动，扩大邀请代表列席常委会会议和参加立法、监督等重点工作。

【民生实事项目人大代表票决制工作深化】 2018年，省人大常委会围绕民生实事项目人大代表票决制工作开展调研、总结评估、学习交流、加强指导，推进规范化。至年末，全省11个设区市、89个县（市、区）、907个乡镇（街道）实现票决制工作全覆盖，票决通过7024个民生实事项目，累计投资3400多亿元，有300多个街道开展票选工作。

【议案建议办理工作强化】 2018年，省人大常委会落实政府负责人领办、人大重点督办、上门督办等制度，推进代表议案建议的办理工作，进一步提高办理质量，推动解决实际问题。代表议案提议制定“浙江省电动自行车管理条例”“浙江省家庭教育促进条例”“浙江省促进中小企业发展条例”等7件议案提议列入立法计划。针对社会关注度高、代表反映集中的问题，主任会议研究确定14件重点督办建议，省政府领导领衔办理9件重点建议，完善资源要素市场化配置综合改革、推进社会信用体系建设、构建县域医疗卫生共同体等一批事关改革发展稳定的建议得到较好落实。

【履职服务保障】 2018年，省人大常委会实施新一届代表培训计划，举办3期代表履职培训班，全面提高代表履职能力。加强代表履职登记管理服务，改进代表履职表彰和交流，激发代表履职积极性、主动性、创造性。配合全国人大做好香港特别行政区第十三届全国人大代表到浙江视察工作，向代表通报“八八战略”实施和全省改革发展情况。

（省人大常委会办公厅　李子豪）

浙江省人民政府
Zhejiang Provincial People's Government

综　述

【概况】 2018年，全省有乡以上人民政府1039个。其中，省人民政府1个，设区市人民政府11个，县（市、区）人民政府89个，乡（镇）人民政府938个。县以上政府工作部门2572个。其中：省级42个，市级375个，县级2155个（不含街道及其他派出机构）。机构改革后，省政府设置工作部门35个。其中，办公厅和组成部门24个，直属特设机构1个，直属机构10个。设置部门管理机构7个。省政府坚持以习近平新时代中国特色社会主义思想为指导，全面贯彻落实党的十九大和十九届二中、三中全会精神，认真落实习近平总书记对浙江工作的重要指示和李克强总理考察浙江时的重要讲话精神，切实落实省委第十四次党代会和历次全会精神，统筹推进“五位一体”总体布局和协调推进“四个全面”战略布局，以“八八战略”为总纲，坚持稳中求进工作总基调，坚持新发展理念，坚持供给侧结构性改革主线，聚焦聚力高质量、竞争力、现代化，全力抓好“最多跑一次”改革和数字政府建设、三大攻坚战、富民强省十大行动计划、高质量发展组合拳、十方面民生实事等重点工作，完成年初确定的各项目标任务。

全省地区生产总值56197.15亿元，比上年增长7.1%。其中，第一产业增加值1967.01亿元，第二产业增加值23505.88亿元，第三产业增加值30724.26亿元，分别增长1.9%、6.7%和7.8%，第三产业对GDP增长的贡献率为56.2%。人均GDP为98643元。财政总收入11705.82亿元，增长13.6%；一般公共预算收入6598.08亿元，增长13.7%，其中，税收收入5586.63亿元，增长11.6%，占一般公共预算收入的84.7%。一般公共预算支出8627.5亿元，增长14.6%，民生支出占财政支出的73.4%。全省居民人均可支配收入为45840元，增长9%，扣除价格因素增长6.5%。按常住地分，城镇和农村居民人均可支配收入分别为55574和27302元，增长8.4%和9.4%，扣除价格因素分别增长6%和7%。规模以上工业企业利润总额4649.59亿元，增长1.0%。社会消费品零售总额25007.9亿元，增长9%。固定资产投资增长7.1%。非国有投资增长15.9%，占68%；民间投资增长17.8%，占63.1%。货物进出口总额28511.56亿元，增长11.4%。其中，出口21174.5亿元，增长8.9%，出口占全国的12.9%，份额提高0.2个百分点；进口7337.06亿元，增长19.0%。

【党的十九大精神贯彻落实】 2018年,省政府把学懂弄通做实习近平新时代中国特色社会主义思想作为首要政治任务,坚持理论联系实际学,及时跟进学习贯彻习近平总书记一系列重要讲话精神,增强"四个意识",坚定"四个自信",做到"两个维护",始终做到中央有要求、浙江见行动。第一时间传达学习、贯彻落实党中央、国务院和省委做出的重大决策,以省政府及省政府办公厅名义印发实施182项政策文件。坚持"八八战略"再深化、改革开放再出发,全面开展政府系统"大学习大调研大抓落实"活动。建立省政府双月专题学习会制度,邀请专家学者、企业负责人针对区块链技术、人工智能、生物医药、中非合作等进行深入研讨。加强对重点、难点工作及民生事项的批办督办,省政府班子成员共批示8800多件,其中省政府主要领导批示2045件。加强对"最多跑一次"改革、千岛湖临湖地带综合整治、之江实验室建设、小微企业园、清理规范涉企收费等重大事项的专题研究,明确目标任务、工作措施、时间节点,确保说一件、干一件、成一件。

【"六稳"工作推进】 2018年,省政府贯彻落实中央"六稳"工作要求,深入贯彻习近平总书记在民营企业座谈会上重要讲话精神和李克强总理在浙江考察时的重要讲话精神,对照落实"六个方面政策举措",组织召开民营企业家座谈会,进行一系列专题研究,切实解决民营企业遇到的新问题新挑战。着力稳就业,城镇新增就业125.3万人,城镇调查失业率4.1%,登记失业率2.6%。做好重点群体就业工作,帮扶15.93万名困难人员实现就业。着力稳金融,实行企业帮扶"白名单"制度,量化细化民营企业发债需求清单、上市公司股权质押纾困帮扶清单、困难企业帮扶清单,着力化解民营企业流动性风险和股权质押平仓风险。实施小微企业信贷增氧计划和金融服务滴灌工程,有效破解融资难融资贵问题,全省不良贷款率为1.15%,下降0.49个百分点。着力稳外贸和稳外资,积极应对中美经贸摩擦,建立受影响企业贸易风险清单和专项工作机制,出台稳外贸10条政策和促进外资稳定增长的实施意见。着力稳投资,实施稳投资新政,印发"4+1"重大项目建设计划,突出抓好省市县长项目工程,落地重大项目325个。举行第五、六批扩大有效投资重大项目集中开工,已开工建设1220个,杭绍台铁路、杭温铁路等一批重大项目有序推进。着力稳预期,建立服务民营企业的工作平台和长效机制。支持温州创建新时代"两个健康"先行区。依法保护企业家人身财产安全。引导民营企业坚守实业、做强主业,推动民营经济再创新辉煌。

【"三大攻坚战"取得实效】 2018年,省政府着力打好"三大攻坚战",重点任务取得积极进展。

*全力打好金融风险攻坚战。*切实防范化解P2P风险,成立P2P网络借贷风险应对工作领导小组,建立月例会制度和周专题会议制度,构建"四降三率"指标体系,严禁增量、严打违法、严控存量,强化社会维稳和舆情引导,金融秩序总体平稳。切实防范化解企业资金流动性风险,全力化解民营企业债券兑付风险和上市公司股权质押平仓风险。设立维护金融稳定专项基金,组织推动民营企业发债。切实防范化解政府隐性债务风险,坚决遏制违法违规举债,实施防范化解地方隐性债务风险专项行动,按照"底数清、结构清、风险清、责任清"要求,有序化解地方政府隐性债务风险。

*坚决打好精准脱贫攻坚战。*组织实施低收入农户高水平全面小康计划,完善因病致贫的医保制度和救助体系。低保标准实现城乡同标,最低生活保障水平达到7200元,低收入农户收入增长10%以上。加快打造山海协作工程升级版,重点建设"飞地"园区、生态旅游文化产业园、山海协作产业园,新落地山海协作项目315个,到位资金520亿元。高标准做好东西部扶贫协作、对口支援和对口合作工作。

*坚决打好污染防治攻坚战。*深入践行"绿水青山就是金山银山"理念,启动实施蓝天、碧水、净土、清废四大行动,大力推进治水治气治土、治城治乡治垃圾。做好中央环保督察和国家海洋督察整改任务。加大生态保护工作力度,深化千岛湖临湖地带综合整治。完成100个废气清洁排放改造项目,完成32个工业园区和210个生活小区"污水零直排区"建设,启动100座城镇污水处理厂清洁排放技术改造,完成105个入海排污口整治任务。垃圾分类制度全面建立。启动102个重点污染地块和垃圾填埋场修复工程,新增危险废物处置利用能力46.8万吨。11个设区市PM2.5平均浓度34微克/立方米,下降5微克/立方米。全面建立河(湖)长制、湾(滩)长制,省控断面I—III类水质占比84.6%,提高1.8个百分点,"五水共治"成果全面巩固。

【重点领域改革深化】 2018年,省政府深化"最多跑一次"改革,制定保障"最多跑一次"改革规定。全面推行"一窗受理、一网通办、一证通办、一次办成",100%的行政许可事项实现网上办理,63.6%的民生事项实现"一证通办"。企业投资项目开工前审批全流程实现"最多跑一次、最多100天";"标准地"出让占省级以上平台新批工业用地的80.1%;深化商事制度改革,常态化企业开办时间压缩至4个工作日。深化"亩均论英雄"改革,规上工业企业亩均税收增长9.8%,亩均增加值增长7.4%。推进政府职能转变和放管服改革行动计划,编制《政府数字化转型工作总体方案》,组建省大数据局,建立双月例会制度和滚雪球工作机制。举办数字政府建设研讨会。聚焦建设"掌上办事"和"掌上办公"之省,谋划推进政府数字化转型重大项目,经济运行监测分析数字化平台、公共信用信息平台等21个重大项目全部上线试运行。"浙政钉"掌上办公应用实现全省覆盖。国资国企改革发展步伐加快,省市县国有资产统一监管体系初步建立。省政府机构改革任务全面完成。

【“一带一路”统领长三角地区一体化发展】 2018年，省政府抢抓长三角地区一体化发展上升为国家战略的重大机遇，深入研究浙江推进长三角高质量一体化发展思路、任务、措施和政策。与上海共同深化推进小洋山合作取得新突破。推动中国(浙江)自由贸易试验区赋权扩区改革，舟山绿色石化基地一期2000万吨炼化项目进展顺利，中国舟山波音737完工和交付中心交付首架飞机。中国(杭州、宁波、义乌)跨境电子商务综合试验区发展势头良好，跨境电商进出口额增长35%。宁波舟山港货物吞吐量10.8亿吨，连续10年居全球第一，义新欧班列双向常态化运行，全年开行320列，“一带一路”捷克站开始运营。举办第五届世界互联网大会、第二届世界油商大会、首届联合国世界地理信息大会、第四届中国—中东欧国家投资贸易博览会、第二届中国国际茶叶博览会、浙台合作周。

【全力打好高质量发展组合拳】 2018年，省政府启动实施数字经济“一号工程”。制定实施国家数字经济示范省建设方案、数字经济五年倍增计划和推进工业互联网、5G、区块链技术等发展的政策文件，召开全省数字经济大会，数字经济核心产业增加值增长13.1%。建设“1+N”工业互联网体系，培育国家级跨行业跨区域工业互联网平台1个、行业级平台47个。建成“无人车间”“无人工厂”66个，新增“上云”企业12万家。实施人才新政，新增国家“千人计划”、省“千人计划”人才320名。深入实施创新驱动战略，制定实施“科技新政50条”，之江实验室建设顺利推进，西湖大学正式设立，协调推进小微企业园区等重大平台建设，打造“产学研用金、才政介美云”十联动创业创新生态系统，新增高新技术企业3187家、科技型小微企业1.05万家，研发经费支出占地区生产总值比重达2.5%。全面实施“凤凰行动”“雄鹰行动”“雏鹰行动”，新增上市公司28家、累计535家。H7N9禽流感防治研究成果获国家科技进步特等奖。淘汰企业落后产能1773家、整治“低散乱”企业(作坊)3.6万家、处置僵尸企业382家。加快推进市场主体升级，实施加快培育发展新动能行动计划，新增市场主体123万余家、新增企业44万余家。创新集中财力办大事体制机制，发挥财政对高质量发展的四两拨千斤的撬动作用。

【“四大建设”谋划推进】 2018年，省政府谋划推进“四大建设”，重点领域初见成效。

大湾区建设全面启动。制定大湾区建设行动计划，湾区智慧交通体系、重大科创平台培育提升等标志性工程启动建设，宁波前湾新区、甬江科创大走廊实现整合提升，嘉兴全面接轨上海示范区建设加快推进。一批重大产业项目落户大湾区。

大花园建设开局良好。制定大花园建设行动计划，推动浙东唐诗之路、钱塘江唐诗之路、瓯江山水诗之路以及大运河文化遗产展示带、生态文明示范带、文化旅游精品带、千年古道水运带、沿河开发开放带建设，编制诗路文化带发展规划，出台衢州、丽水大花园核心区规划，打响“诗画浙江”品牌。世界旅游联盟总部落户萧山湘湖。全年浙江接待游客6.9亿人次，旅游总收入1万亿元。

大通道建设明显加快。制定大通道建设行动计划，杭黄铁路开通运营，甬台温高速公路复线、台州湾大桥、三门湾大桥、乐清湾大桥、鱼山大桥建成通车，中断60年的钱塘江中上游航道全线通航，杭绍台、杭温、金台铁路和景文泰高速公路项目建设进度加快，杭州萧山机场三期项目、丽水机场开工建设，浙江率先成为拥有杭州、宁波、温州3家千万级客流量机场的省份。

大都市区能级提升。制定大都市区建设行动计划，规划建设四大都市区综合交通枢纽，加快集聚高端人才、高端要素、高端产业，抢占未来发展的制高点。杭州经济总量达到1.3万亿元，宁波首次突破1万亿元，城市能级加快提升。

【乡村振兴战略行动计划全面实施】 2018年，省政府全面实施万家新型农业主体提升、万个景区村庄创建、万家文化礼堂引领、万村善治示范、万元农民收入新增等“五万工程”。新建高标准农田17.13万公顷，完成粮食生产功能区提标改造4.33万公顷。启动乡村全域土地综合整治工程150个。深入实施消除集体经济薄弱村三年行动计划，消除集体经济薄弱村6171个。建成农村电商服务站1.6万个、电商专业村1235个。启动农村人居环境提升三年行动，新增A级以上景区村庄2640个、AAA级景区村庄465个。“千村示范、万村整治”工程获联合国地球卫士奖。高水平建设“四好农村路”，新建和改造提升农村公路1万千米。新增中国历史文化名镇7个、名村16个。湖州桑基鱼塘成为全球重要农业文化遗产，龙游姜席堰成为世界灌溉工程遗产。启动实施农村饮用水达标提标三年行动，新增147万农村人口喝上达标饮用水。

【“富民惠民安民行动计划”实施】 2018年，省政府深入践行以人民为中心发展思想，实施“富民惠民安民行动计划”，办好十方面民生实事。坚持“房子是用来住的、不是用来炒的”定位，构建房地产市场健康发展长效机制。开工建设棚改安置住房40.6万套、建成33.7万套。开展农村学前教育补短板改革试点，新建及改扩建幼儿园219个；积极推进义务教育阶段学校消除大班额；扩大中高职一体化培养规模。实施高等教育强省战略，支持“双一流”建设高校和优势特色学科发展。妥善处置高考英语加权赋分事件。深化“三医”联动和“双下沉、两提升”，70个县(市、区)开展县域医共体建设。推进社会保障扩面提标，全省基本养老保险、基本医疗保险参保率分别达92%、98.6%，新建居家养老中心333个。积极创建国家级公共文化服务体系示范区，推进良渚古城申遗和之江文化中心建设，基本公共文化服务标准化实现度达82%。开展文化惠民活动，创建国家级公共文化服务体系示范区。实施公共文化服务“十百千”工程，创建文化强镇30个、文化示范村(社区)89个。新建农村文化礼堂3143个。送戏下乡2.58万场,送书下乡260万册。举办世界短池游泳锦标赛、浙江省第十六届运动会。有序推进第19届亚运会筹办工作。坚持和发展新时代“枫桥经验”,加强“基层治理四平台”建设,构建6.8万个网格组成的社会治理体系。完成农村危房治理改造12.2万户,减少地质灾害隐患点2426处,完成重大隐患避让搬迁和工程治理项目679个。有力有效应对台风等自然灾害,坚决打好消防安全三年翻身仗,开展扫黑除恶专项行动,有效处置各类突发事件,生产安全事故起数、死亡人数分别下降33%、28%。

【省政府机构改革全面完成】 2018年,省政府机构改革全面完成,省政府机构比改革前精简11个,省政府机关行政编制精简48%。推进事业单位和机关后勤工作社会化、企业化管理;合理划分政事范围,调整职能配置,把政府机关辅助性、技术性和服务性事务交给事业单位,个别确需由事业单位承担的行政职能,明确予以授权;培育和规范社会中介组织,通过加强监督管理,依法规范行为,推动社会中介组织切实承担社会自我管理和调节的事务。减少审批环节,省级政府部门平均减少审批事项5.29%,审批与核准两项事项平均减少46.7%。

【政府履职能力提升】 2018年,省政府深入实施政府“两强三提高”行动计划,启动政府系统党的建设工程、行政决策能力提升工程、政府执行力提升工程等“十大工程”,明确政府自身建设50项重点任务。广泛开展调查研究,制定实施一批事关长远的重大规划和政策举措,尽心尽力干大事解难事办实事。完善省政府工作规则,建立健全抓落实的指标体系、工作体系、政策体系和评价体系,大力推动政府数字化转型。省市县乡政府法律顾问全面建立,推动各级政府依法行政、廉洁施政,不断提高行政质量、行政效率和政府公信力,努力建设人民满意的服务型政府。

(省政府办公厅　供稿)

重要会议

【省政府全体会议】 2018年,第十三届省政府举行全体会议2次。

4月2日,省政府举行第一次全体(扩大)会议,省长袁家军主持会议并讲话。会议强调,全省政府系统要增强“四个意识”、坚定“四个自信”,学懂弄通做实习近平新时代中国特色社会主义思想,认真落实省委各项决策部署,大力推进高质量发展,加快政府数字化转型、经济数字化转型、社会数字化转型,续写“八八战略”新篇章。

7月27日,省政府举行第二次全体会议,省长袁家军出席会议并讲话。会议强调,要认真落实习近平总书记对浙江工作的重要指示精神,深入贯彻省委十四届三次全会精神和省委常委会议精神,强化定力、练好内功,大抓落实、善作善成,以勇立潮头的担当打好高质量发展组合拳,确保经济社会持续健康发展,确保完成全年目标任务。

【全省深化“亩均论英雄”改革工作会议】 2018年5月29日在杭州召开,省长袁家军出席会议并讲话。会议强调,要深入践行新发展理念,聚焦聚力高质量、竞争力、现代化,深化“亩均论英雄”改革,加快推动高质量发展,以优异成绩庆祝改革开放40周年、迎接“八八战略”实施15周年。

【全省数字经济发展大会】 2018年7月24日在杭州召开,省长袁家军出席会议并讲话。会议强调,要抢抓机遇、乘势而上,以习近平新时代中国特色社会主义思想为指导,深入贯彻落实全国、全省网信工作会议精神,以“数字产业化、产业数字化”为主线,全面实施数字经济“一号工程”,持续加力推进数字经济发展,争创国家数字经济示范省。

【全省农村饮用水达标提标行动会议】 2018年12月17日在杭州召开,省长袁家军出席会议并讲话。会议强调,要深入贯彻习近平总书记对农村饮用水工作重要指示精神,全面实施农村饮用水达标提标三年行动计划,把农村饮用水达标提标这项民生工程、民心工程抓实办好,让老百姓喝上干净水,实现从“有水喝”到“喝好水”的转变。

【省政府常务会议】 2018年,省政府举行常务会议17次。其中,第十二届省政府和第十三届省政府分别召开会议2次和15次。会议均由省长袁家军主持。

第十二届省政府第九十三次常务会议于1月4日在杭州举行。会议审议通过《关于深化“亩均论英雄”改革的指导意见(送审稿)》《关于推进省以下财政事权和支出责任划分改革的实施意见(送审稿)》《浙江省城镇生活垃圾分类管理办法(送审稿)》《关于修改〈浙江省建设项目环境保护管理办法〉、〈浙江省政府投资项目管理办法〉等5件规章的决定(草案)》,研究《政府工作报告(讨论稿)》。

第十二届省政府第九十四次常务会议于1月12日在杭州举行。会议研究《政府工作报告(送审稿)》,审议通过《关于2018年省级财政预算重点项目资金安排建议(送审稿)》。

第十三届省政府第一次常务会议于2月24日在杭州举行。会议审议通过《全面实施乡村振兴战略高水平推进农业农村现代化行动计划(2018—2022年)(送审稿)》《浙江省农村住房建设管理办法(草案)》《浙江省人民政府地方性法规案和规章制定办法(草案)》《浙江省市场中介机构管理办法(草案)》,听取省政府工作规则修订、2018年浙江省省级政府投资项目计划和预算编制、2017年度浙江省科学技术奖励评审情况的汇报。

第十三届省政府第二次常务会议于3月23日在杭州举行。会议审议通过《高水平推进农村人居环境提升三年行动方案(2018—2022年)(送审稿)》《浙江省政府部门绩效考核评价办法(2018年度)(送审稿)》,听取关于2017年省政府质量奖评审情况、全省2018年全国五一奖推荐工作情况、2017年度省政府部门目标责任制考核工作有关情况的汇报。

第十三届省政府第3次常务会议于4月13日在杭州举行。会议研究分析全省一季度经济形势，审议通过投资新政、“4+1”重大项目建设计划及2018年实施计划。

第十三届省政府第4次常务会议于4月28日在杭州举行。会议审议通过《关于贯彻落实消防安全责任制实施办法的若干意见（送审稿）》《浙江省交通建设工程质量和安全生产管理条例（草案）》《关于以“一带一路”建设为统领构建全面开放新格局的意见（送审稿）》《之江文化产业带建设规划（送审稿）》，听取关于全省东西部扶贫协作工作情况、全省2017年法治政府建设和2018年重点任务安排情况的汇报。

第十三届省政府第5次常务会议于5月31日在杭州举行。会议审议通过《实行以增加知识价值为导向分配政策的实施意见（送审稿）》，听取关于全省禁毒工作情况、浙江省参与首届中国国际进口博览会有关情况，第四届中国—中东欧国家投资贸易博览会、第20届浙江投资贸易洽谈会、第17届中国国际日用消费品博览会筹备工作情况以及对市县政府履行教育职责评价办法制订情况的汇报。

第十三届省政府第6次常务会议于6月15日在杭州举行。会议传达学习习近平总书记关于脱贫攻坚的重要指示精神和李克强总理批示要求，审议通过《浙江省党政领导干部安全生产责任制实施细则（送审稿）》《关于开展质量提升行动的实施意见（送审稿）》。

第十三届省政府第7次常务会议于6月28日在杭州举行。会议传达学习省委书记车俊在市委书记工作例会上的讲话精神，审议通过《浙江省保障“最多跑一次”改革规定（草案）》《浙江省大都市区建设行动计划（送审稿）》《浙江省实施〈中华人民共和国慈善法〉办法（草案）》，研究部署深化政府系统“大学习大调研大抓落实”活动和全省标准化工作。

第十三届省政府第8次常务会议于7月20日在杭州举行。会议研究全省上半年经济形势，部署下半年经济工作，审议通过《浙江省国家数字经济示范省建设方案（送审稿）》《浙江省数字经济五年倍增计划（送审稿）》《低收入农户全面小康计划（2018—2022年）（送审稿）》《关于做好新一轮扶贫结对帮扶工作的通知（送审稿）》《浙江省工程建设项目审批制度改革试点工作实施方案（送审稿）》《全面实施高等教育强省战略的意见（送审稿）》《全面深化新时代教师队伍建设改革的实施意见（送审稿）》。

第十三届省政府第9次常务会议于9月6日在杭州举行。会议听取构建集中财力办大事财政政策体系、省政府代表团访问新加坡、韩国、日本有关情况的汇报，审议通过《关于高标准打好污染防治攻坚战高质量建设美丽浙江的意见（送审稿）》《关于进一步减轻企业负担增强企业竞争力的若干意见（送审稿）》《关于全面推进县域医疗卫生服务共同体建设的意见（送审稿）》等文件。

第十三届省政府第10次常务会议于9月21日在杭州举行。会议听取浙江高质量发展指标体系编制、年度全省标准创新贡献奖评审有关情况的汇报，审议通过《关于推进宁波温州国家自主创新示范区建设的若干意见（送审稿）》《关于推进村级集体经济“飞地”抱团发展的意见（送审稿）》《生态环境机构监测执法垂直管理制度改革实施方案（送审稿）》。

第十三届省政府第11次常务会议于10月17日在杭州举行。会议分析前三季度经济形势，研究部署四季度经济工作。

第十三届省政府第12次常务会议于11月1日在杭州举行。会议听取关于浙江省“十三五”规划纲要中期评估报告编制、给予见义勇为先进人物记功奖励情况的汇报，审议通过《深化数字浙江建设实施方案（送审稿）》《浙江省地方金融条例（草案）》《浙江省实施〈无障碍环境建设条例〉办法（草案）》。

第十三届省政府第13次常务会议于11月23日在杭州举行。会议审议通过《关于进一步促进民营经济高质量发展的实施意见（送审稿）》，听取关于火灾防控工作情况、全省乡村振兴战略规划编制情况汇报。

第十三届省政府第14次常务会议于12月7日在杭州举行。会议听取2019年省政府工作报告起草情况汇报，审议通过《浙江省大都市区建设行动计划（送审稿）》《浙江省农村饮用水达标行动计划（送审稿）》《百项千亿防洪排涝工程建议调整方案（送审稿）》等文件。

第十三届省政府第15次常务会议于12月25日在杭州举行。会议听取全省食品安全工作有关情况的汇报，审议通过《关于全力打好高质量发展组合拳的意见（送审稿）》《浙江省深化“最多跑一次”改革推进政府数字化转型工作总体方案（送审稿）》《浙江省推进运输结构调整三年行动计划（送审稿）》《义乌国际贸易综合改革试验区框架方案（送审稿）》《2018年全省和省级预算执行情况及2019年全省和省级预算草案的报告》《2019年省级财政预算及重点项目资金安排建议》。

【省政府专题学习会】 2018年，省政府举行专题学习会4次。

5月8日，浙江大学互联网金融研究院副院长杨小虎、阿里巴巴集团学术委员会主席曾鸣受邀讲解区块链技术及应用问题。

7月30日，中科院院士、西湖大学校长施一公，浙江贝达药业董事长丁列明受邀讲解生命科学和生物医药产业发展情况。

9月26日，中国工程院院士潘云鹤、海康威视研究院院长浦世亮受邀讲解人工智能技术应用和发展趋势。

11月20日，浙江师范大学非洲研究院院长刘鸿武教授、浙江师范大学教师张巧文受邀讲解“加强浙非战略合作”。

（省政府办公厅　供稿）

政府数字化转型

【概况】 2018年10月，浙江省大数据局挂牌成立，主要承担政府数字化转型领导小组办公室的日常工作，编制《深化“最多跑一次”改革推进政府数字化转型——浙江省数字政府建设总体方案》和技术方案，对全省政府数字化转型的总体要求、主要任务、重点工程、保障措施等进行顶层设计。聚焦群众关心关注的重大问题和政府治理的难点问题，谋划提出首批政府数字化转型“8+13”项目（8个标志性项目和13个示范性项目），组建跨部门工作专班和项目推进组，结合机构改革任务，加快梳理各项目核心业务，建立业务流程协同模型和数据共享模型，并在11个设区市开展22项试点任务，形成横向协同、纵向联动的推进模式。年内，省、市、县三级事项开通“网上办”的比例分别达95.5%、96.6%和98%，全省352项民生事项中有185项实现“一证通办”，较好地完成年初确定的各项任务。

【重点攻关形成合力】 2018年，省大数据局与阿里巴巴集团的关系定位为战略合作框架下的命运共同体，将所有原由省政府办公厅承担的数字化项目移交给阿里巴巴集团进行总集。从应用系统建设、应用支撑体系、数据共享体系、政务云平台等各个层次全面开展工作。年内，省大数据局集中力量打好五场“硬仗”，分别是打造“浙里办”政务一体化平台、“浙政钉”平台、基层治理四平台、数据共享支撑平台和“一朵云”（政务云平台）。

【“8+13”重点项目实施】 2018年，“8+13”重点项目上线19个，省市县全覆盖的13个。其中掌上办事“浙里办”手机应用全新迭代上线，整合各地各部门移动端便民应用285个，推出掌上可办事项省级115项、市级平均334项、县级平均228项；“浙政钉”掌上办公应用实现全省全覆盖，激活人数114万人，建立各类部门群、业务群2.1万个，推出微应用381个，在日常办公、应急指挥等方面发挥积极作用。

【“互联网+政务服务”推进】 2018年，省大数据局加快推动政务服务“一窗受理”“一网通办”“一证通办”，组建市县工作推进组，对全省开展培训指导，推进“最多跑一次”改革数据共享工作向市县纵深发展。聚焦“一窗受理”改革，加快联通条块信息系统。省级部门打通自建系统77套，占应对接总数91%；市县部门累计打通自建系统261套，占应对接总数94%。聚焦“一网通办”目标，完善浙江政务服务网功能。推行电子文件归档、证照快递送达，推动各级办事事项开通“网上办”。浙江政务服务网注册用户2021万余户。聚焦“一证通办”要求，推进数据归集共享。梳理确定全省办事事项需共享的833类证照、证明数据，涉及省级50个数源部门，完成归集656类，占比78.7%，为各地各部门提供数据共享接口776个。至年末，省公共数据平台共享数据调用量1.33亿次，比上年增长12倍。

【全省数字政府建设研讨会】 2018年12月13日在杭州举行。省长袁家军出席并讲话，常务副省长冯飞主持。会议强调，要深入学习贯彻习近平总书记关于网络强国和数字中国建设的重要思想，把数字政府作为深化“最多跑一次”改革的重大标志性、引领性工程来抓，聚焦“观念转变、职能转变、流程转变、数据共享”，抢抓机遇、开门建设、集智攻坚，高标准创建人民满意的数字政府，打造最佳营商环境。会上，来自中央党校、中国计算机学会、阿里巴巴集团、清华大学、北京大学、浙江大学的7位专家围绕建设数字政府基础设施、打造以数据为核心的共享平台、非接触监管、从“数据、行政、服务”三个维度谋划建设数字政府、构建政府指数等方面进行深入研讨，提出意见和建议。

（省大数据局　陈立三）

应急管理

【概况】 2018年10月25日，浙江省应急管理厅挂牌成立。省应急管理厅整合省政府办公厅、省公安厅、省民政厅、省水利厅，以及原省安监局、原省国土资源厅、原省林业厅等部门的13项职责，承担省安全生产委员会、省消防安全委员会、省防汛防台抗旱指挥部、省森林防灭火指挥部、省抗震救灾指挥部、省减灾委员会6个议事协调机构职责，全面负责全省应急管理工作，指导全省各级各部门应对安全生产类、自然灾害类等突发事件和综合防灾减灾救灾工作；负责安全生产综合监督管理和工矿商贸行业安全生产监督管理工作。省应急管理厅内设15个处室和1个直属机关党委，下属省安全生产科学研究院、省应急管理宣传教育中心、省应急管理数字和技术中心、省航空护林管理站4个事业单位。年内，对自然资源、水利等部门落实防治职责进行统筹、督查，抓好应急管理防范防治。在消防、道路交通、危险化学品、渔业船舶、城市安全发展、城乡危旧房6个重点领域开展安全监管，保障春节、“两会”等重要时间节点安全生产和自然灾害形势稳定。建立完善风险研判会商、信息首报、联动响应等应急管理工作机制，主动与省气象、公安、交通、水利等部门进行工作对接。

【全省应急救援力量体系构建】 2018年，省应急管理系统一体推进队伍建设，加强综合性消防救援队伍建设，推进涵盖“高低大化”（高层建筑、地下建筑、大型城市综合体、石化企业）和多灾害事故类型的消防救援队伍建设；依托企业建成13支国家、省级专业骨干救援队伍；涌现出公羊、蓝天、民安等具有影响力的民间救援队伍。一线救援能力提升，全省消防部门投入2.6亿元，建成省、市、县三级完整的消防模拟训练设施；省消防救援总队举行72小时综合应急救援实战拉练和跨区域增援48小时保障拉练，展示消防救援队伍一线作战能力；公羊救援队参与重庆万州公交车坠江事件救援中表现突出。5月12日，省军区、省消防救援总队和各类专业、民间救援力量共同参加军地联合抢险救灾演练。年内，全省消防救援队伍出动10.3万人次，抢救疏散群众1.9万人，抢救财产价值39亿元。

【监管工作创新】 2018年12月20日，省应急管理厅在全国率先出台《推动支持民营企业安全发展八条措施》，搭建民营企业和国际领先企业交流平台、线上风险预警与线下靶向执法相结合、避免“一刀切”等真正便民利民举措落地。持续推进“最多跑一次”改革，安全生产领域26个大项、46个小项和7个消防许可事项全部实现“最多跑一次”，形成标准化、规范化办事事项目录和指南体系，消防“创满意”活动群众满意度达98.5%。启用智慧用电、智慧消防、智慧电梯等智慧化监管手段，危险化学品大数据平台落地并取得明显效果，建成覆盖2.59万家危险化学品企业、824个重大危险源和3268千米油气管道“一图一表”，“一天一预警提示、一天一承诺公示”，获应急管理部肯定并在全国推广实施。社会化服务和市场机制运用效果进一步提升，常态化公布安全生产“红名单”“黑名单”，以“保险+服务”模式推广高危行业安全责任保险，全省渔业船舶、建筑施工等八大高危行业企业覆盖率达94.4%，在危化生产、矿山企业、民爆企业中实现全覆盖。深化应急管理宣传教育活动，组织开展安全生产月、“119”消防宣传月、“5·12”防灾减灾日等宣传活动，举办第九届中国国际安全生产论坛，推进安全生产和应急管理“七进”宣传教育全覆盖，提升群众安全和自救意识。

【安全生产监督管理】 2018年，省应急管理厅贯彻落实省委、省政府《关于深入推进安全生产领域改革发展的实施意见》，53项重点改革任务中基本完成48项。强化安全生产责任落实，省政府办公厅印发《关于贯彻落实消防安全责任制实施办法的若干意见》，省安全生产委员会印发《浙江省安全生产巡查工作制度(暂行)》《浙江省安全生产通报警示约谈实施办法(试行)》，省委办公厅、省政府办公厅印发《浙江省地方党政领导干部安全生产责任制实施细则》等文件。全面启动首轮安全生产巡查，排查改进部分地区和部门责任落实上重学习轻研究、重部署轻落实，风险管控上重治理轻管控，信息化建设重建设轻运用等问题492项；约谈海洋渔船事故多发1个市和1个县，以及火灾形势突出的4个市、5个行业和77个乡镇的负责人。在消防、道路交通、危险化学品、渔业船舶、城市安全发展、城乡危旧房6个重点领域加强安全监管。9月25日，省委办公厅、省政府办公厅出台《关于深入推进城市安全发展的实施意见》，启动59家城镇人口密集区危化企业搬迁改造，1399幢采用易燃可燃外保温材料的高层建筑整改率达99%，26万户10人以上居住出租房消防隐患整改率达99%，全面消除省级挂牌消防火灾重大隐患单位15个和工矿商贸重大隐患23处。年内，全省发生各类生产安全事故2276起，死亡人数1963人，受伤789人，分别比上年下降33.0%、28.0%和45.1%。其中，较大事故13起，下降13.3%。（省应急管理厅　刘崇锤）

【安全生产领域改革】 2018年，全省安全生产监管部门按照全省安全生产领域改革发展重点任务分工方案，制订责任清单和时间表，集中力量攻坚。省安全生产委员会(简称省安委会)组织开展2次改革发展任务落实情况督查，省经信厅、省交通运输厅、省商务厅等部门制定行业安全生产领域改革实施办法。全省从健全完善安全生产责任体系、推进依法治理、加强安全生产基础保障建设等5个方面，提出53项改革举措，年内落实举措49项。省安委会“1+X”(在1个安委会框架内设置多个专业安委会)组织责任体系被山东、湖北等省市借鉴。《浙江省交通建设工程质量和安全生产管理条例》成为全国首部“公水铁”综合交通建设质量安全管理省级法规。实施危险化学品企业安全风险研判和承诺公告制度、建立覆盖企业生产全员全过程风险研判工作流程做法获应急管理部肯定，作为样本在全国推广。推动支持民营企业安全发展8条措施、加强安全生产诚信机制与标准化建设和推进安全生产社会化服务等举措。

【安全生产责任制建设】 2018年，省应急管理厅加强安全生产责任制建设，出台贯彻落实《地方党政领导干部安全生产责任制规定实施细则》和消防安全责任制实施办法若干意见，在全国率先实现县以上政府常务副职分管安全生产工作，加强地方党委、政府对安全生产工作的统筹和领导。建立省安委会层面和建设、道路交通等行业部门安全生产通报、警示、约谈和形势分析研判等制度。组织开展首轮安全生产巡查，对渔船事故频发及火灾形势严峻的地方和行业部门实施约谈，全省约谈4个市、5个行业(系统)和77个乡镇(街道)有关负责人。结合机构改革，省编委办将安全生产职责列入相关部门“三定”范围，厘清职责边界；省自然资源厅、省生态环境厅等9个新组建部门确定为省安委会成员单位。推动市县安委会“1+X”组织体系运作，向乡镇(街道)普及推广“1+X”安全监管模式，突出重点行业安全监管责任。省安委会各成员单位依据职责，将安全生产要求纳入行业领域重点工作，推动企业依法建立安全生产组织机构，开展安全生产培训教育、安全标准化创建，增强企业履行安全生产主体责任。

【重点行业领域专项整治】 2018年，浙江省开展安全生产综合治理三年行动，加强风险防控重点机制建设，推进建筑施工、渔业船舶、特种设备等领域制订风险防控和隐患排查治理体系方案，实施风险辨识、公告和隐患治理、销号闭环管理。以高层建筑、出租房、电气(电动自行车)、危险化学品和燃气、老旧小区及年接警量超过100件的乡镇(街道)为重点开展专项整治，建立排查清单、隐患清单和管理清单，消防安全三年翻身仗取得阶段性成果。道路交通领域开展“综治能力提升、现场严管、追违清库、防护提升、精准宣教”五大行动，年内道路运输事故死亡人数下降29.1%。渔业船舶行业重点对10人以上渔船、涉氨冷藏船、渔运船、异地挂靠渔船开展隐患排查治理，全省9655艘12米以上海洋机动渔船北斗船载终端设备完成改造升级，1.5万艘渔船、14万余人参加安全生产责任保险。全省农村完成C级危房治理改造12.21万户，城镇排查治理危旧房43.79万幢、3.85亿平方米。

【安全生产监管执法】 2018年2月，省应急管理厅、省经信厅、省公安厅等6个部门联合制定《浙江省安全生产领域跨部门联合“双随机”抽查监管工作实施细则(试行)》，并公布第一批联合“双随机”抽查监管事项清单和计划，为各部门开展联合执法、重点执法、跟踪执法提供制度保障。全年全省实施“双随机”抽查监管6196次，检查结果全部公示。加大执法力度，全省安全生产监管系统实施行政处罚1.32万人次，比上年增长98.7%。公安部门查处交通违法行为5682万件。交通运输、海事、渔业等部门实施违法违规“两船”(参与海上运输的内河船、砂石运输船)上排、进坞、码头扣押272艘次，向公安部门移送无证驾驶人员452人。特种设备监察部门检查特种设备使用单位5.7万个，查处案件1617件，责令停产停业18家。农业农村、应急管理等部门联合整治变型拖拉机，查处假牌、超载、违法载人、报废机车上路等违法违规行为1.4万起，行政拘留82人。省建设厅对存在危险性较大大工程和违规行为的3家企业进行暂扣安全生产许可证处罚，在全国首开严格执法纪录，获住房和城乡建设部肯定。台州市农业农村部门出台全国首个渔业安全生产“行刑衔接”规范，海事部门推广宁波市“两船”整治和台州市“3+1”执法模式，获交通运输部肯定。

【安全生产基础建设】 2018年，省安全生产监管部门推动安全生产“机械化换人、自动化减人”工作，全省民爆行业炸药生产企业关键设备均实现智能匹配和连锁联控，148个一级危险化学品重大危险源安全仪表系统全部完成改造升级。“智慧交通”、“智慧物流”、“智慧用电”、网吧“清网卫士”监管系统等智能化技术防控手段全面应用，11个设区市、31个县(市、区)建成“智慧用电”区域性监控平台，安装设备31.6万台(套)，覆盖9.7万家企业及生产经营场所。推广企业可持续发展项目(简称SCORE)，全年有400多家推广SCORE试点企业，隐患排查总量增长2.25倍，其中一线员工排查的隐患占78%，企业工伤事故率下降72%，工伤赔付金额下降63%。推广“保险+服务”模式，全省八大高危行业企业覆盖率达94.4%。其中，危险化学品生产、矿山、民爆企业投保安全责任险实现全覆盖。加快推进社会化服务工作，全省实行社会化服务企业61.5万家次。推动安全源头治理，全省经信系统通过“低小散”企业(作坊)专项整治，处置无安全保障和违反安全生产法律法规的企业6236家。省交通运输厅完成公路安防工程2700千米，改造提升隧道口设施324个。全省各有关部门把安全生产纳入农民工技能培训内容，依托大学优势专业加快高层次化工人才培养。各部门推动安全生产宣传“七进”工作，加大体验式、沉浸式安全生产宣传力度，浙江省安全生产互动体验馆被列入年度省民生获得感示范工程。

【全省城市安全发展实施意见制定】 2018年，省应急管理厅贯彻落实中央办公厅、国务院办公厅《关于推进城市安全发展的意见》，研究制定全省城市安全发展实施意见，强化城市规划、设计、建设、管理等各个环节安全管理，建立城市安全风险信息管理平台，健全以安全生产为基础的综合性、全方位、系统化城市安全发展体系，提高城市安全水平。提高基础设施安全配置标准，重点加强对城市高层建筑、大型综合体、隧道桥梁、管线管廊、轨道交通、燃气、电力设备及电梯、游乐设施等的检测维护。

【全省安全生产通过国务院考核】 2018年1月8—11日，国家安监总局副局长付建华带领国务院安委会省级政府安全生产工作考核组第11组，对浙江省安全生产工作进行考核，听取省政府和宁波、金华两市汇报，查阅工作台账，实地随机抽查4个县及非煤矿山、危险化学品、轨道交通、轻工制造、港口、商贸领域6家企业。其间，省委副书记、省长袁家军会见考核组一行，就进一步加强和改进浙江安全生产工作交换意见，副省长高兴夫参加会见。国务院考核组肯定全省安全生产工作，并从防范和遏制重特大事故，全面落实企业安全生产主体责任，加大对违法行为打击力度等方面提出具体建议。全省安全生产工作考核结果为优秀。

（省应急管理厅　芮亦康）

政府参事

【概况】 2018年，全省机构改革后，省政府办公厅增挂省政府参事室牌子，有关职责交由省政府办公厅承担，原参事业务处成建制划入省政府办公厅，作为其内设处室。省政府办公厅党组对厅领导分工进行调整；原处室主动融入省政府办公厅，学习办事流程，严肃规章制度，做好人员转隶工作。政府参事在了解掌握省委、省政府中心工作和重大决策部署、省领导关注的热点问题及各方面信息等方面更加及时，调研针对性和有效性进一步增强；省领导对参事件的批示作为省政府督查事项进行跟踪督查，有效促进参事调研成果的转化和落实。全年省政府参事室围绕省委、省政府中心工作，聚焦民生热点，组织参事开展调研100多批次，其中，省外调研20批次。全年上报参事件45篇，获省领导批示63人次。组织参事围绕“最多跑一次”改革进行全覆盖调研，召开“最多跑一次”改革专题研讨会，会后将调研成果汇编成册，送省领导及部门参阅。抽调人员参与浙江省高考英语科目加权赋分调查和生态文明示范创建行动计划制订、传承发展浙江优秀传统文化行动计划督查等省政府办公厅重点工作。举办“参事沙龙”2次，对意见建议梳理汇编成2期《参事视点》，呈报给省领导；定期召开参事室学术委员会会议和参事小组会议。

【**建言献策**】 2018年，省政府参事室设立集体调研课题1项和重点课题12项，每项重点课题由1名参事负责并与多名参事共同组成课题调研组。围绕金融风险防控，研究提出《建立全省防控金融风险责任体系打好防控金融风险攻坚战》，省委书记车俊、省长袁家军、副省长朱从玖分别做出批示；围绕数字浙江建设，研究提出《关于加快布局大型数据中心助推数字浙江建设的建议》获车俊、袁家军批示。组织参事对民生热点进行调研，以“小切口、短平快”的方式报送省领导。围绕历保建筑，提出《拯救杭州萧山茗山、菊花山历史文化遗存的建议》获袁家军和副省长成岳冲批示，受到省文物局、杭州市和萧山区政府重视，促成相关部门出台历史文化遗存保护措施；围绕扶贫、垃圾分类，研究提出《精准扶贫面临的困难与几点建议》《推进城镇生活垃圾分类处理的调研报告》。

【**参事选聘**】 2018年，省政府参事室修订参事选聘办法，提高参事选聘标准，完善选聘程序，增加中共参事人选原则上担任过正厅级以上职务、民主党派和无党派参事人选原则上担任过副厅级以上职务，专家学者参事人选应具备二级教授（或者相当于二级教授）以上技术职称，省属国有企业中的参事人选原则上担任过正职等内容。年内，新聘参事13名、特约研究员10名，续聘参事5名、特约研究员1名，离任参事和特约研究员15名，优化改善参事队伍结构。至年末，聘有参事41名、特约研究员15名，主要由已退休专家型领导、专家学者、企业家等组成。

【**与国务院参事室加强交流**】 2018年，省政府参事室参与国务院参事室就长江经济带发展、自贸区建设、医联体建设发展、自身建设等重点课题展开联合调研，其中，由省参事室撰写的《关于中国（浙江）自贸试验区争取更大改革自主权和扩区的建议》获党和国家领导人批示。全年省参事室接待国务院参事室到浙江调研9批58人次。国务院参事室副主任王卫民带队到永嘉、宁海就“智慧养老”课题进行调研；国务院其他参事分别到浙江就“建设新型国际关系和开放型世界经济”“城乡共享与公共政策供给”等课题进行调研。组织参加国务院参事室举办的“六稳”座谈会、“2018长江论坛”和第九期全国政府参事研修班等论坛和培训。

2018年6月11日，省政府参事馆员工作座谈会暨新聘参事馆员聘任仪式在杭州举行
（省政府参事室　供图）

【**与外省参事室增进联络**】 2018年，省政府参事室接待外省参事室到浙江调研20批122人次。组织赴广东、重庆、上海等地就探索新时代政府参事工作的新思路、新方法进行学习考察；组织参事赴青岛就“培育千亿级制造业企业对策研究”课题展开调研。组织参加上海市政府参事室举办的上海第12届参事国是论坛、重庆市政府参事室举办的“人才·创新·信息化与建设现代化经济体系”研讨会、四川省政府参事室举办的“产业兴旺与乡村振兴战略”研讨会等外省参事室活动。

（省政府参事室　裘　峰）

中国人民政治协商会议浙江省委员会

Zhejiang Provincial Committee of the Chinese People's Political Consultative Conference

综　述

【**概况**】 2018年，浙江省有各级政协组织机构101个，其中省政协1个，副省级市政协2个，设区市政协9个，县（市、区）政协89个。各级政协有委员2.57万人。其中，住浙全国政协委员35人，省政协委员631人，副省级市政协委员989人，设区市政协委员3556人，县级政协委员2.05万人。省政协设常务委员会，由主席、副主席、秘书长和常务委员组成。设有提案委员会、委员工作委员会、经济委员会、农业和农村委员会、人口资源环境委员会、教科卫体委员会、社会和法制委员会、民族和宗教委员会、港澳台侨和外事委员会、文化文史和学习委员会10个专门委员会。全年召开全体会议1次、常委会会议5次、主席会议17次、主席办公会议11次。制定或修订会议组织、履行三项职能、经常性工作、自身建设等方面的制度29项，省政协机关制定或修订进一步加强机关建设管理等规章制度18项。

【开展调查研究】 2018年，省政协贯彻省委关于开展“大学习大调研大抓落实”活动部署要求，制定实施方案，印发《关于进一步加强和改进调查研究工作的意见》，围绕加强和改进政协工作的着力点，确定27项具体任务，由主席会议成员牵头负责，专委会、界别组等参与，深入实地调研，形成41份调研报告。围绕推进新时代浙江省政协工作高质量发展，确定发挥专门协商机构作用、打造工作精品等21个专题，主席会议成员牵头负责开展调研，建立工作务虚会制度，交流研讨新时代政协工作的具体思路和工作举措。

【提案办理协商】 2018年，省政协树立“数量适度、质量为要”的工作导向，坚持把调研作为政协各项工作必经程序，每次专题协商、每期民生协商论坛、每项民主监督、每个提案提出前均需首先开展调研。探索完善协商议政提质增效机制，提高协商建言质量。全年提案立案717件，并案后705件，至年末，全部得到办理和答复。先后推出湖州市政协“市委书记、市长与政协委员‘面对面’协商”、金华市政协“探索建立全面推行‘一村一委员’工作机制”、瑞安市政协“‘榕树下’开启基层政协民主监督新时空”、德清县政协“创新跨届重点提案跟踪追办机制”、杭州江干区政协“建设‘五化’委员民情联络站”、台州黄岩区政协“创办‘永宁史话’文史讲堂”6个政协工作创新案例。

【聚焦改革建言】 2018年，省政协围绕重大改革举措出台和实施献计出力，做到聚焦改革、建言改革、服务改革。紧扣省委十四届三次全会关于“‘八八战略’再深化、改革开放再出发”和推进清廉浙江建设的重大决策，召开专题议政性常委会会议，提出加快推进企业投资项目承诺制改革、打造最佳开放环境和建设清廉机关、弘扬清廉文化等对策建议，为省委科学民主决策提供参考。围绕深化“最多跑一次”改革，开展贯穿全年的三级政协联动专项集体民主监督，并召开专题议政性常委会会议协商建言，设置“委员大家访”“委员大家议”“委员大家谈”“委员大家查”等协商监督载体，助力“最多跑一次”改革。

【经济发展调研协商】 2018年，省政协选择经济高质量发展若干重要议题深入调研协商、汇智献策。围绕推动民营经济高质量发展，开展专题调研和宣讲活动，组织参加全国政协“优化营商环境、促进民营经济高质量发展”首场远程协商分会场活动。围绕实施创新驱动发展战略推动高质量发展，分8个专题开展调研，提出对策建议。围绕深化“亩均论英雄”改革开展专项督察，组成9个督察组深入11个设区市、14个县（市、区）、66家企业蹲点调研、实地督察，召开17个座谈会，总结经验做法，推动解决问题。围绕高水平建设省内国家科技成果转移转化示范区、中小企业科技创新等议题开展对口协商和界别协商，选择能源发展、国际金融科技中心建设等重点问题进行专题性经济分析。围绕推进杭州湾大湾区建设、加快人工智能产业发展、发展全域旅游等议题，做好重点提案、专项提案办理协商工作。围绕构建区域创新共同体、推动长三角科技创新圈建设，与上海、江苏、安徽等省市政协开展联合调研，提出建设性对策建议。

【助力“美丽浙江”建设】 2018年，省政协着眼推进全省大花园建设，运用课题调研、专题协商、民主监督等履职方式，助推高质量“美丽浙江”建设。围绕全力打开“两山”转化通道、高质量推进乡村振兴示范省建设深入调研，形成1个总报告和34个分报告，召开专题议政性常委会会议协商讨论，提出高质量推进城乡融合发展、因地制宜制定乡村振兴规划等39项对策建议，被采纳34项。围绕中央环保督察反馈意见整改落实情况开展专项集体民主监督，组织3个监督调研组，实地监督调研整改点位27个，随机抽查点位2个，并指导各设区市政协开展联动监督，推动中央环保督察反馈问题点位的整改落实。助力“绿色美丽长三角”建设，围绕长三角区域污染防治协作机制落实情况参与联动监督，实地监督调研共性或跨界领域点位48个，形成中期监督报告和总报告。围绕城乡生活垃圾分类处理，组织开展三级政协联动专项集体民主监督，坚持集中监督与分散随机监督、明察与暗访相结合，并采取与相关议题提案督办、界别协商统筹推进，阶段性报告和总报告相结合的方式，列出问题清单58项，提出意见建议8206条，大部分意见建议被党政部门采纳吸收。

【服务民生福祉】 2018年，省政协围绕民生领域重要问题资政建言，协助党委政府破解民生难题开展协商。聚焦民生“关键小事”，制定民生协商论坛工作规则，围绕医养护结合加快养老事业和产业发展、共筑个人信息安全防线、加强外卖餐饮食品安全监管、减轻中小学生负担、建立健全农村留守人员关爱服务体系、强化危险废物处置监管、“全面二孩”政策实施后的公共服务供给等议题开展协商。聚焦省政府征集“十大民生实事”项目，首次开展“为民办实事，请你来协商”活动，有584名委员提出建议919条，委员参与率达92.6%；召开专题协商会，提出19方面建议，为省政府提供民意民智参考。聚焦基层群众所需所盼，制定“六送下乡”“两走进”活动月活动工作规则，在龙游县开展集中服务和在温州洞头区、常山县、文成县、武义县、缙云县、龙游县6个山区海岛县（区）开展服务活动，签署合作协议22个，落实支持项目135个。聚焦推进“厕所革命”、深化农村文化礼堂建设等课题，组织开展委员视察，为推进相关工作建言献策。聚焦制定浙江省无障碍环境建设实施办法草案、浙江省口岸管理和服务办法草案等，组织委员参与对口立法协商，推动政府规章的完善和贯彻执行。

【政协委员活动】 2018年，省政协鼓励和支持政协委员深入基层和界别群众，协助党委政府做好解疑释惑、宣传政策、理顺情绪、化解矛盾等工作。搭建多媒体融合"同心"系列新平台新载体，创办浙江政协"同心苑"微信公众号和《钱江晚报》"同心桥"、浙江卫视"同心树"专栏等，办好联谊报、门户网站等宣传平台，传播政协好声音。深化党派合作，以"五一口号"（中共中央于1948年4月30日发布的纪念"五一"劳动节口号）发布70周年为契机，坚持和发展新型政党制度，支持和保障省级各民主党派、工商联、无党派人士参与政协履职，优先安排发表意见建议。开展加快全省少数民族村发展调研，与省有关部门联合举办首期民族乡村"百村论坛"。开展加强全省民间信仰事务管理等调研，重视发挥宗教界政协委员作用。组织港澳华侨委员、港澳台侨代表人士"看家乡巨变"考察活动，增进对改革开放40周年、"八八战略"实施15周年带来历史性变革和成就的共识。指导香港浙江政协委员联谊会做好换届工作，支持港澳委员为维护港澳繁荣稳定发声出力。做好社情民意信息反映，出台省政协领导批阅群众来信办理制度，修订反映社情民意信息工作条例，全年收到社情民意信息6542条，编报政协信息《专报》161期。

【履职平台建设】 2018年，省政协探索开展委员会客厅创建工作，按照"学习交流新载体、联系群众新纽带、协商民主新路径、团结联谊新平台"的功能定位，制定创建方案，出台实施意见，统一制作标识，完善配套制度，在中国网络作家村、杭州滨江高新技术开发区、杭州未来科技城海创园、玉皇山南基金小镇、万事利集团、云栖小镇、省律师协会、青田侨乡建立8个委员会客厅，组织开展各类主题活动，影响界别群众和有影响力的人，把更多的党外知识分子、非公有制经济人士、新的社会阶层人士团结凝聚到党的周围。依托互联网出台网络议政和远程协商实施意见，探索建立常态化的网上议政厅，建设"浙江政协·掌上履职"平台，深化网络直播重点提案办理，有26.1万人次参与民生协商论坛。制定应用型智库组建方案和工作规则，建立经济、农业农村、人口、环境和资源、教育、科技等14个智库小组，举行首批智库人员聘任仪式，共建共享应用型智库。指导杭州江干区政协、宁波鄞州区政协、平阳县政协、安吉县政协、义乌市政协、温岭市政协6个县级政协探索开展"请你来协商"平台建设，更好发挥县级政协专门协商机构作用。

（省政协研究室　陈光廉）

重要会议

【概况】 2018年，省政协召开全体会议1次、常委会会议6次、主席会议17次、主席办公会议11次，省政协党组理论学习中心组学习会7次、党组会议18次。年初集中1个月时间，连续举办4期培训班，突出政治培训和能力培训，对省政协委员进行集中轮训。全省三级政协分别召开专题理论研讨会，省政协党组和主席会议成员带队分赴各设区市政协督促指导。

【省政协十二届一次会议】 2018年1月24—29日在杭州举行。大会主席团常务主席葛慧君、孙景淼、郑继伟、张泽熙、陈小平、吴晶、蔡秀军、陈铁雄、马光明、周国辉出席。省委书记、省人大常委会主任车俊，省委副书记、省长袁家军，全国人大环境与资源保护委员会副主任委员夏宝龙，以及省委、省人大常委会、省政府、省军区领导出席全体会议开闭幕式，分别参加大会发言、专题座谈和分组讨论，听取委员意见建议。会议实到委员610人。十二届全国政协住浙委员，省委、省政府有关部门主要负责人，各市、县（市、区）政协主席等列席大会。会议审议通过乔传秀代表十一届省政协常委会所做的工作报告、蔡秀军所做的十一届省政协常委会关于提案工作情况报告。选举产生省政协第十二届委员会主席、副主席、秘书长、常务委员，葛慧君当选新一届省政协主席。会议采取大会与小组讨论、联组讨论、座谈会相结合，委员提交提案与大会发言、讨论发言相结合，围绕政府工作报告等开展协商讨论，各委员小组均提出界别集体协商意见建议。委员和列席会议人员围绕政府工作报告提出意见建议9个方面53条，并对省高级人民法院工作报告、省人民检察院工作报告进行协商议政。

【省政协常务委员会会议】 2018年，省政协第十一届和第十二届委员会分别召开常委会会议1次和5次。

十一届二十八次常委会会议于1月17—18日在杭州举行。会议审议通过关于召开政协第十二届浙江省委员会第一次会议的决定，政协第十一届浙江省委员会常务委员会工作报告及报告人，政协第十一届浙江省委员会常务委员会关于提案工作情况的报告及报告人，政协第十一届浙江省委员会常务委员会关于政协第十二届浙江省委员会委员规模和界别设置的决定，政协第十二届浙江省委员会委员名单，政协第十二届浙江省委员会第一次会议议程和日程（草案），关于授权主席会议审议政协第十一届浙江省委员会常务委员会第二十八次会议未尽事宜的决定。审议通过有关人事事项。协商讨论《政府工作报告》（征求意见稿），听取省政府系统办理省政协十一届五次会议以来提案工作情况的报告。

十二届一次常委会会议于1月30日在杭州举行。会议审议通过关于政协第十二届浙江省委员会专门委员会设置的决定，审议通过政协第十二届浙江省委员会专门委员会主任、副主任名单。

十二届二次常委会会议于5月23日在杭州举行。会议围绕深化"最多跑一次"改革开展专题协商。审议通过《中国人民政治协商会议第十二届浙江省委员会常务委员会关于加强自身建设的意见》。审议通过有关人事事项。

十二届三次常委会会议于7月11日在杭州举行。会议传达学习习近平总书记对浙江工作的重要指示精神和省委部署要求，围绕省委十四届三次全会关于"'八八战略'再深化、改革开放再出发"和推进清廉浙江建设重大决策开展专题协商。省委书记车俊到会并讲话。省政协主席葛慧君主持,省委常委、秘书长陈金彪出席。会上,8位政协常委就学习贯彻习近平总书记重要指示精神,推进"八八战略"再深化、改革开放再出发,加快建设清廉浙江做大会发言。与会委员以分组讨论和大会口头发言、书面材料等形式,提出意见建议53条。

十二届四次常委会会议于10月16—17日在杭州举行。会议围绕"全力打开'两山'转化通道,高质量推进乡村振兴示范省建设"开展专题协商,分6个专题进行分组讨论,部分常委、委员在调研基础上做协商发言。为提高协商建言质量,围绕"实施乡村振兴战略"主题举办崇学讲坛,邀请省农办负责人介绍浙江实施乡村振兴战略情况。会议审议通过新修订的政协浙江省委员会全体会议工作规则、常务委员会工作规则、关于委员履行职责的若干规定和有关人事事项。与会委员围绕"全力打开'两山'转化通道,高质量推进乡村振兴示范省建设",以专题分组讨论、大会发言、书面材料等形式,提出高质量推进城乡融合发展、因地制宜制定乡村振兴规划等6个方面39条意见建议,被采纳34条。

十二届五次常委会会议于12月18日在杭州举行。会议传达学习习近平总书记近期关于人民政协工作的重要讲话精神和全国政协十三届四次常委会会议精神及省委部署要求,集体收看庆祝改革开放40周年大会实况。会议决定,省政协十二届二次会议于2019年1月21日在杭州召开。会议审议通过省政协机构改革有关专门委员会设置调整及有关人事事项。

【工作座谈和协商会议】 2018年,省政协通过组织、参与各类工作座谈会和协商会议,确保全年工作有序开展。

7月18日,习近平总书记关于加强和改进人民政协工作的重要思想学习研讨情况沪苏浙皖四省市政协片区座谈会在杭州召开,全国政协副主席刘奇葆出席并讲话,省政协主席葛慧君做会议发言。

10月19日,省政府举行省政协重点提案办理工作座谈会,省长袁家军听取省政协委员的意见建议并就有关问题进行深入交流和沟通,省政协主席葛慧君主持并讲话。

10月24日,全国政协以"优化营商环境,促进民营经济高质量发展"为主题,在北京举行第一次网络议政远程协商会。中共中央政治局常委、全国政协主席汪洋主持会议并讲话。13位委员在北京、浙江、湖南、广东4个分会场及通过手机连线方式发言,有800多名委员通过移动履职平台开展在线互动,积极建言资政。省政协主席葛慧君在浙江分会场出席会议。

11月2日,全省政协提案工作提质增效经验交流会暨提案征集工作座谈会在杭州召开。各民主党派省委会和省工商联,省政协各专委会、界别组,省直有关部门和设区市政协有关负责人参加,部分与会代表在会上做交流发言,介绍开展政协提案工作的好做法好经验,研讨进一步提高提案工作质效的对策举措。

(省政协研究室　陈光廉)

重要活动

【概况】 2018年,省政协参加长三角地区政协主席联席会议2次,举办崇学讲坛8期、民生协商论坛7次、理论研究会年会1次。年内,省政协结合全国政协印发的18个重点参考题目,分10个专题推出20个重点研讨题目,组织高等院校和社科界专家学者开展理论研究,动员全省各级政协提交理论研讨文章,召开专题理论研讨会。完成全国政协交办的"加强和改进人民政协工作有关问题研究""人民政协是具有中国特色的制度安排研究"等课题4个。

【葛慧君会见法国客人】 2018年5月3日,省政协主席葛慧君在杭州会见法国经济社会环境理事会主席贝尔纳斯科尼率领的代表团一行。在简要介绍浙江经济社会发展情况后,葛慧君表示浙江省愿以此次访问为契机,不断加强与法国经济社会环境理事会的交流合作,学习借鉴法方经验,共同推动双方关系深入发展。贝尔纳斯科尼高度评价近年来浙江经济社会发展,特别是互联网产业快速发展所取得的成果,表示愿进一步推进法国经济社会环境理事会与浙江省合作,就共同关心的领域开展交流、互学互鉴。

【全国政协调研组到浙江考察】 2018年9月4—7日,全国政协副主席汪永清率全国政协调研组,就"网络环境下的知识产权法律保护"课题组到浙江调研。调研组对浙江网络知识产权保护工作的探索实践给予肯定,希望浙江进一步加深认识,推动创新实践,认真分析研究网络环境下知识产权保护的特点、规律,积极探索完善网络领域知识产权保护法治体系的途径,为国家层面加强知识产权法律保护提供有益参考。10月11日,汪永清率全国政协调研组,就"提高协商议政质量的模式和方法"到浙江开展专题调研并召开座谈会,与会人员分别围绕"如何提高提案的质量""如何提高视察考察的质量""如何提高社情民意信息的质量""如何建立完善成果跟踪反馈机制"等问题开展研讨。

【长三角地区政协主席联席会议】 2018年,省政协参加两次长三角地区政协主席联席会议。6月20日,长三角地区政协联动机制签约启动仪式暨第一次长三角地区政协主席联席会议在上海举行。会议深入学习贯彻习近平总书记关于推动长三角更高质量一体化发展重要批示精神,围绕长三角地区主要领导座谈会部署,就搭建运用联动机制平台、发挥人民政协优势作用进行交流研讨。上海、江苏、浙江、安徽三省一市政协主席共同签署《关于建立长三角地区政协联动机制的协议》。12月21日,长三角地区政协主席第二次联席会议在南京召开。会议听取长三角地区一体化发展情况通报,长三角地区政协开展联合调研、联动民主监督情况介绍;审议通过长三角地区政协"构建区域创新共同体,推动长三角科技创新圈建设"联合调研总报告和"长三角区域污染防治协作机制落实情况"联动民主监督总报告,召开第三次长三角地区政协主席联席会议相关事宜,以及2019年度长三角地区政协开展联合调研、联动民主监督工作方案。省政协主席葛慧君出席上述会议。

【浙江政协·崇学讲坛】 2018年,省政协举办8期"浙江政协·崇学讲坛"。3月22日,省政协召开省政协传达贯彻全国政协十三届一次会议精神和省委部署要求会议暨2018年"浙江政协·崇学讲坛"第一讲。4月8—10日,十二届省政协新委员第一期培训班暨崇学讲坛第二讲在杭州开班,中国法学会党组成员、副会长、学术委员会主任张文显和全国政协研究室原副主任、中国人民政协理论研究会原秘书长原冬平分别做新修订的宪法和政协章程专题报告。5月22日,"浙江政协·崇学讲坛"第三讲在杭州举行,阿里巴巴集团技术委员会主席王坚等应邀做"网络前沿技术和互联网技术在政府中的应用"专题讲座。8月14日,在全省政协主席暑期读书会暨市、县(市、区)政协工作经验交流会期间,举行"浙江政协·崇学讲坛"第四讲,省委副书记、省长袁家军做经济形势报告,重点通报上半年全省经济社会发展形势和下半年重点工作。9月11日,举行"浙江政协·崇学讲坛"第五讲,邀请省纪委、省监委负责人做"推进清廉浙江建设"的专题辅导讲座。10月16—17日,省政协举行"浙江政协·崇学讲坛"第六讲,副主席孙景淼围绕"实施乡村振兴战略"做专题讲座。12月12日,省政协举行"浙江政协·崇学讲坛"第七讲,全国政协文化文史和学习委员会副主任、中国人民政协理论研究会副会长刘佳义围绕"协商民主与人民政协"做专题讲座。12月17日,"浙江政协·崇学讲坛"第八讲在杭州举行,浙商总会秘书长郑宇民应邀以"改革开放40周年浙江变化"为主题做专题讲座。

【民生协商论坛】 2018年,省政协围绕"医养护结合加快养老事业和产业发展""个人信息安全""加强外卖餐饮食品安全监管""减轻中小学生负担""强化危险废物处置监管""完善'全面二孩'政策实施后的公共服务供给"等议题举行7次民生协商论坛。省政协主席葛慧君主持上述论坛。省政协委员及省级各民主党派、工商联负责人参加协商论坛,并在论坛上建言献策。

【委员会客厅创建】 2018年8月16日,省政协出台《政协浙江省委员会关于创建委员会客厅的意见》,标志着省政协委员会客厅正式启用。年内,省政协主席葛慧君为第一批设在杭州滨江高新技术产业开发区、杭州未来科技城海创园和中国网络作家村的3个委员会客厅揭牌,3个委员会客厅分别由高科技人才代表范渊、优秀海归人才代表郑攀和著名网络作家管平潮牵头。12月4日,省政协在杭州召开委员会客厅创建工作座谈会,总结交流创建工作情况,研究部署下一阶段创建任务。会上,葛慧君为第二批5个委员会客厅授牌并讲话。

【港澳华侨委员、港澳台侨代表人士"看家乡巨变"考察活动】 2018年9月17—19日,浙江省政协举办"纪念改革开放40周年暨'八八战略'实施15周年港澳华侨委员、港澳台侨代表人士'看家乡巨变'"考察活动。委员代表们在会上为浙江改革发展提出意见建议。省政协主席葛慧君出席。其间,港澳华侨委员、港澳台侨代表人士听取专题报告,并在杭州等地考察。

【习近平总书记关于加强和改进人民政协工作的重要思想研究基地成立】 2018年12月12日,习近平总书记关于加强和改进人民政协工作的重要思想研究基地成立大会暨浙江省人民政协理论研究会年会在杭州召开。省政协主席葛慧君出席并讲话。会议强调,要以研究基地成立为新的起点,着力提升理论高度和思想深度,持续加强习近平总书记关于加强和改进人民政协工作的重要思想研究,促进人民政协工作实践的与时俱进。会议向研究基地首席专家,特约研究员颁发聘书,通报理论研究会工作情况,表彰98篇优秀论文,部分论文作者做交流发言。

(省政协研究室　陈光廉)

重大事项政治协商

【概况】 2018年,浙江省有282名政协委员、48名界别群众代表、14名县(市、区)政协主席,聚焦民生"关键小事",与省政府领导、省直有关部门负责人面对面协商交流,促进民生热点难点问题的解决。协商活动前加强调查研究,及时摸透实情、找准问题、理清原因,使提出的观点看法、意见建议有根有据、务实管用。协商突出问题导向,选择党和政府关心、社会和群众关注、社会主要矛盾变化涉及的关键性问题建言献策。优化参会人员构成,坚持自愿报名和邀请发言相结合,有效汇聚党政部门、专家学者、各利益相关方的意见建议。创新协商形式,坚持小型灵活多样,综合运用"请进来"与"走出去"相结合、线上线下相结合及现场协商、网络议政等形式,使协商议题和协商形式相匹配,实现"面对面"与"端对端"协调互补。

【对口协商】 2018年,由省政协委员工作委员会、经济委员会等10个专委会牵头,分别围绕推动大数据、互联网、云计算与实体经济深度融合,促进农村一二三产业融合发展,城市生活垃圾总量"零增长",高水平建设全省国家科技成果转移示范区,加快农村文化建设等议题,与省委组织部、省发展改革委、省经信委、省政府法制办等部门开展对口协商10次。6月12日,省政协文化文史和学习委员会围绕"推进青瓷文化和产业传承发展"议题,与省经信委、省文物局、省旅游局、省作家协会等单位开展对口协商，省政协副主席张泽熙介绍有关情况，与会人员各抒己见，协商形成通过整体规划、政府引导，推动浙江青瓷特色文化产业带建设，促进经济与文化融合发展的意见。

【界别协商】 2018年，全省23个省政协界别活动组，围绕乡村振兴战略、民办教育健康发展、加快推进之江文化产业带建设、推动健康浙江建设政策措施落实、实验室废弃物处理、中小企业科技创新、推进特色小镇党建带工建工作、促进浙江大茶业提质增效等议题，与省农办、省财政厅、省教育厅、省委宣传部等部门开展界别协商22次。

【“为民办实事，请你来协商”活动】 2018年，省政协聚焦省政府征集10件民生实事项目，首次开展“为民办实事，请你来协商”专题协商会。征集意见环节，收到584名省政协委员提出的建议919条，省政协委员参与率达92.6%。12月24日，省政协召开专题协商会，提出19方面建议。经收集、梳理和分析，按照同类归并、反映集中、具有操作性等原则，汇总整理44项为民办实事建议项目，项目涉及环保、交通、教育、医疗健康、社会保障、养老服务、公共卫生、文化体育、便民服务等问题，为省政府提供民意民智参考。（省政协研究室　陈光廉）

提案办理

【概况】 2018年，省政协提案立案705件，其中集体提案116件、委员个人提案589件。经济建设方面提案271件，主要有杭州湾大湾区建设、人才高地打造、加快人工智能产业发展、参与“一带一路”建设、完善“亩均论英雄”等。政治建设方面提案57件，主要有打造“互联网+政务”、深化“最多跑一次”改革、发展“枫桥经验”、加快农村“三位一体”改革等。文化建设方面提案142件，主要有推进大运河文化带建设、加强少数民族文化传承、整治校外培训乱象、推进学前教育发展等。社会建设方面提案171件，主要有建设农村“四好”公路、规范互联网租赁自行车发展、统筹全省儿童医保等。生态文明建设方面提案64件，主要有提高新垦耕地质量、治理土壤污染、农村生活污水治理、推广垃圾末端分类、保障河湖生态流量等。年内，修订优秀提案评选表彰规则，采取全体提案者推荐、初审小组初审、评选组评选、省政协主席会议审定的方式进行评选表彰，并增加表彰数量，提高评优比例，发挥优秀提案示范引领作用。

【提案、立案与交办】 2018年，省政协委员和省政协参加单位、专委会、界别组共提交提案772件，经审查立案717件，并案后为705件，不立案55件，提案并案和转为委员来信处理情况均与提案者说明。做好交办工作，通过省政协提案管理系统向各承办单位进行预交办，并会同省政府督查室召开提案预交办会议，进行协商沟通。4月8日，省政协办公厅协同省委办公厅、省人大办公厅、省政府办公厅联合召开人大代表建议和政协提案交办会，省政协副主席孙景淼参加并提出要求。年内，705件提案全部办复。其中，357件提案被采纳，334件提案被部分采纳或列入计划采纳。

【重点提案专项提案办理】 2018年，经推荐、评审和省政协主席会议审定，省政协确定12个方面18件提案作为重点提案，11个方面13件提案作为专项提案。创新重点提案督办机制，将牵头督办的主体由提案委调整扩大为相应专委会，提案委做好协调配合，推动重点提案办理与专委会职能工作融合共进。年内，省政协领导听取或审阅办理方案、答复意见各23次，组织调研15次，主持办理协商会15次，出席办理座谈会18次，办理满意率100%。由省委副书记、省长袁家军领办，省政协主席葛慧君协办的“推进杭州湾大湾区建设”专题提案，意见建议精、办理举措实。由省委常委、组织部部长黄建发领办，省政协副主席孙景淼协办的“打造高端科技人才高地”的提案，办理单位多次面商提案者，并与提案者、政协委员和群众代表互动。开展提案办理民主评议，围绕办理重视程度、沟通协商情况、办结时限情况、不满意件办理情况和意见建议采纳情况，设计15个问题形成评议问卷，通过提案办理系统推送与纸质寄送两种方式向提案者发放，征询提案者的意见建议，推动提案办理提质增效。

【省委主要领导阅批件处理】 2018年，在各民主党派省委会和省工商联自荐基础上，省政协遴选9件紧扣浙江经济社会发展与百姓关切的民生热点提案，报送省委主要领导阅批。省委书记车俊做出批示，省委办公厅将车俊阅批提案分送省委、省政府分管领导及有关厅局阅处，省政协提案委将阅批件和9件提案纳入年度省政协重点提案和专项提案。

（省政协研究室　陈光廉）

文史工作

【概况】 2018年，省政协编纂完成《浙江通志·人民政协志》，征编出版《之江春潮——浙江改革开放40年记忆》等。鼓励省政协之友社、诗书画之友社、企业家之友社等社团突出自身特色，开展各类联络联谊活动。支持长三角（浙江）民营经济研究会开展课题研究，举办长三角地区新生代企业家论坛。支持浙江树人大学创新发展，提高办学水平。

【“三亲”史料文章采写】 2018年，省政协紧扣“改革开放40周年”“文化浙江建设”两大时代主题，征集、采写“三亲”（亲历、亲见、亲闻）史料文章60多篇，近70万字。在《浙江文史资料》杂志设置“时代之声”“文化印记”“岁月之印”等专栏，体现“时代味”“文史味”。李泽民《小平同志说：浙江大有希望》、葛洪升《之江两岸沐春风——回忆改革开放初期邓小平对宁波的亲切关怀》、浙江首位外籍劳模西特里维《不辞长作中国人——我眼中的浙江改革开放》、张浚生口述《回忆浙江大学“四校合并”》、张浚生口述《香江风雨十三春——香港回归往事亲历》、邵枫《为“兰台巨匠”当记录片制片人见闻》(追忆新中国档案事业开创者吴宝康)等6篇“三亲”文章,被全国政协《纵横》杂志转载,转载数为全国省级政协之首。

【《之江春潮——浙江改革开放40年记忆》出版】 2018年12月,省政协文化文史和学习委员会编著的《之江春潮——浙江改革开放40年记忆》由浙江人民出版社出版。该书以1978年改革开放以来浙江重大历史事件、重要战略举措、重要建设成就的相关亲历者、见证者、参与者为对象,收录“三亲”史料60篇,其中新征史料37篇,整理修改既有史料23篇。全书分“潮起东方”“勇立潮头”“云奔潮涌”“潮兴文盛”4个篇章,具体、生动地反映改革开放40年中的浙江样本,记述40年来发生在浙江大地上的改革故事,记录浙江人民在改革开放40年中最真实的集体记忆。

【专题研究和视察】 2018年1月,省政协文史资料委员会(后为“省政协文化文史和学习委员会”)申报的“浙江青瓷产业历史与当代发展”课题,入选第二期浙江文化研究工程。该课题由3位青瓷专家牵头实施。课题组开展实地调研,先后到全国重点文物遗址“铁店窑遗址”、永嘉瓯窑小镇、义乌缸窑村等地调研。赴山东、河北等地考察淄博鲁青瓷、邯郸磁州窑,调研后形成专题报告。报告提出在浙江筹建“中国青瓷博物馆”,副省长成岳冲对该提案做出批示。9月,省政协副主席郑继伟带领部分住浙全国政协委员、省政协委员和省直相关部门负责人一行,到杭州、湖州开展专题调研和专项提案办理,实地考察大运河杭州段至湖州南浔等地的综合保护情况,在湖州召开专题调研工作座谈会和提案办理座谈会,就加强大运河文化带建设工作听取意见建议。10月,省政协组织部分省政协委员赴绍兴、宁波、嘉兴和湖州视察农村文化礼堂建设工作,听取农村群众对深化农村文化礼堂建设的诉求,了解各地农村文化礼堂建设推进、管理运行、内容供给、文化培育、队伍建设、激励保障等方面存在的困难和问题,提出坚持“建、管、用、育”一体化,健全完善文化礼堂建设、管理、运行长效机制的对策建议。年内,各专委会和课题组还围绕“弘扬乡土文化,助力乡村振兴”“古村落文化在乡村治理中的作用”“大遗址保护和利用”等专题开展调研,并提交专题调研报告。省政协组织的视察考察活动包括考察“中国网络作家村”、徐霞客研究会等。 (省政协研究室　陈光廉)

中共浙江省纪律检查委员会 浙江省监察委员会

Zhejiang Provincial Committee for Discipline Inspection of the Communist Party of China·Zhejiang Provincial Supervisory Committee

综　述

【概况】 2018年,全省纪检监察系统以习近平新时代中国特色社会主义思想重要萌发地的政治自觉,坚定扛起“两个维护”的重大历史使命。全年开展巡视3轮,巡视地区(单位)党组织63个;修订监察业务运行工作规程等基础制度4项,出台重要文件7个,开通省监委与相关单位之间点对点网上查询专线17条;接受信访举报腐败问题63068件次,立案17544万件,其中地厅级52人、县处级490人,党纪政务处分16650人,移送司法机关709人。省纪委、省监委出台《2018—2022年全省纪检监察干部教育培训规划》,组织开展集中轮训,全年培训干部近3万人次。主动接受党委监督、人大监督、民主监督、司法监督、群众监督和舆论监督,省监委主动向省人大常委会做专项工作报告,向省政协党组和各民主党派通报党风廉政建设和反腐败工作情况。做好宣传和舆论引导工作,扩大省纪委、省监委官网和公众号影响力,营造推进全面从严治党、建设清廉浙江的良好氛围。

【省纪委全体会议】 2018年2月2—3日,中共浙江省第十四届纪律检查委员会第二次全体会议在杭州举行。出席会议的省纪委委员44人,列席289人。省委书记车俊出席全会并讲话。会议深入学习贯彻习近平新时代中国特色社会主义思想,全面贯彻落实党的十九大精神和十九届中央纪委二次全会部署,按照省第十四次党代会和省委十四届二次全会要求,回顾总结2017年工作,研究部署2018年任务。全会审议通过刘建超代表省纪委常委会所做的《全面贯彻落实党的十九大精神,奋力谱写新时代全面从严治党的浙江篇章》工作报告。7月20日,中共浙江省第十四届纪律检查委员会第三次全体会议在杭州召开。出席会议的省纪委委员44人,列席273人。省委常委、省纪委书记、省监委代主任任振鹤代表省纪委常委会向全会做报告和《中共浙江省纪委关于开展“八大行动”、为建设清廉浙江提供坚强政治和纪律保证的决定(审议稿)》起草说明,并分别与省纪委省监委班子成员,各市纪委书记、监委主任签订党风廉政建设责任书。会议审议通过该决定,强调要深入学习贯彻习近平总书记对浙江工作的重要指示精神和省委十四届三次全会精神,推动新时代纪检监察工作实现高质量发展,为“八八战略”再深化、改革开放再出发提供纪律保障。

【中央八项规定精神落细落实】 2018年,省纪检监察系统以永远在路上的恒心和韧劲,高标准严格执行中央八项规定及其实施细则精神和浙江省“36条办法”,坚持纠“四风”、树新风。把日常检查和集中督查、补短板和防反弹结合起来,抓住元旦、春节、“五一”劳动节、端午节、中秋节、国庆节等重要节点,紧盯“四风”隐形变异的新形式新动向,加大正风肃纪力度,全省查处违反中央八项规定精神问题1781起、处理党员干部2962

人、党纪政务处分1812人，分别比上年增长52%、58.7%和50%。

【纠正“四风”专项行动】 2018年，省纪检监察系统把查纠形式主义、官僚主义问题摆在更加突出位置。1月18日，出台《关于着力整治形式主义、官僚主义，持之以恒深化纠正“四风”工作的意见》，根据中央纪委集中整治工作意见，制定“浙江版”的行动方案，部署开展“十百千”专项行动，上下联动破除顽疾。全省各级纪检监察机关跟踪督办问题线索112个，通报曝光典型问题2批17起。开展省“两会”会风会纪专项检查，全程驻会监督，实现参会率和抽查驻会率“两个100%”。部署开展领导干部违规房产交易、违规借贷专项治理，查纠违规行为，工作取得阶段性成果。

【监察体制改革】 2018年，省纪检监察系统推进监察体制改革，巩固拓展先行试点成果，修订监察业务运行工作规程等基础制度4项，出台重要文件7个，开通省监委与相关单位之间点对点网上查询专线17条，解决纪法贯通难点，打通法法衔接堵点，提升监察工作质效。全省采取留置措施的被调查人700人。拓展延伸监察网络，在全省1389个乡镇（街道）全部设立监察办公室，与乡镇（街道）纪委（纪工委）合署办公，授予部分监察职能，推动依法履职、依规监督；乡镇（街道）纪委（纪工委）、监察办公室运用第一种形态处理4579人次，其中诫勉1065人次，政务处分85人次，提出监察建议310条。

【派驻机构及内设机构改革】 2018年，省纪检监察系统推进派驻机构改革，优化机构布局，减少单独派驻，增加综合派驻，省直派驻机构从35个减至25个，监督力量得到整合，监督能力得到提升。实现省纪委、省监委机关干部与派驻机构干部选调录用、选拔任用、轮岗交流、教育培训、党建工作、经费保障“六个一体化”。全年省直纪检监察机构接受信访举报2553件次，开展审查调查333件，党纪政务处分309人，分别比上年增长8.9%、81%和67.9%。全省纪检监察系统有序推进纪委监委内设机构改革。省纪委、省监委制定内设机构“三定”规定，推动依规依纪依法履职。市、县两级积极跟进，改革呈现全面发力、多点突破态势。

（省纪委　省监委　杜　娟）

巡视巡察

【政治巡视深化】 2018年，省纪检监察系统学习贯彻习近平总书记关于巡视巡察工作的重要论述和中央巡视工作五年规划，修订完善浙江巡视工作五年规划和配套制度。深化政治巡视，按照“六围绕一加强”（围绕政治建设、思想建设、组织建设、作风建设、纪律建设、反腐败斗争，加强整改）要求，做好政治体检，查找政治偏差，开展巡视3轮，巡视地区（单位）党组织63个；发现党的观念淡薄、组织涣散、纪律松弛、管党治党宽松软等问题1702个，向纪检监察机关移交问题线索215个；推动查处一批违纪违法案件，其中涉及省管干部7人。

【巡视工作机制创新】 2018年，省纪检监察系统把巡视和巡察，常规巡视、专项巡视和“机动式”巡视，巡视监督和日常监督、问题初核结合起来，严格审核巡视整改方案和整改报告，健全约谈、交办、通报、问责、回访等机制，被巡视单位党组织负责人被省委、省政府主要领导，分管省领导或有关部门主要负责人约谈37人。开展中央巡视组反馈意见“十大整改行动”“回头看”，确保整改工作落实到位。

【巡视队伍建设】 2018年，省纪检监察系统加强巡视组组长库和巡视人才库建设，统筹巡视巡察力量。在全国率先出台《关于建立全省巡视巡察上下联动监督网的实施意见》，初步形成巡视巡察“一盘棋”格局。全年市、县两级巡察基层党组织4486个，发现问题50966个，移交问题线索4590个，监督作用充分彰显。

（省纪委　省监委　杜　娟）

监督执纪

【政治监督做细做实】 2018年，全省纪检监察系统加强对政治纪律和政治规矩执行情况的监督，全年立案审查违反政治纪律案件275件，党纪政务处分309人。加强对打好三大攻坚战等党中央大政方针和“最多跑一次”改革等省委决策部署贯彻落实情况的监督，保障党中央政令畅通和省委决策部署落地见效。建立浙江与四川、吉林、贵州、湖北扶贫领域监督执纪问责协作机制，严肃查处中央环保督察反馈移交问题、东西部扶贫协作不力问题和P2P网络借贷平台专项整治发现的问题，对121名责任人员进行问责，其中21人为厅级干部；协助省委制定关于推进清廉浙江建设的决定，并召开省纪委全会审议通过保障清廉浙江建设的“八大行动”。省纪委、省监委印发《关于贯彻落实习近平总书记在民营企业座谈会上重要讲话精神护航民营经济稳定健康发展的意见》，制定保障民营经济发展举措8条；调查高考英语科目加权赋分问题，对有关单位11人依规依纪严肃问责，及时回应社会关切。加强对全面从严治党主体责任落实情况监督，对11个市和部分省直单位开展重点检查，发现问题577个，提出整改意见90条。全年追责落实主体责任和监督责任不力问题794个，受到问责党组织43个、党员领导干部1000人，受到党纪政务处分215人，分别增长99.5%、87%、56%和82.2%。

【监管执纪“四种形态”运用】 2018年，全省纪检监察系统坚持纪严于法、纪在法前，抓好新修订的党纪处分条例的贯彻执行。运用监督执纪“四种形态”（第一种：经常开展批评和自我批评、约谈函询，让“红红脸、出出汗”成为常态；第二种：党纪轻处分、组织调整成为违纪处理的大多数；第三种：党纪重处分、重大职务调整的成为少数；第四种：严重违纪涉嫌违法立案审查的成为极少数），加强问题线索的集中管理、动态更新和集体研究，综合运用谈话函询、组织处理、纪律处分等方式分类处置。全省处置问题线索52957件，比上年增长20.9%；运用“四种形态”处理55138人次，增长25.9%，其中第一、第二、第三、第四种形态分别占68.2%、21%、5.5%和5.3%。

【监督体系健全完善】 2018年，全省纪检监察系统建立健全纪律监督、监察监督、派驻监督、巡视监督“四个全覆盖”的权力监督格局，做到定位向监督聚焦、责任向监督压实、力量向监督倾斜。对信访举报多、案件易发多发的地区和单位，开展专项执纪监督。省纪委、省监委率先制定实施以“七查七看七评”为主要内容的党内政治生态状况评估报告制度，对各地各单位的政治生态定期开展分析研判，以评促改，以评促建。严把干部选拔任用政治关、廉洁关、形象关，省纪委、省监委回复党风廉政意见1077人次。认真贯彻党中央和省委关于容错纠错、鼓励担当作为的文件精神，严格把握“三个区分开来”，即把干部在推进改革中因缺乏经验、先行先试出现的失误和错误，同明知故犯的违纪违法行为区分开来；把上级尚无明确限制的探索性试验中的失误和错误，同上级明令禁止后依然我行我素的违纪违法行为区分开来；把为推动发展的无意过失，同为谋取私利的违纪违法行为区分开来要求，旗帜鲜明为敢于担当的干部担当。

【内部监督管理】 2018年，全省纪检监察系统推进“五张清单一张网”建设，层层签订党风廉政建设责任状，逐级夯实管党治党责任。严明政治纪律、办案纪律、保密纪律，省纪委、省监委制定出台省纪委、省监委干部管理工作办法，健全完善内控机制。全省受理反映纪检监察干部问题线索545个，立案查处31人，党纪政务处分29人，组织处理10人。坚持严管与厚爱结合、激励与约束并重，全面开展干部谈心谈话。制定成绩清单、亮点清单、问题清单、任务清单“四张清单”制度，推行机关工作例会和派驻机构工作例会制度，出台派驻机构工作量化考核办法等，强化擂台比武和工作督导，营造“比学赶帮超”的良好氛围。在全系统开展向嘉兴市委原常委、原纪委书记、监委主任陈刚学习活动，充分发挥先进典型的示范引领作用。

（省纪委　省监委　杜　娟）

惩治腐败

【保持反腐败高压态势】 2018年，全省纪检监察系统坚持受贿行贿一起查，坚定不移“打虎”“拍蝇”“猎狐”，反腐败斗争不减力度，不变节奏，不松尺度。全年各级纪检监察机关接受信访举报63068件次，比上年下降3.2%；立案17544件，其中地厅级52人、县处级490人，分别增长6.5%、126.1%和104.2%；党纪政务处分16650人，增长1.3%；移送司法机关709人，增长166.5%。办结中央纪委交办的中央宣传部原副部长鲁炜受贿案和陕西省政府原党组成员、副省长冯新柱受贿案，严肃查处省金融控股有限责任公司原党委书记、董事长钱巨炎，杭州市人大常委会原党组成员、副主任徐祖萼，湖州市政协原党组书记、主席吴水霖，省交投集团有限公司原党委委员、副总经理李雪平，金华婺城区原区委副书记、区长郭慧强等大案要案。加强追逃防逃工作，追回外逃党员和国家工作人员19人，追回赃款1.8亿元；追回“红通人员”姚锦旗，系国家监委成立以来成功引渡的首例涉嫌职务犯罪案件，中央追逃办挂牌督办的浙江省外逃人员从35人减至7人。

【查处群众身边腐败和作风问题】 2018年，全省纪检监察系统开展“群众身边腐败问题及对策”大调研，省纪委、省监委领导带头领题调研，了解情况，发现问题，提出对策。坚持有乱必纠、有乱必治，查处发生在民生惠农、“三资”管理、征地拆迁、教育医疗、工程建设等领域的问题1943件，处理2909人，党纪政务处分2028人。开展扶贫领域专项治理，省纪委、省监委出台《关于2018年至2020年开展扶贫领域腐败和作风问题专项治理的实施方案》，督促指导市县两级对2016年以来受理的问题线索进行“大起底”和“回头看”，逐一建立台账，逐项推动解决，全省查处违纪违规问题453件，处理783人，移送司法机关73人。

【严查涉黑涉恶腐败及其“保护伞”】 2018年，省纪检监察系统与政法机关建立重大黑恶犯罪案件对接介入机制，查处涉黑涉恶腐败问题220件，党纪政务处分148人，组织处理57人，移送司法机关94人。严肃查办以杭州滨江区虞关荣为首的近20年来规模最大涉黑涉恶腐败及其“保护伞”案件，依纪依法查处省公安厅治安总队原总队长阮文广和杭州市公安局原党委副书记、巡视员朱伟静等29人。

【反腐败综合效果提升】 2018年，省纪检监察系统充分发挥各级党委反腐败协调小组作用，健全工作机制，强化协作配合。严格规范各类调查措施特别是留置措施的使用，确保办案安全。强化信访举报主渠道作用，改造升级12388举报网站。加强案件审理工作，开展案件质量专项检查。做好申诉复查及查办案件“后半篇文章”等工作，总结审查调查、巡视巡察中发现的体制机制问题，并提出纪检监察建议；督促发生重大违纪违法案件的党委（党组）召开专题民主生活会；拍摄警示教育专题片，提升改造省法纪教育基地，增强办案综合效果。总结推广宁海等地加强对基层公权力监督的创新做法，推进清廉机关、清廉村居、清廉学校、清廉医院、清廉企业和清廉文化建设。

（省纪委　省监委　杜　娟）

民主党派·工商联

Democratic Parties·Federation of Industry and Commerce

中国国民党革命委员会浙江省委员会

【概况】 2018年，浙江省有民革市级地方组织11个、县(市、区)级地方组织6个、基层组织424个，党员6936人。全年发展党员472人，其中，发展国家"千人计划"人才、国家青年"千人计划"人才、国家优秀青年基金人才、省"千人计划"人才各1人。党员在各级政府和司法机关担任领导职务83人，担任各级人大代表、政协委员1030人，受聘担任各级特邀(约)人员180人。民革省委会设理论研究与学习、经济、教育科技、文化卫生体育、社会法制、祖统联谊、"三农"、人口资源环境、妇女儿童、青年发展10个专门委员会。

【思想建设】 2018年，民革省委会坚持把政治学习摆在首位，完善理论中心组学习制度，深入学习贯彻习近平新时代中国特色社会主义思想及有关会议精神。民革省委会领导班子赴延安、嘉兴、重庆、井冈山等地体悟"红船精神""井冈山精神""延安精神"。开展"不忘合作初心，继续携手前进"主题教育活动，举办纪念大会、专题座谈会、主题征文、书画展、诗词朗诵、故事会、沙龙、毅行等活动；参加民革中央举办的纪念民革成立70周年知识竞赛，获总成绩第五名和个人风采奖；参加浙江省各民主党派"初心·见证"经典朗读活动。加强思想宣传平台建设，全年刊发宣传稿600多篇，其中《浙江日报》刊登2篇。1人获《团结报》报社年度优秀特约通讯员一等奖。推进信息化平台建设，完成浙江民革门户网站改版，做好"浙江民革"微信公众号的建设、使用和推广。开展参政党理论研究，参加省社会主义学院开展的主题征文活动，5篇论文获奖；在省政协召开的习近平总书记关于加强和改进人民政协工作的重要思想专题理论研讨会上，民革省委会做交流发言；参加年度统一战线理论课题招标，"新的社会阶层代表人士培养研究工作"予以立项并结题。推进"党员之家"建设，发挥党员志愿者作用，围绕八大功能在民革省委会党员之家定期开展"同心圆梦"诵读会、故事会、祖统沙龙等系列活动。

【组织建设】 2018年，民革省委会修订完善主委会议议事规则、常委会议议事规则、领导班子谈心会、领导班子成员分工协作、联系基层等有关制度。做好人才队伍培养，推荐4名党员到省、市、县有关单位挂职。全年举办省市领导班子理论联系实际进修班、基层骨干党员培训班、全省机关干部培训班，以及省直新党员培训班5期；选送30多人次参加有关单位在中央社会主义学院、省委党校、省社会主义学院举办的培训班学习；14名党员被列入中共浙江省委统战部优秀党外代表人士"双走访"名单。制定出台《民革浙江省委会2018年至2022年组织发展规划(党员篇)》《关于开展"大力引荐人才 人人争当伯乐"活动的意见》《关于推行"五个一"增强新党员入党仪式感的意见》等文件。优化基层组织结构，新建支部10个，并出台《开展示范支部创建活动的实施意见》。强化内部监督，学习贯彻《中华人民共和国监察法》，参加民革中央监督委员会召开的"监察法实施与民主党派内部监督制度衔接"专题研讨会，3篇论文入选论文集并做大会交流发言。参与浙江长征职业技术学院改革工作、专门委员会副主任竞聘上岗等重要事项监督。贯彻落实《各民主党派关于从严加强省委会机关建设工作座谈会纪要》，推进政治型、学习型、廉洁型、效能型、清正型、和谐型"六型"机关建设。

【参政议政】 2018年，民革省委会参加全国政协、中共浙江省委、省政府等召开的各类重点协商10多次。在省政协十二届一次会议上，提交团体提案17件、大会书面发言11件、大会口头发言2件，其中1件提案获省委书记车俊批示，4件提案被列为重点和专项提案。全年编报社情民意信息192期，被采纳100多条次。民革省委会提交的《关于在推进乡村振兴战略中发展壮大村级集体经济》作为民革中央团体提案，被列为全国政协重点提案。在全国政协常委会和双周协商会上，省委会主要领导做大会口头和书面发言3次，其中《农技推广须提质增效》一文在《人民日报》刊登。聚焦"最多跑一次"改革，开展监

2018年9月14日，"助力乡村振兴——首届莫干山会议"在德清举行

(民革省委会　供图)

督调研,《深化数据治理进一步助推“最多跑一次”改革》报告获车俊肯定。参加民革中央赴遵义开展的脱贫攻坚民主监督活动;组织民革界别省政协委员开展“亩均论英雄”专项督查工作。四级联动开展乡村振兴课题调研,举办“助力乡村振兴——首届莫干山会议”和第二届海峡两岸经济社会发展(宁波)论坛,推介德清乡村振兴经验,获中共中央政治局常委、全国政协主席汪洋批示肯定。完善与政府对口联系部门的政情通报、双向联系、联合调研的机制。年内,举行参政议政专题常委会、全省参政议政研讨会和工作会、省直支部参政议政课题研讨会、参政议政骨干研讨班,集智建言154篇。省委会获评年度民革中央参政议政做出贡献先进集体、民革中央信息工作先进集体、省委统战部信息工作一等奖,获评民革中央信息工作先进个人1人,获评省委统战部信息工作先进个人1人。

【社会服务】 2018年,民革省委会成立扶贫工作领导小组,承担民革中央对贵州省纳雍县董地乡的定点扶贫工作,通过调研,制定“八个一”(找准一个致贫主因、召开一次家庭会议、制定一个脱贫规划、完善一套扶贫机制、选准一项致富产业、对接一个合作社、共吃一顿农家饭、开展一次关爱活动)帮扶计划;参与中共浙江省委统战部安排的民族乡村振兴“双百村结对行动”。组织党员专家参与全省各民主党派“同舟”系列大讲堂走进阿坝州活动。全年全省各级组织开展各类社会服务活动1603次,服务群众5万余人次;新增医疗服务基地7个。推荐4名党员企业家担任民革中央企业家联谊会理事;推荐2名党员担任浙江中华职教社社务委员。年内,完成浙江省法律援助中心民革工作总站人事调整,增设4个省直法律援助站;组织党员律师开展阳光法制大讲堂活动8次。完成杭州长征业余学校清理整治工作。完善浙江省孙中山研究会组织架构,完成届中调整。推荐12名党员书画名家担任民革中央画院理事。

【联谊交流活动】 2018年,民革省委会加强两岸联谊交流,参与“浙江·台湾合作周”相关活动,组织赴台湾参访团2批,组织赴欧洲参访团1批。全年邀请接待台湾团组7批。参与“创业创新筑梦温州”第四届台湾青年人才对接会。开展对台调研工作,向省政协十二届一次会议提交《深化浙台文化产业合作推动“两岸融合发展”》团体提案。举办第一期“同心圆梦·两岸一家亲”祖国统一沙龙。

(民革省委会　姚　蕾)

中国民主同盟浙江省委员会

【概况】 2018年,浙江省有民盟市级地方组织11个、县(市、区)级地方组织7个、基层组织288个,盟员1.36万人,全年新发展盟员722人。盟员在各级政府和司法机关担任领导职务79人,担任各级人大代表、政协委员1363人,受聘担任各级特邀(约)人员133人。民盟省委会设有高等教育、基础教育、文化、科技、经济、医药卫生、社会与法制、生态环境、金融9个参政议政专门委员会。

【思想建设】 2018年,民盟省委会坚持把政治学习摆在突出位置,深入学习贯彻习近平新时代中国特色社会主义思想,认真学习中共十九大、十九届二中、三中全会和中共浙江省委十四届三次全会、民盟中央十二大精神。3月2日,召开在杭民盟省委委员专题会议,学习研讨习近平总书记在全国政协联组会上关于新型政党制度的重要论述。7月18日,召开主委会议专题学习习近平总书记在浙江省委关于“八八战略”实施15周年情况报告上的重要批示,就学习贯彻重要指示精神做出专门部署。8月2日,举办暑期读书会,邀请有关专家做学习贯彻习近平总书记对浙江工作重要指示和中共浙江省委十四届三次全会精神的专题辅导报告。全年围绕纪念中共中央发布“五一口号”70周年、庆祝改革开放40周年等主题,举行主题沙龙、主题征文、主题采风、专题研讨会等活动19场。在微信公众号、盟刊、网站等平台上开设中共十九大、民盟十二大宣传专栏和专题,全年发布专题文章153篇,编印政治学习资料4期34篇,推出盟员人物专访、人物通讯83篇,重点加强对盟内优秀代表人物的宣传展示。全年微信公众号开设全国“两会”、教师节等宣传专题12个,推出专题报道169篇。在《浙江日报》《联谊报》《团结报》等主流媒体上报道150多次。在全省民盟组织中广泛开展“见证·初心”经典朗读活动,并组织参加浙江省各民主党派“初心·见证”经典朗读。4月28日,全国首家省级组织盟史馆——浙江民盟盟史馆开馆,全年接待全国各地参访人员40多批次、1000多人次。12月8日,陈望道故居挂牌成为浙江第五家“中国民主同盟传统教育基地”。年内,全省有“盟员之家”123个,其中杭州上城区基层委等组织所属24个“盟员之家”获民盟中央“优秀盟员之家”称号。

【组织建设】 2018年,民盟省委会建立领导班子成员联系市委会、省直属高校基层组织、专委会制度,围绕重点课题调研、专题研讨、民主监督等内容,开展“走基层、访盟员、听意见”活动。5月30日,民盟省委常委会议审议通过《民盟浙江省委会2018—2022年组织发展规划》《民盟浙江省委会2018—2022年干部人才教育培训规划》《民盟浙江省委会关于加强新形势下高校基层组织建设的意见》。专门召开全省高校盟务工作座谈会,省委会班子成员和机关部室主要负责人会议成员带队调研省直属所有高校基层组织,走访高校党委统战部门,全年召开座谈会19次,邀请225名高校盟员参加。实施“全省民盟机关能力提升三年行动计划(2018—2020年)”,践行政治素质、业务能力、作风效能和文化素养四大提升工程。举办全省中青年干部、新盟员、参政议政骨干、机关干部等培训班11期,培训526人次;选送24人参加民盟中央和中共浙江省委统战部举办的各类培训班。推荐17人担任民盟中央专委会委员,推荐3人到省、市有关部门实践锻炼，推荐4人担任特约监察员等。

【参政议政】 2018年，民盟省委会领导班子成员参加中共浙江省委等组织的政党协商11次，围绕深化“最多跑一次”改革、清廉浙江建设、机构改革等重大议题进行协商建言。在全国政协十三届一次会议上，民盟省委会提交的《加强政府大数据平台建设提升信息化治理能力》等3件提案列为团体提案，《简化个人提供小额劳务报酬所得税收征管》等2件提案列为平时提案，《关于加快焚烧飞灰处置行业发展的建议》被选为全国政协常委会发言材料。在省政协十二届一次会议上，省委会提交大会发言4件、团体提案9件，其中，《关于打造国际一流生态优美杭州大湾区的建议》列为大会发言材料，《关于推进“万村景区化”促进乡村振兴的建议》列为专项提案。年内，配合完成民盟中央“关于长三角一体化”重点课题调研工作，民盟中央采纳浙江等4个省市报告意见形成的政策建议信，得到习近平、李克强、韩正等党和国家领导人批示肯定。报送《关于超常规推进高教强省建设的几点建议》等参政议政专报5期，得到车俊、袁家军、葛慧君等省领导批示。其中，关于推进高教强省建设提出的五个方面有关政策建议，被中共浙江省委、省政府出台的《关于全面实施高等教育强省战略的意见》吸收采纳。参与政协民生论坛活动，围绕降低中小学生负担等民生热点建言献策；全年完成重点调研课题14项、重要调研课题11项、立项调研课题30项；完成《“一带一路”背景下加快发展文化贸易提升文化软实力》等民盟中央合作调研课题3项。全年开展信息宣讲活动11次，参与盟员600多人次；报送信息2081条，被民盟中央、省政协、中共浙江省委统战部等采用125件，全国政协采用5件，中共中央统战部采用7件，省领导批示5件。其中，《加强航空发动机及燃气轮机引领性基础研究创新平台建设》的相关技术研究由中国科学院宁波材料技术与工程研究所牵头启动。制定出台《深化“最多跑一次”改革专项民主监督工作方案》，依托省委会社会与法制专门委员会成立专项民主监督调研组，省委会领导班子集体参与，省市县三级联动，分赴全省各地进行监督调研。组织41人次参与省政协民生论坛和专题议政常委会，筹建委员会客厅，印发《省政协民盟界别组工作规则》。全省各级民盟组织开展各类监督活动105次，参加各级专题协商会7次，参与盟员577人次，监督调研点109个，反馈各类民主监督意见建议191条。举办“盟声议政”系列活动，召开庆祝改革开放40周年、“八八战略”实施15周年盟声议政座谈会及以“聚焦高质量、竞争力与现代化，助推浙江大湾区建设”为主题的“盟声议政——经济论坛”；组织盟员专家参与民盟中央教育、经济、民生、法治、科技论坛和“一带一路”论坛等活动，提交各类论文28篇，其中获评为优秀论文11篇。

【社会服务】 2018年，民盟省委会继续实施“民盟博爱专项基金”立项项目，全年受益群众3000多人次。在有名医服务站10个、名师服务站5个、专家工作站4个、社区服务站2个的基础上，新建民盟同心名师专家库和名医专家库。全年开展各类民盟同心服务活动567场次，盟内外专家参与1368人次，帮扶企业52次，受益群众8.8万多人次。5月，承办民盟中央社会服务工作会议，并在龙游县溪口镇举办中央、省、市、县各级专家“民盟名医大讲堂暨天使健康行”联合义诊活动。推进“农村教育烛光行动”示范学校建设，在舟山、温岭、龙泉新建示范学校，线上线下培训教师近300人次，受益学生近5000人次。在省未成年犯管教所挂牌“民盟省委会黄丝带帮教基地”，组织开展“阅读修心艺术感化”主题帮教活动。组织盟员专家参加浙江省各民主党派“同舟”系列大讲堂走进阿坝州助推对口支援活动，以及民盟中央于贵州毕节和黔西南州等地开展的帮扶活动。成立对口帮扶领导小组和专家智囊团，做好兰溪市范院坞村、嘉善县枫南村对口帮扶工作。做好嘉善县域科学发展示范点建设工作，与上海合力推进嘉善中职学生直升上海杉达学院就读的“中本贯通”工作。促成浙江省中山医院和嘉善县政府签约合作，设立浙江省中山医院、浙江省名中医馆嘉善分院（馆），成立省级名医工作室2个，全年开展义诊活动22次。 （民盟省委会　葛　颖）

中国民主建国会浙江省委员会

【概况】 2018年，浙江省有民建省辖市委会10个，县（市、区）委会3个，基层委员会44个，总支17个，支部460个。全年发展新会员532人，会员总数9626人。其中，经济界会员占77.5%，企业高级管理人员占32.7%，非公经济人士占26.1%，大专以上学历占85.4%，“长江学者”3人，青年“长江学者”1人，国家“万人计划”人才2人，国家“千人计划”人才5人。担任政府及司法机关处级以上干部127人。担任各级人大代表、政协委员1265人，其中，全国人大代表2人，全国政协委员2人；省人大常委会委员2人，省人大代表9人；省政协副主席1人，省政协常委8人，省政协委员30人。省委会设参政议政（下设经济委员会、农业农村委员会、财政金融委员会、城建环保委员会、社会法制委员会、教科文卫委员会）、理论研究、妇女、老龄工作4个专门委员会，以及浙江民建企业家协会、浙江民建书画艺术院、浙江民建青年企业家工作委员会。

【思想建设】 2018年，民建省委会坚持思想政治引领，认真学习贯彻民建中央《关于加强思想政治建设的意见》，增强宣传教育实效。修订省委会理论学习中心组和机关学习制度。全国政协副主席、民建中央常务副主席辜胜阻到浙江做主题宣讲，4个会场1000多人收看视频直播。召开专题常委（扩大）会议，学习贯彻习近平总书记在民营企业座谈会上的重要讲话精神。全年举办“浙江民建大讲堂”13期。围绕纪念“五一口号”发布

70周年和庆祝改革开放40周年，举办座谈会、主题征文、“经典朗读”等系列活动；组织参加浙江省各民主党派“初心·见证”经典朗读会；参加民建中央第三届“工匠精神与职业教育”课题研讨、省社会主义学院“纪念‘五一口号’发布70周年论坛”等活动，获奖论文11篇。组建由近300名基层会员参加的浙江民建宣传员队伍，策划各类系列专题报道，全年在省级以上公开发行的报刊、杂志上发表民建相关报道500多篇，省委会获民建中央新闻宣传工作先进单位一等奖。做好民建先贤人物志撰写，以及章乃器、包达三故居保护重建等工作。

【组织建设】 2018年，民建省委会制定《2018—2022年民建浙江省会员发展规划》《民建浙江省委会组织发展指导计划》《2018—2022年会员教育培训规划》。全年省、市两级民建委员会举办培训班22期，参加培训1027人。结合庆祝改革开放40周年，赴广东举办省、市领导班子培训班；在重庆社会主义学院举办全省机关干部暨宣传骨干培训班；在省社会主义学院举办参政议政骨干培训班、基层组织主委培训班和省直单位新会员培训班等；选送会员参加中共中央统战部、民建中央、中共浙江省委统战部举办的各类进修班、培训班、素养提升班31人。做好省、市组织换届选任筹备工作，民建省委会领导带队开展“后备干部队伍建设年”主题调研。建立骨干会员数据库，对政府机关干部、专家学者、企业界人士等骨干会员队伍进行分析研判。召开常委会专题研究加强后备干部队伍建设、充实年轻干部人选库、落实年轻干部选拔使用举措等议题。制定《民建浙江省委会关于建设民建之家的意见》。按照“6个有”要求（有固定场所、有宣传展示、有组织活动、有工作制度、有档案资料、有管理人员），建成“民建之家”31个，在建11个。

【参政议政】 2018年，民建省委会领导参加中共浙江省委协商会、省政协专题协商会、省“两院”（省高级人民法院、省人民检察院）协商会，中共浙江省纪委、省监委通报会等协商会议10多次，围绕中共浙江省委关于“八八战略再深化改革开放再出发”和推进清廉浙江建设重大决策，“最多跑一次”改革，中共浙江省委、省政府和省“两院”工作报告、党风廉政建设、推进实施乡村振兴战略等主题提出意见建议；2位委员参加全国政协双周协商会，分别就“支持民营企业创办境外经贸合作区”和“鼓励引导和促进超龄劳动者就业”提出建议；向全国“两会”提交14件建议、8件提案和2篇社情民意信息；向省“两会”提交省委会团体提案和界别提案17件、政协委员提案70件、人大代表建议20件；3位民建界别委员分别做大会发言。关于加快构建“互联网+政务”信息共享体系、推进大运河文化带建设、高质量推进乡村振兴、加快人工智能产业发展、推进环杭州湾区发展的建议等7件提案被确定为重点提案，由省长袁家军等省领导领办。参与民建中央优秀成果征选，其中关于推进绿色制造与绿色金融协同发展等6篇成果被民建中央综合录用转化为在全国政协会议上的团体提案，民建省委会被民建中央评为参政议政工作先进单位一等奖。围绕新型政党制度、民建年轻干部队伍建设、脱贫攻坚民主监督等主题，形成研究成果57篇，其中3篇分别获民建中央一、二等奖，民建省委会获优秀组织奖。组织开展“最多跑一次”改革专项集体民主监督调研，形成《关于深化企业投资项目“最多跑一次”改革的意见建议》监督调研报告，得到省委书记车俊批示；《关于破解法院执行难的建议》得到省委常委、政法委书记王昌荣批示。全年《浙江民建信息》收到稿件870篇，编发报送信息585篇，被上级录用及各级领导批示174篇次。其中，《改革初期港澳台侨捐赠项目善后工作亟待重视》得到国家领导人批示；《依照“智能防控”要求建议全国试点开通微信报警服务平台》《民宿从业者办理健康证存在三方面问题有待解决》等3篇信息得到省领导批示。10篇信息被全国政协采用，6篇信息被中共中央统战部《零讯》杂志采用。年内，民建省委会获民建中央反映社情民意信息工作特等奖，中共浙江省委统战部反映信息工作成绩突出单位、省政协反映社情民意信息工作二等奖。

【社会服务】 2018年12月，民建省委会制定《关于促进会员企业健康发展和会员企业家健康成长的若干意见》，包括“切实加强思想政治引领、积极为会员企业高质量发展服务、助力党委政府支持民营经济系列政策的落实、动员会员企业积极投身社会服务”4个方面20条具体举措。完成民建中央黔西县定点化屋村、元庆村两个对接帮扶村脱贫攻坚工作，与两村签订总额207万元的脱贫帮扶项目。协调会员企业向黔西捐献110万元用于教育扶贫，会员企业力高控股集团向贵州贫困学子捐赠200多万元学习用品。组织医疗专家和企业家赴四川阿坝州开展对口帮扶；参与全省统战系统民族乡村振兴“双百村结对行动”，分别与龙游沐尘畲族乡梧村村和遂昌县三仁乡好川村签订5年帮扶协议，助力少数民族和低收入群众持续增收；与上海、江苏、安徽民建组织共同签署《助推长三角一体化发展合作框架协议》。组织会员企业参加“上海民建浦江论坛”和“2018上海中小企业发展论坛”。民建省委会与安徽民建会员企业共同举办“融合发展交流座谈会”。助力嘉善县域科学发展观示范点和安吉“两山理论”教育实践基地建设。会员企业金都集团公司在嘉善建设的田园综合体项目进展顺利。（民建省委会　张莉萍）

中国民主促进会浙江省委员会

【概况】 2018年，浙江省有民进省辖市委会11个，县级委员会8个，基层委员会35个，总支委员会19个，支部委员会518个，会员总数1.06万人。年度发展新会员465人，发展率4.6%，其中主界别发展占45.4%，政府机关发展占18.7%。全省会员中，担任全国人大代表3人、全国政协委员2人、省人大代表14人、省政协委员32人。

担任政府、司法部门、高校、科研院所、社会团体及国有企业副处以上职务70人。省委会参政议政工作机构有参政议政咨询委员会及教育、文化出版、医卫、经济科技、农业环资、社会法制6个专门工作委员；宣传研究工作机构有宣传平台编辑指导委员会、会史研究会、参政党理论研究会；会员管理服务工作机构有妇女、老龄、青年3个会员联谊会，省直属基层组织工作委员会；社会服务工作机构有浙江民进企业家联谊会、浙江开明画院、联络委员会、浙江民进医卫专家服务团、浙江民进开明艺术团。

【思想建设】 2018年，民进省委会深入学习领会习近平总书记关于新型政党制度、宣传思想工作、组织工作等重要讲话精神和对浙江工作重要指示精神。3月5日，民进省委会以“不忘合作初心，继续携手前进”主题教育为主线，出台《民进浙江省委会2018年思想政治教育主题年工作实施方案》；11月27日，召开民进全省宣传思想工作会议。民进省委会理论学习中心组通过署名文章、讲话、调研、座谈等多种形式发挥领学作用，到联系点走访调研。年内，开展推动落实民进中央主题教育活动第一批联系点（宁波）活动；以纪念中共中央发布“五一口号”70周年、改革开放40周年、民进省委会成立55周年为契机，组织参加浙江省各民主党派“初心·见证”经典朗读活动；举办“初心·印迹”民进经典诵读、探寻前辈足迹、讲述时代故事系列主题活动和“初心·正道”文艺演出、“得时·向荣”美术作品联展等活动。重新组建会史研究会、参政党理论研究会，参与民进中央参政党理论研究会的课题招标工作。做好会刊、网站和微信公众号等宣传平台建设工作。成立宣传平台编辑指导委员会，全年在省级以上媒体发稿或被报道122篇（次）；民进中央《民主》杂志录用16篇，“浙江民进”微信公众号内容被民进中央网站、微信公众号刊登和转发14篇。完成“多党合作历史传统记录工程”第一阶段记录工作；在“纪念‘五一口号’七十周年”主题征文活动中，征集文章105篇，其中15篇分别在省社会主义学院和民进中央获奖；编辑完成《初心·正道——纪念“五一口号”发布七十周年征文选编》；组织参与“习近平总书记关于加强和改进人民政协工作的重要思想理论研讨会”征稿活动，报送理论文章19篇；组织开展民进省委会年度理论研究征文活动，征集论文57篇。10月10日，在民进全国宣传思想工作会议上，全省有8个先进集体、11名先进个人获表彰，民进省委会获评民进中央“新闻宣传工作先进单位”。

【组织建设】 2018年，民进省委会修订完善领导班子学习、谈心、述职、联系基层及会员制度，明确领导班子成员的岗位责任、议事规则、工作程序。建立机关廉政建设管理机制，3月6日，民进省委会机关廉政建设领导小组成立；11月19日，出台《关于落实清廉浙江建设的决定全面加强机关建设的意见》。民进省委会监督委员会履行监督检查职能，组织参加民进全国会内监督工作研讨会和省际交流研讨；推动绍兴、宁波两市成立市级监督委员会。推进教育培训及后备干部队伍建设，举办全省专职干部培训班、骨干会员培训班和省直单位新会员培训班；推荐骨干会员参加各级各类培训，全年培训256人次；推荐5名省直单位会员到对口联系部门和市直机关挂职锻炼，推荐省委统战部“双联系”会员21人，推荐省级特约人员3人、省妇代会代表2人、省中华职教社委员4人，全年全省推荐到政府机关挂职锻炼会员21人。民进省委会坚持“发展与履行职能需要相结合，发展与后备干部队伍建设相结合”原则，做好组织发展和会员管理工作，全年发展新会员465人。至年末，全省有基层组织数573个，其中，区域性基层组织54个。全省建成基层组织活动场所148个；16个友好结对省直支部开展活动10多次。

【参政议政】 2018年，民进省委会参加中共浙江省委、省政府、省政协、省委统战部组织召开的各类座谈会、情况通报会、征求意见会等20多次；提出《深化“最多跑一次”改革的三个方向——以杭州不动产登记为例》《充分利用我省山海资源，进一步开展全域旅游》《加强农村师资队伍建设刻不容缓》等意见建议。在省政协十二届一次会议上，民进省委会提交大会发言10件、团体提案9件及民进组提案4件。其中，《加快开发“浙东唐诗之路”打造浙江文化新名片》《从突出“五态”入手，让万村景区化尽显乡村特色》列为大会发言材料，《关于全省统筹儿童医保的建议》确定为重点提案。在各地政协会议上，民进各市级组织提交集体提案102件，其中，列为重点提案17件，大会发言62篇。全年征集自由申报课题60多项，确定立项委托课题20项，其中，“农村师资队伍建设与发展对策研究”“助推乡村振兴战略若干问题研究”为重点课题。7月18—19日，与丽水市政府共同举办浙江开明教育论坛，征集以“基础教育改革与创新人才培养”为主题的论文近70篇，民进中央副主席朱永新出席并做“过一种幸福完整的教育生活”主题报告。5月11日，制定《民进省委会深化“最多跑一次”改革专项民主监督工作实施方案》，赴省教育厅、省卫计委、湖州市、嘉兴市等部门和地区，督查“最多跑一次”改革工作落实情况；9月4日，举办委员议政沙龙，围绕“最多跑一次”改革专项民主监督活动进行专题研讨。7月17日和11月20日，分别参加民进长三角一体化论坛（第一届）暨沪苏浙皖民进参政议政工作联席会议、民进华东六省一市第二十次工作研讨会，围绕“长三角公共服务一体化”“基层民主协商”等议题开展研讨。7月24—26日，组织召开全省信息工作培训会议。全年报送信息313篇，被全国政协综合采用1篇、转送2篇，中央统战部采用1篇，民进中央采用42篇，省政协采用15篇，省委统战部采用39篇。《应重视研究并及时化解国地税合并改革给地方政府带来的四重冲击性风险》《选树活动瑕疵影响“浙江工匠”美誉度含金量》《P2P网贷备案期限将至，建议采取并购重组方式实现网贷平台产业升级》《让“最多跑一次”领跑全国公共政策品牌建设，应抓紧VIS设计》4篇信息得到省领导批示，其中被有关部门采纳2篇。民进省委会获评民进中央“信息工作先进单位”、全省政协反映社情民意信息工作先进单位二等奖、全省统战信息工作成绩突出单位。

【社会服务】 2018年，民进省委会依托企业家联谊会、开明画院、联络委员会、医卫专家服务团、开明艺术团五大平台，组织开展各类社会服务活动近100次，重点做好贵州安龙县发展帮扶工作，参与民进中央“同心·彩虹”系列活动。“同心·彩虹——帮扶贵州金沙县”模式，得到省领导批示肯定，为全省帮扶西部地区提供经验参考。开展“城乡少年手拉手”活动，在甘肃平凉、白银和陕西延安落实教育、文化定点帮扶，捐赠物资价值30多万元；参与省委统战部“同舟系列活动”，助推阿坝州等地区发展。募集资金20万元，为阿坝州贫困白内障患者购买人工晶体；参与湖南省脱贫攻坚民主监督工作，推进湖南通道侗族自治县“茶花扶贫项目”加快实施。全年为对口帮扶地区捐赠各类图书2万多册，免费培训园长和骨干教师100多人，落实帮扶资金40万元，协助安龙县建成州、县级示范幼儿园4所，组织医疗卫生专家、企业家赴当地参与扶贫调研工作。参与省内社会服务，设立在衢州衢江区妇幼保健院的民进医疗卫生专家工作站升级为“民进浙江省委会医卫专家工作基地”，会同医疗卫生专家参与该基地服务50多人次，受益群众2000多人次；完成丽水遂昌县中医院“民进医卫专家工作站”成立前期准备工作；启动“双百村结对行动”，对接丽水云和县坪垟岗畲族村，开展全省民族乡村振兴结对帮扶；嘉善县域科学发展示范点建设助推工作持续开展，在嘉善二院新增泌尿外科帮扶点，对口共建嘉善魏塘街道三里桥村；组织教育、医疗卫生专家和企业家参与浙江仙居健康志愿服务基层活动。

（民进省委会　李星樵）

中国农工民主党浙江省委员会

【概况】 2018年，浙江省有农工党省辖市委会11个，基层委员会39个，总支委员会31个，支部委员会485个。党员总数1.1万人，重点领域党员占78.0%。其中，年度新发展党员622人，平均年龄37.8岁。党员中，医药卫生界占42.3%，人口资源和生态环境领域占6.3%，文教界占14.0%，科技界占10.5%，其他界别占27.0%；大学以上学历占95.8%，中高级职称以上占69.3%。党员中担任全国人大代表、全国政协委员各3人；担任省人大代表14人；担任省政协委员30人。担任政府、司法机关、高校、科研院所、社会团体及国有企业领导职务109人。设有医药卫生与人口资源工作、农业水利与环境资源工作、经济工作、社会法制工作、科技教育文化工作、青年与联络工作、妇女工作、理论与党史研究、老龄工作9个专门委员会。

【思想建设】 2018年，农工党省委会坚持把政治建设摆在首位，深入学习习近平新时代中国特色社会主义思想，深入贯彻习近平总书记对浙江工作的重要指示精神和中共浙江省委十四届三次全会精神。做好刊物、网站、微信公众号等平台宣传工作，开设“深入学习贯彻十九大”“聚焦全国两会”“五一口号发布70周年”“身边的榜样”等专栏。围绕中共中央发布“五一口号”70周年等主题，邀请专家教授做系列专题报告；举办纪念改革开放40周年专题座谈会；组织参加省社会主义学院主题征文活动，其中，《不忘春天邀约之使命》征文获一等奖、2篇征文获二等奖；参与《浙江日报》和省委统战部联合组织的“我把初心读给你听”活动，诵读节目《对话》网络点击量超过40万人次，在浙江省各民主党派“‘初心·见证’经典朗读”终场活动中获好评。开展“不忘合作初心，继续携手前进”主题教育活动，编制《2018—2022年主题教育活动工作规划》。启动“三学一讲”专题活动，主委率先在常委会暨暑期读书会上宣讲党课，全年农工党省委会领导班子成员主题宣讲13场次，市委会主委讲党课11场次，参加听讲党员5000多人。开设“之江前进讲堂”、机关“微课堂”。11月23日，配合农工党中央在温州启动首场“弘扬爱国奋斗精神，建功立业新时代”主题宣讲活动。

【组织建设】 2018年3月6日，农工党省委会印发《2018年度组织发展工作计划》。开展教育培训工作，组织参加农工党中央、中共中央统战部和省委统战部干部轮训16人次，推荐党员挂职锻炼5人；举办全省参政议政、宣传理论、党内监督、基层组织负责人及专职干部培训班5期；启动省直单位新党员孵化营。制定《农工党浙江省委会领导班子民主生活会制度（试行）》；《关于进一步加强“党员之家”建设的指导意见》。至年末，全省建有“党员之家”36个。完善主委会议、主委办公会议上会议题和流程管理，贯彻落实领导分工负责制；领导班子成员通过参加调研、会议、活动等方式，对所联系市级组织、专委会及省直基层组织进行指导。修订完善《省直关于基层组织工作考核办法》，推进基层组织创先评优工作。制订《中国农工民主党浙江省监督委员会巡视督查工作办法（试行）》，开展对金华等市委会巡视督查。联合山东省委会举办党内监督工作培训班；加强警示教育，梳理防范机关岗位廉政风险，逐级签订廉政建设责任书。制定《关于进一步加强机关建设的若干意见》和《省委会机关着力打造“六型”干部队伍，扎实推进清廉机关建设的实施方案》，赴金华、宁波开展“走基层，听心声，推进‘六型’机关建设”调研活动。

【参政议政】 2018年，当选新一届浙江省各级人大代表的农工党党员202人，担任各级政协委员的农工党党员969人。其中，担任全国人大代表3人，省人大常委会常委2人，省人大代表14人；全国政协委员3人，省政协常委6人，省政协委员30人。在省政协十二届一次会议上，省委会提交团体提案11件、书面发言10篇、界别组提案1件。其中，《加快国际化大院名校集聚区建设，汇聚全球英才共建浙江发展浙江》《推进我省优势产能落地"一带一路"的几点建议》选为大会发言材料；《提升新垦耕地效能，推进我省生态循环农业发展》《推进我省优势产能落地"一带一路"的几点建议》列为重点提案。全年农工党省委会领导参加高层协商会、谈心会、座谈会10多次，围绕政府工作报告、"两院"报告、"清廉浙江建设"决定、深化"最多跑一次"改革等提出意见建议。报送调研专报《加快国际化大院名校集聚区建设，汇聚天下英才共建浙江发展浙江》《以世界级商贸功能区建设为抓手，加快推进浙江内外市场一体化进程》《中美贸易战对浙江的影响及对策建议》《加快提升影视产业国际竞争力，打造我省文化产业高质量发展新引擎》4篇，分别得到省领导批示。在省政协十二届二次和四次常委会上，以界别组名义分别做题为"提升行政执法智慧监管水平，助推'最多跑一次改革'""促进村级集体经济可持续发展，助推我省乡村振兴走在前列"大会发言。围绕农工党中央"长江大保护"课题开展调研，在第13届中国生态健康论坛上做题为"夯实固废跨区域监管体系，'零容忍'固废违法倾倒长江沿岸"大会发言。做好对口云南西双版纳脱贫攻坚民主监督和助推贵州大方县脱贫攻坚，组成监督组和督促组分赴傣族自治州勐海县布朗山乡和理化乡石牛村，进行入户调查并形成调查报告。与绍兴、温州市委会联动开展环保领域深化"最多跑一次"改革专项民主监督，形成《找准堵点狠下功夫，力促环保领域"最多跑一次"改革提质增效》报告。全年省委会向农工党中央、省政协、中共浙江省委统战部编报信息320篇，被农工党中央录用45篇、省政协录用13篇、中共浙江省委统战部录用63篇；中共中央统战部《零讯》杂志录用8篇、全国政协录用5篇。其中，《高校艾滋病防控现新态势亟须引起重视》《建议开发全省"最多跑一次"平台手机端APP》和《建议利用信息化手段替代出租车出城登记"人工定点"实现出租车行业"机器换人"》3篇信息得到省领导批示。农工党省委会获年度农工党中央反映社情民意信息工作先进单位、年度全省政协反映社情民意信息工作先进单位二等奖、年度全省统战信息工作成绩突出单位等荣誉。

2018年7月13—14日，"同心助学"支教美术培训班在贵州省大方县举行

（农工党省委会　供图）

【社会服务】　2018年，农工党省委会落实农工党中央和中共浙江省委、省政府定点帮扶任务，主委、副主委率队15批次，组织95名党员专家企业家赴贵州大方县、云南西双版纳州、浙江丽水市青田县和龙泉市进行精准帮扶，累计捐赠帮扶资金41.7万元、"消薄"扶贫资金34.2万元，捐赠白芨苗1.5万株；举办公益培训10次，840多人次参加。向农工党中央"同心圆博爱家园精准扶贫项目"捐资20万元，协调西拓控股集团与大方县政府签订"中草药康养特色小镇"项目意向书。定点扶贫工作受到农工党中央表彰，获年度定点扶贫大方县和对口云南省脱贫攻坚民主监督工作2项先进集体称号。完成省内定点帮扶工作，先后完成对青田县祯旺乡、龙泉市龙渊街道坛步畲族村定点帮扶，累计捐助资金146.7万元。与丽水莲都区太平乡富山头村签署"双百村结对行动"备忘录，与嘉善县陶庄汾南村签订助推乡村振兴联系结对备忘录，与安吉县鲁家村携手共建乡村振兴示范基地；向"农工党浙江省委会红十字同心帮扶救助专项基金"注资80万元。组织党员专家参与省委统战部牵头的"博爱·牵手——阳光法制大讲堂"、同舟名医大讲堂、"走进阿坝州——支部结对贫困山区助学助教"等活动。

（农工党省委会　楼巧英）

中国致公党浙江省委员会

【概况】　2018年，浙江省有致公党市级委员会4个（杭州、宁波、温州、嘉兴）、省直属委员会2个、基层组织104个。党员2032人，其中国家"千人计划"人才2人，省"千人计划"人才8人，中上层人士占94.2%，有海外关系的占84.5%。党员中有各级人大代表51人，各级政协委员234人，其中全国人大代表1人，全国政协委员2人。致公党省委会设经济、社会发展、环境保护、海外联谊、社会服务、理论研究6个专门委员会。

【思想建设】　2018年，致公党省委会

2018年4月26日，致公党浙江省委会在嘉兴举行纪念中共中央发布“五一口号”70周年诗歌诵读会　　（致公党省委会　供图）

坚持强化思想理论武装。领导班子成员开展“常委分主题谈学习体会”活动，召开常委会议3次，集中交流学习习近平总书记新型政党制度理论和对浙江工作的重要指示精神、《中华人民共和国宪法修正案》、“八八战略”、中共浙江省委推进清廉浙江建设决定精神等，并分期刊发学习体会文章。举办“红船精神”、全国“两会”精神、“致公党新党章”、“习近平总书记与之江新语”等专题讲座和辅导报告会；开展“六型”机关建设、主题教育活动；以中共中央发布“五一口号”70周年、改革开放40周年、(爱国侨领)司徒美堂诞辰150周年为主题，举办主题征文、“初心·使命·担当”诗歌诵读会、美丽浙江摄影展等庆祝纪念活动；组织参加浙江省各民主党派“我把初心读给你听”经典诵读、“初心·见证”经典诵读终场活动、“崇学讲坛”“同舟讲堂”活动。加强宣传阵地建设，形成“网站、杂志、公众号”三位一体宣传格局。全年网站发布各类稿件、学习文件等800多篇，《浙江致公》杂志刊发6期，公众号发布新闻230多篇。

【组织建设】 2018年，浙江省新发展致公党党员145人，其中国家“千人计划”人才1人，省“千人计划”人才1人；中上层人士135人，占93.1%；有海外关系的120人，占82.8%。新建省直绍兴支部、宁波工程学院支部，全省有基层支部104个。5月21日、11月12日，分别举办参政议政宣传工作研讨班和中青年骨干培训班。全年推荐4名党员到政府部门挂职锻炼，17名党员担任致公党中央各专委会委员，向有关部门推荐优秀党外代表人士11人。全省各基层组织围绕“五个一”(阅读一本好书、交流一次工作、报送一篇信息、主讲一堂课、撰写一篇文章)，开展“基层组织建设年”活动，得到致公党中央常务副主席蒋作君肯定。把政治监督、落实省委会重点工作的监督纳入巡视督查重要内容，开展巡视督查活动；分别于10月15日、19日对嘉兴、杭州市委会开展巡视督查活动。9月19—21日，致公党省委会在致公党中央党内监督研讨会上做经验介绍。年内，各专委会通过召开座谈会议、组织调研等形式，为致公党省委会参政履职提供保障。建立五大类31项规章，形成“用制度说话、按制度办事、依制度公开”的工作规范；建立机关联系专委会、市委会、省直支部制度；成立廉政建设工作领导小组，通报学习警示典型案例；开展机关干部签订《廉洁自律责任书》，逐一排查岗位“廉政风险点”，创新开展廉政责任清单等相关制度建设。

【参政议政】 2018年，致公党省委会完成调研课题90多项，在省政协十二届一次会议上提交团体提案9件、大会发言材料9件，其中有3件团体提案和3件个人提案列为重点办理提案，占省政协全部重点提案总数的20%。《关于实施推进“杭州湾大湾区”的建议》列为省长袁家军领办、政协主席葛慧君协办的重点提案。被致公党中央采用调研建议材料14篇，提交全国政协十三届一次会议，占致公党中央提案总数的40%。致公党省委会聚焦对外开放领域“最多跑一次”改革，由主要领导带队赴多部门多地区开展专项民主监督调研，开展“跨境贸易便利化”金点子征集活动，组织召开和参加各类“最多跑一次”改革专题座谈会12次。在省委专题协商座谈会上，就打造跨境贸易最便利的国际一流营商环境等议题建言献策。在省“两会”上，就“推广垃圾末端分选”工作做大会发言，并组织致公党界别组赴各地开展实地监督调研活动，形成4个监督报告，得到省领导批示肯定。推进脱贫攻坚民主监督工作，5月、11月，分别到四川省广元市开展脱贫攻坚民主监督调研，走访青川县红光乡陶龙村、马鹿乡衡柏村、利州区龙潭乡桃源村等地，形成监督调研报告报送致公党中央。撰写反映社情民意信息，全年共报送信息105篇，被上级有关部门采用70篇，其中，有关中外合作大学课程设置信息得到中共中央政治局委员、中央书记处书记、中央宣传部部长黄坤明批示；有关防范应对金融风险和夯实证券市场健康发展2件建议分别得到中共中央政治局委员、国务院副总理刘鹤和全国政协副主席、致公党中央主席万钢批示；关于夯实证券市场健康发展建议被全国政协专题协商会选为发言材料；关于企业税务注销建议得到省委书记车俊批示肯定。8月29日，在第十次全国归侨侨眷代表大会上，3名党员获全国归侨侨眷先进个人荣誉。11月20—21日，中国致公党参政议政工作会议上，致公党省委会获参政议政工作多项先进荣誉，其中，表彰为先进集体7个、先进个人11人、先进成果7项，并获全国提案发言优秀组织奖和社情民意优秀组织奖。

【社会服务与对外联络】 2018年，致公党省委会助力打赢脱贫攻坚战，完成低收入群众增收与村集体经济薄弱村消薄工作。筹集资金，建立浙江省致公党红十字公益专项基金。推进双百村结对行动，致公党省委会主要领导带队赴遂昌县石练镇迎新村调研，研究结对帮扶方案，建立结对联系技术服务组，为该村落实帮扶资金，帮扶工作获中共浙江省委常委、省委统战部部长熊建平批示肯定；结合纪念汶川地震10周年开展“致福送诊”青川行医疗帮扶活动，为青川县红光乡陶龙村芍药基地项目建设落实帮扶资金。4月27—28日，组织党内医疗专家赴义乌举行“爱侨护侨”义诊活动，为侨商提供常见病和慢性病的咨询和诊断。9月17日，组织企业家党员参加四川阿坝·浙江投资合作推介会。年内，致公党省委会主要领导随全国政协代表团到智利、秘鲁进行访问；有关领导随致公党中央代表团赴俄罗斯、吉尔吉斯斯坦进行海外联谊访问；接待西班牙“一带一路”经贸考察团在杭州参观考察；参与“青春飞扬·2018年香港青年浙江行”研学活动。（致公党省委会　何　晨）

九三学社浙江省委员会

【概况】 2018年，浙江省有九三学社市级地方组织11个，县级地方组织7个，基层委员会64个，支社委员会481个，直属小组1个，社员1.2万人，高、中级职称比例达93.2%。主体界别社员占80.3%，其中科学技术界占40.5%，医药卫生界占23.6%，高等教育界占16.2%。社员中，全国人大代表4人，全国政协委员2人；省人大代表20人，省政协委员28人。担任副处级以上职务的社员80多人。全年新成立41个基层组织，新发展社员545人，平均年龄37.8岁。九三学社省委会设有协商议政专家、科技教育工作、医药卫生工作、农村工作、经济工作、文化工作、青年工作7个专门委员会。并设履职委员会，协调各工作委员会履行职能。

【思想建设】 2018年，九三学社省委会深入学习贯彻习近平新时代中国特色社会主义思想，认真贯彻中共浙江省委十四届三次全会关于“‘八八战略’再深化、改革开放再出发”的重要决策部署。组织学习习近平总书记对浙江工作重要指示精神、中共中央和省委历次重要会议精神。分别于4月24日、5月3日召开纪念“五一口号”发布70周年座谈会和“‘五一口号’与中国新型政党制度”报告会。7月30—31日，召开全省第三十五次思想政治工作会议，对开展纪念“五一口号”发布70周年活动的经验进行交流和总结。3—6月，采用新媒体手段，组织开展面向全省各级社组织的微视频演讲比赛。参加《浙江日报》和省委统战部联合组织的“我把初心读给你听”活动，以及浙江省各民主党派“初心·见证”经典朗读活动。在省委会网站上开设纪念“五一口号”发布70周年专题，上传报道、论文60多篇，全年网站开设专题8个，发稿近900篇，被九三学社中央采用700多篇；微信公众号推送文稿171篇，总点击量近23万人次，根据《团结报》排名，社省委公众号的传播力、影响力主要指标居全国民主党派省级组织前列；办好《浙江九三》杂志；在《团结报》《人民政协报》《联谊报》等统战类主流媒体发表文章近300篇。做好3个首批“九三学社全国传统教育基地”（梁希纪念馆、褚辅成史料陈列室、陈桥驿先生史料陈列馆）建设工作；东阳严济慈陈列馆、严济慈故居被九三学社中央命名为第二批“九三学社全国传统教育基地”。

【组织建设】 2018年，九三学社省委会根据换届后新修订的主委会议、常委会议议事规则开展工作，制订全会议事规则，完善领导班子和常委分工制度，制订主委、副主委工作职责，明确兼职副主委和常委工作职责。做好省直基层组织换届和调整工作，选拔骨干社员担任基层组织领导岗位。1月17日，召开省直单位党委恳谈会，持续推进省直基层组织与县级组织结对共建工作。推进对直属基层组织的精细化管理，召开系列座谈会，分系统、分类别总结经验、研究问题。推荐到政府部门挂职锻炼社员9人；推荐社员参加中共中央统战部、九三学社中央、中共浙江省委统战部举办的各类培训。全年在省社会主义学院举办培训班4期，培训骨干社员、新社员196人。6月14—15日，举办以打造“六型”正规化社组织机关为主题的全省专职干部培训班。九三学社省委会监督委员会对宁波、舟山市委会开展制度建设专项检查，以社内监督推动市级组织制度化建设，对嘉兴市委会领导班子谈心会进行指导。省委会机关在九三学社中央机关正规化建设交叉检查中成绩优异，获社中央通报表彰。年内，九三学社省委会获“2017—2018年度全国新闻宣传工作”二等奖、年度信息工作先进单位一等奖、“2017—2018年度全省政协反映社情民意信息工作先进单位”一等奖等荣誉。

【参政议政】 2018年，在全国政协十三届一次会议上，九三学社省委会报送九三学社中央的《关于统筹治理人才称号过多过滥问题的建议》《关于推进互联网医院发展助力健康中国战略的建议》被列为集体提案及书面发言。《人民日报》根据前者内容报送的“内参”得到习近平、孙春兰、刘鹤等中共中央和国家领导人重要批示。报送省委、省政府的《加快构建新时代浙江政绩治理体系，着力驱动我省经济高质量发展》《长期坚持八项基本原则，持续推进“最多跑一次”改革》《加快丽水森林质量精准提升，着力助推我省大花园建设》《打造企业家成长的优越生态环境，建设高素质企业家队伍》4份调研报告均得到省领导批示。配合做好由九三学社中央主席武维华于3月带队到浙江开展的“乡村环境综合治理”主题调研活动，并对社中央关于推进乡村环境综合治理的总报告提出修改建议。全年编发信息464篇，被全国政协录用3篇，九三学社中央录用75篇，省政协录用28篇，中共浙江省委统战部录用59篇。其中，《网络教育培训监管“盲区”亟待解决》等4篇信息获省领导批示。年内，围绕推进清廉浙江建设、深化“最多跑一次”改革、全力打开“两山”转化通道、高质量推进乡村振兴示范省建设等主题建言资政，并就省政府工作报告、党风廉政建设和反腐败工作、全省法检工作等提出多项意见建议。在省政协十二届一次会议上，提交提案、大会发言10件。其中，3件提案被列为重点提案，2篇发言被选为大会发言材料。重点提案《全力建设创新型省份，努力打造高端科技人才队伍建设高地》获中共浙江省委书记车俊批示；《发展全域旅游，打造旅游强省》《关于我省农村生活污水治理的几点建议》被列为专项提案，由省政协领导督办；《打造杭州湾时尚产业带，加快构建我省现代产业体系》等提案建议，被有关部门采纳落实；调研报告《健全科技下乡长效机制，为乡村振兴插上“科技翅膀”》被选为省政协十二届四次常委会发言材料。6—8月，省委会主委、副主委带队分赴台州、舟山等地和省科技厅、林业厅等部门开展深化“最多跑一次”改革专项民主监督调研；参加中共浙江省委统战部组织的嘉兴“最多跑一次”改革联合监督。11月28日，在专题协商会上做题为“加快建设专业稳定高效的窗口队伍，积极助推深化‘最多跑一次’改革”发言；在省政协十二届二次常委会议上，做题为“打造以事项为核心的无差别政务服务体系”发言，就“最多跑一次”改革中的问题提出意见建议。召开2次民主科学座谈会，集思广益，研讨参政议政选题，工作委员会和各级组织“一张网”联动机制逐步形成。各工作委员会完成“乡村振兴”“农村网络教育问题”“终末期患者安宁疗护和失能老人社会照护”“生态水电建设与绿色专项发展”“完善科技人员激励分配机制，加快推进创新驱动发展”5项参政议政重点课题调研报告。

【社会服务】 2018年，全省各级社组织开展各类社会服务活动约630次，受益群众11万人次。九三学社省委会联合衢州市委会、衢江区支社，打造“衢州三易易农业科技创新基地”，基地被确定为九三学社中央“乡村振兴示范点”；推进“九桐合作”（九三学社与桐庐县合作）和“九善合作”（九三学社与嘉善县合作），重点助推桐庐县莪山畲族乡的乡村振兴工作，为该乡在产业规划、旅游线路打造、文化产品衍生、科普基地建设等方面献计出力；以嘉善归谷智造园社会服务基地为平台，对园区医疗器械企业开展定向社会服务。开展“浙江九三科技服务月”活动；引进九三学社中央院士专家科普巡讲团资源，树立浙江“科技大讲堂”社会服务品牌。参与九三学社中央“同心树人”威宁教育帮扶活动，做好结对学校帮扶工作；组织贵州省威宁县二塘中学教师到浙江培训，并组团赴当地开展支教科普等活动，向学校和贫困生捐赠款物价值20多万元；设立奖学金，对黔西南州晴隆县新光小学进行帮扶。

（九三学社省委会　赵　威）

台湾民主自治同盟浙江省委员会

【概况】 2018年，浙江省有台盟基层组织8个。全省盟员119人，其中中上层人士57人，占47.9%。盟员中有各级人大代表2人，各级政协委员26人，其中全国政协委员1人。

【思想建设】 2018年，台盟省委会围绕深入学习贯彻习近平新时代中国特色社会主义思想、中共十九大精神、中共浙江省委第十四次党代会精神主线，开展“不忘合作初心、继续携手前进”专题教育。5月，主委张泽熙专门为台盟台联理论学习中心组做题为“牢记台盟初心，同心携手前进”辅导讲话。全年台盟省委会（机关）召开各类学习会约30次，开展纪念改革开放40周年、“学盟章、读盟史、做合格盟员”、纪念“五一口号”发布70周年等活动，参加浙江省各民主党派“初心·见证”经典朗读终场活动。做好宣传工作，“浙江台盟台联公众微信号”“浙江台盟台联网站”两大新媒体宣传平台发布宣传报道150篇，图片近200张。向“浙江新闻”客户端提供“我把初心读给你听”专题稿件3篇，在《团结报》《浙江日报》《联谊报》《情系中华》《浙江对台工作》等媒体发表文章14篇。

【组织建设】 2018年，台盟省委会开展各类培训，举办年度台盟台联中青年骨干培训班，首次开设“学员微课堂”互动式教学新环节；围绕不忘初心及爱国主义教育主线组织主题班会、现场教学。12月6日，在台盟中央纪念改革开放40周年先进集体和先进个人评选表彰活动上，台盟省委会获评省级组织先进集体，台盟温州支部获评基层支部先进集体，6人获评优秀盟员，1人获评优秀盟务工作者。制定有关任务分解意见，就从严加强政治建设、教育培训、管理监督、廉政建设等工作，明确牵头领导、责任人、责任单位与目标要求。

【参政议政】 2018年，台盟省委会聚焦补齐浙江“两个高水平”建设短板、助推社会民生热难点问题解决，以及深化两岸交流合作、发挥“台”字特色优势等议题建言献策，获年度台盟省级组织参政议政先进集体二等奖。全年省委会领导参加国家级与省级协商发言7次。其中，主委张泽熙分别在全国政协双周协商座谈会上就“完善未成年人网络保护监管体制”议题建言；在全国政协十三届常委会二次会议“坚持开发式扶贫与综合性保障扶贫并重探索脱贫新方法新经验”专题会上，做“整合多方力量，形成立体帮扶”专题发言；在全国政协十三届常委会三次会议上，做题为“重视和加强环境监测工作，提升污染防治科学化水平”的发言；在省委中心理论组学习会上的发言材料《加快提升我省研发投入强度，赢得未来发展主动权》与调研报告《关于我省地市经济实现新旧动能转换的路径研究》均得到中共浙江省委书记车俊批示。年内，省委会与全省各级人大代表政协委员提交全国政协团体提案1件，委员个人提案7件；省人大代表议案、建议2件，省政协团体提案6件，委员个人提案17件；市人大代表建议1件，市政协委员个人提案39件，涉及经济、文化、生态、民生、“一带一路”、改革发展等领域。

其中，团体提案《着力省际合作、强化战略联盟、提升舟山江海联运服务中心枢纽作用》在省政协大会上发言，《规范互联网租赁自行车发展，为绿色出行加码》被评为省政协十二届一次会议重点提案，并获省领导批示。1件个人提案得到副省长成岳冲批示，1件建议案被省十三届人大二次会议确定为1号议案。参与台盟中央高层协商、重点课题、议政性论坛等工作，开展健全土地流转机制、优化帮扶模式、农村截污纳管、防范金融风险、区域环境协同监管等课题调研，全年完成台盟中央调研报告16篇。参加有关小微企业、绿色生态产业、农民工法律援助、在浙台商营商环境、金融系统党建、居民自治、乡村振兴、"最多跑一次"等内容的省级重点课题调研，完成调研报告14篇。全年报送信息35条，采用30多条次，信息工作获中共浙江省委统战部信息工作三等奖。其中，《加快提升研发投入强度，赢得未来发展主动权》专题调研专报建议，得到车俊、常务副省长冯飞批示。台盟界别省政协委员围绕深化"最多跑一次"改革、"亩均论英雄"改革情况，由主委带队随省政协监督组赴衢州、温州开展专项督察。参与"最多跑一次"改革民主监督专项监督，形成调研报告2篇。3月19日，制定《台盟省委会、省台联关于界别活动组开展活动的实施意见》。3月23日，召开台盟省委会参政议政会议暨台盟中央重点课题调研协调会，明确台盟界别履职活动各项工作的目标、内容、职责分工。

【社会服务】 2018年1月，台盟省委会赴结对帮扶点龙泉市小沓坑村探望慰问困难学生、困难家庭，献计小沓坑村未来发展。8月，主委张泽熙带队赴开化县池淮镇对口帮扶少数民族村油川村开展调研，形成智力结对帮扶工作思路。10月，赴嘉善县天凝镇洪溪村开展结对共建；11月，围绕盟村党支部共建、红色产业发展、项目资金需求、困难人员帮扶等问题开展助推项目专题对接活动。助推中西部发展。3月，省委会领导与到浙江调研的"黔西南试验区考察团"，就推进黔西南州"星火计划、科技扶贫"试验区扶贫攻坚开展座谈交流。7月，台盟中央在义乌举办"筑梦乡村"行政管理干部培训班，全国政协常委、台盟中央副主席吴国华出席开班式并讲话。来自甘肃省58个脱贫攻坚工作重点县和浙江、辽宁、海南、云南、陕西5个台盟地方组织定点帮扶点的近100名县乡两级脱贫攻坚一线干部参加培训，课程内容涵盖农村电商、乡村旅游、脱贫攻坚、乡村治理等领域。

【对台交流】 2018年，台盟省委会接待岛内台胞18批214人次，赴台交流2批25人次。6月，组织由义乌、嘉善、龙泉等6县(市)农业管理部门负责人、农业专家等组成的乡村振兴参访团，围绕全域旅游创建、幸福新家园建设、乡村传统文化与现代文明有机融合、乡村环境整治和社会治理等主题，考察台湾民宿、生态观光、高校、农会等涉农项目与单位。12月24—30日，组织中小企业参访团，参访台湾中小企业并与行业商会交流，了解台湾中小企业的融资情况、运营模式和创新经营等方面。做好"台湾大学生浙江夏令营""在浙里寻梦"等特色品牌活动，根据中共浙江省委统战部要求和两岸交流实际情况，将年度夏令营规模扩大到150人。9月，参加省政府、国务院台办共同主办的第二届"2018浙江·台湾合作周"活动。12月，组织在浙江大学、浙江理工大学、浙江工商大学、浙江工业大学等在杭高校就读的台湾大学生32人，赴温州与当地高校互动交流。

（台盟省委会　赵晓华）

浙江省工商业联合会

【概况】 2018年，全省各级工商联和商会组织，以习近平新时代中国特色社会主义思想和党的十九大精神为指导，学习贯彻习近平总书记在民营企业座谈会上的重要讲话精神和对浙江工作的一系列重要指示精神，坚决贯彻省委、省政府促进民营经济发展的决策部署，推进新时代"两个健康"工作开创新局面。全年省委、省政府主要领导对省工商联工作批示61次，省工商联先后在中央统战部、全国工商联和省委、省政府重要会议上做发言12次。至年末，全省有县级以上工商联组织101个，其中，省级组织1个，市级组织11个，县级组织89个；全省工商联建立商会组织4185个，其中，行业组织981个，乡镇(街道)商会703个，街道商会411个，园区商会52个，异地商会1125个，市场商会30个，村商会250个，其他633个；全省工商联会员28.93万个，其中，企业会员23.83万个，团体会员4185个，个人会员4.69万个。

【思想建设】 2018年11月2日，省委、省政府召开全省非公有制经济人士新时代优秀中国特色社会主义事业建设者表彰大会，学习贯彻习近平总书记在民营企业座谈会上的重要

2018年12月19日，"学习贯彻习近平总书记庆祝改革开放40周年大会重要讲话精神·浙江民营经济改革开放40年40人40事发布会"在杭州举行　（省工商联　供图）

讲话精神，省委书记车俊、省长袁家军出席并分别讲话，55位浙江省优秀非公有制经济人士在会上受到表彰，企业家代表做交流发言。召开浙江省民营企业家贯彻习近平总书记在民营企业座谈会上重要讲话精神学习会，徐冠巨、宗庆后、南存辉、汪力成、陈爱莲、张天任、屠红燕等民营企业家先后发言，并发出倡议书。牵头省级有关部门、新闻媒体和研究机构，形成40人40事宣传典型，并举办“学习贯彻习近平总书记庆祝改革开放40周年大会重要讲话精神·浙江民营经济改革开放40年40人40事发布会”；组成500多人次的联合采编团队，出版《勇立潮头看浙商——40人说40年》主题图书；制作播出40集“民营经济改革开放40年40人”电视访谈专题片，相关报道阅读点击量达5500多万次。组织采访团赴“一带一路”沿线6个国家，宣传浙商境外经贸合作园区和投资项目。上述两项活动被省委纳入庆祝改革开放40周年重要活动。

【组织建设】 2018年，省工商联及所属商会改革发展工作加快推进，谋划起草省工商联改革实施方案、促进工商联所属商会改革和发展的实施办法，在杭州西湖区等10个地方或单位，开展商会改革试点。制定异地商会管理办法和工作评价制度，推动异地商会规范发展。成立中共浙江省工商联社会组织委员会，做好直属商协会党建工作，在嘉兴开展非公党建试点，在富通集团等5家企业开展非公企业党建创新试点。建设企业家人才队伍，优化省工商联十一届执委会结构，实施省工商联十一届执委会自律公约，制定发挥企业家兼职副主席副会长主体作用的实施办法，建立企业家副主席副会长轮值、履职考评等制度，7项课题由企业家领衔开展调研。会同省委组织部等9个省级有关单位，推进清廉民营企业建设。推进“两学一做”学习教育常态化制度化，抓好巡视整改工作，优化干部选拔任用工作机制，开展“网上工商联”建设，提升服务能力和效率。

【参政议政】 2018年，受省政府委托，省工商联开展企业投资项目“最多跑一次”改革第三方评估民主监督；受省审改办委托，开展相对集中行政许可权改革第三方评估，有关建议写入省委改革文件。围绕优化营商环境等专题，深入调研形成专报，其中50多条意见建议被吸收到有关文件中。会同省发展改革委召开促进民营经济高质量发展的政策意见新闻发布会，深入解读政策。指导宁波市开展构建新型政商关系创新试点工作。推动实施亲清新型政商关系工作机制，省委书记车俊参加民营企业家代表组分组讨论，与40位民营企业家代表共商新时代战略机遇。

【经济服务】 2018年，省工商联成立“凤凰群英汇”；开展科技综合服务，成立科技装备委员会；组织近1000家企业与50多个国家和地区工商界人士开展产能合作对接；举办智能化改造专题培训班，推动建成“无人车间”35个。建立新生代企业家人才库和传承导师制、民营企业高级管理人才列名联系制度等方式，组织民营企业投身“五大行动”（“凤凰计划”助企上市、争创高新技术企业、国际产能合作、智能化改造、人才强企）。全省入围中国民营企业500强企业93家，连续20年名列全国第一。9月6日，省工商联牵头承办中非民营经济合作高峰论坛，发布《首批中国民营企业在非境外经贸合作区清单》，签署9个中非合作项目，30个非洲国家和国际组织的300多名代表受邀参加。塞内加尔共和国总统马基·萨勒，全国政协副主席、全国工商联主席高云龙，省委书记车俊，中央统战部副部长、全国工商联党组书记徐乐江等出席活动。11月，会同省委统战部谋划“各市、县（市、区）党政主要领导与民营企业百场座谈”“百名厅局长精准服务百家龙头企业”“百名处长下基层宣讲政策”“百名行长进企业”“百家民营龙头企业结对服务”等“五个一百”活动，并向省委常委会做专题汇报。牵头开展“百家民营龙头企业结对服务”活动，组织149家民营龙头企业与小微企业开展结对服务，帮助解决困难问题。会同中国人民银行杭州中心支行开展“百名行长进企业”活动，组织1986名银行行长，走访5135家企业，为民营企业解决融资需求448亿元。11月28—29日，与中国民营经济研究会、台州市政府联合举办中国民营经济发展（台州）论坛，发布《中国民营经济研究报告》《中国民营经济发展论坛台州宣言》。高云龙、袁家军出席论坛并讲话。会同温州市制定“两个健康”先行区创建工作总体方案，出台实施意见，创建工作列入省委常委会年度工作要点、省委全面深化改革领导小组年度重要改革项目，被评为年度全国统战工作实践创新成果奖，得到中央书记处书记、中央统战部部长尤权批示。

【法律服务】 2018年，省工商联依靠党委、政府和有关职能部门，有效处理民营企业维权诉求33起，其中，国务院督查室督办1起，省领导批示10起，依靠公检法等省级单位和地方党委政府办理14起，跨省维权8起，帮助解决一批多年未得到妥善处理的历史遗留问题，及时化解一批担保链风险和网络舆情事件。推进与公检法司部门合作机制，省检察院在省工商联设立“服务民营经济工作站”，省市县三级公安机关和工商联全部建立联络员制度，联合省司法厅开展民营企业法律宣讲和法治体检活动1051场次。做好商会调解工作，全省共建立商会调解组织378个，居全国首位。

【社会服务】 2018年，浙江省内个别大型民企债务风险暴露后，省工商联开展相关专题调研，形成报告专报省领导。7月3日，省长袁家军主持召开专题会议，听取有关情况汇报，将省工商联提出的建议纳入省政府防控民企风险的“组合拳”，并将省工商联纳入省政府民营企业风险防控工作领导小组成员单位。开展系列专题调研，形成问题清单和优质民营企业清单。通过宣传表彰、召开会议、发出倡议和面对面走访等方式，引导企业树立新发展理念。此项工作得到全国工商联肯定，作为唯一的省级工商联在全国工商联防范化解金融风险工作会议上做交流发言。年内，开展“万企帮万村”精准扶贫行动，组织浙商赴有关地区开展投资洽谈14批次600多人，浙商企业异地帮扶建档立卡贫困村1580家，实施帮扶项目1731个，帮扶建档立卡贫困人口20.7万人。会同省委组织部等部门开展“千企结千村、消灭薄弱村”乡村振兴专项行动和“双百村结对行动”，共村企结对3746个，协议项目3207个，到位资金11.24亿元。

（省工商联　袁爱国）

群众团体
People's Organizations

浙江省总工会

【概况】 2018年，浙江省总工会有基层工会组织14.9万个，其中单建基层工会13.4万个，联合基层工会1.4万个，工会会员2070万名，工会组建率和职工入会率均达85%。全年新建基层工会4912个，涵盖单位3.82万个，新发展会员69万名。省总工会主动服务大局，竭诚服务职工，大力构建和谐劳动关系，全面推进工会改革，通过开展党的十九大精神和全国工会十七大精神巡回宣讲、召开省工会第十五次代表大会、举办全省集体协商五年规划成果展示会、构建劳动关系和谐园区、联合召开全省劳动关系和谐园区推进会、联合印发《关于推动园区构建和谐劳动关系的指导意见》等方式，团结动员广大职工为浙江高质量发展发挥工人阶级主力军作用。

【宣传教育活动】 2018年，全省各级工会组织和广大工会干部开展习近平新时代中国特色社会主义思想和党的十九大精神以及中国工会十七大、省工会第十五次代表大会精神宣讲活动，工会报、刊、网、微开设专题专栏做好宣传。组织劳模工匠宣讲团进企业、进车间、进班组、进学校、进社区宣讲十九大精神和省委有关决策部署。省总工会负责人带队，分赴11个设区市巡回宣讲10多场，带动市县工会100个宣讲团举行1000多场报告会，50多万名职工受到教育。根据省委“大学习大调研大抓落实”活动和全国总工会开展集中调研督查活动的要求，组织开展“肩负新使命、建功‘两个高水平’”集中大调研活动和“开启新征程、勇当排头兵”主题活动。开展“中国梦·劳动美”主题教育活动、庆“五一”系列活动，举办第二届全省职工文化艺术节、职工合唱大赛、职工演讲比赛和庆祝改革开放40周年全省职工文艺展演。创建全国职工书屋示范点50个、省级职工书屋302个，省级“农民工文化家园”77个，“浙工电子书屋”上线，实施“浙工悦读三年养成计划”，开展“浙工悦读——同读一本书”活动。每月进行网络舆情分析，并加强网宣员队伍培训和管理，开发并试运行网宣员管理平台“浙工馆”，组建一支由100名核心网宣员、1000名骨干网宣员、5000名基层网宣员、2万名职工网宣员组成的工会网宣队伍。联合省网信办开展“文润同心·争做网上好职工”主题系列活动，承办“网络正能量好故事”专项活动，举行“弘扬红船精神·走在时代前列”火炬接力。大力弘扬劳模精神、劳动精神、工匠精神，集中宣传表彰全国五一劳动奖状单位4个、全国五一劳动奖章获得者30人、全国工人先锋号35个和省五一劳动奖状单位29个、省五一劳动奖章获得者94人、省工人先锋号等先进集体和先进个人137人，选树第二批浙江工匠100名。年内，组织拍摄劳模工匠年度人物专题宣传片、发布“最美浙江人·最美工匠”等活动，10位工匠入选省委宣传部“最美浙江人·最美工匠”主题宣传活动，在《浙江日报》开设“最美工匠”专栏，打造“浙江劳模”“浙江工匠”“工会文化”等品牌。

【职工技能素质提升工作】 2018年，省总工会深入开展“三重一新”立功竞赛活动，在省重点工程、重大活动、特色小镇创建、产业发展和舟山绿色石化基地项目等“4+1”板块继续开展省级“三重一新”立功竞赛。全年推动1000多个重大项目开展立功竞赛，直接参赛职工20多万人，带动900多万职工参赛、2000多万职工参与技术服务、技术攻关。开展劳动和技能竞赛活动，围绕浙江八大万亿产业和十大历史经典产业，组织开展网络攻防、数据价值挖掘与应用等71项省级职业技能竞赛，开展全省首届职工电子竞技大赛，选拔焊工、钳工、数控、网络安全等6个工种选手参加第六届全国职工职业技能大赛并取得优异成绩。表彰2017年全省职工职业技能竞赛优秀选手，其中12名选手获评省五一劳动奖章、199名选手获“浙江金蓝领”称号。推动成立推进新时代浙江产业工人队伍建设改革工作协

2018年7月5日，“文润同心·争做网上好职工”主题系列活动在嘉兴南湖开幕

（省总工会　供图　周金友　摄）

调小组，会同省教育厅、省科技厅、省人力社保厅印发《关于进一步加强新时代浙江产业工人成长发展体系建设有关工作的通知》，积极构建新时代产业工人成长发展体系。

【工会维权帮扶工作】 2018年，省总工会贯彻省委、省政府开展“浙江无欠薪”行动部署，全省工会组织开展工资支付专项监督1523次，督查企业1831家，调处欠薪案件358件，55个县（市、区）“无欠薪”创建单位的总工会与当地政府有关部门建立实体化办公或联络机制。加强工会法律援助队伍建设，在重点乡镇（街道）以上总工会招募律师等专业人员，规模以上企业建立调解组织4.5万个，乡镇（街道）建立仲裁派出庭211个。开展“尊法守法·携手筑梦”服务农民工法治宣传行动，全省组建服务分队105个，累计开展服务咨询活动200多场次，惠及农民工近8万人次。深化精准帮扶活动，组织开展“两节”送温暖、春风行动、金秋助学等帮扶活动，全年筹集送温暖款物总额9936万元，慰问困难家庭3.76万户，发放慰问款物总额8827万元；走访困难企业1275家，慰问一线职工12.48万人。开展中美贸易摩擦形势下全省职工就业情况专题调研，研究工会组织助力民营企业和受中美贸易摩擦影响企业健康持续发展的应对举措，得到省委、省政府主要领导肯定。印发《关于加强城市困难职工解困脱困工作的实施意见》，与省民政厅建立困难职工家庭数据比对和信息共享机制。新增1180个“妈咪暖心小屋”、选树70个省级示范点。完善职工医疗互助保障市级统筹，参保职工人数770多万人。调整和完善职工疗休养政策，举办职工疗休养产品设计大赛。深化和谐劳动关系构建，政府和工会联席会议制度不断健全，余姚市总工会在全国总工会召开的纪念政府与同级工会联席会议制度推行30周年座谈会上介绍经验做法。印发《关于开展2018年集体协商要约行动的通知》《浙江省专职集体协商指导员队伍管理办法》，全省签订综合性集体合同11.2万份，工资专项集体合同10.7万份，覆盖企业11.2万家，职工1223.6万人。举办全省集体协商五年规划成果展示会，开展构建劳动关系和谐园区情况调研；联合召开全省劳动关系和谐园区推进会，联合印发《关于推动园区构建和谐劳动关系的指导意见》。建立职工队伍和劳动关系网上问卷调查平台，定期对3000多家企业开展职工队伍状况和劳动关系监测。集中开展职工队伍稳定风险调研排查化解专项工作，全年排查出影响职工队伍稳定风险2086件，有效化解各类矛盾2040件。

【工会建设改革工作】 2018年，省总工会着力推进新经济、新业态、新领域工会组建工作，工会组建率和职工入会率均达85%。集中组织开展工会组建专项行动，重点对全省职工100人以上企业未建会情况和25人以上、100人以上单建基层工会情况分别进行全面调查摸底；并召开全省工会组建专项行动情况分析视频会议。做好288个市县级基层群团改革试点单位工会工作先进经验总结，选树30个重点培育单位。推进工会规范化标准化体系建设改革，组织开展《县级及以下工会工作规范》（包括县市区、镇街、村社、单建基层工会四方面）系列地方标准论证立项，制订《县级及以下工会工作规范》草案。全年省总工会下拨补助资金2330万元，推进12个项目建设。开展推进智慧工会建设、“浙江网上职工之家”建设，开发线上移动端微官网，全省一张网初步形成。推动工会系统网宣矩阵建设，将124个省市县及基层工会微信公众号和省市县工会45个官方注册微博分别纳入省总微信微博矩阵，形成全省一体化网宣矩阵。全省11个设区市、70个县（市、区）开通并启用全省工会视联网视频会议系统。开展工会会员实名制数据库建设，全年实现1000万名工会会员实名管理。

【对口援疆援藏工作】 2018年，省总工会和所辖10个市级工会（舟山除外）积极与受援地区展开项目对接。全省工会2015—2018年援助资金6215.8万元，省本级3648万元，已拨付3390.4万元，各市计划投入2567.8万元，其中追加项目资金440万元，已拨付2076.9万元。

【省总工会第十五次代表大会】 2018年8月13—15日在杭州召开。大会有正式代表641名，特邀代表32名，列席代表12名。其中：工会工作者412名，占64.3%；党政领导干部25名，占3.9%；先进劳模和一线职工144名（农民工48名），占22.5%；科技和管理人员60名，占9.4%。委员会由91人组成，大会选举87名委员。常委会由21人组成，其中主席1名，专职副主席5名，挂职副主席2名，兼职副主席3名，常务委员10名。省委书记车俊，全国总工会党组副书记、副主席、书记处书记邓凯，省委副书记、省长袁家军等领导出席。开幕式上，车俊代表省委热烈祝贺省工会第十五次代表大会召开，邓凯代表全国总工会致辞，省人大常委会副主任、省总工会主席史济锡代表省总工会第十四届委员会做工作报告。闭幕式上，省委常委、组织部部长黄建发代表省委讲话。

【全国“深化民营企业民主管理，增强创新发展内生动力现场会”在杭州召开】 2018年9月11日，现场会在杭州传化集团召开。人力社保部副部长邱小平，全国总工会副主席、书记处书记尹德明，全国工商联副主席鲁勇出席并分别讲话。省委常委、组织部部长黄建发出席并致辞。全国各省（区、市）人力社保厅（局）、总工会、工商联有关负责人，全国厂务公开协调小组办公室有关负责人等100多人参加。会议要求各企业进一步转变发展理念，通过深化民主管理，促进职工与企业机制共建、效益共创、利益共享、风险共担，调动职工积极性、主动性和创造性，增强企业的市场竞争力和发展活力，实现更高质量、更有效率、更加和谐、更可持续发展。

（省总工会　姜晓蓉）

共青团浙江省委员会

【概况】 2018年，浙江省有基层团组织14.21万个。其中，基层团委6097个，团工委922个，团总支2807个，团支部13.08万个；有团干部30.6万名，其中，省、市、县三级团领导机关团干部782名，基层团干部30.5万名；有14~35周岁青年1207.8万名，团员288万名。全省共青团组织深入学习宣传贯彻习近平新时代中国特色社会主义思想和党的十九大精神，青少年思想政治教育收获新成效。推进“青年大学习”活动。成立省、市、县三级“新时代新青年宣讲团”，深入基层开展各类宣讲活动2000多场，实现团员青年宣传教育全覆盖。举办“不忘初心跟党走”全省共青团党团知识竞赛和“青年大学习”线上知识竞赛，开展线下比赛2000多场，在线学习时长106万小时，直接参与团员青年85万人次。开展主题教育实践活动。围绕纪念改革开放40周年和“八八战略”实施15周年主题，省本级举办“学思践悟新思想，青春奋斗新时代”五四主题团日活动和“最多跑一次，青春勇担当”庆祝改革开放40周年主题教育活动；开展“沿着习爷爷足迹寻访美丽浙江”“读习爷爷读过的书，争当新时代好队员”“习爷爷教导记心间，做人立志学创造”等系列主题教育实践活动，全省400多万名少先队员参与。深入开展“最美90后”系列主题活动和“新时代好少年”学习宣传活动，深化推进大学生“四进四信”“双百双进”等工作，全省40.8万名大中学生组建实践团队3万余支，赴基层一线开展教育实践。举办省新世纪人才学院成立20周年活动；启动开展中学生“青苗工程”；全国首创“红领巾学院”建设；建立省市县乡四级“红领巾学院”136个，开展教育培训318期，培训少先队员3.1万人次。建成各级各类“红领巾e站1013”阵地357个，开展“红领巾小书虫”“小小志愿者”等形式丰富的校外实践体验活动。深化网络思想引领工作。推进青年网军“1155工程”，联合省委网信办打造首个青少年网络素养培训基地。创作推出《共青团温暖在身边》《最美90后》等原创视频25部，全平台浏览量2687万次；创作“青春浙江”卡通形象“Q仔”，表情包累计下载80多万次；设置“将改革开放进行到底”“改革开放·我的家乡”等话题，累计阅读量1.2亿人次，话题讨论118.1万次。

【服务大局工作】 2018年，团省委围绕中心、服务大局，动员青年踊跃投身“最多跑一次”改革。深化青年文明号助推“最多跑一次”主题活动，扩大“跑小青”品牌影响力，开展微电影评选展播活动和百日集中行动，89个窗口单位试用“助跑”服务点评系统，首次将助推“最多跑一次”改革工作纳入《青年文明号创建规范》地方标准。助力脱贫攻坚。动员社会力量参与对口支援、东西部扶贫协作和对口合作，募集各类物资资金3800多万元，定向用于助学助困、创业帮扶等项目实施，选派102名西部计划志愿者赴对口地区开展长期服务。组织新疆阿克苏地区90多名少年儿童赴嘉兴市南湖、安吉县余村等地，开展“浙阿同心牵手融情”夏令营活动。牵头做好省级扶贫结对帮扶苍南工作，为结对村提供基础项目、创业津贴等400多万元。助推“人才强省”建设，实施“青春领航”系列人才培养计划，在全省范围内遴选青年科技人才、网络意见领袖、青年社会组织骨干、青年技能人才、新生代企业家等优秀青年人才710名，初步建立人才库，搭建学习交流、培训分享平台，凝聚、培养一大批成长型青年领军人才。

【强化改革攻坚】 2018年，团省委推动重点举措落地。9月30日，印发《共青团“改革再出发”任务清单》，明确深化改革任务方向，市、县两级团委全部完成挂兼职领导班子配备，在全省198个乡镇(街道)、中学团组织率先面向青年试点开展述职评议。各级青联、学联学生会、中学和高校共青团、少先队改革统筹推进。夯实基层基础。深化开展“双百双提升”行动计划，第一批次提升对象销号187个，第二批次提升工作有序开展。基层团建“三张清单”升级版、特色小镇团建、“青年之家”建设、“智慧团建”等工作持续推进，团的基层建设进一步加强。加强团干部教育培训，各级团组织累计开展培训377期，覆盖基层团干部2.94万人次。开展“共青团大脚掌走基层”活动，推动团干部常态化直接联系服务青年，帮助解决问题1.59万个。进一步加强与港澳台地区青年组织的联系合作，深化与日本、捷克等国家的青年访问交流。省团校、青年时报社、省青少年事务所等单位在共青团改革中稳步发展，共青团的理论研究工作不断深化，为共青团事业发展提供有力支撑。

【助推经济发展】 2018年，团省委围绕数字经济“一号工程”，举办“我的进化论”中国青年数字经济创业大赛，吸引全世界1万余个创业项目报名，实现意向投资6800万元。承办年度“创青春”全国大学生创业大赛，浙江有34个项目进入决赛，获金奖16项、银奖11项，总成绩位列全国第二，创浙江省历史最好成绩。举行省级“挑战杯”系列赛事，85个大学生创业项目达成投融资意向。举办首届浙江省青工创新创效大赛，为200多项优秀成果提供展示平台。开展“青春助力乡村振兴”行动。推进“百万英才”农村青年电商培育工程，参与建成县级农村电商服务站1.64万个，累计打造省级示范性“青创农场”43个。开设“新农人”创新实验班，举办“浙young青农——短视频创作大赛”，全网在线播放量达2亿次，参与人数近7000人。开展红领巾助力“乡村振兴”十百千万行动，实施“河小二”助力治水、“小手拉大手 垃圾分类齐参与”等宣传实践活动3500多场。深化志愿服务行动和青年信用体系建设。参与修订《浙江省志愿服务条例》，开展助力“最多跑一次”改革、“平安浙江”、污染防治、无偿献血等志愿服务行动。至年末，“志愿汇”平台有浙江省注册志愿者1448万人，累计志愿服务时长3999.7万小时。

【大型赛会志愿服务】 2018年,团省委选拔3500多名省本级志愿者完成第五届世界互联网大会、首届联合国世界地理信息大会等重要会议志愿服务工作,起草制定《大型赛会志愿服务》省级地方标准。培育志愿服务项目,在第四届中国青年志愿服务项目大赛中,获金奖11项、银奖23项,总成绩位列全国第一,创浙江省历史最好成绩。

【青少年成长发展保障】 2018年12月29日,团省委出台《浙江省中长期青年发展规划(2017—2025年)》,提出以创建"青年发展型省份"为目标,推进青年发展的10项主要任务和8项重点工程。筹建全省青年工作联席会议制度,加强全省青年工作的统筹谋划和综合协调,推动全省青年工作制度化发展。建设"亲青"平台4个。拓展"亲青筹"平台公益众筹功能,实施"梦想足球场""点亮万个微心愿"等帮扶项目373个,全年筹集资金1011万元,帮扶青少年群体3万人次。加强"亲青恋"平台建设,开设爱享课堂,创作发布《亲青恋歌》,全网点击量1874万余次,建立省级活动基地20个,参加活动20多万人。9月,"亲青创"平台上线,开通版块6个,发布线上赛事活动98场,参与青年6000多人次。强化"亲青帮"平台维权、宣传和学习功能,平台注册用户75万人,入驻专家1.4万人,对接办结个案129件。依托"浙江红领巾公益基金"平台,筹集82万元红领巾公益基金,开展微公益项目,用于帮助农村留守儿童。联合省检察院签署合作框架协议,共同构建未成年人检察工作社会支持体系。5月23日,团省委与相关厅局联合印发《浙江省关于做好政府购买青少年社会工作服务的实施方案》,做好政府购买青少年社会工作服务,全省各级团组织投入重点青少年群体帮扶工作经费2000多万元。深化"三禁三防三自"主题教育活动,直接参与青少年5万余人。做好"共青团与人大代表、政协委员面对面"活动,全省形成建议、提案和大会发言67件。

【"红领巾学院"建设】 2018年,浙江省加快建设"红领巾学院",建立各级"红领巾学院"136个。浙江"红领巾学院"成立于2017年,是集全省少先队组织之力全力打造的少先队思政工作品牌。它以全省少先队员为培养对象,依托各级团校、青少年活动中心(青少年宫)等团属阵地而设立。年内,"红领巾学院"面向少先队员普遍开展马克思主义基本原理、习近平新时代中国特色社会主义思想、党团队史等方面的理论学习,并围绕组织意识教育、历史教育、时代精神培养和少年儿童全面综合素养提升,开设思想政治必修课和特色课程100多节。 (团省委 金珍珍)

浙江省妇女联合会

【概况】 2018年,浙江省有省、市、县(市、区)、乡(镇、街道)妇联1457个,村(社区)妇联2.93万个,新领域新群体新组织妇女组织9.5万个。各级妇联坚持思想引领。习近平新时代中国特色社会主义思想学习教育多层面开展,改革开放40周年成就宣传全媒体传播,"巾帼心向党""百千万巾帼大宣讲"等主题活动线上线下覆盖620万人次。推动落实男女平等基本国策。继续实施"浙江省妇女儿童发展'十三五'规划",妇女规划中87.4%的指标和儿童规划中88.7%的指标达到或超过规划目标。鼓励妇女创业创新。开展创业创新巾帼行动、乡村振兴巾帼行动、女性素质提升行动。开展依法维权和服务妇女工作。推进源头维权,拓展社会治理参与的深度和广度,扩大公益服务项目覆盖面。深化家庭建设工作。推动家庭教育立法进程,推进家教家风传承工作,全年有610户家庭分别被评为全国、省级"五好家庭""最美家庭""绿色家庭"。加强妇联组织建设,召开省妇联第十四次代表大会。妇联工作方式方法更加丰富多元,妇联组织党建设更加坚强有力。全省促进女性平等就业、湖州市妇联助力乡村振兴、金华市"好家风信用贷"等经验做法受到全国妇联肯定。

【妇女创业就业服务】 2018年,省妇联支持和服务省女企业家协会发挥与创业女性的联系作用。9月21日,与省女企业家协会联合举办"钱塘潮涌·盛世花开"庆祝大会。大会表彰协会成立30年来为推动浙江经济发展做出杰出贡献的30位女企业家,并发出《凝聚巾帼心,绽放新时代》倡议书。围绕乡村振兴战略实施,鼓励农村妇女兴产业促增收。5月31日,联合省农办、省旅游局等单位印发《实

2018年9月21日,"钱塘潮涌·盛世花开"浙江省女企业家协会成立30周年庆祝大会在杭州召开 (省妇联 供图)

施乡村振兴巾帼行动，服务高水平农业农村现代化建设工作方案》。5月14日，与省农信联社联合印发《关于支持城乡妇女参与乡村振兴的指导意见》。1月24日，与省旅游局联合印发《助力乡村旅游，促进巾帼创业三年行动计划（2018—2020年）》。发挥省妇女来料加工推广中心（创客园）作用，10月21—25日，举办义博会妇女创业成果展洽谈活动，其间，100个展位收到意向订单1413项，意向成交额5011.43万元；实际成交订单1371项，成交额1939.97万元。其中，来料加工344项，成交额735.81万元；产品销售1027项，成交额1204.16万元；代理合作意向382项，外贸订单88项，成交额459.39万元。各级妇联开展女性“双创”培训10.8万人次。丽水市妇联打造“丽水丽人”品牌，帮助县妇女拓宽增收渠道。发动妇女投身“美丽庭院”创建、环境整治等工作。衢州市妇联、杭州市妇联家庭和儿童工作部、安吉县妇联获评“千万工程”和“美丽浙江”建设突出贡献集体。推动职业女性岗位建功。深化“巾帼建功”活动，全年认定省巾帼文明岗412个和省巾帼建功标兵150名；省女律师联谊会举办“浙江省优秀女律师”评选；省总工会女职委开展工会女职工特色工作品牌选树活动。

【妇女权益维护】 2018年，省妇联围绕法治浙江和平安浙江建设，通过法律手段及开展关爱服务活动等方式，维护妇女权益。牵头开展省妇女儿童发展“十三五”规划中期监测评估督导，认定13个省级规划实施示范县（市、区）；针对规划重难点指标，确定15个妇女儿童发展示范项目进行攻坚突破。深化妇女儿童发展指数研究，推进规划实事项目，城乡妇女“两癌”免费检查项目受益209万人次，“家庭教育指导专项职业能力开发”项目通过省级验收。1月17日，最高人民法院出台《关于审理涉及夫妻债务纠纷案件适用法律有关问题的解释》，将“共债共签”纳入其中，以解决夫妻一方“被负债”现象。以农村土地确权登记颁证工作全面推开为契机，解决好农村妇女土地权益突出问题，保障妇女“证上有名、名下有权”。3月27日，《浙江省人民政府地方性法规案和规章制定办法》出台，其中明确规定“立法项目涉及性别平等、妇女权益保护的，应当进行性别平等咨询评估”。年内，全省妇联系统以“平安家庭”促进社会平安，完善婚姻家庭矛盾纠纷多元化解机制，接访6590件，接听12338热线1500多次。绍兴市妇联参与基层社会治理工作成为新时代“枫桥经验”的创新实践。为贫困妇女、留守妇女儿童、单亲母亲、失独妇女等群体提供有效帮助。全年省妇联投入资金310万元，向社会组织征集实施妇女儿童服务项目28个，受益10多万人次。在30个留守儿童相对集中、集体经济相对薄弱的村（社区），实施儿童之家规范化建设项目。省妇女儿童服务中心开展“美丽女生讲堂”等活动。省妇女儿童基金会为1.1万名低保妇女捐赠女性健康公益保险，“焕新乐园——低保家庭儿童关爱”项目获全省“十大优秀慈善项目奖”。

【家庭家教家风建设】 2018年，省妇联推进家庭教育立法工作，做好《浙江省关于指导推进家庭教育的“十三五”规划》中期评估，完善家庭教育指导服务体系。统筹协调社会资源支持服务家庭教育，创建全国家庭亲子阅读体验基地4个。创新开展“乡村振兴”“廉洁守法”“情系国防”等特色“最美家庭”寻找活动；开展“千个家庭讲最美”“百村万户亮家风”“绿色家庭秀美家”系列活动，推出“好家风助清廉”公益宣传片。宁波市妇联以“群众工作群众做”模式推广亲子阅读做法；台州市妇联推出“家教微课堂”特色工作。

【全省妇联系统改革】 2018年，省妇联系统围绕群团改革要求，推进自身建设。基层妇联组织改革持续深入。2月22日，与省财政厅联合印发《关于转发〈全国妇联、财政部关于进一步支持和推动基层妇联组织建设和基层工作的意见〉的通知》，支持和推动基层妇联组织建设和基层工作。巩固村级妇联、乡镇（街道）区域化妇建成果，推进在商圈楼宇、特色小镇、民营医院等新领域灵活设置妇联组织；嘉兴市妇联开展“双网双争”轮值活动；推进浙江女子专修学院从学历教育向家政服务人才培训转型。妇联工作方式方法改革创新推进。运用互联网思维开展妇女群众工作，建好用好“浙江女性”公众号平台，全省妇联系统建立新媒体平台399个、姐妹微信群3万余个；开展“文润同心·争做巾帼好网民”活动；组建省妇联网络及新媒体智库，扩容网评员网宣员队伍，净化网络空间；各地妇联创新开发微课堂、小视频、表情包等网络文化产品。年内，全省妇联组织开展“三访双争”活动，推进“两学一做”学习教育常态化制度化。加强统战工作，深化与香港浙联会妇委会友好往来。温州市妇联建立村党支部和妇联“党日共学”机制；舟山市妇联深化女性社会组织“蓝海红帆”党建示范点建设。

【浙江省第十四次妇女代表大会】 2018年7月26—27日在杭州举行。省委书记车俊出席开幕式并讲话，省委常委、秘书长陈金彪出席闭幕式并讲话。省妇联主席王文娟代表省妇联第十三届执行委员会做工作报告。大会选举产生浙江省出席中国妇女十二大代表45名和省妇联第十四届执行委员会委员87名。王文娟当选为省妇联主席，林丹军、童丽君、陆英当选为副主席，方向明、屠红燕、胡朝霞当选为兼职副主席。全省各行各业和港澳台地区的665名妇女代表参加大会。 （省妇联　胡华英）

浙江省科学技术协会

【概况】 2018年，浙江省有省级学会（协会、研究会、促进会）175个、团体会员9381个、个人会员25万人，遍及全省理、工、农、医和综合类学科；省、市、县三级科协组织101个，乡镇（街道）科协1340个，村（社区）科协组织2.5万个，企业科协1519个，高校科协67个，农村专业技术协会1143个。全省各级科协严把政治属性，开展“弘扬爱国奋斗精神、建功立业新时代”活动；组织100场“争做新时代创新先锋”宣讲报告进高校、进企业、进基层活动；在全省各大高校举办科学道德和学风建设宣讲活动。以改革开放40周年为契机，举办第20届中国科学技术协会年会和纪念省科协成立60周年系列活动。全省各级科协坚持党建与会建并举、机关党建与学会党建并进，推动86个省科协所属学会建立党的工作小组。以“三长”（医院院长、中小学校长、农技站站长）制推进基层组织建设，面向市、县、乡、村确定33个试点单位；编印出版《浙江省科协基层组织建设工作实践》《“三长”访谈录》；树立余姚、安吉、嘉善、浦江、仙居、鹿城等一大批典型；形成“三长四老”（四老：老干部、老教师、老医生、老军人）模式、代表大会推进、基层换届吸纳等浙江经验。建立省级学会信息化平台，出台《浙江省企业科学技术协会组织通则（试行）》，推动阿里巴巴集团、在浙央企华东勘测设计研究院等大型企业成立科协组织。

【党委和政府科学决策资政】 2018年12月12日，省科协出台《浙江省科协关于进一步加强科技智库建设的实施意见》，发挥院士专家、海外智力、学会组织对产业发展的引领作用。5月24日，承办“中国科技峰会——中国科技智库论坛”，联合国内一批顶级创新智库，搭建高水平创新智库合作交流平台。围绕浙江省大湾区建设行动计划，省科协邀请潘云鹤、薛群基等32名院士专家、海外人才，组建浙江省大湾区建设院士专家顾问团，聚焦大湾区开展决策咨询、国际合作、学术支持和产学研合作，形成院士专家参与推进大湾区建设的联动机制。以承办第20届中国科学技术协会年会为契机，举办省党政领导与院士专家座谈会，组织院士专家围绕人工智能2.0、高端装备制造关键基础件等10项课题进行专题调研，获车俊、袁家军等省领导肯定，并指示要求做好十大课题调研成果落地。编辑报送《关于浙江省抢抓玄武岩纤维及复合材料产业发展机遇的对策建议》《关于浙江省发展集成电路产业的若干建议》，得到车俊、冯飞、高兴夫等省领导批示肯定。

【科技工作者服务】 2018年12月12日，省科协印发《浙江省科协联系科技工作者制度》，梳理高层次人才、青年科技工作者和基层科技工作者3张联系清单。会同省委人才办启动院士工作“六个一”行动计划，以建立党政领导联系制度、学术休假制度、建设院士之家、开展院士文化建设等多种形式，将智力资源引进浙江。开展“全国科技工作者日”活动，各地开展主题活动380多场。举办省院士专家工作站建设十周年系列活动，对建站院士事迹、工作站建设典型、各市整体工作推进特色做提炼总结。联合《浙江日报》、浙江在线、腾讯大浙网等各类媒体，宣传报道王谟显等13位科学家、基层科技工作者、科协工作者的优秀事迹。

【创新驱动发展】 2018年，省科协完善创新驱动助力工程绩效评价指标框架体系，完成省长试点专项第三方绩效评价，省委书记车俊、省长袁家军批示肯定省科协实施创新驱动助力工程。主动争取11个中国科协创新驱动助力工程项目落地浙江，支持宁波、绍兴、嘉兴、台州和16个县域深化助力工程试点，4个单位入选中国科协综合评估优秀试点单位，学会协同创新服务站管理和评价标准被列为浙江地方标准。至年末，参加浙江省助力工程实施的国家、省、市三级学会180多个，建立国家及省级学会服务站102个、学会服务企业联系点500多个、创新助力学会企业联合体4个、产业技术创新联盟7个。启动“浙江院士之家”建设，建成市级以上院士专家工作站869个，其中省级站201个，全国示范站48个，基本实现县域全覆盖。

【全民科学素质提升】 2018年4月13日，浙江省政府召开《全民科学素质纲要》实施情况专题汇报会和实施工作电视电话会议，启动《浙江省科学技术普及条例》立法调研。年内，省科协履行全民科学素质纲要实施工作办公室职责，开展“十三五”中期评估和全省抽样调查，第十次全国公民素质调查显示全省公民科学素质水平达到11.12%。持续推进科普中国应用落地，做好“科学+”品牌建设工作。举办“菠萝科学奖”和20场基层科学传播活动。组织国内首台大型科普情景剧《加油！科学+》全省巡演49场；推出大型电视益智科学挑战节目覆盖全省11个设区市1万多名青少年。创新成立科学传播融媒体联盟。成立省科协乡村振兴领导小组，牵头制定省科协服务乡村振兴战略实施方案和实绩考评办法，对全省科协系统进行考评。

【纪念省科协成立60周年系列活动】 2018年7月在杭州启动，活动以“传承、创新、发展”为主题。11月20日，省科协纪念成立60周年主场活动在杭州举行，会议公布“60人”“60事”“60组织”征集结果。省委常委、组织部部长黄建发出席并讲话，省政协原副主席、省科协主席姚克致辞，省人大常委会副主任姒健敏、副省长高兴夫、省政协副主席蔡秀军出席，并为“60人”、“60组织”获得者代表颁发纪念证。

【海智项目落地】 2018年5月27日，中国（杭州）海外人才创新创业项目大赛在杭州举办。赛后，浙江各地与海智专家保持密切互动，持续推进项目落地。至年末，宁波市与6个项目达成初步合作意向，温州市与41个项目达成合作意向，余杭区7个项目完成工商注册，注册资金4000多万人。3月22日，省科协与省科技厅、省委人才办、省财政厅等部门联合印发《浙江省海外创新孵化中心建设与管理办法（试行）》。年内，杭州基地形成“一个核心区+4个共建区”的格局；嘉兴离岸基地在美国、德国、英国、澳大利亚等国家设立8个离岸孵化器，预孵化高科技项目近300个，“带土移植”项目近60项。宁波离岸基地联合组织人才部门、高新园区、人才服务机构、产业基金等10家单位发起成立海外人才离岸创新创业联盟，搭建海外人才离岸创新创业的“宁波模式”。

2018年5月27日，中国(杭州)海外人才创新创业项目大赛在杭州举行 （省科协 供图）

【“浙江院士之家”建设启动】 2018年12月20日，浙江省院士专家工作站建设10周年总结会暨“浙江院士之家”建设启动仪式在义乌市举行。中国工程院院士、清华大学教授王玉明，省委组织部、省委人才办有关领导到会并讲话。省科协相关负责人出席。省院士专家工作站建设起步于2008年，经过10年发展，成为浙江省创新驱动发展的重要载体与力量。全省建成市级以上工作站869个（其中省级站201个），签约建站院士457名（其中省外院士428名，海外院士机构院士58名），累计引进5200多名院士专家进站工作。48个工作站被评定为全国示范院士专家工作站。

【科普融媒体创新建设】 2018年，省科协牵头组建成立浙江科学传播融媒体联盟，将传统媒体与新媒体相结合，打造全媒体的科普平台。华数传媒实现曝光量8338万户次，累计曝光2.16亿人次。依托浙江科普融媒体联盟，搭建开放型平台吸纳网易、腾讯、今日头条、《都市快报》等各类媒体，构建具有浙江特色的创新成果发布机制，全年发布6期。全国首创大型科普情景剧《加油！科学+》在全省范围内巡演30多场，并以《加油！科学+》为蓝本开展大型科学益智电视挑战节目，全省有490对亲子组合参与11场录制活动。

【基层组织“三长”工作】 2018年，省科协聚焦改革，扎根基层，发挥“三长”作用。坚持试点先行，在省级层面制定试点工作指导性意见。3月27日，出台《浙江省企业科协组织通则》，强化基层组织力量延伸。至年末，全省有乡镇（街道）科协1340个，覆盖率达100%；村（社区）科协组织2.5万个，覆盖率达82.9%；建立高校科协67个，实现全省综合性高校科协组织全覆盖。建立农技协875个，企业科协1519个，园区（特色小镇）科协223个，院士专家工作站869个，中小学校建立青少年科技教育组织4098个。全省11个市、89个县（市、区）全面完成“三长”吸纳工作，完成率100%；1319个乡镇（街道）完成“三长”吸纳工作，完成率98.5%。

【创新驱动助力工程】 2018年，浙江省建立各类学会服务站381个、企业联系点500多个，创新助力学会企业联合体3个、产业技术创新联盟11个，参与专家1万余人。创新驱动助力工程实施后，全省对接全国学会60个，对接省级、市级学会120多个，邀请全国学会专家2638人次，与全国学会合作落地学术活动466个，遴选邀请海外高层次科技人才到浙江调研对接服务1000多人次，帮助引进“国家千人计划”人才12名、“浙江省千人计划”人才21名。全省各级科协组织学会专家走访调研企业3370家，组织学会与企业对接6000多次，为企业解决关键技术难题及组织学会专家制定方案数量570多项。

【第20届中国科学技术协会年会在杭州举行】 2018年5月26—27日，年会在杭州举行。年会由中国科协和省政府共同主办，主题为“改革开放 创新引领”。中国科协党组书记、常务副主席怀进鹏主持开幕式，全国政协副主席、中国科协主席万钢致开幕辞，省委书记车俊致欢迎辞，怀进鹏在闭幕式上致辞。其间，省政府与中国科协签署《全面战略合作协议》。省委、省政府有关领导，中央军委科技委等有关方面负责人，中国科学院院士、中国工程院院士等著名专家、学者，中国科协有关负责人，科研、生产、教学一线科技工作者，港澳台专家学者及，来自26个国家的嘉宾及新闻记者2500多人参加活动。

【国内首部大型科普情景剧《加油！科学+》全省巡演】 2018年2月6日，省科协团拜会暨情景剧《加油！科学+》展演活动在杭州举行。《加油！科学+》分3幕剧讲述关于食物相克、大数据、老年人防骗3种不同科学知识点，全剧表现形式丰富，突出“科学让生活更美好”主题。

（省科协 耿 介）

浙江省归国华侨联合会

【概况】 2018年，浙江省有侨联组织2100多个。其中，省侨联1个，市级侨联11个，县（市、区）级侨联90个，乡镇（街道）、村（社区）、企业、高校侨联2000多个。9月3日，省侨联召开党组会议、主席办公会议，专题传达学习全国第十次侨代会精神，部署贯彻落实意见。省侨联负责人分赴全省各地巡回宣讲，要求各级侨联，围绕侨情特点和侨联工作实际，抓好思想政治引领、侨联改革创新、平台载体建设等10方面工作。响应全省深化“千万工程”建设美丽浙江推进大会号召。11月13日，省侨联倡议全体浙籍侨胞汇聚侨智侨力助推“千万工程"助力乡村振兴。省委副书记、省长袁家军,省委副书记郑栅洁、副省长彭佳学先后做出批示肯定。年内,省侨联获全国侨联系统信息工作特等奖,成为唯一连续8年蝉联该奖的省(区、市)侨联。全年省侨联上报《侨情专报》90期,获中央领导和省委、省政府领导批示肯定的信息20多篇。

【政治素养和工作能力提升】 2018年6月6日,浙江省基层侨联干部暨信息宣传员培训班在杭州开班,全省11个设区市的100多名各级侨联干部参加。全省侨联系统深化"不忘初心、牢记使命"主题教育,推进"两学一做"学习教育常态化、制度化,增强侨联党员干部的责任担当。11月20日,省侨联机关党支部组织全体党员赴嘉兴南湖、余姚四明山开展党性教育实践活动,引导机关党员干部做红船精神的守护者、实践者、排头兵。以庆祝改革开放40周年为契机,省侨联在杭州召开庆祝改革开放40周年座谈会,各市、各高校侨界英才代表100多人畅谈改革、共叙发展。会上举行《致敬改革·侨界风采》《致敬改革·海归成果》首发仪式。会前,举行"致敬改革·浙江侨界精英创新创业成果展览"活动。年内,全省侨联系统发挥"一带一路"沿线国家的侨商资源,利用境外经贸合作区、商贸物流区和"海外仓"等平台,助力"一带一路"建设。发挥侨界资金、人才、技术等优势,组织侨商参加"丝绸之路投资贸易洽谈会""世界华侨进口商品博览会"等活动,与省社会主义学院联合举办"一带一路"沿线国家侨界代表人士研修班,做好与"一带一路"沿线国家联谊工作,培育和涵养对中友好力量。

【专题调研】 2018年,省侨联围绕"厕所革命""激活乡土文化,助力乡村振兴""大学习大调研大抓落实"等专题,开展各类专题调研24次,为做好全年各项工作打下基础。1月,省政协副主席、省侨联主席吴晶一行赴衢州开化县调研"厕所革命"建设情况。先后参观城区一类和二类生态厕所,重点考察农村不同区域生态厕所建设情况并听取有关工作汇报。6月20日,吴晶带领部分省政协委员赴温州瓯海和永嘉等地开展"激活乡土文化,助力乡村振兴"专题调研,并在温州瓯海区和永嘉县召开座谈会,听取关于乡土文化建设情况汇报,重点就如何发挥乡贤作用,如何培养乡土文化人才等问题进行深入交流。推进大学习大调研大抓落实活动。9月,省侨联围绕留学生就业问题开展专题调研,形成《关于新时代背景下浙江留学归国人才创业创新的调研报告》,省委书记车俊,中国侨联党组书记、主席万立骏,省委副书记、省长袁家军,省委副书记郑栅洁等领导相继做出批示肯定。11—12月,省侨联负责人赴8个设区市开展调研,就进一步深化侨联改革、提升侨联工作提出具体意见。

【特色活动】 2018年,省侨联牵头制作"万家海外中餐馆·同讲中国好故事"宣传片,点击量突破7万人次;相关话题微博活动在24小时内点击阅读量1256万人,参与讨论960人。省侨联、浙江商业职业技术学院共同举办3期海外中餐烹饪技能培训班。来自全球40多个国家的200多名华侨"大厨"参加培训,其间,举办高峰论坛、理论研讨会、厨艺比拼、名师讲座、文艺演出等系列活动,助推"万家海外中餐馆·同讲中国好故事"活动深入开展。7月13日,省侨联第四期"海燕集结行动计划"结业典礼在浙江大学紫金港校区举行。活动涵盖综合素质拓展、侨企考察、海燕厨神大比拼、特色小镇参观等系列活动。举办"2018高层次留学回国人才为国服务志愿团"走进嵊州活动。志愿团由来自浙江大学等10所重点高校27位海归专家志愿者组成,涵盖高分子材料、生物化学工程、环境化学等多个领域。专家们深入企业一线,与企业家就相关技术难题进行座谈,并就嵊州新一轮转型升级发展提出建议。在杭州举办第二届"海外中餐文化"理论研讨会。来自全国高校及科研机构的30多名专家学者和50多名海外中餐馆业主参加。年内,各地举办系列活动72场。在台州举办浙江省高校海归创业创新科技成果洽谈会。活动由中国侨联指导,浙江省侨联、台州市政府主办,以"创业中华·智造台州"为主题。浙江大学、南方科技大学等省内外12所高校科研专家及108个科研项目代表220多人参加开幕式。省政协副主席、省侨联主席吴晶出席并致辞。在嘉兴举办"星耀南湖"精英峰会。两院院士、海内外高层次人才、知名企业家等近1000人参加。开幕式上,嘉兴国家海外人才离

2018年5月14日,省侨联将2012年"丹青迎盛会翰墨抒豪情"大型书画雅集活动上绘就的《西溪雅集》百尺长卷,以及2015年"绘兵纪"专题活动保存的"抗战老兵肖像作品"捐赠省档案馆,并做永久典藏。图中所展示的为《西溪雅集》百尺长卷

(省侨联 供图)

岸创新创业基地、嘉兴市欧美同学会揭牌，签订院士项目、院（校）地合作、海外“带土移植”项目等20多个。在杭州召开全省高层次归国留学人员迎新联欢会，活动主题为“侨连你我，情牵浙江”。全省14所高校的海归人才和侨界代表260多人参加活动。省委组织部相关负责人出席并讲话。

【服务青少年工作】 2018年8月，为期1个半月的“亲情中华”夏令营浙江营活动在各地相继开展。活动涉及温州瓯海区、文成县，舟山市，丽水青田县等地，20多个国家和地区的120名华裔青少年参加活动。9月25日，省侨联举办年度浙江省侨界青年跨境电商培训班，来自26个国家和地区的116名学员参加为期4天的学习。10月12日，省侨联举办“浙江省2019届高校毕业生就业招聘会侨商企业专场”活动。招聘单位涵盖制造业、计算机信息产业、生物制药、旅游休闲、现代服务业等不同行业类别，110多家侨商企业参加，为毕业生提供2200多个就业岗位。10月16日，省侨界青年联合会举办年度“侨界青年走进衢江·合力助推乡村振兴”主题年会，来自全球55个国家和地区的200多名浙籍侨界青年才俊参加活动，其间，举办侨界青年大讲堂、侨界青年创业创新高峰论坛等活动，8个意向性项目进行集中签约，协议总投资14.1亿元。

【创业中华——2018侨界精英创新创业峰会在杭州举行】 2018年11月9日，峰会在杭州举行。峰会由中国侨联、浙江省侨联、杭州市侨联等联合举办。中国侨联副主席李卓彬，中国侨联副秘书长、经济科技部部长赵红英，中国侨联经济科技部副部长夏付东一行到杭州出席2018侨界精英创新创业（中国·杭州）峰会，并调研指导侨联工作。峰会以“聚合新动力·赋能大健康”为主题，来自美国、德国等国的101个生物医药项目进行对接，签约项目50个，总投资268亿元。

【省侨联全委会议】 2018年，省侨联九届五次、六次、七次全委会议在杭州举行。

1月15—16日，九届五次全委会议举行。主题为深入学习宣传贯彻党的十九大精神，以习近平新时代中国特色社会主义思想为指导，总结2017年工作，部署2018年任务，审议有关事项。省政协副主席、省侨联主席吴晶代表省侨联九届常委会做工作报告。会议增补省侨联副主席2名，常委9名、委员38名。省侨联党组书记、副主席等省侨联常委，省直机关、高校委员，各市、县（市、区）侨联主席以及省侨联海外委员、顾问180多人参加。

5月21日，九届六次全委会议举行。省政协副主席、省侨联主席吴晶出席并讲话。会议选举产生48名浙江省出席第十次全国归侨侨眷代表大会代表建议人选。省侨联党组书记、兼职副主席，中国侨联顾问、省侨联顾问，省侨联秘书长，以及其他省侨联九届委员共143人出席。

11月2日，九届七次全委会议举行。会议选举连小敏为省侨联第九届委员会主席，聘请岑国荣为浙江省侨联第九届委员会顾问。省政协副主席、中国侨联副主席吴晶出席并讲话。中国侨联顾问、省侨联顾问，省侨联副主席、秘书长，省委统战部部务成员，以及省侨联第九届委员会委员等150多人出席。

（省侨联　孟晨啸）

浙江省台湾同胞联谊会

【概况】 2018年，省台联接待台胞18批次214人次，两次组团赴岛内参访25人次，围绕全域旅游创建、幸福新家园建设、乡村传统文化与现代文明有机融合、乡村环境整治和社会治理、两岸中小企业商会模式及融资情况研究等主题开展考察交流。围绕“龙脉相传·青春中华”主题，与浙江海外联谊会联合举办“2018年台湾大学生浙江夏令营”，来自台湾中华文化经贸交流发展协会、长荣大学、屏东科技大学等9个岛内社团、高校组织150名大学生营员参加活动。通过组织台商代表恳谈会等形式，听取关于对两岸交流的重大事件、浙江省重要改革举措、有关维护台胞权益等方面的意见建议，并形成信息向上级部门反馈。加强与在浙江大学、中国美术学院、浙江工业大学等高校就读的台湾学生及台籍大学生联系，树立“在浙里寻梦”台湾学生活动特色品牌，组织在浙江就读的32名台湾大学生赴温州参访。年内，接待由中华技职教育交流发展协会理事长率队的台湾科技大学校长团、由中华基金会董事率队的中华基金会2018台湾青年创业联合会参访团、旅美台籍侨领率队的投资考察团等岛内外团组到浙江调研。

【参政议政】 2018年，省台联组织台胞骨干和机关工作人员围绕“在浙台商营商环境”“台湾农民创业园工作”“台资企业融资情况”等主题开展调研活动，完成《深化两岸文化与社会融合发展、推进两岸关系发展及国家统一进程》《两岸文化交流探索》《弘扬传统文化、推动两岸青年共圆中国梦》《以温州为例浅谈海西经济区建设、推动两岸经济大融合》《在惠台新机遇下加快推进台湾青年族群融合发展》等涉台研究课题7篇。省台联相关负责人参加全国政协协商座谈3次，参加省级协商发言4次。其中，省台联会长张泽熙在省委理论学习中心组专题学习会上做的“加快提升我省研发投入强度，赢得未来发展主动权”发言，获省委书记车俊批示。全省台籍政协委员向全国政协会议提交界别团体提案1件、委员个人提案7件，涉及经济、文化、生态、民生、“一带一路”、改革等领域。在省“两会”上，台盟台联界别组向省政协十二届一次会议提交团体提案6件、委员个人提案17件。其中，关于《着力省际合作、强化战略联盟、提升舟山江海联运服务中心枢纽作用》的提案被选为大会发言，《规范互联网租赁自行车发展，为绿色出行加码》评为省政协十二届一次会议重点提案，获省政府领导批示。委员个人提案《关于进一步深化责任医生签约服务工作的建议》获副省长成岳冲批示。台籍省人大代表提交议案、建议2件，其中

《关于尽快制定浙江省职业教育条例》的议案被省十三届人大二次会议确定为1号议案。全年向上级有关部门提交各类信息建议50件，其中《加快提升研发投入强度，赢得未来发展主动权》《关于我省地市经济实现新旧动能转换的路径研究》专报获省委书记车俊、常务副省长冯飞批示，省台联获评省委统战部信息工作三等奖。

【宣传效果提升】 2018年，省台联综合利用网站、微信公众号、《台联通讯》"三位一体"宣传平台加大对台方针政策及两岸交流活动的宣传力度，扩大"台胞之家"影响力，增强"两岸一家亲"感召力。依托中央和省委重大会议及纪念改革开放40周年、"五一口号"发布70周年等活动，做好面向全省台胞的"主题征文""经典诵读"等各种形式的思想教育工作，着力提升"四个意识"；依托台湾大学生浙江夏令营等两岸交流品牌活动，通过举办摄影展、播放视频、联合演出等形式，有针对性地做好面向岛内台胞宣传推介工作。全年在新媒体平台发布各类宣传报道137篇，图片约200张，网站累计点击量32万余次，公众号关注用户在《团结报》、团结网每月评选的省级组织微信公众号影响力排行榜上居前三位。

【"台胞之家"活动】 2018年，省台联通过开展各种联谊活动，搭建沟通平台，深入基层，强化服务，做好全省定居台籍同胞工作。省台联相关负责人赴杭州、宁波、温州、嘉兴等地慰问走访困难台胞家庭13人次，了解台籍同胞的工作生活情况。再次对全省各地困难台胞情况进行跟踪比对，为全省困难台胞家庭落实全国台联专项帮扶款。将杭州市2位困难台胞的情况与市台办沟通，并争取到所在区台办下发的困难台胞补助。发挥省台联理事作用，配合各地统战部、台办等部门，组织、参与当地的对台联谊交流活动，协助做好慰问困难台胞和各类服务工作。

【台联改革深化】 2018年，省台联贯彻落实中央群团工作会议精神和省委改革部署，推动改革方案起草工作有序展开，改革方案起草工作获省委常委、省委统战部部长熊建平肯定。4月12日，印发《浙江省台湾同胞联谊会改革方案》。年内，省台联调整优化台联机关内设机构职责，增设台联界别活动组办公室，加强与台籍政协委员沟通联系。完善台联运行机制，推进适合群团特点的协作机制建设，完善细化与省台办、省教育厅、杭州市台湾同胞投资企业协会对口联系机制。改革创新台联工作方式，加强与重庆、江苏、上海等兄弟省市的合作交流，扩大台湾大学生浙江夏令营的组团规模，加大入岛交流的频次，打造"寻梦"系列台湾青年活动，改进交流模式，增强历史文化认同。推进两岸婚生子女工作，出台《关于在全省范围内联合开展两岸婚姻家庭信息普查工作方案》。依托有关高校学者和研究机构提高台湾社情民意研究水平。推进网上台联工作，部分改革举措初见成效。

【社会服务活动】 2018年，省台联与贵州黔西南州、省内龙泉市查田镇小砻坑村、嘉善县天凝镇洪溪村、开化县池淮镇油川村等建立结对帮扶关系。省台联相关负责人多次带队赴结对点开展慰问帮扶活动，并会同有关专家和台商企业代表开展扶贫调研，就开展特色旅游、传承乡村历史等"美丽乡村"建设工作提出意见建议，展开立体式帮扶。统筹各方资源，与阿里巴巴集团、义乌市委统战部、义乌工商职业技术学院等单位合力打造"筑梦乡村"系列行政管理干部培训活动，采用专题教授、现场教学和案例诊断沙龙相结合的培训方式，全年来自甘肃省58个脱贫攻坚工作重点县和浙江、辽宁、海南、云南、陕西等地省定点帮扶点近100名县乡两级脱贫攻坚一线干部参加培训。培训内容涵盖农村电商、乡村旅游、脱贫攻坚、乡村治理等领域。

（省台联　王英特）

浙江省社会科学界联合会

【概况】 2018年，省社科联联系指导11个市社科联、85个县社科联和81个高校社科联；管理指导182个社科类社会组织，其中业务主管社团70个、民办社科研究机构43个，会员社团69个。全省社科界开展"习近平新时代中国特色社会主义思想在浙江的萌发与实践"重大课题研究，实施第二期浙江文化研究工程，推出"浙江改革开放40年研究"等重要成果。主动服务党委政府决策，相关成果获国家领导人批示17件次、省部级领导批示或被中央部委采纳等246件次，其中通过《浙江社科要报》提交有关研究成果113期，获省领导批示128件次；国家社科基金各类项目立项319项，其中重大项目23项，获国家社科基金项目资助经费8010万元；创新平台载体，开展社会科学普及，推动党的理论和优秀传统文化宣传弘扬，提升公众人文社科素养。组织开展"第四届浙江省社科界学术年会"，围绕浙学的传承创新和经济社会发展热点问题，举办7个学术专场和80多场分论坛活动。其中，与浙江工业大学联合举办"大湾区时代：新动能与新格局"，与浙江师范大学、省社科院联合举办"浙学传承与当代价值论坛"，与浙江财经大学联合举办"2018能源行业改革与政府监管论坛"等在学界产生广泛影响。

【学习研究阐释习近平新时代中国特色社会主义思想】 2018年3月5日，省社科联印发《关于在全省社科界开展大学习大调研大练兵活动的通知》，组织引导社科工作者深化对习近平新时代中国特色社会主义思想和"八八战略"丰富内涵的学习领会，围绕学习贯彻习近平总书记对浙江工作重要指示精神及在全国宣传思想工作会议、庆祝改革开放40周年大会等重要会议上的重要讲话精神等专题，组织各类学习培训5期，参加培训950多人。组织开展大学生省情调研活动，提交调研报告42篇50多万字。

策划组织"从'八八战略'到习近平新时代中国特色社会主义思想"系列研究;组织开展"马克思主义理论研究和建设工程——习近平新时代中国特色社会主义思想研究"专项课题研究;研究阐释"习近平新时代中国特色社会主义思想及其在浙江的萌发和实践"。组织动员全省社科工作者面向基层干部群众深入宣传阐释习近平新时代中国特色社会主义思想和党的十九大精神,累计开展宣讲活动2500多场次。

【改革开放40周年理论研究】 2018年,省社科联与省委宣传部等部门联合召开浙江改革开放40周年理论研讨会,组织编写"浙江改革开放40年研究系列"丛书,与中国社科院联合在北京举行首发式。以"改革开放40年:中国道路与中国方案"为主题开展大型征文活动;与《经济研究》杂志社联合举办中国特色社会主义市场经济之路——纪念改革开放40周年理论研讨会;与中华美国学会、浙江大学等联合举办"纪念《中美建交公报》发表40周年"理论研讨会。支持鼓励各高校、社团举办纪念改革开放40周年学术活动。10月23日,与中国农业经济学会和浙江农林大学共同举办"农村改革40年:乡村振兴与农民发展"暨第三届中国农民发展论坛,中国农业经济学会会长、原农业部常务副部长尹成杰,中国合作经济学会会长、原农业部总农艺师孙中华出席,来自中国农业经济学会、中国合作经济学会、中国农业大学、浙江大学等15个单位50多名代表参加。

【浙江文化研究工程(第二期)立项及管理】 2018年,浙江文化研究工程(第二期)第三批文化研究工程课题立项56项,其中,重大课题18项、重点课题38项。省社科联确定"从'八八战略'到习近平新时代中国特色社会主义思想"丛书各册负责人,召开提纲审议会,组织对提纲修改稿进行二审定稿,并予以立项。召开《百年浙江学人学案》系列研究论证会和《浙学研究精品外译》进展汇报会,组织《优秀浙商创业史研究》《浙江旧海关档案资料整理与研究》《兰溪鱼鳞册整理与研究》《浙江戏曲研究》《浙商通志》等项目通讯评审。对《浙江历史经典产业研究系列》等上年度立项项目开展中期检查。

【重大应用对策研究】 2018年,省社科联组织开展以"最多跑一次"改革撬动各领域深化改革的思路对策研究、浙江特色的现代化经济体系的路径与对策研究、浙江"一带一路"枢纽建设等重大对策课题研究10多项,相关成果获省委书记车俊和省长袁家军批示肯定。其中,《建设现代国际港航物流枢纽的难点及建议》获袁家军、副省长高兴夫批示后,省海洋港口发展委员会召开专题会议部署落实有关对策建议,形成4个实施方案,有效推动研究成果转化应用。为党政部门决策提供建议,组织开展开放强省与"一带一路"建设、基层社会治理、当前经济形势分析等政策理论研讨;与省直有关部门联合开展"法治浙江""三农""舆情"等专项课题研究。

【省社科规划课题管理】 2018年,省社科联收到各类课题申报3817项,其中省社科规划优势学科重大资助课题申报27项,省社科规划新兴(交叉)学科扶持课题申报32项,年度课题申报2750项,后期资助课题申报137项,高校思想政治专项课题申报302项,其他各类专项课题申报(含"地方立法"专项、"法治浙江"专项、"三农研究"专项、"第三次农业普查"专项、"社会重大舆情调研"专项、"涉台研究"专项等)241项,对策类课题申报328项,最终立项618项。其中,省社科规划优势学科重大资助课题和省社科规划新兴(交叉)学科重大扶持课题各5项,年度课题441项(其中重点课题42项、一般课题260项、青年课题84项、立项不资助课题22项,后期资助课题33项),高校思想政治专项课题36项,对策研究专项课题、理论宣传专项课题、涉台专项课题等10多类专项课题131项。省社科联对课题设置进行优化,新增设省哲社规划哲学社会科学优势学科重大资助课题、哲学社会科学新兴(交叉)学科重大扶持课题和青年课题3个类别。

【重点研究基地与新型智库建设】 2018年,省社科联修订完善《浙江省哲学社会科学重点研究基地管理办法》,推动各基地立足优势特色学科,推出高水平、标志性成果。围绕国家和全省重大战略需求,推进新型智库建设,遴选第一批13个新型重点专业智库和8个重点培育智库。各基地、智库出版学术著作439部,发表论文1470多篇,举办各类全国性、国际性学术研讨会230多场。其中,《保障我国天然气可持续供应面临的挑战与对策建议》获国务院总理李克强批示,《内地与香港科技合作战略研究》获全国人大常委会原委员长张德江批示。10月20日,与宁波大学共同主办"浙学论坛(2018):浙学·新时代的文化思考",来自中国社会科学院、清华大学、中国人民大学、浙江大学、葡萄牙中国学院、光明日报社、浙江日报社、《浙江社会科学》杂志社等高校、科研单位和相关媒体的省内外专家学者100多人参加,研讨成果在《光明日报》《中国社会科学报》整版刊登。组织智库举办"讲好浙江故事、助力'一带一路'"智库论坛,来自"一带一路"沿线10个国家近100位学者参加,推动浙江经验、浙江故事对外传播。

【社科普及活动】 2018年,省社科联以"奋进新时代 谱写新篇章"为主题,组织开展第17届社会科学普及周活动。与《都市快报》联合开展"我的编年史"纪念改革开放40周年主题宣传活动,累计发布40多篇,总阅读量500多万人次。与浙江电视台公共·新闻频道联合推出大型文化专题栏目"文化浙江·大讲堂",邀请资深学者介绍丝绸、青瓷等浙江特色文化,播出31集,收看量1000多万人次,收视率居全省文化类栏目前茅,网络播放量500多万次。与相关省市联合组织开展"我身边的运河故事"征集发布,征集到各类作品500多篇。与绍兴、台州、新昌、天台等市县社科联联动开展"浙东唐诗之路人文纪行",召开国际学术研讨会、专家论证会等，网络点击量达75万人次，助推诗路文化带建设。策划编写《浙江与“一带一路”》系列丛书，助力“一带一路”人文枢纽建设。深化科普基地评估创建工作，新命名46个省级社科普及基地，全省各级科普基地总数达到2858个。组织开展社科普及创新项目评选活动，评出创新项目30项。

【社团管理完善】 2018年11月5日，省社科联出台《关于加强业务主管社科类社会组织党建工作实施意见》，召开社会组织党建工作专题会议，举办党性教育暨党务培训班，深化社科类社会组织党建工作。全省有14个社会组织建立党支部，24个建立党的工作小组，72个明确党建联络员，实现业务主管社会组织党建工作的全覆盖。落实意识形态工作责任制，定期开展社科类社会组织意识形态形势分析研判，做好各类论坛讲座等活动备案管理。开展社会组织清理规范自查自纠工作，督促各社团、民研机构规范内部管理，完善法人治理结构。4月8日，出台《省社科联社会组织分类管理评估办法(试行)》，结合年审年检，委托第三方评估机构开展分类评估，全年注销3个会员社团和1家民研机构，督促24个评估不合格和基本合格的社团、民研机构整改提升，新批准成立3个社团和民研机构。年内，委托会计师事务所开展部分业务主管社会组织财务审计，对存在问题的单位进行约谈，责令限期整改。

【社科人才培养】 2018年，省社科联组织开展全省哲学社会科学人才队伍建设专题调研，通过召开高层次专家座谈会、人才工作座谈会，走访慰问高层次社科人才等方式，研究提出全省社科人才发展的目标任务和基本思路。优化社科人才评价、科研经费使用等工作机制和激励政策。12月17日，与省财政厅等部门联合印发《关于横向项目劳务报酬有关问题的通知》；3月26日，与省委宣传部联合印发《浙江省新型智库专项经费管理办法》等政策文件。配合做好省特级专家、国家“万人计划”人文社科青年拔尖人才和省“万人计划”人文社科领军人才推荐工作，4位人文社科学者入选第五批省特级专家。新增选省哲学社会科学规划“十三五”学科组专家286人。实施“之江青年社科学者行动计划”，遴选第四批之江青年社科学者66人，推动成立之江青年社科学者协会。

【基层社科联建设】 2018年，全省各市、县(市、区)社科联组织开展各种形式的课题研究3800多项、主办承办各类大型学术研讨活动950多场、科普讲座2000多场。省社科联通过召开高校社科联工作座谈会、出台《关于进一步推进高校社科联工作的意见》等方式，推动各高校社科联进一步明确职能定位，完善工作机制。推动浙江工商大学与丽水市社科联合作，围绕“大花园”建设开展专题调研和理论研讨。推动宁波大学与淳安县社科联合作，为淳安县推进生态补偿工作提供对策建议。组织高校社科专家赴安吉开展实地调研，为安吉更好总结提炼“两山”实践经验提供智力支持。 (省社科联 宋朝阳)

浙江省文学艺术界联合会

【概况】 2018年，省文联有团体会员36个。其中，省级文艺家协会13个、市级文联11个、行业企业文联12个。省文联团结引领全省广大文艺家和文艺工作者守正创新，积极推荐优秀文艺家和文艺作品参与全国文艺赛事奖项并获佳绩。年内，省摄协3位会员获第12届中国摄影金像奖，占获奖总数的六分之一；电视剧《鸡毛飞上天》获第28届中国电视金鹰奖优秀作品奖和最佳编剧奖；舞剧《花木兰》获第11届中国舞蹈“荷花奖”；杭州滩簧《夏母训子》、绍兴莲花落《催生鸡》分获第十届中国曲艺牡丹奖节目奖和文学奖；朱文斌的《东南亚华文诗歌及中国性研究》和夏烈的《媒介裂变下的文艺批评生态和批评者重构》被评为第三届“啄木鸟杯”中国文艺评论年度优秀作品。

【重大主题文艺活动】 2018年2月，省文联组织“放歌新时代，文化进万家”大型文艺志愿服务走进宁波姚家村、杭州武林广场等地。各省级文艺家协会、直属单位文艺小分队深入全省各地为民惠民乐民。其中，开展“书法进万家”活动1030多场，书写赠送“福”字、春联44万余件；省摄协第7个年头组织全省摄影家开展“摄影进万家·温暖全家福”活动；省曲协组织“从乡村来，到乡村去”曲艺演出近1000场；省剧协组织“梅花奖”得主组成“戏相逢”戏曲小分队，送戏到农村。6月20日，长三角文艺发展联盟

2018年10月25日，“大潮起之江——浙江省庆祝改革开放40周年图片展”在杭州开幕
(省文联 供图)

在上海组建成立，沪苏浙皖四地文联负责人、设区市文联负责人代表、文艺家协会代表及艺术家代表齐聚申城，共襄结盟。7月11日，"'八八战略'15年·浙江书画展"在浙江展览馆开幕，展出美术作品16幅，书法篆刻作品5组40件，以"新时代·新气象·新作为"为主题，表达浙江人民秉持浙江精神，干在实处、走在前列、勇立潮头的坚定信心和美好前景。10月25日至11月25日，"大潮起之江——浙江省庆祝改革开放40周年图片展"在杭州举办，展出作品680幅（组）1300多张，集中展示浙江改革开放40年来的光辉历程，特别是"八八战略"实施15年来改革开放和社会主义现代化建设取得的历史性成就、历史性变革。12月27日，"百年追梦"浙江美术书法精品创作（二期）工程20件作品以"大潮起之江——纪念改革开放40周年浙江美术书法精品展"形式在浙江展览馆开幕。成果重点反映1978年以来浙江在改革创新、勇立潮头方面的重大历史事件和重要人物。年内，全省文联系统举办"西湖论坛"宁波峰会、中国好畲"画"——"敕木山"畲族民间绘画作品展、第34届兰亭书法节开幕式暨第六届中国书法"兰亭奖"颁奖典礼、第十届中国曲艺牡丹奖全国曲艺大赛（慈溪赛区）（余杭赛区）、首届优秀艺术设计作品展、浙江省第七届青年美术作品展、浙江省第17届摄影艺术展、"之江新颜——走进革命老区·绘就美丽乡村"大型书画摄影艺术作品展、第六届中国西湖国际魔术交流大会、复兴之路——庆祝改革开放40周年浙江书坛精英主题创作精品系列特展、浙江省庆祝改革开放四十周年村歌大赛、改革开放四十周年曲艺故事专场、浙江省造型艺术青年人才培养"新峰计划"创作成果展、纪念和庆祝改革开放40周年新歌作品音乐会、第五届杭州·中国画双年展等活动。

【文艺评奖工作】 2018年，省文联和直属文艺家协会组织"陆维钊奖"第八届浙江省中青年书法篆刻展、第九届浙江电影"凤凰奖"、第28届浙江省电视"牡丹奖"、第四届"浙江戏剧奖·金桂表演奖"、第三届浙江音乐奖、第四届浙江舞蹈奖、浙江省第六届民间文艺"映山红奖"、第三届浙江文艺评论奖等8个省级文艺奖项评选活动。评选表彰优秀文艺家52人、优秀文艺作品614件（组、部）、先进文艺集体4个。

【对外文化交流】 2018年5月1—8日，第三届罗马尼亚"中国浙江电影周"在罗马尼亚展映5部优秀浙产电影。浙江电影代表团考察塞尔维亚、罗马尼亚电影产业、电影发展规划与政策，洽谈电影合作项目。6月13—20日，日本静冈浙江省民间手工艺展在日本静冈县举行，展出发绣、黄杨木雕、刺绣、龙泉青瓷、青田石雕、竹雕、萧山花边、越窑青瓷、纸雕、紫砂、剪纸等11个工艺门类500多件浙江优秀民间手工艺品。6月13—22日，配合省委书记车俊率领浙江代表团访问非洲有关国家，省摄协承办的"美丽浙江"摄影图片展在南非、纳米比亚两地展出。

【重要会议】 2018年，省文联举行重要会议5次。2月6日，省文联八届三次主席团会议和八届三次全委会在杭州召开。全委会回顾总结2017年工作，研究提出2018年工作思路和主要任务。省委宣传部、省人力社保厅相关负责人出席并讲话，省文联负责人出席做工作报告，对全省文联系统27个先进集体和34名先进个人进行表彰。同日，省文艺界新春联欢会在杭州举行。省委常委、宣传部部长、省政协主席葛慧君出席并致辞，副省长成岳冲、省政协副主席郑继伟等出席。省文联主席发表新年致辞，省文联党组书记主持。省文联八届全委会委员、荣誉委员、各省级文艺家协会艺术家代表、设区市文联负责人、"新峰计划"青年艺术家代表，以及全省文联系统先进表彰对象参加联欢会。

（省文联　汤学君）

浙江省残疾人联合会

【概况】 2018年是浙江省残联成立30周年，也是省残联换届之年。年内，省残联指导11个市、89个县（市、区）和1386个乡镇（街道）残联完成组织换届。推进市、县两级残联配备"两挂一兼"副理事长工作，配备兼挂职副理事长258名。3月12日，省政府残疾人工作委员会会议暨省残联主席团会议和全省残疾人工作会议在杭州召开。副省长王文序出席并讲话，省残联负责人代表省残联执行理事会做工作报告。会上，省市政府签订2018年残疾人重点任务责任书。会前，省委书记车俊，省长袁家军，省委常委、组织部部长任振鹤分别做出批示。5月23日，省残联出台《浙江省残疾人证管理细则（试行）》，实行残疾人证工本费和残疾评定双免费，受到中国残联肯定。12月28日，纪念省残联成立30周年报告会在浙江特殊教育职业学院举行，省残联首任理事长做专题报告。年内，全省残疾人全面小康实现程度为94.7%；城乡残疾人家庭人均可支配收入分别为3.5万元和2.3万元，分别比上年增长8.4%和6.6%。注册助残志愿者4.1万人。推荐15个"阳光助残"项目参加省志愿服务项目大赛，获2枚金牌、2枚银牌和5枚铜牌。

【调研走访】 2018年2月23日，副省长王文序调研指导残疾人工作，看望慰问省残联干部职工。3月14日，省人大常委会副主任赵光君一行到省残联走访调研残疾人工作。5月2—5日，省残联由理事会领导带队，分成4个调研组赴温州苍南县、丽水缙云县、金华兰溪市、绍兴新昌县开展基层残疾人工作"三服务"（服务企业、服务群众、服务基层）蹲点调研活动。调研活动选择一个乡镇（街道）为调研点，采用"解剖麻雀"的方式，了解惠残助残政策执行情况，掌握残疾人基本服务状况和需求，总结残疾人工作可复制可推广经验、存在的问题困难及需要完善的政策措施。调研工作获省委书记车俊和省委常委、秘书长陈金彪肯定，《今日浙江》《浙江日报》做专题报道。10月10日，王文序赴浙江康复医疗中心、浙江特殊教育职业学院和省残疾人体育训练指导中心调研。10月31日，省政协副主席孙景淼一行赴省残联走访调研残疾人工作。11月22日，国际狮子会会长古德龙·英格达德一行访问浙江，就残联领导下的狮子会如何有效地开展服务等问题进行交流，中国残联副理事长、中国狮子联会会长贾勇等陪同。12月25日，省委常委、组织部部长黄建发调研残疾人工作。

【康复医疗服务】 2018年10月8日，省政府出台《关于完善残疾儿童康复服务制度的实施意见》，新增残疾儿童人工耳蜗自费补贴、体外处理器升级补贴和困难家庭康复生活补贴。12月12日，省残联、省民政厅、省财政厅、省卫生健康委联合出台《全省残疾人基本型辅助器具服务实施办法》，将残疾人适配辅具品种增加至十大类56种，并实行货币和实物两种补贴方式。全年完成残疾人精准康复服务66.5万人次，残疾人基本康复服务率达99.2%。全省残疾人家庭医生签约率达71.8%。培训国家级和省级康复人员1800人。杭州余杭区等4个全国残疾预防综合试验区通过中国残联中期评估。“浙江省残疾儿童康复服务制度”被省政府评为年度部门改革创新项目。浙江康复医疗中心服务6万人次，实现收入6247万元，比上年增长28%。

【法治维权和无障碍环境建设】 2018年3月6日，省残联联合省通信管理局出台视力、听力、言语残疾人信息产品优惠政策，惠及20万残疾人及家庭。为全省1.2万名肢残人发放机动轮椅车燃油补贴。做好“平安浙江”建设考核工作，组织维权业务培训。全年办理残疾人信访708件，办结率100%，受理残疾人服务热线1.1万次。办理省“两会”建议提案21件，满意率100%。11月15日，省政府出台《浙江省实施〈无障碍环境建设条例〉办法》，推进全省无障碍环境建设。年内，省残联投入资金5549万元，改造坡道1236处、盲道10.5万米，建成无障碍停车泊位390个、无障碍厕所325个，创建工作获中国残联、住房和城乡建设部肯定。首批102个社区被命名为浙江省无障碍社区。实施1.1万户困难残疾人家庭无障碍改造。

【基础服务设施建设】 2018年，全省有残疾人综合服务设施93个，总建设规模61.2万平方米，总投资26亿元；各级残疾人康复服务设施40个，总建设规模27.4万平方米，总投资10.9亿元；各级残疾人托养服务设施36个，总建设规模24.1万平方米，总投资9.6亿元。

【教育就业扶贫】 2018年，浙江省内3～18岁持证残疾儿童少年入学率为87.8%，比上年提高5.2个百分点。全省资助残疾学生和残疾人家庭子女3.02万人，投入助学金6825万元。浙江特殊教育职业学院在全省高职高专院校教学述职测评中排名第35位，提升5位。4月25日，省委组织部、省人力社保厅、省残联等13个部门联合印发《浙江省“残疾人就业创业提升年”活动方案的通知》，开展残疾人按比例就业、集中就业等“八大援助行动”。全省新增残疾人就业1.6万人，其中新增按比例就业4627人。推出26个残疾人公务员专设岗位，招录24名（其中省级7名），招录事业编制人员23名。将残疾人辅助性就业机构建设指标纳入全省乡村振兴考核。全省建成各类残疾人辅助性就业机构（庇护性机构）1072个，安置就业（庇护服务）2.15万人。11月12日，浙川、粤川残联系统东西部扶贫协作推进会在四川成都召开。省残联与四川省残联签订协议，双方在干部挂职锻炼、残疾人职业培训、残疾人转移就业、残疾儿童康复服务、残疾人及残疾人服务专业人才培养、对口帮扶资金项目等方面开展交流合作。全年全省培训残疾人2.98万人；征收残疾人就业保障金54.9亿元（其中省本级1.9亿元）；发放残疾人两项补贴92.8万人次，发放金额29.05亿元；有33.32万残疾人享受城乡居民养老保险补贴，61.9万残疾人享受城乡居民医疗保险补贴。启动实施慈善助残危房改造项目，第一批实施慈善助残危房改造的151户完成验收。全省完成农村残疾人危房改造2274户，投入资金2121.6万元。省残联被省委、省政府评为扶贫工作先进集体。

【文体宣传活动】 2018年，省残联协调中央新闻媒体赴全省集中采访，在中央、省级主流媒体上刊登报道110多篇。组织“最美浙江人之最美助残人”评选发布活动。全年参加全国锦标赛21项、特奥比赛2项和群众体育比赛4项，取得116枚金牌、70枚银牌、51枚铜牌。推进文化助残“五个一”（读一本书、看一份报、游一次公园、参观一次展览、参加一次文化活动）工程和“康复体育进家庭”活动，服务残疾人4.1万人次。

【康复国际执行委员会会议】 2018年4月19—22日在杭州召开。中国残联主席、康复国际主席张海迪出席并讲话。中国残联副理事长贾勇致辞。来自美国、英国、德国、韩国、日本等国家和中国香港、澳门地区的康复国际执委，红十字国际委员会等国际组织的代表及部分国内康复专家26人出席。副省长王文序会见张海迪一行。

【省残联第七次代表大会】 2018年8月23—24日在杭州举行。省委书记车俊、中国残联副主席吕世明出席并讲话。陈金彪、黄建发、赵光君、王文序、孙景淼、贾宇、张晓林分别参加开闭幕式。省妇联负责人代表群众团体致贺词，省残联负责人做工作报告。会议选举产生省残联新一届领导班子。黄建发、赵光君、孙景淼、张晓林担任省残联第七届主席团名誉主席，王文序当选主席团主席，蔡国春当选执行理事会理事长。

【省领导会见亚残奥委会主席】 2018年7月17日，省长袁家军在杭州会见亚残奥委会主席马吉德一行，双方表示将合心合力把2022年亚残运会办成一届精彩、别样、难忘的体育盛会。副省长王文序、杭州市市长徐立毅、中国残联副理事长王梅梅参加会见。

【省领导看望参加亚残运会健儿】 2018年10月19日，省领导在省人民大会堂看望载誉归来的第三届亚残运会浙江体育健儿，省委书记车俊出席并讲话。省委副书记、省长袁家军出席，黄建发、赵光君、王文序、孙景淼参加看望。在第三届亚残运会上，浙江健儿获29枚金牌、12枚银牌、2枚铜牌，创造13项赛会纪录、4项亚洲纪录、1项世界纪录，金牌数和奖牌数均位列各省（区、市）首位。

【省第十届残运会】 2018年10月23日，浙江省第十届残疾人运动会在杭州开幕。省委常委、组织部部长黄建发，省人大常委会副主任赵光君、省政协副主席吴晶、省军区副政委张晓林等出席开幕式。副省长王文序宣布开幕。该届省残运会首次将残奥、聋奥、特奥3个运动会合并举办，参赛人数1355人。

【爱心助残1+1慈善晚会】 2018年11月22日在杭州举行。活动由省残疾人福利基金会主办。副省长王文序、中国残疾人福利基金会理事长王乃坤、省慈善联合总会会长陈加元，以及省残联相关负责人出席晚会并为爱心单位和个人颁奖。晚会通过拍卖和举牌捐赠等方式募集资金2000万元，全部用于助残项目。

（省残联　郑江来）

法　治
Legal System

综　述

【概况】 2018年，全省各级政法机关学习贯彻习近平新时代中国特色社会主义思想，推进基层社会治理现代化，平安浙江建设取得新成绩。年内，全省刑事案件总量和命案、盗窃案件分别比上年下降13.1%、8.9%、27.3%，人民群众安全感满意率达96.84%，继续保持全国前列。提供高质量法治保障和法律服务，司法行政系统线下拓展公共法律服务中心服务事项，线上健全完善“12348浙江法网”平台，统筹推进律师、法律援助、人民调解等工作；法院、检察院加快诉讼服务中心和检察大厅建设，深化跨域立案系统，加快司法公开平台建设。守护绿水青山蓝天，检察院全年公益诉讼立案5551件，省市县三级公益损害与诉讼违法举报中心全年受理举报控告7000多件，纠正整改1700多件。

【“八个排头兵”体系建设】 2018年，省委政法委结合省委部署开展的“大学习大调研大抓落实”活动，提出当好学懂弄通做实习近平新时代中国特色社会主义思想“八个排头兵”（坚持党的绝对领导、落实以人民为中心发展思想、防范化解重大风险、维护国家安全和社会稳定、推动法治建设、锐意改革创新、队伍建设、善谋实干）要求。年内，研究制订和细化量化“八个排头兵”指标体系。7月20日，省委政法委召开2018年度第五次全体（扩大）会议，审议通过《全省政法系统学懂弄通做实习近平新时代中国特色社会主义思想“八个排头兵”指标体系》，省委常委、政法委书记王昌荣出席并讲话。

【全省建设平安浙江工作会议】 2018年3月29日在杭州召开。会议深入学习贯彻习近平总书记系列重要讲话精神，贯彻落实中央政法工作会议部署要求，总结上年工作，分析形势，研究部署当年全省平安建设工作。省委书记、省委建设平安浙江领导小组组长车俊出席并讲话，省长袁家军主持会议。会上，车俊、袁家军与11个设区市党委和政府主要负责人签订年度平安综治目标管理责任书。会议表彰平安建设先进单位和先进个人，为获奖者授鼎授牌。会议以视频形式召开，各市、县（市、区）设分会场，省安监局、温州市委、云和县委主要负责人做典型发言。

【重大风险防范化解】 2018年，全省政法机关牢固树立“100-1=0”理念，防范化解政治安全、经济金融、社会治安、公共安全、网络安全等风险，维护全省社会大局稳定。推进反恐怖斗争，开展邪教突出问题和重点地区专项整治。分类制定应对处置预案，稳妥处置经济金融等各类社会风险。建立重心下移信访工作机制，以县级领导接访、下访为重点，完善领导干部下访接访机制，组织开展人民调解参与信访矛盾化解专项行动，开展“无信访积案县（市、区）”创建活动。建立维护稳定常态化工作机制，完善重大涉稳信息逐级通报、重大涉稳问题清单式交办、重大决策社会稳定风险评估等制度，总结推广“一体两翼”维稳工作体系，即以乡镇（街道）党委政府为责任主体，“全科网格”和“一三五”应急处置规范为两翼，落实“三同步”工作机制（依法处置、舆论引导、社会面管控），做好涉法涉稳舆情监测研判。

【新时代“枫桥经验”六大提升工程】 2018年，全省各地各有关部门以筹备纪念毛泽东同志批示学习推广“枫桥经验”55周年暨习近平总书记指示坚持发展“枫桥经验”15周年大会为契机，推进新时代“枫桥经验”六大工程建设，提升基层社会治理水平。完善全科网格，实现基层治理“一张网”，全省设有网格6.9万个，专兼职网格员30多万名。建设自治、法治、德治相融合的基层社会治理体系，建成“三治融合”示范村（社区）2000个。推进“互联网＋”社会治理，建设完善在线矛盾纠纷多元化解平台，全年在线完成纠纷调解5.5万件；推进“雪亮工程”建设，建有各类视频监控252.9万个、重点公共区域联网率99.73%；在全国率先应用推广一体化办案系统，提高工作效率。做好流动人口服务管理，推广出租房“旅馆式”“星级化”管理和新型居住证制度，建成出租房“旅馆式”管理总台5726个，覆盖出租房屋559万间、流动人口1711万人。推进、培育社会组织参与社会治理，全省社会组织5.3万个，平均拥有社会组织数9.3个/万人，成立社会工作服务机构1012家，持证社工48275名，建立社区志愿服务站点4200个，建有平安志愿者队伍3.5万支，230多万人。做好社会心理服务，省、市、县、乡各级普遍构建起前端普遍服务、中端监测预警、末端精准干预的社会心理服务体系，县（市、区）心理服务中心、乡镇（街道）心理服务站100%建成，建立心理工作室的村（社区）14647个，全省建有心理服务中心1.6万个。

【平安中国示范区建设】 2018年，全省政法机关按照项目化推进、清单式管理的办法，推进平安浙江建设工作。开展扫黑除恶专项斗争，累计扫除涉黑组织65个、涉黑涉恶团伙2025个，批捕5251人，起诉3758人，深挖“保护伞”124人。推进道路交通安全综合治理，做好电动车安全监管，将交通违法整治纳入平安暗访，全省道路交通事故起数、死亡人数比上年下降35.4%和29.1%。推动消防安全综合管理，做好出租房精细管理，全年火灾起数、死亡人数分别下降32.5%和37.5%。开展毒品突出问题和重点地区专项整治，开展无毒品县（市、区）创建，对19个重点县（市、区）实行挂牌整治，新发现吸毒人数、未成年吸毒人数分别比上年下降14%、26%。开设平安考核办法，推行过程性指标考核和省考市、市考县分级考核，推行无台账考核，减轻基层负担。做好平安暗访工作，针对暗访中发现的突出隐患和问题，部署开展安全生产等8个领域专项整治。

【营商环境保护】 2018年，全省公安系统开展知识产权保护专项打击整治、境外经济（职务）犯罪等系列专项行动；法院系统推动建立跨部门协同治理民间借贷机制，审结破产案件4127件，处置企业不良债务578.6亿元。12月10日，省高级法院出台《关于依法服务和保障民营经济健康发展的实施意见》。检察系统设立服务民营经济工作站，组织开展营商环境专项法律监督。5月23日，在全国率先出台《浙江省生态环境损害赔偿制度改革实施方案》。全省司法行政系统部署开展十大专项行动，帮助企业解决法律问题4.2万个。保障胜诉当事人合法权益，公安协助布控4万名逃债被执行人，限制出境1万人次；法院执结案件67.6万件，执行到位金额1057.7亿元。

【政法领域改革】 2018年，全省政法领域机构改革顺利推进，省委政法委、省司法厅完成改革任务，省委全面依法治省委员会办公室和综合行政执法指导办公室挂牌成立，省、市、县三级检察院挂牌成立公益损害与诉讼违法举报中心。推进政法领域“最多跑一次”改革，省委政法委推动完善执法司法工作机制和政法队伍职业保障体系，牵头协调落实员额法官、检察官的交流、住房、医疗等八项政策待遇；省公安厅出入境、车辆管理、户籍制度事项“办一次”实现率和满意率居全国前列；杭州互联网法院全年审判案件1.06万件；省检察院建成“12309”检察服务中心，统一受理群众控告、申诉和举报；省高级人民法院推进简繁分流改革，推广多案联审、远程视频庭审、要素式庭审，实现简案快审；省司法厅行政审批事项全部实现“最多跑一次”，公证机构跨国远程视频办证工作创新居全国前列。

【政法信息化建设】 2018年9月19日，浙江政法信息管理中心挂牌成立，中心承担组织推动政法数字化协同工程和统筹推进全省政法信息化建设两大功能。年内，省委政法委做好政法数字化协同工程实施，推进政法专有云、基础协同平台、示范项目等建设，至年末，规划的76个子项目完成建设23个，完成立项并启动建设50个，政法机关一体化办案系统等8个示范项目取得重大突破。省公安厅推进“云上公安·智能防控”大数据战略，移动警务平台“浙警云端”平均每天为基层提供数据服务1200多万次。检察院做好“智慧检务”建设，开发推广应用智慧公诉等办案辅助系统。1月11日，最高人民法院确定宁波市、县两级法院为全国“移动电子诉讼试点”，移动微法院4.0版在全省法院上线推广应用，全年通过微信小程序办结案件55.5万件。司法行政系统开发犯情预测预警预防“平安360”、VR虚拟现实毒瘾评估矫治等系统，创设省市县乡村五级微信塔群“之江法云”，全面推广“大数据+人民调解”工作机制。

（省委政法委　张爱平）

法治政府建设

【概况】 2018年，省司法厅根据省预防和化解行政争议工作第九次联席会议暨法治政府建设推进会精神，完成地方机构改革及行政复议体制改革。开展法治政府建设“最佳实践”，推进司法行政系统“最多跑一次”改革，全年办理“最多跑一次”事项6418件，网上办理6222件；开展行政许可事项清理，全省公告执行的行政许可事项从上年的459项减至449项；完善立法机制，全年所有立法项目草案通过政府网站向社会公开征求意见，实现开门立法。年内，全省公共法律服务事项“最多跑一次”覆盖率100%；市、县（市、区）公共法律服务自助机覆盖率100%。

【司法行政“最多跑一次”改革】 2018年，省司法厅推进办理流程再优化，全省司法行政系统纳入“最多跑一次”改革主项19个和子项45个，全部开通网上申请办理功能，全年办理“最多跑一次”事项6418件，网上办理6222件。拓展法律服务事项“最多跑一次”范围，全省公证“最多跑一次”服务事项范围扩大到25大类116项，45%的公证服务实现“最多跑一次”。推进数据共享，完成50项行政审批事项的省司法厅自建业务应用系统与设区市“一窗受理”平台对接，60%民生事项实现“一证通办”。完善事中事后监管，建设全省统一的“双随机”（建立随机抽查事项清单、检查对象名录库和执法检查人员名录库，制定随机抽查工作实施方案）监管平台，总结提炼推进“最多跑一次”改革“十二法”。

【行政许可事项清理】 2018年，省司法厅组织开展行政许可事项清理，全省公告执行的行政许可事项449项，比上年减少10项，地方性法规设定的行政许可事项从50多项减少到9项，政府规章不再设定行政许可事项。开展“减证便民”行动，对省内自行设定的证明事项，除地方性法规设定外，一律予以取消，全省各级各部门需要办事群众（企业）提供的证明事项减少幅度达69%，地方性法规设定的61项证明事项中取消60项。开展规章和规范性文件专项清理，对过于具体、难以适应情况变化、与网上核查和“数据跑路”等审批改革方向相违背的有关条款，予以删除或修改。

【立法机制完善】 2018年，省司法厅按照民主立法要求，拓宽公众参与立法的途径，实现开门立法。建立立法志愿者工作制度。3月，通过公开招募，建立社会志愿者队伍，组织做好立法调研和意见征集，推动出台全国“放管服”（简政放权、放管结合、优化服务）改革领域首部综合性地方性法规《浙江省保障“最多跑一次”改革规定》，该规定于11月30日浙江省第十三届人民代表大会常务委员会第七次会议通过。完善立法民主协商机制，由省政协社法委自主选择协商项目。6月，《浙江省实施〈无障碍环境建设条例〉办法》《浙江省口岸管理和服务办法》两部规章作为当年对口协商项目，保障政协委员立法参与权。7—8月，通过省政府门户网站等渠道向社会公开征集立法项目建议，全年立法项目草案均通过政府网站向社会公开征求意见。对关系人民群众切身利益的立法项目，采取听证会、媒体恳谈会、座谈会、论证会等方式听取意见。8—9月，召开《浙江省地方金融条例》立法座谈会、《浙江省地质灾害治理工程质量和安全生产管理办法》立法听证会。与省人大常委会法工委和其他专门委员会进行立法沟通协调，法规项目提请审议前，专门向省人大有关专门委员会汇报工作情况。

【行政复议体制改革】 2018年，全省司法行政系统以集中行政复议职责为核心，以专职复议机构为载体，以优化办案机制为保障，开展行政复议体制改革，提升行政复议公信力，将行政争议化解在基层、在初发阶段、在行政机关内部。推进行政复议体制改革，联合省编委办先后在义乌、桐庐、黄岩三个区县及省本级试点行政复议体制改革，并完成改革试点评估工作。开展行政复议机制创新试点工作，提升行政复议综合效能。提请省委将“加快行政复议体制机制改革”列入年度法治浙江工作要点；提请省政府将“加快推进行政复议体制改革，开展行政复议工作机制创新试点”工作列入省政府“两强三提高”建设行动计划（2018—2022年）。至年末，11个设区市改革方案均得到省政府同意并批复。

【公共法律服务体系建设】 2018年，省司法厅围绕建成高水平公共法律服务体系目标，做好公共法律服务实体平台、网络平台、热线平台三位一体建设，推进区域均衡、城乡均衡、人群均衡三位一体发展，完善服务产品、服务标准、服务队伍三位一体建设，实现司法部提出的普及化、一体化、精准化建设目标，在全省范围基本建成高水平公共法律服务体系。年内，全省实现市、县、乡、村四级实体平台全覆盖，法律咨询、法律援助、人民调解、法治宣传、社区矫正等公共法律服务窗口积极发挥作用；村（社区）法律顾问通过打包服务、定期值班、服务预约、e服务微信群等形式实现有效覆盖；公证机构全部入驻市、县实体平台；司法鉴定机构入驻率70%。实现网络平台互联互通，市级法网与浙江法网形成网站集群；司法行政数据中心基本建成；浙江法网对接支付宝城市服务；“12348”公共法律服务热线与“12345”统一政务热线衔接。各市司法局在落实省司法厅公共法律服务产品目录的基础上，根据本地实际，制定并发布本地区公共法律服务产品目录，形成完整的产品项目体系和服务标准体系。

（省司法厅　肖　峰）

公　安

【概况】 2018年，全省公安机关打击处置邪教破坏活动，深化严打暴恐专项行动，开展大排查、大整治、“回头看”等专项工作；对网贷风险主体开展网上监测、网下排查、分类处置；梯次提升社会面防控等级，集中整治突出治安隐患和重点区域，做好重大活动安保工作。推进系列专项打击整治行动，坚持“扫黑”与“打伞”“除网”同步推进，开展命案及有重大社会影响积案侦破，以及电信网络诈骗等新型违法犯罪打击防范工作；开展“净网2018”专项行动，健全打击涉众型经济犯罪工作体系；推进“猎狐2018”专项行动，开展长江流域污染环境违法犯罪、食品欺诈和虚假宣传、制售假烟网络犯罪“天网二号”等打击整治行动；开展“创文明交通、治秩序乱象”五大行动。提升发展新时代“枫桥经验”，开展“大走访、大排查、大化解”行动，推广“无案村居”创建，完善网格管理服务体系；实施警务管理体制改革、警务机制变革，深化“最多跑一次”改革，推进“云上公安·智能防控”大数据战略，建成省、市、县三级“情指行”（情报、指挥、行动）合成作战中心，推进执法权力运行机制改革。开展学习贯彻习近平总书记“5·19”重要讲话发表一周年系列学习宣传活动和“大学习大调研大抓落实”活动，培育树立先进典型，健全层级管理责任体系。公安部先后在浙江召开公安党建、“智慧监管”、交通“放管服”和“刑专系统”应用现场会。“最多跑一次”改革、公安信息化建设、专项维稳等20项工作在全国会议上做介绍。全年全省侦破刑事案件12.15万起，其中命案全部侦破，查处治安行政案件52.02万起；发生上报道路交通事故起数、死亡人数分别比上年下降2.4%、6.7%。群众安全感达96.8%，对公安队伍满意度达95%。全省公安机关有2人被授予“全国公安系统二级英雄模范”称号，1个集体、15名个人立一等功，95个集体、178名个人立二等功。

【赵克志在浙江调研指导】 2018年9月7—9日，国务委员、公安部部长赵克志先后到诸暨市公安局枫桥派出所镇南警务工作站、安全防范体验馆、“枫桥经验”公安史迹馆、“老杨调解中心”、红枫义警协会调研，了解发展“枫桥经验”、开展矛盾化解、警务模式创新等情况，并到杭州市公安局下城区分局长庆派出所、江干区公安分局调研指导。其间，分别在枫桥镇、诸暨市和杭州市公安局、省公安厅主持召开座谈会，强调要坚持以习近平新时代中国特色社会主义思想和党的十九大精神为指导，始终保持“枫桥经验”与时代同步、与未来同行，坚持专门工作与群众路线相结合，加强公安基层基础建设，创新基层警务模式。公安部党委委员、部长助理聂福如陪同调研，省委副书记、省长袁家军，省委常委、杭州市委书记周江勇，省委常委、政法委书记王昌荣分别参加活动，副省长、公安厅厅长王双全陪同调研。

【全省公安工作会议】 2018年2月8日在杭州召开。会议学习贯彻习近平新时代中国特色社会主义思想和党的十九大精神，按照中央政法工作会议、全国公安厅局长会议及省第十四次党代会和省委十四届二次全会、省委政法工作会议部署要求，总结回顾5年工作，分析形势，部署工作。副省长、公安厅厅长王双全出席并做工作报告。省纪委、省监委、省委组织部、省委政法委、省编办、省发展改革委、省人力社保厅、省公务员局、省公安厅及各市公安局相关负责人参加。

【全省见义勇为先进人物表彰暨见义勇为工作会议】 2018年11月22日，省政府召开全省见义勇为先进人物表彰暨见义勇为工作视频会议。19人被省政府记(追记)一等功，其中9人被授予(追授)“浙江省见义勇为勇士”，10人被授予(追授)“浙江省见义勇为先进分子”。会前，省委书记、省人大常委会主任车俊，省委副书记、省长袁家军看望受表彰的先进人物或家属代表。车俊出席会议并讲话。省委常委、秘书长陈金彪，省委常委、政法委书记王昌荣一同看望。省人大常委会副主任赵光君，副省长、公安厅厅长、省见义勇为工作领导小组组长王双全，省政协党组副书记、副主席孙景森，以及省公安厅相关负责人一同看望并出席会议。

【全省公安机关深化改革】 2018年，全省公安机关开展“一网办”“一证办”改革，实现一证通办事项100个，实现网上可办事项190项。建成“警医邮”车驾管(含车管业务和驾管业务)代办点928个，配备各类自助设备2000多台。群众和企业到公安机关办理事项240项，其中，实现“最多跑一次”235项，需要群众提供的证明材料由171项减至15项。公安出入境、车驾管、户籍三类民生事项“一次办”实现率96.4%，满意率97.5%。推进“云上公安·智能防控”大数据战略，在全国率先建成全省统一的移动警务平台“浙警云端”。打造省、市、县三级“情指行”合成作战中心，进一步健全联勤指挥、“护城河”防控、违法犯罪联动打击等机制。推行火车站区域路地警务融合新模式，加强空中突击队建设，创新警用无人机实战应用。推行轻微刑事案件和行政案件快速办理，117个县级公安机关、1198个基层所队完成“三位一体”硬件建设。推进政法机关一体化办案，完善涉案财物跨部门管理和处置工作机制，会同检察机关联合执法监督。完成6.53万人的警员职务、警务技术职务套改，以及3.43万人首次晋升改革工作，完成边防部队部分力量划转武警部队、消防部队整体转隶及边防、警卫部队转改等工作。推进招录培养制度改革，深化辅警队伍改革。

【助力平安浙江建设】 2018年，全省公安机关推进系列专项打击整治行动，服务保障平安中国示范区建设。坚持“扫黑”与“打伞”“除网”同步推进，开展“钱潮”系列集中打击行动。开展电信网络诈骗等新型违法犯罪打防，劝阻疑似被骗群众27.39万人次，及时止损6591万元，冻结12.3亿元。开展命案及有重大社会影响案件积案侦破工作，推进打击整治枪爆违法犯罪专项行动。开展“净网2018”专项行动，预警破获网约绑架、杀人等严重刑事犯罪案件。开展黄赌违法犯罪专项整治、禁毒“两打两控”、秋冬扫毒会战，破获黄赌毒刑事案件7600多起，抓获犯罪嫌疑人1.7万人，缴获毒品1.57吨。制订服务民营企业、支持民营经济发展20条举措，开展知识产权保护专项打击整治行动，健全打击涉众型经济犯罪工作体系，落实预警监测、分类处置、打击震慑、维稳处置、风险回溯5项措施，推进打击假币、地下钱庄、虚开骗税、侵权假冒等系列行动，推进“猎狐2018”专项行动，抓获境外经济犯罪逃犯192人。开展长江流域污染环境违法犯罪、食品欺诈和虚假宣传、制售假烟网络犯罪“天网二号”等打击整治行动，侦破食品药品案件1212起，刑事打击3169人，侦破环境犯罪案件1695起，刑事打击3462人。开展“创文明交通、治秩序乱象”五大行动，查处交通违法行为5682万起，上升12.8%。

【基层社会治理创新】 2018年，全省公安机关开展提升推广新时代“枫桥经验”八大专项行动。3月，省公安厅印发提升推广新时代“枫桥经验”实施方案。6月22日，召开全省公安机关提升推广新时代“枫桥经验”视频推进会，进行再动员再部署。同月，总结提炼出“矛盾不上交、平安不出事、服务不缺位”的新时代“枫桥经验”基本内涵。9月，省公安厅党委做出开展向枫桥派出所学习活动的决定。12月，省公安厅评选出“枫桥式”基层所队104个。年内，开展“大走访、大排查、大化解”专项行动，化解各类社会矛盾纠纷14.86万起；全省82%以上的派出所建立驻所“警调衔接”工作室，调解纠纷22.12万起，调解成功率超过95%。开展省、市、县三级公安机关领导集中下访活动，推动“一把手”包办“钉子案”“骨头案”109件。创新海外、海上、网上“枫桥经验”，完善矛盾纠纷化解体系。推广“无案村居”创建，全省70%以上的村(社区)实现降发案或“零发案”。全省建立专兼职巡防队伍2.7万支、17.8万人，建立平安志愿者队伍3.5万支、231万人。推行居住出租房屋“旅馆式”管理，推进网约房排查登记试点。完善网格管理服务体系，推动公安服

2018年9月28日，舟山市公安局交警支队车管所落实"最多跑一次"改革，在支队车管大厅内提供"送证到人"服务（省公安厅 供图）

务事项进驻市、县两级行政服务中心，并向261个乡镇（街道）便民服务中心延伸。推行"互联网+公安政务服务"应用，建立"警侨在线""警侨驿站"网上服务平台，实施交通管理"放管服"便民服务举措20项，优化营商环境便民利民措施6项，港澳台居民居住证申领发放、移民和出入境便利措施5项。

【重大活动安保工作】 2018年，全省公安机关固化运用G20杭州峰会安保经验，做好重大活动安保工作24场，服务保障纪念毛泽东同志批示学习推广"枫桥经验"55周年暨习近平总书记指示坚持发展"枫桥经验"15周年大会召开，做好全国"两会"和"五一""十一"等重要节点社会维稳工作。省公安厅牵头制定安保方案，成立由副省长、公安厅厅长王双全任组长的省重大活动安保领导小组。全省公安机关建立战时情报会商、联勤指挥调度、风险防范化解、隐患排查稳控、联动巡逻处突（处置突发事件）、队伍管理保障等工作机制。集中整治突出治安隐患和重点区域，检查涉危行业单位1.61万个次，整改安全隐患2631处，处置网络安全漏洞1.3万个。清缴非法枪爆、剧毒化学品、管制刀具等危险物品，排查管控"低慢小"目标（具有"低空和超低空飞行的、飞行速度慢且不容易被雷达发现"的小型航空器和空飘物）。落实客运和铁路实名购票、源头安检、身份核查等措施。从严证件管理、核心区管控等措施，完成各类警卫勤务286批。

【网贷平台风险应对处置】 2018年6月1日至12月31日，全省公安机关建立风险主体、接警受理、在侦案件"三张清单"，落实"挂图作战""一案一表"工作要求，实行"专案+专班"工作模式，开展资金分析、缉捕追逃、追赃挽损三大会战。其间，侦破网贷平台涉嫌非法集资案件136起，抓获犯罪嫌疑人80人（其中境外逃犯12人）；冻结资金24.4亿元，查扣房产1385套、车辆204辆、土地32宗及股票10.96亿股等。

【"猎狐2018"专项行动】 2018年，全省公安机关继续开展缉捕在逃境外经济犯罪嫌疑人专项行动。年内，抓获犯罪嫌疑人192人，缉捕率56%，其中公安部在册逃犯106人，在册缉捕率41.3%；协助纪检监察部门抓获外逃职务犯罪人员3人，协助海关缉私部门抓获外逃走私人员3人，协助外省公安机关抓获境外逃犯6人。

【扫黑除恶专项斗争】 2018年1月26日，省公安厅印发全省公安机关扫黑除恶专项斗争实施方案。31日，成立以副省长、公安厅厅长王双全为组长的省公安厅扫黑除恶专项斗争领导小组。2月7日，向社会发布《关于深入开展扫黑除恶专项斗争的通告》。至年末，全省公安机关先后开展5次"钱潮"系列集中统一收网行动，打掉黑恶团伙2090个，抓获团伙成员1.8万人，侦破案件1.25万起，对3.84万名黑恶犯罪嫌疑人采取刑事强制措施，查扣非法资产22.74亿元。侦破杭州滨江区以虞某某为首、萧山区以李某为首的黑社会性质组织案等重大涉黑案件。

【严打严重暴力犯罪行动】 2018年，全省公安机关坚持"命案必破"理念，推进命案防控和重大社会影响积案攻坚工作。省公安厅刑侦总队两次召开全省命案积案推进会，确定重点攻坚案件并跟踪督导。年内，全省命案发案数比上年下降8.9%，共侦破现行命案317起，破案率连续2年保持100%；侦破命案积案59起。侦破宁波北仑区"2018·10·6"王某某持刀驾车伤人、乐清市"2018·8·24"滴滴顺风车司机钟某强奸杀人案、杭州西湖景区"2018·11·13"熊某杀人案等重大命案。

【"净网2018"网上秩序打击整治专项行动】 2018年，全省公安机关开展网上秩序打击整治专项行动，重点打击网络黑客攻击、黄赌毒、涉枪涉爆、侵犯公民个人信息等违法犯罪活动，清理网络淫秽色情等违法有害信息，整治违法犯罪信息集中的互联网企业、网站和应用服务。年内，立案侦破涉网刑事案件5139起，其中公安部督办案件48起、省公安厅督办案件58起，抓获犯罪嫌疑人2万人，查处网上造谣、传谣人员1054人，清理违法信息2.28万条。

【出入境管理】 2018年，全省公安机关批准公民因私出国182.5万人次，比上年增长4.4%；批准内地居民赴港澳台499.2万人次，增长8.5%；办理外国人签证证件9.1万人次，增长16.7%；制作签发各类出入境证照373.47万本，增长16%。侦破妨害国

(边)境管理犯罪案件35起,上升60%;查处涉外案(事)件7617起,增长41.3%。

【边防口岸管控】 2018年5月,省公安边防总队针对浙江口岸涉众型经济犯罪高发、涉案外逃人数增多等特点,组织人员到北京、广州边检总站学习调研,研究制定加强口岸管控16条实施意见和交布控工作办法。9月4日,召开全省边检业务工作和全省交布控工作联络会议,部署推进口岸管控工作。年内,全省公安边防部队严格口岸管控领导责任制,实行主官每周40小时现场值班、口岸管控"零报告""复核""日清"等制度,检查出入境人员798.3万人次、船舶2.33万艘次、飞机4.74万架次,分别比上年增长15.5%、2%和12.7%,查获在逃人员154人次、持用宣布作废证件人员558人次、违法违规人员948人次。

【火灾防控】 2018年4月28日,省政府第4次常务会议审议通过《关于贯彻落实消防安全责任制实施办法的若干意见》。意见进一步明确政府责任,细化部门责任,固化单位责任,完善常态化火灾风险隐患管控机制。11月23日,省政府召开第13次常务会议,研究部署全省火灾防控工作。年内,省政府办公厅挂牌省级重大火灾隐患单位14个、区域1处;省消防安全委员会印发《浙江省消防安全黄红牌通报警示约谈挂牌实施办法》,挂牌重大火灾隐患单位150个;全省消防监督机构监督检查单位43.07万个,发现火灾隐患和违法行为问题54.6万个,督促整改54.17万个,下发责令改正通知书25.55万份。

【"创文明交通、治秩序乱象"五大行动】 2018年4月26日至12月31日,全省公安机关推进"一创一治"系列行动,开展交通违法"现场严管"、源头隐患"追违清库"、公路安全设施"防护提升"、交通安全宣传"进农村进学校进企业"、交通安全"综治能力提升"五大行动。其间,查处各类交通违法行为5682万起,比上年上升12.8%,其中现场查处电动自行车违法610万起、酒驾(含醉驾)9.1万起、毒驾437起、"三超一疲劳"(超速行驶、客车超员、货车超载,疲劳驾驶)26万起、开车持手机打电话22万起。

【货车超载超限治理】 2018年,省公安厅高速公路交通警察总队联合公路部门开展货车超载超限专项治理,实施非现场处罚、入口称重劝返、诚信"黑名单"等举措。年内,全省查处货车交通违法行为37.87万起,比上年上升22.4%;严重超载(载重70吨以上)货车在高速公路上月均通行量下降82.4%;货车肇事死亡人数下降14.7%,疲劳驾驶死亡人数下降27.7%,违法停车诱发事故死亡人数下降50%。 (省公安厅 徐 锋)

检 察

【概况】 2018年,全省检察机关学习贯彻习近平新时代中国特色社会主义思想和党的十九大精神,围绕省委"'八八战略'再深化、改革开放再出发"决策部署和最高人民检察院"讲政治、顾大局、谋发展、重自强"的总体要求,履行检察职能,服务保障中心工作,推进转型发展。年内,做好"三大攻坚战"(防范化解重大风险、精准脱贫、污染防治)服务保障工作。做好金融风险防控工作,依法打击危害金融安全犯罪,批准逮捕P2P平台非法集资犯罪嫌疑人1182人,提起公诉1302人,依法办理"草根投资""三三系"等一批重特大非法集资案件;批准逮捕"套路贷"犯罪嫌疑人1905人,提起公诉1390人。做好低收入百姓增收工作,依法从严打击扶贫领域犯罪行为;对因案致贫、因案返贫被害人或近亲属开展司法救助,救助693人,发放救助金1041万余元;打击恶意欠薪行为,衢州、丽水等地检察机关为400多名农民工追回工资546万余元。做好污染防治工作,出台"加强生态环境司法保护17条",严厉打击破坏环境资源犯罪,批准逮捕566人,提起公诉3112人,指导绍兴、衢州等地检察机关办理"南泉岭等地特大污染环境案"。

【法律监督职能履行】 2018年,省检察院深化法律监督,对应当立案而公安机关不立案、不应当立案而立案的情况,监督立案、撤案3547人;对应当逮捕而公安机关未提请批准逮捕、应当起诉而未移送起诉的情况,追捕、追诉1511人;纠正侦查活动违法1215件。7月5日,与省公安厅联合出台《关于在刑事侦查活动中进一步加强协作配合的若干意见》,开展检警协作。提前介入"女孩滴滴顺风车遇害案"等重特大案件644件,引导侦查取证,形成打击合力。转变以往重刑事审判监督、轻民事审判监督的观念,坚持刑民并重。全年审查当事人申请监督的裁定判决4105件,对绝大多数正确的裁判,做好释法说理,促成息诉服判,维护人民法院裁判权威;对认为确有错误的刑事裁判,提起抗诉269件,法院审结改判160件,分别比上年上升42.3%和80%;对认为确有错误的民事行政裁判,提起抗诉268件,提出再审检察建议326件,法院改判和采纳344件,分别上升30.7%、254%和50.2%;对民事行政审判程序违法行为提出检察建议105件,法院采纳102件。严厉打击恶意逃废债行为,监督查处民事虚假诉讼872件,杭州等地检察院依法办理"华图置业公司虚假诉讼案"等案件。落实检察长列席同级法院审判委员会制度,发表检察意见,维护司法公正。开展执行监督,重点监督刑事执行不公正以及民事行政案件"执行难"问题。全年审查减刑、假释、暂予监外执行案件20820件,监督纠正315件。开展财产刑执行监督,督促4279名罪犯缴纳罚金等4.2亿元。坚决查处司法人员侵犯公民权利、损害司法公正犯罪行为,湖州、衢州、绍兴市人民检察院依法立案查处民警虐待被监管人犯罪和徇私枉法犯罪案件3件。开展民事行政执行监督,立案994件,提出检察建议844件,法院采纳821件。对有执行能力而拒不执行的449人依法提起公诉。开展生态环境资源和食品药品安全领域专项立案监督,建议行政执法机关移送涉嫌犯罪280人,监督公安机关立案211人。开展互联网检察,依法打击电信网络诈骗、网络非法传销、侵犯公民个人信息、销售假冒伪劣保健品等损害民生民利的犯罪，批准逮捕3929人，提起公诉8073人。联合省公安厅挂牌督办陈某某等人严重侵犯公民个人信息案。结合办案深入分析医保诈骗、高校“套路贷”、破坏计算机信息系统等案件暴露出的问题，提出意见建议，推动行业治理，得到省委、省政府和社会各界肯定。

【助力清廉浙江建设】 2018年10月15日，省检察院出台“建设清廉检察服务清廉浙江建设17条”。加强与纪委监察委工作衔接，办理监察委移送的职务犯罪683人，提起公诉569人，其中，办理省金控集团原董事长钱巨炎受贿案等原厅、处级干部大要案39人。协助追逃工作，追回职务犯罪嫌疑人19人。办理最高人民检察院指定办理的中央宣传部原副部长鲁炜受贿案、陕西省原副省长冯新柱受贿案，办案中加强教育感化，促使被告人当庭认罪、悔罪，实现政治效果、法律效果和社会效果相统一。

【民营经济发展服务保障】 2018年，省检察院出台“服务民营经济21条”“加强产权司法保护19条”。联合省工商联举办“检企共话民企发展法治保障”等主题座谈会，成立服务民营经济工作站，畅通民企司法诉求渠道。全年批准逮捕职务侵占、泄露商业秘密等犯罪嫌疑人1079人，提起公诉2042人。审慎办理民营企业家涉罪案件，改进办案方式方法，对可捕可不捕的依法不捕，可诉可不诉的依法不诉，慎重采取强制措施。全省检察机关联系企业1610家，开展法律服务、法治宣讲1130多次。舟山市检察机关深入开展自贸检察，向21家入驻石化基地企业发放刑事风险预警告知书，帮助企业防控刑事法律风险。

【扫黑除恶专项斗争】 2018年，省检察院依法严惩黑恶势力犯罪，批准逮捕5251人，提起公诉3758人。挂牌督办郑某某等28人、虞某某等59人重大涉黑案。深挖黑恶势力“保护伞”，批准逮捕96人，提起公诉46人。严格审查把关，提起公诉的涉黑涉恶案件没有无罪判决情况。以专项斗争为牵引，深入惩治涉枪涉爆、黄赌毒、“两抢一盗”等各类刑事犯罪，批准逮捕54715人，提起公诉105055人，分别比上年上升2.7%和下降4.6%。加大对重特大案件的办理，依法追诉“织里特大抢劫杀人案”等重特大命案5件9人，指导办理杭州“蓝色钱江保姆纵火案”。

【新时代“枫桥经验”创新发展】 2018年，省检察院开展“少捕慎诉、保障权益”专项行动，对情节轻微、社会危险性较小的刑事犯罪，坚持少捕慎诉，积极促成刑事和解；落实认罪认罚从宽制度，不起诉或建议从宽处理犯罪嫌疑人3.9万多人。全省不批捕率、不起诉率分别为26.9%和15.2%，居全国前列。加强未成年人全方位司法保护，审慎办理涉未成年人案件，全省101位检察长兼任中学法治副校长，组织法治宣讲1388场，受教育学生95万人。8月，创办“检察官辨法”电视栏目；9月，出版《新时代“枫桥经验”检察实践案例精选》。建设“12309检察服务中心”，为群众提供信访举报、信息查询等“一站式”服务。

【公益诉讼】 2018年，全省检察机关推进公益诉讼五大领域全覆盖。推进生态环境和资源保护公益诉讼，以“水、土、林、矿”为重点，办理公益诉讼3263件，督促处置固废垃圾40.9万吨、整治关停企业63家。推进食品药品安全公益诉讼，开展“保障千家万户舌尖上的安全”专项监督，办理公益诉讼1819件，监督查处不合格食品药品45.8吨。推进国有财产保护和国有土地使用权出让领域公益诉讼，办理公益诉讼469件，督促监管部门收回国有财产3.2亿元，收回国有土地使用权11.18公顷。推进英雄烈士保护公益诉讼，义乌市检察院针对当地网络论坛诋毁消防烈士的不良言论，督促公安机关严肃查处。探索开展新领域公益诉讼，宁波海曙区检察院办理的“骚扰电话整治公益诉讼案”被评为全国检察公益诉讼十大典型案例。推动公益诉讼纳入依法行政、法治政府建设的重要内容，全省40多个地方党委、人大、政府分别出台支持检察公益诉讼工作的文件。与原省环保厅、国土厅、水利厅、食药监管局加强公益诉讼协作，建立健全信息交换、重大情况通报、案件线索移送等机制。开展“百日会战”，立案公益诉讼案件5551件。推动行政机关主动纠错、积极履职，督促行政机关整改落实4059件。对经过诉前程序侵害公共利益问题仍然持续存在的情况，依法提起行政、民事公益诉讼218件，获法院审结支持164件。6月底，全省三级检察院同时成立公益损害与诉讼违法举报中心，受理举报7247件，发出纠正违法通知书、检察建议2547件，纠正整改1705件。8月，各地检察机关分别举办以“促进依法行政、维护公共利益”为主题的公益诉讼检察开放日活动。10月1日，省检察院发布全国首个公益诉讼白皮书《全省检察机关公益诉讼案件办理情况报告》。12月26日，在浙江省民生公益峰会上，检察公益诉讼工作获评“浙江省民生获得感示范工程”。

【司法体制改革创新举措】 2018年，全省检察机关深化司法体制改革，落实司法责任制，建立完善检察官联席会议、案件评查、业务分析会等制度，加强对员额检察官办案活动监督，防止权力滥用。落实入额领导带头办案制度，入额院领导、部门负责人直接办案9.2万件，占受理总数的34%。年内，省级和绝大多数设区市落实员额检察官配套待遇，协同公安、法院开展以审判为中心的诉讼制度改革。保障律师执业权利，听取律师意见建议，为律师办案提供电子服务。根据省委政法委统一部署，牵头负责政法“一体化办案系统”建设，推动政法机关网上协同办案5万多件。推进涵盖各项检察业务的智慧办案系统建设，推广应用温州、绍兴、嘉善等地公益诉讼线索智能预警、民事裁判智慧监督、社区矫正智慧监督等系统，促进精准高效监督。宁波等地研发案件质量评查系统，以科技助力提升办案质量。（省检察院　余颖凌）

法　院

【概况】 2018年，全省各级法院贯彻落实党的十九大和省委十四届三次、四次全会精神，按照“干在实处永无止境，走在前列要谋新篇，勇立潮头方显担当”的新期望，坚持以“八八战略”为总纲，扛起浙江“三个地”的政治担当，以司法为民、公正司法为工作主线，忠实履行宪法和法律赋予的职责，充分发挥审判职能作用，为建设平安浙江、法治浙江和浙江“两个高水平”建设提供有力司法保障。在省十三届人大二次会议上，省高级人民法院工作报告以97.24%的赞成率高票通过。全年受理各类案件176.8万件，办结179.3万件(含历年案件)，分别比上年上升3.4%和7.5%；一线法官人均结案345.8件，增加30.9件。主要办案质量、效率、效果指标保持全国前列。

【司法为民宗旨持续深化】 2018年，省高级人民法院深化“三项承诺”(努力做到不使有诉求的群众因经济困难打不起官司，不使有理有据的当事人因没有关系打不赢官司，不使胜诉当事人的合法权益因执行不力、不公得不到保护)，提升人民群众获得感和满意度。严格实施立案登记制，推广网上立案等便民方式，民商事案件当场立案率96%，网上立案49.5万件，基本实现立案服务“最多跑一次”目标。在全国率先完成诉讼服务质量标准认证，推进诉讼服务规范化、标准化、智能化。丽水、舟山等地法院赴偏远山区、海岛开展巡回审判。瓯海、青田等法院依托在线矛盾纠纷多元化解平台，开展跨境司法服务。开展司法救助，向2876名困难当事人发放救助金5094.5万元，为困难当事人缓、减、免诉讼费7761.5万元。统一法律适用和裁判尺度，制定覆盖审判执行各领域的司法权力清单、责任清单和工作标准，健全案件质量监管和评查问责机制。畅通申诉信访渠道，推进“诉访分离”改革，全年受理申诉、申请再审案件1.1万件，再审改判658件。全省法院一审案件上诉率7.4%，二审改判发回瑕疵率2.7%，生效裁判息诉率98.9%。全力攻坚基本解决执行难，全年执结案件67.6万件，执行到位金额1057.7亿元，分别上升14.8%和2.9%，实现最高法院确定的标准要求。全省以党政机关为执行人的旧存案件在全国率先实现“清零”。加大查控、处置力度。全年查询被执行人房产、车辆721万次，冻结银行存款、支付宝、微信等款项109亿元，强制腾退房屋1683万平方米，网拍变现902亿元，溢价率达50.9%，为当事人节省佣金16.4亿元。公安机关协助控制逃债的被执行人4万人，限制出境1万人次，解决执行找人难问题。加大信用惩戒力度。累计公布未履行生效裁判被执行人信息263万条，发布失信被执行人名单信息29万条，使其在招投标、融资信贷、投资经营、出境、高消费、获得荣誉等方面处处受限。加大打击拒不执行判决、裁定行为力度。罚款8万件次，拘留3.3万人次，以拒不执行判决、裁定罪判处刑罚434件452人，分别比上年上升110.2%和103.6%。

【服务大局力度加强】 2018年，省高级人民法院坚持打击与防范并举，推进平安浙江建设，开展扫黑除恶专项斗争，新收一审刑事案件7.1万件，审结7万件，其中审结涉黑涉恶案件242件，认定构成黑恶犯罪1595人，判处重刑305人；审结杀人、抢劫、危害公共安全、危害食品药品安全、集资诈骗等暴力犯罪和危害群众安全犯罪案件1.7万件，判处重刑842人。宁波北仑区刑满释放人员徐某某组织领导黑社会性质组织，故意伤害、聚众斗殴，造成1人死亡、1人重伤、8人轻伤，并通过开设赌场、敲诈勒索、强迫交易等犯罪，攫取非法利益数千万元，被依法判处死刑、剥夺政治权利终身。温岭市公安派出所原所长赵某某，包庇纵容黑社会组织、帮助毁灭伪造证据、帮助犯罪分子逃避处罚，被依法判处有期徒刑八年。严惩职务犯罪，审结贪污贿赂、失职渎职案件440件571人，其中被告人原为厅局级干部8人，县处级干部31人。参与社会治安综合治理，落实“谁执法谁普法”责任制，发挥裁判文书教育、评价、指引、规范作用。

坚持惩治与保护并重，强化人权司法保障，深化以审判为中心的刑事诉讼制度改革，推进律师辩护全覆盖，为2.6万名未聘请律师的被告人通知援助律师到庭辩护，依法宣告4名被告人无罪，裁定准予检察机关撤回对63名被告人的起诉。对因涉嫌故意杀人服刑16年、后再审以证据不足宣告无罪的丁某某，依法决定国家赔偿274万元。建立律师投诉快速办理机制，加强律师执业权利保障，充分发挥律师在确保法律正确实施和维护司法公正方面的作用。强化民营企业平等保护。12月10日，出台《关于依法服务和保障民营经济健康发展的实施意见》，为民营经济健康发展和民营企业家健康成长营造良好法治环境。杭州市中级人民法院在审理绍兴一大型上市企业为其他公司提供担保案中，协调促成申请人主动撤回保全申请，促使其依法履行担保义务，实现多方共赢。强化知识产权保护，全面推进知识产权“三合一”审判，加大侵权行为惩罚性赔偿力度，审结各类知识产权案件2.6万件，服务创新驱动发展。杭州互联网法院审理全球知名动画形象“小猪佩奇”英国版权人起诉国内两家玩具公司侵权案，判决原告胜诉，体现中国法院平等保护中外企业知识产权一贯立场。

坚持办案与服务并行，全面落实中央“六稳”(稳就业、稳金融、稳外贸、稳外资、稳投资、稳预期)要求，全年审结破产案件2024件，处置企业不良债务650.2亿元，盘活土地资源1466.7公顷、厂房718.8万平方米。衢州市中级人民法院促成浙江中宁硅业有限公司破产重整，有效安置职工200多名，盘活土地21.48公顷、厂房4.6万平方米，清理债务总额6亿元，重整当月企业实现扭亏为盈。服务防范化解金融风险，妥善审理金融借款、民间借贷等案件，防范因金融不良债权、“P2P爆雷”(网贷平台因逾期兑付或经营不善问题，未能偿付投资人本金利息，而出现的平台停业、清盘、法人跑路、平台失联、倒闭等问题)等特定类型案件可能引发的金融风险传递;总结推广台州市中级人民法院“职业放贷人”名录制度,推动建立跨部门协同治理民间借贷机制,依法严厉打击“校园贷”“套路贷”等涉众型犯罪,全省法院民间借贷案件由上年的上升25.5%变为下降5.6%。服务数字经济“一号工程”,审结全国首例“撞库打码”案、首例恶意注册账号案、首例利用境外“压力测试”平台实施破坏计算机信息系统案等新类型案件,保障新产业、新业态健康发展。服务“美丽浙江建设”,依法严惩破坏生态环境犯罪,审结破坏环境资源犯罪案件1096件,判处罪犯2079人,实刑率83.4%;贯彻落实生态环境损害赔偿制度改革,审结环境公益诉讼案件76件。湖州市中级人民法院探索“补植复绿”“增殖放流”等方式进行生态修复,全年补植树苗8.33公顷、放流鱼苗200万尾。配合国防和军队改革,促进军民融合发展,高标准、高质量办结全部涉军停偿案件,其中审判案件521件、执行案件98件。服务法治政府建设,加强行政审判工作,审结行政案件1.4万件,上升9.5%。全面推广“行政争议调解中心”,促进行政争议实质性化解,妥善处理一批涉及重点工程、重大项目的行政争议。促成宁波大榭开发区管理委员会与一个制衣厂就拆迁问题达成协议,保障政府投资200亿元的项目落地推进。

【法院“四项建设”】 2018年,全省各级法院加强“四项建设”(政治建设、规范化建设、智能化建设、基层基础建设),坚持巩固提高创新发展。以政治建设为统领,确保人民法院正确政治方向和坚定政治立场。严格落实意识形态责任制,坚定不移走中国特色社会主义法治道路。建立政治督察制度,对全省法院贯彻落实中央、省委和最高法院的重大决策部署、执行党的政治纪律和政治规矩等情况进行监督检查,发现问题苗头及时纠正解决。全省法院坚持用习近平新时代中国特色社会主义思想武装人、教育人、引导人、鼓舞人,涌现出一大批先进集体和先进个人,有64个集体、106名个人受到省级以上表彰奖励,其中10人被评为“全国法院办案标兵”,5人获“全国优秀法官”称号,杭州西湖区法院、安吉县法院、青田县法院获“全国优秀法院”称号。以规范化建设为关键,提升司法为民、公正司法能力水平。制定涵盖诉讼服务、审判权运行、案件质量评价与责任追究、司法公开、司法政务等方面的规范性文件36个,并将审判程序流程标准嵌入信息化办案平台,明确各项流程节点和操作规程,督促、引导、辅助办案人员规范高效办案,初步建立起权责明晰、权责统一、管理科学、高效有序的审判执行权运行机制。以智能化建设为动力,促进审判体系和审判能力现代化。贯彻网络强国战略,按照省委、省政府打造“互联网创新高地”的要求和最高法院建设智慧法院的部署,推进司法与现代科技深度融合。加强杭州互联网法院建设,创新审判机制,再造诉讼流程,优化诉讼服务,实现审判模式革命性变革,使打官司“一次也不用跑”成为现实,被评选为“首届数字中国建设年度最佳实践成果”和“改革开放40年的40个‘第一’”。主动适应智能手机全面普及、“微信”成为社会交往重要渠道的新形势,总结、提升、推广利用微信小程序打官司的宁波经验,浙江“移动微法院”全面上线,全年办理案件55.5万件,得到最高法院的肯定。以基层基础建设为支撑,夯实全省法院工作的根基。将全省80.6%的法官员额和8亿元专项资金分配到基层法院和人民法庭。加强基层领导班子建设,协助党委配备基层法院院长22名、班子成员158名,培训基层干警10815人次。加强基层党建工作,强化党支部在干部使用、监督、管理方面的责任,凡是选任提拔干部、考核评比,都要由党支部作出评价,并对此负责。推行党支部“固定学习活动日”制度,每月第一个工作日上午集中交党费、过组织生活,不断提升党建工作质量。

【司法公信力提升】 2018年,全省各级法院深化司法体制综合配套改革,全面落实司法责任制。推进员额动态管理制度化、规范化,遴选第三批员额法官364名,交流40名,退出189名。以员额法官为中心组建3397个审判团队。实行院(庭)长办案常态化,入额院(庭)长带头办理重大疑难复杂案件,办结案件73.6万件,占结案总数的41%。健全全国首创的司法雇员制度,招录第二批司法雇员1740名。推进案件繁简分流改革,推广多案连审、远程视频庭审、要素式庭审等快速办案模式,一审简易程序适用率76.3%。推进矛盾纠纷多元化解机制建设,构建“社会调解优先,法院诉讼断后”的递进式矛盾纠纷分层过滤体系,在乡镇(街道)层面推广永康“龙山经验”,在县级层面推广舟山“普陀模式”,在全省层面推广在线矛盾纠纷多元化解平台。全省法院诉前化解各类纠纷16.2万件,诉前化解率20%。法院收案增幅由14.8%下降至3.4%,案件大幅增长的势头初步得到遏制。深入贯彻清廉浙江建设要求,全面落实主体责任,加强教育管理,强化监督问责。严肃查办违法违纪案件,查处违纪30人,移送有关部门查处15人。深入开展政治督察、政务督查、司法巡查,深挖彻查,督促整改。3—4月,在全省法院组织开展执行工作专项巡查,重点检查未执结案件、执行款未发放案件、终本案件、信访案件17996件,发现并处理违规违纪的干警127人。组织开展执行巡查“回头看”,确保发现问题整改到位。自觉接受人大监督,办理26件代表建议并当面答复;接受有关执行工作的年度专题监督,并根据审议意见和决定抓好整改落实;邀请人大代表视察法院、旁听庭审、见证执行;做好最高法院邀请36名全国人大代表视察浙江法院活动。自觉接受政协民主监督,主动向省政协、各民主党派、工商联、无党派人士通报情况,听取意见建议,全年办理政协委员提案19件。依法接受检察机关法律监督,邀请检察长列席审委会114人次,审结抗诉案件451件,其中改判和发回重审244件。广泛接受社会监督,上网公开裁判文书170万份,庭审直播16.8万件,人民陪审员参审各类案件20.5万件,促进和彰显司法民主。

(省高级人民法院　沈慧心)

司 法 行 政

【概况】 2018年，全省司法行政系统在推动全系统党的政治建设全面加强、体制改革创新有序推进，为全省人民提供更为高效优质的法律服务。年内，完成省司法厅机构改革，新组建的浙江省司法厅设职能部门22个。全年全省办理刑事法律援助案件43601件，比上年增长43.2%，试点地区法院通知提供法律帮助7436件；建立乡镇（街道）“访调对接”工作室880个、联调中心665个，排查信访纠纷11675次10932件，累计调处信访矛盾纠纷8143件，调处成功6442件。组织动员全省司法行政干部和律师、基层法律服务工作者1.14万人，成立民营企业律师服务团347个，走访服务企业9.1万家，举办法律宣讲4500多场，为4.58万家企业“法治体检”，帮助企业解决问题1.98万个。

【省司法厅机构改革】 2018年10月25日，根据《浙江省机构改革方案》，将省司法厅、省政府法制办公室的职责整合，新组建省司法厅，作为省政府组成部门，不再保留省政府法制办公室。省委全面依法治省委员会办公室设在省司法厅。组建省综合行政执法指导办公室，作为省司法厅的管理机构，专门协调解决部门专业行政执法及综合执法中出现的重要问题。重新组建的省司法厅有职能部门22个，职责涵盖立法、行政执法、刑事执行、法律服务等方面。省综合行政执法指导办公室设4个职能部门，按照省委决策部署，准确把握“指导、监督、协调、规范”的职能定位，优化执法资源、下沉执法力量，在更大范围内推进跨部门跨领域综合行政执法。

【监狱工作】 2018年，全省监狱系统践行改造宗旨，结合省司法厅党委部署开展的罪犯修心教育，推进以政治改造为统领、以修心教育为特色的“五大改造”（政治改造、监管改造、教育改造、文化改造、劳动改造）新格局，实现持续安全稳定。联合“五四宪法”历史资料陈列馆举办宪法教育巡展和“法在我心、与法同行”等七大主题活动，开展宪法教育；通过开展“喜迎改革开放40周年”教育，强化政治认同，促进本质改造。实施罪犯分级分类管理，严格规范罪犯日常改造行为，组织开展“强化监规纪律、净化改造环境”专项活动，严厉打击狱内严重违规违纪行为。创建监狱教育改造专家工作室22个，开展个别教育、忏悔教育、亲情教育、心理健康教育等工作，全年被司法部“12348中国法网”录用的教育改造典型案例38个。联合省政协文史委开展“阅读修心年”活动，创建修心教育实验基地，培育艺术修心、仪式修心等10项精品孵化项目。开展罪犯劳动技能培训比武活动，应训罪犯持证率95%以上；开展对罪犯刑释前的就业指导，帮助罪犯刑释后顺利回归社会、融入社会。年内，罪犯违规违纪率明显下降，刑释前无记名问卷调查执法管理认可度97%以上、基本权利保护满意度98%以上。

【“四四五”戒毒模式全国推广】 2018年5月，司法部印发《关于建立全国统一的司法行政戒毒工作基本模式的意见》，指出要建立以“四区分离为基础、以专业中心为支撑、以科学戒治为核心、以衔接帮扶为延伸的相对统一的司法行政戒毒工作基本模式”，并于5月29日召开全国统一司法行政戒毒工作基本模式现场推进会，将浙江“四四五”（以四区分离为基础、以四式管理为特色、以五大专业中心为支撑）戒毒模式作为全国统一司法行政戒毒工作基本模式进行部署。年内，全省戒毒系统围绕戒毒模式保持高质量运行，注重新技术戒毒疗效的研究探索，推广重复经颅磁刺激技术、VR虚拟现实毒瘾评估矫治系统、戒毒康复处方操、合理配餐、在线教育与考试系统等项目，研发运动智能系统，致力完善临床治疗方案，提高治疗效果。发布安防信息系统建设、诊断评估工作和体能康复训练规范3个地方标准，生理脱毒评估等2个标准通过立项，浙江戒毒工作继续保持全国前列。9月20日，省委常委、政法委书记王昌荣对浙江戒毒模式被确定为全国统一的司法行政戒毒基本模式做出批示。

【法治宣传活动】 2018年12月3日，浙江省首个“宪法宣传周”活动在“五四宪法”历史资料陈列馆启动。省委常委、政法委书记王昌荣，省人大常委会副主任赵光君，副省长王双全，省高级人民法院院长李占国，省人民检察院检察长贾宇，杭州市人大常委会主任于跃敏等出席启动仪式。宣传周期间，开展全省宪法学习宣传，组织浙江农信杯“书法说宪法”主题书法展，开通全国首列法制宣传专列地铁，举办省预防金融风险法治宣传教育基地授牌仪式、“我是宪法同龄人”主题摄影采风行、“交通与法同行”启动仪式、司法行政公众开放日活动、以宪法为主题的“十百千万”普法工程（十个省级普法示范点、百个省级普法基地、千场普法宣讲、超百万受众）授牌仪式等系列活动。12月2—8日，“宪法宣传周”期间，全省各地各部门将宪法宣传与传统文化、行业文化、地域文化、动漫文化、影视文化等有机融合，举办各类活动7100多场，参加人数1400多万人次，发放各类法律知识读本36万多册，制作、展播各类普法宣传片200多部。至年末，“我爱读宪法”微博单条内容阅读量475万人次，微博转发2.9万人次，评论1.4万人次，点赞1.03万人次，网络小程序点击量5.3万，收集到读宪法音频5993个。年内，依托“浙江普法”微信平台先后推送五季“深入开展宪法学习宣传教育活动”内容，整合全省300多家普法微信公众号、微博、头条号等，推送宪法学习宣传新媒体内容1100余条，获200多万人次阅读，其中，被司法部、中国普法网、《法制日报》官方自媒体平台采用67条。

【民营企业服务保障】 2018年，省司法厅印发《关于充分发挥职能作用促进民营经济高质量发展的实施意见》《关于充分发挥仲裁作用为民营企业发展提供服务保障的指导意见》。12月，与省市场监管局、省工商联、省律师协会联合开展“全省民营企业法治体检专项活动”。年内，组织动员全省司法行政干部和律师、基层法律服务工作者1.14万人，成立民营企业律师服务团347个，走访服务企业9.1万家，举办法律宣讲4500多场，为4.58万家企业“法治体检”，帮助企业解决问题1.98万个，先后得到省委书记车俊，省委常委、政法委书记王昌荣，副省长王双全等省领导批示肯定。澳门豆捞集团作为全国唯一受检企业代表，在全国司法行政系统支持和促进民营企业发展电视电话会议上做交流发言，《法制日报》和《中国律师》分别报道浙江民营企业法律服务情况，中华全国律师协会新闻发布会安排浙江省通报介绍律师服务民营企业工作。

【法律援助】 2018年，省司法厅会同省高级人民法院，在杭州、宁波、温州三市开展刑事案件法律援助全覆盖试点。全年全省办理刑事法律援助案件4.36万件，比上年增长43.2%，试点地区法院通知提供法律帮助7436件。扩大援助范围，将法院适用普通程序审理的案件全部纳入法院通知辩护范围；将非普通程序案件纳入法院依通知法律帮助范围。拓展法律帮助模式，由法院直接通知法律援助机构派驻的值班律师在法院专门场所向被告人提供法律帮助，或由法院通知法律援助机构，法律援助机构指派律师通过律师会见手续到看守所提供法律帮助。建立联席会议制度，省司法厅会同省级相关部门建立省级刑事法律援助联席会议制度，指导各地普遍建立健全这项制度，通过定期会商有效保证刑事法律援助工作顺利开展。夯实工作保障，指导试点地区采用律师资源跨区域调配等灵活指派方式，破解律师资源不足难题，为其他地区开展全覆盖工作提供经验。试点地区司法局与财政部门协调，推动法律援助案件补贴标准达到省指导标准上限，落实法律援助经费全额保障。

【国家司法考试】 2018年9月5日，省司法厅围绕“从严治考、规范管理、热情服务”总原则，贯彻落实“严密组织、严谨程序、严格标准、严明纪律”工作要求，制定出台《浙江省司法厅国家统一法律职业资格考试突发事件应急处理办法（试行）》。与省物价局、省财政厅沟通协调，落实经费保障；协调省网信办等7个单位，建立浙江省国家统一法律职业资格考试联席会议制度。完成全省首次国家统一法律职业资格客观题和主观题两个阶段考试的实施工作，在司法部召开的年度国家统一法律职业资格考试工作总结电视电话会议上做交流发言。此次法律职业资格考试分为客观题考试和主观题考试两个阶段进行。全省设客观题考区11个、考点32个、考场441个，报考人数2.42万人，实际参考人数1.82万人，客观题成绩合格考生为7949人，合格率43.76%。全省设主观题考区4个，考点5个，考场266个，报考人数7917人，实际参考人数7863人，参考率99.3%。

【人民调解工作】 2018年，省司法厅贯彻落实司法部坚持发展“枫桥经验”实现矛盾不上交各项工作任务，成立试点工作领导小组，由省委办公厅、省政府办公厅召开全省部署动员会议，印发实施方案。年内，召开视频汇报分析会、现场推进会、总结部署会，编辑工作专报25期，开展实地督导20多次，通过简报、微信等媒介报道典型案例500多篇。全省建立乡镇（街道）“访调对接”工作室880个、联调中心665个；全年排查信访纠纷1.17万次1.09万件，调处信访矛盾纠纷8143件，调处成功6442件。开展涉企矛盾纠纷排查化解专项行动，依托人民调解组织，深入经济技术开发区、高新技术园区、产业园区及专业市场排查化解涉企纠纷。全省各人民调解组织全年共排查化解矛盾纠纷60多万件，得到省领导批示肯定；全省受司法部表彰的单位58个、个人29名。“坚持发展‘枫桥经验’，打造人民调解工作升级版”做法入围年度省政府部门绩效考评改革创新项目。

【社区矫正工作】 2018年，省司法厅坚持发展新时代“枫桥经验”，围绕“一县一品牌”战略，推进社区矫正社会化建设。指导嘉兴市部署开展“先锋助矫”党员志愿者服务行动，依托村社区党群服务中心，打造“党员先锋站+矫正工作站”平台，通过党员认领“先锋岗”，把政策宣传、法律援助、心理咨询等服务深入社区服刑人员所在社区矫正中心或者社区矫正工作站。与省关心桥教育公益基金会合作，开展青少年社区服刑人员“关心桥驿站”共建活动，依托“关心桥驿站”品牌，建有驿站25个，其中新建7个。指导丽水市开展社区矫正“大帮教”机制建设试点，拓展欠发达地区社区矫正社会化新思路、新方法和新途径。指导温州市开展社区矫正进村居、进网格、进文化礼堂“三进”试点，召开全省现场推进会，推进乡村社区矫正教育帮扶平台建设，健全和完善基层帮教帮扶网络。创新社区服务形式，培育形成杭州市“淘宝式社区服务”，设定网上预约、网上点单、网上考核“三项、九步”标准化的组织形式、管理措施和考核手段。完善社会融入通道，绍兴市建立“社区学院教育管理基地”，把社区服刑人员职业技能培训纳入本地职业技能培训总体规划。《法制日报》、司法部网站均以“浙江走出一条社区矫正社会化之路”为题，全面介绍浙江社区矫正社会化建设经验。

（省司法厅　肖　峰）

仲　裁

【劳动人事争议调解仲裁工作】 2018年，浙江省有劳动人事争议仲裁委员会108个；劳动人事争议仲裁院107个，独立办公仲裁机构73个；有仲裁庭195个，其中标准仲裁庭133个。仲裁机构在岗在编工作人员536人、辅助人员205人；实际办案专职仲裁员419人，兼职仲裁员221人。有乡、镇（街道）劳动人事争议调解中心1319个，设立派出庭184个；企业调解委员会3.85万个，事业单位等其他调解委员会1045个。全年全省各级劳动人事争议仲裁委员会及基层调解组织受理劳动人事争议案件13.07万件，比上年上升15%；涉及劳动者20.04万人，上升15%；涉案金额40亿元，上升20%。仲裁机构立案受理案件5.63万件，上升14.6%；涉及劳动者7.41万人，其中农民工5.94万人，占80.2%。审结案件5.68万件，涉案金额19亿元，其中裁决结案1.24万件，占结案数的21.8%；以调解等方式结案4.45万件，占结案数的78.2%。全年案外处理案件7.44万件，上升14.9%；涉及劳动者12.63万人，涉案金额21亿元，其中达成调解协议6.3万件。全年仲裁结案率92.8%，下降1.9个百分点；调解结案率78.2%，上升3.3个百分点；调解成功率77.5%，上升1.5个百分点。推进乡镇（街道）劳动纠纷多元化解机制建设。5月，省人力社保厅、省社会治安综合治理办公室、省司法厅等8个部门出台《关于进一步加强劳动人事争议调解仲裁完善多元处理机制的实施意见》，制订《推进乡镇（街道）劳动纠纷多元化解机制建设工作方案》，在全省97个乡镇（街道）实施“1+X”劳动纠纷多元化解机制建设综合示范试点工作。召开全省劳动人事争议调解机制创新现场会，学习推广“枫桥经验”，推进劳动纠纷就近就地化解。全面推进仲裁要素式办案模式改革，完善简易办案程序，提升仲裁办案效能。推进开展“劳动人事争议调解仲裁+互联网”建设，全省887名劳动人事争议调解员加入在线矛盾纠纷多元化解平台，进行矛盾纠纷化解，仲裁机构所有案件100%实时录入案件信息管理系统，实现办案全程留痕、全程可查、全程监督。

（省劳动人事争议仲裁委员会　常　宽）

2018年6月26日，浙江知识产权仲裁调解中心在杭州挂牌

（浙江知识产权仲裁调解中心　供图）

【浙江知识产权仲裁调解中心成立】 2018年6月26日，国家知识产权局批复同意，浙江知识产权仲裁调解中心在杭州举行成立仪式。国家、省、杭州市知识产权行政主管部门及省司法部门领导，首批受聘仲裁调解员出席。该中心由浙江省知识产权研究与服务中心、杭州仲裁委员会共同组建。省中心主要职能包括专门承办知识产权仲裁调解案件，培育和拓展知识产权仲裁、调解市场，为中外企业提供符合国际惯例的知识产权仲裁法律服务，组织、开展知识产权仲裁制度研讨交流。

（省知识产权研究与服务中心　范　理）

【杭州仲裁委受理仲裁案件标的首次突破100亿元】 2018年，杭州仲裁委员会受理案件11239件，比上年下降13.4%；涉案总标的119.8亿元，增长119.79%，标的额首次突破100亿元。其中：商事案件6728件，增长9.6%；一般商事案件1813件，增长12.5%。受理案件涉及融资租赁、债务转移、股权转让、证券认购、民间借贷、建设工程施工、合作开发房地产、特许经营、商标使用许可、中外合资经营等合同类型90多种。全年审结案件11210件。其中：商事案件结案率99.6%，上升2.3个百分点；当年案件结案率89.1%，上升1.1个百分点。已结商事案件中，裁决率12.9%，调解率76.8%，撤案率10.3%。快速结案率10.9%，无被法院撤销、不予执行案件，案件归档1105卷，涉及案件1740件（含仲裁调解案件归档）。杭州国际仲裁院与瑞士商会仲裁院、瑞士仲裁协会、新加坡国际调解中心、巴基斯坦国际投资与商事仲裁中心、国际商会仲裁院、联合国国际贸易法委员会、美国易谢尔曼·斯特林灵律师事务所、牛津大学等建立长效联络机制，进行定期交流。与杭州城市国际化推进工作办公室、杭州跨境电商综试办、中国浙江自贸区管委会等机构，探索推进仲裁国际化的路径和方法。全年受理涉外和国际案件189件，标的额16.77亿元。杭州仲裁委下设的杭州金融仲裁院、杭州房地产仲裁院、杭州贸易仲裁院、杭州知识产权仲裁院4个仲裁院全年受理案件1285件，标的额81.73亿元。起草《萧山仲裁分会章程》，并报萧山区政府批准实施，萧山仲裁分会实行委员会管理制度，全年受理案件328件，标的额19.1亿元。杭州仲裁委与杭州市中级人民法院在拱墅区法院设立仲裁调解中心，受理分流案件285件，调解案件标的额88万元。加强仲裁庭科学组庭和庭审监督管理工作，建立首次担任首席仲裁员庭审考查制度，全年完成超1000万元案件组庭116次；组织参加庭审37次，组织案件专家论证22次。

（杭州仲裁委　曹　宇）

【宁波仲裁委受理民商仲裁案件1533件】 2018年，宁波仲裁委员会受理各类民商案件1533件，比上年增长47.3%，涉案标的额15.85亿元。办结各类案件1460件，增长56.5%；结案率84.4%，平均结案时间63天。调解、撤诉案件802件，调撤率54.9%；裁决案件658件，其中当事人向法院申请撤销案件16件，无一案件被法院撤销。受理各类民商案件中，涉及案由63种，其中，受案数量最多的是买卖合同、物业纠纷和建设工程合同纠纷。受理各类金融纠纷案件1263件，占全部受理案件的82.4%，增长58%；受理涉外和涉港澳台案件6件。年内发生PPP（政府和社会资本合作）合同纠纷和金融衍生品交易纠纷、融资租赁合同纠纷等新型案件。受理案件中，被申请人一方为宁波大市区范围之外的案件1103件，占受理案件总数的72.0%；申请人、被申请人均为外地的案件857件，占受理案件总数的55.9%。外地案件当事人涉及上海、江苏等27个省（自治区、直辖市）。

（宁波仲裁委　徐　玎）

【温州仲裁委受理民商仲裁案件1167件】 2018年，温州仲裁委员会受理各类民商事仲裁案件1167件，比上年增长59.4%，受案标的额18.84亿元。其中，标的额100万元以下的案件994件，100万元～1000万元的案件125件，1000万元～1亿元的案件34件，1亿元以上的大标的案件2件。受理案件类型主要是物业、商品房预售、建设工程、买卖、金融等领域的合同纠纷。全年办结案件1014件（包括往年结转288件）。其中，裁决形式结案288件，占28.4%；调解和解形式结案726件，调解和解率71.6%。被撤销、不予执行1件。成立温州知识产权仲裁院，受理知识产权案件11件，包括全国第一例知识产权侵权仲裁案。国内首创移动互联网仲裁服务产品“温州掌上微仲裁”上线运行。与温州市“最多跑一次”改革办公室对接，将仲裁10项服务事项纳入全市第一批为侨公共服务“全球通”平台，实现远程跨境仲裁案件一揽子办理。

（温州仲裁委　陈海燕）

重点领域改革
Reform in Key Areas

综　述

【概况】 2018年，浙江省坚持把“最多跑一次”蕴含的先进理念、科学方法和优良作风，运用到经济体制改革、公共服务体制改革、权力运行机制改革过程中，统筹推进重要领域和关键环节改革取得新的进展，提高改革的系统性、整体性、协同性，提升浙江全面深化改革整体效能。全省经济体制改革不断深化，高质量发展活力持续激发；民主法制领域改革稳妥有序，法治浙江建设取得新的成果；文化体制改革引向深入，文化软实力影响力不断增强；社会体制改革扎实推进，人民群众满意度获得感持续增强；生态文明体制改革加快推进，生态环境保护体制机制不断完善；党的建设制度改革取得良好成效；纪检监察体制改革循序推进。

【“最多跑一次”改革】 2018年，浙江省“最多跑一次”改革获中国廉洁创新奖。开展办事事项梳理规范工作，省、市、县三级梳理规范办事事项主项1411项、子项3443项；组织省级部门梳理同一层级多部门联办的“一件事”61项，完成办事指南统一规范工作；梳理并印发“最多跑一次”例外事项清单。按照“V”字模型推进数据共享，全面完成省、市、县三级办事事项数据需求梳理和数源确认。推进民生事项“一证通办”，组织省级部门梳理省、市、县三级民生事项350项，53%的民生事项实现“一证通办”；深化“一窗受理、集成服务”改革，推进各类政务服务事项向行政服务中心全进驻；指导督促浙江自贸区、舟山群岛新区和29个国家级开发区全面推进“证照分离”改革，形成案例7.85万件；深化便民服务领域“最多跑一次”改革，优化各类便民服务网点空间布局，覆盖省市县乡村五级的各类办事网点3.9万个；协调推进医疗卫生领域“最多跑一次”改革，全省需要办事群众提供的证明目录从860项减少到266项，下降69.1%。协调推进执法监管信息化建设，完成全省县级执法监管清单梳理工作，其中主项3424项、子项6558项，推进跨部门联合“双随机”抽查监管。11月24日，出台《浙江省深化“最多跑一次”改革推进政府职能转变和“放管服”改革行动计划（2018—2022年）》，做好协调督促企业投资项目、商事登记、便民服务、数据共享等重点工作。

2018年，全省“最多跑一次”事项实现标准化全覆盖。左图为义乌市行政服务中心，右图为衢州市行政服务中心

（义乌市、衢州市行政服务中心　供图）

【经济体制改革】 2018年，浙江创新企业减负机制，完成高质量发展指标体系研究工作，实施现代产业高地建设、“互联网＋”科创高地建设、现代化国际化城市建设、湾区现代交通建设、开放高地建设、“美丽大湾区”建设六大行动，“大湾区大花园大通道大都市区”建设机制全面构建。编制实施加快培育发展新动能和加快传统产业改造提升行动计划，重大产业平台整合改革加快推进。年内，省特色小镇规划建设工作联席会议办公室印发《浙江省特色小镇创建规划指南（试行）》，省政府办公厅印发《浙江省数字化转型标准化建设方案（2018—2020年）》《浙江省数字经济五年倍增计划》。深化国有企业改革发展，加大科技体制创新力度，推进产业创新服务综合体建设。深化土地管理制度改革，省政府办公厅出台《关于深化“亩均论英雄”改革的指导意见》，改进耕地占补平衡管理，“三位一体”耕地保护新格局加快构建。建立全域土地综合整治机制，获自然资源部批复实施全域土地综合整治与生态修复工程。推动金融创新，实施“凤凰行动”计划，健全“两链”风险防控机制。出台《全面实施乡村振兴战略高水平推进农业农村现代化行动计划（2018—2022年）》，全面深化农村改革。实施防范化解地方性债务风险专项行动。深化电力体制综合改革，开展用能权有偿使用和交易试点，实施以单位GDP能耗为基础的用能权交易制度。完成省级公共资源交易平台电子化整合及设区市平台一体化整合。召开全省对外开放大会，推出10项新的对外开放重大举措，推进以“一带一路”为统领的开放体制改革。城乡区域协调发展机制创新力度加大。6月1日，长三角区域合作办公室发布《长三角地区一体化三年行动计划（2018—2020年）》和《长三角地区合作近期工作要点》，推进9个山海协作产业园高质量发展，推动26个加快发展县与结对经济强县开展山海协作“消薄飞地”建设。

【民主法制改革】 2018年，浙江省高质量组织实施省级机构改革；编制党内法规建设第二个五年规划。加强人大工作和立法工作，健全人大讨论决定重大事项、政府重大决策出台前向本级人大报告制度，在市县乡三级人大全面推进民生实事项目人大代表票决制，探索委托第三方起草法规工作机制。完善政党协商工作机制，推进立法协商，开展网络议政、远程协商，扩大社会主义协商民主渠道；完成群团改革年度任务。深化司法体制综合配套改革，创新“互联网+司法”机制，推进杭州互联网法院、浙江移动微法院建设，推动群众和企业打官司“最多跑一次”甚至“零上门”。

【文化体制改革】 2018年，浙江省媒体深度融合加速推进，全省有52个县（市、区）挂牌成立统一的传媒中心或传媒集团。组织实施“万家文化礼堂引领工程”，6月22日，省委办公厅、省政府办公厅出台《浙江省农村文化礼堂建设实施纲要（2018—2022年）》，农村文化礼堂“建、管、用、育”一体化推进，新增农村文化礼堂3050个。健全完善文化产业发展专项资金管理办法；推动公共文化机构建立以理事会为主要形式的法人治理结构。8月6日，省委宣传部、省民政厅、省直机关工委联合印发《省本级文化领域行业组织党建工作实施办法（试行）》。中国（浙江）影视产业国际合作区被列入首批国家文化出口基地，文化“走出去”成效明显。

【社会体制改革】 2018年，浙江省坚持发展新时代“枫桥经验”，实施全科网格规范提升、“三治融合”基层社会治理体系建设推广、社会组织参与社会治理规范提升、“互联网＋”社会治理深化提升、社会心理服务体系建设推广、流动人口服务管理提升等新时代“枫桥经验”六大工程，举办“枫桥经验”纪念大会。深化公共安全领域改革，推进“雪亮工程”建设；政法数字化协同工程全面启动，“158重点项目”持续推进；“平安浙江指数”发布，成为全国第一个发布平安指数的省份；社会事业体制改革继续推进；公立医院综合改革不断深化，县域医疗卫生服务共同体建设由试点转入全省推进阶段；中等职业与应用型本科一体化培养改革加快探索；“救急难”综合试点工作全面开展，扩大长期护理保险、智慧医保标准化、药品上市许可持有人制度等试点有序推进。开展运动休闲特色小镇建设、体育场馆运营管理改革、体质测定与科学健身指导等试点工作，群众体育、竞技体育、体育产业“三位一体”整体推进。

【生态文明体制改革】 2018年5月23日，省委办公厅、省政府办公厅印发《浙江省生态环境损害赔偿制度改革实施方案》，生态环境损害赔偿制度改革取得突破。全面推开领导干部自然资源资产离任审计制度；推行“区域环评＋环境标准”改革，改革范围扩大到全省省级以上各类开发区、产业集聚区和省级特色小镇；推进钱江源国家公园体制试点，公园内公益林扩面和集体林租赁工作稳步推进；深化林权流转机制改革，开展公益林补偿收益权质押贷款试点工作，推进林业保险工作。开展区域水资源论证＋水耗标准改革试点；实施湾（滩）长制。推进空间规划改革，初步划定全省生态保护红线、永久基本农田、城镇开发边界三条控制线；开展自然生态空间用途管制试点，建立省内流域上下游横向生态保护补偿机制。浙江（衢州）“绿水青山就是金山银山”实践示范区建设顺利推进。

【党的建设制度改革】 2018年，浙江省健全完善干部大监督工作机制，强化“联动联建、共享共用”，基本建成干部大监督“三大机制一大系统”；贯彻落实《关于适应新时代要求大力发现培养选拔优秀年轻干部的意见》，并出台浙江省实施意见；修订完善26个加快发展县实绩考核办法及指标体系。8月16日，省委办公厅印发《关于进一步激励干部新时代新担当新作为奋力推进“两个高水平”建设的实施意见》，突出正向激励和容错纠错机制，对激励干部担当作为做出整体性部署、制度化安排。以高校国企集中换届为契机，建立符合新时代高校企业发展规律和特点的选人用人机制。舟山、义乌等地聘任制公务员试点工作有序开展;组织实施新一轮“整乡推进、整县提升”工作,制定出台城市基层党建、街道体制改革、社区工作者队伍建设等一系列制度文件,在全省公立医院全面推行党委领导下的院长负责制,各领域基层党建工作得到提升,基层党组织堡垒作用有效发挥。

【纪检监察体制改革】 2018年,浙江省把“两个维护”融入改革全过程、各方面,巩固深化全面从严治党主体责任落实情况检查报告和党委(党组)书记年度述责述廉制度,全面开展“七查七看七评”为主要内容的政治生态动态分析研判评估,推动“两个责任”(党委主体责任、纪委监督责任)有效落实。健全党委反腐败协调小组常态化工作机制,加大追逃追赃力度;“四个全覆盖”(纪律监督、监察监督、派驻监督、巡视监督)的权力监督格局初步形成;探索开展“巡查式”“点穴式”“回访式”“机动式”巡视,巡视监督更为精准;完善“纪法贯通、法法衔接”制度机制。

【基层治理四平台建设】 2018年,浙江省推进基层治理信息系统、属地管理、全科网格、运行机制等关键措施落地。督促指导各地加强一线执法力量,市场监管、综合执法等基层一线执法力量占80%以上;深化全科网格建设,优化网格划分,全省统一进行编码,实现“一格一码”;完善网格事项梳理分类机制,实现事件信息数字化。协调推进基层治理综合信息平台完善升级。推进手机应用整合,实现基层治理信息“一个口子进、一个口子出”,手机应用注册使用率100%。推进信息系统自动派单,大部分基层上报事件通过信息系统实现自动分流交办。加强县乡两级指挥体系建设,集成各类资源,明确职责定位,完善本地基层治理顶层设计。指导各地建立完善运行机制。召开全省“基层治理四平台”建设工作会议,组织开展“基层治理四平台”建设评估,深化乡镇(街道)体制改革。相继出台《关于深化街道体制改革完善城市基层治理体系的意见》和《关于深化经济发达镇管理体制改革加快服务型乡镇政府建设的实施意见》,全省乡镇(街道)便民服务、综合执法、综合信息指挥机构建设实现全覆盖。

(省委改革办 傅 克 省委编办 贾毅琦)

机构改革

【概况】 2018年2月,党的十九届三中全会召开后,省委及时组织学习贯彻,部署开展前期调研等准备工作。3—7月,省委开展深化机构改革专题调研,成立由省委书记车俊任组长,省委副书记、省长袁家军任第一副组长,省委常委、组织部部长任振鹤,省委常委、秘书长陈金彪,省委常委、常务副省长冯飞为副组长的省深化机构改革协调小组,任振鹤兼任办公室主任。成立工作专班,按照车俊提出的“宜早不宜迟、宜快不宜慢、宜先不宜后,确保改革质量”总要求,围绕机构改革工作开展研究30多次。对机构改革方案制定、人员转隶等改革各环节重要工作做出指示批示,统筹协调做好组织实施工作。袁家军等省领导对优化省级机构设置、研究制定改革方案、推动机构改革组织实施等工作提出指导意见。《浙江省机构改革方案》于10月4日获批。11月中旬,49个省级部门的1620名行政转隶人员、6303名事业转隶人员全部按期完成转隶交接。至年末,“三定”规定基本完成。

【省级机构改革】 2018年7月,《浙江省机构改革方案》通过中央深化机构改革协调小组预审。8月24日,省委常委会会议审议通过《中共浙江省委关于深化机构改革的实施意见》和《浙江省机构改革方案》,并将《浙江省机构改革方案》上报党中央审批。10月4日,经党中央、国务院批准,中央办公厅、国务院办公厅印发《浙江省机构改革方案》。10月15日,省委召开十四届四次全体会议,传达学习中央批准的机构改革方案,认真研究部署贯彻落实意见。10月23日,省委召开全省机构改革动员大会,对全省机构改革工作进行全面部署。改革后,省级设置党政机构60个。其中,省委机构18个,包括纪检监察机关1个、工作机关15个、工作机关管理的副厅级机构2个;省政府机构42个,包括省政府办公厅和组成部门24个、直属特设机构1个、直属机构10个、部门管理的副厅级机构7个。新组建和重新组建机构22个,优化调整领导管理体制和职责机构18个。省级转隶行政人员1620人、事业人员6303人,任免职务干部311人。通过改革,省级减少党政机构6个(其中正厅级减少9个、副厅级增加3个)、部门内设机构和处级单位60个;核减厅级领导职数67名(其中正厅长级减少10名、副厅长级减少57名)、处级领导职数90名;人员编制减少205名。其中,因部门精简整合和职责调整收回行政编制242名(重点用于新组建部门和事业单位行政职能回归),收回事业编制643名(包括参公事业编制564名)。“三定”审核过程中,省机构改革工作专班书面征求相关部门意见509个次,对312项存在职责交叉等问题的事项进行协调,界定28项职能的部门职责边界,明确89项转变职能的措施。

【市县机构改革】 2018年,省委坚持把市县机构改革、乡镇(街道)机构改革与省级机构改革作为一个整体,与省机构改革方案同步开展市县机构改革总体意见以及政策口径的起草工作,分别选择不同类型市县开展方案模拟和压力测试,对市、县(市、区)的机构设置限额分类做出规定。研究提出市县机构改革相关政策口径、市县分类机构限额表、必设机构清单,与全省11个设区市和89个县(市、区)逐一进行工作对接,指导市县做好改革方案拟制、上报工作。举办市县机构改革工作培训班,进行政策答疑和交流研讨。10月22日,省委常委会会议审议通过《中共浙江省委关于市县机构改革的总体意见》,报中央编委备案同意后,于12月12日印发执行。至年末,全省各市、县(市、区)的机构改革方案全部经省委批准印发实施。改革后,杭州市、宁波市设置党政机构54个，温州市设置52个，舟山市设置44个，其他设区市设置46个，10个市机构限额未设满。县(市、区)党政机构设置26～37个。市级层面，党政机构减少23个，减少4.2%；县级层面，党政机构减少196个，减少5.9%。市县转隶行政人员14974人，事业人员56171人。

【事业单位改革】 2018年，省委统筹推进承担行政职能事业单位改革。部署开展事业单位行政职能清理，研究制订行政职能回归机关所需内设机构设置、统筹编制核定、人员转隶等事项的政策口径。对108家事业单位梳理出来的669项行政职能，按照统一的审核标准和工作口径进行分类，确定省级需要回归行政职能的事业单位58家。改革后，除行政执法机构按照中央部署推进改革外，不再保留或新设承担行政职能的事业单位。整合撤销19家事业单位，收回事业编制643名(其中参公事业编制564名)。结合省级部门“三定”工作，将事业单位承担的行政职能全部列入部门主要职责，并相应调整部门内设机构设置，从紧从严核定因行政职能回归而增加的统筹编制440名，转隶6303名事业人员，完成与机构改革的衔接工作。行政职能回归后，事业单位的机构名称得以规范，此项改革在市县机构改革过程中同步推进。推进经营类事业单位改革。制订年度经营类事业单位改革工作考核标准，督促市县加快经营类事业单位改革。召开全省经营类事业单位改革培训会，指导省级部门完成所属经营类事业单位改革工作方案制订、上报工作，全省完成经营类事业单位转企改制102个。研究公益类事业单位改革。开展全省和省属公益类事业单位基本情况调查摸排，研究提出统筹体制内外、合理定位社会服务型事业单位、政务保障型事业单位与机关统筹管理等改革思路。指导规范全省事业单位法人公示信息“双随机一公开”抽查工作，加强事业单位事中事后监管；完善优化事业单位公共信息评价体系，推进事业单位法人数据共享。开展事业单位信用体系建设研究，指导温州市建立事业单位公益指数模型，受到国家事业单位登记管理局肯定。完成《之江实验室运行管理与组织体系架构研究》课题研究任务，指导之江实验室作为混合所有制事业单位创新管理模式。做好与行业体制改革的衔接，推动解决群众反映强烈的公益服务方面的难题。

(省委编办　吴　瑕)

商事制度改革

【概况】 2018年，全省市场监管系统以纵深推进“最多跑一次”改革为牵引，统筹推进商事领域各项改革，商事登记便利度大幅提升，营商环境明显改善，创业创新活力进一步激发。至年末，全省有各类市场主体654.2万户，比商事制度改革前增加282万户，增长75.8%。日均新设企业数量由856户上升到1773户，实现数量翻一番。

【全程电子化平台客服上线】 2018年2月22日，省工商局召开全程电子化平台客服上线暨纵深推进“最多跑一次”改革实务公示会，发布《关于纵深推进“最多跑一次”改革的若干举措》，推出统筹涉企证照事项改革、大幅压缩企业开办时间、深化工商登记便利化改革、推进服务端口前移、推广应用全程电子化登记、启用“工商联连”政企服务信息平台等10条举措，推进“最多跑一次”改革，优化营商环境。启用全程电子化登记平台在线客服功能，组建55人的专业客服队伍，为群众在全程电子化登记过程中提供全程在线协助服务，解决群众“网上办事难、办事烦”问题。

【“多证合一”改革】 2018年6月，按照国家工商总局等13个部门联合出台的《关于推进全国统一“多证合一”改革的意见》要求，在上年单位办理住房公积金缴存登记、再生资源回收经营者备案等16证合一基础上，浙江省通过归并整合，将“多证合一”改革事项扩面到28个，并完成网上登记系统升级，部门间数据实现互联共享，群众和企业可通过全程电子化平台同步办理“多证合一”改革备案备查类事项。全年办理“多证合一”改革事项44.8万件。

【“证照分离”改革】 2018年1月10日，省政府办公厅出台《浙江省推进“证照分离”改革试点方案》，明确在中国(浙江)自由贸易试验区、舟山群岛新区和省内29个国家自主创新示范区、国家高新技术产业开发区、国家级经济技术开发区，对98个许可事项推行“证照分离”改革(关于工商部门颁发的营业执照和各相关行业主管部门颁发的经营许可证审批的改革)，其中完全取消审批4项，审批改为备案2项，全面实行告知承诺制21项，提高透明度和可预期性37项，优化准入管理34项，试点地区狠抓落实取得良好成效。3月28日，中国(浙江)自由贸易试验区率先实施进口非特殊用途化妆品许可改备案制度，办理时间由原先的约5个月降至1天，大幅度降低企业办事成本，舟山科纳电子商务有限公司成为自贸区内第一家通过备案手续取得进口非特殊用途化妆品备案凭证的企业。10月，“证照分离”改革实施范围扩面至全省。11月10日，第一批106个“证照分离”改革事项按照直接取消审批、审批改为备案、实行告知承诺、优化准入服务等4种方式在全省落地。至年末，全省办理“证照分离”改革事项16万件。

【浙江省商事登记证照联办平台上线】 2018年1月，浙江省商事登记证照联办平台统一开发建设。办事群众通过该平台即可同步办理包括营业执照、烟草许可、食品生产许可经营许可证等12个联办事项，实现联办事项“一网通办”。4月19日，平台在兰溪市率先上线试用，兰溪市逸辰副食品店经营者成为首位通过平台办理同时领到营业执照和烟草许可证的申请人。10月24日，省工商局、省食品药品监管局、省烟草专卖局、省卫计委等6个部门联合印发《关于推广应用商事登记证照联办平台的通知》，“证照联办”平台在全省上线运

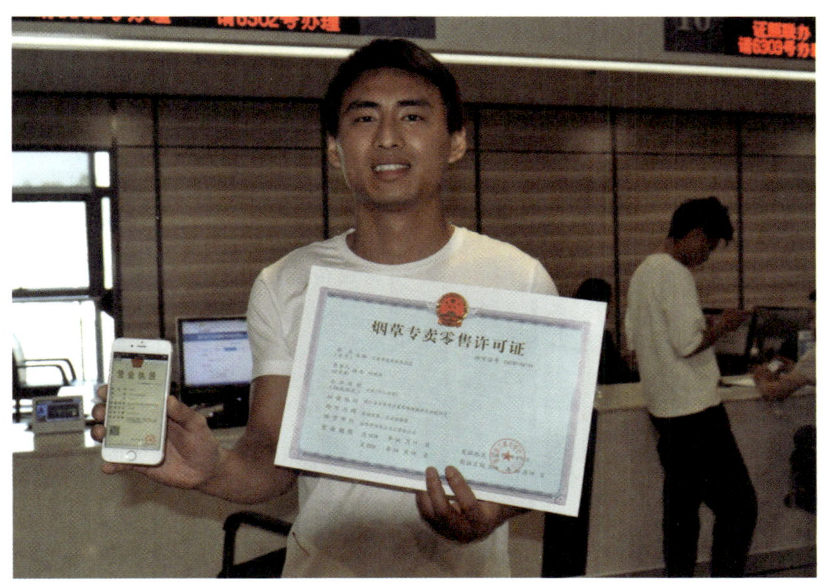

2018年1月，浙江省商事登记证照联办平台统一开发建设。图为兰溪市一副食品店经营者通过平台当场领到营业执照和烟草专卖零售许可证　（省市场监管局　供图）

行。至年末，全省通过平台办理联办事项8658件。

【企业开办时间缩减】 2018年7月23日，省政府办公厅印发《关于进一步压缩企业开办时间的实施意见》，要求将全省常态化企业开办时间缩减到4个工作日，其中企业设立登记缩减到2个工作日、制作公章缩减到1个工作日、申领发票缩减到1个工作日。全省对照上述目标，通过打造“一窗受理、集成服务”模式、深化企业登记便利化改革、将公章刻制备案纳入“多证合一”改革、提供“一站式”涉税事项服务、完善企业社会保险登记业务流程等举措推进落实。至年末，全省基本完成省政府要求，杭州、宁波、金华3市被国家市场监管总局批准为企业开办全程网上办“零见面”改革试点。

【企业退出机制完善】 2018年12月3日，杭州、宁波两地被国家市场监管总局批准为进一步完善企业简易注销登记改革试点地区，试点地区围绕拓展企业简易注销登记适用范围、压缩公告时间、推行容缺办理、增加救济途径等，将适用企业类型在原有基础上扩展到非上市股份有限公司、公告时间由45天压缩到20天，并允许撤销简易注销公告、允许已清税企业超过30天继续办理、允许被驳回企业待符合条件后再次依程序申请简易注销，企业注销登记便利度大幅度提升。探索开展吊销未注销企业强制注销，完善“强制退出”机制，在上年瑞安市试点工作基础上，将试点范围扩大到杭州余杭区、嘉兴秀洲区、绍兴柯桥区、宁海县、长兴县、兰溪市等地。至年末，7个试点地区强制注销长期吊销未注销企业1.8万户。

【涉企证照通办】 2018年5月28日，省政府办公厅印发《关于推进涉企证照由工商（市场监管）部门通办的通知》。6月4日，全省围绕“事项通、流程通、数据通、业务通”四大关键环节，落实深化涉企证照事项改革、涉企证照事项全面集中进驻、优化办理流程、加快信息化建设等举措，打造企业办理涉企证照“一事、一窗、一次”的目标。9月21日，全省在湖州召开现场会，总结推广涉企证照工商通办实行“证照联办制+告知承诺制+同步备案制”等经验做法，推动实现申请人办理涉企证照只需到一个窗口，提交一套申请材料，签订相关承诺书，就可一次办齐涉企证照。至年末，全省大部分涉企证照高频事项可通办，并完成窗口人员全科受理业务培训535人次。

【商事领域实现“一网通办”】 2018年，省市场监督管理局按照全省数字政府建设工作部署，依托浙江政务服务网，全面优化工商全程电子化登记平台功能，进一步提高网办事项覆盖率和平台应用率。推行“掌上办”“掌上审”，开发手机登记应用程序，开通电子签章、电子执照、名称查询、登记查询、企业名称申报、个体工商户设立等功能，全面拓宽登记渠道。推进全省市场主体电子营业执照下载、使用，生成的电子营业执照全部交换给国家市场监管总局和浙江省政府。至年末，全省登记业务网上办事事项覆盖率96.4%，企业外网申报量81.4万件、办结量73.5万件，答复网报专业客服咨询近30万次，通过手机端受理企业名称申报1.5万件、办理个体工商户设立登记1.4万件，生成电子营业执照654万张，被221个政务应用系统引用，引用次数125万次。

【企业名称自主申报】 2018年7月25日，省工商局印发《浙江省企业名称自主申报登记管理试行办法》，对企业名称实行自主申报的对象、原则、规则、流程和监督管理作出详细规定，明确从8月1日起，全省推行企业名称自主申报制度，除涉及前置审批事项或企业名称核准与企业设立登记不在同一机关外，企业名称登记不再实行预先核准。8月8日，印发《浙江省企业名称争议处理暂行办法》，对名称争议的定义、处理流程、提交材料、处理机制等作出明确规定，保障企业名称登记实行自主申报后争议的有效处理。全年全省企业名称自主申报量69万件，其中处理名称争议4件。

（省市场监管局　黄伟军）

国资国企改革

【概况】 2018年，省国资委贯彻落实全国国企改革座谈会精神和省委“八八战略”再深化、改革开放再出发等部署，聚焦国企改革重点难点问题，抓好统筹谋划，推进改革攻坚。年内，省国资委开展全省国资国企改革发展情况专题调研，摸清情况底数，理清思路举措，形成专题调研报告。围绕在全省统一构建发展目标、工作支撑、政策制度、考核评价“四个体系”，组织开展国资统一监管、国企改革转型、布局优化整合、公司治理完善、监管职能转变、国企党建强化“六大攻坚”。省委、省政府印发《浙江省全面深化国有企业改革行动方案》；出台《关于推进省属企业上市和并购重组“凤凰行动”计划的实施意见》，加快实施资产证券化；出台《关于完善浙江省属国有独资公司法人治理结构的实施意见》《关于加强浙江省属国有独资公司董事会建设的指导意见》和《浙江省属国有独资公司董事会工作指引》，推动完善现代企业制度。完善省属企业负责人薪酬、年度考评等级和企业年金制度，调动各方积极性。全省国企办社区管理职能分离移交、办消防机构分类处理、办医疗机构深化改革等全面完成，“三供一业”分离移交工作基本完成。12月27日，印发《关于完善全省国有企业干部职工改革创新容错纠错机制的指导意见》，建立省属企业容错正面清单、不担当不作为负面清单，营造干事创业良好氛围。

【混合所有制经济稳妥发展】 2018年12月7日，浙江省国有企业混合所有制改革项目推介会在杭州举行。活动以“携手合作、共赢未来”为主题，其间，推出混改项目40个，引入社会资本超400亿元。年内，省国资委逐家指导省属企业制订深化混改计划，建立混改项目库，全年完成混改项目34个，省属企业混改面达70.7%。加快实施3家国家第三批混改试点企业、9家员工持股试点企业、7家全国国企改革“双百行动”企业的改革工作。把证券化作为混改重要抓手，围绕全省“凤凰行动”计划，出台《关于推进省属企业上市和并购重组“凤凰行动”计划的实施意见》，逐家明确证券化任务清单，推进上市和并购重组。至年末，省属企业拥有上市公司14家，资产证券化率61%。全年省属企业新发行各类债券37单，合计融资632亿元。

【省属企业提质增效】 2018年，省国资委加快推进省属企业“瘦身健体”，提质增效。做好“僵尸企业”处置工作，督促企业加快工作进度，协调解决有关政策问题，省属企业全面完成“僵尸企业”处置工作，累计处置“僵尸企业”40家。推进管理层级压缩工作，明确省属企业管理层级界定10条标准，重点清理整合四级和以下企业，有14家省属企业管理层级压缩至四级以内。解决历史遗留问题，全面完成全省国企“三供一业”分离移交协议签订，基本完成国企中医疗、教育、市政、消防机构剥离。

【国有资本授权经营体制改革】 2018年，省国资委对省国有资本运营公司开展授权，明确管理事项清单，理顺其与省国资委、所持股一级企业关系，推动将浙江安邦护卫集团、省盐业集团、省环境科技公司有关股权注入，并发起设立浙江省国企改革发展基金、新兴动力基金、证券化投资基金等，支持平台做强做优做大，国有资本运营公司“浙江模式”的试点经验在国务院国资委国企改革简报上刊发推广，获国务院副总理刘鹤批示肯定。在省能源集团、省交通集团两家省属企业开展国有资本投资公司试点，授权其董事会依法行使企业战略发展规划、年度投资计划制订等出资人权利。

【推进企业可持续发展】 2018年，省国资委开展省属企业“十三五”规划中期评估调整，明晰企业发展战略和主业方向，优化国有资本投向。抓好有效投资和重点项目，全年省属企业完成固定资产投资661亿元、股权投资640亿元，7家企业参与省市县长项目7个，意向总投资639亿元。实施创新驱动战略，引导企业加大创新投入和重点攻关，省能源集团燃煤机组超低排放关键技术获国家技术发明一等奖，浙江菲达环保科技股份有限公司的“静电除尘器”入选国家第二批制造业单项冠军产品。加快开放发展，指导企业采取有效措施应对中美经贸摩擦，参与“一带一路”建设、长三角区域一体化发展、浙江自贸试验区建设，拓展企业发展新空间。省属企业在首届中国进口博览会上签约项目94个，总成交额逾10亿美元。

【省属企业重组整合】 2018年，省国资委深化海港、交通、机场三大省级交通产业平台整合提升，完成省交通集团、省商业集团两家企业整体合并产业重组，省商业集团整体划入省交通集团。相关企业市场资源、业务管理融合效应逐步显现，全年宁波舟山港集装箱吞吐量超2600万标准箱，跻身全球港口前三位；宁波、温州机场旅客吞吐量相继突破1000万人次，浙江成为全国率先拥有3个千万级机场的省份。年内，省属企业出资参股之江新实业公司，省国贸集团下属浙商资产公司收购上市公司浙江亿利达风机股份有限公司控股权。省国资委推进浙江英特集团与华润医药商业集团战略合作，并新组建浙江省中医药健康产业集团、浙江省军工集团、浙江智慧交通研究院、浙江工匠培训学院等。

【省属企业法人治理】 2018年，省国资委深入完善法人治理结构，区分国有独资、多元股权两种类型，推进新一轮国企规范治理工作。出台《关于完善浙江省属国有独资公司法人治理结构的实施意见》《关于加强浙江省属国有独资公司董事会建设的指导意见》，试行外部董事和职业经理人制度，实行董事会召开情况备案制度。1月9日，出台《省属企业外派监事会专职监事考核评价办法》，加强外派监事会专职监事管理。

（省国资委　张小菊）

民族·宗教
Ethnic Minorities·Religion

民族事务

【概况】 2018年，浙江省有少数民族常住人口121.5万人，占全省总人口的2.2%。畲族为世代居住少数民族，人口16.6万人，占全省人口的0.3%。其中设有全国唯一的畲族自治地方机构——景宁畲族自治县，自治县有畲族乡镇（街道）18个和少数民族行政村443个，其中畲族村437个、回族村6个。全省有少数民族流动人口242万人，55个少数民族成分齐全，浙江省成为全国城市民族工作的重点省份。全省民族工作系统贯彻落实《关于加强和维护党中央集中统一领导的若干规定》精神，围绕习近平新时代中国特色社会主义思想主题，学习习近平总书记关于从严治党和民族宗教工作的重要论述，从推动少数民族和民族地区经济社会发展、提升浙江民族工作影响力、开展民族特色文化活动、加深民族交流交往交融、加强全省民宗干部队伍建设5个方面做好工作。2月2日，省政府办公厅印发《关于进一步支持民族乡村加快发展的意见》。7月18日，省委、省政府出台《浙江省民族乡村振兴行动实施方案（2018—2022年）》，对基层民族乡村帮扶政策做进一步深化和细化。开展“双百村结对帮扶”工作，帮扶民族村172个，落实资金2500多万元。全省少数民族农村居民人均可支配收入突破2万元，达20008元。省民宗委先后承办全国民族经济暨民族地区经济形势分析会和内地涉疆服务管理工作现场经验交流会；召开全省民族乡村振兴暨“双百村结对行动”动员会；举办首届民族乡村百村论坛、第五届畲族风情文化旅游节和“三月三”节庆活动、第四届中国（浙江）畲族服饰展演、第六届少数民族传统体育运动会等活动。开展少数民族特色村寨、特色民宿、特色微型农场和民族村电子商务专区建设工作。推动“六进”“四微”提质扩面，与省质检部门共同制订社区民族工作“四微”（微组织、微窗口、微热线、微平台）建设规范化标准，完成9个少数民族流动人口精准服务平台创建工作。开展国家通用语言培训，全省有400多名新疆籍少数民族群众接受培训。在全系统推进“两学一做”学习教育；按照省委“大学习大调研大抓落实”工作部署，围绕新修订的《宗教事务条例》和相关政策法规，举办专题学习培训443期，培训各级干部31659人次；针对民族宗教领域的重难点问题，开展调研和实践，形成课题报告9个。

【考察调研】 2018年，国家和省领导先后调研浙江民族工作，对做好全省民族工作进行指导。

5月15—16日，按照省委“大学习大调研大抓落实”活动部署，省长袁家军到基层联系点景宁畲族自治县东坑镇蹲点调研，要求当地认真落实习近平总书记“志不求易、事不避难”的重要批示精神，坚定践行“八八战略”，立足绿水青山，做好发展文章，大抓乡村振兴，破解“三农”难题，建设诗画畲乡，努力走在全国民族自治县前列。

5月25—26日，全国政协副主席、中央统战部副部长、国家民族事务委员会（简称国家民委）主任巴特尔围绕党的十九大和中央民族工作会议精神的贯彻落实工作到温州调研，就做好少数民族员工培养和民族地区脱贫攻坚工作等方面提出要求。国家民委副主任石玉钢，省政协主席葛慧君、副主席陈铁雄等参加调研。

7月12—13日，省人大常委会党组副书记、副主任李卫宁一行到桐庐，就杭州民族工作及少数民族事业发展“十三五”规划实施情况开展调研。

10月30—31日，省委常委、统战部部长熊建平到丽水市云和县、龙泉市等地调研民族宗教工作。

11月24日，省长袁家军、常务副省长冯飞、副省长彭佳学一行到“畲族风情馆”调研指导。在听取“电商振兴畲村”情况讲解后，袁家军对全省民宗系统大力发展以电商为主的新兴产业，助推民族乡村振兴工作给予肯定。

12月5日，省政协主席葛慧君一行到黄岩考察少数民族政协委员会客厅，走访省政协委员秦旺仁增。在听取情况汇报之后，葛慧君对会客厅工作开展情况给予肯定，并从紧跟党的领导、体现民族特色、发挥主体优势三个方面提出要求。

【重要会议】 2018年2月11日，全省民族宗教工作会议在杭州召开。省委常委、统战部部长熊建平出席并讲话。会议回顾总结过去5年民族宗教工作，对下一步工作进行部署。杭州、温州、金华、舟山、丽水5个市做交流发言。

4月3日，全国民族经济工作暨民族地区经济形势分析现场会在桐庐县召开。国家民委副主任石玉钢出席并讲话，副省长王双全致辞。会议深入学习贯彻习近平新时代中国特色社会主义思想和党的十九大精神，贯彻落实全国民委主任会议要求，总结2017年民委经济工作，交流民族地区经济运行情况，部署2018年工作任务。

5月27—28日，全国民族自治县全面建成小康社会经验交流现场会在景宁畲族自治县召开。全国政协副主席、中央统战部副部长、国家民委主任巴特尔出席并讲话。国家民委副主任陈改户主持，国家民委副主任石玉钢出席，省委常委、统战部部长熊建平致辞。全国120个民族自治县（旗）负责人、辖有自治县的省区市民族工作部门主要负责人，以及国家民委委员单位部分联络员、国家民委相关部门负责人参加。

8月1日，全省实施民族乡村振兴计划启动仪式暨“双百村结对行动”动员部署会在杭州召开，标志着浙江省民族乡村振兴计划暨“双百村结对行动”正式启动。会前，省委书记车俊专门批示，对浙江民族乡村发展工作给予肯定，并要求民族乡村努力谱写全面振兴新篇章。会上，省委常委、统战部部长熊建平部署工作。

2018年5月27—28日，全国民族自治县全面建成小康社会经验交流现场会在景宁召开

（省民宗委　提供）

【培训活动】 2018年，浙江省围绕民族工作开展各类培训50多次，举办活动90多场，对加强民族团结，弘扬民族文化，提升全系统民族工作能力起到积极作用。3月27日，全省城市民族工作培训班在杭州举行。全省各市民宗局、13个城市民族工作重点县（市、区）和第一批省级民族团结进步创建重点培育候选单位的60多名干部参加培训。6月27—29日，在武义和丽水举办全省民族乡村振兴专题培训班。文成、安吉、龙游等3个县民宗局和桐庐莪山、武义柳城、景宁红星3个民族乡（镇、街道）做交流发言。

【中国畲乡“三月三”活动在景宁举行】 2018年4月17日，“三月三”活动在景宁畲族自治县外舍凤凰古镇开幕。活动以“彰显文化自信、弘扬民族精神、推进乡村振兴”为主题，在开幕式上，举行第二届中国少数民族（畲族）工艺设计制作大赛、中国好畲“娘”——中国（丽水）好畲“娘”评选活动颁奖仪式。

【第四届中国（浙江）畲族服饰设计展演在景宁举行】 2018年4月18日，展演活动在景宁畲族自治县举行。活动以“视界畲乡”为主题，收到全国20多个省（市、区）及海外留学生的参评作品1161份，经筛选有50位选手入围展演，其中市场组20人、创意组20人、匠人组10人。最终评出最具市场潜力设计师3人，最具设计创意设计师3人，最具匠心传承设计师2人，优秀设计师10人。

【首届民族乡村“百村论坛”在桐庐举行】 2018年10月17日，“畲乡卅年·山哈而立”纪念改革开放40周年暨首届民族乡村“百村论坛”在杭州桐庐县莪山畲族乡举行。其间，杭州、湖州、金华、衢州、丽水等地的少数民族乡村带头人和专家，为浙江的民族乡村振兴发展建言献策。

【浙江省第六届少数民族传统体育运动会】 2018年10月29日至11月1日在丽水举行。省委常委、统战部部长熊建平出席开幕式。全省有12个代表团参赛，包括11个市代表团和景宁畲族自治县代表团；有运动员、教练员、工作人员等793人，其中少数民族运动员525人，占运动员总数的88.1%，运动员中有汉族、畲族、土家族、苗族、回族、壮族、彝族、布依族、蒙古族等28个民族成分。比赛设11个项目（10个竞赛项目和1个表演项目）61类小项，产生一等奖64个、二等奖168个、三等奖140个，合计奖项372个。

（省民宗委　林臣波）

宗教事务

【概况】 2018年，浙江省有可统计信徒209万人，其中基督教180多万人，天主教17万余人，伊斯兰教12万余人。全省经认定备案宗教教职人员1.3万人。经批准登记的宗教活动场所9782处。省级爱国宗教团体7个，市、县两级爱国宗教团体328个。全省围绕提升宗教工作法治化水平、夯实宗教工作基层基础、提高宗教工作数字化信息化水平、推进宗教中国化进程4个方面做好宗教工作。省民宗委实施以宪法为主题的“十百千万”普法工程，会同省司法厅、省普法办等在奉化、文成等地举办多次“普法用法·五教同行”大型普法活动，宣讲宗教政策法规，增强宗教界人士和信教群众的法治意识。该活动是全省唯一上报国家并获提名的年度优秀普法用法实践案例。根据中央统战部要求，开展宗教领域违法违规案件集中处置工作。开展“双随机一公开”抽查，在全省范围内开展案卷评查。将“平安浙江”建设与宗教工作深度融合，启动高水平推进“平安宗教活动场所”创建工作，借助全省30.4万个基层综治网格，创建宗教事务管理与网格化管理有机结合的“1+9”指标体系（包含宗教活动场所管理规范和政治安全、人员安全、活动安全、食品安全、消防安全、建筑安全、网信安全、财务安全、财产安全9项安全指标），实现基层宗教事务管理与基层社会治理“四个平台一张网”无缝对接。总结推广温州“三人驻堂小组”工作机制，落实“三级网络两级责任制”。借助基层网格，全面摸排登记基督教私设聚会点，对每个私设聚会点均进行详细分析归类。开展覆盖省、市、县三级的宗教大数据智慧管理系统建设。与中国建设银行浙江省分行签订《浙江省民族宗教信息化建设合作行动计划》，达成全面战略合作。宗教大数据智慧管理系统的部分功能上线运行。全省宗教财务一体化信息管理平台建设工作完成，宗教财务上线的宗教团体和宗教活动场所6296个。开展"寻梦中国·正言正行"主题教育实践活动,省级宗教团体负责人赴海南开展"国情之旅"国家安全主题教育活动;宗教界在杭州开展"传承慈孝·五教同行"活动;指导省基督教两会(基督教协会和基督教三自爱国运动委员会)召开浙江省基督教第九次代表会议,选举产生新一届领导班子。起草《浙江省关于加强宗教院校工作的意见》,指导宗教院校建设和宗教人才培养。省级五大宗教团体负责人在各教重要宗教节日相互登门祝贺、共度佳节,系促进宗教和谐的创新之举。在民间信仰管理领域,会同文化、文物等部门,举办德清防风文化节、温州洞头妈祖文化节、绍兴上虞曹娥孝文化节等9个大型文化活动。

【考察调研】 2018年,国家和省领导先后调研浙江宗教工作,指导全省宗教工作稳步开展。

1月9日,省人大常委会党组副书记、副主任毛光烈一行到普陀山调研。

3月19日,省委常委、常务副省长冯飞一行到浙江佛学院考察。听取有关情况汇报,了解学院建筑特色、教育体制及办学情况。

3月24日,省委常委、宁波市委书记郑栅洁一行赴雪窦山调研名山建设推进工作,到浙江佛学院考察,了解2017年承办太虚大师圆寂70周年纪念活动和雪窦寺承办第19次中韩日佛教友好交流会宁波大会开幕式等情况,并就学院与宁波大学合作办学事宜做出指示。

5月17日和23日,省人大常委会党组副书记、副主任李卫宁一行先后到省佛教协会、省道教协会,省伊斯兰教协会调研,了解学习贯彻宗教法律法规和新修订的《宗教事务条例》、开展巡讲、自身建设、依法办教、活动场所管理等方面工作情况。8月3日,省人大听取省政府关于宗教事务法规执行情况暨宗教活动场所管理和道风建设情况汇报,李卫宁出席。

6月4—7日,中央统战部副部长、国家宗教局局长王作安一行到浙江调研宗教中国化工作。副省长、温州市委书记陈伟俊陪同调研。调研组先后赴杭州、温州考察。

10月7日,副省长、省公安厅厅长王双全到杭州江干区杭州清真寺调研,听取有关情况汇报。

12月6日和25日,省政协副主席陈铁雄一行分别到省伊斯兰教协会和省佛教协会调研。

12月11日,省政协主席葛慧君一行到普陀山调研。与普陀山佛教协会班子成员进行交谈,对普陀山佛教协会所做工作给予肯定。

【重要会议】 2018年,浙江省召开省级以上宗教工作相关会议3次,举办各类活动1000多场,为推动全省民族工作健康开展起到重要作用。

5月2—4日,省基督教第九次代表会议在杭州召开。来自全省各地教会299名代表(其中正式代表278名,特邀代表21名)及5名列席人员参加。会议修订通过《浙江省基督教三自爱国运动委员会章程》《浙江省基督教协会章程》等文件。选举产生省基督教三自爱国运动委员会、省基督教协会新一届领导班子。

5月16日,全省"五教同行平安宗教活动场所创建动员大会暨消防技能比赛活动"在绍兴开幕。副省长王双全出席。其间,举行杭州灵隐寺向杭州消防支队赠送价值2500万元的云梯消防车签约仪式。各市、县民宗局及省市各宗教团体主要负责人,各市参赛选手300多人参加活动。有11支参赛队、70多名宗教教职人员参加比赛。杭州参赛队获团体项目一等奖,舟山市参赛队的源启法师获个人项目一等奖。

12月11日,全省宗教院校工作座谈会在宁波奉化召开。会议传达中央有关宗教院校工作精神,总结前阶段全省宗教院校工作情况,部署下阶段工作。

【重要活动】 2018年7月2—6日,省民宗委组织省级宗教团体秘书长以上代表60多人到海南省参加国家安全主题教育活动。有关专家做南海安全主题讲座,分析南海形势及未来发展方向。

7月11—13日,省民宗委在浙江省社会主义学院举办新修条例轮训班。全省各地宗教团体代表人士和宗教网站负责人70人参加培训。培训班以学习新修订的国务院《宗教事务条例》为主题,安排专题讲座、参观交流等环节。

8月26日,第四届中华慈孝文化节在杭州举行。中央统战部副部长谭天星、省政协主席葛慧君,全国政协文化文史和学习委员会副主任、国家宗教局原局长叶小文,省委常委、

2018年8月26日,以"传承慈孝·五教同行"为主题的第四届中华慈孝文化节在杭州举行 (省民宗委 供图)

统战部部长熊建平等出席开幕式。活动由中国新闻社、浙江省民族宗教事务委员会主办，杭州灵隐寺、中国新闻社浙江分社承办，主题为“传承慈孝·五教同行”。在中华慈孝文化论坛暨中华慈孝人物颁奖典礼上，10名（个）海内外个人、组织分别获“2018中华慈孝人物”称号。其间，举行五大宗教慈孝文化访谈，佛教、道教、伊斯兰教、天主教、基督教五大宗教代表阐述中华慈孝文化的共通性与普世价值。4人被授予“中华慈孝文化大使”称号。

9月3日，全省宗教干部培训班在省社会主义学院举行。培训班采取有关领导专题授课、工作经验交流等方式，围绕宗教领域的热点难点问题，开展分组讨论和全班研讨。省宗教工作协调小组成员单位及全省各市、重点县（市、区）三级统战、民宗部门负责人及业务骨干80多人参加培训。

11月11日，省伊斯兰教协会在杭州举行以“慈孝”为主题的省第四届新卧尔兹演讲比赛暨第五届《古兰经》诵读比赛。全省各活动场所负责人及教职人员80多人现场观摩比赛。

【“十百千万”普法工程】 2018年6月13日，由省民宗委联合省司法厅、省普法办共同举办的普法用法·五教同行——“十百千万”普法工程暨宗教政策法规学习月活动启动仪式在浙江佛学院举行。省人大常委会副主任李卫宁出席并讲话。活动以宪法为主题，旨在增强宗教界人士和信教群众法制意识和法治思维，形成尊重宪法、信仰宪法、遵守宪法、维护宪法的良好法治氛围。

【市县信息工作获国家民宗局表彰】 2018年1月，国家宗教事务局分别印发《国家宗教事务局关于全国宗教工作及时奖励的决定》《人力资源社会保障部国家宗教事务局关于表彰全国宗教工作系统先进集体和先进工作者的决定》和《国家宗教事务局关于表扬2017年度信息报送工作先进单位和先进个人的通报》，宁波奉化区民族宗教事务局记三等功一次，义乌市民族宗教事务局获评“全国宗教工作系统先进集体”，省民宗委、温州市民宗局、宁波市民宗局获评“2017年度信息报送工作先进单位”，3个单位中有3人获评“2017年度信息报送工作先进个人”。

【省级宗教团体财务平台上线运行】 2018年2月2日，浙江省级五大宗教团体财务人员在省级宗教团体财务平台上完成各团体相关信息和数据录入，并启动账目登记编制工作，标志省级宗教团体财务平台正式运行。研究服务中心和用友公司共同举办省级宗教团体财务平台项目培训，对省级五大宗教协会财务人员进行上线软件操作指导。年内，省民宗委多次组织召开五大宗教团体负责人和财务人员参加的座谈会，听取多方意见和建议；组织相关专家和技术人员赴杭州、温州等地走访调研。浙江省宗教团体财务平台主要包括网上做账和财务监管两部分，通过该系统规范宗教团体和宗教活动场所财务管理，有效落实新修订《宗教事务条例》赋予政府的加强对宗教团体、宗教活动场所财务监管职责，促进团体、场所规范化管理。（省民宗委　林臣波）

外事·侨务·港澳台事务

Foreign Affairs·Overseas Chinese Affairs·Hongkong, Macao and Taiwan Affairs

外　事

【概况】 2018年，全省外事系统参与并配合做好首届中国国际进口博览会、第五届世界互联网大会、第二届世界油商大会、首届联合国世界地理信息大会、中非民营经济合作高峰论坛、M20/20中国大会、第二届中国·阿拉伯国家政党对话会等10多场重要会议和多边外交活动的外事服务保障工作。接待津巴布韦总统、南非总统、马来西亚总理、塞内加尔总统、多哥总统、莱索托首相、克罗地亚总理、立陶宛总统、巴布亚新几内亚总理等外宾团组270多批3300多人次。其中，国家元首、政府首脑15批300多人次，副元首、副总理5批85人次，省部级团组78批1300多人次，驻华使（领）馆团组50批220多人次。11月，由中共中央对外联络部和浙江省委共同举办，省外办承办的“中国共产党的故事——习近平新时代中国特色社会主义思想在浙江的实践”专题宣介会在杭州举行，30多个国家的80多个政党近400名代表与会。聚焦“一带一路”倡议，全省“五大工程”建设取得新进展。“大交流、大周边”迈出新步伐。6月，省委书记、省人大常委会主任车俊率代表团访问南非、津巴布韦、毛里求斯，开展高层交往、文化对话、实地调研等公务活动39场，举办经贸、旅游、文化活动4场，会见3位国家领导人和43位部级领导，进一步推动与上述三国地方政府间的务实交流合作。8月，省委副书记、省长袁家军出访日本、韩国、新加坡，在日本举办与枥木县结好25周年纪念活动、在韩国举办与全罗南道结好20周年纪念活动。在新加坡出席浙江·新加坡经贸理事会专题会，在日本出席2018中国（浙江）·日本商务论坛、浙江省·静冈县商务论坛，促成一批重大合作项目。9月，省委书记、省人大常委会主任车俊访问俄罗斯，出席中俄地方领导人对话会，会见俄罗斯鞑靼斯坦共和国总统、滨海边疆区副州长，签署浙江与鞑靼斯坦共和国合作协议。“大平台、大项目”取得新进展。墨西哥华富山工业园、宁波慈东工业园取得积极进展；中国舟山波音737完工和交付中心交付首架飞机；联络和协调沙特阿美石油公司与浙江省在舟山的石化合作项目；举办法兰西大区经贸推介会、浙江—诺德兰经贸交流会、鞑靼斯坦共和国贸易投资推介会、德国石荷州经贸推介会、瑞典乌普萨拉省—浙江省企业对接会、浙江—克罗地亚商务论坛等经贸活动10多场。“大友城”实现可持续发展。全年接待来访友城团组48批608人次，新增友城和友好交流关系城市20对，全省总数437对；同法国巴黎大区和上法兰西大区、芬兰乌西马大区、乌兹别克斯坦锡尔河州、津巴布韦哈拉雷省等签署友好交流关系协议或合作意向书；全年举办比利时西弗兰德省旅游推介会、法国巴黎大区旅游推介会等各类友城活动20多场；德国石荷州获全国友协颁发的“对华友城交流合作奖”。增进与外国驻华使（领）馆沟通联系，举办省情介绍会、“使（领）馆年”“签证官看民企”“外国友人眼里的绿水青山·清丽湖州行”等活动，为浙江省实施“走出去”与“请进来”创造良好营商环境。接待来自世界各国的各类友好民间团组43批498人次，举办海外名校学子走进金华古村落、浙江省高中生“走进欧洲”、浙江省与日本静冈县共创合作推进研讨会等民间交流活动20多场。对全省“一带一路”建设境外安全保障工作进行统筹部署，做好“一带一路”建设境外安全保障有关培训工作。完善浙江省涉外突发事件应急机制建设，海外领事保护案（事）件处置率100%。全年依法稳妥处置省内涉外案（事）件72起。接待美国、俄罗斯、日本等国（境）外主流媒体17批159人次，审核接待国（境）外媒体申请和到浙江采访116批433人次。

2018年6月18日，“美丽中国，诗画浙江”旅游合作大会在毛里求斯举行，省委书记、省人大常委会主任车俊（右五）出席　（省文化和旅游厅　供图）

【浙江省代表团访问津巴布韦、南非和毛里求斯】 2018年6月10—20日，省委书记、省人大常委会主任车俊率浙江省代表团访问津巴布韦、南非和毛里求斯。在津巴布韦，车俊会见津巴布韦总统姆南加古瓦、副总统奇温加等，出席中国（浙江）—津巴布韦商务论坛，考察维多利亚开发区并与穆普富米拉、北马塔贝莱兰省省长玛特马治谈产业合作开发事宜。在南非，车俊会见南非经济发展部部长帕特尔和内阁副部长佐夸纳、马格瓦尼谢、马苏库、巴佩拉等，出席中国（浙江）—南非（东开普省）商务论坛并见证合作项目签约，车俊与东开普省省长马苏维利共同签署进一步深化两省友好关系共同宣言。浙江企业与南非企业签订7个合作项目，涉及农产品和大宗商品进口、医疗设备、跨境电商等，意向投资贸易额17.3亿元人民币。访问期间，浙江省跨境远程“最多跑一次”南非侨民服务中心在南部非洲温州总商会开通，两位侨民连线温州市司法局、公安局，办理老房拆迁委托和户口迁移手续，实现侨民办事“一次都不用跑”。代表团还分别出席在约翰内斯堡举行的“美丽浙江”电视展播暨中南人文交流合作签约仪式、在东开普省举行的“美丽浙江”摄影图片展，考察曼德拉大学、格拉罕姆特色小镇。在毛里求斯，车俊会见毛里求斯代总统沃亚普里，出席中国（浙江）—毛里求斯商务论坛和“美丽中国，诗画浙江”（毛里求斯）旅游合作大会，见证浙江理工大学与毛里求斯大学合作项目签约，并向学院捐赠一批电脑和设备。

【浙江省政府代表团访问新加坡、韩国和日本】 2018年8月21—30日，省委副书记、省长袁家军率浙江省政府代表团访问新加坡、韩国和日本。在新加坡，袁家军会见新加坡副总理兼国家安全统筹部长张志贤，贸工部长陈振声，通讯及新闻部兼社区、文化和青年部高级政务部长沈颖。在韩国，代表团与全罗南道知事金瑛錄进行会谈，双方签署两省道友好交流与合作协议，出席浙江省与全罗南道缔结友好省道关系20周年纪念活动，袁家军与金瑛錄在全罗南道政府广场共同种植象征友谊长存的金桂树。观看浙江图片展及浙江省艺术团与全罗南道国乐团的联合演出。在日本，袁家军会见静冈县知事川胜平太，出席中国（浙江）·日本商务论坛等活动并做主旨讲话。双方达成11个合作项目，总金额15.3亿元人民币。访问期间，袁家军在阿里巴巴集团董事局主席马云陪同下考察软银集团东京总部，会见董事长孙正义。袁家军在枥木县宇都宫市会见知事福田富一。代表团还考察静冈县养老机构、网纹瓜种植基地、雅马哈株式会社、日本贸易振兴机构、日中经济协会等。

【浙江省代表团访问爱尔兰、挪威和芬兰】 2018年8月29日至9月7日，省政协主席葛慧君率浙江省代表团访问爱尔兰、挪威和芬兰。在爱尔兰，代表团分别会见浙江省友城凯瑞郡郡长诺玛·弗雷和郡首席执行官莫拉·穆赖尔，双方达成共识将加强在有机农业、高校合作、数字经济等领域合作。会见凯瑞集团董事局主席托米，听取凯瑞郡大型挤奶设备Dairymaster、利勃海尔、Aspen Grove软件技术开发公司、特拉里应用科技学院、凯瑞郡经济及社区发展署的推介，访问特拉里应用科技学院，会见该学院院长莫非、副院长麦克伊格特。在挪威，代表团会见浙江省友城诺德兰郡郡长诺瓦尔，与郡议会工党、中间党及社会左翼党的党团领袖进行会谈，双方达成共识，将加强在投资创业、科技创新、可再生能源、清洁技术、海洋环保、高等教育领域合作。在斯沃尔韦尔市，代表团会见弗干市市长，听取郡海洋漏油保护及海洋环境中心、海洋循环经济网络组织SALT、奥斯特-罗夫敦高中及罗夫敦旅游促进机构的介绍。走访安妮塔海产品公司、考察斯堪的纳飞行训练机构及牛顿教室项目。在芬兰，代表团与乌西码大区副主席尤拉·艾丝科雷纳举行会谈，会晤大区发展署及欧盟事务官员，双方明确要在环保、科技创新、清洁能源、高等教育、可持续发展等领域开展合作，签署两省区建立友好关系意向书。会见芬兰国家商务促进局局长佩卡·索尼，就双方企业、高校、研究机构、政府各方加强交流合作事宜进行会谈。出席浙江—芬兰科技合作交流对接会，见证第三轮浙江—芬兰科技合作备忘录的签约仪式。

【宁波市代表团访问意大利、白俄罗斯和罗马尼亚】 2018年11月21—30日，省委副书记、宁波市委书记郑栅洁率宁波市代表团访问意大利、白俄罗斯和罗马尼亚。在意大利，郑栅洁会见皮埃蒙特大区政府主席基安帕里诺和副主席兼经济发展、科技创新部部长桑迪斯，双方签署《中国宁波市与意大利皮埃蒙特大区关于进一步深化科技及智能制造交流合作备忘录》，见证宁波菲仕集团与意大利企业相关合作项目签约仪式。在罗马举行“宁波市情和产业推介会”，郑栅洁、意大利经济发展部副部长杰拉奇、中国驻意大利大使馆临时代办郑璇出席推介会并致辞。在白俄罗斯，郑栅洁会见副总理利亚申科、明斯克州副州长尼古拉、鲍里索夫大区政府主席坚加廖夫、铁路公司总裁哈伯斯基和中国驻白俄罗斯大使崔启明。与白俄罗斯铁路公司签署战略合作框架协议并考察位于鲍里索夫大区的白俄罗斯吉利汽车有限公司。在罗马尼亚，郑栅洁一行考察布拉索夫市的普瑞汽车电子有限公司和群英汽车配件有限公司。会见罗马尼亚前总理、克卢日纳波卡市市长博克，并签署进一步加强两市友好交流合作备忘录。

【巴布亚新几内亚总理访问浙江】 2018年6月23—24日，巴布亚新几内亚（简称巴新）总理彼得·奥尼尔携夫人一行19人，在中国驻巴新大使薛冰陪同下访问浙江。省委副书记、省长袁家军会见彼得·奥尼尔一行，建议在相关领域开展交流合作。浙江将举办G20的经验做法提供给巴新，为APEC峰会举办贡献力量。推动双方在基础设施、能源和产业领域的全方位合作。推动旅游文化交流，实现两地通航。为巴新派遣留学生到浙江高等院校留学提供奖学金。

【马来西亚总理访问浙江】 2018年8月18日，省委书记、省人大常委会主任车俊会见马来西亚总理马哈蒂尔一行。车俊指出，马来西亚是“一带一路”重要支点国家，也是浙江在东盟的重要合作伙伴。浙江与马来西亚的交流合作基础深厚、潜力巨大、前景广阔。浙江愿与马方一道，抢抓“一带一路”发展机遇，在更广领域、更深层次、更高水平开展互利合作，特别是在跨境电商、汽车制造、智慧城市、旅游推介等领域进一步扩大合作，为双方人民带来更多福祉。马哈蒂尔表示，马方愿同中方加强各方面互联互通和全面合作，与浙江建立更加紧密的联系，加强各方面的人员交往，深化农产品加工、汽车、旅游等领域合作。省委副书记、省长袁家军，省委常委、秘书长陈金彪，省政协副主席、民革省委会主委、省侨联主席吴晶等参加会见。在浙期间，马哈蒂尔一行参观阿里巴巴集团和浙江吉利控股集团有限公司。

【克罗地亚总理访问浙江】 2018年11月3—4日，克罗地亚总理普连科维奇一行访问。省委书记、省人大常委会主任车俊会见普连科维奇一行。双方表示，将以中国—中东欧国家地方合作年和首届中国国际进口博览会举办之年为契机，进一步加强沟通交流，深挖合作潜力，在经贸、能源、交通、金融、农业等领域的互利合作上取得更大进展，在文化、教育、体育、旅游等领域的人文交流中实现更大突破，为两地人民带来实实在在的好处。省领导袁家军、姒健敏、朱从玖，中国驻克罗地亚大使胡兆明参加会见。

（省外办　沈国权）

侨　务

【概况】 2018年，省委统战部（省侨办）、原省外侨办统筹协调做好全省涉侨工作，推动全省涉侨工作“一盘棋”，增强工作合力。坚持服务管理并举，突出“规模化、规范化、本土化、年轻化”鲜明导向，推进海外示范性侨团建设。举办第二期浙江省海外示范性侨团侨领高级研修班。实施侨商回归工程和“海外人才为浙江服务计划”，围绕“为侨港资企业服务、为大湾区建设服务”开展“双服务”活动，做好涉侨经济纠纷投诉协调工作，服务侨胞事业发展。开展对海外侨商回归和引进工作联络处的考核，全年安排30多个海外侨团商会到浙江进行经贸考察活动。指导宁波举办中东欧国家华侨华人宁波峰会，配合宁波举办第四届中国—中东欧国家投资贸易博览会。9月30日，省人大常委会出台《浙江省华侨权益保护条例》，省委统战部会同有关部门召开宣传贯彻座谈会，做好面向社会各阶层和海外侨胞的宣传解读工作。对国内侨务工作中“最多跑一次”事项进行梳理、规范，严格把关做好侨务身份认定工作。推进“留根工程”，提升华文教育水平，举办“中国寻根之旅”夏令营—浙江营、“中华文化大乐园”等活动。通过开展节日慰问、组织“侨界医疗专家服务队”、启动应急救助等，加强对生活困难归侨侨眷的关爱。配合驻外使领馆处置有关涉侨涉外事项，取得较好效果。

【《浙江省华侨权益保护条例》实施】 2018年9月30日，浙江省第十三届人民代表大会常务委员会第五次会议通过全省第一部保护华侨权益的综合性地方法规《浙江省华侨权益保护

2018年6月8日，第四届中国—中东欧国家投资贸易博览会在宁波举行

（省商务厅　供图）

条例》，自2018年12月1日起施行。条例共35条，基本涵盖国家和浙江省现行涉侨法律法规和政策的主要内容，注重体现权利与义务并重、服务与管理并重，在华侨的政治权益、身份证明、落户、创业、子女就学等方面做出规定，在与上位法不抵触的前提下，做到“有特色、有创新、可操作”。条例适应新时代侨情变化，条例出台有助于推动侨务法治建设。

【第二期浙江省海外示范性侨团侨领高级研修班】 2018年5月9日，第二期浙江省海外示范性侨团侨领高级研修班暨海外侨领家乡行活动举行。活动围绕“走进新时代，建设新侨团”主题，开展政策学习、国情教育、能力培训，组织互动交流，为期1周。31个国家50多名海外示范性侨团侨领参加研修活动。其间，专门组织学员赴嘉兴市瞻仰红船，参观南湖革命纪念馆，引导全省海外侨领既做成功的“商领”，也做传播中国精神的“红领”；组织海外侨领参访金华、东阳、义乌等地，让海外侨领充分感受、领略家乡发展变化。

【中东欧国家华侨华人宁波峰会】 2018年6月6日在宁波举行。峰会以“侨力创新·共享发展”为主题，42个国家和地区250多名海外侨胞、港澳台同胞和侨团负责人参加，海归创业人才及海外侨领代表围绕“一带一路”倡议做交流发言，举办宁波企业—中东欧侨商经贸对接会，组织海外侨商参加第四届中国—中东欧国家投资贸易博览会，开展侨商走进海曙、鄞州、奉化、北仑、杭州湾新区参观考察等活动。

（省委统战部　周涌青）

港　澳　事　务

【概况】 2018年，浙港澳合作持续发展。全省接待到访港澳团组30批500多人次。举办“创新升级·香港论坛”浙港经贸合作周系列活动、浙港姊妹学校结对签约仪式暨姊妹学校教育交流活动、港澳大学生在浙实习活动、港澳居民居住证应用及港澳居民在内地便利措施落实座谈会等。配合做好国务院港澳事务办公室副主任黄柳权一行到浙江调研工作。运行因公赴港澳审批、制证系统，实现浙江省因公赴港澳团组报批数字化、无纸化。

【浙港姊妹学校结对签约仪式暨姊妹学校教育交流活动】 2018年5月22日在杭州举行。香港中联办教育科技部部长李鲁，香港教育局副局长蔡若莲，省港澳办、省教育厅有关负责人出席签约仪式并致辞。签约仪式上，宁波市邱隘实验小学、杭州市博文小学、杭州新世纪外国语学校等10所浙江学校和香港培正小学、海坝街官立小学、宝血会上智英文书院等10所香港学校分别签署《建立姊妹学校关系合作备忘录》。至年末，全省有146所学校与香港学校缔结为姊妹学校，在全国姊妹学校结对中排名第三位。交流活动中，来自香港和浙江的23所中小学校校长与教师代表60多人参加交流。

【国务院港澳事务办公室调研组到浙江调研】 2018年5月27—31日，国务院港澳事务办公室副主任黄柳权率调研组一行到浙江调研。其间，调研组赴杭州、安吉、桐乡等地走访考察，为在杭州举办的“2018全省港澳工作培训会”授课，并出席“杭港两地公务员交流实习计划”座谈会，听取参加实习交流计划的公务员代表及接待单位代表情况汇报。在杭州期间，黄柳权一行赴香港特区政府驻浙江联络处和阿里巴巴集团调研座谈，考察杭州萧山国际机场作为浙港合资企业运营状况及未来发展情况。重点了解香港特别行政区政府与浙江的联系与沟通情况、香港企业及香港居民在浙江的营商及工作生活情况、阿里巴巴集团在港澳业务开展情况、香港智慧城市及澳门智慧城市情况、阿里巴巴香港实习生计划情况。

【港澳居民居住证应用及港澳居民在内地便利措施落实座谈会】 2018年10月26日在杭州召开。会议由省港澳办牵头举办。省教育厅、省科技厅、省公安厅、省司法厅、省人力社保厅、省建设厅、省交通运输厅、省文化和旅游厅、省卫生健康委员会、省市场监督管理局、国家税务总局浙江省税务局、浙江机场集团有限公司、上海铁路局杭州铁路办事处等相关部门人员，香港特别行政区政府驻浙江联络处、香港贸发局浙江代表处、澳门贸促局杭州代表处及中国香港地区商会4个在浙江主要港澳机构负责人参加。

（省外办　沈国权）

台湾事务

【概况】 2018年，全省各地各部门认真落实中央和省委、省政府对台工作决策部署和要求，科学谋划，精准施策，力求实效，完成各项对台工作任务。年内，省台办按照全面从严治党和打造浙江对台工作铁军要求，与省委组织部、省委党校共同举办各市、县（市、区）分管领导对台工作专题研讨班，举办台办主任培训班，加强对台工作干部队伍建设，强化党对对台工作的集中统一领导。

【对台经贸工作】 2018年，省台办、省发展改革委等36个省直单位制定出台《浙江省贯彻〈关于促进两岸经济文化交流合作的若干措施〉的实施意见》，实施意见涉及投资和经贸合作、科技创新、就业创业、文化交流、生活待遇等5个方面76条，秉持“两岸一家亲”理念，推动中央和国家部委“31条措施”在浙江应落尽落，台胞台商与浙江居民的同等待遇应享尽享，台资企业享受本省扶持民营企业和外商投资企业政策的“双靠待遇”应靠尽靠，可以先行先试的应做尽做。出台《浙江省台湾同胞再投资认定办法》，设立“浙台经济社会融合发展突出贡献单位”通报表扬项目，激励社会各界积极参与对台工作。5月，在宁波举办全省台资企业创业创新推进会，着力推动台资企业上市、上网、上榜，促进台企高质量发展。全年全省新批台资项目321个，增资项目101个，实到台资15.4亿美元。

【首届“海峡两岸青年发展论坛”在杭州举行】 2018年7月8日，论坛在杭州举行。论坛由海峡两岸交流中心、浙江省海峡两岸经济文化发展促进会、中华青雁和平教育基金会共同主办，以“携手共创新时代”为主题，采取“1+3+3”方式，即1个主论坛，3个分论坛（机遇·创享论坛、文化·睿享论坛、公益·乐享论坛），湖州、嘉兴、绍兴3条线实地考察。中央台办、国务院台办主任刘结一，省委书记车俊、省长袁家军等领导及中国国民党前主席洪秀柱等500多名嘉宾和青年出席论坛。

【对台交流交往】 2018年，省台办举办“浙台邻里节”“两湖论坛”“两岸美丽乡村论坛”“两岸乡村振兴发展论坛”“两岸民宿产业发展论坛”“两岸婆媳文化节”等交流活动，邀请3000多名台湾基层民众到浙江访问交流。筹划组织实施青年交流项目150多场，举办“台湾大学生浙江暑期实习月”“台湾百名大学生暑期交流”“‘之江心旅’台青微视频评选活动”“‘青春激扬·浙里相约’浙台大学生暑期交流”“‘创新创业·筑梦温州’台湾高层次人才对接”“第二届两岸青年网络文学大赛”“青年创业就业对接会”等活动。全年邀请4000多名台湾青年到浙江参访交流，其中，台湾大学生浙江暑期实习月活动提供岗位520个，邀请599位台湾大学生到浙江企业实习。新设立2个“海峡两岸青年就业创业基地”，推进台湾青年在浙江就业创业。

【涉台宣传教育】 2018年，省台办推进涉台宣传教育工作。全省各地涉台新闻报道稿件1500多篇，在台湾媒体刊发专版、专栏55个。与省出版联合集团联合推进“图书入岛”活动，简体书年度销售额突破600万元。以“浙台微讯”公众号为网络新媒体平台，定期推送各类资讯。全年推送168期，转载和阅读量逾82万次。以全省各涉台教育基地为主要平台，开展涉台教育活动140多场。

【涉台研究】 2018年，省台办轮值主办第15届长三角对台交流合作研讨会。研讨会以“新时代如何深化长三角地区与台湾经济社会融合发展”为主题，来自上海、江苏、浙江的40多名专家学者参加。全年完成涉台委托课题18个、计划课题18个、社科规划课题5个及国台办委托课题2个。其中，《台资企业创新发展模式及对策研究》获国台办研究局2017年优秀调研课题。编辑出版《浙江对台工作》月刊12期。

【服务台胞台商】 2018年，省海峡两岸经济文化发展促进会台商台企专门委员会成立，省委书记车俊致信祝贺。省台办发挥联席会议协调机制作用，把台胞台企合法权益工作纳入平安浙江建设总体部署中。年内，完善涉台纠纷排查化解制度，掌握全省涉台纠纷预警信息。发挥法律顾问制度作用，主动防范涉台事务中的法律风险。为全省台企编印、发放《浙江省台商投资企业常见法律风险防范实务》5000册。指导基层台办整合台企内部法务管理资源，推动台企内部矛盾化解。

【全省对台工作会议】 2018年4月4日在杭州召开。省委常委、统战部部长熊建平出席并讲话，副省长朱从玖主持会议，各市、县（市、区）台办主任及省直有关部门负责人参加。会议要求抓好国家有关部委31条惠及台胞措施和《浙江省台湾同胞投资保障条例》的落地见效。以浙江新经济优势为引领，办好“2018浙江·台湾合作周”和首届“海峡两岸青年发展论坛”，推动台资企业上市、上网、上榜，让“最多跑一次”改革成果更多地惠及台资企业。秉持“两岸一家亲”理念，深入推进青年、基层和文化交流，促进两岸同胞心灵契合。坚持党委对对台工作集中统一领导，发挥优势，勇担职责，形成全省对台工作合力；加强对台干部教育，建设一支高素质对台工作队伍。

【浙江·台湾合作周】 2018年9月12日在杭州开幕，活动由国务院台办、省政府共同主办，以“共享机遇·融合发展”为主题，聚焦新经济新产业发展，推动台商台企与浙江大湾区大花园大通道大都市区对接合作。活动按照“一主三专、全省联动”方式组织，中央台办、国务院台办主任刘结一，省委书记车俊、省长袁家军等领导及中国国民党前主席吴伯雄等1500多名台湾嘉宾参加。合作周期间，举办智能制造、跨境电商等专题推介对接活55场，签订投资合作项目41个，签约项目投资总额42.9亿美元。

（省台办 陈年想）

军事
Military Affairs

浙江省军区

【概况】 2018年，省军区牢固确立习近平强军思想根本指导，坚决贯彻中央军委、军委国防动员部、东部战区党委和浙江省委决策部署，高举旗帜铸军魂，全神贯注抓备战，改革创新促转型，从严从实强党建，各项工作富有成效，建设发展稳中求进、稳开新局。

举旗铸魂坚定自觉。省军区始终把学习贯彻党的十九大精神贯穿全年，突出学懂弄通习近平强军思想，雷打不动落实理论学习制度，持续用好“红船大讲堂”“第一时间”“百题调研”等平台学研习近平总书记系列讲话，组织师团干部理论轮训，官兵“四个意识”更加牢固。抓好军委主席负责制学习教育和贯彻落实，严格落实“三项机制”，要讯工作持续走在前列，接受军委专项巡视取得好评。开展“传承红色基因、担当强军重任”主题教育，组织“东西南北浙江兵”“强军故事会”和老干部“口述历史”等群众性宣传教育活动，嘉兴军分区主题教育试点经验做法被军委国防动员部转发。围绕主责主业加强新闻宣传，电视新闻报道数量位列国防动员系统榜首。

练兵备战不断深化。省军区突出抓好习近平主席开训动员训令学习贯彻，召开党委常委会专题议战议训。开展“和平积弊大起底大扫除”活动，列摆问题清单并逐条制定落实整改措施。修订完善军事方案，推开“岗位练兵竞赛季”“重大演训活动季”，依据新大纲全面规范民兵军事训练，开展全省首届民兵岗位练兵大比武和现役干部比武竞赛，宁波、金华军分区分别获得综合成绩第一名；组织军地联合抢险救灾演练。

国防动员创新发展。省军区召开改革后首次省委议军会议，学习习近平强军思想，研究国防动员建设现实课题，组织新任第一书记任前谈话。围绕“完善国防动员体系”，深入开展理论研讨，研究制定实施《关于构建完善新时代浙江国防动员体系建设的意见》。深化国防教育系列特色做法，广泛组织退役士兵返乡欢迎仪式，湖州、绍兴军分区深入推进国防主题公园建设，推行地方领导国防教育培训制度化。全省新兵征集质量不断提高。

调整改革持续落地。省军区深入抓好文职人员改革任务落实，周密组织首次面向社会公开招考文职人员，完成首批现役干部转改文职人员，温州、衢州军分区率先100%完成任务。整编组建全区干休所，制定领导管理规范，依托宁波军分区展开“五化”服务试点，休干机构按新编制有序运行。做好后勤力量调整改革，人员资产清查交接明白见底。贯穿全年抓好民兵调整改革，联合省政府出台《浙江省后备力量十三五规划》，探索“民兵+民间”编组模式，接受军委国防动员部考核成绩位列全国第一。

后装保障坚强有力。省军区紧跟改革进程优化保障模式，组织重点民兵分队后装战备规范化建设，安全完成报废弹药跨区调运。持续打好停偿攻坚战，所有项目提前关停，委托管理和资产置换项目顺利通过军委审核。推进住房整改，军以上干部住房改造方案通过军委专家审核，师级以下干部住房超面积处理形成初步认定意见，公寓住房情况底数全面核查摸清。做好军委审计反馈问题整改工作下篇文章，组织“四个行业”专项整治，行业运行秩序不断规范。

“三个一线”更加强固。省军区贯彻军委国防动员部“三个一线”集训精神，出台《关于加强新体制省军区“三个一线”建设的意见》《新体制下省军区“三个一线”建设的三年规划》和《指导手册》。组织机关干部当兵蹲连和工作调研，对军分区（警备区）年度重点工作落实情况进行考评。加强“三队一室”建设，规范日常秩序，抓实帮带培养，发展基础进一步夯实。开展“贯彻落实新条令、塑造军队好样子”和百日安全活动，组织“进博会”警备执勤，抓好安全工作自查自评、交叉互评、综合考评，部队保持安全稳定的良好态势，在国防动员部拉榜排名中进入第一方阵。积极参与扶贫攻坚，在军地产生良好反响。

党的建设从严推进。省军区深入贯彻军委党的建设会议精神，召开党委扩大会分析形势、部署任务，围绕“四个不纯”“七个弱化”深入剖析问题表现，分层建立党建问题“总台账”。持续推进“两学一做”学习教育常态化制度化，利用党员管理系统每月对党费交纳情况进行检查，结合指导民主生活会对领导干部过双重组织生活实施检查督查，军师两级班子成员上党课。以房峰辉、张阳案为反面典型开展专题警示教育，清退违规领取地方考评奖，开展重点敏感领域检查督查，保持正风肃纪的高压态势。

【深入贯彻军委主席负责制】 2018年，省军区贯彻落实中央军委《关于全面深入贯彻军委主席负责制的意见》，制定省军区全面深入贯彻军委主席负责制的具体措施，第一时间按规定范围传达学习习近平总书记重要讲话精神，深入抓好重要任务贯彻落实。以《军委主席负责制学习读本》为基本教材，通过党委理论学习中心组、“红船大讲堂”“第一时间”等平台，开展贯彻军委主席负责制专题教育，聚力抓好“三项机制”贯彻落实。

【新版共同条令贯彻】 2018年，省军区根据中央军委统一部署，印发开展“贯彻落实新条令、塑造军队好样子”活动实施意见。5月8日，省军区召开动员部署会，司令员冯文平做动员部署。5月16日，组织全区部队参加国防动员系统“深入学习贯彻新一代共同条令，全面提高新时代军队正规化建设水平”专题辅导培训，全力抓好“十个方面”工作的贯彻落实。

【审计问题整改】 2018年，省军区根

据中央军委审计署《整改意见书》,成立审计整改领导小组,省军区主要领导任组长,召开会议分析矛盾问题,研究对策举措,印发会议纪要,全程跟踪督导指导。组织纪检、财务等部门,分工协作,合力推进。按照“一事一策”原则,对相关具体问题按照报告情况、取证核查、追缴费用、研究处理4个步骤,进行调查核实,做好整改工作。

【后勤力量调整改革】 2018年4月8日,中央军委国防动员部召开贯彻落实军队后勤力量调整改革任务部署电视电话会议,会后浙江省军区主要领导就加快落实改革任务提出要求。4月9日,召开省军区后勤力量调整改革任务部署会和领导小组工作会议,部署展开改革工作。指导待转隶移交单位开展资产资源清理清查、矛盾问题梳理汇总及交接文书、清册拟制和会审工作。协调保障中央军委改革领导小组专家咨询组,到省军区调研指导后勤力量调整改革工作。4月28日,省军区完成待转隶移交单位相关文件审核签署。

【重要会议】 2018年,省军区通过召开各类会议,深入研究有关问题,对全年工作做出科学决策和部署。

省军区党委十二届二次全体(扩大)会议于1月9—10日在杭州召开。会议总结分析部队和后备力量建设形势,部署新年度工作任务,并对2017年度先进单位和个人进行表彰。省军区党委书记王新海代表省军区党委常委会做题为“牢固确立习近平强军思想根本指导,奋力开启建设‘两个高水平’一流省军区崭新篇章”的工作报告,省军区党委副书记冯文平做题为“高举习近平新时代强军思想伟大旗帜,奋力开创新时代省军区国动事业新局面”的讲话。省委书记、省军区党委第一书记车俊在会上强调,浙江是习近平强军思想的重要萌发地,要成为习近平强军思想的忠实践行地,在新的起点上推进全省国防动员准备,为助力实现世界一流军队目标做出国防动员浙江贡献。

全省民兵调整改革任务部署会于1月19日在杭州召开。省委常委、常务副省长冯飞,省军区司令员冯文平分别讲话,省军区政委王新海主持会议。会议提出,民兵调整改革要着眼构建与建设世界一流军队相适应、与履行使命任务相对称、与浙江经济社会发展相匹配的新型民兵力量体系,到2020年全面完成调整改革任务。

现役干部转改文职人员教育动员部署会于2月5日在杭州召开。会议传达学习中央军委国防动员部任务部署会主要精神,解读《中国人民解放军文职人员条例》和《关于改革期间现役干部转改文职人员的实施意见》,解读省军区党委制定的17条激励性政策。省军区司令员冯文平、政委王新海出席并分别讲话。

省军区系统主题教育座谈会于7月5日在嘉兴召开。会议传达全军“传承红色基因、担当强军重任”主题教育形势分析会精神。嘉兴军分区和陕西延安军分区分别介绍主题教育先行做法。省军区(警备区)政治工作局领导汇报主题教育开展情况。会议组织观看红色资源片《珍宝岛精神耸丰碑》《北大荒精神颂》,肯定各单位主题教育取得的成果。会议强调要抓住习近平新时代中国特色社会主义思想和习近平强军思想根本,统筹设计主题教育活动,创新教育形式和方法,提高主题教育实效。

全省警备工作军地联席会议于7月18日在杭州召开。会议通报调整改革以来全省警备工作情况,分析外出军人军车违规违纪情况,研究部署警备工作任务。驻浙部队,浙江省、杭州市公安系统治安、交通管理、高速公路交警负责人90多人参会,省军区副司令员周少锋出席并讲话。

省军区“四委”安全形势分析会于8月9日在杭州召开。会议传达学习中央军委国防动员部《关于进一步加强安全管理工作的通知》《关于进一步加强保密工作的通知》等文件精神,分析研判安全稳定形势,部署迎接中央军委国防动员部安全大检查准备工作。

省委常委议军会于12月14日在杭州召开。省委书记、省军区党委第一书记车俊,省委副书记、省长袁家军,省军区司令员冯文平、政委杨笑祥及其他省领导和省军区领导出席。会议传达学习习近平强军思想、上级有关国防动员和后备力量建设指示精神,审议通过《关于构建完善新时代浙江国防动员体系的意见》《关于加强浙江省新时代民兵群众性练兵实施意见》。车俊为11位新任军分区(警备区)党委第一书记颁发任命状并讲话,冯文平宣读任职命令,杨笑祥主持任命仪式。新任军分区(警备区)党委第一书记代表做表态发言。

【重要活动】 2018年,省军区坚持以习近平新时代中国特色社会主义思想为指导,深入贯彻习近平强军思想,开展系列重要活动,为建设世界一流军队打下扎实基础。

3月26日至5月16日,省军区举行“和平积弊大起底大扫除”活动暨“传承红色基因、担当强军重任”主题教育第二专题学习教育动员部署会。省军区副政委张晓林围绕推动省军区部队和全省民兵后备力量建设主题,对全区抓好年度主题教育进行部署。嘉兴军分区介绍开展“和平积弊大起底大扫除”活动经验做法。

4月4日,省军区举办“从‘四个支撑’感悟强军担当”专题辅导,采取学习动员、辅导授课、观看录像、集中读书、理论测试、讨论交流、培训总结等方式,坚持学风从严、作风从严、管理从严,参训人员原原本本学习十九大报告、党章和《习近平谈治国理政》(第二卷)、《习近平论强军兴军》等文件,听取省委党校教授等专家学者理论宣讲,省军区司令员冯文平以“从‘四个支撑’感悟强军担当”为题做专题辅导。

5月16—17日,中央军委国防动员部副部长牟明滨和俄罗斯联邦安全总局边防局边境警卫司副司长伊瓦先科·亚历山大·伊万诺维奇率两国边防工作组,在杭州举办中俄“边防合作-2018”联合行动会晤。省军区副司令员周少锋参加有关活动。

6月11—13日,全省第一届民兵岗位练兵大比武在省人民武装学院举行,11个设区市、89个县(市、区)的

661名民兵代表参加。比武分应急、防化、工程、运输、医疗、通信等9个专业，设置专业课目24个，有170人次受到表彰。

7月11—17日，省国防教育委员会办公室组织首届“国防在我心中”浙江省青少年国防知识大赛，114名选手参赛。决赛分国防知识、军事三项赛、国防教育主题演讲3个环节。其中，国防知识大赛环节包括国防常识、国防历史、国防成就、国防法规、世界新军事变革和中国特色军事变革等内容，军事三项赛包括内务和队列、200米障碍赛、武器知识等内容，国防教育演讲主要以英雄故事、先进群体、典型事迹和从军梦等为主题。

8月2日，省军区举行转业干部告别军营暨首批现役干部转改文职人员换装仪式，用特有的方式激励转业干部永葆本色、勉励转改文职人员不忘初心。省军区司令员冯文平出席仪式，并分别给转业干部、转改文职人员颁发“荣耀军旅”和“不忘初心、继续前进”纪念章。

9月15日是第十八个“全民国防教育日”，其所在周是省第七个“国防教育宣传周”。全省各地以“传承红色基因、汇聚强军力量”为主题，按照“基本+特色”思路，开展国防主题宣讲、英模事迹巡讲、国防建设图片展、国防知识竞赛，以及微电影、宣传图册征集等形式多样的宣传活动，营造“爱我国防爱我军”浓厚氛围。

年内，省军区完成12批外国军事代表团256人到浙江参观访问的接待保障工作。其中，国防大学国际防务学院外军培训班4批183人，国际军事合作与交流代表团5批42人，学术交流代表团3批31人。

（省军区　胡国华）

人民防空

【概况】 2018年，全省人防系统围绕聚焦实战、融合集成、体系建设工作，全面履行新时代人防职责使命，加快各类人防工程建设，加强重要经济目标防护，推进人防市场化改革，全省人防指挥部常态化建设、人防规划融入城市规划、人防工程施工图联合审查等做法在全国推广。

【人防改革创新】 2018年，浙江省深入推进人防“最多跑一次”改革。推出“四减”便民举措，办事事项由29项缩减至23项，事项受理实行“八统一”，实现网上办理全覆盖。参与工程建设项目审批制度改革，开展人防施工图联合审查，与相关部门联合制订建筑工程“竣工测验合一”改革地方性标准。围绕人防工程管理责任难落地、平战转换资金难保障、使用收益纠纷难调解等重难点问题，推动杭州、宁波、嘉兴、衢州4个市人防工程产权制度改革试点。海盐、海宁、龙游三地开展人防工程确权登记。9月25日，省人防办与省发展改革委联合出台《浙江省重要经济目标防护分类分级标准（试行）》，组织11个重要经济目标单位开展防护试点，形成供水类、供电类目标防护导则等成果。召开重要经济目标防护建设会议，交流试点经验，研讨防护建设标准。加快推进科技创新。“智慧人防”平战结合管理平台建设、人防立法和产学研创新等工作获国家人防办肯定。人防孔洞防护标准化组件研究、人防融合通信调度系统2项科研成果被国家人防办推广。

【人防应急应战能力建设】 2018年，省人防指挥部常态化建设取得新进展。省、市、县（市、区）以及人防重点镇、重要经济目标单位均建立人防指挥机构，所有设区市、超过70%的县（市、区）和30%的重点镇启动常态化建设工作。9月19日，省人防指挥部在绍兴召开省、市、县三级指挥长会议，研究推进人防指挥部常态化运行工作。结合“5·12”防空防灾日，组织全省人民防空人口疏散演练和警报试鸣，全省150万人参加。组织浙江省暨绍兴市“浙江金盾-18”演习，形成室内推演、现场实兵相结合的“绍兴经验”。各设区市均以指挥部名义组织“浙江金盾”系列演练。浙江省和杭州市、宁波市人防办参加东部战区联合战役演练。邀请国家人防办、军内外院校专家研讨“智慧人防”建设方案框架和技术措施。组织召开信息化建设融合发展现场会，开展跨网跨平台音视频融合及交换技术研究。与省气象部门加强防灾减灾预警体系合作，60%的市、县（市、区）完成人防警报报知系统与国家突发事件预警信息发布平台对接。丽水市人防战备资源服务政府应急管理试点取得阶段性成果，嘉兴市开展“接轨上海”区域防空、协同发展工作初见成效。

【城市综合防护体系建设】 2018年，省人防办新修编《控制性详细规划人民防空设施配置标准》，各设区市均出台人防规划融合规范性文件。宁波、台州等地以市政府名义出台文件，增强制度刚性。三分之一城市完成或正在开展新一轮的人防专项规划编制，全省人防参与控规编制项目近300个。全省防护工程总量比“十二五”末增长50%，人均使用面积居全国前列。金华市多湖中央商务区综合管廊工程等省级军民融合重大工程项目进展顺利，萧山区人民广场地下综合体等省级56个城市地下空间开发利用示范项目协调推进。全省地铁和单建掘开式地下空间开发利用全面落实兼顾人防要求。全省开放人防工程供市民避暑纳凉，参与城市交通拥堵治理形成常态。改造和利用早期人防工程服务社会民生做法在全省推广。全年完成人防工程建设投资280亿元。全省人防工程开发利用率97.3%，人防工程用于商场使用220多万平方米，用于停车5300多万平方米。结合“大湾区大花园大通道大都市区”建设和乡村振兴战略实施，建成疏散基地100多个。

【人防基层基础工作】 2018年，浙江省深入推进人防宣传教育“五进”（进学校、进机关、进媒体、进社区、进企业）工作，开展“百场专题进党校、千所学校齐宣讲”“人防工程大型媒体采风行”等活动。在嘉善召开构建全民防空防灾宣传教育体系现场推进会，构建人防全民宣传教育体系。加强宣传教育阵地建设，全省所有县（市、区）均建成人防教育基地，部分设区市启动民防教育体验馆建设。深化与浙江民防学院联合办学机制，浙江民防学院教学楼落成。组织人防教师和宣传骨干培训4期，培训400多人；征订人防教材50多万册。修订浙江省防空地下室管理办法，规范防空地下室平时使用和维护管理。出台人防依法行政意见，明确组织保障、执法监督等要求，在全省推广台州人防与行政执法局联合执法经验做法。制订省人防行政许可事项监督检查规范，开展专项督查行动，全省参加督查行动1.8万人次。推进工程质量监督体制改革，全省人防工程质量监督工作属地化率由74%提升至79%。

【调研考察】 2018年2月28日，副省长陈伟俊调研人民防空工作，在实地查看移动指挥车、基本指挥所，听取省人防办工作汇报后，对全省人民防空工作给予肯定，要求高标准、高质量推进全省人防工作规范化建设。7月3日，副省长彭佳学到省人防办考察移动指挥车和指挥信息化建设情况，听取省人防办工作汇报并提出要求。

【专项巡视】 2018年1月2日，浙江省委第六巡视组专项巡视省人防办党组工作动员会在杭州召开。巡视组组长就专项巡视工作做动员讲话，省委巡视工作领导小组办公室负责人提出巡视工作要求，省人防办主要负责人做表态发言。省委第六巡视组副组长及巡视组全体成员，省纪委、省监委驻省建设厅纪检监察组组长，省人防办领导班子成员出席，机关全体干部职工和直属单位负责人等列席会议。

【全省人防系统工作会议】 2018年3月7日在杭州召开。会议深入贯彻习近平新时代中国特色社会主义思想，总结2017年工作，部署2018年主要任务，要求全省人防系统坚持高质量发展，在推动人防规划与城市规划融合落地、人防工程扩量提质增效、人防工程平战结合、军民兼用上求突破，进一步增强浙江人防发展活力。

【全省人民防空指挥部指挥长会议】 2018年9月19日在绍兴召开。会议通报全省人防指挥部常态化建设进展情况，部署安排全省人民防空指挥部建设工作。省人防指挥部指挥长、副省长彭佳学出席并讲话。会议要求准确把握人防指挥部常态化建设的定位，充分认识人防指挥部常态化建设的意义，切实增强人防指挥部常态化建设的责任感。

【“5·12”防空防灾疏散演练】 2018年5月12日，省人防指挥部组织开展主题为“居安思危共筑护民之盾，砥砺奋进同创美好生活”的防空防灾疏散演练。全省2400多台警报器和200多家市县电视台、广播电台进行防空防灾警报统一试鸣，150多万居民参与疏散演练，演练前后，省市县三级人防部门通过播出公益广告、发放公益短信，设置社区宣传橱窗、图板展览和报刊网站专栏，组织社区广场文艺演出、知识竞赛和政策咨询等形式，全方位、多角度做好防空防灾科普知识及有关法律法规宣传教育工作。

【“浙江金盾-18”演习】 2018年9月19日，代号为“浙江金盾-18”的浙江省暨绍兴市人民防空实战化演习举行。演习以信息化条件下现代城市防空袭为背景，紧扣军事斗争人民防空准备核心使命，采取室内推演与现场实兵相结合的方式，突出指挥所开设、预警报知、人口疏散、重要经济目标防护、消除空袭后果和跨区域救援行动等内容。省人防指挥部指挥长、副省长彭佳学，省军区副司令员周少锋，以及省政府、省人防指挥部、省军区有关领导，全省11个设区市人防指挥部指挥长、副指挥长和89个县（市、区）人防指挥部指挥长参加现场观摩。绍兴市人民防空指挥部所辖6个县（市、区）人民防空指挥部，部分重点镇、重要经济目标单位人防指挥机构，以及各类人防专业队、民防应急救援队、民防志愿者队伍和各界社会群众1000多人参演。

（省人防办　唐凤鸣）

2018年9月19日，代号为“浙江金盾-18”的浙江省暨绍兴市人民防空实战化演习举行　（省人防办　供图）

新兴产业
Emerging Industry

综　述

【概况】 2018年，浙江省以“八八战略”为总纲，以供给侧结构性改革为主线，全面落实“六稳”工作要求，聚焦聚力高质量、竞争力、现代化，围绕打好三大攻坚战、实施富民强省十大行动计划，全力打好高质量发展组合拳，经济结构优化升级，新旧动能转换加快，全省战略性新兴产业呈现较好发展态势。

产业增速先升后降。全年全省以数字经济为标志的新经济发展速度继续回升，但下半年有所回落。新兴产业增加值对规模以上工业经济增长的贡献率44.8%，拉动规模以上工业比上年增长3.3个百分点，贡献率提高7.2个百分点，拉动作用提高0.2个百分点。

销售增长放缓。全年新兴产业销售产值增长13.6%，增速比上年下滑5.2个百分点。出口交货值增长10.2%，对新兴产业销售产值增长贡献率12.6%，拉动销售产值增长1.7%。产销衔接水平总体好转，新兴产业产销率97.4%，提高0.49百分点。

企业发展质量稳定。年内新兴产业利润总额和利税总额均由高速增长转入低速增长，分别增长5.4%和5.2%，分别高于规模以上工业0.1个百分点和1.3个百分点。新兴产业主营业务收入利润率18.6%，与上年保持一致。资产总计增长13.7%，增速提高1.6个百分点。至年末，企业资产负债率50.2%，增长0.3个百分点。新兴产业企业盈利能力强且杠杆率较低，经济效益保持稳定增长。实施企业上市和“凤凰行动”并购重组计划，推进数字经济“一号工程”等，全员劳动生产率和人均劳动报酬持续提升，分别增加0.9万元/人和0.98万元/人。

产业结构优化升级。全年新兴产业主要发展指标均好于规模以上工业，增加值占规模以上工业29.6%，提高3.1个百分点，增加值率22.0%。

全年全省新兴产业的技术研究开发经费总额631.7亿元，增长24.3%。技术研究开发经费占主营业务收入3.2%，提高0.4个百分点。大型创新平台加快建设。西湖大学设立，北京航空航天大学杭州创新研究院投入运行，海洋经济发展提速增效。省政府印发“5211”海洋强省建设行动实施纲要，宁波、温州两个国家级海洋经济发展示范区获批设立。

【新兴产业整体发展】 2018年，浙江省加快产业规划落实，十一大产业整体发展形势良好。新材料、新一代信息技术和节能环保产业发展优势明显，3个产业的总产值、增加值、出口交货值和主营业务收入均居全省前三位。其中：产值规模最大的新材料产业总产值6535.5亿元，比上年增长18.0%；销售产值6403.3亿元，增长17.1%；主营业务收入6536.8亿元，增长18.0%；出口交货值654.3亿元，增长20.0%。新一代信息技术产业增加值增长19.9%，保持高速增长；销售产值3473.3亿元，增长15.3%。节能环保产业增加值增长10.9%，总产值增长13.7%；销售产值2665.4亿元，增长15.0%。销售产值、出口交货值和主营业务收入增速保持相对平稳。

生物、高端装备制造、新能源汽车和新能源产业的销售产值均在1400亿元~1800亿元之间，增速分别为14.9%、11.1%、9.7%和0.4%。生物产业增加值增长11.8%，销售产值增长14.9%，出口交货值增长10.7%。高端装备制造产业增加值增长9.7%，销售产值增长11.1%，出口交货值增长7.4%。新能源汽车产业增加值增长11.9%，总产值增长9.2%。销售产值增长9.7%，出口交货值增长8.7%。新能源产业增加值和总产值分别增长5.2%和2.7%，销售产值增长0.4%，出口交货值增长19.5%。

其余4个产业的销售产值分别为315.6亿元、74.55亿元、100万元、10.53亿元。海洋新兴产业增加值增长10.1%，销售产值增长8.8%，出口交货值增长1.1%；利润总额和利税总额分别下降158.2%和87.8%。数字创意产业增加值增长15.2%，销售产值增长8.2%，出口交货值增长30%。相关服务业发展态势良好，各项指标均保持高速增长，经济效益良好。核电关联产业增加值增长22.8%，提高21.2个百分点；利润总额增长34.2%，利税总额增长29.6%。

【新兴产业分布】 2018年，浙江省超半数设区市新兴产业发展速度加快。绍兴市新兴产业增加值占规模以上工业增加值比重最高，达41.5%；嘉兴市、舟山市比重分别为39.7%、36.8%；杭州市、湖州市、宁波市和衢州市比重在20%～34%之间。全省增加值增速排名第一位的是丽水市，增长29.1%，增幅提高24.9个百分点。绍兴市增加值增长15.3%，增幅提高5.9个百分点。丽水市销售产值增长37.9%，绍兴市和湖州市增速分别为17.6%和16.5%，杭州市、金华市、衢州市、宁波市、嘉兴市、台州市和温州市的销售产值增速均在10%～15%之间。丽水市出口交货值增长46.3%，提高19.6个百分点。衢州市出口交货值增长29.7%，提高6.8个百分点。金华市、绍兴市、温州市、台州市和嘉兴市的出口交货值增速均在13%～18%之间。

（省科技信息研究院　方　丽）

节能环保产业

【概况】　2018年，浙江省节能环保产业特色优势显著，节能环保制造业覆盖到节能、资源循环利用、环保技术装备及产品三大领域的221个小类行业，形成千亿级的汽车零部件及配件制造业1个，光伏设备、环境保护专用设备和核电等百亿级行业17个，占规模以上节能环保制造业的68%。全省新能源种类和利用水平居全国前列，新能源产业发展平台成效明显，在风电、光伏、核电、新能源汽车等行业领域具有一定的国际竞争力。全省“互联网＋节能环保产业”业态发展加快。全省环保服务企业销售收入与企业数量均居全国前列，服务领域基本涵盖工业废水、废气和生活污水处理，垃圾和固体废弃物处置及环境自动连续监测设施运营等主要环保领域。

【产业集群优化】　2018年，浙江省节能环保产业区域集群优化，节能环保制造业地域分布集中，嘉兴、杭州、绍兴和宁波四市集中全省61%的企业和71%的总产值。产业基地发展稳步推进，全省以杭州大江东产业集聚区、金华经济开发区和永康经济开发区为核心形成新能源汽车产业基地，同时布局余杭水泵及水处理设备、诸暨电除尘器、海宁布袋除尘器等特色环保装备基地，培育衢州氟硅新材料、嘉兴乍浦化工新材料、湖州水处理膜材料等特色环保新材料产业基地。诸暨现代环保装备高新技术产业园等园区在国内具有一定影响力。

【龙头企业引领行业发展】　2018年，浙江省节能环保产业技术水平快速提升，拳头产品增多。浙江阳光照明电器集团股份有限公司成为中国最大的节能灯生产出口基地之一，众泰控股集团有限公司、青年汽车集团有限公司、浙江吉利控股集团有限公司、万向集团公司在新能源汽车领域占有一定份额，天能电池集团股份有限公司、浙江超威集团电源有限公司成为新能源电池行业佼佼者，宁波金田投资控股有限公司在再生资源行业具有较强实力，杭州水处理技术研究开发中心反渗透海水淡化技术国内领先，浙江菲达环保科技股份有限公司为全球燃煤电站电除尘器最大供应商。全省新能源电池占国内市场份额保持在50%以上，高效节能照明产品产能占全国三分之一以上，海水淡化产能占全国六分之一。环境监测、大型电除尘、垃圾焚烧、工业废渣综合利用等技术装备接近或达到国际先进水平，高效节能照明、脱硫除尘、海水淡化等技术装备保持国内领先。　（省发展改革委　马　达）

数字经济

【概况】　2018年，浙江省抓住新一轮科技革命产业变革和数字化转型的契机，贯彻落实省委、省政府实施数字经济“一号工程”大力发展数字经济的决策部署，以国家数字经济示范省建设为抓手，推进数字产业化和产业数字化，推动互联网、大数据、人工智能与实体经济融合发展，助力实体经济数字化转型和改造提升。全省数字经济发展呈现规模增长强劲、创新融合驱动加快、新动能发展壮大的良好态势。全年数字经济增加值2.33万亿元，比上年增长19.3%，占地区生产总值的41.5%，提升3.7个百分点，总量和增速均居全国第四位。全省数字经济发展指数115.2，其中基础设施、数字产业化、产业数字化、新业态新模式及政府与社会数字化发展指数分别为142.5、107.6、103.1、101.9和124.1。

【数字经济发展体系建设】　2018年，浙江省数字经济发展框架体系初步形成。为全面统筹谋划数字经济发展，省委、省政府出台浙江省国家数字经济示范省建设方案和浙江省数字经济5年倍增计划，明确全省推进数字经济发展总体思路、主要任务和工作举措，落实国家数字经济示范省建设“3386”体系（面向三大领域、打造三大平台、实施八大工程、强化六大保障）。建立并优化“1+X”领导工作体系，调整设立省数字经济发展领导小组和专项工作组，推进数字产业化发展的引领区、产业数字化的示范区、数字经济体制机制创新的先导区，数字技术创新中心、新型贸易中心、新兴金融中心即“三区三中心”建设，以及数字大湾区、移动支付之省、“城市大脑”等标志性工程建设。省级各部门制定5年倍增计划中行动清单的落实措施，组织实施数字经济行动计划重点工作任务119项，全省加快推进数字经济创新发展的良好局面和工作格局初步形成。构建数字经济发展的统计指标体系，开展数字经济核心产业监测分析，组织对全省各地数字经济年度综合评价和分类排序；加强考核督查，通过督查和审计倒逼各项工作落地见效。研究制订数字经济发展的政策体系，制订《关于加快数字经济发展的若干政策措施》，开展《浙江省数字经济促进条例》的地方立法前期调研。

【数字产业引领增长】　2018年，浙江省数字产业发展势头强劲，规模和能级得到提升。全年全省数字经济核心产业增加值5547.7亿元，比上年增长13.1%，占地区生产总值的9.9%，对地区生产总值贡献率17.5%；全省规模以上数字经济核心产业实现营业收入1.6万亿元，增长14%；从业人员112.7万人。电子信息制造业和信息服务业活力迸发，全省电子信息制造业、软件和信息技术服务业综合发展指数分别为73.34和74.47，均居全国第三位。实施集成电路"强芯"、软件创新能力提升等行动，杭州国际软件名城建设加快推进，杭州国家"芯火"双创基地、中芯国际（宁波）等重点平台和重点项目建设深入推进，全年全省规模以上电子信息制造业增加值1700.1亿元，增长11.8%，超过全省规模以上工业4.5个百分点，增速居全省八大万亿产业之首。全省实现软件业务收入5148.4亿元，增长21.1%。加快云计算、大数据、人工智能、区块链、量子信息、柔性电子等新兴产业发展，区块链领域全球专利数量居全国第三位。全年新一代信息技术产业实现增加值840.1亿元，增长19.9%，高出全省战略性新兴产业8.4个百分点。龙头企业培育成效显现。年内数字经济业务收入超过1000亿元企业1家，超过100亿元企业20家，入选年度全国电子信息百强、软件百强、电子元件百强和互联网百强企业分别为14家、10家、20家和6家。全省拥有数字经济相关领域上市企业67家、"独角兽"企业（估值10亿美元以上，创办时间相对较短的公司）23家。

【制造业数字化转型】 2018年，浙江省推动互联网、大数据、人工智能等新一代信息技术和实体经济深度融合，制造业数字化转型步伐加快，质量效益明显改善。制订出台《关于推动工业企业智能化技术改造的意见》，编制《加快传统制造业改造提升行动计划（2018—2022年）》，总结推广新昌陀曼轴承、康立纺机等行业智能化技术改造经验，全面启动"十百千万"智能化技术改造行动，在传统制造业领域实施重点技术改造项目2000个，全年新增工业机器人1.6万台，在役工业机器人数量累计7.1万台，全省新建数字化车间60个、无人工厂6家，入选国家智能制造试点示范项目8个，规模以上工业全员劳动生产率比上年提高8.3%。实施服务型制造工程，创建第2批80家省级服务型制造示范企业和26个服务型制造示范平台，累计创建国家级服务型制造示范企业（项目、平台）19家（个）。发展工业互联网，出台《关于加快发展工业互联网促进制造业高质量发展的实施意见》《浙江省"1+N"工业互联网平台体系建设方案（2018—2020年）》，高水平谋划建设"1+N"工业互联网平台体系，supET平台入选国家工业互联网创新发展工程和工业互联网试点示范项目，遴选培育省级行业级、区域级和企业级工业互联网平台47个，2个项目入选国家级工业互联网平台建设及推广工程；推进信息化和工业化深度融合，全省列入省级制造业与互联网融合发展试点示范企业115家、制造业"双创"平台试点示范企业38家，新建"两化"（信息化和工业化）融合管理体系贯标试点企业68家，累计232家。推进企业"上云"和深度用云工作，全年新增"上云"企业10多万家，累计28万余家。

【服务业及农业数字化转型】 2018年，浙江省推动服务业数字化转型，制订出台《关于加快把文化产业打造成为万亿级产业的意见》《之江文化产业带建设规划》和《推动数字文化产业发展三年行动计划（2018—2020年）》，实施"互联网+文化产业"行动计划，支持动漫产业、游戏产业、数字音乐、网络文化、数字文化装备及前沿领域等数字文化产业创新发展，助推浙江大学建成浙江省设计智能与数字创意研究重点实验室。推进之江文化产业带、横店影视文化产业实验区、宁波影视文化产业区等文化产业集聚区数字化转型发展，建设浙江省文化产业大数据平台，打造全国数字文化产业新高地。制订出台《浙江省共享经济发展行动计划（2018—2022年）》，加快共享经济产业体系和生态体系的建设与完善，规范网约租车、共享单车等发展。发展智慧化民生服务，推动智慧安防、智慧交通、智慧健康3个领域14个示范推广项目建设，全省入选国家智慧健康养老试点示范单位26个、产品及服务项目12项。加快构建基于云平台的现代农业数据中心，稳步推进农业农村各类资源要素数字化和数据资源开放共享。强化数字技术在设施农业和农产品质量安全领域的应用，全省85个涉农县（市、区）全部建成农产品质量安全追溯体系，在21个区域性现代生态循环农业示范区建设智能化信息监管系统，植物病虫害监测预警加快向智能化发展。建成村级益农信息社2.1万个、农村电商服务站1.6万个，新增电商专业村400多个、涉农网店1.9万个，全年实现农产品网络零售额667.6亿元，比上年增长31.9%。

【数字科技创新】 2018年，浙江省推动数字科技创新发展，积极探索"一体两核多点"（以省政府、浙江大学、阿里巴巴集团共同出资成立的之江实验室为一体，以浙江大学、阿里巴巴集团为双核，以国内外高校院所、央企民企优质创新资源为多点的组织架构）的体制机制优势，推进之江实验室建设，启动智能无障感知芯片与系统、城市大脑等5个重大科研项目，加快谋划建设重大科学装置，推动组建国家数据智能技术创新中心，浙江大学"人工智能协同创新中心"被认定为省部共建协同创新中心。加快推进省级制造业创新中心等创新载体建设，新建省级制造业创新中心7个，新增国家级、省级企业技术中心4个和101个，省级企业研究院246个、省级高新技术企业研发中心497个，组织实施省级重点研发计划项目426项。加大数字经济科研投入，数字经济核心产业技术研究开发费占主营业务收入的5.8%。加强高端人才引进，全年引进数字经济省"千人计划"专家50名、"万人计划"专家26名、省领军型创新创业团队11个、院士专家126名。杭州互联网工程师人才净流入率居全国第一位。加快数字经济领域标准制订工作，推动之江实验室、浙江大学等成为国家人工智能标准化总体组成员，全年制定数字经济领域"浙江制造"标准80项，参与制订数字经济领域国际标准、国家标准和行业标准50项。

【数字经济新业态新模式】 2018年，浙江省发挥在互联网领域的先发优势，大力发展电子商务、跨境电商和新零售。全省跨境电商、新零售、移动支付等新业态发展态势良好，全年全省实现网络零售额16718.8亿元，比上年增长25.4%；跨境网络零售出口额574.4亿元，增长31.1%。全省拥有"淘宝村"1172个、"淘宝镇"128个，分别占全国的36.6%和35.3%。"移动支付之省"建设加快推进，全省累计发生手机支付和二维码支付1.5亿笔，居全国第二位，初步实现"一机在手，诸事可办"。研究出台《浙江省打造新型贸易中心行动计划》，支持杭州、宁波探索跨境电子商务综合试验区"两平台六体系"和"三平台五体系"建设，义乌获批跨境电子商务综合试验区，新增金义、义乌、舟山等5个地区现场开通跨境电子商务零售进口业务。支持推进世界电子商务贸易平台(eWTP)建设，推动eWTP秘书处落户杭州。支持阿里巴巴新零售、超级物种、网易考拉线下体验店等新业态发展，全省落地"天猫小店"400多个、盒马鲜生店7个，支持杭州打造新零售标杆城市；发展无车承运物流试点，培育杭州传化货嘀科技有限公司、菜鸟网络科技有限公司等22家部、省无车承运物流试点企业。研究制订新兴金融中心专项工作方案，编制杭州国际金融科技中心专项规划，打造中国金融科技引领城市和全球金融科技应用与创新中心。推进"移动支付之省"建设，加大商户移动支付受理功能改造力度，深化民生领域行业应用，全省配备银行卡受理设备的商户中，92.2%商户完成手机支付功能改造、82.3%完成"双免"(免密免签)功能改造、76.1%完成银联二维码支付受理功能改造。加强金融保障和风险防控，开发金融风险"天罗地网"监测防控系统，开展企业"两链"(资金链、担保链)风险处置、交易场所"回头看"清理整顿、互联网金融风险专项整治，为新兴金融中心建设营造良好发展环境。

【"互联网+"融合应用】 2018年，全省各行各业"互联网+"融合应用进一步深化。把"打破信息孤岛、实现数据共享"作为迭代推动政府治理数字化转型的重大举措。全省20个智慧城市示范试点项目全部建成并投入应用。加快推进"掌上浙江"建设，80%以上民生事项和企业事项开通网上办理，50%以上民生事项实现"一证通办"；"浙里办"手机应用全新迭代上线，整合各地各部门移动端便民应用项目285个，推出掌上可办省级事项168项。推进"城市大脑"建设，制订《浙江省"城市大脑"建设行动方案》，深化杭州城市大脑建设和应用，并拓展在湖州市、衢州市、德清县启动"城市大脑"建设工作。推动民生领域数据赋能，深化医疗卫生服务领域"最多跑一次"改革，省、市级医院高峰排队平均时间从8分钟缩短到4分钟，门诊和病区智慧结算率分别为79.9%和72.7%。全省县域检验、影像、心电、病理共享的比例分别为97.1%、100%、100%和98.6%。全省各级各类医疗机构开展远程影像诊断129.92万例，远程病理诊断2.58万例，远程心电诊断30.69万例。

【信息基础设施完善】 2018年，浙江省加快信息基础设施建设。出台《关于推进5G网络规模试验和应用示范的指导意见》，调整设立省宽带普及提速工程及5G规模化试验推进工作小组，组建5G产业联盟，三大通信运营商率先在杭州开展5G外场试验网建设，全年开通5G试验基站500多个。制订《浙江省推进互联网协议第六版(IPv6)规模部署和应用的实施计划》，推进基础网络运营企业及大型互联网企业等开展IPv6改造工作。推进宽带网络优化升级，获批建设桐乡国际互联网数据专用通道，全省主要城区具备千兆接入能力，固定宽带家庭用户平均接入速率超过每秒80兆比特，新增4G基站2.2万个。4G移动电话用户占比78.2%。累计建成i-zhejiang WiFi热点2.1万个，实现主要公共场所广泛覆盖和便捷使用。建成窄带物联网(NB-IoT)基站4万余个，实现全省11个设区市全覆盖。累计发展物联网用户数8141万户，主要应用于智慧路灯、智慧停车、智慧医疗、智能抄表等领域。全年移动电话用户数8309万户，固定互联网宽带接入用户2648万户，实现电信业务总量4099亿元、电信业务收入827亿元，分别比上年增长1.29倍和6.6%。

【数字经济开放合作】 2018年，浙江省推动数字经济开放合作发展，制订实施《浙江省工业和信息化全球精准合作三年行动计划(2018—2020年)》，谋划并推进一批重大工程建设。推进"一带一路"、长三角一体化战略合作，参与编制《长江三角洲一体化发展三年行动计划(2018—2020年)》，加快构建长三角区域交通服务信息共享平台，加大各类交通信息资源的共享利用。签署并实施《5G先试先用推动长三角数字经济率先发展战略合作框架协议》，成立专项工作组，共同启动长三角量子保密通信干线网建设。举办第五届世界互联网大会、首届联合国世界地理信息大会、未来技术与颠覆性创新国际大会等高端会议与交流活动，推进与阿里巴巴网络技术有限公司、中国电子科技集团有限公司、新华三技术有限公司、华为技术有限公司、中芯国际集成电路制造有限公司等合作交流与产业对接。引进国内外高水平院校合作办学，杭州电子科技大学圣光机联合学院、浙江海洋大学比萨海洋研究生学院两所非独立法人中外合作办学机构获教育部批准，北京大学信息技术高等研究院等高端科研机构落户杭州。 (省经信厅 郑阅红)

农 业
Agriculture

综 述

【概况】 2018年，浙江省深化农业供给侧结构性改革，推进农业绿色高质量发展，实施农业可持续发展试验示范区、绿色发展试点先行区建设。全年全省实现农林牧渔业增加值2010.44亿元，比上年增长2.0%。其中，种植业增加值15.77亿元，增长1.5%；林业增加值4.95亿元，增长4.0%；牧业增加值减少17.61亿元，下降10.6%；渔业增加值37.43亿元，增长6.5%；农林牧渔服务业增加值4.52亿元，增长11.6%。农村居民人均可支配收入27302元，增长9.4%，扣除价格上升因素，实际增长7.1%。粮食总产量599万吨，增长3.3%。其中：春粮51.08万吨，下降20.8%；秋粮485.92万吨，增长5.0%。蔬菜产量1925.37万吨，增长2.4%。茶叶产量18.6万吨，产值206.9亿元，分别增长3.5%和6.7%。其中，名优茶产量8.9万吨，产值181.6亿元，分别增长4.9%和6.0%。中药材产量21.5万吨，产值63.5亿元，与上年基本持平。蚕茧产量2.23万吨，下降7.4%；茧款收入9.0亿元，下降13.5%，蚕桑产值17亿元，与上年持平。水产品总产量612.2万吨，增长3.0%。其中：海水产品产量482万吨，增长1.8%；淡水产品产量130万吨，增长6.6%。肉类总产量105万吨，下降8.8%；累计生猪出栏1007.85万头，下降14.3%；年末生猪存栏516.79万头（其中能繁母猪48万头），下降4.8%。

【农业园区与农产品品牌建设】 2018年，浙江省创建杭州西湖区龙坞双桥园区、宁波海曙区蜃蛟园区等省级现代农业园区48个、杭州萧山区戴村茶叶特色农业强镇、建德市三都橘子特色农业强镇等特色农业强镇85个，建成安吉白茶、诸暨珍珠等单条产值10亿元以上的示范性农业全产业链68条。实施耕田保护政策，严格保护粮食生产功能区54.6万公顷，完成提标改造耕田4.33万公顷。新增省名牌农产品30个、区域名牌农产品15个、有效期内省名牌农产品238个。新增“三品一标”（无公害农产品、绿色食品、有机农产品、农产品地理标志）农产品1128个，主要食用农产品中“三品”占53%。新增云和雪梨、安吉白茶等绿色食品基地8200公顷，整体认定现代农业园区、粮食生产功能区内无公害农产品5.97万公顷。余姚榨菜、临安山核桃等被列入第二批中国特色农产品。常山县青石镇等12个村镇列入第八批全国“一村一品”示范村镇，示范村镇总数99个。建成农家乐休闲旅游特色村（民宿集聚村）1162个。全年农家乐接待游客3.98亿人次，实现营业收入427.7亿元，分别增长17.4%和20.9%。

【农产品质量安全管理】 2018年，全省加快提升农产品质量安全监管水平。推进农业标准化建设，发布浙江地方标准33项。新认证种植业无公害农产品898个、无公害农产品产地849个、绿色食品210个，新获农产品地理标志登记20个。全年监测食用农产品216.1万批次，其中省级检测1.4万批次，总体监测合格率98%以上。水产品质量安全例行检测合格率97.9%，省级产地水产品抽检合格率99.8%。开展农药、“瘦肉精”、兽用抗生素、生猪屠宰、生鲜乳和农资打假六大专项行动，检查各类生产经营主体10.43万家次，查处问题1814件，移送司法机关30件。全省未发生重大农产品质量安全事件。农产品质量安全处于可控状态。

【农业安全生产监管】 2018年，浙江省农业安全生产形势稳定好转。全年发生拖拉机道路交通事故122件，死亡36人，分别比上年下降30.3%和34.6%。发生农机道路外事故3件，下降62.5%；死亡1人，下降80.0%，未发生较大以上农机事故。发生渔船安全生产事故39件、死亡（失踪）46人，分别下降22.0%和22.0%；开展救助海难事件743件，救助遇险渔民5726人，挽回经济损失1.98亿元。渔业互助保险保额1434.82亿元，增长18.1%；赔付金额4.27亿元，增长35.2%。年内，农业自然灾害影响较大，强寒潮、台风等自然灾害给全省农业生产造成较大危害。其中年初的雨雪冰冻天气、第8号台风“玛莉亚”、第12号台风“云雀”和12月份的寒潮天气共造成全省农业直接经济损失14.78亿元。年度主要农作物病虫害为中等程度发生，轻于往年。

【美丽乡村建设】 2018年，浙江省推行“千万工程”美丽乡村建设。开展农村人居环境整治，推进农村生活垃圾减量化、资源化、无害化分类处理，全省农村生活垃圾分类处理建制村覆盖率61%，农村生活垃圾回收利用率32.0%，资源化利用率82.3%，无害化处理率99%。常态化开展农村生活污水第三方运行维护管理的治理村2.2万个、标准化运行维护治理村试点500个，改造公厕5.29万座。全省建成美丽乡村示范县10个、示范乡镇（街道）100个、特色精品村300个、农村生活垃圾分类处理示范村200个、历史文化保护利用示范村20个。加强传统历史文化村落保护利用，全年投入资金6.27亿元，新增省级奖补资金18亿元，实施打通断头路、消除等级外公路、完善安全基础设施等工程15项。加速推进百项千亿防洪排涝工程建设，完成投资145.9亿元。巩固提升农村人口饮水条件75.33万人。推进高速光纤网络和4G网络建设，覆盖农村地区用户890万户，农村互联网宽带接入端口达2440万个，4G网络实现省内城市、乡镇（街道）、建制村全覆盖。全年全省消除集体经济薄弱村1118个，累计6171个，完成率89.2%。

【新型农业经营主体发展】 2018年，浙江省推进粮食生产家族农场发展，提高农业生产的规模化水平。全年全省培育发展家庭农场3.64万个，农民专业合作社4.93万个，成员126.5万人，带动非成员农户403.9万户，建成农民专业合作社联合社372个。培育县级以上农业龙头企业5357家，农业龙头企业实现销售收入4049亿元。其中，年销售收入超1亿元企业638家，国家级骨干农业龙头企业56家，省级骨干农业龙头企业494家，农村社会化服务组织8013家。全省农业管理部门培训农村实用人才17.6万人次、新型职业农民2.66万人次，培养省、市高层次农村实用人才带头人2.3万人次。开展转移就业培训4.8万人次，实现转移就业4.1万人次，转移就业率86%。

（省农业农村厅　杨天慧）

种 植 业

【粮食生产】 2018年,浙江省粮食播种面积97.57万公顷,比上年下降0.2%;粮食总产量599万吨,增长3.3%;单位面积产量6140.41千克/公顷,增长3.4%。全省春粮播种面积12.98万公顷,下降20.0%;单位面积产量3937.11千克/公顷,下降1.0%;总产量51.08万吨,下降20.8%。全省早稻播种面积9.71万公顷,增长12.3%;单位面积产量6398.55千克/公顷,增长4.8%;总产量62.13万吨,增长17.8%。秋粮播种面积74.89万公顷,增长2.8%;单位面积产量6488.68千克/公顷,增长2.1%;总产量485.92万吨,增长5.0%。全省春粮、早稻和秋粮的总产量分别占全年粮食总产量的8.5%、10.4%和81.1%。全省谷物播种面积79万公顷,增长0.6%;产量535.74万吨,增长4.3%。其中:大小麦面积8.57万公顷,下降21.2%,产量35.96万吨,下降18.1%;稻谷面积65.11万公顷,增长4.9%,产量477.4万吨,增长7.3%;玉米面积4.93万公顷,下降4.9%,产量20.64万吨,下降10.4%。全省豆类播种面积11.31万公顷,增长4.5%;产量28.22万吨,增长3.1%。其中:大豆面积8.52万公顷,增长6.0%;产量21.46万吨,增长5.3%。全省薯类播种面积7.27万公顷,下降13.6%;产量35.17万吨,下降10.6%。全省谷物、豆类和薯类的总产量分别占全年粮食总产量的89.4%、4.7%和5.9%。

(省农业技术推广中心　供稿)

【蔬菜生产】 2018年,全省蔬菜瓜果播种面积73.9万公顷,比上年下降0.9%;总产量2174.1万吨,与上年持平;实现产值592.6亿元,下降0.3%。其中:蔬菜播种面积63.9万公顷,下降0.8%;产量1925.37万吨,增长2.4%;实现产值521.18亿元,下降0.7%。全年全省蔬菜出口3.93亿美元,下降3.3%。全省24个县(市、区)240个蔬菜监测点的25种蔬菜平均产地批发价3.74元/千克,增长4.8%。全省持续推进蔬菜标准化建设,采用病虫害绿色防控技术和安全生产模式,引导科学合理使用农业投入品,提升标准化绿色化生产水平,化肥农药减施增效成效明显。蔬菜集约化育苗加快发展,制定西瓜、茄果类、西兰花集约化育苗技术规程,在杭州余杭区、萧山区、余姚市、嘉善县、温岭市等地建立示范点,全省蔬菜集约化育苗10.2亿株,大田应用面积6.67万公顷,年育苗能力10万株以上的专业化蔬菜育苗场达200多个。推进"放心菜园"建设,省农业农村厅制定全省种植业"五园创建"实施方案,确定"放心菜园"省级示范基地的具体标准,年内建成省级"放心菜园"创建基地30个。推进蔬菜生产关键技术集成与示范工作,全省建成核心示范基地75个、面积800公顷,辐射带动周围1.55万公顷蔬菜种植。开展蔬菜品牌展示,省种植业管理局会同有关部门组织举办浙江精品果蔬展销会、中国·浙江瓜菜种业博览会及精品甜瓜、精品草莓评选活动,为优质蔬菜打响浙江品牌助力。

(省农业技术推广中心　杨新琴)

【油料生产】 2018年,浙江省油料播种面积12.85万公顷,比上年增长4.8%;总产量29.43万吨,增长9.4%。其中:油菜播种面积10.49万公顷,增长8.4%;总产量23.34万吨,增长15.5%。花生播种面积1.58万公顷,下降7.6%;花生总产量4.74万吨,下降7.1%。杂交油菜制种产量创造新的纪录,海宁市林源油菜籽专业合作社杂交油菜制种亩产116.27千克,攻关田亩产125.75千克,创造省内杂交油菜制种最高亩产纪录。财政支持力度加大,龙游县、江山市、开化县、富阳区、淳安县、兰溪市等产油大县获中央财政奖励634万元,奖励资金主要用于扶持油料生产和产业发展。

(省农业技术推广中心　怀　燕)

【茶叶生产】 2018年,浙江省茶园总面积20.05万公顷,比上年增加0.20万公顷,增长1.0%,总面积首次突破20万公顷;茶叶总产量18.6万吨,增长3.5%;茶叶总产值206.9亿元,增长6.7%。其中名优茶产量8.9万吨,增长4.9%;产值181.6亿元,增长6.0%;名优茶产量产值分别占全省茶叶总产量和总产值的42.4%和87.8%。茶叶出口量稳步增长。全年全省茶叶出口量16.85万吨,增长3.4%;出口额5.23亿美元,增长5.8%。出口量占全国茶叶出口总量的46.2%,提高0.3个百分点;出口额占全国茶叶出口总额的29.4%,下降1.3个百分点。其中:绿茶出口量16.27万吨,增长3.7%,占全国绿茶出口总量的53.7%;出口额4.94亿美元,增长5.7%,占全国绿茶出口总额的40.4%。红茶出口量0.22万吨,下降3.5%;出口额0.11亿美元,与上年持平。乌龙茶出口量0.14万吨,下降10.4%;出口额493万美元,下降4.6%。花茶出口量0.18万吨,下降1.9%;出口额1185万美元,增长23.2%。主要出口国家和地区中,出口摩洛哥6.06万吨,增长5.5%,其次是塞内加尔,出口量1.28万吨,增长41.9%;出口贝宁6667吨,增长48.6%。其他国家和地区各有小幅增减。出口平均单价略有上升,每吨3105美元,增长2.3%,低于全国平均单价36.3%。茶叶市场整体平稳。高档名优茶产量减少、供不应求,价格在高位基础上稳中有涨。中低档名优茶价稳销畅,夏秋茶销售平稳,价格略有下降,茶青(从茶园里刚采摘下来的叶子,作为成品茶的原料)整体质优价涨。全省春茶茶青价格增长5.6%。以香茶为代表的优质绿茶和以抹茶为代表的特色深加工产品持续热销。浙南茶叶市场成交总量7.91万吨,交易总额57.90亿元,分别增长3.0%和1.6%;新昌茶叶市场成交总量1.69万吨,交易总额52.12亿元,分别增长1.8%和2.2%。

【浙江绿茶(银川)博览会】 2018年8月24—27日,由浙江省农业农村厅和宁夏回族自治区农牧厅共同主办的浙江绿茶(银川)博览会在银川举办。浙江省政协原主席、中国国际茶文化研究会会长周国富,浙江省人大常委会原副主任程渭山等出席开幕式。博览会设在银川国际会展中心A、B、C馆,展出总面积1.5万平方米,拥有标准展位600多个，其中A馆为品牌茗茶馆，B馆为紫砂、陶瓷、茶具馆，C馆为浙江绿茶馆。170多家浙江茶叶生产企业和宁夏20家农特产品生产企业参展。博览会上对评选出的58个金奖产品进行颁奖。为期4天的博览会实现销售额505万元，签订意向交易额5786万元。

【茶叶多品类多业态发展】 2018年，小茶类继续保持良好发展态势，花茶、黄茶、红茶产值分别比上年增长84.4%、62.5%和11.3%，白茶试制县域从5个增至8个，浙江茶产品越来越丰富。茶叶精深加工快速发展，全省生产企业达86家，消化茶叶16.8万吨，增长62.4%；实现产值29.6亿元，增长44%。衢州市集中开展“活力新衢州，美丽大花园”创建，总投资56亿元的禾中·开化龙顶特色小镇及一批茶文化体验项目有序推进，开化“齐溪茶叶特色强镇”完成建设，“抹茶客厅”柯桥南部山区茶产业集聚区建设加快。诸暨茶胶囊、茶药品开发进展顺利。全年全省茶叶第三产业增加值达69.0亿元，增长12.3%，其中衢州市茶叶第三产业增加值增长33.3%。

【生态茶园建设启动】 2018年，省农业农村厅发布《浙江省农业绿色发展试点先行区三年行动计划（2018—2020年）》，启动以生态茶园为首的“五园创建”工程，计划3年建成包括150个生态茶园在内的500个“五园”省级示范基地，力争成为全国种植业高质量发展标杆省份。年内确定首批40个，总面积2293.3公顷的省级示范基地创建方案。生态茶园支撑技术研究纳入农业重大技术协同推广计划项目，全年投入资金200万元，对生态茶园各方面技术进行集成和示范，为全省生态茶园创建提供技术支撑和典型示范。

【茶园政策性保险工作全面推开】 浙江省自2015年率先在绍兴市和湖州安吉县试行茶叶气象指数保险以来，对全省春茶生产发挥较好的防灾减损作用。首批低温保险试点工作在2017年完成验收，3年累计赔款772.18万元，平均赔付率106.9%。2018年，绍兴市继续以试点形式向全市推进，参保户数增长93.0%，安吉县政府不再参与承担保费，茶农主体自行投保3120公顷，与上年基本持平。全年全省投保面积9533.3公顷，保费近2200万元，各重点产茶县相继加入保险试点或启动保险试点规划，茶园政策性保险试点工作向全省进一步推开。

（省农业技术推广中心　冯海强　罗列万）

【食用菌生产】 2018年，浙江省食用菌总产量78.48万吨，比上年下降0.5%；实现总产值57.17亿元，增长1.7%。受“南菇北移、东菇西扩”、劳动力转移、生产成本上涨等影响，传统食用菌主产地区生产规模有所下降。食用菌出口额9312万美元，增长20.6%。主要出口日本、韩国、美国、澳大利亚、泰国等国家。全省食用菌品种结构调整优化，传统大宗食用菌种植规模减少，特色新兴食用菌进一步增加。香菇、黑木耳、金针菇、蘑菇四大传统大宗食用菌生产规模由上年占比73.5%调减为71.9%。秀珍菇、灵芝、杏鲍菇、灰树花、海鲜菇、猴头菇等栽培量、产值分别增长。食用菌生产主体进行规模化、工厂化调整，蘑菇、金针菇、杏鲍菇、海鲜菇等工厂化周年生产成为食用菌发展新趋势。全省规模化生产程度达40%，有食用菌专业合作社649个、工厂化生产企业58家。省农业部门启动“特色菌园”创建活动，首批建成12个“特色菌园”。省农业科研部门在全省17个县（市、区）建立食用菌科技示范基地18个，示范规模2161.32万袋（平方尺），新增效益1228.7万元。培育蘑菇新品种6个，创新香菇定向出菇和羊肚菌人工栽培等技术12项，金华市磐安富盛家庭农场入选科技部第二批星创天地（新型农业创新创业服务平台）名单。浙江双益菇业有限公司等单位灵芝工厂化栽培首获成功。推进食用菌品牌建设，有15个食用菌品种被省农业主管部门评选为“浙江精品鲜菇”。

（省农业技术推广中心　陆中华）

【中药材生产】 2018年，全省中药材种植面积5.03万公顷，比上年增长3.6%；总产量21.5万吨；总产值63.5亿元，与上年基本持平。主产区丽水市和淳安县新增中药材种植面积1080公顷，增加的中药材主要有覆盆子、前胡、黄精、西红花等。年内，受干旱、台风及连续暴雨等不良气候影响，杭白菊、温郁金等中药材产量减少10%。浙江中药材生产推行“中药材特色乡镇”“道地药园”建设模式，江山市、武义县、淳安县临岐镇、磐安县新渥镇被认定为“中药材特色乡镇”；浙江寿仙谷医药股份有限公司等15家企业的生产基地被认定为“道地药园”。通过创建“中药材特色乡镇”“道地药园”，推进全省中药材生产规模化、标准化、品牌化发展，实现“浙产好药”的“绿色、安全、有效、增收”。

【道地中药材生产稳定发展】 2018年，全省“浙八味”（浙贝母、元胡、杭白菊、白术、浙麦冬、温郁金、玄参、杭白芍）种植面积1.47万公顷，总产量5.3万吨。浙贝母收获面积3533公顷，总产量1.1万吨，稳中有增。元胡收获面积3733公顷，总产量0.75万吨，增长7%。杭白菊种植面积3600公顷，减少3.6%；生长后期受干旱与台风影响，有267公顷杭白菊受灾，产量减少3.1%；平均单产2639千克/公顷，减少2.3%。白术种植面积1533公顷，增长10%，平均单产2925千克/公顷。浙麦冬种植面积400公顷，平均单产1200千克/公顷。温郁金种植面积1067公顷，增长6.7%；总产量7000吨，增长10%。“新浙八味”（铁皮石斛、衢枳壳、乌药、三叶青、覆盆子、前胡、灵芝、西红花）种植面积1.67万公顷，增加0.2公顷。铁皮石斛种植基地面积3000公顷，鲜品产量1.1万吨。西红花种植面积400公顷。灵芝种植面积200公顷，生产基地60多家。前胡种植面积933公顷，增长5%。覆盆子种植面积约8000公顷。三叶青种植面积733公顷。衢枳壳种植面积4797公顷，增长2.8%；总产量6200吨，增长30%。黄栀子种植面积4933公顷，种植面积持平。黄精种植面积2267公顷，总产量5000吨。

【“中药材特色乡镇”和“道地药园”创建】 2018年，全省现代农业发展专项资金扶持中药材发展项目6个，投入资金349.44万元，其中省财政扶持211万元，主要支持中药材规范化基地建设、产地绿色加工设施设备升级和标准化安全生产、品牌创建等。2月23日，省经信委、省卫生计生委（省中医药管理局）、省农业厅等部门联合公布“铁皮石斛、衢枳壳、乌药、三叶青、覆盆子、前胡、灵芝、西红花”为“新浙八味”中药材培育品种。5月9日，省中药材协会在杭州召开浙江省中药材产业基地（县、乡）评定会，江山市被认定为“浙江葛根之乡”、武义县被认定为“浙江省中药材产业基地”、淳安县临岐镇被认定为“浙江覆盆子之乡”“浙江白花前胡之乡”。5月11日，“浙江省中药产业发展暨‘新浙八味’培育工作推进会”在淳安召开，省、市、县（市、区）药品管理部门及省中药材产业协会、省中药产业传承发展战略联盟代表80多人参加，会议提出培育“新浙八味”中药材的具体举措。年内，磐安县新渥镇、淳安县临岐镇先后被省农业农村厅认定为省级“中药材特色乡镇”。

【中药材生产技术标准制定和科研技术推广】 2018年9月30日，浙江寿仙谷医药股份有限公司主导制定的破壁灵芝孢子粉浙江团体标准发布。10月22日，浙江省标准创新贡献奖颁奖大会在杭州举行，由省中药材产业协会主导制定的《铁皮石斛生产技术规程》（简称《技术规程》）等9个标准项目获首届浙江省标准创新优秀贡献奖。《技术规程》涉及生产技术标准和质量控制规范，涵盖良种选育、生态栽培、过程管控、鲜食标准、枫斗干品加工、中药饮片深加工等环节，基本实现铁皮石斛全产业链关键标准全覆盖。省农技推广中心积极做好第二轮中药材产业技术团队项目和省农业重大技术协同推广项目实施工作。发布农业团体标准《浙贝母主要病虫害防治用药建议》，作为浙贝母生产者自律和协会会员自律规范的参考。组织温岭市农林局、科技局对浙江豆豆宝中药研究有限公司三叶青示范基地进行试产。联合浙江大学农技推广中心举办全省道地中药材提升发展培训班，全省130名中药材行业的职业农民参加培训。省重点研发计划项目“浙产特色药材质量安全控制技术研究与示范”通过省科技厅组织的中期检查。铁皮石斛花、铁皮石斛叶列入浙江省食品安全地方标准制定立项计划，并被列入国家卫健委《新食品原料目录》，14个浙产道地药材系列团体标准列入《中华中医药学会团体标准》总录。9月6日，省农业厅印发《浙江省2018年农业重大技术协同推广计划试点实施方案》，要求中药材行业推进浙贝母、前胡、三叶青、杭白菊、灵芝等中药材全链条式技术研究和集成创新。

【中药材行业重大推介活动】 2018年5月11—12日，由省中药材产业协会和淳安县临岐镇联合主办的“中国千岛湖第二届中药材交易博览会暨第四届覆盆子节”在临岐镇举行，国内340家参展商、近1000名药商药企代表参加道地药材、中药材农资及种苗花卉展销和大宗药材贸易采购洽谈。6月28日，“第三届中国·建德西红花种球销售节”在建德举行，当天销售西红花种球19吨，主办单位等对“种球王”“花丝王”“产重王”等培植单位进行颁奖。9月19日，由中国中药协会、浙江省农业厅等联合举办的第12届中国·磐安中药材博览会在磐安新渥镇举行，全省中药材龙头企业、种植大户代表和医药管理部门、药业企业、科研院所专家学者200多人参加。药博会签订合作项目33个，其中：战略性合作项目6个，投资性项目21个，投资额达83.79亿元；达成投资意向项目6个，意向投资额76亿元。药博会邀请4位著名中药材行业专家做专题辅导报告。10月21日，省中药材产业协会组团参加第24届中国义乌国际小商品（标准）博览会，在浙江标准主题展区设立“浙江铁皮石斛标准化精品区”，现场安排省非物质文化遗产保护项目——铁皮枫斗加工技艺展示、鲜榨产品品鉴等活动，浙江参会企业并与美国、巴基斯坦、孟加拉等国家和地区客商进行洽谈。其间，副省长王文序等领导参观考察展区。

【中药材行业交流与合作】 2018年3月29—30日，省中药材产业协会理事会在江山市召开，会上对8个获“浙江省中药材产业基地（县、乡）”命名的单位进行授牌。3月30日，浙江农业信贷担保公司和省中药材产业协会签订战略合作协议，双方将在规范化基地建设、全产业链提升、设施设备更新、科技创新、三产功能拓展等领域开展紧密合作，助推全省中药材产业转型升级。3月30日，省中药材产业协会组织召开浙江省中药材产业发展对接会，有关生产企业、科研院校代表80多人参加，江山市中药材产业协会与成都天地网信息科技有限公司等单位达成8个合作意向项目。5月4—6日，中国中药协会灵芝专业委员会成立大会暨国际灵芝研究学会学术年会、灵芝产业发展论坛在浙江寿仙谷医药股份有限公司举行。6月6日，第四届中国森山文化节在义乌开幕，以“中国森山铁皮石斛地理公园”为主体的森山健康小镇农业平台在文化节上推出。7月25—29日，省中药材产业协会组织浙江英特医药药材有限公司、浙江中医药大学等单位，赴四川成都市、松潘县、若尔盖县、红原县等地考察交流，参加阿坝州中藏羌医药科技产业合作对接座谈会、阿坝州中藏羌医药传承暨产业发展现场推进会，与当地生产企业、生产基地进行面对面交流，推进四川阿坝地区中药材产业加快发展。8月10—12日，省中药材产业协会组织浙江寿仙谷医药股份有限公司等单位负责人赴龙泉开展中药材产业调研，召开中药材产业发展、创建“中药材特色乡镇”等工作对接会，助推山区中药材产业发展和农民脱贫致富。9月13日，在北京召开的第三届健康文化大会暨中医药、民族医药科普创新论坛上，省农业技术推广中心研究员何伯伟被中国民族医药学会授予“科普贡献奖”。11月3—5日，省中药材产业协会组织38个单位参加在广州召开的第六届中药材基地共建共享交流大会，大会以"共建、共享、规范、规模"为主题，围绕中药材新版GAP、规范化基地建设、精准扶贫等热点问题，开展交流对接。11月16日，省药学会、省中药材产业协会联合在杭州组织召开浙江省中医药健康产业发展座谈会，就如何共创共享"浙产好药"品牌、服务"健康浙江"建设及中医药健康产业振兴发展进行深入探讨，会议倡仪全省中药材行业开展共创共享"浙产好药"品牌行动，做大做强浙江中药材健康产业。

（省农业技术推广中心　何伯伟）

农业机械化

【概况】 2018年，浙江省农业机械总动力2009.3万千瓦，比上年增长3.0%。其中，大中型拖拉机1.52万台，水稻插秧机1.37万台，联合收割机1.79万台，谷物烘干机9684台，农机装备结构进一步优化。全年机械化耕地面积135.18万公顷，机械化播种面积34.92万公顷，机械化植保面积87.89万公顷，机械化收割面积76.85万公顷。水稻生产耕种收综合机械化水平达79.2%。其中，水稻机械栽植面积28.13万公顷，增长14.0%。大众茶类修剪、采摘机械化程度均超过90%，名优茶机制率超过95%。年出栏3000头以上规模养猪场的自动化喂料系统覆盖率达70%。全省农业机械化经营总收入155.53亿元，下降2.8%。

【农机购置补贴】 2018年10月19日，省农业农村厅、省财政厅联合制定《浙江省2018—2020年农机购置补贴实施意见》，加强和规范农机购置补贴优惠政策，全省十四大类三十三小类76个品目纳入补贴范围。开展中央农机新产品购置补贴试点、省级农机购置补贴和植保无人飞机补贴试点，全年投入农机购置补贴资金3.82亿元，其中，中央资金2.82亿元，省级资金0.47亿元，新产品补贴资金3986万元，落实报废更新补贴和报废补偿资金2193万元。引导农户及时报废淘汰破旧拖拉机、联合收割机7950台。加大农机具保险开发力度，推动各地将农机具保险保费补贴列入财政支持范围。推进农机监理信息平台对接浙江政务网、一窗受理平台，实现牌证订制、考试发证、报废补贴等管理功能网上办理。促进购机补贴"去经销商化"工作，简化补贴申办流程，开发使用农机购置补贴手机软件，购置补贴移动端办理率超过90%。全省70个县（市、区）开展农机具保险业务，全年投保农机具7702台（套），保障额度14.42亿元。

【农机化技术推广】 2018年8月24日，省农业厅制定《农业主导产业"机器换人"示范县评价办法》，推进农业主导产业"机器换人"示范县创建，促进农业"机器换人"主导产业发展。安排农机化促进工程项目资金1200万元，支持示范县创建，新增全国率先基本实现主要农作物生产全程机械化县（市、区）6个，省级农业"机器换人"示范县10个、示范乡镇65个、示范基地182个。召开全省水稻机械化种植、食用菌产业、茶产业"机器换人"和轨道运输等现场会，推广应用机插同步侧深施肥、田间轨道运输、农用植保"飞防"（无人机植保）、蔬菜移栽、食用菌自动化接种等绿色、高效的农机新装备、新技术，加速推进在农机领域运用人工智能、北斗导航、物联网等信息技术。全年全省新增各类农机装备10.1万台（套）、农机农艺产业融合示范区（点）161个、智慧农机装备应用示范基地44个。

【农机社会化服务】 2018年，全省农业系统推进农机合作示范创建工作，建立省级示范性农机合作社111个。示范合作社具有装备设施完善、运行机制良好、管理制度健全、服务规模较大、综合效益显著等特征。全省统筹安排服务主体总量、规模、类别和布局，引导服务主体开展横向联合与纵向协作，打造农机合作社联合社、"2+N"农机综合服务中心，提升集约化水平。全省新增农机综合服务中心46个，累计建成农用植保"飞防"组织26个。春耕备耕、夏收夏种、秋收冬种等重要农时季节，组织服务小分队269支，下乡服务技术人员3100人次。落实农机作业用油2.2万吨，发放跨区作业证2600份。举办全省农用植保无人机操作、农机维修、农机驾驶等技能竞赛活动。9月18—20日，省农机主管部门派员参加全国农机修理工技能竞赛获团体第三名。

【农机安全监管】 2018年，省农业农村厅加强农机安全监督管理，农机生产和使用总体安全。全省发生拖拉机道路交通事故122件，比上年下降30.3%；死亡36人，下降34.6%。发生道路外农机事故3件，死亡1人，未发生较大以上农机事故。强化对变型拖拉机专项治理，排查外省籍变型拖拉机1.4万台，查处假牌、超载、违法载人、报废机车上路等违法行为1.5万件，行政拘留82人。关注重要农时、重大活动期间的农机安全生产，深化农机安全隐患排查。举办全省农机安全生产宣传咨询、农业机械事故应急处置演练、农机安全监理员培训等活动，提高生产主体、农机操作者安全意识和操作技能。推进"平安农机"示范建设，创建全国"平安农机"示范市1个、示范县（市、区）4个，涌现全国农机安全监理示范岗位标兵5人；创建省级"平安农机"示范市2个、示范县3个、示范乡镇57个和示范合作社84个。

【农机产品质量管理】 2018年，省农业农村厅履行农机产品质量监管职责，推进农机质量调查、打假护农、投诉处理等各项工作。全年培训农机产品质量管理人员3748人次，开展农机打假检查215次，检查农机经销、维修网点742个；调查单轨运输机212台，基本覆盖全省在用单轨运输机品牌和规格型号。受理农机质量投诉16件，挽回经济损失60万元。修订《机插水稻大田管理技术规程》等地方标准2个，制定《玻璃温室技术规范》《果树钢架网罩设施技术规范》等团体标准6个。完成部级农机质量及标准相关任务5项、省级农机质量标准制定98项，帮助落实24家省内企业到外省申请推广鉴定有关标准。完成省级农机推广鉴定产品及证书使用督查1871台，以及扁形茶炒制机、茶叶理条机各5个批次督查任务。

（省农业农村厅　缪细央）

农业综合开发

【概况】 2018年，浙江省推进农业农村现代化行动计划，提升农业综合生产能力，打造精品农业开发园区，建设浙江“美丽乡村”。全年实施农业综合开发项目404个，投入省级以上财政资金17.71亿元（不含宁波市）。其中：土地治理项目108个，投入省以上财政资金10.86亿元；产业化发展项目254个，投入省以上财政资金3.06亿元；园区建设项目22个，投入省以上财政资金1.45亿元；田园综合体试点项目7个，投入资金1.75亿元，田园综合体试点项目涉及建德、秀洲、吴兴、浦江、柯城、景宁、三门7个县（市、区）。落实“3030”（用3年时间培育30名30岁左右的农业创新领军人才）项目13个，投入资金5900万元。实施农业综合开发项目，改善农业基础设施，促进小农户与现代农业发展有机衔接、农业产业振兴、农村人才涌现。

【高标准农田建设项目推进】 2018年，全省安排高标准农田建设项目55个，实施高标准农田建设面积2.79万公顷，投入省级以上财政资金5.41亿元。鼓励各类新型农业经营主体围绕“连片集中、稳产高产、高效节水、生态友好”的建设目标，申报高标准农田建设项目，加快田、水、路、林、山综合治理和农林、水利技术措施集成运用，推进条件具备的区域优先发展管道灌溉和生态护岸建设。年内“小流域项目区”和“现代园区”分别建设高标准农田6680公顷和333公顷。

【农业综合开发园区建设】 2018年，全省新建农业综合开发园区项目3个，续建19个，下拨省级以上财政资金1.45亿元。拓展农业综合开发外延，支持海洋牧场建设，加强农、林、牧、副、渔与乡村休闲旅游业等其他业态有机融合发展。鼓励有条件的园区将农村基础设施、产业发展、乡村旅游等实行一体化开发建设。

【新型农业经营主体扶植】 2018年，省农业农村厅加大新型农业经营主体扶植工作力度。通过财政补助和贷款贴息方式支持农业综合开发产业化发展项目254个，安排省级以上财政资金3.06亿元。围绕市场需求，合理调整产业区域布局和架构，优化农产品结构。扶持新型农业经营主体发展农业主导产业和优势特色产业，促进区域优势明显、示范作用突出、市场前景广阔的农业优势特色产业进一步发展。

【农业生态综合治理】 2018年，省农业农村厅推进全省农业生态综合治理工作。组织实施小流域生态综合治理项目53个，治理面积2.4万公顷，下拨省级以上财政资金5.45亿元。全省各级农业主管部门坚持开发与保护并重，加强丘陵山区和海岛的小流域农业生态建设。丘陵山区有条件的坡耕地被改造成高标准农田；防洪堤、堰坝、水土保持林和林间道路的建设得到进一步加强；水土流失现象得到有效抑制。注重丘陵山区特色经济作物的开发种植，并与当地生态环境建设有机结合，促进“美丽乡村”建设。（省农业农村厅　俞利刚）

植物保护与检疫

【概况】 2018年，浙江省主要农作物病虫害总体为中等程度发生。其中，水稻主要病虫害发生为中等，发生面积340.6万公顷次，轻于常年。主要病虫害以二化螟、白背飞虱、稻纵卷叶螟和纹枯病、稻瘟病、稻曲病为主。小麦病虫害发生为中等偏轻，发生面积12.4万公顷次，主要病虫害以赤霉病、蚜虫、灰飞虱、粘虫为主。油菜病虫害发生为中等偏轻，发生面积24.4万公顷次，主要以菌核病、霜霉病、蚜虫为主。蔬菜、柑橘、茶树病虫害总体为中等程度发生，发生面积分别为149.1万公顷次、48.7万公顷次和52.4万公顷次。蔬菜病虫害主要是白粉病、灰霉病、霜霉病以及青枯病、炭疽病等连作障碍和黄条跳甲、害螨、夜蛾类病害；柑橘病虫害主要是柑橘小实蝇、柑橘红蜘蛛等害虫和黑点病等；茶树病虫害主要是小绿叶蝉、螨类、茶尺蠖等虫害及炭疽病等。全省主要农业植物疫情有红火蚁、稻水象甲、扶桑绵粉蚧等9种，涉及11个市50个县（市、区），发生面积5494.5公顷，比上年下降19.8%。全省植保部门推进植保检疫监测预警体系建设，创新农作物重大病虫害和植物疫情防控机制，保障农业生产安全、农产品质量安全和农业生态安全。

【农作物病虫害预防】 2018年，浙江省植保检疫系统完成农作物病虫监测调查3000多次，发布病虫预报、动态和防治信息1000多期，预报准确率90%以上。省植物保护检疫局部署落实各地防灾责任和目标任务，指导全省各地开展农作物病虫害防控工作。全年举办各类病虫害防控技术培训班1606期，参加培训3.9万人次，发放教材及技术资料13.9万份。构建农作物病虫疫情监测体系，实现监测预警信息化、智能化、规范化和标准化。在全国率先实施水稻“两迁害虫”智能虫情测报系统建设，推进金华、温州、湖州、桐乡、仙居、遂昌6个市、县（市）共24个监测点建设工作，对建成站点进行系统调试和智能测报示范研究，提升智能监测和病虫害监测预警能力。完成温州、嘉兴、绍兴等33个省级疫情监测点设施配套，改善重大农业疫情监测条件。开展病虫害监测调查和情报发布，严格执行重大病虫周报制度，落实监测点专人负责制，提高病虫周报的准确性、时效性和全面性。组织召开病虫发生趋势会商2次，研判病虫发生趋势，提出防控策略。

【农作物病虫害统防统治与绿色防控融合】 2018年，全省创建省级农作物病虫害专业化统防统治与绿色防控融合推进示范县（市、区）21个、融合示范区861个，绿色防控示范面积7.2万公顷，推广应用绿色防控技术面积53.9万公顷次，实施农作物病虫害专业化统防统治面积53.8万公顷。浙江绿色防控工作获农业农村部肯定。全省455个乡镇、1758个实施主体参与绿色防控与统防统治融合示范县（市、区）建设，752个植保服务组织参与绿色防控示范区建设。全省植保系统联合专业院校、科研机构和生产单位协同攻关，集成适用于不同作物、不同病虫、不同区域的绿色防控技术，制定病虫害绿色防控技术规程地方标准10项，提高病虫害可持续治理和科学防控水平。创新绿色防控技术推广机制，发展植保专业合作组织，引导社会资本参与统防统治，采取政府购买服务、农企合作共建等途径，创建绿色防控多元化发展的长效机制。全年全省主要农作物病虫害防治面积1247万公顷，其中，水稻病虫害防治面积568万公顷，水稻危害损失率1.16%，远低于5%的防控目标。全省投入财政资金8000多万元，主要用于农作物病虫害防控工作。

【重大农作物疫情检疫】 2018年，全省主要农业植物疫情有红火蚁、稻水象甲、扶桑绵粉蚧等9种，涉及全省11个市50个县级行政区，发生总面积5494.5公顷，比上年减少1358.3公顷，下降19.8%，总体控制在局部区域。全省植保系统严格落实重大农业植物疫情防控责任，疫情危害损失率控制在3%以内。省政府与各市政府签订《2018—2020年度重大农业植物疫情防控工作责任书》，省植保检疫局与各市植物检疫站、各市植物检疫站与各县（市、区）监测点工作人员签订重大植物疫情监测责任书。推进重大植物疫情防控示范区建设，创新疫情治理新模式，有效遏制已发疫情蔓延危害。红火蚁发生县（市、区）采取政府购买服务方式，委托专业防控公司进行根除防控，先后投入防控监测人员5000多人次、防控无人机12架次，检疫除害处置苗木132.9万株。抓好种苗检疫管理，会同林业部门组织开展农林植物检疫联合执法检查行动，出动执法检查2771人次，检查繁育场所528个次、市场和经营单位1680个次，查处涉嫌违法经营主体64个，立案处罚36个。

【农药经营许可管理与科学用药指导】 2018年，浙江省加强农药经营许可核发和监管，重点推进限制使用农药全省退市工作。开展科学用药和农药经营培训。培训农药经营人员8387人次，22种限制使用农药基本实现退市。全省农药经营门店由1万余个减至8371个，减少化学农药使用2578吨，回收农药废弃包装物4108.5吨。省农业厅制定《浙江省农药减量行动实施方案（2018—2020年）》，结合全国农技中心“百县万名农民骨干科学用药培训行动”，加强科学用药技术的培训和宣传，全省举办各类培训班和现场观摩会547期，培训农民、专业技术人员、农药经销商等4.3万人次，发放培训资料35.19万份，提高基层技术人员和农户的科学用药水平。建立农药废弃包装物回收处置机制，实现网格化回收和无害化处置，成为全国率先实现全省农药废弃包装物回收和无害化处置的省份，回收率、处置率分别达80%和90%以上。开展“一品一策”农药筛选试验，制定药剂筛选试验方案14个，开展农药制剂试验67项，筛选出高效适用药剂30种。

（省植物保护检疫总站　何春龙　李红厂）

农业科技与教育

【概况】 2018年，浙江省推进国家农业可持续发展试验示范区、绿色发展试点先行区建设，加快农业产业技术团队和科技创新平台建设，依托浙江清华长三角研究院，集聚省内外优势科技资源，创建浙江现代农业产业科技创新中心。支持和引导农业科技人员创新创业，激发农业科技人员创新活力和创业热情。强化农业科技对接，组织实施“三农六方”科技协作项目2031项，全年建成现代农业科技示范基地363个，全面完成农业科技示范基地建设任务1000个，建成农民田间学校100所，培训基层农技人员5400多人次。“蔬菜节约型资源化集成技术示范与推广”“超级稻早籼品种示范与推广应用”等4236个项目被授予年度省农业丰收奖，“杨梅安全生产关键技术研究与集成应用”“食用菌菌棒工厂化生产关键技术研发和应用”等1816个项目被授予年度省农业技术进步奖，4851名农业科技人员获省年度农业技术推广贡献奖。全省持续开展农村科技特派员工作，累计派遣农村科技特派员1.56万人次，推广新品种、新技术1.4万项次。

【农业绿色发展示范区创建】 2018年，浙江省全面启动国家农业可持续发展试验示范区暨农业绿色发展试点先行区建设，并推进相关“国字号”试点示范创建。率先在衢州、丽水两个市和淳安等30个县启动农业绿色发展先行市、先行县创建。加大农业绿色发展项目建设支撑力度，在建德市等15个县（市、区）组织实施第一批农业绿色发展先行示范项目。深化农业面源污染防治，推进肥药减量增效，开展果菜茶有机肥替代化肥示范县和农作物病虫害统防统治与绿色防控示范县建设，全年测土配方施肥实施面积213.59万公顷，推广应用商品有机肥109.5万吨、配方肥28.77万吨，减少不合理施肥1.29万吨，主要农作物测土配方施肥技术覆盖率90.8%。实施农作物病虫害绿色防控面积53.85万公顷，建设氮磷生态拦截系统201个，连续6年实现化肥农药负增长。推进畜禽养殖污染防治，全年全省粪污资源化利用率88%，新创建省级畜牧业绿色发展示范县11个，新建省级“美丽牧场”324个；大力推进水产尾水治理的健康养殖，建成水产养殖尾水生态化治理示范点563个，覆盖面积8800公顷，创建健康养殖示范场87个；完善农药废弃包装物回收处置机制，全年回收农药废弃包装物1.52万吨，无害化处置1.35万吨，回收率和处置率分别达80%和90%以上。推广秸秆综合利用七大最新技术，农作物秸秆综合利用率达93%以上。开展耕地土壤污染调查，编制受污染耕地质量修复规划，加快开展中轻度污染耕地安全利用试点。

【高标准农田建设】 2018年，浙江省建成高标准农田116.67万公顷，高标准农田占全省水田的78.3%，占永久基本农田的72.5%。高标准农田促进全省水稻耕、种、收综合机械化水平达79.2%，早稻单产继续居全国首位。全省粮食生产功能区粮食产量比上年提高7%，现代农业综合区亩均产值超过1万元，形成良好的经济、社会和生态效益。推动高标准农田建设管理从多头分散管理向集中统一管理转变，着力打造高标准农田建设“浙江样板”。

【农业“机器换人”行动】 2018年，浙江省推进农业“机器换人”行动。进一步推行农业“机器换人”示范工程建设。坚持从成熟适用农机抓起，继而向全面、整体拓展。全年建成农业“机器换人”示范县3个、示范乡镇30个、示范基地100个。进一步推广应用先进适用农机装备，推进粮食生产功能区、现代农业园区农机装备配置，全年推广先进适用农机装备8万台(套)。大力发展“互联网+”农业，推进智慧农业云平台建设，全省建成国内领先的高科技数字化牧场10个。推进农机社会化服务，提高农机作业效率和服务效能。加强农机安全生产监管，深入开展“平安农机”创建，从严掌控拖拉机报废年限。

【农业科技培训及推广】 2018年，浙江省着力培育新型农业经营主体，引导大学毕业生、工商业主、返乡农民工、退伍军人等投身现代农业。实施千万农民素质提升工程，突出“学历+技能+创业”导向，通过学历教育、新型经营主体带头人培训、“农创客”轮训、高级研修班等形式，开展农村实用人才培训和高素质农民培养，全省培训农村实用人才18万人，高素质农民2.7万人，省农业广播电视学校招生4000多人。实施乡土人才扶持政策，推进职称评审制度改革，加大向高素质农民倾斜力度，支持高等学校和职业学校，参与高素质农民培养培训。通过增设涉农专业，扩大涉农人才培养规模。办好省农民大学、市农民学院、县农民学校和实训基地，充分发挥乡镇成人学校、农业广播电视学校作用，组建浙江农艺师学院、浙江茶业学院，搭建农业继续教育和职业教育公益性教育服务平台。开展基层农技人员定向培养，落实招生计划79人。全省新建主推技术示范点50个，推广果树避雨栽培技术面积2.67万公顷、茶叶机采面积3.67万公顷、水肥一体化技术3万公顷，实施小蚕集约化、工厂化饲育10万张，食用菌菌棒集约化生产2.5亿棒，蔬菜集约化育苗10亿株。

(省农业农村厅　供稿)

农村能源建设

【概况】 2018年，浙江省践行“绿水青山就是金山银山”的理念，积极创建“清洁能源示范县”，着力推进农村能源建设。农村能源主要发展可再生能源风能、太阳能、生物质能、海洋能等绿色能源。实行农村可再生能源扶持补贴政策，除省级财政补贴外，8个设区市、20个县(市、区)出台电价补贴或初始投资补贴政策，取得良好效果。实施农村生活污水净化沼气工程、规模化畜禽养殖场沼气工程和农村清洁能源开发利用工程，将清洁能源开发利用与农业生态环境治理融为一体。全年全省新能源装机容量2616万千瓦。其中，垃圾发电装机容量168万千瓦，居全国第一位；沼气发电装机容量3.53万千瓦；光伏装机容量1138.2万千瓦，光伏装机容量中，分布式光伏装机容量778万千瓦，居全国第一位。水力发电191.67亿千瓦时，比上年下降9.7%；风力发电30.59亿千瓦时，增长20.6%；太阳能发电100.3亿千瓦时，增长78.1%。沼气上网电量达1.59亿千瓦时。

【农村沼气工程建设】 2018年，浙江省提升农村沼气工程三沼产品的利用水平，推进沼气高值化利用。全省建成各种类型农村沼气工程5880多个，沼气池容积83.68万立方米，用户18.22万户。推行沼气发电并网或企业自用，稳步发展农村集中供气或分布式撬装供气，促进沼气和生物天然气更多用于农村清洁取暖，提高沼气利用效率。推动沼肥高效利用，同步实施沼渣沼液加工与规模化生物天然气工程和规模化大型沼气工程项目，开展沼渣沼液生产加工有机肥、基质、生物农药等多功能利用，试点推广植物营养液、生物活性制剂等高端产品。推广“‘三园’+沼气工程+畜禽养殖”循环模式。实现果(菜、茶)园优势区沼肥充分高效利用，保障优质农产品生产。深化与科研院所、大专院校和龙头企业之间的合作，在户用沼气和沼气工程集中的区域，稳步开展农村沼气服务体系提档升级，优化整合农村沼气服务网点，形成功能齐全、设施完备、技术先进的新型服务网络。

【太阳能利用推广】 2018年，浙江省农村持续推广使用太阳能热水器和光伏发电，助推生态省创建。起始于嘉兴海宁县农村，全省农村地区太阳能热水器达682.84万平方米，大部分农村普及太阳能热水器，同时分布式光伏发电面积不断扩大，建成规模居全国第一的江山200兆瓦“农光互补”和慈溪200兆瓦“渔光互补”地面光伏电站。

【新能源技术创新】 2018年10月5日，省政府制订《浙江省建设国家清洁能源示范省行动计划(2018—2020年)》，从推进能源技术革命、加快清洁能源产业发展、培育节能服务业等方面做出具体部署。全省各地加强分布式能源、储能、生物醇基燃料等技术研究，陆续突破一批核心关键技术。大力发展光伏、风力发电、潮汐潮流能发电等能源技术装备，建成一批清洁能源产业基地。加快推进杭州、温州风机整机及核心配套装备产业基地建设，以及嘉兴光伏产业高新园区、桐庐富春江水电基地、舟山海上风电产业基地和丽水绿色能源基地建设。

(省农业农村厅　供稿)

畜牧业

【概况】 2018年，浙江省畜牧业总产值331.8亿元，比上年下降10.6%，占农业总产值的10.5%；畜牧业增加值148.02亿元，下降10.4%。生猪出栏量1007.85万头，下降14.3%；年末存栏量516.79万头，下降4.8%；饲养量1428.41万头，下降8.7%；可繁母猪存栏48万头，下降0.9%。肉类总产量105万吨，下降8.8%。其中，猪肉产量73.95万吨，下降11.2%；禽肉产量26.39万吨，下降2.3%；牛肉产量1.24万吨，下降6.1%；羊肉产量2.29万吨，下降3.0%；禽蛋产量31.49万吨，下降12.2%；牛奶产量15.73万吨，增长9.9%。

【畜牧业绿色发展示范省建设】 2018年，浙江省继续实施《创建全国畜牧业绿色发展示范省三年行动方案(2017—2019年)》，衢州、温州、宁波3个市，31个县(市、区)开展整建制畜牧业绿色发展示范创建，全省建成临安区、象山县、宁海县、平阳县、长兴县、诸暨市、嵊州市、金东区、衢江区、缙云县、龙泉市11个畜牧业绿色发展示范县，推荐衢江区、平阳县、龙泉市、南浔区、金东区、江山市6个县(市、区)为全国畜牧业绿色发展示范县。推进美丽牧场创建，年内全省认定省级美丽牧场324个，取消经核查不合格的原认定的19个养殖场省级美丽牧场称号。浙江畜牧业绿色发展示范省创建通过农业农村部专家组中期评估。

【畜牧业生产政策扶持】 2018年，浙江省落实发展畜牧业资金5.52亿元，其中，中央财政2.21亿元，省级财政3.31亿元。项目建设投资中，淳安县国家级地方鸡基因库改扩建项目1564万元，江山市、萧山区、衢江区、龙游县畜禽粪污资源化利用整县制推进项目资金7400万元，丽水蜜蜂产业提升改造项目资金500万元。全年安排省级畜牧业项目建设资金1.12亿元，其中，10个绿色发展示范县建设资金4780万元，蜜蜂产业振兴项目资金1200万元，湖羊产业振兴项目资金1400万元，219个美丽牧场建设资金1752万元， 27个县畜禽定点屠宰改造提升项目资金1530万元，苍南县、嘉兴市2个动物卫生监督检查站建设资金580万元。全年落实扶持经费3.61亿元，其中，全省规模化养殖场病死猪无害化处理经费1.6亿元，动物疫病强制免疫疫苗经费5688万元，屠宰环节病害猪无害化处理专项经费4685.35万元，龙游县、衢江区等12个国家主要生猪调出县(市、区)省级奖励2593万元，12个县(市、区)14家家禽定点屠宰企业补贴2000万元，基层动物防疫工作补贴2000万元。

【畜禽绿色生态养殖】 2018年，浙江省经省级遴选、部级专家评审，浙江灯塔种猪有限公司、浙江武义绿驰农业开发有限公司、慈溪市新浦益大养鸡场、缙云县阿贤家庭农场4个养殖场被农业农村部授予全国畜禽养殖标准化示范场。全年实施改造或新建标准化羊场和规模化蜂场35个。完善畜禽养殖污染防控机制，出动30.9万人次开展网格化巡查，巡查覆盖乡镇1083个。组织开展养殖污染治理回头看，全省排查并消除隐患276个。8月，省农业厅、省环保厅联合印发《浙江省畜禽养殖废弃物资源化利用工作考核办法(试行)》，并制定全省畜禽养殖废弃物高水平资源化利用工作方案。全省11个市、56个县(市、区)相继出台畜禽粪污资源化利用工作方案。全省畜禽养殖废弃物资源化利用工作通过国家级考核，综合成绩排名全国第一。推进集粪棚和农牧对接绿色循环体建设，改造完成养殖场封闭式集粪棚1540个，建成农牧对接绿色循环体215个。全省生猪规模养殖占养殖总数的93.4%，其中年出栏500头以上养猪场出栏数占总出栏的84.3%，增长2.9%；肉鸡规模养殖占94.9%，增长0.9%；奶牛规模养殖占96.1%，增长1.2%。

【畜禽养殖技术推广】 2018年，浙江省全面推广母猪高产减排配套技术、畜禽养殖节水减排技术等12项先进的畜禽养殖技术。通过推广畜牧业“机器换人”，提升规模场精准饲喂、智能环控技术，建立生猪、家禽、奶牛、湖羊等主要畜种智能养殖示范牧场10个。组织开展畜禽养殖粪污资源化综合利用、新型发酵床技术、新型清粪工艺等研发应用，指导创建发酵床养殖示范场200个。制定《猪场综合减臭技术导则》《畜禽规模养殖场封闭式集粪棚建设指南(试行)》，推广集成综合减臭技术模式。评选生猪综合减臭示范场15个，指导改造存栏500头以上养殖场封闭式集粪棚1540个。汇编印发《科学生态养猪八大主推技术升级版》，编辑出版《规模湖羊场精细化饲养管理技术及装备》《现代农业装备与应用》《南方地区幼龄草食畜禽饲养技术研究进展》等畜禽养殖技术书籍。

【饲料生产和生猪屠宰】 2018年，浙江省有饲料和饲料添加剂生产企业420家，其中年产量50万吨以上的饲料企业78家，有2家饲料生产企业获部级饲料质量安全管理规范示范称号，3家企业获省级示范称号。全年生产饲料和饲料添加剂604.69万吨，产值389.35亿元，分别比上年下降4.2%和增长1.3%。全省有生猪定点屠宰企业201家，其中定点屠宰场(厂)101家，小型屠宰场点100家。全年屠宰生猪1538万头，下降10.6%；屠宰(年屠宰2万头以上)规模企业118家，屠宰生猪1450万头，占全省屠宰总量的94.3%。有牛集中屠宰点20个，屠宰牛17.62万头，下降18.5%。羊集中屠宰点10个，屠宰羊7.97万头，下降42.8%。设区市认定的家禽定点屠宰企业20家，年屠宰净膛家禽4428万羽，增长7.9%。

【动物疫病防控】 2018年，浙江省组织开展重大动物疫病防控工作，全年完成免疫口蹄疫1566万头次、猪瘟1531万头次、猪蓝耳病627万头次、羊小反刍兽疫214万只次、高致病性禽流感2.25亿羽次，应免畜禽的重大动物疫病免疫密度达100%，免疫合格率均达70%以上。制定实施《浙江省家禽H7N9流感防治实施方案(2018—

2020年)》,开展家禽H7N9流感全面免疫,全省未出现人感染病例。制定实施《浙江省奶牛布鲁氏菌病结核病控制与净化方案》,在10个市18个重点县30个牛羊养殖场开展布病净化县(场)创建工作。全省布病监测家畜各类样品12.45万份,分别发现布病阳性奶牛37头、其他种类牛2头和羊69头,监测奶牛结核病3.6万头,发现阳性病牛22头,均及时予以规范处置。普查牛血吸虫病1903份样品,农业面源血吸虫病保持阻断标准。对全省10个市39个县(市、区)人间布鲁氏菌病(布病)感染病例开展溯源问卷调查。举办全省防疫技能大比武,开展重大动物疫病防控和畜产品安全监管目标管理考核,表彰奖励在疫病防控和产品安全监管工作成绩突出的宁波市等6个市指挥部和临安区等22个县(市、区)指挥部,省农业农村厅获农业农村部年度加强重大动物疫病防控延伸绩效管理考核表彰。年内,全省设立动物产地检疫申报点507个,屠宰检疫工作室146个。产地检疫动物1.62亿头只,屠宰检疫动物6839.84万头只,全省发放动物检疫电子证805.86万份,省外动物及其产品调运网上备案审批83.17万批。

【非洲猪瘟疫情专项防控】 2018年8月,国内发现非洲猪瘟疫情。省农业农村厅第一时间派出专家组,与农业农村部工作组、当地政府及相关部门共同做好疫情处置。全面检测排查重点区域、关键环节,对高风险区实施抽样监测全覆盖,增加对外省调入生猪及猪肉、含有猪血制品的猪用饲料、运输车辆等抽样监测,累计追溯省外调入生猪及其产品3.2万批次,检测各类样品4983份。全省范围加强餐厨剩余物管理,省建设厅等六部门联合部署加强餐厨垃圾收运处置管控工作,提升餐厨垃圾无害化处理水平。全面禁止从风险地区调入生猪及其产品,暂停运输车辆享受绿色通道政策,加强产地检疫和屠宰检疫。加强对跨省调入生猪及猪肉产品的检查力度,加强公路动物卫生监督检查站管理,省际边界增设200多个临时检查站,实行24小时值守,基本实现省际道路管控全覆盖。全面实行省外生猪产品定点调运管理制度,将19个省202家生猪定点屠宰企业、753个调运经营主体纳入名录库,实行动态管理。出台《浙江省生猪运输车辆管理暂行办法》等制度,加强生猪运输车辆信息采集、车辆备案审核,明确生猪运输车辆具备条件、运输过程台账管理,落实货主防疫主体责任。各级市场监管部门开展执法检查4.11万次,检查各类主体42万余个次。编印"非洲猪瘟防控技术指导手册"2.6万份,发放到养殖、调运、屠宰、动物疫情监察等部门,开展多种形式宣传培训,提升防疫意识。

【畜禽种质资源保护】 2018年,浙江开展畜禽种质资源保护工作。省农业农村厅发布江山福赐德中蜂种蜂场、江山市蓝丰种禽有限公司等9个第二批省级畜禽遗传资源保种场名单,并落实省级保护经费597万元。完成"鹊山鸡""宫廷黄鸡"等5个家禽遗传资源多样性调查及遗传距离分析调研,浙江沃德威先种猪有限公司被农业农村部认定为"国家生猪核心育种场","淳安县国家级地方鸡基因库改扩建项目"获农业农村部批准立项。

【畜禽养殖废弃物综合利用】 2018年,省农业农村厅、省生态环境保护厅联合印发《浙江省畜禽养殖废弃物资源化利用工作考核办法(试行)》,制定全省畜禽养殖废弃物高水平资源化利用工作方案。全省11个市、56个县(市、区)制定出台畜禽粪污资源化利用工作方案。该项工作通过农业农村部、生态环境保护部畜禽养殖废弃物资源化利用考核,综合成绩排名全国第一,全省畜禽废弃物资源化利用率达88%。推进集粪棚和农牧对接绿色循环体建设,全省改造完成养殖场封闭式集粪棚1540个,建成农牧对接绿色循环体215个,推广有机肥110万吨。完善养殖污染线上线下防控机制,全年参加网格化巡查30.9万人次,覆盖乡镇(街道)1083个。

【病死动物无害化处理】 2018年,浙江省建有病死动物无害化集中处理厂42家,处理范围覆盖64个县(市、区)。采用焚烧、碳化、化制等主导工艺,配置专业封闭式运输车113台,形成近12万吨的年工业化处理能力。建立死亡动物收集暂存中转点2000多个,并配备相应的收集服务人员和小型收集车辆。杭州、宁波、湖州、嘉兴、台州五市实现工业化处理全覆盖,温州市、绍兴市出台跨区域联动政策。61个县(市、区)实施生猪保险与无害化处理联动。

【畜产品质量安全】 2018年,浙江省对家畜养殖、流通、屠宰等环节实施"瘦肉精"等违禁物质抽检136万批次,抽检合格率保持在99.9%以上。活畜养殖环节连续4年保持"瘦肉精""零检出"。全年处置省外调入活畜"瘦肉精"案9起,销毁4省(区)输入的阳性牲畜73头。推动兽药经营追溯制度建设。开展饲料生产行业和兽药使用专项检查,抽查饲料和饲料添加剂生产企业120家,抽检相关饲料产品222批次。开展兽药专项检查,出动检查人员5300多人次,检查养殖场2751个,责令整改问题养殖场54个。

(省畜牧农机发展中心 李玲飞)

渔　业

【概况】 2018年,浙江省深化渔业结构性改革,坚持减量增收、提质增效、绿色发展,促进全省渔业生产平稳健康发展。着力转变资源利用方式,海洋捕捞实施减船转产,全年减少渔船2208艘,缩减功率38.8万千瓦,渔民转产2万人。开展海洋渔业限额捕捞试点,内陆水域实行春季禁渔制度。印发《关于做好2018年浙北渔场梭子蟹限额捕捞试点工作的通知》,明确入渔申请、配额执行和试点监管要求。全年全省水产品总产量595.7万吨,比上年增长0.2%。其中:国内海洋捕捞产量287.4万吨,下降7.1%;海水养殖产量121万吨,增长4.0%;内陆捕捞产量13万吨,增长15.1%;淡水养殖产量113.3万吨，增长2.3%；远洋渔业产量61万吨，增长30.5%。全省渔业经济实现总产值2181亿元，下降4.5%。其中渔业总产值1064亿元，增长6.4%。渔民年人均纯收入2.77万元，增长11.3%。开展水产养殖专项调查，旨在改变和淘汰粗放的养殖方式，推广健康、新型、绿色的养殖方式。推广"虾塘混养""贝藻混养""稻鱼共生""稻鳖共生""双季稻+虾"等立体种养和连作模式，实现"稻渔互促、绿色生态"，拓展渔业发展空间。年内，全省各地对饮用水水源、自然保护区等重要生态保护地带划出"红线"，禁止或限制水产养殖；湖泊、水库等公共自然水域进行非法养殖清理；抓好网箱、围网、围栏养殖治理，重点控制集中连片的水产养殖区域养殖污水排放；向千岛湖、内陆河流等水域投放鲢、鳙鱼苗，消耗引发水华的藻类，取得良好的生态效果。年内，全省建成国家级海上牧场4个，投放人工鱼礁5.3万空立方米。对13个国家和省级水产种质资源保护区进行全面检查，尤其加强东海带鱼种质资源保护区的管理。

【渔港建设】 2018年12月23日，省政府办公厅印发《关于加强渔港建设管理推进渔港经济区建设的意见》，规范全省渔港经济区建设各项工作。年内，全省新开工苍南信智二级渔港升级改造工程等项目9个，续建嵊泗中心渔港二期工程等项目16个，完成岱山高亭中心渔港疏浚工程等项目4个，温州洞头中心渔港东防波堤工程等项目5个通过竣工验收。全年投入渔港经济区建设资金4.46亿元，为年度计划2.23倍。

【渔业科技推广与渔业标准化建设】 2018年，全省渔业科技立项20项，项目经费3000万元。创科技成果5项，获发明专利94件、实用新型专利18件、软件著作权专利2件。全省建立首席渔技推广专家、渔技指导员、责任渔技员、社会化渔技推广人员组成的四级联动新型渔技推广体系。采取异地研修、集中办班、现场实训、网络培训等形式，提高基层渔技人员专业水平和技能，推进生态养殖模式与绿色先进技术应用。全省建立水产养殖示范基地157个，培育科技示范户4074户，示范推广面积2.13万公顷，培训渔技人员1600人次。发布海洋与渔业领域省级地方标准5项。

【初级水产品质量安全监管】 2018年，全省渔业主管部门坚持质量兴渔、绿色兴渔和品牌强渔的渔业发展导向，开展"渔业质量年"行动，全面提升水产品质量安全水平。制订水产品质量安全工作要点和"渔业质量年"工作行动方案，明确全年工作目标和重点工作任务。开展专项整治行动，严格规范水产品中使用保鲜剂(着色剂)的行为，严禁使用禁用或超剂量滥用保鲜剂。全省出动执法人员1.83万人次，检查各类水产品企业或场地9730家(处)，发放宣传资料3.17万份、告知书7875份，签订承诺书7313份，查处案件16件，处罚金额6万余元，无害化处理问题水产品2.4万千克。移送司法机关案件5件，其中德清县农业局查处沈某某在黄颡鱼产品中使用孔雀石绿案被农业农村部列入农产品质量安全执法监管十大典型案例。强化初级水产品质量检测，全年完成产地水产品监督抽检近3000批次，合格率99.6%。组织开展赤潮期间海水贝类产品监测，严格防控赤潮毒素污染贝类产品。在全国率先推行水产品合格证制度，联合省农业、林业主管部门出台《关于其他具有一定规模农产品生产者的认定标准(试行)》《浙江省食用农产品合格证管理办法(试行)》，食用农(水)产品合格证管理工作纳入省政府对各市食品安全目标责任制考核内容和"双随机"检查重点内容，重点加强规模以上渔业企业主体合格证管理。

【渔业互保】 2018年，全省渔业互保参保渔民11.49万人，参保渔船1.24万艘，基本实现参保渔民和渔船全覆盖，全省互保费规模达6亿元。渔业互助保险覆盖全省24个县(市、区)，包括沿海地区18个、淡水地区5个县(市、区)的所有渔业乡镇(街道)、村(社区)、公司，互保业务涉及渔船、渔民、休闲渔业、渔业基础设施和水产养殖等。全省(不含宁波，下同)渔业互助保险承载风险保额1434.8亿元，受理理赔案件5947件，支付赔款4.3亿元。接受各级政府财政补贴1亿元，其中中央财政补贴74.3万元、省财政补贴7970.6万元、市和县(市、区)财政补贴2186.8万元。省政府办公厅印发《关于加强政策性渔业互助保险工作意见》，推进现代渔业风险保障体系建设，全省意外身故人均保额85.1万元，意外致残人均保额48.4万元；意外医疗人均保额20.9万元；开发并试点休闲渔船承运人责任险，涉渔单位团体意外、船厂财产、渔业基础设施、冷藏渔船货运险等涉渔领域互助保险业务。积极探索养殖险试点，深化与淡水地区水产技术推广机构、省海洋预报监测中心合作，全年提供风险保障3.6亿元，支付赔款5528.9万元。开展省外委托查勘、重大案件沟通协作。与秘鲁、乌拉圭等国家和地区渔业公司签署境外代理协议，创建境外远洋渔船查勘定损新路子。全省设立协保单位115个，发展协保员184名。落实各项优惠政策，渔民会员全年享受超过省财政补贴标准保额部分费率优惠4525.4万元；享受无理赔优惠和参保优惠5716.1万元；为生活困难和参与海上救助的会员发放补助632.8万元。

【水产养殖】 2018年，浙江水产养殖业坚持绿色发展导向，推进县级养殖水域滩涂规划编制发布，按照"调整结构、转变方式、明确空间、强化管控"原则，明确划定养殖区、限养区和禁养区。全省80个县(市、区)制订发布《养殖水域滩涂规划》，规划养殖面积102.2万公顷，其中规划范围已养面积24.84万公顷。全省创建农业农村部水产健康养殖示范场297个，启动吴兴、三门和洞头3个县(区)创建农业农村部渔业健康养殖示范县，全域推进健康养殖和规范管理。大力发展池塘循环水养殖模式，全省建成各类池塘循环水养殖水槽680条，覆盖面积480.67公顷。加快推广稻鱼综合种养技术，建立省级新型稻鱼综合种养示范基地16个，核心示范面积470.73公顷，辐射推广面积3.33万公顷以上。深入实施配合饲料替代冰鲜鱼行动，全年推广池塘养殖面积2533.33公顷、海水网箱1.8万只。出台《浙江省水产养殖污染防治管理规范》，全省完成建设水产养殖尾水治理示范点563个，覆盖面积8800公顷。

【海洋捕捞】 2018年，浙江省海洋捕捞总产量287.39万吨，比上年下降7.1%；总产值575.4亿元。全省拥有机动渔船3.18万艘，下降7.4%；总功率450.1万千瓦，下降0.2%。其中，国内海洋捕捞渔船1.61万艘，功率284.7万千瓦，分别下降5.3%和0.9%；远洋渔船703艘，功率67.6万千瓦，分别增长13.9%和12.5%；养殖机动渔船6613艘，功率7.5万千瓦，分别下降13.1%和10.5%。全省海洋捕捞减船转产工作持续推进，年内完成减船2069艘；严格执行新海洋伏休政策，开展历史上规模最大的渔船安全管理“打非治违”专项行动，在幼鱼保护时间段实施季节性减量捕捞。推进捕捞作业结构调整，实现捕捞结构性减量和捕捞规格提档，全省在捕捞总体减量的情况下，捕捞品种质量保持一定幅度的提升。

【远洋渔业】 2018年，全省远洋渔业生产发展态势平稳，基础设施建设、基地建设等工作加快推进。贯彻落实省政府《关于促进远洋渔业健康发展的若干意见》，确保浙江远洋渔业持续健康发展。加快舟山国家远洋渔业基地建设，舟山新增年吞吐能力100万吨码头1座，并成立国际远洋水产品加工贸易基地、舟山国际远洋水产品贸易中心。加强远洋渔业安全监管和违规问题查处，协助农业农村部调查处理远洋渔业违规作业、转载及擅自更换AIS（船舶自动识别系统）等案件7件。完成年度远洋渔船报废拆解、船型标准化及相关补助资金核算发放。全年更新改造远洋渔船37艘，补助资金2.4亿元；开发利用远洋渔船506艘，补助资金7.03亿元。全省持有农业农村部远洋渔业捕捞资质企业43家，拥有远洋渔船677艘。全年远洋捕捞水产品产量61万吨，比上年增长30.5%；远洋捕捞产值53亿元，增长17%。

【渔业综合执法】 2018年，全省各级渔政执法部门以渔场修复振兴暨“一打三整治”（打击涉渔“三无”船舶和整治“船证不符”渔船与渔运船、禁用渔具、海洋环境污染）专项行动为中心，开展“亮剑”“三战”（幼鱼保护战、伏休成果保卫战、禁用渔具剿灭战）等专项执法行动，严厉打击各类渔业违规违法行为，推动全省渔场修复工作。全年组织检查渔船2.6万艘、渔船修配场所4.21万个，没收违禁渔具19.2万顶（张），查处各类违法违规案件6063件、违禁渔获物1846吨。其中，处罚“三无”（无船名、船舶证书、船籍港）渔船1417艘，移交刑事处理案件631件，涉案人员1376人。组织开展全省渔船执法检查，加大对非法捕捞行为打击力度。深入开展水生野生动物资源管理执法工作，各地检查水产养殖场、苗场及相关场所8061个，收缴和放生水生野生动物20头。协助有关部门开展海上综合治理，全年调解污染死鱼案件38件，查处渔业环保案件11件，为养殖户挽回经济损失21.5万元。查获涉嫌走私成品油案件38件、走私成品油4222.63吨，涉案船舶40艘。

【渔业安全生产监管】 2018年，全省渔业管理部门开展“平安渔业示范县”创建工作，加强安全警示教育和平安生产检查，提升安全生产预控能力，有效遏制重特大事故发生。3月，省海洋与渔业局印发《浙江省渔船北斗船载终端设备升级改造实施方案》，对全省渔船北斗船载终端设备实施升级改造。全年培训渔业安全生产人员3.25万人次；发放安全生产宣传资料5000份。渔业安全监管部门检查渔船24420艘次。全年发生渔船水上生产性事故39起，沉船3艘，死亡（失踪）46人，直接经济损失567万元，事故数、死亡（失踪）人数、直接经济损失分别比上年下降22.0%、22.0%和56.1%。发生较大责任事故2起，死亡（失踪）8人。全省救助海难事件743件、遇险渔民5726人，挽回经济损失1.98亿元

【水生生物资源养护】 2018年，全省渔业主管部门将海洋渔船“双控”和渔捞总量控制目标分解至沿海各市渔业管理部门，并纳入绩效考核指标内容。推进以人工鱼礁为重点的海洋牧场建设，累计投入海洋牧场建设资金2亿元，中街山列岛海域、马鞍列岛海域、象山渔山列岛海域、平阳南麂列岛海域、椒江大陈海域、洞头海域被农业农村部批准为国家级海洋牧场示范区。开展水生生物增殖放流工作，严格规范放流物种选择、供苗单位确定、苗种质量监管、验收投放等环节，新增和调整宽鳍鱲等4个增殖放流种类、规格，提高增殖放流规范性、科学性和可操作性。全年投入资金2亿多元，增殖放流各类水生生物苗种54.46亿尾（只）。组织省海洋水产研究所、省淡水水产研究所、省海洋水产养殖研究所及舟山市开展重点放流水域增殖放流效果跟踪调查。调查显示增殖放流附近海区渔业生物重量资源密度、数量资源密度和物种丰富度指数均有显著提升。

【水产种质资源与水生野生动物保护】 2018年，浙江省持续推进水产种质资源保护区基础建设，全省海域内先后建成东海区带鱼国家级水产种质资源保护区、乐清湾泥蚶国家级水产种质资源保护区、象山港蓝点马鲛鱼国家级种质资源保护区，诸暨浦阳江黄尾密鲴省级水产种质资源保护区、长兴南太湖翘嘴红鲌省级水产种质资源保护区、龙泉紧水滩倒刺鲃省级水产种质资源保护区等省级水产种质资源保护区5个。重点保护区设立界碑标志、禁渔告示栏，定期进行巡视。全年省、市、县（市、区）渔政执法机构联合开展水生野生动物保护专项执法行动，检查水产码头、水族馆、餐馆、水产经销点等场所。

（省农业农村厅　供稿）

林　业
Forestry

综　述

【概况】 2018年，浙江省推进林业改革，加强林业资源保护，林业富民各项工作取得新进展。全省森林面积607.82万公顷，森林覆盖率61.2%，林地保有量660.95万公顷。活立木蓄积（包括森林蓄积、疏林蓄积、散生木蓄积和四旁树蓄积）3.67亿立方米，森林植被碳储量2.58亿吨，森林生态服务功能价值5778.66亿元。完成植树造林1.69万公顷，组织义务植树2679万人次；开展“新植1亿株珍贵树”五年行动，累计新植珍贵树6597.1万株。全年实现林业总产值6207亿元，比上年增长10%。

【林业生态建设】 2018年8月14日，省政府印发《浙江省高水平推进国土绿化美化行动计划（2018—2022年）》，全面部署五年国土绿化工作。全省林业系统实施造林更新面积1.69万公顷，完成年度计划任务的168.6%。其中，人工造林7400万公顷，封山育林630万公顷，迹地（采伐、火烧、病虫害防治后尚未重新种树土块）更新8800万公顷。实施平原绿化1.07万公顷，完成年度计划任务的160.5%。省林业局编制《浙江省“一村万树”三年行动计划》，并出台专项扶持政策。在江山市、德清县、柯城区召开现场推进会，推进“一村万树”建设。全年全省建成示范村346个、推进村3174个。支持庆元县“万亩楠木林”和龙泉市“万亩红豆树林”建设，加大珍贵树种植力度。

【彩色森林创建】 2018年9月28日，省林业局制定《森林抚育目标树选择和密度控制技术规程》，推动全省珍贵彩色森林建设。全年实施森林抚育补助项目面积2.9万公顷，建成彩色健康森林和木材战略储备林1.99万公顷，分别完成年度任务的101.9%和104.3%。编制《浙江省森林经营规划（2016-2050年）》，开展县级森林经营规划编制工作。舟山、桐庐、安吉、江山4个市、县（市）被国家林业和草原局授予“国家森林城市”称号，全省累计创建国家森林城市16个，国家森林城市数量全国第一。《金义都市区森林城市建设规划（2018—2027年）》通过专家评审，金义都市区森林城市群建设启动。年内，新增省级森林城镇95个，6个行政村被国家林业和草原局授予“全国生态文化村”称号。

【古树名木保护】 2018年，全省林业部门加强古树名木保护和森林古道修复，实施古树名木资源全省普查。全省现存古树名木26.44万株，隶属77科207属482种，其中国家一级保护名木1.31万株，主要树种为香榧、香樟、枫香、苦槠等。全年省财政投入古树名木保护专项资金2000万元，保护古树名木1406株，建成古树名木主题公园52个。实施古树名木电子挂牌全覆盖，累计挂牌9.96万块，设立树碑及其他宣传牌匾4.48万块。省林业局制定《浙江省古树名木认养办法》《浙江省古树名木认定办法》等规范性文件，健全古树名木长效保护机制。路桥区、秀州区、泰顺县等地推行古树名木“树长制”，淳安县、定海区、普陀区等地开展古树名木认养，新昌县、开化县、松阳县等地施行古树名木综合保险。

（省林业局　谢　力）

林业产业发展

【概况】 2018年11月29日，省林业局制定《浙江省木本油料产业高质量发展三年行动计划（2018—2020年）》，实施木本油料、竹子、花卉苗木生产新一轮产业发展计划，促进一二三产业融合发展。全年实现林业产业总产值6207亿元，比上年增长10%；木材产量123.42万立方米，增长28.6%。特色经济林面积95.45万公顷，产量513.2万吨；新增木本油料基地0.75万公顷，临安区、常山县、诸暨市等县（市、区）被国家林业和草原局列入全国经济林产业区域特色品牌建设试点单位，安吉竹产业示范园区入选国家林业产业示范园区。

【林业苗木保障】 2018年，省林业系统加快林业保障性苗圃建设，加强珍贵树种容器苗培育，提升林业苗木保障能力。组织开展全省珍贵树种赠苗植树活动，省林业局联合省广电集团举办“绿色传递、为爱播种”全省1亿株珍贵树示范推广行动。举办赠苗植树活动204次，赠送珍贵树苗91.4万株，参与人数18.5万人次。落实改善苗圃基础设施资金，新建自控荫棚6.93万平方米、温室大棚5652平方米。全年全省林业保障性苗圃培育苗木5519万余株，其中培育珍贵彩色树种2510多万株。

【林木良种推广】 2018年，省林业局修订和编制《浙江省林木品种审定办法》《浙江省林木品种审定技术规范（试行）》《浙江省林木良种推荐目录》，建立品种选育、推广示范联动机制，推进林下中药材、经济林、珍贵树种良种示范建设。通过举办现场品尝会、推介会等形式推广林木良种。10月12日，中央电视台农业经济频道播出兰溪市苗圃举办甜柿新品种品尝会的新闻。全年浙江选育的优良林木品种被国家林业和草原局认定林业植物新品种50种，被省林业局认定林业植物新品种22种。

【林业科技创新】 2018年，全省林业系统加强林业科技创新平台建设。杭州林业科技示范园区被国家林业和草原局认定为国家林业科技示范园区；林业感知技术与智能装备重点实验室和森林食品资源利用与质量控制重点实验室被列入国家林业和草原局重点实验室；竹林碳汇工程技术研究中心和冬青工程技术研究中心被国家林业和草原局认定为国家工程技术研究中心。清新空气（负氧离子）监测网络建设取得成效，全省建立清新空气（负氧离子）林业功能站44个，空气质量信息在浙江卫视和

"钉钉"平台统一发布。3项林业科技成果获国家科学技术进步奖二等奖，23项成果获第九届梁希科学技术奖，57项成果获第18届科技兴林奖，"楠木等5种珍贵树种种质资源保育与创新利用"等5项成果获省科技进步奖二等奖，"浙江省主要经济竹类新品种选育与育种技术创新"等2项成果获省科技进步奖三等奖。省政府与中国林科院续签新一轮省院全面合作协议(2019—2023年)，第四轮林业科技省院合作启动。省林业局制定的《竹炭相关系列标准》被列入浙江省标准优秀贡献奖。省林业系统主持或参与制修订国家标准14项、林业行业标准30项、省地方标准12项。9家林业企业被国家林业和草原局列入国家林业标准化示范企业名录，其中4家为复评企业。

【林木良种基地建设】 2018年，全省林业系统加强林木良种基地建设，全年收集种质资源信息2.4万条、保存信息1.3万条、鉴定评价信息0.9万条。组织良种基地、种质资源库人员参与全省林木育种技术培训，提高良种基地的自主创新育种能力。提升良种树木在林木结构中的比例，年内新建楠木、青冈等珍贵树种种子园、母树林26.67公顷，香榧、薄壳山核桃良种采穗圃13.33公顷，增收楠木、赤皮青冈等珍贵树种优良种子600千克。落实良种基地中央财政林木良种项目补贴资金1037.8万元。

【林业龙头企业培育】 2018年，省林业局开展林业重点龙头企业测评、检测和认定工作。新认定省级龙头企业20家，测评合格省级林业龙头企业139家，取消测评不合格的省级林业龙头企业52家。完成15家国家级林业重点龙头企业的检测。组织林业有关企业参加国家林业和草原局举办的电子商务培训班，推进全省林业电子商务发展，通过"电商换市"，促进产业转型升级。组织省内各类林业产品参加上海、安徽、广东等地产品展销和推介宣传活动，组织相关企业参加中国(上海)国际地面材料及铺装技术展览会、第二届中国(上海)国际竹产业博览会、国际(眉山)竹产业交易博览会等展会，扩大浙江林业企业和林产品的影响力和知名度。

【林业种苗行政执法年行动】 2018年，全省林业主管部门开展林业种苗行政执法年行动，打击侵犯植物新品种权和制售假冒伪劣种苗违法行为。全年组织行政执法培训3057人次，参加主题宣传活动3720人次，通过广播、电视、网络等发布信息932条，印发宣传资料2.04万份。开展全省林木种苗质量抽查，检查生产单位268个、树种60种、苗种542个批次，其中省级检查23个县(市、区)27个单位81个苗种批次。组织实施林木种苗"双随机"抽查，全省抽查林木种苗生产经营企业288家，督促限期整改违规生产经营行为5件。掌握全省市场种苗需求实际情况，做好数据信息共享和服务工作。规范林业种苗行政执法监管行为，推进林业种苗经营行政办事程序标准化，全年调整和简化林业种苗办事事项6项。

【"一亩山万元钱"行动】 2018年，全省林业部门启动新一轮"一亩山万元钱"5年推广行动。建立示范基地5.97万公顷，培训林农2.26万人次，参与企业或合作社1800个、农户4.54万户，实现总产值80.86亿元。编制《浙江省"一亩山万元钱"五年行动林业科技指导专家责任制度手册》，落实68个县(市、区)省级指导专家、县级首席专家和乡镇(街道)责任林业技术员联系制度。推广"一亩山万元钱"科技富民示范模式，推进各地申报中央财政林业科技推广示范项目10多项，扩展"一亩山万元钱"科技富民行动规模，该推广活动获中国林学会第七届"梁希科普活动奖"和第18届省林学会科技兴林奖科普活动一等奖。

【林事活动】 2018年，全省林业部门推进森林休闲养生业发展，温州市、磐安县、天台县、开化县等地举办浙江森林旅游节，营造森林旅游休闲养生良好氛围。9处基地、民宿、露营地被中国森林旅游节组委会列入全国最佳森林健康养生基地、最美森林人家、最美森林古道、最美民宿和最美森林露营地榜单，成为全国上榜数量最多的省份。省林业局与衢州市政府联合举办"美丽浙江，有礼衢州"展览会，展示浙江森林旅游资源和产品，宣传推介浙江美丽"大花园"旅游建设成果。衢州市、桐庐县被国家林业和草原局列入全国森林旅游示范市、示范县名录。举办第11届中国(义乌)国际森林产品博览会，33个国家和地区的1673家企业参展，到会客商25.21万人次，实现交易额50.36亿元，比上届增长3.5%。举办中国(萧山)花木节、浙江省杜鹃文化节暨中国嘉善杜鹃花展、海宁世界花园大会、浙江(温州)花卉博览会等重大花事活动，为花农苗企搭建营销平台，促进产销对接。其中中国(萧山)花木节达成交易意向金额7.6亿元，长兴花木大会签订交易订单金额2亿元。 (省林业局 谢 力)

林业资源保护

【概况】 2018年，浙江省森林覆盖率稳中略升，林木蓄积量保持增长，森林资源和生态状况呈现总量增长、质量提升、结构改善、功能增强的良好态势。全省林地保有量660.95万公顷，森林蓄积3.3亿立方米，毛竹总株数31.34亿株。乔木林单位面积蓄积量76.79立方米/公顷，其中，天然乔木林74.49立方米/公顷，人工乔木林83.04立方米/公顷。毛竹林每公顷立竹量3548株。活立木蓄积总生长量与总消耗量之比为2.67∶1，活立木蓄积量继续呈现生长大于消耗的态势。全省森林覆盖率61.2%，居全国前列。

【林地保护管理】 2018年，全省林业管理部门推进森林资源二类调查和数据汇总工作，全面掌控全省森林面积、蓄积、起源、树种、林分状况、龄组结构等资源数据信息，形成全省"一张图"本底数据库。建立运行"一张图"信息平台，实行数据更新、业务管理、展示应用三大系统上线应用，林业数据总览、动态数据变更、资源年度出数、查询统计分析等应用功能开通启用。深化“最多跑一次”改革，资源审批系统全联通运行。推进木材运输审批全联通，拓展网上申请、数据共享、合法来源系统校验等功能，实现木材运输“一证通办”并与植物检疫事项同步办理。完成年度监测评价，运用遥感差异图斑判读核实、经营档案更新、外业补充调查、生长模型更新等技术，实现省、市、县三级资源监测年度出数全覆盖。制定《浙江省森林资源年度监测省级质量核查办法》，提高年度监测质量。制订《浙江省林业厅森林督查工作方案》，组织6个工作组分赴各市开展森林督查指导服务。全年录入林地征占用许可审批事项8021件、林木采伐许可审批事项2.36万件，抽查林地征占用许可477项、林木采伐许可事项2405件。加强林地利用调控和林地审批部门协调，办理林地项目5302项，比上年增长30.7%；使用林地面积8247公顷，增长14.2%；收取森林植被恢复费15.27亿元，增长25.1%。保障“四大”建设使用林地需求，对泰顺、常山等31个县(市、区)追加使用林地定额1561公顷。落实杭温铁路等79个省级重大项目的林地审批服务保障，使用林地面积1721公顷。完成庆元等30个县(市、区)县级林地保护利用规划的局部调整和完善。实施凭证采伐管理制度，全年核发林木采伐许可证2.91万份，蓄积林木211.47万立方米，分别增长9.6%和31.2%。

【平安林区建设】 2018年，全省林业管理部门开展“飓风”“雷霆”“春雷”“绿剑”禁种铲毒及严厉打击犀牛和虎及其制品非法贸易等专项行动，出动警力3.3万人次，查处各类涉林案件2214起，其中刑事案件323起，铲除并销毁罂粟等毒品原植物4.1万株。查办重大要案32起，其中省林业局挂牌督办14起。开展跨区域、多警种联防联控联打，移交省内外协查案件线索40多次，协助侦破案件20多起，协助外省单位调查取证60多次。省林业局组建10个督察组，采取交叉互查、暗访和突击检查相结合的方式，对森林公安机关及其民警依法履行职责、行使职权和遵守纪律情况开展全方位督察。推行“林区警长制”，构建林区治安主动防控网络，推进以“林区警长”为中心的情报信息体系建设，建立重点乡镇(街道)、自然保护区、林场等警务区364个，设立警务室(工作点)413个，建立护林联防队伍611支、1.09万人。

【森林消防综合治理】 2018年3月19日，省森林消防指挥部、省林业局、金华市政府联合举办“浙江省暨金华市‘3·19’森林消防宣传日广场活动”，宣传增强全民森林消防意识，全省发送手机提醒短信2.4亿条，出动宣传车6.8万辆次，设置宣传牌和禁火标志3万多块，电台、电视台播放宣传公告12.5万次。加强火源管控，及时发布高森林火险气象等级预警，对野外火源管理提出严格要求，各级政府派出3000个检查组深入基层开展森林消防专项检查，发现并督促整改森林火灾隐患6万余处，制止野外违规用火2万多次，收缴烟花爆竹、蜡烛纸钱108吨。组织全省主要林区市、县(市、区)政府分管领导和林业部门负责人70多人参加新任指挥员培训班，农民森林消防队伍骨干633人参加骨干培训班。全省开展各类培训370多次，培训人员2万余人；进行实战演练、比武100多次，参与人员1万余人。执行24小时值班和领导带班制度。实施人工增雨作业48次，增雨量4.2亿立方米，有效降低森林火险等级。实行航空护林飞机巡护侦察、处置火情，使用直升机安全飞行216架次、398小时40分，扑灭森林火灾5起。全年森林火灾发生45起，受害面积117.18公顷，分别比上年下降35.7%和53.2%。

【公益林与天然林保护】 2018年，全省林业系统贯彻落实《浙江省公益林和森林公园条例》，推进公益林区划落界完善工作，解决非林地、误划错划、改变林地用途、不符合区划条件、小班界线错误等诸多历史遗留问题，完成12个县跨县调整。全面启动国有、集体和个人天然商品林停伐管护补助区划落界和协议签订工作，年内完成方案制定、数据整理等基础性工作。 （省林业局　谢　力）

野生动植物保护

【概况】 2018年，浙江有高等植物5500种，其中木本植物1400多种，国家一级重点保护野生植物12种、二级重点保护野生植物44种，省级重点保护野生植物139种，百山祖冷杉、普陀鹅耳枥、天目铁木等28种被列入浙江特有树种名录。有百年以上古树及名木21.84万株，其中500年以上国家一级保护古树6149株。全省有兽类、鸟类、爬行类、两栖类野生动物689种，其中国家一级保护动物18种，主要有梅花鹿、黄腹角雉、白颈长尾雉等；国家二级保护动物97种，主要有穿山甲、黑熊、斑羚等。扬子鳄、朱鹮、黑麂、梅花鹿、黄腹角雉、白颈长尾雉等系浙江濒危保护动物。省内建有国家级自然保护区7个、省级自然保护区9个、自然保护小区353个，国家森林公园39个、省级森林公园80个，国家级湿地公园10处、省级湿地公园17处。

【野生动植物资源调查】 2018年，全省林业系统推进野生动植物动态监测，基本完成第二次陆生野生动植物资源调查。查清浙江省国家和省级调查物种的种群数量、分布与所处群落(生境)类型等资源现状，结合综合评价资源状况，分析目的物种动态变化原因及受威胁的各种因素，提出保护管理建议和监测方案。调查发现国家目的物种县级新分布94个、省级目的物种县级新分布52个，新分布点488个；研究发表植物新种7个，浙江新记录科3个、新记录属12个、新记录种80多个。实施水鸟调查，记录鸟类6.94万只，隶属12目39科；环志鸟类48种582只，隶属8目15科。

【野生动植物保护与人工繁育】 2018年，全省林业管理部门加强打击非法猎杀和经营野生动物的违法犯罪活动，实施珍稀濒危野生动植物拯救保护工程。开展野生动植物保护繁育，强化陆生野生动物疫源疫病防控。人工孵化成功朱鹮27只,野外自然繁育朱鹮23只,德清县朱鹮增至323只。全省新增扬子鳄445条,野外放归150条,野外种群总数840条,总数达6691条。华南虎繁育项目取得重大突破,年初首次产下3胞胎,累计繁育华南虎7只。五峙山列岛和韭山列岛共招引中华凤头燕鸥77只,成功繁殖25巢,两地中华凤头燕鸥增至102只,全球中华凤头燕鸥基本全在省内繁殖。推行省内獐易地保护和种群重建活动,全年放归獐40只,并对放归个体进行定位仪监管。宁波北仑区放归镇海棘螈120尾。实施天目铁木等28个植物原生境调查,以及就地和迁地保护工作。世界首例百山祖冷杉胚胎在浙江大学培养成功,并实现植株野外回归。普陀鹅耳枥子代苗木繁育达3万余株,天台县鹅耳枥苗木造林4公顷,用苗3000株。景宁畲族自治县木兰大规模种子繁育成功,并且进行野外回归试验。

【自然保护地管理】 2018年,省林业局自然保护地管理范围新增省级以上风景名胜区59个、海洋保护区16个、环保和地质类自然保护区4个、地质公园14个、世界自然遗产1个,各类自然保护地管理总面积超过1万平方千米。全省新建省级自然保护区1处、省级森林公园4处、省级湿地公园12处。创建开化县钱江源国家公园,率先在国内探索制定钱江源国家公园标准体系,完成试点区21个行政村集体林地地役权设定合同签订,实现省际毗邻镇村合作保护模式全覆盖。

(省林业局　谢　力)

水　利
Water Conservancy

综　述

【概况】 2018年,全省水利系统践行新时代治水工作方针,统筹治理水灾害、水资源、水生态、水环境,加强水利建设和法制化、标准化建设,发挥水利对社会经济发展的保障和支撑作用。加强高层次、高技能人才培养,全省水利系统新增享受国务院政府特殊津贴2人、获全国水利技能大奖2人、获全国水利技术能手称号3人。水利工程质量连续4年获得水利部建设质量工作考核A级优秀。

【防汛防台】 2018年7—8月,浙江省连续遭受8号"玛莉亚"、10号"安比"、12号"云雀"、14号"摩羯"、18号"温比亚"5个台风影响。全省积极做好防汛防台工作,最大限度减少人员伤亡和财产损失。至汛期结束,全省因灾直接经济损失17.92亿元,为2003年来最少,并实现人员"零伤亡"。全省按照"网格化、清单式"管理要求,落实各类防汛责任人31万,培训防汛人员9.7万人次,修订防汛预案1200多个,储备防汛物资总价值7.68亿元,组建3.47万人的县级以上防汛抢险和抗旱服务队。结合省级防汛督查,组织开展水库安全度汛专项行动,汛前全面落实安全度汛措施,并在3月底前全部完成1085处水毁工程修复。台风影响期间,强化监测预报预警,密切监视台风动态和水情、雨情,开展水文预报824站次,发出山洪灾害预警1.28万次。在台风行进路径复杂多变的情况下,密切跟踪,准确研判,及时启动应急响应,突出抓好避险管控。严格执行水库控制运用计划,根据雨情、水情和工情,科学调度,发挥水利工程兴利除弊功能。

【科学管水治水】 2018年,浙江省落实最严格水资源管理制度,实行水资源消耗总量和强度"双控"行动,全面落实水资源管理控制目标,在国务院对浙江省实行最严格水资源管理制度考核工作中取得优秀。按照《浙江省实行最严格水资源管理制度考核办法》和《浙江省"十三五"实行最严格水资源管理制度考核工作实施方案》,制定2018年度实行最严格水资源管理制度考核工作方案,完成省对11个设区市2017年度实行最严格水资源管理制度考核工作。深化取水许可审批"放管服"改革,取水许可审批实现"最多跑一次",规范建设项目水资源论证制度和取水许可管理。全面开展节水型社会建设,印发《浙江省节水型社会建设规划纲要(2018—2022年)》,完成24个县(市、区)国家县域节水型社会达标验收和第二批节水型社会建设县(市、区)中期评估。加强水功能区监督管理,完成16个全国重要饮用水水源地安全保障达标建设评估,推进全省入河排污口整改提升。深化河(湖)长制工作,组织开展河湖"清四乱"(乱占、乱采、乱堆、乱建)、采砂整治等专项行动。除有采砂任务的河段外,全省河湖全面实现禁采。推进"美丽河湖"建设,全省创建市级以上"美丽河湖"152条(个),完成河道综合整治700千米,清淤8072万立方米,拆除涉水违建163万平方米,推动河(湖)长制从"有名"向"有实"转变。加强流域水生态有关补偿政策研究,探索建立省内流域水生态奖优惩劣保护补偿机制。加快水土流失综合治理步伐,全年全省完成水土流失治理面积454.54平方千米。开展农村水电站生态流量下泄情况集中检查,推进绿色水电创建工作,年内完成水电站增效扩容改造191座、生态治理19座。

(省水利厅　供稿)

水　利　建　设

【概况】 2018年,浙江省在土地、资金等资源要素制约程度不断加大的情况下,水利建设保持高投入、高速度、高质量,全年完成水利建设投资563.6亿元,全省连续4年水利建设投资超过500亿元,其中水利建设完成中央投资计划44.4亿元。

【重大水利项目建设】 2018年,省水利厅深入开展"千人万项"(组织全省水利系统的千名以上水利干部和专家,深入推进千项重点水利工程,带动万项水利项目)、"三百一争"(确保年度中央水利投资计划、全省水利投资计划、"百项千亿"年度工作任务"三个百分百"全面完成,力争全省水利投资在完成500亿元目标基础上再增长10%)活动,建立"月报季查年考"推进机制,加快百项千亿防洪排涝工程等重大水利项目建设进度。全省"百项千亿防洪排涝工程"完成投资233.3亿元。列入国家172个重大项目的浙江省太湖流域水环境综合治理五大重点水利项目基本完工并初见成效,朱溪水库导流洞全线贯通,舟山大陆引水三期工程的大沙调蓄水库坝体填筑完成。全年加固海塘干堤111.7千米,完成水库除险加固120座、圩区整治2.13万公顷、山塘整治558座,新增高效节水灌溉面积3.01万公顷、围垦2000公顷。在姚江上游西排工程试点的基础上,将10个重大水利建设项目纳入全过程动态管理平台,对设计、监理、施工等环节记录实行统一管理。深化项目稽查和质量隐患排查,全年组织40多批次专家对50个重点在建工程进行全面稽察,发现问题隐患101个,提出意见建议207条,并逐一抓好问题整改落实。

【农村饮水安全】 2018年,省水利厅组织开展省、市、县三级水利部门进村入户大调查,梳理核实803万农村人口需要提升饮水安全条件的情况,并据此研究制定达标提标3年行动计划。省委、省政府重视农村饮用水工作,省委书记车俊就农村饮用水安全专门做出批示,省长袁家军召开专题会议动员部署。全省坚持城乡同质标准,落实县级统管责任。省水利厅担负牵头抓总责任,建立农村饮用水达标提标行动4个体系,实行挂图作战、项目化推进,做到工作责任级级压实,任务清单村村明确,组织保障层层强化,全年完成147万农村人口饮水安全条件提升。

【水利安全生产】 2018年,省水利厅同各市水利局签订安全生产目标管理责任书,逐级落实安全生产责任。省水利厅负总责,建立农村饮用水安全达标4个体系,级级压实工作职责,村村明确任务清单。至年末,147万农村人口饮水安全条件得到提升。全省水利安全生产形势持续稳定向好。

(省水利厅 供稿)

水 利 管 理

【概况】 2018年,省水利厅以水行政管理法治化、工程管理标准化为抓手,强化涉水事务依法管理,提升水利行业管理水平。运用党组理论学习中心组学习、公务员年度培训、水行政执法技能竞赛等载体,开展各类学法用法活动,全年组织全系统1.2万人参加水法律法规学习考试,合格率99.4%,水利系统干部职工法治意识进一步增强。

【水法治体系完善】 2018年,省水利厅开展《浙江省水域保护办法》立法调研,并起草上报省政府。向省人大提出将《浙江省水资源管理条例》修订列入2019年度立法计划。严格做好规范性文件合法性审查、备案和清理工作,全年出具合法性审查意见15件,印发规范性文件9件,开展7轮规范性文件专项清理。与省检察院开展合作,建立日常信息交换、重大情况通报、案件线索移送、专业支持等机制,联合推进水利领域公益诉讼工作。

【水行政执法力度加大】 2018年,省水利厅建立省、市、县舆情信息共享机制,发现涉及破坏水事秩序的负面舆情后,及时通报地方水利部门,督促查办并跟踪处置结果。组织开展河湖执法省级督查活动,加大河湖执法监管力度。全年全省水行政执法部门出动执法人员3.7万人次、车辆1.1万辆次、船只2806艘次,巡查河道14.6万千米、水域2.8万平方米,查处水事违法案件565件,罚款532万余元。

【水利工程标准化管理】 2018年,全省完成水利工程标准化管理创建2620座(个、处、段),其中大中型水库39座、小型水库1154座、山塘491座、堤防235段、海塘119段、水闸74座、泵站15座、水电站26座、灌区9个、农村供水工程226处、水文测站199个、圩区24个、水土保持监测站9个。

【水利工程管理省级地方标准发布】 2018年,省水利厅完成《浙江省大中型水库管理规程》《浙江省大中型水闸运行管理规程》制订发布。省财政厅、省水利厅联合印发《浙江省水利工程维修养护定额标准》《浙江省水利工程维修养护经费编制细则》。至年末,水利工程管理省级地方标准有《浙江省农村水电站管理规范(DB33/T2008-2016)》《浙江省大中型水库管理规程》《浙江省大中型水闸工程运行管理规程》《浙江省山塘运行管理规程》《浙江省水文测站运行管理规程》《浙江省泵站运行管理规程(试行)》《浙江省大中型灌区运行管理规程(试行)》《浙江省海塘工程运行管理规程(试行)》《浙江省农村供水工程运行管理规(试行)》《浙江省小型水库运行管理规程(试行)》《浙江省圩区运行管理规程(试行)》11项。

【深化水利工程运行管理体制改革】 2018年,省水利厅加快水利工程社会化、物业化管理改革进程,着力做好物业化管理市场培育规范。全省各地通过组织、引导辖区内水利施工、设计、咨询等企业扩展业务范围等方式,培育具备水利工程维修养护能力的物管单位。省水利水电工程管理协会积极开展物业管理服务能力评价工作,累计获得能力水平评价证书单位152个。 (省水利厅 供稿)

水利重点领域改革

【概况】 2018年,省水利厅深化"最多跑一次"改革,省级所有水利事项实现"最多跑一次",提前5个月达到省政府要求,网上办理比例达100%。区域防洪影响、水资源论证、水土保持方案实行"三合一"后初显成效,涉水项目审批实现当天办结。推进"一件事"办理机制,将涉水审批项目平均办结时间缩短至5.7个工作日,比承诺时间提速46%,并以"最多跑一次"改革为牵引,带动水利其他重点领域改革向纵深推进。

【水利系统机构改革】 2018年，省水利厅分类分层召开座谈会15次、个别访谈72人次，广泛征求机构调整和职责优化的意见建议，并专程赴水利部对接部“三定”方案制订情况。全省机构改革动员大会后，省水利厅第一时间召开会议，统一思想认识，严明纪律规矩，部署开展职责划转、人员转隶、部门“三定”方案制定、事业单位行政职能回归等相关工作。年内完成机构改革相关任务。

【农业水价综合改革】 2018年，省水利厅建立省、市、县三级农业水价综合改革领导工作机构，水利、财政、农业、物价、国土等相关部门均建立农业水价综合改革工作机制。全省11个设区市、83个县（市、区）开展农业水价综合改革试点，制定出台改革方案、精准补贴和节水奖励办法，进一步完善改革举措。年内，平湖、德清、浦江、龙湾、嵊泗、洞头6个县（市、区）完成各项改革任务。全省实施农业水价综合改革面积27.47万公顷。

【投融资体制改革】 2018年，省水利厅积极拓宽筹融资渠道。全年获拨中央资金13.6亿元，安排省级资金81亿元，国家开发银行、中国农业银行等政策性银行、商业银行发放水利贷款60.2亿元；年度新签约PPP（政府和社会资本合作）项目13个，引入社会资本84.7亿元。推进杭州东苕溪流域水权制度改革试点，研究制定水资源使用权证管理办法，开展水资源使用权交易，着力盘活全省水利资产。

（省水利厅　供稿）

海洋经济
Marine Economy

综　述

【概况】 2018年，浙江省推进海洋经济发展示范区、舟山群岛新区、舟山江海联运服务中心和浙江大湾区“四大”建设，海洋经济发展各项工作取得较好成效。全年实现海洋生产总值7965亿元，比上年增长9.9%。其中第一产业530亿元，第二产业2727亿元，第三产业4707亿元，海洋经济第一、二、三产业比例由上年的7∶35∶58调整为7∶34∶59，产业结构进一步优化。海洋生产总值占全省地区生产总值的14.2%，提高0.17个百分点。海洋产业中，新兴产业发展加快，海洋生物医药业、海洋服务业、海洋交通运输业、海洋旅游业等海洋产业增加值增速均超过12%。完成投资1316亿元，在建项目107个，新开工项目102个。财政专项资金主要用于基础设施、海洋产业等重大项目建设。

【海洋经济发展规划编制】 2018年，省海洋经济管理部门编制印发全省“5211”[即浙江海洋经济发展示范区、舟山群岛新区、舟山江海联运服务中心、中国（浙江）自由贸易试验区、义甬舟开放大通道等“五大”涉海涉港战略举措；海洋强省、国际强港“两强”目标建设；11项重大任务举措]海洋强省行动年度任务书和11项重点工作任务清单，明确省级有关部门和各沿海市的任务分工、时间节点及目标要求。组织力量完成《浙江省海洋强省行动中长期目标任务及推进策略》课题研究，形成海洋强省指标体系40多项、任务举措11项的研究成果，并形成《浙江省“5211”海洋强省建设行动实施纲要》。

【海洋经济发展高能级平台创建】 2018年，浙江大湾区建设谋划启动，各项建设取得阶段性成效。由省长袁家军任组长、常务副省长冯飞任副组长，14个省级部门负责人参加的浙江省大湾区规划建设领导小组成立。组建大湾区建设院士专家顾问团，举办知名企业家圆桌会，设立大湾区研究中心和大湾区数字中心。省级有关部门和相关市完成省级空间规划编制，浙江大学编制完成大湾区建设年度重点工作任务清单和《浙江省大湾区建设行动计划任务分工表》，大湾区产业、交通等专项规划形成阶段性成果。全年优选形成大湾区重大建设项目125个，完成投资额3168亿元。中国商用飞机有限公司、中国节能环保集团公司、紫光集团有限公司等企业参与大湾区重大项目建设。省发展改革委会同有关部门联合推进实施现代产业高地建设、“互联网+”科创高地建设、现代化国际化城市建设、湾区现代交通建设、开放高地建设、美丽大湾区建设六项专项行动。

【海洋经济核心区建设】 舟山群岛新区是全国唯一一个以海洋经济为核心的国家级新区，也是浙江海洋经济发展核心区的重要组成部分。2018年，舟山群岛新区实现生产总值1316.7亿元，比上年增长6.7%；公共预算收入146亿元，增长16.1%。新区管委会在全省率先实现外资备案无差异跨区域就近就便办理，相关体制政策先行先试取得阶段性成效。举办第二届世界油商大会、航空产业招商大会，国际海岛旅游博览会，启动建设国家绿色渔业实验基地，智慧海洋示范工程列入国家规划。中国（浙江）自由贸易试验区建设加快推进，全年舟山江海联运服务中心完成船用燃料油供应359.3万吨，燃料油供应结算量占全国的50%，舟山港成为国内第一大加油港，并跻身全球前10位。大宗商品贸易交易加快发展，实现油品贸易额2213.9亿元。跨境人民币结算额727.9亿元，增长18倍。

【临港产业平台建设】 2018年，全省海洋经济管理部门充分挖掘海洋经济发展潜力，围绕长三角一体化国家战略，全面融入“四大”建设，依托在空间布局、产业发展等方面高度重合的特性，找准海洋经济支撑全省重大战略举措的结合点与发力点，通过推动“四大”建设培育一批新的海洋经济功能平台。全面启动实施宁波、温州国家级海洋经济发展示范区建设，重点推进全省35个左右海洋特色产业功能区块打造，并谋划分批创建嘉兴、舟山、台州3个国家级海洋经济示范区。海洋特色产业功能区块建设全面启动。组织修编象山、洞头、玉环、大陈海洋海岛开发保护试验区和嘉兴滨海港产城统筹发展试验区5个省级先行试验区块新一轮建设行动方案。

【智慧海洋建设】 2018年10月11日，省海洋港口发展委员会、省发展改革委和省海洋与渔业局联合印发《浙江省智慧海洋工程建设方案(2018—2022年)》，方案提出智慧海洋“1355”建设行动计划，要求围绕实现全国智慧海洋建设示范省的总体目标，提升三大基础能力，构建五大应用体系，强化五大支撑保障，按照“一核两翼四海多点”的空间布局推进智慧海洋工程建设。年内智慧海洋建设项目启动。

【港口经济发展】 2018年，浙江省实行全省海洋港口一体化整合，加快推进全球一流现代化枢纽港、航运服务基地、大宗商品储运交易加工基地、港口运营集团建设。全年全省沿海港口完成货物吞吐量13.3亿吨，发送集装箱2900万标箱，分别比上年增长6.2%和7.9%。其中，宁波舟山港货物吞吐量10.8亿吨，连续10年居全球第一；发送集装箱2635万标箱，居全球第三，分别增长7.3%和7.0%。港口经济发展推动临港产业集聚提升，全年海洋运输业、海洋设备制造业实现产值2000亿元，海洋船舶工业实现产值735亿元，汽车制造、绿色石化等临港制造业加快布局。推进全省内河港口布局、长江经济带港口合作和国外“一带一路”沿线港口协作，带动区域经济协调发展。

【江海联运】 2018年，舟山江海联运完成货物吞吐量2.9亿吨，比上年增长11.6%；完成海铁联运集装箱吞吐量60万标箱，增长50%；国际水运中转集装箱710万标箱，增长7.1%。北仑港区多用途码头改造工程、梅山港区滚装及杂货码头、实华二期45万吨级原油码头、外钓岛30万吨级油品公用码头等重大项目加快推进。4月10日，全国首艘2万吨级江海直达船首航至马鞍山。新开辟宁波舟山港至张家港航线。江海联运大数据中心五大商业平台上线运行，江海联运公共信息平台二期开发建设加快推进。与长江航务管理局签署共同推进舟山江海联运服务中心建设战略合作协议。加快舟山新城现代航运服务集聚区建设，中国海事仲裁委员会浙江自贸区仲裁中心、计量争议仲裁中心等13家机构及企业注册落户集聚区。中国(浙江)大宗商品交易中心实现电子交易额2500亿元，现货贸易额1045亿元；浙江海港大宗商品交易中心入驻单位43个，累计挂牌交易铁矿石43单，挂牌量100.62万吨。

【海洋管控保护】 2018年，省海洋管理部门编制出台《浙江省海岸线整治修复三年行动方案》《浙江省海岸线整治修复评价导则(试行)》《大陆自然岸线保有长度和海岸线整治修复目标责任考核工作方案》等规范性文件，明确海洋环境保护属地政府主体责任。浙江在全国率先完成围填海存量资源调查工作，通过国家海洋局东海分局技术审查，形成省、市、县三级调查统计成果，基本摸清存量围填海数量、面积、分布等情况。开展分类处置政策研究，供自然资源部决策参考。开展大陆海岸线动态监视监测，推进“湾(滩)长制”国家试点，印发《关于全面深化推进湾滩长制工作的指导意见》。推进海洋资源要素市场化配置改革，研究制定《浙江省海域使用申请审批管理办法》《浙江省无居民海岛开发利用申请审批管理办法》。编制实施《省海洋灾害应急防御三年行动方案》，开展海洋灾害隐患整治、海洋风暴潮灾害重点防御区划定、海洋综合减灾县和综合减灾社区建设三大行动总体设计。

(省发展改革委　林　见)

海洋综合管理

【概况】 2018年，浙江省深入推进海域使用“放管服”改革，组织开展“一打三整治”(打击涉渔“三无”船舶和整治“船证不符”渔船与渔运船、禁用渔具、海洋环境污染)专项执法行动，加大海洋渔业减船转产力度，削减和控制海洋渔业捕捞强度。强化海洋生态环境治理，推进海洋牧场建设和增殖放流，优化海洋资源配置。推进海洋基础设施建设，提升海洋防灾减灾能力。全面提升海洋综合管理质量，促进浙江从海洋大省稳步向海洋强省转变，全省科学管理海洋工作走在全国前列。

【海洋资源管理】 2018年，全省统筹规划海洋港口资源，推进海洋港口一体化。开展“一体两翼多联”的港口建设，统筹管理港口岸线资源。创新海洋港口资源分类管理与收储制度，管控全省重要深水岸线和相关海域等重要资源。实施对海岸线分等定级管控机制，加强以市为单位的海岸线长度保有量控制，有效调控海岸线开发布局和规模强度，确保全省大陆自然岸线保有率不低于35%。推进与围填区内产业和城镇建设相融合的生态廊道建设，丰富陆海缓冲带及延展生态岸线。规范围填海活动，控制围填海规模，围填海活动统一纳入围填海计划管理。优先保障国家和省重大战略、重大工程海域使用需求，建立海域使用评估体系。禁止国家产业政策限制、淘汰类项目和产能严重过剩行业使用海域资源，开展温州市海域综合管理改革试点。编制省域、设区市海岛保护规划，优化无居民海岛资源配置，规范和约束各类开发利用行为，加强海岛周边海域生态系统保护。调控沿岸粗放式海水养殖规模，支持发展工厂化循环水养殖、海洋牧场立体养殖等科技含量高、对环境无污染海水养殖方式。支持发展远洋渔业，开展海洋生物精深加工和废弃物再利用，提高资源利用效率。推进海洋新能源开发，鼓励开发潮流能、潮汐能、风能等生态能源，开展深海矿产资源勘探与利用。加强重大项目用海保障，加快用海、用岛审批改革。全年全省各级政府批准用海7249.6公顷。其中：第一产业用海1282.2公顷，占17.7%；第二产业用海3706.6公顷，占51.1%；第三产业用海2260.8公顷，占31.2%。保障舟山绿色石化基地用海1479公顷、用岛(无居民海岛)3个及苍南核电项目用海需求。

【海洋资源保护】 2018年9月,《浙江省海洋功能区划(2011—2022年)》《浙江省海岛保护规划(2017—2022年)》公布,与之前公布的《浙江省海洋生态红线划定方案》《浙江省海岸线保护与利用规划》《浙江省海洋主体功能区规划》一道,形成"一线四规划"海洋资源保护利用管控机制,固守浙江"海上大花园"生态安全底线。生态红线将浙江重要海洋生态功能区、生态敏感区和生态脆弱区纳入管控范围,划定海洋生态红线区面积,红线区面积占全省海域面积的31.7%。整治修复海岸线65.9千米,其中修复合格岸线43.1千米。宁波北仑区、象山县,温州洞头区,舟山普陀区开展蓝色海湾整治修复项目,完成投资9.4亿元。全省推行"湾(滩)长制"监管滩涂和海湾模式,浙江被自然资源部列为全国"湾(滩)长制"试点省份。年内,浙江初步建成湾滩结合、全域覆盖的"湾(滩)长制"组织架构,构筑起保护、治理滩涂和海湾生态环境的管控机制。

【海洋渔业资源增殖】 2018年,浙江省推进海洋渔业资源增殖放流工作。全年投入海洋牧场建设资金3亿元,投放各类礁体65万空立方米,建设各类海藻场和海草床面积100公顷。在海洋牧场区及周边海域增殖放流大黄鱼、黑鲷、曼氏无针乌贼等20多个海洋品种幼体(卵)43.09亿(粒)尾。海洋牧场人工鱼礁区平均底栖生物量、初级生产力和各项水质指标等明显优于未投礁区,恋礁性种类海洋生物资源密度明显增加,生态环境显著改善。全省海域建立中街山列岛海域海洋牧场示范区、马鞍列岛海域海洋牧场示范区等国家级海洋牧场示范区6个。

【海洋资源调查监测】 2018年,省自然资源厅组织开展海洋资源调查,基本摸清存量围填海数量、面积、分布等情况,研究历史围填海处置政策建议。全面完成第一次海洋经济调查工作。9月12日,省质监局发布全国首个海岸线调查地方标准《海岸线调查统计技术规范》,在全国率先实施大陆海岸线动态监视。启动重点海湾河口划定工作。组织开展全省大陆岸线、海岛岸线和主要河口区域海河分界的勘测和测绘,编制《浙江省海岸线保护与利用规划》。

【海洋应急管理】 2018年,浙江省加强海洋灾害应急管理,着力提升防灾减灾监管服务水平。全省建成长期固定海洋观测站12个、简易气象或潮位观测站(点)58个、测波雷达站6个、浅海波浪浮标观测点9个、生态浮标17个、综合性海上观测平台1座、志愿观测船110艘和海况视频监控点10个,建成省级海洋观测数据与信息交换平台,初步形成海洋、气象、水利、海事、环保等部门信息共享的海洋灾害观测网络。年内,全省各类海洋灾害造成直接经济损失5.89亿元,低于上年平均值。其中海域发生风暴潮灾害5次,均为台风风暴潮,造成直接经济损失5.71亿元,占总直接经济损失的97%。海域发生赤潮18次,面积1069.05平方千米,其中有毒、有害赤潮6次。针对海洋灾害频发现状,全省加大海洋灾害隐患区的重点整治,实施对潜在海洋溢油、危化物等海洋环境污染风险行为的有效监控。建立和健全省、市、县三级防灾减灾服务体系,提高海洋灾害应急指挥机构的协调指挥能力。向相关单位和群众提供针对性预警报信息,加强海上作业渔船的信息服务。

(省自然资源厅 供稿)

海洋产业

【概述】 2018年,浙江省推进海洋经济供给侧结构性改革,加强陆海统筹,提升海洋产业科技要素,扩大海洋经济有效供给,大力发展滨海旅游、海洋生物医药、海洋新能源开发等海洋新兴产业,海洋经济总体发展持续向好。全年海洋新兴产业增加值比上年增长10.1%。海洋传统产业加快调整,海洋渔业发展总量趋于稳定。海洋盐业比重变化不大。沿港石化工业和海洋船舶业发展迅速,总产值平均增长率20%以上。全年安排海洋经济重大项目348个,总投资1.01万亿元。年内完成投资1316亿元,建设项目107个。

【沿港石化工业】 2018年,浙江省推进石化工业转型升级,进一步优化产业布局,石化工业生产稳定增长,全年实现销售收入6330亿元。全省沿港石化工业形成从原油加工—有机化学品—合成材料的完整产业链。除对二甲苯有缺口外,其余产业上下游配套较为完整。其中乙烯产能居全国前列。年内舟山基地浙江石化一期400万吨/年对二甲苯项目投产,全省对二甲苯产能增至240万吨/年。合成材料产能快速增长,全省对苯二甲酸产能2240万吨/年(包括在建项目产能),居全国第二位。二苯基甲烷二异氰酸酯、聚丙烯、聚苯乙烯等合成材料产能国内领先。产业集聚发展优势日益显现。宁波市形成从原油加工到有机化学品再到合成材料的完整产业链,宁波石化经济技术开发区、大榭开发区、北仑石化区块三大园区发展势头良好。杭州市以合成材料生产和下游加工为主。嘉兴市以进口初级化工原料生产有机化学品和合成材料为主。全年宁波、杭州、嘉兴三市实现销售收入5178亿元,占全省石油化工销售收入的81.8%。

【沿海船舶工业】 2018年,浙江省沿海船舶工业积极拓展市场,优化产品结构,行业运行总体保持平稳,产业集中度提高、产品结构优化。全省沿海船舶制造以中小型企业为主,总数567家。1—10月,省重点监测船舶企业完成工业总产值183.6亿元,比上年同期增长2.4%。其中,民用船舶完成制造产值103.5亿元,下降4.3%;船配产值21.8亿元,增长29.5%;船舶修理产值34.4亿元,增长18.0%;海工装备产值1.9亿元,下降68.7%。1—10月,省重点监测船舶企业完成主营业务收入143.1亿元,下降24.7%;省重点监测船舶企业有20家亏损。1—10月,省重点监测船舶企业共完工交付船舶231.5万载重吨,下降28.5%,其中出口交付162.3万载重吨,下降

46.4%。全行业将产品拓展至高附加值的原油船、集装箱船、海工重吊船、海工抛石船等高技术船型。产业集中度不断提高，全省形成以舟山市为主，宁波市、台州市、温州市和杭嘉湖地区为辅的现代船舶产业集群，全省船舶建造份额居全国第三位。

【滨海旅游】 2018年，浙江省滨海旅游业推进“1510”工程建设，全面提升滨海旅游品牌和旅游市场竞争力。全省拥有世界地质公园1个、国家级海洋自然保护区1个、国家级风景名胜区4个、国家地质公园2个、国家森林公园10个，有省级旅游度假区6个、省级旅游区18个、省级森林公园17个。加强省、市、县三级立体联动，着力构建“诗画浙江”品牌、县市旅游品牌和优质旅游品牌组成的旅游品牌体系。建设高品质、人性化的旅游公共服务体系，营造更加便捷、舒适和安全的旅游环境。全省旅游接待游客6.9亿人次，比上年增长8.7%；实现旅游总收入1万亿元，增长11.9%。接待入境过夜游客456.8万人次，下降4.2%；其中接待国内游客6.8亿人次，增长8.8%。实现国内旅游收入9834亿元，增长12.2%。滨海旅游形成以杭州、宁波、温州等7个沿海城市为核心，以国家级和省级旅游功能区为支撑的旅游供给体系。

【海洋生物医药产业发展】 2018年，浙江省着力打造杭州生物产业国家高技术产业基地、普陀海洋生物高技术产业基地、台州国家级浙江化学原料药基地。推进海洋药物与生物制品技术改造、天然海洋药物研发等项目建设。推进抗艾滋病原料药及其制剂技改、新型营养保健品开发、壳聚糖研发、鱿鱼墨汁多糖和东海乌参等项目建设。全省海洋生物医药产业主要分布在杭州、宁波、台州、舟山和温州5个沿海市，舟山市拥有浙江海力生制药有限公司、舟山渔业公司等大型生物医学企业20多家，具备较强的海洋功能食品和海洋药物研发、生产能力，主要产品有多烯康、氨糖美辛片、角鲨烯、贝特令、鱼胶蛋白、海洋系列肽、海墨止血片、海藻酸钠、精碘、金贻贝胶囊、海藻胶等。年内，国家海洋食品质量监督检验中心落户舟山。

【潮汐潮流能发电】 2018年，浙江省运行的潮汐电站有温岭江厦潮汐电站和玉环海山潮汐电站，装机总容量4350千瓦。其中，江厦潮汐电站经过技术改造、机组扩容，总装机容量达4100千瓦，居世界第四。岱山县秀山岛南部海域3.4兆瓦LHD海洋能发电机组首套1兆瓦机组实现全天候并网发电，累计发电100万千瓦时，成为世界上第三个兆瓦级潮流能发电站。

【海水淡化产业链建设】 2018年，浙江省反渗透海水淡化产业建有舟山市、杭州水处理技术研究开发中心和温州市洞头县鹿西岛3个国家级海水淡化试点单位。全省海水淡化坚持走“海水淡化应用、海水淡化设备制造和浓海水利用”综合创新之路，形成完整产业链。建成1万立方米级和10万立方米级市政、临港工业配套海水淡化工程，并纳入水资源统一配置。全省反渗透海水淡化总量占全国反渗透海水淡化的三分之一。杭州水处理技术研究开发中心在舟山市六横岛建成1200立方米/日正渗透海水淡化工程，并加快正渗透淡化技术推广应用。推进电水联产工程，开展万立方米/日低温蒸馏等海水淡化技术研究与工程示范。做强海水淡化设备制造业，提高膜法海水淡化装置国产化水平。舟山市泗礁岛、大洋山岛、枸杞岛、岱山岛、六横岛等海水淡化工厂建成，浙能六横电厂、舟山电厂同步建成海水淡化项目，全市累计建成海水淡化项目20多个。

（省自然资源厅　供稿）

海洋环境保护

【概述】 2018年，浙江省加强近岸海域污染防治和海洋生态保护修复工作，为“美丽浙江”建设提供海洋环境保障。全年浙江近岸海域水体总体保持稳定。一、二类海水占39.6%，三类海水占17.6%，四类和劣四类海水占42.8%，呈中度富营养化状态。主要超标指标为无机氮、活性磷酸盐。近岸海域水质良好，其中一、二类海水比例增长7.5%，三类海水增长0.8%，四类和劣四类海水下降8.3%。近岸海域海洋生物生存环境质量稳定，浮游动、植物和底栖生物生境质量等级均持平，近岸海域表层沉积物第一类占75.8%，第二类占22.3%，第三类占1.9%，质量级别为优良。主要超标指标为铜。潮间带湿地沉积物等级保持优良，各指标均值含量基本稳定。

【近岸海域污染防治】 2018年1月，省环境保护厅、省海洋与渔业局等十部门联合发布《浙江省近岸海域污染防治实施方案》，部署新一轮近岸海域污染防治工作。4月，省环境保护厅、省海洋与渔业局等四部门联合发布《关于开展入海排污口规范化整治提升工作的通知》，启动全省沿海入海排污口规范化整治工作。9月，省环境保护厅、省海洋与渔业局等八部门联合发布《浙江省入海污染源排查管理工作方案》，各地制定排查整治方案。全年全省完成105个入海排污口规范化整治提升工作，入海排污口数量进一步减少，重点直排海污染源实现在线监测全覆盖，达标排放率进一步提升。全省以陆域治污、截污为重点，做好入海河流（溪闸）污染削减和控制。推进重点污染行业整治、农业农村污染治理、“污水零直排区”建设、污水处理厂清洁排放技术改造等，削减各类污染物入海总量。全年主要入海河流（溪闸）化学需氧量、总氮和总磷入海总量分别下降19.5%、10.4%和10.7%。

【海洋生态环境监测】 2018年，全省实施2000多个监测站位、808个航（频）次的监测，覆盖水文、气象、化学、微生物、生物和生态等七大领域、116项监测项目，获各类监测数据14万个。重点加强全省近岸海域344个监测站点四季水质监测，杭州湾、象山港、三门湾、乐清湾4个港湾39个水质监测站点月度监测，钱塘江等6条主要入海河流和45个入海排污口的监督监测,河海管理断面监测和入海江河入海口区域监测。

【"湾(滩)长制"监管模式推行】 2018年,浙江省借鉴内河水域"河长制"监管经验,在国内率先推行陆海交界区域"湾(滩)长制"监管模式。各地党政领导和基层组织负责人担任"湾(滩)长",明确监管责任,成立分管副省长任组长的"湾(滩)长制"试点工作领导小组,印发《关于全面深化推进湾(滩)长制工作的指导意见》,初步建立省、市、县、乡镇、村五级"湾(滩)长制"工作体系。开展湾滩基本情况、入海排污口、海湾(滩)垃圾、"三无"船等调查、监管和整治。全省有各级"湾(滩)长"近2000人,其中纳入信息管理平台的1145人;设立公示牌1079块。"湾(滩)长"制试点工作获国家海洋局肯定,国家海洋局在台州召开全国的现场推进会推广浙江监管模式。

【海洋工程建设项目环评监管】 2018年,省生态环境厅加强海洋工程建设项目环境影响评价监管,提升海洋工程建设项目省级审批事项下放的许可效率,确保20个工作日的办理时限。根据"放管服"改革要求,全面下放省级海洋工程建设项目环评管理事项,健全海洋工程建设环评项目"双随机"抽查检查制度。

【全国人大海洋环保法执法检查组到浙江检查】 2018年10月11—14日,中共中央政治局委员、全国人大常委会副委员长王晨率全国人大海洋环境保护法执法检查组到浙江开展执法检查。检查组在杭州听取浙江省实施海洋环境保护法情况汇报,与人大代表、专家学者和基层执法人员座谈。在嘉兴检查入海排污口管理和在线监测、海上应急处置、海洋增殖放流、垃圾清理和白洋河治理等情况。在宁波检查杭州湾海洋生态整治、湿地保护修复、水产养殖污染防治、梅山国际集装箱码头环保设施运行等情况,查看北仑区河头村农业面源污染治理、农村生活污水处理情况。省委书记车俊出席汇报会并做讲话。省委副书记、省长袁家军等陪同检查。

【海洋生态保护与修复】 2018年,全省新建舟山东部和温州龙湾2个省级海洋特别保护区。开展国家级海洋牧场示范区创建工作,全省建成国家级海洋牧场示范区6个、其他海洋牧场4个。全省海洋牧场面积增至1.49万公顷,区域内网箱养殖面积63.92公顷,海藻场栽培面积89.9公顷。已投放构件礁65万空立方米,投放石块礁0.5万立方米。增殖放流水生生物苗种54.46亿尾(粒),其中淡水苗种11.37亿尾(粒),海水苗种43.09亿尾(粒),涉及水生生物品种20多个。

(省生态环境厅 杨志新)

工 业
Industry

综 述

【概况】 2018年,浙江省工业经济稳中有升,呈现"好于预期、高于全国、领先东部"的趋势。全省有规模以上工业企业4.06万家,从业人员652.7万人。全年完成规模以上工业增加值1.47万亿元,比上年增长7.3%,比全国高1.1个百分点,企业经济效益提高。规模以上工业企业实现利润4452亿元,增长5.3%;实现主营业务收入6.87万亿元,增长10.2%,主营业务收入利润率6.5%;全员劳动生产率22.5万元/人·年,增长8.3%。出口交货值11698亿元,增长8.6%。

【数字经济潜能加快释放】 2018年9月14日,省政府出台《浙江省数字经济五年倍增计划》,加快全省数字经济潜能释放。全省数字经济规模2.33万亿元,占全国的7.4%,居全国第四;数字经济核心产业实现增加值5548亿元,比上年增长13.1%;增加值占全省生产总值的9.9%,提高0.5个百分点。省政府出台《关于加快发展工业互联网促进制造业高质量发展的实施意见》,在全国率先打造"1+N"工业互联网平台体系,组建国家级supET工业互联网平台,年内建成省级工业互联网平台47个,其中2个入选国家级工业互联网平台建设及推广工程;新增国家级"两化"融合管理体系贯标试点企业68家、国家级制造业与互联网融合发展试点示范企业8家、省级制造业"双创"平台试点示范企业38家。深化"企业上云"行动,全年新增"上云"企业11.52万家,累计28.94万家;云服务公司200家,阿里云成为国内最大、全球第三的公有云公司。培育"上云"标杆企业88家,打造行业云应用示范平台10个。11个设区市"两化"融合总指数82.25,比上年增长5.77。

【新动能培育稳步推进】 2018年,全省规模以上工业企业技术(研究)开发费支出1480亿元,比上年增长29.2%,占主营业务收入的2.2%;新产品产值25050亿元,增长17.6%;新产品产值率36.4%,提高1.9个百分点。推进创新平台建设,新增国家企业技术中心8个、省级企业技术中心100个,省级制造业创新中心7个。落实"中国制造2025浙江行动"部省战略合作协议,参与国家集成电路产业投资基金、国家制造业转型升级基金组建。推进宁波、湖州2个国家示范城市和8个省级试点县(市、区)建设,湖州市被国务院表彰为工业稳增长和转型升级成效明显市。制订《浙江省工业强基工程三年年行动计划(2018—2020年)》,建立工业强基项目储备库,组织企业参与国家重大专项招投标,全省列入国家"五大工程"试点示范重点项目39项,获国家工业转型升级补助资金9.11亿元。

【传统制造业竞争力提升行动】 2018年5月7日,省政府印发《浙江省加快传统制造业改造提升行动计划(2018—2022年)》,启动汽车零部件、低压电气、金属制品、泵阀轴承、家具及竹木制品、家用电器、文体用品等7个行业改造提升行动。继续深化首批21个县(市、区)分行业省级试点和绍兴市综合试点外，开展第二批14个县(市、区)分行业省级试点。组织推进“质量效益、产业集群、龙头企业”三维度对标提升活动，总结推广“改造提升十法”，明显提升传统制造业的竞争活力，纳入试点的17家传统制造业规模以上企业年度工业增加值达8810亿元，占全省规模以上工业增加值的59.9%，增长6.0%；利润2784亿元，占全省规模以上工业利润总额的62.5%，增长7.2%，对全省规模以上工业利润总额增长的贡献率达83.0%。

【工业企业智能化绿色化改造】 2018年8月3日，省政府办公厅印发《关于推动工业企业智能化技术改造的意见》，全面启动“十百千万”智能化技术改造。全年实施重点技改项目3000项，新增工业机器人1.6万台，使用总数达7.1万台。推进386项“百项万亿”重大制造业项目建设，完成投资1000亿元。开展重点行业智能制造新模式应用示范，全省建成数字化车间60个、“无人工厂”6家，入选国家智能制造试点示范项目8项。省政府将绿色制造体系建设项目列入财政重点资金支持项目，全省列入国家绿色制造体系建设项目4项、绿色工厂58家、绿色设计产品53个、绿色园区2个、绿色供应链管理示范企业4家。加强工业领域能源“双控”工作，省经信厅召开绿色先进技术、产品推介会8次。全年规模以上工业企业增加值能耗下降4.8%。出台《关于加快推进再生资源产业转型升级的指导意见》，浙江被列入工信部国家新能源汽车动力蓄电池回收利用试点。启动标准化改造提升行动，制定经信领域团体标准40项、行业标准219项。深入实施“浙江制造”品牌培育工程，全年新增“浙江制造精品”品牌200多项。注重运用市场化、法治化方式淘汰落后产能，全年淘汰落后产能企业1746家，治理“低散乱”企业(作坊)3.62万家，处置“僵尸企业”393家。制定《浙江省用能权有偿使用和交易规则(试行)》，推动规模以上工业企业通过淘汰落后产能和压减过剩产

表3　2018年浙江省规模以上工业企业主要产品生产量

产品名称	计量单位	实绩	产品名称	计量单位	实绩
发电量	亿千瓦小时	3 352.8	丙烯	万吨	213.2
生铁	万吨	873.8	涂料	万吨	79.8
粗钢	万吨	1 266.7	合成氨(无水氨)	万吨	60.2
钢材	万吨	3 048.7	农用化肥	万吨	16.5
10种有色金属	万吨	56.4	化学农药原药	万吨	21.7
铜材	万吨	260.8	橡胶轮胎外胎	万条	8 480.8
铝材	万吨	187.8	塑料制品	万吨	803.5
石灰石	万吨	3 224.8	化学药品原药	万吨	22.8
纱	万吨	160.0	中成药	万吨	2.3
布	亿米	80.1	家用电冰箱	万台	618.3
印染布	亿米	289.2	家用冷柜	万台	290.3
蚕丝	吨	6 326.4	房间空气调节器	万台	1 613.2
化学纤维	万吨	2 282.3	家用洗衣机	万台	1 153.4
服装	亿件	29.9	两轮脚踏自行车	万辆	417.0
皮革鞋靴	亿双	5.6	家用吸排油烟机	万台	914.1
复合木地板	万平方米	5 324.4	家用吸尘器	万台	1 619.7
家具	万件	21 310.8	汽车	万辆	119.1
机制纸及纸板	万吨	1 869.1	摩托车整车	万辆	100.7
多色印刷品	万对开色令	4 730.9	民用钢质船舶	万载重吨	238.2
冷冻水产品	万吨	91.9	工业锅炉	蒸发量吨	19 156.4
罐头	万吨	45.2	电焊机	万台	403.0
啤酒	万千升	237.3	泵	万台	5 824.8
乳制品	万吨	66.7	医疗仪器设备及器械	万台	8.0
饮料	万千升	759.1	金属切削机床	万台	12.0
精制茶	万吨	23.5	交流电动机	万千瓦	5 883.8
卷烟	亿支	939.5	光缆	万芯千米	4 040.4
水泥	万吨	12 248.3	锂离子电池	万只	21 921.4
平板玻璃	万重量箱	4 336.9	彩色电视机	万台	722.2
钢化玻璃	万平方米	6 669.0	移动通信手持机	万部	5 317.6
硫酸(折100%)	万吨	306.2	笔记本计算机	万台	204.1
烧碱(折100%)	万吨	190.0	程控交换机	万线	72.3

(省经信厅　提供)

能腾出的用能空间进行有偿使用和交换。

【民营企业健康发展】 2018年，浙江省有规模以上民营工业企业3.49万家，从业人员489万人，总资产4.79万亿元，实现增加值8680亿元、利润2471亿元、出口交货值7550亿元，分别占全省规模以上工业的85.9%、74.9%、61.7%、60.5%、55.5%、65.4%；增加值比上年增长8.1%，利润增长10.2%，分别比规模以上工业高出0.8个和4.9个百分点。全省工业主管部门组织开展服务民营企业"五个一百""百名厅局长精准服务百家龙头企业"等专项活动，收集重点问题185个，现场解决问题140个。开展"百名干部下基层宣讲政策"活动，服务企业4844家。建立中小企业公共服务网络平台，平台注册企业49.8万家，提供服务产品2.4万个。全省创建培育产业创新综合服务体65个，集聚各类创新服务机构2864个，提供创新孵化、研究开发、检验检测等创新服务。对民营企业、中小微企业"首台套产品""浙江制造精品"落实政府首购制度和采购优惠政策，政府采购合同金额超过1200亿元，占政府采购总额的84%。加强对中美经贸摩擦影响重点企业的监测预警和应急处置，加大企业参加展销会活动的支持力度，帮助民营企业稳定国际国内市场。全省入围全国民营企业制造业500强的企业97家，入围企业数量居全国第一。新增"小升规"企业6148家，评定"隐形冠军"企业27家、"隐形冠军"培育企业287家、"创业之星"企业211家、创新型示范中小企业107家；入围全国单项冠军企业（产品）36个。推进全省小微企业园建设，新增小微企业园222个，累计703个，小微企业园建筑面积6974万平方米，年末入园企业达3.77万家。

【"亩均论英雄"改革推进】 2018年，根据省政府办公厅《关于深化"亩均论英雄"改革的指导意见》，全省完成8.1万家工业企业、76个开发区和31个制造业行业"亩均效益"评价，整治提升7428家亩均税收1万元以下低效企业，全年规模以上工业企业亩均税收、亩均增加值分别增长9.8%和7.3%。建成省"亩均论英雄"大数据平台。推动资源要素优化配置，建立年度用地计划与市县"亩均效益"绩效挂钩的激励约束机制，为A类和B类企业减免城镇土地使用税39.1亿元、增加工业用地2333.33公顷，依法征收D类企业差别化电价、水价、排污费3.7亿元。

（省经信厅 蒋鸿森）

【能源"双控"目标任务推进】 2018年，浙江省围绕目标任务，加强目标管理，强化措施落实，开展节能改革，夯实工作基础，积极推进能源"双控"目标任务的完成。全省单位GDP能耗比上年下降3.7%，完成年度进度目标任务；能源消费总量增长3.1%，超过国家下达目标任务0.8个百分点。落实节能目标财政奖惩措施，省财政实施9816万元和1.91亿元的财政奖励和扣罚。建立能源"双控"和减煤预警通报制度，对目标进展滞后的地区开展专项督查。

【能源"双控"制度建设与专项行动】 2018年7月21日，省发展改革委、省能源局印发《浙江省节能失信行为认定和记录办法》。8月10日，印发《浙江省能源"双控"目标考核奖惩办法》。9月30日，省能源局印发《浙江省进一步加强能源"双控"推动高质量发展实施方案（2018—2020年）》。11月3日，印发《浙江省高耗能行业项目缓批限批实施办法》。年内，省能源局开展能源"双控"攻坚战、能源专项监察、重点用能单位"百千万"行动、节能自愿承诺活动、高耗能行业错峰生产和缓批限批、实施"四个一批"腾出用能空间等专项活动，全省腾出用能空间234万吨标准煤，超额完成年度目标任务。

【节能领域改革】 2018年，省发展改革委、省能源局制订用能权有偿使用和交易试点工作实施方案，建设交易系统，搭建交易平台，12月26日启动交易仪式，获国家发展改革委"进展最快，方案最优，可行性最强"的总体评价。区域能评与"标准地""亩均论英雄"改革深度融合，进一步完善区域能评改革工作。

【节能宣传活动】 2018年6月11日，省发展改革委、省能源局举办浙江省暨杭州市2018年全国节能宣传周启动仪式，开展全省大中学生节能宣传作品征集活动，举办全省节能成效展、大中学生节能宣传获奖作品展。在宣传周期间，全省举办各类大型宣传活动250多场，参加70万人次。深入开展能效"领跑者"活动、能源计量示范活动、节能新技术新产品推广活动。统筹推进工业、建筑、交通、公共机构等领域节能，形成全社会、多领域齐抓共管的良好局面。

（省能源局 何贤俊）

纺织服装工业

【纺织行业平稳发展】 2018年，浙江省纺织业加快调整产业结构和转型升级，全行业实现平稳发展。全省有规模以上纺纱企业325家，规模以上织造企业712家。全年实现增加值1778亿元，比上年增长1.0%。生产纱159.97万吨，下降4.1%，纱产量占全国的5.4%。其中：纯棉纱56.61万吨，下降8.6%；棉混纺纱35.58万吨，下降1.6%；化纤纱67.77万吨，下降1.3%；实现利润11.04亿元，增长28.6%。生产布80.10亿米，下降6.7%，布产量占全国的16.1%。其中：纯棉布29.97亿米，增长6.5%；棉混纺布12.06亿米，下降8.2%；化纤布38.08亿米，下降6.4%。实现利润31.61亿元，下降3.2%。年末，全省纺纱企业产品库存46.57万吨，增长10.6%；全省织造企业产品库存88.14亿元，增长3.9%。华孚时尚股份有限公司（简称华孚公司）、浙江盛泰服装集团股份有限公司、杭州宏峰纺织集团有限公司等11家企业被中国棉纺织行业协会列入"全国棉纺织主营收入百强企业"名录。华孚公司、浙江盛泰服装集团有限公司、绍兴国周控股集团有限公司等12家浙江纺织企业被中国棉纺织行业协会列入“全国纺织服装竞争力500强(棉纺)”名录。华孚公司被中国纺织工业联合会授予全国“2017—2018年度纺织产业扶贫先进单位”称号,并获工业和信息化部颁发的“第三批制造业单项冠军示范企业”奖牌。浙江亿骏时尚纺织有限公司、浙江港佳纺织仪器有限公司被省科技厅、省财政厅和省税务局认定为“省级高新技术企业”。浙江鑫兰纺织有限公司的“鑫兰纺织”商标获“中国驰名商标”称号。浙江鑫海纺织有限公司生产的“李渔”牌纯棉本色布被中国棉纺织行业协会授予中国棉纺织行业“最具影响力产品品牌”称号。浙江湖州威达集团股份有限公司的“转杯纺色纺威爽纱”“涡流纺色纺威腈纱”获“省级工业新产品”称号,并获3件实用新型专利。浙江玉帛纺织股份有限公司研发的“纯淀粉上浆促进剂系列产品”被中国棉纺织行业协会评为可替代聚乙烯醇(PVA)优秀产品。

【纺织行业转型升级】 2018年,浙江省纺织企业积极响应国家“一带一路”倡议,加大向国外和中西部地区投资力度,不断提升企业竞争力。实施投资新政。华孚色纺股份有限公司在越南投资新型纱线项目,投资额25亿元人民币,第一期生产新型纱线50万锭。华孚公司在阿克苏投资建设100万锭色纺工业园暨10万吨染色工业园,并建设绿尚纺织小镇与中国纺织小商品中心、浙江·阿克苏出口产业合作园等项目。将沿海地区标准化制造产能转移至阿克苏地区。嘉兴市天之华纺织有限公司、河北雪洋纺织有限公司、杭州萧山林芬纺织有限公司联合投资的年产90万锭高端纺纱项目在四川宜宾开工,项目总投资21.5亿元,规划形成90万锭纱线生产能力。推进智能制造。全省纺织企业大力采用新技术、新工艺、新设备、新材料,推进纺织业技术升级。华孚公司完成集团企业资源管理系统SAP+MES的建设与实施,自主研发行业独创性MES产品。实施自动化和连续化的生产、打包、标签打印、入库。浙江鑫兰纺织有限公司率先启用自动化立体仓库,立体仓库包含高端仓储货架的综合性、自动化存储系统,并实现与车间设备的对接,显著提高存储效率。公司全面完成浆染生产线、织造生产线、服装生产线技改,加快绿色发展。浙江玉帛纺织股份有限公司采用新研发的纯淀粉上浆促进剂浆纱,降低生产成本,提高产品质量。注重强强联合。华孚公司联合涡流纺纱机制造商村田机械株式会社、面料生产商远纺织染(苏州)有限公司和常州旭荣针织有限公司、原料供应商兰精(南京)纤维有限公司等单位组建“涡流色纺产业联盟”。产业联盟成员发挥各自优势,从原料、设备、纺纱到面料、服装进行合作研发,形成新的产业链。华孚公司与中国农业发展银行新疆维吾尔自治区分行签署战略合作协议,由分行向华孚公司提供不少于258亿元的授信额度,为华孚公司棉花收购和深加工、供应链物流体系建设等提供资金保障。(省纺织行业协会　姜华飞)

【化纤工业总产值增长18.5%】 2018年,浙江省有化纤企业580家,从业人员10.68万人。全年实现工业总产值2454.51亿元,比上年增长18.5%;实现主营业务收入2576.47亿元,增长23.8%;完成化纤产量2282.3万吨,增长13.8%;实现利税166.69亿元,增长14.9%,其中利润125.38亿元,增长16.8%。亏损企业98家,增长36.1%;亏损额10.63亿元,增长43.3%。实现出口交货值180.06亿元,增长18.8%。投入技术研究开发资金41.09亿元,增长34.2%;实现新产品产值1088.39亿元,增长27.8%。年内,浙江荣盛控股集团董事长李水荣获“浙江省民营经济优秀企业家”称号;桐昆集团股份有限公司党委书记、董事长陈士良,精功集团有限公司党委书记、董事局主席金良顺和浙江荣盛控股集团董事长李水荣获“浙江省非公有制经济人士新时代优秀中国特色社会主义事业建设者”称号;桐昆集团股份有限公司总裁许金祥获浙江省“勇立潮头敢为天下先”功勋企业家称号;桐昆集团股份有限公司获第三届浙江省工业大奖企业;陈士良获“2018全国优秀纺织企业家”称号;舟山欣欣化纤有限公司维修电工黄宽平获人力资源和社会保障部第14届高技能人才奖,并入选浙江省第二批“万人计划”人员名单;许金祥获“2018中国纺织行业年度创新人物”称号。

【基建技改】 2018年,全省化纤行业做好传统制造业改造提升和创新工作,取得较大成效。3月,新凤鸣集团股份有限公司开工建设年产220万吨PTA(精对苯二甲酸)项目,总投资40亿元,以确保涤纶长丝主要原材料的供应。桐昆集团股份有限公司启动恒邦化纤有限公司年产30万吨绿色智能化纤维项目(四期)和恒优化纤有限公司年产30万吨POY(差别化精对苯二甲酸)技改项目建设。恒逸集团恒逸新材料产业园年产100万吨环保、功能性纤维的产能(一期)项目在海宁全面开工,项目投资63.6亿元。年内,桐昆集团恒邦公司三期年产20万吨高功能差别化纤维技改项目12条纺丝线全线开工,研制出新产品19项,为后道用户提供800吨/天的绿色产品。新凤鸣集团桐乡中欣化纤有限公司年产28万吨改性纤维整合提升项目投产。浙江亚星纤维有限公司年产6000吨超细旦锦氨纶包覆丝技改项目通过竣工验收,产量、质量及能耗均达到设计要求。由浙江荣盛控股集团有限公司、巨化集团、桐昆集团各占比20%,沙特阿美石油公司共同投资建设的浙江石化4000万吨炼化一体化项目完成乙烯装置1053个工艺管道试压包,整个管道试压工作保持受控状态。

【异地、境外投资】 2018年6月,桐昆集团在安徽庐江龙桥工业园区投资110亿元,实施年产100万吨煤制乙二醇项目。华峰氨纶股份有限公司年产10万吨差别化氨纶、10万吨聚氨酯树脂和32万吨环己醇项目分别在重庆华峰工业园氨纶项目现场和涪陵区举行开工与签约仪式。9月,三鼎控股集团有限公司与河南省平顶山市政府、中国平煤神马集团在郑州举行《年产60万吨己内酰胺—聚合—纺丝一体化项目投资合同》签约仪式，标志着该项目正式进入实质性实施阶段。11月，恒逸实业(文莱)有限公司与中国寰球工程有限公司，在杭州举行浙江恒逸(文莱)PMB石油化工项目(二期)总体设计合同签约仪式。恒逸(文莱)PMB石油化工项目位于文莱PMB岛，是浙江恒逸石化与文莱政府共同合作项目，其中浙江恒逸石化占70%股份，文莱政府占30%股份。该项目为国家"一带一路"倡议下的重点项目，同时也是国内民营企业最大海外投资项目。一期项目原油加工能力800万吨/年，年生产150万吨对二甲苯和50万吨苯，投资34.5亿美元。至年末，一期项目工程建设已逐步进入尾声；二期项目与文莱政府的合作谅解备忘录已签署，总体设计合同签约预示着二期项目将快速往前推进。

【化纤"浙江制造"标准通过评审】 2018年，由浙江荣盛控股集团有限公司主持起草的《涤纶牵伸丝》《扁平涤纶低弹丝》两项企业标准；由义乌华鼎锦纶股份有限公司主持起草的《有色锦纶6弹力丝》企业标准；由浙江盛元化纤有限公司为主起草的《扁平涤纶低弹丝》企业标准均通过浙江省品牌建设联合会评审、现场审核，入选"浙江制造"标准。

【科技创新】 2018年，全省有10多家企业，50多只化纤产品通过省级科技新产品评审验收和省级工业新产品鉴定验收。由宁波大发化纤有限公司、东华大学、海盐海利环保纤维有限公司等单位共同完成的"废旧聚酯高效再生及纤维制备产业化集成技术"获年度国家科学技术进步二等奖。桐昆集团入选国家发展改革委等五部委联合发布的2017—2018年(第24批)新认定国家企业技术中心。由新凤鸣集团中辰化纤有限公司研制的"高效节能短流程聚酯长丝高品质加工关键技术及产业化"、浙江万凯新材料有限公司研制的"新型环保型无锑聚酯及其缩聚催化剂研究"两个项目分别获年度浙江省科学技术进步二等奖和三等奖。由桐昆集团牵头组建的"浙江省先进功能纤维创新中心"经省经信厅和省财政厅批准成立。该中心重点进行功能性差异化纤维开发与产业化、聚酰胺产业链共性关键技术及产品开发、环保聚合催化剂研制与产业化应用、环保高效纺丝助剂开发、差别化PBT熔体直纺关键技术及产品开发等项目。该集团承担的省重点技术创新专项"PTT/PET双组份生物索弹丝产业化技术开发"通过省经信厅验收。由恒逸石化有限公司研发的"无锑环保聚酯熔体直纺长丝成套技术"科学技术成果通过省科技厅鉴定验收。无锑环保聚酯熔体直纺长丝从源头上彻底解决涤纶纤维原生重金属锑可能造成的污染问题。由义乌华鼎锦纶股份有限公司等单位承担的"聚酰胺6纤维高效高质柔性化制造集成技术"通过成果鉴定，该成果是产业链上下游与高校协同创新的结果，对华鼎锦纶股份有限公司深耕锦纶长丝高效绿色柔性化、智能化应用开发起到推动作用。

【推进绿色智能制造】 2018年6月，桐昆集团"功能性聚酯纤维新材料智能制造新模式应用项目"被列入2018年工信部智能制造综合标准化与新模式应用立项项目名单。新凤鸣集团"差别化聚酯纤维智能工厂"、华鼎锦纶的"锦纶6长丝智能工厂"、恒逸高新材料的"涤纶长丝智能工厂"3个项目分别入选纺织行业智能制造试点示范项目名单。7月，华鼎锦纶公司启动实施"华鼎数字化工厂项目"，该项目有利于提升锦纶产业整体信息化和数字化水平，助推产业升级。9月，桐昆集团"聚酯智能制造试点示范项目"入选工信部"智能制造试点示范项目"。新凤鸣集团湖州中石科技有限公司入围工信部"两化融合管理体系贯标试点企业"和第三批绿色制造企业。恒逸石化有限公司与阿里云计算有限公司合作，借助云计算与人工智能领域的专业知识，在节能减排、工艺优化、品质提升等方面深入挖掘企业潜力。恒逸石化股份有限公司投资1.8亿元，实现产品品质提升1.2%，减员350多人，库容利用率从70%提升到87%，发货效率提升40%。浙江华峰氨纶股份有限公司获GRS(国际环保认证机构管制联盟认证机构)认证合格证书，成为国内第一家通过GRS认证的氨纶制造商。

(省化纤行业协会　傅燕尔)

【服装行业运行态势平稳】 2018年，全省服装行业规模以上企业2523家，从业人员42.87万人。完成工业总产值1967亿元，比上年增长4.8%；实现服装产量29.86亿件，下降1.1%，服装产量占全国同行业总产量的13.4%；实现主营业务收入1986亿元，增长3.7%；实现利税199亿元，增长22.0%，其中利润123亿元，增长46.4%；亏损企业563家，增长22.7%；亏损额13亿元，增长10.8%；服装及衣着附件出口2035.97亿元，增长3.7%，增速高于全国同行业3.4个百分点，占全国同行业出口总额的19.3%。投入技术研究开发资金26亿元，增长13.1%。全省服装行业总体保持稳定。主产区宁波、金华、嘉兴、绍兴、杭州、温州6个市的服装总产量占全省的95.5%，发展较为平稳。宁波继续居全省服装产量榜首，占全省的36.0%，比重高于上年3.28个百分点。全省规模以上服装企业主营业务收入、利润总额占全行业的比重提高分别1.9个和4.2个百分点，排序处于全国同行前列。总资产贡献率、销售利润率和成本费用利润率分别为10.5%、6.2%和6.5%，分别提高1.6个、1.8个和1.9个百分点。产销率96.6%，产销衔接良好。全省服装行业规模以上企业运营成本增加，其中用工费用支出处于高位。全省规模以上服装企业年末从业人员下降7.6%，职工薪酬总额、管理费用分别增长4.1%和7.0%，增幅高于全国同行业水平。全省服装及衣着附件出口呈回暖态势，浙江作为全国服装出口大省的地位依然巩固。

【创新活力增强】 2018年，全省服装行业中，浙江海明实业有限公司、东蒙集团有限公司、浙江报喜鸟服饰股份有限公司等31家企业被批准为国家高新技术企业；温州雪歌服饰有限公司、绍兴恒世缘服饰有限公司等12家企业被列入浙江省高成长科技型中小企业。9月，报喜鸟控股股份有限公司等单位完成的“报喜鸟云翼互联服装大规模个性化定制”项目获全国纺织行业信息化成果一等奖。10月，浙江乔顿服饰股份有限公司等单位完成的“面向服装智能制造与消费升级的男装大数据建立与分析应用”项目、卓尚服饰（杭州）有限公司等单位完成的“基于服用人体的特征点提取和重构方法优化研究”项目被授予年度中国纺织工业联合会科学技术奖。12月，万事利集团有限公司、达利（丝绸）浙江有限公司、浙江依爱夫游戏装文化产业有限公司3家企业获第七届全国纺织行业管理创新成果大奖。东蒙集团有限公司开发的“衣物仓储流水线”、雅戈尔集团有限公司开发的“一种麻纤维清弹机自动回收系统”、报喜鸟控股股份有限公司研发的“一种服装版型处理方法和装置”等12件技术工艺设备获发明专利；东蒙集团有限公司研发的“一种智能辅料货柜”、浙江蓝天制衣有限公司研发的“一种环保型羊毛衫编织设备”、浙江海明实业有限公司研发的“一种助缝器”等45项技术工艺设备获实用新型专利。“忆捷过程RFID生产管理系统”等3件专利获软件著作权。浙江省报喜鸟服装大规模定制研究院、浙江省庄吉服装柔性化智能制造研究院等5家企业研究院被省科技厅列入省级企业研究院；庄吉服装柔性化智能制造省级高新技术企业研究开发中心、棉田针织功能性无缝内衣省级高新技术企业研究开发中心等7个单位被省科技厅授予省级高新技术企业研究开发中心称号。10月，宁波博洋控股集团有限公司、东蒙集团有限公司、夏梦·意杰服饰有限公司、浙江瓦栏文化创意有限公司4家企业获省级制造业“双创”平台试点示范企业称号。

【服装“浙江制造”标准发布】 2018年，全省服装行业贯彻落实省委、省政府打造“浙江制造”品牌决策部署，着力构建服装“浙江制造”标准体系。全省服装服饰行业《双面同花数码喷墨印花桑蚕丝围巾（T/ZZB0749—2018）》《儿童防油羽绒服装（T/ZZB0752—2018）》《制式校服（T/ZZB0782—2018）》《水貂服装（T/ZZB0792—2018）》等14个服装服饰“浙江制造”标准经评审和审核公开发布。至年末，全省服装服饰行业累计发布“浙江制造”标准23项，引导企业走向产业价值链的中高端，助推行业高质量发展。

【外延并购转型升级加快】 2018年2月，安正时尚集团有限公司（简称安正集团）合资成立锦润时尚（珠海）服饰有限公司，代理经营英国奢侈品牌Stella McCartney及Stella McCartney KIDS。5月，浙江森马服饰股份有限公司（简称森马服饰公司）通过其全资子公司森马国际集团（香港）有限公司以1.1亿欧元收购Sofiza SAS公司100%股权及债权，实现对欧洲中高端童装领军企业Kidiliz集团全部资产的收购。森马服饰公司还与温州佳诺服饰有限公司等共同投资设立合资公司浙江森乐服饰有限公司，其中森马服饰公司出资2295万元，占注册资本的51%。10月，安正集团收购以母婴产品代运营为主的上海礼尚信息科技有限公司70%的股权。收购工作为安正集团进入儿童及母婴用品行业提供较好的线上运营平台。

【雅戈尔西服智能制造工厂开业】 2018年7月21日，雅戈尔西服智能制造工厂开业，工厂拥有全国唯一联通缝制和整烫工序的西服生产吊挂系统。智能制造工厂项目投资1亿元，厂区总面积1万平方米，专门用于生产市场售价在6800元以上的高级定制西服套装。智能制造工厂通过控制系统发出指令，布料从裁剪布块到成为一套可直接销售的成衣，全程均在吊挂系统上完成，大量节约人力和物力成本。生产一件量身定制的雅戈尔西服从原先的15天缩短到2天完成，产能大幅度提升。

【万事利集团自主研发技术输出】 2018年8月30日，万事利集团有限公司（简称万事利集团）与全球奢侈品集团LVMH在杭州签署合作协议。万事利集团将为LVMH独家输出自主研发的具有国际领先水准的丝绸新技术——IART技术。协议约定，LVMH旗下各大品牌凡使用万事利集团IART技术的每件产品，标牌须加上“IART技术制作”字样。万事利集团研发的新技术，运用大数据、云计算等智能化手段，采用高精准定位技术，通过正反两次喷印花型，使面料两面的花型和颜色完全一致，有效解决色彩正反面透色不均匀的难题。

（省服装行业协会　蒋　楠）

【丝绸行业生产成本增长】 2018年，全省丝绸行业因丝价波动幅度大，劳动力、土地等生产成本增长较快，亏损企业增加。根据省丝绸行业协会对84家丝绸企业的财务情况统计，全年丝绸行业实现销售收入409亿元，比上年增长4.6%；实现利润17.89亿元，增长18.9%。亏损企业18家，亏损面21.4%。全省15个产茧县（市、区）蚕茧发种量37.36万张，下降9.2%；蚕茧生产量1.93万吨，下降5.8%；蚕茧收购量1.01万吨，下降10.1%。每千克平均收购价格44.5元，下降3.8%。全省纳入省丝绸行业协会统计的83家丝绸企业完成白厂丝2117.12吨，下降26.0%；捻线丝973.47吨，下降3.9%；绢丝2066.67吨，下降7.4%；真丝绸3095.44万米，下降9.2%；印染绸4.57亿米，增长10.1%；丝针织面料248.74万米，增长4.4%；服装制品1.46亿件，增长5.8%。

【丝绸龙头企业产业结构优化】 2018年，全省丝绸骨干龙头企业优化产业结构，推进销售收入不同程度增长。浙江凯喜雅国际股份有限公司完善茧丝绸全产业链，万事利集团有限公司深耕丝绸文化产品，浙江巴贝领带有限公司工厂化养蚕取得新进展。新兴中小企业聚焦个性化产品，生产和效益均明显增长，其中浙江钱皇网络科技股份有限公司采取互联网电商营销新模式，营业收入增长144%。商务部出台支持规模化集约化蚕桑示范基地建设政策，全省蚕桑生产基本维持上年同等规模。受成本上升和生产方式粗放等因素影响，蚕桑生产处于持续下行态势。全省丝价（B类3A级丝）在2016—2017年连续2年上涨30%的基础上，年初涨至50万元/吨，创下历史新高。12月初，国家茧丝办根据丝绸行业运行态势，出台相关调控政策，将丝价稳定在合理区间。（省丝绸协会　李琴生）

家电五金工业

【家电工业总产值增长9.1%】　2018年，浙江省有规模以上家用电器企业686家，从业人员19.7万人。全年实现工业总产值1443.6亿元，比上年增长9.1%；主营业务收入1494.4亿元，增长14.1%；工业销售产值1426.6亿元，增长10.2%；利税136.7亿元，下降6.2%；其中利润91.7亿元，下降0.3%；新产品产值685.1亿元，增长9.1%；出口交货值521.00亿元，增长13.8%。全年全省生产洗衣机1153.43万台，增长2.8%，占全国总产量的16.1%；吸尘器1619.71万台，增长14.6%，占全国的15.7%；电冰箱618.27万台，下降7.6%，占全国的7.8%；冷柜190.29万台，增长6.8%，占全国的17.0%；电风扇808.66万台，下降14.5%，占全国的4.5%；空调器1613.23万台，增长8.7%，占全国的7.9%；吸油烟机914.05万台，增长0.6%，占全国的31.4%；电饭锅3653.35万台，增长4.8%，占全国的15.5%；饮水机743.66万台，增长14.6%，占全国的29.0%；电热水器70.7万台，增长26.1%，占全国的1.7%；电热烘烤器具7627.8万台，增长16.1%，占全国的41.9%；燃气灶848.51万台，下降8.8%，占全国的21.8%。洗衣机、冷柜、吸油烟机、电热烘烤器具、燃气灶产量居全国领先地位。全年全省主要家用电器出口情况平稳。电熨斗出口8112.01万台，增长6.1%；面包器出口4712.88万台，增长2.0%；饮水机出口431.02万台，下降1.3%；电吹风机出口5215.48万台，增长15.6%；冰箱压缩机出口1656.64万台，增长4.3%；洗衣机出口635.75万台，增长4.8%；吸尘器出口3188.75万台，增长15.4%；冷冻箱出口349.67万台，增长11.5%；电炒锅出口72.21万台，增长13.8%。全省著名厨卫电器领军的配件企业、创始的集成产品保持强劲发展势头，继续在全国占据领先地位。浙江华日实业投资有限公司董事长陈励君在浙江广播电视集团主办的“风云浙商评选活动”中被授予“2017年度风云浙商”称号；加西贝拉压缩机有限公司总经理朱金松被浙江省企业联合会、浙江省企业家协会、浙江省工业经济联合会联合授予浙江省“勇立潮头敢为天下先功勋企业家”称号；浙江美大实业股份有限公司董事长、总经理夏鼎被浙江省企业联合会、浙江省企业家协会、浙江省工业经济联合会联合授予“浙江省17届优秀企业家”称号。方太集团董事长兼总裁茅忠群、杭州老板电器股份有限公司总裁任富佳被“2018年度中国家电行业英雄会”组委会评选为“2018年度中国家电行业风云人物”。

【家电“浙江制造”标准发布】　2018年，浙江新涛智控科技股份有限公司、宁波光芒燃具有限公司、杭州老板电器股份有限公司等单位起草的《家用燃气器具旋塞阀总成》“浙江制造”标准，浙江安德电器股份有限公司、杭州老板电器股份有限公司等单位起草的《嵌入式电烤箱》“浙江制造”标准，浙江方圆检测集团股份有限公司、国家电器安全质量监督检验中心（浙江）等单位起草的《集成灶》“浙江制造”标准经评审和审核公开发布。奥普家居股份有限公司获得由浙江制造国际认证联盟颁发的“浙江制造”认证证书。其生产的浴室多功能取暖器通过浙江制造“品字标”认证。品格卫厨（浙江）有限公司的集成吊顶产品通过浙江制造认证，获“品字标”认证证书。

【家电知识产权示范企业和优势企业认定】　2018年8月15日，武汉苏泊尔炊具有限公司被国家知识产权局认定为“国家知识产权示范企业”，浙江绍兴苏泊尔生活电器有限公司被国家知识产权局认定为“国家知识产权优势企业”。至此，浙江苏泊尔股份有限公司有3家子公司获国家知识产权示范企业和优势企业认定。12月25日，国家知识产权局和世界知识产权组织联合举办第20届中国专利奖颁奖大会，苏泊尔电饭煲“煮饭器和用于煮饭器的盖体组件”专利获“中国专利金奖”，为国内电饭煲行业首次获得该奖项。此前，浙江星星冷链集成股份有限公司被工业和信息化部列入“第二批绿色工厂”，杭州松下家用电器有限公司5款全自动滚筒洗衣机和1款全自动滚筒洗衣干衣机列入“绿色设计产品”。

【家电企业自主创新】　2018年3月10日，中国家电及消费电子博览会（AWE2018）在上海举行，杭州松下家用电器有限公司的柜式洗衣机Cuble御铂系列和嵌入式三合一微波蒸烤箱、浙江苏泊尔家电制造有限公司的原味珐琅铸铁电炖锅获年度AWE艾普兰奖——创新奖；宁波方太厨具有限公司（简称方太厨具公司）的智能升降油烟机获年度AWE艾普兰奖——智能创新奖；2月18日，方太厨具公司的水槽洗碗机获中国轻工业联合会技术发明一等奖，标志着方太厨具公司在厨房电器工艺设计和技术创新方面获国家认可。8月9日，宁波奥克斯空调有限公司奥克斯品牌获全球消费电子行业最大的商家盛会“最佳创新突破奖”。5月9日，由国家市场监督管理总局指导，经济日报社、中国国际贸易促进委员会、中国品牌建设促进会主办的“中国品牌价值评价信息发布暨第二届中国品牌发展论坛”上，杭州老板电器股份有限公司获评全国轻工行业第10位、品牌价值116.28亿元；宁波方太厨具有限公司获评第11位、品牌价值101.45亿元；浙江绍兴苏泊尔生活电器有限公司获评第22位、品牌价值45.76亿元；加西贝拉压缩机有限公司获评第29位、品牌价值31.12亿元；浙江美大实业股份有限公司获评第42位、品牌价值16.97亿元。5月23日，在中国冰箱行业高峰论坛上，华日冰箱获评“2017—2018年度中国冰箱行业专业科技品牌”“2017—2018年度中国冰箱行业云控保鲜之星”两大奖项。5

月31日，在中国蒸箱(电蒸炉)行业高峰论坛上，老板电器获“行业先锋”品牌称号。12月6日，浙江超人科技股份有限公司列入省经信厅公布的“浙江省创新型示范中小企业”名录。12月20日，省市场监督管理局公布年度浙江省商标品牌示范企业，浙江友邦集成吊顶股份有限公司上榜。

【6家家电企业进入全国百强】 2018年6月20日，中国轻工业联合会发布“2017年度中国轻工业百强企业”榜单，浙江苏泊尔股份有限公司、宁波奥克斯空调有限公司等6家企业被列入“综合百强企业”；宁波奥克斯空调有限公司、浙江苏泊尔股份有限公司等6家企业被列入“市场能力百强企业”；杭州老板电器股份有限公司、浙江苏泊尔股份有限公司等5家企业被列入“盈利能力百强企业”；杭州金鱼电器集团有限公司、浙江苏泊尔股份有限公司等3家企业被列入“价值能力百强企业”；浙江苏泊尔股份有限公司、杭州老板电器股份有限公司等4家企业被列入“电商能力百强企业”；宁波奥克斯空调有限公司、星星集团有限公司等6家企业被列入“研发能力百强企业”；德意控制集团有限公司、宁波方太厨具有限公司等3家企业被列入“成长能力百强企业”。被列入百强企业榜单的企业有6家分别被列入中国民营企业500强、中国企业500强、中国制造企业500强。38家被列入十大中国家电出口企业。

【家电品牌建设】 2018年1月6日，在第13届全国政府采购集采年会上，奥克斯品牌获“2017年度全国政府采购空调最佳品质品牌”称号。1月9日，加西贝拉压缩机有限公司、杭州德意电器有限公司、杭州九阳小家电有限公司被列入省经信厅公布的“浙江省第一批“上云”标杆企业”名单。1月10日，杭州钱江压缩机集团有限公司的WV系列制冷压缩机、加西贝拉压缩机有限公司MINI系列超小型冰箱压缩机、京马电机有限公司的小型化低噪声油烟机用塑封电机、浙江安德电器有限公司的TFT控制自动翻门吸油烟机等企业的产品被列入省经信厅公布的“2017年浙江省第二批优秀工业新产品(新技术)”名录并获三等奖。3月10日，方太天际套系中的智能升降油烟机EM7T.S、燃气灶JAM7.S、消毒柜KM7、蒸箱Z2M7、烤箱Z2M7、蒸微一体机Z2M7及方太磁控电磁灶CS34BW共7款产品获2018年德国“iF设计奖”。3月，宁波方太厨具有限公司的中岛式油烟机、消毒柜、蒸箱、烤箱和蒸微一体机与浙江亿力清洁电器有限公司的高压清洗机获德国红点奖产品设计大奖。7月20日，工业和信息化部、中国家用电器协会指导，《电器》杂志社主办的“智造新时代——寻找家电业智能制造先锋大型主题活动暨颁奖典礼”上，宁波方太厨具有限公司、杭州老板电器股份有限公司、奥克斯空调股份有限公司获“智造先锋”奖。9月19—20日，在哈萨克斯坦共和国阿拉木图市举办的第16届亚洲质量网组织大会上，浙江的加西贝拉压缩机有限公司获“亚洲质量卓越奖”。11月1日，工业和信息化部、中国工业经济联合会公布“第三批制造业单项冠军企业和单项冠军产品”名单，宁波方太厨具有限公司侧吸式吸排油烟机被列入“第三批制造业单项冠军产品”。（省家用电器协会　马国鑫）

【五金工业总产值增长11.6%】 2018年，全省五金行业有规模以上企业2725家，从业人员38.52万人。工业总产值2754.89亿元，比上年增长11.6%；新产品产值926.384亿元，增长21.0%；工业销售产值2701.52亿元，增长11.3%，其中出口交货值806.01亿元，增长10.2%；工业产品产销率为98.1%。投入技术研发经费52.41亿元，增长29.4%。实现利税194.89亿元，增长5.2%，其中利润110.76亿元，增长6.5%。全年完成金属门窗制品产量30.22万吨，增长5.6%；电动手提式工具7207.31万台，增长4.2%；不锈钢日用制品18.35万吨，增长13.1%；家用吸排油烟机914.05万台，增长0.6%；家用燃气灶848.51万台，下降8.8%；家用燃气热水器31.71万台，增长22.4%；阀门160.42万吨，增长12.6%。杭州巨星科技股份有限公司完成海外收购，实现转型升级。

【五金厨卫产品“浙江制造”标准颁布】 2018年，浙江新涛智控科技股份有限公司为主制定的《家用燃气具旋塞阀总成标准》、浙江富新工贸有限公司为主制定的《钢质防火门标准》、浙江东立电器有限公司为主制定的《冲击电钻标准》、浙江浦江梅花锁业集团有限公司为主制定的《金属挂锁标准》、浙江尚厨炊具有限公司为主制定的《不锈钢压力锅标准》、浙江闽立电动工具有限公司为主制定的《曲线锯标准》、浙江好易点智能科技有限公司为主制定的《家用和类似用途智能晾衣机标准》等29项五金厨卫产品“浙江制造”标准被省浙江制造品牌建设促进会认定颁布。

【五金工业品牌建设】 2018年，浙江五金工业企业抓质量创品牌工作取得较好成绩。1月5日，永康市被国家质检总局认定为全国五金(电动工具、门业、杯业)产业知名品牌创建示范区。浙江三锋实业股份有限公司、王力集团有限公司、浙江哈尔斯真空器皿股份有限公司等10家企业的品牌被认定为示范区创建知名企业品牌。8月15日，浙江绍兴苏泊尔生活电器有限公司被国家知识产权局认定为国家知识产权优势企业。11月14日，杭州老板电器股份有限公司的“老板电器创新创业平台”项目被工业和信息化部列入国家制造业“双创”平台试点示范名录。12月18日，由工业和信息化部、中国工业经济联合会联合举办的第三批全国制造业单项冠军示范企业和单项冠军产品发布会上，宁波方太厨具有限公司被授予“全国制造业单项冠军示范企业”称号。12月20日，新海科技集团有限公司、宁波埃美柯铜阀门有限公司、浙江嘉特保温科技股份有限公司等8家企业被省市场监管局和省知识产权局联合认定为浙江省商标品牌示范企业。宁波良业电器有限公司“良业”牌手持式电动工具，宁波方太厨具有限公司“方太”牌电蒸箱、电烤箱，浙江三禾厨具有限公司“三禾”牌不粘锅等20种五金厨卫产品被浙江名牌战略推进委员会认定为浙江名牌。杭州一楠五金工具有限公司的“JohnTools”品牌、宁波方太厨具有限公司“方太FOTILE”品牌、浙江中坚科技股份有限公司的“TUPSUN”品牌等33个五金厨卫品牌被省商务厅认定为浙江出口名牌称号。宁波汉浦工具有限公司“汉浦”商号、浙江普森电器有限公司“普森”商号、浙江亿田智能厨电股份有限公司“亿田”商号等15家企业商号被省市场监管局认定为浙江省知名商号。浙江安德电器有限公司的“高性能嵌入式电烤箱”、方园阀门有限公司的“PE管接头的燃气闸门”、浙江华能巨水科技股份有限公司的“球阀”等7个五金厨卫产品被省经信厅和省财政厅联合认定为浙江制造精品。

【五金工业技术创新】 2018年,全省五金工业企业加强技术创新,推进技术创新体系建设,技术创新项目增加,技术创新成果显著,企业发展后劲增强。浙江苏泊尔股份有限公司、宁波方太厨具有限公司、杭州老板电器股份有限公司等6家企业被中国轻工业协会授予中国轻工业五金行业十强企业。杭州德意电器股份有限公司、浙江钟铮锁业有限公司、浙江钜士安防科技股份有限公司等13家五金厨卫企业研究开发中心被省科技厅认定为省级高新技术企业研究开发中心。正阳实业投资有限公司的轻轨双斜斜切割机、义乌市易开盖实业有限公司的圆形易开盖高速注胶及固化系统获省经信厅和省财政厅联合颁发的浙江省优秀工业新产品(新技术)二等奖,浙江安德电器有限公司的嵌入式家用燃气灶、海盐星辰工具有限公司的超高强度活扳手2个产品获三等奖。宁波方太厨具有限公司被省科技厅授予浙江省创新型领军企业称号。宁波方太厨具有限公司、杭州老板电器股份有限公司、浙江欧意智能厨房股份有限公司等4家企业7个型号外排式吸油烟机产品与浙江帅丰电器有限公司、火星人厨具股份有限公司、浙江帅康电气股份有限公司3家企业4个型号集成灶产品被中国五金制品协会授予“高效净化环保之星”产品。德意控股集团有限公司、浙江伟星实业发展股份有限公司、浙江爱仕达电器股份有限公司等6家企业被中国轻工业联合会授予中国轻工业五金行业十强企业称号。杭州巨星科技股份有限公司、浙江哈尔斯真空器皿股份有限公司、宁波长城精工实业有限公司等22家企业被中国五金制品协会授予全国五金制品行业优秀企业称号。宁波方太厨具有限公司获轻工企业管理现代化创新成果一等奖,宁波埃美柯铜阀门有限公司获二等奖。

【展销活动】 2018年5月26—28日,由中国建筑金属结构协会、浙江中国科技五金城等四部门联合主办的第九届中国(永康)国际门业博览会(简称门博会)在永康市国际会展中心举行。门博会是国内门业交流与合作的重要平台和展示实力与品牌的高端舞台。门博会期间,举行防盗门和防火门创新发展论坛等活动,实现成交额9.78亿元,达成意向合作金额22.32亿元。网上访问量67.2万人次,在线订单21万笔。9月26—28日,第23届中国(永康)五金博览会在永康市举行。开幕式上,中国科技五金城集团与阿里巴巴集团举行合作签约仪式。博览会参会人数7.8万人次,现场交易额12.13亿元,达成意向合作金额143.47亿元,网上访问量143.1万人次。博览会期间还举办第五届中国(永康)网货节、第六届中国(永康)五金工业设计展暨中国设计智造大奖成果展等。

(省五金制品协会 周和平)

皮革、毛皮及其制品业

【概况】 2018年,浙江省有皮革、毛皮及其制品业规模以上企业1571家,从业人数25.1万人。完成工业总产值1063.78亿元,比上年增长4.8%;销售产值1027.27亿元,增长3.1%。主要产品中轻革1.04亿平方米,增长3.1%;革皮服装2660.6万件,下降12%;衣箱、提箱1.14亿个,增长19%;手提包(袋)、背包5404.9万个,下降16.6%;天然毛皮服装60.2万件,增长21.4%;各类鞋靴6.76亿双,下降1.8%。实现利税72.23亿元,下降1.2%。其中利润32.36亿元,增长3.1%。全行业亏损企业213家,增长26.8%。实现出口交货值420.17亿元,增长1.2%。实现新产品产值371.4亿元,增长18.2%。省皮革行业协会被人力资源和社会保障部、中国轻工业联合会、中华全国手工业合作总社授予“全国轻工行业先进集体”称号;浙江皮革行业11家企业被中国皮革行业协会授予“功勋企业”称号。

【皮革行业科技创新】 2018年,全省皮革行业实现新产品产值371.4亿元,占全行业工业总产值的34.9%。全年有81项皮革、毛皮及其制品被认定为省级科技新产品,31项被认定为省级工业新产品。全省有浙江鸿一箱包皮件有限公司、温州捷图鞋业有限公司、起步股份有限公司等14家公司的81种产品被省科技厅认定为省级科技新产品;浙江红蜻蜓鞋业股份有限公司、浙江中辉裘革科技有限公司、杭州锴越新材料有限公司等7家公司的31种产品被省经信厅认定为省级工业新产品。

【皮革行业“浙江制造”标准通过验收】 2018年,浙江卡拉扬集团公司的《婴幼儿腰凳背带(袋)》《学生书包》标准,起步股份有限公司的《儿童皮凉鞋》《儿童冷粘旅游鞋》《人造革帮面儿童皮鞋》标准,浙江中辉皮草有限公司的《水貂服装》标准,浙江盛汇化工有限公司的《粉状氨基树脂合成鞣剂》标准,浙江雪豹服饰有限公司的《薄型羊皮革服装》标准,台州足友体育用品有限公司的《中小学校园运动鞋》标准通过“浙江制造”标准审核机构验收。

【“浙江制造”皮鞋首次对标国际综合比对结果发布】 2018年10月30日,浙江省品牌建设联合会会同浙江省皮革行业协会、温州市质量技术监督检测院和英国标准协会(BSI)等实行皮鞋行业的质量综合比对活动,首次将新型皮革性能指标检测列入比对项目，比对结果在温州发布。"康奈""奥康""红蜻蜓"等"浙江制造"品牌皮鞋经市场抽检及与国外"爱步""其乐"知名品牌皮鞋比对，显示"浙江制造"认证企业较高的综合管理水平，尤其在自主创新、产业协同、质量诚信、生产技术等方面具有较明显的综合优势。

【设计创作大奖赛活动】 2018年10月，省皮革行业协会会同各地方政府主办，各地皮革行业协会及相关企业承办，分别在桐乡市崇福镇、青田县、温岭市、余姚市举办第九届"崇福杯"裘革皮服装设计创作大奖赛、第三届"意尔康工匠杯"鞋靴设计创作大奖赛、"千祥杯"箱包设计创作大奖赛、"第二届余姚中国裘皮城杯"裘皮服装设计创作大奖赛、第二届"石门杯"鞋靴设计大奖赛。大奖赛得到全国相关专业院校和皮革、毛皮及其制品企业支持，大奖赛累计收到参赛作品2000多款件，其中优秀作品显现的新颖设计思路与完美新潮的造型对行业设计创新、人才培养、设计潮流引导、产业创新发展起到积极推动作用。

【皮革行业职业技能竞赛】 2018年9月26—28日，省皮革行业协会和省财贸工会联合在青田举办"意尔康杯"浙江省箱包设计职业技能竞赛暨第二届全国皮具设计职业技能竞赛浙江赛区预赛，经企业推选和各地区初赛，来自宁波、温州、嘉兴、金华、丽水等地的20名选手参加决赛。其中14名选手被授予"浙江省箱包设计技术能手"称号，6名选手被授予"浙江省箱包设计优秀选手"称号，被授予技术能手的前3名选手并被省总工会授予"浙江金蓝领"称号，前12名选手被推荐参加中国技能大赛——"狮岭杯"全国皮具设计师职业技能总决赛。

【"国"字号基地通过考核复评】 2018年4月至11月，中国皮革协会受中国轻工业联合会委托组织专家对浙江的"中国鞋都·温州""中国皮革之都·海宁""中国水貂皮服装产业基地·余姚""中国旅行箱包之都·平湖""中国箱包产业基地·东阳"进行4年一轮考核复评。专家组通过"听、查、看、议"4个环节全面考核复审，五大"国"字号皮革基地均通过复评。"国"字号皮革基地考核从1996年开始，每4年（或3年）举行一次考核和复评，参加考核的专家由中国皮革协会选派。

（省皮革行业协会　李伟娟）

造纸工业

【概况】 2018年，全省造纸和纸制品业有规模以上企业926家，完成工业总产值1583.87亿元，比上年增长11.1%。工业销售产值1561.43亿元，增长10.4%。出口交货值163.26亿元，增长7.6%。新产品产值559.22亿元，增长20.4%。产销率98.58%，下降0.6%。实现利税158.52亿元，下降7.9%。其中：上缴税金84.05亿元，增长7.6%；利润74.47亿元，下降20.8%。全行业有规模以上造纸企业259家，完成机制纸及纸板产量1869.1万吨，下降1.5%。工业总产值964.13亿元，增长9.7%。主营业务收入923.3亿元，增长9.6%。实现利润44.4亿元，下降30.7%。行业总资产1072.87亿元，增长0.3%；负债651.3亿元，下降1.8%。亏损企业亏损总额7.43亿元，增长55.6%。纸制品业产量663.68万吨，增长0.4%，其中瓦楞纸箱312.89万吨，下降20.9%。无纺布行业有规模以上企业136家，生产无纺布74.21万吨，增长10.3%。

【进口废纸政策调整】 2018年，浙江省对进口废纸控制进一步趋严。1月1日起，国家全面禁止进口混合废纸。3月1日开始执行进口废纸含杂率不超过0.5%的规定。5月4日起，对进口美国废纸100%进行开箱检验。8月开始对固体废弃物国内收货人实施新的注册登记制度。8月23日起，对进口美国废纸、美国纸浆增加25%关税，致使废纸价格全年处于高位运行。全年生态环保部审批浙江省40家造纸企业进口废纸许可证，获批额度299.39万吨。

【造纸项目建设加快推进】 2018年，浙江省在建造纸工程项目有：浙江和泓环保纸业有限公司年产20万吨瓦楞纸项目，总投资4亿元，占地面积4万平方米，建筑面积3.23万平方米；浙江金龙纸业有限公司100万吨再生高档包装纸项目；浙江弘伦纸业有限公司年产2万吨生产线项目；仙鹤股份有限公司年产3.5万吨高档食品包装原纸与数码喷绘热转印纸项目。全年全省造纸企业开工建设的有：悦声纸业年产3万吨高端艺术纸项目，总投资5000万美元；台州森林造纸有限公司2#机升级改造，主要包括将普

嘉兴海关关员查验进口废纸　（杭州海关　供图　沈水花　摄）

通浸泡施胶机改为膜转移施胶+空气转向器，大棍径改为中辊三压、烘干部齿箱传动改为导棍无声传动，增加烘缸提速至700米/分钟，将敞开气罩改为密闭气罩，增加面网稀释水流浆箱，增加可控中高硬压光机和无绳引纸等；仙鹤股份有限公司年产3.5万吨高档食品包装原纸、数码喷绘热转印纸项目，总投资1.42亿元；浙江唐丰特种纸有限公司年产1.2万吨高档烟用接装原纸项目，总投资7976万元；浙江哲丰新材料有限公司年产22万吨高档纸基新材料项目，总投资13.05亿元；夏王纸业技术改造项目，总投资3.5亿元，建设KDPM43800/600生产线，年产装饰原纸5.5万吨。全年全省造纸企业竣工的有：华邦古楼新材料有限公司建设年产12.5万吨高档环保型特种纸项目，新建项目主要包括生产车间、辅助生产车间及公用工程等，建成的两条生产线年产分别为5.5万吨和7万吨；浙江哲丰新材料有限公司10.8万吨特种纸扩建项目的第4条生产线于8月建成投产。

【造纸企业科技进步】 2018年，“浙江品牌”建设联合会发布5批《浙江制造》标准制定协议。其中：仙鹤股份有限公司生产的“单面光烟用接装原纸”列入第2批发布；华邦古楼新材料有限公司生产的“壁纸原纸”、金昌特种纸股份有限公司生产的“人造革离型纸”、晶鑫特种纸有限公司生产的“美纹纸”、仙鹤股份有限公司生产的“字典纸”和“烘焙原纸”、凯恩特种材料股份有限公司生产的“电解电容纸”列入第3批发布；舜浦新材料科技有限公司生产的“编织原纸”、凯丰新材料股份有限公司生产的“精密不锈钢保护垫纸”、凯恩特种材料股份有限公司生产的“热封型茶叶滤纸”列入第5批发布。10项特种产品列入“浙江制造”标准制定计划。杭州华章科技股份有限公司制造的HZAC4120.01电气交流传动系统被列入浙江制造精品。浙江金龙纸业有限公司生产的高戳穿复合瓦楞纸获2018年浙江省优秀工业新产品(新技术)一等奖；仙鹤股份有限公司生产的烘焙型工艺包装原纸、浙江恒达新材料股份有限公司生产的低定量阻菌医用原纸、浙江美特新材料股份有限公司生产的高光降焦保健水松纸获二等奖；浙江荣晟环保纸业股份有限公司生产的低定量全废纸瓦楞纸芯和低定量全废纸牛皮卡获三等奖。杭州市化工研究院、杭州纸友科技有限公司的姚献平等人申报的“高性能淀粉基系列功能产品绿色制备技术与应用”项目获技术发明二等奖，轻工业杭州机电设计研究院有限公司杨旭等人申报的“以一种斜网成型器结构”项目获技术发明三等奖，浙江金昌特种纸股份有限公司童树华等人申报的“人造革离型原纸耐高温技术的开发及其产业化”项目获技术进步三等奖。

表4 2018年浙江省机制纸及纸板产量分布情况

地　区	企业数(家)	完成机制纸及纸板产量(万吨)	比上年(%)	各设区市产业占全省比重(%)
合计	**259**	**1 869.05**	**-1.5**	**100**
杭州市	118	584.61	-14.4	31.28
宁波市	13	313.79	7.8	15.79
温州市	11	36.27	19.3	1.94
嘉兴市	22	469.18	2.1	25.11
湖州市	15	54.86	-3.9	2.93
绍兴市	13	78.29	-7.1	4.19
金华市	14	68.09	1.4	3.64
衢州市	34	174.04	11.8	9.32
台州市	9	68.73	37.6	3.77
丽水市	10	21.19	7.7	1.13

(省造纸行业协会　提供)

【造纸企业污染治理】 2018年，全省造纸企业加大污染治理力度。嘉兴大洋纸业股份有限公司全年投入环保治理设施资金3255万元，主要用于污水处理沉淀池、污泥池、好氧池加盖封闭、废纸堆放场地搭棚、大气治理脱白除臭等。规模以上造纸企业基本完成污水处理沉淀池、污泥地、好氧池密封加盖，进行废气收集处理。制订水污染防治专项治理方案，推进工业集聚区污水集中处理设施建设。开展企业清洁化改造，改造任务按计划完成。

(省造纸行业协会　陆文荣)

家　具　工　业

【概况】 2018年，浙江省有家具企业4000多家，工业总产值2700亿元，比上年增长7%。其中规模以上家具企业870家；实现工业总产值963.71亿元，增长6.7%；实现工业销售产值937.74亿元，增长5.8%；实现出口交货值537.53亿元，增长5.6%。其中，主营业务收入952.48亿元，增长7.4%；实现利税76.22亿元，下降3.6%。其中利润34.89亿元，下降18.9%；税金41.33亿元，增长14.7%。新产品产值413.39亿元，增长7.4%。产销率97.3%，下降0.8个百分点；完成家具产量2.13亿件，增长0.6%。

【产业集群发展】 2018年，浙江省拥有6张家具产业集群“金字招牌”。各产业集群发展各有特色。其中中国办公家具产业基地——杭州市有规模以上家具企业83家，全年完成主营业务收入132.48亿元，比上年增长11.2%；完成工业利税11.98亿元，下降28%；工业利润总额5.11亿元，下降56.7%；完成新产品产值3.11亿元，下降45.0%。海宁市有家具行业生产企业170多家，从业人员4万余人。实现工业产值85.11亿元，增长12.9%；

利税6.82亿元，增长10.1%；其中利润2.85亿元，下降9.5%。全市家具及制品累计出口63.41亿元，增长3.5%，出口总量占全市出口总量第三位。中国椅业之乡——安吉县有规模以上家具企业176家，其中销售收入达1亿元以上企业55家。全县在上海证券交易所主板上市企业3家，分别是永艺家具股份有限公司、浙江恒林椅业股份有限公司、中源家居股份有限公司。全年实现销售收入394亿元，规模以上企业销售收入220.3亿元，增长13.8%，占全县规模以上企业销售收入总额的39%，利税贡献值在全县主要行业中排名第一。从占用土地平均税收（亩均税收）情况看，安吉椅业产业以亩均25万元的水平位列全县第一。全县家具行业有省级企业设计中心9个、省级高新技术企业研发中心40个、省级研究院9个和省级企业技术中心8个。中国欧式古典家具生产基地——玉环市全年实现家具总产值43.12亿元，其中自营出口6.28亿元。相继被认定为“中国新古典家具精品生产（采购）基地”“中国欧式古典家具生产基地”，10月通过“国家级家具产品质量提升示范区”验收。中国红木（雕刻）家具之都——东阳市有木雕红木家具企业1336家，从业人员10多万人，全年产值超过200亿元。其中销售额超过2000万元以上的企业200多家。中国实木家具工匠之乡——宁海。在全国开办的具有相当规模的家具企业3000多家，宁海籍从业人员超过10万人，年销售额700亿元左右，其中国家级品牌10多个，省部级品牌36个，在家具领域具有较高的知名度，其中实木家具占全国实木家具产值的70%。

【家具行业品牌建设】 2018年，浙江省有“美生”“麒盛科技”“龙威”“德慕”“索菲亚”“汇通”“雍王府”“逍遥客”等8个品牌（产品）被新认定为浙江名牌，“育才”“中源”“大丰”“慕容”“昌丽”“斯宅”“兰福”“卓木王”“大清翰林”“国祥”“万家宜”“诺贝”顺利通过工业产品复评。浙江家具企业在品牌建设上创新不断。1月25—27日，柏厨宣传片登陆美国纽约时代广场纳斯达克户外大屏；3月24日，顾家家居开启天猫超级品牌日，活动期间，消费者只要在顾家天猫旗舰店或顾家线下3000家门店购买产品，即可享受90天无理由退换货以及三年质保服务等升级服务；喜临门以家居用品行业唯一品牌身份入选年度“CCTV·国家品牌计划”；在“双十一”活动中，顾家、喜临门在“2018年淘宝天猫双十一住宅家具热销店铺排行榜”分别居第四、第五位。

【家具行业科技创新】 2018年10月22日，继圣奥集团有限公司联合浙江大学成立智慧家具研究中心后，圣奥集团有限公司欧洲研发中心成立，获“国家级工业设计中心”“省级企业技术中心”“省级工程技术研究中心”等称号，拥有办公家具行业首个通过CNAS（中国合格评定国家认可委员会）认证的实验室，公司累计申请专利846件，持续使用专利391件。中源家居股份有限公司企业技术中心、星威国际家居有限公司企业技术中心被省经信厅认定为“浙江省省级企业技术中心”。浙江省中源时尚家居研究院、大康人体工学座具研究院被认定为“浙江省省级企业研究院”。经省知识产权局、省经信厅审定，永艺家具股份有限公司、大康控股集团有限公司、品格卫厨（浙江）有限公司、圣奥集团有限公司、浙江莫霞实业有限公司、育才控股集团有限公司、麒盛科技股份有限公司、浙江和也健康科技有限公司8家企业通过专利示范企业复核。宁波格莱美厨具有限公司、浙江奥士家具有限公司等23家企业获评“浙江省高成长科技型中小企业”称号。

【“中源家居”上市】 2018年2月，“中源家居”（股票代码：603709）于上海证券交易所上市。中源家居股份有限公司主要从事沙发的研发、设计、生产和销售，产品主要包括手动功能沙发、电动功能沙发、扶手推背沙发、老人椅等功能沙发和部分普通沙发，主要产品销往国外。至此，全省家具行业有顾家家居股份有限公司、喜临门家具股份有限公司、浙江卡森实业集团有限公司、永艺家具股份有限公司、浙江恒林椅业股份有限公司、中源家居股份有限公司、浙江永强集团股份有限公司、德华兔宝宝装饰新材股份有限公司、浙江云峰莫干山家居用品有限公司、浙江富邦集团有限公司、浙江聚力文化发展股份有限公司、宁波格莱特休闲用品有限公司、浙江大丰实业有限公司等13家上市公司。

【首届杭州国际家具展】 2018年6月29日至7月2日，首届杭州国际家具展在杭州G20展馆——杭州国际博览中心举行，由浙江省家具行业协会主办，杭州得一会展有限公司承办。该届展会以“活力、时尚、设计”为主题，展出面积10万平方米，展会规划为整体套房、办公家具和软体综合区三大区域，参展企业405家，参观展会6万人次，签约意向经销商1000家，签单额约4亿元。展会期间还举办“新中式红木家具（杭州）发展研讨会”、经销商大讲堂、《2017中国家居消费者洞察报告》发布会、产品推介会等活动。

【2018年中国技能大赛全国家具制作职业技能竞赛】 2018年9月19—20日，由浙江省家具行业协会、东阳市政府共同主办的“2018年中国技能大赛全国家具制作职业技能竞赛”浙江东阳赛区选拔赛在东阳中国木雕城国际会展中心举行，杭州、东阳和磐安等全省各地35家企业134人报名参赛，有13名选手进入全国总决赛。在全国总决赛中，浙江大清翰林古典艺术家具有限公司、东阳市御乾堂宫廷红木家具有限公司、东阳市明清居红木有限公司、东阳市南市美林圆台红木家具厂的4位选手居全国十强之列。（省家具行业协会 顾佳佳）

机 械 工 业

【概况】 2018年，全省机械工业推进供给侧结构性改革和产业转型升级，机械工业生产保持平稳增长。全省机械行业规模以上企业1.62万家，从

2018年6月29日，首届杭州国际家具展在杭州开幕　（省家具行业协会　提供）

业人员275万人，总资产2.82万亿元。全年完成工业总产值2.29万亿元，比上年增长9.6%；实现增加值5049亿元，增长9.1%；主营业务收入2.26万亿元，增长8.5%。产销率97.4%，下降0.58个百分点；完成出口交货值4952亿元，增长9.1%；新产品产值1.12万亿元，增长14.8%。全行业实现利润总额1547亿元，下降0.6%；税金799.4亿元，下降0.6%。

【主要产业发展】 2018年，全省机械工业主要有金属制品业、通用设备制造、专用设备制造等8个子行业。其中，专用设备制造、仪器仪表2个子行业增加值分别比上年增长10.3%和10.1%，通用设备、汽车制造、电气机械、金属制品、运输设备等5个子行业呈个位数增长。汽车制造业实现总产值5186亿元，增长7.9%；工业增加值1163亿元，增长9.4%。整车产量和销量分别为164万辆和166万辆，均占全国产销量的6%。机床工具行业生产机床14.5万台，其中金属切削机床11.97万台，增长13.2%，金属切削机床总产量居全国首位；农机制造业完成总产值720亿元，制造规模全国排名第4。船舶行业规模以上企业实现总产值251.7亿元，增长1.7%。其中民用船舶制造业总产值139.2亿元，下降2.9%。全省船舶企业亏损18.7亿元，增长61.2%。中型豪华邮轮研发设计、LNG（液化天然气）运输船、新能源动力船、超大型集装箱船和专业科考船等新产品的突破，改变三大主流船型独占市场的局面。

【机械工业科技创新】 2018年，浙江省推进机械工业传统产业改造提升，实施“智能制造”“机器换人”“两化深度融合”“绿色制造”等科技创新工作，为机械工业发展提供新的动力。省经信厅制定出台《关于进一步促进首台（套）重大技术装备示范应用的意见》，明确首台（套）认定管理体系，加大对科技创新扶持力度。全年130个产品入选省装备制造业重点领域首台（套）名单；其中杭州锅炉集团股份有限公司“9HA燃机余热锅炉”、杭州汽轮机股份有限公司“10万立方米/小时空分装置配套用汽轮机”、杭州杭氧股份有限公司“WGSP-42000/CO-25000型一氧化碳深冷分离装置”等6个产品入选国内首台（套）名单，杭州和利时自动化有限公司“高端透平压缩机控制系统”等124个产品入选省内首台（套）名单。全省新创建萧山机器人小镇、乐清智能电气小镇、平湖光机电小镇等6个省级高端装备制造业特色小镇。全年机械行业投入科技资金662亿元，比上年增长25.1%。杭州汽轮机股份有限公司研发的“汽轮机系列化减振阻尼叶片设计关键技术及应用”项目获国家科学技术进步二等奖，杭州杭氧股份有限公司等单位研发的“特大型空气分离设备关键技术开发及应用”等2个项目获中国机械工业科学技术奖特等奖，宁波东方电缆股份有限公司等单位研发的“海上风电发电及输电用高端电缆关键技术及应用”等8个项目获中国机械工业科学技术奖一等奖，浙江大学、星光农机股份有限公司等单位研发的“高效自动化全喂入联合收获机设计制造技术研究与应用”等10个项目获中国机械工业科学技术奖二等奖，杭州电子科技大学、浙江晨龙锯床股份有限公司等单位研发的“大型高效精密数控锯床及智能生产线研发”等16个项目获中国机械工业科学技术奖三等奖。

【骨干龙头企业培育】 2018年，省机械工业主管部门注重培育行业骨干龙头企业，从资源要素配置、重点项目安排、财政政策等方面扶持骨干龙头企业做大做强，带动整个行业提质增效。浙江吉利控股集团有限公司、万向集团公司等23家企业被中国机械工业联合会列入中国机械工业百强企业名录，百强企业数量居全国第一；百强企业主营业务收入平均93亿元。浙江吉利控股集团有限公司、万向集团公司等28家企业被中国企业联合会列入“中国制造业500强”企业名录。全省机械行业销售额超过10亿元企业200多家。

【企业品牌工程建设】 2018年，省机械工业主管部门推进企业品牌工程建设，鼓励龙头骨干企业加强产品质量管理体系建设，按照国家质量标准规定，实施生产全过程的质量管理，提升浙江机械产品市场声誉。行业龙头骨干企业走自主品牌之路，着力提升企业品牌影响力。年内，聚光科技（杭州）股份有限公司、杭州中泰深冷技术股份有限公司等企业生产的74个产品被省市场监管局授予浙江名牌产品称号。（省经信厅　国世荣）

石化工业

【概况】 2018年，全省石化工业有规模以上企业4022家，职工55.6万人。全年完成主营业务收入1.06万亿元，增长10.6%；实现利润781亿元，增长3.2%，占全省规模以上工业的17.5%。其中化学工业、石油加工业和橡塑制品业分别实现利润535亿元、136亿元和111亿元。实现出口交货值1170亿元，增长21.2%；新产品产值3012亿元，增长19.5%。

【产业结构优化】 2018年，全省石化行业推进产业结构性改革，加快严重过剩产能和落后产能退出，进一步优化产业结构、产品结构。全年淘汰落后装置和落后产能，推动企业兼并重组，完成"低弱散"企业整治；以大项目为龙头延伸产业链，促进制造业与服务业融合发展；引导企业加大研发投入和技改力度，提升企业核心竞争力；加强政策保障，全面落实"降本减负"系列政策。

【重点园区和龙头企业培养】 2018年，全省石化行业注重培育石化重点园区和行业龙头企业。宁波市、嘉兴市和衢州市等石化重点园区生产发展情况良好，规模以上企业产值保持较快增长。宁波石化区97家规模以上企业盈利面75.3%，比上年增加9.7个百分点。杭州湾上虞经济技术开发区加快资源整合、项目组合、产业融合，高质量推进产业园区和小微企业园建设；杭州大江东产业集聚区、中国化工新材料（嘉兴）园区和衢州绿色产业集聚区规模以上企业总产值增长30.0%。国内30个重点化工园区中，宁波石化经济技术开发区、宁波大榭开发区、中国化工新材料（嘉兴）园区分别位列第3、7、10位。全省石化工业拥有主营业务收入超50亿元的企业25家，实现主营业务收入4219亿元，占规模以上石化企业主营业务收入的39.7%，其中有超过100亿企业14家。

【石化重点项目建设】 2018年，全省石化行业推进重点项目建设。至年末，浙江石油化工有限公司4000万吨/年炼化一体化项目完成投资674亿元，部分项目完成调试试车。分步实施中石化宁波镇海炼化有限公司扩建120万吨/年乙烯、1500万吨/年炼油项目。10月，120万吨/年乙烯项目开工，核准投资531亿元，年内完成投资15.5亿元。

【石化工业绿色发展】 2018年，浙江省实施石化行业绿色发展行动计划，加快构建绿色制造体系，提升行业安全管理水平，推进绿色标准化体系建设。全省确定59家石化企业列入省危险化学品生产企业搬迁改造名单，涉及杭州、宁波、嘉兴、衢州等9个设区市。至年末，列入国家搬迁改造计划的35家企业中完成搬迁6家；列入省搬迁改造计划的24家企业中完成搬迁6家。 （省经信厅 叶秉海）

表5 2018年浙江省重点园区石化产业发展情况

园区名称	规模以上化工企业完成总产值(亿元)	比上年(%)
宁波石化经济技术开发区	1 825	13.7
宁波北仑石化园区	815	18.3
宁波大榭开发区	616	11.2
杭州湾上虞经济技术开发区	429	19.7
杭州大江东产业集聚区	406	31.2
中国化工新材料(嘉兴)园区	630	34.4
衢州绿色产业集聚区	403	30.0

（省经信厅 提供）

电力工业

【概况】 2018年，浙江省装机容量9565万千瓦，比上年增长7.5%，提高0.7个百分点。其中，6000千瓦以上发电机组装机容量8564.1万千瓦，增加389万千瓦。总装机容量中，火电6209万千瓦，水电（含抽蓄）1161万千瓦，核电907.6万千瓦，风电147.8万千瓦，潮汐发电0.41万千瓦，太阳能发电1138万千瓦。全年全省发电量3507.8亿千瓦时，增长4.8%。其中：华东调度电厂发电量587.54亿千瓦时，增长2.5%；省统一调度电厂发电量2380.34亿千瓦时，增长3.3%；非统调电厂发电量424.9亿千瓦时，增长9.0%。年发电量中，火电2598.2亿千瓦时，增长2.2%；水电191.67亿千瓦时，下降9.7%；核电586.9亿千瓦时，增长15%；风电30.59亿千瓦时，增长20.6%；太阳能发电100.3亿千瓦时，增长78.1%。全社会用电量4533.82亿千瓦时，增长8.1%。其中：第一产业用电量29亿千瓦时，增长3.6%；第二产业用电量3248亿千瓦时，增长6.7%；第三产业用电量653亿千瓦时，增长14.0%；城乡居民生活用电量603.82亿千瓦时，增长9.9%。全年浙江电网统调用电量3877.66亿千瓦时，增长7.5%。最大日用电量14.15亿千瓦时，下降2.6%；统调最高负荷7141万千瓦，增长2.3%。年内，装机容量800万千瓦的白鹤滩水电站送浙输电工程开工。

【重点电力项目建设加快】 2018年5月，世界首台套AP1000项目三门核电一期2×125万千瓦机组获国家核安全局批准启动装料程序。9月和11月，经调试2台机组投产。三门核电二期、三澳核电一期项目加快推进，前期工作全面展开。电网重点项目建设有序实施，全年核准500千伏电网项目5个，总投资11亿元，全年累计电网投资320亿元。协调推进500千伏钱江送变电工程和事关全省电力供应的220千伏电网项目建设。启动白鹤滩送浙输电工程等"十四五"

重大项目前期工作，开展白鹤滩送浙输电工程路径、换流站选址和系统接入改造方案等相关工作。全面实施统调燃煤机组深度调峰和节能改造工程，年内增加调峰能力400万千瓦，完成节能增容改造35万千瓦。深入推进工业园区集中供热和天然气分布式利用，完成电能替代71亿千瓦时，建成充电站770座、充电桩6313根。

【电力发展“十三五”规划部分指标完成】 2018年，浙江省完成《电力发展“十三五”规划》（简称规划）中期评估，规划确定的31个具体指标中约束性指标3个，预期性指标28个。至2017年末，3个约束性指标中非化石能源发电量比重为26.2%，提前完成2020年规划目标；煤电平均供电煤耗296克标煤/千瓦时，接近2020年规划目标；非水可再生能源电力消纳量比重为4.2%，达到规划进度要求。28个预期性指标中，8个指标提前完成，其余20个指标均达到规划进度要求。省发展改革委编制配电网建设改造、农村电网升级改造规划，同步推进11个市配电网建设改造和33个县农村电网改造升级“十三五”规划评审工作，初步形成全省电力规划、主网架规划和配（农）网规划的分级规划管理体系。

【落后产能淘汰】 2018年，全省电力系统淘汰落后产能企业16家，弃用落后煤电机组43台，总装机容量78.25万千瓦，超额完成国家下达的淘汰落后产能任务。全年下调销售电价4次，累计下降一般工商业电价8.4分/千瓦时。通过电力直接交易推动电价下降，降价规模扩大到1100亿千瓦时，比上年增加170亿千瓦时，发电上网电价下降3.03分/千瓦时，全年降低企业用电成本33亿元。实行煤炭消费总量控制，落实统调发电用煤削减责任，建立以发电耗用原煤量为控制指标的统调发电调控体系，全年统调燃煤机组发电量1932亿千瓦时，发电设备累计平均利用小时4892小时，发电行业运行平稳。

【电力安全运行】 2018年，浙江电力盛夏迎峰期间，统调用电最高负荷创历史新高，达7141万千瓦。全省电力系统科学制订年度电力电量平衡和年度发电计划，落实优先发电、优先购电制度，合理安排各类机组发电计划，千方百计增购外来电力，统筹谋划增加发电用气，确保夏季电力供应平稳有序。建立完善气电协调机制，运用信息化手段加强监测预警，保障电力和天然气生产运行安全平稳。研订电力需求响应试点工作办法，开展电力需求响应实战演练和有序用电模拟演练，全省961家工业企业在计划响应时段内参与需求响应，其间浙江统调用电负荷下降104万千瓦，削峰效果明显。（省能源局　蓝智晖）

冶金工业

【概况】 2018年，全省有规模以上冶金企业1309家，其中黑色金属企业550家，有色金属企业759家。冶金工业总资产2621.16亿元，其中黑色金属工业1273.12亿元，有色金属工业1348.04亿元。从业人员14.75万人，其中黑色金属工业6.93万人，有色金属工业7.82万人。全省拥有炼钢能力1563.5万吨，炼铁能力850万吨，轧材能力4500万吨；10种有色金属冶炼能力115万吨，其中铜冶炼能力65万吨，再生铝冶炼能力40万吨。有色金属加工能力660万吨，其中铜加工能力360万吨，铝加工能力300万吨。铜加工规模居全国第二位，铝加工规模居全国第六位。

【工业生产增长】 2018年，全省冶金工业实现工业总产值4293.19亿元，比上年增长15.9%。全省铁、钢、钢材产量分别为873.75万吨、1266.75万吨和3048.69万吨，分别增长2.1%、14.6%和7.1%。全省有效运行炼钢产能利用率为82.36%，比全国同行业平均高4.36个百分点。10种有色金属产量56.44万吨，增长40.4%。其中，铜产量53.93万吨，增长43.5%。黄金产量19.9吨，增长15.1%；白银产量1141.01吨，下降2.9%。铜加工材产量260.83万吨，增长6.3%；铝加工材产量187.81万吨，下降6.8%。

【产品出口回升】 2018年，全省冶金产品出口先降后升。受美国对中国铝箔、铝板双反及加征钢铝制品关税政策影响，上半年全省冶金产品出口持续走低，全省冶金产品出口交货值增幅从一季度的15.4%，回落至上半年的6.0%。出口企业主动调整出口市场及产品结构，积极拓展俄罗斯、东亚、中东等市场，下半年出口出现企稳回升。全年冶金工业完成产品出口交货值201.41亿元，比上年增长18.5%，比全省工业产品出口平均增幅高9.9个百分点。其中钢铁产品出口交货值59.8亿元，增长29.33%，有色金属产品出口交货值141.61亿元，增长13.87%。

【工业效益增长】 2018年，全省冶金工业实现主营业务收入4413.09亿元，比上年增长16.31%，实现利税、利润分别为232.76亿元、140.48亿元，分别增长10.9%和11.5%，增长情况好于全省工业平均水平。受市场需求回升、价格上涨、产能利用率提高共同作用，钢铁工业效益再创新高，钢铁工业实现主营业务收入2022.09亿元，增长24.5%，实现利税、利润分别为139.96亿元和96.92亿元，分别增长26.8%和31.4%。钢铁工业主营业务收入利润率4.8%，提高0.35个百分点。有色金属工业因成本上升、需求疲软、贸易摩擦困扰，效益不断下滑，有色金属工业实现主营业务收入2391亿元，增长12.81%，实现利税、利润分别为92.8亿元和43.56亿元，分别下降12.9%和32.8%。有色金属工业主营收入利润率1.22%，下降1.74个百分点。

【冶金工业科技创新】 2018年，全省冶金行业科技经费支出51.48亿元，比上年增长29.7%。宁波市依托宁波钢铁有限公司设立宁波钢铁材料工程（技术）中心，着力于钢铁新工艺、新产品开发；永兴特种不锈钢股份有限公司与钢铁研究总院、久立集团股份有限公司等成立特种不锈钢及合金材料技术创新中心，共同开发高附加值特种不锈钢及合金材料。久立集团股份有限公司“高端特殊合金管材技术创新工程”、中核核电运行管理有限公司“核电厂核级奥氏体不锈钢管道焊缝热裂纹研究及处理”项目获浙江省科学技术进步奖二等奖；宁波金田铜业(集团)股份有限公司“重大基础装备专用多元高强耐磨铜合金产业化开发”等3个项目获浙江省科学技术进步奖三等奖；宁波钢铁有限公司研发新产品19个，实现汽车高强钢从600MPa等级向800MPa等级钢的全面覆盖；永兴特种不锈钢股份有限公司研发出国内首个具有自主知识产权的SP2215高压锅炉管材料，填补国内超超临界火电用高温金属材料的空白；久立集团股份有限公司各类核安全1、2级不锈钢管已应用于核电站主要关键设备及部件，核动力装置用特殊要求0Cr18Ni10Ti不锈钢无缝管、钍基熔盐堆GH3535不锈钢无缝钢管达到国际先进水平。

【冶金工业绿色发展】 2018年，全省长流程钢铁联合企业吨钢综合能耗505.73千克标煤/吨，比上年下降1.32千克标煤/吨。吨钢综合能耗比全国重点钢铁企业平均水平低49.51千克标煤/吨。有色金属行业中，铜冶炼综合能耗下降16.3%。一批节能减排改造项目实施。衢州元立金属制品有限公司围绕污染物排放全面达到特别限值标准要求，实施余热能效提升、料场封闭、高炉除尘等项目改造；宁波钢铁有限公司投资10.9亿元实施烧结电除尘、焦化有机废气治理等11个环保项目；浙江江铜富冶和鼎铜业有限公司先后实施高压变频节能项目、循环水泵节能项目、稀氧燃烧节能项目，全年节省标煤6000吨，减少碳排放849吨、氮排放2234吨，使吨铜标煤能耗下降3.5%；万邦德新材料股份有限公司升级改造新型熔铝炉、热剪炉及时效炉，单位产品天然气消耗下降20%。

【冶金工业行业管理】 2018年，省冶金工业管理部门围绕中美贸易摩擦对冶金行业(铝加工)影响等热点问题开展专题调研，分析行业发展和运行态势，指导行业发展。贯彻落实国家钢铁去产能工作部署，开展严防“地条钢”死灰复燃及违法违规新增钢铁产能专项抽查，处置僵尸企业6家；制定出台《浙江省钢铁产能置换实施细则》，确认宁波钢铁有限公司2号高炉技术改造项目产能置换方案，审查浙江友谊新材料有限公司炼钢产能出让；规范全省中频炉使用，开展全省中频炉使用情况核查及抽查，共核查中频炉使用企业1762家，核查中频炉装备4641台。推进有色金属加工、金属制品行业等传统产业改造提升，发布《金属制品制造业改造提升实施方案》；指导诸暨市、永康市、海盐县、武义县开展传统产业改造提升(分行业)省级试点；指导推进联合重组，宁波金田铜业(集团)股份有限公司并购江苏兴荣铜业有限公司，设立江苏铜管生产基地；海亮集团有限公司收购成都贝德铜业有限公司，实现在西南地区布局。开展钢铁行业规范公告企业年度检查和焦化行业准入公告申请企业核查；组织钢铁行业全国先进集体、先进个人评选；推进《浙江通志·冶金工业志》编纂工作，10月24日，《浙江通志·冶金工业志》通过初审。（省经信厅　毛恭忠）

建材工业

【概况】 2018年，全省建材行业大力化解过剩、低效产能，推动建材工业向高端化、绿色化发展，主要经济指标创历史新高。全省有规模以上建材企业1747家，全年实现工业总产值2699亿元，比上年增长36.8%；增加值565.6亿元，增长10.3%；利润243.4亿元，增长76.9%；产销率98.8%；出口交货值104.5亿元，增长5.3%；新产品产值484.2亿元，增长45.5%。亏损企业205家，下降20.7%，亏损额9.6亿元，下降6.8%。全省主要建材产品生产稳定、发展态势强劲，其中，水泥产量1.22亿吨，增长12.4%；熟料产量5174万吨，增长3.2%。卫生陶瓷制品产量57万件，增长10.4%；瓷质砖产量6879万平方米，增长8.7%；陶质砖产量178万平方米，增长8.9%。建筑胶合板产量142万立方米，增长3.5%；纤维板27万立方米，增长3.5%。沥青和改性沥青防水卷材产量4968万平方米，增长89.7%；隔热、隔音人造矿物材料及其制品产量36万吨，增长59.9%；耐火材料制品产量167万吨，增长4.3%。

【过剩产能化解】 2018年，全省建材行业严禁新增水泥熟料、平板玻璃产能，新建项目实施减量置换。年内确认3个水泥熟料项目建设置换方案，8家企业10条水泥熟料生产线产能指标用于新建项目。确认6家企业6条水泥熟料生产线产能指标出让外省企业，2项合计削减产能1.95万吨/日，削减产能600万吨/年。衢州市关停6条1500吨/日及以下规模水泥熟料生产线。全省关停淘汰落后墙体材料生产企业94家，削减产能26.05亿块标砖。

【传统产业转型升级】 2018年，长兴县和台州椒江区被列为传统制造业改造提升分行业省级试点。新建槐坎南方水泥有限公司1条7500吨/日新型干法水泥窑生产线，有序推进长广长兴水泥有限公司、湖州南方水泥有限公司、煤山南方水泥有限公司关停前期工作，完成长湖水泥有限公司、长兴第二水泥有限公司等企业整体关停。全面铺开“低散乱”细分行业专项整治，长兴县关停各类“低散乱”建材企业350家，整合入园企业100家，规范提升企业175家。非金属矿物制品制造业实施各类“机器换人”“智能制造”技改项目61个，完成投资27.1亿元。全面完成耐火材料、建筑陶瓷、玻璃纤维制品等行业“煤改气”工作，全省全部关停淘汰黏土砖瓦窑，累计淘汰燃煤窑炉174座，腾出能耗近10万吨标煤。强化建材企业用能管理，全年全行业规模以上企业能耗162万吨标煤，下降2.3%。台州智能马桶小镇入选省级特色小镇第四批创建名单，完成小镇区域环评、能评及控制性规划编制，建成小微园2个。小镇引进浙江万洁智能卫浴有限公司、浙江摩尔舒卫生设备有限公司、浙江水立方卫浴有限公司3

家智能马桶整机企业。椒江智能马桶产业创新服务综合体投入运行，椒江智能马桶产业研究院成立。

【建材业绿色发展】 2018年，省经信厅、省水利厅、省生态环境厅和省建设厅联合印发《浙江省新墙材行业开展淤泥资源化利用的指导意见》，着力推进淤泥资源化利用工作。红狮控股集团有限公司注重绿色发展，实施水泥窑协同处置固体废物、焚烧处置危险废物和土壤修复环保项目，兰溪、大田、南宁、宜良等17个水泥窑协同处置固废项目投入运行，漳平生活垃圾处置项目、建德一般固废处置项目、兰州协同处置项目、大田焚烧处置项目、龙游协同处置项目等5个项目在建，至年末，处置能力200万吨/年。

【重点项目建设】 2018年，浙江省最大水泥熟料生产项目——单线规模7500吨/日的槐坎南方水泥有限公司，通过产能置换立项建设。生产线采用高度自动化、数字化、可视化、流程化的集成系统，超越国内同类项目达国际一流水平。长兴旗滨玻璃有限公司投资1.1亿元，对原生产线技术装备进行全面改造，将普通浮法玻璃生产线打造成为一流高品质节能玻璃基片生产线。湖州南方物流有限公司投资5.2亿元，建成输送能力为1050万吨熟料的长胶带输送及仓储系统项目，提高运输效率，节省运输费用。

【新型建材产品开发】 2018年，全省建材行业注重开发新型建材产品，推进建材行业高质量健康发展。推广装配式建筑，推动PC预制复合墙板（体）、叠合楼板、预制阳台以及钢构、木结构预制装配式建筑材料加快发展。全省有各类预制产品生产线50多条，产能750万立方米。全年生产智能马桶250万台，实现全产业链产值75亿元。普通智能马桶向大健康智能马桶方向提升，欧路莎卫浴有限公司、浙江星星便洁宝卫浴有限公司、西马智能科技股份有限公司开发具有监测体脂、心率和体重等功能的新一代健康马桶。浙江为尔健康科技股份有限公司和浙江英士利卫浴有限公司开发基于试纸检测的便检健康马桶。全年培育省级新型墙体材料绿色生产试点企业21家，推出农村新墙材应用示范项目14个，生产新墙材280亿块标砖，新墙材产量占墙材总产量86%，新墙材占使用墙材总量的85%。关停淘汰落后墙材生产企业94家。新墙材综合利用各种废弃物2700万吨，节省能源12.5万吨标煤，减少二氧化碳废气排放31万吨、二氧化硫废气排放0.1万吨。

【助推“一带一路”建设】 红狮控股集团有限公司实施国际化战略，响应国家“一带一路”倡议，先后投资30亿美元，在印尼、老挝、尼泊尔、缅甸等“一路”沿线国家建设5个大型水泥项目。2018年5月18日，由红狮控股集团有限公司与尼泊尔希望水泥集团共同投资3.5亿美元建设的红狮希望水泥厂项目投产。厂址位于尼泊尔加德满都以西的帕尔帕县，厂区面积66.67公顷，采用低碳、安全、环保生产方式日产6000吨水泥熟料，并配套12兆瓦纯低温余热发电系统。产销两旺，安排就业2000多人。该项目是尼泊尔最大的外国直接投资项目，被尼泊尔总统授予“投资尼泊尔突出贡献奖”。该公司投资3亿美元，建成印尼东爪哇省年产高标号水泥300万吨的任抹红狮水泥项目区。

（省经信厅　杨益民）

食品工业

【概况】 2018年，浙江省有食品工业企业8477家，其中规模以上企业1252家，从业人员17.20万人。列入统计的18种主要产品产量实现增长，其中8种增速10%以上。主要产品中，精制食用植物油产量55.27万吨，增长10.3%；鲜、冷藏肉产量43.49万吨，增长22.3%；速冻米面食品11.9万吨，增长12.3%；婴幼儿配方乳粉1.03万吨，增长21.2%；食醋1.09万吨，增长25.5%；食品添加剂73.22万吨，增长10.4%；蛋白饮料27.03万吨，增长27.2%；小麦粉68.81万吨，增长17.1%。产品产量下降的有大米、熟肉制品、方便面、酱油、精制茶、果酒及配制酒和营养、保健食品等14种，下降幅度均超过10%。全省食品工业总产值2280.2亿元，增长3.1%；销售产值2212.66亿元，增长3.2%；全行业产销率为97.0%，增长0.22个百分点；主营业务收入2331亿元，增长15.9%；实现工业增加值799.1亿元，增长3.1%。其中，农副产品加工业工业增加值95.8亿元，与上年持平；食品制造业工业增加值136.0亿元，增长3.2%；饮料制造业工业增加值115.4亿元，增长5.2%；烟草制品业工业增加值451.9亿元，增长3.2%。全年全行业投入技术研发资金18.46亿元，增长15.9%；实现新产品产值329.21亿元，增长3.1%。全省食品行业实现利税623.25亿元，增长6.7%；利润165.94亿元，增长18.3%。其中食品制造业利润增长5.6%，农副食品加工业增长16.8%，烟草制品业增长19.9%，饮料制造业增长高达32.6%。亏损企业278家，增长14.4%；亏损额12.87亿元，下降10.9%。全年出口交货值256.98亿元，增长7.3%。其中农副食品加工业出口交货值138.80亿元，增长3.2%；食品制造业出口交货值83.7亿元，增长12.4%；饮料制造业出口交货值30.57亿元，增长12.3%；烟草制品业完成出口交货值3.9亿元，增长19.5%。浙江省食品科学研究所主持完成的“干坚果贮藏与加工保质关键技术及产业化”项目、浙江大学主持完成的“优质蜂产品安全生产加工及质量控制技术”项目、古越龙山绍兴酒股份有限公司和会稽山绍兴酒股份有限公司完成的“黄酒绿色酿造关键技术与智能化装备的创制及应用”项目、浙江兴业集团有限公司和浙江海洋大学完成的“鱿鱼贮藏加工与质量安全控制关键技术及应用”项目获国家科学技术进步二等奖。杭州娃哈哈集团有限公司吕民华、浙江塔牌绍兴酒有限公司潘兴祥、浙江五味和食品有限公司冯纬、丽水市鱼跃酿造食品有限公司陈旭东、安吉溪龙菊龙茶场陈达有、武义熟溪酒厂傅建茂等6名食品行业职工被省总工会授予“浙江工匠”称号。

【浙江首个地方食品安全行政处罚法律适用意见出台】 2018年2月23日，台州市法院会同市法制办、市市场监管局出台《关于食品安全行政处罚法律适用的若干意见》（简称《若干意见》）。《若干意见》是省内首个地方食品安全执法的法律适用意见。《若干意见》规定在食品安全执法中，要结合违法行为的事实、性质、情节及社会危害程度等情形，切实执行《中华人民共和国食品安全法》和《中华人民共和国行政处罚法》的相关规定，做到处罚法定、过罚相当、处罚与教育相结合，统一执法尺度，避免执法畸轻畸重。

【食品安全金融征信体系建设】 2018年9月27日，省食品安全委员会召开有关单位负责人会议，审议通过《关于全面推进食品安全金融征信体系建设的指导意见》（简称《指导意见》）。《指导意见》是在总结2015年3月以来各地开展“借助金融杠杆力量，实施差异化信贷政策，倒逼食品生产经营者增强主体责任意识”试点的基础上，根据国家信用体系建设有关文件精神，结合政府数字化转型、食品安全示范省建设、“信用浙江”打造等工作要求形成的指导性文件。

【食品安全浙江标准《食品小作坊通用卫生规范》发布】 2018年5月14日，省卫生计生委发布食品安全地方标准《食品小作坊通用卫生规范》，规定于11月1日实施。该标准填补全省食品小作坊标准的空白，着重对小作坊原料采购、加工、包装、贮存、运输等环节的场所、设施、人员基本要求和管理准则进行统一规范，提出符合小作坊生产实际并且保障食品安全水平的相应要求。

【“中国茶产业杭州指数”首次发布】 2018年5月18—22日，第二届中国国际茶叶博览会在杭州国际博览中心举行，来自30多个国家和地区的1540家知名企业参展，近4000家专业采购商参会。会展期间，首次发布“中国茶产业（杭州）指数”。该指数由全国“茶青价格指数”“茶青交易活跃度指数”“干茶（产地）批发价格指数”和“干茶（产地）批发交易活跃度指数”四大指数组成，通过以指数形式描述和反映茶产业发展态势及市场变化趋势，为相关政府部门提供决策依据，向茶产业的生产、销售、上下游相关企业提供科学量化的市场信息，促进茶产业的发展。

【食品安全宣传与食品行业推介活动】 2018年7月17—29日，省食品安全委员会办公室等23个部门联合在全省范围内开展年度食品安全宣传周活动。以“尚德守法食品安全让生活更美好”为活动主题，推动各级食品安全监管部门提升监管执法能力和水平，保障人民群众食品安全。10月9日，启动“全国主流媒体看浙江乳业”大型主题宣传活动。新华网、中国新闻网、《浙江日报》、浙江在线等国内20多个主流媒体深入探访，对浙江乳制品企业的创新发展之路进行采访报道。通过全国重点媒体多维度、多渠道报道，推介浙江乳制品企业和乳制品。11月7-10日，由中国酒业协会、绍兴市政府主办，中国绍兴黄酒集团承办的第24届绍兴黄酒节暨首届中国（国际）黄酒产业博览会在绍兴举行。黄酒节以“中国黄酒之都，启航一带一路”为主题，通过黄酒博览会、黄酒产业高峰论坛等活动，推介浙江黄酒和酒文化。12月20—21日，浙江省食品工业协会、江苏省食品工业协会、安徽省食品行业协会、上海市食品协会联合主办的长三角名优食品品牌峰会在杭州召开，四省（市）食品行业主管部门、行业协会、高等院校、媒体及相关人员共同参加研讨长三角地区食品品牌建设工作。浙江五芳斋实业股份有限公司、杭州豆制食品有限公司、杭州新希望双峰乳业有限公司等企业的41个产品获峰会认定。举办峰会旨在推动食品行业实施“长三角区域一体化”国家发展战略，践行“增品种、提品质、创品牌”的食品行业发展举措。

（省食品工业协会　安圣康）

制药业

【概况】 2018年，全省医药行业推进产业转型升级，实现制药工业持续健康发展。全年规模以上医药工业实现工业总产值1490.8亿元，比上年增长15.4%，增幅高于全省工业总产值4.1个百分点。实现新产品产值612亿元，增长21.3%；医药工业增加值499.2亿元，增长8.4%，增幅高于全省工业平均水平1.1个百分点；实现主营业务收入1382亿元，增长16.4%；实现利税314亿元，增长13.3%，其中利润216亿元，增长9.7%，分别高于全省工业9.4和4.6个百分点。投入技术研发资金62.2亿元，增长31.6%。全员劳动生产率37.0万元/人·年，增长8.6%。实现出口交货值294亿元，居全国第二位。

2018年11月7日，第24届绍兴黄酒节暨首届中国（国际）黄酒产业博览会在柯桥区中国轻纺城会展中心开幕　（绍兴市地方志编纂室　供图　袁　云　摄）

【11家企业入围"中国医学工业百强"】 2018年，赛诺菲（杭州）制药有限公司、杭州华东医药集团控股有限公司等11家企业被中国医药工业信息中心列入"中国医药工业百强"，浙江成为全国入围企业最多的省份之一。浙江海正药业股份有限公司、浙江康恩贝制药股份有限公司被中国医药工业信息中心列入"中国医药研发产品线最佳工业企业20强"。宁波戴维医疗器械股份有限公司被工业和信息化部列入"制造业单项冠军培育企业"。全省实行仿制药质量和疗效一致性评价，全年通过一致性评价的仿制药品种规格27个，数量居全国首位。

【特色园区创建】 2018年，杭州生物产业国家高新技术产业基地、台州国家级浙东南化学原料药基地等特色园区及杭州"东部医药港"、磐安"江南药镇"等特色小镇加快发展。杭州经济技术开发区引进和培育生物医药企业450多家，平均每天有1家医药企业落户开发区。全球十大药企中落户浙江的有辉瑞制药有限公司、默沙东制药有限公司、吉利亚制药有限公司等7家，年平均增速15%。

【重点领域发展加快】 2018年，全省生物药品、化学药品制剂、医疗器械和中药产业等行业发展态势良好。歌礼药业（浙江）有限公司自主研发的丙肝一类新药达诺瑞韦钠片获批上市。全省明峰医疗系统股份有限公司、鑫高益医疗设备股份有限公司等5家大型医用设备企业产品线涉及研发、生产、培训等全产业链。浙江医药制造业植入式心脏瓣膜、人工耳蜗等高端医疗器械研发水平居全国领先地位。国内体外诊断试剂产品基本覆盖所有种类，拥有美康生物科技股份有限公司、艾康生物技术（杭州）有限公司、中翰盛泰生物技术股份有限公司等行业龙头企业。百令胶囊、康莱特注射液全年销售额均超过20亿元，新、老"浙八味"中药材品牌优势进一步巩固。

【医药行业助推"凤凰行动"】 2018年，全省医药行业企业上市和兼并重组步伐加快，振德医疗用品股份有限公司、浙江昂利康制药股份有限公司成功上市，全省生物医药企业累计在上海、深圳证券交易所主板和创业板上市企业42家，占全国同行业上市企业总数的七分之一。8月，歌礼生物科技（杭州）有限公司成为港交所IPO新规后首家在港上市的未盈利生物科技企业。年内，行业兼并重组步伐不断加快。浙江九洲药业股份有限公司与杭州泰格医药科技股份有限公司、中钰资本管理（北京）有限公司联合发起设立20亿元规模的医药产业并购基金；亿帆医药股份有限公司收购新加坡生物药赛臻公司不低于90%的股份。

【重点领域国际合作】 2018年，全省医药制造业深化医疗人工智能、精准医疗、医疗健康大数据等领域的国际合作。浙江华海药业股份有限公司的吡格列酮片、坎地沙坦酯氢氯噻嗪片等制剂产品获美国食品药品监督管理局（FDA）批准文号，浙江海正药业股份有限公司的海泽麦布（HS-25）、光敏剂HPPH等产品在欧美市场开展新药二期临床研究。浙江迪安诊断技术股份有限公司与瑞士罗氏集团、美国基础医学公司分别签订独家战略合作协议，并引入"实体肿瘤全面基因组测序分析服务"，助力中国肿瘤个体化诊疗的新标准建立。

【"互联网+"优势显现】 2018年，全省医药制造行业推进数字经济"一号工程"，通过生物医药与新一代信息技术融合，催生远程诊断、智慧医疗、个体化治疗等新的业态和模式，在智慧健康、第三方诊断、基因检测等领域涌现浙江迪安诊断技术股份有限公司、艾迪康医学检验中心有限公司、杭州尚壹基生物科技有限公司等全国领先企业。杭州医惠科技有限公司成为国内唯一能为境外医院提供信息化服务的企业。互联网医院在线诊疗平台——微医集团（浙江）有限公司成为全球医健产业的领军者。

（省经信厅　周一珉）

建筑业·房地产业

Construction and Real Estate Industry

建　筑　业

【概况】 2018年，全省建筑业优化产业结构，坚持高质量发展，推进建筑业市场化、规范化、法制化建设，实现高质量发展。全省建筑企业15117家，建筑业从业人员797万人，劳动生产率36.1万元/人。完成建筑业总产值2.88万亿元，增长5.6%，占全国建筑业总产值的12.2%；实现建筑业增加值3098.8亿元，占全省GDP的5.5%；实现利税总额1358亿元，增长5.4%；签订合同金额4.84万亿元，增长7%，其中新签合同金额3.04万亿元，增长4.8%；房屋施工面积21.45亿平方米，增长4.2%，占全国房屋施工总面积的15.2%。其中新开工面积8.67亿平方米，增长2.4%。绍兴、杭州、宁波、金华4个"建筑强市"完成建筑业总产值2.08万亿元，占全省建筑业总产值的72.5%。

【建筑行业发展】 2018年，全省优化建筑业结构与规模，着力培植大企业大集团。全年新增特级企业11家，全省特级企业累计达78家，其中基础设施领域特级企业12家，居全国前列。建筑企业中产值超过100亿元企业45家，其中中天建设集团总产值790亿元，居全省第一；浙江宝业建设集团有限公司、浙江中成建工集团有限公司等6家企业总产值超过200亿元。全省建筑监理企业实现营业收入294.07亿元。监理企业中综合资质企业20家，甲级企业236家。全过程工程咨询试点项目55个，落地项目247个，落地项目造价875.65亿元，咨询费14.33亿元。签订工程总承包合同620个，合同金额1248.19亿元。省建设厅与省商务厅联合编制《关于加快建筑业"走出去"发展三年行动计划

(2018—2020)》。完成浙江省建筑产业现代化"十三五"规划实施情况中期评估。在浙江自由贸易试验区、浙江舟山群岛新区和杭州国家高新技术产业开发区、杭州经济技术开发区、萧山经济技术开发区等29个国家级示范区(开发区)实施建筑业企业最低等级资质核准承诺制审批改革。

【"绿色建筑"推广】 2018年,杭州市、宁波市等11个设区市出台《绿色建筑专项规划》,规划对建筑项目提出绿色建筑等级、建筑装配化建造和住宅全装修等控制性指标要求,浙江在国内率先建立绿色建筑规划、设计、施工和运营等全过程的监管体系。全年全省实施绿色建筑1.45万项,建筑面积7.1亿平方米,建成节能建筑10.2亿平方米;"绿色建筑"发展规模和水平居全国前列。制定建筑工业化工作考核办法,下拨1亿元建筑工业化以奖代补专项资金,推进"绿色建筑"项目落地;制定建筑工业化示范城市、企业、基地和项目认定办法,强化"绿色建筑"项目示范建设。全年全省完成新建装配式建筑面积5690万平方米。杭州市、宁波市、绍兴市被住房和城乡建设部列为国家装配式建筑示范城市,中天建设集团有限公司、浙江精工钢结构集团有限公司等17家企业被住房和城乡建设部授予"国家装配式建筑产业基地"称号。开展建筑业企业技术中心认定工作,宁波住宅建设集团股份有限公司等7个单位被省经信厅认定为省级建筑业企业技术中心,省级以上建筑业企业技术中心增至120个,其中国家级技术中心8个。

【建筑业规范化管理】 2018年,全省建筑行业主管部门推进"建筑市场监管与诚信信息平台建设"工作,四大数据库(企业库、项目库、人员库、信用信息库)进一步完善,为全省建筑市场信息化管理提供数据和技术支撑。数据库录入1.7万家企业,62.01万人从业人员信息,工程项目6.93万个,分别公布企业和个人良好行为信息7003条和4072条,不良行为信息148条和66条,基本实现全省建筑市场"数据一个库、监管一张网、管理一条线"的信息化工作目标。平台开发"施工许可证审批打印系统"应用功能,年内发放施工许可证1.3万张;完善"省外建筑企业备案管理系统",有1366家省外进浙企业进行备案;完善"资质审批数据采集"功能,企业资质审批中实现工程业绩、人员信息及信用信息的数据采集和使用。省建设厅制定《浙江省建设工程计价规则(2018)》等8项建筑工程计价标准;受住房和城乡建设部委托,主编完成国家标准《绿色建筑经济指标》;编制《浙江省农村生活污水处理设施运维费用指导价格指南(征求意见稿)》。向建筑市场提供各类计价要素信息160多万条;发布房屋建筑工程综合造价指数、单项造价指数、典型工程造价指标,实现价格信息数据共享。全年省建设厅受理造价纠纷调解项目440个,标的金额812.31亿元。开展全省专业工程分包、工程进度、工程款支付、工程变更、民工工资支付等施工合同履约检查,维护和规范建筑市场秩序。

【实施"走出去"发展战略】 2018年,全省建筑行业实施"走出去"发展战略。全年完成省外施工总产值1.41万亿元,比上年增长0.7%,占全省建筑业总产值的49.1%。建筑业总产值超100亿元的区域市场26个,其中,江苏、上海、安徽区域市场总产值超过1000亿元,分别实现总产值1803.9亿元、1505.5亿元和1284.9亿元。省外区域市场总产值增幅前三位的为山西省(增长18%)、重庆市(增长14.9%)、河南省(增长12.4%)。国外建筑承包工程业务保持较快增长,全年完成承包营业收入73.9亿美元,增长3.4%,对外承包总产值居全国第五位。 (省建筑业管理总站 杨利城)

房地产业

【概况】 2018年,浙江省坚持"房子是用来住的,不是用来炒的"定位,以"稳地价、稳房价、稳预期"为目标,抓好房地产市场调控,发展住房租赁市场。部署开展住房发展规划编制工作,全省有8个城市制定或发布本地区2018—2022年住房发展规划。召开3次全省性专题会议,传达落实中央和省委、省政府关于房地产调控的部署要求。杭州、宁波出台和完善公证摇号购房、限购、限售等调控政策,其他城市继续执行前期出台的政策措施。全省房价过快上涨势头得到遏制,房地产市场各项指标总体呈现平稳运行态势。全省房地产开发完成投资9945亿元,比上年增长20.9%。商品房销售面积9755万平方米,增长1.6%。至年末,全省商品住宅可售面积5577万平方米,消化周期8.4个月。

【市场运行平稳】 2018年,浙江省房地产市场维持总体平稳。商品住宅价格保持基本稳定。全年全省新建商品住宅价格每月环比涨幅0.1%~0.7%。商品房成交量小幅增长。全年全省新建商品房销售面积9755万平方米,比上年增长1.6%。供求关系有所好转。至年末,全省商品房可售面积5577万平方米,消化周期为8.4个月,增加1个月。房地产投资保持较快增长。全省房地产投资9945亿元,增长20.9%。房地产对GDP贡献保持稳定。全省房地产业实现增加值3508亿元,增长3.6%,占全省生产总值的6.2%。全年实现房地产业税收收入1869亿元,增长25.2%,占全省税收的17.1%。

【市场监管】 2018年,浙江省坚持和完善房地产市场日报、旬报、月报、季报制度。全年累计编制季度分析报告14期、月报51期、旬报105期和日报560期。启用2018年版《浙江省商品房买卖合同示范文本》《浙江省二手房买卖合同示范文本》和《浙江省住房租赁合同示范文本》,规范房地产市场交易秩序。省级层面定期召开房地产市场分析部门联系会议,重点城市建立价格监测、审核协同机制。全省先后开展房地产领域防范和处置非法集资、购房矛盾纠纷排查化解、骚扰电话综合整治、"双随机"抽查及房地产领域"扫黑除恶"等专项行动。7—12月,省建设厅联合宣传、公安、司法、工商、银监等九部门，开展“打击侵害群众利益违法违规行为治理房地产市场乱象”专项行动。年内，累计检查房地产开发企业和中介机构8000多家，查处违规中介机构600多家，公开曝光违法违规行为典型案例24个，市场乱象得到有效治理。规范国有土地上房屋征收与补偿工作，推进实施国有土地上房屋征收与补偿基层政务公开标准化规范化试点，指导7个试点县（市、区）编制完成政务公开规范并通过验收。

【住房租赁市场发展】 2018年，根据国家有关培育发展住房租赁市场的工作部署，浙江省加快推进杭州、温州、绍兴以及嘉善、义乌等城市住房租赁市场试点工作。试点城市在编制规划、培育主体、加大供应、健全机制、行业规范等方面大胆探索，试点工作成效明显。至年末，试点城市重点培育的住房租赁企业（机构）超过100家，其中国有企业30多家，专业化租赁企业40多家，另有扩展租赁业务的开发企业、物业企业及经纪机构等20多家。杭州市级财政从2018年起3年内安排1亿元专项资金，专门用于奖励扶持优秀住房租赁企业。至年末，试点地区累计推出租赁住房用地（包括人才专项用地）28宗，总用地面积超过103万平方米；推出配建公租房、保障房及竞自持商品房（部分或全部不能出售，只能租赁经营）用于租赁的涉宅用地195宗；推出利用集体建设用地建设租赁住房6宗，总用地面积6.48万平方米；开工建设蓝领公寓项目37个，涉及房源约2万套，其中已交付项目16个，涉及房源7600套，已经入住2000户。各地积极盘活存量土地和房源，新建改建租赁住房约280万平方米，新增租赁房源4.5万套。全省住房租赁系统在试点城市上线运行，在系统开户备案的经纪机构、租赁机构1500多家，系统收录租赁房源20多万套，在平台签约的租赁房源2.5万套。9月21日，召开省城乡住房工作协调委员会会议，专题研究长租公寓市场平稳健康有序发展工作。10月16日，省城乡住房工作协调委员会办公室印发《关于促进长租公寓市场平稳健康有序发展的指导意见》，明确长租公寓市场规范发展的10项内容。试点过程中形成杭州市筹建蓝领公寓和整顿长租公寓市场、温州市大力推进应用省租赁平台、绍兴市加快培育国有企业供应主体、义乌市做好外籍人士租赁管理和集体土地上租赁住房管理、嘉善县构建多层次住房租赁管理体系等可复制、推广的试点经验。

【物业服务】 2018年9月4日，省建设厅印发《浙江省物业服务企业信用信息管理办法》，促进物业服务企业诚信自律，维护物业管理市场公平竞争秩序，构建以信用为核心的物业服务市场监管体制。12月，开发完成浙江省物业服务企业信用管理平台，推进物业服务信用建设。杭州开展以党建引领推进业主委员会和物业服务企业建设，加强对业委会选举、履职等方面指导监督，把物业管理融入社区治理。温州、嘉兴、衢州、湖州等地开展红色物业试点。至年末，全省在管物业服务项目1.55万个，在管房屋建筑面积11.4亿平方米。

【第二次城镇危旧房排查】 2018年3月，省建设厅联合教育、卫生、文化、体育、民政、交通、民族宗教七部门印发《关于开展第二次全省城镇房屋调查登记工作的通知》，全面启动第二次城镇危旧房屋安全隐患排查工作，旨在进一步贯彻落实《浙江省房屋使用安全管理条例》，加强危旧房动态监管，保障房屋使用安全。此次排查以全省城镇国有土地上的房屋建筑物单体为调查对象，包括住宅和非住宅，并增加建筑幕墙登记排查任务。至年末，全省累计调查房屋57.5万幢、16.8亿平方米，调查建筑幕墙5512万平方米；排查出丙类房屋1.16万幢、967万平方米；鉴定危房6582幢、577.3万平方米。

（省建设厅　王　露）

交通运输·邮政业

Transportation and Postal Service

民　用　航　空

【概况】 2018年，浙江省拥有民用航空运输机场7个，分别是杭州萧山国际机场、宁波栎社国际机场、温州龙湾国际机场、台州机场、义乌机场、衢州机场、舟山普陀山机场，其中台州、义乌、衢州机场为军民合用机场；拥有通用机场11个，其中建德千岛湖通用机场、德清莫干山通用机场、东阳横店通用机场、安吉天子湖通用机场、万丰通用机场5个通用机场是跑道型机场，其余6个通用机场是表面直升机场。全省民用运输机场由浙江省机场集团有限公司统一管理。全年浙江民航完成航班起降50.41万架次，比上年增长9.5%。旅客吞吐量6538.73万人次，增长13.5%；货邮吞吐量84.4万吨，增长5.5%。全省通用航空飞行1.36万小时，增长14.2%，其中本土企业飞行4981小时，增长22%。拥有国际国内航线590多条，机场执飞通航点402个。全年全省机场出入境旅客705.23万人次，增长16.7%，出入境人数居全国第四位。

【民航安全监管】 2018年，浙江民航监管部门严格履行监管职责，推进“三基”（基层、基础、基本功）建设。全年未发生通用航空飞行及地面事故，实现连续第62个安全年。全年组织行政检查1.26万次，发现各类问题和隐患373处，下发整改通知书68份，防范重大事故发生。完成春运、全国全省“两会”、厦门金砖国家领导人会议、上海合作组织峰会、第五届世界互联网大会、首届联合国世界地理信息大会等重要节点、重要会议运输保障任务。调整和改革民航行业监管模式，推进浙江民航法定自查工作常态化与规范化。综合运用行政检查、行政约见、行政处罚、风险提示等手段，确保安全运行平稳可控。推进基层作风、运行风险管控能力和“三基”建设，推动企业完善运行手册、加快运行信息系统优化升级。开展辖区安全员技能比武和维修人员基本技能培训。

【民航高质量发展】 2018年，浙江民航监管部门着力促进航班正常运行工作。督促和协调机场建立航班正常运行协同指挥平台，加强运行协同，推动信息共享。重点关注始发航班正常率与机场放行正常率，以及重视杭州萧山国际机场每日航班运行协调和复杂气象条件下航班计划动态调整情况，促进全省中小机场对标龙头机场，提高航班正常管理和大面积延误处置能力。推进辖区通航企业维修系统法定自查，指导完成6家通航企业维修系统工程和11家航空器的年检自查。梳理和简化通用航空行政审批程序，提高通用航空行政审批效率。推进浙江山太和技师学院与航空公司合作，为航空公司培养输送生产制造技术工人。年内，浙江辖区获批建设通用机场5个，通过机场资源整合，加快构建浙江省空中“1小时交通圈”。

（民航省安全监督管理办公室 何 剑）

【航线网络优化】 2018年，全省机场累计执飞通航点401个，新增国内外定期通航点58个。其中：杭州萧山国际机场17个，为临汾、格尔木、克拉玛依、遵义、大同、忻州、和田、伊宁、信阳、昭通、乌兰浩特、岳阳、纽约、莫斯科、里加、列日、仰光；宁波栎社国际机场12个，为张家界、赣州、洛阳、井冈山、盐城、十堰、北海、宜春、泸州、连云港、暹粒、金边；温州龙湾国际机场12个，为南充、惠州、湛江、遵义、琼海、牡丹江、常德、阿坝、泸州、十堰、齐齐哈尔、柬埔寨西哈努克港；舟山普陀山机场4个，为南昌、成都、上饶、大连；衢州机场5个，为青岛、昆明、济南、海口、重庆；台州路桥机场4个，为郑州、西安、宜昌、重庆；义乌机场4个，为长春、青岛、芽庄、曼谷。全年全省机场出入境旅客突破700万人次，达705.23万人次，比上年增长16.7%，在全国省（直辖市）排名位列第四位。其中杭州机场出入境旅客量突破500万人次，达517.79万人次，增长14.3%。

【民航运行品质提升】 2018年，省机场集团实施全面对标管理，加强安全管控，在航班量大幅增加、天气复杂多变的情况下，全省机场总体运行平稳，未突破省政府、民航华东地区管理局下达的安全指标，在与国家民航总局签订的安全责任书考核中7个机场全为优秀，完成“春运”“两会”、中非合作论坛、首届中国国际进口博览会、第五届世界互联网大会、首届联合国世界地理信息大会等重大任务保障。把握长三角空域精细化改革试点机遇，省机场集团统筹搭建全省机场与军民航单位的沟通平台，全省机场航班放行平均正常率76.03%，比上年提高9.54个百分点，全省机场在华东六省运输总量第一的情况下，航班放行平均正常率增幅位列第一。其中杭州机场航班放行平均正常率为81.06%，提高9.55个百分点。衢州、台州、义乌机场航班放行平均正常率超过80%，全省机场航班正常性提升显著。全省机场均已建立并对社会公布服务承诺，兑现率超过98%。各机场有效投诉回复率100%，未发生责任原因及处置不及时导致的重大媒体曝光及上级主管部门通报批评的服务质量事件。

【规划建设推进】 2018年，省机场集团与各市紧密合作，加快推进全省机场规划建设一体化。积极推进重点项目建设，杭州机场新建航站楼及陆侧交通中心项目开工，T1航站楼已完成局部改造并启用。宁波机场三期扩建工程完成T2航站楼幕墙、交通中心主体结构施工。温州机场T2航站楼和舟山机场新航站楼建成投用。完成舟山机场波音配套项目相关设施，满足波音完工和交付中心交付国航首架波音737MAX飞机要求，机场保障能力进一步增强。深入推进新一轮总体规划修编工作，科学谋划“一核两枢六连”的全省机场功能新布局。杭州机场新一轮总规修编取得阶段性成果，基本形成远期“30万平方千米、9000万人次”的发展规划。宁波、温州机场按远期6000万人次规模开展总规修编，舟山机场启动新一轮总规修编。加快谋划打造机场综合交通枢纽，杭州机场综合交通规划取得历史性突破，引入地铁线和高铁线各3条。宁波机场推进高铁西站与机场的有机衔接。温州机场积极配合做好与高铁温州东站的衔接和接入地铁M2线的研究。

【关联主业拓展】 2018年，省机场集团围绕省委、省政府确定的发展航空产业和打造“千亿级”集团目标，在做强机场运营核心主业的同时，高起点拓展四大关联主业。通用航空运营板块总部落户建德，成立浙江省通用航空产业有限公司，与建德市开展全面战略合作，合资组建建德通用机场管理有限公司，托管建德千岛湖通用机场。临空经济开发板块与萧山区政府合作共同组建浙江杭州临空经济开发有限公司，对国家级杭州临空经济示范区重点区块进行联合开发，启动杭州机场东区国际货站项目。航空投融资板块成立浙江省空港融资租赁有限公司，抢抓政策放开机遇，获批第三批自贸区内资试点融资租赁牌照，与浙江长龙航空有限公司、中国飞机租赁集团控股有限公司及国新国控（杭州）投资管理有限公司建立战略合作伙伴关系，投放长兴南太湖项目及长龙航空发动机售后回租项目，实现当年注册、当年运营，年度实现盈利超过1000万元。航空关联产业板块整合组建杭州机场航空地勤服务公司和机务维修工程公司，进行独立公司化运作，统筹全省机场深挖商业、广告等非航资源，并推进航空产学研基地工程建设。 （省机场集团 陈之英）

【杭州萧山国际机场】 2018年，杭州萧山国际机场完成航班起降28.5万架次，比上年增长5.1%；旅客吞吐量3824.2万人次，增长7.5%；货邮吞吐量64.1万吨，增长8.7%。旅客吞吐量全球排名第56位，货邮吞吐量全球排名第47位。客运和货运增速均排名中国内地十大机场第2位，客运与货运总量分别排名中国内地机场第10位和第6位。年内新增美国纽约（货运）、拉脱维亚里加（货运）、比利时列日（货运）等国际航点5个，新增大同、格尔木、克拉玛依等国内航点12个，新引进航空公司6家，累计有航空公司66家、定期运营航点177个，通达性和枢纽化水平进一步提升，并基本实现24小时无障碍通关。

*机场发展规划及基本建设推进。*编制完成远期机场占地面积30平方千米、旅客吞吐量9000万人次（未来通过优化程序，提升保障能力至1亿人次以上）的发展规划，上报省发展改革委。结合总体规划编制，完成货运、电力、水系等专项规划的制订。10月19日，全省扩大有效投资重大项目集中开工仪式在杭州萧山国际机场举行，省委书记车俊、省长袁家军等出席，机场三期项目动工。另外，完成T1航站楼改造、机位改造、航空食品厂迁扩建等项目。

*龙头引领作用发挥。*发挥省内核心机场引领作用，做大做强航空业务，促进全省机场资源整合效应进一步显现。带动全省机场客运量排名升至全国第5位，货运量排名保持全国第4位。宁波栎社国际机场、温州龙湾国际机场客流双双突破1000万人次，浙江成为拥有3个“千万级机场”的省份。协同宁波、温州机场推出贵宾“一卡通”服务。在做好自身对标先进机场的同时支持省内其他机场的对标工作，分享和交流专业技术、人才管理等经验，选派业务骨干赴省内机场进行业务指导。建立以浙江省机场集团为主导、杭州萧山国际机场为龙头的航线协调机制，增强与航空公司谈判话语权。全年新增停场客机运力10架，停场客机运力达105架左右。提高国内干线大机型比重，航班中D类和E类大机型占8.3%，提升1.3个百分点；航班计划总体执行率90.2%，提升2.7个百分点。

*航空安全体系建设深化。*贯彻落实新安全生产法，深化安全体系

2018年7月27日，杭州萧山国际机场T1航站楼改造完成启用，T1与T3航站楼形成一座外观和建筑结构协调统一的航站楼综合体

（杭州萧山国际机场有限公司　供图　　谭申捷　摄）

表6　2018年杭州萧山国际机场主要航空公司基本情况

航空公司	旅客运输量		货邮运输量		平均客座率（%）
	实绩（万人次）	比上年（%）	实绩（万吨）	比上年（%）	
中国国际航空公司	553.12	3.9	5.43	1.8	83.8
厦门航空公司	463.92	13.1	3.95	14.7	82.0
中国南方航空公司	455.38	7.5	4.24	-1.4	80.9
中国东方航空公司	352.56	10.1	2.28	1.4	83.9
海南航空公司	321.64	7.2	3.15	13.7	90.4
浙江长龙航空公司	288.35	-0.8	3.17	-11.7	90.6
北京首都航空公司	268.82	2.2	1.54	-3.7	91.9

（杭州萧山国际机场有限公司　提供）

表7　2018年杭州萧山国际机场新开通的部分国内航线

航空公司	航线	开通日期	航班号	机型	班期
中国国际航空公司	杭州—临汾	2月1日	CA1795	A320	周2.4.6.7
中国国际航空公司	杭州—西安—克拉玛依	3月25日	CA1743	A320	每天
浙江长龙航空公司	杭州—秦皇岛—大同	3月25日	GJ8013	A320	周1.3.5.7
中国东方航空公司	杭州—西安—格尔木	3月25日	MU2375	A320	每天
厦门航空公司	杭州—武汉—遵义茅台	3月26日	MF8265	B737	每天
北京首都航空公司	杭州—忻州—兰州	3月27日	JD5345	A320	周2.4.6
山东航空公司	杭州—和田—乌鲁木齐	10月28日	SC8082	B737	每天
中国南方航空公司	杭州—乌鲁木齐—伊宁	10月28日	CZ8432	B737	每天
中国东方航空公司	杭州—信阳—西安	10月28日	MU2224	A320	每天
四川航空公司	杭州—昭通—丽江	10月30日	3U8053	A320	周2.4.6
浙江长龙航空公司	杭州—乌兰浩特	11月3日	GJ8091	A320	每天
上海吉祥航空公司	杭州—岳阳—昆明	12月26日	HO1035	A320	周1.3.5.7

（杭州萧山国际机场有限公司　提供）

建设。修订完善法定自查工作制度，健全隐患排查治理机制，开展安全专项整治和安全大检查活动。强化安检人员作风和安全文化建设，推行安检人脸识别系统等新技术新方法运用，整体提升安全保障能力和安全品质。全年机场运行不安全事件万架次率0.11，获国家民航总局安全责任书考核优秀等级，实现第18个安全年。

服务质量体系建设加强。推进服务质量体系建设，通过应用新技术、提升投诉处理效能等措施，提高服务对象满意度。全年机场ASQ(国际机场协会旅客满意度)得分为4.82分，向社会公布的31项服务承诺兑现率为100%，航空公司满意度得分为4.55分。践行“航班正点就是最好的服务”的承诺，全年航班放行正常率81.1%，上升9.6个百分点。以创建“国际卫生机场”为抓手，全面推进“机场大花园”建设。实时监控旅客行李运输装卸过程，杜绝野蛮操作。优化旅客出行体验，为特需旅客提供优先安检、登机服务，完善母婴设施，启用女性专用安检通道，增设智能新型设备，提升运行品质。实现重要运输保障“零差错”“零投诉”。

智慧机场建设加快。杭州萧山国际机场加快智慧化机场建设步伐，推出无纸化便捷出行服务，启用边防自助查验通道，自助率超过70%。推进道面管理、移动调度、货站安检信息管理等系统建设。建立无纸化办会系统、财务共享服务平台，促进“智慧管理”。把握机场三期建设的契机，加强与科技企业和国内大型机场的交流合作，了解主流、前沿技术在机场的应用，为布局三期智慧化建设夯实基础，着力打造智慧空港。

（杭州萧山国际机场有限公司 曾宪武）

表8　2018年杭州萧山国际机场新开通的部分国际航线

航空公司	航线	开通日期	航班号	机型	班期
俄罗斯航星航空公司	杭州-新西伯利亚—里加(货)	3月29日	4B8864	TU204	周4
北京首都航空公司	杭州—莫斯科谢列梅捷沃	7月31日	JD475	A330	周2.4.6
美国阿特拉斯航空公司	杭州—纽约(货)	9月20日	5Y552	B747F	周1.4.6
比利时ASL航空公司	杭州—列日(货)	11月 3日	3V816	B747F	周3.6
四川航空公司	杭州—仰光	12月17日	3U8277	A320	周1.3.5

（杭州萧山国际机场有限公司　提供）

表9　2018年杭州萧山国际机场定期航点

一、内地航点125个：北京、广州、深圳、成都、重庆、西安、贵阳、昆明、哈尔滨、沈阳、海口、三亚、太原、青岛、郑州、厦门、南宁、大连、天津、长春、兰州、石家庄、珠海、桂林、武汉、乌鲁木齐、长沙、福州、揭阳、烟台、呼和浩特、丽江、银川、泉州、西宁、西双版纳、绵阳、赣州、恩施、运城、湛江、柳州、临沂、惠州、宜昌、威海、毕节、六盘水、十堰、汉中、张家界、赤峰、襄阳、遵义、鄂尔多斯、包头、锦州、保山、呼伦贝尔、拉萨、安顺、广元、南阳、洛阳、日照、榆林、济南、宜宾、临汾、衡阳、兴义、阜阳、北海、常德、邯郸、库尔勒、秦皇岛、大理、延安、邵阳、敦煌、潍坊、黔江、通辽、嘉峪关、阿克苏、凯里、大同、白山、淮安、铜仁、南充、牡丹江、天水、大庆、梅县、克拉玛依、东营、佳木斯、延吉、张家口、唐山、西昌、达州、信阳、博鳌、稻城、泸州、盐城、万县、乌兰察布、连云港、腾冲、乌兰浩特、邵通、和田、武夷山、忻州、格尔木、伊宁、乌海、甘孜、岳阳、阿尔山。

二、港澳台航点6个：香港、澳门、台湾桃园、台北松山、高雄、台中。

三、国际航点46个：首尔、济州、釜山、清州、东京、大阪、冲绳、静冈、札幌、新加坡、吉隆坡、沙巴、曼谷(素万那普、廊曼)、普吉、清迈、芭提雅、素叻他尼、仰光、金边、暹粒、西哈努克港、卡里波、宿务、巴厘岛、岘港、芽庄、胡志明市、富国岛、马累、斯里巴加湾、多哈、马德里、阿姆斯特丹、莫斯科(谢列梅捷沃、茹科夫斯基)、洛杉矶、塞班岛、温哥华、悉尼、墨尔本、新西伯利亚(货机)、里加(货机)、列日(货机)、芝加哥(货机)、纽约(货机)。

（杭州萧山国际机场有限公司　提供）

【宁波栎社国际机场】 2018年，宁波栎社国际机场完成航班起降8.54万架次，旅客吞吐量1171.84万人次，货邮吞吐量10.56万吨，分别比上年增长16.6%、24.8%和下降12.2%。新增洛阳、井冈山、遵义等正班航点12个，累计80个，正班航线124条。建立覆

2018年5月22日，广东龙浩航空有限公司全货机首航成功

（宁波机场与物流发展集团有限公司　提供）

表10　2018年宁波机场与物流发展集团有限公司基本情况

航空公司	旅客运输量		货邮运输量		平均客座率（%）
	实绩（万人次）	比上年（%）	实绩（万吨）	比上年（%）	
中国东方航空公司	245.14	20.7	3.2	9.1	82.4
中国南方航空公司	130.90	10.3	1.7	8.0	83.1
春秋航空公司	127.82	104.1	1.1	166.3	85.0
海南航空公司	114.45	10.6	1.3	19.4	87.5
中国国际航空公司	71.72	25.3	0.9	7.4	85.4
四川航空公司	67.45	10.4	1.0	18.5	80.1
浙江长龙航空公司	66.63	190.8	0.6	188.1	87.2
山东航空公司	38.41	16.1	0.3	24.8	73.1
祥鹏航空公司	25.08	8.1	0.3	8.5	86.1
北京首都航空公司	24.85	−3.0	0.2	5.6	80.8
国泰港龙航空公司	20.88	1.8	0.4	0.1	85.6
天津航空公司	17.44	70.8	0.1	46.0	88.2
厦门航空公司	16.47	−4.9	0.2	−10.3	61.4
奥凯航空公司	15.91	70.2	0.1	72.5	80.1
香港快运航空公司	15.62	28.8	0.2	34.3	93.3
越南越捷航空公司	14.48	106.9	0.1	132.8	86.8
深圳航空公司	13.13	28.3	0.2	11.9	84.7
鹰联航空公司	11.72	3.4	0.1	−13.5	90.1
西部航空公司	11.70	−0.5	0.1	−0.3	96.5
福州航空公司	11.67	16.5	0.1	46.2	82.6
中国联合航空公司	10.91	−6.4	0.1	2.3	82.8
重庆航空公司	10.68	16.5	0.1	−15.0	85.8
澳门航空公司	9.19	31.7	0.2	4.9	72.3
华信航空公司	8.22	−2.3	0.3	8.1	67.8
多彩贵州航空公司	7.11	−7.2	0.1	−18.0	88.0
泰国狮子航空公司	7.00	无同期数	0.1	无同期数	86.0
桂林航空公司	6.98	29.6	0.0	18.5	84.5
长安航空公司	6.17	118.3	0.0	220.6	79.8
九元航空公司	5.85	−59.0	0.0	−53.9	74.5
欣丰虎航空公司	5.12	21.1	0.1	48.6	90.1
越南航空公司	4.99	−17.6	0.0	−13.5	92.3
河北航空公司	4.92	73.6	0.0	36.8	80.2
扬子江快运航空公司	4.42	−36.0	0.3	−57.2	89.0
北部湾航空公司	3.72	573.8	0.0	443.8	93.1
天空吴哥航空公司	2.78	638.2	0.0	627.8	91.0
青岛航空公司	2.77	无同期数	0.0	无同期数	63.5
长荣航空公司	2.75	3.8	0.1	−0.8	71.2
立荣航空公司	2.53	−0.6	0.1	−4.0	67.4
亚洲航空公司	1.52	−74.9	0.0	−77.4	80.5
苏拉维加亚航空公司	1.17	150.6	0.0	154.0	84.8
马印航空公司	0.44	87.9	0.0	80.1	84.8
易斯达航空公司	0.38	−64.1	0.0	−66.4	20.4
泰国新时代航空公司	0.30	−91.8	0.0	−92.6	57.1
印尼城市快线航空公司	0.30	−67.8	0.0	−67.7	67.6
东海航空公司	0.11	−93.3	0.0	−97.6	54.1
顺丰航空公司			2.0	−7.7	
中国货运航空公司			0.5	−81.7	
美国康尼航空公司			0.3	无同期数	
龙浩航空公司			0.2	无同期数	
总计	**1 171.84**	**24.8**	**16.7**	**−1.7**	**83.1**

（宁波机场与物流发展集团有限公司　提供）

盖全国、辐射东南亚、连接全球的航线网络。引进南美货运和加拿大龙虾包机，开通新的国际转关业务。全年平均出港客座率86.4%，旅客吞吐量突破1000万人次，迈入全国大型繁忙机场行列，成为全国第33个、全省第2个“千万级机场”。

机场保持安全运行。坚持“安全第一”，落实“四严”标准(最严明的责任、最严格的监管、最严厉的处罚、最严肃的问责)，把安全工作贯穿到安全运行全过程。加强安全监管，完善安全监测队伍，深化空防安全隐患治理，全年排查并整改安全隐患64处，未发生一般差错以上的安全事件，实现第34个安全年。开展全面对标管理工作，实施各级对标课题67项。成立三期工程推进领导小组，确定项目工程节点的责任分工。推进民航服务质量体系建设，进一步挖掘航站楼设施利用潜力，缓解运输保障压力。深化与宁波市防台抗旱指挥部、宁波市水利局联防联动，完善航班延误处置预案并组织航班延误推演，提升机场应急处置能力。推进阳光服务品牌工程建设，举办品牌策略指导会及“品牌形象大使”初选活动，营造浓厚的真情服务氛围。

机场基础工程建设加快。完成T2航站楼幕墙、交通中心主体结构、飞行区场道水稳层浇筑等基础工程建设。机场三期扩建工程累计完成投资额15.52亿元，三期航站楼投运工作启动。机场公务机候机楼完成装修，候机楼一层包括商业区、安检区、贵宾室、商务中心和登机安检通道，二层包括贵宾接待区、业务用房及会议室等。1月18日，装修工程通过竣工验收，为公务机候机楼如期投入运营奠定基础。

运营航线增至124条。迈入国内大型繁忙机场行列，成为全国第33家“千万级机场”，运行航线增至124条。5月22日，广东龙浩航空有限公司GI4030全货机航班运载12吨货物抵达宁波机场，并于当日起飞返回广州，首航成功。7月6日，美国康尼航空公司B747—400F大型全货机首航宁波，成为宁波机场引进的首条南美洲货运航线。全货机包机由智利起飞，经停美国后入境。宁波栎社国际机场接到美国康尼航空公司开航申请后，2天时间完成国家民航总局华东局开航审计、联检单位飞行资料备案及保障流程确定。飞机落地后，仅用59分钟时间完成95吨货物的卸机入库。

（宁波机场与物流发展集团有限公司　周　虹）

表11　2018年宁波栎社国际机场新开通的部分国内航线

航空公司	航线	开通日期	航班号	机型
浙江长龙航空公司	宁波—赣州—昆明	3月25日	GJ8905/6	320
中国南方航空公司	宁波—张家界—贵阳	3月25日	CZ8548/7	320
春秋航空公司	宁波—洛阳—乌鲁木齐	3月27日	9C8647/8	320
春秋航空公司	宁波—井冈山—重庆	9月20日	9C8752/1	320
浙江长龙航空公司	宁波—连云港—大连	10月28日	GJ8741/2	320
春秋航空公司	宁波—盐城—银川	10月28日	9C839/10	320
春秋航空公司	宁波—十堰	10月28日	9C8693/4	320
青岛航空公司	青岛—宁波—北海	10月28日	QW9855/6	320
四川航空公司	哈尔滨—宁波—北海	10月28日	3U8101/2	321
重庆航空公司	宁波—宜春—重庆	10月30日	OQ2038/7	320
东方航空公司	宁波—泸州	10月30日	MU5871/2	320
祥鹏航空公司	宁波—赣州—丽江	10月30日	8L9882/1	73L

（宁波机场与物流发展集团有限公司　提供）

表12　2018年宁波栎社国际机场新开通的部分国际航线

航空公司	航线	开通日期	航班号	机型
天空吴哥航空公司	宁波—暹粒	3月25日	ZA472/1	320

（宁波机场与物流发展集团有限公司　提供）

表13　2018年宁波机场定期航点

一、内地航点64个：广州、武汉、三亚、兰州、太原、东营、张家界、北京(首都、南苑)、海口、厦门、银川、安庆、烟台、赣州、深圳、郑州、长春、珠海、桂林、池州、洛阳、青岛、西安、宜昌、兴义、绵阳、景德镇、井冈山、昆明、哈尔滨、汕头、西宁、铜仁、黔江、盐城、重庆、天津、潍坊、临沂、包头、湛江、十堰、长沙、南昌、丽江、呼和浩特、延吉、万州、北海、成都、沈阳、南宁、上海(浦东)、济南、济宁、宜春、大连、贵阳、石家庄、乌鲁木齐、威海、淮安、泸州。

二、地区航点5个：香港、澳门、台中、台北、高雄。

三、国际航点11个：曼谷(廊曼、素万那普)、新加坡、芽庄、济州、清州、大阪、静冈、名古屋、普吉、暹粒、金边。

（宁波机场与物流发展集团有限公司　提供）

【温州龙湾国际机场】　2018年，温州龙湾国际机场完成航班起降8.64万架次，旅客吞吐量1121.87万人次，货邮吞吐量8.02万吨，分别比上年增长15.9%、20.8%和6.17%。通航城市133个。旅客吞吐量首次突破1000万人次大关，成为全国第36个“千万级机场”。完成上海合作组织青岛峰会、首届中国国际进口博览会、中非合作论坛等重要会议运输保障任务，实现第29个安全年。启动机场新一轮发展规划。机场被评为温州市“安全生产月”活动优秀单位、温州市“劳动关系和谐企业”称号，温州空港尊易商务有限公司贵宾服务部被全国妇联授予全国“三八红旗集体”称号。

表14　　2018年温州龙湾国际机场新开通的国内航线

航空公司	代码	航线	开通日期	航班号	机型
长龙航空	GJ	温州—琼海	1月27日	GJ8001/8002	A320
乌鲁木齐航空	UQ	温州—南充	2月1日	UQ2553/2554	B737-800
上海航空	FM	温州—齐齐哈尔	2月2日	FM9577/9578	B737-800
华夏航空	G5	温州—常德	3月27日	G52869/2870	CRJ
深圳航空	ZH	温州—惠州	4月1日	ZH9310/9309	B737-800
深圳航空	ZH	温州—湛江	4月1日	ZH9310/9309	B737-800
上海航空	FM	温州—牡丹江	4月22日	FM9587/9588	B737
重庆航空	OQ	温州—阿坝	6月30日	OQ2376/2375	A319
东方航空	MU	温州—泸州	10月28日	MU5861/5862	B737-800
东方航空	MU	温州—十堰	10月29日	MU2489/2490	B737-800
乌鲁木齐航空	UQ	温州—汉中	12月23日	UQ3521/3522	B737-800

（温州机场集团有限公司　提供）

表15　　2018年温州龙湾国际机场新开通的国际航线

航空公司	代码	航线	开通日期	航班号	机型
泰国新时代航空公司	E3	温州—泰国清迈	2月3日	E35227/5228	B737-400
印尼城市快线航空公司	QG	温州—印尼民丹岛	2月12日	QG5700/5710	A320
浙江长龙航空公司	GJ	温州—柬埔寨西哈努克	12月17日	GJ8058/8057	A320

（温州机场集团有限公司　提供）

表16　　2018年温州龙湾国际机场定期航点

一、内地航点73个：广州、贵阳、北京（首都）、成都、昆明、重庆、郑州、西安、上海（虹桥/浦东）、武汉、深圳、青岛、沈阳、天津、南宁、哈尔滨、珠海、长沙、三亚、太原、烟台、海口、石家庄、大连、济南、兰州、乌鲁木齐、宜昌、南充、柳州、惠州、合肥、南京、长春、淮安、临沂、桂林、西昌、湛江、济宁、南昌、北海、银川、南通、遵义（新舟/茅台）、阜阳、盐城、丽江、大理、琼海、邯郸、张家界、牡丹江、常德、铜仁、泸州、西宁、阿坝、鄂尔多斯、揭阳、毕节、黄山、长白山、十堰、佳木斯、黎平、齐齐哈尔、襄阳、西双版纳、呼和浩特、汉中、喀什、厦门（货机）。

二、港澳台航点2个：香港、台北（松山/桃园）。

三、国际航点14个：首尔、曼谷、罗马、芽庄、巴厘岛、沙巴、富国岛、济州、清迈、暹粒、宿务、丹绒槟榔、樟宜、西哈努克。

（温州机场集团有限公司　提供）

机场基本建设加快。6月1日，温州机场T2航站楼完成转场并投入使用，开启双航站楼运行时代。T2航站楼占地34.91公顷，建筑面积11.6万平方米。由主楼、长廊和登机桥组成，楼内配设21座固定登机桥、22条安检通道、51个值机柜台和6套行李提取系统，航站区设施站坪、能源中心、信息中心楼等投入使用。市域铁路S1、S2线机场段代建工程完成。汉莎航空食品有限公司大楼建成。大楼占地1公顷，建筑面积1.2万平方米。新建货运区投入运行，其中货运库面积3.05万平方米、货运堆场面积2.82万平方米，能满足年货邮20万吨的生产需求。

机场智能化建设。11月14日，温州龙湾国际机场A-CDM系统（网页版）上线试运行，主要为机场和航空器保障单位提供航班动态、机坪监控、气象分析、进程管控、预警通告、系统配置等专业直观信息，实现机场机位占用可视化，有效缩短过站航班保障时长，提高航班正点率。11月16日，完成平视显示器（HUD）Ⅰ类运行最低标准的设计和报批。

运营航空公司增至49家。11月19日，温州龙湾国际机场火车南站航站楼启用，旅客可在温州火车南站办理领取登机牌、托运行李等手续。11月28日，机场旅客“无纸化”便捷乘机服务开通，旅客可通过手机网上自动生成电子登机牌，实现便捷快速登机。至年末，温州龙湾国际机场新增国内外运营航空公司4家，累计运营航空公司49家。新增温州至泰国清迈、温州至印尼丹绒槟榔（民丹岛）、温州至柬埔寨西哈努克等国外航线3条，新增温州至琼海、温州至南充等国内航线11条。

（温州机场集团有限公司　林国慧）

铁路运输

【概况】 2018年，浙江省铁路营业里程2776.5千米，其中复线2256.3千米，复线率81.3%。电气化线路2295.2千米，电气化率82.7%。国家铁路797.2千米，合资铁路1979.3千米。客运专线1460.8千米。路网密度272.7千米，为全国平均水平的1.95倍。全年完成旅客发送2.16亿人次，货物发送量3728.12万吨，分别比上年增长8.7%和6.1%。货物到达量4354.68万吨，增长5.3%。完成旅客周转量694.56亿人次·千米，增长5.5%。货物周转量221.3亿吨·千米，增长2.8%。日均装车2464辆，日均卸车2620辆，均增长9.1%。全年旅客发送量继续保持增长，通过“12.28”“4.10”和“7.1”三次运行图调整，增开北京、厦门、萍乡、温州等方向的动车组及普速列车。其中以周末游、假日游为代表的旅游客流增长明显。通过加强“公转铁”“水转铁”对接，优化联运组织，煤炭、金矿、水泥等大宗物资运量增长明显。通过加强集装箱、商品车、冷链运输等重点项目攻关，加大中欧中亚班列开行，集装箱运量增幅上升。中国铁路总公司和浙江省政府完成省内铁路基础建设投资

135.29亿元，其中中国铁路总公司投资85.33亿元，省政府投资49.96亿元。主要建设项目中1亿元以上项目有：泗安至杭州铁路电气化、义乌西铁路货场扩建工程、金华南货场、湖州西铁路货场、九景衢铁路、杭州至黄山铁路、商合杭铁路、衢州至宁德铁路、金华至台州铁路、金华至宁波铁路、杭州至长沙铁路客运专线和宁波穿山港铁路。

【杭黄高铁开通运营】 2018年12月25日，杭黄高铁开通运营。杭黄高铁东起浙江省杭州市，向西经杭州萧山区、富阳区和桐庐县、建德市、淳安县，进入安徽省宣城市绩溪县和黄山市歙县、徽州区至黄山北，全长265千米，其中浙江段185千米，设计时速250千米，沿途设杭州东、富阳、桐庐、建德、千岛湖、三阳、绩溪北、歙县北、黄山北9座车站，于2014年6月开工建设。全线地形起伏较大，部分地段地势陡峻，具有长隧道多、桥梁多等线路特点，其中最长隧道12千米，全线桥梁隧道长231.95千米，占杭黄高铁总长度的87.6%。该线把西湖、西溪湿地、千岛湖、绩溪龙川、古徽州文化旅游区、黄山和西递宏村等7个国家级AAAAA级风景名胜区串联起来，形成一条世界级的黄金旅游线。杭黄高铁开通后，杭州到黄山最快旅程1小时多，从上海、宁波、南京等地到黄山最快旅程2小时多。杭黄高铁作为国家“十三五”铁路规划的重点工程，它的建成开通彻底结束浙西不通高铁的历史。

【杭绍台高铁全线初步设计获批】 2018年6月，省发展改革委发布《关于新建杭州经绍兴至台州铁路全线初步设计的批复》。杭绍台铁路新建正线全长226.56千米，设计时速350千米，沿途设绍兴北、东关、三界、嵊州新昌、天台、临海、台州中心、温岭8座车站。杭绍台铁路是国家首批社会资本投资铁路示范项目之一，由复星集团牵头的民营联合体与浙江省政府共同建设投资。该项目可行性研究批复总投资448.9亿元，资本金占总投资的30%，其中民营联合体占51%，为首个民营资本在国内铁路投资领域控股的项目。2015年11月，国家发展改革委、交通部将杭绍台铁路项目列入“长三角”城际轨道交通项目，12月28日，国家发展改革委将该项目列入全国“社会资本投资铁路示范项目”名单。2016年11月，杭绍台铁路项目获国家发展改革委审定核准，并于年底开建先行段。杭绍台铁路全线路基、桥梁工程随征地工作推进陆续开展施工。

【沪苏湖高铁项目获批】 2018年10月9日，国家发展改革委批复同意新建沪苏湖高铁。沪苏湖高铁设计时速350千米。线路起自上海虹桥站，途经苏州市，终到湖州站。线路正线长163.54千米，全线设上海虹桥、松江南、汾湖、吴江南、南浔、湖州站6座车站，预留湖州东站及往杭州方向设置联络线的条件。此前，从湖州坐高铁去上海，每天仅有4趟过路车，而且得从杭州绕道，旅程2小时。沪苏湖高铁建成后，湖州到上海只需30～40分钟。沪苏湖高铁项目建设工期4年，总投资367.95亿元，由中国铁路总公司及沿线上海市、江苏省、浙江省等地方政府合股出资建设。

【义乌“圆通号”中欧班列首开】 2018年8月3日，装载义乌小商品的X8074次“圆通号”跨境电商中欧班列，从义乌西货运站开往目的地莫斯科。“圆通号”跨境电商中欧班列由中铁集装箱上海分公司、圆通蛟龙投资发展(集团)有限公司、义乌天盟实业投资有限公司、中国铁路上海局集团有限公司金华货运中心共同组织开行。班列计划运行13天，全程运行10150千米，终点站为莫斯科古巴弗纳车站。

【中欧班列(义乌)常态化运邮业务开启】 2018年10月8日，载有3240件跨境电商国际邮件的X8024次中欧班列，经过10多天长途跋涉，抵达目的地波兰马拉舍维奇。此次是中欧班列(义乌)开展运邮测试后首次搭载正式邮件，标志着中欧班列(义乌)运邮业务常态化开启。义乌开行的中欧班列运邮按照每周一次的频率发车。

【义乌中欧班列创陆上新丝路“七个第一”】 2018年，义乌—马德里中欧班列运量快速提升，每周发送4至5列，运量最高时达7列。班列始发开通线路9条，辐射至中亚、西班牙、伊朗、阿富汗、俄罗斯、拉脱维亚、白俄罗斯、英国、捷克等9个方向。全年义乌中欧班列开行320列，发运标箱2.51万个，比上年增长68.8%。义乌中欧班列创造陆上新丝路的“七个第一”，即发送线路方向最多、换轨次数最多、历经国家最多、满载率最高、发送增长速度最快、班列吸引省市最多、商品种类最多。

【“绍兴风情旅游新干线”试运行】 2018年3月28日，绍兴至上虞市域列车试运行，并于4月开通运营，绍兴至上虞运行时间21分钟。绍兴至上虞间市域列车充分挖掘既有萧甬铁路运载能力，沿途集中绍兴市越王峥、柯岩、鉴湖、镜湖湿地公园、绍兴古城、会稽山旅游度假区、曹娥江风景名胜区等景区，被称为“绍兴风情旅游新干线”。新干线西起柯桥区钱清，东至上虞区驿亭，全长64千米，设置车站11座，其中新增兴工路、金柯桥大道、镜水路、陶堰、东关、百官、驿亭7座车站。新干线采取公交化运营模式。开行列车为3列“和谐号”CRH6F-A动车，每列为4节车厢编组，额定载客量663人。列车时速120千米。沿途车站候车厅按照轨道交通方式，发售市域列车专用单程票，兼容绍兴市公交卡和市民卡，旅客可通过电子刷卡上下车。

【丽水站杨梅运输新模式开启】 2018年，铁路丽水站开启一场杨梅运输的“速度革命”，让远在外地的人也能吃上新鲜的青田杨梅。浙江青田盛产杨梅，种植规模7730公顷，年产鲜果4.2万吨。针对高铁停车时间短、杨梅运输量大和乘车旅客多等问题，该站通过对列车运能分析，指定杨梅运送列车，并提前与列车联系，在旅客检票前将杨梅打包运送到站台列车餐车和大件行李存放点的位置,确保杨梅顺利上车。铁路丽水站自6月8日起,新鲜杨梅先后发往武汉、杭州、上海、南京、济南和北京等地。

【庆祝"西子号"品牌列车命名30周年】 2018年8月7日,杭州客运段在杭州火车东站开往北京南的G20次复兴号列车上庆祝"西子号"品牌列车命名30周年。1988年8月5日,开行仅一年多的锡杭81/82次列车被省政府正式命名为"西子号"。全国政协原副主席、著名书法家赵朴初为"西子号"题名。2007年4月18日,全国铁路第六次大提速后,"西子号"从短途旅游列车转型为义乌至南通特快列车。2013年6月28日,浙江省和原上海铁路局商定,将"西子号"品牌移植到杭州至北京高铁列车上。2018年4月10日,"西子号"G20/39次列车车型更换为国内具有完全自主知识产权的中国标准动车组复兴号。30年来,"西子号"列车安全输送旅客4000多万人次,先后获全国工人先锋号、全国铁路巾帼标兵岗、全国铁路先进女职工集体等荣誉。

【诸暨—宁波舟山港海铁联运国际专线首发】 2018年11月28日,81898次国际多式联运列车载着袜子、布匹等货物从诸暨东站启程,开往荷兰鹿特丹,标志着诸暨—宁波舟山港海铁联运国际专线开通首发。金华铁路货运中心抓住浙江省政府加快推进义甬舟开放大通道建设的契机,联合宁波港集团有限公司、浙江中外运有限公司、中铁集装箱运输有限责任公司上海分公司、上海铁路局金华车务段建立诸暨海铁联运联合运营平台,在货源、运力组织、集装箱装卸作业等方面紧密合作。诸暨东货运站并设立海铁联运集装箱专属存放区,做到计划受理、空箱送达吊卸、重箱进场等优先。诸暨—宁波舟山港海铁联运国际专线通过港口和车站连接,公路短驳打通,完成货物从工厂—码头—船舶的"一站式"服务,有效减少运输环节,缩短国际贸易货运时间。

【首列铁海联运双层集装箱班列开行】 2018年12月18日, 81986次货物列车驶离宁波舟山港北仑港站,标志着全路首列铁海联运双层集装箱班列在宁波至绍兴之间成功开行。双层集装箱运输是一种先进的多式联运组织方式,最大程度可提高线路运输能力38%。该班列由14辆双层集装箱专用平车固定成组,每辆车下层装载2个20英尺集装箱、上层装载1个40英尺集装箱。到达绍兴后,班列将装载当地的轻纺产品等出口集装箱返回,经宁波舟山港海运到达欧洲、美国、东南亚等国家和地区。

【10个城市开办"高铁极速达"业务】 2018年5月5日,中国铁路上海局集团有限公司管辖的金华等10个城市的高铁站增加"高铁极速达"业务。至此,长三角地区有14个城市高铁站开办"高铁极速达"业务。继中铁快运股份有限公司携手顺丰控股(集团)股份有限公司在京沪高铁推出高铁快运产品——"高铁极速达",在所有通达城市之间实现10小时之内货物"门到门"送达服务后,3月在杭州、南京的高铁站开办,5月5日起拓展到合肥、苏州、无锡、常州、镇江、徐州、蚌埠、金华、芜湖和马鞍山等城市高铁站,业务可通达北京、太原、青岛、武汉、南昌、广州等40多个城市。客户上午11点前发件,收件人当日21点前即可收件。

【省内15个车站推出智能寄存服务】 2018年7月,浙江省内15个火车站推出智能寄存服务,为旅客出行提供更多方便。智能寄存柜分别设置在金华、绍兴东、绍兴北、余姚北、庄桥、桐乡、余杭、嘉兴南、海宁西、嘉善南、宁波、杭州东、长兴、湖州、德清15个车站的候车区域。旅客通过安检进入候车区域后才能寄存物品。旅客只要用手机扫描寄存柜门上的二维码,登录后就可实现存取件功能。使用智能寄存柜的费用可通过微信或支付宝支付。

(杭州铁路办事处 叶建明)

公路运输

【概况】 2018年,浙江省新增公路通车里程560千米。全省公路通车总里程12.07万千米,其中,高速公路通车里程4421千米,一级公路7046千米,二级公路1.04万千米,三级公路8860千米,四级公路6.40万千米,准四级公路2.56万千米,等外公路323千米。公路网密度118.53千米/百平方千米。乡镇(街道)公路通达通畅率均100%,行政村公路通达率99.95%(未通达行政村14个),公路通畅率99.95%。桥梁总数5.04万座、329.21万延米;隧道1851个、129.29万延米。全年公路客运量7.2亿人次、旅客周转量402.8亿人千米,分别比上年下降10.6%和6.7%。公路货运量16.65亿吨、货物周转量1964.1亿吨千米,分别增长9.6%和7.8%。完成机动车维修3326万辆次,与上年基本持平。培训驾驶员120.9万人次,下降9.7%。公路交通完成固定资产投资1341亿元。其中,高速公路投资661亿元,普通国道省道投资288亿元,农村公路投资366亿元,养护工程投资26亿元。公路站场基础设施投资87.5亿元。建设客运枢纽21个、货运枢纽33个。

【公路建设】 2018年,浙江省新建高速公路项目6个,总里程267千米。其中,温州绕城高速公路西南线56.3千米,三门湾大桥及接线工程54.5千米,台州湾大桥及接线工程102.4千米,乐清湾大桥及接线工程38.2千米,台金高速公路东延二期5.9千米,甬台温高速公路复线南塘至黄华段7.2千米。完成温州西瓯海桐岭至瑞安仙降段改建工程、瓯海区高铁温州站至丽岙连接线公路工程等普通国道省道公路建设项目15个,总里程258千米。完成县道建设总里程285.4千米。建成农村联网公路总里程1338.3千米,完成农村公路大中修5048千米。

【公路养护】 2018年,全省公路运输部门完成高速公路大中修800千米,普通国道省道大中修（含预防性养护）1100千米， 完成公路安全生命防护工程170千米，实施省级安防工程示范路项目10个。普通国道省道路况获评全国第一。维修改造高速公路桥隧638座，桥头跳车处养护439处，边坡维修加固82处。普通国道省道桥隧养护工程完成加固工程140座，其中桥梁100座、隧道40座。对全省1762座40万米普通国道省道桥隧技术状况进行全面检查，对12座桥梁进行特殊检查，抽查巡检大型桥隧62座。全年省财政投入1000万元，加快推进普通公路服务站设施建设，提升公路综合服务能力，年内建成普通公路服务站106个；新增高速公路收费站33个，累计421个；高速公路联网收费总里程4242千米。新建电子收费（ETC）车道162条，累计1242条；新增电子收费用户135万户，累计546万户，电子收费用户规模居全国第三位。新增服务网点629个，网点总数5943个。全省客车ETC使用率51.5%，第二个电子收费“双百计划”超额完成。

【公路安全监管】 2018年，省交通运输厅制订《道路运输行业安全生产领域改革发展的实施意见》《浙江省城市轨道交通运营突发事件应急预案》，开展“安全生产月”“道路运输平安年”活动，推进“平安交通”安全体系建设。实施危险化学品运输、道路交通安全等综合整治。全年全省出动路政巡查人员87万余人次，受理涉路违法案件8.7万余件，拆除违法建筑5.7万平方米、非公路标牌4.7万块，清理公路两旁堆积物42.6万立方米，整治马路市场1.11亿个，依法追缴公路损坏赔款5108万元。出动交通执法人员32万余人次，查处超限超载车辆4.03万辆，其中外省车辆2.3万辆；实施超限超载车辆就地卸载3.4万辆，卸载吨数65.73万吨。强化数字化建设，提升行业治理能力。省交通运输厅会同杭州市、宁波市、温州市等地升级运政服务大厅、行政处罚系统、从业人员考试系统，启动维修和出租行业监测系统建设，数字运行管控建设初见成效。监管业务覆盖面从“两客一危”拓展至汽车出租、驾校培训、车辆维修等领域，全年实现监管工单3.4万单，工单办结率96%，全省非现场执法案件占案件总数的45%。新昌、浦江2县创新推出“互联网+保险+安全”模式，推进智能视频监控报警系统安装应用。开展全行业隐患排查整治。出动检查人员6052人次，检查企业4522家次，排查整改隐患592个。与高速公路交警建立“一车多查”、违法非现场数据采集、交通违法及事故信息抄告等执法合作机制。全省11个设区市全部推行网约车3项许可制度，累计发放网约车运输证5.6万张，网约车驾驶员证7.6万张。发生各类交通运输事故86起，死亡88人，分别下降12.2%和16.2%，实现安全生产主要指标“十一连降”。

【“四好农村路”建设】 2018年，浙江交通运输系统推进“四好（建好、管好、护好、运营好）农村路”建设。全年新建乡镇（街道）运输服务站131个、港湾式停靠站4664个，建设和改造农村物流服务点4439个，更新农村客运车3186辆。运输服务站乡镇（街道）覆盖率由55%提升至69%，上下客站点与物流网点服务设施、装备水平进一步提高，培育跨区域农村物流品牌和创新发展项目。编制《浙江省通村客运服务指南》，提前完成农村客运服务“消灭3A级、巩固4A级、提升5A级”目标，农村客运服务5A级县（市、区）达55个，占县（市、区）总数由68%增至87%。浦江县率先实现建制村500米半径公交站点全覆盖，安吉、柯桥等6个县（市、区）被交通运输部评为“四好农村路”全国示范县，助推乡村振兴战略和美丽浙江建设。

【公路运输“最多跑一次”改革】 2018年，全省公路运输系统深化“最多跑一次”改革，实施“路路通”行动计划，实现“办事事项只跑一次、行政审批网上办理、行政处罚网上缴款、证照文书电子签章、案卷资料电子归档、综检机构联网联办”6个全覆盖。省交通运输厅取消许可窗口，实现“不见面审批”，台州、温州、湖州、丽水等市推行“无证通办”“全城通办”“电子证明”应用。全行业聚焦“群众眼里一件事”，推出“三减”（诚信考核改为电子签注，减少办件量；提供免费继续教育服务，减少费用；营运车辆网上年审，减少跑腿）、“八并”（巡游、网约出租汽车驾驶员资格证“两证合一”等8项合并事项）、“九取消”（取消外商投资道路运输业立项审批等9项事项）的“运管改革二十条”，“营运车辆三检合一”“网上年审就近签注”“经营许可证发放权限整合到属地运管机构”等改革举措让群众少跑20万次，企业和群众降低办事成本3000万元，办事效率提高30%。

【公路运输结构优化】 2018年，全省公路运输系统优化货运组织结构，开展部级多式联运示范建设项目7个，推进22家无车承运企业试点，集聚省内外货运车辆26.5万辆，提高货运组织化程度；完成交通运输部“司机之家”试点建设，推进货运行业健康发展。开展10.3万辆柴油货车排放专项治理，制定营运柴油货车治理3年行动计划，推进高频营运车辆清洁能源化工作，全年新能源车辆占新增公交车辆的90%以上。提高集约发展水平，全省70%县（市、区）完成城乡客运一体化改造。推广台州市“驾驶培训园区建设”试点经验，推行“学员评价培训”“先培训后付费”的驾驶培训模式，促进驾驶培训行业转型发展。

【公路运输便民服务】 2018年，全省公路运输系统聚焦民生工程，提高服务质量。全省3.8万辆公交运营车辆实现移动支付，新改建公交站点1940个，开通公交特色线路115条，城市轨道运输量6.5亿人次，群众出行更加便捷。杭州市、宁波市创建成为国家“公交都市”，湖州市率先实现市区公交纯电动化、“一票制”和移动支付“三个全覆盖”，宁波市实现地铁二维码支付与上海、杭州间的互联互通，公交优先发展成果进一步凸显。全年全省开通高铁站、机场接驳班线60条，开通定制客运班线103条，实施城市候机楼和“一站式”票务服务。全省30个一级客运站实现身份证检票进站。杭州市率先实现人脸识别自助检票，绍兴市率先试水农村客运班车小件快运模式，构建"客运+物流"新体系。全省汽车电子健康档案系统实现一、二类维修企业全覆盖，数据质量和上传总量均居全国首位。全省驾驶员培训机构实现学员服务评价和"先培后付"服务合同制。杭州市建立国内第一个智能真车虚拟驾驶系统，进一步提升行业服务与监管水平。（省交通运输厅　陈鲁达）

水路运输

【概况】 2018年，浙江省水运建设投资198.4亿元，比上年增长7.2%，其中市场投资主导的沿海项目完成108.3亿元，下降12.4%；政府投资主导的内河项目完成投资90.1亿元，增长46.7%。全省港口完成货物吞吐量16.9亿吨，其中沿海港口完成货物吞吐量13.3亿吨，完成集装箱吞吐量2898.5万标箱，分别增长6.2%和7.9%。宁波舟山港完成货物吞吐量10.8亿吨，完成集装箱吞吐量2635.1万标箱，分别增长7.3%和7.1%。内河港口完成货物吞吐量3.6亿吨，增长7.8%。全省完成水路货运量9.8亿吨、周转量9352亿吨千米，分别增长13.5%和15.9%；完成水路客运量4497.2万人次，增长5.0%，继续居全国首位。

【重大项目建设】 2018年，浙江省沿海主要货种运输体系日益完善。沿海建成宁波舟山港舟山实华原油码头有限公司二期原油中转码头工程等万吨级以上泊位6个，累计241个，居全国第三位。宁波梅山保税港区6#—10#集装箱码头工程、宁波舟山港穿山港区中宅矿石码头工程等建设进度加快。嘉兴港独山港区煤炭中转码头、宁波舟山港金塘大浦口集装箱码头一阶段工程、浙江舟山群岛新区鼠浪湖40万吨矿石中转码头等标志性工程完成竣工验收。全省内河航道等级加快提升。钱塘江中上游全线建成通航，高等级航道里程1587千米；京杭运河浙江段"四改三"（四级航道改三级航道）、瓯江、丁诸线等项目均完成50%以上。湖嘉申线嘉兴段二期、京杭运河二通道等项目开工建设。杭申线、新坝二线船闸等项目前期工作稳步推进。建成杭州港建德港区十里埠综合作业区等500吨级及以上泊位46个。全省"四好农村路"（建好、管好、护好、运营好农村公路）水路建设助推乡村振兴。通过"美丽渡口"创建工作现场会、修订"美丽渡口"创建评价体系，进一步规范和提升渡运安全和服务水平，全年完成"美丽渡口"建设55个，提升改造渡埠渡船项目150个，建成陆岛码头泊位6个，创建"美丽航道"562千米。

【水运绿色发展】 2018年，省港航管理中心深入贯彻新发展理念，参与编制运输结构调整3年行动计划，港口船舶污染防治实现行业全覆盖，营运船舶单位运输周转量能耗和港口生产单位吞吐量综合能耗持续下降。启动湖州内河水运转型发展示范区创建，通过召开全省水运高质量发展推进会，港产城联动、港口污染防治等创建成果得到推广，累计发布内河水运转型发展建设指南、船舶证书"多证联办"（船舶检验机构核发的船检证书，海事管理机构核发的所有权登记证书、国籍证书、最低安全配员证书，水路运输管理机构核发的水路运输经营许可证及配发的船舶营运证）服务规程等示范做法28个。推进落实船舶污染物接收上岸工作，检查企业港口船舶污染物接收转运处置设施建设717家、企业港口作业扬尘治理情况652家。内河港口船舶污染物接收转运及处置设施建成率50%。在全国率先开展100—400总吨内河运输船舶生活污水收集存储装置安装奖励工作，累计完成改造安装运输船舶2000艘。累计完成投资超过63亿元，基本完成绿色交通省创建五大港航工程。加大港口岸电建设力度，牵头起草《靠港船舶使用岸电管理暂行办法》，全省增加标准化岸电设施187套，累计740套。

【港航安全总体平稳】 2018年，浙江省地方海事辖区水上交通事故起数比上年下降8.7%，发生有人员死亡事故13起、死亡15人，分别增加3起、4人。省港航管理中心完成首届中国国际进口博览会和第五届世界互联网大会水上安全保障任务。配合省法制办制订《浙江省水上交通事故处理办法》。完成船舶检验2.14万艘次、1188万吨。完成全国首例内河船舶救生衣型式认可和检验发证。开展地方海事辖区内河船舶水上安全集中检查，完成90%以上内河运输船舶基本信息数据采集校验。船舶进出港报告率稳定在95%以上，航行船舶AIS（船舶自动识别系统）正常使用率提升至90%以上，两项指标均居全国内河同类标准前列。

【港口危险货物安全监管】 2018年，省港航管理中心开展"安评报告回头看"等3项整治检查和"黑码头"整治情况暗查。开展港口危险货物第三方检查和港口危险货物安全监管人员培训。在舟山开展数字化港口危险货物企业安全检查试点。建立健全应急预案体系，组织省、市、县三级地方海事管理机构和社会救助力量，共同开展辖区首次无脚本实战应急演练。全年组织水上搜救行动757次，成功救助668人，救助成功率98.8%。

【行业治理能力提升】 2018年，省港航管理中心贯彻落实省政府"两强三提高"（强谋划、强执行，提高行政质量、效率和政府公信力）行动计划，持续深化"最多跑一次"改革。组织实施"三联三化"（数据联通、业务联办、执法联动；事项标准化、服务便捷化、材料电子化）行动计划，全面推广船舶证书"多证联办"（船舶检验机构核发的船检证书，海事管理机构核发的所有权登记证书、国籍证书、最低安全配员证书，水路运输管理机构核发的水路运输经营许可证及配发的船舶营运证），率先实施船舶证书"多证合一"（《内河船舶证书信息簿》《内河船舶检验证书簿》《船舶所有权登记证书》《船舶国籍证书》《船舶最低安全配员证书》《国内水路运输经营许可证》《船舶营业运输证》《船舶核验合格证》8本证书的主要内容，同时加盖设区市港航管理机构电子印章）改革，发放内河船舶证书信息簿1648本，获部省主要领导肯定，相关经验在福建等部分省市推广。继续推进"四减"（减事项、减材料、减证照、减手续），许可事项取消2项、下放5项。实现全流程网上办全覆盖，网上办理比例99.1%。浙江数字港航综合管理与服务平台办理8.59万件，全部推送至浙江政务服务网。21个港航事项的电子文书、证照实现互联网自助打印，占港航事项总数的65.6%。全年办理非现场执法案件3359件，占总数的34.2%。完成浙江数字港航综合管理与服务平台四期开发，并与交通运输部水运局实现系统对接和主要数据交换试运行。协同省安监局做好全省港口、运输危化品企业的"一图一表"（危化品安全风险明细表和安全风险电子地图）数据共享工作。"智慧海事"工程一期平台6大功能的开发基本完成。在全国率先推广内河船联网RFID（射频识别技术）电子船名牌，完成货船安装7450艘，占全省内河正常营运货船的85%以上。完善运政、航政、港政事中事后监管机制，制订水路运输市场信用管理制度、危险货物港口安全评价机构信用管理办法，航道养护管理规章制度建立、航道保护范围划定、养护新技术运用、生态航道建设等工作，在全国内河航道养护检查考核中名列前茅。

（省港航管理中心　申红飞）

海　事

【概况】　2018年，浙江海事局下设分支机构6个。其中：副厅级分支机构1个，正处级分支机构5个；事业单位2个，基层海事处28个，大队84个；职工总数1964人，职能覆盖全省沿海及宁波、温州、台州3市行政区域内河通航水域。浙江海事局坚持"一张蓝图绘到底"，推进构建业务、行政、党建和服务地方经济发展的"四位一体"管理格局。围绕抓好重点项目，着力提升宏观引领、监管保障、服务发展、综合管理水平，浙江海事事业呈现良好发展态势。台州海事局被授予全国交通运输行业文明单位称号；宁波海事局PSC工作室和舟山海事局"邵老师工作室"获省直属海事系统劳模先进创新工作室称号；宁波海事局周驰荣入选全国"2017年感动交通年度五十位人物"；温州海事局"水上交通安全知识进校园"志愿服务项目获浙江省青年志愿者项目大赛银奖。

【三大领域机制创新】　2018年，浙江海事机制创新全面展开。现场综合执法机制全面升级。推进海事处值班室标准化建设，修订现场综合执法事项清单和工作标准，推出优化行政处罚"四减四增"新举措，升级现场综合执法信息系统，执法系统化、规范化和智能化水平全面提升，事中事后监管得到全面加强。全年完成现场综合执法任务项、出动执法人员人次、检查船舶艘次分别比上年增长22.7%、29.6%和27.0%，执法力量进一步向现场倾斜。实施行政处罚件数、罚款金额、实施行政强制扣押艘次、移送人次、拘留人次分别增长37.8%、50.2%、48.4%、26.1%和103.2%。海事政务服务建立新模式。政务服务全面实现"最多跑一次"，打破传统办理的地域、层级限制，调整优化三级行政执法事权，行政许可向分支海事局归集，重建电子政务信息化平台，在海事系统首创"就近跑一次"政务办理模式，推出第一批22项"就近跑一次"政务事项。全年浙江海事局政务事项办件量增长38.9%，平均办理时间缩减50.8%，其中11.3万件实现"跑零次"，占总办件量的47.5%。综合管理体系日趋成熟。综合管理形成"两级联动、职责明晰、统筹协调、运转高效"的内部管理格局，厘清部门职责、通畅工作流程，浙江海事局、各分支局共完成体系文件修订918个，体系覆盖性、符合性和有效性明显提升。深度融合体系监督和目标管理考核，内部综合管理系统向数字化转型。

【低标准船舶治理】　2018年，全国海事系统治理内河船舶非法从事海上砂石运输工作现场推进会在宁波召开，台州"3+1"执法模式、宁波"五维"管理方式、舟山地方联动、温州"无主船舶"司法处置等以打击"两船"（参与海上运输的内河船、砂石运输船）违法行为为重点的低标准船舶治理模式在会上推广。浙江海事局重新梳理和构建客（客船）渡（渡船）运（客渡运船舶）安全监管体系，试运行水上客渡运综合安全监督管理规定和操作手册。依托平安浙江考核、综合信用、"五水共治"评价体系建设等平台，持续推进与地方政府在隐患治理、信用管理、防污染能力建设等方面的合作共建，落实安全管理责任，健全水上安全多元共治格局。与公安、边防部门联合打击无证驾驶行为，与法院共同出台司法扣押船舶安全管理实施意见，并发布全国首个水上交通安全与纠纷处理白皮书。与环保、港航等部门共同实施船舶污染物接收、转移、处置全过程跟踪管理制度，交通运输部、生态环境部、住房和城乡建设部以浙江做法为基础联合制订《建立完善船舶水污染物转移处置联合监管制度的指导意见》。与市场监督部门共同建立船用燃油质量联合监管机制，推进大气污染防治和船舶排放控制工作。

【海事安全监管】　2018年，浙江海事局修编浙江沿海和主要港口航行指南示意图，划定甬、台、温三地首批内河通航水域并由地方政府公告，开展钱塘江出海航道变迁规律研究，为全面改善浙江沿海通航环境打下基础。探索开展"三方会审式"海事船检联合检查，持续提高船舶安全检查的质量和覆盖率。积极应对船舶大型化趋势，从信息传递、预警预控、交通组织、现场检查等方面创新大型船舶监管机制，强化大型船舶进出港、靠离泊、装卸作业等全过程监管。推介船员培训精品教材，提升全辖区船员素质和能力。建立船员动态跟踪闭环管理机制，实现动静结合的船员综合管理。开展"平安交通三年攻坚""水上交通安全专项治理""中小型船舶、载运危险货物船舶专项整治"等行动，加大重大风险和重大隐患排查力度，努力遏制重特大事故发生。完成重大活动期间水上安保任务，有效防御"玛莉亚""潭美"等台风的袭击。首次实施国家级重大海上溢油应急处置演习，为全国交通行业提供应急演习范本。"海巡22"轮克服恶劣气象海况，连续8次奔赴外海，累计现场值守95天，出色完成"桑吉"轮事故应急救助、溢油处置、事故调处等任务。辖区内发生一般等级及以上交通事故35起、死亡（失踪）53人、沉船23艘、直接经济损失8304.6万元。接处海上险情286起，成功救助遇险人员1917人、遇险船舶168艘次。

【海洋强省战略对接】 2018年，浙江海事局主动对接国家交通强国战略，主导编制《中国海事发展纲要（2018—2050年）》和《海事管理评价指标》，全面勾画新时代海事发展的框架布局蓝图。开展海上大通道感知能力提升和服务保障网络建设模式、途径和架构的研究，为打造全国"水上高速公路网"和"海事立体管控网"提供决策方案。对接海洋强省、国际强港等战略，全力支持绿色石化基地、新奥LNG码头、三门湾大桥及接线工程等重点工程项目建设。"外锚地保税燃料油受油船舶便利化海事监管模式"和"保税燃料油供油企业信用监管新模式"2项海事管理创新制度被国务院纳入"自由贸易试验区第四批改革试点复制推广经验"。全国首个船用燃料油加注安全管理联合惩戒机制在自贸区落地实施。在全国率先实现船舶"单一窗口"全程"无纸化"通关，通关时间缩短四分之三。编制的"单一窗口"标准版海事业务申报审批"一指南、一手册"在全国推广应用。服务浙江海上风电场建设，探索建立海上风电场海事安全监管新机制。以宁波舟山港为切入点，实施船舶动态全维度掌握、交通组织全港域实施、主要航道全过程管理、信息平台全方位支撑，推进核心港区交通组织一体化。试点运行跨港域船舶清舱作业监管、污染应急防备等一体化工作机制，港内水域船舶载运危险货物审批由申报制变为报告制。分片区构筑港湾协同监管机制，整合各类海事监管要素，强化杭州湾、三门湾、乐清湾等港湾海事监管联动工作。

【海事干部队伍建设】 2018年7月24日，浙江海事局出台《关于打造浙江海事"蓝色铁军"的实施意见》，着力打造"五个铁一般"的干部队伍。加强领导班子和领导干部考核，加大年轻优秀干部培养力度，持续调整优化干部队伍。部署开展"走在前列，青春先行"新一轮青年工作三年行动，建设"3+X"青年团队，打造"蓝色铁军"先锋队。推出专业人才队伍建设三大工程，完成海事领军人才换届，进一步拓展海事专项业务首席制，部分海事专项业务实训基地投入使用，开展现场综合执法全员轮训和能力评估，机关与基层岗位交流深入推进。加强岗位练兵，举办浙江海事VTS（Vessel Traffic Service，即船舶交通服务）、现场执法和海巡艇船员技能竞赛、"互联网+未来海事"青年创意竞赛等系列活动。推荐9名职工申报省总工会组织的职工职业技能竞赛"浙江金蓝领"。承办东亚峰会促进人船港互联互通研讨会、GloMEEP"预防控制航运和港口大气排放"集中研讨会等国际性会议，全年向IMO等国际组织递交各类工作方案8份、提案11份，21人次出国参加国际海事会议和业务交流学习。

（浙江海事局　权　薇）

2018年，舟山新奥LNG码头投入使用（舟山群岛新区政研室　供图　姚　峰　摄）

邮　政　业

【概况】 2018年，浙江省有寄递网点11262个，其中邮政营业场所1861个，快递企业及网点9401个，快递业务经营许可法人企业1585家，分支机构7642个，末端网点2780个，快递从业人员30万人，邮政单程总长度19.4万千米。全年邮政业实现邮政业务总量（不含邮政储蓄银行营业收入）2326亿元，比上年增长34.6%；业务收入940.3亿元，增长22.5%。完成快递业务量101.1亿件，增长27.5%；快递业务收入779.3亿元，增长16.6%。

【邮政业务融入"一带一路"】 2018年9月26日，从浙江义乌出发的"义新欧"中欧班列首次搭载正式邮件，标志着浙江快递物流业海外市场空间进一步拓展。全年宁波舟山港开通海铁联运班列12条，"一带一路"海上航线增至86条。邮政业务延伸至中亚、北亚及东欧国家，成为对接"丝绸之路经济带"的重要枢纽。"义乌—宁波舟山港"海铁联运班列邮政业务量提升，超过半数的小商品出口至"一带一路"沿线国家。圆通速递股份有限公司、浙江省海港集团、宁波舟山港集团与迪拜环球港务集团、迪拜杰贝阿里自贸区开展邮政业务合作。

【“邮政下乡”工程建设】 2018年，全省邮政管理部门推进“邮政下乡”工程建设，通过“政府搭台、政企合作”等形式，实现“线上线下相融合”“工业品下乡、农产品进城”的双向流通，县、乡、村三级邮政服务体系日趋完善。全年新建“邮乐购”站点3533个，实现批发销售及代购交易额12.24亿元。推动“快递下乡”工程换挡升级，全省快递网点实现乡镇（街道）全覆盖。农村快递业务量超过18亿件，带动1000亿元以上农产品销售。全省进入全国快递服务现代农业项目库项目6个，其中金牌项目4个。金华“警医邮”模式推广至全省，辐射至全国。至年末，全省有警邮点928个，其中带医院功能的“警医邮”383个，完成业务量60多万笔。推出“寄递+电商+农特产品+农户”脱贫模式，助推乡村经济振兴。全省2.8万个建制村均直接通邮，通邮区域累计布放智能快件箱2万组，其中邮政智能包裹柜6700多个。逗妮开心“快递+便利店”、“点我达”末端即时物流服务、“私家驿站”智能箱“下乡进村”等新型末端服务模式的推行，进一步提升邮件派送效率和服务标准。

【跨境寄递业务增长】 2018年，全省邮政管理部门跟踪跨境产品及国际跨境政策变化，开展对美国流向跨境寄递业务分析，综合评估美国拟退出万国邮联涉及影响的报告获省长袁家军、副省长高兴夫批示肯定。全年跨境电商业务增长迅速，实现快件业务量1.92亿件，比上年增长1.04倍，出境目的地覆盖全球127个国家和地区。小包邮件杭州至新西伯利亚航线和杭州至纽约及洛杉矶航线实现常态化运营，使浙江跨境寄递业务成为新收入增长点。

【邮政业绿色包装推进】 2018年，省邮政局会同省发展改革委、省科技厅、省环保厅等七部门联合制订《浙江省快递业绿色包装治理行动计划》，推进邮政和快递行业绿色发展。浙江申通快递有限公司可循环利用环保芯片编织袋使用率从原先40%提升至80%，全年使用量300多万只，节省一次性中转袋1亿只，并试点生产快递环保塑料袋1.2亿只。全省主要快递企业电子面单的使用率从原先的60%提升至95%。推行包装减量、胶带瘦身、循环回收、品牌推广等邮政绿色计划，第一批13万个绿色标准箱、3.8万个免胶带箱推向市场；首批窄胶带2.5万卷投入使用。推广和使用新能源汽车，年内全省邮政企业拥有新能源汽车4084辆。

【邮政科技创新】 2018年，全省邮政管理部门推进邮政行业科技创新与绿色发展，核准并向国家邮政局申报杭州海康威视数字技术股份有限公司等3个单位为全省邮政行业技术研发中心。全省寄递行业与电子商务深度融合，全年实现网络零售额1.4万亿元。快递服务先进制造业入库项目23个，支撑制造业实现总产值284.51亿元。快递企业加快数字化、技术化升级，义乌立镖快递分拣机器人在义乌市申通快递有限公司、中国邮政集团公司浙江省分公司、EMS（浙江中国邮政速递公司）等企业推广应用，AGV自动化分拣设备、智能双排分拣带、扫码指环枪及“智慧物流天眼”视频云监控系统等人工智能技术广泛应用于快递企业。

【航空快递枢纽建设】 2018年，全省快递行业推进航空快件业务发展，顺丰速运有限公司、圆通速递股份有限公司等货运航空公司开辟东南亚、日本、韩国等国家和地区的直达全货机航线，推进快递航空物流的发展。依托浙江电子商务全国领先的优势，发展多式联运（由2种及其以上的交通工具相互衔接、转运而共同完成的运输方式），降低航空物流的成本。7月30日，圆通速递股份有限公司与嘉兴市政府签订合作协议，向嘉兴机场投资122亿元，打造全球航空物流枢纽。

【寄递渠道安全监管】 2018年，全省邮递系统实施实名收寄制度，全省总实名率为99.4%，散件实名率为98.9%。省邮政局会同省民航部门组织开展寄递安检人员操作技能专项轮训，400多人参加。推进寄递渠道涉枪涉爆隐患集中整治专项行动，加强寄递渠道非洲猪瘟疫情防控管控，配合有关部门做好反恐、禁毒、“扫黄打非”、打击侵权假冒、濒危野生动植物保护等工作。完成重大活动寄递安保工作。强化机要通信监管，建立健全机要档案标准化体系，全年检查机要网点239个次，督促邮政企业提高机要通信保密安全与服务保障水平。制订《浙江省快递业信用体系建设工作方案》，在全国率先成立省快递业信用评定委员会，会同省综治办、省公安厅、省国家安全厅联合印发《关于试行快递业不良记录信息汇总制度的通知》。开展快递业安全应急演练，并重新修订《浙江省邮政业突发事件应急预案》。

【邮政服务质量管控】 2018年，全省邮政行业管理部门加强行业法规和统计体系建设。编制《浙江省邮政行政执法规范化手册》，组织开展省、市两级邮政和快递系统学习贯彻《快递暂行条例》，举办依法行政培训班，提高邮政行政执法能力和水平。强化安全生产责任制，出台《浙江省邮政管理系统党政领导干部安全生产责任制实施办法》。制订《浙江省快递末端网点备案实施指南（试行）》《进一步优化快递业务经营许可工作方案》《关于进一步加强全省邮政行业统计工作的实施方案（试行）》等行业规范性文件。至年末，全省完成末端备案网点2780个。加强邮政行业统计工作，增加智能快件箱运营企业和经营快递运输企业两类统计主体，将其相关数据纳入统计系统。修订《浙江省邮政普遍服务监管通报制度》，运用通报形式督促整改工作。加强无着邮件管理，对全省保管期满的无着邮件开展4次现场监销，销毁超过保管期限的挂号信3101封、平信1.41万封、包裹2054件。开展社会监督活动，全年特邀邮政监督员反馈监督报告1774份，查看邮政普遍服务网点1753个，走访人员5395人次，提出的相关问题和建议得到相关部门重视和采纳。组织开展全省快递市场清理整顿专项行动，重点查处无证经营、超范围经营等违法违规问题。推进绍兴市、金华市、丽水市、台州市、衢州市及宁海县、杭州余杭区、安吉县等地实行快递三轮车规范化管理。年内，全省邮政管理部门出动执法人员1.96万人次，检查邮政企业10468家（包括提供邮政普遍服务的邮政营业场所），发现问题1945个，查获涉枪、涉爆物品1422件，查获其他违禁物品6894件，行政处罚331件，罚款427.18万元。全面推行“双随机一公开”机制，全省持证邮政执法人员133人，开展执法抽查969次。省邮政局申诉中心通过投诉电话和网站受理消费者投诉23.56万件，全部进行妥善处理，为消费者挽回经济损失595.54万元，申诉处理结果满意率达97.5%。（省邮政管理局 赵 晨）

信 息 业
Information Industry

信息化建设

【概况】 2018年，浙江省以加快实施数字经济“一号工程”、促进制造业高质量发展为统领，深化“两化”深度融合国家示范区建设，加强工业互联网顶层设计，高水平打造“1+N”工业互联网平台体系。启动“城市大脑”示范试点工作，促进全省新型智慧城市建设。加快部署在线监测预警平台，全省工业控制系统信息安全保障能力稳步提升。全省“两化”融合发展指数连续2年居全国第二位，信息化发展指数全国排名继续靠前。推进放心农贸市场信息化建设、数字乡村建设和大湾区、大花园、大通道、大都市区建设等信息化工作。

【信息化建设“五个一批”工作落实】 2018年，浙江省加快推进信息化建设，“五个一批”工作落实见效。制定一批政策性文件。印发《浙江省人民政府关于加快发展工业互联网促进制造业高质量发展的实施意见》《浙江省“1+N”工业互联网平台体系建设方案（2018—2020年）》《浙江省两化深度融合国家示范区建设2018年工作方案》《浙江省制造业“双创”平台培育实施方案》，并发布《浙江省信息化发展“十三五”规划（“数字浙江2.0”发展规划）中期评估报告》。争取一批国家级示范试点项目。“supET工业互联网平台试验测试环境建设”等3个项目获年度国家工业互联网创新发展工程示范试点；“supET工业互联网平台”和“横店东磁的磁性行业工业互联网平台”获年度国家工业互联网试点示范。全省入选制造业与互联网融合发展试点示范项目8个，制造业“双创”平台试点示范项目6个。推进一批省级项目示范试点。杭州余杭区等开展省级工业互联网平台建设及应用示范试点，湖州市等开展省级“城市大脑”建设示范试点。确定省级制造业与互联网融合发展试点示范企业115家，省级制造业“双创”平台试点示范企业38家，省级工业互联网培育平台47家。推动8家“N”级平台加入“1+N”工业互联网平台联盟。建成一批重点信息系统。省工业控制系统信息在线监测预警系统建成运营，实现工业控制系统信息安全风险的实时检测、预警通报和应急处置。推进法人数字证书基础服务工作，全年全省（不含宁波市）发放企业法人数字证书39万余张，全省企业法人数字证书增至130多万张。举办一批高层次合作交流活动。完成第五届世界互联网大会相关组织筹备工作，举办“工业互联网的创新与突破”浙江分论坛等活动41场，举办中国工业大数据大会·钱塘峰会、长三角工业互联网峰会、第三届中国工业互联网大会·嘉兴峰会、第八届中国（宁波）智慧城市技术与应用产品博览会等大型活动，召开浙江省工业互联网发展新闻发布会。

【“两化”深度融合国家示范区建设】 2018年，浙江省推进“两化”融合（产业数字化与数字经济产业化融合）国家示范区建设。省经信厅出台政策性文件，组织召开全省推进会，部署推进“两化”深度融合国家示范区建设工作。重点从深化“两化”融合示范试点、加快推动工业互联网平台建设、推进互联网大数据人工智能融合应用等9个方面打造“两化”深度融合国家示范区升级版。年内，海宁、临海、乐清等12个省级“两化”深度融合国家示范区通过验收。

【“两化”融合管理体系贯标试点】 2018年，浙江省深化“两化”融合管理体系贯标试点工作。进一步完善贯标工作机制，推进省、市、县3级常态化开展培训、宣传、检查工作。制定奖励政策，支持企业开展“两化”融合贯标工作。全年组织相关培训活动30多次，覆盖企业1000多家；入选“两化”融合管理体系贯标试点企业68家，全省累计232家。

【区域“两化”融合发展水平评估】 2018年，浙江省推进区域“两化”融合发展水平评估工作。省经信厅组织对全省11个设区市和97个县（市、区、功能区）的2000家重点企业进行“两化”融合发展水平评估，规范数据填报方式，核查数据有效性，按年度发布全省区域“两化”融合发展水平评估报告。推进“两化”融合数据采集平台与“数字经信”监测平台进行对接。

【“1+N”工业互联网平台打造】 2018年，浙江省推进“1+N”工业互联网平台打造工作。编制“1+N”工业互联网平台体系建设方案，系统提出工业互联网发展的总体架构、建设目标、实施路径、主要任务和相关保障措施等，在全国率先打造“1+N”工业互联网平台体系。统筹集聚阿里云计算有限公司、中控智慧科技股份有限公司、之江实验室等优势资源，合力打造supET平台；推动构建以supET平台为核心，若干个行业级、区域级、企业级工业互联网平台为支撑的“1+N”工业互联网平台体系。组织召开全省工业互联网平台建设座谈会，促进“1”和“N”两类平台融合发展，推动5家行业级、区域级平台联合构建“1+N”工业互联网平台联盟。以打造建设国内一流、全球领先的跨行业跨领域基础性工业互联网平台为目标，持续推进企业“上云”工作，全省累计“上云”企业28万家，新建数字化车间60个、无人工厂6家。supET平台入选首批8家国家级跨行业跨领域工业互联网平台和年度工业互联网试点示范项目，并在第五届世界互联网大会上获评“世界互联网领先科技成果”。

【工业互联网对外交流合作】 2018年，浙江省推进工业互联网对外交流合作。省经信厅在北京召开浙江省supET工业互联网平台建设研讨会，浙江省发挥政府协调作用、加强顶层设计、协同推进平台体系建设的做法获9位中科院院士及知名专家认可。省级层面建立工业互联网省部合作机制，加强与中国电子信息产业发展研究院、中国信息通信研究院、国家工业信息安全发展研究中心等单位交流对接，达成共同推进浙江工业互联网发展的相关合作协议或意向。

【工业互联网宣传推广】 2018年，浙江省宣传推广工业互联网。组织召开浙江省工业互联网发展新闻发布会，举办中国工业大数据大会·钱塘峰会暨浙江省工业互联网推进大会。联合“两省一市”（江苏省、安徽省、上海市）经信部门召开长三角工业互联网峰会。联合中国互联网协会举办第三届中国工业互联网大会·嘉兴峰会。在第五届世界互联网大会上主办“工业互联网的创新与突破”浙江分论坛。组织召开全省及推进11个设区市的工业互联网平台现场推广活动。在《中国电子报》上发表《发挥制造业与互联网双重优势 加快推进工业互联网建设》《深化互联网、大数据、人工智能与实体经济融合加快推进“1+N”工业互联网平台体系建设》等多篇文章以及《浙江日报》专版刊发《工业互联网赋能浙江智能制造》等。

【“城市大脑”建设示范试点】 2018年，浙江省在全国率先组织“城市大脑”建设示范试点。加强“城市大脑”建设基础性研究，组织编制《浙江省“城市大脑”建设应用行动方案》，推动湖州市、衢州市、德清县开展省级“城市大脑”建设示范试点，重点在交通、城管、经济、健康、环保、旅游等行业建设“城市大脑”系统。

【智慧城市建设】 2018年，省经信厅加强智慧城市示范试点项目总结和推广工作，组织专家对衢州智慧环保、嘉兴智慧电网等8个试点项目进行验收，进一步推动智慧安防、智慧交通、智慧健康等领域14个示范项目建设。编印《智慧城市优秀案例汇编》，在“第四届浙江国际健康产业博览会”上专题展示智慧健康示范项目。在《中国建设信息化》期刊上发表《智慧城市建设的“浙江样板”》《智慧安防看“浙”里》等5篇综合性报道，系统介绍浙江智慧城市建设经验。在第五届世界互联网大会上，推出人脸识别、智能翻译、智能机器人、新零售和智慧旅馆等五大智慧应用场景，展示25家企业的智慧化应用体验项目40个。

【互联网安全基础服务】 2018年，浙江省推进域名与证书等安全基础服务工作。推进法人数字证书更新发放工作，核算年度内新发法人数字证书40多万张，全省法人数字证书总量超过130万张，证书覆盖企业法人总量的70%。推进国家域名服务平台浙江节点建成运行，平均解析访问量5000/秒查询率，日最高解析访问量40000/秒查询率。

【信息安全培训】 2018年，省经信厅组织召开全省工业控制系统信息安全工作推进会。组织市县经信部门和企业信息化管理相关负责人参加信息安全专题培训，邀请高等学校和科研院所专家，围绕工业控制系统信息安全形势、工业互联网安全风险等主题进行专题授课，提升参会人员的安全意识、理论水平和应急处置能力。联合国家工业信息安全发展研究中心组织华东、华南等地高等学校、科研院所及企业的20支信息安全团队近100名选手，举办年度工业信息安全技能大赛华东赛区比赛，培育信息安全队伍。

【互联网大会信息化工作】 2018年，浙江省制定落实第五届世界互联网大会信息化工作方案，加强与国家有关部委、省市有关单位的沟通衔接，促进上情下达、下情上报，确保信息及时沟通。省经信厅组织召开30多次信息化专项工作会议，组织撰写20多篇综合性文稿及重要文件。在第五届世界互联网大会上，浙江省协调承办“工业互联网的创新与突破”浙江分论坛、“互联网之光”博览会、产业合作项目系列对接、互联网领先科技成果发布、supET平台专题发布会等活动41项。做好工信部领导和省政府主要领导考察及会见嘉宾的相关服务保障工作。梳理总结大会信息化工作部工作，提交《关于承接世界互联网大会红利，助推数字经济“一号工程”有关情况的汇报》。

【信息化发展评估】 2018年，浙江省组织开展对《浙江省信息化发展“十三五”规划（“数字浙江2.0”发展规划）》的中期评估工作，主要对“十三五”以来，规划中确定的发展目标、主要任务、专项行动、保障措施及重大工程、重大平台、重大项目的落实情况进行评估，重点对规划中提到的31个定量指标完成情况和57个重大工程、重大平台和重大项目建设情况进行跟踪梳理，提出推动规划实施的对策建议。省经信厅推进以评促建，开展年度信息化发展水平评估。在评估基础上发布覆盖省、市、县3级的《浙江省信息化发展水平评估报告》，相关数据被省委组织部应用于对11个设区市和26个加快发展县的发展实绩考核。 （省经信厅 周金榜）

软件和信息技术服务业

【概况】 2018年，浙江省紧抓新一轮科技革命和产业变革机遇，围绕数字经济“一号工程”，推进软件产业研发创新与融合应用，培育软件和信息服务新动能，加快产业高质量发展。全省软件和信息技术服务业从业人员收入平稳增长，软件产业成为数字经济发展、智慧社会演进的重要驱动力。软件产业从业人员37.1万人，主要集中在杭州市和宁波市，分别占总人数的65.1%和25.1%。全年实现软件业务收入5200.6亿元，增长19.8%。实现利税1875.3亿元，其中利润1496.8亿元，销售利润率30.1%。实现信息技术服务收入3690.1亿元，增长28.9%，高出全行业增速9.1个百分点。信息技术服务收入占软件业务收入的71.0%，提升5.1个百分点，对全省软件业务收入贡献率96.2%，拉动全行业增长19.1个百分点。软件技术加快与各产业领域渗透融合，推动电子商务、智慧物流、智慧健康、数字内容等新业态、新模式发展，电子商务平台（包括在线交易平台服务、在线交易支撑服务在内的信息技术支持服务）收入2284.6亿元，增长50.2%。全省完成软件出口31.4亿美元，占全行业业务收入的4.0%。软件产品实现出口24.4亿美元，占全部出口总量的77.6%；外包服务出口快速增长，实现6.6亿美元，增长158.3%，占出口总量的20.9%；嵌入式系统软件实现出口0.5亿美元，占出口总量的1.5%。

【软件企业效益提升】 2018年，浙江省软件企业单体规模稳步提升。全年全省软件企业平均收入由上年的2.6亿元提升到3.25亿元，比上年增长25.0%。全省企业平均人数232人，增长2.7%。全年全省软件20强企业实现软件业务收入2961.7亿元，增长27.5%，实现利润总额1251.6亿元。电子商务、云计算、互联网服务、数字安防等产业是带动全省行业增长的主动力，浙江天猫技术有限公司、浙江淘宝网络有限公司、网易（杭州）网络有限公司、杭州海康威视数字技术股份有限公司、阿里云计算有限公司规模和利润保持增长态势，对行业规模和效益贡献突出。全省重点监测软件企业1600家，其中软件业务收入超过1亿元企业352家，占全部重点监测企业的22.0%，比上年提高5.5个百分点。超过1亿元企业实现软件业务收入4840.7亿元，占全行业总收入的93.1%，提高0.9个百分点；实现利润1468亿元，占全行业利润总额的98.1%，提高1.3个百分点。超过1亿元企业整体规模稳步提升，成为推动行业增长的重要引擎。

【软件企业规划布局】 2018年，全省软件行业骨干企业加快发展，46家骨干企业通过国家规划布局内重点软件企业和集成电路设计企业所得税优惠核查。其中：重点软件企业43家，比上年增加5家；重点集成电路设计企业3家，增加2家。重点软件企业数量规模稳步提升，覆盖领域逐步扩大。从行业领域上看，数字创意类企业10家，其他信息安全类企业5家，智慧城市、集成电路设计、电子支付、电子政务、电子商务、安防领域各3家。从区域上看，骨干企业中杭州市企业占45家，其中滨江区33家，占全部骨干企业的71.7%。

【龙头企业引领发展】 2018年，浙江省软件和信息技术服务业龙头企业引领全行业快速发展。在电子商务领域，阿里巴巴网络技术有限公司增长势头强劲，成为带动全省信息技术发展的主要动力。在云计算领域，阿里云计算有限公司启用多个海外数据中心，帮助1万余家国内企业拓展业务。在安防领域，全省形成硬盘录像机、高速球、矩阵产业优势，视频监控产品市场优势明显。杭州海康威视数字技术股份有限公司、浙江大华技术股份有限公司、浙江宇视科技有限公司继续大幅度领跑全球市场，产品市场份额逐年提升。在工业控制领域，浙江中控技术股份有限公司、杭州和利时自动化有限公司等企业引领浙江自动化技术发展，在创新技术和产业化应用上具备较强的国际化竞争力。在金融科技领域，蚂蚁金融服务集团在消费金融、供应链金融、区块链金融、大数据征信等领域具有领先技术优势；恒生电子股份有限公司、浙江核新同花顺网络信息股份有限公司、信雅达系统工程股份有限公司在银行、证券、保险业拥有品牌优势，核心产品在多个细分领域市场占有率名列前茅；连连银通电子支付有限公司、同盾科技有限公司、浙江邦盛科技有限公司、杭州趣链科技有限公司在运营模式、技术、市场方面日趋成熟，成为移动支付、大数据风控、区块链、人工智能等技术的生力军。

【软件行业优惠政策实施】 2018年，浙江省优化对企业的所得税优惠核查服务，加强核查平台功能保障，完善企业税收优惠核查模板，简化企业网上操作，增强企业获得感。全年全省享受软件企业所得税减免优惠198.18亿元，享受软件产品增值税退税69.6亿元，享受软件企业所得税“两免三减半”优惠的企业家数增长12.84%，国家规划布局内重点软件企业家数比上年增长18.0%，企业所得税减免额增长32.6%。税收优惠的落实进一步激发企业创新活力，全年新登记软件著作权6万件。

【产业集聚发展加快】 2018年，浙江省软件和信息技术服务业集聚发展态势加快，软件名城和产业基地建设成效明显。杭州市加快国际级软件名城创建工作，召开行业专家和省级有关部门参加的专家咨询会，完善《杭州市创建国际级软件名城工作方案》，并报送工业和信息化部。杭州市全年实现软件业务收入4295.2亿元，比上年增长18.7%，占全省软件业收入的82.6%；实现利润1386.3亿元。宁波市加快推进特色型中国软件名城创建工作，全年实现软件业务收入673.2亿元，增长24.5%，占全省软件业收入的12.9%；实现利润78.6亿元。

【重点产业基地创建】 2018年，浙江省分层次创建示范、特色软件产业基地34个。3月21日，省经信厅、省财政厅印发《关于推进浙江省软件和信息服务产业基地能力提升工作的通知》，确定余杭、滨江、萧山、西湖和金华市经济开发区5个基地为产业基地能力提升重点对象，给予省财政专项资金扶持，指导5个重点产业基地围绕自身发展优势，实行差异化发展，发挥重点产业基地对全省软件产业的支撑作用。全年5个产业基地贡献业务收入4052.9亿元，占全省软件业务收入的77.9%。

【科技创新环境营造】 2018年，浙江省依托重点实验室、技术中心、企业研究院等创新载体，为产业发展构筑良好科技创新环境。至年末，全省建有省级公共科技创新服务平台92个，其中有6个为软件产业提供服务，平台集聚行业市场、人才、技术资源，帮助企业提升研发能力，降低企业运营成本，推动全省软件企业转型升级；建有一批软件行业相关的省重点实验室(工程技术研究中心)，领域涵盖电子商务、通信、工业自动化、智能交通、智慧医疗、金融、互联网等；全省软件行业省级重点企业研究院75个，其中，云工程与云服务方向21个，大数据产业方向14个，工业信息工程方向14个，集成电路产业方向，智慧城市专用软件方向、智慧医疗操作系统软件方向各6个。

【软件产业创新能力提升】 2018年11月28日，省信息化领导工作小组印发《关于加快区块链技术创新应用的指导意见》，鼓励区块链关键技术研发与重点领域应用，指导区块链技术和应用合法合规、健康有序发展。开展"网络安全产业""金融业关键信息基础设施安全可靠"调研，推进金融业关键信息基础设施安全可靠试点。在全国率先开展工业技术软件化水平评估，向全省规模以上制造企业发放调查问卷4200多份，调查涉及24个细分行业，在摸清制造业软件化能力底数的基础上构建指数模型，并形成专题报告。5个工业互联网手机应用优秀解决方案入围工信部全国推广名单。围绕数字经济的产业化，推进全省软件创新能力提升工作，印发《浙江省软件产业创新能力提升三年行动计划》，明确十大重点任务和试点示范企业，并组织首批44家试点示范企业参加软件敏捷开发培训，提升企业风险防范和创新研发能力。

【软件产业交流合作】 2018年，浙江省依托第五届世界互联网大会，举办"数字经济产业合作大会""直通乌镇"总决赛等19场产业合作系列活动，累计对接数字经济相关项目1196个，汇聚创投机构200多个和园区50家，大会现场签约项目24个，签约项目金额407亿元。各市依托世界互联网大会平台，聚焦招商引资，承办各场产业对接活动，加强产业精准合作，组织招商团队和企业参会对接和观展，引入优势企业、项目、资本和人才落地，促进大会红利在全省释放。

（省经信厅　寿伟帅）

通信业

【概况】 2018年，浙江省完成电信业务总量4099.31亿元，比上年增长129.1%；电信业务收入826.67亿元，增长6.6%；电信业务总量和电信业务收入均列全国第三位。在各项电信业务收入中，移动通信业务收入550.7亿元，占主营业务收入的66.6%；固定通信业务收入275.97亿元，占主营业务收入的33.4%。非话业务(除话音通信外的通信业务)收入757.71亿元，占主营业务收入的91.7%。其中，增值业务收入92.14亿元，占主营业务收入的11.2%。全年全省新增电话用户661.1万户，总数9462.2万户。其中，固定电话用户减少57.6万户，总数1153.49万户；移动电话用户增加718.6万户，总数8308.75万户，普及率148.6部/百人。移动电话用户中，3G用户总数570.2万户，占移动电话用户的6.9%，4G用户总数6501.3万户，占移动电话用户的78.2%。移动宽带用户(3G/4G)在移动电话用户中占85.1%。固定互联网宽带接入用户2648.4万户，互联网宽带用户数居全国第四位。其中，8兆以上宽带接入用户2632.8万户，占99.4%；20兆以上宽带接入用户2621万户，占98.9%；50兆以上宽带接入用户2330.3万户，占88%；100兆以上宽带接入用户1905.5万户，占71.9%。光纤接入用户2349万户。移动互联网接入流量43.01亿千兆，户均移动互联网接入流量6671.4兆，户均手机上网流量7958.9兆。

【通信业转型升级】 2018年，浙江省推动通信业转型升级，省通信管理局建立"一项工作、一名领导、一套班子、一抓到底"的联系协调机制，开展全程跟踪服务，引导和推动行业改革，加快推进通信业从追求量的扩张向质的提高转变。全面深化"最多跑一次"改革，落实"多证合一、一照一码"事项数据共享等工作要求，"最多跑一次"改革实现率、满意率分别达100%和超过90%。全省互联网产业等信息经济增速高出GDP增速8.8个百分点，占地区GDP的9.2%。

【通信业基础设施建设】 2018年，浙江省率先完成"光网城市"建设，全省光纤到户覆盖家庭居全国前列。实现4G网络和光纤网络城乡全覆盖，主要城区具备千兆接入能力。建成开通杭州国家互联网骨干直联点、中国互联网络信息中心国家域名服务平台浙江节点，完成直联点监测系统建设，组织开展桐乡国际互联网数据专用通道建设。推进5G、互联网协议第6版(IPv6)等下一代通信网络建设进程，5G网络规模试验有序推进，浙江电信、浙江移动、浙江联通3家运营企业均在杭州开展外场试验网建设，建成5G试验基站132个。基本完成网络基础设施、应用基础设施及自营业务系统的IPv6改造。窄带物联网(NB-IoT)建设初具规模，全省建成基站4万余个，实现11个设区市全覆盖，全年发展物联网用户7444.8万户。

【通讯网络诈骗防范】 2018年，浙江省推进防范打击通讯网络诈骗行动。省通信管理局开展重点电信业务清理整顿，完善反诈骗工作机制，建立联合检查和信息通报制度。完善电信网络诈骗防范系统，增强互联网反诈骗系统功能。全年累计处置诈骗呼叫739.7万次，关停电话号码9776个，协同公安机关查处涉嫌通讯网络诈骗案件线索3.2万起，为群众挽回直接经济损失935.26万元。

【骚扰电话整治】 2018年，浙江省联动开展骚扰电话综合整治。省通信管理局、省高级人民法院、省检察院、省公安厅等13个部门联合开展骚扰电话综合整治，建立全省综合整治骚扰电话专项行动联席会议制度，联合印发《浙江省综合整治骚扰电话专项行动实施方案》，重点加强对房产中介、贷款理财、违规催收、股票证券等骚扰电话的治理，年内被举报骚扰电话呈下降趋势，多方联动、重拳出击整治骚扰电话的态势基本形成。

【通信提速降费】 2018年，浙江省继续深化通信降费举措，取消移动流量“漫游”费，鼓励基础电信企业推出大流量套餐等流量降费举措，移动流量平均单价比上年下降超过30%，中小企业互联网专线资费下降10%。实施“光纤助脱贫，无线奔小康”计划，完成电信普遍服务试点村有线无线双覆盖任务1349个，助力推动省乡村振兴战略和网络精准扶贫工作。浙江电信家庭宽带融合套餐宽带速率100兆起步，宽带用户平均接入速率达111兆比特每秒，平均单位宽带价格下降46%，移动业务上网流量平均单价下降至0.01元/兆，下降65.5%；浙江移动家庭宽带100兆及以上用户占82%，平均带宽95兆，提升55%，移动网络流量单价下降68%；浙江联通固定宽带单位带宽资费水平价格0.77元/兆，下降40%，手机流量单位资费水平价格0.0044元/兆，下降35.3%。

【应急通信保障】 2018年，省通信管理局按照“信息通信畅通稳定、网络和信息安全可管可控”的总体要求，高标准完成各类应急通信保障任务。加强应急指挥体系建设，修订完善《浙江省通信保障应急预案》《浙江省通信保障应急预案操作手册》。全面提升应急通信保障能力，完成全国“两会”、第五届世界互联网大会、第20届中国科学技术协会年会、上海合作组织青岛峰会、国家重大海上溢油应急处置演习、首届中国国际进口博览会、首届联合国世界地理信息大会、第14届世界游泳锦标赛和防台防汛等重要应急通信保障任务。

（省通信管理局　朱　锐）

【浙江电信公司服务水平提升】 2018年，中国电信股份有限公司浙江分公司（简称浙江电信公司）深化转型发展。全年完成主营收入243.6亿元，与上年基本持平，其中云计算、物联网等新兴业务收入占55.9%，比上年提高13.3个百分点。移动用户数保持平稳增长，百兆光宽带用户数增长较快，宽带用户份额下滑速度放缓。围绕发展移动网、全光网、物联网三大网络，推进网络智能化升级。移动网完成800兆再重耕（混合组网），“五高一地”覆盖明显提升。全光网实现覆盖率超过95%，光端口利用率48.2%。物联网完成全部800兆LTE/NB-IoT基站升级、现网演进分组核心网（EPC）升级。履行各项服务承诺，推出一系列便民服务举措，深化标杆营业厅创建，客户服务满意度提升。统筹做好扶贫攻坚工作，加快各类适用于“三农”的高宽带产品和信息化应用的开发普及，制定3项通信业务扶贫政策，全省95个对口贫困村全部实现光纤到户（FTTH）和4G覆盖，全年捐赠扶贫资金110万元。

【浙江电信公司服务地方经济发展】 2018年，浙江电信公司围绕“数字化转型的主导者、高质量发展的助推者、园区转型升级的使能者”的定位，助推小微企业园高质量发展。加快“泛智能网络”建设，全省电信4G网络有效面积覆盖率96.3%。布局窄带物联网（NB-IoT），全年开通NB-IoT网络站点2.1万个。光网覆盖率超过99%，光纤接入能力2500多万线。全面助力特色小镇、经济开发区等各类小镇与园区的智慧化管理提升。特色小镇包括杭州云栖小镇、衢州红木小镇、磐安江南药镇等20多家特色小镇，桐乡乌镇建成国际一流的WiFi网、4G网和光纤网。经济开发区包括杭州经济技术开发区、金华经济开发区、台州汇富春天物流园区等。“园区管理平台”覆盖园区基础信息化设施、园区综合管理、园区综合决策等方面。“96871”中小企业服务平台拥有1万余家服务机构和48万家注册企业用户。年内“96871”中小企业服务平台绍兴小微金融平台受理小微企业贷款申请7.14万笔，放款2135亿元。“96871”中小企业服务平台产业集群资金需求平台着力培育服务专业化、运行规范化、监督阳光化的中介服务组织，平均服务时限下降30%。

（中国电信股份有限公司浙江分公司　任　捷）

【浙江移动公司通信服务收入451.4亿元】 2018年，中国移动通信集团浙江有限公司（简称浙江移动公司）通信服务收入451.4亿元，比上年增长10.6%；净利润98.7亿元，增长14.6%。通信服务收入增速、净利润率均居集团第一位，4G客户规模和增加份额分别居全集团第一、第二位。家庭市场优势继续扩大，家庭宽带（含小微）出账客户份额居集团第二位。实施速率迭代升级，100兆及以上客户占比和平均速率均大幅提升。开展专线品质提升专项活动，推行“五免一集中”（一种创新的专线开通模式，即售前免预勘、免效益评估、免立项、免工程施工、免事中采购、工单集中调度）产品化支撑模式。创新探索物联网“一四三二”支撑体系（专属团队一点响应、专属平台四个视角、质量保障三位一体、业网协同双管齐下）。重点转型业务大单激励机制成效显著。通信能力开放平台实现全网运营支撑，年收入跨入1亿元级。大视频实现数量、质量协同发展。完成娱乐视频平台商用改造。推出手机遥控、云端甩屏等功能。探索视频广告商业模式，全年付费点播业务收入1亿余元。

【浙江移动公司转型发展】 2018年，浙江移动公司在移动网络保持领先优势，扩容载频规模为上年的10倍，4G与VoLTE网络质量集团领先。构建“三地四中心”的传输网络架构，加快省内CMNET（中国移动互联网）网络扁平化。完善蜂窝物联网，全面完成“4G+”工程，率先实现NB-IoT全网覆盖。集团NB-IoT核心网东区节点落地杭州。率先开展5G规模试验，着力打造杭州“5G第一城”，5G基站规模超过200个，开通全国首个3GPP R15标准5G基站和2.6千兆赫兹频段

5G/4G双模基站，建成全国首个5G连续覆盖体验区，打造全球首条4.9千兆赫兹频段5G网络精品线路。牵头成立浙江省5G产业联盟，在全国首次实现马拉松赛事、第五届世界互联网大会等大型活动的5G+8K高清直播，开展远程医疗、无人驾驶等领域的5G创新应用。建成集团内首个规模化、体系化人工智能训练平台和规模最大的数据库云平台。锻造“神灯”大数据品牌，获浙江省大数据应用技术和服务创新奖。建成企业级大IT平台框架，大PaaS（平台即服务）平台获集团科技进步一等奖。“打造OMO协同运营智慧营业厅”项目获集团业务服务创新金奖。推进客户服务提升工作，触点全覆盖满意度评测体系基本建立，4G客户净推荐值（NPS）领先度居集团第二位。

【浙江移动公司改革创新】 2018年，浙江移动公司推进改革创新，实施企业级大IT体系、大视频规模价值化运营等“五化”改革项目11项，开展人工智能服务能力和标杆应用、智慧业务集中稽核项目，其中“深化‘三集中’改革，夯实精益化运营能力”项目获集团管理创新终评第一名，参加集团科技创新活动，有9个项目获奖。在通信能力开放、物联网、大视频等领域探索柔性组织建设，促进创新领域敏捷响应、传统领域流程重塑；试点网格化智慧运营体系，探索建立组织机构到区域。实施“预算池”管理，推动资源“早投入、早产出”。建立逆向物流体系，推进“阳光采购”，采购集中度99.7%，物流集中度92%。深化“流程负责人+流程赞助人”负责制，开展“流程攻坚”“马上就办”“最多跑一次”管理效能提升活动。开展客户信息保护专项提升行动和通讯信息反诈骗专项工作，为群众挽回经济损失1.2亿元。

（中国移动通信集团浙江有限公司　马　红）

【浙江联通公司主营收入93.4亿元】 2018年，中国联合网络通信有限公司浙江省分公司（简称浙江联通公司）主营收入93.4亿元，比上年增长13.4%，其中嘉兴市、金华市收入均增长20%以上。信息和通信技术（ICT）完成信息服务收入3.5亿元，利润率12%；互联网数据中心（IDC）实现收入近10亿元，增长16%。在国际业务市场实现出境电路收入超过1亿元。商业企业和校园市场实现数量、收入规模双提升，其中商业企业市场收入增长超过11%，校园市场收入增长45%，高校中职整体市场渗透率超过20%。浙江联通公司通过全国文明单位复评，并获省企业文化示范单位等称号。用户规模持续提升，手机出账用户增长超过120万户，累计近1000万户。2I用户累计450万户。坚持宽带融合发展，家庭宽带融合渗透率超过40%。全省手机用户收保率超过85%，客保率超过70%。推进“云+网+X”的模式转型，打造创新业务发展新动能。全年开发云项目5个，并包揽杭州、绍兴、嘉兴、衢州等地旅游大数据建设。加强核心能力建设，互联网线上触点初具规模，互联网金融运营能力稳步提升，全渠道全业务互联网化能力初步形成。在国际业务、跨境云专线、云计算、移动业务等领域推进与阿里巴巴网络技术有限公司、网易（杭州）网络有限公司等单位合作，网络支撑保障能力明显提升，4G网络人口覆盖率97%。加快5G研究成果应用示范，在杭州率先开通5G试验网，并在高端产业积极打造千兆示范区。

【浙江联通公司体制机制改革】 2018年，浙江联通公司建立瘦身健体常态化机制，全省部门内设机构比上年精简31%。推进简政放权，优化核心流程，流程时效平均提升超过50%。引进高素质人才，大IT类人才占比提升3.4个百分点。推进用工改革，强化“五新”（新基因、新治理、新运营、新动能、新生态）赋能，全年全口径人员劳动生产率提升30%。实施人工成本增量收益分享模式。常态化开展员工一体化晋升和人员市场化管理。

（中国联合网络通信有限公司浙江省分公司　汪旭栋）

【浙江铁塔公司经营业绩提升】 2018年，中国铁塔股份有限公司浙江省分公司（简称浙江铁塔公司）全面推进转型升级，公司经营业绩走在全国前列。加快信息基础设施建设，向省内3家电信企业交付2.76万个塔类建设需求，比上年增长1.45倍，交付起租及时率98%。全面深化信息基础设施共建共享，平均塔类站址租户数从1.53提升到1.66，有效减少重复投资、重复建设。累计为省内3家电信企业建设施工难度较大的基站站点4471个，单站造价下降24%。全年投资5.16亿元，完成杭黄高速铁路、温州轨道交通S1线、杭州地铁5号线等重大项目建设。开展“农村补点，海岛补盲”工程，新增站址1480个，站址数累计8.68万个。全年平均断站退服率0.5%，平均断电退服时长1.28分钟，综合离线率1.5%。

【浙江铁塔公司创新驱动发展】 2018年，浙江铁塔公司坚持创新驱动、服务驱动、跨界驱动三轮并进。携手浙江移动公司，率先建成杭州5G试验网，完成5G基站建设任务160个。自行研发自冷型、风冷型、机冷型等美化天线和5G专用风冷型综合柜，攻克5G大功率AAU夏季大规模高温告警退服和集中单元/分布单位（CU/DU）散热难题。调查存量站点的市电容量、塔桅和机房配套，为全面建设5G网络奠定基础。智慧消防项目在杭州、宁波、温州、金华、嘉兴、湖州、丽水等地落地，全省部署站址251个，发展终端连接数1.59万个。结合“两美浙江”建设和亮化工程提升，助力全省各地开展党建、公益、城市名片宣传。试点5G智慧桩项目，成立杭州万物互联智慧产业有限公司，探索体制机制模式创新。

【浙江铁塔公司坚持绿色发展】 2018年，浙江铁塔公司在西湖环湖区域、浙江大学紫金港校区、桐乡乌镇景区等区域，通过降低塔高、美化塔型、“多杆合一”、“一杆多用”等新型建站方式，实现新建基站与周边环境的和谐统一。推进节能减排技术和管理创新，试点开展清洁能源发电、电池储能、削峰填谷、汽车电池整包试点、新能源发电车、退役动力电池梯级利用等能源创新应用，全年使用梯级电池986组，促进生态环境保护和资源节约。

（中国铁塔股份有限公司浙江省分公司　叶茂锹）

【浙江通服公司业务收入126.28亿元】 2018年，浙江省通信产业服务有限公司（简称浙江通服公司）提供咨询、设计、施工、监理、维护、供应链、设施管理、培训、系统集成、软件开发、运营支撑等服务。在云计算、大数据、物联网、网络安全等方面拥有丰富的智慧产品和应用案例库，下设20多家专业子（分）公司，业务覆盖全国30多个省、市、自治区。在云南万国数据中心、湖北无线电智慧监测控制中心、湖州菱湖智慧小镇、浙江电信智慧运维融合平台、“12345”展厅多媒体展示等重大项目中提供一系列产品和服务。和沙特阿拉伯、阿联酋、巴基斯坦、肯尼亚等10多个国家有业务往来。与浙江省建设投资集团股份有限公司签订战略合作协议，将服务能力和交付优势平移海外，获取埃塞俄比亚中国电力建设集团配网二期、赞比亚泰开集团输配电及斐济钢结构、刚果（布）电视铁塔等项目。全年浙江通服公司实现业务收入126.28亿元，比上年增长16.7%。

（浙江省通信产业服务有限公司　许继康）

【中移铁通公司营业收入37.5亿元】 2018年，中移铁通浙江分公司（简称中移铁通公司）践行“智能高质、能力内化、聚焦重点、做强做大”新发展理念，打造工程建设、网络维护、营销服务3条主线，全年营业收入37.5亿元，比上年增长37.8%。中移铁通公司完善建设运营体制和机制，打造适应专业公司运营的组织机构。建立36人信息化支撑队伍，加快信息化建设。强化安全管理，构筑安全防线，全年未发生重大以上生产安全事故。

（中移铁通浙江分公司　王珊珊）

金　融　业
Financial Industry

综　　述

【概况】 2018年，全省金融业坚持货币政策和宏观审慎政策双支柱调控方针，围绕供给侧结构性改革和经济转型升级，加大金融服务实体经济力度，全省社会融资总量平稳增长，信贷结构不断优化，证券和保险业稳健发展，金融风险防范化解工作成效明显，金融改革持续深化。年末，全省银行业有法人机构199个，一级分行167个，二级分行161个，支行及支行以下营业网点1.26万个；法人证券公司5家，证券营业部991家；法人基金公司3家；法人期货公司12家，期货营业部222家；法人保险公司5家。全省金融业实现增加值3932亿元，占服务业增加值的12.8%，占地区生产总值的7%。金融产业增加值比上年增长7.0%，高于上年1.4个百分点，高于全国2.6个百分点。全省银行业实现净利润1693.7亿元，增长49.3%。证券经营机构和期货经营机构代理交易额分别为32.4万亿元和38万亿元，均占全国10%左右。实现保费收入2273亿元，居全国第四位，增长5.9%，高于全国2.0个百分点，为全省提供风险保障665万亿元。

【金融服务实体经济效能提升】 2018年，浙江省实现社会融资规模增量1.95万亿元。银行业金融机构存、贷款余额分别为11.65万亿元和10.58万亿元。其中，各项贷款比上年增加1.55万亿元，增量居全国第二位，增长17.2%。加大对大湾区、大花园、大通道、大都市区建设和数字经济等重点领域和小微、“三农”等薄弱环节支持保障力度，年末，境内中长期贷款余额占各项贷款余额的53.8%。制造业贷款余额2.21万亿元，居全国首位，增长6.0%。科学研究和技术服务业与信息传输、软件和信息技术服务业贷款分别增长43.2%和41.6%。小微企业贷款和涉农贷款余额均居全国首位。

【新兴金融中心建设加快】 2018年，钱塘江金融港湾37个重点项目建设加快推进，杭州国际金融科技中心专项规划进入发文程序。第二届钱塘江论坛、Money20/20全球金融科技创新博览大会、“西湖—日内瓦湖”两湖金融论坛等重大活动举办，全国首家中外合资银行卡清算机构——连通技术服务公司筹备申请获批通过。年末，全省金融特色小镇入驻各类金融机构1.34万家，比上年增加3453家，增长34.9%，通过私募股权、创业投资基金累计投资省内企业2250家，投入资金1870亿元。全省在证券基金业协会备案的私募基金管理人2890家，管理资产规模1.09万亿元，居全国第四位。

【民营企业流动性风险处置】 2018年，针对部分大型民营企业突发的流动性风险，浙江省采取积极应对措施，有效控制可能引发的“多米诺骨牌”效应，进一步稳定市场预期和信心，为全国类似风险处置积累可复制的经验。梳理建立民营企业发债需求清单，在全国率先试点民营企业债券融资支持工具，试点规模约占全国三分之一。成立注册资本50亿元的浙江省融资担保有限公司，推动各地设立或增资融资担保公司，为龙头骨干企业发债、贷款融资提供增信服务。针对上市公司股权质押平仓风险，出台《深入实施“凤凰行动”计划促进上市公司稳健发展的意见》，建立上市公司股权质押风险纾解清单，组建省级百亿规模上市公司稳健发展支持基金，主动防范化解风险。建立全省企业金融顾问制度，选聘首批50名企业金融顾问提供公益服务，帮助有发展前景但暂时陷入困境的优质上市公司纾解困境。针对企业“两链”（资金链、担保链）风险，创新政府、银行、企业、司法部门会商和省、市、县（市、区）联动处置等机制，保持银行业不良贷款“双降”（余额、比例）

态势。至年末，全省不良贷款余额1208.9亿元，不良贷款率1.15%，分别比年初减少269.3亿元和下降0.49个百分点，成为全国不良贷款率较低的省份。

【金融风险处置】 2018年，面对P2P网络借贷等平台出险的严峻形势，省委、省政府按照党中央、国务院统一部署，明确"以退出为主要方向"的工作思路，有序开展分类处置，有关工作得到中国银保监会肯定。加大非法集资处置力度，全省非法集资发案数占全国比重下降到8%左右，部分输入性大案要案风险处置稳步推进。同步做好交易场所清理整顿"回头看"及私募基金、保险、信托等领域风险协调处置工作，最大程度地防范和减少伤害和损失。

【区域金融改革创新】 2018年，湖州市、衢州市绿色金融改革创新试验区建设在全国做出示范，中央财经委员会确定湖州市为践行习近平新时代中国特色社会主义经济思想的绿色金融改革创新典型调研点，中国人民银行、中国银保监会等部委在湖州召开全国绿色金融交流会，推广绿色金融"浙江经验"。年末，湖州市、衢州市绿色信贷余额分别为829.5亿元和596.6亿元，分别占两市全部贷款的21.5%和26.5%；"两高一剩"（"两高"行业指高污染、高能耗的资源性的行业，"一剩"行业指产能过剩行业）行业贷款比重持续下降。3月13日，中国（浙江）自由贸易试验区与上海期货交易所签署战略合作协议，聚焦油气全产业链建设。自由贸易区金融创新持续推进，在全国率先开展资本项目收入结汇支付便利化政策试点，率先落地自贸区内油品仓单质押融资业务。推进宁波保险创新综合试验区、温州金融综合改革试验区和台州小微企业金融服务改革创新试验区建设，深化丽水农村金融改革试点、义乌国际贸易综合改革试点金融专项改革。

【"凤凰行动"计划推进】 2018年，浙江省深入推进"凤凰行动"计划，省、市、县三级汇总形成全省1000家重点拟上市企业清单，主动对接上海证券交易所科创板，持续做好跟踪服务工作。全年全省新增境内外上市公司28家，其中境内17家，上市数量居全国第三。至年末，全省有境内外上市公司535家，境内上市公司432家，其中，主板市场208家，中小企业板市场142家，创业板市场82家。境内上市公司家数居全国第二位。全年188家境内上市公司及其控股子公司实施并购投资1168亿元；新三板挂牌企业933家，浙江股权交易中心挂牌企业6601家。

（省地方金融监管局　范俊浩）

【银行业运行稳健】 2018年，全省银行业金融机构提升服务实体经济能力。优化信贷投向，至年末，全省银行业金融机构本外币资产和负债总额分别比上年增长8.1%和7.6%，增幅提高2.1个百分点和2.2个百分点。实现净利润1721.5亿元，增长50.1%。住户存款增长较快。本外币存款余额11.65万亿元，增长8.6%，增速提高0.7个百分点。全年新增存款9192.2亿元。其中，住户存款新增5649.5亿元，企业存款新增2235.3亿元，政府存款新增2425.9亿元，非银行金融机构存款减少1147.3亿元。贷款投向不断优化。全省金融机构本外币贷款余额10.58万亿元，增长17.2%；全省普惠口径小微企业贷款余额1.2万亿元，增长18.7%，；制造业贷款新增760亿元；个人住房贷款年末余额增速下降5.2个百分点。银行理财等表外业务逐步规范。表外理财资产余额8741.9亿元，增长7%。利率市场化改革稳步推进。全年全省一般贷款加权平均利率6.24%，小微企业贷款利率6.02%，低于一般贷款利率0.22个百分点。银行业资产质量持续好转。全年全省银行业不良贷款余额和不良贷款率保持"双降"态势。年末不良贷款余额1208.9亿元，减少269.39亿元；不良贷款率1.15%，下降0.49个百分点。全年处置不良贷款1561.9亿元，减少288.7亿元。金融改革持续深化。中国银行浙江省分行"银税互动，扶小助微"服务改革试点取得成效。全省81家农村信用合作社中有78家改制为农村商业银行，村镇银行基本实现县域全覆盖。浙江省浙商资产管理有限公司多项改革实现重大突破，入选全国国企改革"双百"计划（国务院国有企业改革领导小组办公室决定选取百家中央企业子企业和百家地方国有骨干企业，在2018—2020年实施"国企改革双百行动"）。跨境人民币业务稳步回升。全年全省跨境人民币结算量6030亿元，增长26%。开展跨境人民币结算企业3.8万家，增加近5000家。中国（浙江）自由贸易试验区跨境人民币业务创新活跃，全年结算量为上年的19倍。电子商务跨境人民币结算量为上年的3.9倍。

【保险业发展稳健】 2018年，全省保险业稳健发展，业务结构持续优化，对实体经济和社会民生的服务保障水平进一步提高。全省有各类保险主体87家，其中，保险公司总公司5家、资产管理公司1家、农村保险互助社4家。省级以上专业中介机构340家，保险销售从业人员50万人。保险公司资产5441.5亿元。全年保险业实现保费收入2273.2亿元，比上年增长5.9%。其中，财产险保费收入和人身险保费收入分别增长10.3%和3.3%；保险业赔付支出762亿元，增加221.9亿元。全省小额贷款保证保险累计帮助9357家次小微企业获贷款22.4亿元（不含宁波市）。保单质押贷款年末余额约300亿元。关税保证保险助力中小民营企业进口货物通关，为进口企业节省关税保证金3亿余元。出口信用保险为1.2万家次企业提供外贸风险保障732.8亿美元。全年提供各类风险保障612.1万亿元，增长2.2倍。

【证券业平稳发展】 2018年，浙江省多层次资本市场稳步发展，公司并购重组和企业上市稳步推进。全年浙江股权交易中心挂牌企业6601家，比上年增加1290家；新三板挂牌企业932家，减少100家。187家上市公司实施并购重组，并购金额1170.6亿元，增加32.1亿元。全省境内上市公

表17

2018年浙江省主要存贷款指标

本外币

指　标	1月	2月	3月	4月	5月	6月	7月	8月	9月	10月	11月	12月
金融机构各项存款余额(亿元)	110 687.9	109 411.2	110 357.5	110 616.1	111 182.8	112 895.5	112 717.4	113 958.1	115 308.5	115 565.1	117 015.2	116 512.7
住户存款	41 673.4	43 428.6	43 541.6	42 445.3	42 804.3	43 873.5	43 711.8	44 038.1	45 202.5	45 069.1	45 786.1	46 457.8
非金融企业存款	38 704.8	36 338.0	37 673.6	38 091.7	37 977.8	38 872.5	38 256.9	38 592.2	38 726.9	38 691.4	39 417.5	39 479.7
各项存款余额比上月增加(亿元)	3 367.4	−1 276.7	946.3	258.7	566.6	1 712.7	−178.0	1 240.6	1 350.4	256.6	1 450.2	−502.5
金融机构各项存款比上年同期增长(%)	10.8	8.0	7.4	7.5	8.2	8.8	8.5	8.7	8.9	8.8	9.6	8.6
金融机构各项贷款余额(亿元)	92 181.3	93 171.9	93 986.6	95 054.1	96 073.4	97 835.3	99 262.6	100 800.6	102 427.6	103 649.8	105 029.1	105 774.9
短期	39 649.1	39 890.4	40 062.3	40 415.6	40 694.9	41 290.8	41 433.2	41 538.3	42 067.7	42 578.0	43 016.7	43 658.5
中长期	48 878.5	49 616.3	50 304.5	51 037.7	51 724.3	52 694.7	53 748.7	54 890.8	55 731.0	56 283.8	56 762.6	56 857.8
票据融资	1 899.7	1 893.7	1 881.4	1 803.0	1 841.0	1 994.0	2 202.7	2 472.0	2 663.0	2 793.5	3 206.3	3 270.8
各项贷款余额比上月增加(亿元)	1 907.0	990.6	814.7	1 067.5	1 019.2	1 761.9	1 427.3	1 538.0	1 627.0	1 222.2	1 379.3	745.8
短期	663.7	241.3	171.9	353.3	279.3	596.0	142.4	105.1	529.4	510.3	438.7	641.8
中长期	1 450.7	737.8	688.2	733.3	686.5	970.4	1 054.0	1 142.1	840.2	552.8	478.8	95.2
票据融资	−199.3	−6.0	−12.3	−78.4	37.9	153.0	208.7	269.3	191.0	130.5	412.8	64.5
金融机构各项贷款同比增长(%)	11.2	11.0	11.6	11.8	12.0	13.1	14.1	15.1	15.9	16.6	17.3	17.2
短期	2.4	2.5	2.8	4.0	4.4	5.2	6.1	6.5	8.1	9.7	10.7	12.2
中长期	25.4	25.3	24.0	22.5	22.1	22.3	22.2	22.6	22.3	21.7	20.9	19.8
票据融资	−47.2	−45.1	−39.0	−37.1	−33.3	−20.5	−3.1	15.9	22.9	32.1	59.4	55.6
建筑业贷款余额(亿元)	2 962.3	2 993.0	2 982.9	3 018.8	3 013.4	3 001.1	3 019.9	3 031.5	3 070.2	3 059.6	3 053.0	3 019.6
房地产业贷款余额(亿元)	3 802.7	3 944.5	4 094.7	4 235.5	4 360.4	4 565.8	4 678.0	4 735.0	4 841.8	4 902.9	5 053.1	5 116.6
建筑业贷款比上年同期增长(%)	5.1	5.5	4.9	6.0	4.9	4.4	3.8	2.9	3.9	3.7	3.5	4.5
房地产业贷款比上年同期增长(%)	18.1	18.8	24.1	26.4	29.7	35.3	37.4	36.0	36.9	36.5	38.4	39.7

2018年浙江省主要存贷款指标

	指 标	1月	2月	3月	4月	5月	6月	7月	8月	9月	10月	11月	12月
人民币	金融机构各项存款余额(亿元)	107 282.9	106 028.0	107 052.1	107 541.3	108 175.6	109 871.3	109 716.0	110 995.8	112 409.2	112 738.2	114 214.2	113 727.5
	住户存款	41 074.0	42 813.0	42 926.2	41 831.0	42 184.8	43 228.8	43 076.0	43 400.4	44 563.8	44 408.1	45 139.9	45 812.2
	非金融企业存款	36 260.6	33 953.1	35 373.3	36 002.8	35 980.8	36 868.0	36 279.9	36 627.3	36 821.4	36 856.4	37 586.9	37 672.4
	各项存款余额比上月增加(亿元)	3 282.4	−1 254.9	1 024.0	489.2	634.3	1 695.7	−155.4	1 279.9	1 413.4	329.0	1 476.0	−486.7
	住户存款	877.5	1 739.0	113.1	−1 095.2	353.8	1 044.0	−152.8	324.4	1 163.4	−155.7	731.8	672.2
	非金融企业存款	1 361.4	−2 307.5	1 420.2	629.5	−22.0	887.2	−588.1	347.4	194.1	35.0	730.5	85.5
	各项存款比上年同期增长(%)	10.6	7.9	7.5	7.8	8.7	9.3	9.0	9.3	9.5	9.4	10.3	9.4
	住户存款	−0.1	6.3	6.3	5.5	6.4	7.2	9.0	9.5	10.3	11.8	13.3	14.0
	非金融企业存款	19.8	8.7	9.8	11.3	11.1	11.8	12.2	12.3	10.3	9.7	9.6	7.9
	金融机构各项贷款余额(亿元)	90 519.0	91 445.0	92 314.8	93 353.4	94 334.2	96 021.6	97 430.8	98 986.4	100 612.4	101 888.0	103 366.0	104 099.8
	个人消费贷款	23 350.1	23 603.7	24 079.5	24 546.5	25 038.9	25 704.1	26 265.0	26 845.9	27 604.5	28 412.3	28 984.7	29 411.8
	票据融资	1 899.7	1 893.7	1 881.4	1 803.0	1 841.0	1 994.0	2 202.7	2 472.0	2 663.0	2 793.5	3 206.3	3 270.8
	各项贷款余额比上月增加(亿元)	1 904.1	926.0	869.8	1 038.6	980.8	1 687.4	1 409.2	1 555.6	1 626.1	1 275.6	1 478.0	733.8
	个人消费贷款	610.5	253.6	475.8	467.0	492.4	665.2	560.9	581.0	758.6	807.8	572.4	427.1
	票据融资	−199.3	−6.0	−12.3	−78.4	37.9	153.0	208.7	269.3	191.0	130.5	412.8	64.5
	金融机构各项贷款比上年同期增长(%)	11.6	11.4	12.1	12.2	12.4	13.3	14.2	15.1	15.9	16.7	17.4	17.5
	个人消费贷款	28.2	27.7	27.2	26.9	26.7	26.2	26.4	26.5	27.2	28.9	30.0	29.4
	票据融资	−47.2	−45.1	−39.0	−37.1	−33.3	−20.5	−3.1	15.9	22.9	32.1	59.4	55.6
外币	金融机构外币存款余额(亿美元)	537.6	534.5	525.7	485.1	468.8	457.1	440.3	434.1	421.5	405.9	403.9	405.8
	金融机构外币存款比上年同期增长(%)	26.1	19.1	14.8	7.1	−0.6	−4.8	−10.3	−12.8	−13.2	−16.4	−16.7	−20.1
	金融机构外币贷款余额(亿美元)	262.4	272.8	265.9	268.3	271.1	274.1	268.7	265.8	263.9	253.0	239.8	244.1
	金融机构外币贷款比上年同期增长(%)	−0.9	1.2	−1.6	0.8	2.1	4.9	7.3	11.4	11.5	7.9	2.9	−2.0

(数据来源:人民银行各分支行调查统计部门 人民银行杭州中心支行 提供)

司432家，上市公司数量居全国第二位，其中，中小板上市公司、创业板上市公司数量分别占全国同类上市公司数量的15.4%和11.1%。全省境内上市公司通过资本市场直接融资680.31亿元，下降45.9%。证券经营机构业务规模有所下降。全省有法人证券公司5家，证券公司分公司98家，证券营业部990家；基金公司3家；期货公司12家，期货公司分公司23家，期货营业部221家。全年法人证券公司营业收入50.46亿元，下降25.2%。证券经营机构代理交易额30.4亿元，下降20.4%。期货经营机构代理交易额35.6万亿元，下降11.7%。

【社会融资规模增长】 2018年，浙江省社会融资规模比上年增加1.95万亿元，增量增加4053亿元。从结构看，本外币贷款增加1.54万亿元，增量增加6894亿元，占78.9%，提升15.1个百分点；委托贷款、信托贷款和未贴现银行承兑汇票等表外融资减少198亿元，增量减少2225亿元；直接融资（含债券和股票）新增1928亿元，增量减少149亿元，其中企业债券发行1544亿元，增长69.6%，股票融资新增384亿元，增量减少783亿元。推动民营企业债券融资支持工具率先在浙江省落地，浙江省率先签署三方合作协议。全年全省债券融资支持工具成交额、工具支持的民企债券发行额分别为17.7亿元和60.2亿元；民营企业债券融资工具发行853亿元。省内金融机构在银行间市场现券交易量和债券回购交易额分别增长59%和27%。全省银行间市场成员拆借交易量为上年的2.73倍。从市场利率看，现券交易加权平均到期收益率3.45%，提升0.93个百分点；债券回购加权平均利率2.55%，提升0.2个百分点。全省金融机构承兑汇票余额8828亿元，增长31%；票据贴现余额3271亿元，增长56%。全省外汇交易市场成员外汇即期交易3978亿美元，下降16%；外汇衍生产品交易4582亿美元。金融机构黄金市场交投活跃，场内和场外总成交量8006吨，增长58%。

【信用体系建设深化】 2018年，浙江省有3870万个自然人和142万户企业及其他经济组织纳入全国统一的征信系统，金融机构月均查询量662万笔。全省6家企业征信机构业务场景和服务范围不断拓展，征信服务小微企业和民营企业融资能力显著提升，形成多样化征信市场发展格局。小微企业和农村信用体系建设工程初具成效，小微企业信用信息服务平台和农户信用信息管理系统在破解小微企业和农户信息不对称问题、缓解融资难题上发挥积极作用。全省7家民营核心企业与应收账款融资服务平台对接，带动近1000家小微企业参与供应链融资。信用户、信用村、信用乡创建活动持续推进，创新开展“信用县”创建，实现信用体系建设全覆盖，浙江创建“信用县”工作在全国范围内试点推广。

【支付清算基础设施完善】 2018年，中国人民银行浙江省内支付清算系统处理业务15.9亿笔、金额479.7万亿元，分别比上年增长35%和19%。“移动支付便民示范工程”推广实施，电子支付、银行卡等在民生领域的应用进一步拓宽。至年末，全省实现公交、地铁领域的银联“云闪付”全覆盖。“云闪付”覆盖全省医院425个、社区卫生中心及下属服务站点345个、学校427所、菜场304个、纳税大厅362个、便民服务中心108个、停车场257个。全年累计发生手机PAY和二维码支付交易1.5亿笔，支付交易量居全国第二位。

（中国人民银行杭州中心支行提供）

银行业

【概况】 2018年，浙江省银行业营业性机构总数247个。其中，政策性银行、国有商业银行、城市商业银行、股份制商业银行40个，金融资产管理公司4个，民营银行2个，农村合作金融机构和新型农村金融机构165个，外资银行14个，信托公司、财务公司、金融租赁公司19个，邮政银行、汽车金融公司和消费金融公司各1个。全年银行业各项存款余额11.7万亿元，贷款余额10.6万亿元，实现净利润1694亿元，不良贷款率1.15%。中长期贷款5.7万亿元，占53.8%。杭州和湖州两市贷款增速分别为25.0%和18.4%。制造业贷款余额2.2万亿元，占各项贷款余额的21%。小微企业贷款余额3.4万亿元，比上年增长9.7%，增速提升2个百分点。绿色信贷余额7323.57亿元，增长20.6%。科技型企业贷款余额2689.4亿元，增长13.8%。

【银行服务产品创新】 2018年，浙江银保监局推进银行业金融机构服务产品创新，实现银行业经营质效提高与地方经济转型升级的良性互动，将规范收费情况作为评价银行业服务实体经济质效的重要指标，督促辖区内银行业金融机构精简基础金融服务收费项目，引导有条件的银行业金融机构加快推进抵质押品价值内部评估，推动优质评估机构评价结果的行业互认，降低企业评估费用。全年全省银行业办理无缝续贷业务1600多亿元，惠及对公客户2万余户。

【风险排查防控】 2018年，浙江银保监局实施“清雷防险”三年攻坚行动，推动全省加快处置不良贷款，多个重点农村中小金融机构风险得到缓解。运用债委会、联合授信等办法，配合政府稳妥处置浙江盾安控股集团有限公司、浙江金盾控股集团有限公司等企业债务风险事件。制订房地产贷款“负面清单”，推出10项监管禁令，严肃处理信贷资金违规流入房市行为。银行业信用风险指标稳步好转。各设区市不良贷款率均有回落，其中衢州回落0.73个百分点，金华回落0.67个百分点，温州回落0.63个百分点。浙江银保监局开展银行业市场乱象整治，现场检查65个机构，督导117家重点机构和重点地区，制定浙江特色“负面清单”110条。开展金融知识进校园、进企业、进社区宣传活动。

【金融改革创新】 2018年，浙江银保监局推动银行业把党的领导融入公司治理各个环节，开展公司治理专项检查，制定实施商业银行监事和经银行业监督管理机构核准的银行业金融机构董事和高管人员履职评价办法，精准评估公司治理、董事监事履职情况。推动城市商业银行实施“三长”（董事长、行长、监事长）市场化选聘，基本完成农村合作机构股份制改革。积极支持自贸区建设，助推绿色金融、科技金融、小微金融等改革试点，在全省打造特色金融品牌。

【银行业资产和负债】 2018年，全省银行业资产总额15.24万亿元，比上年增加1.14万亿元，增长8.1%。非信贷资产余额占资产总额的31.1%，下降5个百分点。投资业务下降3.9%。全省银行业同业资产余额4378亿元，减少562亿元，下降11.4%。全省银行业负债总额14.6万亿元，比上年增加1万亿元，增长7.5%。其中，同业负债（包括同业存款、同业拆放、卖出回购）余额9596亿元，减少3183亿元，下降24.9%。

【居民消费贷款变化】 2018年，浙江省以房贷为主的中长期消费贷款余额2.2万亿元，比上年增加3522亿元。由于房地产调控及限额管控措施持续发力，全省居民中长期贷款增速回落至20%以下。短期消费贷款快速增长，全年全省居民短期消费贷款新增3150亿元，增量增加2160亿元。银行创新金融服务方式，通过金融科技场景化融入，满足客户普遍的消费升级需求。（浙江银保监局　魏　佳）

保　险　业

【概况】 2018年，全省保险业保费收入2273.2亿元，居全国第四位，比上年增长5.9%，增速超过全国平均水平2个百分点。全行业为社会提供风险保障665.4万亿元，支付各类赔款及给付761.9亿元。全省有各类保险主体87家，其中，保险公司总公司5家、资产管理公司1家、农村保险互助社4家。按业务性质划分，财产险公司37家，人身险公司46家；按资本属性划分，中资公司64家，外资公司23家。

【财产保险】 2018年，全省财产险业务稳中有进，行业盈利能力走在全国前列。全省实现承保利润23.1亿元，居全国第四位，承保利润率3%，高出全国平均水平3.1个百分点。非车险各险种中，意外险、家财险、责任险和企财险利润均超过1亿元，保证险、船舶险和信用险分别亏损0.8亿元、1.2亿元和1.9亿元；特殊风险、家财险和工程险承保利润率分别为55.6%、30.2%和21.2%。全年全省财产险机构保费收入880.9亿元，比上年增长10.3%，保费规模居全国第三位。财产险机构非车险业务占比继续提高，实现保费收入262.7亿元，增长26.4%；车险保费收入618.2亿元，增长4.6%。非车险与车险保费比为29.8∶70.2，非车险增加3.9个百分点。非车险各险种中，货运险、健康险和保证保险分别增长50.4%、79.3%和84.2%；企财险、责任险分别增长6.8%和20.2%。

【人身保险】 2018年，全省各级人身保险机构保费收入1392.3亿元，比上年增长3.3%。其中：寿险业务收入1114.1亿元，增长2.3%；健康险业务收入237.3亿元，增长6.4%；意外险业务收入40.9亿元，增长13.5%。投资型业务（投资款本年新增交费）收入406.7亿元，增长15%。全省人身险业务结构持续优化。续期保费收入852亿元，增长35%，占保费总收入的61.2%，增加14.4个百分点。期缴业务成为保费增长的主要驱动，新单期缴率56.4%，高出全国平均水平8.7个百分点，增加11.4个百分点，其中10年期以上新单期缴保费占27.5%，增加3.3个百分点。内涵价值较高的个人代理渠道业务保费收入919.9亿元，增长17.2%，增加7.9个百分点。分红型寿险保费收入671.3亿元，增长33.9%，增加11个百分点。

【社会风险保障】 2018年，全省各级财产保险机构为社会提供风险保障612.1万亿元，比上年增长2.48倍；签单数量70.6亿件，增长10.5%；高频高保障低保费产品大幅度增加，其中意外险提供风险保障486.8万亿元，增长6.04倍。人身险机构为社会提供风险保障53.3万亿元，增长66.9%；有效承保2.3亿人次，增长15.4%。财产险机构赔付支出513.9亿元，增长15.0%，增加10.3个百分点。人身险机构赔付支出248.1亿元，增长20.1%。其中：满期给付90.3亿元，下降7.7%；年金给付77.8亿元，增长47.4%；死伤医疗给付35.1亿元，增长34.9%；赔款支出44.8亿元，增长49.0%。

【保险业服务实体经济】 2018年，浙江省完善保险市场和服务体系，引导保险资金投向实体经济。全年小额贷款保证保险帮助9357家次小微企业获贷款22.4亿元（不含宁波市，下同），出口信用保险提供外贸风险保障732.8亿美元，科技类保险提供风险保障约4000亿元，关税保证保险为进口企业节省关税保证金3亿余元。至年末，全省保单质押贷款余额约300亿元。推动农业保险提高质量，增加品种，扩大覆盖面，先后增加生姜气象指数保险等地方特色险种7个，推出农业保险品种65个。农业保险向16.6万户次农户支付赔款5.7亿元。发展重点领域责任保险，全年提供各类责任保险风险保障超过8万亿元。

【保险业风险防控】 2018年，浙江银保监局加强重点领域风险防控，关注流动性风险，重点做好对安邦人寿保险股份有限公司、和谐健康保险股份有限公司等机构的流动性风险监测。重点防控销售非保险金融产品风险，关注互联网保险领域新业务风险，全面核查、妥善处置网络互助、非法中介等网络平台风险。跟踪金华众海网络保证保险项目风险处置情况，在全省持续监控融资性保证保险风险状况。对信泰人寿保险股份有限公司、浙商财产保险股份有限公司、众安在线财产保险股份有限公司3个机构开展法人机构公司治理现场评估。组织辖区保险机构开展非法集资风险排查和宣传月活动。

【保险市场整治】 2018年,浙江银保监局强化车险市场乱象整治,开展车险专项检查和车险市场数据监测,约谈数据异动机构,指导协会检查保险费率执行情况。开展农业保险检查,通过核实历史档案、走村入户访谈,掌握农业保险业务违规线索,维护农业保险市场秩序。开展人身保险"治乱打非"专项行动,派出检查组对7个省级保险公司及其分支机构进行现场检查。开展互联网保险网络平台专项整治,清退非持牌机构26个,给予"保险师"网络平台顶格处罚,重点跟踪"灵犀金融"网络平台,推进存量风险化解、增量风险控制。

【保险消费者保障服务】 2018年,浙江银保监局组织开展对侵害保险消费者权益的典型问题和突出机构精准打击行动,加强保险行业人民调解委员会组织建设,继续推进"网上数据一体化处理"综合改革试点工作提质扩面,全省建成保险行业人民调解工作室62个。统一省消费者权益保护中心"400"电话热线管理,及时发布行业新版服务承诺。

(浙江银保监局　周长春)

证券·期货·上市公司

【证券机构及经营】 2018年,浙江辖区(不含宁波,下同)有证券公司3家、证券资产管理子公司2家、公募基金管理公司和基金专户资产管理子公司各1家,有证券公司分支机构(含筹建中,下同)920家,占全国分支机构的6.9%,其中分公司77家、营业部843家。证券公司及其证券资产管理子公司总资产1069.16亿元,净资产334.55亿元。全年浙江辖区证券公司及其证券资产管理子公司实现营业收入和净利润分别为50.46亿元和16.4亿元,下降25.2%和44%。其中,经纪业务净收入13.85亿元,下降26.4%;投资银行业务净收入4.9亿元,下降32.4%;资产管理业务净收入8.35亿元,下降29.3%;实现投资收益18.43亿元,下降29.3%。证券资金账户1642.15万户,增长9.5%;代理证券交易额27.74万亿元,下降14.2%;指定与托管证券市值2.31万亿,下降20.4%。浙江辖区证券分支机构销售金融产品8326.93亿元,其中,代理销售5091.12亿元,增长21.9%,实现代销收入8300.59万元。

【期货经营】 2018年,浙江辖区有期货公司11家,注册资本50.9亿元,资产总额624.4亿元,净资产131.28亿元,净资本71.99亿元。在年内分类评价中,3家期货公司获AA评级,2家期货公司获A级评级。其中,永安期货股份有限公司连续8年获AA评级。辖区11家期货公司客户保证金余额467.49亿元,与上年基本持平;全年期货代理成交量和成交额分别为7.33亿手和31.73万亿元;实现营业收入33.73亿元,净利润10.12亿元。永安期货股份有限公司等5家期货公司在香港设立子公司,其中,永安期货股份有限公司和南华期货股份有限公司的香港子公司客户权益超过15亿元港币。7家期货公司成立风险管理子公司,其中浙江永安资本管理有限公司分别实现营业收入和利润129.62亿元和1.42亿元。

【上市公司增至432家】 2018年,浙江辖区有境内上市公司432家,新增28家。辖区境内上市公司中,中小板上市公司142家,占全国的15.4%;创业板上市公司82家,占全国的11.1%。全年浙江辖区境内上市公司实现营业收入1.92万亿元,增长15.7%。实现净利润1126.85亿元,下降14.3%。提供就业岗位112.23万个。浙江辖区境内上市公司通过资本市场直接融资680.31亿元,下降45.9%。新增11家上市公司发行可转债融资133.56亿元,是上年的2.25倍。从净利润看,浙江辖区境内45.7%的上市公司业绩下滑,上市公司亏损50家,亏损金额324.19亿元,亏损家数和亏损金额分别是上年的3.33倍和6.07倍。部分上市公司业绩增长较快,杭州海康威视数字技术股份有限公司净利润超过100亿元。分行业看,化纤、化学原料药和航运港口物流等行业上市公司效益增长,影视文化、游戏、光伏等行业上市公司亏损面扩大。

【上市公司监管】 2018年,浙江证监局贯彻落实"凤凰行动"计划部署,修订辅导监管工作指引,进一步明确IPO(首次公开募股)辅导监管要求和措施,做好推动企业上市工作,从源头提高上市公司质量。加大对新技术、新产业、新业态支持力度,推动阿里巴巴网络技术有限公司、网易(杭州)网络有限公司等申请中国存托凭证(CDR)试点,支持创新企业利用资本市场加快发展。辖区境内上市公司后备资源充足,有拟境内上市企业163家,其中,辅导期企业134家,已报会待审核企业24家,已过会待发行企业5家。管好信息披露"窗口",紧盯并购重组、资金占用、违规担保、业绩变脸、会计政策变更及信访举报等事项,实施分类监管。开展年报检查、全面检查、专项检查等各类现场检查34家次。强化对"忽悠式""跟风式"重组、重组信息披露违规等严重扰乱市场生态行为的监管。10月18日,浙江证监局出台《浙江辖区防范化解股票质押风险工作方案》。建立健全风险监测机制,提前预判股东股票质押风险,第一时间向地方政府通报相关公司风险情况。研究开发科技监管信息系统(试用版),建立"定期报告""股权质押""募集资金""数据报送"等监管模块及监管数据统计表,初步实现风险自动分析和预警功能。

【证券基金监管】 2018年,浙江证监局推进"内控建设年"活动,建立健全内控机制,重点抓好公司法人治理,从源头上夯实规范发展的基础。推进合规管理制度对所有业务条线和各类子公司的全覆盖。清理规范各类下设机构,精简"叠床架屋"式组织架构,促进证券、基金公司回归主业。指导浙江证券业协会发布《证券分支机构合规风控管理规范》,督促落实分支机构合规管理"两个责任",健全风险防控"一司一策"机制,稳妥处置重点业务领域的突出风险。坚持监管高压与公司履行主体责任相结合,妥善处置兑付风险和上市公司大股东股票质押风险；督促蚂蚁金服集团及蚂蚁基金销售公司严格执行货币市场基金快速赎回业务“T+0”垫资服务新规，有效分散“余额宝”潜在系统性风险。快速查处利用证券“两融”账户从事违法违规交易问题。

【期货监管】 2018年，浙江证监局推进期货非现场监管机制建设，推动形成期货公司月度定期风险监测、季度合规和经营情况分析、期货公司首席风险官季度工作报告、重大事项快速反应等风险监测分析机制，及时发现和解决期货公司在日常经营、合规管理等方面存在的问题。针对非现场监管留痕难问题，开发OA“工作协作”模块，对导入的期货经营机构报备文件进行审核，实现非现场监管留痕管理，全年审阅备案和报告事项1360件。修订完善内控手册，优化业务流程，落实监管责任。坚持以问题和风险为导向，要求相关期货公司制定触及预警线和清仓线产品的处置预案，保护投资者合法权益。针对苹果期货大幅上涨行情，及时排查各期货公司前十大客户交易信息。跟进原油期货上市、铁矿石开放境外投资者后的运行情况并进行研判。对期货公司基金代销业务开展风险排查，重点规范中大期货有限公司、永安期货股份有限公司和南华期货股份有限公司的基金代销行为。修订现场检查工作底稿，形成涵盖十大类别检查底稿，实现期货现场检查的全覆盖。全年开展资产管理业务、保证金和净资本、信息系统、投资者适当性等各种现场检查52家次，包括对4家期货公司的全面检查、10家期货分支机构的“双随机”检查，对中大期货有限公司及3名高级管理人员、8名期货从业人员采取行政监管措施。浙江证监局针对地方交易场所非法交易活动认定难度大、专业性强、涉及多部门等特点，健全部门协作机制。向辖区20家交易场所讲解违规经营行为的危害性。支持地方政府部门对浙江新华大宗商品交易中心等5家重点交易场所进行风险处置。做好地方交易场所投诉举报处理、信息公开回复、非法期货认定等工作。至年末，浙江证监局接待来电来访50多件，出具交易场所资质认定回复18份。加强对地方交易场所规范化建设调研，研究地方交易场所服务实体经济的长效机制。

【期货扶贫】 2018年，浙江辖区各期货公司积极争取股东单位支持，确保扶贫对象精准、项目安排精准、资金使用精准，促进形成可复制、可推广的扶贫机制，逐步实现“造血式”扶贫。全年帮扶涉及21个省、32个县（市），扶贫广度和深度比上年大幅度提升。开展“保险+期货”扶贫项目24个，涉及棉花等品种7个，项目投入资金6000多万元，赔付金额5000多万元。期货公司精准扶贫社会美誉度提升。永安期货股份有限公司连续两年获评中国期货业协会扶贫工作考核第一名。

【投资者保护】 2018年，浙江证监局将期货经营机构的投资者保护工作纳入现场检查范围。对辖区期货公司投资者保护工作开展现场检查，督促各期货公司完善投资者适当性管理制度，按规定制度和流程办理开户、内部培训和投资者投诉处理等。依法办理期货信访投诉，维护投资者合法权益，重点处理中大期货有限公司违规代销基金等问题。推进期货纠纷多元化解决，拓宽期货纠纷解决渠道，指导浙江期货行业协会加强调解队伍及制度建设，推动调解工作与投资者投诉处理工作有机衔接。加强投资者保护工作宣传。以“全国法制宣传日”“3·15国际消费者权益日”为契机，普及私募基金投资者权益保护知识，现场答复投资者提问。推进证券期货投资者教育基地建设。做好投资者纠纷投诉、处理。全年浙江辖区完成纠纷调解15起，涉及金额400多万元。

（浙江证监局 张 微 周书会 楼耀尧）

商贸物流业
Commercial Logistics

综 述

【概况】 2018年，全省商贸流通行业积极培育新的消费热点，全面实施“放心消费”工程，深化流通体制改革，市场整体规模继续扩大。社会消费品零售总额继续保持全国前列，批发零售贸易销售继续快速增长。全年实现社会消费品零售总额2.5万亿元，比上年增长9.0%。年内消费市场走势“前高后低”。权重商品增速分化。受成品油价格上调影响，石油及制品类增长15.9%，汽车类下降0.7%。在限额以上企业商品零售额中，粮油、食品类增长14.3%，提高4.8个百分点；服装、鞋帽、针纺织品类增长14.1%，下降0.7个百分点；家电类增长1.7%，家具类增长17.3%，分别下降12.7和8.2个百分点。网络消费保持快速增长，全年网络零售总额1.67万亿元，增长25.4%。服饰鞋包、家居家装、3C数码（计算机、通讯和消费电子产品3类电子产品）三大行业占网络零售总额的40.3%、17.0%和11.8%。总体物价温和可控，全年全省居民消费价格总指数增长2.3%，提高0.2个百分点。省商务厅监测的七大类食用农产品批发价格平均增长3.7%，七大类重要生产资料中五大类上涨。商贸龙头企业销售额增长较快，其中浙江省兴合集团有限公司增长10.0%，浙江中国小商品城增长10.8%，浙江中国轻纺城增长11.8%。

【限额以上企业数量增长】 2018年，浙江省推进批发零售业结构优化和实施消费升级行动计划，浙江省批零住餐业（批发和零售业、住宿和餐饮业）规模持续扩张。全省有限额以上批零住餐业企业2.21万家，比上年增长2.9%。其中，限额以上批发、住宿和餐饮企业分别增长4.3%、1.8%和4.4%，限额以上零售企业下降0.2%。

随着“互联网+”和智慧商业技术应用不断深入，批零住餐业吸纳就业人数增长势头回落。全年全省限额以上批零住餐业从业人员105.03万人，下降0.4%。

【商品销售总额增长】 2018年，全省商品流通业总量稳步增长，全年批发零售商品销售总额12.28万亿元，比上年增长13.5%，增速下降4.1个百分点。其中限额以上批发零售企业商品销售额6.23万亿元，增长14.1%。限额以上批发零售企业商品销售总额占全社会批发零售商品销售总额的50.7%，提高2.6个百分点。限额以上商品销售总额中，批发销售额5.33万亿元，增长15.1%；零售销售额8813亿元，增长8.0%。限额以上消费品零售总额中，化妆品类、通讯器材类和家具类增速分别为30.7%、17.8%和17.3%，分别比限额以上消费品零售增速提高23.4、10.5和10.0个百分点。限额以上汽车零售额3379.3亿元，下降0.7%，占限额以上消费品零售总额的39.7%。乡村市场占比提高。全年全省乡村消费品零售总额4324亿元，增长10.6%，增长速度比城镇高出2个百分点。全省乡村消费品零售总额占全社会消费品零售总额的17.3%，提高0.3个百分点。

【服务消费需求增长】 2018年，浙江省服务消费需求快速释放，餐饮收入增长明显快于商品零售。全年全省餐饮收入2716亿元，增长12.5%，比商品零售额增速高出4个百分点。其中，限额以上餐饮企业营业额579亿元，增长10.1%。各市餐饮企业营业额增速排序依次为绍兴18.2%、丽水16.4%、嘉兴16.2%、宁波15.3%、温州14.7%、台州14.6%、衢州14.4%、杭州13.8%、舟山12.8%、湖州11.1%、金华11.0%。发展和享受型居民消费支出稳步增长。全年城镇居民人均交通通信和教育文化娱乐消费支出分别增长1.1%和4.6%。人均医疗保健支出增长22.2%，比城镇居民人均生活消费支出增速高出13.8个百分点。全省农村居民教育文化娱乐和医疗保健支出分别增长12.4%和18.7%，分别比农村居民人均生活消费支出增速高出3.5和9.8个百分点。

【实体销售回升】 2018年，浙江省253家核心零售企业实现销售额3804亿元，比上年增长8.5%，增速提高0.7个百分点，在七大零售业态中，五大业态销售额实现增长。传统商品交易市场转型升级加快，通过探索全产业链经营、线上线下融合、经营管理输出、市场采购贸易试点，形成许多可推广的传统专业市场转型提升路径。至年末，全省有各类商品市场3759个，实现商品交易额2.19万亿元，增长2.0%。

【企业债务水平保持平稳】 2018年，浙江省商贸流通企业资产负债水平总体保持平稳，零售业、住宿业和餐饮业企业债务水平比上年略有增长，生产资料批发企业债务水平有所下降。全省生产资料批发企业资产负债率78.2%，下降1.8个百分点；零售企业、住宿企业和餐饮企业资产负债率分别为68.9%、79.3%和80.6%，分别比上年提高1.9、0.3和1.1个百分点。

【企业盈利能力下降】 2018年，浙江省商贸流通主要业态的企业盈利能力比上年下降，部分实体流通企业经营困难。全年全省生产资料批发业、零售业、住宿业和餐饮业的主营业务利润率分别为2.3%、13.7%、56.1%和39.2%，分别下降0.2、0.9、7.8和6.0个百分点。全省零售企业营业利润下降1.3%，住宿业和餐饮业的企业营业利润分别下降2.5倍和14.8%；生产资料批发企业营业利润增长58.6%。除零售企业营业利润增长相对较为平稳外，其他商贸流通业态营业利润增长的波动幅度较大。

【企业成本调控能力改善】 2018年，浙江省商贸流通主要业态营业、管理和财务费用比上年增长势头减缓，零售企业和生产资料批发企业成本调控能力有所改善，住宿和餐饮企业成本调控压力加大。全省零售企业营业、管理和财务费用下降0.6%，住宿企业下降0.1%；生产资料批发企业增长3.6%；餐饮企业增长6.3%，增速反弹。

【商贸流通业拉动经济增长】 2018年，全省批零住餐业增加值8019亿元，比上年增长7.8%，增速下降0.35个百分点；批零住餐业增加值占GDP的14.3%，下降0.1个百分点。全年全省批零住餐业对全省经济增长的贡献率为13.2%，提高0.7个百分点，高于交通运输仓储和邮政业、金融业、房地产业等第三产业。

【商贸流通业惠及民生成效明显】 2018年，全省限额以上批零住餐业从业人员105.03万人，比上年下降0.4%。全行业从业人员808万人，占全社会就业总人数的21.1%。加快实施乡村振兴战略。8月17日，省商务厅出台《2018年促进乡村商贸振兴行动方案》，推动52个县（市、区）启动乡镇（街道）商业网点规划编制，118个乡镇（农村街道）完成规划编制；支持12个县（市、区）开展现代商贸特色镇创建，总投资47亿元；支持县域商贸设施建设项目135个，总投资82亿元；支持49个农产品流通项目建设，总投资17亿元；创设省级公益性农产品市场22个。通过电商扶贫、家政扶贫等方式促进农民增收，吸纳农民就业，完善东西部扶贫协作与对口支援工作。推进杭州和绍兴开展家政扶贫试点，两市对接国家级贫困县18个，实现就业1373人。开展电商扶贫。全省山海协作电商扶贫活动、东西部电商扶贫协作专项行动和电商对口支援新疆活动成效明显。各地在80多个对口帮扶地区开展电商扶贫活动100多场，签订合作协议30多份，建设县级电商公共服务中心和村级电商服务站4500多个。

（省商务厅　陶洪斌）

【二手车交易和报废汽车拆解】 2018年，全省二手车交易保持快速增长。全省有二手车市场124个，二手车交易量118.7万辆，比上年增长13.1%。有报废汽车回收拆解资质企业14家，回收（拆解）网点78个。全年回收报废机动车13.84万辆,增长40.1%,其中,载客车7.56万辆、载货车2.75万辆、其他车辆3.53万辆。全省拆解各类报废机动车13.11万辆,拆解重量16.88万吨。至年末,全省存量未拆报废机动车3.31万辆。

【拍卖活动】 2018年,浙江省举办拍卖会7261场,比上年增加1378场;拍卖成交额431.53亿元,下降28.1%;佣金收入5.72亿元,增长1.9%。省拍卖行业协会会员单位成交额412.44亿元、佣金收入5.56亿元,分别占全行业的95.6%和97.2%。全行业佣金收入最多的是文化艺术品拍卖,达2.48亿元,占43.4%,增长8.4%。其他分别为:房地产1.53亿元,占26.7%,下降11.0%;股(债、产)权2587.3万元,占4.5%,增长17.3%;机动车1766.4万元,占3.1%,下降38.1%;土地使用权1178.8万元,占2.1%,下降51.3%;无形资产809.5万元,占1.4%,下降37.2%;农副产品133.8万元,占0.2%,增长59.5%。全省拍卖业拥有净资产额20.33亿元。(省商务厅　王金华)

批发零售业

【概况】 2018年,全省批发和零售业商品销售总额12.28万亿元,其中限额以上批发和零售业商品销售总额6.23万亿元。从限额以上批发零售单位分类商品零售额看,汽车零售额下降0.7%,占39.7%,石油及制品类增长15.9%;消费升级类其他商品增长15.1%,其中化妆品、通讯器材类分别增长30.7%和17.8%。饮料、机电产品及设备类分别增长25.1%和20.7%。服装鞋帽针纺织品、日用品、家具、粮油食品、中西药品类增速均超过10%。网络零售额1.67万亿元,增长25.4%;省内居民网络消费8470.5亿元,增长25.0%。与线上消费相关的快递业务量101.1亿件,增长27.5%;业务收入779.3亿元,增长16.6%。全省跨境电商进口236亿元,增长44.9%。宁波跨境电子商务进口额居中国跨境电子商务综合试验区第一位,义乌入选新一批中国跨境电子商务综合试验区。

【批发零售业改造升级】 2018年,浙江省省级批发零售业改造试点政策支持23个市县的263个项目建设,43个商贸项目被列入省服务业重大项目,全年全省完成商贸投资1161亿元。建成杭州理想银泰城、华元欢乐城、中粮大悦城等标志性项目,温州5050购物中心、义乌新城吾悦购物广场等重点项目投入运营。打造高品质步行街,杭州湖滨街区列入国家级试点,支持杭州建设延安路国际商业大街,编制街区规划,加快业态调整和环境整治,打造国际知名品牌集聚地、中华老字号展示地、国际旅游目的地。省市场监管局发布《特色商业街(区)管理技术规范》,支持13个城市23条特色商业街区改造提升,突出"一街一品"区域特色,推进商业、旅游、文化融合,打造特色商圈。至年末,全省有省级特色商业街47条。

【全省批发零售业改造提升工作推进会】 2018年10月11日在杭州召开。会议贯彻落实《浙江省推动批发零售业改造提升行动方案(2018—2022年)》,副省长朱从玖出席并讲话。阿里巴巴网络技术有限公司、网易(杭州)网络有限公司、浙江中国小商品城集团股份有限公司等企业代表做典型发言。全省省级有关单位领导,各市、县(市、区)政府分管领导,商务部驻杭特派员办事处负责人,各设区市及义乌市商务主管部门主要负责人参加。

【批发零售业创新发展】 2018年,杭州等4个城市和物产中大集团股份有限公司等26家企业,入选国家八部委在全国范围内开展的供应链创新与应用城市试点和企业试点。省商务厅出台供应链创新应用、新零售、商品市场转型、乡村商贸振兴、消费升级、物流产业、社区商业等政策文件,形成"1+X"政策体系。省商务信用公众服务平台入驻企业600多万家,归集信用信息3500万条。建成省级追溯平台,实现与6个追溯服务企业平台对接,汇总各类商品追溯信息53万条。新零售发展领先全国,盒马鲜生、超级物种、网易考拉等先后落户浙江。杭州上城区拥有集聚业态零售店59个。温州市五马街成为全国首条刷脸支付的商业街区。全省近7万家商户、68家综合体(商圈)利用"口碑"平台发展线上线下融合经营。eWTP建设在杭州、宁波、义乌等地稳步推进,阿里巴巴网络技术有限公司在杭州下沙的超级物流枢纽一期项目投入使用,推动传统商品市场改造升级37个。

【村镇现代商贸发展】 2018年,浙江省在全国率先开展现代商贸特色镇

2018年10月11日,全省批发零售业改造提升工作推进会在杭州举行
(省商务厅　供图)

和商贸示范村建设试点，创建乡镇（街道）现代商贸特色镇16个。全省农村电商发展居全国首位，培育电商专业镇130个、专业村1253个、农产品电商地方品牌400多个。举办浙江省农业博览会和长三角农产品产销对接会，建设公益性农产品市场49个。（省商务厅　陶洪斌　秦琪文）

重要商品流通

【**概况**】 2018年，浙江省重要生产资料市场运行平稳，重要市场监测系统监测的七大类重要生产资料中，水泥、成品油、钢材、煤炭、化肥、有色金属价格分别增长25.8%、14.9%、13.0%、7.9%、3.1%和2.8%，均价分别为412元/吨、8253.6元/吨、4556.7元/吨、687.8元/吨、2422.1元/吨、2.66万元/吨；橡胶价格下降14.6%，均价1.13万元/吨。大部分重要生产资料销量增长，其中煤炭、水泥、成品油、有色金属、钢材、化肥销量分别增长29.4%、28.1%、25.6%、4.8%、1.2%和0.5%；橡胶下降7.1%。

【**煤炭市场**】 2018年，浙江省煤炭受监测样本企业平均销售价格687.8元/吨，比上年增长7.9%。全省煤炭需求端占比最大的工业用电增长7.2%。随着全社会的用电量增加，占比最大的火电发电量随之增加，下游电厂的耗煤量稳步提升，动力煤需求增加，推动煤炭销量增长。全年全省煤炭累计销售6628万吨，增长29.4%。

【**成品油市场**】 2018年，浙江省受监测样本企业成品油平均销量价格8253.6元/吨，比上年增长14.9%。全年有25轮油价调整，其中上涨13轮，下跌11轮（1轮搁浅）。全省汽车保有量稳步提升，带动汽油需求增长。油企积极开拓海外市场，增加汽油净出口量。全年全省销售成品油1266万吨，增长25.6%。

【**橡胶市场**】 2018年，浙江省受监测样本企业橡胶平均销售价格1.13万

2017年与2018年浙江省煤炭平均价格及销售量对比情况

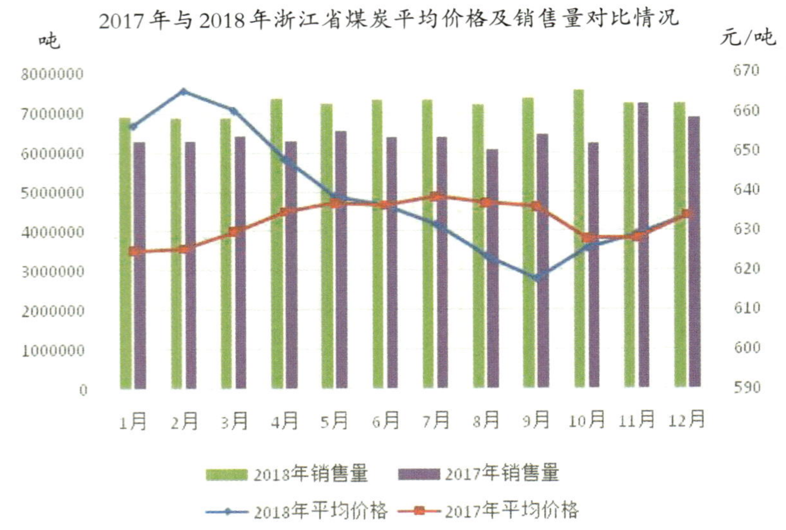

（省商务厅　提供）

2017年与2018年浙江省成品油平均价格及销售量对比情况

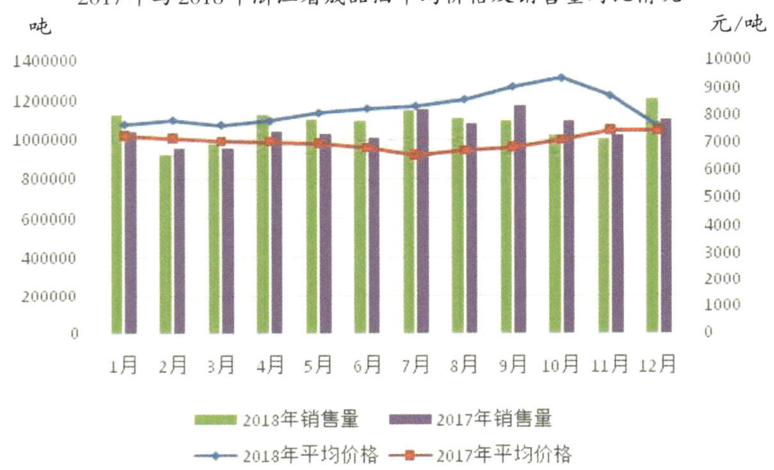

（省商务厅　提供）

2017年与2018年浙江省橡胶平均价格及销售量对比情况

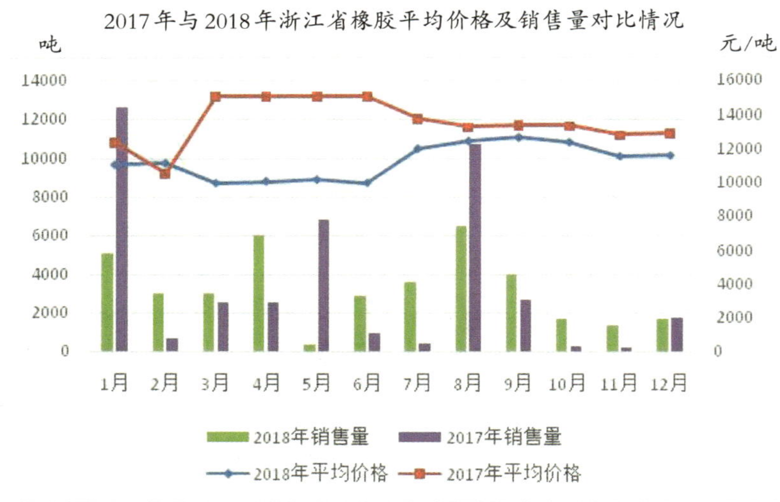

（省商务厅　提供）

元/吨，比上年下降14.6%。受国内汽车产销量下降、物流运输方式调整、中美贸易争端不确定性大等影响，橡胶市场需求减少，全年全省受监测样本企业累计销售橡胶4万吨，下降7.1%。

【化肥市场】 2018年，浙江省受监测样本企业化肥平均销售价格2422.1元/吨，比上年增长3.1%。其中，氮肥平均价格2112.7元/吨，增长14.8%；磷肥2276.1元/吨，下降2.2%；钾肥2596.2元/吨，增长1.9%；复合肥2703.3元/吨，增长3.6%。受生产工艺变化、环保政策限制、原料价格上升等因素影响，氮肥、钾肥价格全面上涨。国际农产品价格持续走高，拉动化肥需求增长。全年全省受监测样本企业累计销售化肥64万吨，增长0.5%。

【有色金属市场】 2018年，浙江省受监测样本企业有色金属平均销售价格2.66万元/吨，比上年增长2.8%。其中，铝平均价格1.45万元/吨，增长0.2%；铜4.62万元/吨，增长2.7%；锌2.34万元/吨，下降0.6%；铅1.91万元/吨，增长4.5%。上半年，有色金属市场呈现震荡格局，多数产品价格维持高位震荡。随着全球贸易摩擦不断升级，美元指数回升、避险情绪高涨，6月起有色金属价格开始回升。得益于下游行业发展态势良好，全年有色金属销量保持稳定增长，房地产、彩电、新能源汽车等产业的良好发展态势对有色金属需求带来积极作用。全年全省受监测样本企业累计销售有色金属31万吨，增长4.8%。

【钢材市场】 2018年，浙江省受监测样本企业钢材平均销售价格4556.7元/吨，比上年增长13.0%。其中，棒线材平均价格4290.2元/吨，增长11.3%；板材4541.2元/吨，增长10.6%；型材4369.8元/吨，增长14.0%；管材5025.8元/吨，增长16.1%。受房地产和基建市场带动，全省钢材市场需求稳中有升。全年房屋施工面积、新开工面积、土地购置面积均有增长，轨道交通、铁路工

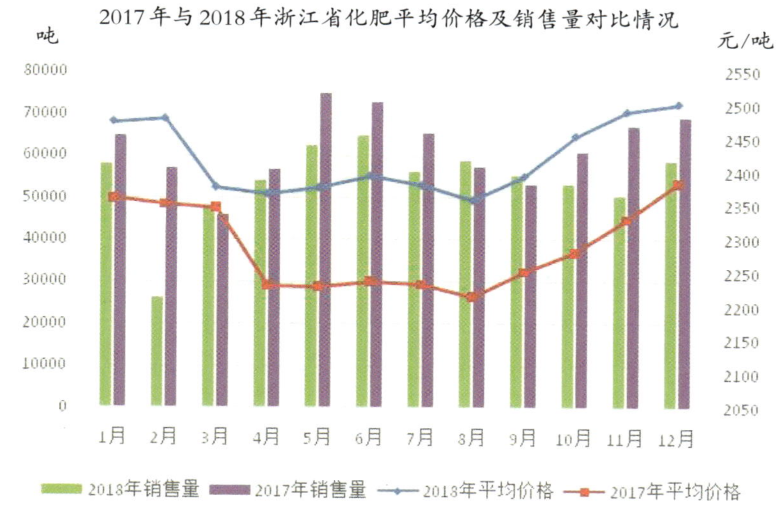

（省商务厅　提供）

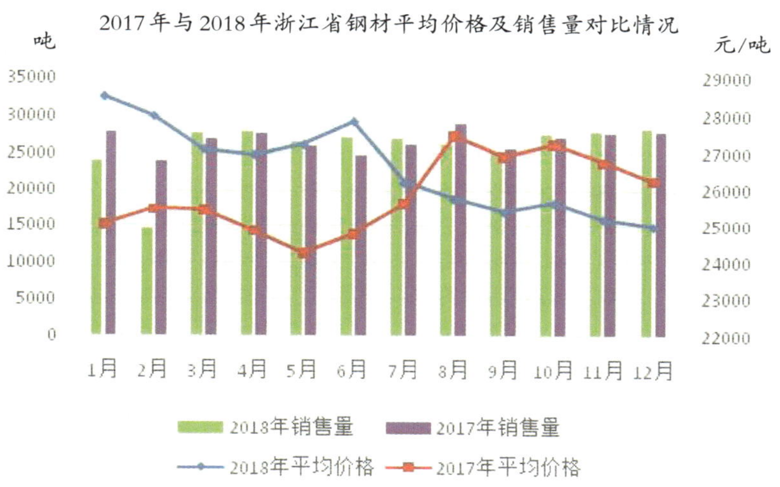

（省商务厅　提供）

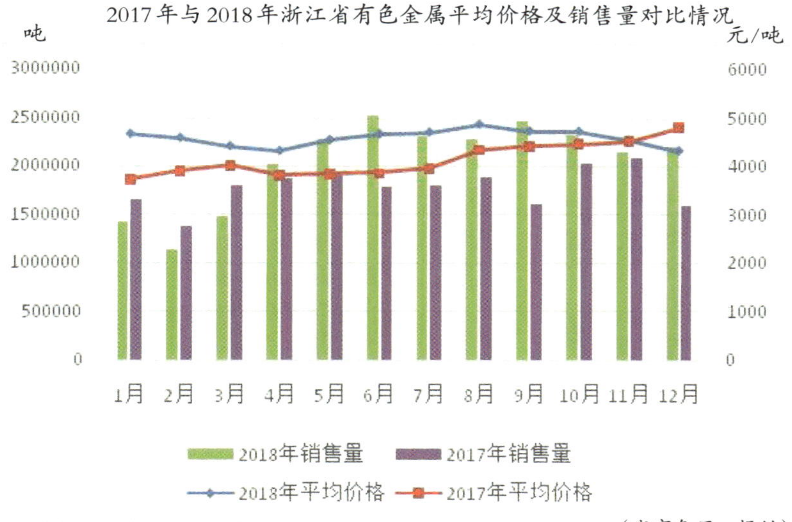

（省商务厅　提供）

程、高速公路、机场等建设项目陆续推出，进一步拉动钢材需求。全年全省受监测样本企业累计销售钢材2370万吨，增长1.2%。

【水泥市场】 2018年，浙江省受监测样本企业水泥平均销售价格412元/吨，比上年增长25.8%。受环保整治错峰限产、集中停产、优化产能结构和加强产能置换等影响，水泥市场供给收缩，水泥价格整体上升。受房地产市场回暖和基建项目加快启动等影响，拉动水泥销量增长，全年全省受监测样本企业销售水泥3740万吨，增长28.1%。 （省商务厅 陶洪斌）

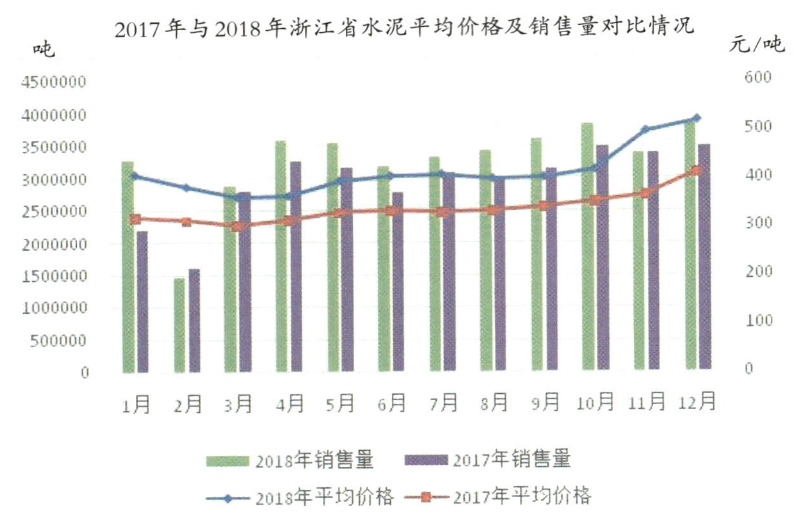

（省商务厅 提供）

电子商务

【概况】 2018年，全省电子商务快速增长，网络消费增势迅猛。全年全省网络零售额1.67万亿元，比上年增长25.4%；省内居民网络消费额8470.5亿元，增长25.0%；网络零售顺差8248.3亿元。全省农村电子商务呈扩面增长态势，成为城乡融合发展、推动乡村振兴的重要载体。全年新增网络零售额超过1000万元的电子商务专业村474个，累计1253个，淘宝村、淘宝镇数量全国领先；新增农村电子商务服务站1452个，累计1.78万个，覆盖全省68.2%的行政村；拥有涉农网店2.1万个。电子商务直接解决就业约190万人，间接带动就业约500万人。跨境电商继续走在全国前列。全年全省跨境网络零售出口额574.4亿元，增长31.1%。其中，金华、杭州、宁波居全省前三位，分别占全省跨境网络零售出口额的54.0%、20.1%和9.4%。

【农村电子商务体系构建】 2018年，浙江省推进农村电子商务体系构建工作，召开农村电子商务助力乡村振兴现场会，举办10多场农产品资源对接会，涉及400多个农产品电子商务地方品牌。提升改造3000多个农村电子商务服务站，推进“电子商务进万村”工程，加强电子商务“萌芽村”“规模村”“示范村”培育工作。至年末，全省电子商务专业村1253个、电子商务镇130个，专业村镇数量全国第一。

【跨境电子商务综合试验区建设】 2018年，浙江省实施产业集群数字贸易转型工作，推进产业集群跨境电子商务发展试点。试点期间新增跨境电子商务企业1万余家，实现跨境电商零售出口额574.4亿元，比上年增长31.1%。电子商务合作成为全省落实“一带一路”倡议的重要领域，阿里巴巴网络技术有限公司与马来西亚政府共同建设海外首个世界电子商务贸易平台（eWTP）试验区，与比利时、卢旺达等国家的合作取得阶段性成果。eWTP秘书处落户杭州。宁波市跨境电子商务零售进口总额128亿元，成为全国跨境零售进口最大的综合试验区。中国（义乌）跨境电子商务综合试验区获批。浙江执御信息技术有限公司、杭州呼嘭智能技术有限公司等重点电子商务企业加快“一带一路”沿线国家和地区电子商务市场的拓展。

【电商新业态新模式打造】 2018年，浙江省加快阿里巴巴新零售、超级物种、网易考拉、网易严选线下体验店等新业态发展，着力打造新零售样板。至年末，全省落地“天猫小店”450家，“盒马鲜生”店8家。餐饮、住宿、旅游、金融、教育、文化、出版、家政和社区服务等领域开展电子商务业务。全省21家企业入围商务部2017—2018年度电子商务示范企业，与北京、上海并列全国第一。年内举办首届数字贸易博览会、首届数字贸易交易会、中国（杭州）国际电子商务博览会、中国（义乌）国际电子商务博览会、“之江创客”电子商务创业创新大赛、电子商务投融资高峰论坛等活动，进一步扩大浙江电子商务的知名度和影响力。

【电子商务支撑服务体系建设】 2018年，全省快递服务企业业务量101.1亿件，比上年增长27.5%；业务收入779.3亿元，增长16.6%。全省宽带网络基础设施建设与改造持续推进，完成“光网城市”建设，光纤到户覆盖家庭居全国前列，4G网络和光纤网络实现城乡全覆盖，主要城市具备1000兆接入能力，全省100兆以上宽带用户占71.9%。新增农村电子商务服务点1452个，累计1.78万个；新增社区智能投递终端5508个，累计2.47万个。全年举办各类线上线下公共服务资源对接会57场，服务企业7000多家，对接服务商800多次。建成电子商务产业基地323个，其中国家级示范基地7个；培育和认定电子商务创业创新基地15个、电子商务创业创新园区24个。

【电子商务发展环境优化】 2018年，浙江省启动实施数字经济“一号工程”，出台“富民强省十大行动计划”，打造“数字丝绸之路”门户枢纽，推进“互联网+”“机器人+”“标准化+”“大数据+”在传统制造业领域的融合应用。各地各部门出台政策举措，促进国民经济各领域与电子商务融合发展，推进重点领域、重大技术和新型商业模式创新应用，推动人才培养与引进，建设和升级电子商务信息技术中心、数据中心、物流中心等配套基础设施，助推电子商务发展。

（省商务厅　郑苗婧）

现代物流业

【概况】 2018年，全省物流业推进“放管服”改革，加快流通追溯体系建设，全行业运行总体趋稳。全年全省社会物流总额16.93万亿元，比上年增长7.7%。其中：单位与居民物品物流总额0.24万亿元，增长21.0%；工业品物流总额12.8万亿元，增长6.7%；进口货物物流总额0.74万亿元，增长2.8%；外省流入物流总额2.8万亿元，增长4.2%；农产品物流总额3100亿元，增长9.9%。年内新评定A级以上物流企业103家，其中，AAAA级10家，AAA级45家，AA级42家。全省A级以上物流企业累计619家。按地区分，杭州85家，宁波171家，温州53家，嘉兴40家，湖州41家，绍兴34家，金华103家，衢州21家，舟山4家，台州55家，丽水12家。通过物流降税清费、开通鲜活农产品“绿色通道”、内河集装箱免费过闸等举措，降低物流成本近30亿元。

【社会物流总费用增长】 2018年，全省社会物流总费用（包括运输费用、保管费用和管理费用）8127亿元，比上年增长8.2%。社会物流总费用与生产总值的比例为14.5%，与上年基本持平。全省物流运行效率稳步提升，物流降成本成效有所显现。从构成看，运输环节和管理环节的总费用增速较快，分别为2787亿元和1685亿元，分别增长9.5%和9.8%；保管环节总费用3655亿元，增长6.5%。

【物流综合实力增强】 2018年，全省物流业增加值5426亿元，比上年增长7.8%，物流业增加值占生产总值的9.7%，占服务业的17.7%。社会物流总费用占生产总值的14.5%，低于全国平均水平。全社会货运量26.9亿吨，占全国的5%。全省物流设施网络完善，公路总里程、高速公路总里程、铁路营运里程、高等级内河航道里程分别为12.1万千米、4421千米、2847千米和1597千米，沿海1万吨级以上泊位241个，沿海港口货物总吞吐量13.3亿吨、集装箱吞吐量2898万标箱。

【物流国际影响力扩大】 2018年，全省沿海港口货物吞吐量13.4亿吨，居全国前三位。宁波舟山港货物吞吐量连续10年居世界首位，集装箱吞吐量跻身全球第三位，全年开通各类航线246条。海铁联运集装箱量超过60万标箱，开通运营全国首条双层集装箱海铁联运班列。“海上丝路贸易指数”纳入国家“十三五”规划纲要，成为首个登陆波罗的海交易所的国外指数。“义新欧”中欧班列列入全国中欧班列规划。全年中欧班列往返运行624列，发运货物标箱5万多个，沿线设立物流分拨点5个，辐射中欧、中亚等国家和地区。浙江建成三大千万级机场，杭州空港顺丰控股股份有限公司、上海圆通速递有限公司等一批高能级区域转运中心建成运营，嘉兴国际航空物流枢纽启动建设，打造全球性共享联运中心。中国邮政速递物流股份有限公司浙江省分公司开通杭州至新西伯利亚直飞航线、中国—哈萨克斯坦—俄罗斯专线，菜鸟网络科技有限公司开通全球唯一的电商专用洲际航线——中俄货运包机“速卖通”。杭州、宁波、温州、义乌设立国际邮件互换局和交换站，实现24小时通关。菜鸟网络科技有限公司覆盖全球200多个国家地区，国内2700多个县（市、区），开辟物流线路600多万条。杭州市政府与阿里巴巴网络技术有限公司合作打造国内首个世界电子商务贸易平台（eWTP）实验区。

【物流创新成效显著】 2018年，传化集团有限公司在全国建成物流基地65个，覆盖30多个省（市、区）、200多个城市，服务企业超过100万家。年内，全省培育创建嘉兴现代物流园、长兴综合物流园区等全国优秀物流

2018年浙江省社会物流总额构成情况

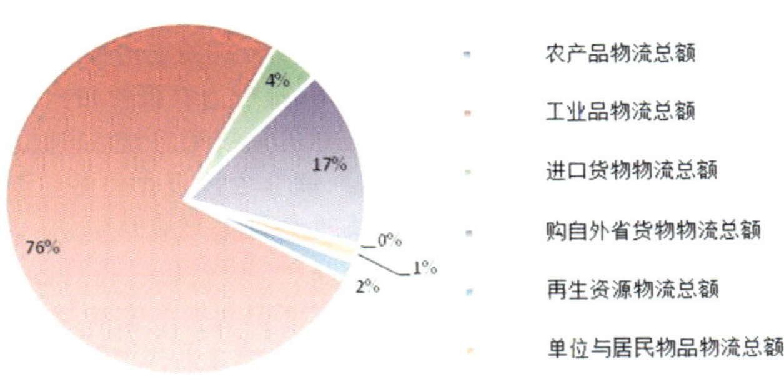

（省发展改革委　提供）

2018年浙江省社会物流总费用构成

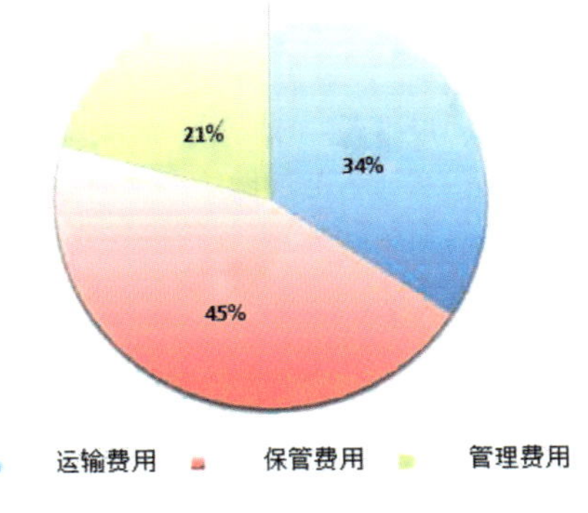

（省发展改革委　提供）

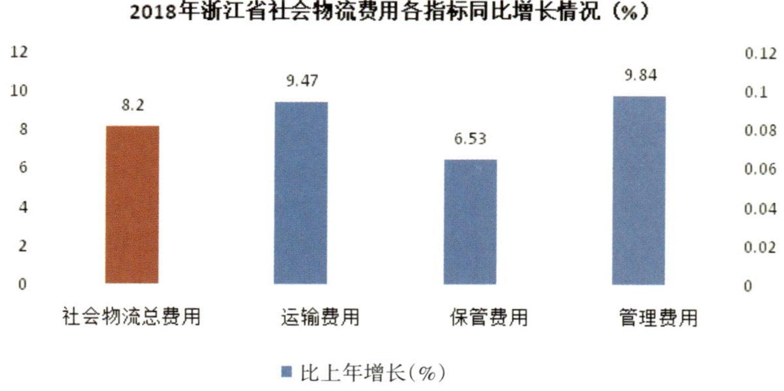

（省发展改革委　提供）

园区。杭州、宁波等6个城市列入国家物流枢纽承载城市名录。义乌中国小商品城、绍兴中国轻纺城等专业市场物流配载专线网络覆盖全国300多个大中城市。创新推出电商快递及末端配送模式，杭州电子商务与物流快递协同发展试点经验在全国推广。“城市智能投递终端建设”项目连续4年被列入省政府十件民生实事工程，省内建成智能投递终端1.91万个，基本实现城区内商业楼宇、社区、学校等场所全覆盖。全省城区自营快递网点标准化率95%，乡镇（街道）快递网点覆盖率100%。建成省级公共海外仓33万平方米，基本覆盖全球主要贸易节点。推进现代物流创新发展城市试点。义乌以打造世界小商品之都和建设国际陆港城市为目标，通过制度创新、通道创新、平台创新、布局创新、业态创新，推进辐射全国的干线物流组织网络建设、“一带一路”国际陆港物流通道建设和商贸与物流业融合发展等，形成“海陆空、铁邮网、义新欧、义甬舟”多位一体的综合物流体系。湖州成为国内唯一内河水运转型发展示范区，在内河集装箱运输、港产城联动、港口船舶污染防治、“最多跑一次”改革等方面探索形成一系列示范性做法。年内，浙江省参与编制《国内集装箱多式联运电子运单》等国家交通运输行业标准，一批“浙江标准”上升为“国家标准”。传化智能物流平台、菜鸟网络科技新能源智慧物流车平台、舟山江海联运物流服务信息平台入选国家首批骨干物流信息平台试点。

【国际物流通关效率提升】 2018年，杭州关区进口、出口整体通关时间分别为43.5小时和2.7小时，提前完成国家口岸办提出的“至2021年底，整体通关时间比上年压缩一半”的目标。宁波舟山港全面实现进出口集装箱各物流节点的信息实时动态可视可控，成为全国首个实现集装箱进出口全程操作无纸化、物流节点可视化的港口。

【绿色物流建设】 2018年，浙江省在快递行业推进绿色包装试点，推广应用电子面单、装箱算法等绿色科技及循环箱、原箱发货、纸箱回收利用等循环利用模式。绿色仓储建设全球领先，菜鸟宁波仓库成为菜鸟网络联合物流合作伙伴和商家在全球范围内首创的20个“绿仓”之一。邮政管理部门在杭州开展菜鸟网络末端配送试点，探索建立社区物业、便利店代收快递合法化配送新模式，绿色回收箱覆盖杭州市80%院校。

（省发展改革委　洪旭辉）

【省物流与采购协会服务物流企业】 2018年，浙江省物流与采购协会根据全省物流业发展趋势，采集景气指数并进行研究分析，为各市提供参考。开展物流行业调查统计，编印《浙江物流进展（2018）》。开展绿色物流调研，编印《浙江省中小物流企业绿色物流》教材。组织专题调研，全年协会走访全省11个市各类不同规模物流企业312家次。举办物流行业年会和承办长三角物流大会，建立华东大区域联络合作机制，扩大行业企业交流合作空间。

【长三角地区（浙江）现代物流联动发展大会在杭州举行】 2018年5月9日，长三角地区（浙江）现代物流联动发展大会暨供应链物流创新与应用推进大会在杭州举行。大会由浙江省物流与采购协会、江苏省物流协会、上海市物流协会、上海市物流学会主办，以“供应链物流创新与应用”为主题，江苏、浙江、上海三地优秀供应链物流企业分别从平台供应链、大宗商品供应链、城乡配送供应链、物流金融等角度交流创新发展供应链经验，研判行业发展趋势。浙江省道路运输管理局、浙江省经济信息中心、上海市商务委员会和三地商贸流通企业、物流企业、金融机构及科技企业代表等360多人参加。

（省物流与采购协会　吴　颖）

供　销　合　作

【概况】 2018年，浙江省供销社系统由省供销社、11个市供销社、84个县级供销社、1072个基层供销社和2所高职院校、1183家社有企业组成。全省供销社系统坚持以推进乡村振兴为统领，以深化“三位一体”改革为主线，统筹抓好组织建设、为农服务、经济发展和队伍建设等工作。全年实现总经营收入5518.5亿元，实现利润39.3亿元。供销社在推进乡村振兴中发挥重要作用。省供销社在全国供销总社综合业绩考核中获一等奖。

【乡村振兴战略实施】 2018年，浙江省成立省供销社乡村振兴工作领导小组，出台《关于贯彻落实乡村振兴战略，提升为农服务和合作经济的实施意见》，统筹系统、企业、学院等力量，联合农民合作经济组织，参与和推进乡村振兴战略实施。在全省系统开展“乡村振兴，我们怎么干”大学习大调研大抓落实活动。推进大茶业发展，筹建浙江茶业学院。开展全省小吃产业普查，筹建浙江省农家小吃协会，招募会员160名。打造农业产业化联合体、农旅一体化综合体，余姚“美丽四明山”、瓯海“北林垟美丽乡村”、德清“梦里水乡”、安吉“田园鲁家”、柯桥“花香漓渚”、义乌“布谷鸟农业生态园”等田园综合体初具规模。培育乡村振兴人才队伍，举办农村实用人才和新型职业农民培训76期、5052人次。浙江经贸职业技术学院、浙江农业商贸职业学院开展校地合作、校社合作、校企合作，办学办训水平稳步提升。浙江农业商贸职业学院与绍兴市政府联合组建乡村振兴学院。

【农民合作经济组织建设】 2018年，浙江省把更好履行农民合作经济组织联合会（简称农合联）执行委员会职责作为深化供销社改革的主线，建立农合联与供销社组织有机融合、人员统筹使用、工作协调推进的格局。把推进农合联及会员规范化建设、建立农合联工作机制和基本制度作为深化“三位一体”改革的阶段性重点，全省农合联注册登记率78%。8个市出台农合联合作社会员基本规范和星级管理制度，6个市、37个县开展以农合联及合作社会员规范化为重点的审计监督制度试点。11个市、79个县农合联建立农民合作基金，总规模19.5亿元。11个市、76个县农合联建立资产经营公司，尚未建立的由供销社资产经营公司代为行使职能。

【供销社为农服务】 2018年，浙江省农业社会化服务优化升级，建成省级现代农业综合服务中心112个、新型庄稼医院80多个，依托农民合作经济组织联合会平台组建产业农民合作经济组织联合会89个。土地托管、统防统治、农机作业等服务覆盖面继续扩大。浙农控股集团有限公司成立现代农业技术研究院，牵头组建浙农飞防联盟，增强为农服务的科技支撑，推动植保环节“机器换人”。城乡商贸服务加快提质，建成省级城乡商贸服务中心95个。农产品流通规模进一步扩大，建成或托管农产品批发市场34个、农产品贸易市场90个，农产品批发市场实现市场成交额1015.8亿元。全省供销社系统培育驰名商标6个、著名商标66个、老字号16个、名牌农产品48个，推动农合联建设运营农业区域公共品牌16个。农村信用服务创新，全省供销社系统37家农信担保公司提供担保8116笔，融资总额28.13亿元。利用农合联平台优势，联合农信机构开展“丰收农合通”服务，向1.7万个农合联会员授信112亿元；联合浙江省农业信贷担保有限公司建立基层办事处、代办点45个；全年128个农民资金互助组织发放借款2939笔13.2亿元。乡村环境服务稳步推进，61个县（市、区）开展农药废弃包装物回收工作，无害化处置率100%。浙江省再生资源集团在永康开展垃圾分类和资源化利用试点。

【供销社扶贫协作】 2018年，省供销社成立省社扶贫工作委员会，与四川省供销社、贵州省黔西南州政府签署战略合作协议，共同实施产业扶贫项目。浙江新大集团有限公司在贵州省黔西南州普安县实施兔业扶贫项目取得阶段性成效。浙江省茶叶集团股份有限公司在贵州等浙江对口支援和扶贫协作省份建设茶叶生产及原料采购基地1.47万公顷，为安吉县黄杜村20名党员向贫困地区捐献的1500万株白茶苗333.3公顷基地提供种植、加工指导和品牌销售服务。浙江蓝美农业有限公司在四川省实施蓝莓产业扶贫协作项目，建设示范基地333.3公顷。发挥农产品流通网络优势，帮助对口支援和扶贫协作省份销售农产品，全年全省供销社系统销售扶贫农产品金额25.9亿元。省供销社帮扶常山县球川镇6个集体经济薄弱村建设蓝莓基地。

【社有经济发展】 2018年，全省供销社系统实现总经营收入5518.5亿元，比上年增长2.3%；利润39.3亿元，增长7.2%。年末总资产1164.1亿元，所有者权益377.2亿元，分别增长2.8%和3.9%。加强基层组织建设，建成基层经营服务示范窗口151个，基层供销社销售收入、利润分别增长4.0%和18.4%。大型企业基本稳定，全省供销社系统经营规模超过1亿元的企业238家，超过10亿元的企业53家。涉农产业龙头作用凸显，国家级和省级农业龙头企业60家。涉农投资稳步推进，全省供销社系统在建投资500万元以上项目68个，其中农产品加工项目12个、市场项目21个。其中浙江省兴合集团有限责任公司实现经营收入1105.1亿元、利润18.3亿元，列年度“中国企业500强”第171位、“浙江企业100强”第16位、“浙江服务业企业100强”第6位。

（省供销社　邵　岚）

粮 食 购 销

【概况】 2018年，浙江省粮食种植面积975.73千公顷，比上年减少1460公顷。全年粮食总产量599万吨，增长3.3%。全年全省国有（控股）粮食经营企业和重点非国有粮食经营者、转化用粮企业总购进粮食3136万吨，总销售粮食2636万吨，转化用粮468万吨。全年全省粮食消费总量2357万吨，其中，农村口粮340万吨，城镇口粮700万吨，饲料用粮870万吨，工业用粮435万吨，种子用粮12万吨。至年末，全省国有粮食企业214家，国有粮食企业盈利1.88亿元，其中购销企业盈利6300万元，经营性企业盈利1.25亿元。全省粮食系统坚守粮食安全底线，履行行业监管职责，推进粮食供给侧结构性改革和高水平粮食安全保障体系建设，落实粮食安全责任制，提升粮食调控效能、粮食物流仓储能力和依法监管水平。

【粮食部门机构改革】 2018年，按照省委、省政府机构改革统一部署，新组建省粮食物资局，省粮食物资局与省发展改革委、省财政厅、省商务厅、省应急管理厅、省水利厅、省能源局、省供销社等相关部门进行沟通对接，完成职能转变和人员转隶。各市基本完成机构改革职能转隶，基本完成省粮食物资局挂牌，实现机构改革和业务工作“两不误、两促进”。

【粮食产业链“五优联动”试点推进】 2018年，省粮食物资局推出“五优联动”（优粮优产、优粮优购、优粮优储、优粮优加、优粮优销)试点工作,在全省开展"企业+基地+农户"试点。各地试点活动因地制宜,各具特色。嘉兴市在本级和海盐县开展省级晚稻订单"优质优价"收储试点;丽水市出台粮食"五优联动"实施意见;宁波市在象山、海曙、鄞州率先启动"五优联动"试点,粮食实现顺价销售;湖州市以农民增收、企业增效、政府减亏为目标,拟定"五优联动"实施基本框架,确定8500吨粮食生产规模的"五优联动"试点方案。

【粮食产业高质量发展】 2018年4月2日,省政府出台《关于加快推进农业供给侧结构性改革大力发展粮食产业经济的实施意见》,11个市相应出台贯彻意见,将粮食产业经济发展列入粮食安全市、县长责任制考核和乡村振兴考核,层层压实责任,形成全省各级政府和有关部门共同推进粮食产业经济发展合力。全面落实大米加工企业享受农业生产用电价格政策,企业用电成本下降三分之一;积极组织粮食加工企业申报国家社会化建仓和物流项目补助,获中央支持资金1亿余元;全省21家粮食企业被国家认定为重点支持粮油产业化龙头企业。建立省、市、县三级重点企业领导联系服务制度,听取企业意见建议,帮助粮食企业和经营户解决有关困难和问题。全年全省纳入统计的粮油加工企业完成工业总产值635.6亿元。

【粮食安全责任制落实】 2018年,省政府与国家粮食和物资储备局签署战略合作协议,为加快推进浙江高水平粮食安全保障体系建设,确保区域粮食安全做好支撑服务。省粮食物资局履行牵头部门职责,抓好粮食安全省长责任制各项任务和措施的落实,印发《关于进一步做好粮食安全责任制工作的通知》,督促各地、各有关部门对照考核要求抓好自查补课工作,推进各项工作落实。修订印发《2018年度粮食安全市长责任制考核方案》《浙江省粮食安全市长责任制考核办法》等文件。浙江省在国家粮食安全省长责任制考核中获优秀等次。

【粮食收储】 2018年,省粮食物资局完善粮食最低收购价政策,继续实施规模种粮补贴、订单粮食奖励、种粮大户贷款贴息等政策。各地抓好"订单粮食"收购和预购定金发放工作,实行依质论价收购,维护好粮农利益。联合《浙江日报》在江山市开展"五送"(送订单、送定金、送政策、送科技、送信息)为农服务活动,向粮农宣传粮食收购政策。全年全省收购小麦15.0万吨、早稻47.0万吨、晚稻94.7万吨。规范储备粮轮换工作,全省完成轮换任务235万吨。省级储备粮公开竞价销售13批次,年度轮换计划全部完成。储备粮动态轮换工作扩大试点范围和规模,杭州、宁波、丽水等地积极探索储备粮动态轮换新模式。

2018年8月7日,省政府召开全省粮食安全责任制工作暨粮食工作电视电话会议

(省粮食物资局　供图)

【"放心粮油"供应网络建设】 2018年,浙江省20个"放心粮油"示范县创建工作取得明显成效,培育"放心粮油"示范企业165家、"放心粮油"供应店650家,15家企业获国家级"放心粮油"示范企业称号,44家企业获浙江省"放心粮油"示范企业称号,全省初步形成完善的"放心粮油"加工、配送和供应网络体系。各地将创建工作作为重要的民生工程来抓,与"放心消费在浙江"行动、创建"食品安全县""农产品质量安全放心县"等工作协同推进。萧山区形成"四规五进六统一"(落实联席会议制度、日常管理制度、监督检查制度、粮油质量抽检制度4项规章制度;开展进农村、进社区、进商场、进餐厅、进部队5进活动;落实统一门店编号、统一门店标识、统一管理制度、统一台账记录、统一产品配送、统一服务承诺6个统一)的创建模式。建德市把创建工作纳入市委、市政府综合考评,诸暨市把创建工作列入政府工作报告主要工作任务责任清单。通过规范创建程序、提升管理水平、健全监管机制,推进"放心粮油"进家庭、进农村、进学校、进企业、进军营,加强"放心粮油"供应网络体系建设,保障城乡居民"吃得好""食得安"和军粮供应安全。

【粮食产销合作】 2018年,省粮食物资局组织粮食企业参加首届中国粮食交易大会、第13届长三角粮食发展与合作会议等产销对接交流活动,签订粮食购销协议118.27万吨。推进浙江吉林粮食对口合作,会同吉林省粮食局开展"吉林大米文化浙江宣传月"等系列活动,助推吉林粮食企业在浙江各地开设大米直营店54个;组织知名粮食企业在浙江农业博览会参展39家,开展浙江吉林粮食产需对接。与黑龙江、江苏、安徽等12个主产省开展多种形式的产销合作,建立相对稳定的粮源基地30.67万公顷，其中紧密稳定型粮源基地14.6万公顷，初步形成国有企业、民营企业和种粮大户“齐建基地、共调粮源”的省外粮源基地建设格局。省内各类主体在主产区累计投资16.5亿元，建立储存加工销售基地74个、粮食加工生产线61条，年加工粮食405万吨。全年全省调入省外粮源1550万吨，确保市场有效供应。积极探索在主产区建立异地储备，全省各市、县(市、区)在主产区委托代储地方储备粮27.3万吨。

【粮食安全保障】 2018年，浙江省地方储备粮数量真实、质量良好、管理规范。省粮食物资局指导各地推广应用绿色生态、节能降耗、智能高效的储粮新技术、新装备、新工艺，提升仓储科技水平和绿色储粮比例。全省创建“星级粮库”132个，基本建成“智慧粮库”57个，气调储粮仓库容量197万吨，低温准低温储粮仓库容量193万吨。新增仓库容量43.34万吨，完成年度农户科学储粮专项(小粮仓)项目，舟山国际粮油产业园区公用码头(散粮中转码头)工程完工，35万吨规模的杭州仁和仓库项目开工。实施国有粮食基础设施清单保护制度，健全粮食应急供应网点，全省落实应急成品粮10.05万吨，确定应急加工企业246家(日应急加工能力3.6万吨)、应急供应企业2297家、应急配送中心88家、应急运输企业143家，日供应能力3.7万吨。全省开展各类粮食应急预案演练30次，举办粮食安全应急培训75次，培训粮食管理人员3376人次。

【《浙江省粮食安全保障条例》出台】 2018年，省粮食物资局配合省人大农业与农村委员会、省人大法制委员会做好《浙江省粮食安全保障条例》立法工作。11月30日，该条例经省人大常委会第七次会议通过，成为浙江省第一部地方性粮食法规。

【粮食质量把控关口前移行动】 2018年，省粮食物资局研究制定方案，圈定11个早稻主要生产县(市、区)和14个晚稻主要生产县(市、区)，作为试点推进稻谷重金属镉污染监测关口前移和超标处置工作。在早、晚稻收获前，组织检验技术人员到重点监测区域开展重金属镉污染监测和情况调查，提前把控粮食生产环节重金属污染风险，确保早、晚稻收获质量安全。省粮食物资局完成收获粮食、库存粮食、重点粮油批发市场成品粮油的质量安全监测任务。

【世界粮食日系列活动】 2018年10月16日，国家粮食和物资储备局、农业农村部、教育部、科技部、全国妇联和联合国粮农组织等在浙江大学共同举办“世界粮食日”纪念活动和粮食安全系列宣传主会场活动，系列活动以“努力实现零饥饿”为主题。国家粮食和物资储备局局长张务锋、浙江省副省长彭佳学出席并致辞。活动期间，国家粮食和物资储备局与浙江省政府签署战略合作协议，在粮食产业发展、粮食产销合作、提升粮食储备效能、重要粮食物流通道和粮油产业园区建设等方面加强合作，支持浙江提升粮食安全保障水平。

(省粮食物资局　陆海萍)

专业市场

【概况】 2018年，全省商品专业市场建设坚持稳中求进、服务民生的思路，加快商业模式转型，推动业态优化升级，商品专业市场持续健康发展。全省拥有各类商品市场3759家，比上年减少65家，商品市场总成交额2.19万亿元，增长2.0%；各类商品市场平均成交额由上年的5.63亿元提高到5.84亿元，增长3.7%。10月21日，在义乌市举行第五届省外浙商市场采购浙货对接会，来自全国15个地区的200多名省外浙商市场经营大户组团到义乌中国小商品城等专业市场采购，带动专业市场“浙货销天下”。

【龙头市场引领增长】 2018年，浙江省38家省重点市场保持较快增长态势，实现成交额7612亿元，比上年增长5.0%，占全省商品市场成交总额的34.7%，提高1个百分点。全省年度成交额超过1亿元的商品市场1189家，成交额2.11万亿元，增长2.1%，占全部商品市场成交总额的96%。义乌市中国小商品城国际商贸城、绍兴中国轻纺城两家1000亿元级的市场继续引领全省，分别实现成交额1358.4亿元和1214亿元，增长10.8%和12.3%。全省100亿元级的市场39家。温州菜篮子农副产品批发市场、杭州运河钢材市场、嘉兴毛衫城、嘉兴中国石油化工品交易市场、海宁家纺装饰城5个市场成交额突破100亿元。宁波镇海大宗生产资料交易中心、余姚中国塑料城、钱清中国轻纺原料城、永康中国科技五金城、嘉兴水果市场等省重点市场，分别以720亿元、698亿元、594.4亿元、480.2亿元和272.5亿元的成交额进入100亿元级市场前10位，分别增长9.8%、1.9%、5.8%、4.9%和15.8%。

【市场供需结构优化】 2018年，全省各地商品市场供需结构优化，除宁波市外，其他地区商品市场成交额均呈现不同程度的增长。宁波市作为全省最大的生产资料市场集散地，受中美贸易摩擦、最严“禁渔”期、市场搬迁等诸多短期因素和不确定因素的叠加影响，全年商品市场成交额3957.7亿元，比上年下降9.5%。湖州市、舟山市生产资料市场发展迅速，成交额增幅明显。其中：舟山市实现成交额447.5亿元，增长19.9%；湖州市成交额1195.8亿元，增长12.4%。嘉兴市巩固全国性水果交易集散中心地位，水果市场成交额272.5亿元，增长15.8%。针纺织品市场成交额761.9亿元，增长21.3%，全市商品市场成交额2190.4亿元，增长9.5%。杭州市商品市场成交额4240.8亿元，居全省第一位，增长0.3%。温州市、绍兴市、金华市成交额分别为1010.9亿元、3545.1亿元和3095.1亿元，分别增长4.4%、5.1%和5.8%。台州市、丽水市、衢州市成交额分别为1414.3亿元、344.1亿元和493.4亿元，分别增长1.6%、2.3%和2.7%。

【农产品市场】 2018年，全省2472家农产品市场实现成交额5017.5亿元，比上年下降2.9%，出现10年来首次下降。全年创建放心农贸市场355家，在转变农贸市场购物环境的同时，有效平抑农副产品终端价格。全省205家农产品批发市场成交额2948.4亿元，增长5.6%；1405家农村农贸市场和772家城市农贸市场成交额分别为911.2亿元和1301.1亿元，分别下降10.9%和3.7%。其中，水产品市场受历史上最严禁渔期影响，成交额582亿元，增长0.7%。猪肉市场受防疫的潜在影响，猪肉销售价格逐步走高，消费需求普遍下降，成交额80.1亿元，下降9.5%。蔬菜市场成交额595.4亿元，增长15.9%。其中衢州新农都、衢州农商城两大新农产品批发市场的省外辐射能力增强，分别实现成交总额81亿元和16.8亿元，分别增长107.7%和50%。果品市场成交额569.8亿元，增长10.4%。粮油市场供需稳定，成交额和成交总量与上年基本持平。

【工业消费品市场】 2018年，全省工业消费品市场由上年的776家减少到745家，减少31家，减少的市场全部集中在批发环节。全年实现成交额7927.3亿元，比上年增长2.5%；市场平均成交额由上年的10亿元提升到10.6亿元，增长6%。零售环节的104家工业消费品综合市场数量保持稳定，成交额2348亿元，增长2.1%。批发环节的641家市场中，权重较大的60家针纺织品市场和123家服装鞋帽市场，累计实现成交额3237.2亿元，增长8.4%，市场数量累计减少8家，集群效应和规模效益明显。家具、装修装饰材料市场分别实现成交额438.9亿元和699.1亿元，分别下降0.6%和5.7%。电子通讯电脑(含电子、通讯、电脑及其他电脑外围设备)市场数减少5家，实现成交额115.9亿元，下降9.1%。

【生产资料市场】 2018年，浙江省有生产资料市场439家，与上年持平。全年实现成交额8183.2亿元，比上年增长1.8%。生产资料市场中，钢材市场49家，成交额1938.3亿元，增长5.4%；有色金属市场6家，成交额113.1亿元，增长2.8%；机械设备市场17家，成交额63.5亿元，增长2.6%。以宁波地区为主的全省3家煤炭市场和17家化工原材料市场(含液体化工、石油、成品油、塑料)成交额分别为45亿元和1445.4亿元，分别下降36.6%和增长0.2%。

【汽车交易市场】 2018年，全省汽车交易市场实现成交额1673.8亿元，比上年增长4%。其中124家二手车市场成交额1000.8亿元，增长8.6%，首次突破1000亿元大关。汽车交易市场提振拉动效应减弱，新车交易10年来首次出现下降，28家新车市场成交额673.1亿元，总体下降2.1%；21家汽车配件市场降幅明显，成交额299.3亿元，总体下降15.7%。

(省市场监管局　何　钧)

会　展　业
Conference and Exhibition Industry

综　述

【概况】 2018年，浙江省举办展览941场，展出总面积947.3万平方米。举办50人以上专业会议4.43万场，比上年增长2.5%；举办1万人以上节庆活动561场，增长6.3%。出国展览面积36.2万平方米，增长6.8%；出省参加国际展览面积131.5万平方米，增长1.5%。会展业提供就业岗位132万人次，增长1.5%；对全省GDP的综合贡献4512亿元，占全省GDP的8%，占全省第三产业综合贡献的14.7%；会展业直接收入573亿元，增长2.3%。

全省有以出展为主业的会展企业80多家，纳入省商务厅计划的境内展会101个，增长22个；全年组织境内外自办重点展会16个，参加企业278家，接待境内外客商2万余人次；举办境外货物类自办展会15个，参展企业1196家，实现成交额4.8亿美元。

全省经注册登记的会展企业2万余家(包括组展企业、展示工程企业、会议企业、会议酒店等)。其中，与展览直接相关企业3000多家，政府会展机构11个，会展协会9个，会展研究机构11个。全省有会展场馆30个，展馆总面积130万平方米。全省开设会展专业高等院校18所，其中本科8所、专科10所，招生数和在校生数均居全国第二位。全省获国际展览联盟(UFI)认证的展览项目11个，分别是中国国际茶叶博览会、中国国际家居博览会、宁波国际服装服饰博览会、中国塑料博览会、中国义乌国际小商品博览会、中国义乌国际森林产品博览会、中国义乌进口商品博览会、中国义乌国际针织及织袜机械展览会、浙江出口商品(大阪)交易会、浙江出口商品(越南)交易会和浙江出口商品(马来西亚)交易会。

【会展业协会活动】 2018年，全省会展业各协会举办和参与多项活动。1月15日，宁波市会展业协会组织召开宁波市会展业发展方向座谈会。3月14日，浙江省国际会议展览业协会组织会员单位参加韩国釜山会展代表团推介会。3月18—19日，中国城市会议展览业协会联盟组织考察温州会展业，并参观第27届温州家具博览会。3月21日，宁波市会展业促进会四届五次理事会议召开。4月26—27日，杭州(香港、澳门)会展环境推介会在香港、澳门两地同时举行，杭州市会议展览业协会与香港、澳门展览会议业协会签订《友好合作备忘录》。6月6日，由商务部外贸发展局和浙江省商务厅联合主办的第三届全球展览浙江(西湖)论坛在杭州举行。论坛以“会聚杭州、展通四海”为主题，围绕全球经济复苏，践行中国“一带一路”倡议和配合首届中国国际进口博览会，旨在整合全球展览资源、技术、品牌、服务和渠道，促进中外会展业相互交流与合作。全球知名展览公司代表、专家学者、浙江企业家代表以及会展行业代表等350多人参加论坛。6月17—29日，杭州市会议展览业协会组织的国际型会展战略人才培训班在英国举行。8月，由省商务厅主办、浙江省国际会议展览业协会承办的首届“浙江省会展人才高级研修班”在杭州举行。11月29日—12月2日，由中国会展经济研究会主办的中国会展业年会暨第十届中国(杭州)城市会展发展大会在杭州举行。会议由中国会展经济研究会与杭州市政府共同主办，中国会展经济研究会秘书处和杭州市发展会展业协调办公室承办，主题为“四十年·改革开放、智能化·创新发展”，来自全国40多个会展主管部门负责人、知名专家学者、会展领军企业、院校和媒体代表等450人参加。12月5日，由浙江省国际会议展览业协会主办的第七期“浙江会展大讲堂”在杭州举行。12月14日，由浙江省国际会议展览业协会、浙江省会展学会和浙江省商务研究会共同主办的第八届会展策划大赛在杭州举行。大赛携手院校和企业，创新会展人才培养思路与模式，提升会展从业人员专业素养和技能，推进会展人才培养建设，为校企互动、校际交流搭建舞台。大赛分企业组与院校组进行紧张激烈的角逐，7家企业团队和20家院校团队根据抽签顺序逐一展示，展现出会展人的新面貌、新思路、新风采。年内，浙江省国际会议展览业协会和浙江省会展学会共同组织开展浙江省改革开放40周年标志性事件和影响力人物评选活动。全国省级会展行业协会联席会议第一次会议和首届长三角国际文化产业博览会文创特展专题论坛暨“长三角文创特展产业联盟”倡议仪式先后在上海举行，浙江省国际会议展览业协会代表浙江省参加。

【各地会展特色活动】 2018年，全省各地凭借自身优势和专业化运营手段，推出各具特色的会展活动。

杭州会展业　杭州拥有得天独厚的自然、历史和人文资源条件，是国内会展业先导城市，中国第一个真正意义上的展览活动“西湖博览会”诞生于杭州。杭州展览公司较多，并且均有主营方向和办展经验。会展优势集中体现在城市创新、文化和经济活力、旅游等方面。通过举办西湖博览会、G20杭州峰会，推进会展向品牌化、国际化发展。杭州国际博览中心作为第六代场馆的提出者、践行者和倡导者，拓展“会展+N”模式，持续探索市场张力，引领智能化、体验化、可视化的第六代会展场馆潮流。

宁波会展业　宁波是华东地区重要的能源、化工、钢铁、机械生产基地，纺织服装、轻工、汽配、家电、五金、文具等产业发达，电子信息、新材料、生物医药等新兴产业发展迅速。宁波较早提出“依托产业、服务产业、提升产业”的办展方针，将会展业列为现代服务业的龙头产业，陆续出台配套政策。出国展居全国和全省领先地位。出国展览在规模、质量上连续20年排在全国贸易促进会系统首位。现代化场馆独具优势，建筑面积9万平方米的宁波国际会展中心是浙江硬件设施最好的现代化展馆，主展厅建筑高度达35.8米。2018年，宁波市将政府主导型会展项目推向市场化，并增加专业类会展项目的比重。

温州会展业　温州是全国最早成立会展业协会的城市之一，对展会的申报、审核、评估等实行规范化管理，温州对所有展会均进行评估定级，其展览公司全为民营，运作机制灵活，市场反应灵敏。温州是以“块状经济”为基础的会展城市、区域性的会展中心城市、管理输出的会展城市。温州轻工产品在国内外市场上具有较高的占有率和知名度，举办成功的展会绝大多数是轻工行业的专业展会。优势资源主要体现在运作和管理机制和产业集群方面。

绍兴会展业　绍兴柯桥为国内唯一的纺织品专业展会举办地。上虞以特色旅游带动会展经济。绍兴市国际会展中心是沪杭地区信息交流、消费体验和行业前沿动态的超级展示平台。绍兴市政府加快推进会展业高质量发展，按照“月月有展会、天天秀时尚”工作目标，着力打造“一展多元”会展新格局、“文体共融”场馆新生态。以会展经济作为发展开放型经济、助推产业转型升级、优化产业结构的重要推动力。举办的纺织系列产业展会以“引领全球纺织趋势，展示时尚科技魅力，推动产业转型升级，搭建供需贸易平台”为目标，年内举办各类纺织产业展会10多场。优势产业有绍兴中国轻纺城、嵊州中国领带城、诸暨淡水珍珠、诸暨袜业、新昌名茶等。

嘉兴会展业　嘉兴会展业与国内其他城市相比，尚处于发展阶段，但文化产业深厚，会展资源丰富，主要会展资源有海宁皮革、桐乡羊毛衫、嘉善木业、嘉兴粽子、嘉兴丝绸等。嘉兴市区有1个专业性展览馆——嘉兴国际会展中心和7个辅助性展览场馆，专业规模展览公司超过10个。嘉兴会展业以“政府主导+市场运作”为主导模式，先后举办海宁中国皮革博览会、中国(嘉兴)紧固件产业博览会等特色博览会。

台州会展业　台州具有雄厚的产业支撑，诸多优势产业为台州举办小规模特色展会提供良好产业支撑。台州依托长江三角洲产业带，地理位置优越。城市密度高，基础设施完善，商务成本较低，为会展业发展提供强劲的动力。台州市国际会展中心和温岭市会展中心集展示、会议、办公、商贸、休闲、娱乐于一体，先后举办中国塑料交易会、中国汽车用品交易会、中国台州电动车展览会、中国机床工模具展览会、中国泵与电机展览会等。

义乌会展业　义乌小商品市场是世界最大的专业市场，至2018年末，连续28年居全国工业品交易市场之首，市场与会展协同发展，打造义乌国际性商贸城市全新形象与品牌。义乌国际化、专业化程度高，是国内小城办大展的典型，义乌国际小商品博览会系全国首个植入标准化元素的国际展览，义乌文化产品交易博览会首次引进保利文化集团股份有限公司参与共同办展。重视特色会展的价值培育和品牌推广，大力培育进口展会、电商博览会等专业展会。中国会展经济研究会在义乌设立中国县域会展研究基地。义乌经济外向度高，会展业优势突出。

（省商务厅　崔建辉）

重要展会

【第14届中国泵与电机展览会在温岭举行】 2018年2月22—24日，展览会在温岭举行。展览会由中国机电产品进出口商会、浙江省商务厅与温岭市政府共同主办，分设泵类和电机类两个展览类别。展出面积3万平方米，设置包括特装展位在内的展位1151个，参展企业495家，其中有来自美国、日本、韩国、德国等国家和地区的知名企业。

【中国国际电子商务博览会在义乌举行】 2018年4月11—13日，中国国际电子商务博览会暨首届数字贸易博览会在义乌举行。博览会以“电商新时代，贸易新动力”为主题，设国际标准展位2226个，展览面积5万平方米，设知名电商平台展区、跨境电商展区、“一带一路”展区、新零售/数字贸易体验区、电子商务示范城市/示范基地展区、社区电商/移动互联网展区、电子商务服务企业展区、农村电商展区、智能产品展区、品牌网货展区10个展区。吸引来自美国、德国、法国、日本、新加坡、澳大利亚、印度等11个国家和地区及国内19个省、直辖市的1102家企业参展，其中跨境电商企业123家。

（资料来源　浙江在线）

【第14届中国国际动漫节在杭州举行】 2018年4月26日至5月1日，动漫节在杭州举行。动漫节秉承“动漫的盛会·人民的节日”的办节宗旨，以“国际动漫·美丽杭州”为主题，设立主会场1个和分会场10个，围绕会展、论坛、商务、赛事、活动五大板块，组织实施活动55个，吸引85个国家和地区参与。动漫节参展中外企业机构2641个、客商展商和专业观众5760人；参加动漫节各项活动市民、游客143.35万人次，其中主会场36.28万人次，单日观展人数最多达11.1万人次；达成签约交易、意向合作项目1291项，涉及金额138.35亿元，实现消费额24.86亿元。动漫节期间，中国国际动漫节节展办公室与阿里巴巴集团签订战略合作协议，致力于打造新时代动漫产业“杭州模式”。动漫节在办展规模、参与人数、交易金额、节展效益等方面均有新的突破。

（严　建）

表18　2018年浙江省主要会展场馆情况

区域	场馆	2018年举办展览情况			
		展览场数（个）	展出面积（万平方米）		
			室内	室外	合计
杭州	白马湖国际会展中心	30	55	1.5	56.5
	杭州和平国际会展中心	61	43	3.1	46.1
	新农都国际会展中心	15	8.1	1.5	9.6
	杭州国际博览中心	54	108	8.1	116.1
宁波	宁波国际会展中心	52	102.6	2.9	105.5
	宁海国际会展中心	11	6.7	3.5	10.2
	余姚中塑展览中心	17	25.5	3.7	29.2
	慈溪国际会展中心	17	14.8	1.1	15.9
温州	温州国际会展中心	49	60	2.8	62.8
嘉兴	嘉兴国际会展中心	30	20.8	8.6	29.4
	海宁国际会展中心	22	9.2	1.6	10.8
	乌镇互联网国际会展中心	2	4	0	4
台州	台州国际会展中心	22	30.9	1.9	32.8
	温岭会展中心	14	15	1	16
金华	义乌国际博览中心	64	98	6	104
	永康国际会展中心	36	41.6	1	42.6
绍兴	中国轻纺城国际会展中心	23	32.1	0	32.1
	嵊州市国际会展中心	20	12.1	0	12.1
衢州	衢州东方会展中心	20	10	0	10
湖州	安吉会展中心	8	4.2	0	4.2
	德清国际会议中心	2	3	2	5
舟山	舟山国际会议中心	6	4	0	4
合计		575	708.6	50.3	758.9

（省商务厅　提供）

【中国绍兴柯桥国际纺织品面辅料博览会（春季）】 2018年5月6—8日举行。春季纺博会坚持“国际、时尚、绿色、高端”主题和“政府主导、市场运作”办展理念，打造“国际化、专业化、市场化、信息化”的品牌展会。设展位1392个，参展企业540家，展览面积3.4万平方米，分设特装展区、精品展区、标准展区，主要展品为纺织面料（辅料）、家用纺织品、创意设计等。9月19—21日，中国绍兴柯桥国际纺织品博览会（秋季）在绍兴市中国轻纺城国际会展中心举行。设展位1523个，参展企业526家，主要展出纺织面料（辅料）、家用纺织品等。展览面积3.4万平方米，主馆为特装、精品展区，1号副馆为标准展区、钱清原料纱线展区，2号副馆为时尚设计馆。

（资料来源　中国服装网）

【第二届中国国际茶叶博览会在杭州举行】 2018年5月18—22日，茶博会在杭州举行。茶博会以“茶和世界，共享发展”为主题，展区总面积7万平方米，设标准展位2654个。来自30多个国家和地区的1540家中外知名企业参展，观众15.1万人次，成交茶叶99.43吨，交易额1.03亿元。全国人大常委会副委员长武维华出席开幕式并宣布开幕，农业农村部部长韩长赋、浙江省省长袁家军出席相关活动，10个

2018年5月18—22日,第二届中国国际茶叶博览会在杭州举行 (省商务厅 供图)

省(区、市)25位省级领导、14个国家的农业部部长和7位驻华大使、国际茶叶组织嘉宾等参加。展览期间,举办联合国粮农组织政府间茶叶工作组会议、"西湖论茶"中国茶业国际高峰论坛、国际茶咖对话等重大活动14场,品牌推介活动70多场,并发布中国茶产业杭州指数。茶博会集中展示来自世界各地的知名茶企茶品及世界茶产业在品质提升、品牌培育、全产业链发展等方面取得的成效。(严 建)

【第17届中国国际日用消费品博览会在宁波举行】 2018年6月7日—10日,博览会在宁波举行。博览会由国家商务部和浙江省政府共同主办,展览面积12万平方米,设中东欧国家商品、文具礼品及装饰品、家居用品、日用品及厨卫用品、"一带一路"进口商品及外贸服务五大展区。展会期间,开通上海浦东国际机场、虹桥国际机场和人民广场至宁波的穿梭巴士,免费接送到会的境外客商。

(资料来源 腾讯新闻网)

【第25届中国海宁皮革博览会】 2018年6月25—29日举行。博览会由浙江省政府、中国国际贸易促进委员会、中国轻工业联合会、中国皮革协会主办,中国国际贸易促进委员会浙江省分会、嘉兴市政府、海宁市政府承办。展馆面积6万平方米,参展品类包含各类大衣、派克服、羽绒服、混搭拼接产品、棉服、针织衫、裤子、裙子、配饰等秋冬系列时装产品。来自美国、意大利、土耳其和中国北京、深圳、香港、海宁、桐乡等国内外300多家皮革、皮草、时装企业参展。博览会期间举行第21届"真皮标志杯"中国国际皮革裘皮时装设计大赛决赛、中国国际皮革裘皮服装流行趋势发布、海宁中国国际皮革裘皮时装展、海宁中国国际时装周、中国国际时尚设计论坛、中国皮革裘皮设计趋势专题讲座等活动。

(资料来源 腾讯新闻网)

【首届中非民营经济合作高峰论坛在杭州举行】 2018年9月6日,论坛在杭州举行。论坛由全国工商联和浙江省政府共同主办,以"深化中非民营经济合作"为主题,吸引来自中非政府部门、民营企业、研究机构的300名代表参会。中非民营经济合作高峰论坛是中非合作论坛14个分论坛之一,旨在落实"一带一路"倡议,搭建中非企业间友好交流和务实合作平台,构建更加紧密的中非命运共同体。论坛设置开幕式、主论坛及"民营企业助力中非产能合作""民营企业助力中非基础设施发展""民营企业助力中非医疗卫生健康产业发展"3个平行论坛。其间,发布《首批中国民营企业在非境外经贸合作区清单》,签署9个中非合作项目。浙商总会会长、阿里巴巴集团董事局主席马云,东部和南部非洲共同市场第五和第六任秘书长辛迪索·恩格温亚,埃塞俄比亚驻上海总领事穆勒·塔瑞肯·埃德雷,中非民间商会会长、华立集团董事局主席汪力成等在主论坛上做主旨发言。 (严 建)

【首届数字经济暨数字丝绸之路国际会议在杭州举行】 2018年9月18—19日,会议在杭州举行,来自40多个国家的嘉宾出席。会议由国家发展和改革委员会、国家互联网信息办公室指导,浙江省政府主办,浙江省发展和改革委员会、杭州市政府、中国网络电视台承办。会议围绕"数字经济引领未来,共建21世纪数字丝绸之路"主题展开交流探讨,以推动数字经济国际合作。其间,中国、韩国、捷克、老挝、塞尔维亚、马来西亚等各国政府代表团介绍开展数字经济对接合作的经验做法。国家开发银行与国家发展改革委签署《全面支持数字经济发展开发性金融合作协议》,拟在未来5年投入1000亿元人民币,支持大数据、物联网、云计算、新型智慧城市、数字丝绸之路等领域重点项目建设。其间,举行中国杭州市与塞尔维亚尼什市关于加强"数字丝绸之路"建设合作意向书交换仪式、数字(网上)丝绸之路国际产业联盟机制成立仪式和"数字经济论坛"成立仪式。 (严 建)

【第14届浙江(温州)轻工产品暨国际时尚消费博览会】 2018年9月21—23日举行。博览会设时尚潮流概念馆、时尚创意精品馆、国际时尚发布馆三大展馆,展出面积3万平方米,以"时尚新产业,创意新动能"为主题,汇集时尚潮流概念、时尚创意精品、国际时尚产品于一体,成为促进全省时尚产业发展和时尚创意与轻工产业对接的重要平台。

(资料来源 东方财富网)

【第18届中国塑料交易会在台州举行】 2018年10月11—14日,交易会在台州举行。交易会展览面积3万平方米,设展位1500个,海内外参展企业500多家,专业观众3万余人次。开设塑料制品、原料、机械、机床模具四大展区,并特别设立"自动化机械

表19 第20届(2018)中国杭州西湖国际博览会会展活动项目

序号	项目名称	主办单位	举办时间
1	第12届(2018)杭州文化创意产业博览会	杭州市政府、浙江大学、中国美术学院	9月19—23日
2	中国国际服务外包交易博览会	商务部、杭州市政府	9月26—28日
3	第19届中国杭州国际汽车工业展览会·秋季展	中国机械工业集团有限公司、杭州市政府、浙江省汽车行业协会	9月29日至10月3日
4	第20届中国西湖情玫瑰婚典	共青团浙江省委、浙江省青年联合会、杭州市文明办、共青团杭州市委、杭州青少年活动中心	10月6日
5	第五届中国大运河庙会	杭州市政府	10月12日
6	第六届(2018)中国国际棋文化博览会	中国棋院、浙江省体育局、中国体育记者协会、中国棋院杭州分院领导小组	10月13日至11月13日
7	杭州湾论坛	杭州市政府	10月17日
8	中国(杭州)工艺美术精品博览会	中国轻工联合会、杭州市政府	10月18—22日
9	第九届西湖公共关系论坛	中国国际公共关系协会、杭州市政府	10月19日
10	第19届中国(杭州)美食节	中国饭店协会、杭州市政府	10月19日
11	第20届中国杭州西博会市民休闲节	杭州西湖博览会组委会	10月19—23日
12	新生代企业家论坛	杭州市委统战部	10月20日
13	第20届中国杭州西湖国际博览会主题展	杭州市政府	10月20—22日
14	第五届中国(杭州)国际电子商务博览会	杭州市政府、浙江省商务厅	10月20—22日
15	南宋文化节	杭州市委宣传部、杭州市文广新闻出版局、上城区委区政府	10月28日
16	亚洲设计管理论坛暨生活创新展(ADM)	亚洲设计管理协会、杭州市政府	11月1—5日
17	第13届中国(杭州)国际休闲产业博览会	杭州市政府	11月2—5日
18	第19届中国国际丝绸博览会暨杭州国际时尚周	商务部、杭州市政府	11月7—9日
19	浙江·杭州国际人才交流与项目合作大会	浙江省委、浙江省政府,浙江省委组织部,浙江省人力社保厅,杭州市委、杭州市政府	11月7—9日
20	侨界精英创新创业峰会	中国侨联、浙江省侨联、杭州市政府	11月8—10日
21	中国(国际)休闲发展论坛	杭州市政府、小康杂志社	11月9—10日
22	第六届西湖国际水业大会	中国海水淡化与水再利用学会、中国海洋学会、中国工程院化工冶金与材料工程学部	11月9—11日
23	国际(杭州)毅行大会	杭州市政协教育科技文化卫生体育委员会、杭州市体育局、杭州市节展办	11月10日
24	Money20/20全球金融科技创新大会	艾盛集团	11月14—16日
25	中国会展业年会暨第十届中国(杭州)城市会展发展大会	中国会展经济研究会、杭州市政府、杭州市会展办、萧山区政府	11月30日至12月2日
26	富春江运动节	富阳区政府	全年

(严　建)

专区”“塑料日用品源头优品对接专区”“再生塑料专区”“新科技材料体验区”。展会同期举办台州国际机床工具展览会及台州国际机器人及智能工厂展览会。

（资料来源　浙江在线）

【第20届杭州西湖国际博览会】 2018年10月20日—11月3日举行。西博会包含主题展、杭州湾论坛、市民休闲节三大核心项目和24个重点项目，实现贸易成交额101亿元。西博会围绕杭州市建设国际会展之都、赛事之城，打造一批品牌项目。博览会期间举办云栖大会、休闲产业博览会、文化创意产业博览会、Money20/20全球金融科技创新博览大会等，其中文化创意产业博览会设置展馆8个，展出总面积7万平方米，举办论坛、发布会等配套活动35个，参与活动28.7万人次，合作签约及意向成交（含项目融资）159.5亿元。来自60多个国家地区的中外来宾及市民、游客110万人次参加西博会核心项目和重点项目。（严　建）

【第24届中国义乌国际小商品博览会】 2018年10月21—25日举行。博览会设标准展位4136个，产品涵盖五金、机电机械、电子电器、日用品、工艺品、文化办公用品、体育及户外休闲用品、服装鞋帽、针纺织品、饰品及饰品配件、玩具、宠物及水族用品、汽车用品、智能生活方式等14个行业，特设标准主题展区和“品字标浙江制造”品牌主题展区，另设14个特色专区，展览面积10万平方米，吸引参展企业2150家，汇聚联合包裹速递服务公司、深圳市腾讯计算机系统有限公司、浙江吉利控股集团有限公司、浙江王斌集团有限公司等国内外知名品牌企业。（资料来源　环球网）

【第八届中国（嘉兴）紧固件产业博览会】 2018年11月5—6日举行。博览会展出面积1.5万平方米，设标准展位500个，来自67个国家和地区的430多家企业参会，其中境外企业15家，国内外专业采购商5000多人。博览会加强与国际采购商对接，助力企业开辟多元市场，推动紧固件行业转型升级。（资料来源　中华标准件网）

【第19届中国国际丝绸博览会在杭州举行】 2018年11月7—9日，第19届中国国际丝绸博览会暨杭州国际时尚周在杭州举行。丝博会由商务部和杭州市政府共同主办，中国丝绸协会、中国纺织品进出口商会和杭州市经信委共同承办，以“主推设计、打破界限、塑造名品、引领发展”为主题，举办8场会议（论坛）、1场展览、9场时尚秀，旨在打造“根植于产业、服务于产业、引领产业发展”的丝绸专业展会。丝博会论坛分“丝绸数字化”“丝绸知识产权”“丝绸与时尚”“丝绸与设计”“丝绸与资本”“丝绸新零售”“丝绸与区块链”7个主题，展出面积1万平方米，展位400多个。浙江、江苏、四川、江西、广东、重庆、陕西、河南、贵州、山东10个省、直辖市的丝绸企业参加，意大利、法国、英国、印尼、韩国、波兰、俄罗斯等8个国家30位国际设计师联合参展，现场接待专业观众9200人次，其中国内各省、市服装面料企业参观团1780人次。

（严　建）

【第11届中国（嵊州）电机厨具展览会暨高新技术交易会】 2018年11月21—23日举行。展览会由中国电器工业协会、中国电子元件行业协会微特电机与组件分会、中国机电产品进出口商会、中国五金制品协会油烟机分会、嵊州市政府联合主办，中国电子科技集团公司第二十一研究所、嵊州市科技局承办，迪威会展有限公司执行。展览会以“电机之城”“厨具之都”为主题，吸引来自浙江、北京、上海、广东、台湾等27个省、自治区、直辖市的350家机械、电机、电器及厨具生产企业参展，展位1100个。其中，电机及相关先进制造技术装备企业275家，展位490个；厨具企业167家，展位335个。

（资料来源　浙江在线）

旅　游　业
Tourism

综　　述

【概况】 2018年，浙江省全域旅游产业实现增加值4391亿元，比上年增长10%，旅游产业增加值占全省GDP的7.8%，提高0.1个百分点。旅游产业增加值对全省GDP的综合贡献率18.5%，提高0.3个百分点。全年全省接待过夜国内游客6.8亿人次，增长8.8%。接待入境过夜游客456.8万人次，下降4.2%。其中：接待外国人323.4万人次，下降4.3%；香港同胞38万人次，下降12.9%；澳门同胞9.8万人次，下降12.4%；台湾同胞85.5万人次，增长1.7%。国内游客人均花费1438元，平均停留时间2.49天；入境过夜游客人均花费568.3美元，平均停留时间2.48天。

【旅游接待与收入】 2018年，浙江省接待国内旅游人数排名前5位城市是杭州（17982.8万人次）、宁波（12427.3万人次）、金华（12017.7万人次）、温州（11861.1万人次）、台州（11821.7万人次）；国内旅游收入排名前5位的城市依次是杭州（3335.6亿元）、宁波（1977.9亿元）、湖州（1348亿元）、金华（1317.7亿元）、温州（1315.1亿元）。实现入境过夜游客旅游外汇收入26亿美元，比上年下降0.7%。入境客源国排名前5位的国家是韩国（39.8万人次）、美国（33.7万人次）、日本（31.1万人次）、印度（11.8万人次）、马来西亚（11.3万人次）；全省接待入境过夜游客人数排名前5位城市是杭州（107.2万人次）、金华（84.3万人次）、宁波（84万人次）、温州（55.5万人次）、嘉兴（53.3万人次）。

【出境旅游】 2018年，浙江省旅行社组织出境游客283.7万人次，比上年增长16.3%。其中：港澳游组团15.9

万人次，下降23.9%；台湾游组团2.6万人次，下降38.7%。出境旅游排名前5位目的地国家是越南（67.1万人次）、日本（63.5万人次）、泰国（56.1万人次）、新加坡（16.9万人次）、印度尼西亚（15.5万人次）。

【旅游景区建设】 2018年，浙江省实施"放心消费在浙江"行动，全年命名放心景区191个。分两批推出浙江省优质旅游经典景区33个，编写《诗画浙江必看必游经典景区》画册。组织开展全省A级景区集中检查和整治，摘牌A级景区15个，对28个A级景区提出警告和严重警告。新增国家AAAA级旅游景区23个，AAAA级旅游景区扩容更名2个。天一阁·月湖通过国家旅游局专家组AAAAA级旅游景区认定。至年末，全省有国家A级以上旅游景区806个，其中AAA级435个，AAAA级215个，AAAAA级17个；有A级景区村庄4876个。全年纳入统计的旅游景区（点）接待游客14.1亿人次，比上年增长16.4%；实现营业收入556.9亿元，增长21.2%。其中，门票收入144亿元，增长6.3%，占总营业收入的25.9%。

【特色小镇和旅游风情小镇建设】 2018年，浙江省新增旅游产业类特色小镇6个，全省127个特色小镇中旅游产业类24个，居八大万亿产业第2位。省旅游局举办特色小镇创建AAAA级旅游景区景观质量评估评审会，7个特色小镇通过AAAA级景区景观质量评估，玉皇山南基金小镇等7个特色小镇创建成为AAAA级旅游景区。受全国旅游标准委员会委托，编制完成《中国旅游风情小镇基本要求与评价》行业标准，该标准通过文化和旅游部评审。组织召开第三批省级风情小镇培育创建单位专家联审会，对通过初审的44个申报单位进行联审，确定培育创建单位37个。开展第二批旅游风情小镇创建认定，28个单位达到省旅游风情小镇认定要求。建立健全省级旅游风情小镇数据库，通过动态数据更新，将全省培育单位、创建单位纳入统一的大数据平台管理。编制《浙江省旅游风情小镇导览》，以图文并茂的形式宣传旅游风情小镇。

【红色旅游发展】 2018年，省旅游局编制《浙江省红色旅游发展三年行动计划》。通过专题调研，形成《以迎接建党百年为强劲动力，努力加快发展嘉兴红色旅游》调研报告，省委书记车俊、省长袁家军、副省长王文序分别对调研报告做出批示。6月27日，首届全国红色旅游经典景区年会在嘉兴市召开。省政协原副主席、省旅游智库主任王建满，国家旅游局原副局长吴文学出席。由嘉兴市旅游委员会发起，上海黄浦区、江西吉安市、贵州遵义市、陕西延安市、河北平山县等地旅游主管部门及红色旅游经典景区，共同签署《中国红色旅游城市合作协议》。12月28日，省文化和旅游厅认定遂昌王村口镇、平阳中共浙江省一大会址纪念园、义乌"望道信仰"红色旅游景区3个单位为浙江省红色旅游教育基地。

（省文化和旅游厅　林　静）

旅游规划投资

【概况】 2018年，浙江省在建旅游项目2382个，总投资1.39万亿元，实际完成旅游投资1802亿元。其中，超过50亿元的旅游项目63个，超过100亿元的旅游项目17个。全省87个旅游项目入选浙江省大花园建设项目库，68个项目入选年度浙江省服务业重大项目，37个旅游类项目列入2018—2022年浙江省"4+1"重大项目建设行动计划项目库，14个旅游项目列入年度省重大产业项目（第一批）实施类和预选类项目库，121个旅游项目入库省级重大项目。全年全省旅游项目引进资金580亿元。

【全域旅游发展】 2018年，浙江省全域旅游推进工程列入全省大花园建设五大工程之一，"四条诗路"（浙东唐诗之路、钱塘江诗路、瓯江山水诗路和大运河诗路）和AAAAA级景区创建列为大花园十大标志性工程。5月22日，省政府批复《浙江省全域旅游发展规划（2018—2022年）》。7月23—24日，省政府在杭州萧山湘湖旅游度假区召开全省第二次全域旅游发展暨万村景区化推进会，省委书记车俊对会议做出批示，副省长王文序出席并讲话，省旅游发展领导小组成员单位负责人，全省各市、县（市、区）分管领导、旅游局（委）主要负责人参加。会议推出国家全域旅游创新示范"杭州样本"。全省80%的全域旅游示范县（市、区）创建单位召开全域旅游推进大会或旅游发展大会。开展浙江省首批全域旅游示范县（市、区）验收认定工作，杭州桐庐等25个县（市、区）达到认定标准。建立全域旅游产业名录库，11个设区市及淳安等26个县和25个省级全域旅游示范县（市、区）完成旅游产业统计机构构建。

【万村景区化建设】 2018年，万村景区化工程被列为省政府改革创新项目。省旅游局印发《浙江省万村景区化建设五年行动计划（2017—2021年）》，出台《景区村庄服务与管理指南》地方标准、实施细则和评定办法，编制《浙江省A级小城镇和县城标准》。组建万村景区化专家服务团队，指导景区村庄创建工作。联合浙江工商大学举办"浙江省景区村庄的旅游开发：实践、挑战与创新"发展论坛。并举办全省创建景区村庄干部培训班6期，2000多人参加。推广浦江新光村、嘉兴梁家墩、富阳东梓关村、安吉鲁家村等村庄先进经验。编辑出版《大景区创建纪实——走进50个样板A级景区村庄》，总结宣传样板村经验。开展全省第二批景区村庄创建认定工作，至年末，全省累计建成A级以上景区村庄4876个，其中AAA级景区村庄750个。

【世界旅游联盟年会、理事会及"湘湖对话"活动】 2018年9月7—11日，世界旅游联盟（WTA）年会、理事会及"湘湖对话"活动在杭州萧山区举行。9月8日，召开世界旅游联盟年会和第一届理事会第二次会议，文化和旅游部副部长李金早、文化和旅游部党组成员杜江、世界旅游联盟主席段强、杭州市副市长王宏出席。段强向杭州萧山授予“世界旅游联盟秘书处联络处”牌匾。9月9日，举办“湘湖对话”活动，来自全球范围内的世界旅游联盟会员代表以及文化和旅游部、国务院扶贫办、中国国际扶贫中心、世界银行、相关国际组织、部分国家驻华使领馆和境外旅游机构等单位代表600多人参加。省长袁家军会见参会嘉宾，副省长王文序出席并致辞。世界旅游联盟联合中国旅游研究院发布《世界旅游发展报告2018——旅游促进减贫的全球进程和时代诉求》。世界旅游联盟、中国国际扶贫中心、世界银行联合发布“世界旅游联盟旅游减贫案例2018”。

【旅游度假区建设】 2018年，宁波余姚四明山旅游度假区、嘉兴运河文化旅游度假区、宁波荪湖旅游度假区、安吉山川旅游度假区和龙泉青瓷文化旅游度假区获省政府批复成为省级旅游度假区。省旅游部门完成温州洞头半屏山海洋旅游度假区、湖州吴兴丝绸之源和嘉兴海盐山水六旗创建旅游度假区的省级资源评估，金华仙源湖、淳安千岛湖和嘉善大云温泉3个旅游度假区总体规划获省政府批复。至年末，全省有国家旅游度假区1个，国家级旅游度假区4个，省级旅游度假区50个；全省旅游度假区旅游项目总投资1625亿元，实施重大项目322个；全年旅游度假区接待游客1.31亿人次，旅游总收入616.6亿元。

（省文化和旅游厅　林　静）

旅游市场开发

【概况】 2018年，浙江省旅游围绕“建设‘诗画浙江’大景区，打造中国最佳旅游目的地”发展目标，加大国内外旅游市场推广，深化旅游区域交流合作，以新媒体合作为平台，以旅游营销活动为抓手，实施全省联动、整合营销，推进“诗画浙江”品牌建设，提升浙江旅游整体形象。

【旅游促销】 2018年，省旅游局赴毛里求斯、德国、瑞士、加拿大等地开展旅游宣传促销。3月19—26日，浙江代表团赴加拿大参加中加旅游年开幕式，并在美国洛杉矶举办浙江旅游（洛杉矶）业界交流会。6月18日，举办“美丽中国，诗画浙江（毛里求斯）”旅游合作大会暨“诗画浙江”千人走进毛里求斯活动启动仪式。省委书记车俊和毛里求斯代总统巴伦·沃亚普里在毛里求斯共同为来自浙江的龙舟点睛，并启动“诗画浙江”千人走进毛里求斯活动。6月14日，在德国举行“美丽中国·诗画浙江”（柏林）旅游推介会。省旅游局与德国石荷州签订旅游合作备忘录，与全球第一大综合旅游集团——德国途易集团、浙江长龙航空有限公司签署战略合作框架协议，重点开拓欧美入境旅游市场。6月20日，在瑞士举行“第二届中国文化旅游节开幕暨‘诗画浙江’走进瑞士”活动。9月10日，中美旅游高层对话在杭州举行。文化和旅游部副部长李金早、副省长王文序、美国旅游推广局总裁汤炳坤、美国驻上海总领事谭森出席活动并分别致辞。其间中美双方约200名代表汇聚杭州，就中美旅游未来发展态势和远景进行展望。组织参加“美丽中国·2018全域旅游年”港澳地区主题宣传推广活动、第六届澳门国际旅游（产业）博览会、“2018海峡两岸台北夏季旅展”和“华夏文明·薪火相传”——台湾青年学生赴大陆游学活动。

2018年9月9日，首届世界旅游联盟·湘湖对话在杭州举行

（省文化和旅游厅　供图）

【国内旅游市场开拓】 2018年，浙江省以珠三角、长三角、京津冀为3个主要客源目的地，加强旅游联盟合作及推广。5月5—8日，在广州举行“粤享浙里”诗画浙江旅游推广季活动。5月5日至6月4日，在深圳上梅林地铁站换乘通道、地铁站站厅品牌墙及车厢上，投放“诗画浙江”立体式互动广告和整体车厢广告。在北京首都机场T3航站楼交通中心连廊LED屏媒体及T3航站楼贵宾区大厅刷屏媒体，投放“诗画浙江”视频及图片文字广告，扩大“诗画浙江”在北方地区的整体影响力。举办第三届世界乡村旅游大会、中国旅游日浙江省主会场活动、第十届中国国际商品博览会、浙江（上海）旅游交易会、中国（宁波）—中东欧国家旅游合作交流周、浙江山水旅游节、“全面建设大景区大花园”旅游嘉年华等活动，创新举办“百县千碗”旅游美食系列活动。组织参加中国国际旅游交易会（上海）、第14届海峡旅游博览会、上海第15届上海世界旅游博览会、中国会议与商务旅行论坛交易会、中国旅游产业博览会、中国东盟旅游博览会等重大博览会、交易会。开展高铁旅游嘉年华、“全面建设大景区大花园”旅游嘉年华、“诗画浙江”旅游包机、景区马拉松

赛、“诗画浙江”研究学习线路推广、“诗画浙江·五洲共享”国际留学生体验推广等宣传推广活动。在航空公司和高等级酒店及重大展会免费发放“诗画浙江”系列宣传画册，提升“诗画浙江”品牌影响力。

【主流媒体营销】 2018年，省旅游局推进与主流媒体的全面合作，全方位利用报纸、广播、电视、网络等平台，线上线下活动双线推进。组织“绿水青山诗画浙江”中央媒体采风行大型采访活动，邀请新华社、《人民日报》、中央人民广播电台、中央电视台等50家中央媒体到浙江采风；开展“等你来浙江”系列采风活动，中国电视旅游联盟的7家电视媒体应邀到浙江采风。联合浙江日报报业集团，举办“了不起的乡村讲解员”“了不起的乡村路书”和“了不起的乡村市集”系列推广活动，全面宣传“诗画浙江”大花园建设成果。建立浙江旅游全网传播矩阵，在今日头条、网易、搜狐等网络平台开通“浙江文旅”公众号10个，在中央和省级主流媒体刊播浙江旅游新闻2000条，浙江旅游微信公众号在全国旅游微信影响力排名第一。

【旅游产业融合发展】 2018年，浙江省加快旅游与体育、卫生、康养、生态等产业融合发展，积极培育民宿经济、红色旅游、研学旅行、运动休闲、中医养生、房车营地、邮轮游艇等旅游产品与旅游业态。全年全省乡村旅游接待游客3.7亿人次，比上年增长16.8%；实现旅游经营总收入366.5亿元，增长21%；带动农产品销售65亿元，增长35.1%；实现乡村旅游经营净收入116亿元，增长23.9%。至年末，全省有乡村旅游从业人员44.3万人，增长8.9%。全年新增宋城景区等24个省级文化旅游示范单位，新增杭州余杭创龄生物中草药基地等12个省级中医药文化养生旅游示范基地、杭州余杭小古城村等21个老年养生旅游示范基地、湖州德清莫干山风景区等10个省级生态旅游区。德清莫干山国际乡村旅游集聚区、磐安县台地乡村旅游产业集聚区和天台县寒山农旅集聚区3个单位为省级乡村旅游产业集聚区，光大环保能源（杭州）有限公司等23家企业成为省级工业旅游示范基地，浙江省新昌达利丝绸世界旅游景区成为十大国家工业遗产旅游示范基地。

【智慧旅游建设】 2018年，首批省政府数字化转型重大项目——“诗画浙江全域旅游信息服务系统”上线运行，服务系统涵盖旅游产业管理、行业监管、公共服务、数据中心四大功能。编制旅游大数据采集、交换等标准，率先在衢州等地贯通省、市、县（市、区）数据互联互通，为全省假日旅游监管和服务提供有效的数据支持。4月28日，浙江智慧旅游建设成果在首届“数字中国”建设成果展上展出，引领和推动全省各地智慧旅游发展，全省约50个市、县建立旅游大数据中心。加强电子政务系统建设，年内完成全域旅游创建、民宿管理等系统开发，逐步搭建起“旅游数据仓”。

【中国（宁波）—中东欧国家旅游合作交流会】 2018年6月7日，中国（宁波）—中东欧国家旅游合作交流会在宁波南苑饭店举行。来自拉脱维亚、捷克、克罗地亚等10多个中东欧国家和国内旅行商、投资商500多人出席。参加会议的外方嘉宾有匈牙利外交与对外经济部主管旅游事务专员波罗斯·埃姆斯（Boros Emese）、克罗地亚克拉平斯凯托普利采市长厄尔内斯特·斯瓦契奇（Ernest Svažić）、塞尔维亚诺维帕扎尔市副市长陈镁（Chen Mei）等，浙江省旅游局领导、宁波市政府分管领导等出席大会开幕式。交流会举办旅游投资和市场国际合作项目签约仪式及“诗画浙江—海丝宁波”旅游资源推介，会上集中签约重大旅游投资项目20多个。

（省文化和旅游厅 林 静）

旅游节庆活动

【“心系红船，重走一大路”百万游客南湖行活动】 2018年6月28日，“心系红船，重走一大路”百万游客南湖行启动仪式在嘉兴南湖旅游区举行。省委书记车俊对活动做出批示，省人大常委会党组书记、副主任梁黎明，嘉兴市市委书记鲁俊出席启动仪式。来自全国各红色旅游省、市旅游主管部门负责人，全国及省内红色旅游经典景区有关负责人，省内游客代表、嘉兴市党员群众代表等1600人参加。嘉兴市南湖风景名胜区管委会、延安革命纪念馆、井冈山管理局、遵义会议纪念馆、西柏坡纪念馆等全国著名红色旅游经典景区联合发布《全国红色旅游经典景区倡议书》。省旅游局现场授予嘉兴南湖旅游区“浙江省红色旅游教育基地”牌匾。启动仪式上发布首创之旅、奋斗之旅、奉献之旅“红船精神”嘉兴三大主题旅游线路。

【第三届中国（浙江）高铁文化旅游节暨杭黄之约旅游嘉年华】 2018年7月3日，第三届中国（浙江）高铁文化旅游节暨杭黄之约旅游嘉年华在杭州火车东站开幕。嘉年华由安徽省黄山市政府、浙江省旅游协会、杭州市钱江新城投资集团有限公司共同主办。在启动仪式现场，14个展位展出徽墨、漆器、竹雕、石雕、贡菊等徽州特产。

【第13届浙江山水旅游节】 2018年9月19—21日，第13届浙江山水旅游节暨中国仙都·瓯江山水诗之路旅游节在丽水缙云举行。旅游节由省旅游局、丽水市政府联合主办，省旅游宣传推广中心、丽水市旅委、缙云县政府共同承办，由第13届浙江山水旅游节开幕式、诗画山水·浙江大花园建设专家对话、瓯江山水诗之路民俗工艺旅游商品暨缙云县首届手工编织大赛展示活动、仙都夏夜星空啤酒音乐节、“仙都之恋”抖音视频作品交流展示、全国旅行商缙云山水旅游踩线考察活动6个子活动组成。

【第二届浙江省房车自驾车露营嘉年华】 2018年9月22日，由省旅游局、嘉兴市政府主办的第二届浙江省房车自驾车露营嘉年华活动在海宁盐官旅游度假区举行，以“房车休闲新体验、钱塘大潮新感受”为主题，包括浙江省房车露营地建设成果展示、房车自驾车、露营休闲生活体验、房车旅游发展趋势研讨、房车露营地项目招商推介等内容，集中推出山地型、滨海型、湖泊型、森林型、运动型自驾车房车营地招商项目23个，总投资16.06亿元。

【浙江省第七届运动休闲旅游节暨东钱湖湖泊休闲嘉年华】 2018年9月14日，浙江省第七届运动休闲旅游节暨东钱湖湖泊休闲嘉年华在宁波东钱湖畔开幕。休闲旅游节涵盖全国户外运动产业发展大会开幕式、户外休闲产业与城市发展高峰论坛、中国·宁波体育产业博览会、水上运动嘉年华、音乐露营大会等活动。开幕式上，举办“2018年浙江省运动休闲旅游示范基地、精品线路和优秀项目”“浙江省十大运动休闲湖泊及最具潜力湖泊”等奖项的颁奖典礼，东钱湖入选“浙江省十大运动休闲湖泊”。

（省文化和旅游厅　林　静）

旅游行业管理

【概况】 2018年，浙江省推进旅游行业监管平台建设，开展旅游市场专项整治，举办旅游安全培训和人才培训，组织导游考试、旅游人才对口帮扶，推动旅游标准化试点示范工作，带动全域旅游更快发展。省旅游局先后制定发布《外资旅行社设立许可服务指南》《旅行社设立许可服务指南》《导游证核发服务指南》，组织起草浙江省地方标准《品质饭店等级评定》及其实施细则，完成《“最多跑一次”“八统一”汇编材料》和《旅游系统群众和企业到政府办事事项主项、子项两级指导目录》编制和修订工作。

【引导民宿经济发展】 2018年，浙江省民宿经济发展走在全国前列。1月25日，省旅游局公布浙江省首批精品民宿名单122个，其中白金级6个，金宿级17个。2月7日，全国首个省级民宿产业联合会——浙江省旅游民宿产业联合会在杭州成立。3月，省旅游局组织民宿培训指导团，分赴全省各县（市、区）进行实地指导。5月30日，省旅游局印发《浙江民宿蓝皮书2017》，从浙江民宿发展概况、市场供需分析、发展趋势与展望、政策法规与标准等7个方面对浙江民宿经济发展进行系统分析。6月20日，省旅游局印发《关于在旅游系统大力推进民宿产业发展的指导意见》，并受国家标准化委员会委托制定民宿国家标准，引导全省民宿经济健康有序发展。7月16日，中国旅游饭店业协会在第15届中国饭店集团化发展论坛上首次评选出上年度全国最佳民宿12个，浙江省占6个。11月30日，文化和旅游部在湖州安吉召开全国发展乡村民宿推进全域旅游现场会，浙江省做典型发言。12月29日，省文化和旅游厅公布年度浙江省白金级和金宿级的名单，其中白金级20家，金宿级51家。至年末，全省有民宿1.6万个，总床位超过15万张，年营业收入超过50亿元，直接就业9.8万人，民宿经济成为乡村产业兴旺、农民增收致富的新增长极和助力“乡村振兴”战略的重要载体。

【旅行社监管】 2018年，浙江省旅行社行业规模保持稳步扩张势头。全省旅行社总计2851家，其中出境社309家，五星级旅行社35家，四星级旅行社236家。旅行社主动承诺诚信经营，接受社会监督。省旅游主管部门实施信用分类监管。引导督促旅行社自觉守法经营。加强旅行社从业人员培训，提高从业人员依法依规诚信经营的意识。全年旅行社接待国内游客1728万人次，比上年增长2.8%。接待入境游客64.2万人次，增长11.9%。

【饭店品质提升】 2018年，浙江省启动饭店业品质提升行动。省旅游局制定浙江省地方标准《品质饭店评价规范》及其实施细则。开展星级饭店评定和复核，组织表彰浙江省双十佳旅游饭店（含国际品牌饭店）、浙江省十佳绿色旅游饭店和浙江省十佳特色文化主题饭店。加强饭店业人才培训，举办第四期全省饭店管理总裁高级研修班，参加研修班总裁60人。至年末，全省有旅游星级饭店652家，其中，五星级饭店81家，四星级饭店184家。绿色饭店350家，其中金树叶级绿色旅游饭店60家，银树叶级绿色旅游饭店290家。特色文化主题酒店77家，其中金鼎级特色文化主题酒店32家、银鼎级特色文化主题酒店45家。

【文明旅游革命行动】 2018年，全省旅游主管部门开展文明旅游革命行动。制订《浙江省文明旅游革命三年行动计划》，在长兴县举行“文明旅游，为中国加分”浙江百城联动活动启动仪式。组织11个市开展各类文明旅游宣传活动36场，印发《浙江省文明旅游宣传册》宣传资料9.8万份。联合浙江电视台经济生活频道举办全省首届文明旅游宣传片创意大赛，评出获奖作品6个；与《浙江日报》合作启动“浙江省文明游客评选活动”，经公开征集、事迹展示、公众投票、专家评审等环节，金得米等15人（团体）入选年度浙江省文明游客。

【旅游安全监管】 2018年，全省旅游主管部门加强旅游安全监管，完善相关制度，落实防范措施，努力为游客提供安全出行环境。1月23日，省旅游局在杭州召开全省旅游安全工作会议，贯彻落实国家旅游局《旅游安全管理办法》，部署年度旅游安全工作。6月，在全省部署开展旅游“安全生产月”和“安全生产万里行”活动，以旅游安全主题宣讲、安全宣传咨询、安全培训教育、安全文化塑造、旅游安全明查暗访、隐患曝光、应急预案演练和汛期隐患排查整改等活动为载体，完善全省“党政同责、一岗双责、齐抓共管、失职追责”的旅游安全责任体系。妥善处置泰国普吉翻船事故等旅游突发事件，及时发布安全警示信息，做好相关应对工作。加强旅游值守和节假日领导带班制度，确保信息畅通。

【旅游市场专项治理】 2018年，浙江省实施全省旅游市场秩序专项整治“利剑行动”“鹰眼计划”，出动质量监察执法人员2500多人次，检查旅行社795家、景区景点530个、星级酒店480家，对37家旅行社及75名自然人进行行政处罚，罚没款68万元。4月20日至5月20日，在全省范围内开展为期1个月的区域交叉检查，围绕旅游广告、合同签订、旅游购物3个重要环节，对反映投诉多的地区、企业、线路产品进行专项整治。举办第二届全省旅游质量监察执法系统法律知识竞赛。加强长三角执法协作，牵头组织召开长三角区域旅游质量监察执法协作会议，江苏、浙江、安徽、上海三省一市旅游执法人员28人参会。其间联合检查衢州根宫佛国、江郎山等AAAAA级景区旅游团队81批次，导游、领队73人次。提升执法案卷质量，组织开展全省上年度旅游行政处罚典型案件交流研讨暨案卷评查活动，将各市的典型案例汇编成册印发至全省旅游质监部门。“宁波春秋旅行社擅自变更旅游合同安排行程案”被文化和旅游部评为优秀典型案例。春节、“3·15”、“五一”、暑假和国庆期间，会同公安、交通、市场、质监等部门，开展全省旅游市场大检查，清理“不合理低价游”线路产品，查处各种违规违法行为，提高旅游企业诚信守法经营意识。规范旅游投诉受理、转办和督办，全年处理旅游投诉1422宗，其中办结1400宗，办结率98.45%。

【旅游人才培养】 2018年，浙江省各地开展旅游从业人员培训10万人次。浙江旅游职业学院获评全国高职院校“国际影响力50强”“服务贡献50强”，应届毕业生就业率98.6%。组织导游人员资格考试和中、高级导游等级考试2次，报考1.04万人次，获导游员资格证书2859人，获高级导游员证书111人、中级导游员证书702人。至年末，全省持电子导游证人数3.94万人，其中高级导游680人，中级导游2374人，初级导游3.64万人。

（省文化和旅游厅　林　静）

开放型经济
Open Economy

货　物　贸　易

【概况】 2018年，浙江省进出口总额2.85万亿元，比上年增长11.4%，高于全国1.7个百分点。其中：出口2.12万亿元，增长9.0%，高于全国1.9个百分点；进口7337.2亿元，增长19.0%，高于全国6.1个百分点；进出口增速均居沿海主要省市第一位。全省外贸发展呈现稳中有进态势，进出口、出口、进口以美元计算分别突破4000亿美元、3000亿美元和1000亿美元，3项指标增速继续领跑沿海主要省市。出口增量排名前5位的市有宁波、金华、嘉兴、绍兴、台州，对全省出口增长的贡献率86.6%。从出口增速看，增速超过全省平均水平的城市有嘉兴、湖州、温州、台州、宁波、舟山、绍兴、金华、丽水9个。

【出口商品结构优化】 2018年，浙江省出口商品结构进一步优化，机电及高新技术产品出口占比提升，轻工及纺织等劳动密集型产品占比下降。全省机电产品出口比上年增长9.5%，高于全省平均增速0.5个百分点，占全省出口总额的43.5%，上升0.2个百分点；高新技术产品出口增长11.5%，高于全省平均增速2.5个百分点，占全省出口总额的6.7%，上升0.2个百分点。八大类轻工产品出口增长8.0%，低于全省平均增速1.0个百分点，占全省出口总额的16.6%，下降0.1个百分点。纺织服装增长6.8%，低于全省平均增速2.2个百分点，占全省出口总额的22.3%，下降0.5个百分点。

【出口方式结构多元】 2018年，浙江省一般贸易稳定增长，贸易结构趋向多元化。全年一般贸易出口1.7万亿元，比上年增长9.5%，拉动全省出口增长7.5个百分点，占全省出口总额的80.1%；加工贸易出口1874亿元，增长2.2%，占全省出口总额的8.8%。外贸新业态中，全省市场采购出口2054亿元，增长7.6%，占全省出口总额的9.7%；外贸综合服务企业（不含深圳市一达通企业服务有限公司）出口600.1亿元，增长16.4%，占全省出口总额的2.8%。海关口径跨境电子商务零售出口39.5亿元，增长40.4%。

【出口主体组成稳定】 2018年，浙江省民营企业出口主体地位进一步巩固，外商投资企业比重持续回落。全省民营企业出口比上年增长10.6%，高于全省平均增速1.6个百分点，占全省出口总额的77.9%，上升1.2个百分点；国有企业增长8.5%，低于全省平均增速0.5个百分点，占全省出口总额的5.4%，与上年持平；外商投资企业增长2.1%，低于全省平均增速6.9个百分点，占全省出口总额的16.6%，下降1.1个百分点。

【出口增速结构变化】 2018年，受中美经贸摩擦及部分国家货币贬值影响，全省出口市场发生变化。传统市场方面，全省对美国出口因“抢出口”效应比上年增长12.2%，高于全省平均增速3.2个百分点，占全省出口总额的19.6%；对欧盟出口增长7.8%，占全省出口总额的22%；对日本出口增长4.1%，占全省出口总额的4%。新兴市场方面，全省对“一带一路”沿线国家的出口增速放缓，出口增长8.3%，低于全省平均增速0.7个百分点，占全省出口总额的32.2%，下降0.2个百分点。对拉丁美洲国家出口增长13.3%，为全省平均增速的1.5倍；对非洲国家出口增长12.6%，为全省平均增速的1.4倍。

【进口市场分布】 2018年，浙江省排名前二位的进口来源地为日本、韩国，分别进口744.4亿元和656亿元；增速最快的地区为马来西亚，增长83.1%，其次为泰国，增长38.9%。主要进口商品中，初级形状的塑料、成品油、铁矿砂及其精矿为全省排名前三位的进口商品，分别进口588.6亿元、454.5亿

表20	2018年浙江省10种主要出口商品情况					
商品	2018年		2017年		与上年比较	
	出口总额（万美元）	占全省的比重（%）	出口总额（万美元）	占全省的比重（%）	增量（万美元）	增长（%）
合计	**13 394 203**	**41.7**	**12 127 964**	**42.3**	**1 266 239**	**10.4**
纺织纱线、织物及制品	4 074 694	12.7	3 628 977	12.7	445 717	12.3
服装及衣着附件	3 085 459	9.6	2 891 880	10.1	193 579	6.7
家具及其零件	1 315 037	4.1	1 153 972	4.0	161 064	14.0
塑料制品	1 131 246	3.5	990 729	3.5	140 517	14.2
鞋类	891 483	2.8	853 001	3.0	38 482	4.5
汽车零配件	857 012	2.7	755 995	2.6	101 016	13.4
灯具、照明装置及零件	578 847	1.8	539 603	1.9	39 244	7.3
箱包及类似容器	540 309	1.7	481 834	1.7	58 475	12.1
钢材	495 772	1.5	439 785	1.5	55 987	12.7
通断保护电路装置及零件	424 345	1.3	392 187	1.4	32 158	8.2

（省商务厅　提供）

表21	2018年浙江省主要出口市场情况					
贸易伙伴	2018年		2017年		与上年比较	
	出口总额（万美元）	占全省的比重（%）	出口总额（万美元）	占全省的比重（%）	增量（万美元）	增长（%）
合计	**14 265 433**	**44.4**	**12 725 258**	**44.4**	**1 540 175**	**12.1**
美　国	6 285 001	19.6	5 456 757	19.0	828 244	15.2
德　国	1 274 090	4.0	1 150 445	4.0	123 645	10.8
日　本	1 269 306	4.0	1 187 143	4.1	82 163	6.9
印　度	1 264 629	3.9	1 086 758	3.8	177 871	16.4
英　国	999 652	3.1	1 059 474	3.7	−59 822	−5.7
俄罗斯	894 302	2.8	802 895	2.8	91 407	11.4
韩　国	834 852	2.6	741 589	2.6	93 264	12.6
荷　兰	721 968	2.2	639 153	2.2	82 814	13.0
越　南	721 632	2.2	601 044	2.1	120 588	20.1
巴　西	702 599	2.2	603 146	2.1	99 453	16.5

（省商务厅　提供）

表22	2018年浙江省主要进口商品情况					
商品	2018年		2017年		与上年比较	
	进口总额（万美元）	占全省的比重（%）	进口总额（万美元）	占全省的比重（%）	增量（万美元）	增长（%）
合计	**4 920 472**	**44.2**	**3 724 162**	**40.9**	**1 196 310**	**32.1**
初级形状的塑料	893 617	8.0	739 618	8.1	153 999	20.8
成品油	686 746	6.2	372 054	4.1	314 692	84.6
铁矿砂及其精矿	669 052	6.0	619 990	6.8	49 061	7.9
废金属	653 049	5.9	541 256	5.9	111 793	20.7
二甲苯	468 709	4.2	282 062	3.1	186 647	66.2
未锻轧铜及铜材	405 459	3.6	277 777	3.0	127 682	46.0
集成电路	389 599	3.5	328 847	3.6	60 752	18.5
乙二醇	265 593	2.4	185 934	2.0	79 659	42.8
纸浆	248 771	2.2	194 728	2.1	54 043	27.8
煤及褐煤	239 878	2.2	181 896	2.0	57 982	31.9

（省商务厅　提供）

元和441亿元；美容化妆品及护肤品、成品油、二甲苯增速最快，分别增长165.4%、80.0%和62.9%。

（省商务厅　施　晶）

服务贸易

【概况】 2018年，浙江省服务贸易进出口总额3814.36亿元，比上年增长83.4%，增速高于全国服务贸易进出口平均水平71.9个百分点，高于全省货物贸易进出口72.1个百分点，总规模超过江苏。其中：服务出口1069.12亿元，增长72.2%；服务进口2745.24亿元，增长88.3%。浙江省服务贸易占全省对外贸易比重由上年的7.5%上升到11.8%，全省服务贸易占全国比重由上年的4.4%上升到7.3%，居全国第四位。全省服务贸易继续走在全国前列。十一大服务贸易行业中有10个实现增长，其中建筑服务增长196.6%，电信计算机和信息服务增长190.1%，金融服务增长41.1%，旅行服务增长98.1%。全年全省技术进出口合同1125份，合同金额25.16亿美元，其中，出口合同金额8.94亿美元，增长42.2%。美国是全省技术进口第一大市场，进口合同金额16.22亿美元，增长14.6%。文化服务进出口金额16.64亿元，增长10%。其中：出口1.43亿元，增长24.4%；进口15.21亿元，增长8.8%。企业直报文化服务出口金额133.68亿元，其中排前三位的分别是动漫游戏服务、文化创意和设计服务、广播影视服务，出口额分别为79.66亿元、45亿元和3.84亿元。全省以电信计算机信息服务、知识产权使用费、文化服务、金融保险等为代表的新兴领域出口占比为45.5%，提高2.1个百分点。其中金融服务增长159.0%，电信计算机和信息服务增长132.8%，知识产权使用费出口增长60.0%。电信计算机和信息服务出口占服务贸易总出口的31.2%，首次超越运输排名第一位。全省服务贸易统计监测系统内直报企业增长迅速。至年末，全省上报商务部重点企业监测直报系统企业812家，完成下达任务的2.1倍。进出口直报前三名的行业为电信计算机服务、其他商业服务和建筑服务。商务部在浙江省进行全国服务贸易统计模型试点。

【杭州、宁波服务贸易领跑全省】 2018年，杭州市服务贸易进出口额2712.5亿元，比上年增长161.1%，占全省服务贸易进出口额的71.1%，杭州作为服务贸易创新发展试点城市、服务外包示范城市，领头示范作用明显。宁波市在年度商务部评估的31个中国服务外包示范城市中排名第15位，上升一位。宁波服务贸易进出口额546.6亿元，占全省服务贸易进出口额的14.3%。杭州、宁波两市占全省服务贸易进出口额的85.4%。

【服务贸易市场拓展】 2018年，浙江省前二十大服务贸易进出口市场中欧洲占9个，比上年增加1个；亚洲占7个，在前二十大市场进出口额中占66.8%；美洲占15.6%，其中美国占美洲市场的83.9%。服务贸易在“一带一路”沿线市场中进出口额250.53亿元，增长50.1%。其中新加坡进出口额169.94亿元，居“一带一路”沿线市场第一位。“一带一路”沿线市场主要以东南亚市场为主，前10名中有6个东南亚国家，其中前五名均为东南亚国家。服务外包、技术贸易、文化服务等重点领域服务贸易增幅较大。

【服务外包】 2018年，浙江省服务外包离岸执行额111.23亿美元，比上年增长12.5%。发包（发出承包任务）市场格局总体稳定，美国、中国香港、日本是全省服务外包出口排名前三位的市场。外包领军企业带动作用明显。全年全省与境外企业发生服务外包业务往来企业1113家，增加50家。离岸执行额在1000万美元以上的服务外包企业216家，增加28家。至年末，全省累计登记服务外包企业4975家；服务外包从业人员累计94.63万人，其中大学（含大专）以上学历人员占48.6%。全年新增服务外包企业318家，新增服务外包从业人员10.23万人。 （省商务厅 崔建辉）

2018年浙江省BOP口径“一带一路”沿线市场服务贸易进出口分布图

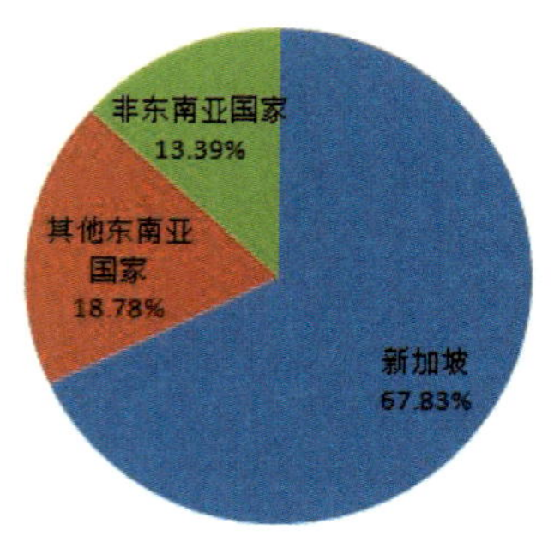

2018年浙江省各设区市服务贸易进出口比重图

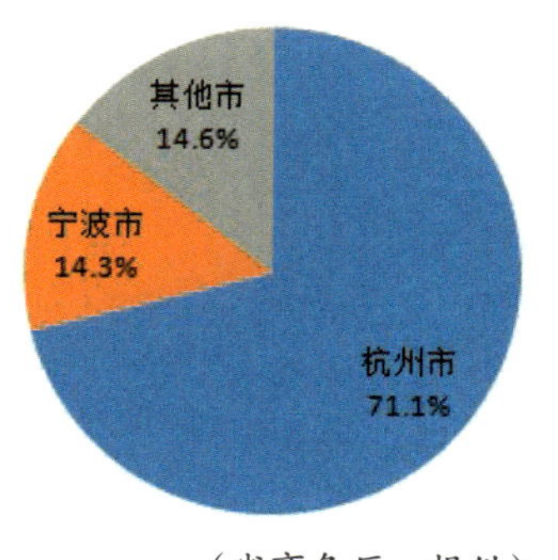

（省商务厅 提供）

利 用 外 资

【概况】 2018年，浙江省新设外商投资企业3529家，投资总额759.3亿美元，合同外资430.6亿美元，实际利用外资186.4亿美元，合同外资和实际外资分别比上年增长24.1%和4.1%，实际利用外资完成年度目标108.4%。其中杭州、宁波、绍兴、嘉兴、湖州5市实际利用外资169.1亿美元，占全省实际利用外资总量的90.7%。全省累计设外商投资企业6.46万家，投资总额6986.9亿美元，合同外资3964.9亿美元，实际外资2127.6亿美元。全年全省新设外商独资企业2473家，合同外资336.8亿美元，实际外资133.1亿美元，分别占总数的70.1%、78.2%和71.4%。外商独资企业成为浙江省外商的主要投资形式。

【外资重大项目】 2018年，浙江省新设立1亿美元以上企业107家，比上年增加18家，投资总额313.5亿美元，合同外资122.9亿美元，投资总额和合同外资分别增长13.0%和16.2%，分别占总量的41.2%和28.5%，投资领域主要涉及智能制造、新材料、新能源、信息技术等全省重点鼓励类产业。香港晟乐有限公司投资的杭州百井坊商业综合体项目，合同外资16.5亿美元。全年新批世界500强投资企业35家，投资总额28.9亿美元，合同外资13.2亿美元。其中新引入世界500强企业美国波音公司、瑞士雀巢公司、韩国CJ（希杰）集团3家。至年末，全省累计批准182家世界500强企业在浙江设立投资企业614家，投资总额376.5亿美元，合同外资147.5亿美元。

【制造业利用外资】 2018年，浙江省第二产业实际利用外资66.2亿美元，比上年增长7.8%，其中制造业实际利用外资59.7亿美元，增长9.2%，占实际利用外资总量的32%，主要为化学原料和化学制品制造业、通用设备制造业、专业设备制造业快速发展带动作用明显。高技术制造业和高技术服务业实际利用外资43.9亿美元，占总量的23.6%，其中信息服务业、医药制造业、电子及通信设备制造业实际利用外资分别为20.1亿、12.9亿和7.4亿美元。

【利用外资结构】 2018年，浙江省来自美国的实际外资3.1亿美元，比上年增长66.9%；来自英国的实际外资3.6亿美元，增长30.8%；来自新加坡的实际外资5.7亿美元，增长44.3%。比利时、爱尔兰、意大利、瑞士等国家实际外资出现大幅增长。来自日本的实际外资4.6亿美元，下降3.6%。通过投资性公司转投资的实际外资18.6亿美元，增长40.9%。“一带一路”沿线国家的合同外资25.1亿美元，实际利用外资7亿美元，分别增长195.8%和47.3%。

【自贸区利用外资】 2018年，中国（浙江）自由贸易试验区新批企业358家，投资总额92.5亿美元，合同外资

表23　2018年浙江省利用外资分投资方式

利用外资方式	项目（个）	占总数（%）	比上年（%）	合同外资（万美元）	占总数（%）	比上年（%）	实际利用外资（万美元）	占总数（%）	比上年（%）
外商直接投资	3 529	100.0	16.5	4 305 661	100.0	24.1	1 863 874	100.0	4.1
中外合资企业	1 035	29.3	28.4	837 180	19.4	-12.1	412 847	22.1	3.2
中外合作企业	3	0.1	-50.0	-853	0.0	-101.0	7 633	0.4	22.1
外资企业	2 473	70.1	12.4	3 368 143	78.2	43.6	1 331 149	71.4	2.2
外商投资股份制	14	0.4	40.0	100 753	2.3	28.2	112 072	6.0	47.8
合伙企业	4	0.1	-42.9	438	0.0	-90.1	173	0.0	-96.6

（省商务厅　提供）

表24　2018年浙江省各设区市外商投资情况

城市	合同外资			实际利用外资		
	新批合同外资（万美元）	占总数（%）	比上年（%）	实际利用外资（万美元）	占总数（%）	比上年（%）
合计	**4 305 661**	**100.0**	**24.1**	**1 863 874**	**100.0**	**4.1**
杭州	1 565 481	36.4	46.4	682 657	36.6	3.3
宁波	734 634	17.1	18.3	432 017	23.2	7.2
温州	119 336	2.8	-44.5	52 307	2.8	46.0
嘉兴	638 566	14.8	12.2	313 980	16.8	4.9
湖州	340 082	7.9	27.9	127 143	6.8	20.7
绍兴	212 875	4.9	-23.7	135 141	7.3	5.0
金华	121 410	2.8	-30.0	31 854	1.7	-26.0
义乌	29 331	0.7	-8.9	14 731	0.8	-29.3
衢州	33 198	0.8	-42.4	7 431	0.4	0.5
台州	50 532	1.2	-35.1	28 893	1.6	-34.8
丽水	58 458	1.4	44.9	10 691	0.6	-50.7
舟山	431 089	10.0	332.9	41 760	2.2	3.1

（省商务厅　提供）

表25　2018年浙江省境外投资情况

名　称	项目数(个)	投资总额(亿美元)	中方投资额(亿美元)
合　计	**737**	**1 669.55**	**183.81**
亚　洲	415	71.60	60.55
非　洲	27	4.01	2.04
欧　洲	112	1 534.17	88.27
南美洲	33	15.41	6.00
北美洲	125	35.33	23.23
大洋洲	18	8.79	3.56

（省商务厅　提供）

39.5亿美元，实到外资3.7亿美元，分别比上年增长6.75倍、5.85倍、5.56倍和2.47倍。其中新设超过1亿美元企业8家，投资总额18.3亿美元，合同外资10.7亿美元，涉及石油贸易、租赁、酒店等行业。

【开发区利用外资】　2018年，浙江省各经济开发区实际利用外资88.1亿美元，比上年下降0.9%，占全省实际利用外资总额的42.1%；其中省级开发区实际利用外资38.6亿美元，增长14%。宁波经济技术开发区等前10位开发区实际利用外资43.6亿美元，占开发区总数的49%，其中浙江前洋经济开发区增长162.9%。

（省商务厅　方　达）

对外经济合作

【概况】　2018年，浙江省经备案（核准）对外投资企业（含机构）737家。全年对外直接投资再创历史新高，投资备案额183.81亿美元，比上年增长90.6%。实际对外投资85.86亿美元，增长3.3%，居全国各省区市第三位。浙江企业对“一带一路”沿线国家及中国港澳台地区投资项目382个，境外投资备案额47.55亿美元，增长56.3%。至年末，全省在“一带一路”沿线国家投资项目备案总额401.98亿美元，占全省境外投资备案额的44.5%。其中振石控股集团有限公司投资印尼镍铁冶炼生产项目，投资额3.8亿美元；浙江卡森实业集团有限公司投资柬埔寨卡森家具制造项目，投资额2.98亿美元；万向集团公司投资捷克锂离子动力电池技术及产品的研发生产项目，投资额2.98亿美元；浙江海利得新材料股份有限公司投资越南化学纤维材料生产项目，投资额1.55亿美元；浙江盾安新能源股份有限公司投资孟加拉太阳能光伏发电项目建设，投资额1.08亿美元。浙江省在“一带一路”沿线国家产业布局主要参与国际产能合作。

【重点领域投资】　2018年，浙江省境外投资集中在制造业、批发和零售业、电力能源业三大领域，分别为144.37亿美元、9.63亿美元和8.78亿

表26　2018年浙江省境外投资前十位国家和地区（按累计中方投资排序）

名次	国家和地区	项目数(个)	投资总额(亿美元)	中方投资额(亿美元)
1	中国香港	1 969	178.93	169.19
2	美国	1 469	209.96	146.21
3	印度尼西亚	148	92.60	79.10
4	瑞典	25	503.78	63.42
5	德国	378	1 053.38	58.44
6	日本	254	42.84	35.69
7	英属维尔京群岛	73	40.99	34.09
8	越南	235	27.65	26.61
9	澳大利亚	216	33.41	25.52
10	新加坡	203	25.74	23.01

（省商务厅　提供）

表27　2018年浙江省国外经济合作前十位国家和地区

名次	国家和地区	营业额(万美元)
1	中国香港	70 366
2	阿尔及利亚	61 241
3	秘鲁	56 021
4	印度尼西亚	51 300
5	阿根廷	38 725
6	巴基斯坦	33 767
7	马来西亚	29 850
8	越南	26 895
9	尼日利亚	20 561
10	刚果(金)	19 484

（省商务厅　提供）

美元，其中制造业比上年增长1.35倍。投资规模最大的项目为浙江吉利控股集团有限公司39.3亿美元并购沃尔沃集团8.2%股权，该项目将弥补吉利集团在卡车领域的短板。电力能源业增长2.44倍，规模最大的项目为国新国同（杭州）投资管理有限公司3.66亿美元并购西班牙瑞迪克斯燃气公司，主要从事天然气管道输气、配送和管道液化石油气供应。

【跨国并购】 2018年，浙江省以并购形式实现的境外投资项目151个，比上年增长28.0%，并购额101.05亿美元，增长87.7%，占对外直接投资的55.0%，跨国并购成为浙江省对外直接投资的主要形式。全年并购额在1亿美元以上项目11个，跨国并购旨在获取境外资源、先进技术和品牌等。主要项目除浙江吉利控股集团有限公司39.3亿美元并购沃尔沃集团8.2%股权外，还有宁波均胜电子股份有限公司15.88亿美元并购日本高田株式会社，宁波继烨投资有限公司10.38亿美元并购德国格拉默股份公司，华东医药股份有限公司2.24亿美元并购英国辛克莱制药股份有限公司股权，杭州启明医疗器械有限公司1.55亿美元并购以色列凯思通有限责任公司。　（省商务厅　梁倩倩）

开发区建设

【概况】 2018年，浙江省有国家级经济技术开发区21家，海关特殊监管区8家，省级经济开发区56家，参照省级开发区管理单位7家。开发区高质量外资加快集聚。至年末，全省经济开发区实有投产外商投资企业1.12万家，累计实际利用外资1116.1亿美元。全年经济开发区合同外资170.4亿美元，占全省合同外资的39.6%；实际利用外资111.4美元，占全省实际利用外资的59.7%，实际利用外资比上年增长11.7%，高出全省平均水平7.6个百分点。年内新批3000万美元以上外资大项目288个，世界500强投资项目24个。对外贸易快速增长。全年经济开发区实现进出口总额2241.4亿美元，占全省的47.2%，增长21.2%。其中出口额1577.1亿美元，进口额664.3亿美元，分别占全省的46.7%和56.0%，增长17.8%和30.3%。进出口和出口增幅分别高出全省平均增速9.8个百分点和4.9个百分点。全省经济开发区实现财政总收入4074亿元，占全省的34.7%，增长16.4%，高出全省增速2.8个百分点。全年研究与试验发展（R&D）经费支出在主营业务收入中占2.2%，上升0.6个百分点。

【经济开发区产业集聚加快】 2018年，浙江省经济开发区产业集聚加快。全年经济开发区有投产工业企业15.4万家，其中规模以上工业企业2.4万家。全年全省经济开发区实现规模以上工业增加值9856.3亿元，比上年增长6.3%，占全省规模以上工业增加值的64.2%。有14家国家级经济开发区和4家省级经济开发区规模以上工业总产值超过1000亿元，其中宁波、嘉兴、杭州经济技术开发区规模以上工业总产值超过2000亿元。

【经济开发区发展质量提升】 2018年，浙江省纳入综合评价的75家经济开发区有规模以上工业企业2.37万家，完成开发土地面积22.67万公顷。其中规模以上工业企业实际面积6.14万公顷，综合能耗5860.5万吨标煤，实现规模以上工业增加值9856.3亿元，规模以上主营业务利润5529.7亿元，开发区贡献税收4074亿元。全年全省经济开发区开发利用土地平均税收178.5万元/公顷，比上年每公顷税收增加21万元，增长11.8%。工业土地平均增加值1606.5万元/公顷，每公顷提高67.5万元。从业人员397.4万人次，劳动生产率24.8万元/人，增长6.8%，比全省规模以上工业劳动生产率增速下降1.5个百分点。坚持绿色发展理念，规模以上工业单位能耗增加值1.7万元/吨标煤，每吨标煤增加值增加0.2万元。

【国家级经济技术开发区效益提高】 2018年，浙江省国家级经济技术开发区引进合同外资95.1亿美元；实际利用外资66.9亿元，占全省经济开发区实际利用外资的60.1%。实现进出口总额1197.2亿美元，占全省经济开发区的53.4%，其中进口总额413.3亿美元，出口总额783.9亿美元。规模以上主营业务利润3209.3亿元，比上年增长7.3%。财政总收入2506.2亿元，增长17.3%。全省21家国家级经济开发区规模以上工业劳动生产率增长11.8%。 （省商务厅 龚俊玮）

国际贸易与促进

【概况】 2018年，中国国际贸易促进委员会浙江省委员会（简称省贸促会）坚持稳中求进工作基调，按照高质量发展要求，以“一带一路”倡议为统领，突出开放强省工作导向，履行贸易促进使命，各项工作取得新的成效。省贸促会开展走进“一带一路”专项活动，组织各市贸促会带领217家企业分别在澳大利亚、新西兰、斐济、古巴、老挝、埃塞俄比亚、肯尼亚举办贸易投资洽谈活动13场，达成合作意向及合作项目309个，涉及金额3.63亿美元。拓展境外友好合作朋友圈。全年新增签约机构7个，境外合作机构累计170个，并邀请和接待境外团组人员到访25批次68人次。全省贸促系统新增签约合作机构58个，与101个国家和地区388个商协会建立友好合作关系。新建海外联络处15个，总数49个。加强与驻华使领馆、境外商协会代表的联系和交流，全年组织7410家次企业赴国外参加展览会、博览会1291次，展位总数9313个。举办境外自办展11场，参展企业716家，展位1023个，专业客商5.3万人次，达成意向金额4亿余美元。举办中国浙江名品（巴拿马）展览会、第二届中国浙江时尚创意精品（泰国）展览会。参与主办中国浦江·第十届水晶玻璃产业博览会、中国杭州国际汽车博览会，中国义乌国际小商品博览会、杭州国际休闲产业博览会、宁波国际文具礼品博览会、台州机床模具展览会、舟山螺杆及配套资源展览会等地方性专业展会，组织企业参加中国（昆山）品牌产品进口交易会、中国（吉林）东北亚中医药暨康养产业博览会、中国—东盟博览会、首届中国国际进口博览会等国内重要展会。省贸促会动员系统力量积极应对中美经贸摩擦，针对2000亿美元征税清单，在全国贸促系统率先以地方国际商会名义向美方提交公众评论意见，从2000亿美元征税清单中移除2个税则号，全省受益企业41家，涉及金额2.4亿美元。全省贸促系统法律部门开展调研118次，调研企业724家，形成调研报告6份，报送省政府、中国贸促会及相关部门反映企业诉求。配合中国贸促会收集美国“301”公开听证会证据素材，对美国等6国开展WTO贸易政策审议工作，梳理企业诉求183条。全年贸促系统发布预警信息4646条，参与贸易摩擦案件12件，办理调解案件98件，涉案金额1.35亿元。签发原产地证书87.41万份、ATA单证册1305份，为企业减免费用3100多万元；出具国际商事证明书19.88万份，代办使领馆认证3.35万份。在全国贸促系统首次开展国际贸易“单一窗口”原产地签证系统应用试点。全年新增商会会员1827家，会员企业总数3.34万家。在省国际商会、杭州市、建德市试行国际商会副会长轮值制，推动企业家副会长参与商会建设。举办省国际商会“走进绍兴”经贸交流会，推动绍兴市与“一带一路”沿线国家政府机构、商协会组织和跨国公司的交流合作。组织会员企业参加中国（昆山）品牌产品进口交易会、东北亚健康产业博览会等国内重要展会和活动。宁波市、温州市、瓯海区等国际商会与金融保险机构、外资银行和互联网专业平台服务商签订战略合作协议，实现资源共享，助推企业发展。

【贸促会深化改革】 2018年6月12日，省委、省政府印发《浙江省贸促会深化改革方案》，成为全国最早出台的贸促会改革方案。省贸促会先后两次赴11个市调研指导，推动各市加快深化改革工作，推进贸促会机构建设。全省贸促会机构覆盖面进一步扩大，年内新成立常山、开化、云和3个县级贸促会，全省贸促会机构累计91个。

【浙江企业代表团访问新西兰等国家】 2018年5月23—30日，省贸促会组织由省内69家企业116人组成的代表团访问新西兰、澳大利亚和斐济。访问期间，举办贸易投资洽谈会、双边交流会、实务说明会7场。开展对接洽谈455场次，达成合作项目81个、金额9312万美元，达成合作意向106个、意向金额1.22亿美元。省贸促会分别与新西兰新中贸易协会、澳大利亚中国工商业委员会新南威尔士州分会签订友好合作协议。

【浙江省经贸代表团访问加拿大和美国】 2018年9月16—24日，省贸促会组织省内16家企业组成经贸代表团访问加拿大和美国。访问期间，先后举办产业对接系列活动，进行对接洽谈46场，达成合作意向4项，涉及金额1012万美元。省贸促会与加拿大不列颠哥伦比亚省就业、贸易及科技厅，加拿大国际贸易促进会，加拿大中国科技协会和加拿大中国商会签署合作备忘录。

【浙江企业代表团访问埃塞俄比亚和肯尼亚】 2018年11月21—29日，省贸促会组织省内56家企业100人组成经贸代表团访问埃塞俄比亚和肯尼亚。访问期间，先后举办贸易投资洽谈系列活动，开展对接380场次，达成合作项目48个，总金额4519万美元。达成合作意向项目69个，意向总金额9123万美元。

【各设区市经贸交流活动】 2018年，浙江省各市贸促会主动参与“一带一路”建设，举办形式多样的经贸交流活动。杭州市贸促会组织政企代表团赴斯里兰卡、印度举办大型推介会2场和企业座谈会4场；宁波市贸促会举办第五届中国—中东欧国家商会商务合作大会暨“一带一路”国家商会宁波联盟峰会，启动成立“一带一路”国家商会联盟；温州市贸促会在印度尼西亚、柬埔寨举办温州特色产业经贸推介会、产业对接和双向投资交流会；湖州市贸促会举办“一带一路”20国经贸文化交流团、“一带一路”10国商协会高管湖州行等活动，并引进以色列高新技术项目孵化器落地吴兴区；绍兴市贸促会举办中日韩商协会合作暨新兴产业经贸投资合作峰会；金华市贸促会组织“金华品牌丝路行”香港站、泰国站和沙特站活动，并举办联合国采购官走进金华对接会；衢州市贸促会举办以“共建一带一路、推动衢非合作”为主题的中国（衢州）·非洲国际贸易投资洽谈会。

【中国浙江名品（巴拿马）展览会】 2018年6月14—16日在巴拿马首都巴拿马城举行。展览会由浙江省贸促会与巴拿马农工商会共同主办。巴拿马商业与工业部副部长冈萨雷斯、巴拿马农工商会会长巴列塔，中国驻巴拿马大使馆政务参赞刘波、省贸促会会长吴桂英出席开幕式并致辞。省贸促会组织参展企业70家，设立展位100个，展出面积2500平方米，展品涉及五金建材、电子类、设备工具、汽配、礼品与工艺品、纺织类、家电与消费品等。展览期间，先后接待采购商和专业观众2555人次，洽谈项目610个，现场成交额194.4万美元，达成出口意向2670万美元。

【中国浙江—古巴贸易投资洽谈会】 2018年6月18日在古巴首都哈瓦那举行。古巴国家商会副会长鲁本、浙江省贸促会会长吴桂英出席洽谈会并致辞。中国驻古巴大使馆商务参赞洪晓和浙江省人大、省政府及省市相关部门负责人，古巴外贸投资部亚太处处长威尔玛、古巴国家商会国际合作部部长塞莉娅及来自浙江与古巴贸易机构、工商界人士和企业代表200多人参加开幕式。省贸促会与古巴国家商会签订友好合作协议。洽谈会上，来自浙江省五金、日用品、水晶、汽车配件和面料等行业35家企业与近100家古巴企业进行交流，洽谈项目45个，达成产品贸易、项目投资、行业合作等意向金额21.2万美元。

【中国浙江—古巴马坦萨斯经贸交流会】 2018年6月19日在古巴马坦萨斯省举行。马坦萨斯省人民政权大会主席达尼娅、浙江省贸促会会长吴桂英出席并致辞。马坦萨斯省人民政权大会副主席马里奥、办公厅主任鲁迪、国际关系办公室主任胡安娜，浙江省人大、省政府及省市相关部门负责人和企业家代表出席交流会。30多家浙江企业与20多家马坦萨斯企业围绕旅游、农牧业、油气、新能源等行业进行交流对接。

【中国浙江时尚创意精品（泰国）展览会】 2018年10月17—21日在泰国曼谷举行。展览会由浙江省贸促会举办，泰国商业部部长松迪拉特、副部长萨贡、秘书长布恩亚里特，泰国商业部国际贸易促进厅厅长班永姬、副厅长凡娜蓬，省人大常委会、省外侨办有关负责人等出席开幕式。省贸促会会长吴桂英出席并致辞。省贸促会组织参展企业70家、设立标准展位85个，涉及工艺品、礼品、服饰、家居、箱包、文具等行业。展览期间，接待采购商和专业观众5986人次，意向成交金额1595万美元。

【中国浙江—老挝贸易投资洽谈会】 2018年10月22日在老挝首都万象举行。洽谈会由省贸促会和老挝老中合作委员会共同主办。老中合作委员会副主席恳通·西苏翁、老挝国家工商会副主席占塔充·翁赛，省贸促会会长吴桂英出席并致辞。来自浙江和老挝的贸易投资机构、工商企业代表100多人参加，双方参会代表就石材、纺织面料及家纺等产品的贸易、技术合作进行洽谈。其间，省贸促会与老挝国家工商会签署友好合作协议，达成产品贸易、项目投资等意向合作项目28个，意向成交金额1537万美元。（省贸促会　章佳丽）

区域经济合作

【山海协作升级】 2018年，浙江省致力于打造山海协作升级版。山海协作工程工作机制基本建立，平台共建实现26个县全覆盖，结对合作不断深化，合作领域不断拓展。全年签订山海协作产业合作项目315个，到位资金520亿元，完成年度目标任务的130%。25个省级山海协作产业园固定资产投资351亿元，完成年度目标任务的176%。省委、省政府全面部署和推动打造山海协作升级版工作。市、县层面党政主要领导开展高层互访交流，商讨重点合作项目，签署新的合作协议。各市政府召开专题会议，

2018年6月14-16日，中国浙江名品（巴拿马）展览会在巴拿马城举行

（省贸促会　供图）

相继制订出台实施意见，压实工作责任。省级有关部门按照10个专题合作组年度重点工作计划，深化重大项目、绿色产业、生态环保、农旅融合、乡村振兴、科技人才、教育卫生、金融合作等领域工作。省发展改革委结合新一轮机构改革，重新调整省有关领导小组成员单位，加强职能处室的力量配备，杭州、宁波、湖州、嘉兴四市独立设置区域合作部门。各结对市深化结对关系，全省山海协作结对县从35对增加到54对。省委组织部全年安排35个经济强县100名干部到结对地区挂职锻炼，杭州、宁波两市在派出省定挂职干部之外，分别增派39名和57名干部人才到衢州、丽水挂职。

【山海协作平台共建】 2018年，省发展改革委以编制新一轮五年规划为契机，全面实施"标准地"和"亩均效益"综合评价工作，推进企业转型升级，招引大项目好项目。全年9个工业类产业园完成固定资产投资264亿元，招引项目103个，到位资金157亿元。按照"一园多点"发展布局，吸引社会资本参与产业园投资建设。年内，16个山海协作生态旅游文化产业园完成固定资产投资87亿元，招引项目92个，到位资金61亿元。全省开工建设山海协作"消薄飞地"10个，其中丽水与嘉兴、宁波开工建设"消薄飞地"7个，集体经济薄弱村受益600多个。各地稳步推进山海协作科创和工业"飞地"建设，衢州在杭州的海创园二期、柯城IPO产业园、浙江大学紫金众创小镇等"飞地"项目相继开园。

【农业产业扶持】 2018年，省发展改革委加大对农业产业的扶持力度。各经济强县农业龙头企业到衢州、丽水等地设立农业示范基地近100个，直接带动近1万户低收入农户实现增收。结对经济强县利用大型展会、电子商务平台或设立特色街区和销售窗口，提升"丽水山耕""开化龙顶"等品牌知名度。全年组织20多家衢州、丽水企业参加中国义乌国际小商品博览会山海协作专区，实现交易额3000多万元。深化公共服务领域合作。各结对市县重点在教育、医疗、文化等方面加强对接交流。全年实施群众增收和社会事业项目200个，落实援建资金1.28亿元。开展干部和职业技能培训。经济强市县支持衢州、丽水等市县建立山海协作培训基地20个，培训劳动力4.77万人次。嘉兴市利用"红船学院"资源，连续10年为丽水市举办农村致富带头人培训班。 （省发展改革委　赵　黎）

【东西部扶贫协作】 2018年，浙江省在组织领导、人才支援、资金支持、产业合作、劳务协作、携手奔小康等方面综合施策，推进东西部扶贫协作工作，助力对口帮扶地区脱贫攻坚。全年向四川、贵州、湖北、吉林四省援助财政资金28.31亿元。其中，援助四川省13.72亿元，向四川省选派干部99人，选派技术人员812人，为四川省培养专业技术团队212个，引进、填补四川省贫困地区技术空白234项。四川省贫困人员到浙江省就业2.54万人，浙江省帮助四川省贫困人员就近就地就业1.69万人。全年浙江省跨省域调入增减挂钩节余指标1694.5公顷，调剂资金总额148.24亿元。

【扶贫协作联席会议制度】 2018年，浙江省与四川省建立扶贫协作联席会议制度，及时召开联席会议，交流新情况，谋划新举措，解决新问题。全年召开高层联席会议4次。浙江省委、省政府主要领导多次听取专题汇报，召开省委常委会、省政府常务会议、领导小组会议等专题会议进行研究部署东西部扶贫协作9次。出台《关于浙江省助力东西部扶贫协作地区脱贫攻坚实施意见》《浙江省支持深度贫困地区脱贫攻坚实施方案》，实施资金支持、民生项目、特色产业、人才支持、劳务协作、企业帮扶、社会合力推进七大帮扶行动，明确各项工作向深度贫困地区重点倾斜。印发《关于做好我省对口帮扶地区残疾人扶贫协作工作的通知》，明确残疾人帮扶总体要求、帮扶重点和保障措施。浙江省与四川省共同出台《浙江省扶贫协作四川省26个贫困县三年行动实施方案（2018—2020年）》。

【财政援助资金28.31亿元】 2018年，浙江省拨付东西部扶贫协作财政援助资金28.31亿元，重点用于产业、民生、人才、劳务协作等方面。提供智力支持，选派2087名挂职干部和专业技术人员到帮扶地区挂职，组织培训西部干部人才6.62万人次。深化产业合作，引导405家企业到对口帮扶地区投资，实际到位投资184亿元。加强劳务协作，帮助13.57万名四川省贫困人口在浙江省就业，帮助3.6万名贫困人口就近就业，接收1440名建档立卡贫困学生到浙江省就读职业院校。携手奔小康方面，全省293所医院、549所学校、393个乡镇（街道）、1338家企业、512个经济强村与帮扶地区的医院、学校、乡镇（街道）和贫困村进行结对帮扶。

【扶贫经贸合作】 2018年，浙江省组织引导212家企业到四川省开展扶贫协作工作，实际投入扶贫协作资金100.56亿元。浙江省与四川省双方共建产业园13个，入园企业70家，投入资金17亿元，带动贫困人口脱贫2.5万人，其中企业吸纳8700人，通过利益联结机制带动脱贫数1.66万人。浙江省采购、销售四川省农产品、手工艺品金额3.47亿元，通过消费扶贫带动1.46万人增收。嘉兴市与宜宾市共建海屏纺织产业园，年内有6个浙江项目落户产业园，总投资28.2亿元。嘉善县与九寨沟县、嘉兴南湖区与若尔盖县共建跨省"飞地"产业园，为60个贫困村带来收益约3200万元。

【扶贫协作考察对接】 2018年5月5日，浙江省委书记车俊率代表团赴贵州考察并对接东西部扶贫协作工作。5月24日，省委副书记、省长袁家军率代表团赴四川考察并对接东西部扶贫协作工作。10月18日，四川省委书记彭清华率代表团赴浙江考察东西部扶贫协作工作。年内，浙江省委常委、常务副省长冯飞赴四川、湖北、贵州、新疆、西藏、吉林等省、自治区考察对接。浙江省承担结对任务的9个市、56个县的主要领导均赴四川省对口市、县考察对接，其中市级领导91人次。

【社会扶贫】 2018年，浙江省蓝美农业有限公司在四川省8个县打造蓝莓基地，助力建档贫困人员通过蓝莓增收致富。绍兴市采取“五专”（商场专区、线上专馆、超市专柜、食堂专供、农副产品专场）和“五走进”（进商场、进线上、进超市、进机关、进市场）等形式，举办“边货入城·越商走马”等特色农产品展销会17场，销售额超过2000万元。嘉兴市组织“衣暖人心、情系西部”大型社会捐助活动，11个商（协）会、367家企业参与，筹集社会帮扶资金4475万元。传化集团有限公司成立传化慈善基金会，启动传化健康扶贫行动，计划从2018年起的3年内，资助2亿元，援建“传化·安心卫生室”1000所，服务贫困人口150万人；年内资助7000多万元，在贵州省雷山县和云南省泸水县、福贡县等地援建“传化·安心卫生室”350所。浙江新湖集团股份有限公司发起设立1亿元的“浙江新湖慈善基金”，重点开展“新湖乡村幼儿园计划”，在贫困地区发展学前教育。深化“万企帮万村”活动，组织761家企业与827个贫困村结对。开展贫困村创业致富带头人培训6643人次，创业成功616人，带动贫困人口参与1.02万人。保亿集团有限公司与四川省汶川县索桥村结对，无偿出资2000万元，帮助羌族贫困村打造乡村振兴示范村。浙江省有医院107所、学校114所、乡镇（街道）103个、经济强村110个与四川省开展结对。

【专项扶贫】 2018年，浙江省统筹推进消费扶贫、电商扶贫、旅游扶贫、电力扶贫等专项扶贫，因地制宜帮助对口帮扶地区发展经济。利用中国浙江投资贸易洽谈会、浙江农业博览会、中国义乌国际小商品博览会、中国义乌国际森林产品博览会等平台，免费提供展位展示销售对口帮扶地区特色农产品，并帮助开辟超市、商场、专卖店、单位食堂等销售渠道，全年采购对口帮扶地区农特产品11.7亿元。发挥淘宝、天猫、网易严选、赶街网等电子商务平台和乌镇互联网大会等优势，帮助对口帮扶地区发展电子商务产业，指导建设电子商务网店，开展电子商务业务培训，年内通过电子商务渠道销售中西部地区农特产品584亿元。全省省、市、县三级联动出台支持政策，鼓励机关企事业单位职工赴对口地区开展疗休养，开辟杭州—阿克苏、宁波—黔西南、宁波—延边、温州—阿坝等空中航线，组织3万人次赴对口帮扶地区开展旅游和疗休养。全年向对口帮扶的四川省购买富余电量10亿度。

（省发展改革委　陈金炜）

【长三角区域一体化发展规划】 2018年，省委将推进长三角一体化发展作为年度大事，提出要全省域、全方位融入长三角一体化发展。省发展改革委编制《长江三角洲区域一体化发展规划纲要》，系统研究梳理浙江的特色优势，推动全省“四大”建设、“一带一路”枢纽数字经济、民营经济、“最多跑一次”改革等决策部署融入国家战略。共同制订《长三角一体化发展三年行动计划》，进一步明确务实推进一体化发展的任务书、时间表和路线图，建立重点任务跟踪系统与清单式、项目化推进机制，创新完善长三角“三级运作”合作机制。联合组建长三角区域合作办公室，浙江省派遣多名干部在上海集中办公，并共同创新主要领导座谈会模式。

【长三角区域基础设施互联互通推进】 2018年12月25日，杭黄铁路通车。全年浙江省持续推进商合杭、沪苏湖铁路建设和沪乍杭、杭临绩等项目前期工作。长三角三省一市共同签订《长三角地区打通省际断头路合作框架协议》，全省纳入协议断头路9条。浙江省海港投资运营集团有限公司与上海国际港务（集团）股份有限公司协商推进小洋山北合作开发。编制《长三角交通运输信息资源共享管理办法》，编制杭绍甬智慧高速总体方案和沪杭甬智慧化改造方案，共同签署《长三角地区治理货物运输车辆超限超载合作协议》。加快推进天然气浙沪联络线、浙苏联络线等跨区域合作项目建设。推动长三角量子保密通信干线网建设，共同推动一批5G试点城市建设。

【长三角区域创新产业协同发展】 2018年，长三角三省一市共同签署《长三角地区加快构建区域创新共同体战略合作协议》，推动技术市场资源共享、互融互通。协同推进长三角航空产业、集成电路产业发展，共建一批产业合作项目。推动张江长三角科技城、中新嘉善产业园、上海漕河泾开发区海宁分区等跨省产业合作园区建设，鼓励探索“共建共享共赢”新模式，推动产业资源在长三角地区市场化配置和双向流动。

【长三角区域生态环保联防共治】 2018年，长三角三省一市编制长三角区域空气质量深化治理、水污染防治协作实施方案，进一步强化大气、水污染防治专项协作平台联动。浙江、安徽签订新一轮新安江生态补偿协议，携手加强流域生态保护。共同签署《长三角区域环境保护领域实施信用联合奖惩合作备忘录》，全面提升长三角地区环保领域信用管理水平。

【长三角区域市场一体化水平提升】 2018年，长三角三省一市共同印发《长三角地区深化推进国家社会信用体系建设区域合作示范区行动方案（2018—2020年）》，基本建成“信用长三角”平台。加强就业创业、人力资源、工伤保险和劳动能力鉴定等方面区域合作，共同签署《三省一市人才服务战略合作框架协议》，推进人才互认共享和有效流动。推动金融市场一体化建设，加快推进德清长三角金融后台基地等平台建设。推动浙江自贸区与上海期货交易所签署战略合作协议，加强产品创新、交割仓库建设等方面合作。

【长三角区域公共服务普惠共享】 2018年12月13日，长三角三省一市共同签署《长三角地区教育更高质量一体化发展战略协作框架协议》。在全国率先构建区域联动的食品安全信息追溯体系，参与制订长三角《食品和食用农产品信息追溯》地方标准。浙江省省本级、嘉兴市、宁波市率先成为长三角地区异地就医门诊费用直接结算首批试点统筹区，与上海部分医院和社区卫生服务中心实现互联互通，门诊费用可按规定直接拉卡结算。上海、杭州、宁波市民可使用当地地铁官方手机应用无障碍异地乘坐地铁。

（省发展改革委　王美君）

民营经济
Private Economy

综　述

【概况】 2018年末，浙江省654.23万户市场主体中，有在册内资私营企业204.72万家，比上年增长14.2%，注册资本35.16万亿元，增长125.7%。个体工商户422.63万户，增长8.5%，资金数额3943亿元，增长18.8%。农民专业合作社6.26万户，下降3.9%。全年全省注册登记的新设企业44.33万家，增长14.8%。其中，新设私营企业40.58万家，增长11.2%，注册资本23.09万亿元，增长4.89倍；新设个体工商户78.82万户，增长6.5%；资金数额1017.85亿元，增长17.5%。新设农民专业合作社2336家，下降29.6%，注册资本36亿元，下降22.2%。新设私营企业中，注册资本50万元以下、50万元～100万元、100万元～500万元、500万元～1000万元、1000万元以上的企业分别为6.93万家、5.40万家、17.19万家、3.54万家和5.24万家。注销退出企业增加。全年全省注销私营企业13.0万家，增长66.1%。注销个体工商户45.83万户，增长26.8%。注销农民专业合作社4648户，增长89.1%。全省对外贸易民营小微企业总体平稳增长，全年外贸民营小微企业（年出口额在300万美元以下的企业）出口总额2946.3亿元，增长29.9%，占全省外贸出口总额的13.7%。有出口实绩的企业增加5211家，增长8.0%。新设小微企业36.3万家，比上年增加5.6万家，增长18.3%，新设小微企业中，民营企业占99%，服务业企业占82%。

【百强民营企业加快发展】 2018年，全省百强民营企业营业收入3.7万亿元，比上年增长16.8%。百强民营企业中，有96家销售收入超过上年，增加7家，百强民营企业净资产总额首次突破1万亿元，达10018.49亿元，增长5.9%；净利润1300.79亿元，增长13.6%。千亿级“航母企业”扩容，销售额突破1000亿元的企业从上年度的4家增加到8家，其中浙江吉利控股集团有限公司等8家“航母企业”，营业收入1.16万亿元，占百强民营企业营业收入的31.3%，增长24.8%。千亿级大企业成为展现浙江民营经济实力的核心群体。新进入百强民营企业榜单11家，其中绍兴的露笑集团有限公司通过兼并收购，完成在新能源汽车领域、光伏行业的战略布局。温州的人本集团有限公司打造基础部件与装备的高端配套，是国内唯一能够批量配套整车全系列轴承的企业。上年度的百强民营企业中有11家因经营不善、过度扩张或创新步伐过慢等原因无缘新的榜单。全年百强民营企业中投入研发及技术改造资金550.04亿元，增长6.8%，其中浙江吉利控股集团有限公司以182.7亿元的研发及技术改造资金投入居首位。全省大型民营企业主要集中在杭州、宁波、绍兴等大湾区城市，占据榜单百强数的70%。杭州上榜企业以36家的入围数量领跑全省。在前十强民营企业中，杭州占6家。

【重点产业小微企业发展】 2018年，省政府启动实施数字经济“一号工程”，推出数字经济5年倍增计划。数字经济产业主体快速增加，全年数字经济产业新设小微企业3.2万家，比上年增长32.2%，数字经济产业小微企业14.5万家，占小微企业总数的8.9%。全省新设小微企业杭州占44.7%。全省信息、环保、健康、旅游、时尚、金融、高端装备制造、文化八大万亿产业新设小微企业10.6万家，增长22.0%。八大万亿产业小微企业带动就业628.4万人，增长32.3%；带动投资注册资本10.7万亿元，增长62.2%。其中，文化产业新设小微企业3.5万家，增长55.5%，规模以上文化及相关特色产业营业收入增长12.3%。

【传统制造业改造提升】 2018年，全省通过智能化技术改造、“浙江制造”标准和品牌培育、产业链集群化发展等举措，十大传统制造业淘汰落后产能工作加快。全省传统制造业领域实施重点技改项目2000个，新增工业机器人8544台。淘汰1204家企业落后产能，整治24331家“低散乱”企业（作坊），处置“僵尸企业”301家。湖州织里镇推进传统童装产业升级，将新技术、新业态运用于设计、生产、仓储、库存、销售等环节。织里镇新设1288家企业中，主营童装制造企业和网上童装销售企业各占三分之一。全年全省规模以上工业企业中，传统制造业增加值增长6.0%，利润增长7.2%，增速比规模以上工业企业高出1.9个百分点。

【小微企业技术创新】 2018年，全省发放创新券金额11.44亿元，比上年增长91.6%，面向小微企业开展标准创新和质量提升活动306次，小微企业享受开放实验室服务7.6万批次，增长11.5%；直接减负1.4亿元，增长23%。至年末，省级以上科技企业孵化器167个，增加31个；各类省级以上众创空间369家，入驻企业6470家，平均每家企业享受面积264平方米，增长6.8%。创新型主体数量进一步增加，全年新认定科技型小微企业9736家，增长20.7%，累计1.83万家；新纳入浙江制造品牌培育计划小微企业53家，累计303家；新增省AAA级“守合同重信用”小微企业63家。全年规模以上工业小微企业技术（研究）开发投入520亿元，增长38.8%，提升16.9个百分点；技术研究研发费用占主营业务收入的1.74%，提升0.34个百分点。规模以上小微企业新产品产值7812亿元，增长24.2%，新产品产值率26.2%，提升2.8个百分点。

（省市场监管局　杨　思）

营商环境优化

【概况】 2018年，省委、省政府为建立健全支持民营企业政策体系，发挥政策“风向标”作用，出台《关于进一步促进民营经济高质量发展的实施意见》，深化“最多跑一次”改革，加快推进小微企业园高质量发展。在下半年经济下行压力加大，贸易摩擦加剧的情况下，推出进一步减轻企业负担、增加企业竞争力、优化营商环境、口岸提效降费行动计划。省市场监管部门出台服务民营经济高质量发展举措20条，扶持小微企业成长，并举行浙江民营企业双对接活动，对接科技和金融，实现高质量发展。省经信部门制订“雏鹰行动”实施方案，加快培育“小升规”和“隐形冠军”企业。省科技部门围绕高新技术企业“双倍增”发展目标，开展“千企攀高”行动，不断增大科技型企业群体规模。省商务部门从开拓多元化市场、支持金融保险和加大出口退税等方面提出应对举措。各级政府在企业要素资源配套、“放管服改革”、人才保障等方面出台更有针对性、更可操作的政策意见。杭州出台28条措施打造“热带雨林式”营商环境，宁波开展全面质量提升行动打造“质优宁波”。全省在册市场主体654.23万户，比上年增长10.3%；新设市场主体数123.4万户，增长9.2%。全年日均登记市场主体4936户（以一年工作日250天计算）。至年末，涉及大湾区规划地域在册企业占全省企业总数的84.1%，其中新登记企业35.6万户，占80.4%。中国（浙江）自由贸易试验区对舟山地区的带动效应显现。全年舟山新登记企业1万户，增长51.3%，增幅居全省首位。金华新登记企业6.9万户，增长30.8%，增幅居全省第二位。

【普惠金融助力小微企业】 2018年，全省金融主管机构和地方政府强化宏观指导，加大支持小微企业信贷投放和直接融资力度，全省小微企业贷款余额2.3万亿元，比上年增长2.1倍，占全部企业贷款余额的40%，占比居全国第一位。银行业新增小微企业贷款1499.84亿元，增长69.6%，省政府产业基金投向小微企业项目3129个，撬动社会资本投资1272.87亿元。浙江股权交易中心挂牌小微企业新增融资4亿元。金融服务体系进一步完善，面向小微企业的金融机构体系逐步建立，大型银行在浙江分行均建立普惠金融事业部。全省新增小微企业专营支行79家，累计553家；社区银行累计512家。银行机构应用移动互联网、大数据分析、生物特征识别等新一代信息技术，开发面向小微企业的移动金融服务，主要普惠金融产品有“小微快贷”“小微网贷”“银税互动”“银商合作·守信贷”。其中“银商合作·守信贷”试点开发小微企业云平台和信用宝，向小微企业发放贷款近40亿元。省、市、县三级建立政策性融资担保机构111家，基本实现政策性融资担保体系县（市、区）全覆盖，年末融资担保余额159.5亿元。全年累计发放再贷款再贴现414.7亿元，惠及全省农户及小微企业7.7万户，法人机构小微企业申请贷款获得率98.26%，提升1.69个百分点。

（省市场监管局　杨　思）

个体私营经济

【私营经济】 2018年，全省实现“个转企”（个体工商户依法重新登记为有限公司、个人独资企业或合伙企业）2.75万家，企业占所有市场主体的比例由上年末的33.1%提高至34.3%。新设立小微企业中，公司制企业占91.6%。新增“小升规”（中小企业、小微企业转型升级为规模以上企业）企业6148家，新增股份制公司2436家，浙江股权交易中心新增挂牌小微企业1363家，新增上市公司28家，全省新增上市民营企业数量首次超过广东，仅次于江苏列全国各省市第二位。至年末，全省私营企业204.72万家，占所有企业总数的91.2%，新设私营企业占所有新设企业总数的91.5%。

【个体工商户】 2018年末，全省个体工商户422.63万户，占各类市场主体的64.7%，下降1个百分点。新登记个体工商户占新设各类市场主体的63.9%，下降1.6个百分点。从产业分布看，新登记个体工商户中，第一产业占1.6%，第二产业占11.4%，第三产业占87.0%。其中，制造业新登记个体工商户8.17万家，下降10.4%；资金数额109.3亿元，与上年持平。从地区分布情况来看，新登记个体工商户最多的是金华、温州、杭州和宁波，分别为13.6万户、12.1万户、10.9万户和10.2万户，增长最快的是舟山、金华、杭州和丽水，分别增长26.0%、20.8%、13.4%和10.9%。

（省市场监管局　杨　思）

重点民营企业选介

【贝达药业股份有限公司】 2018年，贝达药业股份有限公司（简称贝达药业）营业规模12.24亿元，总资产34.6亿元，利税2.52亿元。贝达药业主营产品盐酸埃克替尼销售量达104.7万盒，比上年增长30.5%，实现营业收入12.24亿元，增长19.3%，缴纳税款1.58亿元。市场份额连续4年超过同类进口药，累计受益近20万人，贝达药业成为中国肺癌靶向治疗领域的领跑者。贝达药业重视新药研发，全年投入科研资金5.9亿元，占营业收入的48.2%，在研项目30多项，药品涵盖肺癌、肾癌、乳腺癌等肿瘤适应症。

贝达药业成立于2003年，是由一群海归高科技人才团队创办的、以自主知识产权新药研发为核心，集研发、生产、营销于一体的国家级高新技术企业，2016年在深圳创业板上市。有员工1200多人，其中研发人员300多人，7名人才入选国家“千人计划”，8名人才入选浙江省“千人计划”。贝达药业研发出中国第一个小分子靶向抗癌药——盐酸埃克替尼（凯美纳），填补国内空白，被誉为堪比民生领域“两弹一星”的重大科技成果。

【浙江吉利控股集团有限公司】 2018年，浙江吉利控股集团有限公司（简称吉利集团）营业规模3285亿元，总资产3334亿元，利税388亿元，全球员工总数12万人，居全球汽车集团排名第13位。吉利集团旗下吉利与沃尔沃两个汽车品牌实现总销量214.3万辆，比上年增长18%。其中，沃尔沃汽车全球销量64.2万辆（国内销量13.1万辆，增长14.1%），增长12.4%；吉利汽车（含领克）销量150.1万辆，增长20.3%。2月24日，吉利集团宣布通过旗下海外企业主体收购戴姆勒股份公司9.69%具有表决权的股份，成为戴姆勒股份公司最大的单一股东。

【天能电池集团股份有限公司】 2018年，天能电池集团股份有限公司（简称天能集团）营业规模1321亿元，利税38.42亿元。天能集团居全球新能源企业500强第15位、中国企业500强第143位、中国民营企业500强第32位、中国电池行业百强企业第1位（全球第2位），为湖州市排名首位的金象企业和纳税大户，获浙江省政府质量奖团队奖，公司有绿色供应链管理示范企业2家、国家级绿色工厂2家、绿色设计产品8项。

天能集团成立于1986年，是以新能源动力电池制造为主，集锂离子电池、智慧能源、新能源材料及废电池再生资源回收、循环利用等新能源的研发、生产、销售于一体的实业集团。天能集团有浙江、江苏、安徽、河南、贵州5省十大生产基地，40家国内全资子公司，员工近2万人，总资产150亿元，其主导产品产销量连续18年稳居行业首位。

【万事利集团有限公司】 2018年，万事利集团有限公司（简称万事利集团）营业规模82.73亿元，总资产72.62亿元，税收1.76亿元，净利润2.48亿元。万事利集团凭借自主研发的基于大数据、云计算的IART核心技术，其丝绸产品与法国酩悦·轩尼诗—路易·威登集团实现合作生产。万事利"超薄丝织面料"织造技术先进，其主导仿制成功的"直裾素纱禅衣"面世，重量45.5克，比出土原件的49克轻3.5克。

万事利集团创办于1975年，是一家以丝绸纺织、文化创意为主业，辅以生物科技、资产经营、金融管理等产业的现代企业集团，是中国企业界唯一同时服务过"一带一路"高峰论坛、G20杭州峰会、厦门金砖国家领导人会晤、亚太经济合作组织（APEC）会议、北京奥运会、上海世博会和广州亚运会的企业，连续10多年位列"中国民营企业500强"。

【万向集团公司】 2018年，万向集团公司（简称万向集团）营业规模1121亿元，利税60亿元。万向集团"四个一万工程"（在全国9个省100个市县资助1万名孤儿、1万名特困生、1万名残疾儿童、1万名孤寡老人）覆盖20个省、市、自治区214个县（市、区），受助4.52万人次。公益慈善事业累计支出12.6亿元。万向集团资助"十万强"（十万人留学中国计划）项目53个，1270名美国师生、学者到中国学习交流。12月18日，党中央、国务院授予鲁冠球"乡镇企业改革发展的先行者"改革先锋称号。

万向集团创建于1969年，主业为汽车零部件、清洁能源，员工超过3万人，是国家双创示范企业国务院120家试点企业集团和国家520户重点企业中唯一的汽车零部件企业，企业获中国工业大奖，产品获中国世界名牌。

【网易（杭州）网络有限公司】 2018年，网易（杭州）网络有限公司（简称网易杭州）营业规模242.7亿元，总资产276.63亿元，利税161.62亿元。有员工6344人，其中博士92人、硕士2243人，本科以上学历占公司员工总数的92%。

网易杭州成立于2006年6月，注册资本1.38亿美元，是一家依托网易大平台组建的高科技服务企业，是网易集团唯一的公共技术研发基地。主要从事互联网、移动互联网、互联网+、云计算、大数据及人工智能等领域的技术研发，为终端用户提供娱乐、教育、电商、通讯等产品和服务，并为智能制造、在线教育、智慧医疗、互联网金融等行业企业提供信息化、智能化提升改造的整体解决方案。网易杭州是国内领先的互联网技术公司，在全中文大容量的免费邮件系统、网上虚拟社区、跨境电商、在线教育等领域始终保持国内业界领先地位。

【西子联合控股有限公司】 2018年，西子联合控股有限公司（简称西子联合）营业规模221亿元，总资产408亿元，利税44.2亿元。

西子联合创立于1981年，是一家以装备制造为主，跨行业经营的综合型企业集团。产业涵盖电梯、电梯部件、立体停车库、起重机、钢结构、锅炉、航空制造等领域，连续15年居中国民营企业500强、中国制造业企业500强，注册资本5.8亿元，员工近1万人。在节能电梯、电梯部件、立体车库、余热锅炉业务方面居全国领先地位，开发永磁同步无齿轮电梯主机，掌握航空零部件关键制造技术与复合材料加工技术，并主导国内余热锅炉技术标准制订和应用推广，是改革开放以来本土化培育和发展起来的时代企业。

【正泰集团股份有限公司】 2018年，正泰集团股份有限公司（简称正泰集团）营业规模700亿元，比上年增长17%；净利润65亿元，增长20.5%；海外收入87亿元，增长超过30%；资产总额650亿元。正泰集团全球员工超过3万名，位列亚洲上市公司50强、中国民营企业500强第95位。

正泰集团始创于1984年，是国内工业电器龙头企业和新能源领军企业，是全球知名的智慧能源解决方案提供商。产业覆盖"发、输、储、变、配、用"电力设备全产业链，并布局城市轨道交通、能源装备制造业、储能新材料、能源互联网、投融资平台与企业孵化园等领域。产品进入欧洲、亚洲、非洲和中东等国际主配套市场，覆盖世界140多个国家和地区。

（省经信厅　罗仁宏）

科学技术
Science and Technology

综　述

【概述】 2018年,浙江省作为全国首批技术创新工程建设试点省、全国首批创新型试点省、全国农村信息化建设示范省和全国科技成果转移转化示范省,全省高新技术产业增加值7542.9亿元,比上年增长9.4%,对规模以上工业增长的贡献率70.4%;规模以上工业新产品产值2.5万亿元,增长17.6%;技术市场交易额989.3亿元,增长60.9%;发明专利授权量3.26万件,增长13.3%。研发经费支出1445.7亿元,占GDP比重2.57%。浙江区域创新能力居全国第五位,综合科技进步水平居全国第六位,企业技术创新能力居全国第三位,知识产权和专利综合实力均居全国第四位,科技进步贡献率61.8%。年内,浙江“实施创新驱动发展战略、推进自主创新和发展高新技术产业”和“改善地方科研基础条件、优化科技创新环境、促进科技成果转移转化以及落实国家科技改革与发展重大政策”2项科技创新成果受到国务院表彰,是全国首个同一个年份获2项科技创新督查激励的省份。

【科技工作顶层设计】 2018年11月29日,省政府出台《关于全面加快科技创新,推动高质量发展的若干意见》(“科技新政50条”),提出打造“互联网+”和生命健康两大世界科技创新高地,构建“产学研用金、才政介美云”十联动创新创业生态系统的总目标及未来5年“五倍增、五提高”(全社会软件投入达到6700亿元、高新技术企业达到2万家、科技型中小企业达到6万家、技术交易额达到1200亿元、PCT国际专利申请量达到3000件,比上年翻一番;全社会研究与开发经费支出占地区生产总值的3%,每万名从业人员中研发人数达到130人/年,每万人发明专利拥有量达到25件,高新技术产业增加值占规模以上工业增加值比重高于50%,科技进步贡献率达到68%)的预期目标,打好“六招五十式”(具体指科技新政提出的六大方面50条的具体举措)的科技创新组合拳。聚焦“互联网+”、生命健康两大科创高地建设,制订《关于加快新一代人工智能创新发展的实施意见》《关于加快生命健康科技创新发展的实施意见》和加强基础研究、加强科研诚信建设、深化“三评”(项目评审、人才评价、机构评估)改革、提升科研绩效、深化科技奖励制度改革等政策。推进“最多跑一次”改革,规范统一全省科技系统“最多跑一次”事项233项,其中省级事项全部实现网上办理和数据共享。

【创新主体培育】 2018年,浙江省加强创新主体培育,深化科技体制改革。杭州高新技术企业培育、绍兴新昌县产学研协同创新、杭州滨江区海内外高层次人才创新创业和衢州“创新飞地”等科技体制改革经验在全省推广,“两市两县两区”(杭州市、嘉兴市,长兴县、新昌县,滨江区、余杭区)全面创新改革推进。绍兴、金华获批国家创新型城市,长兴、新昌、慈溪、乐清、安吉获批全国首批创新型县(市),创新型县(市)数量占全国的10%,居全国首位;安吉县、杭州上城区、临海市、常山县、嘉善县成为全省首批可持续发展创新示范区。

(省科技厅　李孙达)

科 技 创 新

【高能级科技创新平台体系建设】 2018年,浙江省加快之江实验室等重点实验室建设,之江实验室在工业互联网、人工智能芯片等领域启动九大自主科研项目,实验室园区一期工程奠基。加快探索并发挥“一体两核多点”(建立以省政府、浙江大学、阿里巴巴集团共同出资成立的之江实验室为一体,以浙江大学、阿里巴巴集团为双核,以国内外高校院所、央企民企优质创新资源为多点的组织架构)体制机制优势。宁波温州获批建设国家自主创新示范区,浙江省成为全国第二个拥有2个国家自主创新示范区的省份。省委、省政府召开宁波温州国家自主创新示范区建设推进大会,印发自主创新示范区建设若干意见。省科技厅制订并分解落实杭州城西科创大走廊年度工作计划和重点任务,制订《杭州城西科创大走廊专项资金管理使用办法》,科创大走廊保持快速、高质量发展态势。编制《G60科创走廊(浙江段)建设规划》。西湖大学设立。分别制定专项政策举措,推动西湖大学、北京航空航天大学杭州创新研究院等加快发展。浙江大学超重力离心模拟与实验装置获国家发展改革委批复为全省首个国家级重大科技基础设施项目。积极推进国家数据智能技术创新中心组建和CEPC—SPPC(环形正负电子对撞机—超级质子对撞机)项目落地工作。

【高新技术产业发展】 2018年,浙江省通过完善高新技术研发、高科技成果转化、高新技术产业化建设等工作体系,不断提升全省高新区创新发展水平。突出数字经济“一号工程”和“互联网+”、生命健康两大科技创新高地,紧扣八大万亿产业发展和“10+1”(纺织、服装、皮革、化工、化纤、造纸、橡胶塑料制品、非金属矿物制品、有色金属加工、农副食品加工等10个重点传统制造业和批发零售业)传统产业升级的技术需求,实施省自然科学基金重大项目24项、省重点研发计划项目426项,获国家基金项目立项2136项,落实项目经费11.6亿元。新认定省级重点实验室(工程技术研究中心)28个。深入实施科技企业“双倍增”(到2022年,全省高新技术企业达到2万家、科技型中小企业达到6万家,分别比2017年翻一番)计划。全年全省新增高新技术企业3162家、科技型中小企业1.05万家,新建省级企业研究院245家、高新技术企业研发中心497家。杭州高新区(滨江)综合评价居全国第3位,台州、舟山、金华省级高新区升级国家高新区工作有序推进。全省39家高新区实现规模以上工业增加值4450亿元,比上年增长9.7%,对全省规模以上工业增长的贡献率37.5%;实现高新技术产业增加值3243.2亿元,占全省规模以上工业增加值的43%,进一步引领全省产业结构的优化。联动推进产业创新服务综合体建设,省、市、县三级建设131家,其中省级48家。

【科技支撑乡村振兴和民生改善】2018年,省科技厅出台《浙江省创新驱动乡村振兴科技行动计划(2018—2022年)》,组织实施农业科技创新能力攀高等六大工程。省委、省政府召开科技特派员工作15周年总结表彰大会,省、市、县三级累计派遣个人科技特派员1.56万人次、法人科技特派员25家、团队科技特派员354个,推广新品种、新技术1.4万项次。全省获批国家级农业科技园区2个,新建省级农业科技园区15个、重点农业企业研究院11个、星创天地(众创空间在农村基层的一种表现形式,是"星火燎原,创新创业,科技顶天,服务立地"的简称,是农业科技创新创业服务平台和新型职业农民的"学校"和创新型农业企业家的"摇篮")34个。丽水推进创建国家农业高新技术产业示范区工作。分别成立感染性疾病、儿童健康与疾病、眼部疾病3个国家临床医学研究中心。深化科技助推蓝天保卫战行动,省科技厅出台《科技创新助推蓝天保卫战若干意见》,组建首席技术顾问团和百人专家库,赴基层常态化开展技术指导服务,助力打好"碧水、蓝天、净土、清废"4场硬仗。促进科技文化融合,建立省文化科技融合推进工作联席会议制度,创建国家文化和科技融合示范基地2个。

【科技合作与成果转化】 2018年,省科技厅推进国内外科技合作交流。与奥地利、比利时、芬兰签订科技合作备忘录,举办中国—中东欧创新合作大会、浙江—奥地利科技创新合作对接活动等,新建海外创新孵化中心11个、国际科技合作基地12个、海外研发中心4个、"一带一路"联合实验室(研究中心)8个。省政府与清华大学签署创新驱动发展备忘录,制订支持浙江清华长三角研究院发展的政策意见和考核办法。推进与中国工程院共建中国工程科技发展战略浙江研究院。加强与中央军委科技委的战略合作,推进军民融合协同创新中心建设,首次实施科技军民融合重点研发计划项目13个。推进长三角、长江经济带科技合作,做好东西部科技扶贫协作和对口支援工作。加快建设国家科技成果转移转化示范区。制定技术转移体系、国家技术产权交易所建设等政策,统筹推进线下科技大市场贯标和网上技术市场3.0版建设,完善科技成果市场化竞拍机制,全省各地举办科技成果路演拍卖22场,拍卖成交476项,成交金额6.2亿元。完善科技奖励制度,谋划设立"浙江科技大奖",修订省科学技术奖励办法和实施细则,引导社会力量设立各类科技奖。全年全省进行登记的科技成果6767个;应用技术类科技成果中,授权专利9090件,其中6417件专利为企业取得。

【创新创业生态环境优化】 2018年,浙江省完善科技人才政策,加大"人才新政25条""人才强省行动纲要33条"实施力度,印发《关于实行以增加知识价值为导向分配政策的实施意见》,健全科技人才分类评价机制,打破"四唯"(唯论文、唯职称、唯学历、唯奖项)倾向。全年新增国家"千人计划"人才114名、省"千人计划"人才210名,引进培育省领军型创新创业团队25个,入选国家创新人才推进计划37名(个)。促进科研仪器设备向社会开放共享。运行创新券2.0版,推进"长三角"通用通兑。新发放创新券11亿元,服务企业3.5万家次,降低企业等创新主体的创新创业成本。加强科技金融结合。推进建立20亿元规模的省创新引领基金,采用"贷款+保险保障+财政风险补偿"专利质押融资模式,推动科技企业科创板上市融资。深化打击假冒专利和电商领域专利保护专项行动,全国25个省、10个市加入协作执法网络。中国(浙江)知识产权保护中心成立。举办全省科技奖励大会、中国(浙江)创新创业大赛、"国家自然科学基金杰出科学家浙江行"、科技(科普)活动周等,营造追求卓越、严谨求实、尊重人才、尊重创造的文化环境。

(省科技厅 李孙达)

科技成果

【概况】 2018年,浙江省有25项科技成果获年度国家科学技术奖,其中主持完成7项;全省获省科学技术奖299项,其中一等奖28项、二等奖95项、三等奖176项。全省在基础研究、关键核心技术攻关等方面取得明显进步,多项科技成果达到国际先进水平,"互联网+"和生命健康两大世界科技创新高地建设处于领先地位,全省经济社会高质量发展的科技新引擎加快形成。省科学技术奖获奖项目累计产生直接经济效益2918亿元,间接经济效益3578亿元。

【数字经济核心技术国际领先】2018年,浙江省人工智能、大数据、云计算等数字经济核心技术达到国际领先水平。全省企业和高等院校瞄准世界科技前沿,研发出一批具有领先水平的先进技术。阿里云计算有限公司完成的"EB级大数据计算平台—MaxCompute2.0"项目,在数据计算能力评测中刷新6项世界纪录,并实现大规模商用,累计产生直接经济效益53.7亿元。浙江蚂蚁小微金融服务集团股份有限公司等单位完成的"互联网金融智能风控系统研发与应用"项目,首次大规模应用于终端与云端协同的风控架构,有效降低风控识别的长尾耗时和平均耗时,达到业界领先水平。项目应用有效保护互联网金融的资金安全,项目成果累计增加营业收入358.4亿元、利润16.7亿元。

【基础研究取得新成果】 2018年,浙江省基础研究水平持续提高。在省科学技术奖28项一等奖获奖项目中,自然科学奖7项。省内首个大科学装置超重力离心模拟与实验装置建设成果显现,产生1项一等奖。浙江大学完成的“沿海重大岩土工程超重力试验与安全防控关键技术及应用”项目获省科学技术进步奖一等奖，该校通过开展大量科学研究，其成果在国内60多个沿海重大岩土工程项目中应用，覆盖39%海上风电场和85%大跨越海上输电塔，累计实现经济效益1.67亿元，带动产生间接经济效益23.95亿元。其中“高分子组织再生材料的表界面设计及功能构筑”项目获省自然科学奖一等奖。

【高水平成果比重增加】 2018年，浙江省科研主攻方向高水平成果数量、质量均提高。生命健康领域科研成果在省科学技术奖全部授奖项目中占33.1%，其中一等奖10项，占35.7%，项目达到国际领先水平，产生明显的经济效益和社会效益。杭州朱养心药业有限公司等单位完成的“非布司他原料及制剂研发的关键技术与产业化”项目获省科学技术进步奖一等奖，在国内率先突破制约产业化的关键技术难题，实现非布司他原料药及片剂的产业化，产品质量标准高于国内外同类产品。累计新增销售收入2.1亿元，为患者节省医疗费用约6亿元。省科学技术奖增选的数字经济领域26个项目，获授权发明专利336件，平均每个项目拥有13件专利；获软件著作权和集成电路设计等其他知识产权214件，平均每个项目超过8件知识产权。

【企业创新主体地位巩固】 2018年，浙江省企业创新主体地位不断巩固。在省科技奖所有获奖项目中，企业为第一完成单位的项目131项，占获奖项目的43.8%；民营企业为第一完成单位的项目96项，占32.1%；产学研合作项目190项，占63.5%；累计产生直接经济效益2773亿元。浙江吉利控股集团有限公司等单位完成的“吉利博瑞中高级轿车的研发及产业化”项目，融入“智能、绿色、安全、舒适”的设计理念，研发出国内首款兼顾主、被动安全和智能辅助驾驶的B级车型，累计增加销售收入134亿元。浙江大学、横店集团东磁股份有限公司等单位合作完成的“高频宽温低功耗功率铁氧体生产关键技术与产业化”项目（省科学技术进步奖一等奖），通过长期产学研合作，解决高频条件下保持低功耗的世界性难题，达到国际领先水平，并实现规模化生产和广泛应用，累计增加产值27.18亿元、利税4.55亿元。 （省科技厅 李孙达）

表28 2018年度浙江省获国家科学技术奖项目（主持完成）

序号	奖项	等级	项目名称	主要完成人	主要完成单位
1	国家技术发明奖	二等	天然活性同系物的分子辨识分离新技术及应用	任其龙（浙江大学）、邢华斌（浙江大学）、钱国平（浙江花园生物高科股份有限公司）、鲍宗必（浙江大学）、杨启炜（浙江大学）、张治国（浙江大学）	
2	国家技术发明奖	二等	重大工程结构安全服役的高韧性纤维混凝土制备与应用关键技术	徐世烺（浙江大学）、李庆华（浙江大学）、谭恺炎（中国葛洲坝集团股份有限公司）、余江滔（同济大学）、陈志远（中国葛洲坝集团股份有限公司）、王振宇（浙江大学）	
3	国家技术发明奖	二等	取代芳胺系列产品绿色催化合成关键技术与工业应用	李小年（浙江工业大学）、陈新民（圣奥化学科技有限公司）、卢春山（浙江工业大学）、张群峰（浙江工业大学）、朱秀全（河北建新化工股份有限公司）、俞卫祥（浙江友联化学工业有限公司）	
4	国家科技进步奖	一等	复合地基理论、关键技术及工程应用	龚晓南、郑刚、谢永利、俞建霖、陈昌富、宋二祥、刘吉福、崔维孝、卢萌盟、邓亚光、刁钰、张玲、张宏光、徐日庆、吴慧明	浙江大学、天津大学、长安大学、湖南大学、清华大学、中国矿业大学、中国铁路设计集团有限公司、中国铁建港航局集团有限公司、江苏劲桩基础工程有限公司、浙江开天工程技术有限公司
5	国家科技进步奖	二等	泮托拉唑钠及制剂关键技术研究与产业化	胡富强、姚忠立、袁弘、洪利娅、张昀、郑国钢、黄雪惠、徐仲军、方国林、鄢丰	浙江大学、杭州中美华东制药有限公司、浙江省食品药品检验研究院、杭州华东医药集团新药研究院有限公司
6	国家科技进步奖	二等	废旧聚酯高效再生及纤维制备产业化集成技术	王华平、钱军、陈浩、金剑、戴泽新、王少博、陈烨、仝文奇、邢喜全、方叶青	宁波大发化纤有限公司、东华大学、海盐海利环保纤维有限公司、优彩环保资源科技股份有限公司、中国纺织科学研究院有限公司、中原工学院
7	国家科技进步奖	二等	我国原创细胞生长因子类蛋白药物关键技术突破、理论创新及产业化	李校堃、王晓杰、黄志锋、林丽、肖健、黄亚东、惠琦、方海洲、宋礼华	温州医科大学、珠海亿胜生物制药有限公司、安徽安科生物工程（集团）股份有限公司、广州暨南大学医药生物技术研究开发中心

（省科技厅 提供）

表29　2018年度浙江省获国家科学技术奖项目清单(参与完成)

序号	奖项	等级	项目名称	主要完成人	主要完成单位
1	国家技术发明奖	二等	均相离子膜制备关键技术及应用	徐铜文(中国科学技术大学)、刘兆明(山东天维膜技术有限公司)、金可勇(杭州水处理技术研究开发中心有限公司)、吴亮(中国科学技术大学)、汪耀明(中国科学技术大学)、高从堦(杭州水处理技术研究开发中心有限公司)	
2	国家技术发明奖	二等	高精度高强度中厚板结构件复合精冲成形技术与装备	华林(武汉理工大学)、刘艳雄(武汉理工大学)、毛华杰(武汉理工大学)、张勇(湖北三环锻压设备有限公司)、杨静刚(武汉泛洲机械制造有限公司)、励行根(宁波天生密封件有限公司)	
3	国家技术发明奖	二等	轨道交通永磁牵引系统关键技术研究与应用	冯江华(中车株洲电力机车研究所有限公司)、方攸同(浙江大学)、许峻峰(中车株洲电力机车研究所有限公司)、晏才松(中车株洲电机有限公司)、黄晓艳(浙江大学)、李益丰(株洲中车时代电气股份有限公司)	
4	国家技术发明奖	二等	地下工程穿越高速铁路的精细化控制技术及应用	周顺华(同济大学)、梁文灏(中铁第一勘察设计院集团有限公司)、肖军华(同济大学)、许伟书(中铁二十四局集团有限公司)、王炳龙(同济大学)、胡震敏(宏润建设集团股份有限公司)	
5	国家科技进步奖	二等	梨优质早、中熟新品种选育与高效育种技术创新	张绍铃、施泽彬、王迎涛、李秀根、吴俊、李勇、胡征龄、杨健、陶书田、戴美松	南京农业大学、浙江省农业科学院、中国农业科学院郑州果树研究所、河北省农林科学院石家庄果树研究所
6	国家科技进步奖	二等	猪抗病营养技术体系创建与应用	陈代文、车炼强、詹勇、吴德、余冰、虞洁、张克英、何军、韩继涛、张璐	四川农业大学、浙江大学、四川铁骑力士实业有限公司、新希望六和股份有限公司、通威股份有限公司、重庆优宝生物技术股份有限公司、福建傲农生物科技集团股份有限公司
7	国家科技进步奖	二等	稀乙烯增值转化高效催化剂及成套技术	杨为民,李网章,张凤美,李振民,贺胜如,刘文杰,张仲利,王瑾,韩言青,林亚祥	中国石油化工股份有限公司上海石油化工研究院,中石化洛阳工程有限公司,中国石油化工股份有限公司石油化工科学研究院,中国石化青岛炼油化工有限责任公司,中海石油宁波大榭石化有限公司
8	国家科技进步奖	二等	超大型水电站用金属结构关键材料成套技术开发应用	周德光、张熹、邹扬、刘国权、余雪松、万天明、李谦、张建中、翟泳、白学军	首钢集团有限公司、秦皇岛首秦金属材料有限公司、北京科技大学、中国水利水电第七工程局有限公司、中国电建集团华东勘测设计研究院有限公司、中国葛洲坝集团机械船舶有限公司、天津大桥焊材集团有限公司
9	国家科技进步奖	二等	异形全断面隧道掘进机设计制造关键技术及应用	李建斌、朱国力、赵华、龚国芳、王杜娟、贾连辉、肖艳秋、范磊、周建军、杨红军	中铁工程装备集团有限公司、华中科技大学、浙江大学、郑州轻工业学院、中铁隧道局集团有限公司、盾构及掘进技术国家重点实验室、中铁隧道股份有限公司

续表

序号	奖项	等级	项目名称	主要完成人	主要完成单位
10	国家科技进步奖	二等	复杂修形齿轮精密数控加工关键技术与装备	王时龙、李先广、李国龙、蒋林、曹华军、陈鹏、康玲、陈剑、李樟、张自凯	重庆大学、重庆机床(集团)有限责任公司、重庆齿轮箱有限责任公司、浙江双环传动机械股份有限公司、浙江万里扬股份有限公司、重庆蓝黛动力传动机械股份有限公司、綦江齿轮传动有限公司
11	国家科技进步奖	二等	汽轮机系列化减振阻尼叶片设计关键技术及应用	谢永慧、方宇、阳虹、张荻、毛汉忠、杨宇、范小平、陆伟、李国平、蓝吉兵	西安交通大学、东方电气集团东方汽轮机有限公司、上海电气电站设备有限公司上海汽轮机厂、杭州汽轮机股份有限公司、上海发电设备成套设计研究院有限责任公司、上海船舶设备研究所(中国船舶重工集团公司第七〇四研究所)
12	国家科技进步奖	二等	海气界面环境弱目标特性高灵敏度微波探测关键技术及装备	陈希、魏艳强、陈雪、毛科峰、李浩、张丰、张云海、杨毅、任迎新、刘媛媛	上海大学、中国人民解放军国防科技大学、北京无线电测量研究所、西安空间无线电技术研究所、浙江大学、宜昌测试技术研究所
13	国家科技进步奖	二等	大型屋盖及围护体系抗风防灾理论、关键技术和工程应用	杨庆山、蔡昭昀、陈波、林莉、黄国庆、狄谨、田玉基、吴明超、楼文娟、杨娜	北京交通大学、中冶建筑研究总院有限公司、重庆大学、中国京冶工程技术有限公司、浙江大学、西南交通大学、深圳市前海公共安全科学研究院有限公司
14	国家科技进步奖	二等	血栓性疾病的早期诊断和靶向治疗	胡豫、刘俊岭、梅恒、胡德胜、胡虎、唐亮、庞志清、石威、胡波、郑传胜	华中科技大学同济医学院附属协和医院、上海交通大学、浙江大学、复旦大学
15	国家科技进步奖	二等	内镜超声微创诊疗体系的建立与临床应用	孙思予、金震东、李兆申、许国强、令狐恩强、韦建宇、年卫东、王贵齐、郭瑾陶、葛楠	中国医科大学附属盛京医院、上海长海医院、浙江大学医学院附属第一医院、中国人民解放军总医院、南京微创医学科技股份有限公司、北京大学第一医院、中国医学科学院肿瘤医院
16	国家科技进步奖	二等	主要蔬菜卵菌病害关键防控技术研究与应用	张修国、刘西莉、王文桥、张敬泽、杨宇红、刘长远、高克祥、米庆华、李屹、刘杰	山东农业大学、中国农业大学、河北省农林科学院植物保护研究所、浙江大学、中国农业科学院蔬菜花卉研究所、辽宁省农业科学院、青岛中达农业科技有限公司
17	国家科技进步奖	二等	杀菌剂氰烯菌酯新靶标的发现及其产业化应用	周明国、马忠华、侯毅平、王洪雷、陈雨、杨荣明、段亚冰、刁亚梅、郑兆阳、关成宏	南京农业大学、浙江大学、江苏省农药研究所股份有限公司、安徽省农业科学院、江苏省植物保护植物检疫站、安徽省植物保护总站、黑龙江省农垦总局植保植检站
18	国家科技进步奖	二等	严重脊柱创伤修复关键技术的创新与推广	郝定均、宋跃明、贺宝荣、沈慧勇、徐荣明、胡勇、闫亮、许正伟、周劲松、谢恩	西安交通大学、四川大学华西医院、中山大学孙逸仙纪念医院、宁波明州医院有限公司、宁波市第六医院

（省科技厅　提供）

表30　2018年度浙江省自然科学奖项目一等奖

序号	编号	项目名称	完成单位	完成人
1	Z-1-001	高分子组织再生材料的表界面设计及功能构筑	浙江大学	高长有、毛峥伟、仝维鋆、马列
2	Z-1-002	亚波长结构对光电磁的调控与应用研究	浙江大学	何赛灵、马云贵、金毅、钱骏、叶余千
3	Z-1-003	稻飞虱翅型分化的分子机理	浙江大学	张传溪、徐海君、薛建、鲍艳原、程家安
4	Z-1-004	面向低品位热源的热声热机机理及系统优化研究	浙江大学	金滔、汤珂、陈国邦
5	Z-1-005	生物炭多级结构调控及其土壤固碳修复原理	浙江大学	陈宝梁、吴伟祥、朱利中、陈再明、肖欣
6	Z-1-006	视网膜色素变性的分子机理及干细胞研究	温州医科大学	金子兵、瞿佳、吕帆、吴金雨、黄秀峰
7	Z-1-007	调控慢性炎症防治代谢性疾病的机制和干预策略研究	温州医科大学	梁广、林灼锋、王怡、李校堃、刘志国

（省科技厅　提供）

表31　2018年度浙江省科学技术进步奖项目一等奖

序号	项目名称	完成单位	完成人
1	EB级大数据计算平台-MaxCompute 2.0	阿里云计算有限公司	王坚、关涛、林伟、侯震宇、冯骁、徐冬、张良模、孙莉莉、李睿博、吴永明、李雪峰、张轩丞、王映泉
2	面向复杂场景的跨时空多模态感知技术及应用	杭州海康威视数字技术股份有限公司	浦世亮、朱江、俞海、谢迪、武晓阳、范蒙、沈林杰、李林森、王滨、张世峰、毛芳党、于亮、陆展鸿
3	互联网金融智能风控系统研发与应用	浙江蚂蚁小微金融服务集团股份有限公司，阿里巴巴（中国）有限公司	赵闻飙、李俊奎、朱通、王维强、沈涛、冯春培、杨文波、周俊
4	面向城市大脑的大规模视觉并行异构计算平台及关键技术	阿里云计算有限公司	张建锋、华先胜、黄建强、邓兵、周昌、金仲明、沈旭、吴岳、郭莉琳、赖百胜、陈静远、张健松、王峰
5	面向海量高维异构电子支付数据的交易风险防控关键技术及应用	连连银通电子支付有限公司、浙江大学	林颜双、王灿、杜金龙、陈鑫亚、冯雁、曾晓敏、张坤、应骏
6	多源异构时空定位数据的关联分析平台及应用	浙江工业大学、银江股份有限公司、杭州交通卫星定位应用有限公司	梁荣华、李建元、陈朋、王辉、孙国道、吴越、贡伟、温晓岳、蒋莉、王海霞、柳展
7	Comware网络操作系统关键技术开发及应用	新华三技术有限公司	张弢、樊迟、朱国平、胡小龙、俞国平、林长望、叶金荣、鄢能、李昊、武建中、余卉、杨银柱、严德汗
8	白内障精准防治关键技术及策略的创新和推广	浙江大学医学院附属第二医院	姚克、申屠形超、徐雯、汤霞靖、朱亚楠、俞一波、王玮、傅秋黎、李谨予、鱼音慧、陈心怡、罗月球、王瑶
9	非布司他原料及制剂研发的关键技术与产业化	杭州朱养心药业有限公司、杭州华东医药集团新药研究院有限公司、杭州中美华东制药有限公司	唐建飞、吕裕斌、李阅东、潘福生、胡祖耀、杨建科、金燕芬、刘秋敏、卢建、雍春、周玉宝、谢厅、金美英
10	高效自动化全喂入联合收获机关键技术研究与应用	浙江大学、星光农机股份有限公司	童水光、钱菊平、从飞云、顾伟、童哲铭、冯涛、唐宁、张奋飞、余跃、朱云飞、张依东、凌吉生、朱鹏飞
11	微纳结构调控催化与新型制冷剂合成技术开发及产业化应用	浙江衢化氟化学有限公司、浙江巨化技术中心有限公司、浙江师范大学、浙江衢州巨新氟化工有限公司	周黎旸、洪江永、杨波、王爱国、张彦、雷俊、杨仲苗、朱伟东、余国军、李宏峰、施浩进、周华东、赵阳
12	高性能高可靠与高舒适电梯自主设计制造关键技术及产业化	浙江大学、森赫电梯股份有限公司、康力电梯股份有限公司、上海新时达电气股份有限公司、浙江西子富沃德电机有限公司	刘振宇、王琪冰、裘乐淼、张利春、王鹏、侯金刚、牛有权、程锦、裘迪、刘晓健、俞诚、李仁、孙恩涛
13	岩土环境安全监测的电磁测量传感技术及应用	中国计量大学	李青、童仁园、申屠南瑛、韩建强、孙叶青、王燕杰、施阁、李弘洋、池金谷

续表

序号	项目名称	完成单位	完成人
14	沿海重大岩土工程超重力试验与安全防控关键技术及应用	浙江大学	朱斌、陈云敏、周燕国，孔令刚、蒋建群、林伟岸、王路君、黄锦舒、孔德琼、黄根清
15	多重耐药菌耐药机制及防治策略研究	浙江大学	俞云松、蒋琰、阮陟、冯晔、杨青、华孝挺、陈衍、瞿婷婷、周华、傅鹰、周志慧、杜小幸、陈亚岗
16	吉利博瑞中高级轿车的研发及产业化	浙江吉利控股集团有限公司、浙江吉利汽车研究院有限公司	李传海、冯擎峰、刘卫国、付朝辉、辛鹏程、易新宇、金容成、顾鹏云、陈嘉伟、高朝乾、邱德平、孙立志、胡贤甫
17	超/特高压变电设备多源放电性故障监测与预警关键技术与应用	国网浙江省电力有限公司电力科学研究院、杭州柯林电气股份有限公司、西安交通大学、河南平高电气股份有限公司、国网浙江省电力有限公司金华供电公司	邵先军、詹江杨、何文林、张冠军、孙翔、刘浩军、何毅帆、徐嘉龙、朱明晓、徐华、谢东、赵寿生、穆海宝
18	空间钢结构试验与监测关键技术及工程应用	浙江大学	罗尧治、许贤、沈雁彬、苏亮、赵阳、邓华、姜涛、袁行飞、张治成、董石麟、肖南、高博青、俞锋
19	种养废弃生物质厌氧发酵与循环利用关键技术研发及应用	浙江科技学院、浙江大学、浙江农林大学、嘉兴职业技术学院、浙江省沼气太阳能科学研究所、衢州市土肥与农村能源技术推广站、杭州清城能源环保工程有限公司	单胜道、郑平、黄武、胡宝兰、向天勇、毛正荣、王志荣、虞方伯、宋成芳、张良佺、郭建博、骆林平、陈斌
20	竹笋贮藏与加工关键技术研究及应用	浙江大学、明良有限公司、浙江耕盛堂生态农业有限公司、城步锦龙农林科技开发有限责任公司、安吉老奶奶食品有限公司、安吉县皈山罐头食品厂（普通合伙）	罗自生、陆柏益、张英、徐艳群、李莉、黄伟素、宋丽丽、黄良富、伊奎鑫、张健、沈振明、陈双林、蔡路
21	高频宽温低功耗功率铁氧体生产关键技术与产业化	浙江大学、横店集团东磁股份有限公司、天通控股股份有限公司	严密、白国华、包大新、金佳莹、孙蒋平、马占华、杜阳忠、吴琛

（省科技厅　提供）

财政·税务
Finance·Taxation

财　政

【概况】 2018年，浙江省财政总收入11705.82亿元，比上年增长13.6%；一般公共预算收入6598.08亿元，增长13.7%。其中，税收收入5586.63亿元，增长11.6%。全省一般公共预算支出8627.51亿元，增长14.6%。省级一般公共预算收入310.97亿元，增长7.1%；省级一般公共预算支出576.95亿元，增长10.6%。全省及省级一般公共预算收支平衡。省级财政安排的转移支付1728.49亿元，其中一般性转移支付1073.64亿元，专项转移支付654.85亿元。全省政府性基金预算收入8736.56亿元，增长32.7%；支出9020.03亿元，增长36.3%；省级政府性基金预算收入82.06亿元，增长28.4%；支出95.03亿元，下降6.4%。全省和省级政府性基金预算收支平衡。全省国有资本经营预算收入81.27亿元，增长24.1%；支出50.07亿元，增长35.0%；省级国有资本经营预算收入36.48亿元，增长31.8%；支出22.72亿元，增长86.2%。全省和省级国有资本经营预算收支平衡。全省社会保险基金预算收入4812.43亿元，增长4.7%；支出4388.16亿元，增长11.3%；省级社会保险基金预算收入210.66亿元，下降12.5%；支出171.65亿元，增长20.2%。收支相抵，全省和省级社会保险基金收支分别结余369.97亿元和28.29亿元。

【财政保障经济社会平稳运行】 2018年，浙江省税收收入占一般公共预算收入84.7%，收入质量较好。在确保全省财政收入稳步增长的基础上，争取中央财政政策和资金支持，扩大政府可用财力。发挥集中财力办大事财政政策体系作用，打好财政收入可持续增长的基础。关注全省财政运行态势和税收征管体制改革带来的变化，做好收入分析、预测和监控工作。加快推进财政大数据建设，加强全省财政、税务数据信息共享。培育优质财源税源，应对全面落实减税降费政策带来的减收效应。推进自助缴款和财政票据按需自主取票改革试点，加强政府非税收入征管。至年末，全省各设区市均完成自助缴款、自主取票项目试点任务。强化土地、住房、海域和彩票公益金等重点非税收入监管。全年全省收缴政府非税收入9995.42亿元，其中纳入一般公共预算管理的非税收入1011.55亿元。增强“财为政服务”意识，保障各项民生事业发展资金需要，全省财政支出增量的三分之二以上用于民生。集中财力支持长三角一体化发展国家战略、“三大攻坚战”“富民强省十大行动计划”“八大万亿产业”等重大决策部署。贯彻落实中央和省委关于厉行节约各项规定，调整会议费、培训费管理有关规定，实行住宿、伙食经费预算总量和单项的双重管控，规范公务出差伙食费和差旅费报销规定。全年省级一般公共预算安排的“三公”经费支出下降3.8%。

【“三大攻坚战”财政保障】 2018年，全省财政部门推进“防范化解重大风险攻坚战”工作，防范和化解地方政府性债务风险。以“一市、县（市、区）一方案”为原则，编制防范化解地方政府隐性债务风险专项行动实施方案。创新提出融资平台公司转型“四个标准”，注资50亿元构建省级国有融资担保体系。完善考核问责机制，实行“六必问责”，稳妥有序化解债务风险。对政府投资项目实行“三个不得立项”，从源头上管控风险。强化精准脱贫资金保障。全省筹措资金24.61亿元，推进对口支援新疆、西藏、青海海西州建设；落实中央对口支援的决策部署，筹措资金28.31亿元，提高东西部扶贫标准。建立东西部扶贫协作市县投入统计制度，完善援助资金督查机制。省财政安排专项扶贫资金7.95亿元，争取中央财政扶贫专项资金2.74亿元，用于改善低收入农户生产生活条件。实施消除集体经济薄弱村三年行动计划，安排省级扶持资金1.29亿元，支持加快发展县壮大村级集体经济，全年消除集体经济薄弱村1118个。推进“污染防治攻坚战”。全年省财政兑现绿色发展财政奖补资金122.67亿元，支持“蓝天、碧水、净土、清废”四大行动；开展省内流域上下游横向生态补偿试点，在钱塘江流域干流、浦阳江流域上下游地区及金华市、台州市、丽水市部分市县建立横向生态补偿机制；推动跨省域横向生态补偿试点，签订新安江流域横向生态补偿第三轮试点协议；安排城镇生活垃圾和污水处理设施建设补助资金8.72亿元；入围全国山水林田湖草生态保护修复试点，获中央财政奖补资金10亿元。

【财政扶持新动能培育】 2018年，全省财政部门支持培育发展新动能，落实省数字经济五年倍增计划，推进数字经济“一号工程”实施。全年安排省工业与信息化发展财政专项资金12.2亿元，支持数字经济发展、制造强省建设、传统制造业改造提升等领域。安排资金8亿元支持之江实验室等重大科技创新平台建设；安排资金4.5亿元支持杭州城西科创大走廊建设；安排资金2亿元支持西湖大学建设。落实减税降费政策，巩固省定涉企行政事业性收费项目“零收费”成果，实施阶段性降低社会保险费率政策，全年新增减轻企业税费负担578亿元。年内增值税留抵退税84.28亿元。安排财政资金3.23亿元，支持市、县（市、区）创建“1+X”产业创新服务综合体11个；落实首台套产品和“浙江制造精品”政府首购制度，中小微企业合同金额占全省采购规模的比重为84.3%。加强省、市、县（市、区）联动，组建主题基金和定向基金，推进全省政府产业基金投资运作，加大对重点领域、重点产业和重大项目投资力度。至年末，全省政府产业基金总规模1495.56亿元，撬动社会资金1.18万亿元。推进在杭金融企业财政管理体制改革，促进钱塘江金融港湾建设；安排海洋（湾区）经济发展专项资金20亿元，支持海洋经济和湾区经济发展。安排省山海协作产业园建设资金3.45亿元，比上年增加1.25亿元，支持首批9个省级山海协作产业园实施提升工程和15个山海协作生态旅游产业园建设。推进“一带一路”和“义甬舟”开放大通道建设，安排“义新欧”班列常态化运行补助1亿元；完善万亿综合交通重大项目财政保障机制，落实中央和省补助资金171.36亿元，发行政府债券115亿元；出资15.94亿元，支持杭绍台铁路等重大项目实施。争取中央基建投资资金43.54亿元，支持公共基础设施建设、海绵城市建设试点和地下综合管廊建设试点。

【财政支持民生保障和改善】 2018年，全省财政部门安排教育经费1572.47亿元，比上年增长12.7%。安排“双一流”高校建设资金26亿元，包括第一、二批省重点高校建设、省一流学科建设、省重点暨优质高职院校建设等；制定《浙江省高校绩效奖补资金管理办法》，设立“省高校绩效奖补资金”6.7亿元；设立引进名校合作办学省财政专项资金50亿元，鼓励市县政府和省内高校对接境内外高校开展合作办学；制定公共财政扶持民办教育发展、民办学校财务管理、财务清算等办法，明确各级各类非营利民办学校支持政策。全年安排社会保障和就业财政支出914.93亿元，增长14.1%。自1月1日起，全省失业保险金标准统一提高至当地最低工资标准80%；城乡居民基本养老保险省定基础养老金最低标准增加到每人每月155元；落实中央和省级城乡居民养老保险补助51.94亿元，完善职工养老保险省级调剂制度。加大困难群众救助力度，启动困难群众基本生活价格补贴机制，落实中央和省级困难群众补助资金21.86亿元；实施困难残疾人生活补贴和重度残疾人护理补贴制度，安排省级补助资金9.74亿元。安排医疗卫生与计划生育财政支出626.2亿元，增长10.0%。城乡居民基本医疗保险财政补助标准提高到每人每月510元。安排文化体育与传媒财政支出174.59亿元，增长13.6%。安排资金11.5亿元，支持“美丽乡村”建设；安排资金1.88亿元，支持地质灾害防治和地质灾害避让搬迁工作。争取土地储备和棚户区改造专项债券548.6亿元、中央补助资金34.53亿元，安排省级资金3.5亿元，支持全省城镇保障性安居工程建设。省财政安排2.3亿元，支持1.25万户农村困难群众危房改造和26个加快发展县（市、区）及台州市黄岩区、金华婺城区、兰溪市危房治理。

【财政体制改革】 2018年，浙江省围绕建立现代财政制度的目标，深化财政体制改革。省财政厅对现有财政政策进行梳理、整合，保留政策49项，强化政策47项，整合47项政策后设立政策21项，新出台政策12项。推进集中财力办大事、提高财政资金绩效的工作。聚焦“两个高水平”建设、“三大攻坚战”“富民强省十大行动计划”等重大决策部署，对未来可用财力进行测算。建立健全省市县联动机制和引导社会资本投入机制，构建集中财力办大事财政政策体系。安排资金18.28亿元，推进政府数字化转型建设，“政采云”平台和统一公共支付平台被列入全省政府数字化转型“8+13”重点项目。“政采云”平台在全省123个区划(含功能区)全部上线，并在广西、重庆、青海、云南、新疆、江苏六省市及税务、海关、边防三部门推广应用。统一公共支付平台实现全省所有行政区划全覆盖，接入非税收入等项目200多项，介入执收单位1.05万个。全年全省通过平台收缴资金1585.6亿元，增长9.2倍。缴款人通过“浙里办”手机应用等移动支付渠道办理缴款事项，实现“一次不用跑”的比例达94.7%。开展“上门服务至少一次”活动，全省各级财政部门累计上门服务34.71万人次。出台推进省以下财政事权和支出责任划分改革实施意见，建立省级财政事权、省与市县共同财政事权“两张清单”；建立健全涵盖基本支出与项目支出的财政支出标准体系。全省国有金融资本实施“统一规制、分级分类”管理；建立国有资产管理情况报告制度，综合报告和国有企业资产专项报告首次提交省人大常委会审议。规范实施PPP(政府和社会资本合作)项目，建立PPP财政承受能力监测预警机制。制定事业单位政府购买服务改革实施方案。全年发行政府债券2086.59亿元，平均发行利率3.8%。制定机构改革经费保障和财务管理、国有资产管理、政府采购、预算执行等相关规定，加强涉改部门财务管理，规范财务行为。承担省税务机构改革协调小组办公室工作职责，研究提出财政地税人员转隶和资产、经费划分划转建议，做好财政地税人员转隶及税务部门经费保障工作。

【财政监督管理】 2018年，省财政厅加强财政监督管理，研究建立“全方位、全过程、全覆盖”的预算绩效管理体系。在6个部门和11个市县开展部门整体绩效预算改革试点，强化评价结果应用。提请省委、省政府印发《关于全面落实预算绩效管理的实施意见》，明确浙江省全面实施预算绩效管理的总体要求和具体举措。加强绩效目标审核，指导省级部门规范绩效目标申报。组织实施省级绩效自评及抽评工作，全年实现省级部门所有项目绩效自评全覆盖。加强省级内控制度建设，配合制定财政专项资金管理风险内控办法，形成“1+9+X”内控制度体系。健全国库集中支付动态监控机制。开展财政扶贫专项资金、省级部门“小金库”、会计师事务所执业质量、民生项目支出标准等财政专项检查(调查)工作。实施房屋建筑物购建类项目、大型修缮类项目、信息网络类项目及其他专业技术复杂类项目支出预算审核、省级政府投资项目竣工财务决算审核工作。完成各类财政项目审核任务497个，审核金额77.48亿元，核减资金9.8亿元，平均核减率11.2%。制定《浙江省社会保障风险准备金管理办法》，规范风险准备金筹集与使用，提高社保抗风险能力。修订浙江省过渡性养老保险基金调剂办法，开展划转部分国有资本充实社会保险基金试点，推进基本养老保险制度改革。建立浙江省工伤保险省级调剂制度，增强基金持续保障和抗风险能力。

(省财政厅　严　琦)

税　务

【概况】 2018年，省税务局完成各项税收收入8896.7亿元(不含宁波，含海关代征增值税、消费税，未扣减出口退税)，比上年增长13.6%。其中，海关代征完成478.1亿元，增加61.3亿元，增长14.7%。全省非税收入入库3398.99亿元，增长11.8%，各季度保持平稳增长势头。其中，社保费收入3119.97亿元，增长11.1%；教育费附加收入131.3亿元，地方教育附加收入87.5亿元，均增长14.3%。办理各类减免税费2398.9亿元，增长11.5%。办理出口退税1670.6亿元，增加84.6亿元，增长5.3%。浙江省税务部门连续4年获评全国税务系统纳税人满意度第一名，绩效管理位列全国第一名，税务工作得到国家税务总局和省委、省政府领导批示104次。

【国税地税征管体制改革】 2018年，全省平稳解决财政地税先分家、国税地税再合并的特殊体制难题，与全国同步完成机构改革任务。创新形成

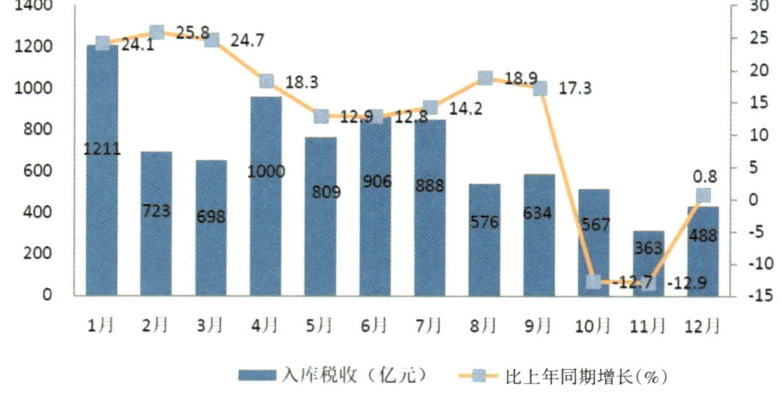

(省税务局　提供)

推进改革的工作机制，对照标准和时间表抓好改革，落实落细各项保稳定措施，全面打赢“三场主攻战”（省市县乡新税务机构顺利挂牌、省市县乡税务局“三定”规定全部落实到位、社保费和非税收入征管职责按要求平稳划转），各级新税务机构挂牌，原财政地税人员转隶平稳有序，跨区域稽查体制改革取得新的进展，“三定”（定机构、定编制、定职能）规定落实细致平稳，第一批划转非税收入项目完成交接，省立非税收入项目划转改革走在全国前列。坚持机构改革服务先行，办税服务事项统一、税费征管业务衔接、信息系统运行保障到位，省办税服务厅实现“一厅通办”“一窗通办”，完成征管信息系统配置调整6次、管户调整286万户次，纳税人改革获得感提升。

【税收法治】 2018年，省税务局坚持严格规范公正文明执法，全面实行执法人员持证上岗和资格管理制度，深入开展行政执法公示、执法全过程记录、重大执法决定法制审核“三项制度”建设。促进“僵尸企业”（丧失自我发展能力，必须依赖非市场因素即政府补贴或银行续贷来维持生存的企业）市场清理，“充分发挥税收职能，依法助力破产处置”项目入选浙江省十大法制创新项目。提高税收制度建设质量，加强税收规范性文件制定管理，加大规范性文件合法性审查、合规性评估和公平竞争审查力度，全年清理涉及机构改革规范性文件1767件。加强税收执法监督，开展税收执法督察，严格规范税收执法行为，强化税收执法责任制。

【减税退税】 2018年，省税务局全面落实各项税收优惠政策和新出台的系列减税降费政策，做到应享尽享，用足用好。全年全省办理各类减免税费2398.9亿元，比上年增长11.5%。贯彻落实深化增值税改革三项措施，累计减税退税214.23亿元。加快出口退税进度，优化出口退税服务，完善“互联网+便捷退税”试点，全年办理出口退税1670.6亿元，增长5.3%，出口企业实际办理退税平均天数压缩到6.37个工作日。开展大调研、大走访活动，出台支持民营经济高质量发展措施20条。积极应对中美经贸摩擦影响，提出针对性的税收政策服务措施，帮助企业增强活力，渡过难关。对接中国（浙江）自贸区税收政策需求，完善跨境电子商务零售出口货物无票免税管理，服务中国（杭州）、中国（义乌）跨境电子商务综合试验区建设，完善义乌、海宁皮革城及温州（鹿城）轻工产品交易中心的市场采购贸易出口货物免税管理，助推国际贸易“单一窗口”平台建设。推动企业参与“一带一路”枢纽建设，服务浙商“走出去”发展。

【税种管理】 2018年，浙江省入库增值税3777.7亿元，比上年增长11.5%。按季度看，1至4季度分别增长24.6%、20.5%、16.1%和11.5%，逐季回落趋势明显。入库企业所得税1847.7亿元，增长18.8%。个人所得税增幅放缓，全年入库893.1亿元，增长13.7%。其中，个人所得税基本费用扣除标准提高至5000元后的工资薪金所得个人所得税入库下降23%。财产行为税增幅平稳，全年财产行为税入库1402.6亿元，增长12.4%。其中契税、土地增值税和城市维护建设税分别入库386.7亿元、280.4亿元和276.2亿元，三项税收对财产行为税增长贡献93%。

【纳税服务改革】 2018年，省税务局深化税务系统“放管服”改革，进一步打破信息孤岛，推进“一窗受理”、集成服务和“一证通办”、跨部门联办，实现“最多跑一次”税务事项全覆盖，“最多跑一次”实现率和满意率稳居全省前三位。落实第二批优化税收营商环境试点工作，制定2018—2020年实施方案，推出办税便利化措施45条，有序开展税收营商环境专项自查和预调查。优化完善电子税务局，按照“云化、无纸化、智能化”的理念推进系统集成、功能迭代，“一云多端”（阿里云、PC端、移动端）全面覆盖，网上办税一体化服务平台进一步完善。纳税信用管理提档扩围，基本实现纳税信用评价对生产经营纳税人的全覆盖。深化纳税信用社会应用工作，全年为4.2万户小微企业提供“银税互动”信用贷款407.3亿元，有效缓解融资难、融资贵问题。推出“便民办税春风行动”服务措施5类24项，推进办税服务平台规范化建设，强化“12366”纳税服务热线管理，优化大企业税收遵从合作服务体系和跨区域政策协调，促进全省纳税管理规范、服务体系完善、办税流程简便。12月，全国开展纳税人满意度调查，浙江省税务系统连续4年居全国第一位。

【税费管理】 2018年，省税务局完成保障全国征管业务整合浙江工作基地建设工作。配合做好全国自然人税收管理系统（ITS）项目研发和金税三期社保费项目开发，推进金税三期“并库”、ITS模拟运行等工作试点。12月31日，金税三期“并库”试点上线，ITS系统和社保转换同时上线运行。税费管理进一步强化。扩大农产品核定扣除试点，推广增值税电子普通发票，开展增值税发票风险快速反应专项工作。加强成品油消费税征收管理，实现车购税网上申报全程无纸化。强化企业所得税汇算清缴管理，加大国际逃避税打击力度，加强千户集团数据管理和风险分析应对，规范影视行业税收秩序。推进土地增值税清算工作，实现城建税与主税种合并申报。信息化支撑保障力度加大。完成机构改革信息资源优化整合，深化税收信息化建设和税收大数据应用，推动政府加快数字化转型工作。

【税务稽查】 2018年，全省税务系统推进打击虚开骗税两年专项行动，打造国税地税联合稽查品牌，落实重点稽查对象随机抽查、开展行业专项整治等工作。建立并深化税收违法“黑名单”联合惩戒工作机制。全年累计稽查查补入库收入63.33亿元，比上年下降2.5%。全省税务系统加强反避税日常管理，采取各项反避税管理工作手段，完成反避税调查案件13件。

【国际税收】 2018年,全省税务系统开展税收协定执行工作,做好非居民享受协定待遇的后续管理。年内,全省享受税收协定待遇的非居民企业974户次,涉及国家和地区30个,享受协定待遇减免税额48.95亿元。打造"一带一路"税收服务优质品牌。举办"服务'一带一路'枢纽建设、助推浙商'走出去'稳步发展"为主题的大型政策宣讲会,为浙江省超过100家"走出去"企业提供税收政策服务。

【电子税务】 2018年,全省税务系统升级配置金税三期系统,配合国税地税征管体制改革,部署落实浙江省金税三期系统配置调整工作。金税三期系统并库上线,为国家税务总局和浙江省省、市、县(区、市)税务局挂牌和省、市"三定"(定机构、定编制、定职能)系统配置工作完成提供坚强保障,形成推动改革的强大动力。推进电子税务局功能集成,深入整合原国地税网上业务,实现原国地税电子税务局全部功能一站办理、主要关联业务一次办理、待办事项和通知消息全面集成,优化纳税人办税体验,提升纳税人获得感。发挥大数据在税收服务管理中的保障、引领作用,为税收经济决策提供数据支撑。开展软件定义网络(SDN)平台建设,构建底层网络资源池,实现网络资源统一管理、灵活配置,全省达到"云网"联动,为应用系统提供统一的基础资源服务。

【税收督察内审】 2018年,全省税务系统完善上线内控监督平台,形成浙江省统一适用的内控风险目录,按照制度落实、平台应用等六大建设方向、32项具体工作内容,开展"内控质量建设年"主题活动,并结合机构改革节点稳步推进主题活动。按照国家税务总局关于税收执法督察工作统一部署,持续关注重大决策部署落实情况、重点工作及征管重点环节,开展税收执法督察。年内,省税务局组织开展各类督察项目60个,制定整改措施184条,制定或完善规章制度15项。 (省税务局 黄通运)

经济管理与监督
Economic Management and Supervision

国有资产监督管理

【概况】 2018年,全省国有资产监管部门全面贯彻新发展理念,坚持供给侧结构性改革主线,聚焦高质量发展,全省国资国企改革发展各项工作取得新的进展。全年纳入统计口径的重点国有企业实现营业收入17991.4亿元、利润总额1424.3亿元,分别比上年增长29.7%和96.4%;年末资产总额144360.8亿元、净资产38895.9亿元,分别增长87.7%和46.8%。其中,省属企业实现营业收入8663.5亿元、利润总额369.5亿元,分别增长11.8%和16.0%;年末资产总额11916亿元、净资产4818.1亿元,分别增长8.3%和8.3%。

【重大项目建设与投资】 2018年,省国资委出台关于发挥国有资本作用保持全省有效投资稳定增长的实施意见,着力推进全省重大项目建设。杭州至黄山高速铁路、沿海高速公路(象山至乐清段)、杭金衢高速公路改扩建一期等项目建成通车,宁波舟山港外钓油品30万吨级码头、温州龙湾国际机场和舟山普陀山机场新航站楼等建成投入运行,杭州萧山国际机场三期扩建、浙江省能源集团有限公司嘉兴1号海上风电场等项目开工。全年省属企业完成固定资产投资661亿元、股权投资640亿元;7家企业投资"省市县长项目工程"7个,意向总投资639亿元,其中落地项目4个。

【产业平台打造】 2018年,省国资委深化省级三大交通产业平台整合提升工作,完成浙江省交通投资集团、浙江省商业集团两家企业整体合并和产业重组,省商业集团整体划入省交通投资集团。全年宁波舟山港集装箱吞吐量超过2600万标箱,跻身全球港口前三位;宁波栎社国际机场、温州龙湾国际机场旅客吞吐量均突破1000万人次,浙江省成为全国率先拥有3个旅客吞吐量超过1000万人次机场的省份。省属企业出资参股之江新实业有限公司。浙江英特集团股份有限公司与华润医药商业集团有限公司开展战略合作。浙江省中医药健康产业集团有限公司、浙江省军工集团有限公司、浙江智慧交通研究院、浙江工匠培训学院等单位组建。

【服务民生事业】 2018年,全省国有企业上交国有资本收益81.3亿元,比上年增长24.1%,其中有31.8亿元调入公共预算。先行安排10家省属企业划转10%国有股权,涉及国有资本及权益90.1亿元,用于充实社保基金。省市两级国有资产监管部门监管的企业上交税费465.2亿元,增长14.2%。参与"千企结千村、消灭薄弱村"专项行动,省属企业与衢州、丽水两地85个薄弱村完成结对,启动帮扶项目近40个。各地国有企业深化与中西部相关地区对口支援帮扶合作,通过产业投资、工程援建、就业帮扶等形式助力当地发展。

【国有企业改革推进】 2018年,省国资委围绕构建统一发展目标、统一工作支撑、统一政策制度、统一考核评价"四个体系"和开展国有资产统一监管、国有企业改革转型、布局优化整合、公司治理完善、监管职能转变、国有企业党建强化"六大攻坚",提请省委、省政府出台《浙江省全面深化国有企业改革行动方案》。各地加快改革细化方案研究,宁波结合实际制定全面深化国企改革行动实施意见和7个配套攻坚方案。推进混合所有制改革,举办全省国企混改项目推介会,集中推出交通、能源、环保、金融等领域混改项目40个,引入社会资本400多亿元。省属企业逐家制定深化混改计划,全年完成混改项目34个,混改面70.7%。全省3家国企列入国家第三批混改试点,9家国有企业纳入全国员工持股试点,年内3家国有企业完成混改、4家国有企业混改方案获批复。

【资产证券化实施】 2018年，浙江省出台《关于推进省属企业上市和并购重组"凤凰行动"计划的实施意见》，省属企业逐家明确证券化任务清单。杭州、宁波制定市属企业上市三年行动计划，湖州推进市属企业股份制改造，义乌等地开展可培育上市资产梳理。浙商资产并购上市公司福建省亿利达环保工程有限公司，宁波海运股份有限公司资产重组、浙江交通科技股份有限公司定向增发按照预期完成，浙江运达风电股份有限公司、华营建筑有限公司完成上市前期准备，台州市交通工程试验检测中心股份有限公司、大唐文化传媒有限公司在新三板挂牌。全年省属企业拥有上市公司14家，资产证券化率61%。省属企业新发行各类债券37单，累计融资632亿元。

【现代企业制度完善】 2018年，浙江省出台《浙江省人民政府办公厅关于完善省属国有独资公司法人治理结构的实施意见》《省属企业董事会建设指导意见》和《省属企业董事会工作指引》，积极试行外部董事和职业经理人制度，全面实行董事会召开情况备案制度。完善省属企业负责人薪酬、企业年金等制度，实施限制性股票激励计划，调动省属企业各方面积极性。温州推动实施市属企业董事会年度报告制度，台州等地探索开展职业经理人市场化选聘工作。省国资委明确省属企业管理层级界定10条标准，重点清理整合四级以下企业，全省14家省属企业管理层级均在四级以内。巨化集团有限公司深化总部机构改革，浙江省建设投资集团有限公司、浙江省二轻集团有限责任公司等单位推进内设部门改革重组和职能调整优化，提升集团管控能力。浙江省能源集团有限公司、浙江省国际贸易集团有限公司等单位全面梳理各项管理制度，强化内控体系建设。

【聚焦主业发展】 2018年，全省国资系统调整优化布局结构，促进企业转型发展。各省属企业完成"十三五"规划中期评估，进一步明晰企业发展战略和主业方向，推动各类资源向主业集中。物产中大集团股份有限公司深入实施"一体两翼"（构建以流通集成服务为主体、以金融与高端制造业为两翼的产融互动业务格局）战略，加快供应链集成服务创新。杭州钢铁集团有限公司实施"四轮驱动、创新高地"战略，转型升级成效明显。浙江省旅游集团有限责任公司形成"旅游+健康"发展战略，基本完成全产业链发展布局。加快非主业和低效资产清理，40家省属"僵尸企业"全部被清理，浙江省农村发展集团有限公司、杭州钢铁集团有限公司等企业房地产项目转让完成，杭州钢铁集团有限公司半山基地资产处置、留守人员分流等工作全面完成。

【推进资源整合】 2018年，浙江省国际贸易集团有限公司将多家电商整合至浙江国贸云商控股有限公司，牵头成立浙江省首个跨境电商综合服务体系。浙江省交通投资集团有限公司开展上市板块和沿海板块管理整合，实行高速公路建设运营一体化专业化管理。金华、衢州等地整合城建、交通、水务等领域资产，新组建一批集团公司。温州出台相关实施意见，深化市属企业内部整合重组工作。

【国有企业加快开放发展】 2018年，浙江省国有企业积极参加首届中国国际进口博览会，物产中大集团、省国贸集团、省交通集团、省农发集团等12家省属企业合计签约项目94个，总成交额逾10亿美元。省属企业在"一带一路"沿线国家在建或筹建重大项目42项，省海港集团、义乌市相关企业参与"一带一路"捷克站、迪拜站建设，浙江省海港投资运营集团有限公司、物产中大集团股份有限公司等企业承担浙江自贸区"一中心三基地一示范区"（"一中心"是指国际油品交易中心；"三基地"是指国际海事服务基地、国际油品储运基地、国际石化基地；"一示范区"是指大宗商品跨境贸易人民币国际化示范区）多个项目建设。

【监管方式完善】 2018年，省国资委出台《浙江省国资委规范性文件管理办法》《省属企业主要负责人履行推进法治建设第一责任人职责规定》，促进依法监管、依法治企。挂牌设立浙江省公共资源（国有产权）交易中心，整合全省国有产权交易信息，促进国有产权交易规范公开透明。嘉兴制定国有资产监管能力提升三年计划，探索建立财政、审计、国资等部门协同监管机制。绍兴常态化推进以国家审计、企业内审、国资监管为核心的"两审计一监管"模式，加强国有资本监督管理。省国资委坚持服务与监管并重，组织开展"双进双促"（走进基层、走进群众，促科学发展、促社会和谐）专项行动，全年调研国有企业48家、市县国资监管单位17家，帮助企业和基层监管单位解决各类问题119个。

【风险防控强化】 2018年，浙江省出台省属企业基金投资风险管理制度，开展省属企业债务风险、金融风险排查，推进省属企业资金信用、收入分配专项审计和参股企业投资管控专项检查。宁波建立全市国企债务风险监测体系，对重点企业债务进行动态分析预警。台州制定风险管控专项检查三年计划，每年选取部分市属企业进行专项检查。杭州开展市属国有投融资平台债务情况摸底调研。 （省国资委　张小菊）

自 然 资 源 管 理

【概况】 2018年，省自然资源厅整合原省国土资源厅、省海洋与渔业局、省测量与地理信息局等9个部门的相关职责组建成立。省自然资源厅内设机构24个，归口管理省地质勘查局和省林业局，直属事业单位19个。省自然资源厅围绕"八八战略"再深化、改革开放再出发主题，构建自然资源管理新体系，服务全省经济社会高质量发展。开展"改革推进年"和"质量提升年"活动，确定重点调研课题16

项和改革创新任务16项。形成土地资源承载力评价研究调研报告，启动省级国土空间规划编制工作，推进土地利用方式和管理方式转变。规范国土资源行政行为，研究制定“八统一”标准化操作规范，健全完善国土资源行政权力运行监管制度。加大卫星遥感技术等新技术的运用，推广缙云、温岭、新昌等地运用无人机开展执法监察、资源调查的做法，提高新技术的应用水平。开展自然资源执法监察“亮剑行动”，建立国土资源执法驻点监察制度。全面清理整治擅自占用农村集体土地建房、建厂及非法转让集体土地用于非农建设的违法行为，全面整治违法开采矿产资源行为，年内直接立案、挂牌督办国土资源违法案件2件。印发《浙江省国土资源网络与信息安全通报实施细则（试行）》，推进国土资源信息化建设。启动国土空间基础数据共享应用工作，推进国土资源科技创新平台建设，浙江省国土空间基础信息平台上线运行。组织向自然资源部、省科技厅申报科技项目6项。建立科技人员专家库，成立自然资源部“国土资源浙江省卫星应用技术中心”。深入推进土地供给侧改革，全省供应各类国有建设用地3.89万公顷。

【国土空间规划】 2018年，省自然资源厅实施土地利用总体规划局部修改和调整完善工作，启动《浙江省国土空间规划》编制工作。杭州滨江区、临安区、湖州安吉县及温州生态园基本形成自然生态空间用途管制试点成果。编制印发《浙江省海岛保护规划》。围绕“四大建设”，强化用地服务保障，落实省重大基础设施项目新增建设用地计划指标2618.8公顷，下达存量建设用地盘活挂钩计划指标2371.73公顷，奖励（预支）省重大产业项目新增建设用地计划指标961.33公顷，下达农民建房类新增建设用地计划指标960公顷。

【自然资源调查监测】 2018年，省自然资源厅部署开展第三次国土调查工作，印发浙江省“三调”实施方案和技术规程，落实省级经费4977.5万元。完成基础数据收集、整理、坐标转换、国家内业信息提取成果领取和下达等准备工作，实施百日攻坚行动，开展海洋资源调查，基本摸清存量围填海数量、面积、分布等情况，探索研究历史围填海处置政策。全面完成第一次海洋经济调查。印发全国首个海岸线调查地方标准《海岸线调查统计技术规范》，在全国率先实施大陆海岸线动态监视。

【耕地和基本农田保护】 2018年，浙江省签订新一轮耕地和基本农田保护责任书，实现耕地数量、质量、生态“三位一体”保护。至年末，全省实际耕地保有量205.84万公顷（包括可调整地类面积7.92万公顷），超过国家下达耕地保有量任务17.97万公顷；实际划定永久基本农田面积159.97万公顷，超过国家下达永久基本农田保护任务1000公顷。推进耕地生态建设保护工程。全年完成高标准农田建设15.76万公顷，垦造新增耕地1.23万公顷，建设用地复垦新增耕地3493.33公顷。推进增减挂钩节余指标跨行政区域调剂，全年完成整治农村建设用地3160万公顷。落实永久基本农田特殊保护制度，全省各级财政落实耕地保护补偿资金16.32亿元。

【节约集约用地】 2018年，全省自然资源主管部门采取“控制增量、盘活存量、优化结构、严格考核、强化创新”五大举措，推进国土资源节约集约示范省创建，打造全国国土资源节约集约利用的“浙江样板”。全年盘活存量建设用地1.22万公顷，完成城镇低效用地再开发项目3140个，面积9200公顷。落实自然资源部“增存挂钩”机制，开展批而未供和闲置土地大清查大处置专项行动，全省处置闲置土地248宗，面积800公顷，消化利用批而未供土地1.15万公顷。推进“规范宅基地管理破解农民建房难”专项行动，全年解决农村无房户、危房户建房10.1万户。规范制度规则和方式方法，确保网上交易公开、公平、公正。国有建设用地使用权出让通过网上交易成交5870宗，面积1.59万公顷，成交额7367亿元。

（省自然资源厅　郑希望）

市场监督管理

【概况】 2018年，省市场监管局在整合原省工商局、省质监局、省食品药品监管局等部门的职责，以及原省物价局、省科技厅、省商务厅等部门相关职责的基础上组建成立，内设机构27个，直属行政机构4个。全省市场监管部门坚持深化改革，强化监管，优化服务，着力营造公平、安全、放心的市场消费环境和营商环境，助推全省经济社会发展。市场监管领域“最多跑一次”改革深入推进，实行“证照分离”“多证合一”“证照联办”“一网通办”等便利化措施，进一步提升办事效率。全省实有市场主体总量654.23万户，比上年增长10.3%。强化事中事后监管，查处各类经济违法案件2.8万件。全国首个“市场监管互联网执法办案平台”上线。开展房地产、医药等市场价格监管专项检查，查处案件519件；查处专利侵权假冒案件1.5万件、商标违法案件4470件。建设中国（浙江）知识产权保护中心和中国义乌（小商品）知识产权快速维权中心；开展广告标准化建设和互联网广告信用评价；实施食品安全监督抽检和风险监测28万次，食品安全责任险规模居全国第一，浙江省连续2年获国务院食品安全工作考核A级等次；全年召回缺陷消费品147万件（套），全省未发生重大质量安全事件。

【市场监管新机制建立】 2018年，省市场监管部门有序推进市场监管立法，开展规范性文件清理。省市场管理局配合省人大做好《浙江省反不正当竞争条例》《浙江省广告管理条例》等立法调研，向省人大报送“浙江省电梯安全条例”等立法项目，参与全省“最多跑一次”改革立法。规范行政规范性文件清理工作。对原省工商局、原省质监局起草的省政府办公厅规范性文件提出修改、废止和保留等建议。深化行政争议多元化机制建设，注重审理过程中和解机制的运用，做好源头预防和矛盾化解工作。组织开展“编案例、学案例、用案例”及“以案说法”等活动。制订《重大行政执法决定目录（试行）》等相关规定，组织开展《浙江省行政程序办法》评估、行政执法案卷评查等工作，召集法律专家及市场监管系统业务骨干对行政处罚、行政许可案卷进行集中评查。制订并向民营企业发放《2018年“宪法法律进民企”普法工作方案》1.25万份。制定并印发“谁执法谁普法”责任清单，聘请法律专家学者为干部职工授课，开设“学习讲坛”“法治论坛”。开展广告法修订工作，修订草案提请省人大常委会审议。制定并发布《广告经营单位业务管理规范》《互联网广告标注与传输技术规范》等省级地方标准，规范全省广告经营活动。推进全国互联网广告监测中心建设，出台《浙江省互联网媒介广告信用评价管理办法（试行）》，开展重点网站互联网广告信用评价，对100个重点网站实施分类日常监管。出台《关于广告监管执法有关问题的指导意见》，统一有关违法行为判定、绝对化用语处置、广告费用计算等疑难复杂问题执法标准。

【市场主体注册登记】 2018年，浙江省推进注册登记和注销制度简易化改革，推动市场主体变更速度加快。至年末，全省登记在册各类市场主体654.23万户，比上年增长10.3%，市场主体总量居全国第四。其中，企业224.5万家，增长14.4%，注册资本（金）42万亿元，增长116.5%；个体工商户422.63万户，增长8.5%；农民专业合作社6.26万户，减少3.9%。全年新登记市场主体123.4万户，增长9.2%；注销各类市场主体60.9万户，增长35.4%。

【市场主体监督管理】 2018年，省市场监管部门启用“工商联连”政企服务平台，实现年报服务精准推送。首次对11.9万家海关管理企业实施“多报合一”。对重点市场主体开展定向年报培训1092次，其中新注册企业占57%。采用电子化年报个体户72.5万户。对经实地检查无法联系的5万家企业依法列入经营异常名录。全面实施“双随机”（随机选择检查对象和执法人员）监管，先后抽查外资企业和金融、环保、教育培训、医疗美容等企业10多万家。实施“吊销未注销企业强制退出试点”改革，对长期未履行年报义务、缺乏有效联系方式、无生产经营活动的市场主体，经现场核查后实行强制市场退出，全年全省吊销无经营活动企业6.5万家、农民专业合作社2032户、个体工商户25.7万户。列入经营异常名录企业40.65万家。省市场监管局制定《严重违法失信企业名单管理操作规程》，首次把2.1万家企业列入全省严重违法失信企业名录，并公布“浙江省信用管理示范企业”256家，其中新增145家。

【反垄断执法】 2018年，省市场监管部门建立“公平竞争审查联席会议”制度，贯彻落实《公平竞争审查制度实施细则》，推动公平竞争审查制度落实。省公平竞争审查联席会议各成员单位和各市、县（市、区）均建立公平竞争审查工作机制。督促指导各级地方政府及部门审查新制订政策文件1.5万件，经审查修改调整政策文件314件。开展排除限制竞争行为的政策措施清理，清理存量政策文件3.8万件，废止修改954件，预防和排除滥用行政权力限制竞争行为发生。省市场监管局组织4个专项检查组，对11个市及部分县（市、区）开展专项检查，查办和纠正建设、安监、环保、交通和工程招投标、公共资源交易等行业领域行政性垄断案件36件。开展违规设置工商登记前置审批事项检查，督促地方政府及其部门整改检查发现的问题。加大原料药、建材、公用事业等领域的反垄断执法，维护市场公平竞争，保护消费者合法权益。与浙江理工大学、浙江财经大学等高校合作，建立反垄断研究及人才培养机制，组织业务培训和专家咨询、论证，充分发挥反垄断监管部门专家智库的作用。

【广告与合同监管】 2018年，浙江省有广告经营单位5.66万户，广告从业人员31.3万人。各级市场监管部门加大对广告监管力度，推动全省广告业平稳有序发展。全年传统媒体广告违法率0.07%，互联网广告违法率0.48%，广告市场未出现重大违法事件。年内查处医疗、药品、保健食品、医疗器械、房地产等重点领域违法广告案件6174件，罚没款8858.8万元，分别比上年增长30%和60%。其中，查处互联网广告案件4591件，罚没款4443.74万元，分别增长26%和31%，查处违法案件数全国第一。互联网广告案件中互联网金融广告案件112件，罚没款488.23万元。全省新增省级广告园区4个，累计17个，省级广告园区实现设区市全覆盖。广告人才培育列入《浙江省文化产业人才发展规划》，全省评出杰出广告创意人、广告经理人20名。举办“金桂杯”助力小微企业和区域经济发展广告创意活动，鼓励广告企业对接服务小微企业；开展“放心消费在浙江”公益广告宣传活动，全省评出公益广告优秀作品179件。省市场监管局印发《浙江省合同格式条款备案工作指南》，指导各地实施合同格式条款备案，全年备案格式合同1.74万份，增长4.6倍。开展对利用合同格式条款侵害消费者权益的违法行为专项整治，配合相关部门修订《浙江省商品房买卖合同示范文本》《浙江省家庭居室装饰装修施工合同（示范文本）》。全年检查相关企业1.64万家，发现问题合同1686份，问题格式条款4656条。其中，免除自身责任的2234条，加重消费者责任的1388条，排除消费者主要权利的1034条。组织抽查77家申报省AAA级“守合同重信用”企业，同步开展“万名市场监管党员干部联企业联基层”大走访大调研活动。省市场监管局向社会公示浙江省AAA级“守合同重信用”企业1705家，其中首次公示327家。全省启用全国市场监管动产抵押登记业务系统，全省136人动产抵押工作人员在宁波进行系统性学习和上机操作培训。至年末，全省办理动产抵押登记7437份，抵押登记金额1062亿元。

【质量计量监管】 2018年，全省市场监管部门开展质量风险项目研究和工业产品生产许可证改革，加大产品质量抽检力度，全省产品质量总体稳定。各级市场监管部门对食品相关产品、纺织、轻工、化工、建材、机械、冶金、电子等行业的484种2.85万批次产品进行抽查，不合格2610批次，批次不合格率9.15%。其中，省级“飞行”监督抽查245种5693批次产品，不合格317批次，批次不合格率5.57%。强化质量安全风险防控机制建设，开展风险监控项目研究，分析潜在质量安全风险隐患，提出解决对策。开展“三减两加”优化许可工作，先证后核许可产品审批时间从30个工作日压缩到1个工作日，通过实施“一企一证”改革减少证书量；扩大“先证后核”范围，加强证后监督检查和产品监督抽查等事中事后监管。6月，浙江省联合上海市、江苏省在宁波召开长三角区域产品质量治理一体化合作会议，两省一市质监部门签署产品质量治理一体化合作备忘录，并与阿里巴巴集团就依托大数据联合开展产品质量监督提升行动达成合作。舟山自贸区挂牌成立中国海事仲裁委员会计量争议仲裁中心、浙江省大宗航运物流产业计量测试中心，并申请设立国家大宗商品储运产业计量测试中心。宁波市建立国家磁性材料产业计量测试中心，该中心通过国家市场监督管理总局验收。在先进装备制造、信息电子等领域建立63项社会公用计量标准，提升量传溯源覆盖能力。开展以“优化计量、提质增效”为主题的全省计量专家入企帮扶活动，入企帮扶企业1962家次，解决企业计量测试实际问题238个。实施工业企业能源计量示范工程建设项目27个，对重点领域计量实施专项监管。强化民生计量监管，全年检查各类企业单位4702家，查处计量违法案件168件。

【标准化建设】 2018年，全省市场监管部门实施标准化战略，深化国家标准化综合改革试点第二阶段工作。构建“最多跑一次”改革标准体系，制定“最多跑一次”改革地方标准11项，推动政府数字化转型、自贸区建设、“亩产论英雄”改革等重要工作落地。制定《审批服务便民化工作指南》《投资项目建设审批代办服务规范》等国家标准，浙江省国家标准化综合改革试点做法被国家市场监管总局转发全国各地参考。制定《浙江省数字化转型标准化建设方案（2018—2020年）》《浙江省标准联通共建“一带一路”行动计划（2018—2020年）》等标准化规划文件，评选首届浙江省标准创新重大贡献奖3项、优秀贡献奖9项，国际标准化组织电子商务交易保障标准化技术委员会落户杭州。深化金砖国家标准化（浙江）研究中心建设。举办首次义乌国际小商品（标准）博览会。主导制定国际标准3项、国家标准166项，新增“浙江制造”标准559项，发布基本公共服务地方标准58项，实施燃煤电厂、城镇污染处理厂排放等环境治理标准。开展标准化建设专项考核，制定全国首个标准化统计监测制度，实施标准化战略重大试点项目11项。

【质量认证与资质认定】 2018年，省政府建立由分管副省长召集的浙江省认证认可检验检测工作联席会议制度，认证认可融入质量提升、营商环境治理等方面。省市场监管局推进以“区域品牌、先进标准、市场认证、国际认同”为核心的“品字标”品牌建设，推行“一次认证、多国证书”模式，为32家企业36类产品颁发EAC、GC、GS、ETL等国际证书65张。组织38家企业首次以“品字标”品牌参展德国汉诺威工业博览会，并与博览会组委会签署“浙江制造”和BVQC标志互认合作备忘录。年内，全省新增“浙江制造”获证企业143家、认证证书266张，累计获“浙江制造”认证证书企业245家、证书438张，其中国际合作证书86张。推广“丽水山耕”农业品牌认证工作，209家企业获认证证书308张。获证产品平均溢价率30%。开展绿色产品认证改革，湖州市获批国家首个绿色产品认证试点市。成立浙江绿色认证联盟，全省木业、家具和纺织印染3个行业14家企业获绿色产品认证证书。会同省能源局等单位印发《关于开展“绿色数据中心”服务认证工作的实施意见》，建立公共机构绿色数据中心服务认证制度。全省有认证机构23个，检验检测机构2067个，全年出具检验检测报告5332万张，检验检测服务业产值198亿元。全省市场监管部门打造智慧审批平台，全网申报率、办结率、电子数据应用率均达100%。实施检验检测机构“1+X”联合审批，审批周期缩短83%。推进道路货运车辆检验检测改革，约90%以上的检测机构实现“一次上线、一次检测、一次收费”。开发“浙江制造”认证信息系统，推进能力验证+现场技术核查+执法检查的有机融合，对459个环境监测机构开展“双随机”监督检查，对14个粮食检验机构开展专项监督检查。各级稽查部门出动2456人次，对647个检验检测机构实施执法检查，查处违法案件28件。

【特种设备监管】 2018年，全省市场监管部门办理注册登记的特种设备128.5万台（套），发生特种设备事故10起，死亡10人，万台设备死亡率0.08。印发全国首个《特种设备使用安全管理分类评价规范》，全省5046家企业试点应用以该标准为基础开发相应的软件系统。制定《关于建立特种设备安全防范三项制度的指导意见》，实施重大风险隐患排查日志制、严重事故隐患报告制和安全责任事故举一反三制等特种设备安全防范制度。全省电梯监管平台覆盖在用电梯总量的70%，监控电梯使用安全走在全国前列。完成重大活动特种设备安保任务。全年出动专项整治检查12.1万人次，检查单位5.75万个次，分别整治一般隐患和严重隐患3.27万个和3438个，发出安全监察指令书9.84万份，立案1624件，处罚4760.52万元。

【食品生产安全监管】 2018年，浙江省食品安全形势总体稳定向好，没有发生系统性、区域性食品安全事故。在国务院食品安全工作考核中，连续2年获A级；全省45个参评省级食品安全县（市、区）群众满意度平均达

82.0%；省人大常委会第四十五次会议对政府食品安全监管工作满意度测评为“满意”。稳步推进省级食品安全市县创建工作，全省有51个县(市、区)获省级食品安全县(市、区)称号。杭州市、宁波市、绍兴市开展国家食品安全示范城市创建工作，绍兴市完成创建工作中期评估。拟定国家食品安全示范城市评价细则(浙江版)。全省食品生产监管部门按照“四个最严”的要求，强化综合治理，守住不发生重大食品安全问题底线。组织开展100家重点企业检查和“飞行”检查，召开全省乳制品生产企业主体责任落实推进会，探索实施企业法人履职报告制度。食品小作坊监督抽检合格率达98.5%，加工场所环境卫生达标率达85%以上，小作坊“脏乱差”“低小散”问题得到初步解决。组织开展婴幼儿配方食品、乳制品、酒类和食用植物油等重点食品专项治理。全年全省监督检查食品生产企业和小作坊1.35万家次，立案查处136件，取缔“黑窝点”76个。

【食品流通安全监管】 2018年，全省食品安全监管部门汇总22种重点农产品源头情况，配合做好“一打三整治”、农产品放心县考核、“最美护渔卫士”评选等工作。9月19日，在义乌召开全省食用农产品批发市场食品安全规范化建设工作现场推进会。10月29日至11月10日，组织7个检查组对申报规范化建设市场进行现场评价考核，21个农产品批发市场达A级以上。全省建成乡镇(街道)农贸市场快速检验室165个。深化放心农贸市场创建工作，举办3期放心农贸市场食品安全管理及检测知识培训班。完善网络食品交易第三方平台监管机制，对网络食品销售第三方平台进行备案，年内完成备案7个。推进“放心肉菜示范超市”创建，严格落实大型商场超市食品安全主体责任，全省10个市30个超市通过省食安办、省市场监管局现场考核。加强冷藏冷冻食品经营监管，以乳制品、冻肉产品等为重点品种，以批发市场、大型冷库、大型商场超市等为重点场所，加强日常监管和监督抽检，督促冷藏冷冻食品贮存服务提供者和经营者严格履行食品安全主体责任。针对群众反映强烈的蔬菜农药残留超标、食品添加剂禁用化合物、校院周边经营过期食品、销售问题食用调和油、生猪私屠滥宰等问题，持续开展专项整治和综合治理。全省出动执法人员13.96万人次，检查农贸市场3.13万个次、冷库6368个次、肉品经营户22.18万户次、餐饮单位15.88万个次、肉制品加工企业2998家次，查办一般程序案件65件，立案31件。

【餐饮食品安全监管】 2018年，省政府将改造提升农村家宴放心厨房列入十大民生实事项目，省市场监管局和省财政厅联合制订《浙江省农村家宴放心厨房建设方案(2018—2020年)》。全年全省建成农村家宴放心厨房1603个；新建放心消费示范餐饮店3329个，累计6082个。全省1.21万个社区开展养老助餐服务，养老助餐服务覆盖社区52.6%。新建视频式“阳光厨房”2600个，累计1.17万个；就餐300人以上学校食堂食品安全等级良好率98.4%、“阳光厨房”建成率96.0%。新建放心消费示范学校食堂1156个，累计2346个。组织开展万家网络餐饮单位大抽查，全省线下抽查外卖餐饮单位5.93万个次，入网餐饮单位持证率和证照公示率均达96%以上。加强重大活动食品安全保障监管，全年餐饮食物中毒事件及中毒人数比上年明显下降。

【食品质量监督抽检】 2018年，浙江省加强对食品生产经营活动的日常监管，通过监督抽检和风险监测，保障人民群众“舌尖上的安全”。全年抽检和监测食品(含食品添加剂)28万批次，平均每千人抽检4.95批次。其中，省本级实施抽检2.17万批次，发现不合格食品747批次，抽检合格率96.6%。抽检浙江地产食品1.94万批次，覆盖生产企业5438家，合格率96.75%；抽检外省产食品2302批次，涉及生产企业1439家，合格率94.87%。抽检食品中，粮食加工品等10大类大宗食品总体合格率97.58%，节令食品总体合格率97.72%，消费者关注程度较高的餐饮食品合格率97%以上，全省未发生系统性、行业性和区域性食品安全问题。

【网络交易监管】 2018年，浙江省网络交易监管探索大数据监管方法。开发的“电子商务信用建设工程·网络交易监管平台”项目获省发展改革委批准。开通全国市场主体数据库电商平台校验通道，实现阿里系平台全国网店300多万家企业主体在线校验。省市场监管局与山东、江西、安徽、四川、青海、吉林等省市场监管部门建立网络市场监管跨地域协作机制。启动全省10个县(市、区)网络监管与服务示范区创建活动。加强重点时段市场价格监管，整饬和净化网络市场环境。组织网易考拉等13个电商平台开展交易规则专家评审活动。推进阿里巴巴集团、网易考拉(电商平台)、顺丰控股股份有限公司等22家电商和物流企业成立浙江省电子商务失信惩戒联盟。组织举办电子商务法培训班，省内第三方平台及网商企业有关人员80多人参加培训。组队参加国家市场监管总局组织的电子取证大比武，浙江队总成绩列全国团体第二名。印发《浙江省工商局网络监管人才库管理办法(试行)》，吸纳250名系统内外人才，为网络监管提供技术支撑和队伍保障。

【价格监管】 2018年，全省价格监管系统以解决民生热点问题为重点，创新市场价格监管，规范价格收费秩序。整治违法违规收费行为，开展涉企收费专项检查，全省查出涉企违规收费问题146个，清退违规金额1.8亿元。开展全省殡葬服务收费专项检查，出动检查人员2076人次，检查殡葬服务单位803个；对省属医院医用耗材收费及其他收费情况，以及水电气等重点领域开展价格检查，涉及供水企业100家、管道燃气企业67家、电信企业356家。开展全省商品市场价格检查和治理房地产市场乱象专项行动，为浙江经济平稳健康发展和社会和谐稳定营造良好价格环境。

【打击传销与规范直销】 2018年，全省市场监管、公安部门立案查处传销案件237起，采取刑事强制措施266人，其中移送起诉54人，罚款1577万元；捣毁涉及传销窝点83个，遣散涉及传销人员980人。5月4日，省市场监管和公安部门联合召开全省推进网络传销整治工作暨网络传销案件线索交办会议，对66个涉案企业联合开展整治。成立督查组对全省11个市及涉案较多的3个县（市、区）进行专项督查，并开展查处以直销名义和股权激励、投资分红等形式实施传销违法行为专项行动，加强对直销企业经营情况排查。

【消费者权益保护】 2018年3月，浙江省召开市场监管系统“放心消费在浙江”行动工作部署会，将创建“放心消费示范单位”“无理由退货承诺单位”和推进民生实事工作任务分解下达到各设区市。省长袁家军做出批示，要求把“放心消费”作为高质量发展的关键环节。省市场监管部门重新修订《浙江省放心消费示范单位建设评估管理办法》及具体评估标准，并制定发布《浙江省线下实体店无理由退货指引（试行）》。年内全省创建“放心消费示范单位”1.56万个，1.41万家企业做出无理由退货承诺。确定11个市及14个县（市、区）为消费投诉公示首批试点单位，全省各地发布消费投诉公示1237期，涉及2500多个经营主体。应用全国“12315”互联网平台二期，对消费投诉举报初查反馈和突出问题进行连续督办，提高消费投诉处置效率。全年全省受理消费咨询投诉举报77万件，为消费者挽回经济损失2.2亿元。组织开展消费宣传、消费体验、商品比较等活动，增强消费者消费维权意识。修订并发布新《浙江省“三包”商品目录》，住宅电梯等35种商品纳入“三包”商品目录。完成流通领域商品质量抽检1.87万批次，对抽检中发现的假冒伪劣和不合格商品，一律按程序依法查处。对抽检中发现问题突出的企业或网络交易平台，第一时间进行行政约谈。

（省市场监管局　宗　宣）

药品监督管理

【概况】 2018年，浙江省有药品生产企业461家；药品经营企业2.06万家，其中批发企业412家，药品零售企业2.01万家；取得互联网药品信息服务资格证企业497家；化妆品生产企业491家。全省药监系统推进“抓改革、强监管、促发展”各项工作，药品安全水平总体平稳向好，全省没有发生重大药品安全事件，药品、医疗器械、化妆品监督抽检合格率分别为94.8%、97.1%和98.8%，药品安全公众满意度达82.6%。仿制药质量和疗效一致性评价、医疗器械网络销售监测处置等工作走在全国前列。浙江在国家药品监管工作考核中获第三名，省药监局被健康浙江建设领导小组办公室评为健康浙江建设优秀单位、法治政府建设先进单位。

【药监部门“最多跑一次”改革】 2018年，全省药品监督管理部门深化“最多跑一次”改革，注重环节优化、流程再造。推行药品生产企业许可、注册申请、GMP认证“三合一”，器械注册核查与生产许可检查“二合一”。优化二类器械延续注册和注册许可事项变更流程，推出药品生产批发企业资源共享、批发零售一体化等改革举措。深化“证照分离”改革，制订《行政审批告知承诺办法》《行政许可监督检查规范》，推进17个事项“证照分离”。全省药品监管系统行政权力和公共服务事项中，有27主项65个子项实现“最多跑一次”，6万个申办件实现“跑一次”或“零跑”；启动全程网办“零跑”行动，“跨市医疗机构间制剂调剂”“第二类医疗器械指定检验”等7个事项实现全程网上办理，一次不用跑。

【助推医药产业高质量发展】 2018年，全省药品监督管理系统增强服务意识，推进医药产业高质量发展。11家浙江医药企业被列入中国医药工业百强榜，入围百强榜企业数量全国第一；上市医药企业41家，占全省上市企业总数9.5%。省药品监管局制订《关于深化审评审批制度改革鼓励药品医疗器械创新的实施意见》，推进审评审批制度改革、药品医疗器械产业创新发展等4方面的改革。全年申报新药数量39件，其中抗丙肝创新药达诺瑞韦获批上市。推进创新医疗器械特别审批制度改革，进入国家特别审批通道的有“经导管人工三尖瓣瓣膜”等创新医疗器械研发项目14个，进入省级特别审批程序的创新医疗器械研发项目31个。加快推进药品上市许可持有人制度试点。全省降低药品医疗器械注册收费标准30%，为企业节省支出1000多万元。设立杭州湾新区、梅山保税区创新服务点。联合舟山市启动进口非特殊用途化妆品备案试点，率先在国内实现企业注册和产品备案。开展仿制药一致性评价专项督查，省药监局会同有关市、县（市、区）出台扶持政策，浙江华海药业股份有限公司、瀚晖制药有限公司等5家仿制药生产企业获一致性评价奖励4200万元，累计24个品种规格通过一致性评价。

【药品安全监管】 2018年，浙江省加强药品安全监管工作。全年完成药物临床试验项目网上备案800多个、SAE网上报告5000多份。完成各类药品技术审评事项184项，组织对6个药物临床试验机构开展GCP（药物临床试验管理规范）“飞行”检查。制订《浙江省医疗机构应用传统工艺配制中药制剂备案实施细则》，对医疗机构应用传统工艺配制中药制剂实施备案管理。完成药品注册申请2999件，其中新注册药品96件；完成或获批各类注册事项3062件，其中国家药品监管局批准临床试验批件（含默许许可）63件、生产批件32件（含新药证书1件）。办理药品生产许可115项、药品GMP认证181项、特殊药品生产经营许可180项、药品委托生产许可217项；完成107家药品生产许可证过期企业清理、注销和公告工作；组织开展药品GMP认证检查100家次，其中“飞行”检查27家次，检查麻醉药品和精神药品生产企业117家次。对全省疫苗储配单位进行全覆盖检查，对部分设区市预防接种点进行随机抽查，妥善处置“长春长生疫苗”事件。召开全省高风险药品生产经营企业主体责任落实大会。对药品流通监管重点由“事前审批”转向“事中事后监管”，加强承诺办结、跨辖区设仓、委托配送管理等情况监管。完善互联网药品业务改革，鼓励企业通过网上公开承诺、主动报告等形式开展网上药品交易业务。开展流通领域专项整治，出动检查5.13万人次，检查涉药单位2.19万个次，立案查处违规违法企业284家，收回19家药品批发企业的GSP证书。完成药品抽检1.7万批次，合格率94.8%。收到药品不良反应报告8.28万份，认定省级药品不良反应监测哨点医院47个。

【医疗器械监管】 2018年，浙江省核发第二类医疗器械产品注册证497个，办理许可事项变更239个；办理临床试验备案460个；完成第一类医疗器械产品备案1976个。完成第三类医疗器械注册核查52个，第二类医疗器械核查产品187个，医疗器械注册（备案）产品累计超过1万个。全省对医疗器械生产、经营和使用环节“飞行”检查常态化，检查医疗器械生产、经营企业及医疗机构106个。完成国家抽检医疗器械15个品种275批次，合格率93.5%；省级抽检24个品种1008批次，合格率97.1%。查处医疗器械案件690件，涉案金额3494.14万元，没收违法所得189.08万元，罚款6215.65万元。开展医疗器械专项整治，出动执法人员6.24万人次，检查经营企业1.67万家次，发现无证、未备案和经营无证产品企业70家，责令停业整改13家。检查医疗器械使用单位1.73万家，责令限期整改1801家，停业整改11家，罚款254万元。检查网络经营企业387家，推动网络经营企业落实质量主体责任。推进医疗器械网络销售备案和监测工作，新办互联网药品信息服务资格证书33个，9个网络交易服务第三方平台和926家网络销售企业完成备案，接收处置医疗器械网络销售监测平台推送的监测线索71条。制订《浙江省医疗器械经营质量管理规范实施细则》，实行对医疗器械批发、零售和零售连锁企业分类管理。加强医疗器械不良事件监测，全年发生医疗器械不良事件1.1万件；发布医疗器械主动召回公告14项，涉及12家企业的15个产品。

【化妆品监管】 2018年，全省药品监管部门开展化妆品监督抽检和风险监测2154批次，发现不合格、问题产品31批次，总体合格率98.6%。制订《浙江省化妆品不良反应监测工作手册》，认定市级不良反应监测点56个。办结化妆品案件544件，涉案货值867.96万元，没收违法所得244.61万元，罚款1071.59万元，捣毁化妆品制假售假窝点4个，责令停产停业单位20个，移送司法机关案件4件。开展国家药监局委托的“化妆品良好生产规范”“化妆品备案检查要点及指南”课题研究，承担制订“化妆品网络经营管理办法”任务，参与编写的《化妆品监管实务》出版发行。发布《浙江省化妆品“百千万”美丽消费示范工程建设方案》，修改完善《2018年浙江省化妆品“百千万”美丽消费示范工程建设标准及评分细则》，规范92条商业街、776个商场、8784个经营单位创建要求，纳入创建单位的产品备案率由76.8%提升至95.9%，消费者满意度从85.4%提升至98.9%。开展科普宣传“五进”（校园、机关、企业、社区、乡村）活动，向重点人群普及化妆品使用基本知识。组织开展以“安全护肤、美丽人生——科学染发”为主题的“5·25护肤日”宣传活动。

（省药品监管局　吴　晖）

知识产权与专利

【概况】 2018年，浙江省推进知识产权领域改革，深入实施知识产权强省战略，坚持“市场有效、政府有为、企业有利、百姓受益”的思路，完善知识产权保护机制，强化知识产权创造、保护、运用和服务，优化知识产权生态环境，知识产权发展指数连续5年保持全国前5位，知识产权各项工作取得新进展。至年末，全省发明专利授权量超过3万件，每万人发明专利拥有量23.6件，居全国各省（区、市）第二位，PCT（《专利合作条约》）国际专利申请量1492件。国内有效注册商标总数198万件，比上年增长28%。马德里体系国际注册商标有效量5236件，地理标志商标224件，作品著作权登记量超过2万件。新增“浙江制造”标准559个，累计853个。育成重大农作物新品种25个。“一种连续化稳定维生素A微胶囊的制备方法”等5件专利获评第20届中国专利金奖，占全国获金奖总数的六分之一，50多项专利获银奖、优秀奖。34个品牌入围年度《中国500最具价值品牌》，入围品牌数量居全国第6位。中国轻纺城花样版权登记管理保护办公室获中国版权金奖保护奖。浙江省拥有专利金奖15项、优秀奖30项、标准创新贡献奖12项。

【知识产权领域改革】 2018年，浙江省完成省级层面知识产权机构改革，市、县（市、区）知识产权机构改革稳步推进。重新组建省市场监督管理局（省知识产权局），推进知识产权工作与市场监管工作有机融合，实现商标、专利、原产地地理标志的集中统一管理，有效地提高管理效能，知识产权管理体制和运行机制实现重构。推进知识产权审判体制机制改革，省高级人民法院制定《关于加强我省知识产权审判领域改革创新的实施意见》。省检察院、省高级人民法院、省公安厅联合印发《关于知识产权刑事案件有关事项的通知》，省高级人民法院印发《关于推进知识产权审判“三合一”工作的实施方案》，推动地区知识产权“三合一”审判（由知识产权审判庭统一审理知识产权民事、行政和刑事案件）试点工作。省检察院印发《浙江省人民检察院关于充分发挥检察职能加强产权司法保护的意见》《浙江省人民检察院关于充分履行检察职能依法保障服务民营经济健康发展的意见》，推进知识产权检察、知识产权司法保护和公平竞争创新创业环境营造工作。

【知识产权保护执法】 2018年，全省法院系统新收知识产权民事一审案件2.83万件，审结2.55万件，分别比上年增长27.4%和21.8%，“索菲亚家居公司与南阳索菲亚集成吊顶公司侵害商标权及不正当竞争纠纷”等3件案件入选全国50个典型知识产权案例。检察机关批捕侵犯知识产权类犯罪108件155人，审查起诉270件516人。公安机关立案调查涉嫌侵权假冒案件991起，破案714起，抓获犯罪嫌疑人1700人，涉案金额逾5亿元。省市场监管部门探索建立全省重点商标协同保护机制，查处商标违法案件4339件，罚没款9981万元。处理电子商务领域专利纠纷案件10.2万件，立案查处专利违法案件1.41万件，其中专利侵权案件1.29万件、假冒专利案件1150件。省知识产权管理部门立案查处侵权盗版案件36件。杭州海关引导全省新增自主知识产权海关备案2102项，累计查扣侵权货物824批次，货值近1500万元。

【知识产权保护体系建设】 2018年，中国（浙江）知识产权保护中心获批成立，中国（宁波）知识产权保护中心、义乌小商品城知识产权快速维权中心通过验收。全省有国家级知识产权保护中心2个、快速维权援助中心3个和维权援助中心5个，省级维权援助中心22个。完善诉调对接、仲调对接机制，推进知识产权人民调解工作，宁波、温州、义乌、台州等地成立知识产权专业人民调解组织。全省知识产权人民调解组织受理知识产权纠纷7021件，调解成功率超过60%。浙江知识产权仲裁调解中心、浙江省知识产权保护联盟成立。省市场监管局、省公安厅、省高级人民法院、省检察院等联合探索完善商业秘密保护机制。

【知识产权保护专项行动】 2018年，浙江省牵头“长三角”、“泛珠三角”、“东三省”、京津冀等区域21个省市开展互联网领域“云剑联盟”打假专项行动，首创运用大数据技术、互联网思维、政企深度合作打假新模式。省市场监管局深入开展“网剑”“溯源”“净化”行动，加大对商标侵权案件的源头追溯力度，立案查处商标案件122件，捣毁制假窝点14个，移送司法机关案件13件。开展“雷霆”专项行动，处理电子商务专利纠纷案件10.2万件，省际间通过协作机制处理线上案件1.38万件。省版权局开展打击网络侵权盗版“剑网2018”专项行动，全面推进软件正版化工作常态化、标准化、制度化。省公安厅实施“云端打击行动计划”，开展“云鹊”“保知护企”专项行动，侦破“知名品牌围巾案”等典型案例，获国际刑警组织肯定。杭州海关开展中俄海关世界杯知识产权联合执法行动和“龙腾”专项行动，查扣侵权商品5.8万件。

【知识产权转化运用】 2018年，浙江省实现专利质押登记额79亿元，服务企业452家；商标质押登记644件，质押金额82.2亿元，均比上年增长40%。省统计局、省知识产权局联合开展专利密集型产业研究，加强专利密集型产业统计监测。省发展改革委以“城市数据大脑”“新一代超大规模计算融合操作系统”“计算机视觉人工智能芯片研发及产业化”等大型项目为抓手，推动知识密集型产业发展。省经信委印发《关于深化重点产业技术联盟培育工作的通知》，加强产业知识产权联盟建设。制订发布《浙江省制造业创新中心培育创建实施方案（2018—2020年）》，明确要求创新中心应构建市场化的知识产权与技术成果转化机制。省知识产权局启动省级企业运营类导航项目14个、专利导航产业发展实验区2个，首批17个专利战略推进项目通过验收并面向产业推广运用。深化推进知识产权评议工作，省知识产权局获评2017—2018年度重大经济科技活动知识产权评议工程示范项目年度考核优秀单位。省卫计委启动“中国（浙江）卫生健康科技研发与转化平台”建设，汇聚医药领域专利3300多项、科技成果1600多项。省市场监管局围绕国家数字经济示范省建设和数字经济五年倍增计划，助推制订一批数字经济领域的先进标准。部署实施“地理标志商标助力强企富农三年行动计划”，推进“丽水山耕”品牌建设，“丽水山耕”品牌产品销售额累计超过40亿元。丽水市拥有农产品自主商标企业2378家，拥有有效农产品注册商标4239件，参与“丽水山耕”母子品牌运作的企业超过300家。

【知识产权管理】 2018年，浙江省推进知识产权区域示范创强工作。全省11个设区市全部进入国家知识产权试点示范城市序列，是全国唯一实现设区市全覆盖的省份，67个县（市、区）开展知识产权示范县（市、区）创建工作。省市场监管局推进商标品牌示范评价工作，先后评价示范乡镇（街道）4个、示范街道17个、示范企业91家。制定《审批服务便民化工作指南》国家标准，立项《“双随机、一公开”监管工作规范》等5项办事服务省级地方标准，完善“最多跑一次”改革标准体系。首次开展省政府部门目标责任制标准化建设专项考评，建立实施全国首个标准化地方统计制度。全球首个ISO（国际标准化组织）电子商务交易保障标准化技术委员会落户杭州，温州市和台州市入选全国“百城千业万企对标达标提升专项行动”首批试点城市。推进统一行政执法监管平台建设，加强市、县两级法治市场监管。搭建多部门共同参与的全省应对技术性贸易措施信息共享平台，完善技术性贸易措施战略应对体系。提升企业知识产权管理能力。全省获批国家知识产权示范企业16家、优势企业72家，认定省级专利示范企业154家、商标品牌示范企业91家。省知识产权局、省经信委联合推进企业知识产权贯彻国家标准工作，推动企业在研发、生产、销售、并购、股权流转、对外投资等活动中加强知识产权资产管理，全省累计通过国家知识产权贯标认证企业1010家，专利示范（知识产权优势）企业总量1016家。省市场监管局出台“服务民营经济高质量发展20项举措”，支持民营企业实施标准化战略、品牌战略，全年新增“品字标”企业556家。省经信委开展浙江省技术创新示范企业认定工作，强化专利等知识产权指标评价。省人力资源和社会保障厅以高层次人才引进、博士后管理等工作为抓手，加大企业知识产权创造和保护工作力度。杭州海关持续实施出口知识产权优势企业培育工作，自主知识产权型企业入选海关总署重点培塑名录16家，重点培塑企业总数26家。

【知识产权服务业发展】 2018年，浙江省深化知识产权服务“最多跑一次”改革。专利优先审查初审实现全程网上办理，效率提升50%，专利质押登记实现全流程网上服务。商标品牌便利化改革成效明显，全省新增商标受理窗口1个，累计7个。义乌市获批开展马德里商标国际注册申请受理业务。组建商标品牌专家顾问团，助力企业实施商标品牌战略。省司法厅推出之江法证“智慧浙里存”全省知识产权电子证据存证平台，累计指导公证机构开展知识产权电子证据存证、取证服务34家，遴选培育一批公证服务知识产权保护示范机构。推动成立杭州互联网公证处，全省开展互联网公证服务机构33家。省市场监管局设立具有司法资质的电子数据取证中心，为全省监管执法工作提供技术支撑和司法保障。省版权局设立阿里巴巴版权服务工作站。省贸促会依托经贸摩擦预警平台，引导外向型企业注册境内外商标，加强知识产权风险预警。杭州高新技术开发区创建国家知识产权服务业集聚示范区，首批4家省级知识产权服务机构集聚发展示范区启动建设。全省专利代理机构109家，分支机构98家，新增国家知识产权服务品牌机构2家，累计10家。省知识产权（专利）信息公共服务平台二期启动建设，累计服务企业超过1万家次。全年全省律师代理知识产权诉讼案件7636件，办理知识产权非诉讼法律事务2395件，律师办理知识产权业务量比上年增长27.3%，涉及标的12.74亿元。浙江英普律师事务所、浙江永鼎律师事务所、浙江亿维律师事务所、浙江秉格律师事务所等以知识产权为核心业务的律师事务所年创收均突破1000万元。全省公证机构办理知识产权公证业务2.97万件，增长46%。

【知识产权环境改善】 2018年，浙江省推进知识产权文化宣传普及工作。省市场监管局组织开展“4·26”知识产权宣传周活动，与上海、江苏联合签署《长三角地区知识产权一体化发展框架协议书》。组织开展“5·10”中国品牌日宣传活动，发布《2017年度浙江商标品牌发展报告》，联合国家知识产权局开展商标注册便利化改革集中宣讲。省版权局举办第六届“知识产权杯”创意设计大赛。省高级人民法院开设“浙知析法”专栏，举办“三知论坛”。省教育厅将知识产权教育纳入中小学生法制教育内容，在省编德育地方教材《人·自然·社会》中增加“未成年人的知识产权”“知识有产权”等相关内容。组织开展第四届浙江省“互联网+大学生创新创业大赛”，全省获中国“互联网+”大学生创新创业大赛金奖11个。省司法厅会同省知识产权局、省律师协会、省公证协会开展以“加强知识产权保护，推进创新驱动发展”为主题的知识产权宣传巡回演讲公益服务活动，开展为期1年的“打造最佳营商环境法律服务专项行动”，举办知识产权宣传和培训300多场，受众2.5万人次。杭州海关“中国海关知识产权保护中心（义乌）”推出“一带一路与知识产权保护”“创新的力量”等专题展示项目，常态化开展知识产权海关保护实务宣传与公益培训，受众7000多人次，并被外商投资协会优质品牌保护委员会评为“知识产权边境保护综合效应最佳实践奖”。加强知识产权对外交流合作与人才培养。省市场监管局联合上海市市场监管局等单位签署《关于共同推进商标品牌国际化的合作协议》，组织开展“ZhejiangMade国际合作行”活动，以点带面，推进商标国际合作。以浙江自贸区等品牌企业为重点，开展马德里商标注册宣传培训。10月21—25日，举办第24届中国义乌国际小商品（标准）博览会，打造标准国际化交流合作平台。发挥知识产权培训基地作用，面向企业、市场培训知识产权实务人才5500多人次。省版权局组团对芬兰、瑞典等国家开展交流访问，举办浙版图书海外“百柜工程—悦读浙江”活动。省教育厅完善高校人才培养方案，深化知识产权学科专业建设。省人力资源和社会保障厅加大知识产权在人才评价中的比重，对省“151人才工程”重点资助及第一、二层次培养人员评价指标体系进行修订，注重知识产权的转化和应用。省司法厅组织知识产权领域人民调解员选聘，从知识产权行政执法人员、技术专家、知识产权评估专家、退休法官、资深律师中选聘专兼职调解员。 （省市场监管局 徐小军）

物 价 管 理

【概况】 2018年，浙江省物价监管部门在保持物价总水平基本稳定的基础上，深化价格机制改革，推进涉企项目清费减负，完善公共服务价格政策，强化重点领域和关键环节提高价格调控监督服务水平，为全省经济社会发展营造良好的价格环境。全省居民消费价格温和上涨，企业用电成本下降，消费减负取得阶段性成果。

【绿色发展价格机制创建】 2018年，省物价管理部门配合深化“亩均论英雄”改革，因地制宜推进差别化价格政策。实施电、水、气、排污等资源要素价格差别化，通过价格机制反映资源稀缺性和环境损害成本，倒逼企业提升要素利用效率，促进经济转型升级。推行非居民用水超定额累进加价制度，促进水资源节约利用。会同省建设厅出台城镇非居民用水超额累进加价办法，对非居民用水户超定额用水量分档收取加价水费，并对征收主体、水量核定、收费性质、资金用途、分档水量和加价标准等做出明确规定。浙江率先成为实施农业水价综合改革试点省份之一。制定关于加强农业用水价格管理及成本监审工作意见，指导和规范各地建立科学合理的农业水价形成机制。

【民生价格管理】 2018年，全省居民消费价格总水平上涨2.3%，比上年上升0.2个百分点。服务项目价格上涨2.3%，拉动CPI总水平上升0.94个百分点，涨价贡献率41.4%。八大类消费品及服务项目价格全部上涨，涨幅前三位的是：居住价格上涨3.4%、食品烟酒价格上涨2.6%、医疗保健价格上涨2.6%。全省工业产品出厂价格上涨3.4%，购进价格上涨5.1%，涨幅分别回落1.4和4.5个百分点。年内省发展改革委修订出台《浙江省定价目录（2018年）》，进一步放开竞争性领域和竞争性环节价格。

【输配电价改革】 2018年，全省实施降低区域电网输电价格、临时性输配电价、跨省跨区送电价格等措施，腾出电价空间，分别自4月1日、5月1日、7月1日、9月1日起，连续4次降低一般工商业目录电价，累计降低电价每千瓦时8.4分，为企业减负约80亿元。取消临时接电费，累计清退向电力用户收取的临时接电费26亿元；取消电网企业除申请验表费、地下电缆通道有偿使用费以外的全部收费项目；减免余热、余压、余气自备电厂的政策性交叉补贴和系统备用费；清理规范产业园区、商业综合体等经营者向转供电用户在国家规定销售电价之外收取的各类加价，减轻企业负担30亿元。按照“管住中间、放开两头”的电价改革思路，加大对电网企业成本和经营监管力度，健全电网投资、电量增长与输配电价的协调机制，建立输配电价常态化监测评估制度。制定出台增量配电网价格管理规则，落实国家发展改革委有关专项输电工程的价格政策。

【天然气定价机制改革】 2018年，省物价管理部门出台《浙江省城镇燃气价格管理办法》，以准许成本加合理收益为原则，通过核定城镇燃气企业的准许成本，核定企业配气价格。制定省级管网代购、代输管输价格，试行下游企业委托浙江省天然气公司代购的方式争取气源，促进上下游直接交易和天然气市场化。对供应城市非居民用气和电厂用气价格进行疏导，适当缓解因冬季天然气购进价格上涨，导致浙江省天然气公司亏损严重的情况；严格控制各地非居民用气最高购销差价，使终端用气价格与邻省基本持平。

【涉企项目清费减负】 2018年，全省物价管理部门推进交通运输服务价格改革，降低企业物流成本。清理规范普通公路、港口、铁路收费，免收钱塘江中上游6个试运行船闸实行船闸过闸费，修订全省高速公路货车计重收费费率，对过往宁波北仑区境内、义乌市境内高速公路的客车实行免费通行，部分普通公路提前停止收取车辆通行费。推进遂昌县、松阳县出租车运价改革试点，完善差别化停车收费政策。降低重点国有景区门票价格，全省降低或免收37个景区门票价格，减少游客年门票支出1.73亿元。清理规范涉企项目收费，整顿涉企行政事业性收费，规范中介服务及行业协会商会收费，编制公布政府定价管理的经营服务收费目录清单，取消部分公共资源交易服务收费，全年减少涉企经营报务性收费280万元。

【教育收费规范】 2018年，全省物价管理部门规范民办学校收费政策，实行更加开放的分类定价机制。非营利性民办中小学收费政策由各级政府按照市场化原则确定，其他民办教育收费实行市场调节价。完善独立学院收费政策，适度扩大学校收费自主权。出台省内重点建设高校收费政策，支持重点建设高校的重点学科和优势专业发展，推动国家双一流大学建设。开展浙江财经大学、浙江工商大学杭州商学院完善学分制收费改革试点。推进学前教育成本分担机制研究，调整省级幼儿园收费标准。

【价格监测预警和成本监审】 2018年，全省物价管理部门开展重要商品和服务价格监测和预警分析。在北方水灾、非洲猪瘟疫情等事件突发后，启动对蔬菜、生猪、猪肉价格的应急监测，密切关注其价格波动，及时预测价格走势，并做好应急预案，协同相关部门适时实施预案。加强对农产品成本调查数据的分析和研究，合理确定稻谷、小麦最低收购价格，适时发布生猪和农产品平均成本、收益水平等信息，引导农民合理调整种养殖结构。（省发展改革委　张兰平）

统　计

【概况】 2018年，全省统计系统深入开展“大学习大调研大抓落实”活动，加大防范和惩治统计造假工作力度，加强统计数据质量监督、执法检查和统计工作基层基础建设，深化统计改革，各项统计工作取得新的进展。省委、省政府领导在省统计局报送的统计分析、信息和专报上批示179篇次，再创历史新高。2篇调研报告获国务院领导批示。省统计局被评为省政府部门绩效考评优秀单位。

【防范和惩治统计造假】 2018年，全省统计系统防范和惩治统计造假与开展“大学习大调研大抓落实”活动结合，与抓好省委巡视组对省统计局巡视整改结合，与落实全国人大常委会执法检查整改结合，着力构建防范统计造假弄虚作假监督监管体系。3月，根据国家统计局执法检查反馈意见、省委巡视组反馈意见和省委、省政府主要领导批示要求，在全省部署开展“举一反三，建立防范和惩治统计造假弄虚作假长效机制”专项行动。全省范围内开展统计造假全面自查自纠，并制定切实有效的整改措施。对省内虚报投资额超过10亿元的22个项目进行执法检查，提出整改意见。10月，为贯彻落实全国统计系统巡视整改工作会议精神，省委办公厅和省政府办公厅发文各市党委、政府和省直属有关单位，通报国家统计局巡视整改要求，推动数据真实性作为统计部门整改的重要内容。省纪委、省监委将防范和惩治统计造假作为全省集中整治官僚主义、形式主义的10个重点领域之一。11月，省统计局会同省发展改革委、国家统计局浙江调查总队等8个部门，对各市深化统计管理体制改革工作进行专项督查。

【统计数据质量监督】 2018年10月29日，省统计局制定《浙江省统计局系统数据质量管控规则》，要求建立统计数据质量全员全程追溯责任制。各部门加大联网直报企业数据审核、查询和核实力度，组织开展数据质量核查，并通报核查情况，对存在统计违法行为的企业和相关责任人，提出责任追究意见。对核查发现的个别县（市、区）数据造假问题，及时向省委、省政府汇报，核查情况向全省统计系统通报并抄报市、县政府。加强与税务等相关部门数据比对，提高统计数据的准确性和匹配性。健全发现违法行为线索工作机制，完善统计违法线索移送制度。强化执法监督部门与各专业统计部门沟通协作，结合企业（项目）入库、月（季）报审核查询、数据质量核查、随机抽查、“飞行”检查等活动发现的统计违法线索，组织开展专项执法检查，对统计违法行为实行“零容忍”。全年全省对4511家企业进行统计执法检查，立案处理771起，省政府对相关统计违法案件在全省范围内进行通报。

【统计基层基础建设】 2018年，全省推动市、县（市、区）依法设立独立统计机构，除个别县（市）外，其他县（市）均独立设置统计局。省统计局直属市县调查队管理体制改革相关工作基本完成。加强统计执法队伍建设，成立省统计执法监督局。加大领导干部责任追究力度，按照党政同责、“一案双查”要求，建立统计违纪违法案件移送制度，将省统计执法监督局直接立案调查案件移送或抄送省纪委、省监委和省委组织部。建立对各市统计法治工作考核制度，落实领导干部违规干预统计工作记录制度，印发《统计违法举报管理工作制度》等5个统计执法制度。完成省、市及有关县（市、区）统计局调查队部分业务分工调整。指导各市制定贯彻落实中央《关于深化统计管理体制改革提高统计数据真实性的意见》和省统计局《全面落实防范和惩治统计造假弄虚作假责任制实施办法》的地方文件。制定《加强和规范村（社区）统计工作的指导意见》，建立村（社区）统计人员名录。完成基层统计调查现状抽样调查，开展全省地方调查项目清查。印发《部门统计调查项目管理办法》，建立省、市、县三级通用的申报审批管理系统。推进投资项目“一项目一档案”管理。全年有5.8万人利用网络在线平台学习统计业务。做好对口支援帮扶工作，举办3期统计智力援藏援疆培训班，并对浙江景宁、庆元等县实施统计干部培养工程。

【统计咨询服务】 2018年，全省各级统计系统密切跟踪分析工业生产、能源“双控”、企业用工等情况，实时反映“稳企业、保平安”成效和转型升级新进展。围绕供给侧结构性改革、中美经贸摩擦、民营经济发展、减费降负等热点问题，开展专题调研。组织撰写“八八战略”实施15周年系列分析和改革开放40周年系列分析文章。全年省统计局撰写报送统计分析103篇、经济信息154条、统计专报92期。省委、省政府领导批示179篇次，其中分析类批示126篇次、工作类批示53篇次。被国家统计局采用并上报中共中央办公厅、国务院办公厅的经济信息及政策建议，居各省区前列，其中2篇专报获国务院领导批示。开展浙江省高质量发展指标体系研究，形成《浙江省高质量发展指标体系（2018-2022年）》。围绕三大攻坚战和富民强省十大行动计划，开展统计监测评价和市县绿色发展评价。围绕乡村振兴开展农村调研，建立乡村振兴评价指标体系。完成全省近120万户低收入农户全面小康统计监测。加强对“八大万亿”产业发展监测和重大项目建设情况跟踪。建立传统制造业监测和分析评估制度，开展县域“亩产论英雄”绩效分析。做好11个市党政领导班子有关工作考核、26个县（市）发展实绩考核、服务业强县创建、科技进步、妇女儿童发展、公共服务均等化实现度、综合交通产业发展等统计监测评价，完成文化发展指数编制。

【统计制度方法改革】 2018年，省统计局制定“三新”（新产业、新业态、新商业模式）统计监测制度，制度涵盖“三新”经济增加值、软投入等16个重点领域。开展市级“三新”经济增加值核算研究。建立数字经济统计体系，测算数字经济增加值。完善全域旅游测算方案。会同省地方金融监督管理局等部门制订《关于加强和改进金融产业统计监测工作的意见》。修订高技术产业、文化及相关特色产业分类标准，做好高端装备、时尚等产业新的统计派生分类，对“五大千亿农业经济”（千亿级的农业全产业链经济、粮食产业经济、农业美丽经济、农机装备产业经济、农业综合服务经济）进行统计范围界定和行业划分。开展总消费统计制度方法研究。做好电子商务企业名录库更新维护及互联网经济、自贸区、民宿等新业态统计工作。编印《新经济统计方法制度改革研究与实践成果（2018）》。有序实施国民经济核算改革，落实省委书记车俊、省长袁家军等批示精神和省政府专题会议要求，按照省委办公厅、省政府办公厅印发的《浙江省地区生产总值统一核算改革方案》，做好国家统计局在浙江省开展的地区生产总值统一核算改革试点。率先在全国推开省、市两级编制自然资源资产负债表工作，各市均编制完成2016年地区自然资源资产负债表，湖州市安吉县试点方案上报国家统计局。探索编制地方资产负债表，丽水市根据省政府办公厅工作方案，完成现代农业产业统计试点，推进企业研发制度改革、群团组织服务群众满意度调查等试点。

【开展“四经普”工作】 2018年，全省统计部门开展第四次全国经济普查工作，选聘8万余名普查员和指导员，实行“下延一级”培训方式抓好培训，提高普查员和指导员“两员”素质。修改和完善全省村级边界电子数据，确保普查区电子地图边界清晰、不重不漏；在名录库中增加审核条件，修改差错近30万条，提前完成行业代码规范工作。理清法人单位和产业活动单位关系，累计清查各类经济实体496.8万家，通过查疑补漏，全面掌握各类经济实体情况。实施集中会审、单位清查和省级质量抽查等核查程序，设计经济普查专用《催报单》，加强对普查对象配合调查法定义务的宣传，增强普查工作人员的保密观念。指导温州市研发新版行业智能编码系统，为全国“四经普”提供行业智能编码解决方案。全面完成第三次农业普查，核实2016年度数据并进行历史数据修订，编辑农业普查资料本，开展资料分析和课题招标。做好投入产出调查的宣传指导，举办5期非工业调查单位培训班，做实调查数据的审核验收。

【常规统计和民意调查】 2018年，全省统计部门加强名录库审核，全面完成GDP和工业、投资、贸易、服务业、农业等主要经济指标数据统计。加强相关经济指标关联性、匹配性评估。实施和完成城乡划分、劳动工资、研发、资源环境、开发区（园区）和产业集聚区等统计。组织实施5‰人口变动、企业用工、人才、“平安浙江”群众安全感、国际比较项目（ICP）政府职务报酬等调查，完成第七次人口普查外来人口登记调研和开展省级专项试点。衔接和完成国家统计局浙江调查总队移交的各项规模以下、限额以下调查工作。开展企业发展环境专项调查、“最多跑一次”改革等为民办实事民意调查、消费者信心指数和企业景气指数调查等工作。

【统计数字化转型】 2018年，省统计局制定《浙江省统计局系统推进政府数字化转型总体方案》，确立“五纵四横、一网通办”的总体框架和10项重点工程。全省各部门统计数据管理系统基本建成，统计监测分析系统完成招标，打造“数据浙江”、投资统计管理监测系统建设等工作按计划推进。政务“钉钉办公”100%覆盖全省统计系统，普查入户采集数据实现100%“掌上办理”。根据公众的数据需求，编印《浙江经济社会发展报告白皮书》作为省人代会、政协会议参阅资料。每月发布月度数据和分析，每季召开统计数据发布会。参与浙江电视台《有请发言人》节目宣传工作，解读民生问题。利用微信微博等新媒体发布经济社会发展、人民生活等统计公报，完善“数据浙江”等统计数据库。加强长三角统计合作与数据共享，办好《统计科学与实践》杂志，全年杂志出刊12期。加强舆情监测与网络安全管理，有效处置网络舆情。

（省统计局　章剑卫　胡　东）

审　计

【概况】 2018年，全省各级审计机关完成审计和专项审计调查项目2733个，查出违规问题金额132.23亿元、损失浪费问题金额9.54亿元，管理不规范金额计量问题2.28万个，向司法、纪检监察机关和有关部门移送处理事项714件，移送处理人员712人。审计促进整改落实有关问题金额629.31亿元，帮助被审计单位挽回（避免）损失60.92亿元，核减投资额66.93亿元；向被审计单位及有关单位提出审计建议8109条，被采纳6662条；推动被审计单位制定整改措施1713项；促进被审计单位制定、完善规章制度494项；提交审计专题报告、信息、简报6429篇次，被党政领导和有关部门批示、采用4024篇次。其中被国务院领导批示1篇，被国务院办公厅采用3篇。被省委、省政府主要领导批示100篇次。向社会公布审计结果1243篇次。全省有2个审计项目获评国家审计署优秀项目、2个审计项目获评国家审计署表彰项目。省审计厅在年度省政府部门绩效考评中获评优秀单位。

【政策措施落实情况跟踪审计】 2018年，省审计厅以政策跟踪审计统揽审计项目计划，采取“审计+政策”审计模式，聚焦打好“三大攻坚战”、高质量发展组合拳、富民强省十大行动计划等重点工作，实施“最多跑一次”改革推进情况等跟踪审计，确保政令畅通。连续2年开展“最多跑一次”改革推进情况审计调查，针对发现跨部门联办系统部分数据流未贯通等改革“卡脖子”问题，提出审计建议推动全省落实边审边改问题497个，为深化“最多跑一次”改革、促进政府数字化转型提供第一手素材，相关审计专题报告得到国务院领导批示。

【财政审计】 2018年，全省各级审计机关聚焦财政预决算编制和执行、资金使用绩效等热点、难点问题开展审计，促进浙江财政体制改革不断深化。开展政府性债务审计，发现部分市、县违规或变相举债导致隐性债务增加等问题，提请省政府召开专题会议进行部署，有序推进政府债务化解工作。全年全省财政审计重点围绕预算法贯彻实施、打好“三大攻坚战”、全面深化改革，支持实体经济发展等方面，揭示和反映问题105个，对79个单位存在的问题公开点名118次，省人大常委会领导给予肯定。

【经济责任审计】 2018年，全省审计机关对903个单位、1195名领导干部开展经济责任审计，其中党委领导214人，政府领导干部240人。查出违规金额50599万元。首次在8个县（市、区）党政领导干部经济责任审计中探索“大项目”实施模式，揭示部分县（市、区）推动高质量发展措施不够有力等问题，促进领导干部忠诚干净担当。全面开展自然资源资产离任（任中）审计，全省实施审计项目128个，审计领导干部210人，推动关停、拆除一批污染源企业和违建房屋，促进美丽浙江建设。

【固定资产投资审计】 2018年，全省各级审计机关加大对固定资产投资重大违纪违规问题的监督力度，核减投资额66.93亿元。省审计厅实施浙江省残疾人康复中心迁建工程决算审计、省廉政教育基地配套项目跟踪审计等项目，发现违法分包、工程存在安全隐患等问题，移送问题线索8件，有效推动公共项目建设。持续推动投资审计转型，全省修订完善相关地方法规条款38条，出台制度157项。

【民生资金（项目）审计】 2018年，全省各级审计机关把扶贫、社会救济、保障性住房等民生项目审计作为重点。其中,社会救助政策落实情况审计发现部分人员虚报冒领、重复享受救助资金等问题,移送问题线索32件,39人受到党纪政务处分,推动省民政厅出台社会救助家庭供养能力计算办法。对淳安县等29个县(市、区)开展扶贫专项审计,推动省财政厅出台扶贫资金和项目绩效评价管理办法。连续6年开展保障性安居工程跟踪审计,全年移送问题线索31件,涉及金额4.34亿元,对保障资金安全、促进安居工程政策落实发挥重要作用。

【农业与资源环保审计】 2018年,省审计厅实施长江经济带生态环保审计,发现电镀污水预处理后直排入江等问题,省委主要领导做出批示,要求有关部门研究解决。围绕全面落实"土壤污染防治行动计划",对12个县开展土壤污染防治情况审计调查,推动完善相关制度8项。

【金融外资审计】 2018年,省审计厅组织开展村镇银行防范风险及服务"三农"情况审计调查,促进23家村镇银行健全制度及相关流程184项,上报的审计专报被国务院办公厅采用。年内,省审计厅受审计署委托,对世界银行贷款的浙江农村污水处理和饮用水工程、法国开发署贷款的仙居县域生物多样化保护和发展利用示范工程进行审计,审计发现合同违规分包等问题,促使被审计单位采纳审计建议,建立完善有关规章制度,规范合同管理。

【企业审计】 2018年,全省各级审计机关审计调查单位283个。其中,省审计厅对省供销社、杭钢集团、浙江安邦护卫集团等企业负责人进行经济责任审计,促使省供销社整改清退违规资金2700多万元。开展全省产业基金投资业务情况审计调查,揭示产业基金投向不合理等问题,省政府召开专题会议研究部署政府产业基金2.0版(以"定向基金"为主、"非定向基金""直接投资"为辅的模式,对信息经济、环保、健康、旅游、时尚、金融、高端装备制造、文化等八大万亿产业的重点领域、重大产业项目予以投资),完善基金投资运作机制。

【审计管理创新】 2018年,省审计厅贯彻落实习近平总书记"三个区分开来"要求,对某地采用BT模式推进安置房建设等15个容错纠错事项进行认定,客观审慎做出审计结论,保护和激发干部干事创业积极性。该做法被评为省政府部门和全省政府法制工作"双十佳"改革创新项目。制定推进科技强审意见,加快"金审工程"三期试点和审计监督大数据应用示范工程建设。建立财政、社会保险等审计电子数据一年两次定期归集机制,加强数据标准化管理,对全省财政数据实施标准化验证,制定保障房等行业大数据审计数据规划。按行业分类组建大数据审计专家团队,为开展大数据审计提供人才支撑。制定坚持质量立审"九项标准"意见,细化具体举措18项,强化"九项标准"对审计业务的引领作用。首次对各市审计执法检查全覆盖,并做好优秀审计项目和优秀审计报告评选活动。审计整改情况督查首次纳入省委督查检查活动计划和省政府对省直部门绩效考评内容,推动问题金额整改率达95.8%。首次启动审计整改追责程序,1名城建档案馆馆长因虚假整改被诫勉谈话和通报批评。全年省委办公厅、省委组织部、省直机关纪工委根据审计结果印发通报4个,对审计发现的少数领导干部违规兼职取酬等典型案例在全省范围内通报。配合省委组织部举办领导干部经济责任风险防范网络专题培训班,参加培训学员160多人。出台进一步加强审计成果运用指导意见和异地审计项目成果共享管理办法,推动审计成果叠加运用。

【内部审计】 2018年,浙江落实审计署关于加强内部审计工作业务指导和监督的意见,出台加强内部审计工作业务指导和监督的意见等配套制度,召开全省内部审计工作会议,率先探索建立国家审计与内部审计协同机制,在原省农业厅等7个单位开展首批试点,推动内部审计机构加强自我监管。创新协审工作机制,印发协审固聘人员管理办法,探索形成以长期聘用为主、临时聘用为辅的协审机制,有效缓解人少事多矛盾。

(省审计厅　陈振宇)

海　关

【杭州海关进出口货物量居全国第八位】 2018年4月20日,杭州海关机构改革完成人员转隶,原关检226个办事窗口实现"一口对外、一次办理"。浙江省检验检疫局全面落实《全国通关一体化关检业务全面融合框架方案》,统一以海关名义对外开展工作。年内,全省10个设区市13个隶属海关全部设置到位。改革后杭州海关业务负责范围为除宁波外的10个地级市全境。关区监管口岸8个,其中空港口岸4个,海港口岸4个。杭州海关干部职工3307人。全年监管进出口货运量1.76亿吨,检验检疫货物64.87万批次,分别居全国42个直属海关(下同)第八位和第五位;监管进出境人员635.43万人次、邮递物品1.17亿件、快递物品4407.66万件,分别居第五位、第三位和第四位;认证企业数、签发各类原产地证书数分别居第二位、第一位。征收税款517.81亿元,居第11位。

【杭州海关提效降费减证】 2018年,杭州海关建立专门工作班子,对全省整体通关时间进行调查摸底,研究解决通关监管方面存在的问题,制订实施提高查验效率、优化送检化验流程等措施25条,层层压紧压实监管责任,促成关区整体通关时间大幅度缩短,年末关区进口、出口整体通关时间分别为43.55小时和2.71小时,比上年分别下降85.1%和67.7%,进口整体通关时间下降率居全国主要外贸省市首位。全年免收出入境检验检疫费2.93亿元、原产地证书签证费及工本费4139万元,提前完成口岸每个标箱降费100美元目标。建立进出口货物收发货人注册登记"多证合一"模式,将海关检验申报项目由229项整合为

105项，减少国际船舶进出境通关纸质单证22份，促成3项精简单证立法建议被海关总署采纳。推进“双随机、一公开”工作，执法检查人员名录库、市场主体名录库分别增至1509人次和6703家次，10个单位实现按标监管，抽查结果对外公示涉及企业471家。全面梳理规范性文件77件，废止15件，废止单证67个。推进行政审批整合优化，按时完成梳理行政审批窗口办事事项33个。制发首批海关临时行政执法证243件。开展打击制售使用假证专项稽查行动，全年行政处罚案件立案1077件，增长14.1%；案值23.21亿元，下降3.3%；涉税2304万元，下降44.3%。

【杭州海关监管职责履行】 2018年，杭州海关加强固体废物进口监管，严禁洋垃圾进境，全年检出环保项目不合格进口废物原料42批，立案查处固体废物进口案件22件，进口量1.2万吨；查处走私犯罪案件128件，案值17.76亿元；查处涉枪涉毒走私案件27件，查获枪支24支和特草、大麻等毒品121.54千克。做好非洲猪瘟等口岸疫情疫病防控工作，妥善处置全国口岸首次截获鼠疫杆菌F1抗原阳性突发事件，集中退运全国邮路口岸首次核辐射超标邮件，截获有害生物537种、13293次。

【杭州海关帮助企业应对中美经贸摩擦】 2018年，杭州海关建立关领导联系企业机制，针对美国“201调查”“232调查”“301调查”和2000亿美元清单商品加征关税问题，深入700多家企业开展专题调研，帮助企业用好减免税收政策，为企业减免两税（关税、增值税）19.15亿元，减免税收比上年增长33.7%，促成8项税收调研建议被财政部采纳，为省内企业节约成本4600万元。用好原产地政策和技贸措施，全年签发原产地证书102.85万份，建成国家级技术性贸易措施研究评议基地2个，指导出口食品企业通过国外有关机构检查9家，扶持杭州塘栖枇杷、建德草莓等特色农产品首次出口。加强为企业服务工作，促成浙江医药股份有限公司、海盐宇星螺帽有限责任公司等企业获外方关税豁免。强化统计监测预警，26篇专项研究分析报告获省委、省政府领导批示。

【杭州海关服务中国（浙江）自由贸易试验区建设】 2018年，杭州海关成立专项对接服务领导小组，重点围绕油气全产业链建设，赴浙江自由贸易试验区开展专题调研11次，探索形成保税油品混兑等监管创新举措12项，建立国际航行船舶进出境通关“国际航行船舶进出境通关无纸化”模式，实现保税燃油加注业务办理“最多跑一次”，为企业节省申报时间约80%，全年保税油供应359.3万吨，比上年增长96.5%，供油量居全国口岸首位。创新建立“进境保税金属矿产品检验监管制度”，助推保税混矿业务快速发展，全年实现保税混矿1295.8万吨，增长60.6%，总量居全国口岸第二位。支持波音航空航天公司海外完工和交付中心项目建设，指导企业做好飞机融资租赁业务的论证工作。

【杭州海关助推跨境电子商务发展】 2018年，杭州海关坚持先行先试，在杭州综合试验区探索形成“一线管住二线优出”等7项新模式，并在全国海关复制推广。研发运行跨境电商智能物联网项目，实现通关“秒级响应”。做好eWTP（世界电子商务贸易平台）和“一带一路”捷克站建设对接服务，支持3条跨境电商专属国际货运航线开通，促成义乌跨境电子商务综合试验区获批建设。全省跨境电子商务进出口总额再创历史新高，进出口货值275.6亿元，比上年增长44.3%。引导跨境电子商务对接“一带一路”建设，推动“义新欧”国际班列做大做强，全年监管“义新欧”班列368列、集装箱6.35万标箱，分别增长120.4%和72.0%。

杭州海关工作人员在现场检查进口货物　（杭州海关　供图　丁　鑫　摄）

【杭州海关促进特殊监管区域产业转型升级】 2018年，杭州海关提升海关特殊监管区域产业集聚功能，促成杭州出口加工区升级为综合保税区，全年加工贸易进出口2687.9亿元，比上年增长5.3%，保税物流方式进出口1208.7亿元，增长50.5%。支持高新技术产业发展，帮扶万向集团公司新能源汽车锂电池、中电海康集团有限公司高端芯片等重大项目实施，全年实现高新技术产品出口1408.4亿元，增长11.5%。服务会展经济发展，完成第五届世界互联网大会、第二届世界油商大会、首届联合国世界地理信息大会等重大国际会议的通关保障，推进亚运会马术比赛无疫区建设，验收放行杭州世界游泳锦标赛设备4批次，设备价值141.66万欧元。

【杭州海关口岸公共卫生安全保障】 2018年，杭州、义乌空港和舟山海港创建“国际卫生港”工作获杭州海关批复，推动地方政府履行创建工作主导责任。落实海关总署疫情防控要求，开展2轮传染病疫情风险评估工作，先后在出入境人员中检出传染病243例，截获核生化有害因子59起、输入性病媒生物483批次，处置8起口岸卫生安全突发事件和8批核辐射超标邮件（包）。推进浙江国际旅行卫生保健中心能力提升三年行动计划，与国内外科研院所合作做好卫生检疫风险识别、分析和评价工作。

【杭州海关生物安全防御体系建设】 2018年，杭州海关落实《国门生物安全防御体系建设行动方案（2018—2020年）》，深化口岸动植检规范化建设，提出第二批12个口岸的动植物检验检疫规范化建设验收申请。深化出口农产品监管模式改革，扩大枇杷、杨梅等时令水果出口，金华磐安出口竹木草制品示范区建设通过省级验收。开展进出口食用农产品、饲料安全风险监控和国门生物安全监测，累计截获植物有害生物421种、6360次，其中检疫性有害生物54种、937次。开展“绿蕾4”专项行动，截获禁止进境生物6706批次。联合省林业局开展“林安”行动（“服务林业供给侧结构性改革保障进出口林产品安全”联合专项行动），做好浙江长安花卉小镇首届世界花园大会服务保障工作。全省各地举办国门生物安全宣传活动25场，参加人员60多万人次。

【杭州海关进出口产品和消费安全监管】 2018年，杭州海关强化跨境电商商品质量安全监管，采集报送重要风险信息811条。首次提出跨境电商进口食品检验检疫监管指导意见，研究起草进出口食品督查、召回和企业约谈等制度，加施电子追溯码820多万张，覆盖42家进口食品企业、1200种进口食品，进出口食品安全监管体系持续完善。开展出口食品、茶叶安全提升行动及食品、保健食品欺诈和虚假宣传整治行动，全年撰写安全提升行动和质量分析报告140多篇。加强新增进口消费品检验工作，完善风险预警监管体系，采集进口消费品风险信息1593条，促使进口商实施自愿召回进口商品4件，并开展进口大众途锐汽车缺陷召回监管工作。加强进口货物质量检验监管，检出不合格煤炭、铁矿等进口资源性货物325批次、1449.3万吨，货值12亿美元。

【杭州海关服务重大战略实施】 2018年，杭州海关创新浙江自由贸易区检验检疫制度，5项创新制度成果上报国家有关部门，占全省上报总数四分之一，两项制度被国务院推广。探索缩减市场采购出口商品负面清单，推进市场采购进口贸易模式改革，建立信用管理、分类管理机制，实施预检验、预审核、采信第三方结果等便利措施。创新义乌市场采购出口预包装食品监管方式，采购预包装食物批次及货值分别比上年增长5倍和8倍。全省首个内陆进口肉类指定查验场义乌查验场通过验收。完善跨境电商企业和商品备案管理，支持中国（杭州）跨境电商综试区做大做强。扶持浙江国际农产品贸易中心、舟山进境澳洲屠宰活牛项目和湖州“龙之梦”动物世界等大型项目，开展杭州亚运会马术比赛进境马匹检疫工作政策研究。深化进境指定口岸建设，做好码头常态化运行和临时开放工作。

【杭州海关贸易通关便利化水平提升】 2018年，杭州海关建立实施检验检疫时长控制长效机制，加强关检融合，推进通关作业“三个一”（一次申报，一次查验，一次放行）、“查验合一”（海关查验和检验检疫作业合一）、检验检疫单证电子化等工作。全面取消通关单，调整流程布控和自动通关规则，实现出境综合评定合格后即报即放。原产地签证时长缩短三分之一以上。推进长三角检验检疫一体化，浙沪出口直放14万批，直放率97.4%；浙甬出口直放9.91万批，直放率95.7%。开展行业技术性贸易措施影响调查分析。对586家企业开展技术性贸易措施专项调查，形成服务决策调查报告8个。

【杭州海关科技创新】 2018年，杭州海关加强科技创新工作，推荐上年度科研成果项目25项，获上年度浙江省科学技术进步奖3项，获年内海关总署技术项目立项22项。推进科技项目信息化管理平台模块设计工作，强化项目全过程管理。实施全省eCIQ-Lab实验室管理系统（中国电子检验检疫实验室信息管理系统）、资源管理平台迁移工作，确保两个实验室管理系统平稳有序过渡和顺利恢复启用。完成对原舟山检验检疫局卫生检疫、动物检疫实验室和原义乌检验检疫局食品检测实验室现场核查验收。规范实施仪器设备政府采购，开展原浙江检验检疫局本级仪器设备清查工作。推进技贸基地建设，组织对13个国家36项国外相关技术法规和标准进行评议，向社会发布技术性贸易信息2165条。

（杭州海关　王　杨　王　华　王慧宇）

【宁波海关机构改革“三定”工作完成】 2018年4月，根据海关总署统一部署，宁波海关启动机构改革，将宁波检验检疫局出入境检验检疫管理职责和人员划入海关。4月20日，原宁波检验检疫局按期完成人员转隶。8月1日，实现申报单证、作业系统、风险研判、指令下达、现场执法“五统一”，海关监管、检验检疫两大口岸通关作业环节融为一体。12月28日，宁波关区“三定”（定职责、定机构、定编制）工作初步完成。宁波海关内设包括办公室等正处级机构20个，下设宁波机场海关、宁波邮局海关、镇海海关、北仑海关、大榭海关、梅山海关、象山海关、甬江海关、鄞州海关、奉化海关、宁海海关、慈溪海关、余姚海关、海曙海关、宁波保税区海关、栎社海关、杭州湾新区海关、宁波海关风险防控分局等正处级隶属海关18个。机构改革后，宁波海关各项业务运行平稳有序，机制优化完善，为口岸执法监管、维护国门安全、优化营商环境、服务地方经济发展提供坚强有力保障。全年宁波海关审核验放进出口报关单484.97万张，比上年增长7.7%；监管进出口货物1.70亿吨，货值16016.55亿元，分别增长3.5%和15.8%；检验检疫进出口货物19.64万批，货值584.02亿美元，分别增长9.6%和25.2%；查验出入境人员168.39万人次、运输工具3.54万艘（架）次、集装箱1453.10万标箱，分别增长15.4%、0.6%和15.6%。

【宁波海关国家级专业实验室建设】 2018年，宁波海关加强专业实验室建设，推进整体技术大中心发展，打造卫生检疫以口岸公共卫生控制与国际旅行健康风险管理为中心，实验室检测、风险评估、应急处置和旅行健康服务为内容的“一中心四模块”的口岸卫生检疫执法技术支撑体系。宁波国家口岸生物安全三级（P3）实验室基建工程通过验收并试运行，获批筹建“国家进口废化工品属性鉴定重点实验室”，“国家级食品毒理风险验证评价重点实验室”获批为国家级实验室。实验室检测能力大幅增长，增加检测项目2621个，为宁波口岸监管执法提供技术支撑。

【宁波海关综合治税量质效并举】 2018年，宁波海关做好税收预测、税收分析、税源管理和年末税收调控工作，坚持开展关税业务执法评估，实现关区税收量质效并举，全年税收入库852.86亿元（含退税入库72.76亿元），比上年增长22.5%，列全国海关第七位。提升集中验估效能，实现税收风险错位管理、联防联控，推行“一站对外”便利举措，缩短报关单在验估环节的流转时间，推进集中验估模式规范化、制度化，全年向海关总署报送税收风险参数、指令、模型建议171条，归类及审价补税4.41亿元。推进“多查合一”改革，开展稽核查补税入库8613.59万元。推广汇总征税措施，针对关区企业“一对一”上门开展政策讲解，联合银行召开汇总征税政策推介会，实时跟踪汇总征税保函使用情况，加强对汇总征税货物申报和税款入库的监控管理，确保税收安全。年内汇总征税报关单2.81万份，占关区应税报关单量13.99%。推进关税保证保险试点，全年审核通过184份关税保证保险报关单，涉及企业27家，保单总金额21.33亿元。

【宁波海关口岸整体通关时间压缩】 2018年，宁波海关出台推进口岸跨境贸易便利化30项措施，全面实施进口提前申报、提升查验效能、优化进口拼箱拆箱、进口铁矿等矿产品“先放后检”试点模式等重点工作，简化申报要求，拓展口岸服务功能，提高汇总征税比例，优化检验检疫监管流程，提前完成压缩货物通关整体通关时间三分之一的任务，年末进口整体通关时间46.21小时，比上年缩短72.2%；出口通关时间9.35小时，缩短66.2%；进口报关单无纸化率95.6%，提前申报率45.3%。

【宁波海关电子口岸业务有序开展】 2018年，宁波海关强化窗口服务作风建设，推进“最多跑一次”改革，实现窗口“一次受理，一次办结”。宁波地区中国电子口岸入网企业1907家，比上年增长16.7%；制发卡2.09万张，增长10.3%，其中法人卡9780张、操作员卡10268张、报关员卡892张。至年末，宁波地区办理入网企业4.44万家，制发卡22.27万张。

【宁波海关船舶监管服务模式优化】 2018年，宁波海关优化船舶监管服务模式，全面整合船舶AIS（船舶自动识别系统）、舱单等各类数据，通过落实进口报关单放行规则，压缩船舶抵港申报用时，船舶监控范围从宁波临近海域延展至东海大部分海域，日均在线船舶数量提高至9000多艘次，船舶抵港平均申报时间由船舶进境后6.34小时缩短为4.8小时。推进物流作业改革，对部分符合条件的转场、转关货物全面实施转场审批作业无纸化、自动化和转关自动核销，提升转关货物通关效率。强化空箱调配，自主研发使用空箱管理系统，实现企业提前申报、到港后快速放行，并开辟空箱放行绿色通道，实现企业提前放行，到港后“即到即走”，提升宁波当地与周边的空箱流动调配速度，年内北仑口岸进口空箱273.2万箱次，比上年增长3.7%。全年宁波舟山港年货物吞吐量超过10亿吨，年集装箱吞吐量首次超过2600万标准箱，首次跻身世界港口排名前三强。

【宁波海关监管空港进出境人员142.51万人次】 2018年，宁波海关监管宁波空港进出境航班9045架次，进出境人员142.51万人次，分别比上年增长17.2%和10.4%，进出境人次再创历史新高。宁波及周边地区居民出境游保持较好增长态势，第二届中国国际进口博览会、第四届中国—中东欧国家投资贸易博览会等大型活动的举办及国庆节、元旦等假期出境游火爆是宁波空港进出境人员大幅增长的主要原因。宁波往返中国澳门、韩国、泰国、日本等地的新增航线是主要客源增长点。

【宁波海关邮路口岸稳步发展】 2018年，宁波海关采取多种举措助力宁波邮路口岸稳步发展。合理调整工作流程，将原关检17个监管环节优化为6个环节，依托集中办公优势，快速实现报关厅“一个窗口”受理，“单一窗口”货物申报系统平稳运行。整合人力资源，实现“共同上岗、一屏过机、一次查验”，提升监管效能。加强科技应用，更换CT机（电子计算机断层扫描机），辅以智能审图系统，对可疑邮件的辨别精度进一步提高。全年宁波海关监管进出境邮件1472.8万件，其中进境邮件31.4万件、出境邮件1441.4万件；月均监管量122.7万件，月监管量峰值达164.2万件；日均监管量达4万件，单日峰值超过13万件。截获禁止进境物品423批次，其中来自非洲猪瘟疫区的猪肉及其制品27批次，种子种苗95批次，特殊物品3批次。

【宁波海关服务“一带一路”建设综合试验区创建】 2018年，宁波海关从提升口岸监管一体化、支持宁波舟山港开展国际转运业务、加速口岸“单一窗口”建设、全面推广复制自贸区政策等方面服务宁波“一带一路”建设综合试验区。推进义乌陆港与宁波舟山港一体化运行，持续扩大安全智能锁在杭甬出口转关业务中的应用，智能锁应用比例达99%以上，对施加智能安全锁的金华—义乌—宁波的出口转关货物实施进卡后自动核销，实现转关作业全程自动化，有效节省在途时间，降低企业物流成本。支持宁波舟山港开展国际转运业务，启用海关总署新舱单系统国际转运模块，简化审批手续，提升通关效率。对宁波口岸各集装箱码头间流转的国际转运货物、内支线转码头货物和海铁联运货物全面实施转场审批作业无纸化和自动化，降低国际转运货物转场时间损耗，助力宁波舟山港打造国际转运枢纽。推进国际贸易“单一窗口”标准版的推广应用，完成“单一窗口”标准版货物申报、运输工具申报和舱单申报上线工作，实现国际贸易“单一窗口”标准版海空运输工具、舱单申报全覆盖。全面推广复制自贸区政策，先后复制落地“先进区、后报关”“区内自行运输”“原产地管理改革”“一次备案、多次使用”等创新制度21个。

【宁波海关助力民营经济高质量发展】 2018年，宁波海关积极帮扶破解民营经济发展难题，提振民营企业发展信心，营造民营企业良好发展环境。召开16家重点民营企业座谈会，面对面开展交流沟通，走访得力集团有限公司、宁波江丰电子材料股份有限公司等行业领军企业79家次，发放《宁波关区民营企业意见建议调研表》469份，收集企业建议95条，帮助企业解决问题和困难72个。联合杭州海关对重点企业开展帮扶，鼓励企业做大做强，年内近100家民营企业纳入重点帮扶名单。加大知识产权保护力度，对企业进行个性化指导，普及知识产权海关保护的政策法规，服务企业建品牌、创名牌，参与国际贸易供应链竞争。发挥海关系统实验室的技术优势，辐射与大宗资源、光电、汽车配件、服装等产业有关的民营企业，有效提升民营企业技术研发和产品质量水平，增强企业制标、用标能力。充分发挥行业协会、认证机构等第三方社会力量，加强企业质量管理及检测人员培训，引导企业获得HACCP(危害分析和关键控制点)、BRC(英国零售商协会)等国际先进的食品安全管理体系认证，为保障和开拓国际市场奠定坚实基础。全年全省民营企业进出口总额2.1万亿元，比上年增长12.7%，高于全省整体增速1.3个百分点，占全省进出口总额的71.7%。其中：出口1.7万亿元，增长10.6%；进口3905.2亿元，增长22.6%。

【宁波海关服务跨境电商发展】 2018年，宁波海关创新监管制度，遵循跨境电商发展规律，实施嵌入式监管，建立全程电子化通关模式，实施跨境电商全链条监管，实现“一线管严、仓储管精，二线优出、风险可控”。优化仓储管理机制，分离查验区和仓储区，允许企业自营仓库承担公共仓储职能，解决跨境电商迅速发展的库容瓶颈，全市跨境仓库面积由2014年的0.7万平方米拓展到2018年的51.3万平方米，增长近73倍。加强风险管理，防范安全准入风险，对发现不符合中国检疫规定，或因安全、卫生项目检出不合格的商品，实施退运或销毁处理。强化服务保障，建立大型促销活动服务机制，制订专门监管方案和应急预案，实施24小时验放制度，全力保障电商大促活动开展。全年宁波海关放行跨境电子商务网购保税进口申报清单8748万票，比上年增长86.9%；商品总值143.7亿元，增长83%；应征税款17亿元，增长80.6%。全年放行申报清单数、商品总值、征收税款3项指标均居全国首位。

【宁波海关整车进口大幅增长】 2018年，宁波海关结合企业信用评级，优化监管，实施取消仓储时限等贸易便利化举措，支持梅山口岸整车进口。全年梅山保税港区进口整车10388辆，货值33.3亿元，分别比上年增长68.5%和37%，与2014年首年开展整车进口业务相比，整车进口数量与货值均增长5.4倍。做好关区首家游艇水上保税仓库和出口监管仓库设立审批、验收和监管工作。扩大农产品进口，进口罗汉松继续保持全国第一，进口食用水生动物、新鲜水果、木材等批次和货值均实现大幅增长。全年保障2批次、3763头屠宰牛进口。

【宁波海关原产地证快速签证】 2018年，宁波海关推行原产地证快速签证工作，助推贸易便利化工作。全年有10.17万份证书享受便利化签证服务，货值30.67亿美元。应对国外退证核查，确保出口产品顺利通关，享受优惠关税待遇。年内宁波海关新增原产地证备案企业1463家，签发各类原产地证书49.83万份，金额172.99亿美元，分别比上年增长2.4%和11.0%，其中区域性优惠原产地证书22.74万份，金额67.58亿美元，分别增长9.2%和18.3%，为企业减免国外进口关税3.38亿美元。推出多项措施，促进优惠贸易协定红利释放。梳理各优惠贸易项下原产地法律法规和税率适用问题，指导有关单位规范审单审证；提高疑问原产地证对外核查率，实现单证审核和实质核查的结合。全年宁波海关关区各项优惠贸易协定项下进口货物货值75.02亿美元，增长27.5%；实征税款83.23亿元，增长16.7%；享受税收优惠30.9亿元，增长26.3%。

【宁波海关非洲猪瘟防控】 2018年，宁波海关以最严格措施强化进口食品非洲猪瘟防控工作。实施“两个100%、两个所有”(所有来自疫区的运输工具100%登临检查，所有进口肉类产品100%开箱查验)的防控要求，规范查验、取样、送检、封存等环节工作。强化安全风险排查，每周定期通过视频监控方式检查肉类查存一体化设施运行情况，组织进口肉类冷库专项现场检查，建立非洲猪瘟防控业务档案，做到“层层落实、事事入档”。全年宁波海关检验检疫进口猪肉2446批，重量6.7万吨，货值1.36亿美元，进行72批次进口猪肉的非洲猪瘟核酸检测，结果均为阴性。严防疫情疫病传入，妥善应对埃博拉出血热、霍乱、黄热病等疫病疫情，检出各类传染病症状人员684例，确诊传染病431例；监测体检发现传染病101例；截获输入性病媒生物530批次、2213例。连续处置空港口岸输入性聚集性诺如病毒感染性腹泻事件4件。截获植物检疫性有害生物74种、1963种次，分别增长7.3%和15.5%。开展“绿蕾4”专项行动，截获非法携带、邮寄进境的植物种子种苗和其他禁止进境生物5189批次、有害生物562种次。

【宁波海关打击走私专项行动】 2018年，宁波海关落实固体废物“三个100%”（100%机检、100%过磅、100%开箱查验）要求，实施进口废物原料检验检疫，打击“洋垃圾”走私进境，连续开展5轮滚动式打击，侦办走私废物案件7起，查证限制类固体废物4300多吨，禁止类固体废物1300吨。全年查获固体废物违规事件102件，退运252批、1.41万吨，货值1.89亿元，退运环保、安全不合格废物原料批次居全国第一。开展打击走私“国门利剑2018”联合专项行动，侦办走私犯罪案件112起，案值17.84亿元，涉税5.47亿元，分别增长20%、40%和93%。侦办走私国家禁止进口疫区牛皮案19起，查获疫区牛皮4.2万吨。打击濒危物种走私，查获刺猬紫檀88.86吨。打击粮食等农产品走私，侦办白糖、马铃薯粉、活牛等走私案件11起，查证走私白糖3900多吨，查获活牛49头。打击重点涉税商品走私，侦办成品油、烟酒、木材、废钢等涉税走私案件53起，案值12.54亿元，涉税5.12亿元，其中查证走私成品油3万吨，查证走私出口废钢6.27万吨。打击涉枪、涉毒走私，侦办枪支走私案件2起、毒品走私案件5起，查获枪支9支、枪管4件，查获可卡因667千克、大麻100克，其中侦办的“10·16”毒品走私案入选全国海关十大缉私典型案例。打击资源性产品走私，侦办木炭走私案件6起，查证走私出口木炭5100多吨。打击出口骗退税等违法行为，查办影响出口退税案件954起，案值6.9亿元，涉及出口退税额7617万元。与地方公安、烟草部门等合作，对加热不燃烧卷烟行业性走私开展全国范围的专项打击，累计查证走私加热不燃烧卷烟47万条。与国税、公安等部门联合开展打击骗退税行动，向各地国税部门移交涉嫌骗取出口退税案件线索8件，案值1.84亿元，涉及出口退税额3029万元。向公安部门移交涉嫌骗取出口退税案件线索3件，案值2.67亿元，涉及出口退税额3623万元。

【第三届中国—中东欧国家海关检验检疫合作对话会在宁波举行】 2018年6月7日，合作对话会在宁波举行。会议由海关总署和宁波市政府共同主办，宁波海关与中国—中东欧国家投资贸易博览会组委会承办。来自13个中东欧国家、俄罗斯、乌克兰的官员，欧盟驻华使团、世界动物卫生组织、联合国粮农组织代表，以及中国外交部、国家卫生计生委、国家市场监管总局、中铁建设集团有限公司、中粮集团有限公司和全国42个直属海关代表280多人参加。会议以“加强合作，保障安全，促进贸易”为主题，聚焦食品农产品准入、标准互认、贸易畅通和能力建设等议题，涉及中国—中东欧国家食品农产品海关检验检疫合作、保障进出口食品农产品安全、保护生态环境及人类健康、推进国际食品农产品贸易便利化等方面。会议期间发布《第三届中国—中东欧国家海关检验检疫合作共同愿景》和《中国—中东欧国家海关检验检疫合作三年（2018—2020年）行动计划》；中国与中东欧10国代表举行双边会谈，签署两项备忘录，达成多项共识；进一步深化中国与“一带一路”国家及中东欧国家海关检验检疫合作交流，促进贸易便利，实现互通共赢。

（宁波海关　张孔宇）

2018年6月7日，第三届中国—中东欧国家海关检验检疫合作对话会在宁波举行　（宁波海关　供图）

教　育
Education

综　述

【概况】 2018年，全省教育系统着力加强党对教育工作的领导，全面深化教育综合改革，推动各级各类教育协调均衡发展，教育现代化建设取得新的进展。年内，省教育厅党委制定年度抓基层党建工作任务清单、问题清单和领办项目，推动全省高校校院两级党组织书记全面制定“两清单一项目”，制定任务清单8817项、问题清单4476项，高校党委书记领办党建项目185个。完成2017年度省部属高校党委书记抓基层党建和人才工作述职测评，推动高校全面建立校、院系、支部三级党组织书记抓基层党建述职评议制度，督促各级党组织书记切实履行“第一责任人”职责。完善领导联系制度，省教育厅班子成员带头联系11个设区市、22所高校、22位高层次人才，带动高校校院两级领导干部联系5188个基层党支部、4978名高层次人才、9710个学生寝室，在经常性走访联系中强化指导服务。构建干部大监督工作机制，印发《关于加快构建高校干部大监督工作机制的通知》《高校干部大监督工作机制信息沟通实施办法(试行)》，初步建立厅党委、高校党委、二级学院三级干部监督体系。建立高校每半年一次政治生态建设状况综合评估和报告机制。

【全省教育系统集中轮训和宣讲活动】 2018年，全省教育系统推动百所高校党委理论中心组开展集体学习623次、班子成员走访调研基层单位2601人次，千所二级学院(系)培育大学生学“习”小组2677个，万名基层党组织书记上专题党课1.74万人次。组织开展“一颗红心跟党走，十大活动庆‘七一’”全省教育系统纪念中国共产党成立97周年系列活动；遴选10名支部书记参加全国高校教师党支部书记“双带头人”高级研修班；组织2148名高校基层党组织书记参加全国高校基层党支部书记学习贯彻党的十九大精神专题网络培训班；组织700名中小学校党组织书记参加第二期全国中小学党组织书记网络培训示范班。组建全省博士讲习团和“百人宣讲团”，到各地巡回宣讲习近平新时代中国特色社会主义思想、党的十九大精神和全国教育大会精神。组织全省教育系统深入学习贯彻习近平总书记在北京大学师生座谈会、纪念马克思诞辰200周年纪念大会、全国教育大会和全国宣传工作会议上的重要讲话精神。开展“学习新思想，千万师生同上一堂课”活动，全省完成136场巡回讲课，覆盖107所高校，13.8万师生现场听课，56万人收看网络直播。举办“卡尔·马克思杯”浙江省大学生理论知识竞赛，全省有45.8万名大学生参加。修订《中国特色社会主义在浙江的实践》等省编德育教材。搭建全省大学生思想政治教育工作网上平台“理论之光”手机应用，注册使用大学生103万人。

【全省教育系统工作会议】 2018年2月7—8日，全省教育系统工作会议在杭州召开。省委教育工作委员会负责人做工作报告，省教育厅负责人主持会议并做总结讲话。会议总结回顾2017年全省教育工作，部署2018年全省教育系统重点谋划并推进实施的“十项工程”(党建质量提升工程、“立德铸魂”工程、学前教育补短提升工程、义务教育优质均衡发展工程、高中段教育特色协调发展工程、高水平大学引育工程、产教融合发展工程、终身教育体系建设工程、特殊教育能力提升工程、“清廉教育”工程)。以“最多跑一次”改革为抓手，深化教育“放管服”改革，深化考试招生制度改革，深化人才培养模式改革，深化民办教育综合改革，深化教师队伍建设改革，扩大教育对外开放，并确保每项教育改革措施既有顶层设计，又能基层落地。

【全省设区市教育局书记局长读书会】 2018年8月9—10日在丽水举行。上海市教委相关负责人做主题报告，温州市、丽水市、绍兴柯桥区、永康市教育局和上海市西中学、衢州柯城区书院中学做经验介绍，各设区市教育工作委员会书记、教育局长围绕主题交流教育信息化认识和实践。现场展示省内部分地区和学校开展信息化教育的应用案例。省委教育工作委员会、省教育厅负责人及相关处室、直属单位负责人参加。

【全面实施教育系统"党建质量提升"工程】 2018年，省委组织部、省委教育工委印发《浙江省高校党建工作重点任务》，把中央组织部、教育部党组的部署要求细化为5个方面22项重点任务，并组织开展全覆盖调研检查，指导和督促高校抓好落实。组织开展高校"党建质量提升攻坚"行动，推行"堡垒指数"和"先锋指数"管理体系，推动全省76.4%的高校制定党支部标准化规范化建设办法、60%以上的党支部建立"堡垒指数""先锋指数"管理体系，浙江省高校基层党支部建设经验在全国高校思政工作研讨会年会上做介绍。组织开展"党员之家"精品示范工程建设，安排专项资金200万元，支持省部属高校提升党员活动阵地建设质量和水平。年内，印发《发展党员工作指导手册》《党员队伍建设相关政策业务文件汇编》各5500多册，更好服务基层党组织开展业务工作。

【高校领导班子集中换届】 2018年，浙江省以选优配强高校领导班子为着力点，打造高素质专业化干部队伍，在充分调研摸底、分析研判基础上，配合省委组织部首次实施33所任期届满高校领导班子集中换届，新提任(转任)党委书记6人、校(院)长10人，推动22名省管领导跨校、跨单位交流任职，每所换届高校至少配备1名50岁以下校级领导，9名"70后"高校中层正职走上省管领导岗位。

【教育立法】 2018年，《浙江教育督导条例》立法工作领导小组与起草小组成立，开展调研起草工作。7月底，向省人大常委会报送《浙江省教育督导条例(草案)》送审稿。10月底，省人大召开《浙江省教育督导条例》立法领导小组会议，专题研究并通过条例(草案)征求意见稿。11月底，提交省人大常委会审议。年内，省教育厅开展现代化学校督导评估工作。3月，组建幼儿园、小学、初中、普通高中、中职学校、乡镇(街道)成人学校等六类现代学校专家组，调研起草《浙江省现代化学校督导评估指标体系》。至年末，形成送审稿。12月14日，省教育厅印发《浙江省教育信息化三年行动计划(2018—2020年)》，提出"教育治理数字化转型行动、基础教育精准教学行动、中等职业教育'创新提升'行动、'数字高校'建设行动、师生信息素养提升行动、教育大资源共享行动"六大行动，明确浙江教育信息化发展路线图。

【管理体制改革试点与教育评价改革】 2018年，省教育厅推进高校二级学院(系)党组织领导下院长(系主任)负责制试点工作，先后召开试点工作座谈会、推进会，推动全省高校63个二级学院(系)开展试点。启动中小学校党组织领导下的校长负责制试点，遴选确定省级试点单位46个，其中，杭州拱墅区、苍南县、嘉善县在全县(区)范围内开展试点。年内，组织省级教育质量综合评价监测工作，3.7万小学生参加小学语文、数学与科学(含科学实验)的监测。组织国家2017年监测结果浙江省反馈会议，完成2018年国家义务教育阶段教育质量监测。召开国家教育质量综合评价改革省级试点项目交流会，加强区域教育发展评价引导。配合推进小学生综合评价改革试点工作，分批赴江山市、绍兴上虞区、杭州西湖区等地调研，研制以"分项等级评价"为特点的小学各年级学科综合评价指导手册。

【高考综合改革】 2018年，全省教育系统稳慎实施高考综合改革。高考录取结束后，省教育厅成立工作组开展高考综合改革调研，召开座谈会12个，访谈对象204人；线上问卷调查回收有效问卷1.94万份。做好高考改革试点过渡期风险防控。11月，学考选考首次启动物理选考科目保障机制，制订风险排查和防控预案，确保舆情平稳、试点平稳。年内，平稳发布高中学考和高考选考科目考试实施办法、2019年和2020年高校专业选考科目要求。制订《浙江普通高校本科专业选考科目要求设置指引》，对浙江省内省属高校招生选考科目提出指导性意见。

【先进典型选树】 2018年，全省教育系统做好全国高校党组织"对标争先"建设计划创建申报工作。在教育部首次开展全国高校党建"十百千万"工程中，浙江大学入选全国10所党建示范高校培育创建单位，7个二级学院(系)入选百个标杆院系、29个支部入选千个样板支部培育创建单位、4名研究生党员入选百名研究生党员标兵，地方高校入选标杆院(系)数、样板支部数浙江省均居全国各省(区、市)第一位。经遴选推荐，2个工作室入围全国首批高校"双带头人"教师党支部书记工作室培育创建对象。做好省"好支书、好党员"推荐工作，省部属高校有35位基层党组织书记入选新时代省"千名好支书"、151位师生党员入选新时代省"万名好党员"。深化高校党建"双百示范"工程，遴选确定全省高校党建特色品牌105个和党建示范群60个。选树宣传全省高校"最受师生喜爱的书记"20人、优秀微视频微动漫作品22件。举办第四届全省高校微型党课大赛，评出一、二、三等奖20人，派员参加全省第九届微型党课大赛并获二等奖2个。

【浙江(西班牙)高等教育展】 2018年3月14—19日在西班牙巴塞罗那Montjuïc展览中心举行。展会由省教育厅、省商务厅共同举办。这是继格鲁吉亚和捷克后，省教育厅和省商务厅第三次携手组团赴"一带一路"国家举办展会。浙江(西班牙)高等教育展以"展中展"形式，依托南欧地区规模最大的巴塞罗那国际教育展举办。浙江省独立参展面积400平方米，来自全省29所高等院校的70多名代表参展。展会期间，接待西班牙当地学生咨询超过6000人次，有意向留学学生966人。宁波大学、浙江理工大学、杭州电子科技大学、浙江工商大学、浙江科技学院、金华职业技术学院等6所高校代表在展会现场专题介绍学校情况，吸引当地学生和境外参展院校、教育机构代表驻足听讲。现场有13所高校预录取140名留学生，其中，浙江工商大学和宁波大学分别预录取27人和21人。

【高校毕业生就业创业研讨会暨全国创新创业高校经验交流会】 2018年11月6—9日在杭州召开。会议由教育部全国高等学校学生信息咨询与就业指导中心主办，浙江省高校毕业生就业指导服务中心承办。教育部副部长林蕙青和省政府有关领导出席并讲话。来自各省市高校毕业生就业创业工作负责人、高校就业创业部门负责人、就业创业骨干教师、两岸高校专家学者等各界人士参加。有关专家学者分别从经济发展新常态下大学生就业创业、就业市场的挑战及应对策略、发展高校创新创业教育的模式探讨等角度进行主旨发言，探讨高校毕业生就业创业所面临的形势问题，对新时代做好高校毕业生就业创业工作进行深入分析。清华大学、南京大学等8所高校结合就业创业工作实践，向与会代表做经验分享。全国高校毕业总结宣传工作领导小组为“2018年度全国创新创业典型经验高校”授牌。会议举行“2017—2018大学生就业创业年度新闻人物”荣誉证书颁发仪式，表彰20名在基层就业、应征入伍、创新创业等方面有突出作为的优秀青年代表。

【校园足球活动】 2018年，浙江省全面实施校园足球四级联赛制度，全年省、市级联赛的比赛场次达3000场，参赛学校500所以上，直接参与、惠及学生50多万人。年内，浙江省首届全国青少年校园足球试点县(区)校园足球发展论坛和试点城市“巅峰对决”、浙江省青少年校园足球最佳阵容遴选活动相继举办。选派72名教师参加全国青少年校园足球教练员国家级专项培训，选派4名学生参加全国青少年校园足球法国训练营，选派15名教师参加校园足球教师、教练员赴法留学项目。

【学生美育实践活动】 2018年，浙江省组织参加第五届全国大学生艺术展演，获一等奖25个、二等奖17个、三等奖12个，获奖数量居全国前列；举办全省大学生艺术节、中小学生艺术节、第二届大学生戏剧周活动，9所高校10多部戏剧作品参加戏剧周展演，参演学生500多人，学校师生和社会各界近5000人次观看演出；完成学生艺术特长水平A级测试工作，全省有7793名考生参加测试。组织参加全国普通本科高校音乐教育专业学生基本功展示活动，并承办首届美术教育专业学生基本功展示活动，两项展示活动中，浙江省参展的4所高校获团体一等奖3个、三等奖1个，并有多名学生获个人奖项，整体获奖情况居全国前列。

【学生健康工作落实】 2018年，全省教育系统做好儿童青少年近视防控，加强国防、禁毒、防艾教育等工作。10月28日，省儿童青少年近视防控工作指导中心在温州医科大学挂牌成立。省教育厅初拟《浙江省综合防控儿童青少年近视意见(初稿)》，提出实施近视防控“八大工程”(全省近视普查工程、近视综合防控实验工程、健康育人工程、教医协同工程、家庭护眼工程、健康学校建设工程、近视防控信息化工程、近视防控科普工程)。与省军区战备建设局联合印发《关于深化学生军训改革的实施意见》。做好全国中小学国防教育示范学校遴选工作，教育部认定浙江省全国国防教育示范学校21所。组队参加教育部和中央军委国防动员部主办的第五届全国学生军事训练营，在7个项目的比武中，获全国一等奖2个(均排名第一)、二等奖2个、三等奖3个。年内，分解落实禁毒工作责任任务，推进全国青少年毒品预防教育数字平台在浙江的试点工作，组织开展高校禁毒防艾公益广告大赛、禁毒防艾知识竞赛、禁毒文艺会演等。

【联合打击非法“校园贷”】 2018年，省教育厅与省金融办、省银监会联合开展送金融知识进校园活动，联合银监部门编印《送金融知识进校园》安全读本33万册，确保9月入学新生人手一册，并将金融安全教育、相关知识测试纳入全省高校新生始业教育中，固化金融安全知识教育。开展学生涉贷情况及侵害在校学生违法案件线索排查，了解学生涉贷情况，并将有关排查出的线索整理报公安部门调查处理。全年“校园贷”涉案人数、涉案金额比上年均有大幅度下降。

【家庭经济困难学生资助保障】 2018年，为确保全省不发生一起因贫失学、因学返贫现象，省教育厅将考入外省高校的家庭经济困难学生一并纳入高中学校资助统计和调查范畴。重点了解家庭经济困难学生的入学情况和受助情况，对于尚未落实资助政策的学生，组织与学生及家长商定对策，做到“一人一策”，落实资助措施，妥善解决其学费、住宿费和在学期间的生活费等问题，保障其顺利完成学业。

【浙江省高校人才公共租赁房(下沙)建设工程项目竣工】 2018年，浙江省高校人才公共租赁房(下沙)建设工程项目完成竣工验收，全年完成项目投资9600万元，累计完成投资2.4亿元，并获“2018年度杭州市建设工程西湖杯优质奖”。该项目是省直单位利用存量土地自建公租房试点扩大项目，总用地2.5公顷，总建筑面积6.65万平方米，项目总概算2.79亿元。项目建成公租房591套，停车位320个，配套公建4475.49平方米，配建9班制幼儿园1所。

(省教育厅　徐　兴)

学前教育

【概况】 2018年，浙江省有幼儿园8453所。在园幼儿193.41万人(含托班)，在园人数比上年减少2.39万人。学龄儿童入园率97.8%，提高0.2个百分点。全省幼儿园专任教师12.96万人，增加0.46万人，幼儿教师学历合格率99.97%，提高0.03个百分点。

【幼儿教育加强】 2018年，省教育厅开展农村学前教育补短提升工程，深入庆元、义乌、柯桥等地调研，指导庆元县试点工作。召开幼儿园课程改革推进研讨会。开展“我是中国娃”教育活动、园本精品课程征集。总结梳理区域教研工作的策略。

【等级幼儿园复核与评估】 2018年，省教育厅对各地2017年5月至2018年4月期间新认定和重新审核认定的405所二级幼儿园进行一级幼儿园评审材料的审核，并随机抽取42所幼儿园进行实地一级评估。对30个县（市、区）及功能区110所三级幼儿园进行等级评定管理督查，分两次进行规范幼儿园办园行为专项督查。

【学前教育补短提升工程】 2018年2月22日，省教育厅印发《浙江省发展学前教育第三轮行动计划责任分解方案》，落实工作责任，细化工作举措。指导督促各地结合实际抓紧制定出台三轮行动计划。深入开展农村学前教育补短提升工作调研，完成调研报告，研究制定《浙江省薄弱幼儿园提升标准》《浙江省小规模幼儿园和教学点提升标准》。研究制订《浙江省农村幼儿园补短提升工程方案（送审稿）》报送省政府。完成《幼儿园准办标准》《浙江省幼儿园申办和审批办法》初稿修订。

【学前教育民生实事项目推出】 2018年，省教育厅研究制订《浙江省薄弱幼儿园改造提升方案》《浙江省城镇小区配套幼儿园整治工作方案》，改造提升薄弱幼儿园174所，全面整治城镇住宅小区配套幼儿园54所。

【学前教育课改工作落地实施】 2018年，省教育厅开展幼儿园课程改革调研，指导各地制定实施幼儿园课程改革方案，召开学前教育课改工作研讨会，组织开展学前教育课改培训会。就幼儿教材使用过程中问题和疑惑，组织主编团队编写幼儿园指导用书使用说明，规范课改实施。

【“安吉游戏”推广】 2018年，省教育厅确定各县（市、区）1～2所“安吉游戏”（以游戏为核心，涵盖幼儿园一日生活多种活动形式的学前教育课程模式）实践园，全省有“安吉游戏”实践园103所。开展“安吉游戏”实践和研讨，做好教师培训等前期工作，通过先行先试，形成可总结、可推广的经验。

【全省学前教育宣传月活动】 2018年5月26日，全省学前教育宣传月启动仪式在杭州举行。副省长成岳冲出席启动仪式。宣传月以“我是幼儿园教师”为主题，宣传幼儿园教师爱岗敬业、潜心育人良好形象和科学保教理念，挖掘生动案例，引导家长关注、尊重孩子发展需求，转变教育观念，优化教育行为。省委教育工作委员会、省教育厅负责人参加。

【托育服务工作调研和试点】 2018年，省教育厅组织开展0～3岁早期教育调研，面商答复省人大代表政协委员关于0～3岁托育服务工作的建议和提案，撰写全省调研报告。对杭州下城区托育服务工作开展情况进行调研，并对其服务试点进行部署。

（省教育厅　徐　兴）

义务教育

【概况】 2018年，浙江省有义务教育中小学5043所，比上年增加22所。校舍总面积6635.45万平方米，增长6.3%；仪器设备值172亿元，增长14.6%；图书1.9亿册，增长5.6%。专任教师33.79万人，增长2.5%。义务教育入学率为99.99%，巩固率100%，完成率100%。义务教育中小学随迁子女在校生149.23万人，增长0.4%。其中，在公办学校就读110.96万人，占74.4%。在小学就读的随迁子女114.69万人，减少0.84万人，下降0.7%；在初中就读的随迁子女34.54万人，增加1.43万人，增长4.3%。义务教育阶段学校校均办学规模，小学由上年的1077人提高到1092人，增加15人；初中由898人提高到927人，增加29人。全省小学6个班以下小规模学校（教学点）177所；初级中学6个班以下学校26所。小学班均规模由上年的38.2人上升到38.3人，初中班均规模由上年的40.8人上升到41.4人。义务教育阶段办学条件进一步改善。小学生均校舍建筑面积9.5平方米；生均图书为31.2册；每百名学生拥有计算机台数由上年的19.7台增加到20.5台；小学体育运动场（馆）面积达标校数比例为99.7%；体育器械配备达标校数比例、音乐器材配备达标校数比例、美术器材配备达标校数比例、数学自然实验仪器达标校数比例和建立校园网学校（含教学点）比例均为99.9%。初中生均校舍建筑面积为19.9平方米，增加0.6平方米；生均图书为50.6册，增加2册；每百名学生拥有计算机台数由上年的30.6台增加到31.8台；体育运动场（馆）面积达标校数的比例为99.5%；体育器械配备达标校数、音乐器材配备达标校数、美术器材配备达标校数、理科实验仪器达标校数和建立校园网校数比例均为99.8%。

小学校数3301所，增加15所；招生66.18万人，增加4.87万人，增长8%；在校生360.57万人，增加6.56万人，增长1.9%。小学学龄儿童入学率、巩固率分别为99.99%、100%。校舍总面积3421.29万平方米，增长5.9%；仪器设备值97.12亿元，增长14.3%；图书11257.65万册，增长6.5%。专任教师21.04万人，增加0.53万人，小学生师比为17.1∶1。小学专任教师学历合格率及小学高学历（专科及以上）教师比例分别达100%和99.1%，分别提高0.01个和0.5个百分点。

初中校数1742所，增加7所；招生54.25万人，减少1.44万人，下降2.6%；在校生161.46万人，增加5.61万人，增长3.6%。初中入学率、巩固率均为100%。校舍总面积3214.15万平方米，增长6.7%；仪器设备值74.89亿元，增长15%；图书8170.35万册，增长7.8%。初中专任教师12.75万人，增加0.28万人，生师比12.7∶1。初中专任教师学历合格率及初中高学历（本科及以上）教师比例分别达99.97%、96.33%，分别提高0.02个和0.89个百分点。

【基础教育生态营建】 2018年，省教育系统清理规范面向中小学生开展的学科竞赛。8月8日，省教育厅出台

《关于清理规范面向中小学生开展的竞赛活动切实减轻中小学生课外负担的实施意见》，要求竞赛活动实行属地管理、竞赛事项审批从严控制、已批竞赛事项重新核准、竞赛结果与招生入学脱钩。制订《进入普通中小学校的全省性竞赛管理细则》。规范招生管理，做好民办普通高中学校跨区域招生统筹，高质量完成海军航空实验班招生工作。4月10日，出台《浙江省民办初中学校招生有关学习能力测评的指导意见》，规范各地民办初中学校招生工作。对民办学校招生工作进行全面自查和抽查，重点整顿挂靠学籍和超规模招生。做好教材审查和管理工作。开展春秋两季教材审查工作，审查教材55册；印发《2018学年中小学教学用书目录》和《教辅推荐目录》，及时处理秋季高中思想政治课教材推迟供应事宜。强化区域违规补课、违规招生治理情况通报。严格落实违规补课、违规招生投诉受理转办查处通报制度，启动半年一次通报工作。落实各地查处违规补课、违规招生投诉160起。对查实的金华外国语学校违规招生等做法向全省通报；责成温州、杭州对违规补课和违规招生投诉较多的县（市、区）进行专项督导、抽查。对全省普通高中学校进行全面排查，坚决制止在高一年级结束前要求学生提前确定选考科目的做法，稳定教学秩序。以通报、考核等措施推动各地把减负、规范招生办学的相关规定落到实处。

【中小学德育工作】 2018年，浙江省加强德育课堂主渠道建设。全面修订《人·自然·社会》和《小公民》《浙江人》《浙江潮》等16册省编德育地方教材，保证教材的时效性、科学性和完整性。6月12日，全省德育地方课程教材会议在杭州召开，会议结合开学检查对开足课程、配备师资、培训老师、开展教研等提出要求。推动《浙江省中小学生日常行为规范》落地。适应新媒体环境下的传播方式，丰富与创新学校德育工作，让学生在潜移默化中更好地感受、认知规范中的各条要求。建设家庭教育平台，助推家校共育。在“百分百建立家长学校”“百分百建立家长委员会”“百分百建立家访制度”的基础上，以“互联网+家庭教育”方式，启动“浙江家长学校”全媒体平台上线工作，上线200节微讲座和专家论坛等586个家庭教育数字资源，“教育之江”累计推送94期，网上平台点击量超过100万人次。提升学校育人环境。启动省级文明校园评比工作；研究制定《浙江省中小学文明校园测评细则》，从领导班子建设、思想道德教育、活动阵地建设、教师队伍建设、校园文化建设和校园环境建设六大方面对学校工作进行全方位要求。强化实践育人。出台《关于加强中小学劳动实践教育的指导意见》和《关于推进中小学生研学旅行的实施意见》，从校内校外、课程活动等多渠道培养学生的创新精神、实践能力和社会责任感。开展首批省中小学生研学实践教育基地和营地申报认定。认定首批省中小学生研学实践教育基地54个、营地9个；组织申报创建全国中小学生研学实践教育营地2个、基地13个，累计创建全国基地20个。加强班主任队伍建设。举办全省中小学班主任基本功大赛，承办第七届长三角地区中小学班主任基本功大赛。对全省101个省级班主任工作室进行复评，启动第二批省级班主任工作室申报。

【义务教育优质均衡发展】 2018年，浙江省开展“城乡携手、同步课堂”试点工作。8月5日，出台《浙江省义务教育学校“城乡携手、同步课堂”试点工作方案》。9月13—14日，在杭州召开试点工作启动会议，全省有35对学校参与试点工作。11月8—9日，在杭州召开技术环境培训会。建立义务教育户籍生入学信息发布和预警机制。针对全省部分地区出现的学区内户籍生入学爆棚现象，专门召开学区户籍生入学预警机制工作调研座谈会，深入剖析户籍生入学爆棚原因。10月9日，出台《关于建立义务教育阶段公办学校户籍生入学信息发布和预警机制的指导意见》，建立户籍生入学信息发布和预警机制，引导家长理性购房迁户，保障适龄儿童就近入学，有序分流超招生计划的户籍生。规范义务教育阶段公办学校招生工作。10月19日，制订出台《关于进一步规范义务教育阶段公办学校学区划分调整和招生入学工作的意见》，对全省各级义务教育公办学校学区划分、调整和招生入学等方面做进一步规范和细化。做好高层次人才子女入学工作。9月13日，制订出台《关于进一步做好高层次人才子女入学工作的指导意见》，明确高层次人才子女入学安排的基本原则，要求各地做好高层次人才子女入学工作。做好规范托管服务工作，解决小学“放学早、接送难”矛盾，综合施策破解中小学生校外负担过重问题，与省人力社保厅等部门共同出台《关于进一步规范小学放学后托管服务工作的实施意见》。实施小学推迟上学改革。2月12日，制定出台《关于在小学施行早上推迟上学工作的指导意见》，全省有80个县（市、区）试点或推行小学推迟上学。开展初中教育专题调研。围绕打造家门口好学校的目标，重点调研初中规范办学和招生政策落实情况；深化课程改革实施情况、教学常规管理情况；资源均衡配置和合理分布情况；师资队伍建设情况；公办初中优质均衡发展和公民办初中协调发展情况；小初、初高衔接情况；初中教育存在的突出问题和原因；强化初中教育的意见建议。深入了解全省初中教育改革现状，归纳和分析初中教育存在的突出问题和原因，形成调研报告，研制《加强初中教育的指导意见》。持续推进消除大班额工作。年内，全省义务教育段学校第一次全面消除56人及以上的大班额，比原定行动计划提前一年完成，消除大班额工作进度居全国前列；全省所有县（市、区）义务教育段小学、初中起始年级班额全部分别控制在45人、50人以内；所有年级班额控制达标率98.0%，比上年提高1.9个百分点。

【中小学民族教育】 2018年，全省教育系统重视民族班安全稳定工作。建立健全维护民族班安全稳定的工作方案和应急预案，严格落实维护安全稳定各项政策措施。重点加强“3·14”、全国“两会”、“7·5”、国庆节等重要敏感时间节点的安全稳定工作。做好内地民族班学生暑期回乡返校运输安全组织工作。针对取消杭州到乌鲁木齐火车班列的情况，省教育厅与上海市教委、新疆维吾尔自治区教育厅联系，协调落实从上海站转乘火车的相关安全工作。组织内地新疆高中班教师教学观摩活动，全省有17位教师参加观摩。组织西藏班、新疆班校长参加教育部组织的培训班，培训研讨内地民族班教育管理服务工作，学习交流办学经验。

（省教育厅　徐　兴）

普通高中教育

【概况】 2018年，浙江省高中段教育（包括普通高中、职业高中、普通中等专业学校、成人中等专业学校和技工学校）有学校914所，比上年增加6所；招生48.12万人，减少1万人；在校生144.89万人，增加0.2万人。全省学前三年到高中段的15年教育普及率为99.02%，提高0.25个百分点。初中毕业生升入高中段的比例为99.01%，提高0.23个百分点，升入普高和中职的比例为1.1∶1。高中段教育入学率为97.3%，提高0.8个百分点；高中段教育巩固率99%。

普通高中学校591所，增加11所；招生25.49万人，减少0.44万人，下降1.7%；在校生76.92万人，减少0.42万人，下降0.5%；毕业生25.33万人，增加0.71万人，增长2.9%。专任教师7.04万人，增加0.08万人，生师比10.9∶1。专任教师学历合格率99.6%，提高0.1个百分点。生均校舍建筑面积33.6平方米；生均教学仪器设备值7207.4元；生均图书57.9册。普通高中体育运动场（馆）面积达标校数比例为99.8%；体育器械配备达标校数比例为100%；音乐器材配备达标校数比例为99.8%；美术器材配备达标校数比例为99.8%；理科实验仪器达标校数比例、建网学校比例均为100%。

中等职业教育（包括职业高中、普通中等专业学校、成人中等专业学校和技工学校）有323所，减少5所；招生22.63万人，减少0.56万人，下降2.4%；在校生67.97万人，增加1.61万人，增长2.4%；毕业生20.14万人，增加0.93万人，增长4.8%。中职（不含技工学校，下同）毕业生中获职业资格证书人数16.35万人。专任教师3.44万人，生师比15.3∶1，专任教师学历合格率为97.5%，提高0.4个百分点。双师型教师占专任教师和专业课教师比例分别为45.3%、83.6%，分别提高1.1个、1.9个百分点。生均校舍建筑面积22.8平方米，增加1平方米；生均图书34.6册，增加3.5册；生均仪器设备值10460.4元，增加1145.1元。

职业高中186所，增加1所；招生14.12万人，减少0.38万人；在校生41.57万人，增加0.01万人；毕业生13.06万人，增加0.75万人。教职工3.02万人，其中专任教师2.75万人。

普通中等专业学校44所，减少2所；招生2.89万人，减少0.13万人；在校生9.12万人，减少0.33万人；毕业生3.09万人，增加0.29万人。教职工0.7万人，其中专任教师0.6万人。

成人中等专业学校16所，减少4所；招生0.75万人，减少0.19万人；在校生1.93万人，减少0.24万人；毕业生0.89万人，增加0.1万人。教职工0.09万人，其中专任教师0.05万人。

技工学校77所，与上年持平；招生4.87万人，增加0.15万人；在校生15.36万人，增加1.19万人；毕业生3.1万人，减少0.21万人。

【普通高中教育教学健康发展】 2018年，省教育厅研究普通高中分类发展政策和措施。5月19日，出台《浙江省高中阶段教育高水平发展攻坚计划（2018—2020）》；委托华东师范大学课程与教学研究所专家队伍开展相关研究，梳理特色办学的课程类别、特点，提出政策建议和课程指南；实施《浙江省普通高中学校分类发展指导意见》，逐步形成“分类办学、错位发展”良好局面。组织新课程方案培训。分省、市组织开展新修订普通高中课程方案和课程标准培训工作，完成教育行政干部、校长、教研员和骨干教师、学科教师全员培训任务。做好选课引导工作，推动实施高考改革。指导各地加强高考改革政策宣传，引导学生调整选课选考科目。推进普通高中选修课程建设。面向全省征集第九批普通高中选修课网络课程、课程群，重点推荐网络视频课程。指导各地制定中考改革实施方案，落实中考改革政策。联合印发《关于做好推进高中阶段学校考试招生制度改革风险评估工作的通知》，确保中考改革顺利推进。

【普通高中课程改革】 2018年，省教育厅根据高中各学科新版课程标准，修订完善普通高中课程方案，组织完成全省普通高中校长专题培训、15个学科新课标省级示范培训，协助教育部课程中心组织第五届全国基础教育课程教学改革研讨会，承担教育部高中思想政治、历史、语文3门学科新课标教材试教试用任务，出版“指向学科核心素养的普通高中新课程教学案例”丛书，公布省第二批普通高中学科基地学校41所，为全省普通高中落实新课标和学科核心素养提供实践样本。（省教育厅　徐　兴）

职业教育与成人教育

【概况】 2018年，浙江省独立设置成人高校9所，有74所普通高校举办成人学历教育。成人高等学历教育本专科招生11.06万人，比上年增加1.33万人，增长13.7%；在校生22.75万人，增加0.79万人，增长3.6%；毕业生9.59万人，减少1.33万人，下降12.2%。成人学历教育以函授和业余为主，函授和业余学生占在校生总数的97.7%。普通高校网络本专科招生1.13万人，减少0.29万人；在校生3.5万人，减少0.44万人。加强以职工转岗、农民转业为重点的职业培训。成人技术培训学校4620所，注册学员407.22万人次，结业456.11万人次。全省教育系统开展“阳光学生、最美教师、美丽校园”系列推行活动，组织“三美”人物（劳模、成长导师、优秀毕业生）进校园巡讲活动，展示中职学生良好精神风貌和综合素养。开展职业能力大赛和“面向人人”大赛，提升中职学生技术技能水平。浙江省中职代表队在全国职业院校技能大赛中收获61枚金牌、99枚银牌、49枚铜牌，获奖率95.9%，其中金牌获奖率29.2%。

【职业与成人教育统筹发展】 2018年，浙江省以设区市为单位统筹推进学校布局和专业结构调整工作，提升专业与产业的匹配度。利用教育部专业设置系统，加强专业设置管理，全省有8个市填报率达100%，全省平均填报率达95%。对国控专业和新专业实施督查和通报制度，完成年度专业结构调整分析报告。年内，15所中职学校、8所本科高校参与首批中职与应用型本科一体化培养试点，完成招生工作，563名初中毕业生通过中考选拔。指导各地制订招生方案和招生宣传简章，拟定培养试点方案。做好农村职成教育示范县推荐核查工作。评审推荐杭州富阳区等4县（市、区）创建第五批国家级农村职成教育示范县并全部列入立项建设单位。组织专家对余姚市、缙云县、永嘉县、海宁市、安吉县等第四批国家级农村职成教育示范县进行复查。优化“学分银行”平台建设。5月2日，印发《关于进一步加强全省成人学校社会培训工作规范管理的通知》，总结召开全省成教培训成果存入学分银行工作交流会，评选先进工作单位29个。

【职业教育考核评估】 2018年，省教育厅委托省教育评估院开展首批“三名工程”项目年度考核；举办3场“三名工程”项目建设经验交流会；开展“市县职业教育发展考核”，优化考核指标并开展考核工作培训。形成2017年度职业教育发展考核结果，并对连续两年考核落后地区进行通报。研究制定“市县职业教育发展考核”年度重点工作考核指标。4月27日，印发《关于做好2018年职业院校评估工作的通知》，组织开展全国职业院校评估工作。指导各市县对所辖中职学校基本信息进行核对。

【社区教育】 2018年，浙江省组织开展第三批市民终身学习体验基地创建工作，确定终身学习体验基地21个；组织首次全省社区教育教师技能比赛；组织开展“最美风景是文明”全省社区居民漫画大赛，评出获奖作品99件；组织开展社区教育成果评选，评出优秀办学单位30个、优秀工作者100名及优秀工作品牌100个。

【老年教育】 2018年，浙江省优化城乡老年教育的空间布局，初步建立省、市、县、乡镇四级社区老年教育网络，形成城乡联动老年教育推进模式。年内，全省有72个单位依托电大系统和社区教育系统开办老年教育。其中，11个设区市全部依托电大系统挂牌成立老年开放大学，59个县（市、区）增挂“老年开放大学”牌子，覆盖率80%，在校学员4万人，开设专业（课程）近500个。完成100个村居老年教育示范点遴选建设工作。

【全省职教活动周和全民终身学习活动周】 2018年5月，省教育厅与省发展改革委、省委宣传部、省人力社保厅、省经信委、省农业厅、省国资委、省总工会等部门，联合在杭州举办以“深化产教融合推进校企合作——喜迎改革开放40周年”为主题的职业教育活动周启动仪式。全省参与活动周职业院校332所，参与教师4.8万人，参与学生70万人，参与企业4870家，开设观摩体验项目4192个，省级及以上媒体刊登活动周报道293篇。10月，在绍兴举办以“服务‘八八战略’，推进全民终身学习”为主题的全民终身学习活动周，评选表彰省级“百姓学习之星”20人及终身学习品牌项目20个。全省举办活动3100多场，参与城乡居民350多万人次。年内，宁波市承办全国第13届全民终身学习活动周。（省教育厅　徐　兴）

高等教育

【概况】 2018年，浙江省有普通高等学校109所（含独立学院及筹建院校）。其中，大学18所、学院21所、独立学院21所、高等专科学校1所、高等职业学校48所。研究生（含非全日制）、本科、专科招生比例为1:5.5:4.9；普通高考录取率维持较高水平；高等教育毛入学率60.1%，比上年提高1.92个百分点。全省普通高等学校教职工9.45万人，增加0.18万人。其中，专任教师6.34万人，增加0.1万人。专任教师中副高职称以上教师占45.7%，提高0.1个百分点；具有硕士以上学位教师占84%，提高1.8个百分点。普通高校校舍建筑总面积3957.7万平方米，增加144.5万平方米，增长3.8%；图书11648.98万册，增加397.46万册，增长3.5%；仪器设备值267.48亿元，增加22.26亿元，增长9.1%。

研究生（含非全日制）招生29760人，其中，博士生3339人，硕士生26421人，招生总数增加2392人，增长8.7%；在学研究生（含非全日制）82547人，其中，博士、硕士在校生分别为12943人、69604人，在学总数增加8143人，增长10.9%；地方属普通高校招收研究生（含非全日制）19609人，其中，博士生729人，硕士生18880人，招生总数增加1767人，增长9.9%；在学研究生（含非全日制）52525人，其中，博士、硕士在校生分别为2506人、50019人，在学总数增加5584人，增长11.9%；研究生（含非全日制）毕业生13817人，其中，博士、硕士毕业生分别为321人、13496人，毕业生总数增加953人，增长7.4%。

普通本专科招生30.97万人，增长5.4%。其中：部属院校招生0.64万人，减少0.03万人；地方属高校招生30.33万人，增长5.7%。本科招生16.47万人，增长4.6%；高职（高专）招生14.5万人，增长6.5%。在校生数101.94万人，增长1.7%。其中：本科在校生62.47万人，增长1.4%；高职（高专）在校生39.47万人，增长2.2%。毕业生28.06万人，增长1.4%。全省普通本、专科招生比例为53.2:46.8，其中地方属高校本、专科招生比例为52.2:47.8。

【高校分类改革与高水平大学建设】 2018年，浙江省深化普通本科高校分类发展改革。实施本科高校分类评价管理，促进不同类型、不同层次高校办出特色，争创一流。完成对全省2016—2017学年普通本科高校分类评价考核工作。聚焦调整分类办法与指标体系，完成对本科高校分类评价管理的修订完善工作。深化应用型高校建设。启动第二批10所试点示范建设学校的遴选工作。推荐浙江科技学院、宁波工程学院、浙江师范大学、温州大学参加教育部教育现代化推进工程应用型本科高校建设项目。对照《浙江省应用型本科高校引导性评价指标体系》，在第一批应用型建设试点示范学校中开展绩效评价。组织召开应用型高校联盟大会，交流推进产教融合、协同育人工作。6月19日，印发《关于做好中职与应用型本科一体化人才培养方案编制工作的通知》，加强对一体化培养方案的总体把握。推进中高职一体化培养。审核确定上年度“3+2”招生学校42所、招生专业点441个，安排招生计划1.91万人；五年一贯制招生学校46所、招生专业点590个，比上年增加招生计划2.54万人。两类计划总数4.45万人，增长6.6%。推进高水平大学和一流学科建设，推动浙江大学等“双一流”（世界一流大学和一流学科）高校和省重点高校建设，多方协调签署浙江大学省部共建协议，完成第一批省重点建设高校中期绩效考核工作；支持西湖大学以新机制加快建设高水平研究型大学，就学科建设和学位授权等方面加强与教育部沟通联系。

【高校思想政治工作质量提升工程】 2018年，省教育厅印发《浙江省高校思想政治工作质量提升工程建设标准和管理办法》《浙江省高校思想政治理论课建设工程实施方案》《浙江省高校文化育人工程实施方案》，开展以高校思想政治理论课“三项计划”（马克思主义学院质量提升计划、思政理论课教师素质提升计划、思政理论课教学效果提升计划）和高水平育人“四项工程”（课程育人工程、文化育人工程、新媒体育人工程、实践育人工程）为重点的“浙江省高校思想政治工作质量提升工程”建设。全省组织遴选高校思政工作实施载体（包括实践育人载体和文化育人载体）100项、重点马克思主义学院11所、省级思想政治名师工作室50个，并给予1000多万元的专项经费支持。组织召开首届浙江省高校马克思主义学院院长论坛；遴选20位思政理论骨干教师赴德国研修；组织16名高校思政理论课骨干教师参加教育部研修培训。拓展实践育人渠道，实施“百校联百镇”暨“双百双进”工程，在257个乡镇（街道）、村（社区）建立思政课教学实践基地356个，活动覆盖全省所有高校、所有县（市、区）和82%以上的乡镇（街道）。推荐浙江省思想政治工作精品项目、思想政治工作成绩突出单位和个人。组织开展第三届“感动校园人物”评选活动。

【“三全育人”综合改革试点】 2018年，根据教育部《关于开展“三全育人”综合改革试点工作的通知》要求，浙江省被确定为第一批“三全育人”（全员育人、全程育人、全方位育人）综合改革试点省份，浙江大学机械工程学院、浙江农林大学林业与生物技术学院被确定为第一批“三全育人”综合改革试点院（系），浙江中医药大学护理学院、湖州师范学院商学院、浙江财经大学会计学院被确定为第二批“三全育人”综合改革试点院（系）。

【高校教育教学管理】 2018年，省教育厅组织开展高职高专高校校（院）长教学述职评议。推进高校课堂教学创新行动计划、加强学生学业指导和管理、学生转专业和青年教师助讲培训等一系列政策措施的贯彻。实施全省高校教学巡回诊断检查制度。组建6个专家组对12所本科、3所高职院校的教学情况开展巡回诊断检查。组织召开专家座谈会，总结经验，健全完善教学巡查工作。实施教学改革和课堂创新。组织22名教师参加教育部6种马克思主义理论研究和建设工程重点教材任课教师示范培训班，推进重点教材编写出版和推广使用。推动“思政课程”向“课程思政”转变，推进全过程育人、全方位育人。组织召开全省新形态教材建设研讨会，推动新形态教材建设项目立项建设工作。组织开展高等教育“十三五”第一批教学改革研究项目申报立项工作，立项建设933项。加强各类人才培养。开展农村社区医生、农村农技人员康复专业人才及粮食储备人才等定向培养工作。定向培养基层医生1359人。推进卓越人才培养计划。加快推动6个新闻实务部门与15个高校新闻院系人员互聘交流，实施高校与法律实务部门人员互聘“双千计划”，入选“双千计划”教师16人。推进卓越医生培养计划，深化面向基层的医学教育改革。推动全省新工科建设，通过成立钱塘江金融港湾高等教育联盟培养新金融急需人才。引导高校主动调整优化专业结构。本科高校获批设立智能科学与技术、网络空间安全、能源与动力工程、数据科学与大数据技术、健康服务与管理、新能源材料与器件、金融工程等31个与全省经济社会发展密切相关专业。年内，本科高校申报数据科学与大数据技术、机器人工程、互联网金融和网络空间安全等新专业，申请撤销专业9个；高职院校上报大数据技术与应用、飞行器制造技术、智能产品开发等新专业，申请撤销专业18个。

【高校学生工作与大学生创新创业能力提升】 2018年，浙江高校毕业生初次就业率保持稳定。至8月31日，全省2018届普通高校毕业生初次就业率为96.75%，比上年同期提高0.05个百分点。高标准高质量开展大学生征兵工作。全省普通高校应征入伍大学生人数增长4.2%。其中，毕业生应征入伍人数增长2.6%。开展西部专招工作。全省57所本科高校共推荐报名应届毕业生548人，超额完成报名计划，最终50名本科高校毕业生被招录。深化高校创新创业教育改革。完成34所“示范性创业学院”评选工作。继续实施“创业导师培育工程”，完成1500名创业导师培育工作。整合提升大学生创新创业大赛，新增体育产业创新创业大赛项目，全省100所高校近10万名师生参与大赛。浙江理工大学、浙江工商大学、杭州职业技术学院获评全国创新创业典型经验高校。3月9日，浙江省大学生科技竞赛工作会议在余姚召开，公布新一届浙江省大学生科技竞赛委员会成员名单。年内，省教育厅完成浙江省大学生科技竞赛赛项满意度调查，新增浙江省大学生广告创意设计竞赛等赛事2项。组织完成本科院校学科竞赛项目32项，高职高专全国职业院校技能大赛选拔赛45项、全国分赛赛事3项。在全国职业院校技能大赛中高职获一等奖20项。组织完成"建行杯"第四届浙江省"互联网+"大学生创新创业大赛。除主体赛事外，大赛新增"青年红色筑梦之旅"活动、"蓝色丝路"中外大学生创业论坛、大学生创客秀、改革开放40周年"风云浙商进校园"系列活动、宁波与"宁波帮"创业故事汇5项活动。在全国总决赛中，浙江高校获金奖11项。省教育厅连续4年获优秀组织奖。组织完成"国家级大学生创新创业训练项目"推荐工作1500项，增加576项。

【研究生培养与学科建设】 2018年，浙江省推进学位点建设。浙江大学成为全国首批自主审核单位；浙江财经大学、浙江农林大学新增博士学位授予单位；湖州师范学院新增硕士学位授予单位；新增博士学位授权点32个、硕士学位授权点161个，新增数量均居全国前列。开展学位点动态调整工作，自主撤销学位点12个，自主增列学位点6个。开展工程硕士、博士学位授权点对应调整工作，申请对应调整博士专业学位类别7个，对应调整硕士专业学位类别51个。至年末，全省有一级学科博士点114个，一级学科硕士点338个，专业学位博士点8个，专业学位硕士点280个。7月1日，出台《进一步推进专业学位研究生培养模式改革的意见》，在全省范围内推广"新昌实践模式"，认定省级研究生联合培养基地45个。开展硕士学位论文抽检工作，抽检硕士学位论文1000篇，平均成绩为79.4分，优良率76.7%。开展服务国家特殊需求项目研究生培养单位验收评估工作，浙江财经大学、浙江农林大学、杭州师范大学3所高校参加验收评估。依托浙江省研究生教育学会开展研究生优秀学位论文评选，评选优秀博士学位论文21篇，优秀博士学位论文提名论文31篇，优秀硕士学位论文94篇。构建完善研究生教育质量监控体系，研究制定省级硕士学位授权点合格评估方案，启动组建省学位委员会学科评议组和专业学位研究生教育指导委员会。推进省重点高校建设计划和省一流学科建设工程。全省有54个学科进入ESI(基本科学指标数据库)排名前1%，其中有13所地方高校36个学科进入ESI排名前1%，比上年增加学科11个。开展省重点高校建设年度绩效自评和省一流学科建设中期绩效评估工作。

【高校科技与产业建设】 2018年，浙江省推进协同创新中心建设。浙江大学、宁波大学和温州医科大学3个协同创新中心认定为教育部省部共建协同创新中心。认定年度浙江省应用技术协同创新中心13个，推动高职高专院校提升技术技能人才培养质量、应用技术研发能力和社会服务水平。实施省重点建设高校创新能力提升计划。12所省重点建设高校新增国家级项目1056个、授权发明专利2262件。推进高校新型智库和高水平创新团队建设。评选产生第二批省高校高水平创新团队45个、省新型高校智库13个。推进科技成果转化。组织高校积极申报认定教育部高等学校科技成果转化和技术转移基地。完成第二批高校科技经纪人试点单位专家评估。在国家科学技术奖励大会上，浙江高校获国家科技奖6项，占全省获奖总数的60%。其中，浙江大学获国家科技进步奖特等奖1项、国家科技进步奖二等奖1项、国家技术发明一等奖1项、国家技术发明二等奖1项，浙江理工大学、浙江农林大学各获国家科技进步奖二等奖1项。国家科技进步特等奖和国家技术发明一等奖为浙江省首次获得。

【高校师资队伍建设】 2018年，浙江省实施海外英才集聚计划。在美国浙江创新中心设立教育合作处并派驻专人，加强海外人才引进。年内，"双一流"建设高校和省重点建设高校引进海外高层次人才441人。加大本土青年人才培养力度。启动"院士结对培养青年英才计划"，延续邀请两院院士以"带徒授艺"方式，结对培养全省高校青年英才，第一批"院士结对青年英才计划"人选全部产生。开展"本科高校访问学者"和"高职高专院校访问工程师"计划，派出访问学者238人，访问工程师416人，确定教师专业发展项目和校企合作项目。

（省教育厅　徐　兴）

特殊教育

【概况】 2018年，浙江省有特殊教育学校85所，特殊教育学校和普通学校招收残疾学生3479人，比上年增加410人。特殊教育在校生19526人，增加994人。其中，在特殊教育学校就读的学生9970人，在普通学校(随班就读和附设特教班)残疾儿童招生数和在校生数分别为1469人、7889人，分别占特殊教育招生和在校生总数的42.2%和40.4%。特殊教育小学阶段在校生12080人，占特殊教育在校生总数的61.9%；初中阶段在校生6865人，占35.1%；高中阶段581人，占3%。

【推进特殊教育延伸】 2018年，浙江省推进特殊教育向学前和高中延伸。3月27日，省教育厅出台《关于加强残疾人高中段教育的指导意见》，提出加强残疾人高中段教育的主要目标。11月26日，与省民政厅等部门联合发布《关于加强残疾儿童学前教育的指导意见》，提出加强残疾儿童学前教育的主要目标。省级财政投入3600万元，支持全省34所特殊教育学校开办高中段教育，其中新增学校10所。特殊教育高中部由上年46个增加至54个。推进特殊教育标准化建设。12月，完成《浙江省特殊教育学校标准化评估细则》编制工作，探索建立特殊教育学校标准化建设评估认定机制。落实特教二期工程。核实第二期特殊教育提升计划省级项目库进展情况,加快特殊教育项目建设。全面实施“一人一案”,落实持证残疾儿童九年义务教育入学工作。做好分类安置、随班就读、卫星班、送教上门等工作,提升残疾儿童义务教育普及水平。年内,全省持证残疾儿童少年义务入学率保持96.8%,学前入学率从上年73.3%提升至84.2%,高中入学率从52.6%提高到67.4%。

【个别化教育与计划保障项目建设】 2018年11月26—27日,浙江省首次基于网络平台的个别化教育研讨会在杭州举行。12月9日,浙江省个别化教育信息管理系统项目建设通过验收评估。该系统是全国第一个省级层面的个别化教育信息管理平台,项目通过验收评估标志着浙江省个别化教育进入智能化时代。年内,全省教育系统对资源教室、医教结合、卫星班、职业教育实训基地建设等特殊教育提升计划保障项目建设给予支持。对省级财政支持的特殊教育提升计划保障项目进行督查,全省建成资源教室588个,新增148个;医教结合实验学校18所,新增2个;卫星班65个,新增10个;职业教育实训基地23个,新增5个。

【特殊教育专项督导】 2018年6月,省政府教育督导委员会办公室组织省督学和相关专家45人,分9个督导组对全省11个市、89个县(市、区)特殊教育情况进行专项督导。系全省第一次地毯式特殊教育专项督导。督导组实地察看全省83所特殊教育学校、368所随班就读学校和卫星班,对教育行政干部、校长、教师、学生等进行随机访谈,重点对全省特殊教育政策落实情况和特殊教育事业发展情况等5项主要内容进行督导。

(省教育厅 徐 兴)

表32 2018年浙江省各级各类教育基本情况

项 目	学校数(所)	毕业生数(人)	招生数(人)	在校生数(人)	教职工数(人)	
					合计	其中:专任教师
一、基础教育						
1.普通中学	2 333	721 253	797 387	2 383 859	225 306	197 853
高 中	591	253 335	254 912	769 236	83 133	70 365
其中:民办	215	61 407	65 692	194 759	23 003	15 485
初 中	1 742	467 918	542 475	1 614 623	142 173	127 488
其中:民办	263	73 584	98 115	274 497	27 666	19 600
2.小 学	3 301	567 318	661 772	3 605 686	218 720	210 407
其中:民办	174	67 601	92 975	482 080	30 872	28 044
3.幼儿园	8 453	669 527	655 183	1 934 128	240 263	129 643
其中:民办	5 971	403 061	361 379	1 104 917	131 919	67 713
4.特殊教育	85	3 046	3 479	19 526	2 869	2 589
5.工读学校	2	147	151	321	74	62
二、中等职业教育						
1.职业高中	186	130 595	141 232	415 670	30 248	27 534
其中:民办	35	15 680	18 174	55 321	2 916	2 335
2.普通中专	44	30 889	28 880	91 167	6 979	6 021
其中:民办	7	5 646	6 107	18 083	860	750
3.技工学校	77	31 044	48 712	153 607	11 933	9 791
三、普通高等教育						
1.研究生		20 676	29 760	82 547		
博士生		2 162	3 339	12 943		
硕士生		18 514	26 421	69 604		
2.普通本专科(含筹)	109	280 634	309 687	1 019 449	94 462	63 433
普通本科	60	149 271	164 713	624 707	69 088	45 908
其中:民办	26	61 495	68 157	250 680	17 096	12 779
其中:独立学院	21	41 130	45 664	166 432	10 876	8 348
高职(高专)	49	131 363	144 974	394 742	25 374	17 525
其中:民办	10	22 578	26 820	69 977	4 354	3 089
四、成人教育						
1.成人高等学历教育	9	95 881	110 559	227 493	1 190	720
其中:民办		2 463	2 630	5 355		
2.网络本专科		11 130	11 335	34 974		
3.成人中等专业教育	16	8 892	7 522	19 283	948	533
其中:民办	3	895	553	1 451	14	12
4.成人中学	253	21 592		24 884	1 516	1 264
5.成人技术培训学校	4 620	4 561 148		4 072 202	28 023	20 560
6.成人初等学校	258	66 485		64 461	1 029	691

注:1.特殊教育学生数中包括普通中小学随班就读的学生。2.技工学校数据由省人力社保厅提供

(省教育厅 提供)

民办教育

【概况】 2018年,浙江省有独立设置

的民办普通高校15所,独立学院21所。民办(含中外合作办学)普通本专科招生9.5万人,比上年增加0.96万人,增长11.2%;在校生32.07万人,增加0.75万人,增长2.4%,招生、在校生分别占全省普通本专科招生、在校生总规模30.7%和31.5%,其中,独立学院招生4.57万人,增加0.42万人;在校生16.64万人,增加0.25万人;独立学院本科招生4.57万人、在校生16.64万人,分别占全省普通本科招生数和在校生数的27.7%和26.6%。全省有民办普通高中215所,在校生19.48万人,占普通高中在校生总数的25.3%;民办中等职业学校45所,在校生7.49万人,占中等职业教育在校生总数的14.2%。民办普通初中263所,在校生27.45万人,占普通初中在校生总数的17%。民办普通小学174所,在校生48.21万人,占普通小学在校生总数的13.4%。民办幼儿园5971所,在园学生110.49万人,占在园幼儿总数的57.1%。全省各级各类民办学校专任教师总数14.99万人,占专任教师总数的23.5%,其中,民办幼儿园6.77万人,民办中小学6.31万人,民办中职学校0.32万人,民办高校1.59万人。

【民办教育综合改革政策体系建设】 2018年,浙江省深入贯彻落实新法新政,确定“稳中求进,促进浙江民办教育走在前列”的改革总目标。推进民办学校分类管理,形成公办民办良性互动、有序竞争的发展格局。坚持问题导向和需求导向,针对民办教育涉及面广、问题错综复杂等情况,完善民办教育政策体系,系统推进民办教育改革。以《浙江省人民政府关于鼓励社会力量兴办教育促进民办教育健康发展的实施意见》为统领,研究制订《现有民办学校变更登记类型实施办法》《民办学校财务清算办法》《公共财政扶持民办教育实施办法》《落实民办学校办学自主权实施办法》《加强民办学校教师队伍建设实施办法》《民办学校财务管理办法》《民办学校信息公开和信用管理办法》7个配套办法,共同构建全省民办教育综合改革政策体系。

【支持规范民办教育发展】 2018年,浙江省支持民办教育发展,政策上主动对接全省“最多跑一次”改革,落实放宽民办学校办学准入条件、探索多元化举办教育、实施优惠的补偿奖励、加大财政支持力度等举措,保护举办者积极性,提升学校办学活力。规范民办教育发展,重点加强公办学校在编教师到民办中小学校任职任教管理,稳妥解决民办学校招生乱象等社会反映集中、群众呼声强烈等问题。对公办编制教师管理、招生管理、财务运行、信息公开等关键环节提出规范性举措,营造公平健康发展环境。引导各地实施民办教育品牌战略,改进管理服务方式和待遇保障,提升教师队伍建设水平;发挥公共财政扶持杠杆作用,引导民办学校正确定位,促进持续、优质、特色发展。

【民办教育政策贯彻落实】 2018年,浙江省建立省级部门联席会议制度,细化任务分解,落实部门责任。开展全省教育、财政系统全员培训;将民办教育政策体系落实情况纳入省委督促检查领导小组年度督查计划,对民办教育政策体系落实情况进行专项督查;全省各地加大对民办教育的扶持力度,建立以生均经费为基础的财政扶持方式。提高教师权益保障水平,稳定教师队伍,增强学校造血功能,扩大优质资源。年内,各地出台一系列举措,强化民办学校规范发展。加强民办学校党建工作,推进现代学校制度建设,促进学校自律发展、规范发展。浙江民办教育综合改革工作得到教育部肯定,在全国教育工作会议上列为会议专题进行介绍。

(省教育厅 徐 兴)

公共文化
Public Culture

综 述

【概况】 2018年,省文化和旅游厅深入学习贯彻《浙江省公共文化服务保障条例》,修订制订《浙江省居民住宅区公共文化设施配套建设标准》《浙江省基层公共文化服务评估指标及权重》《浙江省公共文化机构意识形态管理办法》等文件,为公共文化服务体系建设提供制度保障。建成浙江自然博物馆核心馆区、浙江小百花艺术中心;之江文化中心开工;推进新时代文化艺术创研基地等一批重大文化服务设施建设。至年末,全省建有公共图书馆、文化馆各101个,实现乡镇(街道)综合文化站和村(社区)文化活动基地全覆盖;建成农村文化礼堂1.1万个,县级公共图书馆分馆802个、文化馆分馆538个、城市书房387个。推进公共文化服务“十百千”工程即完成10个公共文化服务重点县(第二轮)、100个公共文化服务重点乡镇(街道)、1000个公共文化服务重点村社区建设,全年累计投入资金28.67亿元,完成46个重点县提升项目,完成63个重点乡镇(街道)、991个重点村的建设任务。

【文化文艺工作服务大局】 2018年,省文化和旅游厅认真贯彻习近平总书记“做新时代‘红色文艺轻骑兵’”的重要指示精神,指导全省各级公共文化馆、图书馆、博物馆、美术馆、国有文艺院团组建“下基层文化文艺小分队”,赴基层开展系列文化文艺服务活动。元旦、春节期间,组建文化文艺小分队16支,实施走基层文化文艺服务项目45项。聚焦中国梦的新时代主题,围绕庆祝改革开放40周年、新中国成立70周年、建党100周年等重要节点和“浙江精神”“最多跑一次”“绿水青山就是金山银山”等重大题材，推出歌曲《中国进入新时代》、京剧《不忘初心再启航》、快板《放歌新时代》、戏曲《真理的味道》等40多个艺术作品；开展“最多跑一次”主题文艺创作、浙江省第六届曲艺杂技魔术节活动和“新时代新征程”主题歌曲文艺创作活动，推出《啊，红船》《我的青春我的歌》等精品佳作。紧扣省委、省政府中心工作和重要活动，做好第五届世界互联网大会、首届联合国世界地理信息大会等多场文艺演出工作。组织开展浙江省庆祝改革开放40周年优秀剧目展演和图片展。完成省委、省人大、省政府、省政协、省老干部局、省委统战部等举办的新年茶话会、团拜会文艺演出。组织协调国有文艺院团、院校、美术馆，承担配合文化和旅游部和省委、省政府重要对外文化交流活动，推出“欢乐春节”“浙江文化周”等文化走出去交流项目。

【文化体制机制改革】 2018年，省文化和旅游厅以“最多跑一次”改革和数字政府建设为抓手，提高治理能力，省级办事事项全部实现“最多跑一次”，全省文化系统办事事项由34项减少至30项，省文化厅办事事项由13项减少至7项，减少申请材料15件，6项事项做到即时办理，3项事项压缩办理时限50%。做好“公共文化云”国家试点工作，搭建全省统一的同标准、多媒体、跨平台、多终端的“浙江智慧文化云”，推进省域范围内公共文化资源的共建共享。文艺院团改革持续深化。5月14日，制订《浙江省文化厅所属经营类事业单位转企改制工作方案》。启动省演艺集团组建工作，推进杭州剧院等4个单位转企改制。转变省属文艺院团演出补贴拨款方式，实行政府采购服务，倒逼省属文艺院团艺术生产进一步面向市场、面向观众。探索“协同创演”模式，推动省属文艺院团、院校与地方合作开展9个重点剧目创作生产，实现双赢目标。打破区域界限，成立“浙江高腔联盟”“浙江省民间职业剧团联盟”，拓展戏曲传播渠道。完成4个系列20多个门类职称评定改革，在全国率先开展文化人才职称分类评审。推动浙江大学设立设计智能与数字创意省级重点实验室和浙江音乐学院设立数字音乐工程研究中心。

【公共文化服务标准化均等化】 2018年12月10日，省文化和旅游厅印发《关于推进“五个百分百”建设加快实现基本公共文化服务标准化的通知》，以“五个百分百”建设[100%完成规定场馆建设要求、100%完成图书馆服务体系建设任务、100%完成乡镇（街道）综合文化站和文艺团队建设、100%完成文化馆分馆建设任务、100%完成农村文化礼堂规范运行]为抓手，推进公共文化服务标准化建设各项指标的落实。全年研究制定各类地方标准45个，其中省级6个、市级9个、县级30个，初步形成以行业标准为基础、项目标准为补充，省级标准和市县标准相结合的公共文化服务标准体系。

【公共文化供给侧改革】 2018年，省文化和旅游厅组织开展第四届浙江省合唱节、浙江省群众舞蹈大赛、浙江省音乐新作演唱演奏大赛、浙江省群星书法美术大展、浙江省新农村建设题材小戏会演、浙江省第29届戏剧小品邀请赛等十大省级群众文化赛事，打造群众文艺精品和文化品牌。整合全省宣传、文化、教育、科技、卫生、农业等公共服务部门资源，编印《浙江省农村文化礼堂供给服务菜单（2018版）》12册，为基层群众提供1325项近3万个“菜单”，推动文化惠民项目与群众文化需求有效对接。组织开展公共图书馆全民阅读月系列活动。联动开展送文化下乡、文化走亲等活动，全年送戏下乡2.58万场，送书下乡260万册次，送讲座展览5000场次，开展“文化走亲”活动1700场次。提升公共文化服务效能。9月29日，印发《浙江省文化厅关于实施乡镇（街道）公共文化服务绩效评估的通知》，组织开展对辖区内乡镇（街道）公共文化服务评估工作；同日印发《关于进一步加强乡村文艺团队建设的实施意见》，要求在全省所有乡镇（街道）组建“三团三社”，即乡村合唱团、乡村艺术团、乡村民乐团、书画社、摄影社、文学社，通过乡村文艺团队建设，提升基层文化站服务效能。10月16日，印发《乡镇（街道）综合文化站效能建设专项治理工作方案》，针对部分地方乡镇（街道）综合文化站在资源利用和服务效能等方面存在的问题，采取排查摸底、组织抽查和集中整改等方式进行专项治理。树立公共文化服务品牌。举办“新时代公共文化创新发展南湖会议”，发布《新时代公共文化创新发展南湖共识》，出版《新时代公共文化服务的浙江之路》。指导台州市通过国家公共文化服务体系示范区创建验收。温州市“城市书房”和丽水市“乡村春晚”分别以全国第一名、第二名的成绩通过示范项目验收。指导杭州下城区、萧山区和温州市实施国家公共文化服务体系建设示范区（项目）创建工作。启动第四批省级公共文化服务体系示范区（项目）创建，评选产生5个示范区和10个示范项目获创建资格。杭州西湖区蒋村街道（龙舟竞渡）、嘉兴秀洲区（秀洲农民画）、湖州南浔区善琏镇（湖笔）、嵊州市（越剧）、东阳市湖溪镇（罗汉班）、景宁畲族自治县（畲族歌舞）入围2018—2020年度“中国民间文化艺术之乡”。

【文化人才队伍建设】 2018年，浙江省实施文化名家“引凤”计划，探索靶向式、论坛式引才和会演引才等人才机制。年内，新增中央宣传部“四个一批”人才2人、省“钱江学者”1人、“万人计划”3人、“五个一批”人才2人、“151”一二层次人才2人；入选第五批国家级非物质文化遗产代表性传承人74人，数量居全国第一位。有关单位引进高层次人才56人。突出高层次人才培养，培育27支“浙江省文化创新团队”和39名优秀专家。突出文化拔尖人才培养，持续开展“浙江省公共图书馆拔尖人才”、“新鼎计划”文博专业拔尖人才、“舞台艺术拔尖人才”等各门类行业拔尖人才培养。实施“名家传戏”“名师带徒”项目，实施紧缺文化人才提质计划和文化产业人才扶持计划。突出青年文化人才培养，定向扶持一批中青年编剧、导演、作曲等主创人才。突出基层文化人才培养，省本级培训基层文化人员5000多人，市县培训20多万人。做好乡镇(街道)文化员定向培养工作，定向培养文化员59人。开展“耕山播海”“送教下乡”活动，面向全省欠发达县培训4万余人次。招生招聘相结合，继续开展定向培养乡镇(街道)文化员工作，面向44个县(市、区)招收文化员59人。

(省文化和旅游厅　林　静)

文化产业

【概况】 2018年，全省文化产业增加值4214亿元，比上年增长12%，占全省生产总值的7.5%。优化文化产业政策环境。10月15日，印发《推动数字文化产业发展三年行动计划(2018—2020年)》。扩大文化消费，组织举办浙江省暨杭州市文化消费季活动，实现文化消费总额8.84亿元。杭州市文化消费指数研究得到文化和旅游部的奖励资助，宁波市入选国家文化消费试点城市奖励计划第一档城市。推进中国(义乌)文化产品交易会转型升级，第13届交易会实现洽谈交易额53.21亿元。中国国际动漫节“专业化、国际化、产业化、品牌化、市场化”水平进一步提升。活动吸引86个国家和地区参与，有2645家中外企业机构、5778名客商展商和专业人士参展参会，143.6万人次参与动漫节各项活动，其中主会场38.1万人次。实际成交及达成签约交易、意向合作项目1368项，涉及金额139.84亿元，动漫节消费涉及金额25.2亿元，总计165.04亿元。参与国家地区数及办展规模、参与人数、交易金额、节展效益再创新高。年内联合举办长三角国际文化产业博览会。

(省文化和旅游厅　林　静)

【产业发展态势良好】 2018年，全省文化企业市场竞争力持续增强，浙江出版联合集团、浙报传媒控股集团有限公司、浙江华策影视股份有限公司、宋城演艺发展股份有限公司4家企业入选第十届全国文化企业30强，思美传媒股份有限公司、华谊兄弟传媒集团、大丰实业股份有限公司3家企业获提名，数量居全国第一位。推动文化企业融资上市，全省在沪深两市上市文化企业39家，新三板挂牌文化企业100多家。全年全省创作生产电视剧52部2358集、电影116部，分别居全国第一、第二位，全省电影票房48.9亿元，居全国第三位。以世界互联网大会为契机，推出数字经济产业合作大会等不同形式的产业合作项目对接活动19场，汇聚国内外互联网项目1196个、创投机构200多个及数字经济园区50多个，成立“乌镇峰会”互联网产业合作联盟。11月29日，浙江、上海、江苏、安徽三省一市在上海共同主办首届长三角国际文化产业博览会，杭州、宁波、温州、义乌等重点文化会展的产值、效益和影响力不断提升；中国(浙江)影视产业国际合作实验区获评首批国家文化出口基地。　(省委宣传部　供稿)

【市场主体壮大】 2018年，浙江省有4家企业被认定为国家动漫企业，5个项目在中国文化艺术政府奖第三届动漫奖评选中获奖，占总数四分之一。4家企业入选第十届“全国文化企业30强”，入选数居全国各省(区、市)第一位。3个单位入选文化和旅游部文创产品开发“百馆百企对接计划”扶持单位，入选数居全国各省(区、市)第一位。3个项目获国际合作项目扶持。推荐21个项目列入《中国文化产业重点项目手册》。中南卡通等3个项目获动漫游戏产业“一带一路”国际合作项目。2个项目入选年度国家社科基金艺术学重大项目，4个项目入选文化和旅游部智库项目和研究项目。

【平台建设加强】 2018年，浙江省推进杭州白马湖生态创意城、衢州儒学文化产业园区创建国家级文化产业示范园区，网络作家村等单位入选国家级文化产业园区服务能力提升计划项目。加快发展新型文化业态，省文化和旅游厅启动全省文化文物文创产品设计大赛，认定浙江美术馆等10个单位为省级试点单位。18家企业认定为省文化产业示范基地。加强项目对接与引导，举办江浙沪特色文化产业项目“路演”(通过现场演示的方法，引起目标人群的关注，使其产生兴趣，最终达成销售)及推介活动。举办首届浙江省文化文物文创产品设计大赛，促进文化文物单位文创产品开发。

【文化市场整治】 2018年，浙江省全面加强对文化市场特别是网络文化经营活动监管，先后制定《浙江省文化厅关于加强网络表演管理工作的指导意见》和《浙江省文化厅关于加强网络游戏管理工作的指导意见》。印发《浙江省文化和旅游厅关于进一步加强文化市场安全保障工作的通知》，为第五届世界互联网大会、首届联合国世界地理信息大会等重大活动营造良好文化氛围。在全省组织实施文化市场监管“对标亮剑”行动，开展网络文化市场远程集中排查活动4次，检查网络文化企业1.47万家次，发现违规264家次，警告29家次，办结案件220件。年内，全省文化市场执法机构出动检查13.08万人次，检查经营单位22.82万家次，查获违规4022家次；举报(督查)受理1109件，行政处罚立案调查3189件，办结案件3171件，警告2107家次，罚款980.18万元，停业整顿93家次，吊销许可证19家次，没收违法物品32.28万个。在年度全国文化市场十大案件和重大案件评选中，浙江有1个案件获评十大案件，4个案件获评重大案件。

【市场安全环境净化】 自2018年起，浙江省将每年3月18日定为全省“文化市场安全日”。3月16日，首届“文化市场安全日”活动启动仪式在仙居举行，全省各地开展系列宣传及安全检查、演练等活动，出动检查6238人次，检查文化经营单位9957家次，查处违规场所235家次。进一步完善文化旅游市场准入和退出机制，处置“僵尸文化企业”。5月10—11日，全省消防安全工作会议在温州举行，省文化厅消防安全目标管理责任制考核优秀，并在会上做经验交流。

【综合执法队伍素质提升】 2018年9月7日，浙江省文化市场综合执法岗位练兵技能竞赛培训暨执法队伍规范化建设现场交流活动在乐清举行。10月30—31日，由省文化和旅游厅、省总工会组织开展的全省文化市场综合执法技能竞赛活动在杭州举行，台州市、嘉兴市、宁波市、杭州市、金华市、温州市代表队分别获团体一、二、三等奖。浙江在全国文化综合执法业务考试中取得第三名的好成绩。文化和旅游部在浙江举办网络文化市场以案施训、文化市场综合执法师资培训等活动，提升全省文化市场综合执法人员业务水平。

（省文化和旅游厅　林　静）

文学艺术

【概况】 2018年，浙江省文化文艺战线加大现实题材创作力度，推出民族歌剧《在希望的田野上》、交响乐《时代之音》《良渚》、民族管弦乐《钱塘江音画》、越剧《王阳明》《风乍起》《柳市故事》《@香榧村》《通达天下》、京剧《阴阳缘》、话剧《新新旅馆》《赤子》《天真之笔》、儿童剧《玻璃城堡》《七色光》等一批反映时代特点和浙江特色的精品力作。婺剧《宫锦袍》和民族歌剧《青春之歌》《呦呦鹿鸣》等3个优秀剧目分别入选国家舞台艺术精品创作扶持工程。在年度全国舞台艺术优秀剧目展演和全国优秀民族歌剧展演中，浙江系全国入选展演作品最多的省份。婺剧《鸡毛飞上天》、姚剧《浪漫村庄》入选年度全国基层院团戏曲会演，《鸡毛飞上天》作为开幕大戏参演。民族歌剧《呦呦鹿鸣》参加全国现实题材优秀剧目展演。舞剧《花木兰》获中国舞蹈荷花奖。绍剧《于谦传之两袖清风》入选年度全国舞台艺术重点创作剧目名录。话剧《新新旅馆》获第32届田汉戏剧奖剧目奖。《烟雨伊人》获中国·宝丰第七届魔术文化节魔术节目奖。《江厦街》(大戏)、《我的大陈岛》(大戏)、《生日》(小戏)3个剧本入选全国戏曲孵化计划。11月29日，全省艺术创作题材规划会暨全省专业院团长会议在余杭召开，会议对全省舞台艺术创作进行宏观调控。探索协同创演模式，鼓励省属文艺院团、院校与地方合作开展重点剧目创作生产，整合省地艺术资源、演出资金和演出市场，推动民族歌剧《在希望的田野上》等9个重点剧目创作生产。

【艺术创作生产机制创新】 2018年，省文化和旅游厅分别制定《浙江省舞台艺术创作重点题材扶持暂行办法》《浙江省当代舞台艺术精品创作扶持工程实施办法》。实施优秀剧本政府采购计划，征集、扶持和储备一批优秀剧本，扶持基层院团剧本创作。3个剧本入选全国戏曲剧本孵化计划。实施年度浙江省当代舞台艺术精品创作扶持工程，推出民族歌剧《青春之歌》《呦呦鹿鸣》、话剧《赤子》、姚剧《浪漫村庄》、婺剧《血路芳华》5个剧目。民族歌剧《在希望的田野上》《红船》、京剧《渡江侦察记》等10个项目入选年度全省舞台艺术创作重点题材。全省获年度国家艺术基金资助项目44个，获助资金3317万元。12月29日，“浙江文艺创研中心”在浙江音乐学院挂牌成立。

【戏曲保护传承工作体系健全】 2018年，省文化和旅游厅落实《省政府办公厅关于支持戏曲传承发展的实施意见》和《浙江省传统戏剧保护振兴计划》各项任务。举办第四届中国越剧艺术节，展演新创优秀越剧24台，吸引6万余名观众，平均上座率90%。举办年度“新松计划”全省青年歌手大赛、浙江省第六届曲艺杂技魔术节。推动戏曲传承发展，开展“浙漾京城”浙江戏曲北京周、浙江省传统戏曲演出季活动。推进“传统戏曲进校园”“传统戏曲进社区”“传统戏曲进农村文化礼堂”工作，注重培养年轻戏曲观众，组建各类学校戏曲社团200多个。开展文化惠民演出活动。实施元旦春节期间“文化暖冬千百万计划”，组织开展一系列内容丰富、形式多样的文化惠民活动，全省国办院团完成各类演出8400多场，其中，新年演出季、文化下乡、高雅艺术进校园、雏鹰计划和驻场演出等政府采购的惠民演出4300多场。组织院团送戏下乡，举办省属院团新年演出季系列活动。

【美术工作取得成效】 2018年，省文化和旅游厅举办各类展览53个、学术活动10多场，推出公共教育项目456个，新增藏品450件，观众65万余人次。浙江美术馆党总支获省直机关工委先进基层党组织称号；参加文化和旅游部公共文化设施学雷锋志愿服务工作座谈会并作为优秀单位做经验交流；东方智慧系列品牌展览“纸上谈缤——中华纸文化当代艺术展”入选国家艺术基金年度传播交流推广资助项目；《水印千年》作品集获第27届“金牛杯”优秀美术图书金奖；“吾身通明——杨可扬艺术特展”被评为全国美术馆馆藏精品展出季优秀项目；“健笔蟠龙——王铎作品展”被评为全国美术馆优秀展览提名项目；“陆抑非作品与藏品捐赠”被评为年度国家美术作品收藏和捐赠奖励项目。（省文化和旅游厅　林　静）

文化交流

【概况】 2018年，省文化和旅游厅积极开展对外和对港澳台文化交流活动，展示文化浙江新形象，推动中华文化走出去。全年实施对外和对港澳台文化交流项目2170个，直接参与交流1.47万人次。引进项目2013个，参与交流1.22万人次；派出项目157个，参与交流2509人次。

【重大文化交流活动】 2018年，省文化和旅游厅组派浙江艺术职业学院艺术团参加越南顺化国际艺术节。组派浙江歌舞剧院舞蹈团赴阿联酋，在迪拜歌剧院上演“一带一路舞蹈专场”《风从海上来》，作为迪拜“拥抱中国”系列活动的启幕演出。组派杭州歌剧舞剧院《遇见大运河》赴美国、巴拿马交流演出。组派浙江婺剧艺术研究院赴布隆迪参加中布建交55周年活动。完成中国与巴拿马建交一周年、浙江省与韩国全罗南道结好20周年等文艺演出。举办第二届中国—中东欧国家非物质文化遗产保护专家级论坛、首届中国—中东欧国家图书馆联盟馆长论坛、第二届中国—中东欧国家文学论坛，中东欧16个国家有116名专家学者参加，并与省文化和旅游厅在"非遗"保护、公共图书馆等领域达成加强交流合作的共识。组派16个艺术团，分赴16个国家的30个城市开展96场海外"欢乐春节"文化交流活动。承办文化和旅游部"汉学与当代中国"浙江考察活动，22个国家的中国问题研究专家和智库学者参加活动。实施由21个国家青年汉学家参加的青年汉学家（杭州）研修计划。指导服务龙泉市赴联合国总部举办青瓷艺术展。支持宁波市运营保加利亚索菲亚中国文化中心，该中心全年举办文化活动20多场。在约旦、法国等国举办浙江文化节。

【"一带一路"文化交流】 2018年，省文化和旅游厅立足浙江特色，挖掘浙江文化资源，拟订《"一带一路"文化交流合作行动计划（2018—2022年）》。10月29日，由文化和旅游部主办、省文化和旅游厅承办的"丝茶瓷：丝绸之路上的跨文化对话"展览在阿曼国家博物馆开幕，来自丝绸之路沿线17个国家的政府官员和文化领域的专家学者等100多人出席，参展观众1.5万人次。举办第二届"意会中国"——"一带一路"艺术大师工作坊、第十届"阿拉伯知名画家访华采风创作活动"、第三届"意会中国——阿拉伯艺术节（戏剧）负责人访华交流暨中阿戏剧乌镇对话"、第四期阿拉伯国家文博专家研修班等专项交流活动，进一步加强浙江与阿拉伯国家在音乐、美术、戏剧、文博等领域的交流与合作。举办非洲艺术家木雕创作交流项目，非洲5个国家的15名艺术家到浙江开展为期30天的创作交流。组派浙江交响乐团赴巴西开展"万里共婵娟·中巴艺术家欢庆中秋及国庆巡演"。与捷克摩拉维亚—西里西亚州政府在摩西州共同举办"湖山胜概——西湖主题水印版画展"。

【对港澳台交流合作】 2018年，浙江省举办对台文化交流活动156场，参与交流974人次；对港澳文化交流项目82个，参与交流582人次。省文化和旅游厅举办第12届台湾·浙江文化节及衢州文化周、"情系钱塘·诗画浙江——两岸文化联谊行"等文化交流活动。加强浙港澳文化交流，举办年度内地与港澳文化交流重点项目香港演艺学院夏令营、港澳视觉艺术双年展（杭州站）、"湖山胜概——绵延千年的雕版印刷"展览等活动。在第29届香港书展期间，浙江文化工作组举办非物质文化遗产展演和工作坊活动25场。

（省文化和旅游厅　林　静）

农村文化礼堂建设

【概况】 2018年，浙江省新建农村文化礼堂3143个，建成农村文化礼堂11059个。其中，杭州1075个，宁波1244个，温州1723个，湖州581个，嘉兴654个，绍兴935个，金华1415个，衢州795个，舟山190个，台州1678个，丽水769个。全省500人以上行政村文化礼堂覆盖率为52.4%。

【文化礼堂建设品质提升】 2018年，浙江省把农村文化礼堂建设作为实施乡村振兴战略的重要内容，纳入美丽乡村建设规划体系和公共文化服务标准化均等化建设体系，做到统筹规划、一体化推进。按照选址科学、功能完善、形态美观、安全实用的原则，合理布局建设项目。6月22日，制定出台《浙江省农村文化礼堂建设实施纲要（2018—2022年）》，明确从2018年起，全省每年建设3000个农村文化礼堂，到2022年，实现人口在500人以上的村全覆盖；召开全省农村文化礼堂建设工作领导小组会议、全省基层宣传文化工作暨农村文化礼堂建设工作推进会、全省农村文化礼堂建设工作座谈会，部署推进农村文化礼堂建设工作。修订完善《浙江省农村文化礼堂建设标准》，进一步规范和提升建设工作。根据农村实际情况和村民服务需求，合理确定新建文化礼堂规模；按照实际运行情况，对已建成的文化礼堂进行提升改造；把握农村文化礼堂文化属性，体现文化地标要求，设计上彰显村落人文内涵，建筑风格上与村庄自然风貌、民俗风情、人文景观相协调，内容上与村民生产生活、村史村情、文脉传承相融合。各级财政加大对农村文化礼堂建设的扶持力度，省级农村文化礼堂建设专项资金增加到3亿元。加强部门联动配合，统筹涉农资金，做好规划选址、土地指标安排、用地报批等工作，增强文化礼堂建设合力。鼓励通过设立农村文化礼堂公益金、农村文化礼堂乡贤基金和文化众筹等方式，补充农村文化礼堂日常运行经费。

【文化礼堂运行管理】 2018年，浙江省构建县、乡、村三级农村文化礼堂运行管理机制。推动形成县级统筹推进、乡级协调指导、村级负主体责任工作格局。9月21日，制定实施《浙江省农村文化礼堂建设示范县（市、区）示范乡镇（街道）评价办法（试行）》。推行文化礼堂理事会制度。加强文化礼堂理事会建设，建立健全村"两委"领导下村民自我组织、自我管理、自我服务、自我发展的农村文化礼堂管理运行机制；加强农村文化礼堂法人治理，提高农村文化礼堂民办非企业法人登记比例；完善农村文化礼堂理事会章程，规范理事会制度，吸纳村干部、乡贤、文化能人、创业成功人士等参与农村文化礼堂日常运行管理。开展文化礼堂星级管理工作。贯彻执行《浙江省农村文化礼堂星级管理办法（试行）》，修订完善《浙江省农村文化礼堂星级评定标准》和评定工作操作细则，由省、市、县分级组织开展农村文化礼堂星级评定工作。做好对申报五星级农村文化礼堂的考察评估工作，对2017年度验收合格的219家五星级农村文化礼堂予以表彰奖励。探索农村文化礼堂社会评价工作机制，建立完善以群众满意度为主要参数、以内容建设和使用情况为主要依据、以第三方评估为主要方式的农村文化礼堂测评体系。

【文化礼堂文化产品和服务供给】 2018年，浙江省整合农村文化礼堂建设、文化科技卫生“三下乡”相关部门和单位的文化服务资源，加大农村优质文化产品和服务供给，推进文化惠民、文化乐民、文化育民工作。编印《2018年度浙江省农村文化礼堂服务菜单》，其中，省本级提供公益类菜单121个。完善省、市、县三级菜单服务体系，建立涵盖文艺、宣讲、法治、科技、教育、卫生健康、体育等领域内容的“大菜单”制度。根据农民群众需求和评价，调整各类服务项目内容和方式。引入市场化服务，通过政府采购、项目补贴、定向资助等激励措施和优惠政策，鼓励文艺院团和社会团体、民营单位、个体演出团队开展送文化、送服务进礼堂活动。

【文化礼堂系列活动】 2018年，全省各地农村文化礼堂开展文艺志愿服务活动、农技培训、科普讲座、医疗卫生服务、法律普及等活动10万余场次。以党的十九大精神进文化礼堂为主线，开展“书香浙江·礼堂有约——送十九大读本进农家”活动，开展农村文化礼堂典型案例、“我们的礼堂故事”等征集活动，举办“建设美丽家园，歌唱美好生活”全省庆祝改革开放40周年村歌大赛。深化“我们的”系列活动，过好“我们的节日”、办好“我们的村晚”、唱好“我们的村歌”、弘扬“我们的传统”，提升活动品牌影响力。举办以“新时代的美好生活”为主题的全省第四届农村文化礼堂“我们的村晚”活动。为推进乡村文化振兴，喜庆首个“中国农民丰收节”，在省内第一万家农村文化礼堂落成之际，组织全省开展“万家农村文化礼堂庆丰收”活动，省委宣传部、省文化和旅游厅、省农业农村厅、浙江日报报业集团在建德市三都镇镇头村文化礼堂联合举办“我们的家园——万家农村文化礼堂庆丰收”省主场活动。其间，全省各地农村文化礼堂举办大型综合活动1000多场，全省150多万农民群众在现场观看和参与庆丰收活动。《人民日报》、新华社、央视《新闻联播》、《光明日报》、《农民日报》对浙江省文化礼堂建设成果和庆丰收活动盛况进行报道。年内，全省农村文化礼堂开展“我们的村晚”“我们的节日”“万家礼堂庆丰收”等各类群众性文化活动近3万场次。

【网络信息服务平台搭建】 2018年，全省各地农村文化礼堂强化新媒体技术应用，打造网络化、信息化、便捷化的工作服务平台。加强全省农村文化礼堂信息服务大数据库建设，建成“礼堂家”全省农村文化礼堂资讯服务共享平台、微信公众号和手机应用，办好“礼堂动态、文化菜单、便民服务”等栏目。开展“数字文化、结伴礼堂”活动，为农村文化礼堂输送数字文化资源。完善农村文化礼堂信息服务大数据库，通过优质信息共享等方式，为农民群众提供丰富实用、实时便利、共享互惠的信息服务。做好无线网络进农村文化礼堂工作，推进数字阅读、网络教学、档案查询利用等平台进农村文化礼堂工作，吸引更多的年轻人参加农村文化礼堂活动。

【文化礼堂服务体系完善】 2018年，浙江省有农村文化礼堂管理员1.1万人。全年举办农村文化礼堂建设业务培训班5期、农村文化礼堂建设骨干示范培训班1期，培训农村文化礼堂管理员1200多人。4月12—13日，“全省基层宣传文化工作暨农村文化礼堂建设工作推进会”在温州召开，会上表彰2017年度五星级农村文化礼堂和第一届浙江省“最美文化礼堂人”。壮大志愿者服务队伍。深化“双万结对”“双百双进”等活动，推动文艺院团、学校、企业、文明单位与农村文化礼堂志愿结对。构建农村文化礼堂志愿服务供求信息有效对接平台，完善志愿者注册招募、服务活动、管理评价和激励保障机制，构建参与广泛、形式多样、机制健全的文化志愿服务体系。至年末，全省农村文化礼堂有文化志愿者2万余人。扶持培育乡村文化社团。全省农村文化礼堂有各类文化社团3万个。全省组织相关文化单位、文艺院团、专业文化工作者、文化名人，与农民文化团队、文化能人挂钩结对，通过教、学、帮、带，增强乡土文化人才的综合素养和专业水平。全年举办全省农村文化礼堂“村晚”文艺骨干培训班4期，培训基层文艺骨干600多人。

【文化培育工作】 2018年，全省各地农村文化礼堂围绕家国情怀、文明乡风、法治意识等方面，做好礼堂文化培育工作。依托农村文化礼堂，加强习近平新时代中国特色社会主义思想和党的十九大精神宣传教育，加强新时代中国特色社会主义和中国梦宣传教育，大力弘扬红船精神，推动党的创新理论成果进农村，着力增强农民群众“四个自信”。结合庆祝改革开放40周年，宣传展示浙江的改革史、发展史，弘扬浙江精神。深入挖掘地方红色文化资源，组织开展升国旗、唱国歌活动，增强农民群众的爱国情怀。培育文明乡风。利用农村文化礼堂组织开展春节祈福迎新、重阳敬老、村干部就职、儿童开蒙、新兵入伍壮行、文明婚礼等礼仪活动，弘扬中华优秀传统文化。开展乡风评议活动，依托村民议事会、道德评议会、红白理事会等群众组织，倡导绿色健康生活方式。开展“立家规家训”和“好家风家庭”褒奖礼仪活动，把好家风建设融入礼堂建设。组织开展道德模范、“最美家庭”、“最美婆媳”、“最美邻里”、身边好人等“最美”系列评议评选活动，引导农民群众学习“最美”、争做“最美”。推动乡贤文化进文化礼堂，发挥当代乡贤在扶贫济困、慈善捐赠、志愿服务等方面的作用。培育法治意识。实施“千万”法治进文化礼堂工程，推动法治宣传、法治讲座、法治文艺、法律咨询等进入文化礼堂。引导村民参与制定修订自治章程、村规民约、家规家训，健全自治、法治、德治相结合的乡村治理体系，推动村民自我管理和自我监督。 （省委宣传部　杜　挺）

档案工作

【概况】 2018年，浙江省有各级档案行政管理机构99个，各级各类档案馆114个。其中，国家综合档案馆99个，专业档案馆11个，部门档案馆4个。各级各类档案馆馆藏档案1940多万卷、1925万余件，照片190多万张，纸质资料145万余册，电子资料22.6TB（太字节），向社会开放档案302万余卷、166万余件。各级各类档案馆全年接待利用者47万余人次，提供档案利用151万余卷件次。省委、省政府加强对档案工作领导，省委常委、秘书长陈金彪等省领导先后到省档案局（馆）考察指导工作、出席档案部门有关活动或做出批示31次。

【**档案工作服务中心大局**】 2018年，浙江省档案工作服务推进长三角区域一体化发展战略，与上海、江苏、安徽签署“异地查档、便民服务”合作协议，并纳入长三角一体化发展三年行动计划。深化档案系统“最多跑一次”改革，持续推进浙江档案服务网与11个设区市行政审批中心一窗受理平台系统对接，提供“掌上查档”等手机档案查阅服务，全年全省“异地查档、跨馆服务”1.8万人次。服务助推“最多跑一次”改革和政府数字化转型，持续推进电子化归档拓面提升，制订《浙江政务服务网电子出证管理暂行办法》，全省累计归档“最多跑一次”事项电子档案195万余件，接收进馆35万余件。开展婚姻登记专业档案数据共建共享，实现婚姻档案民政窗口电子出证9000多件。服务庆祝改革开放40周年，与浙江广电集团联合举办“一封家书·四十周年四十封信”活动，与《浙江日报》、浙江新闻客户端联合开展“浙江改革开放40年档案寻访”等系列活动，以档案见证、记录、展示改革开放成就。

【**档案系统机构改革**】 2018年，全省档案系统贯彻中央、省委机构改革决策部署，平稳有序推进档案部门机构改革，科学制定“三定”规定，做好职能划转和人员转隶等工作。根据《浙江省机构改革方案》，“将省档案局（省档案馆）的行政职能划转给省委办公厅，对外保留省档案局牌子，省档案馆继续作为正厅级事业单位设置”。原省档案局（馆）3个行政职能处室工作人员划转省委办公厅，原档案局（馆）负责人任省委副秘书长、省档案局局长、省档案馆馆长。省档案馆保留参公编制。各设区市和部分县（市、区）档案部门配强档案工作领导力量，档案工作机构人员基本落实到位。做好全省机构改革中档案工作，省级累计接收涉改部门档案6.39万卷件，市、县（市、区）梳理3356个涉改单位档案工作情况，接收涉改部门档案9.43万卷件。

【**档案文化宣传**】 2018年，浙江省彰显档案馆文化宣传阵地功能。全省建成爱国主义教育基地77个、中小学档案教育社会实践基地31个，创建党性主题教育活动室、学生第二课堂、社科教育基地、红领巾e站阵地，省档案馆党性教育主题活动室接待155批次4151人次党员干部接受党性教育，被省直机关工委确定为省直机关主题党日活动基地。红色档案资源保护开发力度持续加大，省委办公厅、省政府办公厅制定《关于加快推进新时代档案资源建设的意见》，推进“三个地”档案资源建设。做好档案征集及杰出人才建档。全省联动开展“6·9国际档案日”主题宣传，举办各类展览450个，参观人数329.8万人次。加大档案工作开放合作，持续推进与浙江传媒学院、浙江理工大学、浙江外国语学院等单位合作，召开民间档案文献收藏学术研讨会。档案宣传影响力进一步提升，全年全省在《中国档案报》《中国档案》刊稿量分别名列全国第一、第二位。

【**档案基层基础工作**】 2018年，全省档案系统积极推进依法治档，举办档案行政执法人员培训班并推广“依法治档”试点经验。与省普法办联合制作档案法治动漫片《档案就在你身边（第二季）》，通报20起档案行政执法案例。开展档案事业发展“十三五”规划中期评估。5月31日，出台《档案服务企业信用评价业务规范》，对档案服务企业依法开展信用评价和安全监管。8月14日，印发《浙江省市县级国家综合档案馆业务建设评价办法》，21个市、县（市、区）通过浙江首批综合档案馆业务建设评价。档案新馆建设立项6个、开工5个、启用4个、扩容改造1个，在用馆均面积6541平方米。探索建立重点镇、中心镇档案馆，全省建成乡、镇档案馆10个。机关档案工作持续提升，11个省直单位创建规范化档案室，全省342个单位通过省级档案工作目标管理认定。会同省民政厅、省农业农村厅联合制定《浙江省〈村级档案管理办法〉实施意见》，提升基层档案规范化管理水平。将农村基层档案规范化建设纳入全省实施乡村振兴战略行动计划，召开全省服务乡村振兴战略档案工作推进会，承担国家档案局“档案工作服务乡村振兴战略”创新模式研究子项目，完成1304个历史文化村落的“千村档案”建库工作，收集数据4.5TB（太字节）。省档案馆与杭州、宁波市档案馆在全国47个副省级以上综合档案馆业务建设评价中位居前列。

【**档案信息化建设**】 2018年，浙江省数字档案馆（室）建设成效明显，全省累计通过全国示范数字档案馆系统测试6个，通过国家级数字档案馆系统测试26个。16个档案馆通过省级数字档案馆评估。全省90%以上档案馆建成或升级数字档案馆系统，50%的档案馆馆藏档案数字化率超过80%。全年新增1225个数字档案室，其中示范数字档案室298个，规范化数字档案室701个。做好电子文件归档接收、档案信息安全等工作，1项科技项目获国家档案局优秀科技成果奖励。 （省档案局　林牡牡）

图书馆

【**概况**】 至2018年末，浙江省有县（市、区）以上公共图书馆103个，其中，省级图书馆1个、市级图书馆14个（其中市级少儿图书馆3个）、县（市、区）级图书馆88个。全省公共图书馆馆舍面积119.82万平方米，阅览坐席7.8万个，文献总量8607.63万册件，累计发放有效借书证957.32万张，外借文献7148.54万册，图书馆网站访问量11670.72万人次，全年图书馆总流通1.19亿人次，组织读者活动1.96万次，参加读者1229.74万人次。

【服务体系与标准化工作】 2018年，全省公共图书馆新增馆舍面积4.55万平方米。4月，丽水莲都区图书馆新馆开馆，总面积4600平方米；6月，丽水遂昌县图书馆新馆投入使用，总面积4500平方米；8月，衢州柯城区图书馆开馆，总面积4500平方米；12月，宁波图书馆新馆建成开放，总面积31866平方米。嘉兴市图书馆二期（古籍善本藏书楼）工程进展顺利，总建筑面积11300多平方米，年内完成主体结构验收，进入安装和装修阶段。台州黄岩区图书馆新馆14660平方米工程动工。台州玉环县图书馆新馆工程完成7栋单体建筑结顶。丽水青田县图书馆新馆面积4000平方米，12月主体建筑结顶。全省公共图书馆深入推进法人治理结构改革。海盐县张元济图书馆、新昌县图书馆、浦江县图书馆等成立首届理事会。市级地方标准《公共图书馆中心馆—总分馆服务体系建设管理规范》和《城市书房服务规范》被列入年度浙江省省级地方标准项目清单。

【信息服务】 2018年，浙江省公共图书馆信息服务联盟组织甄选34家联盟成员馆共同编辑《忠诚担当谱新篇 富民强省绘蓝图——2018省“两会”专辑》等专题资料40期，为全省各地“两会”召开提供文献参考服务。浙江图书馆向省委办公厅提供对策类报告1份、信息专报811期；向省人大提供专题报告2份；为省委、省政府资源平台提供专题栏目《长三角》1917篇、《文化透视》1249篇、《每日一评》202篇；为省人大履职平台各栏目与省政协履职服务综合平台各栏目提供信息资料599期篇；联合浙江省科技信息研究院创新服务模式，完成年度文献平台创新服务项目申报，实现智能咨询在参考咨询业务中的应用。杭州图书馆为市委人大提供决策信息服务，编辑报送《今日网络排行榜》《经济专家观点》《政治专家观点》《杭州信息八面来风》等决策信息，为市“两会”编辑《大湾区时代钱塘江两岸综合保护利用》《推进杭州世界名城建设》等6个信息专题。宁波图书馆为市“两会”代表提供《天一文荟·两会特刊》专题服务，定期为市人大提供《工作参阅》和日常信息咨询、检索业务。台州市图书馆编制《看台州》12期、《代表委员履职参考》24期、《走进文化礼堂》12期、《台州文化报道选编》12期。

【读者服务】 2018年，浙江图书馆升级“U书”快借线上借阅平台，结合信用积分推出“信阅”服务，打造全省统一的信用服务入口，推出标准统一的免押、免证服务，并推行统一的身份证认证方式，开展以信用为基础的图书借还服务，线上线下融合互通，全年“信阅”平台点击量283.1万次，开通信阅服务用户数5.4万人，外借图书10.2万册次。宁波图书馆联合甬江街道湖西社区成立全市首个“天一约书”信用借还社区服务点。绍兴图书馆推出微信“小程序”，通过联网手机或电脑便可享受“借阅到家服务”。丽水市图书馆推行读者积分制，不再收取图书归还逾期费，并筹备“全域一证通”服务。

【读者活动】 2018年，浙江图书馆联动全省75个公共图书馆举办第二届阅读马拉松，全省4000多人同时参赛；4月23日，图书馆之夜大型阅读推广系列活动参与读者3.62万人次，网络直播观众2.7万人次；组织全省公共图书馆开展线上“阅读，阅自己”新春活动，参与78万人次；加强培育推广阅读品牌，利用新媒体与企业赞助开展传播，发起线上“浙图阅读锦鲤”活动，活动参与人数、相关文章阅读量、微信公众号“粉丝”等实现跨越式增长，微信“粉丝”总量130万个。杭州图书馆首推“YUE杭图”品牌，品牌主题为“YUE”，“YUE杭图”下设5个公众服务子品牌及3个内部支持保障体系子品牌。宁波图书馆打造“外文俱乐部”品牌，开展南塘外语角，举办德语、法语、西班牙语微课堂。绍兴图书馆新创“树兰读书会”，将“树兰品读”“作家会客厅”“书影时光”作为读书会三大品牌系列活动。嘉兴市图书馆举办“南湖讲坛”，通过实体、线上、直播三合一方式吸引大众，对小众读者推出“美丽人生课堂”“地方名家名作阅读会”和“中华经典作品阅读会”3个系列精品化微课堂讲座。舟山市图书馆首次引入晚会形式举办“书·香千岛，智·慧舟山”为主题的图书馆之夜活动。

【特殊群体服务】 2018年，浙江图书馆继续实施“数字时代，我们一起前行——老年人信息素养提升活动”，通过组织全省公共图书馆开办“常青E”计划学习培训班，帮助老年人提升信息素养；继续实施“书香传家，阅读继世”60+阅读计划，开展晨读会等活动60多场；继续丰富视障读者的活动内容和形式，在第35届国际盲人节举办“触知世界，阅享人生”浙江省国际盲人节公益活动，联合全省各设区市图书馆开展第二届盲人“阅读之星”评选活动，评选出18位视障读者阅读之星。上门为盲人读者进行办证、外借、操作培训等服务。在4月23日世界读书日当天，向盲人读者开通免费外借智能听书机服务。宁波图书馆举办“第三届服刑人员读书节”，与望春监狱共建“修心阅读室”，把优质讲坛、展览资源和社会正能量传播给服刑人员。温州乐清市图书馆与市残联和市特殊教育学校联合打造残疾人读书基地“阳光书房”，为特校毕业生提供就业机会与交流互动的场所，同时在义卖区举办阅读主题活动。

【少儿服务】 2018年5月19日，浙江图书馆举办第14届浙江省未成年人读书节，读书节以“我读书、我快乐、我智慧”为主题，开展以“微舞台 大人生”为主要内容的各类活动1200多场，近100万人次参与。台州市图书馆承办第14届浙江省未成年人读书节暨浙江省未成年人课本剧大赛决赛，温州少年儿童图书馆选送的《我的爸妈是超人》《祝福孔乙己》及台州市图书馆选送的《藏羚羊的跪拜》《茶馆》选段分别获小学组和中学组一等奖。杭州少儿图书馆承办“2018全国少年儿童阅读年活动——魅力声音全国少年儿童诚信故事音频大赛”，覆盖全国11个省、直辖市，26个设区市、州。浙江图书馆主办，宁波图书馆承办的“浙江省传统文化进校园暨戏曲文化体验大课堂”活动在宁波举行。省文化和旅游厅主办、浙江图书馆和温州市少年儿童图书馆承办的浙江省少儿阅读推广志愿者培训班在温州举行，来自全省各地图书馆、阅读推广志愿者80多人参加培训。

【古籍保护】 2018年，浙江图书馆完成全省95家藏书单位古籍数据统校工作；完成张宗祥稿本仿制书《书学源流论》《平飓母》《读书札记》；完成馆藏珍贵古籍数字化工作69部；完成“两浙文丛”底本拍摄218部957册；出版《浙江省民国时期传统装帧书籍普查登记目录》15种20册；加强古籍保护宣传，举办“古籍修复特展”“古籍藏品特展”等展览、讲座、修复体验活动7场，向社会公众宣传古籍保护工作和知识；承办的“楮墨浙韵——浙江印刷文化展”在法国巴黎展出，推进浙江印刷文化走向世界；探索中高级古籍修复人才培养方式，承办浙江省古籍保护中心“浙江省第三期石刻传拓技艺初级培训班”，继续开展系统性古籍修复技术培训、学术研讨会；修复馆内古籍2.5万叶（张），新整理并印刷雕版2.22万叶。杭州图书馆出版《杭州图书馆古籍普查登记目录》《杭州图书馆民国时期传统装帧书籍普查登记目录》，完成《叶粟坨集》《金陵行纪》整理扫描。温州市图书馆完成《民国传统装帧书籍普查登记目录》数据审校，联合浙江大学图书馆合作出版《孙诒让稿抄本丛刊》。宁波图书馆整理完成《宁波市图书馆等八家收藏单位民国时期传统装帧书籍普查登记目录》。绍兴图书馆出版《绍兴图书馆藏王阳明专题拓片》，并承办“册府千华——绍兴市古籍保护成果展”古籍展览。

【公共数字文化建设】 2018年，浙江图书馆组织协调市级图书馆共同完成年度数字图书馆推广工程资源联合建设工作；开发完成浙江省文化信息资源共享工程云服务平台和基层服务专版，为全省基层服务和农村文化礼堂服务提供平台；完成浙江文化通升级改版。全省公共图书馆馆藏文献联合目录系统市馆数据实现实时更新，wap版正式上线。丽水莲都区图书馆纳入国家图书馆数字推广工程——“网络书香基层图书馆帮扶计划”。浙江图书馆完成5个当年度浙江省共享工程地方特色数据库建设项目申报与11个上年度项目验收评审。组织开展数字阅读推广人培训，重点培养乡镇（街道）文化站、农村文化礼堂、农家书屋等管理人员，举办培训5场，培训454人。深入推广戏曲动漫，举办戏曲动漫进校园推广系列活动，开展戏曲动漫展演、体验活动5场，开展数字文化结伴礼堂——浙江省数字文化进农村文化礼堂暨进村入户入站资源服务系列活动8场，2500多人现场参与活动。开展“数字文化讲师团”下基层活动103场，培训7703人次。浙江图书馆《浙江文化通——公共数字文化云平台》案例获第一届公共图书馆创新创意征集活动的最佳创新奖；浙江图书馆组织全省公共图书馆开展“文化浙江阅读先行”“阅读·悦自己”“安全和我同步行”“全省中小学信息技术创作大赛”等在线互动阅读系列活动，385万人次参与。“浙江文化通”客户端年下载安装量2.07万个，年用户访问量464.92万次。“浙江网络图书馆”年访问量1530.76万次，文献传递量33.62万次，电子图书阅读量79.07万册，期刊下载量576.73万篇。

【数字资源建设】 2018年，浙江图书馆新增数字资源15.5TB（太字节），总量165.45TB。自建特色数据库7个，新增两个特色资源数据库。新增元数据11.1万条，视频近6700分钟，文字近8000万字，图片78.7万幅；省采编中心完善全省公共图书馆联合目录，将影印图书数据15472条导入联编数据库，丰富数据库文献类型；市县馆从采编中心下载数据量比上年增长33%；完成珍贵古籍数字化189种20.34万叶（张），提供网上免费阅览。杭州图书馆40个数据库实现全市开放。新建G20多媒体视频数据库，收录杭州G20峰会相关视频文件207个。绍兴图书馆启动王阳明专题文献数据库建设，对馆藏的王阳明文献进行数字化处理。湖州市图书馆新建“中文在线书香湖州”“湖州历史文化名城”数据库，自建数据库增至15个。

【业界交流合作】 2018年，全省各级各类公共图书馆联动发展，公共图书馆讲座联盟讲师资源库新增讲师75人，累计447人。全省公共图书馆展览联盟资源库新增主题展览19个，展览资源主题69个，全年全省开展巡展主题7个，举办活动900多场。浙江图书馆省采编中心上传浙江图书馆中文图书书目数据约100万条，积极参与国家图书馆、上海图书馆、深圳图书馆联编中心交流合作，连续2年获全国图书馆联合编目中心数据基地奖和数据监督阵地奖。浙江省图书馆学会围绕业界热点组织学术交流、讲座、培训等7场，包括“文化浙江——阅读推广与文化传承”研讨会暨图书馆文创产品展示会（浙江省社会科学界第四届学术年会分会场）、“知识融合服务创新暨华东地区数字图书馆新应用服务研讨班”、高校图书馆青年馆员学术论坛、第四届浙闽论坛、“数据管理、数据服务与数据期刊”学术研讨会等。浙江省图书馆学会第九次会员代表大会在乐清市图书馆召开，来自全省公共、高校、科研等系统图书馆学会和特邀嘉宾200多人参加。杭州图书馆举办“首届中国——中东欧国家图书馆联盟馆长论坛”，中东欧16个国家图书馆馆长和代表及国际图书馆联盟主席，国内部分省、市代表等150多人参加，论坛成立中国—中东欧国家图书馆联盟，通过《中国—中东欧国家图书馆联盟成立宣言》和《中国—中东欧国家图书馆联盟2019—2020年行动计划》。嘉兴市图书馆承办中国图书馆学会年会的分会场“国家公共文化示范区图书馆特色资源建设”会议，依托国家公共文化服务体系示范区（项目）文献信息中心，实现对示范区（项目）创建产生文献资料的收集、整理、保存和研究，200多名图书馆馆长参加。绍兴图书馆联络9个图书馆筹建成立王阳明之路图书馆联盟。

【学术研究】 2018年，由浙江图书馆主办期刊《图书馆研究与工作》增加"浙江经验"专栏，全年刊登论文30多篇；浙江图书馆完成《浙江通志·艺文志（下）》编撰工作；开展浙江舆图调查与研究，举办大型"域外集珍——海外收藏浙江舆图系列展"4场。温州市图书馆出版《温州通史》3部专题史（《温州古代戏曲史》《温州政区沿革》《温州沿海平原的变迁与水利建设》）著作。嘉兴市图书馆出版《许瑶光诗文注评集》。

【志愿者服务】 2018年，浙江图书馆承办第五届公共图书馆视障服务工作研讨会暨省级公共图书馆盲人数字阅读服务业务培训班，全省82人参加培训；浙江图书馆举办长三角地区公共图书馆视障文化服务案例培训班，来自上海、浙江、江苏、安徽的51名从事视障服务的工作人员参加。浙江图书馆全面提升"触摸天堂"文化助盲志愿服务品牌示范效能，培育当地文化助盲志愿队伍，组织全国文化助盲志愿服务经验交流培训，帮助省内外图书馆开展盲人阅读文化推广，"触摸天堂——阅读文化助盲志愿服务"项目获团中央、中国青年志愿者协会授予"第12届全国青年志愿服务优秀项目奖"。宁波图书馆举办智慧图书馆阅读推广志愿者培训班，成立甬图志愿者之家。台州市图书馆成立台州市朗诵团志愿者服务团队，坚持推动志愿服务工作融入示范区建设，通过走进和合书吧、引导文明阅读等工作，有效发挥图书馆的文化阵地作用。金华市少儿图书馆组建"艾青诗画沙龙"文化志愿者朗诵队，在"欢乐金华"百姓文化节中获"百姓朗诵之星"荣誉称号。

（浙江图书馆　钱冰洁）

非物质文化遗产保护

【概况】 2018年，省文化和旅游厅推进全省非物质文化遗产保护发展。非物质文化遗产名录保护水平进一步提升。组织对浙江省列入人类非物质文化遗产代表性名录的非物质文化遗产项目开展"3+N"保护行动。年内，研究出台《浙江省省级非物质文化遗产项目管理办法》，加强对非物质文化遗产项目的科学化、规范化管理。组织开展全省非物质文化遗产保护评估工作，发布2017年度全省非物质文化遗产保护发展指数评估数据。全省非物质文化遗产代表性传承人队伍进一步扩大，74人被评为第五批国家级非物质文化遗产代表性项目代表性传承人，位列各省（区、市）第一。浙江入选五批国家级代表性传承人196人，总数全国第一；获评"中国非遗年度人物"1人，获评全国非物质文化遗产保护先进集体2个、先进个人5人，数量全国第一。

【传统工艺振兴发展】 2018年，省文化和旅游厅出台《关于贯彻落实中国传统工艺振兴的实施意见》。22个项目入选第一批国家传统工艺振兴目录，数量居全国各省（区、市）前列。公布首批浙江省传统工艺振兴目录100项；指导杭州拱墅区创建城市非物质文化遗产工作站；开展"浙江好手艺"——百匠百工寻访活动；举办青瓷技艺、银饰锻制技艺、织锦技艺、蓝印花布印染技艺等各类研修班、培训班10次；推动传承人对话交流，举办"大匠至心·传承人对话"杭州沙龙、"青出于蓝"第二次中国传统染缬技艺传承人对话等活动。搭建传统工艺展销平台，在义乌文交会上开设"浙江非遗生活馆"，全省62个相关非物质文化遗产项目及1000多件衍生品得到展示。

【曲艺类非物质文化遗产项目保护传承】 2018年，省文化和旅游厅举办中国浙江（绍兴）·全国曲艺小书（弹词、走书）传承发展论坛及观摩交流展演，来自全国11个省（区、市）的30多名专家学者、20多名曲艺保护工作者和28个曲种的150多名传承人参加活动，上演节目7台44个，观众2600多人次。组织全省23个国家级曲艺类非物质文化遗产项目参加"全国曲艺周"展演。举办"浙江好腔调"曲艺展演活动及浙江曲艺传承人培训，在浙江电视台开设"浙江好腔调—寻找原生态曲艺"栏目。组织开展曲艺进校园、进社区（企业）、进农村文化礼堂活动。

【非物质文化遗产宣传活动】 2018年，浙江省开展"文化和自然遗产日"文化遗产保护系列宣传展示活动，各地开展活动256项。举办第十届浙江·中国非物质文化遗产博览会暨杭州工艺周活动，中东欧16个国家、国内28个省（区、市）及香港、澳门地区共200多个项目、300多个传承人参加。配合"一带一路"倡议，承办第二届"中国—中东欧国家非物质文化遗产保护专家级论坛"。举办"少年非遗说"浙江传说故事讲述大赛，参赛学生900人，网络直播在线点击量98.7万次。开展"非遗薪传"传统体育展演活动，全省参评非物质文化遗产项目55项，现场观众6万余人。举行"风雅钱塘""浙江好腔调"全省传统戏剧展演。组织开展"乡村振兴"非物质文化遗产采风央媒浙江行等系列活动。3月23—24日，实施乡村振兴战略中浙江省非物质文化遗产保护工作现场推进会在松阳县召开，会议部署非物质文化遗产保护立足乡村文明建设，弘扬传统民俗，丰富节日文化，推进文化自信。立足传统文化保护，不断丰富群众的文化幸福感，推进浙江表演艺术传承发展。立足传统工艺振兴，带动农村变美、村民致富，推进创造性转化创新性发展。立足非物质文化遗产保护利用，加强非物质文化遗产主题小镇和民俗文化村建设，推进传统文化在乡村治理中发挥独特作用。立足加强整体保护，探索非物质文化遗产保护发展促进乡村振兴的新途径，推进文化生态区建设工作要求，促进传统节日活动持续深化。组织开展春节、元宵期间传统文化活动。深化"二十四节气"民俗体验活动，全力打造"三门祭冬""九华立春""班春劝农""半山立夏节"等非物质文化遗产民俗活动精品。开展第11个"服务传承人月"活动，全省各级文化部门走访看望省级以上代表性传承人655人，发放传承补助462.5万元。与省民宗委等单位联合实施“民间民俗·多彩浙江”优秀传统文化系列活动，举办嘉兴江南网船会、洞头妈祖文化活动、温岭七夕节祈福礼活动等活动9项。

（省文化和旅游厅　林　静）

文物·博物馆

【概况】 2018年，浙江省全面启动文物保护利用改革，以落实“富民强省十大行动计划”相关任务为重点，提升文物保护科技能力，推进传统村落保护与利用，加快文博创意产品开发，健全考古遗址公园体系建设，推动文物资源“活”起来。深化全省文物领域“最多跑一次”改革，全面梳理省、市、县三级文物系统权力事项库，汇编全省文物系统无差别全科受理教材，指导各市文物行政部门做好“最多跑一次”事项梳理更新和权力事项库动态调整。《浙江省大运河世界文化遗产保护条例》纳入省人大立法二级项目。《嘉兴市大运河世界文化遗产保护条例》经省第十三届人民代表大会常务委员会第二次会议通过，自8月1日起施行。全省文物系统持续开展文物安全专项行动、文物平安工程和文物执法监察，文物消防安全取得实效，守住文物安全底线；推进可移动文物保护，规范不可移动文物、大遗址的保护与管理；持续打造精品陈列，推动博物馆基础设施建设和管理运行再上新台阶；加强机关党建与人才培养，启动全省优秀文博人才培养“新鼎计划”，扩大文物事业影响力。全年单独办理省人大建议1件，主办省人大建议3件、省政协提案5件，会办省人大建议12件、省政协提案8件，办理领导批示件35件；配合做好钱江源国家公园体制试点工作，参与制订《钱江源国家公园体制试点中的文化遗产保护专项工作计划》。做好文物拍卖企业资质管理和文物拍卖标的审核和文物拍卖经营活动管理，全年新增文物拍卖企业4家，审核文物拍卖经营活动69场、文物拍卖标的4.99万件（套）。

【文博执法督察与安全检查】 2018年，浙江省组织多部门开展以三级以上博物馆和省级以上文物保护单位为重点的全省博物馆、文物建筑、宗教活动场所消防安全大检查，发现各类消防安全隐患3312处，整改3259处，大检查期间全省文物系统实现文物消防安全“零事故”。根据《消防安全三年翻身仗行动实施方案》，浙江省部署为期两个半月的全省文保单位电气火灾隐患检查整治专项行动。做好冬春季节和重要节点火灾防控现场检查与指导，组成专项检查组到各地进行专项指导和明察暗访，就全国文物安全状况大排查中发现隐患的整改情况进行“回头看”。全省持续做好文物平安工程实施项目的事中、事后监管，做好文物平安工程第一个三年计划的收尾；邀请专家组对浙江省文物消防百项工程开展专项监管、评估；完成消防安全目标管理责任书各项任务，通过年度消防安全目标考核。全年全省开展日常执法巡查、市县交叉执法检查、管辖海域内文化遗产联合执法等工作，出动巡查2.2万人次，检查文博单位7985家次，发现涉嫌违法行为38起、安全隐患201处，依法进行处置；继续深入开展“文物法人违法案件专项整治行动（2016—2018）”，查处跨湖桥遗址、西泠印社建设控制地带内地物改变、萧山区衙前镇擅自在浙东运河杭州段建设工程、龙游县擅自在小南海石室保护范围内建设工程等法人违法案件，对杭州萧山区政府进行约谈；继续推动全省“天地一体”“平安工程”网络监控信息整合与共享，提升文物执法机构执法巡查效能；召开全省文物行政执法工作会。

【不可移动文物保护和管理】 2018年，浙江省加大文物保护力度，全面提升不可移动文物保护、利用、管理水平，推进3处国家考古遗址公园建设，建成开放大窑龙泉窑国家考古遗址公园；公布河姆渡遗址、下汤遗址、罗家角遗址、好川遗址、庄桥坟遗址、嘉兴子城遗址、临安吴越国王陵遗址7处第二批省级考古遗址公园，健全考古遗址公园保护展示体系；推进好川、下菰城、安吉古城、嘉兴子城、小黄山、印山越国王陵等遗址保护规划编制。启动第八批全国重点文物保护单位推荐申报，产生初步推荐名单，完成申报材料编制。完成省级以上文物保护单位保护工程立项23项，审查全国重点文物保护单位保护工程设计方案36个，文物保护单位保护区划内建设项目40项。加强全国重点文物保护单位保护规划编制与审批，蒋氏故居、安庆会馆等保护规划上报国家文物局审查。对一批全国重点文物保护单位保护范围、建设控制地带内建设项目方案进行审查、论证，向国家文物局上报涉及全国重点文物保护单位建设控制地带的建设项目24项。

【世界文化遗产项目申报和监管】 2018年，浙江省推荐良渚古城遗址申报2019年世界文化遗产项目，全面完成良渚古城遗址文物保护展示、环境

良渚国家考古遗址公园　（良渚遗址管委会　供图）

整治工程和相关场馆建设，开展良渚古城遗址考古研究和国际表达，完成国际古迹遗址理事会委派国际专家现场考察评估。全省抓好大运河(浙江)文化带建设，将运河文化遗产保护作为文化带建设核心任务。《大运河(浙江)文化带建设遗产保护具体实施方案》编制完成，梳理涉及运河遗产的保护、展示、监测、环境景观提升和基础研究等项目50项。大运河宁波段遗产监测预警平台提升工程(一期)、大运河南浔段遗产监测预警平台建设工程完成。各级文物部门论证京杭大运河博物院选址，省考古与文物保护基地项目建议书获批，启动实施保护整治工程12项、遗产监测工程3项、基础研究课题和杭州市运河示范带建设等项目2项；参加国家文物局大运河文化遗产保护传承利用培训班，加强运河遗产保护人才培养。年内，完成西湖世界文化遗产监测基础信息管理系统建设，启动西湖遗产区内省级以上文物保护单位相关“四有”(有保护范围、有保护标志、有记录档案、有保管机构)档案资料录入，完成两堤三岛、西湖十景、14处文化史迹的专业监测及评估，开展6处文物本体病害数据采集，完成特色植物监测平台和监测指导书优化完善，初步完成11处遗产点《游人量预警管控应急预案》编制，完善21个监测区域70多台监测设备的调试及基础网络环境建设，编辑完成《杭州西湖世界文化遗产保护管理工作动态》。全省推进世界文化遗产预备项目培育，配合中国文化遗产研究院开展“海上丝绸之路”申遗点遴选，参加“海上丝绸之路”保护和联合申报世界文化遗产城市联盟联席会议、立法工作会议，持续跟进“海上丝绸之路”遗产点遴选认定、价值研究、保护展示利用、申遗协调机制构建、立法等工作，确保宁波市永丰库遗址、天童寺、保国寺、上林湖越窑遗址及龙泉市大窑—金村遗址5处申遗点列入申遗名单。江南水乡古镇、闽浙木拱廊桥等中国世界文化遗产预备名单组成本体部分补充申报第八批全国重点文物保护单位。

【传统村落保护与利用】 2018年，浙江省抓好松阳县西田村“浙江省历史文化村落保护利用示范项目”实施，提炼推广松阳县“拯救老屋行动”实践经验，指导丽水市开展“全域推进传统村落保护发展和拯救老屋”行动。国家文物局在贵州召开传统村落保护利用工作现场会，省文物局做典型发言。完成省文化和旅游厅重点调研课题《在实施乡村振兴战略下推动传统村落保护的调查和研究》；配合国家文物局完成对第一批全国重点文物保护单位和省级文物保护单位集中成片传统村落保护利用项目现场绩效评估，开展第二批全国重点文物保护单位和省级文物保护单位集中成片传统村落保护利用项目实施。配合省农业农村厅、省建设厅开展第七批历史文化(传统)村落重点村和一般村、第六批浙江省历史文化名镇名村申报，指导宁波市(奉化城区增补)、温州市、余姚梁弄镇、永嘉苍坡村开展历史文化名城名镇名村保护规划编制。

【考古发掘】 2018年，浙江省组织、实施考古调查勘探项目90项，考古发掘项目44项。衢州衢江区庙山尖土墩墓抢救性发掘取得重要成果，“宁波象山渔山列岛海域水下文化遗产资源考古调查(Ⅰ期)”项目获国家文物局批复立项。文物部门开展大遗址保护“十三五”专项规划实施情况中期自评，完成《水下文物保护管理条例》实施情况调查，指导宁波市举办第二届“水下考古宁波论坛”，评选8项“2017年度浙江重要考古发现”。宁波大榭遗址获全国田野考古奖二等奖。“十三五”重点项目“良渚古城遗址暨考古中国：长江下游区域文明模式研究——从崧泽到良渚”，对良渚古城遗址、良渚古城外围水利系统、德清中初鸣遗址展开考古调查与发掘。德清中初鸣遗址考古发掘项目入围年度全国十大考古新发现。

【博物馆与可移动文物保护】 2018年，浙江省登记备案博物馆384个，其中国有文物部门所属博物馆137个、国有行业博物馆45个、非国有博物馆202个；全年举办展览2248场，开展教育活动1.2万场，接待观众6000多万人次。省文物局支持、配合浙江自然博物院安吉馆布展工程和试开馆工作，该馆五大展馆开放；组织召开龙游博物馆、永嘉博物馆、平湖博物馆、长兴太湖博物馆、路桥区博物馆、萧山跨湖桥遗址博物馆等博物馆建筑及展陈方案论证会；指导淳安博物馆、温岭博物馆、长兴太湖博物馆等建成开放，良渚博物院完成改陈重新开放。组织开展全省第三批国家二、三级博物馆评估定级申报，宁波帮博物馆等10个博物馆定为国家二级博物馆，景宁畲族博物馆等8个博物馆定为国家三级博物馆。至年末，浙江省经评估定级博物馆62个，总数居全国第一。浙江省博物馆获国家一级博物馆运行评估优秀称号。推进以法人治理结构为核心的博物馆改革。浙江省博物馆、温州博物馆、浦江博物馆、平阳县苏步青励志教育馆、泰顺博物馆、温州龙湾博物馆等均建立理事会。依托全省博物馆公共服务综合平台，召开第四届全省博物馆陈列展览交流洽谈会，加强全省线上线下展陈交流和资源共享；举办全省“提升市县博物馆陈列展览策展水平研讨会”，推动全省博物馆陈列展览资源交流与共享。开展全省非国有博物馆藏品备案，推动非国有博物馆法人财产权确认。全省170个非国有博物馆参加藏品备案，备案藏品总数45.29万件(15.81万套)。文物部门依据文物保护行业标准，规范、提高博物馆文物藏品保护、修复、管理水平，指导温州博物馆、湖州博物馆、丽水市博物馆、嘉善县博物馆开展馆藏文物修复保护工作；加强可移动文物修复和设计资质管理，根据国家文物局部署，开展可移动文物修复资质单位信息填报。

【重要文博活动】 2018年，浙江省组织参加中国博物馆协会、中国文物报社主办的第15届(2017年度)全国博物馆十大陈列展览精品推介评选，杭州工艺美术博物馆“明月入怀——中国团扇文化印象展”获精品奖，中国丝绸博物馆“古道新知——丝绸之路文化遗产保护科技成果展”获优胜奖。组织开展第12届浙江省博物馆陈列展览精品项目推介申报评选，“我从远古来——史前宁波人的生活”等10个展览被评为精品奖，“飞羽之美——鸟类科学艺术展”等3个展览被评为优秀奖。省文物局围绕“纪念改革开放40周年”主题提前部署，中国丝绸博物馆、浙江省博物馆、中国水利博物馆、湖州博物馆等推出相关主题展览。举办年度“讲浙江故事——全省博物馆优秀讲解案例推介活动”；组织开展2015—2017年度全省博物馆青少年教育课程优秀教学设计推介展示活动；“‘万物启蒙’中国文化通识夏令营”等10个项目被评为最佳教学设计案例。4月27—30日，组织全省博物馆参加第13届中国（义乌）文化产品交易会，首次专门设立“浙江省文澜阁博物馆商店联盟”展区，举办浙江省文化文物文创产品开发者大会暨浙江省文化文物文创产品设计大赛启动仪式，开展省级文化文物单位文化创意产品开发试点。

【全省文物保护科研基地建设】 2018年，中国丝绸博物馆纺织品文物保护国家文物局重点科研基地完善标本库、数据库，完成海宁生态园染料植物和纤维植物生态标本种植，收集多国天然染料标本，合作完成宝石数据库构建，在国家文物局重点科研基地运行评估中取得第三名。基地新疆、西藏、甘肃工作站项目实施和人才培养工作有序推进，郑州工作站、南俄工作站筹备工作完成。依托浙江大学的科技考古与文物保护研究试验基地实施改造升级，更新设备，初步建成文化遗产大数据平台并对外开放。石窟寺文物数字化保护国家文物局重点科研基地作为浙江大学文科14个重点科研基地之一，得到学校各方面支持。

【信息技术与学术研究】 2018年，浙江省深入实施“互联网+中华文明”三年行动计划，在第五届世界互联网大会上承办“互联网+中华文明”展览。中国丝绸博物馆和南宋官窑博物馆项目入选国家文物局“互联网+中华文明”示范项目名单。推进重要文物科技项目凝练和研究，完成下年度全省文物保护科技项目评审，其中立项23个；围绕科技部重点研发计划项目，完成“世界丝绸互动地图关键技术研发和示范”“传统村落保护与利用系统研究及示范”指南编写，参与国家自然科学基金课题“古遗址中蚕丝蛋白微痕迹免疫检测研究”。受国家文物局委托，浙江省承担《馆藏文物数字化三维模型重建与质量评价》文物行业标准编制项目，推进“丝绸之路纺织纤维的精细鉴别及技术交流”“古代植物染料光纤光谱检测分析技术规范”等4个国家文物局课题研究，启动浙江省重点研发计划项目“浙江文物及传统文化典籍展陈共性技术研究：中华传统文化传播应用技术研究”文献综述和现场调研。浙江自然博物院等发现最古老的具尾锤新种甲龙，被命名为中国缙云甲龙，该成果在英国《科学报告》上刊登。国家自然科学基金项目中华凤头燕鸥保护遗传学研究取得阶段性成果，在分子水平确认中华凤头燕鸥与大凤头燕鸥杂交证据，该成果在国际鸟类学期刊《IBIS》上发表。中国丝绸博物馆复原“五星出东方利中国”锦。11月29日，中国南方先秦考古学术研讨会在杭州开幕。会议由中国考古学会夏商考古专业委员会、中国考古

表33　浙江省第二届不可移动文物保护利用优秀案例及第二批省级考古遗址公园名录

序号	第二届不可移动文物保护利用优秀案例	第二批省级考古遗址公园
1	峥嵘岁月——民族日报社纪念馆（临安民族日报社保护利用）	杭州临安吴越国王陵遗址
2	立宪光辉——“五四宪法”历史资料陈列馆（杭州“五四宪法”起草地旧址保护利用）	宁波余姚河姆渡遗址
3	民国遗风——民国文化专题展示馆（奉化锦屏山民国建筑保护利用）	嘉兴子城遗址
4	颂慈勉善——“善园”公益慈善主题公园（宁波帮建筑群保护利用）	嘉兴桐乡罗家角遗址
5	池上新风——池上楼“文化驿站”（温州池上楼保护利用）	嘉兴平湖庄桥坟遗址
6	金声玉振——郑振铎纪念馆（温州沧河巷金宅保护利用）	台州仙居下汤遗址
7	名楼千秋——八咏楼陈列展览（金华八咏楼保护利用）	丽水遂昌好川遗址
8	文学馆驿——琦君文学馆（瓯海琦君故居保护利用）	
9	城市客厅——南浔文化宣传推介平台（南浔丝业会馆保护利用）	
10	书韵绵长——心兰书社图书馆（瑞安心兰书社保护利用）	
11	闹市隐庐——民国精品酒店（杭州隐庐保护利用）	
12	老屋民宿——卓庐若家民宿（松阳界首村民居保护利用）	
13	留住乡愁——科同文化礼堂（海宁周氏民宅保护利用）	
14	城市书房——社区公共图书馆（湖州小西街历史建筑保护利用）	
15	小资时光——廿玖间里乡村旅游创客基地（浦江新光古建筑群保护利用）	
16	不灭窑火——传统龙泉青瓷烧制（龙泉窑制瓷作坊保护利用）	

注：浙江省第二届不可移动文物保护利用优秀案例名单排序不分先后；第二批省级考古遗址公园按行政区划排序

（省文物局　提供）

学会两周考古专业委员会、浙江省文物局主办，浙江省文物考古研究所、杭州南宋官窑博物馆承办。北京大学、中国社会科学院考古研究所、中国科学院等高校和科研机构及10多个省、市、县（市、区）考古院所、博物馆代表130多人参加。

【文博宣传与文献出版】 2018年，浙江省开展国际博物馆日、文化和自然遗产日等各类主题活动。5月18日，国际博物馆日浙江主会场活动在杭州市余杭博物馆（江南水乡文化博物馆）举行，推介表彰年度全省优秀讲解案例十佳获得者，召开“超级连接的博物馆：新方法、新公众”学术报告会；向市民开放“博物馆奇妙夜”夜展，举行“考古人在余杭”展览开幕式。6月8—9日，文化和自然遗产日浙江主场城市（杭州）活动在余杭区塘栖镇举行，推出“新时代、新生活、新传承”浙江大运河文化遗产主题展演及系列活动，举办大运河（浙江段）文化带建设·文化遗产保护传承利用工作座谈会、“记忆运河”传统风情展示、“分享运河”系列展示等，并为第五批国家级、浙江省级非物质文化遗产代表性项目、代表性传承人和第二届“最美浙江文物守望者”（最美文物修复师、最美文物安全卫士两类共28名）颁奖。赴德国文化遗产保护与利用培训项目《理念的激动与启发》、2017—2018文博征文集萃《文博情·国宝缘》、先进人物事迹介绍《第二届最美浙江文物守望者》、文博人才培养首届“新鼎计划”介绍《2018新鼎计划文萃》等文集编印出版。《古砖花供——六舟与19世纪的学术和艺术》获中央宣传部出版局、中国图书评论学会、中央电视台“2017中国好书”奖及中国编辑学会美术读物专业委员会第27届“金牛杯”优秀美术图书银奖、浙江新闻出版广电局第27届浙江树人出版奖。《金石书画》（第二卷）获华东地区优秀古籍图书二等奖。《近代影印善本碑帖录》入选2018年度国家古籍整理出版专项经费资助项目。全省博物馆开展主要展览信息提前报送与信息公布工作，推动博物馆展览信息资源公开。江山市举办以“保护文物·振兴乡村”为主题的村干部辩论赛，对文物保护工作进行创造性探索。

【交流与合作】 2018年，浙江省博物馆等11个文博单位，参加第16届香港国际授权展“中国内地馆”展示。浙江省古建筑设计研究院受商务部委托，承担并完成中国援柬埔寨茶胶寺维修项目验收。浙江省文物考古研究所与日本金泽大学、韩国国立罗州文化财研究所等国外多家科研单位开展战略合作，进行“稻作与中国文明——稻作文明学综合研究”“新石器时代考古综合研究”等合作课题研究，签订古代东亚考古合作协议。作为第12届“台湾·浙江文化节”重要项目，浙江省博物馆“江南生活美学展”赴台湾地区展出。浙江自然博物馆联合国外单位在境外推出“恐龙诞生之谜”“兽脚类：演化成鸟类的肉食恐龙”“恐龙蛋——恐龙诞生之谜”等合办展览，引进第53届国际野生动物摄影作品年赛获奖作品巡展；赴克罗地亚参加国际最佳遗产利用组织大会并做报告；参加中国自然科学博物馆协会与联合国教科文组织签订合作协议书签署仪式；推动和“一带一路”沿线国家科技类博物馆的合作与交流。中国丝绸博物馆先后举办“神机妙算：世界织机与织造艺术”国际学术报告会、“现代社会中的工艺与创新”国际技术史高峰论坛、第六届中国技术史与技术遗产论坛及第三届国际丝路之绸研究联盟“丝路之绸：物质和非物质文化遗产”学术研讨会等学术活动，承办第四期阿拉伯国家文博专家研修班，赴阿曼、阿联酋等国举办“丝茶瓷：丝绸之路上的跨文化对话展”。 （省文物局 叶大治）

传播媒体
Media

新　闻

【概况】 2018年，浙江省出版报纸95种，其中，正式报纸64种、教辅类报纸1种、高校校报30种。报纸平均期印数792.93万份，比上年下降7.6%；总印数21.1亿份，下降7.1%；总印张67.17亿印张，下降12.7%。经营总收入58.26亿元，增长2.1%。其中：发行收入16.01亿元，增长11.7%；广告收入20.33亿元，下降3.1%；其他收入17.67亿元，下降1.3%；新媒体收入4.25亿元，增长10.4%。利润总额4.89亿元，增长1.5%。全省报纸有官方客户端51种，总下载量3510万，活跃用户数447.66万；官方微信公众号266种，总订户数2647.11万，全年阅读量超过10万的文章795篇；官方微博108种，总“粉丝”数5214.45万人。中央新闻单位驻浙记者站、地方频道、办事处83个，省内新闻单位驻市、县记者站78个。全省申领新闻记者证总数13863人，其中报刊5285人、广电8578人。全省新闻宣传部门贯彻中央和省委决策部署，牢牢把握正确舆论导向，精心组织重大主题报道，主动引领社会舆论，推进媒体深度融合，创新拓宽经营管理，从严从实打造新闻队伍，推动新闻舆论工作不断开创新局面。

【弘扬社会正能量】 2018年，全省新闻战线深入学习贯彻习近平新时代中国特色社会主义思想，以庆祝改革开放40周年为主线，精心组织策划“八八战略”15周年、改革开放40周年、“枫桥经验”55周年、经济形势宣传与政策解读、“最多跑一次”改革、乡村振兴战略、社会主义核心价值观等重大主题宣传；中央媒体与省级媒体上下联动，开展“一带一路”倡议5周年、“大江奔流——来自长江经济带的报道”等集中采访,合力营造舆论强势,提高传播力、引导力、影响力、公信力。

浙江日报报业集团(简称浙报集团)把宣传习近平新时代中国特色社会主义思想和党的十九大精神作为新闻报道工作的重中之重。省委十四届三次全体会议前夕,《浙江日报》推出“习近平新时代中国特色社会主义思想在浙江的萌发与实践”十大课题研究成果及实践案例,连续10天每天4个整版刊发;浙报集团各媒体开设《数说八八战略》等专栏,充分展示“八八战略”实施15年来的丰硕成果;《浙江日报》先后推出《续写八八战略新篇章》典型报道26篇、《八八战略再深化改革开放再出发》综述报道8篇。2月,启动纪念改革开放40周年宣传报道,全媒体、立体式呈现。前期推出“新时代新征程·改革开放进行时”“1978—2018——我的家国记事本”等栏目,精心选择典型,从各行各业、普通人家等角度展现浙江改革开放的成果;5月,浙报集团主要媒体同步开设“激荡四十年——改革开放看浙江”专栏,分“事件篇”“人物篇”“区域篇”,点面结合、全景式展现浙江作为改革开放先行地各项事业取得的巨大成就;在庆祝改革开放40周年之际,《浙江日报》、《钱江晚报》、浙江在线、浙江新闻客户端分别推出特刊和特别策划,全面反映全省各领域改革发展取得的辉煌成就。围绕省委开展大学习大调研大抓落实活动,《浙江日报》连续在头版推出专栏,全面反映广大党员干部认真学习、深入调研、狠抓落实的生动实践。围绕省“两会”、全国“两会”、第五届世界互联网大会、首届中国国际进口博览会、“枫桥经验”55周年大会、首届联合国世界地理信息大会等重要会议,浙报集团集聚资源、集中力量,精心策划一系列深度报道、新闻综述,宣传报道有力度、有深度、有温度。

浙江广电集团坚持以习近平新时代中国特色社会主义思想为指引,突出“改革开放40周年”“‘八八战略’15周年”等重大主题,重点推出《新时代新征程改革新动力》《“八八战略”再深化 改革开放再出发》等新闻专栏;创新采制《激荡四十年——改革开放看浙江》《春天的答卷》等系列报道;策划打响“之江擂台”“向人民报告”“‘最多跑一次’的民间故事”等新闻行动,特别是大型电视政论片《“八八战略”15年》、纪实性电视专题片《弄潮》及电视理论系列《中国共产党为什么能》第三季《激荡——改革开放40周年的浙江实践》,生动展现浙江勇立潮头的时代担当,展现习近平新时代中国特色社会主义思想在浙江的生动实践。策划报道全国“两会”“一带一路”“乡村振兴”“最多跑一次”等重大主题,第五届世界互联网大会、首届中国国际进口博览会、“枫桥经验55周年纪念大会”等重要活动。浙江卫视全新开办《正午播报》,形成早中晚新闻栏目布局。全年在央视《新闻联播》及央广中国之声播出浙江新闻近1900条。举办南非“美丽浙江”电视周、津巴布韦旅游推广等活动,浙江广电集团获评“浙江省十佳对外合作单位”。

【传媒品牌创建】 2018年,浙报传媒控股集团连续6年入选“世界媒体500强”,再次入选年度“中国500最具价值品牌”“亚洲品牌500强”,并获“亚洲报业10大品牌”“全国文化企业30强”称号。浙江广电集团《奔跑吧》《我就是演员》《中国好声音》《星空朗读》等节目赢得好口碑。《我就是演员》以节目输出海外方式,成为首档落地欧美的国内综艺节目,被《人民日报》赞为“花香自然引蝶来”的“地标旗帜”。举办“浙江骄傲”“风云浙商”“乡村振兴带头人”等年度评选活动和“我们的村晚”“万朵鲜花送雷锋”“十月的阳光”“光影不惑”影像展、公益短视频大赛、“最多跑一次”微剧大赛和“氧气音乐节”等品牌活动,通过全媒体推广、融媒体呈现,取得较好传播效果。《锦绣江南》《爱上中国》(海外版)等一批外宣纪录片登陆“一带一路”沿线重要国家主流荧屏,推动优秀中华文化“走出去、走进去”。

【媒体融合发展】 2018年,浙江省主要新闻单位深化体制机制改革,推进媒体深度融合,打造新媒体矩阵,不断巩固壮大新的传播环境、传播格局下的主流舆论阵地。浙江日报报业集团各媒体、各部门在创新传播内容上下功夫,图、文、视频多形态报道,报、网、端、视、微各端口齐发。纸媒端围绕省委、省政府中心工作的宣传报道更突出,主题更鲜明;数字端以产品为牵引的策划创意机制更灵活,在网站首页、客户端启动页和头条的政经特色更有张力;逐步打响“浙视频”品牌,稳步推进集团“新闻视频化”战略,全年生产视频新闻3511条,全网播放量33.6亿次。在第五届世界互联网大会前期,“浙视频”制作的预热短片《集齐这些“5”元素迎接第五届世界互联网大会》上线发布12小时,全网播放量突破1000万次,《人民日报》、央视新闻、《广州日报》、澎湃新闻等多家媒体转载。大力建设“天目云”,推动市县媒体主动融入,全省56个县(市、区)新闻网站由浙报集团提供技术支撑和业务指导。9月20日,中央宣传部在长兴县召开县级融媒体中心建设现场推进会,向全国推广浙江及长兴经验。至年末,全省有53个县(市、区)挂牌成立融媒体中心或传媒集团。成立浙江省新媒体专业委员会,成为国内首个省级新媒体专业委员会试点;浙江新闻奖首次设立新媒体作品奖。年内,浙江广电集团坚持“技术+机制”先行,“先内后外、内外并举”,抓好新媒体产品、融媒体运作、全媒体传播,奋力“守住大屏、拓展小屏、实现跨屏”,加快向新媒体主阵地发展步伐。浙江卫视“中国蓝新闻”微信公众号主题报道“10万+”成为常态;“中国蓝TV”客户端用户数5500万,日活用户数100万;“中国蓝新闻”客户端下载量突破500万;“喜欢听”客户端下载量250多万。“钱江视频”、“浙样红TV”、《1818黄金眼》等官微贴近百姓生活,注重民生服务,具有较大社会影响;浙江之声创制短视频,发展“可视化广播”;践行“融合一家亲,广电共同体”理念,全省56家县(市、区)广电媒体加盟集团“蓝媒号”,与丽水、青田、临海等合作,共建融媒体中心,传媒控股集团融媒发展格局取得阶段性成果。

【第28届中国新闻奖和第15届长江韬奋奖】 2018年,浙江省新闻单位及媒体工作者在第28届中国新闻奖、第15届长江韬奋奖评选中再创佳绩。全省有20件作品获中国新闻奖,1人获长江韬奋奖。其中,浙江广电集团新闻名专栏《今日评说》、宁波广电集团电视编排《12.27〈宁波新闻〉》、金华日报通讯《"我在中国社区矫正的日子"》3件作品获中国新闻奖一等奖;浙江日报文字消息《苍南叫停大渔湾围垦工程》等7件作品获中国新闻奖二等奖;《全国首家互联网法院落户杭州》等10件作品获中国新闻奖三等奖。

(省委宣传部 供稿)

出 版

【概况】 2018年,浙江省新闻出版营业收入1593.36亿元,总产出1645.12亿元,增加值456.08亿元,资产总额2199.05亿元,所有者权益(净资产)978.32亿元,利润总额99.39亿元;纳税总额81.95亿元。单位数量、企业法人数量、直接就业人数分别为2.38万家、1.83万家、39.93万人。5月9—14日,在第14届中国(深圳)国际文化产业博览交易会期间,第十届全国"文化企业30强"名单发布,浙江出版联合集团连续10次入选。

图书出版。全省有图书出版社14家,出版图书1.52万种(其中新出6835种),总印数4.18亿册,比上年增长4.7%,总印张30.50亿印张,增长4.4%,定价总金额72.28亿元,比上年增长11.9%。

音像电子出版。全省有音像电子出版社7家。出版音像制品226种、357.58万盒(张),种类下降17.8%,数量增长5%;出版电子出版物287种、942.89万张,分别下降12.0%和增长17.5%。

报刊出版。全省出版报纸95种,总印数21.1亿份、总印张64.17亿印张,分别下降7.1%和12.7%,定价总额21.67亿元,增长1.3%;出版期刊231种(其中综合类期刊21种,哲学、社科类期刊49种,自然科学技术类期刊113种,文化、教育类期刊31种,文

表34 第27届浙江树人出版奖获奖名单

序号	出版物名称	出版单位
	图书类	
1	人民公开课:中国共产党与国家治理体系和治理能力现代化	浙江人民出版社
2	"两山"重要思想在浙江的实践研究	浙江人民出版社
3	"两山"之路——"美丽中国"的浙江样本	浙江人民出版社
4	古砖花供——六舟与19世纪的学术和艺术	浙江人民美术出版社
5	多学科设计优化理论及其在大深度载人潜水器设计中的应用	浙江科学技术出版社
6	袁博动物传奇小说系列	浙江文艺出版社
7	阿诗有块大花布	浙江少年儿童出版社
8	人造太阳——EAST全超导托卡马克核聚变实验装置	浙江教育出版社
9	中国历代家训集成	浙江古籍出版社
10	中国陶瓷实录	浙江古籍出版社
11	中国笺纸笺谱	浙江摄影出版社
12	平湖李叔同纪念馆藏李叔同(弘一大师)手札墨宝识注考勘	西泠印社出版社
13	历史地理典·政区分典	西泠印社出版社
14	腾讯传	浙江大学出版社
15	傅申书画鉴定与艺术史十二讲	浙江大学出版社
16	中国西北地区奥陶系达瑞威尔阶至凯迪阶的笔石研究	浙江大学出版社
17	云中的风铃:宁波野鸟传奇	宁波出版社
18	万向重心:鲁冠球和他的中国梦	红旗出版社
	音像电子类	
19	勇立潮头	浙江音像出版社
20	我要回家	浙江电子音像出版社
21	理想之光	浙江大学出版社
	数字类	
22	燃魂传	咪咕数字传媒有限公司
23	"STEM未来计划"全媒体出版平台	浙江教育出版社
24	书海拾贝	天翼阅读文化传播有限公司
25	《资治通鉴·繁体竖排版》(胡三省注)294卷全	浙江出版联合集团数字传媒有限公司
26	侠客风云传online	杭州边锋网络技术有限公司

(省出版联合集团 提供)

表35 第27届浙江树人出版奖提名奖获奖名单

序号	出版物名称	出版单位
	图书类	
1	孩子们的诗	浙江文艺出版社
2	杭州植物志	浙江大学出版社
3	文澜阁四库全书提要汇编	杭州出版社
4	江南草木记	浙江工商大学出版社
5	"青瓷要览"丛书	浙江人民美术出版社

(省出版联合集团 提供)

学、艺术类期刊17种），总印数7365.79万册，总印张3.14亿印张，定价总金额5.56亿元，分别下降2.2%、2.2%和3.6%。

印刷复制业。全省有印刷企业15629家（其中出版物印刷企业456家，包装装潢印刷企业10096家，其他印刷品印刷企业4606家，排版、制作、装订专项印刷企业412家）。印刷企业资产总额1867.59亿元，营业收入1390.99亿元，总产出1436.04亿元，增加值316.9亿元，分别增长2.15%、2.5%、7.5%和2.7%；其中出版物印刷企业营业收入141.37亿元、增加值41.94亿元、总产出183.82亿元，分别增长2.5%、2.7%和2.7%。有光盘复制企业1家，总资产0.14亿元。

发行业。全省有各类出版物发行单位和经营户8461家，其中批发企业552家（新华书店系统81家、系统外471家）、零售单位7909家。新华书店系统和出版社自办发行销售出版物14.57亿册，销售金额219.85亿元，销售量增长6.6%，销售额增长10.8%。

版权业。全省办理版权合同登记804件，作品自愿登记21326件，引进版权388项，输出版权512项。

【主题出版宣传】 2018年，浙江省围绕全年工作主题主线，自觉推进主题出版宣传。《心无百姓莫为官》《大决策——邓小平与改革开放》《红船缘》3种出版物入选中央宣传部年度主题出版重点出版物，入选数量居全国第三。《读懂八八战略》发行量超过300万册，《红船精神问答》入选中央宣传部第八届优秀通俗理论读物，发行量超过5万册。

【行业监管】 2018年，浙江省全面加强对出版物内容、质量和市场监管，确保正确政治方向、舆论导向和价值取向。内容管理坚持完善选题论证、重大敏感选题备案、敏感书稿审读把关、涉外印刷复制品和涉外进口出版物审核等一系列制度，加强图书、音像电子出版物审读审看，严把内容导向关。质量管理完成省内出版产品内容、编校和印装质量抽检，开展出版制度执行情况和“质量管理2018”图书质量专项检查及“三科”教材出版发行和印刷质量督查，进一步提升全省出版质量。市场管理开展“扫黄打非”斗争和五大专项行动，收缴各类非法出版物250多万件，查办各类案件1113起，6个单位、7名个人被评为全国先进，4个单位被全国“扫黄打非”办公室评为全国“扫黄打非”进基层示范标兵。

【精品出版物】 2018年，浙江省全面贯彻落实出版高质量发展理念，浙版精品图书美誉度和品牌影响力不断提升。《中华大典·历史地理典》全面完成并顺利通过国家验收，《中国历代绘画大系》《浙江文丛》（二期）等其他重大出版工程取得重要阶段性成果。全年新增国家“十三五”规划重点出版物27个，数量居全国第三位，比上年增长93%。新增国家出版基金项目27个，数量居全国第四位，增长50%。《古砖花供——六舟与19世纪的学术和艺术》入选年度“中国好书”，《妈妈教的数学》《水妖喀喀莎》被评为“大众喜爱的50种图书”，《中国笺纸笺谱》被列入第二届向全国推荐中华优秀传统文化普及图书。

【全民阅读活动】 2018年6月29日，浙江省制定《全民阅读三年行动计划》，要求到2020年居民综合阅读率达90%以上，推进全民阅读和“书香浙江”建设。举办第四届全民阅读节暨宁波书展和第四届中国数字阅读大会；开展全民阅读指数调研，全省居民综合阅读率为88%，超过全国7.7个百分点；组团参加第28届全国图书交易博览会、第25届北京国际图书博览会和第29届香港书展浙江主题省等活动；实施少儿报刊“春苗计划”，召开全省少儿阅读基地座谈会及现场观摩会，拓展青少年阅读活动空间；加快农家书屋建设，全省60%农家书屋纳入公共图书馆服务网络体系。博库书城天目山路店引入智能付款、智能书架、人脸识别等多项创新技术，为读者提供更佳的互动和体验，成为杭州第一家“无人书店”。

【版权保护】 2018年，浙江省开展知识产权宣传周版权主题宣传活动，举办第六届“知识产权杯”创意设计大赛。组织开展“剑网2018”专项行动，立案查处侵权盗版案件36起，10个单位获有功单位，6名个人获有功个人。做好省、市、县三级政府和党委、人大、法院、检察院及相关人民团体的软件正版化工作，推动全省软件正版化工作继续走在全国前列。组团参加第七届中国国际版权博览会，在阿里巴巴集团设立版权服务工作站，做好作品自愿登记和涉外版权合同登记等版权服务工作，推动全省版权相关产业发展。绍兴中国轻纺城花样版权登记管理保护办公室获“中国版权金奖”保护奖，杭州市版权保护管理中心等3个单位获“金惠奖”。

（省委宣传部　供稿）

【数字阅读探索】 2018年，浙江出版集团数字传媒公司出版电子书1600多种，初步形成以咪咕阅读基地为平台的无线阅读产品线和以亚马逊中国为平台的电商阅读产品线，《资治通鉴·繁体竖排版》《金庸作品全集》等5个品种进入亚马逊中国kindle电子书排行榜前十位。浙江电子音像出版社建立数字教材和数字教学资源研发、销售的有效业务模式。浙江人民美术出版社组建“艺文类聚数字融合中心”团队，探索美术出版的数字化转型，“艺文类聚”品牌注册并正式运营。浙江人民出版社的《中华传世藏书》数字版、浙江少年儿童出版社的“绘声绘色”系列、浙江古籍出版社与浙江省新华书店合作推出的音频注释版“四大名著”，与浙江出版集团数字传媒公司合作推出的《红楼梦脂评汇校本》按需印刷版，均取得良好反响。

【《蒙克全集》中文版首发】 2018年10月16日，在挪威国王哈拉尔五世和王后宋雅见证下，由浙江人民美术出版社出版的《蒙克全集》中文版在北京挪威驻华大使馆举行首发式。该书是国内最为全面、系统的蒙克绘画研究资料集成。首发式是挪威国王访华期间重大文化交流活动之一。《蒙克全集》中文版面世，第一次系统地、大规模地把蒙克艺术奉献给中国读者，是国内出版界助力中挪两国文化交流的一项重要成果。近100年前，中国现代文学名家鲁迅首次向国人推介蒙克版画艺术，其第一部小说集《呐喊》，与蒙克同名画作有直接的渊源关系。《蒙克全集》作为中挪两国元首文化交流活动的重要成果，后被挪威国王作为国礼赠送给习近平主席。

【《之江新语》西班牙文版在阿根廷首发】 当地时间2018年11月20日，由中国国务院新闻办、中国外文局、中国驻阿根廷大使馆主办，外文出版社、浙江人民出版社等承办的《之江新语》西文版首发式暨中阿治国理政研讨会，在阿根廷首都布宜诺斯艾利斯举行。《之江新语》是习近平总书记的重要著作之一，自出版发行以来，深受广大国内读者喜爱。在阿根廷出版发行的西班牙语版是《之江新语》对外翻译出版工程20多种语言中首个完成的语种，是《之江新语》“走出去”的里程碑式大事，也是中阿思想文化交流的重要项目。中央宣传部副部长蒋建国、阿根廷众议院副议长路易斯·彼得里和阿中友好小组主席卡门·波列多、中国驻阿根廷大使杨万明等出席活动。该书收录习近平在担任浙江省委书记期间为《浙江日报》“之江新语”栏目撰写的232篇短论，“篇幅不长，意味深长”，集中体现习近平在省域层面对中国特色社会主义的理论创新和实践创新，深刻反映习近平在治国理政方面的政治智慧、战略远见及思想方法、领导方法。

【“中华传世藏书”首发】 2018年10月23日，“中华传世藏书”在北京人民大会堂首发。该书由浙江人民出版社和国学网依托全国高校、科研单位100多名古籍专家，利用大数据和人工智能(AI)技术编纂而成，是一套囊括中国从先秦到晚清历代重要典籍的大型丛书。全书按传统的四部分类法，分经部、史部、子部和集部，选收具有传世价值的中国传统典籍690多种，汇为166册，约2亿字。该书荟萃中华古代文明精华，凝聚5000年华夏智慧与文化结晶，囊括中国历代最有思想与艺术价值的作品，从政治、军事、文化、艺术等各方面全方位反映中华民族的文明成就。全国人大常委会原副委员长许嘉璐担任总顾问并做总序，国家新闻出版总署原署长、中国出版协会理事长柳斌杰，国家文化和旅游部党组成员、故宫博物院院长单霁翔，国防大学政委吴杰明等任顾问。

（省出版联合集团　王　婷）

电　影

【概况】 至2018年末，浙江省参与年检的影视制作公司近3000家，分布遍及全省。其中，浙江华策影视股份有限公司、横店影视股份有限公司、杭州佳平影业有限公司、浙江中南卡通股份有限公司、华谊兄弟传媒集团、新丽传媒股份有限公司、海宁壹线影视文化有限公司等重点企业均列为“全国第一方阵”，成为中国电影创作主力军的重要组成部分。浙产电影显现出长足发展潜力和较好市场预判。全年浙江电影通过备案量269

2013-2018浙江电影完成片与备案数对比图

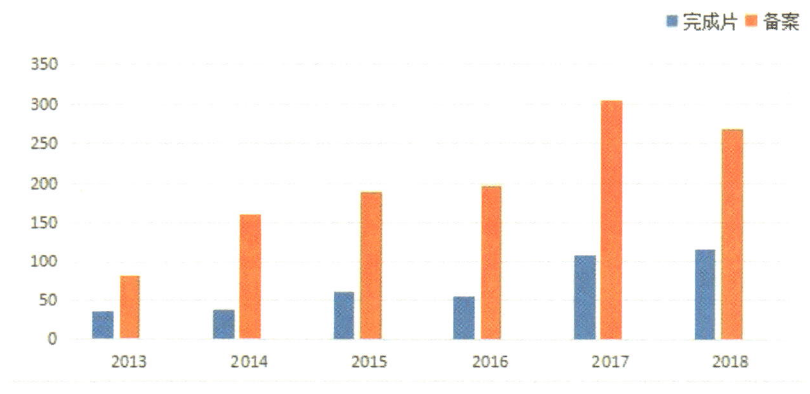

（省委宣传部　提供）

表36　2014—2018年浙江省电影市场情况

	2014年	2015年	2016年	2017年	2018年
放映场次(千场)	2 872	4 126	5 582	7 304	8 728
观众人次(万人次)	6 453	9 704	10 029	12 513	13 788
票房收入(亿元)	23.74	34.94	34.59	41.21	44.92
平均票价(元)	36.79	36.01	34.49	32.94	32.58

（省委宣传部　提供）

表37　2014—2018年浙江省影院发展情况

	2014年	2015年	2016年	2017年	2018年
可统计票房影院	320	397	513	642	725
影厅数	1 909	2 455	3 337	4 364	5 047
座位数	253 653	317 987	421 011	551 896	637 613
年度增加影院数	57	77	116	129	83

（省委宣传部　提供）

部，完成片数量116部。《妖猫传》获“华表奖”优秀电影摄像奖；《旺扎的雨靴》入围第68届柏林国际电影节，并于第八届北京国际电影节注目未来国际展映单元中获奖；《西小河的夏天》入围第八届北京国际电影节展映单元等多个电影节展，成为小成本影片入围国际电影节的典范；《找到你》入围第21届上海国际电影节，并作为长春电影节开幕影片。

【院线市场结构】 2018年，浙江省11个设区市城市电影票房均在7000万元以上，其中票房超过3亿元的城市7个。杭州票房收入13.74亿元，占浙江城市票房的30.6%，宁波票房收入7.19亿元，占浙江城市票房的16.0%，温州票房收入4.6亿元，占浙江城市票房的10.2%。杭州、宁波、温州三大城市占全省票房的56.9%。浙江时代、横店影视、浙江星光、万达院线、温州雁荡、上海联和、中影星美、广东大地、中影数字、重庆保利万和10条院线占全省票房的85.1%。浙江时

表38　2018年全国城市电影院线浙江市场份额

序号	院线名称	场次	观众(人次)	总票房(万元)	市场份额占比(%)
1	浙江时代电影大世界有限责任公司	2 402 013	36 974 699	119 400	26.63
2	浙江星光电影院线有限公司	960 236	14 159 784	47 803.6	10.66
3	万达电影院线股份有限公司	496 336	10 008 102	39 569.6	8.83
4	上海联和电影院线公司	614 704	11 011 708	37 462.3	8.36
5	温州雁荡电影院线有限公司	1 011 244	10 358 179	30 133.2	6.72
6	横店影视股份有限公司	592 232	8 682 274	27 936.8	6.23
7	广东大地电影院线有限公司	536 306	8 674 992	26 472.4	5.90
8	中影星美电影院线有限公司	393 974	7 235 761	23 522.2	5.25
9	中影数字院线(北京)有限公司	406 928	5 235 943	16 501.8	3.68
10	重庆保利万和电影院线	234 806	3 861 056	12 762.1	2.85
11	深圳市中影南方电影新干线有限公司	242 499	2 811 456	8 857.3	1.98
12	广州金逸珠江电影院线有限公司	190 876	2 756 429	8 542.3	1.91
13	北京华夏联合电影院线	219 041	2 483 683	8 278.1	1.85
14	上海大光明院线有限公司	181 615	2 351 912	7 269.1	1.62
15	完美世界院线有限公司	82 996	1 199 554	5 899.2	1.32
16	北京红鲤鱼数字电影院线有限公司	149 338	1 554 196	5 579.7	1.24
17	北京明星时代数字电影院线有限公司	108 861	1 288 636	3 861.4	0.86
18	北京长城沃美电影院线有限公司	49 566	1 432 067	3 742.3	0.83
19	江苏幸福蓝海院线有限责任公司	96 538	1 272 547	3 716.8	0.83
20	中广国际数字电影院线(北京)有限公司	38 919	699 583	2 150.6	0.48
21	武汉天河影业有限公司	44 533	560 552	2 083.1	0.46
22	深圳市深影橙天院线有限公司	48 742	635 945	1 900.4	0.42
23	四川太平洋电影院线有限责任公司	38 421	602 623	1 899.8	0.42
24	世纪环球电影院线有限公司	13 887	276 202	862.2	0.19
25	河南奥斯卡院线有限责任公司	24 288	246 406	678.7	0.15
26	湖南潇湘影视传播有限责任公司	18 980	198 665	576.2	0.13
27	内蒙古民族电影院线	16 468	158 601	423.8	0.09
28	湖南楚湘影业有限责任公司	15 781	85 460	244.4	0.05
29	天津银光电影院线经营管理中心	12 145	81 229	219.7	0.05
30	北京九州中原数字电影院线	132	26	0.2	–

（省委宣传部　提供）

表39　2018年浙江省票房前15位影院

浙江排名	全国排名	影院名称	所属院线	场次(千场)	人次(万人)	票房(万元)	平均票价(元)
1	16	杭州萧山德纳国际影城	浙江时代	35.76	103	4 426	43.12
2	81	博纳国际影城(北仑店)	浙江星光	27.74	85	3 242	38.31
3	128	中影国际影城杭州印象城店	中影星美	15.94	77	2 897	37.54
4	151	浙江新远国际影城	浙江星光	24.70	64	2 789	43.52
5	158	宁波万达影城鄞州店	万达	18.95	62	2 763	44.78
6	174	杭州百老汇影城	浙江时代	21.17	44	2 696	61.16
7	192	杭州传奇奢华影城	浙江时代	21.51	60	2 604	43.16
8	222	杭州龙湖CGV	上海联和	20.89	52	2 472	47.54
9	251	上影杭州下沙IMAX	上海联和	18.59	60	2 367	39.46
10	367	杭州万达影城拱墅店	万达	21.49	54	2 122	39.36
11	370	中影国际影城杭州永旺店	中影数字	14.96	61	2 118	34.62
12	442	杭州翠苑电影大世界	浙江时代	30.22	64	1 970	30.95
13	478	杭州百美汇影城	浙江时代	15.64	34	1 908	56.84
14	551	杭州卢米埃影城	浙江星光	21.30	50	1 804	36.21
15	614	杭州奥斯卡电影大世界	浙江时代	20.73	54	1 740	32.25

（省委宣传部　提供）

表40　2018年浙江省各设区市城市电影市场数据

序号	城市	影院(个)	场次(千场)	人次(万人)	票房(万元)	票房占比(%)	平均票价(元)
1	杭州	173	2 532	4 150	137 431.99	30.60	33.11
2	宁波	99	1 307	2 200	71 941.71	16.02	32.70
3	温州	94	1 223	1 429	45 975.99	10.24	32.16
4	金华	70	774	1 102	37 044.38	8.25	33.61
5	嘉兴	59	688	1 092	35 407.48	7.88	32.42
6	绍兴	51	670	1 058	34 208.55	7.62	32.31
7	台州	76	930	1 068	33 971.48	7.56	31.80
8	湖州	38	403	669	21 319.44	4.75	31.85
9	衢州	25	283	331	9 875.30	2.20	29.83
10	丽水	27	191	238	8 054.30	1.79	33.87
11	舟山	15	151	219	7 277.87	1.62	33.14
	合计	727	9 152	13 556	442 508.49	100	32.44

（省委宣传部　提供）

代、横店影视、浙江星光、温州雁荡4家本省院线占全省票房的50.2%。浙江进入全国百强的电影院2个（杭州萧山德纳、宁波北仑博纳国际影城）。全省基本实现县城数字影院全覆盖。

【电影生产技术发展】　2018年，浙江省有电影行业生产厂家4家。宁波音王集团生产电影院音响、音频放大器、处理器全系列产品，在全国占据第二大的市场份额；宁波天孜和嘉兴九鸿专门从事生产电影院座椅业；临安抱抱堂专门从事影院专用爆米花生产，市场份额居全国第一位；杭州中科极光科技有限公司（与杭州经济技术开发区和中科院理化研究所合资）研发的RGB激光显示技术在全国电影放映光源显示领域起到领军作用。

广播电视和网络视听

【概况】　2018年，浙江省80家广播电视播出机构办有广播节目112套、电视节目116套，其中付费电视节目4套。制作广播节目52.98万小时，播出广播节目77.08万小时，制作电视节目19.49万小时，播出电视节目74.44万小时。全省有广播电视制作机构2988家，全年生产电视剧52部2358集，产量首次居全国第一位；制作电视动画54部1799集，其中，15部动画片获国家广电总局推优，占全国总数的近三分之一，产量居全国第一位；纪录片题材备案120部，其中，7部纪录片获国家广电总局推优。全省有获网络视听节目资质单位45家、备案单位29家；网络视听付费用户规模1217.58万人，比上年增长11.5%；交互式网络电视（IPTV）用户510万户，互联网电视（OTT）用户912.22万户。全省有线广播电视传输干线网络总长7.85万千米；有线广播电视覆盖用户1874.87万户，增加28.95万户，其中有线数字电视覆盖用户数1817.41万户，增加37.6万户。有线广播电视实际用户1435万户，增加15万户，其中有线数字电视实际用户1406万户，增加4万户。年内，全省广播电视业实际创收收入491.73亿元，居全国第二位，增长3.9%，其中：广告收入126.79亿元，下降10.4%；有线电视网络收入77.35亿元，下降1.2%；新媒体业务收入21.13亿元，增长2.92倍；广播电视节目销售收入101.03亿元，增长10.7%。全省广播电视从业人员5.86万人。

【广电领域体制机制改革】 2018年，全省广电系统以“最多跑一次”改革为牵引，深化体制机制改革。市、县新闻出版广电部门37个主项、42个子项，省本级51个主项、62个子项，全部实现“最多跑一次”。推进政务服务标准化数字化，修订完善《全系统“最多跑一次”办事指导目录》及业务、办事流程图，清理或建议替代各类证明14项，归集各类办事数据7.64万条，推进市县广电系统“无差别全科受理”。在全省广电系统开展“广播电视节目制作经营许可”商事登记证照联办改革试点。推进机构改革工作，新组建的省广电局于10月25日挂牌，并完成“三定”方案制定和相关人员转隶工作。

【坚持弘扬主旋律】 2018年，全省广电系统紧扣主题主线，加强重大主题宣传和主题创作，发挥广播电视举旗帜、聚民心的作用。浙江卫视推出电视理论节目《乡村振兴大家谈》和政论纪录片《“八八战略”15年》，获中央宣传部、国家广电总局和省委、省政府肯定。各级广播电视宣传机构全力抓好“改革开放40周年”“‘八八战略’再深化，改革开放再出发”“最多跑一次”等重大主题宣传，为省委、省政府和当地党委政府中心工作营造浓厚的舆论氛围和文化环境。实施电视精品献礼工程，围绕庆祝改革开放40周年等党和国家重大时间节点，推出献礼作品。其中，《礼赞》《一大代表》《人民总理周恩来》等19部电视剧入选国家广电总局“2018—2022年百部重点电视剧选题规划”，4部电视剧入选国家广电总局改革开放40周年重点选题，入选数量居全国各省（区、市）第一位。

【内容和机构监管】 2018年，全省广电系统加强内容和机构监管，确保广播电视坚持正确的政治方向、舆论导向和价值取向。建立广电媒体和网络视听舆情季度分析研判通报机制，改进视听评议工作，编发广电舆情通报4期、评议简报103期，督促整改广电和网络视听媒体存在的导向偏差。推进新闻立台和节目创新创优，加强对优秀新闻作品和创新创优节目扶持，有16件作品（作者）获第28届国家新闻奖、第15届全国广播影视学术论文奖及全国优秀广播电视新闻作品和创新创优节目。开展广播电视和网络视听文艺节目治理，落实控制节目嘉宾片酬比例、加大优惠公益类节目播出量等7项工作举措，促进全省广播电视和网络视听文艺节目坚持价值取向。完成广播电视广告播出、健康养生类节目、网上违规信息节目内容专项整治行动，整改、停播违规节目或广告28件。查处违规视频网站9个，警示扣点持证网络视听单位14个，注销2个单位的ICP备案号。网络视听备案制管理试点稳步推进，29家单位获准纳入备案管理。华数传媒公司对“天猫魔盒”的升级改造，实现OTT内容播出可管可控。

【坚守安全播出底线】 2018年，全省广电系统把安全作为生命线，坚决守住安全播出底线。贯彻落实《浙江省党委（党组）网络安全工作责任制实施细则》，完善全省广播电视网络安全工作领导小组工作制度及运行机制。开展全省广电安全大检查，完成安全播出隐患整改，封堵安全播出漏洞。快速妥善处置突发停播或播出异常事故3起。完成全国全省“两会”、上海合作组织峰会、中非合作论坛峰会、第五届世界互联网大会、首届中国国际进口博览会等重要广播电视安全播出和网络信息安全保障工作，确保重要保障期“零事故”“零插播”。

【电视剧产质量同步提升】 2018年，全省广电系统大力实施精品战略，推进浙江电视剧产量和质量同步提升。4月4日，全国电视剧创作规划会议在宁波召开。中央宣传部副部长、国家广播电视总局局长聂辰席出席并讲话，副局长张宏森主持，浙江省副省长成岳冲到会致辞，省新闻出版广电局在会上做经验介绍。年内，全省生产电视剧52部2358集、动画片54部323.22小时，其中电视剧产量首次居全国各省（区、市）第一位。承办第31届电视剧“飞天奖”暨第25届电视文艺“星光奖”颁奖典礼，《鸡毛飞上天》《大军师司马懿之军师联盟》《欢乐颂》3部浙产剧获中国电视剧最高奖“飞天奖”。实施传承发展优秀传统文化电视剧创作工程，《楼外楼》《幸福有配方》《惊蛰》《奔腾岁月》分别在央视一套和八套黄金档播出，4部动画片在央视少儿黄金档，20多部电视剧在省级一线卫视首播。动画片《洛宝贝》第一季、《熊小米系列之小小画家熊小米》获上年度优秀国产动画片二等奖。4部网络视听作品获评“弘扬社会主义核心价值观，共筑中国梦”主题原创网络视听优秀节目。

【对农公益服务】 2018年，全省广电系统推进中央和浙江省无线数字电视覆盖工程向乡镇（街道）的延伸补点和数字音频广播覆盖工作。中央广播电视节目无线数字化覆盖工程一期完成率100%，二期数字音频广播完成率100%、地面数字电视完成率94.5%，偏远山区群众收看高清广电节目的需求得到满足。创新开展广电媒体对农服务和公益宣传，完成250多个通用性电视对农节目的征集制作工作，参与组织“新农村建设带头人”金牛奖评选、浙江农民创富大赛、公益短视频征集评选等公益活动。开展“线乱拉”治理，全省1191个小城镇实施“上改下”整治9552千米，梳理架空线路3.87万千米，整治入户线177.62万户。年内，农村广播综合人口覆盖率99.7%，农村电视综合人口覆盖率99.8%。农村直播卫星用户8191户，农村有线广播电视实际用户892.59万户，其中，农村数字电视实际用户878.34万户。开办对农广播栏目434档、对农电视栏目306档。

【影视产业实力提升】 2018年4月24日，省委办公厅、省政府办公厅印发《关于加快推进横店影视文化产业发展的若干意见》。6月26日，省政府印发《之江文化产业带建设规划》等政策文件。12月13日，中国(浙江)影视产业国际合作实验区启用。全省广电系统做好平台建设、融合转型和主体培育等工作，巩固提升浙江影视产业副中心地位。举办第14届中国国际动漫节、第二届MIPChina杭州·国际影视内容高峰论坛、第二届西湖国际纪录片大会、中国影视艺术创新峰会、中国梦(浙江)网络视频大赛等影视活动，浙江影视集聚效益更加凸显。开展广电媒体融合案例评选和路演，评选融合案例14个。浙江华数广电网络股份有限公司率先引进央视4K超高清频道。推动广播电视“走出去”，在捷克举办“浙江电影周”。“中国电视剧(网络剧)出口联盟”成立并落户杭州。年内，全省电视剧和动画片出口总额3991.74万美元，比上年增长187.38%。其中：电视剧出口总额1959.5万美元，增长58.8%；动画电视出口总额2032.24万美元，增长12.12倍。全年出口影视内容产品4090.18小时、电视剧131部5349集、动画电视306.57小时。

（省广播电视局　潘晓彬）

社会科学
Social Science

综　述

【概况】 2018年，省社科院努力开创省级高端智库和“一流省级社科院”建设新局面，为全省实现“两个高水平”目标提供思想保证、精神动力、智力支持和舆论力量。年内，承担各类课题70多项，出版著作63部，发表论文及各类文章170篇；有31项智库成果、6项工作获省委书记车俊、省长袁家军等省领导批示肯定，其中，科研成果批示58件次，工作批示6件次。在《人民日报》《光明日报》《浙江日报》等中央、省级主流媒体发表理论文章34篇。根据中国人民大学书报资料中心公布年度人大复印报刊转载指数排名显示，省社科院转载总数在全国社科院、社科联总排名中列第八位，《浙江学刊》《观察与思考》转载指数排名较往年有较大幅度提升。10月，省社科院发展战略和公共政策研究院入选省首批重点专业智库；11月，中国社会科学评价研究院发布，《观察与思考》杂志入选中国人文社会科学核心期刊。

【科研管理】 2018年，省社科院注重强化科研管理，做好国家和省级重大课题、院重大决策理论支撑课题、常规课题、应急课题、交办课题的过程管理、目标管理。完成院学科建设周期检查，抓好第二周期重点学科、特色学科资助评审工作，评审出重点学科6个、特色学科4个。对300多项各类科研成果给予奖励，评出6部书稿予以出版资助。出台《浙江省社科院关于院外专家咨询费讲课费管理办法》《科研诚信实施办法》《社科活动意识形态责任制实施规定》等规章。行政、财务管理和科辅、后勤保障制度化、规范化、科学化水平明显提升。启动协调沟通机制，解决科研经费预算执行方面问题；加大对院智库型成果、高端人才及重大学术活动宣传与推介，提高省社科院高端智库的学术影响和社会影响。完善院门户网、内网、外网科研动态管理系统、《观察与思考》投稿系统、“地方法治与法治政府评估”系统、图书管理系统等6个系统信息，通过植入“学人风采(正高)论文与著作成果数据库”，扩大门户网信息量，门户网成为全面宣传科研风貌的重要平台。

（省社科院　刘　成）

政治理论研究

【概况】 2018年，省社科院坚持把学习好、宣传好、研究好、阐释好习近平新时代中国特色社会主义思想作为重大政治任务摆在各项工作首位，作为丰富该院马克思主义宣传研究工程重要内容抓紧抓实。强化理论武装，着力往深里学、往实里学、往心里学。坚持把学习当作管基础、管长远的大事来抓。坚持领导带头学、系统深入学、结合工作学，形成以党委理论中心组为龙头，处级干部为重点，党支部为基础的大学习格局。通过深入开展“学在前列，争当表率”等系列活动，广大科研工作者和干部职工努力在学习中真正把握习近平新时代中国特色社会主义思想的强大真理力量和独特思想魅力，系统掌握这一思想蕴含的立场、观点、方法。

【重大科研项目】 2018年，为深化“八八战略”研究，系统梳理习近平新时代中国特色社会主义思想在浙江的生动实践，省社科院围绕“坚定不移沿着‘八八战略’指引的路子走下去、高水平谱写实现‘两个一百年’奋斗目标的浙江篇章”主题，启动“六个浙江”重大课题研究。该项目是省社科院依靠自身科研力量独立完成的首个重大科研项目。为确保重大科研项目圆满完成，加大组织领导力度，集中优势科研力量组建科研团队，通过近5个月攻坚，推出《践行“八八战略”建设“六个浙江”》(总卷本)重大成果，并由社会科学文献出版社出版。省委书记、省人大常委会主任车俊为该书做序，对取得的成绩给予肯定。年内，6个分卷研究工作按预定计划推进。

【马克思主义宣传研究和建设工程】 2018年，省社科院依托全国中国特色社会主义理论体系研究中心、省哲学社会科学重点研究基地、省马克思主义学会的"马克思主义宣传研究和建设工程"重要平台，按照每年既定"五个一"活动要求，在理论成果、学术活动、课题研究等方面取得实质性进展。5月，为纪念改革开放40周年，在杭州举办第12届浙江省马克思主义理论研讨会，征集论文150多篇，择优筛选62篇以会议文集形式出版。为纪念马克思诞辰200周年暨《共产党宣言》发表170周年，召开"马克思主义的强大生命力"专题研讨会。在省社科联组织的纪念改革开放40周年标志性丛书撰写中，社科院完成《共享发展》《依法治国》《乡村发展》3部专著，较好地丰富马克思主义宣传研究和建设工程的内容。

（省社科院　刘　成）

应用对策研究

【概况】 2018年，省社科院重视高端智库建设的品质提升工作，注重加强对高端智库建设的统筹，着力在做好高端智库发展要素完善、智库基础夯实、智库平台完善、智库核心竞争力提升等方面下功夫，智库建设取得明显成效。高端智库建设坚持问题导向，紧扣省委、省政府中心工作，在课题方向、项目设置上精准发力，在深入学习党的十九大和省第十四次党代会精神基础上，通过反复研读省委、省政府年度重大工作部署、相关会议精神、省领导讲话，确定"现代化经济体系""乡村振兴""数字经济""军民融合发展""高质量发展""两个高水平""六个浙江"等作为选题方向，设置课题50多项，最终确定40项课题为年度重大决策理论支撑课题并立项研究。全年有31项成果获省领导批示58件次。其中省社科院专家完成的"以数字经济引领我省经济高质量发展的若干意见"，得到多位省领导关注和重视，省领导要求有关部门将研究成果应用于浙江省国家数字经济示范省建设和五年倍增计划。

【助推全省重大工作】 2018年，省社科院围绕"最多跑一次"改革评估、法治政府评估和改革满意度评估，推动高端智库建设。为确保高质量完成3项评估工作，全院提高工作组织化程度，在增强评估结果客观性、科学性和公信力方面加以完善。3月，省委书记车俊、省长袁家军等省领导对《"最多跑一次"改革第二轮抽样调查评估结果专报》在《浙江日报》发表做出批示肯定。9月，《"最多跑一次"改革第三轮抽样调查评估结果专报》获车俊、常务副省长冯飞批示肯定。年内，省社科院为助推"六个浙江"建设，就乡村振兴、"大湾区大花园大通道大都市区"建设等开展专项研究，探讨突破"六个浙江"建设瓶颈途径和举措，较好解答"六个浙江"建设过程中的重大问题。为配合省委宣传部做好纪念改革开放40周年活动，开展浙江改革开放40年改革篇、市场篇和开放篇3个重大课题研究，完成车俊主编的《透过浙江看中国的社会治理》书稿撰写。11月，为助推"清廉浙江"建设，社科院积极整合院内精干科研力量，成立"浙江省社会科学院清廉建设研究中心"，加强和推进清廉建设理论研究与经验总结。

【乡村建设研究】 2018年，省社科院围绕改革开放以来浙江乡村发展的探索与实践，整合院内文化、经济、社会等各领域科研人员及院外相关领域专家30多人组成乡村研究课题组，开展实地考察、资料搜集和村民访谈等活动。年内，《乡村发展：浙江的探索与实践》出版。围绕"中国乡村发展的浙江样本研究"系列项目，在全省11个设区市选择具有典型意义村庄，分别开展综合性系统研究，拟撰写专著11部。各课题组与所研究村庄签订合作协议，完成乡村地理环境、历史沿革、产业发展、文化变迁、社会治理、村民生活等各方面情况调研。为进一步提升科研水平，与乐清市签订合作框架协议，建立浙江省社科院乐清调研基地。

【省情调研工作】 2018年，省社科院贯彻落实省委"大学习大调研大抓落实"部署要求，以开展"大学习大调研大练兵"和"'八八战略'再深化、改革开放再出发"大调研活动为契机，把省情调研工作摆在课题研究突出位置上，收到较好成效。年内，全院科研人员有110人次先后赴11个市及18个县（市、区），就区域经济、乡村振兴、民企投资、开发区建设、品牌战略、生态文明、县域治理、公共产品供给、地方旧志史料等20项主题进行调研。在7月底至9月初集中调研月期间，有80人次赴10多个市、县（市、区）进行实地调研。

【智库舆论引导】 2018年，省社科院先后推出"'八八战略'是五位一体总体布局的先行探索""马克思主义的强大生命力""赓续'红船精神'，永立时代潮头""'八八战略'是践行弘扬'红船精神'的卓越典范""'浙学'中的廉政思想及其时代价值""'最多跑一次改革'的示范意义"等重要理论文章在《人民日报》《光明日报》《浙江日报》等中央和省级主流媒体发表，取得良好社会反响。全年在中央和省级主流媒体发表理论文章34篇，其中，"三报一刊"8篇、《浙江日报》26篇。3月，省委书记车俊、省长袁家军对省社科院在主流媒体发表文章引导社会舆论的做法给予肯定。年内，省社科院参与省委宣传部组织策划的"八八战略"与"习近平新时代中国特色社会主义思想在浙江的萌发"主题宣传活动。通过主办、承办和联合主办各类大型学术活动，扩大学术和社会影响力。3月，举办"践行'八八战略'建设'六个浙江'"成果发布会。6月，与浙江师范大学联合举办"浙学传承与现代价值"国际学术讨论会。7月，召开"践行'八八战略'，建设'六个浙江'理论研讨会""浙江省经济学会青年学者论坛"。9月，与杭州城市学研究中心联合举办"跨界视野下的理想城市”学术研讨会。10月，先后与中国社科院、中国地方志学会及省内相关部门和市县联合主办“唯物求真、改革创新——王充思想学术研讨会”“全面依法治国与实证法学研究年会”“第八届中国地方志学术年会”“纪念章学诚诞辰280周年座谈会”。11月，由浙江省社会科学院和韩国全南研究院、龙泉市委宣传部联合主办“中韩文化产业发展与竞争力提升研讨会”。协调中国社科院专家，参加省委主办的“‘最多跑一次’改革理论研讨会”和“‘八八战略’与习近平新时代中国特色社会主义思想座谈会”，为推动“八八战略”再深化、改革开放再出发建言献策。

（省社科院　刘　成）

历史文化与浙学研究

【概况】 2018年，省社科院坚持智库建设与学科建设“双轮驱动”，以区域特色文化为依托，以重大科研项目为纽带，推进传统文化研究，丰富浙江文化研究工程。推进新入选的第二期浙江文化研究工程项目。年内，各课题组全力做好《法治中国的浙江样本》《中国乡村发展的浙江样本》《乡村发展：浙江的探索与实践》《浙江儒学通史》4项入选第二期浙江文化研究工程重大项目相关工作，其中，《法治中国的浙江样本》《乡村发展：浙江的探索与实践》出版，其余项目完成前期调研，进入研究阶段。围绕《阳明后学文献整理与研究》《钱塘江文化通史》等国家和省级重大科研项目，成立重大课题指导小组，定期对项目推进情况进行检查指导。依托省哲学社会科学重点研究基地“浙学研究中心”，开展传统浙学研究，推进“近代浙学”研究。制定《浙江省社科院浙江研究中心科研课题管理办法》，确保“浙学研究中心”正常运行。全年立项“浙学史论”“浙江研究年度报告”等重点项目5项、一般项目1项，以中心或中心成员名义在《光明日报》《浙江日报》《中国社会科学报》及其他报刊发表各类论文20多篇，出版专著及论文集3部。

【青年汉学家研修计划（杭州）】 2018年9月9—24日，省社科院承办“2018年青年汉学家研修计划（杭州）”，制定完善《研修计划方案》，选派10多名优秀科研人员担任导师。活动以“中国发展：理念与实践”为主题，以改革开放40年来国家发展进程中浙江探索实践、发展成就和理论思考为研究样本，围绕创新、协调、绿色、开放、共享五大发展理念，向来自世界各国青年汉学研究人员展示中国发展进程中浙江的实践和丰富的“中国学”内涵。

（省社科院　刘　成）

地方志工作
Local Records

综　述

【概况】 2018年，省地方志办公室认真贯彻落实国务院《全国地方志事业发展规划纲要（2015—2020年）》和省政府办公厅《关于推进地方志事业发展的实施意见》，积极推动全省地方志事业转型升级和全面发展。《浙江通志》编纂工作扎实推进。会同《浙江通志》编委会，通过开展培训研讨、行政督导和召开月度总编办公会议、全办月度学习会、制定各种规范制度等方式，加大业务指导、行政推动和提升质量等工作力度，全年完成初审30卷，复审31卷，终审18卷，出版7卷（累计出版11卷），总体完成率67%。二轮市、县（市、区）志编纂工作有力推动。年内，召开全省各市主任会议、年中工作座谈会、拟于2018年完成任务的部分市县二轮修志工作督导推进会、拟于2019、2020年完成任务的部分市县二轮修志工作督导推进会，并赴各地调研督导、参加评审会。各地通过年度目标责任考核等

2018年9月9—24日，省社科院承办“2018年青年汉学家研修计划（杭州）”

（省社科院　供图）

2018年10月31日，纪念章学诚诞辰280周年座谈会在上虞举行　　（浙江年鉴编辑部　供图）

各种方式，推动市县二轮修志工作稳步开展。至年末，市级志书出版7部，志稿初审3部，志稿编纂1部，完成率64.64%；县级志书出版54部，移交出版社3部，志稿终审3部，志稿复审2部，志稿初审7部，志稿编纂18部，完成率62.1%。综合年鉴编纂出版工作有序开展。通过组织各地参加第三期全国年鉴主编培训班、全国年鉴研讨会暨中国地方志学会年鉴分会年度会议、第二届全国年鉴论坛等方式，进一步推进市县综合年鉴全覆盖。在第五届全国地方志优秀成果（年鉴类）评审活动中，全省有2部被评为特等年鉴，5部被评为一等年鉴。全省地方志系统按"十业并举"总要求，做好信息化建设、方志馆建设、方志期刊编印等工作。

【第八届中国地方志学术年会在绍兴举行】 2018年10月31日，年会在绍兴举行。会议由中国地方志指导小组办公室（简称中指办）、中国地方志学会主办，省地方志办公室、省地方志学会协办，绍兴市地方志办公室承办。中国社科院副院长、中国地方志指导小组常务副组长、中国地方志学会会长李培林出席开幕式并讲话。中指办、中国地方志学会及省政府、绍兴市有关领导出席并致辞。中国社科院历史学部、省社科院、省社科联、省地方志办公室相关负责人出席开幕式。会上，李培林做题为《提高站位，瞄准前沿，为地方志转型升级提供坚实理论基础》的讲话。其间，举行《绍兴市志（1979—2010）》首发式，并向绍兴各行业代表赠书。中指组、中指办及省、绍兴市政府有关领导于会前参观"浙江省改革开放40周年地方志成果展"，并对会展形式和展陈成果给予肯定。

【纪念章学诚诞辰280周年座谈会在上虞举行】 2018年10月31日，座谈会在上虞举行。会议由中国地方志学会、绍兴上虞区政府主办，浙江省地方志学会协办。副省长成岳冲，中国社科院副院长、中国地方志指导小组常务副组长、中国地方志学会会长李培林出席并分别讲话。中国地方志指导小组办公室、省社科院、省地方志办公室相关负责人，以及绍兴市和上虞区有关领导、专家、学者出席。成岳冲、李培林等有关领导于会前参观"浙江省改革开放40周年地方志成果展"，并对全省地方志系统近年来所做工作及取得成绩给予肯定。

【地方志理论研究】 2018年，全省地方志系统抓住"方志之乡"传统和体制优势，增强方志科研工作和学科建设能力。10月，第八届全国地方志学术年会暨中国社会科学院历史学部第17届史学理论研讨会在绍兴举行。其间，在上虞举办纪念章学诚诞辰280周年座谈会，会上举行《章学诚研究概览——章学诚诞辰280周年纪念文集》首发式，该书由中国（浙江）地方志学术研究中心编纂。省政府和中指组有关领导分别出席两个会议并讲话。年内，省地方志学会召开第四次会员代表大会，选举产生新一届学会领导组织机构。

【地方志开发利用】 2018年，全省地方志系统利用改革开放40周年等有利契机，开展方志开发利用工作。省地方志办公室利用全国会议之机，举办“浙江省改革开放40周年地方志成果展”，省政府和中指组领导参观后给予肯定；承担省委宣传部交办的《浙江省改革开放40年大事记》编纂出版任务，编辑出版《方志之乡文化浙江——改革开放以来浙江省地方志系统论文成果选编》等文献。各地通过纪念《地方志工作条例》颁布宣传活动、开展旧志点校出版等各种形式，宣传弘扬方志文化，增强地方志事业影响力和工作推动力。

【全省地方志事业转型升级】 2018年1月24日，省地方志办公室在杭州召开全省市、县方志系统“十业十佳”推评会，全省有10个市、县（市、区）分获荣誉，引领各项事业健康发展。年内，全省地方志系统开展方志援藏援疆工作。7月，省地方志办公室组团赴西藏实地对接，指导督促两地如期完成任务，全年指导评审30多部，出版志鉴2部。湖州双林、温岭泽国、奉化溪口和江山白沙村等地参与“中国名镇名村志”编纂工程取得积极进展；建德等多地积极参与《中国影像方志》拍摄放映和宣传工作，全省有19个县（市、区）完成拍摄或审稿工作，其中15个县（市、区）的拍摄脚本由省地方志办公室直接参与指导和审稿。各地史志机构进一步参与支持农村文化礼堂建设工作。

（浙江年鉴编辑部）

《浙江通志》编纂

【《浙江通志》部分出版】 2018年，《浙江通志》出版7卷，均由浙江人民出版社出版。各卷上溯事物发端，下至2010年，突出明古详今的要求，体现行业特点、地方特色和时代特征。

9月，《浙江通志·海关志》出版。全志73.2万字。该志由杭州、宁波海关承编。全志分11章，记述自北宋端拱二年（989年）浙江设置两浙路市舶司及以后浙江地域设关情况变迁和历史渊源，着重对中国改革开放及加入世界贸易组织以后，即1979—2010年的32年间，海关的货运监管、稽查缉私、税收征管、海关统计等传统监管职能及维护贸易安全与便利、知识产权边境保护等非传统监管职能，做较为详尽的叙述。

9月，《浙江通志·哲学社会科学志》出版。全志117.2万字。该志由浙江省社科院承编，省教育厅、省社科联、浙江大学、省委党校参编。全志分16章，在原《浙江省哲学社会科学志》（1999年版）基础上，全面梳理和反映距今百万年远古文化遗迹和自上古三代以降至1840年的浙江人文科学与社会科学成就，以及1989年之后与时代同行、发展的哲学社会科学历程。

9月，《浙江通志·医疗卫生志》出版。全志99.8万字。该志由省卫生厅承编。全志分11章，全面系统梳理全省医疗卫生事业发展历程，注重中医、西医、中西医结合学科边界，突出政府引导规范医疗卫生市场、提供公共产品与服务、确保广大居民的基本医疗等方面的作用。

12月，《浙江通志·乡镇企业专志》出版。全志74.6万字。该志由省经信委（省中小企业局）协同浙江工业大学、中国中小企业研究院合作承编。全志分12章，记述自中华人民共和国成立至2010年浙江乡镇企业的发展历史。

12月，《浙江通志·财政志》出版。全志86.8万字。该志由省财政厅承编。全志分6章，涵盖浙江财政收入、支出、体制、管理、教育与科研、机构与人员及重要政策文件等内容，客观、真实地记述和反映浙江财政各个历史阶段的发展历程，特别是党的十一届三中全会后，浙江财政实施分税制财政体制改革，构建公共财政体制框架等内容。

12月，《浙江通志·蚕桑丝绸志》出版。全志67.6万字。该志由浙江凯喜雅集团承编，省农业厅、省经信委参编。全志分13章，着重反映浙江丝绸产业链完整、农工商贸发达、科技文化底蕴深厚的特点，注重涵盖丝绸历史发展全貌，体现浙江蚕桑丝绸业发展的地方特色和时代特征。

12月，《浙江通志·公安志》出版，全志103.4万字。该志由省公安厅承编。全志分20章，在记录清末与民国时期的警察制度的同时，着重反映浙江解放60多年来人民公安工作的奋斗历程。

【编纂业务培训】 2018年5月28日，《浙江通志》主编培训班在杭州举办。《浙江通志》总编、副总编，总纂、副总纂，各卷主编（或执行主编）及相关责任编辑100多人参加。《浙江通志·国土资源志》和浙江人民出版社文史编辑中心相关负责人分别授课。9月17日，《浙江通志》编纂工作和编纂业务培训班在杭州举办。《浙江通志》总编以“《浙江通志》编纂工作和编纂业务”为题进行授课，《浙江通志》副总编、副总纂、责任编辑及各卷编纂人员参加培训。

【《浙江通志》终审会】 2018年4月3日，《浙江通志》第4次终审会在省政府第四会议室召开。省政府有关领导出席并讲话，《浙江通志》副总编、副总纂，以及进入终审的《浙江通志·国土资源志》和《财政志》《安全生产监督管理志》《质量技术监督管理志》《出入境检验检疫志》《教育志》《地方志专志》7卷责任单位相关负责人和编纂人员参加。会议同意7卷通过终审，并就终审后的修改和出版工作做出部署。9月5日，《浙江通志》第五次终审会在省政府第四会议室召开。省政府有关领导出席并讲话，《浙江通志》副总编、副总纂及省地方志办公室等单位有关人员，进入终审的《浙江通志·人口志》和《人民政协志》《物价志》《审计志》《建筑业志》《测绘与地理信息志》《地质勘查志》《电信业志》《体育志》《美术志》《名城名镇名村专志》11卷相关编纂人员参加。会议同意11卷志稿通过终审，并要求修改完善后送交出版。

（浙江年鉴编辑部）

体　育
Sports

综　述

【概况】 2018年,省体育局围绕全省中心工作,完成年度30项重点工作。全年浙江运动员在国际重大比赛和国内一类比赛中,获世界冠军14个、亚洲冠军32个、全国冠军80个。其中,在第18届雅加达亚运会上获24枚金牌、18枚银牌、8枚铜牌,位列全国各省(区、市)第二位,创造浙江省参加境外亚运会的历史最好成绩。全省经常参加体育锻炼人数占比达41.3%,首次突破40%的大关,国民体质合格率92.9%;人均体育场地面积2.16平方米,首次突破2平方米。全省创建各级各类体育后备人才基地(学校)226个、青少年体育俱乐部561个、校园足球特色学校1276个。全省有国家体育产业基地12个,其中示范基地5个,位列全国第一;国家体育旅游示范项目2个,职业体育俱乐部20个,位列全国第一;体育产业概念上市公司超过10家,约占全国总数的20%;国家级运动休闲特色小镇3个、省级体育类特色小镇5个、省级运动休闲小镇7个、省级运动休闲基地17个。

【体育改革全面深化】 2018年,浙江省体育改革全面深化,中国(浙江)国家游泳队建设及体育社会组织实体化改革、体校改革、省体育局与宁波市政府战略合作等各项改革扎实推进,浙江足球改革成为全国首批仅有的3个试点省份之一,温州社会力量办体育改革全国试点项目纳入《省委深化改革领导小组2018年工作要点》。4月8日,国家体育总局印发《落实温州市"社会力量办体育"改革试点工作任务分工》;5月16日,温州市印发《关于开展社会力量办体育试点工作的实施意见》,明确年内着力推进的29项重点工作、17项政策创新内容,形成试点工作年度重点指标体系、重点工作项目体系、政策支持体系和考核评价体系,被评为省政府改革创新项目。9月,新华社、《人民日报》、《中国体育报》、《中国青年报》等7家中央媒体对浙江社会力量办体育进行专题采风,并刊登长篇深度报道。推进机构改革、"最多跑一次"改革。研究制定《省体育局机构改革组织实施工作方案》,成立机构改革领导工作小组。围绕新周期训练备战工作,在各运动队开展"最多提一次"服务,凡涉及训练备战事项,常态下无须运动队提出就应得到及时解决,未得到及时解决的,最多提一次就应得到落实和解决。

【体育事业融入大局发展】 2018年,省体育局推动体育事业融入大局发展。着力将体育纳入"健康浙江""美丽乡村""大湾区大花园大通道大都市区建设""乡村振兴战略""深化改革开放""数字浙江"等省委、省政府重点工作。体育事业全面纳入《健康浙江2030行动纲要》和健康浙江考核体系,"筹办亚运会、多举办顶级国际赛事"成为浙江深化对外开放的重要内容,"加强基层体育场地设施建设"列入省政府年度十大民生实事,"体育现代化县(市、区)建设"等内容纳入乡村振兴战略行动计划,"大力发展体育等幸福产业,建设一批运动休闲小镇、城市体育服务综合体、体育公园和场馆,组织一批体育健身品牌赛事"等纳入全省大都市区、大花园建设行动计划,《浙江省实施〈中华人民共和国体育法〉办法》修订纳入省人大常委会立法调研项目库。

【体育事业大调研活动】 2018年,省体育局贯彻落实省委"大学习大调研大抓落实"决策部署,由省体育局领导带队,分成9个组,走访48个乡、镇(街道),深入145个村(社区)、学校、体育企业开展蹲点调研,召开座谈会52次,发放调查问卷1650份,收集梳理基层各类意见建议153条,形成《浙江省基层体育工作状况调查报告》总报告1份和分组《蹲点调研报告》9份,研究解决基层干部群众反映强烈的问题。至年末,解决问题53项;对不能一步解决到位的69项问题,持续研究推进解决;对不具备解决条件的31项问题,做好解释说明。

【数字体育建设】 2018年,省体育局围绕省政府"数字浙江"建设工作要求,组织开展体育数字化转型建设调研,编制形成《浙江省体育局数字化转型标准化建设方案(2019—2021年)》(初稿)。年内,按照"最多跑一次"改革要求,推进"浙里办"服务事项相关工作,对涉及全省"举办健身气功活动及设立站点审批、社会体育指导员等级称号认定、经营高危险性体育项目许可"等4个事项的10个子项内容进行审核比对,确保统一规范。"建设全民健身地图和全民健身网上公共服务平台"等内容纳入《深化数字浙江建设实施方案》。

(省体育局　张　锐)

群众体育

【概况】 2018年,浙江省把提升群众身边的体育场地建设水平,努力实现"15分钟健身圈"便民体育设施全覆盖;提升群众身边的体育组织水平,努力实现乡镇(街道)"1+5"体育社会组织网络全覆盖;提升群众身边的健身活动水平,努力实现常态化健身活动全覆盖;提升群众身边的健身指导水平,努力实现行政村(社区)社会体育指导员及乡镇(街道)体质测试网点全覆盖的"四提升四覆盖"全民健身工程建设作为体育现代化建设的重要基础。全年有4个市38个县(市、区)通过评估验收。发布《体育现代化村(社区)建设规范》,指导和推荐衢州市、绍兴市、台州市和宁波江北区、德清县、安吉县、淳安县、宁海县开展全国全民运动健身模范市(县)创建工作。完成省政府所定体育类民生实事建设项目,新建成省级全民健身中心5个,完成率166.6%;乡镇(街道)全民健身中心、中心村全民健身广场36个,完成率120%;游泳池105个,完成率105%;足球场(含笼式足球场)117个,完成率117%;社区多功能运动场201个,完成率100.5%;小康体育村升级工程1101个,完成率100.1%。全年全省各级群众性赛事活动1.25万场次,参与人群约400万人次,浙江省全民健身日主会场活动与浙江省第十六届运动会火种汇聚·火炬传递仪式同时进行,全省线下活动参与20多万人次,线上参与人数244万人次。

【体育社会组织规范化建设】 至2018年末,浙江省有各级体育社会组织3347个,其中,省级104个、市级670个、县级2573个。全年全省有11个单位参与省级体育社团等级评估,经过第三方机构评估后,7个获评AAAAA级社会组织,1家获评AAAA级社会组织,3家获评AAA级社会组织。做好向省级体育社团购买服务工作,与48个省级体育社团和第三方评估机构禾晨信用评估有限公司签订合同,总额806万元;向省级体育社会组织购买服务87项。全年参加赛事、活动、培训5万人次。

【浙江省首届智力运动会】 2018年7月15—30日在丽水举行。赛事设围棋、桥牌、五子棋、象棋、国际象棋、国际跳棋6个大项、62个小项,全省11个设区市和9个省级行业体育协会的20支代表队1617名运动员参赛。该届运动会是全省智力运动发展中具有标志性的重要赛事。

(省体育局 张 锐)

竞技体育

【概况】 2018年,浙江省有59名运动员、11名教练员和4名医务人员入选中国体育代表团参加第18届雅加达亚运会。参赛人数和参赛项目均多于上届,并取得24枚金牌、18枚银牌、8枚铜牌的优异成绩,居全国第二位,创造浙江参加境外亚运会的历史最好成绩。省委、省政府专发贺电,充分肯定浙江亚运健儿的优异表现。9月14日,省委书记车俊、省长袁家军等省领导接见亚运健儿。在第三届布宜诺斯艾利斯青年奥林匹克运动会上,浙江有10名运动员和1名教练员参赛,获4枚金牌、1枚银牌、1枚铜牌。浙江在国家队有运动员140人,教练员18人。全年浙江运动员获世界冠军14个、亚洲冠军32个、全国一类比赛冠军80个。

【浙江省第十六届运动会】 2018年9月在湖州市举行。全省有7455名运动员、2047名教练员和领队、2134名裁判员参赛,为历届省运会中设项最多、规模最大、参赛人数最多。省委书记车俊、省长袁家军分别出席开、闭幕式。比赛中有3人破3项省最高纪录,33人30队87次破61项省年龄组纪录,8人9次达到运动健将等级标准。结合省运会,选拔优秀苗子参加省级体育后备人才训练营活动,确定877人为2018年度省重点体育后备人才。其间,对2014—2017年度全省群众体育工作成绩突出单位和个人进行通报表扬,分别有150个单位和个人获此荣誉。

【奥运备战和中国(浙江)国家游泳队建设】 2018年,省体育局确立2020年东京奥运会"保三争五"的备战目标。推进中国(浙江)国家游泳队建设,形成三级管理组织体系。年内,中国(浙江)国家游泳队获亚洲冠军12个,占中国游泳队总数的63.2%;全国冠军20个,排全国第一。在第14届FINA世界游泳锦标赛(25米)上,浙江运动员获1枚金牌、3枚银牌、4枚铜牌,占中国队金牌数的33.3%、奖牌数的61.5%。

【杭州亚运会筹备和冬季项目建设】 2018年,省体育局推进竞赛项目设置,明确设立34个竞赛大项,包括27个奥运项目和7个非奥项目,并安排6个备选项目。以"杭州为主、全省共享"为原则,制定场馆布局方案,第一批明确52个竞赛场馆。其中,杭州33个、杭外及省部属高校(单位)19个。亚运会正式进入"杭州时间","杭州时间"文艺演出在第18届雅加达亚运会闭幕式上进行。抓好冬季项目建设,全力配合国家队进行跨界跨项选材,59名运动员入选冬季项目国家集训队。浙江省运动员在雪车、速度滑冰、冰壶等项目上获全国冠军8个。

(省体育局 张 锐)

体育产业

【概况】 2018年,浙江省优化结构布局,加快发展体育产业,促进体育消费,推进体育产业快速发展。2017年全省体育产业总产出1843亿元,居全国第五位,创造增加值593亿元,占全省GDP的1.15%,服务业占比超过50%。充分发挥省级体育产业发展资金效能,建立《2018年度浙江省体育产业发展资金项目库》《浙江省重点培育品牌赛事名录库(2018)》,有135个项目、60项赛事得到重点培育扶持,带动超过33.5亿元社会资本投资体育产业和体育赛事。

【区域体育产业协作推进】 2018年,浙江省融入长三角一体化发展,与上海、江苏、安徽等省、直辖市联合签署《长三角地区体育产业协作协议(2018—2020年)》《长三角地区体育产业一体化发展三年行动计划(2018—2020年)》《长三角地区体育旅游合作纲要》,建立体育产业协作机制,打造长三角运动休闲体验季、国际体育休闲博览会、体育产业高峰论坛等品牌活动,推动区域体育产业协作向纵深推进。

【省级运动休闲小镇培育与体育彩票销售】 2018年,省体育局制定全国首个省级运动休闲小镇地方标准,命名首批7个省级运动休闲小镇培育单位。采取省地共建、项目推介、资源对接、专家指导等方式,推进首批运动小镇的培育。在斯迈夫大会和中国体育旅游、体育文化博览会期间,专门设立体育小镇主题展。举办浙江省体育小镇推介会和小镇运动汇。全年全省销售体育彩票206.24亿元,比上年增长50.5%,居全国第四位,筹集体育彩票公益金49.27亿元。

(省体育局 张 锐)

社会保障
Social Security

综　述

【概况】 2018年，浙江省城镇新增就业125.3万人，城镇失业人员再就业43.42万人，城镇登记失业率2.6%。全省企业职工基本养老保险参保人数2665万人，机关事业单位养老保险参保人数211.62万人，城乡居民基本养老保险参保人数1197.84万人，失业保险参保人数1478.36万人，全年领取失业保险金人数30.19万人。工伤保险参保单位110.7万家，参保人数2087.8万人，其中农民工参保1087.6万人。接洽高层次人才4.75万人，达成初步就业意向1.15万人次。举办高层次人才封闭式洽谈会6场和企业专场招聘会12场，精准对接各类中高端职位2800多个，邀约中高级人才到场面谈3853人。全省新增高技能人才21.9万人，累计288万人，占技能劳动者总数的29.1%。

【"最多跑一次"改革向纵深推进】 2018年，省人力资源和社会保障系统向纵深推进"最多跑一次"改革，实现群众和企业到人力社保部门办事事项"最多跑一次"全覆盖、100%开通网上办理。加大数据归集共享力度，实现与20个部门的信息共享，为"一证通办"提供支撑。出台《全省系统"最多跑一次"事项办事标准"八统一"管理办法》，事项管控更加规范有效。针对改革在基层落地"最后一公里"的堵点难点，在绍兴柯桥区开展改革试点，推动"八统一"(主项名称、子项名称、经办依据、申请材料、办事流程、经办流程、经办时间、办事表单8个统一)标准、一体化平台在基层落地。继续完善"个人社保信息查询"和"社保证明自助打印"等应用，全年全省通过网上查询个人社保信息2300万人次，自助打印社保证明168.2万份。省人力社保厅依托政务服务网，结合厅一体化平台，在原有网络平台基础上，集成服务事项模块，将其升级为社会保险公共服务平台，拓展上线社保公共服务事项，实现社保关系转移网上申办和企业养老保险待遇自助测算，方便参保人员了解预期养老保险待遇，解决参保人员问的最多、最关心的问题。

【推进"无欠薪"行动】 2018年，浙江省把各市、县(市、区)政府"无欠薪"行动纳入省委平安建设过程性考核，每季度进行打分排名，对"无欠薪"创建达标的各县(市、区)给予专款奖励，将"无欠薪"创建工作列入省政府先进集体和个人表彰项目，强化考核的正向激励与反向约束，推进"无欠薪"行动开展。1月至3月，省防范处置企业拖欠工资工作领导小组(简称领导小组)组织对上年度第一批17个"无欠薪"试点县(市、区)进行验收，并向社会公示，同时启动年内第二批55个"无欠薪"县(市、区)的创建申报工作。下半年，领导小组办公室对创建县(市、区)组织开展多轮调研督查，召开工作推进会和领导小组联络员会议，对全年"无欠薪"县(市、区)创建工作进行部署。8—12月，省人力社保厅联合省建设厅、省交通运输厅、省水利厅和省总工会在全省工程建设领域开展"大培训、大检查、大抓落实"活动，开展工程建设领域专项治理，促进工程建设领域保障工资支付长效机制的落地生根。9月，领导小组在宁波海曙区召开"浙江无欠薪"工作现场会。

【就业扶贫和对口支援】 2018年，浙江省按照国家统一部署，帮扶中西部省份建档立卡人员到浙江就业37.27万人。在全国率先创建建档立卡人员动态管理平台，实现对在浙江建档立卡人员的"进管出"全程管理。5月，在四川省广元市举办"浙江—四川"就业扶贫劳务协作专场招聘会，参加企业191家，提供就业岗位2万余个，进场人数9600多人次，初步达成就业意向1900多人，其中建档立卡贫困人员298人。7月，会同省国资委在西藏那曲举办就业援藏招聘会，参加企业50家，提供岗位2355个，吸引那曲籍高校毕业生及家长2000多人参与，现场登记676人，达成签约意向174人，其中一部分人直接签订就业合同。9月，在四川省阿坝州和南充市营山县举办以"浙川携手共奔小康"为主题"浙江—四川"就业扶贫劳务协作专场招聘会，组织90个用人单位推出岗位7500个，其中1500个爱心岗位优先招聘建档立卡贫困人员。招聘会现场登记求职4000多人，其中应聘爱心岗位1700多人。10月18日，与四川省人力社保厅签订《浙川劳务协作协议》，加强浙江、四川两省人力资源交流合作。10月18日，在吉林省松原市举办以“浙吉携手共奔小康”为主题的“浙江—吉林”就业扶贫劳务协作专场招聘会，浙江省组织用人单位参加招聘45家，推出岗位4700个，其中爱心岗位针对建档立卡贫困人员2600个，不设技能和学历要求。招聘会吸引求职者现场登记3200人，其中应聘爱心岗位850多人，达成初步就业意向180多人。12月，在青海省海西州州府德令哈举办“浙江—青海”海西州就业扶贫劳务协作专场招聘会，参加企业28家，吸引1300多人参加应聘，达成初步意向性协议160人。

【试行实习生和超龄人员参加工伤保险】 2018年7月，省人力社保厅、省财政厅、国家税务总局浙江省税务局联合印发《浙江省人力资源和社会保障厅等三部门关于试行职业技工等学校学生在实习期间和已超过法定退休年龄人员在继续就业期间参加工伤保险工作的指导意见》，在全国率先将符合条件的部分实习生和超龄就业人员纳入工伤保险制度保障范围，有效化解用人单位风险，缓解用人单位面临的招工难问题。

（省人力资源和社会保障科学研究院　洪　韬）

人事·人才

【概况】 2018年，省人力社保厅批复省属事业单位岗位设置及变更33个，完成岗位设置认定工作2个单位27人，核准备案省属事业单位岗位聘任变动316个9647人，办理省属事业单位管理岗位5、6级职员等级晋升62人。审核省属事业单位公开招聘方案382批次，核准80个省属事业单位公开招聘1964人，备案26个省属事业单位公开招聘2058人，办理省属事业单位人员调动手续222人次，做好5名随军家属安置相关工作。全年组织各项人事考试项目58项，参考90.76万人次，213.47万科次（模块）。赴香港、北京、上海、成都、西安、哈尔滨举办系列引进人才活动，接洽高层次人才4.75万人，达成初步就业意向1.15万人次；举办高层次人才封闭式洽谈会6场和企业专场招聘会12场，精准对接各类中高端职位2800多个，邀约中高级人才到场面谈3853人。为高层次人才办理人才居住证551人，高层次人才落实在杭同城待遇702人，每天为大学生提供有效的实习岗位20万个。

【事业单位人事管理】 2018年1月，省人力社保厅、省文化厅、省新闻出版广电局印发《关于加强文化和广播影视事业单位专业技术岗位结构比例动态调控的通知》。3月，省人力社保厅完成上年度全省事业单位工作人员年报数据统计上报工作。9月，省人力社保厅牵头完成省政府重点调研课题《之江实验室体制机制创新研究》下设的《之江实验室人力资源管理研究》子课题研究报告。8月，省人力社保厅完成事业单位科研人员离岗创业创新实施情况专项调研，至年末，全省办理离岗创业创新备案手续321人。10月，省委组织部、省人力社保厅印发《浙江省事业单位专业技术二级岗位管理办法（试行）》。11月，省委组织部、省人力社保厅印发《浙江省事业单位特设岗位设置管理暂行办法》。11月，省委组织部、省委机构编制委员会、省财政厅、省人力社保厅、省教育厅、省卫生健康委员会印发《浙江省公办高校、公立医院报备员额管理办法（试行）》《浙江省民办事业单位报备员额管理办法（试行）》。

【人事考试】 2018年，省人力社保厅组织完成年度各级机关考试录用公务员工作，报名确认人数27.99万人。组织实施专业技术资格考试50项，参考人数48.22万人次，其中二级建造师考试报名人数11.15万人，社会工作者考试报名人数8.42万人。完成全省事业单位公开招聘人员联考工作，为大专院校和49个市县招聘事业单位人员提供考试服务，参加考试7.69万人。完成各类资格考试工作，累计发放电子证书（证明）88.45万本，其中，全国职业资格考试合格证明21.44万本，浙江省专业技术资格考试资格证书（合格证明）1.98万本，高级证书3.01万本，计算机应用能力考试合格证明62.03万本。

【高层次国际人才引进】 2018年，省人力社保厅指导、参与杭州国际人才交流大会、宁波人才科技周、台州国际人才合作洽谈大会等活动。常态化组织外国专家浙江行，先后组织德国工业4.0专家、俄罗斯、乌克兰大学、英国和南非院士专家、意大利设计人才等到浙江开展人才科技项目对接。柯桥外国人才创新集聚区签约落户院士专家12名，浙江工业大学、杭州电子科技大学和浙江理工大学3所高校引进高端人才42人，湖州南浔对接德国智能电梯物联网高端人才，创办首个中德合作浙江智能制造创新研究院。

【高技能人才管理与表彰】 2018年2月，省人力社保厅印发《浙江省技能大师工作室建设管理考核办法》。3月2日，省长袁家军在杭州接见第44届世界技能大赛浙江代表团成员。3月9日，省政府在杭州召开第44届世界技能大赛总结暨优秀高技能人才表彰会，总结浙江省代表团参加第44届世界技能大赛情况及经验，表彰参赛选手、技术指导团队和单位及优秀高技能人才。4月，省委人才工作领导小组发文公布首批浙江省“万人计划”入选人员名单，其中高技能领军人才20人。10月，省人力社保厅会同省财政厅公布上年度浙江省技能大师工作室名单，有38个项目单位入选；全省累计有浙江省技能大师工作室320个。11月，人力资源和社会保障部表彰第14届中华技能大奖和全国技术能手，全省有11名高技能人才获全国技术能手荣誉称号。12月，公布首批浙江“万人计划”高技能领军人才项目人员名单，其中“杰出技能人才”20人、“拔尖技能人才”233人、“优秀技能人才”2018人。12月29日，人力资源和社会保障部办公厅、财政部办公厅发文公布年度国家级技能大师工作室名单，全省有5个技能大师工作室入选；至年末，全省有国家级技能大师工作室33个。

（省人力资源和社会保障科学研究院　洪　韬）

就 业 促 进

【概况】 2018年，浙江省城镇新增就业125.3万人，比上年减少1.92万人；城镇失业人员再就业43.42万人，减少1.63万人，其中就业困难人员实现就业15.93万人，增加3.05万人。城镇“零就业”家庭309户，消除309户，实现基数“归零”。城镇登记失业率2.6%。12月29日，省政府出台《浙江省人民政府关于做好当前和今后一个时期促进就业工作的实施意见》，促进就业创业，确保就业局势持续稳定。

【高校毕业生就业】 2018年2月，省人力社保厅、省教育厅、省财政厅、省民政厅、省残联印发《关于做好2018年高校毕业生求职创业补贴发放工作的通知》，启动应届高校毕业生求职补贴申报工作。3月13日，举办浙江省春季人才交流大会，组织单位参会988家，推出岗位2.2万个，活动接待2.5万人，达成意向9500人。4月，举办全国民营企业招聘周活动，组织单位161家，发布岗位信息1258个。6月9日，举办全省高校毕业生就业公益性招聘大会，组织单位参会1028家，推出岗位2万余个，活动当天接待1万余人，达成意向3100人。9月18日，举办浙江省秋季人才交流大会，组织单位参会500家，推出岗位1万余个，活动当天接待1.1万人，达成意向2900人。11月至12月，举办全国人力资源市场高校毕业生就业服务周活动，组织单位参加2779个，发布岗位信息3.7万个。联合浙江建筑职业技术学院等单位，举办大学生就业能力提升培训讲座10期，参训1400多人。全年完成大学生见习1.1万人，帮扶1.4万名应届离校未就业高校毕业生实现就业。全年举办高校毕业生公益性专场招聘会1152场，推出各类面向毕业生的岗位101万个，举办高校毕业生就业指导咨询专场379场，服务毕业生9.3万人次。

【创业带动就业】 2018年，浙江省开展创业培训5.31万人，其中大学生1.83万人；扶持大学生创业1.93万人；发放创业担保贷款26.67亿元，贴息1.02亿元，建立创业担保基金9.6亿元；开展农村电商培训4.21万人次，扶持农村电商创业3.55万人，带动就业13.58万人。至年末，建成创业孵化基地358个，其中国家级4个，省级63个，大学生创业园193个。3月至12月，全省举办各类创业大赛126场。

【推进人力资源服务业发展】 2018年5月3日，省人力社保厅在台州召开省人力资源服务业发展推进会，研究形势任务，提出对策举措。加强人力资源产业园建设，指导杭州推进国家级国际人力资源产业园、国际人才创业创新园建设，支持宁波申报建立国家级人力资源服务产业园，认定义乌、台州人力资源服务产业园为省级产业园。10月25日，在杭州洲际酒店举办中国（浙江）第六届人力资源服务业博览会，吸引全球约130家人力资源服务机构设展，300名上市公司高管和1.6万名企事业单位人力资源顾问观展，网络浏览量突破5万人次。举办10多场高峰论坛和浙江著名企业约见国际机构活动，开创人才博览会赋能企业需求新模式。加大行业人才培养力度。10月23—25日，全省人力资源市场服务能力提升专题培训班在杭州举办，培训人员涉及各市县人力资源和社会保障局分管副局长、人才处（科）室负责人等230人，培训班由相关专家解析《人力资源市场暂行条例》，分析和讨论新形势下全省人力资源市场发展和监管新举措。

【公共就业服务活动】 2018年1月，省人力社保厅开展以“就业帮扶，真情相助，不让一个困难群众掉队”为主题的“就业援助月”活动，全省走访就业困难人员和“零就业”家庭2.9万人（户），登记认定未就业困难人员1.82万人，帮助就业困难人员实现就业1.79万人，就业困难人员享受扶持政策6.5万人。2月至3月，围绕“促进转移就业，支持返乡创业，助力增收脱贫”的春风行动主题，举办“省内人力资源余缺调剂系列招聘会”“农民工专场招聘会”“工会就业创业援助月”“巾帼专场洽谈会”等招聘活动，全省组织专场招聘活动924次，为107.6万人提供公共就业创业服务，组织职业技能培训3.32万人，其中参加创业培训4790人；提供劳动维权服务和法律援助3.62万人。4月，围绕“精准服务促就业，汇聚人才助发展”主题举办“民营企业招聘周”活动，服务对象以高校毕业生为重点，并面向其他各类求职者。全省组织9990家民营企业参加招聘周活动，提供岗位15.27万个，签订就业（意向）协议3.94万人。9月，以“实名服务，精准到人，助力高校毕业生就业创业”为主题，开展高校毕业生就业服务月系列活动。全省组织高校毕业生公益性专场招聘会302场，提供岗位17.16万个；提供就业指导4.34万人次，推荐就业2.77万人次。11月至12月，开展高校毕业生就业服务周活动。全省组织大型公益性现场招聘会88场，提供岗位20.1万个，毕业生参加现场招聘会9.6万人次，参与网上招聘会110万余人次。

【创业创新大赛】 2018年8月，由省人力社保厅主办，省就业管理局、衢州市人力社保局共同承办的第三届“中国创翼”创业创新大赛浙江赛区省级选拔赛在衢州举行。全省报名参赛项目369个，经过层层选拔，30个项目晋级省级选拔赛，11个项目代表浙江参加全国选拔赛。11月，全省创业师资培训班在宁波举行，省级创业孵化示范基地负责人等70多人参加培训。12月20日，“奇思妙想浙江行”创业大赛全省总决赛在浙江电视台举行，11个项目参加总决赛，其中“军民两用智能执勤安保系统项目”获一等奖，“面向多样化商业场景的L4级无人驾驶系统研发和应用项目”获最佳人气奖。

（省人力资源和社会保障科学研究院　洪　韬）

2018年12月20日，"奇思妙想浙江行"2018创业大赛总决赛在杭州举行

（省人力资源和社会保障科学研究院　供图）

劳动监察

【概况】 2018年，全省各级劳动保障监察机构监察用人单位17.79万个次，涉及劳动者655.56万人，接到劳动者举报投诉1.42万起。清退用人单位违法收取的抵押金22.16万元，责令补签劳动合同7.23万份。立案查处劳动保障违法案件4150起，实施行政处罚1001起，罚款1655.52万元，追发劳动者工资等待遇2.37亿元，涉及劳动者2.43万人。公布重大劳动保障违法行为273件，推送拖欠工资"黑名单"信息55条。在解决企业拖欠工资问题部际联席会议组织的上年度保障农民工工资支付工作考核中，取得A级第一名的成绩。省劳动保障监察总队被共青团中央命名为全国"青少年维权岗"。

【监察执法和权益保护】 2018年，省劳动保障监察总队处置因劳资纠纷引起的各类突发事件139起，涉及劳动者4018人；向公安机关移送涉嫌拒不支付劳动报酬犯罪案件266起，涉及劳动者5656人，涉及金额6724.21万元。全省组织开展农民工工资支付情况专项检查，检查用人单位7.6万个，涉及职工262.82万人，发现用人单位涉嫌拖欠工资2797个，涉及劳动者2.32万人，涉及金额2.35亿元。责令用人单位支付1.99万名职工工资及赔偿金2.13亿元，向社会公布严重欠薪违法行为单位102个。3月5—30日，在全省组织开展清理整顿人力资源市场秩序专项检查，出动7345人次，检查用人单位10082个次、职业中介机构1546个次、未经许可和登记擅自从事职业中介活动的组织（个人）34个人；取缔非法职业介绍活动12件，查处未经许可和登记擅自从事职业中介活动27件、提供虚假就业信息和虚假招聘信息7件，以职业中介为名牟取不正当利益案件6件、扣押劳动者或被录用人员居民身份证或收取押金财物3件；责令改正23件，责令退赔求职者求职费用2.13万元，行政处罚4件，罚款1.15万元。7月2日至8月3日，全省组织开展用人单位遵守劳动用工和社会保险法律法规情况专项检查，检查用人单位7.92万个，涉及劳动者127万人，查处劳动用工和社会保险违法行为1567件，补签劳动合同1.58万份，责令支付劳动者工资及补偿赔偿金814万元，督促用人单位参加社会保险登记，162个用人单位缴纳社会保险费89.6万元，追回骗取社会保险基金58.8万元，行政处罚91起、51.6万元，移送司法机关案件10起。

【劳动保障监察网格建设】 2018年，省劳动保障监察总队加强基层网格化、网络化建设，提升欠薪防范处置能力，发挥基层网格事前预防、事中事后监管作用。开发建设省政府数字化转型首批重大项目——省欠薪联合预警指挥系统，该系统于11月21日上线试运行。动态监管在建工程项目8000多个和企业174万家。全省为用人单位评定信用等级73.5万个。

（省人力资源和社会保障科学研究院　洪　韬）

社会保险

【概况】 2018年,浙江省企业职工基本养老保险参保人数2665万人,比上年增加164万人,其中在职职工参保人数1925万人。全省机关事业单位养老保险参保211.62万人,其中在职参保142.81万人,纳入基金支付的退休人数64.87万人。全省城乡居民基本养老保险参保总人数1197.84万人,减少2.86万人。其中,城镇居民参保95.26万人,农村居民参保1102.58万人,60周岁及以上领取养老金538.84万人。全省失业保险参保人数1478.36万人,增加95.51万人;全年领取失业保险金30.19万人,增加9.32万人。全省工伤保险参保单位110.7万个,参保2087.8万人,其中农民工参保1087.6万人。

【职工基本养老保险】 2018年,浙江省企业职工基本养老保险享受待遇人数740万人,比上年增加56万人;基金收入2584亿元,支出2530亿元,累计结余3651亿元,基金支付能力为19个月。全省机关事业单位养老保险当期基金收入656.13亿元,当期支出625.37亿元,历年累计结余73.71亿元。6月,全省集中减征"小升规"企业(小微企业规范升级为规模以上企业)基本养老保险费2.3亿元。7月11日,省人力社保厅、省财政厅印发《关于调整企业职工死亡后遗属生活困难补助费等标准的通知》,同步增加精减退职职工、计划外长期临时工、死亡职工遗属的生活补助标准。7月11日,省人力社保厅会同省财政厅制订上年度基本养老保险省级调剂补助方案,对省内33个市县拨付上年度省级调剂补助资金19.7亿元。

【机关事业单位养老保险】 2018年,浙江省机关事业单位养老保险参保人数211.62万人,其中省本级机关事业单位养老保险参保单位789个,增加59个;参保人数18.72万人,增加1.23万人;基本养老保险基金收入71.12亿元,累计结余6.31亿元。7月11日,省人力社保厅、省财政厅印发《关于2018年调整退休人员基本养老金的通知》,增加机关事业单位和企业退休人员基本养老金。

【城乡居民基本养老保险】 2018年,浙江省城乡居民基本养老保险基金总收入174亿元,比上年增长9.8%;基金总支出171.71亿元,增长9.1%;基金累计结余154.18亿元,增长1.5%。全年城乡居民基本养老保险参保总人数1197.84万人。8月,省人力社保厅、省财政厅联合印发《关于2018年提高城乡居民基本养老保险基础养老金最低标准的通知》,明确从1月1日起,全省城乡居民基本养老保险基础养老金最低标准由每人每月135元提高至155元。

【失业保险】 2018年,浙江省失业保险基金收入81.61亿元,支出59.06亿元,累计结余434.48亿元。全年失业保险参保人数1478.36万人,领取失业保险金人数30.19万人。从1月1日起,全省实行城乡统一的失业保险政策,农民合同制职工与城镇职工同等参保缴费,同等享受失业保险待遇。全省失业保险金标准统一提高到当地最低工资标准的80%,失业保险金平均水平1502.5元,比上年增加162.48元。对领取失业保险金人员发放临时价格补贴458万元。全省失业保险基金促进就业预防失业支出31.45亿元,占基金总支出的53.25%,基本与上年持平。其中稳岗补贴项目支出8.03亿元,下降15.0%,惠及5.15万家企业315.87万名职工;发放技能提升补贴7048.55万元,享受职工4.08万人次。根据国家和省阶段性降低失业保险费率相关规定,将失业保险单位缴费比例下调政策从2018年12月31日延长实施至2019年12月31日。全年为102.98万个用人单位减征失业保险35.56亿元。

【工伤保险】 2018年,浙江省工伤保险基金收入67.3亿元,支出56.7亿元,累计结余104.3亿元。全年认定工伤16.1万人;工伤保险平均费率0.58%;全省劳动能力鉴定10.7万人次,其中工伤职工劳动能力鉴定9.8万人次,非因工或因病丧失劳动能力程度鉴定8114人次。7月11日,根据省人力社保厅、省财政厅印发《关于2018年调整退休人员基本养老金的通知》,自1月1日起,与养老金同步调整提高1级至4级工伤职工伤残津贴、工伤退休人员养老金标准。增加金额低于当地此次企业退休人员基本养老金调整平均额度的,按平均额度予以补足。7月11日,省人力社保厅、省财政厅印发《关于调整企业职工死亡后遗属生活困难补助费等标准的通知》,自1月1日起,对符合条件的因工死亡人员供养亲属抚恤金,每人每月增加100元。随着全省在岗职工年平均工资的公布,对工伤人员生活护理费标准进行相应调整提高,比上年人均提高157元,增长8.4%。全省享受工伤保险待遇21.6万人,其中工亡待遇(职工因工发生工伤死亡事故后对其直系亲属的一种补救和补偿)1377人,1~4级伤残3499人,5~10级伤残人员8.5万人,无等级工伤人11.5万人,领取因工死亡供养亲属抚恤金1.1万人,领取生活护理费2668人。

(省人力资源和社会保障科学研究院 洪 韬)

民 政
Civil Affairs

综 述

【民政法治保障】 2018年,浙江省推动各级民政部门设立法制机构和民政综合执法机构。湖州吴兴区殡葬执法大队更名为民政执法大队,台州黄岩区新成立民政执法大队。至年末,全省有20个民政部门设立法制工作机构。47个市、县(市、区)成立民政综合执法机构,其中设区市一级9个,县(市、区)一级38个。加强对法治工作人员业务培训,5月和7月,分别举办全省民政法治工作培训和全省民政专业法律知识培训，民政法制工作人员、行政执法人员参加培训130多人次。

【“双随机”抽查监管】 2018年，浙江省完善民政系统“双随机”监管机制，出台《浙江省民政系统“双随机”抽查实施细则（试行）》，在全省民政系统内全面推行“双随机、一公开”抽查。按照一次建库、分级维护的原则，完成全省民政系统执法人员库和抽查对象库建设。全省入库抽查对象5.08万个，执法人员1300多人。制订公布“双随机”抽查年度计划，完善“双随机”抽查记录表。6月，按照社会组织5%、养老机构10%的比例开展“双随机”抽查，检查全省社会组织2481个、养老机构103个。为指导督促各级民政部门应用全省统一的“双随机”抽查管理系统，召开全省民政系统“双随机”抽查管理工作培训会，培训“双随机”抽查工作管理员130多人。

【“入千访万”移民活动】 2018年4月，省民政厅组织开展“入千村、访万户，问需求、建档案、办实事”活动。各级移民管理机构走村入户，对移民户和移民村情况进行全面仔细地排摸，有效掌握低收入等困难移民生产生活现状、需求情况及移民村发展状况，分类建立移民户和移民村档案，有针对性地采取帮扶措施，促进移民就业增收，助推消除经济薄弱移民村。至年末，全省参与“入千访万”活动9.39万人次，走访移民村5632个、移民10.19万户，征集移民需求4788条、意见建议2775条。累计建档移民10.4万户，其中低收入移民户1.74万户；建档移民村4648个，其中经济薄弱移民村579个。帮扶低收入移民户1.56万户，扶持经济薄弱移民村517个。

【慈善工作】 2018年，省民政厅制订印发《关于深入开展全省慈善基地建设工作的通知》，采取集中培训、片区座谈、分类指导等形式，全面推进慈善基地建设，有效实现慈善服务和慈善资源与慈善需求之间的精准对接，满足困难群众对美好生活的期待。加强调研指导，组织开展慈善基地评估，推进慈善基地规范化建设。全省各县（市、区）建立慈善基地91个，其中慈善精准帮扶基地24个。推进“邮善邮乐”网上慈善超市建设，完善“线上慈善超市”与“线下服务点”共建模式，实现对困难群众的“零距离”帮扶。全省有慈善超市线下服务点272个，覆盖9个设区市、49个县（市、区）。进一步规范“衣循环、爱循环”衣物回收捐赠项目，就回收、处理、捐赠等流程制订行业标准，提高慈善项目的社会公信力，提升慈善资源使用绩效。探索发展“互联网”慈善模式，充分利用浙江省在互联网领域的先发优势，在杭州余杭区打造全省首个互联网慈善基地，开展以“互联网慈善”为主题的之江公益沙龙，探讨和研究推动慈善网络化、虚拟化发展路径，将“互联网+慈善”打造成为全省慈善事业的特色品牌。

【殡葬管理】 2018年，浙江省深化惠民殡葬政策，推广节地生态葬法，带动群众参与支持文明低碳祭扫和节地生态安葬。在“逝后奖补”政策普及推广和充分论证的基础上，积极探索建立节地生态葬奖补新模式。部署清明节安全祭扫和服务保障工作。清明节期间，全省祭扫群众1620万人次；祭扫车流量300多万辆次；全省每天有5.6万名工作人员按照预案分工，确保祭扫现场井然有序，没有发生重特大安全责任事故。全省各地积极倡导“低碳出行，文明祭祀”新风，实行江葬、海葬等生态安葬逝者300多位。开展全国殡葬领域突出问题专项整治，成立殡葬领域突出问题专项整治行动领导小组，由副省长王文序任组长。制订《浙江省殡葬领域突出问题专项整治行动方案》，完善领导协调机制，成立领导小组，细化贯彻落实方案，各部门协同配合，查处群众反映强烈的突出问题，规范和加强全省殡葬管理工作。推进殡葬服务信息化建设，建立完善殡葬信息服务网络和信息共享平台。各市殡葬服务单位均实行内部信息化管理，依托“互联网+”优势，实现全省76个殡仪馆的火化数据与省民政厅联网，并提高数据的正确率，全省殡葬信息化建设工作走在全国前列。

【婚姻登记管理】 2018年。浙江省坚持婚姻依法登记，婚姻登记工作平稳有序开展。完成民政部部署的各项工作任务，完成《民法典—婚姻家庭编（草案）》《全国婚姻登记管理信息系统管理办法（试行）》《全国婚姻登记管理信息系统业务数据元规范（试行）》《婚姻登记严重失信名单管理办法（试行）》等征求意见稿修改意见及相关数据统计汇总工作。整理收集婚姻登记相关法律政策文件158个，编印《婚姻登记文件汇编》1000册，发放到各设区市。全省104家婚姻登记机关总面积3.92万平方米，平均每家面积376.9平方米，场地建设达AAA级婚姻登记机关标准的60家。全年全省办理结婚登记28.27万对，离婚登记11.14万对。其中，涉外、涉港澳台、华侨结婚登记2531对，离婚登记318对；补发结婚证7.91万对，补发离婚证1.15万件。

【儿童福利工作】 2018年，浙江省坚持维护儿童合法权益，推动各地贯彻落实《浙江省人民政府办公厅关于加快推进普惠型儿童福利体系建设的意见》。扩大儿童福利保障覆盖面，将因家庭贫困导致生活、就医、就学等困难，因自身残疾导致康复、照料、护理和融入社会等困难，以及因家庭监护缺失或监护不当遭受虐待、遗弃、意外伤害、不法侵害等导致人身安全受到威胁或侵害的儿童纳入保障范围，对象范围涵盖孤儿、留守儿童、流浪儿童等群体。进一步提高保障标准，推动将社会散居孤儿和困境儿童保障标准由按不低于当地机构孤儿保障标准的60%提高到80%。持续开展“合力监护、相伴成长”农村留守儿童关爱保护专项行动，鼓励引导父母履行监护责任，确保将所有农村留守儿童纳入有效监护范围，杜绝农村留守儿童无人监护现象，有效遏制监护人侵害农村留守儿童权益行为，兜住农村留守儿童人身安全底线。提升关爱服务水平，在全省范围内组织开展“全国农村留守儿童关爱保护和困境儿童保障示范区”创建活动，将其作为推动全省农村留守儿童关爱保护和困境儿童保障工作平稳健康发展的重要手段，指导各地依托当地儿童工作领导协调机制统筹推进，在体制机制创新和服务能力提升等方面提升关爱服务工作整体水平。全省有12个县(市、区)参与申报全国农村留守儿童关爱保护和困境儿童保障示范县(市、区)。在儿童福利机构内实施“添翼计划”(针对贫困家庭中残疾儿童开展的集中养育康复项目，是在不改变监护人法定义务的前提下，将这一群体收入到儿童福利机构，为其免费提供3个月以上的康复训练，同时对家长开展康复培训，巩固残疾儿童的康复效果)。全年全省参与“添翼计划”520人次。开展孤弃儿童养育情况大排查。依据《民政部办公厅关于开展孤弃儿童养育情况大排查的通知》要求，各级民政部门迅速行动，经过近3个月排查，基本完成工作任务。

【社会工作人才队伍建设】 2018年，浙江省进一步做大社工人才总量。年初，召开全省社会工作和志愿服务工作会议，对全年社会工作和志愿服务工作进行部署，明确对各地社工人才的增长情况进行分类考核。完成“平安浙江”社会工作考评细则和实施方案的制定工作，明确全年各地社工人才、社工岗位和社工机构的增长任务。做好社会工作者职业水平考试报考动员组织工作，引导鼓励社区、社会组织和机关事业单位相关人员积极报考，全年全省报考人数8.4万人，比上年增长近2倍。推动各地全力做好社会工作者职业水平考试考前培训工作，帮助各地协调联系考前培训师资力量，通过线上和线下培训，提升考试通过率。全年全省各地培训6.4万人，全省通过考试人数2.19万人，增长4倍多。做好全省社会工作专业人才的统计工作，进一步摸清社会工作专业人才的领域和地域分布情况。

【社会工作使用平台搭建】 2018年，省民政厅推动各地加快开发设置社会工作岗位，督促各地贯彻落实民政部等12部委《关于加强社会工作专业岗位开发与人才激励保障的意见》，按照“平安浙江”建设考核要求，制订社会工作岗位开发设置计划，加快开发设置社会工作岗位。全年全省有社会工作岗位1.61万个，新增1807个。推动各地培育扶持社会工作服务机构。各地通过提供服务场所、政府购买服务、公益创投、补贴奖励等方式，积极扶持社会工作服务机构成立和发展。全省各地政府投入购买社会工作服务资金1.6亿元，新增社会工作服务机构225个，累计1012个。做好社会工作者登记平台和继续教育平台搭建工作。开展社会工作者登记管理系统功能修改完善，打造集社会工作人才、社会工作机构信息及资格审查、继续教育等功能于一体的登记服务平台。加强与省人事培训教育中心和社会工作相关教育机构沟通协商，落实社会工作者继续教育公需课件和专业课件。

【志愿服务工作】 2018年，省民政厅配合省人大常委会法制工作委员会修订全省志愿服务条例，理顺全省志愿服务管理体制和工作机制，夯实志愿服务发展法治保障。8月，出台新修订的《浙江省志愿服务条例》。举办全省学习贯彻志愿服务条例培训班，通过政策解读明确民政部门要承担的工作职责。按照民政部《关于做好志愿服务组织身份标识工作的通知》要求，做好全省志愿服务组织身份标识工作。推动各地开展志愿者实名注册登记和志愿服务记录工作，完善志愿者激励机制，吸引社会公众参加志愿者队伍。做好脱贫攻坚志愿服务中涌现出来的典型代表、优秀项目和经验做法宣传推介工作，鼓励引导志愿服务组织和志愿者参与脱贫攻坚。按照推广新时代“枫桥经验”要求，总结梳理志愿服务在创新基层社会治理、深化平安浙江建设方面的经验做法。全省有注册志愿者952万余人，在民政部门登记的志愿服务组织711个，在社区和单位内部成立的各类志愿服务组织12.7万个，社区志愿服务站点4200个。

【社会福利】 2018年，省民政厅通过宣传福利企业税收优惠政策，落实残疾职工社保补贴和超比例安置奖励等地方扶持措施，主动进企业送政策送服务，落细落小解决企业实际需求，鼓励引导社会企业申办福利企业。全年新增福利企业95家，累计1636家。新增就业残疾职工1927人，安置残疾职工5.27万人。全年全省福利企业残疾职工月人均工资2900多元，月人均投保额1000元。积极配合省税务局、省残联等部门，监督福利企业集中安排残疾人就业的用工行为，做好残疾人权益维护工作，并参与省残工委组织的“残疾人就业创业提升年”活动省级督查工作。

【福利彩票】 2018年，浙江省福利彩票系统突出以扩点增量为主的速度规模型向以提质增效为主的质量安全型发展模式转轨工作主线，推动全省福彩事业高质量发展，服务好民政事业和社会福利事业。至年末，全省销售各类福利彩票167.79亿元，为国家筹集公益金48.34亿元，其中上缴中央公益金23.81亿元，省级留成公益金8.45亿元，市、县(市、区)留成公益金16.08亿元。投入福彩公益金4000多万元，组织开展“福彩暖万家”系列公益活动，资助残困儿童、生活贫困大学新生、孤寡老人、生活困难环卫工人等群体1万余人。

(省民政厅　沈艳杰)

基层民主和社区建设

【概况】 2018年，浙江省有城市社区居委会3857个，城市社区社会组织7.22万个，社区社会工作室3960个，城市社区工作者3.35万人，城市社区工作服务用房总面积557万平方米。全省有村民委员会2.47万个，农村社区社会组织13.11万个，社区社会工作室5318个，文化礼堂1.05万个，村级社区服务中心1.87万个、总面积967万平方米，农村社区工作者10.88万人。出台社区治理、社区减负增效、“三社联动”和农村社区建设等专项配套政策，印发《关于加强和完善城乡社区治理的实施意见》《关于进一步加强专职社区工作者队伍建设的指导意见》，其中《指导意见》被民政部转发全国参阅。

【社区工作重要会议】 2018年，省民政厅举办和承办3期高规格、高质量、大规模培训论坛。4月，协助民政部在杭州上城区举办首届全国社区工作大讲堂，推动完善社区组织体系、增强社区服务功能、提升城市社区治理工作。5月，协助民政部基层政权和社区建设司在湖州市举办新时代乡村振兴战略与乡村治理现代化交流研讨会，加强新时代乡村治理理论研究，探讨新时代加强农村基层政权建设、深化村民自治、创新农村社区治理的路径措施。5月3—4日，在江山市召开全省农村社区建设现场推进会，总结全省农村社区建设在社区格局、社区服务设施、乡村传统文化、"三治并举"等方面取得的成绩，以及认识有待进一步提高、基础设施建设参差不齐、自治功能不足、建设资金投入不足、干部队伍素质亟待提高等方面短板，强调农村社区建设要在党建引领下，继续在"三治融合"治理体系完善、实验区建设、农村精神家园建设、"三社联动"、农村社区领军人才遴选、农村社区建设示范评估等方面做好文章。

【城市社区治理】 2018年，省民政厅探索创新居民参与社区治理的有效途径，形成杭州上城区"三社联动多方共治"、杭州下城区"协商治理3.0"、宁波北仑区"居民议事制度规范""物业协作协商规范"、平湖市"三级友邻"（友邻中心、友邻汇、友邻点）网络体系、德清县"统筹城乡幸福邻里中心"等成果。推进"三社联动"（在社区治理中，以社区、社会组织、专业社工为载体，推动多方共同参与）向社会联动升级，全省各设区市和县（市、区）以党委、政府或两办名义出台"三社联动"意见，推进"三社联动"示范观察点建设，打好社区减负增效、社区社会组织发展、社区工作者转型等组合拳，为"三社联动"发展拓展空间、创造条件和提供人才支撑。加强城乡社区协商，指导各地创新协商机制，搭建协商平台，规范协商流程和结果运用，引导各类主体参与城乡社区公共事务和公益事业发展的协商。涌现杭州上城区"湖滨晴雨"和"清波话坊"工作室、杭州余杭区"众人的事情由众人商量办"、浦江县"协商委员会"、德清县"乡贤参事会"和民主恳谈会等民主协商机制，其中象山县"村民说事"协商机制受到省委书记车俊批示肯定。杭州下城区长庆街道王马社区工作法、宁波鄞州区百丈街道划船社区工作法、桐乡市梧桐街道杨家门社区工作法获评全国优秀社区工作法。

【实验区建设】 2018年，省民政厅加强省级社区治理与服务创新实验区建设工作，围绕社区治理中的突出问题和关键环节，采用"小、精、准"局部突破方式设计实验主题，强化对问题的解决能力与实验的可复制性。省民政厅衔接浙江大学等高等院校的专家团队，对实验进行前中后全程介入和把关。各地以实验区建设为依托，创新发展诸暨市"枫桥经验"、象山县"村民说事"、武义县"后陈经验"、桐乡市"三治融合"（自治、法治、德治）等实践成果。15个实验区成为全省城乡社区治理与服务的新高地、新标杆，标杆实验区中县级8个、乡镇（街道）7个。实验区的实验主题创新和治理机制设计、问题导向与局部突破相结合、地方自主与专家指导相衔接、框架目标与适度改进相匹配等做法被国家实验区借鉴，并被民政部转发至全国。涌现出杭州江干区"双网双全"（网格化党建、网络化支撑、全科+全能、全员+全域）服务模式、余杭区"1+3"基层协商（1个协商主体，并建立城乡社区邻里协商议事中心；3个协商要素，即协商内容、协商形式、协商程序，建立适合本地村民自治的协商运作体系，形成多元主体参与治理新格局）、绍兴越城区"五邻社"、海宁市"专业社工引领社区服务项目化"、兰溪市"时间银行"等好经验好做法，形成优秀案例232个，汇编实验区、领军人才等优秀社区工作法案例100篇。中央主流媒体和《浙江日报》等省级媒体对浙江省实验区建设工作进行系列报道。

【农村社区建设】 2018年，省民政厅实施分类指导、分层提升方法，创新推进农村社区建设。制定《浙江省农村社区建设测评指标体系》，体系有50项内容，基本涵盖农村社区建设"设施、服务、治理"三大核心要素。经过各地初审、专家评估、实地抽查等方式，全省首批304个农村社区达到引领型标准、1242个农村社区达到完善型标准、1918个农村社区被确认为提升型。开展农村社区工作领军人才遴选活动，全省选拔农村社区领军人才112人，并举办专题培训班，提升领军人才的政治素质和业务能力。开展督促检查，促进各地村民代表会议、"五议两公开"（党员群众建议、党组织提议、村务联席会议商议、党员大会审议、村民及代表会议决议，表决结果公开、实施情况公开）、村务协商等制度规范化建设。

【行政村规模调整】 2018年，浙江省为有效破解行政村规模小、数量多、分布散、实力弱等问题，启动新一轮行政村规模调整工作，调整打破农村旧有格局，撬动农村资源整合、空间拓展、活力提升、产业发展，有效助力乡村振兴战略实施。行政村规模调整工作综合全省城市化进程、农村发展阶段和"七山一水两分田"的地理特征及公共资源科学配置等要求，原则上把人口偏少村、地质灾害隐患村、高山移民村、人口外迁空心村等纳入调整范围，同时保留一些民族特色村、历史文化村和景观旅游村。年内，台州、金华率先完成调整，全省行政村从上年末的2.75万个调整至2.47万个。

（省民政厅　卓海燕）

社会组织建设

【概况】 2018年，省民政厅贯彻《中华人民共和国慈善法》和省委、省政府办公厅《关于改革社会组织管理制度促进社会组织健康有序发展的实施意见》精神，按照“社会组织创新年”和总结提升推广新时代“枫桥经验”工作要求，谋划和构建有利于全省现代社会组织成体系、成建制、成规模发展的环境，推进现代大民政建设，构建社会大协同格局。至年末，全省经各级民政部门依法登记的社会组织5.52万个，比上年增长10.8%。其中社会团体2.41万个，民办非企业单位3.03万个，基金会686个，每万人拥有社会组织9.3个，纳入备案管理的社区社会组织15万余个。省本级社会组织2265个，其中社会团体1209个，民办非企业单位616个，基金会438个。全省依法登记的社会组织同时被认定为“慈善组织”的691个，其中省本级313个。全省依法登记的慈善组织中获公开募捐资格的100个，其中省本级22个。

【社会组织管理】 2018年，浙江省信息化建设推动社会组织管理效率加快提升。利用“最多跑一次”改革红利，打造全省统一的社会组织业务应用系统(3.0版)并覆盖全省运行，该系统与浙江政务服务网衔接，接入全省“一窗受理”平台，涵盖社会组织审批、管理、年检(年报)、等级评估、党建、信用信息管理、信息公开、综合服务、统计分析等功能模块。全省社会组织各类业务进行联网处理、实时归集到浙江省法人库，为全省公共数据共享交换平台提供数据支撑。探索信息化解决社会组织内部治理方案，设计社会组织服务模块项目，用以建设集成社会组织人员管理、党建管理、财务管理、会议管理、活动管理等功能于一体的服务模块，解决社会组织自身运作管理不规范难题，并逐步形成覆盖全省的完整的社会组织用户数据库。统一社会信用代码数据核对补录，按照民政部要求回传社会组织统一社会信用代码数据5.73万条，其中组织数据5.52万条，注销数据2082条，基本实现与民政部的数据同步。落实社会组织基础数据完善和重复任职的社会组织法定代表人变更工作。通过核实登记信息及团委反馈信息，对存量志愿服务的社会组织全部通过系统后台进行标识，并在试运行的社会组织业务应用系统中设计相应模块，专门用于志愿服务组织的申报和管理。

【社会组织服务提升】 2018年，省民政厅在完成与省政务服务网的数据对接、全省业务数据归集到省数据管理中心的基础上，通过省公共数据平台普查系统，完成社会组织数据导入事项21个及与其他部门间的需求互提和数源确认，初步实现与横向单位的数据共享。配合打通省、市、县三级部门自建权力系统的数据壁垒，实现数据互通。完成“省市县三级”录入和管控17个事项。推进政务跨界融合服务，与多家银行合作打造“政务金通”网上验资平台，为社会组织临时存款账户免费提供线上验资服务。探索依托银行网点开展社会组织事项代办业务，免费为个人或单位提供专业服务。与顺丰控股股份有限公司协商合作事宜，增加群众寄送材料渠道的可选性。省民政厅信息中心建成社会组织“最多跑一次”事项省级部门联办平台。针对涉及省本级业务主管单位前置审查的全省性社会组织审批服务事项，通过该平台及“政务钉钉”进行联合办理。选定台州市本级和温岭市作为试点。社会组织窗口服务质量提升，完成对社会组织服务大厅改造，扩大办公面积，更新设施设备，增配岗位人员，并建立领导带班制度，为办事群众提供优质服务。开发社会组织服务热线自动语音应答系统，进一步提升窗口服务软硬件水平和服务质量。

【行业协会商会脱钩】 2018年，浙江省行业协会商会与行政机关脱钩全面完成。启动行业协会商会脱钩改革收尾阶段工作，总结交流试点经验，对脱钩对象进行系统性培训，确保第三批脱钩工作有序推进和顺利完成。除国家明确不列入脱钩范围及部分承担特殊职能的行业协会商会外，其他全省性行业协会商会全部完成与行政机关脱钩任务，3批脱钩改革涉及业务主管单位37个、协会商会249个，其中脱钩242个、注销或拟注销7个。

【社会组织信用建设监管】 2018年，浙江省行业协会商会收费进一步规范化。省民政厅、省发展改革委、省财政厅、省国资委、省物价局联合转发国家四部委《关于进一步规范行业协会商会收费管理意见的通知》，印发《关于开展行业协会商会收费情况自查自纠工作的通知》，对已脱钩及直接登记的全省性行业协会商会进行涉企收费回头看调查，根据报送的自查情况进行核查和督促整改，深入推进行业协会商会违规收费清理和规范，累计降低企业负担1.38亿元。事中事后监管加强，开展上年度社会组织网上年检，约谈26个社会组织的发起人、负责人，整改社会组织98个；警告23个社会团体和1个基金会，撤销登记社团6个和基金会2个。强化负责人监管，重点加强对任职条件和任用程序审查。推动建立多部门共同参与的社会组织资金监管机制，联合省公安厅、省国家安全厅、省财政厅、省税务局、中国人民银行杭州中心支行、省外汇管理局印发《浙江省社会组织资金监管机制实施办法》。印发《浙江省民政系统“双随机”抽查实施细则(试行)》和《浙江省社会组织“双随机一公开”实施办法》，利用“双随机”工作软件系统，建立“双随机”执法库和对象库，制作标准化的抽查记录表，按照不低于5%的要求，在省市县三级完成“双随机”联合执法。社会组织信用体系建设渐趋完善。按照《社会组织信用信息管理办法》和《浙江省公共信用信息管理条例》要求，建立异常名录和严重违法失信名单制度和社会组织公共信用信息评价体系。将失信被执行人自动列入严重失信违法名单，通过异常名录和黑名单加强监管，全省列入异常名录社会组织98个，列入严重违法失信名单社会组织35个。利用中国社会组织网和慈善中国网，公开全省慈善组织信用信息691个，公布第一批100个守信慈善组织名单，接受政府和社会监督。省发展改革委、省民政厅、省税务局、省高级人民法院、省人力社保厅等部门共同推动建立社会组织公共信用评价体系，利用共享数据，实现动态评分，为部门综合监管、落实联合奖惩提供依据。印发年度全省性社会组织等级评估通知，完成报名工作，社会组织参评145个。完成等级评估指标修订，并纳入信用评价，引导社会组织加强规范化建设。打击非法社会组织，联合省公安厅制订《浙江省打击整治非法社会组织行动方案》，召开打击非法社会组织工作视频会议，部署全省打击整治非法社会组织专项行动。与省公安厅联合印发《关于明确打击整治非法社会组织专项行动办公室成员名单的通知》，通过电子邮箱和设立举报电话，向社会征集线索，发现一起，取缔一起。至年末，全省取缔、劝散非法社会组织630个。

【社会组织培育引导】 2018年，省民政厅培育引导社会组织参与社会治理的规范提升，启动总结提升推广新时代"枫桥经验"的社会组织参与社会治理规范提升工程，制订《社会组织参与社会治理规范提升工程实施方案》，印发《关于进一步规范提升社会组织参与社会治理工作的实施意见》。8月，在诸暨市召开全省社会组织参与社会治理规范提升工程现场会，要求通过培育发展社区社会组织、慈善组织，健全社会组织法人治理结构，建立健全监管执法机制，提升登记管理信息化水平，推进人才专业化、职业化等方式，规范提升社会组织参与社会治理的社会化、法治化、智能化和专业化。省民政厅、省委组织部、省政法委、省财政厅联合印发《关于大力培育发展社区社会组织的指导意见》，指导各地加强社区社会组织备案管理，落实乡镇（街道）备案管理职责，完善备案管理办法，降低准入门槛，优化服务管理，加快培育社区社会组织。指导乡镇（街道）、村（社区）加快建设枢纽型、支持型社会组织，并逐步融入党群服务功能。全省各地依法登记的枢纽型、支持型社会组织覆盖乡镇（街道）551个和城乡社区2748个，培育城乡社区社会组织并进行备案管理超过15万个。完成2017年度第一批公益性捐赠税前扣除资格社会组织的年度捐赠数据上报、汇总和分析。联合省财政厅确定2017年度第二批公益性捐赠税前扣除资格建议名单和2018年度第一批建议名单，分别确定311个和563个社会组织获公益性捐赠税前扣除资格。省内社会组织11个公益项目获中央财政资金503万元。省级福利彩票公益金1700万元通过转移支付方式支持县市区社会组织开展公益项目和能力建设，省级福利彩票公益金300万元支持省本级社会组织公益项目14个，其中安排面向省外的中西部贫困地区脱贫攻坚项目2个，全额100万元。编制社会组织推荐性目录，向社会公开推荐的优秀全省性社会组织350个。省民政厅修订《浙江省民政厅关于社会组织承接政府转移职能和购买服务推荐性目录的编制管理办法》，推动城乡社区服务纳入政府购买服务指导目录，支持社区社会组织承接社区公共服务和基层政府委托事项。印发《关于广泛引导和动员社会组织参与脱贫攻坚的通知》，鼓励社会组织积极参与有关服务，参与对口帮扶地区扶贫活动。全省各级慈善组织在扶贫协作地区实施各类慈善项目170个，捐助款物折价1.4亿元。（省民政厅　欧阳文华）

2018年8月15日，全省社会组织参与社会治理规范提升工程现场会在诸暨召开

（省民政厅　供图）

社 会 救 助

【概况】 2018年，浙江省推进社会救助工作改革创新，各项社会救助事业加快发展，民生兜底保障工作进一步加强。全省社会救助覆盖范围不断扩大，困难家庭中的重病、重残对象单独列户纳入最低生活保障；救助保障标准不断提高，提出到2022年全省低保标准不低于9000元的发展目标；城乡统筹发展水平继续提高，全省县域范围内实现最低生活保障标准城乡同标；精准救助能力有新的提升，困难群众申请社会救助实现"最多跑一次"；基层社会救助经办服务力量进一步夯实，政府购买社会救助项目包括事务性工作和服务性工作；社会力量参与社会救助日益广泛，涌现"福彩暖万家·焕新乐园"等救助项目。

【社会救助兜底】 2018年，省民政厅、省财政厅、省扶贫办共同制订《浙江省低收入农户社会救助兜底保障实施意见》，实施省低收入农户高水平全面小康计划，助力低收入农户增收。年内低保标准每人每月在600元～700元的县（市、区），根据当地经济社会发展水平和物价变动情况分别提高低保标准。将依靠家庭供养且无法单独立户的重残、重病患者等完全丧失劳动能力和部分丧失劳动能力的贫困人口，经个人申请，参照单人户纳入低保范围。在增收攻坚期内，对人均收入超过最低生活保障标准或低保边缘户标准的对象，给予一年的渐退期，实现稳定脱贫后再退出低保或低保边缘户范围。

【最低生活保障实现城乡统筹】 2018年,《浙江省最低生活保障办法》在浙江省范围内实施。7月1日,全省率先全国实现县(市、区)城乡低保标准统筹,丽水、衢州、嘉兴等6个设区市实现区域统筹。全省城乡平均月低保标准771元,全年累计支出低保资金44亿元。年内,在册低保边缘对象36.4万人。

【农村低保专项治理】 2018年,浙江省全面开展农村低保专项治理工作,通过自查、督查、交叉检查等形式,集中治理"人情保""关系保""错保""漏保"等农村低保工作中的腐败和作风问题,进一步提升农村低保管理规范化水平。至年末,全省在册城乡低保对象72.7万人,新增低保对象9.2万人,通过动态管理累计退出低保对象17.8万人。

【特困人员供养】 2018年4月,民政部社会救助司到浙江省调研特困供养工作。全省有特困人员2.91万人,其中城市0.31万人,农村2.6万人。特困人员供养保障金人均月标准1167元,全年累计支出约4亿元。

【临时救助】 2018年6月13日,省民政厅、省财政厅转发《民政部、财政部关于进一步加强和改进临时救助工作的通知》,逐步推行分档分类补助标准。10月9日,省民政厅会同财政厅印发《关于调整精减退职职工和麻风病人生活困难补助费标准的通知》,提高特殊对象救助标准。全年全省临时救助困难群众14.53万户、26.97万人,发放临时救助金2.8亿元,户均救助1968元,人均救助1060元。全面开展"救急难"工作,全省乡镇(街道)建立备用金制度,确立24小时内保证救助措施到位的应急救助机制。

【医疗救助】 2018年,省民政厅、省人力社保厅、省财政厅组织赴安吉、嘉兴、义乌三地调研医疗救助"一站式"结算服务等工作。省民政厅与省人力社保厅制订低保数据交换方案,将医疗救助的"一站式"结算模块嵌入医保系统,实现"即时结报"。全年全省医疗救助直接救助困难群众739.2万人次,支出医疗救助资金20.09亿元。资助困难群众参加城乡居民医疗保险128万人,资助金额8.25亿元,人均资助386元。特困供养人员、低保、低保边缘人员等困难群众医疗救助比例分别为100%、70%和60%,有效减轻困难群众医疗费用负担。11月,医疗救助业务从省民政厅移交新成立的省医疗保障局。

【社会救助信息化建设】 2018年,省民政厅完成省社会救助管理信息系统改造"迁云"工作,实现社会救助一证申请、一窗对接、掌上办理。困难群众凭一张身份证就可申请低保等社会救助。推进信息数据共享,省社会救助家庭经济状况核对平台与9个省级部门13类信息数据自动比对,与59家银行机构实现金融资产信息核对查询,提升核对质量。省级核对平台对全省21.8万户次、48.04万人次的新申请社会救助对象进行信息核查,检出预警对象8.03万人次,检出率16.7%。复核全省在册救助对象信息174.46万人次,检出率12.8%。

【基层社会救助经办服务能力建设】 2018年9月7日,省民政厅、省委编办、省财政厅、省人力社保厅四部门出台《关于积极推行政府购买服务加强基层社会救助经办服务能力建设的实施意见》,明确按照救助对象人数在500名以下乡镇(街道)1人、500~1000名的乡镇(街道)2人、1000名以上适当增加的标准落实购买服务人员和经费,破解基层社会救助力量不足的问题。

【社会救助办法改革】 2018年,省民政厅、省财政厅在全国率先制订《浙江省社会救助家庭供养费核算办法》,进一步方便困难群众申请和基层审批社会救助,解决多年来困扰基层社会救助工作中赡养、抚养、扶养费计算操作难问题。倡导公民依法履行赡养、扶养、抚养义务,并对收入较低的困难群众放宽条件,加大兜底救助和精准救助力度,促进社会公平正义。

【"福彩暖万家·焕新乐园"项目】 2018年,省福利彩票中心、省妇女儿童基金会和阿里巴巴公益基金会联手打造"福彩暖万家·焕新乐园"项目,为全省3市15县1000户低保家庭提供项目服务,围绕"阻断贫困代际传递"的目标,通过居住环境改善及关爱陪伴,满足儿童成长多元化需求,帮助提升家庭综合发展能力。省民政厅牵头制定《福彩暖万家·焕新乐园》项目实施方案,协助召开项目推广部署会。该项目被评为浙江省年度十大慈善项目。

(省民政厅　鲍柏焕)

【救助管理】 2018年,浙江省有救助管理站77个,市、县(市)机构设置实现全覆盖,其中台州市与椒江区救助站、舟山市与定海区救助站为合署办公的救助管理站。各救助管理站增设合署办公的流浪儿童救助保护中心,设立总数69个,其中经编制部门批准增挂的48个。全省有63个救助管理机构设立预防和制止家庭暴力庇护中心,协助妇联、公安系统,为受家庭暴力威胁的妇女提供临时庇护场所。13个救助管理机构被民政部授予等级站建设单位,其中,杭州市救助管理站获国家一级救助管理机构称号,宁波市、金华市、舟山市、绍兴市、衢州市、嘉兴市等12个市、县(市、区)救助管理站被授予国家三级救助管理机构称号。全年全省救助5.1万人次,其中外省籍占93%;18周岁以下流浪未成年人1500多人次,老年人8000多人次,救助站安置长期滞留人员1900多人,滞留人员中无法查明地址的有1800多人,各救助管理机构为受助人员提供临时性生活照料和精神抚慰。4月11—12日,省民政厅会同省儿童福利救助协会在丽水市举办"全省救助管理机构档案规范化建设"培训班,讲解全省救助管理工作的形势和要求,对救助管理工作档案规范化进行专项培训。

【救助和托养机构排查整改】 2018年,浙江省根据民政部督查组发现的问题,迅速印发排查整改通知,进行再部署、再落实。全省各市、县(市、区)救助和托养机构积极开展问题查摆和整改,确保查找问题不遗漏、整改落实不缺项。全省救助管理机构针对寻亲工作情况、站外托养机构管理及监管工作、长期滞留人员安置政策问题、救助管理机构床位闲置和内部管理问题进行全面排查整改。针对督查组提出的问题,加强全省救助管理工作规范化建设,完善救助机构管理制度,进一步规范救助及托养照料服务。加强托养机构监督管理,杜绝风险隐患、保障流浪乞讨人员合法权益,树立"民政为民、民政爱民"工作理念,守住工作安全底线,确保全省救助和托养机构安全运行。

【寻亲工作】 2018年,浙江省各级救助管理机构依托公安部门、互联网技术、"今日头条"网站、新闻媒体等平台和手段开展寻亲工作。全省人脸识别技术推进。省民政厅与省公安厅通过签订数据共享协议,利用公安系统的人脸识别技术作为救助机构寻亲工作的重要技术支持,在全省推广使用,各级民政部门在协议框架下,与当地公安部门对接,至年末,全省有75个救助管理机构开展该项工作。全年全省长期滞留人员1898人,累计向公安部门报送识别请求2078人次,先后识别出300多人,并帮助滞留人员回归家庭。全省各级救助管理站落实无法查明身份人员全部上传全国救助寻亲网,全部书面报请公安机关采集DNA"两个100%"要求,落实"互联网+救助寻亲"、依托"今日头条"等新媒体开展寻亲工作。至年末,通过全国寻亲网寻亲成功68人,通过"今日头条"寻亲成功300多人,通过公安部门DNA比对寻亲成功47人。

【"寒冬送温暖""夏季送清凉"专项活动开展】 2018年,浙江省开展"寒冬送温暖""夏季送清凉"专项救助行动,确保流浪人员安全度过冰雪天气和夏季高温天气。专项救助行动期间,全省救助生活无着流浪乞讨人员1.7万人次(含救助露宿街头各类困难群众6131人次),其中,未成年人410多人次,危重病人和疑似精神障碍患者8400多人次,劝导自主返乡7300多人次,护送返乡652人次。出动车辆7353辆次,发放各类食品2627箱,发放御寒物品5634件,为生活无着人员寻亲成功467人。

【"6·19"救助站开放日】 2018年6月19日是第六个"全国救助管理机构开放日",浙江省各地救助管理机构开展以"推进阳光救助,履行兜底职责"为主题开放日活动。杭州市救助管理站联合省儿童福利救助协会、杭州淮安商会举办大型活动,民政部社会事务司司长王金华,杭州市人大常委会党组副书记、副主任许勤华等领导及社会各界人士到站参加。该活动通过受助对象现场认亲、受助对象访谈、安置人员表演等环节,"零距离"展示救助管理工作成效。现场采访救助甄别专家并与杭州市刑侦支队签订技术寻亲协议等环节。活动现场颁发"阳光救助急先锋""爱心商会""阳光救助模范组""救助志愿者队伍"等荣誉,鼓励更多的社会力量关心救助、参与救助。全省其他各级救助管理机构以多种形式普遍开展开放日活动。 (省民政厅 张启华)

表41 2018年浙江省居民收入增长情况

指标名称		2018年(元)	2017年(元)	比上年名义增长(%)	比上年实际增长(%)
全体居民	人均可支配收入	45 840	42 046	9.0	6.5
	(一)工资性收入	26 242	24 137	8.7	
	(二)经营净收入	7 752	7 123	8.8	
	(三)财产净收入	5 244	4 742	10.6	
	(四)转移净收入	6 602	6 043	9.2	
城镇居民	人均可支配收入	55 574	51 261	8.4	6.0
	(一)工资性收入	31 148	28 818	8.1	
	(二)经营净收入	8 316	7 669	8.4	
	(三)财产净收入	7 586	6 911	9.8	
	(四)转移净收入	8 524	7 863	8.4	
农村居民	人均可支配收入	27 302	24 956	9.4	7.0
	(一)工资性收入	16 898	15 457	9.3	
	(二)经营净收入	6 677	6 112	9.2	
	(三)财产净收入	784	718	9.2	
	(四)转移净收入	2 943	2 669	10.3	

注:2018年居民消费价格指数全省102.3、城镇102.3、农村102.2

(国家统计局浙江调查总队 提供)

人民生活
Residents Livelihood

综 述

【概况】 2018年,浙江省城乡居民收入稳步增长,消费支出增速加快,收支水平领跑全国各省区,百姓幸福感、获得感进一步提高。全年浙江居民人均可支配收入4.58万元,名义收入和实际收入分别比上年增长9.0%和6.5%,增速分别下降0.1和0.4个百分点。从收入来源看,人均工资性收入26242元,增长8.7%;经营净收入7752元,增长8.8%;财产净收入5244元,增长10.6%;转移净收入6602元,增长9.2%。

按常住地分,城镇居民人均可支配收入55574元,名义收入和实际收入分别增长8.4%和6.0%,增速分别下降0.1和0.3个百分点。从收入来源看,人均工资性收入31148元,增长8.1%;经营净收入8316元,增长8.4%;财产净收入7586元,增长9.8%;转移净收入8524元,增长8.4%。

农村居民人均可支配收入27302元,名义收入和实际收入分别增长9.4%和7.0%,名义收入增速提升0.3个百分点,实际收入增速与上年持平。从收入来源看,人均工资性收入16898元,增长9.3%;经营净收入6677元,增长9.2%;财产净收入784元,增长9.2%;转移净收入2943元,增长10.3%。

全年浙江居民家庭人均可支配收入中位数为40085元,是平均数的87.4%,下降1.4个百分点;人均可支配收入中位数增长7.4%,比平均数增幅低1.6个百分点。分常住地看,城镇居民家庭人均可支配收入中位数为51333元,农村居民家庭人均可支配收入中位数为25695元。

【消费支出增速加快】 2018年,浙江居民人均消费支出2.95万元,名义支出和实际支出分别比上年增长8.8%和6.4%,名义支出和实际支出增幅提高2.7和2.5个百分点。按常住地分,全年城镇居民人均消费支出3.46万元,名义支出和实际支出分别增长8.4%和6.0%,增幅提高2.2和2.0个百分点。全年农村居民人均消费支出1.97万元,名义支出和实际支出分别增长8.9%和6.6%,增幅提高4.7和4.4个百分点,提升幅度较大。从消费结构来看,居民八大类消费支出呈“七增一减”态势,其他用品和服务、生活用品及服务、医疗保健三大类支出增速居前三位,交通通信支出略有下降。其中城镇居民八大类消费支出全面增长,其他用品和服务、医疗保健、生活用品及服务、衣着四大类支出快速增长;农村居民八大类消费支出“七增一减”,生活用品及服务、医疗保健、其他用品和服务、居住四大类支出快速增长,交通通信支出有所下降。

(国家统计局浙江调查总队 盛 飞)

居 民 收 入

【居民收入水平居全国前列】 2018年,浙江省全体居民、城镇居民和农村居民人均可支配收入分别是全国平均水平的1.62倍、1.42倍和1.87倍,3项收入分别居全国第三位、第三位和第二位,均居全国各省、自治区(不包括直辖市)第一位。其中城镇居民人均收入绝对值连续18年居全国各省、自治区(不包括直辖市)第一位;农村居民人均收入绝对值连续34年居全国各省、自治区(不包括直辖市)第一位。全年全省居民、城镇居民和农村居民人均可支配收入名义增速分别快于全国0.3、0.6和0.6个百分点;城乡居民人均可支配收入实际增速均超过全国0.4个百分点,全体居民收入实际增速与全国持平。从收入增速排位看,全体居民、城镇居民和农村居民人均可支配收入名义增速分别居全国第13位、第6位和第7位,位次比上年上移2位、3位及1位。全年全体居民、城镇居民和农村居民人均可支配收入实际增速分别为6.5%、6.0%和7.0%,全省生产总值扣除价格因素后增长7.1%,全年居民收入与经济运行发展速度基本保持同步。

【城乡居民收入比缩小】 2018年,浙江省农村居民人均可支配收入名义和实际增速均快于城镇1.0个百分点,增速差距分别比上年提升0.4和0.3个百分点。城乡居民收入增速差距连续两年有所扩大,农村居民收入增速优势明显。城乡居民收入比为2.036∶1,缩小0.018,自2013年以来连续6年呈现不断下降态势,比全国平均水平低0.649,在全国范围内略高于天津。浙江省在全国范围内首开城乡一体化战略实施先河,积极构建以工促农、以城带乡、工农互惠的城乡一体化发展新格局,离城乡居民收入实现平衡充分发展的目标更近一步。

【居民增收基底巩固】 2018年,浙江省坚持稳中求进工作总基调,聚焦经济高质量发展,持续打好三大攻坚战和实施富民强省十大行动计划,经济运行总体平稳,质量效益逐步提升。良好的经济发展态势筑实居民增收基底。依赖于工资性收入刚性增长。全年居民人均工资性收入增长8.7%,对可支配收入增长的贡献率为55.5%,是居民增收的第一拉动因素。第二拉动因素为财产净收入增长加快。全年居民人均财产净收入增长10.6%,增幅提高1.3个百分点,延续上年增速加快趋势,对可支配收入增长的贡献率为13.2%。经营净收入和转移净收入较快增长也成为居民增收的重要因素。全年居民人均经营净收入增长8.8%,增幅提高0.7个百分点,对可支配收入增长的贡献率为16.6%。居民人均转移净收入增长9.2%,增速仅次于财产净收入,对可支配收入增长的贡献率14.7%。

【加快发展县居民增收】 2018年,全省26个加快发展县的居民人均可支配收入平均增速9.5%,比全省平均水平高0.5个百分点,其中23个县的增速高于全省平均水平。增速最高的龙游县为10.2%,最低的天台县为

表42 2018年浙江省居民消费支出情况

指 标	全体居民		城镇居民		农村居民	
	金额(元)	增长(%)	金额(元)	增幅(%)	金额(元)	增长(%)
人均消费支出	29 471	8.8	34 598	8.4	19 707	8.9
1.食品烟酒	8 198	5.8	9 371	5.2	5 966	6.4
2.衣着	1 814	14.4	2 232	15.9	1 018	6.5
3.居住	7 721	10.4	9 154	8.8	4 993	14.6
4.生活用品及服务	1 652	22.8	1 967	21.6	1 053	25.1
5.交通通信	4 302	-0.1	5 010	1.1	2 953	-4.8
6.教育文化娱乐	3 031	6.6	3 684	4.6	1 788	12.4
7.医疗保健	2 059	21.4	2 287	22.2	1 627	18.7
8.其他用品和服务	693	24.5	893	25.3	310	16.9

（国家统计局浙江调查总队 提供）

2018年浙江居民八大类消费占消费支出的比重(%)

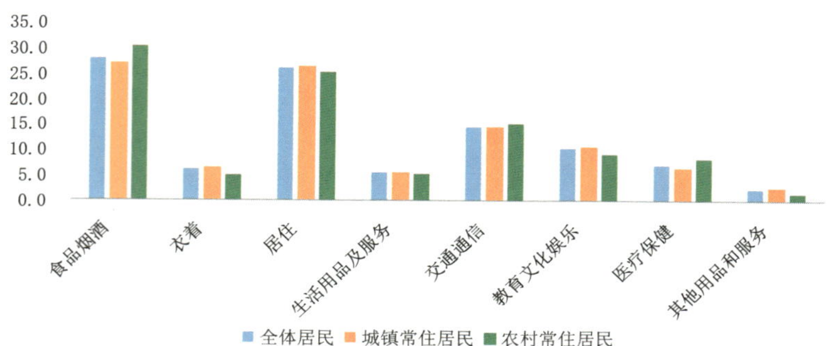

（国家统计局浙江调查总队 提供）

8.3%。26个县城镇居民人均可支配收入4.16万元，比全省平均水平低1.40万元；平均增长8.9%，比全省平均水平高出0.5个百分点。收入最高的苍南县为4.71万元，最低的开化县为3.46万元。26个县农村居民人均可支配收入2.04万元，比全省平均水平低6866元；平均增长9.8%，比全省平均水平高0.4个百分点。收入最高的莲都区为2.57万元，最低的泰顺县为1.70万元。

（国家统计局浙江调查总队 盛 飞）

居 民 消 费

【居民消费水平保持全国前列】 2018年，浙江省居民人均消费支出2.95万元，比全国平均水平高9618元，居全国31个省（自治区、直辖市）第四位，省、自治区（不包括直辖市）第一位，名义消费增速比全国平均高0.4个百分点。按常住地分，城镇居民人均消费支出3.46万元，比全国平均水平高8486元，居全国31个省（区、市）第三位，增速比全国高1.6个百分点；农村居民人均消费支出1.97万元，比全国平均水平高7583元，居全国30个省（区、市）第二位，增速比全国低1.8个百分点。

【八大类消费支出】 2018年，浙江省居民八大类消费支出“七增一减”，其他用品和服务、生活用品及服务、医疗保健三大类支出增速居前三位，交通通信支出比上年略有下降。全年全省居民人均其他用品和服务支出693元，增长24.5%，增速居八大类消费支出首位，提高16.0个百分点，对消费支出增长的贡献率为5.7%。居民人均生活用品及服务支出1652元，增长22.8%，增速仅次于其他用品和服务类支出，提升12.9个百分点，对消费支出增长的贡献率为12.8%。居民人均医疗保健支出2059元，增长21.4%，增速居八大类消费支出第三位，提高8.8个百分点，对消费支出增长的贡献率15.2%。居民人均衣着支出1814元，增长14.4%，提升13.0个百分点，对消费支出增长的贡献率9.5%。居民人均居住支出7721元，增长10.4%，增幅下降3.6个百分点，处于较快增长区间，对消费支出增长的贡献率30.5%，贡献率居八大类消费支出第一位。居民人均教育文化娱乐支出3031元，增长6.6%，增幅提高4.8个百分点，对消费支出增长的贡献率7.8%。居民人均食品烟酒支出8198元，增长5.8%，增幅提高1.3个百分点，对消费支出增长的贡献率18.7%，贡献率排在居住类支出之后，占消费支出的27.8%，下降0.8个百分点。居民人均交通通信支出4302元，下降0.1%，影响消费支出下降0.2个百分点，增速提升1.5个百分点。

【居民消费结构优化】 2018年，浙江省居民人均食品烟酒、居住、交通通信和教育文化娱乐支出分别占居民人均消费支出的27.8%、26.2%、14.6%和10.3%，四类消费占消费总支出的78.9%，是居民日常生活开支的主体部分。从消费结构看，居民人均食品烟酒占消费支出的比重比上年下降0.8个百分点；人均衣着、生活用品及服务、其他用品和服务支出占消费支出的比重分别提高0.3、0.6和0.2个百分点；教育消费支出增长7.1%，其中人均培训费支出533元，增长29.9%，消费结构进一步优化升级。

【居民住房环境改善】 2018年，浙江省城乡居民住房面积更加宽敞，居住环境更加舒适。至年末，浙江居民人均住房建筑面积52.3平方米，比上年增加4.2平方米。其中，城镇居民人均住房建筑面积45.4平方米，增加3.9

平方米；农村居民人均住房建筑面积65.4平方米，增加5.0平方米。从房屋来源来看，浙江居民自有房占87.8%，提高1.6个百分点。从住房主要建筑材料来看，以钢筋混凝土为主要住房建筑材料的住房比例从上年的44.3%提高到55.4%，提高11.1个百分点。在生活设施方面，居民管道供水入户占98.6%，提高0.9个百分点；主要饮用水源为经过净化处理的自来水的户数占93.3%，提高1.5个百分点；住宅内厕所为水冲式卫生厕所的占96.7%，提高3.0个百分点。全省村(居)基础设施建设较好，被调查的全部村(居)民实现"四通"(通电、通电话、通有线电视、通公路)，基本公共服务便利，农村居民幸福感、获得感进一步提升。

【居民食品消费品质提高】 2018年，浙江省居民家庭在食品消费方面的支出继续增加，居民更加注重健康饮食，在外饮食消费增长较快，食品消费品质进一步提升。从消费量看，居民人均消费粮食、油脂类、蔬菜及菜制品、水产品分别比上年减少1.3、0.6、4.8和0.8千克；人均消费肉类、奶和奶制品、干鲜瓜果、糖果糕点分别增加2.5、1.2、1.9和1.2千克。从消费支出来看，人均肉类、奶类、干鲜瓜果类、糖果糕点类消费支出分别增长1.1%、29.5%、6.5%和15.2%。人均在外饮食消费支出1722.2元，增长24.4%，占消费支出的比重由上年的5.1%提高到5.8%。

【居民服务性消费支出比重提升】 2018年，浙江省居民人均服务性消费支出1.38万元，比上年增长12.3%；占全体居民人均消费支出的46.7%，提高1.4个百分点。居民服务性消费支出占比提升，全省城乡居民消费持续升级，其中医疗保健、食品烟酒和居住三类服务性消费支出增长较快。按常住地分，城镇居民人均服务性消费支出1.5万元，增长11.1%；农村居民人均服务性消费支出7094元，增长14.8%。

（国家统计局浙江调查总队　盛　飞）

住房保障

【概况】 2018年，浙江省城镇棚户区改造新开工40.6万套，基本建成棚户区改造33.3万套，发放城镇住房保障家庭租赁补贴4.3万户，新增政府投资公租房分配1.9万套，分别完成年度目标任务的139.0%、170.9%、179.1%和115.3%，完成情况居全国前列。其中，棚户区交付入住29.2万套，完成投资1640亿元，为年度计划投资的234.2%。

【住房领域"最多跑一次"改革】 2018年，浙江省落实《关于全面推进城镇住房保障"最多跑一次"改革的意见》，简化程序、精减材料、优化流程、落实职责，全面提升住房保障服务水平。至年末，全省基本实现住房保障涉跑事项"最多跑一次"。其中住房保障资格确认时限由以前的长则一年短则半年缩短至40个工作日以内，温州瓯海区、衢州市本级等地区缩短至14个工作日以内。部分地区的所有涉跑事项实现全程网上办、"掌上办"、"一证办"，以方便办事群众。

【棚户区改造】 2018年，省建设厅提前将全年棚户区改造目标任务落实到县(市、区)和地块(村)、项目，并做好中期评估调整工作。对棚改任务量大和开工进展缓慢地区，省建设厅领导带队开展专项督查，确保棚改任务如期完成。修订完善棚改界定范围和标准，印发《浙江省城镇棚户区改造界定范围和标准》，督促各地结合实际，进一步细化完善棚改界定政策，科学合理确定棚改项目。加强棚户区改造资金保障。全年全省各大政策性银行和商业银行新增棚改授信2404亿元，新增贷款2401亿元。积极落实中央财政专项资金，获专项补助36.2亿元，中央预算内投资18亿元；省级财政拨出专项补助3.5亿元。

【公租房保障】 2018年，浙江省通过公租房实物配租和租赁补贴等方式(含各地自筹实施的公租房保障量)累计解决住房困难群众146.7万人，人均住房建筑面积18～20平方米。鼓励公租房实物房源充分地区，扩大租赁补贴范围，提高租赁补贴标准。鼓励杭州市等人口流入大、新增保障对象多、市场存量房源不足的地区，通过商品房配建公租房等方式筹集公租房实物房源，解决群众住房困难问题。全省建立购房和租房并举，城镇住房保障实行实物配租与租赁补贴相结合的办法，并逐步转向以租赁补贴为主。

【国务院保障性住房领域基层政务公开标准化规范化试点工作】 2018年，省建设厅指导杭州拱墅区、宁波江北区、温州瓯海区、嘉善县、义乌市、江山市、临海市7个试点地区全面梳理保障性住房信息公开事项，丰富信息公开载体，拓宽信息公开渠道，乘势推进行业改革，形成一批可复制、可推广的标准体系，涌现一批反映试点工作成效的特色亮点案例。温州市推进住房保障数字化转型有关做法在住房和城乡建设部《建设工作简报(第22期)》上专门刊发，并被国务院确定为制定国家标准的基础蓝本。10月，住房和城乡建设部、财政部将浙江省选为全国政府购买公租房运营管理服务试点工作的8个试点省份之一。（省建设厅　徐　剑）

【住房公积金管理】 2018年，浙江省住房公积金新开户单位4.4万个，实缴单位22.8万个，增加3.2万个。新开户职工160.9万人，实缴职工800.6万人，增加84.3万人。缴存额1388.8亿元，比上年增长16.6%。至年末，缴存总额9379.9亿元，增长17.4%；缴存余额3176亿元，增长10.8%。全年提取额1079.6亿元，增长14.6%，占年度缴存额的77.7%。至年末，提取总额6203.9亿元，增长21.1%。发放个人住房贷款12.6万笔、561.5亿元，回收个人住房贷款340.2亿元。至年末，累计发放个人住房贷款177.1万笔、5617.5亿元，贷款余额3123.8亿元，分别增长7.6%、11.1%和7.6%，个人住房贷款余额占缴存余额的98.4%。

（省建设厅　彭小影）

城乡建设
Urban and Rural Construction

综　述

【概况】 2018年,全省住房和城乡建设系统推进工程建设项目审批制度改革和政府数字化转型,住房保障、危旧房治理改造、绿道建设、农村公厕新建改造等民生实事如期完成,小城镇环境综合整治成效明显,城镇生活垃圾分类处置持续推进,城乡污水处理提速增效,城乡人居环境和风貌特色不断提升,建筑业稳步健康发展,工程质量安全稳中向好。全系统把住房城乡建设融入乡村振兴、"一带一路"和长三角一体化等国家战略来考量、谋划,实现城乡面貌、环境、品质、生活、生态全方位高质量发展。全年新开工棚户区改造住房40.6万套,基本建成棚户区改造33.3万套,发放城镇住房保障家庭租赁补贴4.3万户,新增政府投资公租房分配1.9万套。全年房地产市场平稳健康发展,全省房地产开发完成投资9945亿元,比上年增长20.9%。销售商品房9755万平方米,销售均价14444元/平方米,商品住宅价格保持基本平稳。全省新建商品房销售面积9755万平方米,增长1.6%。至年末,全省商品住宅可售面积5577万平方米,消化周期8.4个月,增加1个月。全年完成市政公用设施固定资产投资1507.14亿元,增长22.9%。至年末,城市供水综合生产能力2155.21万立方米/日,增长2.8%。供水管道长度8.72万千米,增长3.6%。城市道路长度2.96万平方米,增长7.3%。人均城市道路面积18.73平方米,增长4.5%。城市污水处理总能力1261万立方米/日,污水处理率95.63%,提高0.86个百分点。至年末,城市建成区绿地面积13.04万公顷,人均公园绿地面积13.86平方米,增加0.43平方米。城市生活垃圾无害化处理能力7.73万吨/日,增长3.2%。

【城乡生态环境改善】 2018年,诸暨市申报国家生态园林城市,舟山、瑞安、乐清、嵊州、兰溪、东阳、永康7个市申报国家园林城市,慈溪市周巷镇等6个镇申报国家园林城镇。省建设厅组织专家组对宁波市等20个国家园林城市进行现场复查,并报住房和城乡建设部。组织专家组对庆元县创建省级园林城市进行现场指导和考核,获省政府办公厅批复。指导设区市主管部门做好对13个省级园林城镇考评工作,其中11个镇获批复。组织专家组对杭州市、绍兴市、长兴县和安吉县中国人居环境奖建设工作进行实地复查。全年全省新建成优质综合公园57个、绿化美化示范路57条和街容示范街55条。

【推进垃圾分类】 2018年,浙江省垃圾分类政策法规日益健全。2月,省建设厅出台《省城镇生活垃圾分类管理办法》。省政府印发省城镇生活垃圾分类实施方案和农村生活垃圾分类处理工作"三步走"实施方案,开展源头减量、回收利用、制度创制、处置能力提升、文明风尚培育五大专项行动,出台全省垃圾分类考核评价体系及评分细则。加大垃圾分类的执法力度,促进"以法治分",杭州市对垃圾不分类行为实施垃圾拒运18件、行政处罚2359件。6月,成立省生活垃圾分类工作领导小组及其办公室,开展集中办公。各地成立相应的组织机构,省、市、县三级联动机制初步形成。分类系统建设加快,各地进一步完善垃圾前端投放、中端收运、末端处置专项规划,加快分类投放、分类收集、分类运输、分类处置系统建设。至年末,11个设区市垃圾分类收集覆盖面超过80%,县级城区超过50%,农村达61%;全省城镇生活垃圾资源化利用率80%,城乡垃圾回收利用率32%。源头减量效果明显。围绕"零增长"的目标,重点抓好生产、流通、消费、分类、回收等环节工作,尽量从源头上减少垃圾的产生。率先在全省党政机关、企事业单位、社团组织、公共场所管理单位全面实行强制分类,开展高标准分类小区创建和"定时定点"商业街(居住小区)清运试点。累计建成省级高标准垃圾分类示范小区409个,商业街(居住小区)实施"定时定点"投放清运试点400个,全年城镇生活垃圾增长率控制在2%以内,垃圾高速增长的势头得到明显遏制。（省建设厅　刘叶冲）

测绘地理信息

【概况】 2018年10月24日,浙江省根据中央关于机构改革的决定,将省国土资源厅、省海洋与渔业局、省发展改革委、省建设厅、省水利厅、省林业厅、省海洋港口发展委员会、省测绘与地理信息局等单位的相关职能进行整合,组建省自然资源厅,作为省政府组成部门,加挂省海洋局牌子,并明确自然资源管理工作的新使命、新要求,不再保留省国土资源厅、省海洋与渔业局、省测绘与地理信息局。全年全省测绘地理信息工作经费投入72594.3万元,比上年减少4188.55万元,下降5.5%。其中基础测绘经费投入39875.4万元,地理国情监测经费投入5585.98万元,"天地图"建设经费投入3936.01万元,数字城市地理空间框架建设经费投入6241.37万元,智慧城市时空信息云平台建设经费投入3556.15万元。全省11个设区市中,杭州、嘉兴、丽水、衢州4个设区市的全年测绘经费投入增长,其余7个设区市的测绘经费投入下降。

【基础测绘】 2018年,省自然资源厅深入贯彻《中华人民共和国测绘法》《浙江省人民政府办公厅关于加强测绘与地理信息工作的意见》精神,推进测绘与地理信息强省建设,提升测绘与地理信息供给能力,确保按期建成浙江省新型基础测绘体系。10月,制订《浙江省新型基础测绘体系建设实施方案》,方案规定新型基础测绘体系的基本内涵、主要特征与工作目标,确定主要任务6个,分别为完善测绘基础体系、重构业务流程体系、优化测绘产品体系、创建技术支撑体系、建立质量控制体系、联建组织管理体系。方案提出6个重点推进项目，分别为陆海一体似大地水准面模型优化、变化信息管理应用系统建设、影像云处理系统建设、基础测绘资源数据库建设、地理信息要素更新系统建设、信息化业务管理系统建设。方案设定实施计划3步，保障措施4个，以确保全省新型基础测绘体系建设快速、顺利实施与完成。推出新型基础测绘产品。三维景观方面，衢州市完成生产城区范围内三维景观产品60平方千米；绍兴市完成生产柯桥区历史建筑（季家台门）室内三维建模1个，上虞中心城区形成城市实景三维地图数据库与BIM（建筑信息模型）数据成果60平方千米，诸暨市完成公共服务中心、西施殿、西施故里旅游区SLAM（同步定位与建图）扫描三维实景地图3个；丽水市完成主城区北城区块三维建模和数据更新15平方千米；温州市在原有文昌路、瓯海大道、过境公路、瓯江围合区域50平方千米范围的城市三维数据模型基础上进行扩建，完成主要包括龙湾中心区、瓯海中心区等城市副中心的三维虚拟城市（二期）建设50平方千米，累计三维模型面积100平方千米。DSM（数字地表模型）数据产品方面，衢州市完成生产城区范围内DSM数据产品60平方千米；绍兴市完成诸暨市三环线内范围1:500激光点云数据获取与处理180平方千米，完成诸暨市重点乡镇（街道）1:1000激光点云数据获取与处理577平方千米；丽水市完成全市域DSM产品更新1.73万平方千米。倾斜摄影方面，绍兴市完成越城区绍兴古城及以北部分区域、阳明洞天和周边区域、东浦古镇核心区域和其他区域20平方千米倾斜摄影数据，柯桥区完成23平方千米倾斜摄影三维建模，新昌县主城区形成40平方千米倾斜摄影数据，诸暨市区形成重点乡镇（街道）建成区（23.3平方千米）、城镇建成区一二期三维模型（24.1平方千米）、一期更新（12.5平方千米）区域倾斜摄影成果。

【重大测绘项目实施】 2018年，浙江省累计运行卫星定位连续运行基准站105座，其中自建71座、利用34座（国家站15座，省外站18，地震1座）；累计建设大地控制点889点，其中B级3点、C级886点；水准测量点数2585点，其中二等1231点，三等1354点。水准观察长度9393千米，其中二等4398千米、三等4995千米。完成似大地水准面精化14.15万平方千米，外部检验精度5厘米。全省获得航空摄影影像4.08万平方千米，均为数码航空摄影，分辨率优于0.2米；全省获得卫星影像20.86万平方千米。全省生产和更新的1:10000比例尺基础地理信息数据3321幅，其中数字线划地图更新图1044幅，数字高程模型更新图550幅，数字正射影像更新图1727幅。全省生产和更新的1:500—1:2000比例尺基础地理信息数据44.04万幅，占各种比例尺数据生产幅数的98.67%。其中，1:2000比例尺的DLG（数字线划地图）新增覆盖为9.40万幅，更新图1.23万幅；1:2000比例的DEM（数字高程模型）更新图8998幅；1:2000比例尺的DOM（数字正射影像图）新增覆盖为1.1万幅，更新图幅数为1.33万幅。1:1000比例尺的DLG更新图幅数为240幅。1:500比例尺DLG新增覆盖为1.16万幅，更新图幅数为5.83万幅；1:500比例的DEM新增更新图幅数为816幅；1:500比例的DOM新增覆盖为1936幅，更新图幅数为2545幅。省自然资源厅按照《浙江省人民政府办公厅关于开展全省山区1:2000测图和地表精细模型建设工作的通知》要求，开展山区测图和地表精细模型建设工作。至年末，全省全面完成山区高分辨率航空影像获取和地表精细模型建设工作，面积5.07万平方千米。有序推进市县1:2000测图工作，累计完成2.88万平方千米，占总工作量的57%。

【测绘监管】 2018年，省自然资源厅开展《浙江省测绘管理条例》修订工作。《浙江省测绘管理条例》草案及立法修订说明于3月底报送省人大环资委后，积极配合省人大环资委赴省内外各地深入调研，做好与省人大法工委的对接，继续完成相关调研、论证、修改工作。推进全省系统依法行政工作，印发贯彻落实测绘法分工方案和宪法学习宣传方案；对省政府规章和省政府、省政府办公厅、部门规范性文件进行专项清理；根据新修订的测绘法和《地图审核管理规定》，重新梳理和调整行政处罚自由裁量权；梳理、编制县级行政执法监管清单，报送省委改革办。动态调整办事事项和办事指南，根据“减事项、减次数、减材料、减时间”的要求，减少办事事项1项，发生材料精简的事项数7项，精简材料总数15项；压缩办事时间的事项数2项，压缩时间26天。年内，全省测绘与地理信息系统有13个事项实现“最多跑一次”，其中11个事项实现“跑零次”。全面推进“最多跑一次”事项标准化全覆盖。印发《浙江省测绘与地理信息系统省市县三级群众和企业到政府办事事项指导目录》，指导、督促系统内各单位做好权力事项库调整工作，定期对系统内各单位权力事项库调整情况进行抽查、确保权力事项库调整到位。在信用管理方面，推进测绘与地理信息行业信用体系建设和“红黑名单”制度建设，组织开展上年度浙江省测绘与地理信息行业信用“红名单”公布工作，2017年度“红名单”经过企业申报，设区市测绘与地理信息主管部门受理核实，省测绘与地理信息行业协会复核，专家论证和原测绘与地理信息局确认、公示等程序，最终确认浙江省测绘大队、宁波市测绘设计研究院等10个测绘单位入选“红名单”。“红名单”信息在网站上公布，并同步推送至“信用浙江”平台。公布上年度“黑名单”信息，至年末，有8个单位上榜，开展“黑名单”信息修复工作，经核查整改到位，予以修复的“黑名单”企业3家。开展行业信用信息审核、转报和发布工作。完成全省乙丙丁级测绘单位信用信息审核，并对外公示；完成甲级单位测绘单位信用信息初审，并上报原国家测绘地理信息局；将省外测绘单位不良信息转报各省。履行行政执法职能，加强测绘与地理信息市场准入和事中事后监管，修订《浙江省测绘资质管理实施细则》和

《浙江省测绘资质标准》(调整部分),并于7月1日施行。做好测绘资质审批和管理工作及全省测绘项目备案。依法处理违法违规案件,做好全省系统行政执法"双随机"抽查监管工作。实施工程建设项目"竣工测验合一""联合测绘"改革,获国务院办公厅通报表扬。为加快推进"最多跑一次"改革,贯彻落实省政府数字化转型的要求,协同推进建设项目"竣工测验合一"改革落地,省测绘与地理信息综合监管服务平台于10月10日上线试运行,实现"全省一套系统",促进信息共享、工具共用、工作协同、信用共管和市场共治。

【测绘与地理信息科技发展】 2018年,浙江省测绘与地理信息科技发展势头良好,获多项省部级及以上科技奖励。科技创新投入持续增加,原始创新活动支持力度加大,现代化测绘装备水平提升,从业人员与专业技术人员队伍壮大。全省获9项测绘科技进步奖二等奖,获地理信息科技进步奖8项,其中一等奖3项、二等奖5项。获奖单位大多分布在杭州地区,与当地的测绘地理产业的发展水平相一致。推动测绘与地理信息科技研究,测绘资质单位开展科技研究项目171项,项目总数比上年增加26项,增长17.9%,其中新开项目98项;完成项目123项;通过验收项目88项。科研经费稳步提升,经费投入13876.17万元,增加575.16万元,增长4.3%,其中财政投入3784.55万元(中央财政1079.3万元、地方财政2705.25万元),自筹资金8606.02万元。科研项目人员876人,增加138人,增长18.7%,其中,客座人员262人(含高级职称112人、中级职称102人)。全年全省科技成果丰厚,完成科技成果数36项,通过鉴定的成果37项;科技成果登记数15项,其中在国家科技成果管理机构登记数8项,在地方政府科技成果管理机构登记数6项;发表科技论文116篇,其中国内108篇、国外SCI8篇;科技成果获省部级以上科技奖15项;获软件著作权300项。发布4项测绘与地理信息地方标准。其中,成果与产品类标准2项,分别为《1:500、1:1000、1:2000基础地理信息要素数据库技术规范》《地名地址数据采集入库规范》;获取与处理类标准1项,为《城镇建成区调查技术规范》;检验与测试类标准1项,为《海洋测绘水深测量成果质量检验规范》。

【应用与服务保障】 2018年,省地理信息公共服务平台授权用户183个,支撑基于平台的应用系统233个,网站月均访问量超过1万次,服务月均访问量5000万次,全年累计支撑全省123万余条权力事项地理定位。全省各级各类应用示范项目累计约1500个(含市县数字城市调用省级服务),涵盖政府各行各业。利用政务地理信息资源采集共享平台,实现15大类103小类政务信息的实时采集、共享和在线填报,打造"最多跑一次"改革网上办事一张图,为十大民生实事智慧督查提供地理信息服务。地理信息的有效支撑与深度融入,实现应用系统业务资源立体化、关联化,推进行业信息化工作纵深发展。测绘成果广泛应用于海洋、土地、地矿、城乡建设与规划、测绘地理信息、林业、交通运输及民生等多个领域。测绘成果分发663批次,数据量179TB(太字节),其中各比例尺地形图3.55万幅,各比例尺分幅正射影像1.71万幅,数字高程模型3478幅,各类控制点成果909个。 (省自然资源厅 供稿)

城乡规划

【概况】 2018年,浙江省城乡规划管理能力进一步提升,规划编制工作有序开展,规划的调控作用不断增强。年内,按照《浙江省城市总体规划编制试点工作方案》的要求,省建设厅指导嘉兴市、台州市、湖州市、德清县、海宁市、温岭市形成城市总体规划纲要成果,初步构建"多规合一"信息平台。继续指导全省各地设区市、县级市编制新一轮城市总体规划。与省发展改革委就《浙江省大都市区建设行动计划》相关内容进行沟通协调。11月,按照机构改革要求,城乡规划职能划转到省自然资源厅,省建设厅从事城乡规划工作人员同时转隶到省自然资源厅。

【"竣工测验合一"工作推进】 2018年,省建设厅加快推动政府职能从以微观管理、直接管理为主转向以宏观管理、监督管理为主,在施工图"多审合一"和建设工程"联合测绘"基础上,推行"竣工测验合一"改革。在省级有关部门、各地建设部门及建筑、测绘、房产等领域专家共同努力下,明确联合测绘的技术标准——《建筑工程建筑面积计算和竣工综合测量技术规程》,并会同省级有关部门联合发布。为推动建设工程"联合测绘"改革,省建设厅与省测绘局、省公安厅、省国土厅、省人防办等相关部门出台《关于全面推进建设项目"联合测绘"改革的实施意见》。舟山市和衢州市联合开展"竣工测验合一"试点。省建设厅在衢州召开全省"竣工测验合一"改革工作推进会,研究部署全面推进"竣工测验合一"工作。6月,举办"建筑工程建筑面积计算和竣工综合测量技术规程"培训班,全省各地区测绘单位管理、技术人员350多人参加培训。

【城市特色景观风貌塑造】 2018年4月25日,省人大法制委员会、省人大环资委和省建设厅联合召开《浙江省绿色建筑条例》(简称《条例》)宣传贯彻座谈会,介绍《条例》的立法背景和重点内容。6月26—29日,省城市规划学会组织年度第2期注册城乡规划师继续教育培训工作,将《条例》的宣传贯彻作为其中两项核心培训课程,纳入继续教育课程体系。启动城市特色景观风貌区试点工作。指导全省各地报送试点工作方案和试点项目。

【历史文化名城名镇名村和历史建筑保护利用】 2018年4月,省建设厅在湖州市南浔镇召开全省历史文化名城名镇名村保护利用工作座谈会,部署推进年度重点工作,并督促各地开展第六批省级历史文化名镇名村街区申报工作、第五批历史文化名镇名村街区保护规划编制报批工作及历史文化街区划定和历史建筑确定工作。6月底，省建设厅对各地历史文化保护管理工作的进度进行跟踪了解和业务指导。7月，组织开展历史文化保护工作培训辅导。委托浙江大学城乡规划设计研究院有限公司开展“浙江省历史文化名城名镇名村保护管理评价指标体系研究”，明确评估标准。年内，组织开展历史文化名城名镇名村保护工作自评自查和督查。（省自然资源厅　蒋艳红）

城市建设

【五水共治】 2018年，浙江省推进建设系统治污水、防洪水、排涝水、保供水、抓节水（即“五水共治”）相关工作。全省启动实施100座污水处理厂清洁排放技术改造，至年末，完工项目34个，完成可研项目53个，一级A提标改造全部完成。新增城镇污水配套管网2100千米。49个城镇污水处理厂新扩建项目中建成25个，新增污水处理能力91.7万立方米/日；24个项目开工。5个污泥处理处置设施建设项目中建成4个，新增污泥处理能力77.5立方米/日；1个项目开工。开展“污水零直排区”建设，全年完成生活小区“污水零直排区”建设242个。综合整治城市河道104条，新建城市河道11条，建设雨水管网922千米，提标改造管网541.9千米，雨污分流改造管网611.9千米，清淤排水管网2.62万千米，改造易淹易涝片区114处。新建供水管网1028.43千米，改造供水管网1380.54千米，新增供水能力50万立方米/日，改造供水能力25万立方米/日。建设大型雨水利用示范工程2个，建设屋顶集雨等雨水收集系统3311处，改造节水器具5.63万套，改造“一户一表”5.67万户。

【垃圾处理设施建设】 2018年，浙江省建成垃圾处理设施25座，其中焚烧设施13座，餐厨垃圾处理设施12座。新增日处理能力1万吨，新开工项目34个。全省有城镇生活垃圾末端处理设施147座，处理设施中，填埋场58座、焚烧厂52座、餐厨垃圾处理设施37座。总处理能力8.62万吨/日，其中，焚烧占67%，填埋占26%，餐厨占7%，无害化处理率100%。

【“万里绿道网”建设】 2018年，浙江省将新建1000千米绿道列入省政府十方面民生实事，分解任务到各地，细化到具体项目，明确责任单位和人员，建立项目进度月报制度。省建设厅会同有关部门开展第二届“浙江最美绿道”评选活动，近30万人参与，评选出“浙江最美绿道”10条，并在《浙江日报》等主流媒体进行宣传，取得良好社会效益。各地因地制宜开展“绿道健身周”和“绿道摄影”活动。在宁波市召开第六次全省绿道网建设工作现场会，总结先进经验，部署下一步工作。全年新增绿道1200多千米，累计建成高标准绿道5800多千米。

【城市道路交通建设】 2018年，浙江省新建改建城市道路162.3千米；建设联网道路29条；新增停车泊位13.9万个。杭州建成快速路网22.3千米，开工48千米，续建65千米；宁波开工13.6千米，续建6.5千米；绍兴开工16.9千米。全省推进轨道交通建设709.9千米，其中，杭州地铁开工56千米，续建274千米；宁波地铁续建49.8千米；温州市域铁路建成34千米，绍兴城际铁路续建24.8千米；金华轨道交通续建107千米。全省各县（市、区）公共自行车系统全部覆盖，全省

2018年10月31日，浙江省绿道网建设工作宁波现场会东钱湖自行车道骑行活动在东钱湖举行　（省建设厅　供图）

运营公共自行车41.01万辆，其中各市主城区累计运行公共自行车22.42万辆。

【供水水质安全保障】 2018年，浙江省开展供水规范化管理考核，进一步提升管理水平，组织开展城市供水行业安全生产管理自查和抽查，并量化评分，对检查中发现问题进行通报。通过水质督察及水质公开，保障供水安全。各地按国家有关水质监测项目及监测频率要求，对各水厂出厂水进行水质检测。将水质情况通过网站、报纸等新闻媒体予以公示，接受全社会监督。全年全省城市供水总水样报告合格率98.04%，合格饮用水人口覆盖率98.77%。

【城镇燃气专项整治】 2018年，浙江省瓶装燃气用户961.47万户，全部通过实名登记购买瓶装燃气，实名登记率100%。全省在用钢瓶总数1641.67万只，全部安装电子标签，平均信息化监管比例100%。加大对非法经营行为打击力度，保持打击瓶装燃气非法经营行为的高压态势。加强对11个设区市的安全生产管理督导，安全生产检查采取11个设区市自查自评及省级督查考评相结合的方式。为加强应急管理体系建设，省建设厅印发《浙江省燃气安全事故信息报送工作机制》，制订《浙江省城市供水、燃气突发事故应急预案》，提升企业和监管部门应对突发事件的能力。

【海绵城市建设试点】 2018年，浙江省组织第一批国家试点城市嘉兴市准备试点城市评价验收工作，并向住房和城乡建设部上报试点绩效评价报告。加快推动第二批试点城市宁波市海绵城市建设，进一步督促绍兴、衢州、兰溪、温岭4个省级海绵城市加快试点建设。开展海绵城市建设优秀县(市、区)评选，制订实施方案和考核评分细则，全年有12个县(市、区)获得荣誉，其中10个县(市、区)获省级财政补助。全省形成“试点引领，全域推开，优秀激励”的局面，全年全省完成海绵城市建设123平方千米。

【智慧城管建设】 2018年，省建设厅继续拓展智慧城管的服务功能和服务范围，向中心镇延伸，实现180个中心镇全部建成智慧城管平台。贯彻省政府关于加快推进政府基层治理信息化转型要求，逐步实现智慧城管信息系统与基层治理信息平台接口通、数据通。实现对全省污水处理、生活垃圾处理、供水、公园绿地、绿道、道路桥梁、停车设施等市政公用设施在线监管，完成智慧城管省级监管平台二期调试运行，推进实行智能化监管。 （省建设厅 刘叶冲）

村镇建设

【农村人居环境提升行动】 2018年4月20日，省委办公厅、省政府办公厅印发《浙江省高水平推进农村人居环境提升三年行动方案(2018—2020年)》。省建设厅与省农办、省环保厅、省发展改革委联合印发《关于抓紧做好县级农村人居环境整治提升实施方案编制和备案工作的函》，督促各县(市、区)编制县级实施方案。省内84个县(市、区)和5个产业集聚区县级农村人居环境提升行动实施方案均编制完成并上报备案。杭州、宁波、温州、湖州、嘉兴、衢州、舟山、丽水8个设区市编制市级行动实施方案。4月12日，省政府在建德市召开全省农村人居环境提升暨小城镇环境综合整治行动现场推进会，对全省农村人居环境提升工作进行具体部署。省政府与各市签订年度农村人居环境提升行动目标责任书，明确以“厕所革命”“污水革命”“垃圾革命”和村容村貌提升为主要内容的10项工作责任，确保成系统有重点地把各项工作落实到位。8月，省建设厅会同省农办、省发展改革委、省环保厅制定《浙江省高水平推进农村人居环境提升三年行动考核验收办法(试行)》《浙江省高水平推进农村人居环境提升三年行动督导评估方案(试行)》，印发《浙江省农村人居环境提升政策制度和技术标准任务清单》《浙江省农村人居环境提升行动部门职责分工》和《浙江省农村人居环境提升行动2018年度重点工作清单》等配套文件，建立健全农村人居环境政策体系。9月18—30日，省建设厅等24个省直有关部门抽调人员组成每组4人的11个督导组，由省建设厅等11个部门分管领导担任组长，分别赴11个市通过听取汇报、查阅资料、实地抽查等方式进行年度农村人居环境提升工作督导评估。

【农村危房治理改造】 2018年，浙江省通过拆除、修缮加固、腾空防控等措施完成C级危房12.2万户，累计完成农村危房治理改造20.3万户。建立农村房屋信息管理系统，实施农房“一户一档”电子信息化管理，实现全省农房登记、鉴定、治理、改造、统计分析、人工监测等全方位动态监管。至年末，全省录入农房信息936万户，基本实现全省农房电子信息化管理。

【农村建筑工匠管理】 2018年11月，省建设厅对《浙江省农村建筑工匠管理办法》进行修改完善，对全省范围内从事农村住房施工活动的农村建筑工匠加强监督管理，指导各地开展农村建筑工匠培训，同步制订《浙江省低层农村住房建设施工合同示范文本》，规范农村建筑市场。

【农村困难家庭危房改造】 2018年，省建设厅改造农村困难家庭危房1.25万户，累计完成农村困难家庭危房改造32万户。按照国务院基层政务公开试点工作要求，在宁波江北区、温州瓯海区、衢州江山市等7个县(市、区)开展农村困难家庭危房改造基层政务公开标准化规范化试点工作，探索可复制、可推广、可考核的基层政务公开标准和规范，全面提升浙江省农村困难家庭住房救助水平。

【农村公厕治理改造】 2018年初，省建设厅专门安排2000万元补助资金，用于支持农村公厕改造。3月21日，省建设厅印发《关于进一步抓紧落实2018年农村厕所改造分解指标的通知》，要求全省各地按照“一厕一档一表一案”原则，细化工作目标。4月9日，由省建设厅牵头，联合省农办、省财政厅印发《关于全省农村公厕改造建设工作实施方案》，明确农村公厕改造范围和改造重点。4月，省建设厅结合全省农村公厕改造要求，委托省建筑设计研究院编制印发《浙江省农村公厕建设改造和管理服务规范》，用于指导全省农村公厕的建设(改造)工作，该标准是国内首个农村公厕建设改造和管理服务标准。与省农办印发《加快推进落实农村公厕改造工作的通知》，要求各地提高思想认识，落实任务指标，确定改造标准，明确管理职责，做好项目管理，严格实施进度，加强保障措施，并实行农村公厕治理改造挂图作战，以时间进度和改造任务完成率为控制节点绘制《农村厕所改造作战图》，确保工作进度。9月19日，省建设厅在绍兴召开全省农村公厕治理和污水治理现场推进会，对农村公厕治理改造工作进行再动员、再部署。至年末，全省完成农村公厕改造5.29万座。

【农村生活污水治理设施运维管理】 2018年，浙江省农村生活污水治理设施移交的行政村2.05万个，拥有治理设施5.55万个。各地运维管理能力、第三方运维单位运维能力明显提高，处理设施运维效果初步显现，农村生活污水治理工作走在全国前列。开展专项规划编制，省建设厅印发《关于公布农村生活污水治理专项规划编制试点县(市、区)的通知》，确定淳安县、浦江县等12个县(市、区)进行农村生活污水治理专项规划编制试点，发挥农村生活污水治理专项规划的引领作用。完善技术标准体系，相继出台《浙江省县域农村生活污水治理设施运维管理导则》等9个标准、导则，农村生活水治理设施运维管理技术支持体系走在全国前列。加快信息平台建设，省建设厅印发《关于加快推进全省农村生活污水治理设施运维监管服务平台建设工作的通知》，要求各地进一步完善建立基础数据库建设和省、市、县平台联网工作。全省农村生活污水治理设施运维管理平台完成基本信息入库工作，建德市等70个县(市、区)平台完成接入。加强规范化管理，指导各级运维管理部门提升规范化管理水平，长兴县等地实行的"站长制"规范化管理取得明显的管理成效，该做法在湖州市推广。省建设厅制定年度《浙江省农村生活污水治理设施运行维护管理工作考核办法》，初步构建起适应实际和有效调动县、乡镇、村、农户、运维企业等多方积极性的考核工作机制。推进设施标准运维，指导第三方专业服务机构开展农村生活污水处理设施标准化标准化运行维护，将农村生活污水治理设施标准化运维列入省五水共治办公室月通报内容，确保工作进度不落后。至年末，全省完成808个处理设施标准化运行维护验收。

【村容村貌提升】 2018年，浙江省加快推进全省县域乡村建设规划编制，至年末，全省完成县(市)域乡村建设规划75个，实现县(市)域乡村建设规划编制全覆盖。推进传统村落保护，启动实施传统村落开展风貌保护提升工程100个，出版《留住乡愁(中国传统村落浙江图经第二卷)》。全面完成全国传统村落保护规划编制工作401个，全面推进省级传统村落保护发展规划编制和历史文化(传统)村落保护利用总体规划编制，完成传统村落保护规划编制146个。推进美丽宜居示范村建设，启动省级美丽宜居示范村45个。11月，组织开展年度全省美丽宜居示范村试点项目实施督查。加强村庄规划设计和农房设计，全年全省开展村庄规划设计落地试点10个和农房设计落地试点15个，全部完成落地试点方案编制，启动项目实施。组织有关单位制订《乡村地域风貌特色营造技术指南》《乡村建设色彩控制导则》。

(省建设厅　刘叶冲)

乡村扶贫

【概况】 2018年，浙江省扶贫开发工作由消除绝对贫困阶段全面进入减缓相对贫因新阶段，启动实施低收入农户高水平全面小康计划。全省聚焦专项扶贫、行业扶贫、产业扶贫和社会扶贫，精准扶贫取得成效。至年末，全省调出不符合低收入农户认定标准的农户(包括增收脱贫、户籍外迁、死亡等)24.47万户29.28万人，调进新出现的低收入农户(包括因病因残因学因灾致贫、低收入家庭新出生等)20.41万户34.74万人。调查认定低收入农户60.89万户101.41万人。经各地推荐上报，并结合省级有关部门提供的经济薄弱村、千企结千村名单，确定淳安县千岛湖镇东汉村等2856个村为省级扶贫重点帮扶村。

【产业扶贫】 2018年，浙江省启动低收入农户高水平全面小康计划。省委、省政府印发《低收入农户高水平全面小康计划(2018—2022年)》，着眼全省全面进入减缓相对贫困新阶段，为全省扶贫开发工作指明方向。全年全省组织低收入农户培训12.5万人，实现转移就业1.2万人。扶持发展种植、养殖、农产品加工等优势特色产业和农家乐、来料加工、电子商务等新兴产业，累计投入财政资金2.7亿元，落地项目804个，从事来料加工业110万人。建设村级电商物流服务点4400个，建成县级农村电商服务站1.6万个。金融扶贫全面铺开，全省金融机构发放扶贫小额贷款2亿元，贴息564万元，受益农户4883户次。

【就业扶贫】 2018年，浙江省多渠道开发就业岗位，新开发公益性岗位1.3万个，各地举办专场招聘活动924场，13.3万名农村劳动者实现就地就近就业。实施生态农业、生态工业领域的重大科技专项10个。推进基础设施扶贫，新建改造农村公路1.1万千米，自然村开通硬化路290个。加强结对帮扶工作，全省确定重点帮扶对象2856个村，安排省级部门、企事业及经济发达县等进行结对帮扶，向部分省级重点帮扶村派驻驻村工作组和农村工作指导员，全年省派驻驻村工作组253个，帮助落实帮扶项目156个，安排扶持资金2895万元。通过实施高水平全面小康计划，全省低收入农户收入实现较快增长，全年人均可支配收入1.11万元，比上年增长

14.4%，高于农村居民收入增长水平。

【教育扶贫】 2018年，浙江省学前教育等级幼儿园比例93.9%，比上年提高2.8个百分点；义务教育入学率99.9%；高中段毛入学率97.3%，提高0.8个百分点；15年基础教育普及率99.0%，义务教育标准化学校比例95.4%。农村义务教育阶段学校年生均公用经费标准小学650元、初中850元；农村义务教育阶段学校年生均公用经费实际支出小学2817元、初中3747元。农村小学低收入家庭子女爱心营养餐标准1000元/生·年，受益学生占义务教育阶段学生总数的5%。义务教育中小学随迁子女在校生149.23万人，增长0.4%。全省高职(高专)院校49所(含筹)，中等职业学校323所(含技工学校77所)。参加成人“双证制”教育培训毕业5.1万人。享受本省涉农专业免费就读政策的大中专学生3万人。

【社会扶贫】 2018年，浙江省以结对帮扶为载体，积极引导社会力量参与精准扶贫，推动各方资源向低收入农户倾斜。由309个省级机关、事业单位(科研机构、高等院校、城市医院)、国有企业(含央企驻浙企业)、金融机构及其有条件的下属单位和经济强县组成省级帮扶团组26个，并组成驻村工作组252个，对淳安等26县中的306个重点帮扶村开展帮扶。确保通过为期5年(2018—2022年)的结对帮扶，所驻村生产生活条件明显改善，村级集体经济显著发展，经济社会面貌变化明显，低收入农户家庭过上全面小康生活。

【“三保障”政策落实】 2018年，浙江省义务教育学校生均公用经费实际支出小学3360.54元、初中4966.16元。健全从学前教育到高等教育贫困生资助政策，6.25万名家庭经济困难普通高中学生免除学费4000万元。实施“雨露计划”，低收入农户学子受益9653名，补助资金2895万元。全年全省所有县(市)建成至少1所二级甲等以上医院，公办乡镇(街道)卫生院和社区卫生服务中心标准化建设达标率分别为95.0%和89.8%，“20分钟医疗卫生服务圈”基本形成。全年全省城乡居民基本医疗参保率98.6%，基本实现应保尽保。构建集基本医保、大病保险、医疗救助、慈善救助于一体的医疗保障救助体系。全省基本医保财政补助人均742元，政策范围基本医疗住院报销比例75%。对特困对象、低保对象、低保边缘对象和因病致贫及其他经济困难家庭，医疗救助住院政策范围内分别按100%、不低于70%和60%进行医疗救助，年度救助封顶线不低于8万元。加强最低生活保障，完善因病致贫的医保制度和救助体系，率先实现县级城乡低保同一个标准，全省人均低保771元/月。

【扶贫协作】 2018年，浙江省加大山海协作和东西部扶贫协作工作力度。召开山海协作现场推进会，制订《关于深入实施山海协作工程促进区域协调发展的若干意见》。新设立山海协作生态旅游文化产业园15个。启动建设山海协作“消薄飞地”9个，助推消除集体经济薄弱村614个。新落地山海协作项目315个，到位资金520亿元。新签社会事业项目200个，落实援建资金8600万元。开展“千企结千村、消灭薄弱村”专项行动，落实一批带动作用明显、示范效应好的帮扶项目，6920个省定集体经济薄弱村中有6171个完成“消薄”任务。做好与贵州省黔东南州、湖北省恩施州的东西部扶贫协作工作，积极推进新疆、西藏、青海等地的对口支援工作。

【扶贫资金投入与管理】 2018年，浙江省省级财政安排专项扶贫资金38.83亿元，其中，专项扶贫资金7.95亿元，财政相对困难地区运行与发展资金9.3亿元，“两山(一类)”财政专项激励资金18亿元，扶持经济薄弱村专项资金1.29亿元。争取中央财政专项扶贫资金2.74亿元。各级财政专项扶贫资金主要用于扶贫异地搬迁、扶贫小额信贷、光伏小康工程、“雨露计划”和扶持低收入农户发展产业等。年内，浙江省出台《浙江省财政专项扶贫资金绩效评价办法》《浙江省财政专项扶贫项目资金绩效管理办法》《浙江省扶贫资金项目公告公示实施办法》《做好县级扶贫开发项目库建设的实施意见》等政策性配套文件，落实财政专项扶贫资金使用目标管理、绩效监控，并组织开展综合评价。根据减缓相对贫困阶段新形势、新要求，修订完善扶贫异地搬迁、产业增收扶持项目、扶贫小额信贷等项目管理制度。

【全省扶贫开发工作会议】 2018年8月15日，全省扶贫开发工作会议在杭州召开。省委书记车俊出席会议宣布浙江扶贫开发工作从消除绝对贫困阶段全面进入减缓相对贫困新阶段，并各地部署实施低收入农户高水平全面小康计划，要求各地学习领会习近平总书记关于扶贫工作的重要论述和对浙江工作的重要指示精神，书写好浙江扶贫攻坚新篇章，打赢低收入百姓增收攻坚战，让高水平全面小康成果惠及全省人民。省委副书记、省长袁家军主持会议。会上表彰先进集体105个、先进个人108个，缙云县、江山市、杭州余杭区和省农业厅、省教育厅、省电力公司负责人做交流发言。(省农业农村厅　程文婷)

防灾减灾
Disaster Prevention and Mitigation

综　述

【概况】 2018年，浙江省相继遭受雪灾、风雹、洪涝和台风等灾害，有139.8万人受灾，因灾死亡2人，农作物受灾面积168.7千公顷，倒损房屋1.1万间，直接经济损失36.8亿元。省减灾委先后启动自然灾害救助预警响应5次、Ⅲ级应急响应1次，紧急转移安置67.6万人。全省发生突发性地质灾害32起，其中滑坡12起、崩塌16起、泥石流3起、地面塌陷1起，直接经济损失445.2万元，无人员伤亡。发生森林火灾45起，受害森林面积117.18公顷，无重特大森林火灾、人员伤亡和火烧连营事故发生。

（省应急管理厅　供稿）

【海洋防灾减灾】 2018年，省自然资源厅做好汛期防台安全管理工作，修订《浙江省海洋灾害应急预案》，完善全省海洋灾害应急指挥平台和防台减灾工作手册，推进海洋灾害应急防御三年行动，提升海洋灾害预警报服务能力。全省发布海浪警报106期、风暴潮警报39期。全年发生风暴潮灾害5次，灾害性海浪引发事故7起，造成7艘船舶沉没，直接经济损失1737万元，死亡（含失踪）31人。全省海域发现赤潮18次，累计面积1069.1平方千米，其中有毒、有害赤潮6次，累计面积179.7平方千米。海洋灾害造成直接经济损失5.88亿元。

（省自然资源厅　供稿）

【灾害救助制度完善】 2018年，省自然资源厅深化事故灾害应对的统筹协调，完善应急预案，组织相关部门修订《浙江省辐射事故应急预案》等专项预案；建立部门联合协作机制，依托电子政务视联网骨干网络建设省政府应急指挥系统，实现省市县乡四级全覆盖、全功能的高清视频信息交互。加强避灾减灾基础硬件建设，出台《避灾安置场所建设与管理规范》和《避灾安置场所内救灾物资储备和管理规范》省级地方标准，申报创建国家级综合减灾示范社区81个，建设浙东（舟山）、浙南（温州）、浙西（衢州）、浙北（杭州）4个应急物资分库，累计完成4527个避灾安置场所规范化建设，规范化率22.8%。落实防汛防台工作责任，完善省市县乡村5级防汛防台网格信息和责任人，建立起跨层级、全覆盖、直达末端的“浙政钉”网络，建立汛期“每日一检查、每月一通报”制度。全年全省防汛抗台转移安置、疏散群众180多万人，5次抗台实现“不死人、少伤人、少损失”的目标，有效应对各类重大突发事件和灾害事故。

【应急救援能力提升】 2018年，省应急管理厅加强应急预案管理，推行宁波等地应急处置卡应用经验，在危化、矿山等高危行业企业推进应急预案“三化一卡”建设。对应急响应平台进行升级。4月，省安全生产应急响应平台完成二期项目建设并通过验收。全年平台累计配置应急响应平台用户账号864个，更新企业数据记录50多万条，录入各类应急救援队伍828支、应急物资装备2853件（套）、应急专家749人、持证人员数据近5万条。6月，在舟山市岙山岛举办由国家安全生产应急救援指挥中心、省安全生产委员会和舟山市政府联合主办的“浙江省暨舟山市2018年危险化学品事故应急演练”比武活动。演练达到检验预案、锻炼队伍、磨合机制、宣传教育、完善准备的预期目标。9月，由省安监局、省总工会、团省委主办的“巨化杯”全省危险化学品安全生产应急救援技能竞赛在杭州举行，全省各设区市选拔11支危险化学品企业一线员工队伍和10支省级应急救援专业骨干队伍的147名队员参赛，项目设置涵盖危险化学品企业应急救援的基本类型种类和重点难点，强化危险化学品企业应急救援的专业性和实战性。

【应急救援行动】 2018年，省应急管理厅针对防汛、暴雨、高温、雨雪冰冻等极端天气，于1月24日、6月20日、7月27日分别出台《关于做好持续低温雨雪天气应对工作的紧急通知》《关于加强汛期应急值守和突发事件信息报告工作的通知》《浙江省人民政府办公厅关于做好当前高温天气防范应对工作的紧急通知》等相关通知，强化全省应急准备工作，推动各类灾害事故的预防和应急处置。7月27日，桐庐县合村乡琅玕自然村桥面木质廊桥突发坍塌事故，造成8人死亡，3人受伤。事件发生后，省应急管理厅立刻启动应急指挥系统，与事发地现场和省级专业指挥部，相关市、县（市、区）政府建立实时视频联通，为省领导提供可视化指挥；加强信息收集汇总、跟踪核实和分析研判，掌握第一手资料，为省领导提供翔实信息和决策参考。根据突发事件现场处置需要，综合协调各部门联合行动，快速调度应急物资和装备，指导各地、各部门及时开展应急救援与处置工作。

（省应急管理厅　供稿）

气象防灾减灾

【概况】 2018年，省气象部门对31次重大天气过程实现无漏报，累计发布预警信号6916次。针对台风、雨雪冰冻等重大天气和首届中国国际进口博览会、第五届世界互联网大会、首届联合国世界地理信息大会等重大活动保障，启动应急12次，持续864小时，省领导批示22次。重大活动期间与环保部门联合成立空气质量保障小组，视频和现场会商28次，发布空气质量预报快报、预报和专家会商意见47期。11月12日，印发《浙江省新时代防灾减灾救灾能力提升“三年行动计划”》，推动气象融入基层“网格化管理、组团式服务”。年内，省级突发事件预警发布系统立项，亚运会气象保障筹备工作全面启动。

【公共气象服务】 2018年，省气象局推进“智慧气象”手机应用公众版建设，推动建立以“智慧气象”为主导品牌、覆盖全省的公共气象服务体系。组建气象融媒体中心，引领舆论导向，微博微信“粉丝”比上年增长30%。建立全省气象产品库、资源池，优化推广“智慧气象”产品，全省“智慧气象”用户增至50.5万户，“天气罗盘”微信小程序访问量240万次。浙江天气网点击率1.9亿次。开展气象服务“一市一品”行动，气象服务覆盖智慧高速、江海联运、港航服务、社区风险管理等方面。气象服务满意度92.8分，创历史新高。省气象局连续12年开展气象为民办实事活动。

【气象为农服务】 2018年5月22日，省气象部门印发《浙江省乡村振兴气象保障服务五年行动计划》。12月12日，印发《贯彻落实乡村振兴战略加快农业农村现代化建设气象保障服务重点工作实施方案》。在中国气象

2018年10月19日，安吉县气象局开展人工增雨作业　　（省气象局　供图）

局和农业农村部指导下，省气象局、省农业农村厅合作共建全国唯一的茶叶气象服务中心，开展白茶扶贫苗引种保障服务，获中国气象局和省领导批示肯定。“直通式”气象服务为7000多个现代农业“两区”提供气候区划、种植结构调整气候可行性认证服务，为2万个新型农业经营主体提供“靶向式”服务。农业气象指数保险增加到10种，包括民宿（农家乐）气象保险。农产品气候品质认证覆盖四大类15种特色农作物。

【应对气候变化】　2018年6月7日，省气象局印发《浙江省生态气象服务三年行动计划》，助力“美丽浙江”建设。落实省政府“清新空气”行动，建成负氧离子气象基本站82个，牵头制定技术规范6项，基本建成负氧离子实验室。9个区、县获“中国气候宜居城市”等气候品牌。建成省生态气象监测评估系统平台，做好太湖蓝藻、植被覆盖等生态遥感监测。启动杭州超大城市综合观测试验。参与政府大气污染防治行动计划。全年与环保部门3次联合发布省大气重污染预警。

【雷电灾害防御】　2018年，省建设厅、省消防救援总队、省人防办、省气象局等部门建立“多审合一”“测验合一”的制度和管理平台。各市（县、区）出台“三定”方案，明确防雷监管属地责任。开展“标准地”区域雷击风险评估。推进易燃易爆危化品场所防雷安全三年综合治理工作计划，检查易燃易爆场所5081个，其中4906个完成检测，检测合格率93.4%。对433个AAA级旅游景区开展检查并督促整改。5月22日，印发《浙江省雷电防护装置检测单位监督管理办法》，组织防雷检测资质评审认定，为9个单位核发资质。组织防雷检测机构进行年度报告的报送和项目考核。对省内外48个检测资质机构开展防雷检测市场整顿专项检查，重点查处违法违规检测行为。

【人工影响天气作业】　2018年，浙江省开展人工增雨作业219轮次、增水1.6亿立方米，对农业抗旱、水库增蓄、森林防火、生态保护和重大活动保障发挥积极作用。连续6年与实现开展人工增雨的市、县政府签订安全责任书。出台《浙江省人工影响天气作业装备管理暂行办法》，装备年检率和一级移动作业点达标率100%。组织作业人员培训考核，考核合格作业人员意外伤害险全覆盖，并完成人员公安备案。对人工影响天气作业单位开展资质复查，审核通过64个。与军民航管单位、军（分）区、公安部门建立空域使用、弹药储运、作业保卫等安全共管机制。建设“浙江省级人工影响天气综合处理分析与指挥系统”“浙江省人工影响天气业务及安全管理系统”，取得2项软件著作权登记证书，全省作业单位物联网终端实现整体覆盖。

【气象智能化业务服务】　2018年7月31日，省气象局印发《浙江省气象信息化三年行动计划》，推进智能化业务服务发展。全省综合气象观测、通信网络系统、重要业务系统运行稳定，高清视频会商系统运行正常。实现智能网格预报业务省市试运行，制定业务规范，明确布局分工、规范业务流程、业务产品等。与杭州海康威视数字技术股份有限公司签订战略合作协议，开展智能观测研发，首批23个试点站完成建设及联网试验，取得阶段性成果。推进气象大数据云平台应用试验，智慧气象客户初步实现“云上”运行。全省建有自动气象站3043个。完成75个国家站日照自动设备安装，新增国家气象观测站20个、土壤水分站23个，完成海洋观测自动站升级改造16个，以及风云4号静止卫星省级接收站、葵花—8卫星接收站和磐安（移动）X波段天气雷达建设。

【气象科技创新】　2018年，省气象局与浙江大学签订“科教结合、协同育人”项目合作协议，面向浙江大学本科生设立浙江气象创新创业基金项目。数值预报骨干融入长江经济带数值预报联盟和华东区域数值预报协同研发团队。完成中国气象局项目浙江龙卷监测预警试验业务年度工作目标。全年获省部级科研项目立项6项。省科技重点项目“雷达与数值模式融合的短时强对流预警技术”通过省科技厅中期验收评估。全年验收和结题科研项目82项，登记科技成果108项，2项科技成果获省部级奖励，2人入选省“151”人才工程，2人获评优秀青年气象科技工作者。

【气象社会管理】　2018年，省气象部门推进气象安全体制机制改革，气象审批制度改革和社会管理实现流程再造、高效便民。14个气象事项在省政务服务网上实现“一网通办、一窗受理”，100%实现“最多跑一次”。办理环节减少3个，提交材料下降67%，平均办理时间缩短55%。气象产品纳入“最多跑一次”公共数据共享资源池。推进17个试点县防灾减灾“六个一”能力建设，累计创建气象防灾减灾标准化村（社区）4538个。连续9年召开气象灾害防御省级部门联络员会议，与省应急管理厅、省水利厅、省自然资源厅、省文化和旅游厅等部门深化合作，拓展合作领域。

【气象依法行政】 2018年，省气象局在全省范围组织开展气象法立法后评估，推动《浙江省气象灾害防御条例》配套制度建设。完成省政府及省政府办公厅行政规范性文件全面清理，对所涉及的13件以政府名义制发的规范性文件提出清理意见建议。组织各级气象部门执法人员参加省法制办执法资格考试，83人参加全省气象行政执法培训班。开展年度气象行政执法案卷评查活动。贯彻《浙江省气象部门行政执法全过程记录工作办法（试行）》，配置执法记录仪，推行行政执法音像记录。7月21日，印发《浙江省气象标准化管理办法》，推动2个行业标准、5个地方标准立项。

【气象科普】 2018年，省气象局贯彻《全省科学素质纲要实施工作方案》，落实青少年科学素质行动计划。连续6年举办校园气象辅导交流会与培训班。与省科协签署合作协议，与五部门联合开展科普日活动。联合开展“气象科普进舟山”活动，邀请中央气象台有关专家做专题报告。依托农村文化礼堂开展气象科普宣传。推进融媒体气象服务和区域气象服务网络直播宣传。

（省气象局　陆　韬）

防震减灾

【概况】 2018年，浙江省发生0级以上地震16次，其中0～0.9级地震11次、1.0～1.9级地震4次、2.0～2.9级地震1次。最有影响力的一次地震为7月21日杭州上城区2.2级地震。

【地震监测预报】 2018年，省地震局完成首届中国国际进口博览会、第五届世界互联网大会、首届联合国世界地理信息大会、全国“两会”等重要时段和重点地区地震安全服务保障工作。加强地震速报管理，速报完成率100%。加强各类技术系统的运行维护，总体运行率达95%以上。编制完成年度浙江省地震监测预报白皮书和地震科技创新白皮书。建设震感台网，开展震感台网数据的云存储、云计算技术研究。杭州市处理多起房屋震动异常情况，及时向市民做出宣传解释并妥善处理。温州市、湖州市组织南北片区震情会商会，嘉兴市、绍兴市、衢州市、丽水市等独立完成编制本区域地震趋势会商会报告。舟山市开发建设地震信息速报综合服务平台。台州市加强与省海洋渔业局和浙江海事局联系，共同保护地震观测环境，建立海域地震信息通报制度。

【地震灾害风险防范】 2018年，省地震局在全省范围内创建全国综合防灾社区81个，建立地震安全性评价中介机构库、专家库。组织省区域地震安全性评价工作现场推进会及嘉兴科技城小区划成果发布会。组织编制完成省地震活动断层探测计划方案。3月21日，杭州市有关部门出台《杭州市农村住房建设管理暂行办法》。宁波市将抗震设防要求及设计规定写入《住宅设计实施细则》地方标准，并作为施工图审查的强制性标准。湖州市依托地震安全示范社区对农村建筑工匠进行培训。6月28日，嘉兴南湖区印发《人员密集场所的建筑防震减灾有关事项要求》。减隔震技术在宁波、绍兴等地得到推广实施，房屋抗震设防水平进一步提高。11月9日，金华市印发《关于进一步做好区域地震安全性评价工作的通知》。11月28日，衢州市印发《关于进一步加强建筑工程抗震设防工作的通知》。台州市将地震安全性评价监管工作纳入建设项目“多评合一”改革。丽水市推进工程建设领域事中事后监管，加强与工程建设项目审批、监管部门联动。

【地震应急准备】 2018年5月12日，省减灾委员会、省军区、省民政厅、省地震局等在义乌市主办“2018军地联合抢险救灾演练”，进一步提高军民联合抗震救灾指挥部组织、决策、协调、指挥和部门应急处置联动协作能力。杭州市发挥社会和民间救援力量作用，富阳狼群红十字救援队参加“纪念汶川地震十周年社会力量救援技能竞赛”获第一名，公羊队获评第四届全国“119消防奖”先进集体。丽水市乡镇（街道）、村（社区）完成地震应急预案编制，各县（市、区）均开展地震应急预案桌面推演。全年全省开展各种形式的应急演练1504次，参演93.26万人次。杭州市妥善处置2.2级有感地震，安抚市民恐慌情绪，维护社会和谐稳定。

【防震减灾宣传教育】 2018年12月24日，省地震局、省应急管理厅等单位联合印发《浙江省推进新时代防震减灾科普工作的实施意见》。全省上下抓好汶川地震10周年科普宣传及“平安中国”大型公益宣导活动。各类防震减灾宣传活动全面覆盖全省89个县（市、区），全年举办各类活动、演练500多场，发放宣传资料超过100万份，直接或间接参与人数超过100万人次。全国首家地震科普领域院士工作站落户宁波。召开第四届浙江减灾之路防震减灾科普论坛，科普讲师团成员赴金华磐安等市县开展科普讲座40场，受众8000多人次。加强防震减灾科普教育基地建设，全省新增省级防震减灾科普教育基地4个，累计89个。其中，国家级防震减灾科普教育基地2个，国家级防震减灾科普教育示范学校4所。

【重点项目建设】 2018年，省地震局积极推进规划项目的立项，省防震减灾“十三五”规划中的六大重点项目全部启动。落实资金4000万元，其中省级财政资金2400万元。杭州市、衢州市、台州市完成市防震减灾“十三五”规划中期评估。嘉兴市“十三五”防震减灾重点项目进展顺利，防灾公园一期、国家级防震减灾科普示范基地提升工程、科技城地震小区规划均如期完成。丽水市推进防震减灾“十三五”规划实施，完成地震应急装备库、龙泉市防震减灾科普教育基地、防震减灾基础数据库和简易烈度台网建设。在温州市召开地震台站"三化"改造工作现场会，在各市县共同努力下"三化"项目推进顺利，完成第一批10个台站建设任务，完成第二批38个台、第三批29个台"三化"改造方案设计。推进国家地震烈度速报与预警工程浙江分项目建设，完成预警中心设计、监理招投标、台站台址确认、土地租用、实施方案和预算编制上报等工作。实施军民融合工程，工程完成查勘拟选点，相关工作得到省领导肯定。

【深化体制改革】 2018年12月17日，省地震局印发《地震科技体制改革方案》等13项改革方案和规范性文件。落实省工程建设项目行政审批制度试点改革，区域地震安全性评价写入《浙江省保障"最多跑一次"改革规定》。抗震设防要求监管改革发布"两制度一标准"规范性文件。"最多跑一次"改革出台相关服务指南和受理手册。事业单位全面开展绩效考核并建立绩效工资制度。

【全省地震科技创新大会】 2018年5月31日，全省地震科技创新大会在杭州召开，副省长彭佳学做出批示。推进地震编目自动化，完成"基于机器学习的地震自动编目辅助系统及首都圈示范应用项目"。合作研发简易地震传感器和实时数据云处理技术，200多套仪器完成布设。实施地震灾害风险评估相关科研项目和工程应用项目。开展珊溪水库发震断裂活动监测与危险性分析项目研究，提高该地区地震预测预报研究水平。全省实现台站监控一体化，并参与国家新一代监测预报业务一体化应用平台集成研发。

【防震减灾信息化建设】 2018年12月11日，省地震局印发《浙江省新时代防震减灾事业现代化建设实施方案》。结合浙江"数字政府"建设要求，按照"流程再造、数据共享、业务协同"的标准，推进信息化建设。年内，完成数字转型第一阶段工作，并向省政府数字化转型领导小组报送防范化解重大风险数字化转型项目申请。常山县开展数字地震试点，该项目通过评审后完成采购招标。

【防震减灾法治建设】 2018年11月7日，省地震局印发《局党组关于加强防震减灾法治建设的实施方案》。配合省人大做好"一法一条例"执法检查，查找防震减灾法律法规执行过程中存在的短板和不足，并提出落实方案。组织宪法学习培训，开展"七五"普法系列讲座和新任职处级干部宪法宣誓活动。落实法治政府建设考核评价要求。12月11日，出台《浙江省地震局重大行政执法决定事项目录》等法治制度10多项。

（省地震局　沈新潮）

地质灾害防治

【概况】 2018年，浙江省经历梅汛期强降雨和多次台风影响，各地切实加强应急值守，各级自然资源部门严格执行汛期值班、隐患"三查"、监测预警与应急处置制度，落实各项防范措施。面对梅汛期强降雨和第12、14、18、19、25号台风袭击，各地全面开展隐患排查，加强监测预警预报，汛期全省启动应急响应7次，发布地质灾害预警860次，预警短信78万余条，处置灾情险情报告52起次，排查地质灾害隐患4.44万点次，组织人员撤离3.68万人次，有效调查、处置灾险情373起次。全年全省发生突发性地质灾害32起，直接经济损失445.2万元，无人员伤亡，成功避让地质灾害4起，避免人员伤亡33人，实现地质灾害人员"零伤亡"，有效保护人民群众生命安全。灾害发生数量比上年下降57%，直接经济损失下降64%。

【灾害隐患治理】 2018年，省自然资源厅深入开展地质灾害隐患综合治理"除险安居"三年行动，全省各地和有关部门精心组织、周密部署，"除险安居"工作形成"政府给力、部门合力、专业鼎力、群众出力"四力合一的

2018年5月31日，全省地震科技创新大会在杭州召开

（省地震局　供图）

工作局面。3月9日，印发《2018年浙江省地质灾害防治方案》，下达年度“除险安居”任务书，在泰顺县召开全省地质灾害隐患综合治理“除险安居”三年行动暨汛期地质灾害防治工作现场会。全省减少地质灾害隐患点2426处，完成重大隐患避让搬迁和工程治理项目679个，减少受地质灾害威胁人数4.73万人，全省投入地质灾害防治经费近15亿元。

【灾害防治宣传活动】 2018年，省自然资源厅组织开展形式多样的地质灾害防治知识宣传教育活动，结合“世界地球日”、全国“防灾减灾日”、全国“土地日”和省政协送科技下乡等活动，宣传防灾减灾知识，提高民众的地质灾害防范意识和应急避险、自救互救能力。在全省3901个有地质灾害防治任务的村开展地质灾害防治知识进文化礼堂活动。全年开展地质灾害防治宣传培训活动1149次，参加44.4万人次。开展多层次、多形式的地质灾害应急演练1228次，参加6.4万人次。全面推进地质灾害调查评价工作，全省累计完成66个县（市、区）农村山区地质灾害调查评价。开展杭州余杭区鸬鸟镇等3个乡镇1:2000地质灾害风险调查与评价试点，提高地质灾害隐患调查精度。年内，杭州萧山区等16个县（市、区）申报2018年全国地质灾害防治高标准“十有县”。（省自然资源厅　供稿）

防汛抗旱

【概况】 2018年，浙江省平均降水量1571.3毫米，其中汛期（4月15日至10月15日）降水量1148毫米。全省投入抢险人员8.63万人次，消耗防汛袋24.71万条、沙石料36.05万立方米，减少受淹耕地10.07千公顷，减少受灾人口18.30万人，最大程度地减少灾害损失。全年全省洪涝台灾害直接经济损失17.92亿元，其中水利设施损失2.07亿元。

【汛情灾情】 2018年，浙江省汛期降水量与常年持平。浙北偏多浙西南偏少，其中嘉兴市偏多30%，金华市、丽水市和衢州市偏少7%～17%，其他地区接近常年。6月20日入梅，比常年（6月14日）偏迟6天，7月8日出梅，梅雨期19天，比常年（22天）偏短3天。梅雨期间，多分散性暴雨天气，全省平均降水量229毫米，比常年（301毫米）偏少24%。出梅仅3天，8号台风“玛莉亚”袭击浙江，至8月17日，先后有10号台风“安比”、12号台风“云雀”、14号台风“摩羯”、18号台风“温比亚”等台风集中影响，平均8天一个，历史罕见，其中“摩羯”在温岭沿海登陆，“云雀”登陆在上海、降雨在嘉兴。19号台风“苏力”、24号台风“潭美”、25号台风“康妮”3个台风影响浙江海域。12号台风影响期间，嘉兴市17个小时累计降雨量153毫米，地处降雨中心的海盐钦城站最高水位2.61米，超过保证水位0.65米，仅低于历史实测最高水位0.06米，重现期约20～50年一遇；嘉兴站、海宁硖石站最高水位分别达2.36米、2.70米，重现期约10～20年一遇。温岭市、玉环市降水持续偏少，水库蓄水量偏低，其中温岭市水库蓄水率降至20.7%，玉环市水库蓄水率降至2.2%，供水持续紧张，两地启动抗旱应急响应，采取分区、降压、隔日供水等措施，至8月底结束。象山县降水量偏少20.3%，自6月26日起，一直维持城镇供水Ⅲ级抗旱应急响应。

【防汛防台抗旱工作】 2018年，浙江省防汛防台抗旱准备充分。省防汛防台抗旱指挥部（简称“省防指”）明确年度目标、主要任务和工作要求。严格落实防汛责任制，根据机构职能变化和防汛抢险工作实际，重新明确各成员单位职责；推进防汛防台工作在基层落地生根，全省落实防汛防台抗旱各类责任人31万人。按照“全覆盖、零容忍、严执法、重实效”要求，深入开展隐患排查整治，对发现防汛安全隐患逐项“销号”或落实保安措施。加强宣传培训演练，全省培训各类防汛责任人9.7万人次，县级以上组织开展防汛防台宣传活动120多场次。省防指在丽水市开展综合科目演练。着力夯实防御基础。组织开展水库安全度汛专项行动，全省4318座水库全面落实“三个责任人”和“三项重点措施”。梳理、修订各类防汛防台预案1200多个。省气象、水文部门建立合作机制，实现数据共享。省水文局完成兰溪、诸暨、瓶窑等水文站洪水预报方案修订。全省储备7.68亿元的防汛抢险物资，组建县级以上防汛抢险和抗旱服务队217支3.47万人。应急处置有力有序。面对连续不断的台风，全省各级防汛部门科学研判，精准施策，分阶段、分层次采取“防、避、抢”等措施。强化监测预报预警，省水利、气象、海洋、国土、建设等部门发布预警短信7160万条、台风信息158次、海浪警报73期、风暴潮警报39期、地质灾害预警短信61万余条，开展水文预报824站次。准确研判及时响应，针对台风路径复杂怪异，省防指密切跟踪，准确研判，针对海上防风、沿海防潮、陆上防雨，及时动态部署；有3个台风主要影响浙江沿海海域，省防指打破常规，实施海上防台风应急响应。全省启动防汛防台应急响应637次。坚持以人为本，生命至上，突出抓好高风险区域人员疏散、转移避险，及时关闭涉海、涉水旅游景区，组织渔船回港或驶入安全水域避风。全省转移危险区域人员116.47万人次，组织船只进港避风或前往安全水域12.9万艘次。科学调度水利工程，发挥水利工程兴利除弊功能。8号台风影响前，针对部分水库水位超汛限的实际，采取有力措施，将水库水位降低至汛限水位以下，水库河网预泄预排2.22亿立方米。12号台风影响前，嘉兴市、宁波市、绍兴市分别启用南排工程、姚江大闸、曹娥江大闸预排，为应对可能的强降雨腾出调蓄容量；强降雨致使嘉兴市河网水位迅速上涨后，省防指积极协调，太湖防总暂时关闭太浦闸，减轻嘉兴防洪压力。14号台风影响前，全省河网抢排水量2.39亿立方米，有效降低河网水位；台风期间，水库全力拦蓄水量2.19亿立方米，既有效减轻下游江河压力，又显著增加台风前缺水较为严重的东阳、义乌、温岭、玉环等地水库蓄水，缓解供水紧张状况。

【军地联合抢险救灾演练】 2018年，全省应急管理部门开展浙江省军地联合抢险救灾演练，实践探索专业骨干队伍协同民兵、民间力量联合救援模式，省警务航空队、义乌民兵应急连、义乌消防支队及来自全省各地的23支民间应急救援队伍300多人参加道路抢修、废墟搜救、水域救援、高楼救援、交通事故救援、直升机搜救六大课目13个项目的演练，增强自然灾害应急救援能力，应急管理部、省政府领导参加演练现场观摩并予以肯定。（省应急管理厅 供稿）

森林防火灭火

【概况】 2018年，浙江省克服高森林火险天气增多、野外火源管理难度大、森林消防形势严峻等困难，最大限度减少森林火灾损失。全年发生森林火灾45起，比上年减少25起，下降37.8%；受害森林面积117.18公顷，减少133.39公顷，下降51.3%；无重特大森林火灾、人员伤亡和火烧连营事故发生；森林火灾发生率和受害率维持在低位水平，取得历史同期最好成绩。省长袁家军专门做出批示，要求各地采取切实有效措施，确保森林消防工作不出大问题。副省长彭佳学要求各地绷紧思想防线，确保全省森林消防安全。省森林消防指挥部、省林业厅联合金华市举办浙江省暨金华市“3·19”森林消防宣传日广场活动，彭佳学参加活动并讲话。

【抓好“双禁”工作】 2018年，浙江省各地着力抓好禁止销售、禁止燃放烟花爆竹的“双禁”工作，倡导“无烟上坟”文明祭祀新风尚，逐步改变“点香烛、烧纸钱、燃放烟花爆竹”等祭祖陋习，严防出现用火失控现象，有效遏制森林火灾发生。各级政府派出3000多个检查组深入基层一线开展森林消防专项检查，发现并督促整改森林火灾隐患6万余处，制止野外违规用火2万余次，收缴烟花爆竹、蜡烛纸钱108吨。淳安县、永嘉县、松阳县等地实行“党员干部分片包干”制度，杭州西湖区、临海市、泰顺县等地采取入山人员实名登记、收缴火种等措施，做到主动作为、严密防守。

【火情处置】 2018年，浙江省发挥人工影响天气作业队伍作用，及时开展人工增雨作业48次，总增雨量4.2亿立方米，有效降低森林火险等级。各类森林消防队伍靠前布防，科学扑救，确保“打早、打小、打了”。充分发挥航空护林飞机巡护侦察、处置火情作用，全年租用5架次K-32和2架次H-125直升机，安全飞行269架次529小时29分，飞行小时完成率81.21%，其中，火场侦察飞行3架次7小时29分，火场核查飞行3架次8小时5分，吊桶训练飞行42架次77小时20分钟，吊桶灭火飞行11架次23小时，洒水99桶319立方米，扑灭森林火灾5起，巡护发现并处置森林火情6起和林区野外违章用火40起，进行空中核查取证火场3处。

（省应急管理厅 供稿）

医疗卫生
Health

综 述

【概况】 2018年末，浙江省有卫生机构3.28万个（含村卫生室1.15万个），其中，医院1288个、卫生院1168个、疾病预防控制中心100个、卫生监督所102个、妇幼保健院（所、站）89个。全省有卫生人员58.97万人，其中卫

表43 浙江省卫生事业情况

项 目	2014年	2015年	2016年	2017年	2018年
卫生机构数合计（个）	30 360	31 139	31 548	31 981	32 755
医院	935	1 049	1 131	1 204	1 288
社区卫生服务中心（站）	6 166	6 020	5 870	5 687	5 310
卫生院	1 148	1 199	1 201	1 161	1 168
专科疾病防治院（所、站）	20	16	16	16	16
疾病预防控制中心	100	101	101	100	100
妇幼保健院（所、站）	89	88	87	88	89
卫生监督所（中心）	103	103	103	102	102
医学科学研究机构	7	7	7	7	6
其他卫生机构	21 792	22 556	23 032	23 616	24 676
床位合计数（张）	245 752	272 503	290 388	314 016	332 116
医院	213 451	239 444	255 279	277 598	293 720
社区卫生服务中心（站）	7 120	7 413	7 286	7 472	8 283
卫生院	15 481	15 697	17 162	18 093	19 031
其他卫生机构	9 700	9 949	10 661	10 853	11 082
卫生技术人员（人）	375 542	405 458	432 393	460 505	486 231
执业医师	124 648	135 772	144 998	155 782	166 144
执业助理医师	21 050	22 284	23 169	23 692	24 658
注册护士	145 135	159 945	174 486	188 163	201 514
药剂人员	24 452	25 763	26 871	27 950	29 048
检验人员	19 372	20 477	21 975	23 315	24 514
其他卫生技术人员	40 885	41 217	40 894	41 603	40 353
其他技术人员	18 127	18 793	20 444	22 499	24 792
管理和后勤人员	53 500	58 751	62 781	66 495	71 353
平均每千人口拥有卫生技术人员（常住）	6.82	7.32	7.74	8.14	8.48

（省卫生健康委 提供）

生技术人员48.62万人，包括执业（助理）医师19.08万人，注册护士20.15万人；其他卫生人员9.39万人。全省有病床床位33.21万张，其中医院29.37万张，卫生院1.9万张。

全年全省卫生健康系统聚焦卫生健康领域发展不平衡不充分问题，以“最多跑一次”改革为突破口，以健康浙江建设、三医联动改革、县域医共体建设、全民健康信息化建设、医疗质量提升五大攻坚战为主线，强化改革，优化服务，惠及民生，有力推动新时代卫生健康事业新发展。健康浙江的政策体系、指标体系、工作体系、评价体系不断完善。“三医联动”改革新机制初步实现。县域医共体建设在全省范围内全面推进。全民健康信息化建设实现国家、省、市、县四级平台的互联互通。医疗质量安全进一步提升。医院的临床水平和管理能力得到提升。坚持“六医”统筹，基本医疗卫生制度加快构建。坚持预防为主，公共卫生服务能力全面加强。中医药振兴发展有效推进。医政管理规范化、制度化、数字化建设加快步伐。

【医疗卫生先进典型表彰】 2018年，省医疗卫生系统涌现一批优秀典型。温州洞头区乡村医生王珏获“感动中国2017年度人物”和“2017寻找最美医生”特别致敬奖，浙江大学邵逸夫医院眼科主任姚玉峰和王珏获“浙江骄傲人物”。浙江省皮肤病防治研究所上柏住院部医疗团队获评年度中国好医生，省立同德医院妇产科主任医师金美嫒获评中国好护士月度人物。第四届“最美浙江人·最美天使”评选评出特别奖1人、先进获得者10人，发布首个中国医师节10名“医师终身荣誉”，对援外医疗50周年先进工作者和先进集体进行表彰宣传。海宁市中医院李华丰获“青春领袖”称号。

（省卫生健康委　洪　禹　何　佳）

卫生健康“1+5”重点工作

【概况】 2018年，省卫生健康委（省卫生计生委）全面落实“1+5”（医疗卫生服务领域“最多跑一次”改革和健康浙江建设、“三医”联动改革、县域医共体建设、全民健康信息化、医疗质量安全提升五大攻坚战）重点工作，推动卫生健康事业新的发展。

【深化医疗卫生服务领域“最多跑一次”改革】 2018年4月23日，省卫生计生委组织召开医疗卫生服务领域深化“最多跑一次”改革工作专题部署会，启动全省医疗卫生服务领域深化“最多跑一次”改革工作。4月28日，省政府办公厅印发《浙江省医疗卫生服务领域深化“最多跑一次”改革行动方案》。5月7日，省卫生计生委印发《2018年改善医疗卫生服务项目工作细则》，提出“看病少排队”“检查少跑腿”“付费更便捷”等10项改革措施，直面老百姓看病就医“痛点”“难点”“堵点”，并推出任务节点“三步走”，省、市、县、乡联动，自我加压、层层落实、整体推进。5月18日，省政府组织召开全省推进医疗卫生服务领域“最多跑一次”改革工作现场会。5月21日，省政府新闻办举行浙江省“最多跑一次”改革年度第二次新闻发布会——医疗卫生服务领域专场。6月4日，省卫生计生委建立医疗卫生服务领域“最多跑一次”工作周报制度。组织机关干部468人次“模拟患者”到医院暗访体验，累计提交体验报告240篇，意见建议848条，其中超过98%得到落实。加强跟踪问效，实施项目化、清单制管理，制定监测体系及评价标准，将10项措施细化为130多项指标，全省纳入监测医院155家，每周监测、两周通报一次。建立省级医院“心”级指数排名，每月向媒体公布。激励各级各类医院争当“领跑者”，并在资源配置、资金补助、评先评优等方面予以支持，推动形成“比学赶超”的良好导向。12月20日，召开“浙江健康导航”手机应用上线发布会。预约挂号实现“全省通”，整合全省所有医疗机构手机应用，并统一号源池，网上开放号源超过80%，其中40%号源优先开放给基层。付费结算实现“全院通”，积极推广自助结算、诊间结算、床边结算、移动结算等多种结算方式，大幅压缩患者等候时间。院内服务实现“自助通”，推出检查检验报告自助查询、轮椅自助租借等多种服务，省、市级医院检查检验报告具备2种以上智慧查询方式的比例占98.5%。全省城市大医院挂号排队平均时间从8.26分钟缩短到3.06分钟。“最多跑一次”改革向卫生健康领域延伸，进一步梳理和规范各类办事事项，优化办事流程，统一办事标准，取消申请材料54份，共享申请材料113份，材料精简率29.3%。办理时限普遍从20个工作日缩短至5～10个工作日，整体提速68.9%，部分事项实现“零上门”或立即办。规范清理涉政中介服务，对所有涉及卫生健康行政审批的中介服务均面向社会开放。全面优化办事标准，确定“八统一”（主项名称统一、子项名称统一、适用依据统一、办理时限统一、申请材料统一、申请表单统一、办事流程统一、业务流程统一）标准，以文件形式印发各地，并对省市县三级政务服务网办事服务指南进行统一管控和规范。对全系统现存的业务经办系统进行系统梳理，开发健康浙江政务服务平台，整合医疗机构和医护电子化注册系统、卫生监督管理信息系统、生育登记系统和其他办事集成系统等8个办事系统，完成页面改造工作和数据共享对接工作，统一与浙江政务服务网和“一窗受理”平台进行对接，并于5月在全省推广使用。全系统办事事项实现网上申请在线办理81个。推进数据仓建设，实现数据共享，完成出生医学证明、乡村医生执业证书、医疗机构执业许可证、医师执业许可证等电子证照的归集制作。

【推进健康浙江建设】 2018年，省卫生健康委将健康浙江建设列为省卫生健康委系统年内五大攻坚战之首，作为卫生健康事业改革发展的主抓手推进。4月9日，省长袁家军主持召开省委、省政府健康浙江建设领导小组第一次全体会议，提出要高质量高水平建设健康浙江，打造健康中国省域示范区。4月，省委、省政府出台《健康浙江考核实施方案（试行）》《省委省政府健康浙江建设领导小组及其办公室工作职责》《2018年健康浙江建设工作要点》，明确考核要求、指标框架、各层面主要职责。省委、省政府健康浙江建设领导小组办公室起草领导小组及其办公室工作制度、省级部门考核实施细则等材料，拟定年度工作任务155项，明确部门责任分工。制订年度健康浙江考核评分细则、考核指标。在考核办法和指标体系基础上，强化五大攻坚战的权重，增加医疗卫生服务领域“最多跑一次”改革指标。开发健康浙江考核信息管理系统。举办健康浙江建设培训班。全省11个市均成立健康领导小组及其办公室，召开卫生与健康会议做出专题部署。组织开展健康影响评价评估制度课题研究。积极探索第三方评估，年内省健康办委托第三方机构开展健康浙江建设公众满意度调查，调查结果显示，年度认知度和总满意度均比上年有明显提高，其中认知度58.8%，提高11.4个百分点；总满意度73.85分，提高4.54分。

【“三医联动”改革攻坚战】 2018年，省卫生健康委完善医疗、医保、医药联动改革的领导体制，建立健全医改重大政策统筹协调、统一决策和协同推进的工作机制，支持有条件的市、县整合药品采购、价格和医保等管理职能，增强改革的整体性、系统性和协调性，形成深化医改的强大合力。配合省委编办完成“三医”（医疗、医保、医药）管理体制改革，成立浙江省医疗保障局，实现药品耗材招标、采购、支付职能于一体，形成“三医联动”改革新机制。会同省人力社保部门，落实按病种支付改革推广任务，总结完善并推广金华“病组点数法”（基于医保统筹基金区域内的年度预算支出总额，参考当地疾病分组及其历史成本的平均值形成医保基金分配点值，根据医院服务的病组点数总额按月预付费用，年末总结算的医疗保险支付制度）改革经验；研究制订适应医共体改革发展、符合医共体运行模式的医保支付方式，对门诊和住院医疗服务实行差异化报销政策。全年全省公立医院医疗总费用比上年增长9.2%，门急诊和出院均次费用分别增长3.7%和1.2%，均在增长控制线以下。全面推行药品采购“两票制”（药品生产企业到流通企业开具一次发票，流通企业到医疗机构开具一次发票），“三流合一”（信息流、商流、资金流统一）的药品采购平台逐步完善，全省2119家公立医疗卫生机构全部接入运行，药品采购价格在上年基础上平均下降5.9%。全省医保户籍人口参保率98.6%，城乡居民医保人均筹资标准956元，人均财政补助641元；职工医保和城乡居民医保政策范围内住院报销比例分别为83%和70%，大病保险实现全覆盖，最低报销比例60%，医疗救助补偿比例70%。

【县域医共体建设】 2018年，省卫生健康委推进试点县（市、区）县域卫生管理体制、服务体系、运行机制和就医秩序转型升级，取得县乡医疗资源集约利用、基层医疗机构能力提升、群众对基层医疗服务信任度增加的成效。1月22日，省卫生计生委、省编办、省财政厅等五部门印发《关于推进县域医疗服务共同体建设试点工作的若干意见》。7月25日，印发《关于开展县域医共体建设试点工作评估的通知》，对11个试点县（市、区）医共体建设试点工作进行评估。试点地区基层门急诊和出院人次分别比上年增长12%和22%，县级医院三四级手术例数增长超过10%，县域内就诊率85%，群众对医共体满意度97.8%，对医务人员满意度94.8%。9月20日，省委、省政府召开县域医共体现场推进会，省委办公厅、省政府办公厅出台《关于全面推进县域医疗卫生服务共同体建设的意见》，对全省县域医共体建设做出顶层设计。在全省全面实施县域医疗卫生机构集团化管理、一体化经营和连续式服务，构建整合型医疗卫生服务体系。

【全民健康信息化建设】 2018年，省卫生健康委全面梳理省级全民健康信息资源目录，完成第一批1000多项资源目录的整合和确认工作。推进省市县三级全民健康信息平台互联互通，基本实现全省所有医院和基层医疗卫生机构的网络联通和数据共享。成为全国首先实现国家、省、市、县四级平台互联互通的省份之一。完善业务协同的应用网络，实现区域检验、影像、心电、病理共享的县（市、区）比例分别为90%、100%、99%和89%。启动浙江省健康医疗大数据中心建设，卫生健康数据仓汇聚60多项业务的6900多万条政务数据。整合业务条线信息，打通基层居民电子健康档案、规划免疫、妇幼保健等信息系统。建成省级检查检验信息共享平台，16家省级医院实现检验检查报告共享调阅。实施居民电子健康卡项目，全省累计发放居民电子健康卡1500多万张。开发“浙江健康导航”服务终端，加快建立全省统一的全方位、一站式“健康服务门户”，接入全省近500家医院的预约挂号服务。启用浙江省互联网医院平台，智慧医疗被评为浙江省民生获得感示范工程。

【医疗质量提升】 2018年，省卫生健康委加快重大疾病诊治技术研究中心建设，新启动肝癌、肺部疑难疾病、胰腺恶性疾病、胃肠恶性肿瘤、小儿白血病5个中心建设。开展DRGs（疾病诊断相关分组）医疗质量与绩效评价工作，完成二三级医院DRGs绩效评价报告。三级医院重点监测病种增加到68种，主要关注疑难病种处理能力的提升；二级医院15种，关注常见多发病及急救能力的提升。提炼恶性肿瘤手术当日非计划再入院率等反映质量控制指标。结合各家医院分解住院情况，推出矫正CMI值（病例组合指数），对全省三级医院开展日间手术情况进行排名，鼓励医院提高管理水平。推进临床路径管理，加快疾病诊断相关分组推广应用。全省临床路径管理率33.6%，日间手术比例不断提高。发布DRGs绩效分析报告，开展二级医院及规模较大的民营医院DRGs数据统计分析，根据不同等级医院功能定位，有针对性地对各级各类医疗机构开展DRGs重点病种监测，研究制订具有浙江特色的各临床专科代表性病种目录。

（省卫生健康委　洪　禹　何　佳）

医药卫生体制改革

【概况】 2018年,浙江省全面贯彻落实中央关于深化医改各项重大决策部署,坚持"三医联动"和"六医(医疗、医保、医药、医院、医生、中医)统筹",持续巩固扩大综合医改既有基础和优势,加快建立5项基本医疗卫生制度;坚持公益导向,持续深化公立医院改革。省政府出台关于建立现代医院管理制度的实施意见,全面加强公立医院党的领导和组织建设,明确公立医院党组织要把方向、管大局、抓落实,"三重一大"(重大事项决策、重要干部任免、重要项目安排、大额资金的使用)等事项由医院党组织会议研究决定;坚持重心下移,扎实推进县域医共体建设,着力强化改革的系统性、整体性和协同性,以深化医疗卫生服务领域"最多跑一次"改革为引领,把推动县域医共体建设作为构建整合型医疗卫生服务体系的主攻方向,把优化资源配置、补齐基层短板、激发运行活力作为深化综合医改的关键举措,加快推动县域医疗卫生资源体系重组、治理体制重构、运行机制重建和服务模式重塑;坚持便民惠民,创新发展"互联网+医疗健康",制订出台医疗卫生服务领域深化"最多跑一次"改革行动方案;实施多元发展,打造健康产业高地;注重典型引路,发挥真抓实干成效明显地区的示范引领作用。年内,省卫生健康委落实全国医改工作电视电话会议精神,向省政府汇报提出贯彻落实意见,结合召开全省县域医共体建设现场推进会做出任务部署,印发《省医改办关于确保完成2018年医改重点工作任务的通知》,提出主要任务措施20项。

【分级诊疗秩序构建】 2018年,省卫生健康委全面推进紧密型医联体、城市"1+X"医联体(以1家三级医院为牵头单位,联合若干城市二级医院、康复医院、护理院及社区卫生服务中心)、专科联盟、远程医疗协作网等多种形式医联体建设,三级公立医院全部参与并发挥引领作用,每个设区市均建成至少1个有明显成效的高水平医联体。医共体试点县(市、区)制订县域内就诊疾病目录、县域向外转诊标准和管理办法,落实基层首诊责任。浙江省预约诊疗服务平台接入医疗机构360家,累计注册用户1053万人,预约总量4714万人次,预约成功率71.1%。省级预约转诊平台与9个区域平台对接,接入省转诊平台的二级及以上公立医院310家,月均转诊量约4000次。

【现代医院管理制度建设】 2018年,省政府办公厅出台《关于建立现代医院管理制度的实施意见》。省卫生健康委协调物价部门,加快推进新一轮医疗服务价格改革,省以下公立医院医疗服务价格调整权限全部下放到各设区市政府,宁波、湖州2个市和长兴、义乌等10个县(市、区)先后启动医疗服务价格改革。在鼓励地方先行的基础上,落实"药、价、保"(药品、价格、医保)联动改革的要求。研究起草省级公立医院医疗服务价格改革方案。通过国家对浙江省公立医院综合改革绩效评价考核,获补中央财政奖励资金1431万元。会同省财政厅制订《浙江省公立医院综合改革目标考核与财政补助资金激励办法(试行)》,首次对市、县公立医院综合改革进行目标考核,考核结果进行排名通报,并与财政专项补助资金挂钩。

【社会力量办医发展】 2018年,省卫生健康委推动二级及以下医疗机构设置审批与执业登记"两证合一",取消开展社会办医疗机构需出具资信证明、验资证明和资产评估报告等材料。通过"第四届浙江国际健康产业博览会""西湖论健·浙江国际健康产业高峰论坛暨智慧健康大会"等载体,吸引社会力量持续进入医疗健康领域。发布《2017年度社会办医状况白皮书》,加强社会办医重点项目的政策引导和工作指导,扶持社会办医成规模、上水平发展。全省社会办医疗机构累计332家,床位数4.5万张,投资总额397.03亿元。

【药物政策与基本药物制度工作】 2018年,省卫生健康委持续深化药品耗材集中采购使用工作,继上年完善药品采购"三流合一"(药品采购信息、药品流转信息、药品货款信息全部在药械采购平台网络上适时体现)新平台后,年内完成耗材采购新平台的切换工作,将全省公立医疗机构药品、耗材的采购全部纳入管理范围。会同省财政、省人力社保部门出台《定点公立医院基本医疗保险基金周转金预付制实施意见》等文件,为药品耗材采购落实"三流合一"提供保障基础。持续推进"腾空间""保质量"工作。开展在线交易产品全国最低价联动工作。在全国率先制定通过质量和疗效一致性评价仿制药直接挂网采购政策规定,并对相应的产品挂网采购。出台县域医共体药品耗材统一采购政策,明确以医共体牵头单位为主体,负责该医共体内药事管理工作,统一药品采购目录,统一药品配备使用管理,统一支付药品货款,统一基本药物的使用比例,注销成员单位原有药品采购账户,推进上下级医疗机构用药衔接,对县域医共体内药品进行统一管理。做好短缺药品供应保障。制订《短缺药品供应保障工作方案》,确保短缺药品供应保障。将国家谈判抗癌药和全省新一批大病保险支付范围内产品纳入在线交易目录,供全省医疗机构采购使用。研究确定全省抗癌药专项采购方案,确保国家相关工作落实。完善省、市、县三级监测预警网络体系,完善短缺药品应对机制,保障临床和患者用药。探索开展药品耗材临床综合评价,加强临床药师指导临床用药工作,控制药品费用。根据《浙江省机构改革方案》,自11月13日药械集中采购和监督管理有关职责由新成立的省医疗保障局承担。

【科技与教育】 2018年初,浙江省"以H7N9禽流感为代表的新发传染病防治体系重大创新和技术突破"项目获国家科技进步奖特等奖,李兰娟院士受到习近平总书记接见。全年全省医药卫生领域获省科技奖63项,其中一等奖项目9项,获奖数量占全省总数的23%,创历史最好成绩。省级医疗卫生单位新增专利220多项,其中发明专利100多项。全省医疗卫生领域获各类国家科技项目500多项,省级科研项目370多项。"中国(浙江)卫生健康科技研发转化平台"被列为国家科技体制改革试点,6家医院科技创新力入选全国百强,传染病学科连续5年蝉联全国第一。全科医生培养取得实效,每万名居民拥有全科医生4名。组建浙江省住院医师规范化培训质量控制专家指导委员会及24个专业的质量控制中心,制订《浙江省住院医师规范化培训质量控制细则(试行)》,发挥医学教育专家对住院医师规范化培训工作的专业化指导作用。住院医师规范化培训在培规模1.6万人,累计培训2.7万人。实施"基层临床疾病诊治技术系列培训项目",加大基层卫生人才定向培养力度。全省通过"招录、培养、使用"的一体化政策,招录临床、口腔、中医、预防、儿科和护理等专业基层卫生人才1448人,比上年增加145人。打造"325"卫生高层次人才工程(至2020年选拔培养30名卫生领军人才、200名卫生创新人才、500名医坛新秀),新选拔卫生高层次人才培养对象88名,提前实现全省5年选拔30名卫生领军人才、200名卫生创新人才的目标。新设立院士工作站59个,增加国家万人计划等国家级人才和省特级专家等省级人才108人、市级有关高层次人才203人。

(省卫生健康委　洪　禹　何　佳)

公　共　卫　生

【概况】　2018年,浙江省全面优化基层群众就医服务流程,乡镇卫生院(社区卫生服务中心)推进自助挂号、诊间结算、远程会诊、电子健康档案开放查询、签约对象健康数据远程监测等措施,再造服务流程,提升服务效率,减少群众跑医院和院内跑的次数和时间。全年全省甲乙类传染病报告发病率181.83/10万,死亡率0.71/10万,均低于上年。全省查处卫生健康领域案件2.08万件,罚没金额5871万元,分别比上年增长79%和68%。推进海上紧急医学救援基地建设,积极探索建立航空紧急医学救援体系,初步形成全方位、立体化、多层面的卫生应急体系。

【基层卫生】　2018年,浙江省全面实施慢性病连续处方制度。11个市均出台落实慢性病连续处方制度政策,乡镇卫生院(社区卫生服务中心)开展慢性病连续处方服务1398家,覆盖率85.1%。加强顶层设计,制订《浙江省电子健康档案系统业务功能需求指南(试行)》等5个规范文本。开发新版"浙江省乡村医生执业注册管理系统",与浙江政务服务网"一窗受理"(行政服务中心打造"前台综合受理、后台分类审批、综合窗口出件"全新工作模式,建立第三方对政务服务的全程统筹协调和监管管理机制)系统进行对接。启动实施"农村巡回医疗车项目",为26个加快发展县和舟山地区统一配置农村巡回医疗车。启动实施基层卫生人才能力提升培训项目。以医防融合为核心做实做细家庭医生签约服务,至年末,全省家庭医生签约服务人数1843.6万人,常住人口签约率34.9%,老年人等10类重点人群签约1429.4万人,重点人群签约覆盖率75.2%。全省累计建立城乡居民电子健康档案4600万余份,电子健康档案建档率87%;为471万名老年人开展一年一次的健康体检,健康管理率68.5%;管理700多万高血压、糖尿病、严重精神障碍和肺结核患者,其中高血压和糖尿病患者规范管理率在64%以上。在国家基本公共卫生服务项目绩效评价中获全国第一名。

【疾病预防与控制】　2018年,全省甲乙类传染病发病10.29万例,死亡403例。全省甲乙类传染病报告发病率181.83/10万,死亡率0.71/10万,均低于上年。省政府召开省级地方病及重大疾病防治工作专题会议。加强重大疾病防治,启动高校艾滋病防治试点,推广使用电子药盒肺结核病患者管理工具,建成省血吸虫病防治陈列室,出台《浙江省病毒性肝炎防治行动计划》,指导杭州、宁波等地科学规范处置登革热疫情,消除疟疾通过国家评估。免疫规划疫苗接种率以乡为单位保持在90%以上,启动实施脊灰免疫规划疫苗接种"2+2"(2剂脊灰灭活疫苗注射+2剂二价脊灰减毒疫苗口服滴剂)方案,积极应对和处置长春长生狂犬问题疫苗相关事件。出台《浙江省国民营养计划(2018—2030年)》,杭州西湖区等7个县(市、区)通过国家级慢性病防控示范区复审。加强基层疾控机构建设,实现全省县级疾控机构全覆盖。全省县(市、区)心理健康指导中心、乡镇(街道)心理服务站建成率100%。制订印发《关于加强疾病预防控制信息化建设工作的通知》,推动各地把疾控大业务应用融入全民健康信息平台。至年末,1371家的医疗卫生服务机构实现传染病数据自动交换,覆盖全省9市69县(市、区)。生活饮用水卫生监测覆盖所有县(市、区)。成立浙江省儿童青少年健康指导中心,继续加强学校卫生工作,做好学生健康状况、常见病与健康危险因素监测,完成2万余名儿童青少年近视调查,丰富儿童青少年健康基线数据。制定发布食品安全地方标准《食品小作坊通用卫生规范》,填补全省食品小作坊卫生管理规范的空白。全年监测食源性疾病病例5.03万例,监测食品样品量1.12件/千人。

【综合监督】　2018年,全省卫生监督系统全面推行"双随机一公开"(在监管过程中随机抽取检查对象,随机选派执法检查人员,抽查情况及查处结果及时向社会公开)日常监管工作要求,完成各类国家抽查抽检任务1.32万家,下达省级各类抽查任务1.87万家,完成率均为100%。办案质量继续保持较高水平,4个案例被评为全国典型案例。开展餐饮具集中消毒服务单位质量安全提升、现制现售水卫生安全风险排查等专项行动。创新开展学校传染病风险指数试点工作。推动执法监督数据的开发利用和成果转化,实施"卫生优选"计划(基于政府卫生执法信息的开放,卫生状况达标的生活服务商家在线上的口碑店铺将会打上“卫生优选”的标签，并予以重点推荐），引导社会监督。以游泳场所“放心游”、医疗美容机构“放心美”、网络购物平台“放心买”为切入口，积极探索“互联网+”卫生行政执法。至年末，全省基本建成医疗美容机构依法执业情况发布平台511个。整体清理无证商品超过102万个，清理比例近81%。全省二级以上医疗机构全面推广医疗废物的全区域、全过程、全覆盖、全闭环管理模式。智慧卫生监督平台功能日益拓展，通过在线监控和在线监测技术，利用“互联网+”进行监督、监管，查办多起案件。全年新建医疗与中医、传染病管理、公共场所、学校卫生、放射卫生5个实训基地，形成覆盖卫生健康各执法专业的实训基地群。各实训基地举办执法实训22期，培养执法尖兵400多人。制订《机构规范化建设标准》，启动全省卫生行政执法机构规范化建设工作。

【卫生应急综合保障】 2018年，省卫生健康委进一步健全省、市、县卫生应急指挥体系，在多部门联防联控、军（警）地联动联勤的基础上，推动民间救援组织合作。推进海上紧急医学救援基地、航空紧急医学救援体系、国家突发急性传染病防控队伍建设，初步形成全方位、立体化、多层面的卫生应急体系。模拟山体滑坡、中毒事件、登革热流行等情景开展实战演练。开展省、市、县三级突发公共事件常态化风险评估，建立突发事件舆情监测机制，实现H7N9型禽流感等重点传染病预警信息的实时推送。实施桐庐县廊桥坍塌、杭州西湖区竞舟路道路交通事故、遂昌县化学中毒等突发公共事件紧急医学救援，最大限度减少人员伤亡。

【爱国卫生】 2018年，浙江省302个乡镇被命名为浙江省卫生乡镇，3945个村被命名为浙江省卫生村，全省省级及以上卫生乡镇比例96%，省卫生村比例达34%，杭州、湖州、嘉兴、金华、衢州、舟山、台州7个市实现省级卫生乡镇（街道）全覆盖，提前实现目标任务。至年末，全省农村卫生厕所普及率99.7%，无害化卫生厕所普及率98.6%。9月13日，联合省体育局、省妇联等五部门印发健康家庭建设试点工作方案，在全省部署开展健康家庭建设试点工作。

【妇幼健康服务】 2018年，全省以实施妇幼项目为抓手，开展生育全程基本医疗保健服务，妇女儿童保健管理更加规范，孕产妇系统管理率95.9%、产后访视率97.9%、新生儿疾病筛查率在99%以上；3岁以下儿童系统管理率96.4%，7岁以下儿童保健覆盖率97.3%，新生儿访视率98.0%。全面实施0～3岁发育监测与筛查项目，制订出台《浙江省0~3岁儿童发育监测与筛查项目实施方案》，全省开展发育监测146万人，给予存在发育风险或发现可疑偏异的儿童早期发展指导和干预9.2万人。由浙江省儿童医院研究团队完成的《出生缺陷综合预防规范》省地方标准，填补全省妇幼卫生领域无标准的空白，成为全国第一个针对出生缺陷干预的地方标准，被授予“2018年浙江省标准创新贡献奖重大贡献奖”。实施城乡妇女“两癌”（宫颈癌、乳腺癌）检查项目，全年完成宫颈癌HPV筛查140.9万人、乳腺癌筛查140.8万人，实现“两癌”早诊早治。

全省把保障母婴安全作为重中之重，打好母婴安全管理组合拳。印发《浙江省母婴安全行动计划（2018—2020年）实施方案》，实施妊娠风险防范、危急重症救治、质量安全提升、专科能力建设和便民惠民五大行动。全省设有危重孕产妇救治中心111个、危重新生儿救治中心103个，市、县两级均至少设有危重孕产妇救治中心和危重新生儿救治中心各1个。全面推进“互联网+”母子健康全程服务新模式，实施“母子健康服务更温馨”项目，推广“母子健康手册”手机应用。

（省卫生健康委　洪　禹　何　佳）

中医药事业

【概况】 2018年，全省中医药系统围绕医疗卫生服务领域“最多跑一次”改革和“五场攻坚战”，以“促改革、建高地、强基层、弘文化”为主线，推进大学习、大调研、大抓落实工作，中医药总体规模进一步扩大，发展水平进一步提升，服务领域进一步拓展，形成医疗、保健、科研、教育、文化、产业整体发展的新格局，中医药工作继续稳居全国第一方阵。

【中医医疗改革】 2018年，全省各级中医院开展“最多跑一次”改革，继续深化“看中医减少跑”，认真落实“看病少排队、付费更便捷、检查少跑腿、配药更方便”等10类改善医疗卫生服务项目，100%的公立中医院提供中药饮片代煎配送到家服务。加强县域医共体中医药工作，11个医共体试点县（市、区）有9家县级中医院作为牵头单位。联合省人力社保厅开展基层中医门诊常见病按病种支付方式改革，在全省县级及以下医保定点医疗机构，推出首批按病种付费的8个病种9种证型的协定处方。开展中药饮片管理专项检查，建立科学合理的中药饮片价格形成机制，遏制过度用药和大处方，并将其作为名中医评选的关键指标，并纳入中医医院等级评审、中医药重点专科建设重要考核指标。

【中医医疗质量】 2018年，省卫生健康委制订《浙江省中医医疗机构医疗质量专项整治工作方案》，加大医疗质量安全和风险排查力度，组织专家对4家省级中医医院开展全方位检查。全面启动在全省二级以上中医医院（中西医结合医院、中医专科医院）应用DRGs（疾病诊断相关分组）开展医疗服务质量与绩效评价工作，将中医医院应用DRGs考核工作纳入健康浙江评价指标。完善中医药质控体系，新建针灸、推拿、中西医结合康复质控中心3个，依托省病历、院感、中药、护理质控中心开展培训，提高质量控制水平。推进《中医诊所备案管理暂行办法》及系列配套文件的落地，完成诊所备案302家。

【中医药服务能力提升】 2018年，全省加强中医院基础设施建设，推动省中医院、省新华医院、省中山医院、宁波市中医院全国中医药传承创新工程重点中医医院项目建设，11家县级中医院启动医院搬迁和改扩建工程，5家县级中医院纳入中央投资项目，13家县级中医院入选首批全国县级强院，数量居全国第三位。加强综合医院和妇幼保健机构中医药科室建设，杭州市西溪医院等10个单位获全国综合医院、妇幼保健院中医药工作示范单位称号。加强乡镇卫生院（社区卫生服务机构）中医药服务能力建设，新建基层标准中医馆208家。强化中医专科专病建设，省中医院的血液科、杭州市中医院的肾病科创建国家区域中医（专科）诊疗中心，省立同德医院的重度抑郁、省中医院的胃癌、省新华医院的系统性红斑狼疮3个病种纳入全国重大疑难疾病中西医临床协作试点项目。

2018年1月23日，浙江省表彰国医大师全国名中医暨首批省国医名师命名大会在杭州召开，省长袁家军（前排左七）与名中医合影　（省卫生健康委　供图）

【中医药科技创新】 2018年，省新华医院创建第二批国家中医临床研究基地建设项目，浙江省成为拥有2个国家中医临床研究基地的省市之一，完成第一批国家中医临床研究（血液病）基地建设中第二批科研专项15个课题中期督导。推进省中医药研究院全国中医药传承创新工程重点中医药科研机构项目建设。完成“十二五”省中医药重点学科验收，开展“十三五”中医药重点学科检查，新增省中医药重点实验室建设项目1项，确定省重大疾病中医药防治中心筹建项目9个。加强中医文献整理研究工作。12月，由省中医药研究院承担的国家“中医药古籍保护与利用能力建设项目”通过验收。

【中医药人才培养】 2018年，全省召开表彰国医大师全国名中医暨首批省国医名师命名大会，省长袁家军接见省国医名师和部分省名中医代表。积极选拔和培养高层次中医药人才，全年全省增加中医药传承与创新“百千万”人才工程（岐黄工程）岐黄学者3名、省国医名师10名、省级名中医40名、全国名老中医专家传承工作室5个，遴选省级基层名中医培养对象112名、中医护理优秀人才培养对象60名，组织基层卫生技术人员进行中医药知识与技能培训150名。确定国家中医住院医师规范化培训基地协同单位23家，招收中医住院医师规范化培训学员918名。争取国家中医继续教育项目108项，评定省级中医继续教育项目152项。增加“西学中”（西医专业技术人员系统学习中医药知识）班10个，完成中医医术确有专长人员的医师资格审核考核工作。

【中医药健康服务】 2018年，浙江省推进中医药特色街区、特色小镇和中医药一条街建设，评定省中医药文化养生旅游示范基地12个，浙江龙泉灵芝产业基地、浙江佐力郡安里中医药养生体验园获批国家中医药健康旅游示范基地。增加39个县中药资源普查，中药资源普查实现全覆盖。打造道地药材品牌，遴选确定铁皮石斛、衢枳壳、乌药、三叶青、覆盆子、前胡、灵芝、西红花为新“浙八味”中药材培育品种。推动中医药国际化，在以色列、白俄罗斯、罗马尼亚建设海外中医药中心，其中“中国—以色列中医药中心”“中国—罗马尼亚中医药中心”列入年度国家中医药管理局中医药国际合作专项建设名单。

【中医药文化推进行动】 2018年，省卫生健康委、省文化和旅游厅、省中医药管理局联合出台《浙江省中医药文化推进行动计划（2019—2025年）》，明确未来7年全省高水平推进中医药文化发展5个方向20项任务。加强中医药文化宣传教育基地建设，胡庆余堂中药博物馆成为国家中医药文化宣传教育基地。推进中医药进校园、进社区、进农村活动，编写《中医药与健康》参考用书、教学用具，坚持“中医中药进党校”常态化，开展中医药文化进农村礼堂活动，内容包括中医药健康咨询（义诊）、中医药文化演出、中医药文化展览等。举办首届浙江省中医药健康文化知识大赛和中医药文化摄影比赛，开展公民中医药健康文化素养调查，开设《养生大国医》电视栏目。

（省卫生健康委　洪　禹　何　佳）

医政管理

【血液管理】 2018年，浙江省供应临床血液100%经过核酸检测，有效降低全省输血传播疾病残余风险。持续做好全省及区域性HIV（人类免疫缺陷病毒）确认阳性献血者联合屏蔽工作。在江浙沪三省联合屏蔽基础上，屏蔽区域扩展为华东六省一市将临床科学合理用血检查首次纳入省质评办的检查工作，并制定《2018年第一次质控联合检查评分标准（输血医学专业）》，对全省29家医疗机构开展临床科学合理用血专项检查。结合医疗卫生服务领域“最多跑一次”改革，打造“浙江献血”手机应用平台，融数据上报、表彰申报、血液调配、异地还血结算、献血证管理、荣誉证审核、献血量查询等功能于一体，并提供线上服务。全年全省有1.7万名献血者通过“浙江献血”手机应用实现“一次都不跑”的血费报销工作。与支付宝平台合作推出全国首张电子献血卡，开通支付宝一键查“献血量”“刷脸献血”等服务。9月29日，省卫生计生委组织开展“健康梦·血液梦——无偿献血‘浙里’20载”浙江省纪念献血法实施20周年活动。浙江省再次获“全国无偿献血先进省”荣誉称号，杭州、宁波、温州、湖州、嘉兴、绍兴、台州、金华、丽水、衢州、舟山11个市被授予“全国无偿献血先进市”称号，全省获无偿献血奉献奖1.91万人。

【注册考核管理】 2018年，浙江省全面推进医疗机构、医师、护士电子化注册管理工作，按时完成国家试点工作任务。推进全省电子化注册管理服务平台与国家电子化注册系统互联互通，通过在线办理完成年度医疗机构校验33家。组织完成年度医师资格考试，有考生2.63万人。完成浙江省第五周期医师定期考核，有3.39万家医疗卫生机构的17.95万名医师参与考核。向国家申报各类别国家级实践技能考试基地10个，10月22—26日，接受国家复评专家组评估。

【行风管理】 2018年1月16日，省卫生计生委印发《关于印发浙江省公立医疗卫生计生机构工作人员收受“红包”、回扣处理规定的通知》，要求各级各类医疗机构重视苗头问题，注重抓早抓小，并严格按照规定依法依规进行处理，围绕“九不准”落实医德医风具体要求，把日常监管、科室日常考核与医德考评工作相结合，始终坚持执纪问责高压态势。7月23日，国家卫生健康委召开机构改革后第一次纠正医药购销和医疗服务中不正之风部际联席会议，浙江省作为唯一省份被邀请做纠风工作经验交流。9月29日，省卫生计生委再次被邀请参加全国行风建设会议，做规范医药购销全程管理方面经验介绍，推广浙江省以大力推进“清廉医院”建设为重点，加强行风管理工作所取得的成效和经验。开展医疗服务行为监管，通过对7家省级医院高值耗材使用、合理用药专项点评，查找医院行风问题，对发现的问题及时发出通报，提出整改措施。印发《关于进一步加强业务主管社团管理工作的通知》，完善对医口协(学)会管理工作。开展对直属单位举办的庆典、研讨会、论坛的自查、督查、梳理和分析工作，对发现的问题提出整改措施。9月13日，印发《浙江省卫生计生委关于推进清廉医院建设的实施意见》。10月18日，省卫生计生委在建德召开全省“清廉医院”建设推进会，要求全省医疗卫生机构以清廉浙江建设为引领，崇廉倡廉促廉，推动“清廉医院”建设向纵深发展、向基层延伸。

【对口帮扶工作】 2018年，浙江医疗援黔对口帮扶工作取得新成绩。8月13日，省卫生计生委在年度全国三级医院对口帮扶贫困县县级医院工作考核中列省级卫生计生行政部门第一位，浙江大学医学院附属第二医院在年度全国三级医院对口帮扶贫困县县级医院工作考核中列三级医院第一位。10月17日，浙江省医疗援黔护士汪四花获全国脱贫攻坚奖贡献奖。

【庆祝首个中国医师节】 2018年8月19日是国内首个“中国医师节”，整个医师节宣传活动分4个阶段，主推预热篇、体验篇、人物篇和庆祝活动，并推出多个系列报道，刊播相关报道近300篇。全省各地同步开展首届中国医师节的宣传报道、走访慰问、惠医爱医等系列主题活动。8月16日，省卫生计生委在省人民大会堂举行首个“中国医师节”庆祝大会。省委书记车俊等省领导在会前接见10名“医师终身荣誉”获得者，为全国各省首个最高规格的庆祝活动。举办主题为“大医精诚护健康，勇立潮头铸辉煌”文艺会演，开通在线网络直播，在线观看1.16万人。

（省卫生健康委　洪　禹　何　佳）

卫生健康事业综合管理

【保健体系建设】 2018年，省卫生健康委将“十大专科保健中心”(老年医学保健中心、康复保健中心、健康管理保健中心、精准保健中心、泌尿保健中心、心血管保健中心、骨科保健中心、微创保健中心、心理保健中心和中医“治未病”保健中心)建设作为贯穿全年工作的“一号工程”来抓，制订《十大专科保健中心建设管理办法》，确定一批中心建设承担医院，重点加强老年病、多发病等重大疾病诊疗中心和健康管理中心建设，以点带面，提升省级各保健基地医院的核心服务能力。加强保健人才队伍建设，调整优化干部保健专家队伍，确定新一届省级保健专家155名，涵盖学科46个，形成结构合理、专业齐全、技术精湛的保健专家梯队，医疗服务质量得到提升。

【计划生育管理服务转型】 2018年，省卫生健康委持续推进计划生育管理服务转型。在全国率先取消计划生育目标管理责任制单独考核。推动增加再生育条件和调整计划生育“一票否决”规定。在全国率先出台地方标准——《出生缺陷综合预防规范》。推进母婴设施建设，全省母婴设施规划应配置2158处，已配置2002处。采取现场检查、会议通报等形式，加强对各地母婴设施建设的调研督导。将生育登记手机应用嵌入省政务服务手机应用，全面实现生育登记服务“零跑路”。全省统一开发再生育审批平台和手机应用，于4月上网运行，实现再生育审批“跑一次”。丰富创建幸福家庭活动的载体和内容，开展“文明倡导、优生优育、健康促进、致富发展”等系列活动。完善部门联手、区域联动查处“两非”(非医学需要的胎儿性别鉴定、非医学需要的选择性别的人工终止妊娠)案件长效机制，保持严打“两非”高压态势。流动人口卫生计生服务管理纳入“网络化管理、组团式服务”，实行与户籍人口同宣传、同管理、同服务、同考核。以圆梦微心愿、青春健康教育、生殖健康和优生优育促进、计划生育系列保险为重点，广泛开展生育关怀行动。

【健康老龄化和医养结合】 2018年，省卫生计生委印发《浙江省卫生计生委办公室关于印发“十三五”健康老龄化规划委内重点任务分工方案的通知》。协调落实“十三五”健康老龄化规划提出的各项工作任务，在国家卫生健康委和民政部组织的“十三五”健康老龄化规划中期现场评估中获高分。全省有9个设区市出台医养结合实施意见。3个国家级试点市和7个省级试点县(区)的医疗卫生机构与养老机构的合作机制实现全覆盖。安宁疗护试点工作覆盖全省11个设区市。在宁波市、嘉兴市、桐庐县、嘉善县开展长期护理保险试点。深化养老服务改革，省政府办公厅出台《关于加强老年人照顾服务工作的实施意见》，围绕政策补助、医疗、文化、交通、法律、保险等推出20项措施。建成300个兼具日间照料与全托服务功能的示范型居家养老中心，助餐、配送餐服务覆盖50%以上的城乡社区。年末，省老龄办职责整合到新组建的省卫生健康委，工作人员同时转隶。至年末，全省60岁及以上老年人口1121.72万人，占总人口的22.43%。老龄工作重点解决高龄、失能、贫困、伤残、计划生育特殊家庭等困难老年人的特殊需要，强化农村留守老年人关爱服务工作，加快建立覆盖广泛、方便可及、适度普惠的老年人照顾服务体系。

(省卫生健康委 洪 禹 何 佳)

医疗保障

【概况】 2018年，浙江省医疗保险参保人数5368.7万人，其中，职工医保参保人数2277.04万人、城乡居民医保参保人数3091.66万人、生育保险参保人数1477.34万人。户籍人口基本医保参保率98.6%，职工基本医疗保险政策范围内住院报销比例83%，城乡居民医疗保险政策范围内住院报销比例70%。温州、湖州、绍兴、金华、衢州、舟山、台州、丽水8个市出台全市统一的基本医保制度，实现职工基本医保制度和城乡居民医保制度纵向统一。湖州、嘉兴、金华、衢州、丽水5市实现大病保险市级统筹，进一步提高全民医保公平性。年内，省医疗保障局将17种国家谈判抗癌药和28种全省大病保险特殊药品纳入医保支付范围。下调2015年国家药品价格谈判及2017年国家医保药品目录准入谈判中的14种抗癌药品采购价格和医保支付标准，开展省级抗癌药专项集中采购。全年下调药品价格2165个，平均下降5.9%。应对短缺药品供应问题，纳入供应紧张药品目录流感抗病毒药品12个。强化日常供应保障，2批次113个品规药品通过一致性评价；2批次100个药品、6批次101个耗材产品纳入备案采购目录。新增2.5万条产品纳入浙江省医疗机构医用耗材阳光采购，推进“三流合一”(信息流、商流、资金流)新平台建设。

【异地就医定点覆盖范围扩大】 2018年，全省新增异地就医直接结算定点3批次273家医疗机构，全省异地定点医疗机构517家。实现省内异地就医和跨省异地就医住院直接结算，推进长三角地区异地就医门诊直接结算，开通浙江大学医学院附属邵逸夫医院等11家医院。浙江在上海门诊刷卡直接结算6144人次，费用167.93万元；上海到浙江门诊刷卡482人次，费用8.06万元。

【医保支付方式与服务价格改革】 2018年，省医疗保障局推进医共体医保总额预算管理，规范完善医保药品支付标准，制定基层中医门诊常见病按病种支付方式改革试点方案。探索丙肝按病种支付试点，推进疾病诊断相关分组(DRGs)病组点数法、基层门诊按人头付费与家庭医生签约相结合等支付方式改革。9月14日，省人力社保厅、省财政厅、省卫生计生委出台《浙江省定点公立医院基本医疗保险基金周转金预付制实施意见》。年内，省医疗保障局出台数字影像服务费标准，用价格杠杆淘汰物理胶片，减轻患者负担，动态调整医疗服务价格3项，梳理服务价格矛盾，新增医疗服务价格30项。

【医疗救助】 2018年，浙江省开展医疗救助工作，推进特困、低保、低保边缘对象住院“一站式”即时结报工作，开展3类罕见病专项备案救助工作，拓宽救助渠道，引导社会力量参与医疗救助。全年全省医疗救助困难群众717.39万人次，支出医疗救助资金25.7亿元；困难群众资助参保157.37万人，资助金额4.05亿元，人均资助257元。

【医保基金监管】 2018年，浙江省建立医保智能监管平台。开展医保基金反欺诈专项行动，打击医保骗保等违法行为，检查定点医疗机构3235家，定点零售药店3781家，处理违规医药机构1437家，追回资金1281万元；对全省诚信档案库中年度扣分6分以上的33名医保医师及其违规情况予以通报，并做出相应处理。

【深化“最多跑一次”“领跑者”标准】 2018年，全省医疗保险领域全面深化“最多跑一次”“领跑者”标准。在医保经办事项11个主项34个子项中，基本医疗保险关系转移接续、基本医疗保险参保人员异地就医备案、基本医疗保险参保人员医疗费用零星报销等29个事项在国内实现领跑或达到领跑水平。

(省医疗保障局 姚宵霖)

退役军人工作
Veterans Work

移交安置

【概况】 2018年10月24日，按照省委机构改革部署，省退役军人事务厅挂牌成立。内设办公室(挂政策法规处牌子)、思想政治和权益维护处、规划财务处、移交安置处、就业创业处、军休服务管理处、拥军优抚处(挂褒扬纪念处牌子)，机关党委另设。同时增设省退役军人服务中心，为事业编制。各市县全部成立退役军人事务机构筹备组，明确分管领导、筹备组负责人和机构框架，全省横向到边、纵向到底、覆盖全员的筹备工作体系初步建立。

【**军队转业干部重点安置**】 2018年，浙江省计划分配安置的师团职干部中，各级机关（含参照公务员法管理事业单位）安置比例93.3%。其中正师职干部全部安排省直单位副厅级领导职务，副师职干部基本安排相应领导职务，平职非领导职务1名。正团职干部安排相应领导职务占62.6%。荣立二等功以上和长期在边远艰苦地区、特殊岗位工作的军队转业干部机关（含参照公务员法管理事业单位）安置比例为94.5%。省退役军人事务厅会同杭州市和各部队组织开展进杭安置军转干部岗前培训。其中省直军转干部岗前培训为期40天，分理论学习、党风廉政、互动课堂、素质提升和网络培训5个模块。

【**军队转改文职干部人员落户**】 2018年，省退役军人事务厅首次担负军队转改文职干部人员落户工作。6月，集中组织军队转改文职干部人员落户材料审核移交。10月至11月，与省公安厅、省军区政治工作局沟通协调，简化军队转改文职干部人员办理落户流程，规范办理落户程序，推进军队转改文职干部人员落户工作如期完成。

【**退役士兵安置**】 2018年7月，省退役军人事务厅召开全省退役军人工作推进会，部署年度工作任务，明确具体工作要求。全省坚持“公开、公平、公正”的原则，实行“阳光”安置，公示安置流程、量化评分、考试成绩和岗位性质，采取考试和考核相结合的办法，综合考试成绩、服役表现等情况进行安置。

【**随军家属就业安置**】 2018年，省军属安置协调领导小组先后印发《关于切实做好2018年驻浙部队随军家属就业安置工作的通知》《关于加快推进2018年随军家属就业安置工作的通知》，适应新时代和军队调整改革的新形势，优先安置符合有关条件、往年积累未安置、基层作战部队及新换防或调整组建有关部队的随军家属。年内，驻浙部队有660多名有就业需求的随军家属得到安置。

（省退役军人事务厅　任保玉）

就业创业

【**概况**】 2018年，浙江省全面落实党中央、国务院和省委、省政府关于就业创业工作的决策部署，坚持政策优先、狠抓末端落实，坚持市场主导、强化政府推动，坚持自愿选择、引导合理预期，构建形成“以实现高质量充分就业为牵引，教育培训、服务管理同向发力”的工作格局，确保退役军人在享受普惠性政策和公共服务基础上给予特殊优待，开创全省退役军人就业创业工作新局面。10月，省退役军人事务厅印发《关于做好退役军人就业创业工作的实施意见》，重点对强化就业扶持、创业融资优惠等方面进行充实和细化，积极为全省退役军人就业创业提供最优服务保障。明确小微企业招用退役军人，最高可享受300万元的担保贷款，享受3年全额贴息，给予3年社保补贴；初次创业的退役军人，可申请最高30万元的3年全额贴息贷款；带动就业的，可享受3年最高每年2万元的补贴。搭建退役军人就业创业服务信息平台，全年全省组织专场活动300多场，服务退役军人及优抚对象10多万人次。

【**自主择业军队转业干部和复员干部服务管理**】 2018年，省退役军人事务厅、省委组织部、省财政厅等五部门印发《关于加强我省自主择业干部管理服务工作的通知》，从接收报到、退役金审核、党组织关系转接、党员教育管理、就业创业等方面进行规范和服务提升。省退役军人事务厅联合省委组织部印发《关于进一步做好退役军人党员组织关系转接工作的通知》，配合组织部门开展党组织关系转接情况检查和处理工作。加大自主择业政策宣传，制作《浙江省自主择业工作服务手册》，开展“送政策进军营”活动，合理引导军转干部理性选择自主择业安置方式。加大典型宣传力度，八一建军节前，协同省委宣传部在《浙江日报》、浙江卫视、浙江在线等省级主流媒体对3名自主择业干部就业创业典型事迹进行集中宣传，鼓励引导军队干部自主择业。

【**自主就业退役士兵服务保障**】 2018年，全省对接收自主就业退役士兵开展职业教育和技能培训，其中1年内技能培训占总培训人数的48.8%、中等学历教育占2%、高职教育占2.1%、3年以上高等教育占12.5%，通过教育和技能培训，提高退役士兵的就业能力。

【**军队转业干部参加高等学校专项培训**】 2018年，根据《关于探索开展军队转业干部进高等学校专项培训的实施意见》，省退役军人事务厅在杭州、宁波、温州、金华、台州等市和公安系统积极探索开展军队转业干部进高校专项培训工作。全年全省选送一批军转干部分别在宁波大学、浙江师范大学、杭州师范大学、浙江警察学院、温州大学、温州医学院等进行为期1年的带薪脱产培训。

（省退役军人事务厅　陈慧蓉）

拥军优抚

【**概况**】 2018年，省退役军人事务厅开展新一轮省级双拥模范城（县）创建，巩固提升全国双拥模范城（县）创建命名成果，推进双拥基层规范化建设、社会化拥军、拥军优属工作，支持部队建设和国防改革发展，军爱民、民拥军氛围浓厚。落实各项优抚法规政策，优抚对象生活、医疗等待遇得到有效保障，共享浙江经济社会发展成果，退役军人和其他优抚对象信息采集、因公牺牲军人遗属和其他优抚对象家庭悬挂光荣牌工作有序开展，社会优待体系建设、英烈褒扬纪念和保护等工作稳步推进，全省形成尊崇英雄、学习英雄、捍卫英雄和关爱英雄的良好风尚，优抚事业单位建设不断加强，服务保障能力得到提升。

【双拥模范城（县）创建】 2018年，浙江省在基础夯实、网络共建、互促共赢、创新发展上下功夫，推进双拥工作迈上新台阶，形成党委领导、政府主导、领导挂帅、部门协同、军地互动、社会参与的军民融合发展新格局、新态势。全省贯彻全国双拥模范城（县）命名表彰大会精神，启动新一届省级双拥模范城（县）创建，修订新一届省级双拥模范城（县）、模范单位个人的创建命名管理办法和考核评比细则，推进双拥领导组织机构体系建设，探索省级双拥模范城（县）动态管理机制。围绕国防和军队改革、军民融合发展推动双拥创建工作，传递“军爱民、民拥军，军民一家亲”的双拥工作正能量。各级党委、政府将双拥工作纳入经济社会发展规划统一部署，纳入全民教育内容统一宣传，纳入财政预算经费统一安排，纳入领导干部实绩要素统一评价，纳入人大执法监督项目统一督导，纳入党管武装重要内容统一考核，主要领导亲自抓、分管领导具体抓、各级领导层层抓、党政部门共同抓，做到年初有部署、过程有督导、结果有考评。驻浙部队自觉把支持地方经济社会建设纳入年度工作计划，把提高抢险救灾、维稳处突能力纳入年度训练任务，广泛组织官兵参加结对扶贫、文明创建等活动，在急难险重任务中发挥突击队、生力军作用，以实际行动践行人民军队为人民的宗旨。

【支持部队建设与拥军优属工作】 2018年，浙江省各地聚焦党在新形势下的强军目标，以服务国家和军队改革建设大局为重点，不断加大支持部队建设工作力度。地方党委、政府从规划、政策、土地、经费等方面，支持部队训练场建设、演习驻训、移防换防、全面停偿、文职人员转改、官兵生活条件改善等工作。坚持统筹推进经济建设和国防建设，积极推动军民融合深度发展，争创军民融合创新示范区热情高、举措实，在港口、码头、公路、桥梁等重大基础设施建设中自觉贯彻军事需求。注重关注解决军人军属“后路”“后院”“后代”问题，军转安置、随军家属就业、军人子女教育优待、军人优先、优抚对象抚恤等政策落实良好，创新推出慰问军属大走访、特困军人家庭慈善救助基金、“拥军贷”、退役军人创业扶持、现役军人纳入地方经济适用房享受范围等拥军新措施，组织现役义务兵父母免费健康体检、优抚对象短期疗养、巡诊巡检，军人军属的荣誉感和获得感得到提升。各地适应新时代双拥工作新要求，深度挖掘社会拥军潜力，引导社会力量参与双拥优抚工作，探索打造“基层服务网络、购买社会力量服务、志愿公益服务”等服务模式，承接退役军人就业扶持、走访慰问、情绪疏导、人文关怀等工作，广泛组织开展文化拥军、教育拥军、科技拥军、法律拥军等活动，初步形成“政府搭台、部门联动、社会唱戏”的工作格局。

（省退役军人事务厅　徐　舜）

【优抚对象保障】 2018年，浙江省继续推进优抚标准自然增长机制。全年全省各级抚恤事业费投入超过38亿元，其中中央财政下拨9.3亿元，全省一级因战残疾军人年定期抚恤金最高122800元，烈士遗属年定期抚恤金最高69684元，在乡复员军人年生活补助金最高35532元，带病回乡退伍军人年生活补助金最高30205元，参战和参加核试验军队退役人员年生活补助金9600元。健全完善优抚对象医疗补助制度，规范建立以各类优抚对象享受城乡居民基本医疗保险、优抚医疗补助、政府医疗救助、医疗优惠减免和一站式结算的五位一体式的优抚医疗保障体系，各类享受抚恤补助待遇的优抚对象医疗保障水平基本达到城镇职工基本医疗保险水平。全年全省各级投入优抚医疗补助资金超过2亿元，其中中央财政投入5000多万元。

【退役军人和其他优抚对象优待】 2018年，浙江省坚持优待体现尊崇、优待为了激励、优待融入管理的导向，不断提升优抚对象获得感，在全社会营造关心支持国防和军队建设、关心关爱优抚对象的浓厚氛围。省退役军人事务厅执行《浙江省军人军属权益保障条例》和《浙江省军人抚恤优待办法》，推动省委、省政府制定出台《浙江省退役军人服务管理暂行办法》，从地方性法规、政府规章和党内法规性质的规范性文件等层级明确优抚对象的荣誉优待、生活优待、住房优待、医疗优待、教育优待、就业创业优待、文化交通优待和其他社会优待内容，形成与经济社会发展相协调、与国防和军队建设目标相适应的系统化、规范化、精准化的优待体系。各地各部门充分认识军人军属、退役军人和其他优抚对象优待体系建设的重要性，健全工作机制，将优待体系建设纳入全国和省级双拥模范城（县）创建考评内容及地方党委政府退役军人工作重要内容，形成党委领导、政府牵头、退役军人工作部门负责、相关部门配合、社会共同参与的工作格局。利用报刊、广播、电视、网络等形式宣传优抚对象的贡献，广泛宣传党和政府的优待政策、社会各界的优待内容，使拥军优属、崇尚军人成为社会价值导向和时代风尚。

【优待对象证件发放】 2018年，省退役军人事务厅发放“浙江省烈士遗属优待证”“浙江省因公牺牲军人遗属优待证”“浙江省病故军人遗属优待证”和“浙江省抚恤优待证”，对其他退役军人和优抚对象根据信息采集、悬挂光荣牌台账资料进行身份标识，分门别类地纳入法规政策明确的优待体系，按照现役与退役衔接、精神与物质结合、优待与贡献匹配、待遇与表现挂钩的原则，享受相关优待内容，让尊崇优待军人军属、退役军人和其他优抚对象，成为全社会共识和自觉行动。

【优抚服务社会化】 2018年，浙江省继续将“枫桥经验”引入优抚工作实践，在全国率先全面开展利用社会力量参与优抚服务保障工作。通过激发社会活力，实现行政职能和社会力量的有效结合和良性互动，提高优抚服务和保障水平，扩大优抚服务受益面,增强优抚对象荣誉感。健全政策体系,建立引导社会力量参与优抚服务的“12345”工作体系,即“建立一个工作班子,围绕两个立足点,探索三种服务模式,发挥四方面社会力量作用,建立健全五项工作制度”。购买服务与志愿服务并行。将优抚服务纳入省政府购买服务目录,引导社会组织通过项目申报、公益创投等形式,申请政府购买优抚服务项目,为优抚对象提供个性化、精细化、专业化服务。推动面向优抚对象的志愿服务,通过结对、共建等形式,鼓励驻地部队、企业、慈善、公益、社工、志愿者等组织为优抚对象提供自发和志愿服务。全年全省投入优抚服务社会化资金4000多万元,购买社会服务项目300多个,社会工作人员参与优抚服务工作2万余人,开展活动5000多场,服务军人军属24万人次。

【烈士褒扬】 2018年,全省各地贯彻落实习近平总书记有关重要指示精神,积极开展纪念缅怀英烈活动,弘扬传承英烈精神,推进保护英烈名誉荣誉,保障烈士遗属相关待遇。至年末,全省各地开展烈士纪念活动7440次,参加人数168.86万人次,其中烈士遗属1.34万人次,投入褒扬纪念和英烈保护工作经费5064.15万元。

【优抚事业单位建设发展】 2018年,浙江省各地贯彻落实《优抚医院管理办法》《光荣院管理办法》《关于加强优抚事业单位能力建设的意见》《关于建立重点优抚对象短期疗养制度的意见》和《关于建立优抚医院医疗巡诊制度的意见》等规章政策,优抚事业单位建设坚持“全心全意为优抚对象服务”和支持军队与国防改革建设的根本宗旨,科学谋划、规范管理,工作取得新的成效。全省有优抚医院3个和光荣院5个,分别是浙江省荣军医院、浙江省复退军人精神病疗养院、浙江康复医院(均在进行扩建)和平阳县光荣院、苍南县光荣院、文成县光荣院、诸暨市光荣院、景宁县光荣院,除浙江康复医院部分职能涉及服务优抚对象隶属省民政厅外,其余均转隶省退役军人事务厅或当地退役军人事务部门。

(省退役军人事务厅 徐 舜)

军休服务

【概况】 2018年,省退役军人事务厅全面完成接收安置军休干部、全省军休数据统计上报和全国军休信息系统历史数据修改等工作。完成军休干部、无军籍职工自然减员核减、人员信息录入等工作。印发离休干部医疗待遇调整等文件4个,预拨军休人员及军休干部服务管理机构经费4.65亿元。完成全省军休干部的调资核算、兑付工作,并全部发放到位。印发《关于提高移交政府安置的军队离休干部医疗待遇对象名单的通知》,针对不同职级、不同年份离休干部进行医疗标准细分,确保待遇精准落实。

【军休信息系统建设】 2018年5月15-17日,全省军休安置服务管理信息系统“五级联网”培训班在金华举行。7月末,全省军休信息系统数据修改报送工作完成。9月,省退役军人事务厅认真梳理军休人员医疗政策落实的规范工作,有效对接“最多跑一次”改革,推动军休信息系统建设走在前列。

【军供服务保障】 2018年,全省完成军供保障任务798批次,累计保障9.61万人次。在未设站的湖州市建立第2个军供保障社会化协作基地,将全省军供保障的覆盖面拓展20%,全年丽水、湖州2个社会化协作基地承接并完成保障任务45批次、7257人次。举办新时代全省军供保障工作创新会议暨军供业务培训,全省军供骨干参与集中培训43人。承接民政部优抚安置局“新时代军供保障质量及评估研究”重点课题并结题。

(省退役军人事务厅 王春杰)

2018年5月15—17日,全省军休安置服务管理信息系统“五级联网”培训班在金华举行

(省退役军人事务厅 供图)

生态文明建设
Ecology

生态环境保护
Conservation of Ecosystem

综 述

【概况】 2018年,浙江省坚定不移践行“绿水青山就是金山银山”理念,围绕省委、省政府决策部署,以实施生态文明示范创建行动计划为总抓手,聚力高标准打好污染防治攻坚战,高质量建设美丽浙江,强化高质量发展的良好生态环境保障,全面打响污染防治攻坚战。省生态环境厅坚持绿色引领、服务助推,通过“大学习大调研大抓落实”“服务企业、服务群众、服务基层”活动,强化技术帮扶,完善排污权储备调配,优化重大项目环境影响评价服务,全省生态保护和环境治理投资比上年增长19.3%。完成首届中国国际进口博览会、第五届世界互联网大会、首届联合国世界地理信息大会等重大活动环境保障任务。

【环境质量继续改善】 2018年,浙江省“蓝天、碧水、净土、清废”四大战役取得阶段性重要成果。全省水质达到或优于地表水环境质量Ⅲ类标准的省控断面占84.6%;跨行政区域河流交接断面水质达标率90.3%;县级以上集中式饮用水水源地达标率94.5%;全省近岸海域水体总体呈中度富营养化状态;全省空气质量在长三角等重点区域率先达标,全国重点城市空气质量排名前20位的城市全省占5个;设区城市日空气质量优良天数平均为85.3%,设区城市PM2.5平均浓度33微克/立方米,比上年下降15.4%;县级以上城市日空气质量优良天数平均为90.8%,PM2.5浓度平均31微克/立方米;区域环境噪声平均值54.7分贝,道路交通噪声平均值67.6分贝;辐射环境质量总体良好,环境电离辐射水平处于本底涨落范围内,环境电磁辐射水平低于国家规定的公众曝露控制限值;8个市(县)被命名为国家级“两山”实践创新基地和生态文明建设示范市(县),数量全国最多;全省生态环境状况等级为优;生态环境公众满意度平均得分82.85分,连续7年持续上升。

【深化生态环境领域重点改革】 2018年,省生态环境厅以“最多跑一次”改革和数字化转型牵动各项改革。省生态环境厅本级办事事项“可全网络受理、可一次不用跑”。“区域环评+环境标准”改革实现改革区域内环评编制时间平均缩减65%,编制费用平均下降55%。建设浙江生态环境综合协同管理平台,浙江环境地图是首个在“浙政钉”上线运行的数字化转型成果。全省推行生态环境损害赔偿制度,钱塘江干流、浦阳江流域全面建立横向生态补偿机制。生态环境状况报告制度覆盖79.7%的乡镇(街道)。

【推进环保督察执法】 2018年,省生态环境厅扎实推进中央环保督察整改,46项整改任务完成27项,6920件信访件整改完成率99.6%,生态环境部现场抽查给予肯定。环境执法监管受到生态环境部通报表扬,在全国率先实现省、市、县(市、区)三级环保部门与公检法机关联络机构全覆盖。全省环境信访举报投诉和突发环境事件分别比上年下降16.3%和15.3%。 (省生态环境厅 杨志新)

“美丽浙江”建设

【概况】 2018年,省生态环境厅认真履行省“美丽浙江”建设领导小组生态文明示范创建办公室职能,抓好各市、省级各成员单位年度任务分解落实,建立“指标、工作、政策、评价”四个体系,实施污染防治攻坚战月报制度,完成生态文明示范创建行动计划年度任务。推进部省共建美丽中国示范区建设和湖州、衢州、丽水等厅市合作践行“两山”理念示范区建设,安吉县、嘉善县、开化县、仙居县、遂昌县、嵊泗县被命名为第二批国家生态文明建设示范市县,丽水市、温州洞头区被命名为第二批国家“两山”实践创新基地。省政府命名第二批省级生态文明建设示范市(县)21个。完成上年度浙江省生态文明建设评价和当年度生态环境质量公众满意度调查,公众生态环境满意度连续7年上升。推动绿色发展,大力推进大湾区大花园大通道大都市区建设、长江经济带发展、长三角一体化发展,加强环评审批服务,促进生态环保投资,有效助推民营企业发展和重大项目落地。据中国人民大学《中国经济绿色发展报告(2018)》显示,浙江绿色发展指数居全国第一。“千村示范,万村整治”工程获联合国地球卫士奖。

【生态保护红线划定】 2018年，省生态环境厅就生态保护红线和永久基本农田、矿业权、规划建设用地、风景名胜区等事项进行修改完善。7月20日，省政府印发《关于发布浙江省生态保护红线的通知》。全省划定陆域生态保护红线面积2.48万平方千米，占全省陆域国土面积的23.82%；海洋生态保护红线面积为1.41万平方千米，占所辖海域面积的31.72%；陆海统筹后，生态保护红线总面积为3.89万平方千米，占全省国土面积和管辖海域的26.25%。全省生态保护红线基本格局为“三区一带多点”：“三区”为浙西南山地丘陵生物多样性维护与水源涵养区、浙西北丘陵山地水源涵养和生物多样性维护区、浙中东丘陵水土保持和水源涵养区，“一带”为浙东近海生物多样性维护与海岸生态稳定带，“多点”为部分省级以上禁止开发区域及其他保护地。8月，全省确定象山、苍南、安吉、开化、嵊泗5个县开展生态保护红线勘界定标试点，总计试点的红线面积为157.9平方千米。至年末，试点县落地界桩439个、标识牌5块。安吉县开发集监管巡查、信息查看、数据分析等功能于一体的智能化监管系统。

【自然保护区监管】 2018年末，浙江省有国家级自然保护区11个，省级自然保护区15个。省生态环境厅加强自然保护区监管，界线矢量化工作基本完成。推进条件成熟的地区建立自然保护区。3月，省政府批复成立东阳东江源省级自然保护区。10月至11月，由生态环境部部署、中国环境科学研究院牵头的专家组分两批对全省除韭山列岛、安吉小鲵外的9个国家级自然保护区开展管理评估。长兴扬子鳄省级自然保护区总体规划获省政府批复，江山金钉子地质遗迹省级自然保护区开展总体规划修编。组织开展“绿盾2018”自然保护区监督检查专项行动。5月3日，省环境保护厅、省国土资源厅、省林业厅和省海洋与渔业局联合印发专项行动实施方案，联合赴实地开展检查。8月底，国家“绿盾”行动巡查组对全省自然保护区、风景名胜区进行实地抽查。

【生态环境状况评价】 2018年，省生态环境厅开展2017年生态环境状况评价工作，要求完成覆盖全省的高分遥感数据质量检查、MODIS数据的下载和植被覆盖指数计算、城市热岛数据处理分类等工作。对覆盖全省的2016年高分数据、2016—2017年动态遥感数据，对1029幅影像进行解译，处理MODIS影像数据272期，组织完成3874个点位的野外核查。结果显示，2017年全省生态环境状况级别为优，与2016年相比，11个设区市生态环境状况基本维持不变，89个县（市、区）中有84个级别保持不变，其中由良转优1个，一般转良3个，优转良1个。

【生态变化遥感调查评估】 2018年，浙江省环境监测中心、浙江大学、杭州师范大学合作推进，完成全省生态状况（2010—2015年）遥感调查与评估，作为全省生态环境状况（2000—2010年）遥感调查与评估项目的延续。完成近5年全省卫星遥感影像解译及数据分析，以及全省海岸带岸线变迁遥感数据解译、典型地区和重要湿地的野外核查工作。完成2010—2015年全省生态系统格局、质量及功能状况、变化的评估，同时形成安吉生态文明建设成效评估、温州海岸带和典型湿地遥感调查与评估两个子项目的调查与评估报告。

（省生态环境厅　杨志新）

污染防治

【概况】 2018年，全省各地贯彻落实省委、省政府“五水共治”决策部署，围绕“高标准推进五水共治”和“决不把污泥浊水带入全面小康”的总体要求，实施“五水共治”碧水行动，全面推进“污水零直排区”“美丽河湖”建设，深化河（湖）长制，持续开展治水各项工作，水环境质量不断改善。贯彻落实党中央、国务院打赢蓝天保卫战决策部署，大力推进大气污染防治工作，环境空气质量持续改善。省委、省政府将土壤污染防治纳入打好污染防治攻坚战、建设“美丽浙江”和生态文明示范创建行动计划一并部署落实。全省围绕贯彻落实国家“土十条”和《浙江省土壤污染防治工作方案》，按照“遏制、稳定、改善”总要求，着力完善推进机制，实施污染详查，强化源头防控，突出管控风险，推动治理修复，强化保障支撑，全省耕地土壤环境质量保持稳定，污染地块安全利用率100%。

【水污染防治】 2018年，浙江省221个省控断面中，Ⅰ至Ⅲ类水质断面占84.6%，比上年上升1.8个百分点；满足功能要求断面占89.6%，上升3.6个百分点。生态环境部、住房和城乡建设部组成的国家第二批城市黑臭水体整治环境保护专项督查组对全省开展城市黑臭水体整治专项督查，认定全省城市黑臭水体消除率100%。经生态环境部初步核定，全省年度化学需氧量、氨氮排放量分别为57.59万吨、8.44万吨，分别下降7.1%、4.8%。

推进“污水零直排区”建设。4月3日，全省“污水零直排区”建设现场会在宁波北仑区召开，省政府全面部署“污水零直排区”建设工作。6月8日，印发《浙江省“污水零直排区”建设行动方案》《浙江省“污水零直排区”建设指导标准》《浙江省“污水零直排区”验收办法》，以“查、订、改、建、管”5项举措，全面厘清管网底账，稳步推进精细化截污纳管。组建省级“污水零直排区”建设专家团队，为“污水零直排区”建设提供科技支撑和技术保障。全省完成“污水零直排区”工业集聚区建设32个、生活小区类210个、镇（街道）95个。

加强城镇污水处理。7月27日，印发《关于推进城镇污水处理厂清洁排放标准技术改造的指导意见》，制定实施城镇污水处理厂清洁排放标准，高质量高标准推进城镇污水处理厂清洁排放改造工作，全省启动实施100个改造项目，建设改造城镇污水管网2210千米。完成日处理能力30

立方米以上的农村生活污水处理设施标准化运维项目808个。

加强工业、农业农村污染防治。编制农业农村污染治理攻坚战实施方案，开展农家乐餐饮废水处理，推进中央农村环境综合整治项目实施，完成400个村整治、1210个农村水源地的调查评估。深入实施以“一从严三加快”为主要内容的块状行业整治提升“十百千万”计划，全面整治“低散乱”问题企业（作坊），完成整治提升3.6万家。依法依规淘汰落后和严重过剩产能企业，加快推进重点行业企业清洁化改造。整治涉水特色重点行业规模企业231家，完成养殖场集粪棚改造1579个，建成“美丽牧场”324个，完成氮磷生态拦截沟渠示范点建设201个，建成水产养殖尾水治理示范场（点）563个。

推进饮用水水源保护。开展县级以上集中式饮用水水源地保护专项排查，加快推进饮用水源地环境问题整治。完善饮用水水源“一源一策”管理机制，浙江省通过生态环境部地级及以上城市集中式饮用水水源地规范化建设情况专项督查。开展重点湖库生态环境安全评估调查和保护实施方案编制工作，加强良好水体保护。推进饮用水卫生监督抽检和饮用水水质在线监测网建设，设置饮用水水质在线监测点325个，覆盖集中式供水单位131个。

巩固城市黑臭水体整治成果。印发实施《关于进一步做好城市黑臭水体整治相关工作的通知》《关于开展2018年城市黑臭水体整治环境保护专项行动的通知》，召开全省视频会议，对各市黑臭水体整治工作做出具体部署，明确部门职责，健全动态管理机制。11月21日，印发《浙江省巩固城市黑臭水体治理成果实施方案》。组织开展省级城市黑臭水体整治环境保护专项排查和复查，经国家第二批城市黑臭水体整治环境保护专项督查组认定，全省总体消除黑臭水体。

加强近岸海域污染防治。全面实施《浙江省近岸海域污染防治实施方案》，对全省主要入海河流全流域及入海口（溪闸）实行总氮、总磷浓度控制。加强船舶、港口及入海排污口控制，开展入海排污口清理整治，全面清理非法设置与设置不合理的排污口，对现有排污口实施动态管理，完成入海排污口规范化整治提升105个。加强直排海污染源监管，严格污染物排放，全省85家重点直排海企业水质达标率91.9%。

推进“美丽河湖”建设。以补齐防洪薄弱短板、加强生态保护修复、彰显河流人文历史、提升便民景观品位、提高河流管护水平为主要抓手，统筹谋划河湖系统治理与管理保护，努力打造“水网相通、山水相融、城水相依、人水相亲”的河湖水环境。完成河湖库塘清淤8072万立方米、河道综合整治700千米。完成“美丽河湖”市级评定152条（个），其中河道138条，长951.9千米；湖泊14个，面积18.92平方千米，并从中评选出省级“美丽河湖”30条。

深化河（湖）长制。全面实施《关于深化湖长制的实施意见》。4月17日，印发《浙江省河（湖）长设置规则》，设立省级“湖长”，将太湖、千岛湖纳入省级湖长管理，深入构建“纵向到底”“横向到边”的湖长体系，不断完善“管治保”“三位一体”组织体系。8月1日，绍兴市发布全国首个河湖长制地方标准《河长制工作规范》《湖长制工作规范》。指导各地建立一河（湖）一档，更新一河（湖）一策，加强信息化建设。深入开展各级河湖长巡河，乡级以上河湖长累计巡河105万人次，上传平台问题11.7万个，处理11.6万个，处理率99%。创新督查机制。制定实施《“四个一”督查实施方案》，围绕国家水十条和河（湖）长制考核及年度重点工作任务，创新实行“一月一提醒、一月一督查、一月一通报、一月一考评”。现场约谈问题断面的相关县、乡、村三级河长189人次，发现各类问题321个，通报各地要求限时整改。组织开展以“比学赶帮超”为主题的全省治水督查竞赛活动，出动人员103人，发现问题201个，审核认定有效问题139个。做好《今日聚焦》栏目曝光问题的核查报告和舆情分析处置，赴现场核查13次，报送专题报告16个。做好群众投诉举报和国家黑臭水体督查投诉举报处理，受理举报106件，交办66件，实地核查40件。

加强媒体宣传引导。充分发挥报纸、电视等传统媒体和钉钉、微信等新媒体作用，借助省级媒体力量，全面宣传治水典型经验和工作亮点，全年各类媒体刊播相关报道1100多篇，编纂专报43期、简报108期。以世界湿地日、世界水日、世界环境日、世界海洋日等重要节日为契机，组织开展“亲水进校园，护水共宣传”“2018世界水日暨河长制宣传活动”等主题宣传活动，普及环境保护科学知识，开展“河长”巡河宣传进校园、进企业、进社区等活动。

【大气污染防治】 2018年，浙江省设区城市PM2.5平均浓度33微克/立方米，比上年下降15.4%；优良天数比例85.3%，上升2.6个百分点。全省成为全国重点区域首个空气质量达标的省份。全国168个重点城市空气质量排名中，舟山、丽水、台州、温州、衢州5个城市进入前20名，入围城市数全国第一。根据生态环境部《关于〈大气污染防治行动计划〉实施情况终期考核结果的通报》，全省超额完成国家下达的环境空气质量目标和二氧化硫、氮氧化物约束性目标。主要大气污染物重点工程减排量累计分别为二氧化硫10.4万吨、氮氧化物8.9万吨，完成国家下达的重点工程减排任务。在国家“大气十条”终期考核中连续3年获优秀。完成省对市“大气十条”考核，舟山市、台州市、丽水市环境空气质量达到二级标准，考核优秀，其他8个市良好。

推进打赢蓝天保卫战。5月8日和6月5日，省委、省政府先后召开“美丽浙江”建设领导小组会议、全省生态环境保护大会，动员部署打赢蓝天保卫战工作。9月25日，省政府印发实施《浙江省打赢蓝天保卫战三年行动计划》，提出到2020年全省设区城市PM2.5平均浓度实现达标35微克/立方米，优于国家下达的38微克/立方米的约束性目标。9月30日、11月12日，分别发布《燃煤电厂大气污染物排放标准》《工业涂装工序大气污染物排放标准》《燃煤电厂固定污染源废气低浓度排放监测技术规范》等地方标准。召开全省打赢蓝天保卫战现场会。10月11日，印发实施《浙江省清新空气示范区评价办法(试行)》，推进清新空气示范区建设，18个城市获第一批清新空气示范区称号。

推进能源结构调整。全省大力发展清洁能源，全年天然气消费量135亿立方米。其中：管输天然气消费110亿立方米，增长26%；非管输天然气消费25亿立方米，增长38%。持续推进燃煤锅炉淘汰改造，全省淘汰燃煤锅炉276台，基本完成10蒸吨/小时以下燃煤锅炉的淘汰改造任务；淘汰一段式固定煤气发生炉466台。继续实施燃煤锅炉超低排放改造，完成17台燃煤热电锅炉的超低排放改造工作，除10多台计划关停的热电锅炉外，全省在用的102家热电企业340台燃煤热电锅炉全部完成超低排放改造，总规模4.4万蒸吨/小时；完成35蒸吨/小时以上燃煤工业锅炉超低排放改造7台，总容量1235蒸吨。

深化工业废气等治理。全省推进石化、钢铁、水泥等十大重点行业废气治理，完成清洁排放改造项目100个，工业废气治理项目1075个，清理整顿“散乱污”企业5500家。

强化车船港口废气治理。全省加大柴油货车治理力度。累计淘汰柴油车2万辆，杭州、宁波等地首次开展公安环保联合上路执法检查。对轻型柴油车实施国五标准，全省新注册和省外转入的汽、柴油车均已达到国五标准，省环境保护厅与省经信委联合开展新车环保达标监管检查。8月16日，省商务厅等七部门联合印发实施《浙江省国VI标准车用汽柴油提标升级保供方案》，全省年底提前供应国六车用汽柴油，其中湖州、嘉兴从10月1日起提前供应。9月13日，出台《浙江省机动车遥感监测平台及联网规范》，全省建设遥感监测设备47套，累计监测车辆70万辆次。严格实施新生产船舶发动机第一阶段排放标准。按照《长三角船舶排放控制区“岸电应用试点港区”工作方案》，推动宁波舟山港穿山港区岸电应用试点。全省完成岸电建设项目187个。

推进用地结构调整。全省严格落实“7个100%”(所有建设工程工地100%落实、施工围挡及外架100%全封闭、出入口及车行道100%硬底化、出入口100%安装冲洗设施、易起尘作业面100%湿法施工、裸露土及易起尘物料100%覆盖、出入口100%安装TSP在线监测设备)扬尘防控长效机制，强化渣土及砂石、水泥等运输车辆密闭运输。加强餐饮油烟排放管理，建立健全餐饮油烟净化设施定期清洗和长效监管制度。加强秸秆综合利用和露天禁烧，全省秸秆综合利用率94.4%。强化卫星遥感监控，按月通报秸秆露天焚烧火点监测情况。推进矿山粉尘治理，全面完成340座露天矿山粉尘治理。

推进区域联防联控。全省积极参与长三角区域联防联控，认真贯彻落实生态环境部等11个部委和“长三角”三省一市政府于11月1日印发的《长三角地区2018—2019年秋冬季大气污染综合治理攻坚行动方案》。秋冬季期间，全省设区市无重污染天气。组织修订《浙江省重污染天气应急预案》，推进省、市、县和企业四级重污染天气应急体系建设。实施应急减排措施清单化管理，编制重污染天气应急减排措施清单，深入排查工业源、移动源、扬尘源等涉气污染源，涉及各类工业企业2.57万家、生产线(工序)3.83万条，施工扬尘工地1.04万个，实施“一厂一策”清单化管理。强化区域应急联动，积极参与长三角区域重大活动空气质量保障，把长三角区域重污染天气应急联动纳入预案，及时响应生态环境部及长三角预测预报中心的预警信息，完成首届中国国际进口博览会、第五届世界互联网大会、首届联合国世界地理信息大会等重大活动空气质量保障任务。全年全省县级以上城市发生重污染天气40天次，比上年减少30天次，其中秋冬季期间设区市重污染天气“零天次”，减少15天次。

【土壤污染防治】 2018年，全省各级生态环境部门与省财政厅、省农业农村厅、省自然资源厅和省卫生健康委等部门联合，组织20个采样单位、11个检测实验室和2个质控单位的700多名技术人员，核实2.3万家企业空间位置，布设调查点位2.7万个，采集加工检测样品15万件，获取数据62万余个，最终形成全省农用地土壤污染状况“一报告、一张图、一套表”(技术报告、分布图、清单表)。全省在全国第一个完成重点企业遥感核实、第一个完成农用地详查点位布设、第一个开展样品采集、较早完成样品测试分析。10月，浙江被国家列为农用地详查成果集成试点省；12月，在全国第一个通过国家专家预审。

强化建设用地土壤风险管控。3月14日，出台《浙江省污染地块开发利用监督管理暂行办法》，理顺生态环境、自然资源和城乡规划等部门的联动监管机制。7月17日，发布《污染地块治理修复工程效果评估技术规范》，填补治理修复标准空白。全省实施重点污染地块治理修复项目41个，累计治理修复污染土壤和地下水23.2万立方米。

加强土壤污染源头和面源整治。大力推进重金属减排。5月2日，印发实施《2018年度浙江省重点重金属污染物减排方案》，全面完成涉重金属行业全口径排查，开展涉镉重金属重点行业企业排查整治，全面落实涉重金属建设项目总量替代削减制度，全省完成年度减排目标。

推进国家土壤污染综合防治先行区建设。台州市按照“防治控”三位一体要求，全面推进先行区建设。全省提前超额完成土壤详查任务，各地逐步完善土壤环境监测网络，实施从源头防控到末端治理的全流程污染防治，加快推进土壤污染防治地方立法，各项工作走在全国前列。

加强土壤污染防治保障支撑。实现省、市、县三级政府治土推进机制全覆盖，进一步压实属地责任、加强治土工作协调。建立并落实治土工作按季调度制度，连续两年在全国第一个完成省对市治土工作考核。在资金保障上，全省落实中央土壤污染防治专项资金3.02亿元，地方各级财政累计投入10.14亿元，用于土壤

污染防治。全省各地将土壤污染防治纳入领导干部、企业负责人和公众的生态环境宣传培训主要内容，累计组织涉及土壤污染防治的领导干部培训257场次，培训企业负责人5400人次，组织427名重点监管企业负责人开展国家"土十条"问卷调查；向社会印制、发放土壤污染防治宣传册（画）12.1万份，通过各类媒体宣传报道土壤污染防治知识883次，营造全社会参与的良好氛围。

推进废物治理。健全完善固体废物管理制度。8月24日，省政府办公厅印发《浙江省清废行动实施方案》。推进危险废物处置能力建设，全年新增危险废物利用处置能力47万吨，全省危险废物处置利用能力达792.8万吨，初步形成焚烧、填埋、水泥窑协同处置等多种方式并举的综合处置体系。滚动开展存量危险废物动态"清零"行动，实施针对超期贮存危险废物的动态化"清零"工作，及时处置超期贮存危险废物，切实保障环境安全。提升监管信息化水平，建设全省固体废物处置监管信息系统，推广产废企业、运输企业、处置企业电商化平台信息填报模式，构建可监控、可预警、可追溯、可共享、可评估的信息化管理平台，统筹推进固体废物全过程闭环式监管。规范固体废物监督管理。配合省人大开展固废法执法检查，组织开展年度危险废物规范化管理考核，高标准开展长江经济带固体废物大排查行动，开展省级专项督查，出动检查人员3810人次，现场检查企业981家，发现问题1750个，立案查处企业81家。

推动化学品环境管理。推进全省危险化学品安全综合治理和禁毒工作。7月4日，制订出台《浙江省废弃危险化学品和易制毒化学品废料跨区域处置设施保障方案》。实施持久性有机污染物统计调查制度，年内完成296家企业的统计调查工作。

（省生态环境厅　杨志新）

环境监测与信息化

【概况】 2018年省生态环境厅分别印发实施《2018年浙江省设区城市环境空气挥发性有机物监测方案》《浙江省清新空气监测网络信息发布管理办法（试行）》《浙江省深化环境监测改革提高环境监测数据质量的实施方案》《浙江省生态环境监测质量监督检查三年行动计划（2018—2020）》。举办年度环境统计年报数据审核培训班，编制印发《2017年浙江省环境统计年报》。开展2018年度重点排污单位名录筛选工作。全省新建清新空气监测站点196个，根据环保部《重点排污单位名录管理规定（试行）》，组织各地以设区市为单位开展重点排污单位名录筛选工作。推进VOCs（挥发性有机物）监测体系和能力建设，加强环境监测数据质量管理。加快数字化转型，浙江环境地图1.0版作为数字化转型第一个成果在"浙政钉"上线运行。

【环境监测网络建设】 2018年，省生态环境厅组建工作专班，国家地表水监测事权上收工作顺利收官。省政府印发《关于加快推进国家地表水环境质量监测网水质自动监测站建设工作的通知》。加强督导检查，协调解决问题，全省40个新建水站和59个已建水站全部完成上收。加强数据质量保障，做好采测分离，保障全省"水十条"工作有效推进。推进清新空气监测网络建设。5月24日，印发《关于进一步加快浙江省清新空气（负氧离子）监测网络建设的通知》，加快清新空气监测站点建设进度。至年末，全省新建清新空气监测站点196个，完成省政府新建150个的考核目标。9月底至10月初，会同省气象、旅游、林业部门开展清新空气监测站点建设专项检查。印发实施《浙江省清新空气监测网络信息发布管理办法（试行）》，进一步做好清新空气数据发布工作。强化环境监测质量管理。省委办公厅、省政府办公厅印发实施《浙江省深化环境监测改革提高环境监测数据质量的实施方案》，部署挥发性有机物（VOCs）监测工作。印发《2018年浙江省设区城市环境空气挥发性有机物监测方案》，推进全省VOCs监测体系和能力建设。印发《关于做好固定污染源废气挥发性有机物监测工作的通知》，加强固定污染源废气挥发性有机物（VOCs）的污染防治。强化环境监测数据质量管理。开展年度整治违法违规检测和数据造假专项行动。按照省政府办公厅《关于推行跨部门联合"双随机"抽查监管实施意见》，与省质监部门联合开展第三方检测机构"双随机"检查工作。

【信息化建设】 2018年，省生态环境厅加快数字化转型，做好浙江环境地图编制工作，开发完成污染源监管、蓝天保卫战、碧水行动、净土行动和清废行动5个模块，浙江环境地图1.0版作为数字化转型第一个成果在"浙政钉"上线运行。推进生态环境保护综合协同管理平台建设。联合19个省级部门成立平台项目组和工作专班，从省级层面构建环保数字化转型工作组织体系。与国内环境信息化领先团队合作，组织编制《浙江省生态环境保护综合协同管理平台建设方案》。深化核心业务梳理，完成治水核心业务梳理，梳理出治水、治气、治土、治废4个核心业务，共16个一级模块、83个子模块、414个指标项。治水模块完成地表水断面水质、饮用水水源地水质、重点污染源监管3个功能模块开发和生态环境主题库建库工作。省生态环境厅1386项数据全部归集到生态环境主题库。加强对温州、湖州、衢州、义乌协同平台试点地区指导，推进"最多跑一次"改革。编制印发《2018年全省环境信息化工作要点》。做好辐射安全经营许可证、危险废物经营许可证、排污许可证3个证照类增量数据入仓和归集工作及入仓后数据清洗和数据摆渡工作，数据不断推送并保持动态更新。根据省政府办公厅《关于开展部门政务专网整合和加强政务外网安全防护工作的通知》，组织制订浙江省环境保护厅专网整合及政务外网防护工作方案。

【环境污染源普查】 2018年，浙江省按照国务院部署，开展第二次全国污染源普查，全省上下迅速行动，普查各项工作有序推进。按时建立普查领导机构，实现普查机构实体化运作，落实普查工作经费，及时印发普查实施方案，推进污染源普查试点。全面开展普查指导员和普查员培训，全省各级普查机构组织培训2348期，培训普查人员17.33万人次，普查员和普查指导员培训率均达100%，全部通过考核并颁发普查员证和普查指导员证。组织第三方机构、乡镇（街道）和社会组织力量开展清查建库工作，全面建立清查底册，加强对市、县清查技术指导和培训，严把清查数据质量关。全省完成约120万个普查对象的现场清查核实，确定须开展入户调查的普查对象53万个。全面开展入户调查。12月12日，全省56.4万个普查对象基本实现100%录入专网目标要求。实施普查全过程质量管理。9月17日、10月31日，分别印发《浙江省第二次全国污染源普查入户调查和数据审核工作方案》《浙江省第二次全国污染源普查入户调查和数据审核质量控制实施办法（细则）》，建立健全质量管理体系。

（省生态环境厅　杨志新）

环境管理执法

【概况】 2018年，省生态环境厅推动"区域环评+环境标准"改革，推行环评审批环节代办制度。推进长江经济带战略环评。全省持续保持环境执法高压态势，解决一批社会高度关注、群众普遍关心的突出环境问题，全年查处环境违法案件1.51万件，罚款10.79亿元，按日计罚案件48件，查封扣押案件2241件，限产停产案件277件，移送行政拘留489件，移送涉嫌环境污染犯罪244件，行政拘留402人，刑事拘留556人。

【环评审批与排污许可】 2018年，省生态环境厅推动"区域环评+环境标准"改革。实施改革进展情况通报制度，压实各级党委政府责任；通过举办培训、现场指导、调研督促、政策解读等措施，推进改革精神的贯彻落实。至年末，全省有132个省级产业园区、104个特色小镇实施"区域环评+环境标准"改革。改革区域环评编制时间平均缩减65%，编制费用平均下降55%。推行环评审批环节代办制度。5月2日，印发《浙江省环境保护厅建设项目环境影响评价文件审批代办管理暂行办法》，在省本级全面实施环评审批环节代办制，指导督促各设区市环保局及县（市、区）环保局分别在6月底和9月底前全面实施环评审批代办工作。全年省本级对51个（次）项目实施代办制。推进长江经济带战略环评。按照生态环境部部署，组织编制《全省长江经济带战略环评推进工作方案》，成立以副省长彭佳学为组长的协调小组，省政府召开全省长江经济带战略环评和"三线一单"推进会，省生态环境厅多次组织召开全省环保系统"三线一单"编制工作座谈会和技术专家讨论会。至年末，全省初步划定水和大气管控清单、土壤重点管控区域，确定重点能耗控制目标，各设区市完成"三线一单"初步成果。推进规划环评。做好产业园区规划环评工作。对60多个省级以上产业园区规划环评（或跟踪环评）组织专家审查，对46个开发区规划环评和专项规划环评出具审查意见。协调生态环境部对富阳开发区、杭州轨道交通三期规划调整等4个规划环评进行审查。把好项目环境准入关。继续实施项目环评审批与区域环境质量、产业结构调整、环保基础设施建设、污染减排绩效等相挂钩的制度，强化以新带老、增产减污、总量削减替代等措施，严格落实各项准入要求。指导各地按照15个重点行业环境准入指导意见，做好重点行业的环境准入把关工作。全年省本级批复环评项目57个。强化事中事后环境监管。指导各地做好环评信息公开和公众参与工作。《浙江省建设项目环境保护管理办法》修订版在3月1日实施；3月22日，印发《浙江省环境保护厅关于印发建设项目环境影响评价信息公开相关法律法规解读的函》，指导、规范各地的建设项目环评信息公开工作。组织开展建设项目环境社会风险防范与化解工作。加强建设项目环保设施竣工验收，指导项目业主按规定开展废水、废气等污染防治措施的环保自主验收工作，指导各级环保部门开展噪声、固体废物环保设施的竣工验收。省本级组织对35个建设项目开展环保验收。加强环评中介机构管理。开展环评机构年度考核，完成2017年度全省在浙江环评单位考核和环评质量抽查，考核结果报送生态环境部并向社会公开。开展《浙江省环境影响评价机构信用等级管理办法》修订。强化对项目环评、规划环评专家的日常管理。深化排污许可制度改革。完成屠宰、淀粉、再生金属、陶瓷、石化、污水处理厂（杭州、宁波）6个行业647本排污许可证的核发。桐乡市作为全省的排污许可证证后监管试点，利用"世界互联网大会永久会址"在互联网和大数据方面的优势，探索排污许可制证后智能监管模式，创新环保监管模式从"人工监管"向"数据智能监管"方式转变，推进环境监管数字化转型。8月15日，印发《浙江省排污许可证执法现场检查简要指南（试行）》，该指南是全国首个专门针对排污许可证执法现场检查的技术文件。

【环境执法专项行动】 2018年，浙江省开展各类环境执法专项行动。围绕"蓝天保卫行动""护水斩污行动""清废净土行动"等系列专项执法行动，开展蓝天保卫等七大标志性战役和"清废行动2018"打击固体废物环境违法行为专项行动等4个专项行动。开展集中式饮用水水源地环境保护专项行动。全省276个县级及以上饮用水水源地环境问题全部完成整治。贯彻中央关于洞庭湖非法矮围和秦岭北麓西安境内违建别墅问题的通报精神，推动千岛湖临湖地带综合整治，与省自然资源厅、省建设厅、省水利厅和省农业农村厅组成联合核查组，开展淳安县饮用水水源地保护区内项目核查。开展垃圾焚烧发电行业达标排放专项行动。联合省建设厅落实中央环保督察整改，推动按期实现稳定达标排放。在生态环境部组织开展的打击固体废物环境违法行为专项行动中，全省17个问题全部整改到位，4个部级挂牌督办点解除挂牌。开展环境执法大练兵活动。7月13日，编制印发《浙江省2018年度环境执法大练兵案卷制作指南》《浙江省2017年度环境执法优秀案例汇编》，建立"环境行政处罚案件办理信息系统"按月评查制度。与省人力资源和社会保障厅、省公务员局联合对2016—2017年度全国环境执法大练兵中表现突出的15个集体和33名个人予以记功表彰。组织开展秋冬季省级专项督查暨环境保护执法实战练兵，其间，立案236件，办理配套办法案件85件。浙江环境保护执法大练兵活动总成绩全国排名第二位，省委副书记、省长袁家军做出批示肯定，向获得表扬的单位和个人表示祝贺。派出940名督查人员参与京津冀强化督查17个轮次，前9轮累计72人次在强化督查"每周一榜"上被表扬。7月6日，省环保厅印发《污染防治攻坚专项行动督查抽调人员管理办法》。9月21日，省环保厅党组和驻厅纪检组联合印发《污染防治攻坚战督查抽调人员廉洁督查十项实施细则》，得到生态环境部肯定并予以转发。

【执法工作机制完善】 2018年，省生态环境厅实施行政执法与刑事司法衔接制度，在全国率先实现省、市、县三级环保部门与公检法机关联络机构全覆盖。12月28日，与省财政厅印发《浙江省固体废物环境违法行为举报奖励暂行办法》，原环境保护部全文转发。创新实施执法通报预警机制，建立实行执法数据旬调度、月通报、季预警机制。推进执法数字化转型，完成全省移动执法系统与基层治理"四个平台"的数据互通。做好生态环境系统"双随机、一公开"抽查工作，全年实施"双随机"监管污染源2.53万家次，其中一般排污单位1.52万家次、重点排污单位6205家次、特殊监管对象3830家次，发现并查处违法问题1138个。联合省建设厅等9个部门制定《环保领域推进"部门联合、随机抽查、按标监管"行动计划》，完成"一单两库一细则"的编制。

【环境应急与信访】 2018年，浙江省发生一般突发环境事件11起，比上年减少2起，下降15.4%。完成首届中国国际进出口博览会、第五届世界互联网大会、首届联合国世界地理信息大会等重大活动环境保障，活动期间环境空气质量保持优良水平。加强环境应急体系建设，公布《2018年度突发环境事件应急预案备案重点行业目录(指导性意见)》，完成3964家涉危险化学品、涉重金属企业应急预案备案工作。4月13日、4月24日分别印发《浙江省环境保护厅突发环境事件应急响应工作办法》《浙江省突发环境事件应急预案操作手册》。开展环境风险隐患排查整治，全省梳理确定重点风险源企业1818家，排查环境风险隐患2937处。推进社会化应急救援体系建设，完善5个省级社会化环境应急物资库及专业处置队伍和29支市级队伍的管理。联合上海市、江苏省开展太浦河流域突发环境事件应急演练，以练代战，有效检验跨省区域应急联动能力。推进区域应急联动机制建设，召开长三角地区跨界突发环境事件应急联动工作总结会议，推动建立杭州—嘉兴"两市三地"跨界环境问题联动工作机制，实现区域环境问题联防联控。落实信访责任制，推进信访依法分类处理，切实加大信访制度化和规范化建设，化解攻坚重点信访矛盾，健全完善"网、电、信、访"全方位信访受理渠道，坚决做好群众信访工作。全年全省环境信访形势总体平稳，信访总量持续下降。全省受理各类环境信访举报投诉8.15万件，下降16.3%。其中：涉及大气问题4.48万件，下降19.9%；涉及水污染9660件，下降24.5%；涉及噪声1.82万件，下降9.0%；涉及固体废弃物1372件，下降9.8%。

【环境辐射安全监管】 2018年，省生态环境厅将辐射安全监管执法纳入环境执法"双随机"总体部署，强化现场检查与执法的联动，强化省环保厅、省公安局、省卫计委等跨部门联动执法检查。宁波市、嘉兴市和衢州市等地查处一批辐射环境违法案件，处罚款31万元，2起案件移送公安部门。全省收贮废旧放射源140枚、放射性废物65.5千克，实现废旧放射源收贮率100%目标，全省连续6年保持"零辐射事故发生率"。不断提升核与辐射应急能力，强化核与辐射应急管理。核应急预案体系不断完善，9月18日，省政府办公厅印发《浙江省辐射事故应急预案》，修订完善《秦山核电基地场外应急预案》，宁海县编制完成《宁海县核应急预案》。创新核应急碘片存储模式，完成53万片核应急碘片更新；组建省内辐射环境自动监测网，实现自动监测覆盖所有设区市；推动福建省福鼎市和苍南县开展"省际邻县"核应急合作机制建设。按照"实源、实兵、实战"及不预设时间、不预设脚本要求，完成"钱江行动-2018"辐射事故应急演习，全面考验省、市、区三级有关部门辐射事故应急响应协调联动水平。

（省生态环境厅　杨志新）

农业农村环境保护

【概况】 2018年，省生态环境厅贯彻落实乡村振兴战略部署，按照统一监督指导农业农村生态环境保护职责要求，与省农业农村厅、省建设厅等部门，围绕解决农业农村重点环境问题，协同推进农业农村生态环境保护。加强农业农村污染防治。编制农业农村污染治理攻坚战实施方案，开展农家乐餐饮废水处理，推进2017年度中央农村环境综合整治项目，完成400个村整治、1210个农村水源地的调查评估工作。推进农用地土壤安全利用。9月7日、12月28日，省农业农村厅分别出台《浙江省受污染耕地安全利用和管制方案(试行)》《浙江省受污染耕地治理修复规划(2018—2020年)》，明确"十三五"受污染耕地安全利用、治理修复和管制重点项目。全省实施受污染耕地安全利用试点项目46个，实施面积3866.67公顷。推进农业面源污染治理。化肥、农药使用量连续5年实现负增长，废弃农药包装物回收处置体系实现全覆盖，回收处置率全国领先。推进国家土壤污染综合防治先行区建设。年内，全面评估农业土壤污染治理试点成果，形成低积累农作物培育、原位钝化剂阻隔和超积累植物吸附等为主的受污染耕地安全利用和治理修复技术模式。

【农业面源污染治理】 2018年，浙江省以规模养殖场生态治理、化肥农药减量等工作为重点，全力推进农业面源污染治理。至年末，全省新建高标准生态养殖场53个，建成省级美丽牧场957个，所有保留的4584个规模养殖场全面完成生态治理提升。对存栏500头以上规模养殖场全面建设封闭式集粪棚，敏感区域出栏5000头以上养殖场探索建设臭气治理系统，全省封闭式集粪棚改造或新建1579个，创建臭气治理示范场15个。全省畜禽养殖环境防控机制日益稳固，存栏50头以上规模养殖场全部纳入环保监管平台，工业化治理养殖场开展“双随机”执法检查，线下县乡村三级网格化巡查机制实现常态运行。深入实施“千万亩精准化测土配方施肥行动”“百万吨有机肥替代行动”和“千万亩绿色防控统防统治行动”，完善高效、安全、绿色的化肥农药减量增效技术。推进农药减量示范区、示范片建设，大力培育专业化服务组织，优化施肥用药结构。全省实施测土配方施肥213.7万公顷，推广商品有机肥110万吨、应用配方肥29万吨，不合理施用化肥减量1.3万吨，推广病虫害统防统治54.4万公顷，农药减量726吨。率先在全国探索主要流域农田氮磷生态拦截沟渠系统示范点建设，全省建成201条农田氮磷生态拦截沟渠系统。秸秆综合利用深入推进，全面禁止秸秆露天焚烧，全省秸秆综合利用率94%以上。农业投入品废弃包装物回收处置深入推进，贯彻落实《浙江省农药废弃包装物回收和集中处置试行办法》，全省全面建立农药废弃包装物回收、处置长效机制。

【农村环境综合整治】 2018年，浙江省以农村生活污水治理、生活垃圾治理等工作为重点，全面推进农村环境综合整治。全面建立以第三方专业机构为服务主体的“五位一体”长效管护制度，确保一次建设、长久使用、持续发挥效用。全省新增农村生活污水有效治理村（村域农户受益率80%以上）2.3万个，550万户农户的厕所污水、厨房污水和洗涤污水得到截污纳管，基本实现规划保留村生活污水有效治理全覆盖，处理设施运维管理水平处在全国前列。启动实施“垃圾革命”升级版，加快推进农村生活垃圾治理，通过源头分类、回收利用、设施建设和制度建设，完善“户集、村收、镇运、县处理”模式，有效推动农民群众由“垃圾扫出门”转变为“垃圾扔进桶”。全省有61%的行政村实施生活垃圾分类处理。将农村水环境治理纳入河长制、湖长制管理，建立省、市、县、乡、村五级河长湖长体系，并延伸到农村沟、渠、塘等小微水体，落实河长5.4万人、湖长5300人。在全省剿灭劣V类水工作基础上，开展河湖“清四乱”专项行动和“美丽河湖”创建，有效改善农村水环境。

（省生态环境厅　杨志新）

环保督察

【概况】 2018年5月29日，《浙江省贯彻落实中央环境保护督察反馈意见整改方案》经党中央、国务院审核同意向社会统一公布。6月5日，省委、省政府召开全省生态环境保护大会暨中央环保督察整改工作推进会，对抓好中央环保督察整改、打赢污染防治攻坚战、全面推进生态文明建设进行再部署再动员。10月31日，《浙江省贯彻落实中央环保督察反馈意见整改情况报告》上报党中央、国务院。省委书记车俊，省委副书记、省长袁家军深入整改一线，现场检查、调研解决中央环保督察反馈问题，抓好统筹部署和整改督办。省委常委会会议和省政府全体会议、常务会议、专题会议多次研究部署整改工作。

【中央环境保护督察整改落实】 2018年，浙江省整改工作开展以来，对照督察反馈意见梳理出46项整改任务实行表格化、清单式、销号制管理，拉条挂账，督办落实。制定清单化调度、举一反三、验收销号、党政领导双签字等14项工作制度，建立整改工作对接、通报、督办、约谈、追责五步法，实施一月一调度、一月一对接、一月一通报、一月一督导。开展3轮省级集中督导检查，对25个县（市、区）政府主要负责人开展约谈，分别向7个设区市市委书记、10个设区市分管市长致信通报有关整改情况。严格责任追究，省纪委、省监委会同省委组织部、省环保厅等部门逐案设立责任追究调查组，从严从实查处中央督察组移交的11个追责案件，对109名责任人进行问责；针对督察整改中存在工作部署推进不力、履职不到位、执行不严格等问题，综合采取联合约谈、督察督办、书面通报、倒查责任等方式进行查处追究，坚决防止虚假整改、表面整改和敷衍整改情况发生。加强宣传报道，坚持“开门”搞整改，建立省主流媒体定期宣传、新媒体积极参与的宣传报道机制，多角度、多层面报道督察整改工作情况。至年末，46项整改任务中，计划于12月底完成的27项全部完成，交办的6920件信访件完成整改6890件。

【省级环境保护督察】 2018年，浙江省加强中央和省级督察衔接联动，建立《督察工作制度》《督察纪律要求》等64个制度规范，不断完善督察工作机制。省委督促检查工作领导小组把对宁波市、金华市、台州市开展环境保护督察，列入年内以省委、省政府名义开展的5项重点督查工作计划之一。按照督察工作总体部署和安排，9月11—30日，省第一、第二、第三环境保护督察组分别进驻宁波市、金华市、台州市，开展为期20天的省级环境保护督察工作。督察组通过听取汇报、个别谈话、查阅资料、走访问询、受理举报、下沉督察等方式开展督察，调阅资料6700多份。与53名县（市、区）党政主要负责人进行个别谈话，走访发改、经信、环保、住建等市直部门和单位51个。对所辖县（市、区）、开发区开展下沉督察，现场检查各类点位282个。督察期间，梳理3个市重点整改问题105个、交办群众来电来信1719件，推动解决垃圾、恶臭、油烟、噪音及“低散乱”企业污染等一批群众身边的环境问题。督查进驻结束后，各督察组研究形成督察报告。经省委、省政府批准后，向3市党委政府反馈，并协调做好督查“后半篇文章”。

（省生态环境厅　杨志新）

生态文明体制改革和制度建设

【概况】　2018年，省生态环境厅加强生态文明体制改革整体协调，以“最多跑一次”改革撬动生态文明体制改革。对全系统所有办事事项进行规范，印发“八统一”指导目录和相关材料。印发《浙江省生态环境损害赔偿制度改革实施方案》。全面推行生态环境状况报告制度。开展《浙江省实施〈中华人民共和国环境保护法〉办法》立法研究和《浙江省固体废物污染环境防治条例》修改前期工作。全面完成数据需求梳理和确认工作，稳步推进“最多跑一次”改革数据共享的基础性工作。年内，将推进生态环境状况报告制度纳入设区市生态环境局目标责任书和设区市“美丽浙江”建设考核，协调推进市、县、乡三级开展生态环境状况报告制度，覆盖98.9%的县（市、区）和79.7%的乡镇（街道）。

【生态文明体制改革】　2018年，浙江省推进环保系统“最多跑一次”改革。以“最多跑一次”改革撬动生态文明体制改革。4月2日，印发实施《浙江省生态文明体制改革领域重大改革试点管理规定》，加强和规范全省生态文明领域改革试点工作。重点领域改革项目落地见效。按照依法、及时、科学的原则修改权力清单，动态调整“最多跑一次”事项清单，指导印发各市、县环保部门，确保系统上下事项名称、口径、范围的一致，促进改革工作的标准化规范化。通过清理规范，全省环保系统有办事主项32项、子项41项。印发环保系统“八统一”（主项名称统一、子项名称统一、适用依据统一、申请材料统一、办事流程统一、业务经办流程统一、办理时限统一、表单内容统一）指导目录和相关材料，以方便群众和企业为出发点，对全系统实施的所有办事事项的申请材料、受理条件、办事流程、办理时限等进行多次规范。省级办事事项办结时间较承诺时间平均缩短55%。对全省环保系统“八统一”规范工作进行督查，加强对市、县（市、区）相关工作的指导规范。全面完成数据需求梳理和确认工作，稳步推进“最多跑一次”改革数据共享的基础性工作。探索开展“最多跑一次”改革第三方评估工作。建立生态环境损害赔偿制度。5月23日，省委办公厅、省政府办公厅印发《浙江省生态环境损害赔偿制度改革实施方案》，生态环境损害赔偿制度改革全省试行。9月10日，省财政厅等4个部门联合印发《浙江省生态环境损害赔偿资金管理办法》，形成较为完备的损害调查、鉴定评估、磋商诉讼、生态修复等制度，全省受理生态环境损害赔偿案件32起。10月10日，省生态环境厅等九部门联合印发《浙江省生态环境损害赔偿磋商管理办法》《浙江省生态环境损害鉴定评估办法》《浙江省生态环境损害修复管理办法》3个配套办法。推行生态环境状况报告制度。将推进生态环境状况报告制度纳入设区市生态环境局目标责任书和设区市“美丽浙江”建设考核，协调推进市、县（市、区）、乡（镇、街道）三级开展生态环境状况报告制度，覆盖98.9%的县（市、区）和79.7%的乡（镇、街道）。拓展生态补偿机制。钱塘江干流、浦阳江流域上下游地区基本建立横向生态补偿机制。深化新安江跨省生态补偿试点。推进机构改革。按要求组建省生态环境厅和11个设区市生态环境局。研究起草《浙江省生态环境机构监测监察执法垂直管理制度改革实施方案》，稳妥推进环保垂直管理改革。加强生态环境制度的总体设计，起草《浙江省生态环境保护责任规定》，健全完善“管发展必须管环保、管生产必须管环保、管行业必须管环保”的生态环境保护工作责任体系及问责制度。

【生态文明法治建设】　2018年，省生态环境厅加强生态环境法治支撑。提出修改《浙江省实施〈中华人民共和国环境保护法〉办法》建议，开展《浙江省固体废物污染环境防治条例》修改前期工作，积极指导地方立法。7月2日，会同省检察院出台《关于加强生态环境和资源保护领域公益诉讼工作协作的意见》，有序开展环境公益诉讼。进一步落实和健全生态环境保护责任追究制度和生态环境损害赔偿制度，省环境保护科学设计研究院成为全省环境损害司法鉴定试点机构，省环境保护科学设计研究院环境损害司法鉴定中心3个业务类别通过评审，获环境损害司法鉴定资格。出台《重大行政执法决定事项目录》《浙江省环保厅重大行政决策管理办法》《浙江省生态环境厅重大行政决策执行情况第三方评估实施办法》等制度，进一步规范行政决策。建立普法责任清单，编印“七五”普法中期工作影集，加强基层执法指导。认真履行监督职能，妥善处理各类行政争议，依法行政工作稳步推进。加强地方标准研究制定。出台《污染地块修复治理效果评估技术规范》《燃煤电厂大气污染物排放标准》《工业涂装工序大气污染物排放标准》《燃煤电厂固定污染源废气低浓度排放监测技术规范》。12月17日，出台《城镇污水处理厂主要水污染物排放标准》。组织开展长三角省市地方环保标准制订情况研究。完成《生物制药工业污染物排放标准》等地方标准复审工作。开展《合成革与人造革污染物排放标准》实施情况评估。

【生态环境规划】　2018年，省生态环境厅推进《浙江省生态环境保护“十三五”规划》实施。1月16日，会同省发展改革委、省水利厅、省农业农村厅、省林业厅联合印发《关于进一步强化“十三五”生态环境保护规划实施的通知》。3月12日,会同省发展改革委印发《关于抓好〈浙江省生态环境保护“十三五”规划〉重点任务落实的函》,进一步健全规划实施机制,强化规划任务分工,确保如期实现规划目标。根据省人大常委会部署和省发展改革委要求,《浙江省生态环境保护“十三五”规划》实施情况中期评估报告被列为省人大常委会调研和审议的重点专项规划之一。5月,成立中期评估领导小组和评估报告编制小组,制定评估工作方案和报告编写大纲。10月18日,省人大环资委听取《浙江省生态环境保护“十三五”规划》中期实施情况汇报,并开展实地调研和检查,对规划实施情况和中期评估报告予以肯定。评估结果显示,《浙江省生态环境保护“十三五”规划》实施总体进展良好,规划确定的主要任务和各项指标进展顺利,取得明显成效,全省环境质量总体呈现持续改善态势,人民群众对环境质量满意度逐年提高。年度全省生态环境质量公众满意度得分为82.85分,连续7年逐年上升。12月,根据生态环境部工作部署,启动全省实施国家《“十三五”生态环境保护规划》中期自评估工作。

【科技保障与财政支持】 2018年,省生态环境厅举办“蓝天保卫战,科技在行动”暨2018年浙江省大气污染防治技术报告会。5月21日,印发《科技创新助推蓝天保卫战若干意见、浙江省大气污染防治首席技术顾问名单及大气污染治理技术百人专家库的通知》,建立常态化科技治气服务工作机制,指导服务各地打赢蓝天保卫战。组织省环保公共科技创新服务平台技术力量,针对热电脱白、VOCs(挥发性有机化合物)收集治理等需求,赴各地开展“点对点”服务。深入实施《“十三五”节能环保产业发展规划》。加快推进环境污染第三方治理工作,建设环保中介机构技术服务平台和环保服务信用体系。系统梳理水、气、土与固体废弃物等领域环保技术发展现状、水平与需求、主流技术与典型应用案例,在全国首个发布环保技术白皮书。加强对外科技交流与合作,组织申报“地球卫士奖”,组团赴国外领奖及后续的表彰和深化工作。省财政预算安排各类生态环保补助资金146亿元,比上年增长17%。落实中央环保专项资金12.13亿元,重点支持水、大气、土壤污染防治和农村环境整治(支持传统村落保护)等项目。建立省内流域上下游县横向生态保护补偿机制,有35对45个县(市、区)签订跨流域横向生态补偿协议。继续实施浙皖新安江流域生态补偿试点,落实国家层面延续支持政策,推动建立长效机制。

【环境宣传教育】 2018年,省生态环境厅加强环境新闻宣传,主动策划议题,围绕生态文明建设、“两美浙江”建设、中央环保督察、“蓝天保卫”行动、浙江省“千村示范、万村整治”工程获联合国“地球卫士奖”、陈奔事迹宣传、铸造生态环保铁军等工作重点开展宣传报道。全年来自主流媒体相关报道量1.3万篇,比上年增长8.3%。《中国环境报》刊登稿件322篇,增长19%,其中头版13篇。《今日环境》杂志刊登稿件160多篇。做好全省“千村示范、万村整治”工程获联合国“地球卫士奖”相关的重点新闻宣传工作;围绕“蓝天保卫”行动、浙江省固体废物环境违法行为有奖举报办法实施、浙江省“千村示范、万村整治”工程获联合国“地球卫士奖”、清废行动攻坚战等主题向社会发布新闻85次;修订《浙江省环境保护厅例行新闻发布及新闻发言人制度》,规范新闻发布。组织开展各类系列性新闻宣传活动9次,全年接待国内外媒体900多次。策划组织“浙江生态日”“世界环境日”等重大环保主题宣传活动。6月5日,在杭州西湖区文体中心举行浙江省暨杭州市纪念2018年“六五”环境日活动,副省长彭佳学参加并讲话,现场考察国家级绿色学校——竞舟小学、蒋村街道空气自动监测站。6月29日,以“美丽中国 我是行动者”为主题,在湖州市德清县新安镇举办第八届“浙江生态日暨第三届浙江省生态音乐节”。推动公众性宣传活动常态化,全年举办各类公众环保宣传活动20多次,吸引全省数十万人次参加各类活动。推进公众参与生态环境保护,依托省环保联合会,加强对环保社会组织和志愿者的联系沟通、培训指导、管理服务。推进绿色传播促进计划,千岛湖水基金成为中国水源地保护慈善信托的首个落地项目。召开全省环保社会组织研讨会,与社会环保组织进行沟通,组织相关培训,加强具体指导。积极推进环保设施向公众开放。全省首批5个公众开放单位集中统一开放,累计开放次数1100多次,参观人数5万余人次。全省创建自然生态

2018年9月26日,浙江省“千村示范、万村整治”工程获联合国“地球卫士奖”
(省生态环境厅　供图)

类、环境友好型企业类等六大类186个浙江省生态文明教育基地长期向公众开放，接纳社会公众300多万人次。增强网络新媒体运用能力。“浙江生态环境”官方微博有“粉丝”19.79万人，发布微博2.55万条；“浙江生态环境”发布官方微信3824条。浙江省环保厅政务新媒体在最具影响力机构综合排行榜上位列第五名。

（省生态环境厅　杨志新）

自然资源保护利用
Conservation and Utilization of Natural Resources

土地资源保护

【土地利用】　2018年，浙江省土地总面积1055.85万公顷。其中：农用地857.27万公顷，占81.2%；建设用地134.01万公顷，占12.6%；未利用地64.56万公顷，占6.1%。农用地中，耕地197.46万公顷，占土地总面积的18.7%，可调整土地8.25万公顷；园地56.72万公顷，占土地总面积的5.4%；林地563.33万公顷，占土地总面积的53.4%；牧草地0.03万公顷；其他农用地39.73万公顷，占土地总面积的3.8%。

【耕地保护】　2018年，省自然资源厅推进“152”耕地生态建设保护工程（2018—2022年，全省建设、改造和提升高标准农田66.67万公顷、垦造和补充耕地3.33万公顷、复垦农村建设用地1.33万公顷）。全年完成高标准农田建设15.76万公顷，建设用地复垦新增耕地0.35万公顷，垦造新增耕地0.99万公顷。实行城乡建设用地增减挂钩节余指标跨行政区域调剂，全年完成整治农村建设用地0.32万公顷。全面落实永久基本农田特殊保护制度，全年落实保护补偿资金16.32亿元。

【节约集约用地】　2018年，省自然资源厅采取“控制增量、盘活存量、优化结构、严格考核、强化创新”五大举措，加快推进全国国土资源节约集约示范省创建，全力打造全国国土资源节约集约利用的浙江样板，全年盘活存量建设用地1.22万公顷，完成城镇低效用地再开发项目3140个、再开发低效用地0.92万公顷。落实自然资源部“增存挂钩”机制，动员部署批而未供和闲置土地大清查大处置专项行动，全省处置闲置土地248宗，面积0.08万公顷，消化利用2009—2015年批而未供土地1.15万公顷，批而未供土地面积比2010年末下降2.77万公顷。继续推进“规范宅基地管理破解农民建房难”专项行动，解决农村无房户、危房户建房10.1万户。进一步规范制度规则和方式方法，确保网上交易更加公开公平公正。全年国有建设用地使用权出让通过网上交易成交5870宗，面积1.59万公顷，成交额7367亿元。

建德市钦堂乡葛塘村前山改造成水田种植油菜和麦子　（省自然资源厅　供图）

【土地执法】　2018年，浙江省梳理排查农村违法用地突出问题2786宗，违法开采矿产资源行为191宗。开展2017年度土地矿产卫片执法检查，发现违法用地5952宗，立案查处3063宗，拆除整改2100宗，依职权移交其他部门600宗。对11个设区市、12个县（市、区）、105个乡镇（街道）、24个有关部门组织开展警示约谈，发挥警示教育作用。对15个重点县（市、区）开展省级卫片执法检查，发现违法用地602宗，立案查处225宗，拆除整改185宗，依职权移交其他部门97宗。对杭州富阳区、湖州南浔区、缙云县、浦江县、仙居县5个县（市、区）分别开展执法驻点监察，重点对执法监察工作开展情况、永久基本农田保护情况、设施农用地和临时用地的批后监管情况进行实地检查，印发驻点监察意见书，督促抓好整改。

（省自然资源厅　供稿）

矿产资源利用

【概况】　2018年，浙江省有持证矿山825个，从业人员3.15万人，矿石采掘量5.28亿吨，实现矿业总产值221.42亿元，利润23.4亿元，税金18.72亿元。与上年相比，在矿山数量下降11.3%情况下，其他各项矿业指标均有显著提升，其中矿业总产值增长19.9%，利润增长53.2%，税金增长36.4%；人均矿石采掘量为1.68万吨/年，人均矿业产值和人均利税分别为70.33万元/年和13.38万元/年。全省人均矿石采掘量下降3.7%，人均矿业产值和人均利税均有提升，分别增长28.6%和55.8%。全年全省开发利用矿产51种，包括能源矿产1种，金属矿产10种，非金属矿产39种（其中普通建筑材料用砂、石、粘土矿15种），水气矿产1种。增加片麻岩矿产，减少冶金用脉石英、沸石、珍珠岩、饰面用闪长岩与水泥用凝灰岩5个矿种。

【矿产资源开发管理】 2018年，省自然资源厅严格实施矿产资源规划，强化规划管控。严格执行《进一步优化普通建筑用砂石粘土矿产开发布局的指导意见》，着重从生态保护源头管控、矿山整体开发、矿地综合利用3个方面下功夫，不断优化矿产开发布局。组织开展新设采矿权矿区范围论证工作，4月24日，印发《关于进一步加强新设采矿权论证复核工作的通知》，对新设采矿权论证程序、论证报告编写、审查和矿区范围复核等工作要求进行明确和规范。将采矿权总量控制指标下达到各市自然资源主管部门，并通过配号系统进行实时监控，确保采矿权总量指标不突破。至年末，全省登记发证采矿权总数1138个，采矿权总数控制在1200个以内。组织开展矿地综合开发利用采矿权试点工作，拓展建设用地新空间。6月6日，印发《关于做好矿地综合开发利用采矿权试点工作的通知》，公布试点项目名单，并制定一系列加快推进试点项目的工作措施。做好试点项目的督促指导工作，试点项目进展情况在每个季度末进行公开通报。拓展建设用地新空间，首批采矿权试点项目产出矿地236公顷。

【地质矿产勘查管理】 2018年，省自然资源厅实施综合地质调查工程。完成省部地质调查战略合作协议三年成果发布会筹备工作，编制完成总报告1个、专题报告5个、图集5套、展板22块，制作完成宣传片1部、数据盒1个。组织实施一批基础地质和矿产资源调查项目，安排下年度新开工19个项目。“711”土地质量地质调查工程有序推进，全省完成66.87万公顷永久基本农田示范区，195个农业“两区”土地质量地质调查，2000个永久基本农田土地质量地球化学监测点建设。持续推进找矿突破战略行动。实施“攻深找盲”的深地探测找矿战略，开展浙中地区1:25000航空物探调查。按照“三有”原则，协议出让上虞叶蜡石矿等老矿山，安排青田叶蜡石矿深部及外围勘查等基金项目开展深部找矿。组织推广先进的勘查设备、技术与方法，将绿色勘查工作纳入勘查实施方案编制要求中，研究布置绿色勘查示范项目。加强规划实施监督检查，开展全省矿产资源总体规划中期评估，做好规划实施年度统计分析。加强规划实施工作指导，科学、合理、有序投放探矿权。开展全省矿权灭失矿产地和保护区内矿产地的调查上图入库工作。加强探矿权管理，转变探矿权管理重心，强化生态文明建设要求，做好保护地探矿权清理和退出工作，多次清理核对各类保护地内探矿权，开展自然生态红线区内探矿权问题梳理，按分类处置意见做好探矿权清退工作，并指导各地采取局部缩小面积或者整体注销方式退出保护地。清理、注销一批逾期或圈而不探的探矿权。严格实施方案审查，落实地质勘查与生态环境恢复“三同时”制度。加强地勘项目管理。组织做好基础地质和矿产资源调查评价等中央财政资金项目的协调和实施工作。助力打好土壤污染防治攻坚战，浙江在全国率先完成农用地土壤污染状况详查。改进“三性”地质项目立项方式，出台“三性”地质工作项目资金管理办法，整合地勘基金和地勘资金项目管理，委托省地勘基金中心承担日常监管工作，强化加强实施过程监督检查，注重绩效考评。

【矿山地质环境保护和治理】 2018年，省自然资源厅结合全省实际提出自然资源部等六部委《关于加快建设绿色矿山的实施意见》贯彻落实意见，会同省生态环境厅研究制定《浙江省绿色矿山建设工作方案》，明确全省高水平全面建设绿色矿山的新体系、新标准、新要求；制定绿色矿山入库工作指南，规范全省绿色矿山名录入库的工作流程；指导组建全省绿色矿山第三方评估机构联盟，提高绿色矿山建设质量。6月13日，会同省生态环境厅联合印发《浙江省绿色矿山建设三年专项行动实施方案》，按照绿色矿山建设三年专项行动要求，将年度绿色矿山建设入库任务分解落实到各市、县(市、区)，推进绿色矿山建设，全省又有181个矿山纳入全国绿色矿山名录库，超额完成年度目标任务。推进湖州市全国矿业绿色示范区建设工作，指导杭州富阳区、衢州衢江区创建省级绿色矿业示范区。7月12日，会同省“三改一拆”办公室印发《浙江省废弃矿山生态修复三年专项行动实施方案》，明确全省废弃矿山生态修复目标，全面部署废弃矿山生态修复工作。及时将年度生态修复任务分解落实到县。通过卫星遥感等技术手段，实时监测修复进度，在每个季度末对矿山生态修复工作进展等情况进行通报，督促各市加快治理进度。新开工治理340个废弃矿山，新增治理恢复面积666.67公顷，全省铁路、县级及以上公路、河道两侧1000米可视范围内裸露山体修复治理率70%。全面推进矿山粉尘治理，至年末，全省95%生产矿山均按《浙江省矿山粉尘防治技术规范(暂行)》等相关要求实现达标运行。会同生态环境部门负责对所辖行政区域内矿山企业粉尘、扬尘防治的指导和监管，指导设区市自然资源主管部门会同生态环境部门负责对所辖行政区域内矿山粉尘、扬尘防治工作的协调和督促，落实专人，重点监控。组织人员不定期对矿山粉尘进行明查暗访，发现问题要求立整立改，在每个季度对各市矿山粉尘防治工作进行通报。至年末，全省所有生产矿山均按《浙江省矿山粉尘防治技术规范(暂行)》等有关要求实现达标运行。

【地质遗迹和地质公园保护】 2018年，省自然资源厅指导各地做好第二批重要地质遗迹点(地)保护工作和全省地质(矿山)公园规划建设管理工作，加强古生物化石保护工作。联合自然资源部中国地质调查局共同命名嵊州市通源乡白雁坑村为全国首个“地质文化村”。仙居神仙居、缙云仙都地质公园获批国家地质公园称号。1月22日，印发《关于做好地质公园和矿山公园规划编制和实施工作的通知》，强化地质(矿山)公园规划管理。做好全省第二批64个重要地质遗迹点保护，批准建立洞头海岛省级地质公园，椒江大陈岛、江山浮盖山省级地质公园通过开园建设验收并顺利开园。指导雁荡山世界地质公园召开中国联合国教科文组织世界地质公园年会，常山国家地质公园建立双院士工作站。加强古生物化石出入境管理，指导杭州海关做好收缴古生物化石处置工作，指导做好磐安县新渥街道宅口村新发现古生物化石抢救性发掘和诸暨应店街龙山下村及杭州绕城西复线施工现场笔石化石调查工作。

（省自然资源厅　供稿）

水资源管理

【概况】　2018年，浙江省落实最严格水资源管理制度，实行水资源消耗总量和强度“双控”行动，建立省、市、县三级水资源管理目标控制体系。按照《浙江省实行最严格水资源管理制度考核办法》和《浙江省“十三五”实行最严格水资源管理制度考核工作实施方案》，制定2018年度实行最严格水资源管理制度考核工作方案，完成省对11个设区市2017年度实行最严格水资源管理制度考核工作，在国务院对浙江省实行最严格水资源管理制度考核工作中取得优秀等次，名列全国第六位。深化取水许可审批“放管服”改革，取水许可审批实现“最多跑一次”，规范建设项目水资源论证制度和取水许可管理；加强水功能区监督管理，推进全省入河排污口整改提升工作；继续推进水生态文明建设，全面完成国家级和省级水生态文明试点建设，全面开展县域节水型社会达标建设。

【水资源管理考核】　2018年，省水资源管理和水土保持工作委员会办公室组织召开最严格水资源管理制度考核工作会议，研究部署年度考核工作。省考核工作组对设区市2017年度实行最严格水资源管理制度工作进行技术审核和现场核查，考核结果经省政府审定后通报各设区市政府。各设区市政府针对存在问题均制定整改方案，抓好落实。各设区市对所辖县（市、区）开展年度考核。制定年度实行最严格水资源管理制度考核工作方案，考核成绩对外公布。4月28日，省水利厅、省发展改革委、省经信委、省财政厅、省国土厅、省环保厅、省建设厅、省农业厅、省统计局九部门联合印发《关于印发2017年度实行最严格水资源管理制度考核结果的通知》。全省11个设区市考核等级均为优秀。9月5日，《水利部关于印发2017年度实行最严格水资源管理制度考核结果的函》，通报各省考核成绩，浙江省考核结果优秀，获中央财政水利发展资金补助5000万元，用于水资源节约保护。11月，省人力社保厅、省水利厅对全省水利系统2017年度实行最严格水资源管理制度的优秀单位和个人进行通报表扬。

【开展第三次全国水资源调查评价】　2018年2月27日，省水利厅印发《浙江省水资源调查评价技术方案》。按照水利部、自然资源部的文件精神，第三次水资源调查评价工作由水利部门负责组织开展。至年末，参加并完成全国和流域机构的基础数据4次汇总。11月22日，省级水资源调查评价初步成果通过省水利厅项目审查。

【水资源利用管理】　2018年，省水利厅深化“最多跑一次”改革，通过优化流程，取水许可实现“跑零次”“不见面”即可办理。全省各级水利部门新增取水许可审批1146件，发放取水许可证1729本，其中新发放1154本，注销与吊销取水许可证883本。全省年终有效取水许可证保有量7610本，许可取水总量2158.19亿立方米。其中：河道内2679本，许可水量2027.15亿立方米；河道外4931本，许可水量131.04亿立方米。完成131个中型以上灌区农业取水许可发证工作。推进水资源费征收管理。全省征收水资源费14.03亿元，其中省本级9180万元。组织开展全省水资源费征收管理专项核查，对省审批重点取水户实现全覆盖，对检查发现的问题反馈地方整改落实。开展水资源管理专项行动。4月至11月，省水利厅组织开展全省水资源管理专项行动，重点开展非法取水专项整治、取用水日常监管、长效管理机制建立等工作。加强计划用水管理。全省自备水源取水户实现取水计划全覆盖，有6913户自备水源取水户纳入取水计划管理工作，其中公共供水和企业自备取水户下达取水计划量84.01亿立方米，实际取水量67.14亿立方米。全省审批45户取水户纳入取水计划管理，其中公共供水和企业自备取水户40家，下达取水计划量35.42亿立方米，实际取水量30.33亿立方米。对水资源进行统一调度，“引江济太”期间，开展环太湖浙江段水量水质同步监测、杭嘉湖南排工程换水期间水量水质同步监测、有关水利工程的联合调度、运行管理，落实“引江济太”配套资金138万元。全年下达浙东引水调度指令16份，工程运行285天，萧山枢纽引水6.57亿立方米，比上年增长28.9%，引水末端宁波地区受水5.6亿立方米，增长24.5%。

【节约用水】　2018年12月21日，省水利厅会同省发展改革委组织编制并印发《浙江省节水型社会建设规划纲要（2018—2022年）》。全年完成24个县（市、区）国家县域节水型社会达标验收。全面推进第二、第三批县域节水型社会达标建设，其中第二批节水型社会建设县（市、区）完成中期评估。推进节水型载体创建。省水利厅、省节约用水办公室联合省经信委、省建设厅、省机关事务管理局推进节水载体建设，创建命名416家“省级节水型企业”、46个“省级节水型灌区（灌片、园区）”和37家“省级公共机构节水型单位”，其中省级机关节水型单位创建率提升至96%以上。实施农业节水技术改造。全省完成渠系配套改造1652.18千米，新建高效节水灌溉工程面积3.0万公顷，年新增节水能力0.82亿立方米，农田灌溉水有效利用系数提高到0.597。完成用水定额修编。开展以造纸及纸制品业的用水定额修编工作，收集170家造纸企业的448个产品用水单耗值，经分析后完成《浙江省用（取）水定额（2015年）》中造纸及纸制品业相关产品类别及定额值的评估工作。加强节水宣传。3月22日，在仙居县举行首届浙江省亲水节暨“世界水日”主题活动，让更多的社会公众切身感受治水成果，引导全社会形成爱水、护水、节水的良好氛围，并在微信朋友圈投放同一张节水宣传海报和同一份节水倡议书，投放工作覆盖全省260多万微信用户，在全省范围形成宣传声势。“世界水日”“中国水周”期间，在浙江新闻客户端推出“一秒钟可以节约多少水”网络小程序游戏，24小时内点击量超过10万；在浙江水利微信推出网络“节水知识竞赛”，吸引2万人次参与答题；全省各地围绕“凝聚全社会节水合力，构建全覆盖节水格局”的宣传主题，开展“百堂节水公开课”等各类活动。

【水资源保护】 2018年，浙江省加快推进水生态文明建设，4个国家级水生态文明城市试点均通过验收，其中衢州市通过水利部、省政府的联合验收，温州市、嘉兴市、丽水市通过省政府组织的验收。仙居县完成省级试点验收。至年末，全省完成6个国家级和3个省级水生态文明建设试点创建工作。组织做好全省江河湖泊重要水功能区水质监测，240个国家重要水功能区实现监测全覆盖。完成浙江省水功能区（2015版）纳污能力和限制排污总量修订。对上年度最严格水资源管理制度考核中水质评价不达标的水功能区进行通报，要求各地采取切实措施提高水功能区水质达标率。协同省环保厅优化调整个别水功能区水环境功能区划分方案。10月，根据全省机构改革方案，省水利厅编制水功能区划的职责划转至省生态环境厅。加强入河排污口监督管理。按照国家长江办的统一部署，推进全省入河排污口整改提升工作。6月14日，省水利厅联合省环保厅印发《关于进一步做好入河排污口整改提升相关工作的通知》，组织开展全省入河排污口基础信息和管理现状的全面复核工作。省长江办会同省水利厅等相关部门梳理制定《浙江省长江经济带入河排污口整改提升工作清单》和《各设区市长江经济带入河排污口整改任务清单》，明确工作任务和分工。10月，根据全省机构改革方案，完成入河排污口设置管理的移交工作。加强饮用水水源地管理。结合日常监管和水源地自评估情况，完成全省上年度16个全国重要饮用水水源地安全保障达标建设评估工作。11月27日，印发《关于开展重要饮用水水源地安全保障达标评估工作的通知》，实施县级以上饮用水安全保障达标建设，建立安全保障达标评估制度。5月19日，省水利厅会同省环保厅印发《浙江省集中式饮用水水源地环境保护专项行动方案》，对县级以上集中式饮用水水源地开展环境保护专项行动，至年末，182个环境问题全面完成整改。严格实行地下水禁限采区管理。9月14日，印发《关于做好2018年浙江省国家地下水监测系统运行维护和地下水水质监测工作的通知》，组织开展国家地下水监测运行维护和地下水水质监测工作，加强监测质量管理。（省水利厅　沈仁英）

可再生能源开发利用

【概况】 2018年，浙江省可再生能源总装机2616万千瓦（含抽水蓄能），开发利用量2630万吨标煤（含外来水电），约占全省能源消费总量的12.1%。可再生能源电力消纳量827亿千瓦时，约占全社会用电总量的18.2%。

【水力发电和抽水蓄能】 2018年，浙江省水电装机703万千瓦，开发利用率80%以上。全省水电装机比上年增长1万千瓦，主要为老旧小水电机组技术扩容改造，全年小水电年发电小时数2500小时以上。全省抽水蓄能电站装机达458万千瓦。长龙山抽水蓄能项目有序推进，宁海抽水蓄能项目、缙云抽水蓄能项目全面开工。

【光伏发电和风力发电】 2018年，浙江省光伏发电继续快速增长，全年新增光伏发电装机324.5千瓦。至年末，全省光伏发电装机1138.2万千瓦，其中屋顶分布式光伏装机778万千瓦，装机规模居全国第一，家庭屋顶光伏并网32万户，处于全国领先地位。地面光伏装机360万千瓦，建成全国规模最大的江山200兆瓦“农光互补”、慈溪200兆瓦“渔光互补”地面光伏电站。全省建成风电装机规模为148.4万千瓦，比上年增长15.4万千瓦。陆上风电方面，继续按照《陆上风电与美丽景观协调建设导则》的要求，开展美丽景观建设和品质提升工作，实现风电与地方美丽环境的有机结合。海上风电方面，国电舟山普陀6号2区项目顺利推进，全年并网8.8万千瓦，累计并网16.4万千瓦，嘉兴1号、岱山4号顺利开工，嵊泗2号、象山1号和嵊泗5号、6号4个海上风电项目获得核准，并抓紧推进开工前准备工作。

【生物质能和海洋能】 2018年，浙江省生物质发电装机168万千瓦，比上年增长10万千瓦。全省生物质成型燃料利用量约90万吨/年，沼气利用1.2亿立方米/年，全省垃圾焚烧发电、生物质成型燃料利用和沼气利用均取得较好成效。全省运行的潮汐电站2座，即温岭江厦潮汐电站和玉环海山潮汐电站，累计装机容量4350千瓦。其中，规模最大的江厦潮汐电站，经过多次技术改造、机组扩容，总装机容量4100千瓦，居世界第四位。全省在运行的海洋能世界首台3.4兆瓦LHD海洋能发电项目首套机组1兆瓦实现全天候稳定并网发电，开创世界潮流能应用的先河。

（省能源局　宁德军）

杭州市
Hangzhou Municipality

【概况】 2018年,杭州市辖上城、下城、江干、拱墅、西湖、滨江、萧山、余杭、富阳、临安10个区,建德1个县级市和桐庐、淳安2个县。区域面积16853平方千米,其中市区面积8292平方千米。年末常住人口980.6万人,户籍人口774.1万人。

全市地区生产总值1.35万亿元,比上年增长6.7%。其中:第一产业增加值306亿元,增长1.8%;第二产业增加值4572亿元,增长5.8%;第三产业增加值8632亿元,增长7.5%。三次产业结构为2.3:33.8:63.9。按常住人口计算,人均生产总值14.02万元,增长3.3%。民营经济增加值8175亿元,占地区生产总值的60.5%。

财政总收入3457亿元,增长14.5%;一般公共预算收入1825亿元,增长12.5%,其中税收收入1651亿元,增长12.6%。一般公共预算支出1717亿元,增长11.4%,其中民生支出1333亿元,占一般公共预算支出的77.6%。

城镇、农村居民年人均可支配收入分别为61172元、33193元,增长8.7%和9.2%。城镇、农村居民年人均生活消费支出41615元、24203元,分别增长9%和10.1%。城镇居民人均住房建筑面积37.3平方米,农村居民人均住房面积72.5平方米。

农林牧渔业增加值312亿元,增长2%。农业标准化生产程度65%以上,主要农产品的无公害产品、绿色食品、有机农产品“三品”认证率55%以上。农业特色优势产业产值占比78.2%,提高1.6个百分点。农家乐旅游休闲接待游客6477万人次、经营收入69亿元,分别增长30.5%和32.6%。农村电子商务销售额120亿元,增长11.1%。

工业增加值4160亿元,其中规模以上工业增加值3405亿元,均增长6.3%。高端制造、智能制造业加快发展,高新技术产业、战略性新兴产业和装备制造业增加值分别为1948亿元、1135亿元和1531亿元,增长10.8%、13.1%和9.3%,占规模以上工业增加值的比重分别为57.2%、33.3%和45%。

固定资产投资增长10.8%。其中城市基础设施建设投资增长26.9%。杭州地铁、杭州铁路西站枢纽、快速路网建设、杭州机场轨道快线等重大交通基础设施项目推进力度加大,九峰环境能源等环境基础设施项目进展顺利,亚运会场馆等基础设施建设全力推进。

社会消费品零售总额5715亿元,增长9%。其中,限额以上化妆品类、电子出版物及音像制品类零售额分别增长32.5%和20%。电子商务保持较快发展,网络零售总额5304亿元,增长23.3%,占全省总额的31.7%。天猫商城“双11”活动全天成交额2135亿元,增长26.9%。

货物进出口总额5245亿元,增长3.1%。其中:出口额3417亿元,下降1%;进口额1828亿元,增长11.8%。高新技术产品出口额518亿元,增长8.3%。服务贸易进出口额358.9亿美元,增长132.6%;离岸服务外包合同执行额69.2亿美元,增长7%。跨境电子商务交易额113.7亿美元,增长14.4%。其中,出口80.2亿美元,进口33.5亿美元,分别增长14.2%和14.9%。全年新引进外商投资企业744家,实际利用外资68.3亿美元,增长3.3%。至年末,121个世界500强企业到杭州投资212家项目。

旅游休闲产业增加值1038亿元,增长13%。全市接待国内外游客1.84亿人次,其中入境游客420.5万人次,分别增长13%和4.5%。全市有A级景区109个,其中AAAAA景点3个,AAAA景点39个,AAA景点43个。星级宾馆145个,各类旅行社848个。杭州入选全球百强国际会议目的地城市、全球旅游最佳实践样本城市、全球52个最值得到访的旅游目的地。

金融业增加值1197亿元,增长9%。年末金融机构本外币存款余额3.98万亿元,增长9.1%;贷款余额3.66万亿元,增长25%。金融机构525个,新增26个。保险机构保费收入664亿元,增长4.7%。境内外上市公司172个,新增10个,其中境内上市公司132个。期货机构代理交易成交金额26.9万亿元。企业发行各类银行间市场债务工具累计融资1300亿元,增长19.8%。

全社会研究与试验发展经费支出占地区生产总值的3.3%。之江实验室首批5个研究中心挂牌。继续实施“名院名所名校”工程,累计引育优质高校和科研院所17所。新增云栖小镇、艺尚小镇两个省级特色小镇,累计4个。建成国家级众创空间55个、国家级孵化器32个,居全国省会城市和副省级城市第一位。

至年末,全市有小学478所,在校学生59.1万人;初中264所,在校学生23.5万人;普通高中87所,在校学生11.4万人;职业高中30所,在校学生5.7万人;普通高等学校40所,在校学生(含研究生)49.6万人。高等教育毛入学率66.1%。西湖大学成立。北大信息技术研究院、北航杭州创新研究院等高等研究机构相继签约落户。

全市12人入选国家级非物质文化遗产代表性项目代表性传承人名单,8个非物质文化遗产代表性项目入选第一批国家传统工艺振兴目录。全年拍摄电视剧12部,共566集。摄制完成电影14部。生产原创动画片6669分钟。网络文学快速发展,6部作品入选"优秀网络文学原创作品"推介名单。有各类非物质文化遗产代表作名录项目4个,国家级非物质文化遗产代表性项目名录项目44个。

各类医疗卫生机构5377个,其中医院316个;床位8.1万张,其中医院床位7.5万张。各类专业卫生技术人员11.7万人,其中执业(助理)医师4.5万人,注册护士5万人,分别增长6.3%、7.4%和7.8%。医疗机构全年诊疗人数1.39亿人次,增长7.8%。

举办世界游泳锦标赛(25米)及杭州国际马拉松比赛、国际(杭州)毅行大会、钱塘江国际冲浪对抗赛、中国杯国际排舞公开赛等10多项国际体育品牌赛事活动,加快打造具有杭州特色的国际化"体育赛事窗口"。在第18届雅加达亚运会上,杭州市获金牌8枚、银牌9枚、铜牌1枚。全市有22个体育馆、2.43万处体育场地。

全民参保登记率保持100%,职工基本养老保险参保人数、职工基本医疗保险参保人数分别为671.1万人和632.7万人,增长6.8%和9%。至年末,失业、生育保险参保人数分别为459.4万人和430.4万人,增长10.4%和10.2%。杭州连续14年调整养老金,市区企业退休人员基本养老金人均提高到2983元/月。市区居民最低生活保障标准提高至每人每月955元。全市最低生活保障对象10.59万人。

市区PM2.5平均浓度为39.8微克/立方米,下降10.8%,主城区雾霾天数减少28天。水体质量趋优,县级以上集中式饮用水源地水质达标率100%,钱塘江、苕溪以及西湖水体全域均达到或优于Ⅲ类。杭州入选"全球十大美丽城市",并在"中国最美丽城市排行榜"中排名第一位。

【"最多跑一次"等重大改革不断深化】 2018年,杭州市"移动办事之城"建设取得重大进展,公民个人凭身份证通办事项增加198个,总数494个,占个人办理事项的85.9%。"杭州办事服务"累计上线事项195个,服务508万人次。"24小时不打烊"综合自助机服务覆盖网点600个,累计上线事项156个。优化不动产交易登记办理流程,做到"一窗受理、一套资料、一个系统"办理,城镇单套住宅登记60分钟领证全覆盖。推进工程建设项目审批制度改革,构建"1+9"政策体系,"多规合一"业务协同平台和审批管理系统上线运行。全流程审批时间压缩至71个工作日以内。商事登记网上办理系统2.0版上线运行,涉及企业的证照事项全部实现"多证合一、证照联办、一网通办"。市场主体新增22.57万户,增长12.7%。

【西湖大学获教育部批准设立】 2018年4月2日,西湖大学获教育部批准设立。西湖大学是一所由社会力量举办、国家重点支持的非营利性的新型研究型大学,由杭州市西湖教育基金会举办。学校校址位于西湖区,现址(云栖校区)位于西湖区云栖小镇石龙山街18号,主校区(云谷校区)位于西湖区双桥区块。学校近期(5年)规划全日制在校学生规模为1220人,长期(10年)规模为5000人。学校以浙江西湖高等研究院的生物学、基础医学、理学、前沿技术4个研究所为基础,组建生命科学学院(含生物学和基础医学)、理学院、工学院,优先形成理学、医学、工学3个门类12个一级学科。学校实行董事会领导下的校长负责制,设立监事会、顾问委员会、校务委员会、学术委员会和学位委员会等,形成教师治学、民主管理、社会参与的大学治理体系。西湖大学办学经费来源主要是举办者出资、办学收入、竞争性科研项目经费及人才政策支持经费和政府扶持资金等渠道,日常运行经费主要由杭州市西湖教育基金会承担。4月16日,西湖大学创校校董会第一次会议召开,会上选举施一公任西湖大学首任校长,确定韩启德等21位候选人为西湖大学首届校董会成员,确定由钱颖一担任校董会主席,杨振宁担任校董会名誉主席。西湖大学创始捐赠人均担任西湖大学创校荣誉校董。8月26日,西湖大学2018级博士研究生开学典礼在云栖小镇国际会展中心举行,120名新生入学。该届新生为西湖大学与复旦大学、浙江大学联合招收与培养的博士研究生。

【第14届中国国际动漫节】 2018年4月26日至5月1日在杭州举行。动漫节秉承"动漫的盛会·人民的节日"的办节宗旨,以"国际动漫·美丽杭州"为主题,设立1个主会场和10个分会场。围绕会展、论坛、商务、赛事、活动五大板块,组织实施55项活

2018年4月2日,西湖大学获教育部批准设立　　(杭州市地方志办公室　供图)

动。动漫节吸引85个国家和地区参与，2641个中外企业机构、5760多名客商、展商和专业观众参展参会；143.35万人次市民、游客参加动漫节各项活动。其中，主会场36.28万人次，单日观展人数最多达11.1万人次。达成签约交易、意向合作项目1291个，涉及金额138.35亿元，消费额24.86亿元，合计163.21亿元。活动期间，中国国际动漫节节展办公室与阿里巴巴集团签订战略合作协议。

【《杭州市城市国际化促进条例》施行】 2018年4月27日，杭州市第十三届人民代表大会常务委员会第十一次会议审议通过《杭州市城市国际化促进条例》，决定将每年9月5日定为“杭州国际日”。5月31日，经省第十三届人民代表大会常务委员会第三次会议审议批准，《杭州市城市国际化促进条例》自8月1日起实行。《杭州市城市国际化促进条例》分为总则、产业国际化、城市环境国际化、公共服务国际化、文化国际交流融合、保障措施、附则七章。条例明确，杭州城市国际化的目标是，发挥和增强创新活力之城、历史文化名城、生态文明之都、东方品质之城的优势，建设具有全球影响力的“互联网+”创新创业中心、国际会议目的地城市、国际重要的旅游休闲中心、东方文化国际交流重要城市，形成一流生态宜居环境、亚太地区重要国际门户枢纽、现代城市治理体系、区域协同发展新格局。

【杭州打造全国数字经济第一城】 2018年7月27日，中共杭州市委十二届四次全会提出聚焦“数字经济”一号工程，全面推进“三化融合”行动。10月11日，杭州市打造全国数字经济第一城动员大会举行。省委常委、市委书记周江勇讲话，市委副书记、市长徐立毅主持，于跃敏、潘家玮、张仲灿等市四套班子负责人出席。大江东产业集聚区、城西科创产业集聚区管委会主任，杭师大党委书记；市人大常委会、市政府、市政协秘书长；市委、市政府副秘书长；市级各部门主要负责人；各区（县）市党政主要负责人和分管负责人；全市重点骨干企业和相关行业的企业家代表、工程服务商、行业协会、投资机构负责人等参加。会上，市领导与专家、企业家代表共同启动“杭州打造全国数字经济第一城”。会议发布《杭州市全面推进“三化融合”打造全国数字经济第一城行动计划（2018—2022年）》。

【杭州·云栖大会】 2018年9月19—22日在云栖小镇举行，大会由杭州市政府与阿里巴巴集团、蚂蚁金服集团共同主办，以“驱动数字中国”为主题，吸引全球7.6万名嘉宾和科技精英到会。4天会期有12.5万人次参与各项活动，包括六大洲81个国家及地区的4000多位海外嘉宾，国内外人士观看大会直播1192.7万人次。浙江省省长袁家军和阿里巴巴集团董事局主席马云出席并分别发表主旨演讲。大会由2场主论坛、20场峰会，以及151场分论坛构成，200多个全球企业参展，包括英特尔公司、英伟达公司、恩智浦半导体有限公司等国际公司。大会既有云计算、大数据、人工智能、区块链、自动驾驶等前沿技术和应用成果的展示，又推出一系列新颖的互动体验活动。

【第20届中国杭州西湖国际博览会】 2018年10月20日至11月3日举行。西博会以“新时代，新西博”为主题，设置文化创意产业博览会8个展馆，展出面积7万平方米，举办论坛、发布等配套活动35个，参与活动28.7万人次。其间，举办西博会主题展、杭州湾论坛、市民休闲节3个核心项目和24个重点项目，合作签约及意向成交（含项目融资）159.5亿元，贸易成交额101亿元。其间，来自60多个国家和地区的中外嘉宾、客商、市民、游客110万人次参加西博会核心项目和重点项目。

【“一带一路”地方合作委员会首次全体大会在杭州举行】 2018年12月2—5日，“一带一路”地方合作委员会首次全体大会暨“人工智能助推城市治理”研讨会在杭州举行。大会由杭州市政府与中国人民对外友好协会联合主办。中共浙江省委常委、杭州市委书记周江勇，市委副书记、市长徐立毅，中国人民对外友好协会副会长谢元，世界城市和地方政府联合组织亚太区主席、印尼泗水市市长里斯马哈里尼出席开幕式及相关活动。来自斯里兰卡、马来西亚、老挝、韩国、日本、德国、爱尔兰、意大利、芬兰、克罗地亚、苏里南、尼日利亚等20多个国家的近150位会员代表、相关嘉宾及机构参加。全体大会通报委员会成立以来的工作成果，审议通过委员会章程、组织架构、领导成员，讨论形成委员会今后工作计划。同期举行“人工智能助推城市治理”研讨会，邀请阿里巴巴集团、浙江大学专

2018年9月19—22日，“2018杭州·云栖大会”在云栖小镇举行

（杭州市经信局　供图）

家围绕“城市数据大脑”和“人工智能应用”等议题发表主旨演讲。来自芬兰奥卢、韩国九里、广州、重庆等国内外城市及杭州市相关部门的负责人和专家学者分享各自城市成功案例。“一带一路”地方合作委员会由杭州市政府与中国人民对外友好协会在世界城市和地方政府联合组织亚太区框架下联合发起成立，于2017年5月14日在首届“一带一路”国际合作高峰论坛“增进民心相通”平行主题会议上揭牌，秘书处落户杭州。

【第14届FINA世界游泳锦标赛(25米)在杭州举行】 2018年12月11—16日，第14届FINA世界游泳锦标赛(25米)在杭州奥体博览城网球中心举行。国际泳联主席胡里奥·马格里奥尼，国家体育总局局长苟仲文，国家体育总局副局长、中国奥委会副主席高志丹，副省长成岳冲，省委常委、市委书记周江勇，市委副书记、市长徐立毅分别出席开闭幕式。来自世界178个国家和地区近1000名运动员，打破9项世界纪录、22项赛会纪录。中国队获金牌3枚、银牌5枚、铜牌5枚，奖牌数列第三位。

【杭州至黄山高速铁路开通运营】 2018年12月25日，浙江杭州通往安徽黄山的杭黄高速铁路开通运营。沿线设立杭州东站、杭州南站、富阳站、桐庐站、建德站、千岛湖站、三阳站、绩溪北站、歙县北站、黄山北站10个车站，是国内东部的黄金高速铁路旅游线路。杭黄高速铁路全长288千米，其中浙江境内208千米、安徽境内80千米。在开通初期，安排动车组列车11对，分别是：上海虹桥至黄山北2对、南京南至黄山北1对、南京南至千岛湖1对、南京南至黄山北1对、合肥南至千岛湖1对、杭州东至黄山北5对。杭州至黄山最快仅需1小时26分。杭黄高速铁路沿线分布7个AAAAA级景区，超过50个AAAA级旅游景点。

(杭州市地方志办公室　蔡建明)

上城区

【概况】 2018年，上城区辖6个街道。年末常住人口31.87万人，户籍家庭11.17万户。地区生产总值1102.7亿元，比上年增长5.3%。其中：第二产业增加值404.93亿元，增长1.3%；第三产业增加值697.78亿元，增长8%。二、三产业结构为36.7:63.3。

财政收入160.17亿元，增长10.8%。其中，地方一般公共预算收入80.65亿元，增长10.2%。一般公共预算支出40.59亿元，增长1.3%。

工业总产值776.21亿元，其中规模以上工业企业产值773.73亿元、销售产值757.27亿元，分别增长2.2%和1.2%。固定资产投资增长14.3%。社会消费品零售总额370.3亿元，增长9.4%。全区货物进出口总额176.37亿元，增长0.42%。其中：进口总额85.31亿元，增长2.21%；出口总额91.06亿元，为上年的98.8%。

金融服务、文化创意、信息技术、商贸旅游、健康服务五大主导产业一般公共预算收入49.63亿元，增长6.5%。玉皇山南基金小镇累计引进企业3080家，资金管理规模1.12万亿元，税收22.89亿元，增长5.97%。文化创意产业主营业务收入148.7亿元，增长10.1%。有省级以上高新技术企业105家、市级123家、区级116家。信息经济增加值增长6.8%。望江金融科技城集聚信息经济类企业553家，税收7.65亿元；区电子机械功能区一般公共预算收入2.18亿元。全年接待游客6100万人次，旅游总收入323亿元，税收16亿元。

全区有小学18所(不含九年一贯制学校)，在校学生2.09万人(含九年一贯制小学生4347人)；初中12所(其中九年一贯制学校5所)，在校学生9037人；特殊教育学校1所，在校学生207人；职高1所，在校学生551人。健康服务产业税收3.43亿元，增长7.2%。

各类医疗卫生机构211个，床位1.3万张，各类专业卫生技术人员2.2万人。深入实施“名校就在家门口、名师就在我身边”工程，推进优质教育均衡发展，获评浙江省教育技术装备规范管理示范区，教育现代化发展水平指数排名全省第一位。

全年办理“两会”议案、建议和提案210件，办理满意率均为100%。“四个全域化”建设全面推进，基础设施配套完善，民生保障投入加大，年度十大民生实事项目全面完成，社会治理模式创新深化，社会大局和谐稳定，生活品质持续提升。上城区获全国社区治理和服务创新实验区、省首批可持续发展创新示范区、省基本无违建区等荣誉116个。

【纪念毛主席视察小营巷60周年系列活动】 2018年1月5日在上城区举行。其间，分别举办区健康联盟成立仪式及区智慧健康产业展示中心揭牌仪式，并发布《小营街道健康社区评估标准白皮书》。成立健康联盟旨在搭建健康产业发展平台，促进资源共建共享，推进大健康事业稳定发展。展示中心位于方谷园4号，占地面积近5000平方米，引入健康地图、健康体验馆、健康护理站、健康沙龙等功能板块，集中展示杭州健康产业的发展成果。

【“一带一路”德欧杭州经贸发展论坛】 2018年5月4日在上城区举行。德国侨商会主席杨明，法兰克福市外国人参事会主席Jumas Medoff，德国驻中国大使馆前经济参赞、德国亚太经贸协会常务主席Wilfried Wolf，德淮资本副总裁许宛菁，以及德国企业代表分别发表演讲。论坛宣布“德欧企业工业4.0杭州中心”落户望江金融科技城。该中心由德投集团、德淮集团和德欧汇/德欧中心公司共同打造，以优质商品流通、优秀人才流动、优秀产业融合发展模式为引领，一站式解决德国、欧洲中小企业商品文化展示、销售网络、技术交流、人才培训、企业落地等问题，为德国、欧洲的企业搭建一个更多参与中国市场和技术产业合作的互信互赢的平台。

【第四届(2018)全球私募基金西湖峰会】 2018年5月20日在上城区召

开。峰会由省政府指导，杭州市政府、中国证券投资基金业协会、省金融办主办，省金融业发展促进会、市金融办、上城区政府、美国格林尼治市政府、中国证券投资基金业协会私募证券专业委员会联合主办。峰会上，全球私募行业领袖、监管专家以“科技引领发展，监管促进规范”为主题展开探讨。峰会设置“全球私募基金西湖峰会伦敦论坛成果发布”环节，发布在英国伦敦举行的“西湖峰会一带一路中英投资伦敦论坛”成果。其间，浙江省慈善联合总会基金小镇分会揭牌成立。

【2018年工业智造·杭州大会】 2018年10月24日在上城区举行，近500名中外行业相关人士参加。大会以“智慧物联，凤凰涅槃”为主题，围绕先进制造业前沿理论和热点话题，开展政企对接、产学对接、互动交流，为传统制造业引入“互联网+”、大数据、人工智能、数字经济、“凤凰行动”计划等高效升级体系，提出可行建议。会上，上城区与来自美国、以色列等中外知名企业、浙江工业大学等高校进行8个项目的集中签约，围绕基因医疗产业、智慧科技、产业孵化、金融服务、物联网、大数据、人工智能、节能环保等领域展开合作。其中，上城区电子机械功能区与浙江工业大学计算机科学与技术学院、软件学院共同签订“浙江工业大学上城成果转化基地”战略合作协议，计划成立“校内模拟企业”、产品研究中心或实验室、浙江工业大学成果孵化基地等平台。

（上城区党史和地方志编纂研究室　许红霞）

下　城　区

【概况】 2018年，下城区辖8个街道。年末户籍人口41.05万人。地区生产总值928.91亿元，比上年增长6.1%。其中：第二产业增加值37.6亿元，增长10.7%；第三产业增加值891.31亿元，增长5.8%；二、三产业结构为4:96。

财政总收入164.11亿元，增长8.5%；其中地方一般公共预算收入89.4亿元，增长9%。一般公共预算支出38.54亿元，增长9.6%；其中区级一般公共预算支出36.7亿元，增长14.4%，区级一般公共预算支出中民生事业支出占81%。

工业总产值60.76亿元，销售产值61.62亿元。其中规模以上工业企业总产值51.14亿元，销售产值51.99亿元；新产品产值23.26亿元。

商贸销售额5545.72亿元，增长7%；其中批发和零售业销售额5457.69亿元，增长6.9%；住宿和餐饮业营业额88.03亿元，增长14.8%。社会消费品零售总额945.99亿元，增长9%。9月21日，“武林洋淘”进口商品博览会在杭锅老厂房举行，6.9万人次参加，零售额近1000万元。

按固定资产投资方向分，第二产业投资1.31亿元，第三产业投资111.36亿元。房地产开发投资81.65亿元。房屋施工面积370.22万平方米，增长39.8%。商品房销售面积18万平方米，下降41.2%。

全年实际利用外资5.41亿美元，完成率133.5%。自营出口总额171.18亿元，增长0.2%。服务贸易出口额145.8亿元，完成率107.4%，其中服务外包离岸执行额34.8亿元。

专利申请量6238件，其中发明专利申请量3489件；专利授权量3459件。组织45家企业通过国家高新技术企业评审，新培育市级高新技术企业21家、省级科技型中小企业80家。规模以上工业新产品产值率45.5%。新培育区级众创空间4个。

社区文体活动室74个。“社区公共文化服务动态评估体系”入围第四批国家公共文化服务体系示范项目创建资格名单，居民群众满意度连续4年均在90%以上。区完成体育中心田径场升级改造。全区新增健身苑点5处，更新38处。全年举办、承办各类文化体育活动2123项，参加社区单位368个，直接参与活动319.62万人次。

全区有各类教育机构69个（含民办、部门办、街道办幼儿园及民办培训机构）。其中，高中1所、初中13所、小学17所、幼儿园36所、特殊教育学校1所、教师教育学院1所。在校学生人数5.4万人，其中在园幼儿1.51万人、小学在校学生2.69万人、初中在校学生1.12万人、高中在校学生711人、特殊教育学校学生79人。教职工5184人。全区等级幼儿园覆盖率100%。实施教育卓越人才发展计划，新评特级教师3名，新晋正高级教师2名，获评省市级优秀教师26名。

卫生机构数298个，实有床位6485张，卫生技术人员6419人。医养护一体化签约服务超过16.1万人。创新开展慢病连续处方服务17.5万人次，免费送药到家1.7万人次，续方期间回访提醒7.6万人次。无孕产妇死亡。

职工养老保险参保人数29.62万人，生育保险参保人数28.98万人，工伤保险参保人数30.4万人，失业保险参保人数28.5万人。医疗保险参保人数40.52万人，户籍人口基本医保参保率98.8%。落实各类帮扶资金7940万元。

开展省、市、区三级为民办实事项目，推进服务设施全覆盖向服务项目全覆盖转变，完成6个省级示范型居家养老服务中心、42个覆盖社区的助餐服务点、5个示范型医养结合照料中心、10个示范型老年食堂（助餐点）建设。推进养老机构服务质量建设。全年新增养老机构床位372张。

新增就业3.24万人，失业人员再就业9327人，城镇登记失业率控制在3.5%以内。发放促进就业专项资金7726万元，惠及3.9万人次。

下城区石桥街道7个村所有农居以及3个村集体土地企业“清零”。完成省电子信息大楼地块、华驰汽修市场等难点项目征迁。围绕创建“基本无违建区”目标，累计拆违68.25万平方米，“清零”社区59个、网格269个。完成7座公厕提升，2座公厕入选全国示范案例，打造6条“美丽小巷”。完成“二次供水”改造小区4个。完成410幢楼房雨污水管道“清肠行动”，清疏管网62.37千米、淤泥1275.4立方米。规范8662个停车泊位日常管理。建成359个城管爱心点。完成雨污水管网建设4.1千米、“河道零直排”项目6个。新增绿化面积4.32万平方米。辖区东河创建为省级“美丽河湖”。8个居民小区创建为“浙江省节水型小区”。

突出建设全科网格，推进全区279个网格按照“五定三全一闭环”工作机制规范运作。全区刑事警情下降18.3%。平安建设满意率、知晓率、参与率分别为97.4%、85.5%和58.9%，分别提高0.5、1.3和10.23个百分点。下城区获省级平安区称号，连续14年获该称号。

【“亩均论英雄”改革深化】 2018年，下城区围绕五大产业和高端中介服务业、科技创新创业、“513武林英才”、企业上市、跨境贸易、村级集体经济等方面出台“1+7”经济扶持政策。构建“1+4+8”(1个区级招商服务中心，资本、土地、跨贸、电子竞技4个平台以及金融、大健康、“文创+”等8个招商平台)招商体制为企业服务，形成多层次、宽领域的招商服务网络。以大项目带动优化土地配置，推进总投资约816亿元的“杭州中心”“城市之星”等重点项目建设。

【“小区管家”项目试点】 2018年3月，下城区长庆街道吴牙、柳营社区引入“小区管家”项目，打破原老旧小区公共服务由社区负责或部分外包的模式，将公共保洁、消防设施检查、消防隐患排除、治安巡防、秩序维护、停车管理、绿化养护、维修保养服务8个内容整体外包，并通过公开招投标，由浙江波普环境服务有限公司提供综合服务。项目实施后，无物业小区的管理工作得到明显改善。

【“1call”服务新模式推出】 2018年5月，下城区配合“最多跑一次”改革，推出“1call”(一呼即应)服务新模式。该系统利用“人工+智能”方式，通过移动应用、人工智能问答、政务服务事项融合、聊天场景化服务、公共资源优先供给等手段，提供“一句话就能办事”的政务服务，具有在线咨询、在线预约、在线预审、在线办理四大功能。通过实名和实人认证功能，实现远程身份可信认证，为用户远程在线办理奠定技术基础。引进AI技术，结合人工智能客服辅助系统，实现用户咨询快速智能回复。至年末，优化AI智能回复词条1200多条，回复正确率从初步投入使用时的30%上升到85%以上。

【“云上城管”数字化城市管理服务平台运行】 2018年9月，下城区“云上城管”数字化城市管理服务平台建成并运行。该平台运用智慧城管和大数据支撑，借助路面监控、卫星定位、大数据、云技术、AI视频分析等技术，整合事件处置、单车管理、防汛防台等七大块工作。全年受理市民群众来电、来信、来访9668件，下降35.6%；数字城管解决问题12万件，下降22.8%。

(下城区政府办公室　黄　菲)

江干区

【概况】 2018年，江干区辖10个街道。其中下沙街道、白杨街道委托杭州经济技术开发区管理。年末常住人口78万人，户籍人口47.07万人。地区生产总值675.52亿元，比上年增长4.1%。其中：第一产业增加值0.32亿元，下降38%；第二产业增加值131.29亿元，增长1.7%；第三产业增加值543.91亿元，增长4.7%。三次产业结构为0.1∶19.4∶80.5。

财政总收入173.92亿元，增长9.1%。其中地方一般公共预算收入95.09亿元，增长8%。一般公共预算支出62.39亿元，增长8.7%。城镇常住居民人均可支配收入61172元，增长8.7%。农民人均纯收入40200元，增长9.9%。

农业总产值0.5亿元，增长1.1%。工业增加值52.75亿元，增长2%。其中规模以上工业增加值45.08亿元，增长1.3%。新产品产值率27.5%；利润总额15.07亿元，下降21.7%；利税总额20.1亿元，下降19.4%。规模以上工业万元增加值能耗下降6.1%。建筑业增加值78.55亿元，增长1.4%。房地产业增加值92.24亿元，下降16.6%。

金融服务业、信息服务业、文化创意产业、现代商贸业、中介服务业、大健康产业和智能制造业“6+1”特色产业增加值占地区生产总值的55%。其中：金融服务业增加值85亿元，增长13%；信息服务业增加值31亿元，增长22%；文化创意产业98亿元，增长15%；现代商贸业105亿元，增长8%；中介服务业46亿元，增长20%；大健康产业48亿元，增长10%。江干区获“中国最具竞争力会奖强区”称号[会奖旅游，即会展及奖励旅游，包括4个组成部分：会议(Meeting)、奖励旅游(Incentive)、大会(Convention)、展览(Exhibition)，国际上简称为MICE]。

固定资产投资增长2.1%。其中，高新技术产业投资增长24.8%，民间投资增长14%，交通投资增长0.8%，生态环境和公共设施投资下降26.8%。城中村改造面积8平方千米，征迁住户4153户、企业344家。开工安置房项目13个、149万平方米，竣工安置房项目7个、86万平方米。启动机场周边区域城中村综合整治。筹集建设蓝领公寓项目5个、2139套。旧住宅区改造58.7万平方米，旧厂房改造2.3万平方米，拆除违法建筑149.3万平方米。既有多层住宅加装电梯92台。推进建设美丽河湖标准化管理试验区建设，实施河道清淤、生态治理项目9个，打造1条省级美丽河道。60%河道、80%小微水体水质达Ⅳ类以上。新增绿化45.61万平方米。江干区被省政府认定为第二批省级生态文明建设示范区。

社会消费品零售总额505.7亿元，增长9%。进出口总额225.8亿元，增长3.1%。其中：进口总额62.2亿元，下降8.9%；出口总额163.6亿元，增长7.4%。引进1亿元以上产业项目22个，其中20亿元以上项目3个。引进“浙商回归”项目49个，实际到位资金85.8亿元。批准外商直接投资项目70个，实际利用外资3.5亿美元。

专利申请量3393件，专利授权量2165件。全区有院士工作站4个。有各级各类学校(幼儿园)117所，其中小学30所、初级中学10所、九年一贯制学校7所、十二年一贯制学校1所、普通高中1所、职业高中1所、特殊教育学校1所、幼儿园66所。在校学生

(幼儿)9.6万人,其中义务教育段中小学生6.16万人、高中生1916人、在园幼儿3.24万人。在编教职工5403人。省义务教育标准化学校比例100%。

全区有各类群众性艺术表演团体522个,文化馆1个,公共图书馆1个,博物馆、纪念馆10个,体育场馆(中心)3个,全国(省、市级)文物保护单位7处。综合医院13个,专科医院8个,区属疾病预防控制中心和卫生监督所各1个,门诊部102个,诊所203个,卫生站31个,医务室17个,社区卫生服务中心8个,社区卫生服务站65个。区属医疗机构床位1649张。各类专业卫生技术人员8650人,其中执业(助理)医师3459人,注册护士3755人。家庭医生签约服务22.4万人。

城镇登记失业率1.6%。有各类福利院、敬老院11所,床位2797张。居家养老服务照料中心122个,新增养老床位261张。创建省级示范型居家养老中心6个,新建老年人食堂102个。享受养老服务补贴6907人,服务金额2072万元。发放各类社会救助资金4853.8万元。

全年办理人大代表意见、建议107件,政协委员提案108件,满意率100%。受理群众来信1739件,接待来访407批、3812人次,接办来电3.74万件次,按期办结率100%。

【行政审批服务“受办分离”改革】 2018年3月,江干区出台《行政审批服务“受办分离”改革实施方案》,整合优化政府权力运行“业务流”和“信息流”,剥离“受理”“办理”环节,行政审批实行“前台综合受理、后台分类审批、统一窗口出件”的服务模式。推行“一窗受理”无差别服务,研发标准化智能收件系统,商事登记、社会事务等19个部门408个事项的10万多张个性化材料清单在一个窗口实现申报办理。窗口将申报材料“按责转办”给各审批部门,审批部门后台在承诺时限内分类完成审批,再交由窗口统一出件。智能收件系统基于浙江省政务服务网统一规范开发建设,对外支持多种终端数据互通,群众通过窗口、电脑、手机、自助终端均可上传申报材料。在街道、社区(村)、银行网点、派出所等设自助服务点109个,自助终端可查询、扫描、上传办理,“15分钟办事圈”基本形成,实现审批服务“就近能办、异地可办、全区通办”。

【“股社分离”改革国家级试点完成】 2018年,江干区作为农业农村部、中央农办确定的全国第二批农村集体产权制度改革试点单位,以城市化发达地区农村集体产权制度改革为目标,重点实施“股社分离”改革。坚持农民集体所有不动摇,坚持农民权利不受损,以集体经济组织、自治组织功能实质性分离为核心,把握整村拆迁、回迁安置、社区换届、新社区组建等契机,推进股份经济合作社与居(村)委会在机构、资产、权责、人员和财务方面“五分离”的“股社分离”。对撤村建居并实现城市化的合作社和居(村)委会实行股社彻底分离;对撤村建居并有城市化预期的,逐步向彻底分离过渡;对尚处于农村建制的,实行“以分为主、有分有合”。至年末,全区57个股份经济合作社有19个与居(村)委会分离,明晰集体资产258.7亿元,明确经济合作社“三会”工作职责35个。

【省级实验区和示范区创建】 2018年7月,江干区省级社会治理和创新服务实验区创建通过结项验收。江干区于2016年入选第一批省级社区治理和服务创新实验区,实验期两年。江干区创新“e网三联四融合”社区治理模式,推进省级社区治理和服务创新实验区创建,形成联合社区、邻里互助坊、公约自治、“双网双全”(网格化党建、网络化支撑、全科+全能、全员+全域)服务模式等一批社区治理经验。其中,“双网双全”服务模式入选《中国城市社区治理报告(2018)》案例研究。1月,“浙江省通用航空发展研究中心”落户江干;12月,省政府和省军区共同授予江干区第二批“省级军民融合创新示范区”称号。年内,江干区编制《江干区省级军民融合创新示范区建设总体方案》,出台《关于支持军民融合产业发展若干意见(试行)》,制定《杭州钱塘智慧城军民融合产业发展五年规划(2018—2022年)》。产业园聚焦先进探测、空间与海洋工程、新材料新能源、大数据平台、高端制造和人工智能六大产业,形成通用航空及配套产业、微波光子雷达、信息安全芯片等产业先发优势。至年末,产业园新入驻企业17家,累计入驻41家;新落地军民融合项目17个,累计落地38个。全区新增引进军转高技术人才12人,累计引进110多人,其中被定为市“D类”以上高层次人才10人。

【民生实事项目人大代表票决制区街道两级全覆盖】 2018年,江干区根据区委《关于实施民生实事项目人大代表票决制工作的意见(试行)》和区人大常委会《关于实施民生实事项目人大代表票决制工作的决定》,在区、街道实行民生实事项目人大代表票决制,推动人大更好依法行使重大事项决定权。人大代表票决制分为征集、初定,审议、票决,监督、评估6个环节。在区级层面,由区政府主导项目征集,通过各种途径征集的代表和群众意见最终归集到区政府;区政府筛选形成候选项目,经过区委常委会、区人大常委会讨论审议后,提交区人民代表大会;经代表审议和票决后确定正式项目,交由区政府组织实施,区人大常委会组织代表开展视察、检查等活动,年中听取项目进展情况,年终开展绩效评估和满意度测评。在街道层面,民生实事项目参照执行人大代表票决制。区政府确定年度民生实事候选项目12个,票决产生正式实施项目10个,年度投资总额100.07亿元;8个街道办事处确定民生实事候选项目67个,票决产生正式实施项目50个,年度投资总额8.11亿元。至年末,区人大常委会审议政府民生实事项目完成情况报告,按照满意、基本满意、不满意3个层次进行测评,满意率100%。中央电视台《焦点访谈》栏目、《人民日报》等媒体对江干区民生实事项目人大代表票决制工作进行报道。

(江干区委党史和地方志编纂研究室　陈剑军)

拱墅区

【概况】 2018年，拱墅区辖10个街道。年末户籍人口38.08万人。地区生产总值581.81亿元，比上年增长4.2%。其中：第二产业增加值108.04亿元，增长9.3%；第三产业增加值473.76亿元，增长3%。二、三产业结构为18.6∶81.4。

财政收入157.05亿元，增长11.5%。一般公共预算收入84.4亿元，增长8%。一般公共预算支出37.6亿元。其中：城乡社区事务支出4.32亿元，增长0.4%；社会保障和就业支出4.4亿元，增长12.6%；教育支出9.1亿元，增长9%；医疗卫生与计划生育支出1.94亿元，增长6.3%；公共安全支出4.4亿元，增长9.9%；一般公共服务支出3.73亿元，增长12.9%。

规模以上工业企业75家。规模以上工业增加值87.75亿元，增长11.2%；规模以上工业企业利税总额50.82亿元，增长4.5%。建筑业总产值323.48亿元，增长10.3%。新增省级科技型中小企业87家，新认定国家重点扶持领域高新技术企业48家，市级高新技术企业44家，省级企业研究院1个，省级研发中心7个，市级研发中心8个。“6+2”产业主营业务收入1575.13亿元，增长7.7%。其中：信息经济主营业务收入201.74亿元，增长15%；商贸旅游产业主营业务收入843.68亿元，增长4.3%；文化创意产业主营业务收入195.85亿元，增长17.1%；商务服务产业主营业务收入192.82亿元，增长7.2%；体育健康产业主营业务收入209.19亿元，增长10.1%；智能制造产业主营业务收入154.01亿元，增长18.6%；建筑规划产业主营业务收入337.92亿元，增长12.7%。楼宇经济税收61.4亿元，增长22.8%。

培育“旭日计划2.0”企业35家。新增市级众创空间5个、省级众创空间2个；市级孵化器1个、省级孵化器1个。全年新增上市挂牌企业2家。新引进海外高层次人才50人，引进“国家友谊奖”1人、国家“千人计划”2人、省“千人计划”2人、省“万人计划”4人、市“521”计划5人，新认定市级D类以上高层次人才42人。

固定资产投资增长21.2%。其中，交通投资增长142.5%，生态环境和公共设施投资增长101.8%，高新技术产业投资增长95.5%，民间投资增长20.6%。

社会消费品零售总额565.44亿元，增长8.7%。其中：批发零售业社会消费品零售总额535.55亿元，增长8.8%；住宿餐饮业社会消费品零售总额29.89亿元，增长5.4%。商品交易市场20个（其中年成交额1亿元以上的商品交易市场13个），成交额551.76亿元，增长5.1%。

进出口总额117.24亿元，下降4.2%。其中，外贸出口97.29亿元，下降6.8%。实际利用外资7.23亿美元，增长89%。“浙商回归”项目到位资金132.3亿元，完成考核目标的147%。新引进1亿元以上项目20个。新引进有实绩的跨境电子商务企业50家。

专利申请量3213件，专利授权量2077件。发明专利申请量851件，增长38.7%；发明专利授权量236件，增长3.5%。省级专利示范企业2家。通过知识产权贯标认证企业6家；发明专利产业化项目7个。

全区有中学17所，在校学生1.51万人；小学31所，在校学生3.42万人；幼儿园64所，在园幼儿2.09万人。全区在职在编教师3988人。全年培育省特级教师3名，新引进2名，83个名特级教师和名书记工作室挂牌成立。首批“十大基础教育集团”挂牌，未来5年将领办新校13所。

各类医疗卫生机构303个，床位7876张。各类专业卫生技术人员8806人，其中执业（助理）医师3260人、注册护士4012人。完成“全国基层中医药示范区”复审和国家卫生城市复评。全年新增就业人数3.4万人，引导和帮助城镇失业人员再就业1.02万人。打造“1234+X”老旧小区、“阳光老人家”社区居家养老服务体系，形成具有拱墅特色的老旧小区社区居家养老服务体系。建有居家养老服务照料中心88个，托老床位4753张。

完成市政服务全国基层政务公开标准化规范化试点工作，推进“拉链”马路整治，完成各类管线抢修协调和监管611件、抢修修复324件。全区62条河道水质稳定向好，氨氮指标下降27%，总磷指标下降11%，35条河道水质达到Ⅲ类及以上。申报创建省级节水型示范小区4个，创建无违建河道16.76千米，开展河道管理范围划界40千米。全区348个建成生活小区、165个机关事业单位实现垃圾分类全覆盖。完成31条主要道路垃圾桶“撤路入巷”工作。推进标准化再生资源回收点建设75处。空气质量优良率（AQI指数）69.2%，PM2.5浓度41.0毫克/立方米。

全年办理人大代表意见、建议和政协委员提案297件，办结率100%。受理群众来信、来访、来电和网上信访3.7万件次。

【拱墅区获评浙江省示范学习型城市】 2018年1月15日，省教育厅公布省示范学习型城市，拱墅区居全省第一位。年内，大关街道创建为“杭州市街道示范30分钟市民学习圈”，湖墅街道双荡弄社区家庭教育获评省优秀社区教育工作品牌。学分银行大关受理点被评为浙江省终身教育学分银行先进单位。《民间文化场馆对学习型城市创建的作用与意义——以“老开心茶馆”为例》一文在全省社区教育优秀论文评比中获一等奖。12月5日，由杭州市社区教育指导中心组织的杭州市公益公民类社区学习共同体联盟在拱墅区成立。

【拱墅区“三位一体”社区矫正社会化帮教平台投入使用】 2018年6月，拱墅区“三位一体”社区矫正社会化帮教平台投入使用。该平台以在线教育、社区服务、就业指导三大模块实行分类教育。在线教育模块资源库上传60多个课件，社区服务模块提供20多项社区服务场地及内容，就业指导模块链接区“运河人才网”，提供教育培训、就业指导等服务。平台具备本人识别、综合研判、预警报警3个功能，规范服刑人员监管管理。利用华数城市“天眼系统”,实现全程实时监控。遇到突发事件,组织者可通过平台预警系统报警,区社区矫正指挥中心可在第一时间接收信息。

【“中德生物基新材料研究院”签约】 2018年7月9日,第九届中德经济技术合作论坛在德国柏林召开。作为论坛重要合作成果之一,杭州国际人才创业创新园(拱墅园区)项目“中德生物基新材料研究院”签约。年内,中德生物医药产业园、魏尔啸联合医学中心、中德生物基新材料研发中心、中德生物基新材料应用研发中心和德国KTQ国际华东认证培训中心5个项目入驻杭州国际人才创业创新园(拱墅园区),带动引进德方核心技术人员20多人,包括德国科学院院士1人。

【浙江—印第安纳州STEM教学研究基地落户拱墅区】 2018年10月29日,浙江—印州教育合作交流会暨浙江—印第安纳州STEM教学研究基地揭牌仪式举行。STEM教育是科学、技术、工程和数学教育4门学科英文首字母缩写,致力于培养具备科学素养、掌握专业知识和实践技能的复合型创新人才。省教育厅制定与美国印第安纳州STEM合作计划,并在全省范围内遴选出15所STEM种子学校、15所STEM培育学校,重点支持指导学校开展STEM教育探索与实践。为探索适合本土实践的STEM课程,拱墅区实施“以STEM教育为切入点的创新教育”项目。

(拱墅区政府办公室　顾煜俊)

西　湖　区

【概况】 2018年,西湖区辖9个街道、2个镇。年末常住人口86万人,户籍人口72.02万人。地区生产总值1202.27亿元,比上年增长6%。其中:第一产业增加值3.5亿元,下降11.3%;第二产业增加值110.08亿元,增长1.7%;第三产业增加值1088.67亿元,增长6.5%。三次产业结构为0.3:9.2:90.5。按常住人口计算,人均生产总值13.98万元。

财政总收入270.05亿元,增长10.1%。其中,一般公共预算收入139.41亿元,增长10.7%。一般公共预算支出79.24亿元,增长6.9%。其中:教育支出13.31亿元,增长7.1%;社会保障和就业支出10.04亿元,增长11.4%;城乡社区事务支出6.97亿元,减少8.9%。

农林牧渔业总产值5.33亿元。其中,种植业产值3.43亿元,渔业产值1.66亿元。农作物播种面积2806.67公顷。龙井茶、无公害蔬菜、水产养殖及花卉苗木等优势产业产值4.93亿元,占农林牧渔业总产值的92.5%。西湖区承办浙江省农业“两区”现场会。龙坞、双桥农业园区创建成为省级现代农业园区。年内,获省“五水共治”(河长制)工作优秀县(市、区)“大禹鼎”。

工业总产值232.2亿元。规模以上工业企业销售产值232.51亿元,增长3.5%。规模以上工业企业增加值61.27亿元,下降0.8%。规模以上信息经济企业(单位)325家,信息经济增加值300.17亿元,占全区生产总值的25%。中国(浙江)影视产业国际合作实验区启用,并入选国家文化出口基地。规模以上文化创意产业企业(单位)610家,文化创意产业增加值430.6亿元,占全区生产总值的35.8%。全区集聚上市企业和“新三板”挂牌企业4家,培育(新增)国家重点扶持高新技术企业124家。全年高新技术产业销售产值151.23亿元,占规模以上工业企业销售产值的65%。新增“机器换人”重点项目9个。建筑业产值1030.33亿元,增长7.8%。

固定资产投资中,房地产开发投资增长11.8%。房屋新开工面积168.25万平方米,竣工面积143.73万平方米,销售面积102.66万平方米。

社会消费品零售总额625.76亿元,增长9%。其中:批发业零售额58.91亿元,增长11%;零售业零售额505.57亿元,增长8.7%;住宿业零售额5.53亿元,增长0.5%;餐饮业零售额55.75亿元,增长10%。

外贸进出口总额44.36亿美元,其中出口总额33.9亿美元。对外投资0.92亿美元,服务贸易出口总额334.2亿元。全年“浙商回归”资金161.2亿元,实际利用外资6.6亿美元。举行4次项目“双集中”活动,集中签约项目78个,总投资额475亿元。

旅游总收入310.18亿元,增长10.2%;接待游客1682.31万人次,增长12.4%。休闲农业营业收入3.77亿元,增长16.4%;接待游客377.5万人次,增长23.5%。

专利申请量1.37万件,专利授权量7349件。全区有幼儿园78所,在园幼儿3.43万人;小学27所,在校学生6.25万人;中学25所(含九年一贯制),在校学生2.37万人;特殊教育学校1所,在校学生91人;职业高中1所,在校学生1726人。在职在编教职员工6803人。全年新开办幼儿园7所。学前儿童入园率99.9%,小学生入学率、初中生入学率均为100%。公共图书馆1个,文化馆1个,市级以上文物保护单位(点)34处。建成农村文化礼堂11个、社区文化家园25个,累计举办各类文体活动3000场次。

各类医疗卫生机构505个,医疗床位1万张。各类专业卫生技术人员2万人,其中执业(助理)医师5860人、注册护士6249人。家庭医生实现失独家庭、特困家庭等重点人群100%全覆盖。古荡和文新社区卫生服务中心创建成为全国优质服务示范社区卫生服务中心。城乡居民养老保险参保率98.5%,辖区户籍居民基本医保参保率98.4%。

全年办理人大代表议案、建议105件,满意率100%,政协委员提案155件,满意率99.35%。受理群众来信、来访、来电5.15万件,办结率99.97%。

【西湖区产业基金成立】 2018年3月15日,西湖区产业基金成立签约仪式在西湖区白沙泉并购金融街区举行。瑞康医药产业并购基金成为西湖区产业基金的首批落地子基金。该基金由西湖区政府主导设立,总规模50亿元,资金来源包括政府出资、社会资本和金融资本。以母子基金相结合的模式运作,按照“政府引导、市场运作、分类管理、防范风险”原则,以同股同权形式,与被投资对象利益共享、风险共担。重点投向数字经济、先进制造业、科技金融、医疗健康、旅游、文化创意、高新技术等符合西湖区情发展的产业。战略合作方包括浙江金控投资管理有限公司、杭投股权投资管理(杭州)有限公司、浙商产融控股有限公司及浦发银行、中国工商银行、招商银行等金融机构。年内,《杭州市西湖区产业基金管理办法》出台。

【中国数字阅读大会】 2018年4月13日在西湖区举行。大会由中国音像与数字出版协会、浙江省新闻出版广电局、中共杭州市委宣传部主办,以“新时代·新阅读·新向往”为主题。开幕式发布《2017年度中国数字阅读白皮书》,系统回顾上年度国家在数字阅读领域的政策部署、全民阅读推进情况、技术研发创新方向、用户阅读行为习惯及产业未来发展趋势。大会揭晓“2017年度中国十大数字阅读作品”“2017年度中国十大数字阅读项目”“2017年度中国十大数字阅读城市”等榜单;设置8场主题峰会,议题包括网络文学发展、出版融合、人工智能、企业阅读、互联网内容、泛阅读、图书馆融合发展、青年文化等前沿热点问题。

【中国(浙江)影视产业国际合作实验区启用】 2018年12月13日,中国(浙江)影视产业国际合作实验区启用,该实验区是全国唯一一个以出口为导向的国家级影视产业园区,被商务部、中央宣传部、文化和旅游部、国家广播电视总局共同认定为国家文化出口基地。实验区毗邻浙江大学紫金港校区,占地3.33公顷,建筑面积约12万平方米,由9座国际化文化产业大楼组成。实验区于2015年动工建设。中国电视剧(网络剧)出口联盟、两岸影视产业交流合作中心等平台落户该实验区。

【之江文化产业带核心引擎打造】 2018年,西湖区聚焦“旅游+”、“文化+”、数字经济的辐射带动效应,发挥中国美术学院、云栖小镇等文化要素平台的引领辐射作用,集聚发展数字文化、影视产业等文化产业,构建“3+N”特色产业体系。象山艺术公社核心区建设完工。加快开工建设总投资300亿元以上重大文化产业、文化事业项目16个,做好之江文化中心“四馆”项目开工建设准备。加快之江国际影视产业集聚区概念规划报批和用地控规调整,首期建设高科技影视制作平台和浙江电影学院两大功能区块。推进灵山演艺小镇落地建设,实现与宋城老景区的联动效应。西湖国际茶文化中心、三江汇影视旅游产业园等文化大项目开工建设。

(西湖区政府办公室　马文瀚　谢丽莉)

滨　江　区

【概况】 2018年,滨江区辖3个街道。年末常住人口39.2万人,户籍人口26.14万人。地区生产总值1350.7亿元,比上年增长11%。

财政总收入322.81亿元,增长12.4%,其中,一般公共预算收入164.86亿元,增长15.4%。一般公共预算支出106.7亿元,下降6.6%。用于民生事业支出90.3亿元,增长15.1%;用于教育、产业扶持的支出分别为20.3亿元、28.7亿元,分别增长19.3%、10.9%。

规模以上工业增加值573.6亿元,增长17.3%。规模以上服务业企业营业收入1993.9亿元,增长18.9%。信息经济收入3070.2元,增长17.2%。通信设备、物联网、信息软件和电子商务产业营业收入分别增长18.5%、22.6%、20.9%和28.6%。在157个国家高新区综合排名、中国产业园区竞争力100强排名中均列第三位。

固定资产投资中民间投资139.6亿元、基础设施投资37.7亿元、产业投资55.5亿元。江虹路跨铁立交建成通车。110千伏府前3号主变扩建工程建成投用,110千伏浦沿输变电工程、新生3号主变扩建工程开工,电力供给保障持续增强。

社会消费品零售总额179.6亿元,增长10%。其中:汽车零售额89.1亿元,下降1.4%;限额以上批发零售业营业收入2180.4亿元,增长2.6%;限额以上住宿餐饮业营业额8亿元,增长10.9%。电子商务产业营业收入838.1亿元,增长28.6%,利润108.9亿元。

实际利用外资8.5亿美元,浙商创业创新到位资金82.8亿元。新设外资企业117家,投资总额1000万美元以上项目30个。新引进世界500强投资项目1个。浙江大华技术股份有限公司等6个产业项目开工、阿里巴巴集团等13个产业项目竣工。自营出口454亿元,增长14.5%。完成境外投资项目61个,中方投资额44.89亿美元。

新开办中小学(幼儿园)6所(建筑面积21.6万平方米),新增幼儿园学位(中小学及幼儿园学位数是指容纳学生数量)955个、中小学学位6390个;在建学校7所(建筑面积21.2万平方米)。新招聘优秀教师378名。11所校(园)被评为市级智慧示范校(园)。推行小学免费课后服务,惠及学生5000人。区图书馆创建为国家一级公共图书馆。

推出人才新政30条,新引进各类人才3.06万人,增长15.1%。其中,硕士、博士人才7948人,诺贝尔奖获得者和海外院士2人,博士后研究人员35人。实施外籍高层次人才申请永久居留工作,办理在华永久居留推荐53人。实施人才安居改革,同步推进实物配租和货币补贴,新增人才租赁房1544套。

各类卫生机构210个,其中医院8个。卫生技术人员2381人。社区卫生服务站36个,其中新建1个。社区卫生服务机构接诊154.3万人次,医联体累计服务居民2.1万人次,转诊居民1.2万人次。儿科医联体实现全覆盖。

职工基本养老保险累计参保40.31万人,增加6.1万人;职工工伤保险累计参保43.09万人,增加6.25万人;生育保险累计参保39.24万人,增加6.21万人;基本医疗保险参保率98.5%,基本养老保险参保率96.7%。

农转非拆迁人员家庭大病医疗补助649人次。为全区3.27万名60周岁以上老年人购买意外保险。“家燕回巢”拆迁户大学生就业创业服务活动获杭州市公共就业创业服务创新大赛金奖。滨江区获全省首批16个“无欠薪”行动标杆县(市、区)称号。

全年办理人代会期间代表建议72件、闭会期间代表建议12件,办理政协提案70件。10项民生实事共30个子项目完成29个、基本完成1个。

【“最多跑一次”兜底专窗设立】 2018年8月20日,滨江区市民之家开设“最多跑一次”兜底窗口,由窗口负责人或业务骨干提供服务,以解决各类疑难问题。设立兜底窗口6个,涉及综合服务、商事登记、不动产登记、投资项目、人力资源和社会保障、公安出入境等方面,实现313项进驻业务全覆盖。通过建立横向联系机制,需要多部门协调问题时,相关窗口负责人即时协调,现场无法解决则持续跟踪并予代办。建立工作日志制度,记录未办成事项具体情形、涉及部门等,根据实际案例,出台配套管理办法,优化办事流程。至年末,各兜底窗口共办理业务32件。

【共享型养老社群建设】 2018年,滨江区“公建民营”养老院——阳光家园试点“志愿陪伴”“家人陪伴”“专业陪伴”3个陪伴模式,探索共享性养老社群建设。至年末,招募志愿者14人;在生日会、重阳节等节日举办活动12次,累计400多个家庭、2308人次参与;有45名高校学生进驻,累计开展义诊、护理服务900天次。该项养老改革被《人民日报》官方微博、新华社、浙江新闻客户端、《都市快报》等媒体报道。

【《社区公共文化服务规范》实施】 自2018年1月1日起,由滨江区制定的全国首个社会事务地方标准规范——《社区公共文化服务规范》(简称《规范》)实施。《规范》引用《国家基本公共文化服务指导标准》和《杭州市基本公共文化服务标准》,从社区公共文化服务术语、定义、总则、社区设施建设、服务内容、服务实施、服务保障、服务评估等方面对社区公共文化服务进行规范和明确,为社区文化中心公共文化服务提供方向性指导。

【首届“中国网络文学周”】 2018年5月17—20日在滨江区白马湖“中国网络作家村”举行。开幕式上,中国作家协会首次发布《2017中国网络文学蓝皮书》,公布“2017中国网络小说排行榜”,回顾总结上年中国网络文学发展情况。活动期间,网络文学创作论坛、海外传播论坛、行业论坛、“网络作家林”植树、纪念改革开放40周年网络作家系列采访等活动相继举行。来自海内外的网络作家、评论家、网络文学组织工作负责人、文学网站和翻译网站负责人、网络文学相关企业代表400多人参加活动。

[高新区(滨江)地方志编研室 占监楼 来玉兰 杨彩霞]

萧山区

【概况】 2018年,萧山区辖14个街道、12个镇。年末常住人口150.1万人,户籍人口(含大江东产业集聚区)132.06万人。地区生产总值(含大江东产业集聚区)2106.37亿元。按常住人口计算,人均生产总值12.49万元。区本级地区生产总值1802.08亿元,比上年增长5.7%。其中,第一产业增加值53.52亿元,第二产业增加值726.64亿元,第三产业增加值1021.92亿元,分别增长1.2%、2.6%和8.5%。三次产业结构比例为3.0∶40.3∶56.7。按户籍人口计算,区本级人均地区生产总值15.63万元。

财政总收入393.79亿元,增长23.8%。其中,一般公共预算收入230.01亿元,增长22.3%。公共财政预算支出231.21亿元,增长12.1%。

城镇居民人均可支配收入65465元,增长8.5%;人均生活消费支出42030元,增长4.7%。农村居民人均可支配收入37770元,增长9.2%;人均消费支出30405元,增长8.1%。

农林牧渔业增加值55.25亿元,增长1.5%。工业增加值680.98亿元,增长3.8%,其中规模以上工业增加值553.89亿元,增长3.4%。规模以上高新技术产业增加值235.03亿元,战略性新兴产业增加值107.64亿元,装备制造业增加值201.73亿元,分别增长0.5%、2.7%和0.5%。信息经济增加值134.48亿元,增长11.8%,占全区生产总值的7.5%。

固定资产投资增长11.3%。从产业投向看,第二产业下降12%,其中工业技改投资下降20.6%;第三产业增长14.9%,其中房地产投资增长15.8%。萧山分区规划完成并获批复。完成亚运村、奥体博览中心等4个重点区块城市设计。推动全域控规编制工作,开展各类规划编制45项。千岛湖供水工程江南线项目开工。完成35个重点海绵城市建设项目。20个城中村改造顺利推进,完成签约8504户、腾房7409户。加快拆迁安置房建设进度,推行全过程代建开发模式。

社会消费品零售总额681.18亿元,增长9.6%。其中:批发零售额588.51亿元,增长9.4%;住宿餐饮业92.66亿元,增长10.7%。在限额以上批发零售贸易业零售额中,石油及制品类增长20.7%,服装鞋帽针纺织品类增长7.9%,汽车类增长5.2%,粮油食品类下降5.5%。全年网络零售额720.45亿元,增长24.1%。居民消费价格上升2.7%。

进出口总额790.27亿元,增长8%。其中:进口总额190.67亿元,增长2%;出口总额599.6亿元,增长10.1%。新批外商直接投资项目120个,实到外资10.09亿美元。其中新批总投资3000万美元以上项目60个,总投资26.09亿美元。全年引进及结转注册资金500万元以上市外内资项目118个,实际到位资金111.14亿元。引进“浙商回归”项目到位资金97.8亿元。

接待游客2329.82万人次,增长8.2%。旅游总收入302.9亿元,增长10.3%。有AAAA级景点5个。各类旅行社58个、星级宾馆10个。

金融业增加值156.18亿元,增长7.5%。全区有金融机构36个,金融机构本外币存款余额4410.98亿元,增长15.5%;贷款余额3849.81亿元,增长15.9%。

发明专利授权量395件。至年末,全区有中国驰名商标29个。新引进院士12名,引进国家"千人计划"、浙江省"千人计划"等人才27名。文化创意产业增加值120.6亿元,增长5.8%。浙江国家音乐产业基地萧山园区入围国家广播电视总局创建名单,建成区融媒体中心。完成世界游泳锦标赛(25米)服务保障任务。戴村郊野运动小镇入围省首批运动休闲小镇。参加各类全国级比赛获奖牌数38个,其中金牌15个。

全区有小学79所,在校学生9.67万人;初中45所,在校学生4.03万人;普通高中11所,在校学生1.94万人。学前三年幼儿净入园率99.7%,初中毕业生升入各类高中比例99.8%。普通高校录取6083人,高职录取1774人。创建成为全国数字化学习先行区。杭州学军中学教育集团文渊中学、杭州崇文世纪城实验学校、杭州世纪实验小学等26所学校启用。试点开展小学生学后托管服务。启动中小学教师"区管校聘"管理制度改革。

各类医疗卫生机构793个,其中医院56个,分别增加51个和2个。床位1.02万张,其中医院床位9699张,分别增长1.7%和1.9%。有各类专业卫生技术人员1.43万人。其中,执业(助理)医师5214人,注册护士5999人,分别增长7.3%、10.3%和8.4%。医疗机构诊疗人数2217.6万人次。

【萧山区拥江发展步伐加快】 2018年3月21日,萧山区召开产业创新发展新闻发布会,发布"两带两廊"规划建设钱塘新兴产业带、机场临空经济带、风情科创走廊、时代智造走廊产业布局规划。5月25日,《萧山区2018年拥江发展重点任务》公布,涵盖道路、环境、产业、征迁等方面的47项任务。萧山区依托"两带两廊"产业规划,打造涵盖交通、科技创新、产业和城市的"四条大走廊",明确"1+4+X"产业发展布局和"4286"重点产业载体,加快形成南部承接滨江区、江干区等杭州主城区的产业溢出效应。4月,浙商证券股份有限公司、浙江浙商产融资产管理有限公司、浙商创投股份有限公司共同发起设立的300亿元"凤凰行动"计划专项基金落户萧山。11月26日,浙商银行股份有限公司总部签约落户钱江世纪城。

【萧山区信息经济发展迅速】 2018年,萧山区(含大江东产业集聚区)信息经济限额以上主营业务收入454.77亿元,比上年增长9.2%。其中,物联网产业、数字内容产业和集成电路产业主营业务收入分别增长26.4%、40.5%和0.6%,智慧物流产业、机器人产业和电子信息产品制造产业主营业务收入分别增长14.6%、9.5%和4.9%。信息港小镇入驻微医控股有限公司、浙江数联云集团有限公司、浙江启冠网络股份有限公司、科大讯飞股份有限公司等近2000家企业,培育4家上市企业。图灵小镇以人工智能、大数据和云计算等未来科技产业为主导,吸引网易集团、浙江商汤科技开发有限公司、杭州传化智能制造科技有限公司等企业入驻。空港小镇重点孵化培育仓储物流、金融支付、技术咨询、数据分析与挖掘等产业,构建跨境电子商务创业创新生态圈。2月,网易集团下属涉及人工智能、云音乐、云阅读等领域的5家公司完成工商注册手续,落户钱江世纪城。2月7日,瑞康医药股份有限公司与萧山经济技术开发区签约,瑞康医药浙江总部落户信息港小镇。4月26日,科大讯飞股份有限公司浙江总部办公场地启用。5月,微医控股有限公司宣布完成5亿美元战略融资,融资完成后公司估值为55亿美元。5月16日,萧山区政府、萧山经济技术开发区与微软(中国)有限公司签订战略合作备忘录,"微软云暨移动应用孵化平台"落户信息港小镇。

【亚运村和中国计算机博物馆相继落户萧山】 2018年2月12日,杭州市政府、第19届亚运会组委会在杭州国际博览中心召开亚运村建设新闻发布会,宣布亚运村落户钱江世纪城北区块。亚运村选址地块位于钱江世纪城,由经一路—飞虹路—环路围合而成,总面积113公顷,由运动员村、技术官员村、媒体村组成。至年末,亚运村"三村"全部开工,周边道路、轨道交通、水电气等基础设施和绿化景观同步推进。8月22日,中国计算机学会与萧山区政府签约,双方在钱江世纪城建设中国计算机博物馆。博物馆位于杭州国际博览中心会展二期,建筑面积2.9万平方米。初步设计为7层,其中地下3层、地上4层,并设观众接待区、图书影像资料区、计算机发展史展示区、展览展示区、名人堂展示区、互动体验区和展品设计制作区。

【首届世界旅游联盟·湘湖对话】 2018年9月9日在萧山区举办。活动由世界旅游联盟主办,以"减贫与发展,世界旅游业的共同责任"为主题,600多位嘉宾参加。会议围绕旅游减贫与发展、旅游增长与发展、旅游创新与发展主题进行讨论。相关国际组织及政府代表、全球旅游业界领军人物和学界权威人士,就旅游业在促进减贫和社会可持续发展方面的责任和作用、旅游经济的现状、机遇与发展、科技与商业模式创新、海外旅游安全、文化旅游融合、优质旅游等行业热点问题,发表观点,交流意见。其间,世界旅游联盟联合中国旅游研究院发布《世界旅游发展报告2018——旅游促进减贫的全球进程和时代诉求》。世界旅游联盟、中国国际扶贫中心、世界银行联合发布"世界旅游联盟旅游减贫案例"。9月8日,世界旅游联盟秘书处联络处授牌和新会员颁牌仪式在萧山举行。

(萧山区委党史和地方志编纂研究室 王 鸣)

余杭区

【概况】 2018年,余杭区辖14个街道、6个镇。年末常住人口160.3万人,户籍人口109.86万人。地区生产总值2312.45亿元,比上年增长11.2%。其中:第一产业增加值50.46亿元,增长1.7%;第二产业增加值629.68亿元,增长5.9%;第三产业增加值1632.3亿元，增长13.6%。三次产业结构为2.2:27.2:70.6。按常住人口计算，人均生产总值15.02万元。浙江省印发《关于2017年度全省各市、县（市、区）服务业发展目标考评结果的通报》，余杭区居全省第一位。

财政总收入623.86亿元，增长23.8%。其中地方一般公共预算收入336.38亿元，增长20.1%。财政预算支出342.54亿元，增长26.7%。预算内用于民生支出251亿元，占全区财政预算支出的73.3%，增长26.2%。

城乡常住居民人均可支配收入分别为62819元、37691元，分别增长8.8%、9.7%。城镇常住居民人均生活消费性支出为41585元，增长8.5%；农村常住居民人均生活消费支出为30059元，增长8.2%。

农林牧渔业总产值79.96亿元，增长3.1%；增加值52.41亿元，增长2%。农家乐休闲旅游业经营收入10.18亿元。

规模以上工业增加值431.4亿元，增长7%。规模以上工业高新技术产业增加值278.4亿元，增长9%，占规模以上工业的64.5%。规模以上工业新产品产值率45.7%，提升1.5个百分点。装备制造业增加值225.45亿元，增长8.2%；战略性新兴产业增加值137.43亿元，增长7.6%。全年规模以上工业主营业务收入1797.38亿元，增长11.6%；利润总额105.21亿元，下降0.9%。固定资产投资增长10%。进出口总额462.43亿元，增长17%。其中：进口48.13亿元，增长62.5%；出口414.3亿元，增长13.3%。社会消费品零售总额515.79亿元，增长10.4%。全年营运客车客运量171万人次，辖区内河港口货物吞吐量（不含内河处监管码头）2127.85万吨，水运货运量738万吨。

接待国内外游客2134.41万人次，增长13.1%；旅游总收入234.76亿元，增长16%。全区有A级景区14个，其中AAAA级以上景区7个；星级饭店12个，其中四星级以上饭店4个，特色文化主题饭店2个；星级旅行社5个。小古城村和山沟沟村创建为首批省级AAA级景区村庄。获评2017年度美丽浙江建设工作考核优秀单位、2017年度浙江省“五水共治”（河长制）工作优秀县（市、区）、第二批省级生态文明建设示范县（市、区）。

专利申请量授权量分别为2万件和1.15万件，分别增长50.3%和63.8%。新增国家高新技术企业218家、科技型中小微企业1358家，贝达药业股份有限公司、浙江运达风电股份有限公司分别获省科学技术重大贡献奖和省科学技术进步奖一等奖；新增省级企业研究院16个、省级高新技术企业研发中心51个。至年末，全区建成科创园区71个、孵化空间365万平方米。各级专利试点示范企业244家，其中国家知识产权示范企业3家，国家知识产权优势企业9家，省级专利示范企业26家。校地合作高校增至15个，成立浙江高校产学研余杭联盟东部中心。

全区有幼儿园129所，在园幼儿61870人，3~5周岁幼儿入园率99.8%；小学58所，在校学生10.54万人；初中36所，在校学生3.89万人；普通高中15所，在校学生1.41万人，毕业生4154人。小学适龄儿童入学率、初中毕业生升学率均为100%。

各类医疗卫生机构675个，其中区属医院7个，社区卫生服务中心20个。全区各医疗机构实际开放床位6113张。医院、社区卫生服务中心有卫生技术人员6815人，其中执业医师2496人，注册护士2787人，分别增长5.8%、6.3%和5.9%。全年家庭医生累计签约服务42.92万人。余杭区入选“2016—2017年浙江省文化产业重点县（市、区）”名单。

基本养老保险参保人数86万人，基本医疗保险参保人数80.47万人，工伤保险参保人数74.48万人，生育保险参保人数56.26万人，失业保险参保人数60.44万人，分别增加9.53万人、8.83万人、13.49万人、6.53万人和10.75万人。

【第二届世界工业设计大会在余杭举行】 2018年4月20—22日在余杭区举行。大会由中国工业设计协会、余杭区政府联合主办。来自30个国家和地区的60个设计组织和机构、500多名设计师和专家、学者、企业家开展交流讨论。现场举办项目启动及签约仪式。大会期间，位于梦栖小镇核心区块的设计开放大学项目启动，良渚新城管理委员会与北京协同创新研究院就杭州协同创新研究院项目签约，全球创新网络（新脸谱）平台、中国濮院毛衫小微企业创新园等项目现场签约。4月20—30日，世界工业设计大会·设计周举行，内容包括设计创新产品展览、创新产品发布、设计对接、设计合作签约、设计主题论坛等活动。设计周参展产品200多件，相关论坛等活动14场。

【光启人工智能研究院落户余杭】 2018年4月26日，杭州光启人工智能研究院在余杭区未来科技城启动运行。研究院是深圳光启集团、余杭区政府及杭州未来科技城管委会共同合作，经杭州市科学技术委员会批准成立的新型研发机构。研究院将围绕人工智能领域产业发展需求，重点开展人工智能、机器视觉、大数据领域源头科技的研发，加速前沿技术在智能公共安全等垂直领域的产业化应用。

【首届“余杭百姓日”活动】 2018年5月2日举办。全区20多个政府单位向市民代表开放、100场电影免费看、群众文艺团队大比武、“最美绿道”健康毅行、健身场馆免费体验、百名名医健康咨询义诊、敬老幸福餐、千名志愿者公益服务、百名律师免费法律咨询、余杭特色旅游线路免费游、公交免费坐、商场优惠购、榜样的力量——道德模范颁奖典礼等十大系列88项活动分别举行。各镇街、平台、企业同时组织260多项展示该地文化底蕴、体现地域特色、惠及群众生活的开放类、免费类活动。

【余杭区六大项目列入省重大工业项目计划】 2018年6月，省发展改革委印发《2018年省重大工业项目计划》，余杭区的阿里巴巴集团浙江云数据中心项目、杭州老板电器股份有限公司年产250万台厨房电器建设项目列入年度省重大工业项目前期类，2个项目总投资70亿元。杭州南都动力科技有限公司年产2000毫安时动力锂离子电池技术改造项目等4个项目列入年度省重大工业项目实施类，总投资44.03亿元，全年计划投资11.3亿元。

（余杭区地方志办公室　李景苏）

富阳区

【概况】 2018年，富阳区辖5个街道、13个镇、6个乡。年末常住人口74.2万人，户籍人口68.3万人。地区生产总值764.6亿元，比上年增长5.7%。其中：第一产业增加值45.3亿元、第二产业增加值332.9亿元、第三产业增加值386.4亿元，分别增长2.5%、3.9%和8%。三次产业结构为5.9∶43.5∶50.6。按常住人口计算，人均生产总值10.33万元；按户籍人口计算，人均生产总值11.24万元，增长4.6%。财政总收入123.2亿元，增长13.3%。其中，一般公共预算财政收入72.7亿元，增长12.5%。一般公共预算财政支出73亿元，增长10.1%。

城镇常住居民人均可支配收入55985元，增长8.9%；农村常住居民人均可支配收入32448元，增长9.3%。

农林牧渔总产值64亿元，增长3.7%。粮食播种面积1.83万公顷，增长1.7%；粮食总产量12.5万吨，增长0.16%。肉类产量3.8万吨，禽蛋产量1.5万吨，蚕茧产量548吨。129家农业骨干企业销售收入80亿元。各类名牌农产品52个，其中杭州市级以上33个。"安顶云雾茶"获国际茶业博览会金奖，全年打造农夫乐园6个。投入水利建设资金5.8亿元，全区有各类水库151座。农机总动力30.7万千瓦，耕地有效灌溉面积2.27万公顷。全年投入"富春山居美丽乡村"建设资金2.3亿元，建成"富春山居美丽乡村"精品村20个。

规模以上工业增加值248.1亿元，增长4.5%。全区646家规模以上工业企业主营业务收入1432.7亿元，增长9.1%；利税135.5亿元，下降2.8%；利润62.7亿元，下降10.9%。信息经济增加值67.8亿元，增长10.1%；规模以上企业信息经济主营业务收入584.2亿元，增长12.5%。全年建筑业增加值22.9亿元。

杭黄高速铁路开通运营。全面实现城乡公交一体化，启用场口公交站。主要水系监测断面三类以上比例100%。生活垃圾收集、无害化处理率100%。建成国家级生态乡镇（街道）18个、省级生态乡镇（街道）2个、杭州市级生态乡镇（街道）4个。富春江出境断面水质连续48个月考核优秀。富阳区被评为杭州市小城镇环境综合整治优秀区。

社会消费品零售总额270.5亿元，增长10.1%。其中：批发零售业零售额249.6亿元，增长11%；住宿餐饮业零售额20.9亿元，增长0.7%。全区网络零售额95.7亿元，增长33.8%。商品交易市场39个，其中年成交额超过1亿元的市场14个。城东、鹿苑2个农贸市场开业运营。

货物进出口总额281.2亿元，增长10.4%。其中：自营出口128.6亿元，增长11.6%；自营进口152.6亿元，增长9.4%。跨境电子商务进出口总额3.04亿美元，其中出口额2.24亿美元，进口额8040.8万美元。全年新批外商投资项目17个，实到外资2.89亿美元，增长4.1%。完成境外投资项目15个，总投资2.18亿美元。

主要旅游景点接待游客434万人次，增长2.9%；旅游景点门票收入1.58亿元，增长5.9%。乡村旅游收入6.7亿元。

金融机构各类存款余额1097.19亿元，增长11.1%；各项贷款余额1282.99亿元，增长12.6%。全年保险费收入7.43亿元，保险费理赔支付2.93亿元。

新增省级研究院4个，国家级高新技术企业43家。全年组织实施各类科技计划项目1308个，其中省级1252个。专利申请4060件，授权2254件；技术合同交易（吸纳）108个，总金额1.63亿元。全区高新技术企业310家，其中国家级194家。

全区有幼儿园80所，在园幼儿2.45万人；小学43所，在校学生4.51万人；普通中学24所，在校学生3.39万人；中等职业学校2所，在校学生1.46万人。民办学校在校学生7054人。学龄儿童入学率和初中入学率均为100%，初中升高中段比例99.9%。23个乡（镇）街道成为浙江省和杭州市教育强乡镇。

各类医疗机构534个，医疗床位3578张，医疗卫生各类专业技术人员5714人。全年无偿献血9199人次，献血量263万毫升。城乡居民基本医疗保险参保人数31.24万人，参保率99.99%。全年举办各类群众性体育比赛122场，参赛运动员6.4万人次。农村健身设施覆盖率100%。全年获杭州市级以上各类奖牌68枚，其中金牌43枚。

【富阳区社区规模调整】 2018年，富阳区调整社区规模，全区社区由28个调整为50个。其中，富春街道由22个调整为35个，东洲街道新建4个（采取"3+1"模式，横山社区成立后进行托管），鹿山街道由1个调整为2个，银湖街道由1个调整为5个。至年末，新登镇和春江街道未发生变化。

【"公望富春"文化节暨第一届"乡村百花大会"】 2018年4月26日启动。大会主题为"富春山居，百花芳菲"，全区24个乡镇（街道）全部参与。活动分3个板块，分别为"花开四季——建设美丽乡村，打造美丽环境""向美而行——建设美丽城镇，争做美丽市民""以花为媒——建设美丽经济，培育美丽产业"。"乡村百花大会"龙门主会场分为入口氛围引导区、广场主题活动区、古镇核心游玩区，三段式由外到内呈现百花盛景，打造花景节点100个。活动吸引16.3万人参加。4月30日，中央电视台新闻频道《朝闻天下》栏目报道活动情况。

【亚运会新建场馆开工建设】 2018年6月，富阳区亚运会项目新建场馆及设施全面开工。北支江水上运动中心项目位于东洲街道，作为亚运会赛艇皮划艇、激流回旋等水上项目比赛场馆，与北支江综合整治工程相结合。该场馆可提升富春江的防洪能力，并为2022年杭州举行亚运会水上运动项目比赛提供水上场地。亚运射击射箭馆现代五项场地位于银湖街道，亚运会项目有射击、射箭、飞碟、现代五项（击剑、游泳、马术和跑射联项）等赛事在该馆举行。

【杭州·黄山乡村振兴与旅游发展高峰论坛】 2018年11月27日，杭州·黄山乡村振兴与旅游发展高峰论坛暨第14届杭州·浙西旅游合作峰会在富阳区召开。峰会以“乡村振兴与旅游发展”为主题，省、市有关部门负责人，各县（市、区）旅游部门负责人及“长三角”地区旅游、媒体代表450多人参会。峰会通过高峰论坛、系列评选、“长三角”旅行商及媒体采风踩线（为新景点熟悉路线）、乡村旅游产品推介会、千人游浙西等活动，展示浙西和黄山丰富的乡村旅游产品和资源，实现“长三角”一体化建设，带动浙西和黄山旅游产业联动发展。

（富阳区地方志办公室　何开城）

临　安　区

【概况】 2018年，临安区辖5个街道、13个镇。年末常住人口59.3万人，户籍人口53.76万人。地区生产总值539.63亿元，比上年增长7.2%。其中，第一产业增加值42.91亿元、第二产业增加值238.58亿元、第三产业增加值258.15亿元，分别增长2.4%、4.8%和11.3%。三次产业结构为8.0∶44.2∶47.8。按常住人口计算，人均生产总值9.12万元；按户籍人口计算，人均生产总值10.06万元，增长6.6%。

财政总收入88.48亿元，增长16.8%；一般公共预算收入53.17亿元，增长21.6%。全年一般公共预算支出74.22亿元，增长14.6%，用于民生支出60.3亿元，增长16.5%，占一般公共预算支出的81.3%，占比提高1.4个百分点。

农业增加值43.37亿元，增长2.5%。农业总产值62.2亿元，增长1.1%。其中：农业种植业（含坚果类）产值31.03亿元，增长4.3%；林业产值（不含坚果类）20.45亿元，增长5.2%；牧业产值8.61亿元，下降17.4%；渔业产值0.84亿元，增长1.1%；农业服务业产值1.28亿元，增长10.7%。

规模以上工业企业610家，规模以上工业企业产销率98.9%。规模以上工业新产品产值率38.4%。规模以上工业增加值151.54亿元，增长4.5%。规模以上工业企业利税总额78.98亿元，增长3.9%，其中利润总额54.17亿元，增长10.2%。

固定资产投资增长11.2%。房地产开发投资129.5亿元，增长47.6%。房屋施工面积774.87万平方米，增长39%。社会消费品零售总额199.63亿元，增长10%。其中：城镇消费品零售额115.11亿元，增长9.7%；乡村消费品零售总额84.52亿元，增长10.3%。

进出口总额156.74亿元，下降2.8%。其中，出口119.11亿元，下降9.0%。全年实际利用外资2.17亿美元。引进重大产业项目55个，其中20亿元以上项目3个，完成“浙商回归”资金36.35亿元。

金融机构本外币存款余额846.07亿元，增长7.5%。其中，居民储蓄341.25亿元，增长12.8%。本外币贷款余额645.55亿元，增长19.3%。

旅游接待游客1665.37万人次，旅游综合收入192.62亿元，分别增长13.6%和17.5%。旅游景点接待游客581.61万人次，增长17.6%。门票收入15674.51万元，下降10.6%。全区乡村旅游接待游客1314.22万人次，增长42.6%；乡村旅游经营收入13.08亿元，增长55%。

专利申请量4235件，增长72.4%。其中：发明专利950件，增长66.7%；授权专利2325件，增长40.8%。发放创新券977.45万元，确认使用601.18万元，实际兑付480.7万元。新增国家高新技术企业47家，新增浙江省、杭州市高技术企业研发中心22个，累计建成各类众创空间4个。至年末，全区有国家级高新技术企业150家、浙江省科技型中小微企业567家、杭州高新技术企业175家。研究与试验发展（R&D）经费支出占地区生产总值的2.29%，财政一般公共预算支出中科技支出4.4亿元，增长14.8%。

吴越国王陵入选省级考古遗址公园，临安区烈士纪念馆开馆。完成20个公共文化服务重点镇和重点村提升工作。开展国民体质测试工作，全年测试2846人次。全区健康产业增加值31.56亿元，增长10.3%。

全区有小学39所，在校学生3.14万人；初中18所，在校学生1.35万人；普通高中5所，在校学生6918人；职业高中2所，在校学生3602人。学前三年幼儿园净入园率99%，初中毕业生升入各类高中比例99.3%。

有床位2948张，专业卫生技术人员4436人，其中执业（助理）医师1841人。医疗机构诊疗人数624.4万人次，增长5.7%。实施城镇公租房保障454户、农村困难家庭住房救助468户，新增失地农民参保人员3108名。

发放低保资金9822万元。新增低保边缘户2392户，全区总计低保边缘户6103户，发放定期生活补助金673万元。修订出台《临安区临时救助实施细则》，发放临时救助资金275万元。办理事实收养登记25例。

入选全国绿色发展百强区。完成中央环保督察问题整改，启动“污水零直排区”建设，新建城乡污水管网32.9千米，创建省“零直排镇”3个、市级以上“美丽河道”4条，4个出境断面水质均达Ⅱ类标准以上。整治大气污染重点企业10家，於潜镇、湍口镇入选省森林城镇，全区森林覆盖率增至81.9%。打造美丽庭院示范村38个、生活垃圾分类处置样板村18个，农村公厕改造提升607座，天目山镇白鹤村、河桥镇河桥村获评省高标准农村生活垃圾分类示范村。全年淘汰落后产能企业43家，整治“低散乱”企业339家。全年空气质量优良天数324天，空气质量优良率（AQI指数）88.8%，全区PM2.5浓度36.7微克/立方米，下降11.1%。

【青山湖微纳智造小镇建设启动】 2018年1月16日，智能传感创新应用峰会暨青山湖微纳智造小镇启动仪式在青山湖科技城云安小镇举行，100多人参加。青山湖科技城微纳智造小镇以特色工艺晶圆制造、半导体高端装备制造、半导体先进封装与加工、芯片设计测试与集成应用为产业方向，打造百千亿级智能传感产业。会上，国家智能传感创新中心(筹)青山湖中心、中国科学院光电研究院超快激光技术研发中心、国家光学仪器工程技术研究中心智慧光子研究中心、中电集团人工智能基础资源与技术开发平台、杭州电子科技大学微电子研究院、国家02专项光刻机浸液系统研制与中试基地、国家02专项光刻机工件台组件研发中心、聚光科技研发及产业化项目、香港大学黄国全团队智能制造物联网云服务平台项目、杭州电子科技大学信息工程学院管力明团队智能检测与控制装备研发及产业化项目10个项目签约。全国传感器与物联网产业联盟分联盟、浙江省物联网产业协会传感器开发应用分会成立，杨潇、纪卫平等5名专家被授予青山湖科技城发展智库首席专家聘书。与会专家就智能传感器在汽车电子、智能家居、智慧社区、智能存储、智慧物流、智能制造等领域的创新应用发表专题演讲，围绕“物联网时代智能传感新技术及应用”进行讨论。

【农村集体产权制度改革试点】 2018年8月3日，临安区被农业农村部确定为农村集体产权制度改革试点单位。根据《杭州市临安区深化农村集体产权制度改革试点方案》，通过改革试点，实施农村集体经营性资产股份合作制改革、农村集体土地“三权分置”(农村土地承包权、经营权、使用权分置)改革、村级集体经济发展等工作。至年末，全区298个农村经济合作社完成股份合作制改革，量化资产48.78亿元，确认股东43.43万人。开展清产核资，完成218个股份经济合作社清产核资管理系统数据录入。结合撤村建居工作，28个社区居委会行政事务和股份经济合作社经济事务分离。推进集体产权权能改革，开展农村土地承包经营权确权登记颁证后权属变更以及确权数据库更新，完成211个村4553户农户权属变更。全区累计土地流转1.04万公顷，办理土地流转经营权证21本；流转林地233.33公顷，发放林地经营权流转证37本。推进农村宅基地及房屋登记发证工作，累计发放不动产权证4265本。颁发首批水权证22本。《关于加强农村产权交易管理的实施意见》等政策出台，建立区、镇、村三级农村产权交易服务体系，完成农村集体产权交易59宗，交易额1.32亿元。化解农村集体债务4.46亿元，村均债务从338万元下降到187.2万元。试点农村集体“三资”(资金、资产、资源)分级管理，完成村级财务审计21个、整改问题454个。

【杭州医学院临安校区启用】 2018年10月10日，杭州医学院临安校区启用。离退休老同志代表、师生代表、校友代表600多人参加启用仪式。临安校区于2013年动工建设，占地面积33.33公顷，建设单体建筑24幢，总建筑面积20万平方米。分教学区、生活区、体育活动区三大区块，其中教学楼12幢、宿舍楼8幢，另有图书馆、美食广场、体育馆和活动中心等场馆。设有临床医学、护理学、药学等本科专业12个和专科专业8个，首批有1978名新生入驻。

【临安区农村山塘水库水资源使用权证颁证暨水权交易签约现场会】 2018年12月12日举行。会上，青山湖街道、板桥镇、天目山镇、太湖源镇21座山塘领到全省首批水资源使用权证。东天目股份经济合作社与区农村水务资产经营有限公司签订梅家坞山塘水权转让协议，亭口股份经济合作社与杭州金坞里休闲农业开发有限公司签订金坞山塘水权转让协议。两份协议分别为村集体带来每年6万多元和2万多元收入。

(临安区地方志办公室　许锦光)

建德市

【概况】 2018年，建德市辖3个街道、12个镇、1个乡。年末常住人口44.6万人，户籍人口51.12万人。地区生产总值367.9亿元，比上年增长7.6%。其中：第一产业增加值33.65亿元，增长2.2%；第二产业增加值165.5亿元，增长5.3%；第三产业增加值168.75亿元，增长12.1%。三次产业结构为9.1∶45.0∶45.9。按常住人口计算，人均生产总值8.26万元。

财政总收入50.46亿元，增长18.1%，其中地方财政收入28.27亿元，增长15.9%。全市居民人均可支配收入36439元，增长9.5%。城镇居民、农村居民人均可支配收入为49026元、26302元，分别增长8.8%、9.6%。城镇居民、农村居民人均生活消费性支出为36958元、16357元，分别增长5.6%、10.6%。全市一般公共预算支出47.71亿元，增长6.1%。其中，民生支出37.12亿元，占总支出77.8%。

农林牧渔业总产值53.12亿元，增长1.9%。粮食播种面积1.31万公顷，增长7.8%。粮食总产量9.3万吨，增长6.1%。新创建美丽乡村精品村11个，新完成美丽乡村精品示范线2条。各类农民专业合作社861个。农业龙头企业99家。各类农业名牌产品18个，其中省级名牌7个。累计建成“建德果蔬乐园”基地22个、国家级有机农产品基地5个、有机产品认证企业33家。建德市成为首批国家有机食品生产基地建设示范市试点。“建德苞茶”“建德草莓”区域公共品牌发布，建德市成为全国茶叶品牌影响力十强县(市)。杨村桥镇以“草莓小镇”品牌项目创建为全省首批特色农业强镇。“建德苞茶”获评全国首个茶叶类国家气候标志农产品，西红花获评国家农产品地理标志产品。

工业总产值650.77亿元，增长5.2%。规模以上高新技术产业、战略性新兴产业占规模以上工业销售总产值的比重为35.5%、21.1%。其增加值分别为34.15亿元、20.32亿元，增长16.9%和17.2%。全市62家规模以上(限额以上)信息经济企业主营业务收入40.99亿元，增长29.5%。文化创意产业、金融产业、旅游休闲产业、健康产业、时尚制造业、高端装备制造业六大产业群增加值分别为26.14亿元、20.7亿元、31.5亿元、14.64亿元、10亿元和5.56亿元。建德市获全省经济和信息化工作优秀县(市)称号，获全省工业投资和“机器换人”技术改造工作考核二等奖。

固定资产投资增长18.6%。其中,工业、交通运输业、生态环境和公共设施、高新技术产业、民间投资额分别增长17.1%、0.6%、10.3%、26.7%和54.1%。房屋施工面积281.78万平方米,增长35.8%。

社会消费品零售总额139.37亿元,增长10.2%。网络零售额44.3亿元。跨境电子商务上线企业累计200家,出口额2.2亿美元。全年货物进出口总额10.74亿美元,增长27%。其中:进口额0.93亿美元,增长40%;出口额9.81亿美元,增长25.9%。

全年新批外商投资项目9个,合同利用外资2.97亿美元、实际利用外资1.46亿美元,全年"浙商回归"实际到位内资33.33亿元,招商引税入库税收7.4亿元。产业转移招商取得重大进展,引进项目22个,总投资33亿元。建成小微企业创业园1个,在建2个。举办深圳推介招商会、土地专场招商会、通航推介招商会、"建德人"大会主题招商会等系列活动,签约引进项目57个,总投资200多亿元,其中1亿元以上项目28个。

接待国内外游客人数1117.3万人次,增长13.3%。旅游总收入108.9亿元,增长20.2%。新建成农家乐休闲旅游村11个。乡村旅游直接收入9.01亿元,增长64.7%。建德"航空小镇"被评为AAAA级旅游景区。全市有A级以上景区8个,其中AAAA级景区4个。乾潭镇创建成为省级旅游风情小镇。投资近9千万元对新安江景区旅游配套设施进行整体提升。

金融系统本外币存款余额447.42亿元,增长10.5%。本外币贷款余额374.9亿元,增长19.7%。全年保险公司保费收入6.7亿元,增长83.9%。

专利申请量1231件,其中发明专利130件。孵化器和众创空间新增入孵企业15家。实施高新技术企业三年行动计划,新增杭州市级以上高新技术企业28家,其中国家级13家。杭州市级以上高新技术研发中心11个,其中省级3个。县级及以上文物保护单位91处(群),其中国家级文物保护单位3处(群),省级文物保护单位6处(群)。

全市有幼儿园40所,在园幼儿1.26万人。中小学54所,在校学生3.04万人。特殊教育学校1所,在校学生39人。全市专任教师4237人。全市学龄儿童入学率100%,初中升高中段比例99.75%。新安江职业学校、月亮湾小学及幼儿园、洋安幼儿园、乾潭中心幼儿园二期等10所学校(园)建成并投入使用。

制定《健康建德2030规划纲要》,推动医共体建设。杭州市第七人民医院浙西院区一期工程开工建设。有医疗卫生机构164个、床位3051张。卫生技术人员3746人,增长3.7%。实现市域内医疗困难救助即时刷卡结算。

全市参加基本养老保险人数32.87万人,参加基本医疗保险人数45.52万人。全年空气优良天数346天,空气质量优良率(AQI指数)94.8%。PM2.5平均浓度28.4微克/立方米,下降9.8%。建成区绿化覆盖率40%。建成有机垃圾资源化处理站28座、村集中投放点2415个,获评全省农村生活垃圾分类处理工作优胜县(市)。完成"污水零直排区"整治项目29个,出境断面水质达标率100%。获评农村生活污水处理设施运维管理优秀县(市)。

【建德市行政审批"兜底"服务机制创立】 2018年5月,建德市创立"兜底服务"机制,以解决"最多跑一次"改革中遇到的疑难问题。"兜底办理"专窗设在建德市行政服务中心,并配备专职受理和办理人员,明确办理流程,专门受理需要政府帮助协调解决此类问题。对于可马上办理事项,工作人员在最短时间内办理解决;对于需要召开协调会解决事项,在3个工作日内召集相关部门一同协商,对复杂事项进行分析,明确解决方案,做好任务分解;对因政策等原因而不具备办理条件的,要求做好说明,待条件成熟后再启动办理;对不符合法律法规及政策规定的,做好解释工作。至年末,"兜底办"专窗帮助群众解决疑难事项24个,其中,历史遗留5年以上的办件占83.3%,平均办结时间25.2天,跟踪回访满意率100%。

【建德市获评"中国气候宜居城市"】 2018年5月10日,"国家气候标志"评估报告专家评审会在建德举行。国家气候标志评定分为三大类:气候宜居类、气候生态类、农产品气候品质类。评定流程主要包括申请、初评、评估、评审、授予5个环节。通过对评定指标进行分析研究,逐一评定等级,并形成评估报告由专家组评审通过。建德市指标评价优良率超过90%,综合评定等级为优,获"中国气候宜居城市"称号。

【建德功能性新材料高新技术产业园区创建】 2018年12月24日,经省政府同意,省科技厅、省发展改革委发文同意杭州市在建德创建建德功能性新材料高新技术产业园区,实行省级高新技术产业园区政策。该园区总面积13.8平方千米,分江南和江北两个片区,规划面积中允许建设区9.15平方千米、有条件建设区1.92平方千米、限制建设区2.73平方千米。园区以培育功能性新材料、新型装备和生物医药为重点方向,按照"布局合理、用地集约、产业聚集"的要求,引导高端要素集聚。至年末,引进超细粉末国家工程研究中心、杭州师范大学国家有机硅实验室等研发平台,集聚国家"千人计划"、省"千人计划"、杭州市"521计划"人才等高层次人才10人,博士、硕士研究生等高学历人才200多人,集聚浙江建德建业有机化工有限公司、杭州福斯特药业有限公司等国家重点扶持的高新技术企业14家,省级科技型中小企业49家。

【村级电商站点服务面全覆盖】 至2018年末,建德市有152个村设农村淘宝店(天猫优品服务站)、邮乐购农村电商村级服务站点520多个(新增39个村、39个站点,提升17个站点),实现农村电商站点服务面全覆盖。在"6·18"农村淘宝大促销活动中,全市农村淘宝店(天猫优品服务站)销售额208.9万元,业绩完成率122%。农村淘宝店累积线上销售额929.77万元。中国邮政建德市分公司创建的"邮乐购"农产品网络销售平台,提供“线上+线下”的农产品包装展示和网销快递的一站式服务,以“农村电商+助农致富”方式为农民销售农产品开辟新通道。全年累计上线60多种农产品,累计销售额800多万元。

(建德市地方志办公室　杨忠平　黄建生)

桐庐县

【概况】 2018年,桐庐县辖4个街道、6个镇、4个乡。年末常住人口43.2万人,户籍人口41.72万人。地区生产总值391.99亿元,比上年增长5.5%。其中:第一产业增加值23.53亿元,增长1.9%;第二产业增加值195.56亿元,增长5.4%;第三产业增加值172.9亿元,增长6.1%。三次产业结构调整为6:49.9:44.1。按常住人口计算,人均生产总值9.11万元;按户籍人口计算,人均生产总值9.42万元,增长4.8%。

财政总收入52.76亿元,增长13.2%。其中,地方财政一般公共预算收入30.67亿元,增长10.2%。财政支出44.87亿元,增长7.7%。全县金融机构本外币各项存款余额486.39亿元,增加55.43亿元,增长12.9%。本币贷款余额467.02亿元,增加63.41亿元,增长15.7%。非金融企业及机关团体本币贷款余额249.19亿元,增加37亿元。

城镇常住居民人均可支配收入50073元,增长8.6%。人均工资性收入30378元,增长6.3%。人均生活消费性支出27530元,增长9.3%。全县农村常住居民人均可支配收入29222元,增长9.1%。其中:工资性收入15897元,增长8%;人均生活消费性支出17976元,增长10.4%。

农林牧渔业总产值35.07亿元。粮食总产量6.26万吨、禽蛋产量0.23万吨、肉类产量1.05万吨、水产品总产量0.81万吨、水果产量9.22万吨。新发展林下种植中药材面积208.67公顷,建立中药材示范基地70公顷。新认定无公害农产品24个,新申报绿色食品5个,完成农产品基地绿色认证面积111.67公顷。

规模以上工业增加值91.28亿元,增长4.6%。规模以上高新技术产业增加值46.3亿元,增长13.9%;装备制造业增加值39.07亿元,增长13.4%;战略新兴产业增加值37.79亿元,增长14.4%。全年规模以上工业新产品产值率45.9%,提高2.6个百分点。

社会消费品零售总额167.9亿元,增长9.3%。按消费形态分,零售业零售额143.6亿元,增长10%,餐饮收入额24.3亿元,增长5.5%。全县有各类商品交易市场20个。全年网络零售额58.54亿元,增长28%。

货物进出口总额78.21亿元,增长4.3%。其中:进口总额7.89亿元,增加82.6%;出口总额70.32亿元,下降0.5%。全县有外贸生产企业1000多家,外贸出口交货总值162亿元。有外贸自营出口权企业499家。桐庐港区完成货物吞吐量1044万吨,过富春江船闸量1089万吨。

接待国内外游客1720.7万人次,增长12.5%。旅游业总收入160.88亿元,增长18.9%。乡村休闲游接待人数1117.1万人次,乡村旅游收入9.06亿元,增长44.2%。全社会旅游业总收入190.51亿元,增长18.4%。

申请专利2361件,增长31.2%,其中发明专利申请243件,增长42.1%;专利授权量1655件,增长28.8%,其中发明专利授权72件。18个新申报国家高新技术企业通过省级认定,新引进1家国家高新技术企业,新增省科技型中小企业45家。新增省级企业研发中心2家。新增重点企业研究院1家。新培育认定市级众创空间1个、县级众创空间2个。桐庐笔业创新服务综合体列入省级产业创新服务综合体创建单位。列入省级科技重大专项2个。产学研合作项目36个,合作金额1243万元,吸纳技术85个,技术交易额1.03亿元。建立杭州市市级“院士专家工作站”2个,新建杭州市食用菌协会和杭州心理卫生协会“协同创新”基地2个。

全县有小学29所,在校学生2.46万人。普通中学17所,在校学生1.62万人。中等职业技术学校2所,在校学生2287人。幼儿园48所,在园幼儿1.378万人。全年小学入学率100%,初中巩固率100%,高中入学率99.7%。全县建有14所乡镇(街道)成人高等学校和社区学校,均为省标准化成人高等学校。全县有浙江省教育强镇、街道14个。年内,桐庐被列入全国50个新时代文明实践中心试点建设县。文艺作品获国家级奖项46个、省级73个。

各类医疗卫生机构334个,其中公立医疗卫生机构211个、私营各类医疗机构123个。新增民营医院3个,各类医疗病床2263张,卫生技术人员3962人,其中执业医师1309人、助理执业医师264人、注册护士1544人。

基本医疗参保人数40.65万人,被征地农民基本生活保障参保人数4448人,工伤保险参保人数12.52万人,生育保险参保9.95万人,失业保险参保9.03万人。

【“纳米枪”肿瘤治疗医院落户桐庐】 2018年1月28日,由桐庐县政府、法国医学促进会、比利时国家能源部共同主办的光华国际精准医疗中心启动仪式暨首届“纳米枪”技术全球论坛活动举行。活动期间,举行“纳米枪”技术全球发布启动仪式,法国医学促进会中国浙江专家工作站、“纳米枪”肿瘤治疗医院落户桐庐。该项目总投资10亿元,由法国再生医学与抗衰老研究中心出资,中国生物医药领域国家“千人计划”专家杨光华领衔,意在打造利用“纳米枪”技术、以癌症预防和癌症治疗为核心的健康产业基地。

【全国全域旅游创建工作现场会在桐庐举行】 2018年5月26日,现场会在桐庐举行。河北、广西、贵州、宁夏等省、自治区政府分管领导,国家有关部委负责人、各省区市和兵团旅游部门主要负责人,首批262个国家全域旅游示范区创建单位及旅游部门主要负责人参加会议。会上,桐庐县介绍全域旅游创建工作情况,江苏省南京市江宁区等10个首批全域旅游创建示范单位做交流发言。

【农村土地承包经营权证发放】 2018年8月25日，桐庐县首批农村土地承包经营权和土地流转经营权权证发放仪式在莪山畲族乡举行。在仪式现场为莪山畲族乡的农民代表颁发《农村土地承包经营权证》。新版权证内有详细的证书编号、代码、发证机关、日期、承包户家庭基本情况及土地承包范围、面积，用手机扫一扫设置的二维码，就能显示承包方代表、承包方式、承包地确权总面积等信息，增加具有较高防伪能力的标识，避免权证造假问题的发生。桐庐县土地确权工作历时近3年，涉及14个乡镇（街道）的153个行政村、2088个村民小组、6.8万户家庭承包经营农户、8980.8公顷土地。至年末，全县完成地块测绘、地块确认、信息公示、农户签字确认、合同签订等工作，签订土地承包合同6.57万份，合同签订率96.6%。

【“中国诗歌之乡·桐庐县”授牌仪式】 2018年10月18日，“中国诗歌之乡·桐庐县”授牌仪式暨“诗乡画城·潇洒桐庐”大型诗会举行。会上，中国诗歌学会授予桐庐“中国诗歌之乡”称号。会议公布“潇洒桐庐杯”华语诗歌大赛获奖者名单。3月，大赛启动并面向全球华语诗歌作者征稿，收到1088位作者作品2700多篇。“诗乡画城·潇洒桐庐”诗会以桐庐丰富的诗歌资源为基础，创新采用民乐、越剧吟唱、童声朗诵、阿卡贝拉等艺术形式进行演绎，展示桐庐山河锦绣、地灵人杰。

（桐庐县地方志办公室　张　红）

淳安县

【概况】 2018年，淳安县辖11个镇、12个乡。年末常住人口35.8万人，户籍人口45.97万人。地区生产总值243.19亿元，比上年增长4.2%。其中：第一产业增加值35.99亿元，增长3.4%；第二产业增加值67.82亿元，下降2.2%；第三产业增加值139.38亿元，增长8.8%。三次产业结构为14.8∶27.9∶57.3。按常住人口计算，人均生产总值6.84万元。

财政总收入34.37亿元，增长11.2%。地方财政收入19.5亿元，增长12.9%，其中税收收入18.11亿元，增长14%。地方财政支出67.18亿元，增长17.1%。

城镇常住居民人均可支配收入43611元，增长8.3%；人均生活消费支出24291元，增长9.0%。农村常住居民人均可支配收入19316元，增长9%；人均生活消费支出13260元，增长9.2%。

农林牧渔业总产值50.85亿元，增长5.0%。其中：农业产值34.51亿元，增长5.5%；林业产值7.22亿元，增长1.3%；牧业产值5.53亿元，增长6.8%；渔业产值2.64亿元，增长2.3%。淳安县茧丝绸总公司使用的“千岛湖及图”注册商标被中国国家工商行政管理总局商标评审委员会认定为中国驰名商标。“淳安覆盆子”通过农业农村部地理标志农新产品登记保护。县级以上新型农业经营主体总数230个。

高新技术、装备制造业、战略性新兴产业增加值分别增长12.2%、16%、34.2%。全县有规模以上工业企业119家，涉及国民经济行业中26个行业。

固定资产投资下降14.6%。其中，项目投资下降12.6%，房地产开发投资下降12.6%。社会消费品零售总额97.14亿元，增长9.6%。全年网络销售额47.7亿元，增长19.6%。纳入县电子商务统计监测平台的商户2009个，增加383个。

进出口总额1.8亿美元，增长6.9%。其中：出口额1.59亿美元，增长4.8%；进口额2157万美元，增长25.2%。新引进个性化产业项目69个，其中淳商回归项目39个。实际到位外资2140.76万美元。

接待国内外游客1705.31万人次，旅游经济总收入191.58亿元，分别增长10.7%和21.5%。其中，乡村旅游接待游客794.8万人次，乡村旅游收入10.28亿元，分别增长24.4%和39.7%。枫树岭镇入围省级旅游风情小镇培育单位；下姜村通过AAAA级景区评定；姜家镇、下姜村分别创建省级旅游风情小镇、中国美丽休闲乡村。淳安县创建首批浙江省全域旅游示范县。

杭黄铁路建成通车。千黄高速公路淳安段超额完成年度建设任务。杭淳开高速公路淳安段列入省高速公路网规划，杭州段工程项目起点位于杭州绕城高速公路西复线富阳富春互通附近，终点位于淳开公路淳安汾口镇与开化大溪边乡交界处。淳杨公路被交通运输部确定为全国第一条“绿色公路”，被评为“全省最美绿化通道”“全省十大最美绿化县道”“省级精品示范道路”。改造塘边弄等老旧小区10万平方米，打造排岭记忆慢生活休闲小区。

专利申请量896件，增长76%；授权专利473件，增长70.1%。全年新增市级以上高新技术企业9家，其中国家高新技术企业5家。新增市级以上科技企业17家，其中省级科技企业11家。新增市级研发中心2个，省级研发中心1个。

淳安县创建成为浙江省教育基本现代化县。省等级幼儿园覆盖率98.8%。青溪小学迁建工程、第七小学建设工程有序推进。普通高中6所，在校学生5473人；初中14所，在校学生8344人；小学57所，在校学生1.54万人；幼儿园40所，在园幼儿8967人；职业高中2所，在校学生3044人；特殊教育学校1所，在校学生34人；电大老师进修学院1所。淳安县博物馆开馆。县图书馆被评定为国家一级图书馆。方炳坤入选第五批国家级非物质文化遗产代表性项目代表性传承人名单，洪发军、吴寿德被评定为省级非物质文化遗产代表性项目代表性传承人。淳安县被省政府命名为浙江省体育强县。

各类医疗机构318个，医护人员2465人。全年总诊疗275.03万人次，增长11.1%，其中基层门诊143.37万人次，增长19.1%。创建省级医学龙头学科3个、省级中西医结合重点学科1个，省级科研立项9个、市级科研立项19个。引进副高以上医学人才6人，自主招聘紧缺人才76人，其中研究生18人。

养老保险参保人数37.09万人，参保率96.5%。医疗保险参保人数

46.04万人，参保率99.92%。工伤保险参保人数9.19万人，增加1620人。生育保险参保人数5.17万人，增加1515人。全县有1.33万人享受低保、残保待遇。

淳安县千岛湖镇生活垃圾转运中心投入使用，城市污水处理率95.4%，生活垃圾无害化处理率100%。淳安县连续3年获“五水共治”（河长制）工作优秀县（市、区）“大禹鼎”，创建成为省级生态文明建设示范县。农村治污设施运维管理常态化，正常运行率100%。完成鸠坑口国家水质自动监测站改造提升工程，建成大坝前、小金山、三潭岛3个国控段面自动监测站。千岛湖出境断面水质持续保持Ⅰ类。全县环境空气优良天数331天，PM2.5均值26微克/立方米。

【新安江流域联合执法行动】 2018年5月，浙江、安徽两省开展以“共饮一江水，共护母亲河”为主题的新安江（千岛湖）流域“中国渔政亮剑”联合执法行动。执法行动中的江段以新安江安徽省与浙江省交界处各5千米范围延伸，重点是新安江安徽省歙县街口镇街口村主河道和淳安县威坪镇、鸠坑乡主河道。联合政执法行动重点打击各类渔业违法行为，保护新安江水生物种，改善水域环境，维护新安江流域正常的渔业生产秩序。具体开展跨域联合执法，落实管理措施，查处非法捕捞和非法养殖设施，打击各类非法捕捞和非法养殖行为，并依法处理渔业犯罪行为。

【淳安县政府与中国计量大学签订合作协议】 2018年6月11日，淳安县政府与中国计量大学共同签署《淳安县人民政府中国计量大学合作推动高质量发展战略框架协议》，并组建淳安县高质量发展研究院。研究院以项目为抓手，以人才为支撑，围绕康美千岛湖高质量发展战略，重点就千岛湖品牌打造和传播、行业标准制定、产业质量提升、美丽城镇建设、乡村振兴、服务民生等方面提供专业智力支持和研究咨询服务。

【爱德华·莫索尔诺贝尔奖医学生物学实验室成立】 2018年7月3日，千岛湖億美国际医学抗衰老中心首席科学家签约仪式暨爱德华·莫索尔诺贝尔奖医学生物学实验室成立仪式在千岛湖镇举行。千岛湖億美国际医学抗衰老中心是淳安县康美产业重点招商引资项目，注册资本金1.39亿元。该中心致力打造高端康美产业发展。爱德华·莫索尔教授是挪威皇家科学院院士、挪威科技大学卡夫利科系统神经科学研究所和记忆生物学中心创始主任，诺贝尔生理学或医学奖获得者。

【千岛湖及新安江流域水资源与生态环境保护项目启动】 2018年7月31日，世界银行贷款千岛湖及新安江流域水资源与生态环境保护项目在淳安启动。项目总投资19.66亿元，利用贷款1.5亿美元，将改善千岛湖及新安江流域水资源保护和生态环境质量，惠及100万人口。项目涵盖淳安、建德两县（市），是一项具有探索性、示范性的综合环保工程。淳安县涉及农村饮水安全提升工程、小流域综合治理工程、堤防加固与河道整治工程、农业面源污染项目、森林生态系统修复工程五大类27个子项目。

（淳安县地方志办公室　刘东山）

宁波市
Ningbo Municipality

【概况】 2018年，宁波市辖海曙、江北、北仑、镇海、鄞州、奉化6个区，余姚、慈溪2个县级市，象山、宁海2个县。陆域面积9817平方千米，海域面积9758平方千米。年末常住人口820.2万人，户籍人口603万人。

全市地区生产总值10745.47亿元，跻身1万亿元GDP城市行列，比上年增长7%。其中：第一产业增加值305.96亿元，增长2.2%；第二产业增加值5507.53亿元，增长6.2%；第三产业增加值4931.98亿元，增长8.1%。三次产业比例为2.8:51.3:45.9。按常住人口计算，人均生产总值132603元。

财政总收入2655.28亿元，增长9.9%，其中，一般公共预算收入1379.69亿元，增长10.8%。一般公共预算支出1594.1亿元，增长13%。其中公共服务、公共安全、教育、科学技术、社会保障和就业、医疗卫生与计划生育、节能环保、城乡社区等8项支出1166.11亿元，增长15%。

全市居民人均可支配收入52402元，增长8.6%。其中，城镇居民人均可支配收入60134元，实际增长5.7%；农村居民人均可支配收入33633元，实际增长6.6%。

农林牧渔业总产值317.1亿元，增长2.4%。其中：农业产值170.1亿元，增长2.8%；渔业产值108.4亿元，增长2%。粮食播种面积13.3万公顷，减少1%；总产量83.3万吨，增长1.2%。蔬菜（含西甜瓜、草莓等果用瓜）播种面积9.04万公顷，总产量250.8万吨；肉类总产量10.6万吨，下降5.8%；水产品总产量102.1万吨，增长2%。新增市级农业龙头企业16家，累计283家，其中农业产业化国家重点龙头企业9家，省级骨干农业龙头企业51家。

工业增加值4953.7亿元，其中规模以上工业增加值3730.8亿元，分别增长6.7%和6.3%。在35个行业大类中，有26个行业增加值增长，其中，居前三位的汽车制造业增长11.6%，专用设备制造业增长8.4%，计算机、通信和其他电子设备制造业增长8%。战略性新兴产业、高新技术产业、装备制造业增加值分别增长12%、6.9%和9.3%。

固定资产投资增长3.6%。安排“省市县长项目”55个，其中开工建设34个；市重点建设工程项目197个，122个市重大前期项目取得新进展。商品房销售面积1624.4万平方米，增长5.2%。完成围挡提升项目1392个，总长568千米。机场路南延、环城南路东段、三官堂大桥及接线等工程继续推进，北外环机场限高段建成通车；推进“三江六岸”品质提升工程，海曙时代广场、江北侧滨江休闲带工程及滨江大道一期景观提升工程建成开放。新建绿道176千米，累计超过1000千米。推进垃圾分类，宁波成为全国首个有完整分类处置设施的城市，年末全市共有生活垃圾处置设施8座，总设计处理能力1.1万吨/日。

社会消费品零售总额4154.9亿元，增长8.1%。其中：城镇市场零售额3538.1亿元，增长7.9%；农村市场零售额616.8亿元，增长8.7%。批发和零售业完成商品销售总额2.66万亿元，增长14.1%。

旅游总收入2005.7亿元，增长19.7%。接待国内游客1.24亿人次，增长13.9%；国内旅游收入1977.6亿元，增长19.9%；接待入境过夜游客84.01万人次，入境旅游收入4.21亿美元。天一阁·月湖景区获批国家AAAAA级旅游景区。全年新增市级农家乐特色村(点)14个，累计193个。举办各类会展项目319个，增加7个。获评“中国会展之星·中国最佳会展目的地城市”和“金五星优秀会展城市”等奖项。

口岸进出口总额16016.5亿元，增长15.8%。外贸进出口总额8576.2亿元，增长12.9%。其中：出口5550.6亿元，增长11.4%；进口3025.6亿元，增长15.7%。新增对外贸易经营备案登记企业5350家，累计4.26万家；全年有进出口实绩企业2.04万家。新批外商投资项目623个，增加68个；合同利用外资73.5亿美元，增长18.3%；实际利用外资43.2亿美元，增长7.2%。其中：第三产业新批项目467个，增长13.6%；实际利用外资26.8亿美元，增长25.4%。新批境外投资企业和机构172家，备案中方投资额41.4亿美元，增长142.1%。完成境外承包工程劳务合作营业额16.8亿美元，下降18.9%。承接服务外包执行额336.6亿元，增长15.7%，其中承接离岸服务外包执行额159.4亿元，增长17.6%。实际服务外包业务企业495家，从业人员4万余人。国内招商引资实际到位资金1266.8亿元，增长21.7%。“浙商回归”实到资金986.3亿元，增长19.5%。山海协作产业合作项目69个，实到资金24.2亿元。

宁波舟山港货物吞吐量10.8亿吨，增长7.4%，连续10年居世界第一位。其中宁波港域完成吞吐量5.8亿吨，增长4.5%。宁波港域全年完成铁矿石吞吐量8419.9万吨，增长0.4%；煤炭吞吐量5797.9万吨，下降3.1%；原油吞吐量6096.7万吨，下降7.3%。宁波舟山港集装箱吞吐量2635.1万标箱，增长7.1%，超越深圳港成为全球第三大集装箱港，其中宁波港域完成集装箱吞吐量2509.5万标箱，增长6.5%。至年末，宁波舟山港集装箱航线总数246条，其中远洋干线120条。完成海铁联运60.2万标箱，增长50.2%。

金融机构本外币各项存款余额19150亿元，其中人民币存款余额18532.5亿元，分别增长5.5%和6.6%；本外币各项贷款余额19935.9亿元，其中人民币贷款余额19341.1亿元，分别增长12.2%和12.9%。

全年有217项科技创新获国家自然科学基金项目支持，1项获国家重大专项支持，13项入选国家重点研发计划，获国家专项经费1.5亿元。新认定省级企业研究院30个，累计99个；省级高新技术企业研究开发中心72个，累计462个；省级企业技术中心11个，累计162个；新备案省级以上“众创空间”9个，累计77个，其中国家级23个。认定登记技术合同2418项，增长18.1%，合同成交总额70.2亿元，增长64%；吸纳全国各地技术3372项，增长9.7%，合同成交总额92.6亿元，增长22.3%。专利授权4.5万件，增长21%，其中发明专利5302件，下降1.5%。年末人才总量241.2万人，增长9.8%。

至年末，全市有各级各类学校2020所，在校学生133.9万人。其中：高校15所，在校学生15.6万人；普通高中84所，在校学生8.6万人；中职学校38所，在校学生6.6万人；初中220所，在校学生20.9万人；小学433所，在校学生49万人。

全市有国家级非物质文化遗产代表性项目25项，省市级362项。舞剧《花木兰》获第11届中国舞蹈最高奖项“荷花奖”。全市公共图书馆、文化馆均获评国家一级馆，大榭史前制盐遗址获评全国“田野考古奖”二等奖，余姚河姆渡遗址获批浙江省考古遗址公园。

各类医疗卫生机构4252个，医院170个；实有病床3.8万张，各类专业卫生人员8万人。按户籍人口计算，每千人床位数、卫技人员数、执业医师(含助理)数和注册护士数分别为6.4张、11.0人、4.3人和4.5人。

举办全国性以上赛事和活动50多项。组队参加浙江省第十六届运动会获金牌173.5枚(含双人或多人项目中本地运动员获奖牌占比数，下同)，银牌154.75枚，铜牌160枚，团体总分4745.5分，奖牌数和总分均居全省第二位。全年新建健身路径448条，总数7253条，新建成各类球场66个。

企业基本养老、医疗、失业、工伤和生育保险参保人数分别为453万人、405万人、281.8万人、369.9万人和278.2万人，城乡居民基本养老保险、被征地人员养老保障、城乡居民医保分别为113.3万人、33.9万人和327.4万人。城区居民最低生活保障标准提高到885元/月。

宁波市中心城区空气质量优良天数比例为87.7%，提高2.5个百分点；PM2.5浓度为33微克/立方米，下降10.8%。新增排污权交易97笔，交易金额6511.3万元；新增有偿使用347笔，金额1.6亿元。地表水省控以上断面水质Ⅰ—Ⅲ类比例为89.5%，全面消除市控以上劣Ⅴ类水质断面，117个县控以上监测断面水质均达到或优于Ⅴ类。13个县级以上集中式饮用水源地水质达标率100%。市本级、镇海区和江北区分别被评为第二批省级生态文明建设示范市和示范区。

【宁波市获批设立国家级临空经济示范区】 2018年4月25日，宁波临空经济示范区获国家发展改革委、国家民航总局批复，成为全国第11个国家级临空经济示范区。宁波临空经济示范区包含机场与物流园区、望春工业园区、石碶街道和古林镇，规划范围西至横鄞线、南至鄞城大道、东至奉化江、北至联丰路区域，管理面积82.5平方千米。其空间布局和主要功能以机场为核心，加大周边空间资源的整合力度,借助快速、便捷、立体化交通网络,构筑“核心区+拓展区”联动发展的圈层空间格局。依托现有产业基础和资源环境分布状况,将临空经济示范区划分为“空港运营区、综合功能区、产业集聚区、生态休闲区”四大功能分区。

【天一阁·月湖景区获批国家AAAAA级旅游景区】 2018年10月29日,文化和旅游部举行新晋AAAAA级旅游景区授牌会,宁波天一阁·月湖景区榜上有名,成为宁波市第二家国家AAAAA级旅游景区。天一阁·月湖景区位于海曙区,由天一阁博物馆与月湖两大核心景区组成,总面积约1平方千米。景区历史资源丰富,文化底蕴深厚,有各级文物保护单位、文物保护点50多处,其中国家级重点文物保护单位3个。

【宁波市获第三届中国质量奖提名奖】 2018年11月2日,宁波市以“诚信、责任、创新、卓越”政府类第一名获中国质量奖提名奖。2012年宁波市开展质量强市创建活动,2013年末被国家命名为“全国质量强市示范城市”。近5年来,宁波市实施“全面建设质优宁波”战略,构建经济、社会、生态、城乡发展和政府服务五大领域的“大质量”建设格局,2016年度居全国十大“质量魅力城市”首位。1月,宁波市出台《关于开展全面质量提升行动深入推进“质优宁波”建设的实施意见》,全面部署开展制造业、农业、服务业、政务服务、城乡建设和生态环境六大领域质量提升行动。

(宁波市委党史研究室　孟俊权)

海　曙　区

【概况】 2018年,海曙区辖9个街道、7个镇、1个乡。年末常住人口92.9万人,户籍人口63万人。地区生产总值1252.4亿元,比上年增长6.9%。其中:第一产业增加值15.2亿元,增长2.3%;第二产业增加值455.04亿元,增长5.2%;第三产业增加值782.16亿元,增长8.1%。三次产业结构比例为1.2∶36.3∶62.5。按常住人口计算,人均生产总值13.63万元。

财政总收入175.88亿元,其中一般公共预算收入104.63亿元,分别增长7.3%和12.5%。一般公共预算支出85.19亿元,增长14.8%。全区居民人均可支配收入56752元,增长8.5%。其中:城镇居民人均可支配收入63636元,增长7.9%;农村居民人均可支配收入33997元,增长9%。

农林牧渔业总产值21.31亿元。其中,农业产值17.89亿元,林业产值1.02亿元,畜牧业产值0.74亿元,渔业产值0.89亿元。现代都市农业稳步发展,“三区六园”(三大农业区域、六大农业项目)建设持续推进,举办首届中国家庭茶艺大赛,2家农场入围全省“100个最美田园”,建成市级多彩农业美丽田园示范基地2个、现代农业庄园4个,获批全国农村一、二、三产业融合发展试点县。

工业增加值373.27亿元,增长6.7%,其中规模以上工业增加值226.77亿元,增长8%。655家规模以上工业主营业务收入712.12亿元,增长6.5%;利税79.37亿元,其中利润57.17亿元,分别增长38.6%和63.6%。规模以上工业技术(研究)开发费17.26亿元,增长47.9%;新产品产值占13.9%,下降1.8个百分点。

固定资产投资增长13.1%,其中民间投资增长43.1%。在投资总额中,基础设施投资增长18.6%,工业投资下降3.4%。全年新开工项目133项,年末各类在建项目230项,其中计划总投资1亿元以上项目130项,5亿元及以上项目67项。

社会消费品零售总额790.59亿元,增长7.1%。在限额以上批发和零售业商品销售额中,化工材料和制品类增长44.5%,机电产品及设备类增长32.6%,石油及制品类增长15.3%,服装、鞋帽、针纺织品类增长7.9%,日用品类增长3.2%,金属材料类增长2.3%。

外贸进出口总额688.19亿元,增长6.9%。其中:出口583.85亿元,增长7.5%;进口104.34亿元,增长3.4%。新增境外投资企业11家,核准中方投资额2.69亿美元,实际完成中方投资额0.59亿美元。境外工程承包和劳务合作营业额1.89亿美元,下降38%。合同利用外资47119万美元,下降2.6%;实际利用外资36058万美元,增长23.1%。新设立内资企业8107家,增长12.2%;新增注册资本491.34亿元,下降3.1%。引进宁波市外内资资金130.75亿元,“浙商回归”到位资金63.85亿元,分别增长17.2%和17.4%。新设立个体工商户10317户,增长3.9%;资金数额8.77亿元,增长17.9%。全年办理“个转企”187户。

接待国内外游客1806.7万人次,增长20.4%;旅游总收入262.1亿元,增长21.2%。有星级宾馆17家,其中五星级宾馆4家、四星级宾馆4家。

宁波月湖景区　　(宁波市委党史研究室　供图)

银行业本外币各项存款余额6649.33亿元，下降4.1%；贷款余额7932.66亿元，增长7.3%。保险业务收入198.54亿元，增长4.6%；各类赔款给付80.69亿元，增长14.8%。

全区有高新技术企业131家，科技部科技型中小企业134家，省高成长科技型企业50家，省创新型领军培育企业3家。规模以上工业高新技术产业增加值73.44亿元，增长13.6%。专利授权量3138件，增长11.1%，其中发明专利544件，增长11.1%。宁波工业互联网研究院开发的国内首个自主知识产权的工业操作系统——supOS发布。出台"百创汇海"人才新政18条。举办"中东欧新材料新装备产业及人才发展论坛"等各类高端人才活动7场，设立引才引智工作站6家。新建省级以上博士后工作站2个，省级院士工作站1个，创建市级"技能创业孵化实训基地"3个。培训中高端技能人才4528人，年末人才总量20万余人。

有中小学64所，在校中小学生76908人；幼儿园122所，在园幼儿33001人，普惠性幼儿园招生覆盖率87%，等级幼儿园招生覆盖率95%。开展文化惠民"百川工程"家门口文化共享、新农村文化乐享、高雅艺术美享活动。举办各类文化活动3500多场。12件作品获省级以上文艺奖项，获批全省农村文化礼堂建设先进区。连续3年获评全国基层中医药工作先进。民间资本投资的大型综合性医院宁波普济医院项目开工建设。龙观乡"绿谷龙观"获评浙江省运动休闲旅游优秀项目。

参加养老、医疗、失业、工伤和生育保险缴费人数分别为35.6万人、36.1万人、33.4万人、36.5万人和31.6万人。户籍人口养老保险参保率98.6%、医保参保率99.47%。

全年有243个居住小区推广垃圾分类，覆盖居民15.65万户。8个城区街道的小区垃圾分类覆盖率100%，城区居住区生活垃圾分类收集覆盖率90.7%。641座城乡公厕完成改造，内河清淤疏浚5条、水质提升12条，老小区雨污分流改造完工97个，7个乡镇（街道）"污水零直排区"建设基本完成，国家和省"水十条"考核断面全部达标，西洋港河、南塘河入选市级"美丽河湖"。

2018年4月28日，海曙古林记忆馆开馆　（海曙区古林镇　供图）

【第一届中华传统文化月湖盛会】 2018年3月11日在海曙区举行。活动由宁波市委宣传部、海曙区政府等举办，以"弘扬中华优秀传统文化，增强文化创新创造能力"为主题，设主论坛1个，中华文化与三字经传承分论坛、中华文化与企业发展分论坛、"中华优秀传统文化与蒙学教育"的研究与实践分论坛、"一人一艺"国乐鉴赏分论坛4个。联合国第八任秘书长潘基文、国家博物馆首任馆长潘震宙出席，来自各行各业1500多名企业界人士和中华文化爱好者参加。会上，潘基文以"中华文明与世界和平"为题发表演讲。

【海曙古林记忆馆开馆】 2018年4月28日，宁波市最大镇级博物馆——古林记忆馆开馆。该馆位于海曙区古林镇古林村南街黄公林庙内，前身为汉代粮仓。陈列馆在保护原有建筑基础上，结合当地发展特色进行布展设计，总占地面积1719平方米，分历史综合陈列、民俗风物陈列、贤达人物陈列、村落基本陈列、梦幻水乡陈列、红色古林陈列6个部分。

【中国（宁波）—东盟大宗商品贸易中心落户海曙】 2018年12月3日，中国（宁波）—东盟大宗商品贸易中心在海曙区石碶街道国家级临空经济示范区内落户。该项目为国骅集团与泰王国中小企业经济贸易发展委员会合作主要项目，占地19公顷，建筑面积38万平方米，总投资28.2亿元，产业体以数字经济、商品贸易、跨境贸易、贸易服务为核心，设有大宗商品贸易综合性服务平台和大宗商品贸易产业核心区。

（海曙区委党史办公室　崔丹娜）

江　北　区

【概况】 2018年，江北区辖7个街道、1个镇。年末常住人口38.5万人，户籍人口25.77万人。地区生产总值520.58亿元，比上年增长9.7%。其中：第一产业增加值7.94亿元，下降2.7%；第二产业增加值179.47亿元，增长8.8%；第三产业增加值333.17亿元，增长10.6%。三次产业比例为1.5∶34.5∶64.0。

财政总收入126.62亿元，其中一般公共预算收入72.89亿元，分别增长17.2%和12.1%。一般公共预算支出70.42亿元。城镇居民人均可支配收入62881元，增长8%；农村居民人均可支配收入36301元，增长9.1%。

农林牧渔业总产值12.15亿元，下降3.6%。围绕"三线五区"（近郊、近山和近水三线，姚江工业公园、宁波市都市农业园区、庄桥东郊、甬江街道北郊、北山乡村旅游区五区),打造南联、畈里塘、外漕、童家等精品村庄,18个美丽乡村建设项目有序推进。打造系列稻田大地图景观,推动特色农业基地转化休闲农园。创建市级美丽乡村合格村(示范村)15个、示范街道1个、风景线1条。毛岙村获评中国美丽休闲乡村,村级生活垃圾分类实现全覆盖。完成农村公厕改造226座。110个村(社)集体资产清产核资完成,核查集体资产54.9亿元。推进村级物业整治,全区331个点位完成整治167个,拆除、清退、整治13.52万平方米。

规模以上工业企业销售产值771.76亿元,增长15.2%,产销率98.5%;主营业务收入776.49亿元,增长14.6%;利税59.01亿元,其中利润44.1亿元,均与上年持平。建筑业总产值320.6亿元,增长10.6%。房屋建筑新开工面积3118万平方米,竣工面积627.83万平方米。全区有三级资质以上建筑企业130家。

固定资产投资增长19.9%。房地产投资192.45亿元,增长32.6%。庄桥街道完成整治项目19个,获评省级样板;孔浦街道完成整治项目14个。甬江畈田塘村、庄桥童家村两个市级改旧示范村通过“三居”(安居、宜居、美居)专项行动考核验收。推进海绵城市建设试点,试点区开工项目148个,完工82个,在建66个,在建区域面积24.36平方千米。全年投资约1000万元,创建“美丽经济走廊”57千米,完成“美丽经济交通走廊”达标县(区)创建。新(改)建环卫公厕21座、“爱心驿站”56座,开放沿街社会公厕40间,云创小镇装配式公厕获“公共厕所示范案例”奖。全面推进垃圾分类,老外滩成为全市首个定时定点分类投放商业街区,建成全市最大规模绿植废弃物处置场、全市最大生活垃圾分类转运站。新开工市政道路项目8个,完工6个,完成投资7.1亿元;续建交通道路项目1个,新开工项目8个,完工4个,完成投资1.89亿元。

社会消费品零售总额341.2亿元,增长11.3%。新增电商试点企业34家,累计56家;跨境电商出口额7.56亿美元,增长2.42倍。网络零售额130亿元,增长27.9%。接待国内外游客1489.66万人次,增长16.3%;旅游总收入152.05亿元,增长16.9%。完成涉旅项目投资20.99亿元。举办首届宁波(江北)农民丰收节,荪湖创建成为省级旅游度假区。新建、新增精品民宿10家,“慈舍”获评省金宿级民宿。承办首届“宁波·尼斯国际嘉年华”,接待游客15万余人次。创建省A级以上景区村庄10家。获评国家四星级旅游饭店、四星级旅行社、省特色文化主题酒店各1家。

外贸进出口总额550.55亿元,增长32.7%。其中:出口322.57亿元,增长26.4%;进口227.98亿元,增长42.7%。中国(宁波)中东欧青年创业创新中心投入运营。中国—中东欧农促会联络处揭牌。至年末,核准境外投资企业(机构)14家,备案中方投资额1.06亿美元。服务外包执行总额16.31亿元,增长30.1%。兴办外资企业57家,利用外资3.56亿美元,增长169.3%。引进宁波市外内资95.6亿元,实到“浙商回归”资金65亿元。推进产业招商,落户江北区企业4857家,其中注册资本500万元以上企业1871家,注册资本358.5亿元。

中国科学院计算所宁波创新中心、北京航空航天大学宁波产业孵化基地落户江北,大连理工大学宁波研究院揭牌,全区新增孵化器(众创空间)14个,新增市级以上“众创空间”5个、省级优秀“众创空间”2个。新增高新技术企业16家,累计82家,高新技术产业增加值83.3亿元;新增科技型中小企业651家,市级创新型初创企业144家,市级以上研发机构18家,省高成长科技型中小企业21家,省创新型领军企业2家。加快科技成果转移转化,技术交易额7.08亿元,增长36.1%。组织人才招聘活动50多场,引进人才1.7万人。成立全市首个企业博士后工作站联盟,新建国家级、省级博士后工作站各1个。通过省级知识产权示范区复核,新增省级专利示范企业2家、市级专利示范企业3家。

公办和普惠性民办幼儿园招生覆盖率99%,等级幼儿园在读儿童16837人。全区在校中小学生35736人,其中流动人口子女17156人。等级平安校园创建率100%。全区新注册主营或兼营文创业务的企业3060家,增长163.6%。

各类医疗卫生机构201个,其中区属医疗卫生机构(含社区卫生服务站)61个。区属医疗机构病床1327张,卫生专业技术人员2641人。“中医三联法分期论治带状疱疹”入选市非物质文化遗产目录。实现电子健康档案和电子病历互通共享,全年远程会诊、咨询服务3.5万人次,开具云处方3.4万人次。举办区首届中国医师节系列活动,评选表彰“最美卫计人”10人、“最佳医护之星”20人。举办各项体育赛事70多次。滨江体育公园投用,区全民健身中心建成,全区符合条件的30所中小学校体育场均向社会开放。

全年开展各类教育活动6534场次,参与教育培训60.5万人次。举办各类文化活动1000多场。新增农村文化礼堂12个,累计40个,创建成为全省农村文化礼堂先进区。

户籍人口养老保险、医疗保险参保率分别为99.2%、99.6%,城乡居民养老、医疗补助对象参保率100%。全区有低保对象979户,支出低保资金1176.5万元;低保边缘家庭371户574人;实施医疗救助38200人次,支出401.52万元。建成示范型居家养老服务中心5个。尝试老年助餐服务,推出102个社区(村)助餐点,服务覆盖80%的城乡社区。

全区大气市控以上点位环境质量年均PM2.5浓度为37微克/立方米,下降5.1%,优良率(AQI指数)80.9%;地表水区控以上点位全部达标,饮用水源地水质达到或好于Ⅲ类水标准;化学需氧量、氨氮分别下降2.5%和1%。获省“五水共治”(河长制)工作优秀县(市、区)“大禹鼎”和省级生态文明建设示范区。5个区控以上水质断面全部达标,完成河道清淤2.9万米、河道整治9000米。

【江北区通过农村土地确权登记综合检查验收】 2018年5月13日,经省、市专家对土地确权工作进行内、外业检查,江北区通过综合检查验收,成为宁波市首个通过省市级综合检查验收的区县(市)。江北区39个村开展确权,确权面积2539.86公顷,涉及农户1.09万户、2.5万个地块。签订合同1.07万份,合同签订率97.5%,发放权证9308份,权证发放率85.2%。

【田园综合体达人村试营业】 2018年9月28日,宁波(江北)“中国农民丰收节”暨达人村开园活动举行。达人村位于甬江街道畈里塘村,以“身在都市、梦回原乡”为宗旨,旨在打造具有宁波文化特色的美丽乡村旅游综合体。该项目重点突出田园夜色与宁波地方特色文化,具有休闲旅游、创意农业、民俗演艺、亲子体验、田园社区等功能,并融合节庆庙会、田园风光、美食小吃、民俗演艺、童话世界等项目。

【宁波·清廉论坛】 2018年11月17日在江北区举行。论坛系第十届中华慈孝节系列活动之一,由浙江日报报业集团、中华慈孝节组委会、宁波市廉政文化研究会主办,以“家风家训与清廉文化”为主题,邀请国内廉政专家共话清廉。论坛上,中央纪委研究室原主任、中国纪检监察学院客座教授李雪勤以“家风、清廉文化和清廉宁波建设”为题做主旨发言。北京航空航天大学和中国人民大学有关专家分别发言。论坛发布《“慈孝家风与清廉文化”的宁波慈城共识》。

(江北区史志办公室 程丽珍)

北 仑 区

【概况】 2018年,北仑区辖11个街道。年末常住人口71.6万人,户籍人口42.37万人。地区生产总值(包括宁波保税区和大榭开发区,下同)1618.39亿元,比上年增长7.1%。其中:第一产业增加值8.07亿元,增长1%;第二产业增加值972.75亿元,增长5.6%;第三产业增加值637.57亿元,增长9.6%。按户籍人口计算,人均生产总值386302元。财政总收入576.61亿元,其中一般公共预算收入291.85亿元,分别增长19.3%和18.4%。金融机构各项存款余额1442.05亿元,增长11%;各项贷款余额1271.85亿元,增长12.5%。居民人均可支配收入55113元,增长8.6%。754家规模以上工业企业工业总产值4103.4亿元,增长9.7%;实现利税491.21亿元,其中利润359.04亿元,分别增长3.9%和2.8%。固定资产投资增长5%。102家资质以上建筑企业实现产值167.31亿元,增长8.2%。社会消费品零售总额255.52亿元,增长2%;外贸进出口总额2720.49亿元,增长13.3%。其中:出口1183.52亿元,增长11%;进口1536.97亿元,增长15.1%。合同利用外资20.59亿美元,增长27.4%,实际利用外资11.41亿美元,增长11.3%。

区本级(不包括宁波保税区和大榭开发区,下同)规模以上工业企业总产值3125.04亿元,增长10.2%;销售产值3074.41亿元,增长9.5%。利税311.65亿元,其中利润226.62亿元,分别增长6%和7%。临港产业工业总产值2019.39亿元,增长9.7%。产值超1亿元企业247家,超10亿元企业40家,超100亿元企业8家。有资质以上建筑企业79家,完成建筑业总产值150.96亿元,增长6.3%。房屋施工面积571.07万平方米,增长3.6%。

固定资产投资增长1%。其中:二产投资135.79亿元,下降15.7%;三产投资204.82亿元,增长16.4%。基础设施日趋完善。重点项目加快推进。中芯宁波一期N1项目、中海油LNG二期、申洲全方位技改等30个重大项目开工,拓普集团年产150万套汽车智能刹车、旭升轻量化及环保型铝镁合金汽车零部件制造等18个项目建成投产。

社会消费品零售总额215.92亿元,增长2.8%。限额以上商品销售额4827.32亿元,增长14.5%。举办北仑购物节、北仑文化消费节、汽车博览会、家电博览会、宁波城市主题秀等活动,组织企业参加首届中国国际进口博览会、中东欧展会、农超对接洽谈会等展会活动。

接待国内外游客1188.73万人次,增长15.1%;旅游总收入82.93亿元,增长18.2%。道路客运量4470万人次,下降9.3%。

外贸进出口总额1492.68亿元,增长9.1%。其中:出口773.24亿元,增长10.8%;进口719.44亿元,增长7.3%。新批外商投资企业87家,增资32家,减资14家,总投资40.15亿美元,减少10.7%;合同利用外资16.06亿美元,增长14.1%;实际利用外资9.78亿美元,增长12.7%。新批境外投资项目22个,核准中方投资额12亿美元,实际中方投资额7.5亿美元;完成服务外包执行总额44.85亿元,增长16%;离岸服务外包执行额27.9亿元,增长18.4%。完成国内招商引资实到资金135.72亿元,增长12.8%。

新认定国家高新技术企业21家;高新技术产业产值1876.46亿元,增长7.6%;新获批市级以上科技项目100多项,新创建企业院士工作站4个,省市级企业研究院8个,国家级企业工程技术中心1个,省市级高新技术企业研发中心19个。引进科技成果转化项目40项,技术交易总额12.35亿元。获省市级科技进步奖5项。全区(含宁波保税区和大榭开发区)专利授权量4137件,其中发明专利455件。全区新增各类人才2.5万人,年末人才总量27.1万人;新建博士后工作站1个、研究生工作站4个。

全区有中小学47所(含外来工子女学校2所),在校中小学生56702人;幼儿园87所,在园幼儿21993人。北仑职高师生在市技能大赛中获28枚金牌、42枚银牌、52枚铜牌,获奖总数和金牌数均列全市第一位。

全区(含宁波保税区和大榭开发区)有医疗卫生机构337个,其中公共卫生机构5个,公立医疗机构62个;病床2559张,卫生技术人员4679人,其中执业(助理)医师1898人,注册护士1808人。家庭医生累计签约6.9万人。建成区级医学重点学科11个、医学重点扶持学科4个、基层医疗机构特色科室10个,基层临床特色技术8项;顾玉东手外科院士工作站和戴尅戎骨科院士工作站先后落户北仑。

户籍人口参加养老保险32.83万人,参保率97.4%;医疗保险参保人数39.31万人,参保率99.1%。

通过国家生态文明建设示范区现场考核验收和宁波经济技术开发区国家生态工业示范园区复查评估，获首批美丽浙江建设年度工作考核优秀，区域绿色发展报告制度被列为省级改革试点，获省“千万工程”美丽浙江建设集体三等功。深化“五水共治”，开展“污水零直排区”和“美丽河湖”建设，基本建成全域“污水零直排区”。全区535条河道水质监测实现全覆盖，10个区控以上考核断面水质达标率90%以上。97家企业完成工业挥发性有机物污染治理。建成区完成159个小区、8.7万户家庭的垃圾分类推广工作，城区机关企事业单位、学校等公共机构全面开展垃圾分类工作。空气质量优良率（AQI指数）88%，PM2.5浓度均值为28微克/立方米，6项指标首次达到国家二级标准。

【北仑区第三次获省治水“大禹鼎”】 2018年，北仑区获省“五水共治”（河长制）工作优秀县（市、区）“大禹鼎”，第三次获全省治水最高荣誉。全区有大小河道636条，总长635千米，小微水体1163个，水域面积1635万平方米。有岩泰水系、小浃江、芦江等主河道及众多的溪坑、池塘。至年末，全区累计建成城乡污水管网1580千米，拆除涉水违章建筑225万平方米，清除河道淤泥800多万立方米，治理河岸面源污染点5200多处。

【境内高速公路客车免费通行】 2018年，经省、市两级政府和相关管理部门批准，自5月2日零时起，调整北仑区境内高速公路客车通行费收费方式。调整后，在宁波绕城高速公路丁家山、小港收费站，甬台温高速公路北仑（大碶）收费站和穿好高速公路灵峰、霞浦、柴桥、郭巨、穿山港区等8个收费站之间路段，对使用不停车收费电子标签（ETC）客车免收通行费，免费期限暂定2年。

（北仑区委党史办公室　韩朝阳）

镇海区

【概况】 2018年，镇海区辖5个街道、2个镇。年末常住人口45万人，户籍人口26.08万人。地区生产总值989.2亿元，比上年增长3.1%。其中：第一产业增加值6.5亿元，增长1.8%；第二产业增加值729亿元，增长0.8%；第三产业增加值253.7亿元，增长8.6%。三次产业之比为0.7∶73.7∶25.6。

财政总收入126.2亿元，其中一般公共预算收入78.6亿元，分别增长10.3%和11.5%。一般公共预算支出80.8亿元，增长10.8%。城镇居民人均可支配收入62031元，增长7.9%；农村居民人均可支配收入34461元，增长9.1%。

农林牧渔业总产值9.5亿元，增长1.6%。其中农业产值8.1亿元，增长3%。全区有农业机械总动力4.9万千瓦，机耕率、机割率和机灌率均在99.5%以上。制定实施“乡村振兴”战略三年行动计划，创建“镇蜜”等优质农产品牌。建成美丽乡村示范村2个、合格村6个，十七房村获评国家级美丽宜居示范村。

工业总产值2459.4亿元，增长10.3%。全区有规模以上工业企业559家，其中产值超1亿元187家、超5亿元47家、超10亿元23家。规模以上工业销售产值2445.86亿元，增长9.8%；利税408.78亿元，下降17.9%。区属规模以上工业总产值1277.2亿元，增长10.2%。

固定资产投资增长18.5%。九龙湖新集镇中心建设加快，获评全市“十佳美丽乡镇”。宁镇路改造一期、招宝山大桥连接线竣工通车。商品销售额1278.4亿元，增长19.7%。社会消费品零售总额179.2亿元，增长7.7%。12个1亿元以上商品交易市场成交额1462亿元，增长21.5%。

外贸进出口总额470.7亿元，下降1%。其中：出口234.3亿元，增长6%；进口236.4亿元，下降7%。引进外商投资项目31个，增长14.8%；总投资额10.6亿美元，增长32.7%；合同利用外资5亿美元，增长37.7%；实际利用外资2.7亿美元，增长8%。

接待国内外旅游人数1119.67万人次，增长14.4%；旅游综合收入79亿元，增长15%。招宝山旅游风景区、九龙湖旅游度假区、宁波帮文化旅游区和十七房景区分别接待游客156万人次、136.8万人次、85.7万人次和50万人次。

金融机构各项存款余额768.4亿元，增长13.8%；各项贷款余额742.1亿元，增长8.8%。证券成交总额671.6亿元，下降33.7%。

高新技术企业129家，区级科技（科普）示范基地15个，科技型企业241家。全年通过鉴定的科研成果21项，引进高新技术项目51项，认定登记的技术合同233份，技术交易额10亿元。有省名牌产品22个，市名牌产品37个。出台“人才新政”15条，创建省“千人计划”产业园。有博士后科研工作站10个，各类专业技术人员61096人。

全区有中小学36所，在校学生43095人；幼儿园56所，在园幼儿15230人。有镇（街道）文化站6个，各类艺术表演团体512个。

各类医疗服务机构241个。其中：医院9个，社区卫生服务中心7个；有病床2798张，专业卫技人员3533人。每万人拥有医院病床107.3张、医生52.8人。

全年组织大型文化演出活动138场，群众性文化活动485次。镇海籍运动员范心怡在布宜诺斯艾利斯青年奥运会上首获蹦床女子个人冠军和蹦床混合团体冠军。全年全区获国家级金牌7枚及省级金牌43枚、银牌50枚、铜牌43枚。在浙江省第十六届运动会上奖牌总数、团体总分均列全市第二位。

区属参加养老、医疗、失业、工伤和生育保险人数分别为22.2万人、23.4万人、16.7万人、21.6万人和15.4万人，分别增长3.4%、4%、3.4%、14.2%和3.5%。

环境空气优良率（AQI指数）87.1%，提高5.6个百分点，PM2.5浓度31微克/立方米，下降8微克/立方米。市控断面水质达标率100%，在全市建成“污水零直排区”。全区森林覆盖率23.2%；年末城市绿地面积2909.3公顷，绿地率45.7%；公园绿地面积339公顷，绿化覆盖面积3061.5公顷；城市绿化覆盖率48.1%。

【郑氏十七房二期项目开工】 2018年3月1日，镇海郑氏十七房二期项目开工。郑氏十七房景区是国内现存规模最大且保存完整的明清古建筑群落之一。二期项目总用地面积近20公顷，总投资近2亿元。主要项目新建十七房·开元酒店二期、游客服务中心、农业田园综合体和青少年农耕文化体验中心，并增加现有仿古客房，延伸明清街、创意集市等业态，拓展乡村旅游板块、民俗文化商业街区。二期项目旨在打造一个集休闲度假、文化旅游、购物餐饮、婚庆娱乐、农业观光等功能于一体的体验型新景区。

【首届“宁波帮”文化节】 2018年11月3日，镇海区首届“宁波帮”文化节在郑氏十七房开幕，“宁波帮”人士及其后人和社会各界人士参加启动仪式。镇海是闻名海外的“商帮故里”，近代以来，先后涌现叶澄衷、包玉刚、邵逸夫、应行久、张济民、赵安中等杰出“宁波帮”人士。年内，镇海区相继举行《梦回十七房》大型“宁波帮”文化主题实景秀、“宁波帮”文化主题城市书房建设、“宁波帮”文化作品集中展演、“致敬宁波帮”文化组诗创作等系列“宁波帮”主题活动。文化节期间，开展纪念包玉刚诞辰100周年、镇海籍文化艺术名家故乡行等重要活动。

【支持民营及小微企业发展】 2018年，镇海区召开政银企融资对接会，组织金融机构对50多家有融资需求的民营、小微企业进行现场对接。在区级财政性资金公开招投标中增加各银行普惠口径小微企业贷款考核权重。至年末，民营企业贷款余额347.04亿元，占企业贷款的67.5%，高出全市17.7个百分点。普惠口径（500万元以下）小微企业贷款快速增长。普惠口径小微企业贷款余额50.07亿元，比年初增加10.91亿元，增长27.9%，高出全部贷款增速19.7个百分点，高出全市平均增速10.7个百分点。

（镇海区委党史研究室　孙中文）

鄞州区

【概况】 2018年，鄞州区辖15个街道、10个镇。年末常住人口134.2万人，户籍人口90.22万人。地区生产总值1820.11亿元（含国家高新区，下同），比上年增长5%。其中：第一产业增加值25.14亿元，增长0.8%；第二产业增加值622.6亿元，增长4.1%；第三产业增加值1172.38亿元，增长5.6%。按常住人口计算，人均生产总值13.54万元。财政总收入435.91亿元，其中一般公共预算收入252.99亿元，分别增长6.1%和4.7%。1129家规模以上工业企业销售产值1573.11亿元，增长9.5%；利税143.94亿元，其中利润101.17亿元，分别增长3.3%和50.5%。社会消费品零售总额874.99亿元，增长8.8%。外贸进出口总额1841.13亿元，增长17.8%。其中：出口1386.61亿元，增长16.5%；进口454.52亿元，增长22%。合同利用外资10.47亿美元，增长13.8%，实际利用外资9.01亿美元，增长29.7%。

区本级（下同）地区生产总值1623.35亿元，增长4.7%。其中：第一产业24.79亿元，增长0.9%；第二产业549.04亿元，增长3.1%；第三产业1049.52亿元，增长5.6%。按常住人口计算，人均生产总值13.05万元，增长1.3%。

财政总收入359.76亿元，其中一般公共预算收入208.99亿元，分别增长6.2%和3.5%。城镇居民人均可支配收入64888元，增长8.4%；农村居民人均可支配收入36589元，增长8.8%。

农林牧渔业总产值36.2亿元，增长1.2%。其中：农业产值26.4亿元，增长1%；渔业产值5.12亿元，减少1.1%。

推进美丽宜居村建设，拆除农村旧房4.9万平方米，建成美丽乡村合格村99个、示范村7个；创建美丽乡村风景线2条、示范镇2个。

规模以上工业企业工业增加值279.53亿元，增长2%；销售产值1407.76亿元，增长7.7%；主营业务收入1424.67亿元，增长9.8%；利税121.57亿元，其中利润82.29亿元，分别增长0.2%和4.1%。规模以上工业技术（研究）开发费34.37亿元，增长13.6%；新产品产值增长8.7%，新产品产值率提高至38.4%。166家资质以上建筑施工企业产值844.5亿元，增长10.4%。

固定资产投资下降18.5%。商品房屋销售面积339.1万平方米，商品房屋销售额782.1亿元，增长8.2%。

社会消费品零售总额811.14亿元，增长8.5%。有各类商品交易市场91个，全年成交额394.71亿元；网上交易市场9个，成交额40.14亿元。批发零售业商品销售额4677.19亿元，增长18%。住宿餐饮业营业额133.97亿元，增长13.1%。

接待国内外游客2233.34万人次，增长28.3%；旅游总收入260.39亿元，增长26.8%。有星级旅游饭店16个、花级酒店11个、绿色旅游饭店14个、宁波市特色客栈1个。

外贸进出口总额1610.87亿元，增长20.7%。其中：出口1233.83亿元，增长16%；进口377.04亿元，增长39.3%。新设外商投资企业113家，合同利用外资8.73亿美元，实际利用外资7.91亿美元，增长11.8%。引进重大内资项目41个，总投资572.1亿元，实际引进内资141.3亿元。引进“浙商回归”项目126个，实际到位资金167.04亿元。金融机构本外币各项存款余额6304.69亿元，增长4.8%；贷款余额7586.95亿元，增长13.9%。

新认定高新技术企业51家，总量289家；新登记备案创新型初创企业357家，累计1829家。新建院士工作站3个，总量21个。新增省级企业研究院3个，市级企业研究院6个，省级高新技术研究开发中心8个、市级企业工程（技术）中心22个，规模以上企业中86%以上建有研发机构。专利授权量9945件，其中发明专利1524件。年末人才总量37.8万人。鄞创科技企业孵化器入选中国留学人员创业园区孵化基地。

全区有普通中学27所，在校学生29091人；小学54所，在校学生70844人。获评全国中小学校责任督学挂牌督导创新区、全国青少年校园足球试点区、全国青少年"五好小公民"主题教育活动先进集体、首批省级艺术教育实验区、首批省级中小学生研学旅行试点区、宁波市第二轮学前教育三年提升行动先进单位等荣誉。7所校(园)投入使用,增加中小学学位1600个。全区有国家级非物质文化遗产名录4项、省级20项、市级50项、区级101项。文化惠民工程演出744场次,观众76万余人次。

各类医疗卫生机构581个,其中综合医院13个;病床8551张,卫生技术人员14405人。全年诊疗1185.45万人次。人均体育场地面积2.32平方米。举办群众性体育赛事、活动69次,参加市民近23万人次。有体育社会组织241个,举办各类活动140次。

参加基本养老、医疗、失业、工伤、生育保险人数分别为52.6万人、55.27万人、50.37万人、56.62万人和47.2万人。户籍人口医保参保率98.8%。农村"五保"对象供养标准和困难群众最低生活保障标准为人均885元/月。全年发放低保金3862.1万元,发放困难残疾人生活保障金2135万元,支付重特大病医疗金1427.3万元。有养老机构床位7302张,建成居家养老服务站10个,累计320个。

落实中幼林(林木平均年龄为中幼龄)抚育面积300公顷。生态公益林建设面积1.38万公顷,山地营造林面积50公顷。化学需氧量和氨氮排放量分别减少492吨和55吨,分别下降6%和3%;二氧化硫和氮氧化物排放量分别减少557吨和550吨,均下降1%。

【鄞州区连续4年居全国综合实力百强区第四位】 2018年10月8日,《人民日报》发布年度中国中小城市科学发展指数研究成果。在"全国综合实力百强区"榜单中,鄞州区排名第四位,连续4年居全国综合实力百强区第四位。综合实力百强区排名评价指标体系从经济发展、社会进步、城乡融合、环境友好和政府效率5个方面进行评价。"中国中小城市科学发展指数研究成果"包括全国中小城市绿色发展百强区、全国投资潜力百强区和全国科技创新百强区等多个榜单,在该3项中,鄞州区分别居第二位、第八位和第三位;在投资潜力百强区榜单上,鄞州区首次跻身前10位,比上年上升4位。

【69家企业登上宁波市"亩均论英雄"排行榜】 2018年11月25日,宁波市发布年度宁波市制造业"亩均论英雄"排行榜,包含行业榜、企业榜(即"亩产英雄500强")、县(市、区)榜3个榜单,鄞州区69家企业上榜;在县(市、区)榜单中,鄞州区亩均税收、亩均增加值、研发投入3项指标均高于省、市平均水平。69家企业中,美康生物科技股份有限公司、宁波三星医疗电气股份有限公司、博格华纳汽车零部件(宁波)有限公司、宁波奥克斯空调有限公司4家企业在榜单前10位;在行业榜中,石油、煤炭及其他燃料加工业,纺织服装、服饰业,汽车制造业,仪器仪表制造业等行业的亩均税收位列前茅。其中:汽车制造业在各行业中亩均增加值最高,亩均增加值255.2万元;仪器仪表制造业研发占比投入最高,占3.6%。

(鄞州区委党史办公室　李学忠)

奉化区

【概况】 2018年,奉化区辖6个街道、6个镇。年末常住人口51.5万人,户籍人口48.13万人。地区生产总值602.36亿元,比上年增长5.7%。其中:第一产业增加值30.01亿元,增长2.5%;第二产业增加值355.21亿元,增长4.6%;第三产业增加值217.14亿元,增长7.9%。按常住人口计算,人均生产总值11.74万元,增长5.1%。

财政总收入78.61亿元,其中一般公共预算收入49.47亿元,分别增长10.7%和15.2%。一般公共预算支出71.88亿元,增长5%。居民人均可支配收入为41413元,增长8.9%。其中:城镇居民人均可支配收入52801元,增长8%;农村居民人均可支配收入30584元,增长9.2%。

农林牧渔业总产值50.06亿元,增长2.1%。创建成为全国平安渔业示范区、全国平安农机示范区,建成"宁波市美丽田园示范基地"3个、"省级休闲渔业精品基地"2个、水蜜桃省级特色农业强镇1个;被认定为"宁波市现代农业庄园"4个、省级"五园创建"示范基地2个;奉化曲毫茶获中国宁波国际茶文化节4个金奖和国际茶博会1个金奖。莼湖镇创建成为省级森林城镇。创建省级示范性家庭农场9个。建成美丽乡村示范村5个。拆除危旧房1.29万平方米,村内道路硬化2.02万平方米,建设村级公共服务中心1430平方米。全年农家乐接待游客1100万人次。

规模以上工业企业总产值654.84亿元,其中新产品产值131.7亿元,分别增长5.9%和24.7%;工业销售产值644.82亿元,增长8.5%;利税总额177.74亿元,其中利润32.72亿元,分别增长7%和7.4%。工业科技活动经费支出11.78亿元,增长28%。

固定资产投资增长25.1%。深化小城镇环境综合整治,全区8个镇(街道)通过省考核验收。推进"乡村振兴水利行动"计划,河道综合整治、小型农田水利、农民饮用水达标提标等民生水利工程完成投资1.6亿元。

社会消费品零售总额175.79亿元,增长8.5%。其中:批发零售业139.67亿元,增长7%;住宿和餐饮业36.12亿元,增长14.9%。批发零售业商品销售总额342.82亿元,增长16.5%。

外贸进出口总额199.89亿元,其中出口171.31亿元,分别下降7.1%和9.2%。服务外包执行额4.65亿元,增长19.2%;离岸服务外包执行额3623.4万美元,增长20.8%。全年实际利用外资1.99亿美元,增长10%。

接待国内外游客2395.09万人次,增长15.2%;旅游总收入215亿元,增长24.9%。实施《奉化区全域旅游发展三年行动计划(2018—2020)》。

金融机构本外币各项存款余额672.81亿元,增长9.7%;贷款余额695.95亿元,增长15.5%。保险机构保费收入12.42亿元,增长10.2%;赔付支出4.51亿元,增长7.5%。

立项实施宁波市级以上科技计划项目和各类创新授奖208项,其中国家级科技项目15项、省级27项、市级166项。授权专利1540件，其中授权发明专利201件。引进共建浙江大学（宁波）气动产业技术研究中心、复旦科技园（浙江）创新中心和哈工大宁波技术转移中心、宁波瑞凌节能环保创新与产业研究院和宁波锋成先进能源材料研究院。举办大型公益性人才交流大会29次，近2.5万人次进场应聘。引进和新增各类人才1.19万人。

全区有中小学56所，在校学生53947人；幼儿园83所，在园幼儿14843人。学龄儿童入学率、小学毕业生升学率均达100%，初中毕业生升学率99.73%。

各类医疗卫生机构472个，核定床位2746张，卫生技术人员3934人。建立居民电子健康档案43.13万份。家庭医生签约居民14.57万人。

全年送戏下乡250场，农村电影放映2600场，“宁波走书”进基层活动240场。全区文艺作品获国家级奖项或入展48件，省级获奖或入展92件，在设区市市级获奖或入展133件。承办羽超联赛、全国青年篮球联赛等14个国家级和省级赛事。5名运动员代表中国队参加第18届雅加达亚运会，奉化区首获亚运会金牌。以打造15分钟健身生活圈为目标，辖区新建、改建体育场地154处，新增体育场地面积141万平方米。

职工养老、医疗、工伤、失业和生育保险参保人数分别为256025人、194918人、172570人、117334人、112819人，被征地人员养老参保人数12846人，城乡居民医疗保险参保人数283921人。全年发放低保金5533万元。“五保”对象集中供养率100%。发放困难残疾人生活补贴和重度残疾人护理补贴3554万元。

推进省级生态文明建设示范区创建工作。制定入海排污口“一口一策”整治方案10个，完成15个加油站（含68个地下油罐）双层罐改造。关闭、关停VOCs散乱污企业114家，20家VOCs排放重点企业整治完成，224家包装印刷行业VOCs核查完成。环境空气质量优良率（AQI指数）86.3%，PM2.5浓度为31微克/立方米，市控水环境目标功能类别达标率100%，城镇集中式饮用水源地优良比例100%。

【奉化区获“浙江省森林城市”称号】 2018年1月12日，奉化区被浙江省关注森林组织委员会授予“浙江省森林城市”称号。奉化区建成区主要道路、河道宜林地段绿化率均为96.4%，城市建成区林木覆盖率34.52%，绿化覆盖率41.78%；建成区骨干道路宜林地段绿化率97.4%；创建省级森林城镇3个、市级森林城镇3个和省级森林村庄15个；山体森林质量不断提升，完成森林人工抚育面积1453.33公顷，发展珍贵彩色健康森林454.07公顷，四明山区域生态修复1060.07公顷。

【全国首个县级农产品质量安全公益培训学院成立】 2018年5月27日，全国首个县级农产品质量安全公益培训学院在奉化区揭牌。培训学院以宁波工程学院奉化研究院为总校址，在爱歌顿农场、南山茶场、黄贤森林公园、银龙竹笋专业合作社教育基地等建立五大校区29个教学点，聘请农业农村部、中国农业大学、浙江大学、浙江省农业科学院等研究机构、院校的30多名专家和38名本地放心示范基地讲解员，为全区规模以上生产主体开展农业技术培训。教学课程有农产品质量安全科学知识、科技内涵的普及、基地观光（适用农场）及快速检测工作的承担等。

（奉化区委党史研究室　汪　钦）

余姚市

【概况】 2018年，余姚市辖6个街道、14个镇、1个乡。年末常住人口114.2万人，户籍人口83.63万人。地区生产总值1105.08亿元，比上年增长8%。其中：第一产业增加值44.08亿元，增长2.6%；第二产业增加值642.43亿元，增长8.3%；第三产业增加值418.57亿元，增长8.1%。按常住人口计算，人均生产总值9.88万元；按户籍人口计算，人均生产总值13.21万元。

财政总收入169.37亿元，其中一般公共预算收入100.63亿元，分别增长11.1%和11%。一般公共预算支出115.37亿元，增长12.4%。居民人均可支配收入50108元，增长8.6%。其中：城镇居民人均可支配收入57250元，增长8.1%；农村居民人均可支配收入33792元，增长8.9%。

农林牧渔业总产值68.86亿元，增长2.8%。新增市级农业龙头企业6家，累计100家，其中产值1亿元以上企业15家。创建宁波市美丽乡村示范乡镇（街道）2个、风景线2条、示范村5个、合格村28个，新增省美丽乡村示范乡镇（街道）2个、特色精品村3个、农村生活垃圾分类处理村155个。新创建宁波市农村生活垃圾分类处理示范乡镇（街道）4个、示范村7个。

规模以上工业企业总产值1616.5亿元，增长12.1%；销售产值1562.96亿元，增长12.9%；利税140.99亿元，其中利润94.28亿元，分别增长3%和6.5%。新产品产值688.05亿元，增长12.2%，新产品产值率42.6%。规模以上工业企业资产增长13.3%。有资质建筑业企业125家，建筑业总产值142.72亿元，增长2.6%。房屋建筑施工面积905.8万平方米，增长4%。

固定资产投资下降20.3%。四明西路西延工程二期（郭相桥中路—直江路）、姚江公园新建工程主体等8个项目基本完工，西石山路拓宽工程等工程稳步推进。慈余高速公路建成通车。新增专用停车位6943个，改造老小区停车位1240个。完成海绵城市专项规划编制。玉皇山公园、新建公园等7个公园绿化改造提升完成，面积1.2万平方米。

社会消费品零售总额471.78亿元，增长8.2%。年末有限额以上贸易企业264家，营业收入603.35亿元，利润2.25亿元。商品销售总额1405.62亿元，增长12.1%。商品交易市场成交额933.17亿元，增长2.5%。金融机构本外币存款余额1615.73亿元，增长9.6%；贷款余额1280.74亿元，增长5.3%。

外贸进出口总额820.96亿元，增长14.2%。其中：出口540.33亿元，增长12%；进口280.63亿元，增长18.7%。全年新增对外贸易经营备案登记企业661家。自营出口实绩企业2487家。新批外商投资项目58个,合同利用外资3.29亿美元,下降62.1%;实际利用外资5.01亿美元,增长4.2%。余姚市外实到内资82.8亿元,增长12%。浙商创业创新实到资金66.1亿元,增长46.8%。

接待国内外游客1446万人次,旅游收入135.65亿元,分别增长16%和17%。农家乐乡村旅游接待游客782万人次,直接营业收入7.5亿元,分别增长22.9%和21%。四明山镇大山村创建成为"中国美丽休闲乡村",余姚市四明山省级旅游度假区获批成立,浙东抗日根据地旧址群成为国家AAAA级景区,余姚市四明山区域获"全国气候休闲胜地""中国天然氧吧"等称号。余姚市获"中欧绿色旅游城市/景区奖"。

全年获省科技发明和科技进步奖4项,新认定国家级企业技术中心1个、省级高新技术企业研发中心5个、省级企业研究院1个。全市累计有各级研发中心353个;有省级重点企业研究院5个,省级企业研究院4个,宁波市级企业研究院14个。新增高新技术企业20家,新增宁波市创新型初创企业159家。认定宁波市级"众创空间"3个,本市级在建和企业入驻的"众创空间"8个。新增专利授权6060件,其中发明专利授权472件。新增各类人才2.57万人,年末人才总量30.84万人,增长9.1%。

全区有中小学127所,在校学生11.42万人;幼儿园208所,在园幼儿3.99万人。实施教育基建项目30个。新建成学校(幼儿园)7所。组建公立医疗机构医共体4个,有病床3323张,卫生技术人员6844人。

开展群众文化活动180场次。公共文化服务中心各类演出配送425场次,四明阁"天天演"演出365场次,受惠群众10万人次。河姆渡遗址成为省级考古遗址公园,余姚土布展示馆建成开放。全年承办全国级及以上交流赛事6场,浙江省春季少儿围棋段位赛等省级交流赛事5场,宁波市美丽乡村全民健身系列活动"春韵·七彩白鹿"鹿亭健行大会等宁波市级赛事8场。人均体育用地面积2.15平方米,基本形成10分钟城乡体育健身圈。肖东第二小学女子足球队获浙江省校园足球联赛(宁波赛区)冠军。

本市户籍养老保险参保率95.2%,医疗保险参保率99.64%。慈善总会募集善款6481万元,增长2.5%;救助支出6114万元,增长8.5%。累计募集8.52亿元,救助支出7.24亿元,受助49.6万人次。

空气质量优良天数297天,优良率(AQI指数)81.6%,提高3.5个百分点。PM2.5浓度为37微克/立方米,下降9.8%。累计完成270家VOCs排放企业深度治理。开展饮用水水源地保护专项排查,实现大中型水库自动监测全覆盖。以森林美化彩化、四明山区域生态修复和林业生态功能提升为重点,改造和新建绿化面积315.1公顷,完成平原绿化125.1公顷,四明山区域森林质量提升163.3公顷,新植珍贵树种18.6万株,建设省级森林城镇3个、"一村万树(1个村新植1万株树)"示范村3个、省级生态文化基地1个、宁波市级美丽村庄2个,创建林特体验园1个、森林健康养生园6个。

【第二届世界姚商大会】 2018年6月10日在余姚举行,500多名姚商、乡贤人参会。姚商大会首次组织浙商姚商回归创业创新优秀事迹评选活动,集中表彰项目回归、总部回归、人才科技回归、公益回归等典型代表。其间,中国(余姚)绿地科创中心、中国计量大学国家大学科技园宁波分园等17个项目签约,总投资202亿元。

【余姚企业首次在欧洲发行海外债券】 2018年10月24日,余姚经济开发区建设投资发展有限公司首次在欧洲发行一笔5000万欧元无抵押债券。12月21日,又发行债券1亿美元。两笔债券均为高级无抵押定息海外债,资金由境外上市交割发行后回流。其中,欧元债券为非公开发行,期限1年,票面利率4.6%;美元债券由国家发展改革委员会审批通过,在香港公开上市发行,期限2年,票面利率7%。

【余姚中国慧聪家电城开业】 2018年11月7日,集家电网、家电展、家电城和家电交易平台于一体的家电全产业链新城——余姚中国慧聪家电城开业。家电城紧邻中国塑料城,分为品牌家电体验中心、小家电SKU集中展示区、联合办公区等,汇聚1100多家品牌家电生产企业,线下展出产品3000多款,线上平台展出产品10万余款。引进电商公司、跨境电商公司、跨境电商代运营公司、物联公司等产业上下游解决方案企业,为家电产业链上下游中小微企业提供创业办公平台,推动整个电商和家电产业发展。(余姚市史志办公室 卢 杰)

慈溪市

【概况】 2018年,慈溪市辖5个街道、14个镇。年末常住人口150.9万人,户籍人口105.57万人。地区生产总值1737.03亿元,比上年增长9.8%。慈溪市本级(简称市本级)地区生产总值1152.9亿元,增长7.7%。其中:第一产业增加值52.24亿元,增长2.2%;第二产业增加值1052.59亿元,增长9.6%;第三产业增加值632.2亿元,增长11%。按常住人口计算,人均生产总值11.54万元。

财政总收入331.77亿元,其中市本级财政总收入170.89亿元,分别增长14.4%和增长9.1%。一般公共预算收入180亿元,其中市本级一般公共预算收入104.57亿元,分别增长14.4%和11.1%。一般公共预算支出188.56亿元,其中市本级一般公共预算支出115.43亿元,分别增长24.5%和增长6.6%。居民人均可支配收入52104元,增长8.5%。其中:城镇居民人均可支配收入59264元,增长8%;农村居民人均可支配收入34927元,增长8.8%。

农林牧渔业总产值78.32亿元,增长2.5%。实施质量兴农十大行动,成立杭州湾现代农业研究院,创建国家级现代农业产业园,田园综合体入选省现代农业科技示范基地3个。全市26个精品(示范)村160个子项目启动实施148个,培育美丽宜居村73

个。创建省美丽乡村示范镇3个、特色精品村8个,创建宁波市美丽乡村示范镇4个、示范村7个、合格村86个。

1457家规模以上工业企业总产值3088.2亿元,其中市本级1219家规模以上工业总产值1535.19亿元,分别增长10.8%和12.8%;工业销售产值3036.52亿元,其中市级销售产值1497.8亿元,分别增长10.9%和12.2%;利税398.05亿元,其中市本级115.94亿元,分别下降1.7%和5.3%;利润272.79亿元,其中市本级70.47亿元,分别下降2.6%和11%。规模以上工业新产品产值1427.67亿元,增长10%,新产品产值率46.2%。

固定资产投资增长3.5%,其中市本级完成投资244.41亿元,增长1%。商品房销售面积368.82万平方米,增长39.8%,其中市本级销售面积153.03万平方米,增长49.5%。

社会消费品零售总额625.78亿元,增长7.5%。批发零售业商品销售额1612.5亿元,增长24%。网络销售额409.65亿元,居宁波各区县(市)首位。全年跨境电商B2B出口(试点)总额13.91亿美元,增长1倍。

市本级接待国内外游客1709.18万人次,增长28.4%;旅游总收入157.72亿元,增长31.7%。金融机构本外币存款余额2413.74亿元,增长15.5%;贷款余额2044.06亿元,增长9.1%。

外贸进出口总额851.85亿元,增长12.7%。其中:出口742.6亿元,增长12.5%;进口109.25亿元,增长14.1%。市本级外贸进出口总额678.87亿元,增长12.3%。其中:出口627.87亿元,增长11.7%;进口51亿元,增长19.8%。全市合同利用外资7.3亿美元;实际利用外资6.84亿美元,增长15.2%。市本级全年引进慈溪市外资金150.26亿元,增长81.9%。市本级新备案境外投资企业18家,实际投资额306万美元,下降85.6%;对外承包劳务合作营业额1.1亿美元,增长5.9%;承接服务外包执行金额32.31亿元,增长30%。

慈溪市列入全省全面创新改革联系点,入选国家首批创新型县(市)建设城市。全市新获授权专利9936件,其中发明专利666件。市本级新增省级企业研究院6个、省级高新技术企业研究开发中心13个;新认定宁波市企业研究院6个,宁波市工程(技术)中心17个;获国家技术发明二等奖1项,省科技进步二等奖1项,宁波科技进步一等奖2项、二等奖2项。

市本级有中小学128所,在校学生13.14万人;幼儿园224所,在园儿童4.99万人。宁波大学科学技术学院迁建工程8幢建筑主体结顶。

各类医疗卫生机构724个,卫生技术人员9272人,医疗机构病床4524张。全年总诊疗1783万人次,家庭医生十类重点人群签约人数23.33万人。

市本级送戏剧进农村演出1390场、送文艺演出62场、送图书2万余册,公益电影放映5000多场。在浙江省第十六届运动会上,慈溪市代表队获金牌22.11枚、银牌20枚、铜牌9.5枚,并获“浙江省竞技体育突出贡献奖”。

市本级职工养老保险参保人数69.47万人,城乡居民社会养老保险28.73万人,土地被征用人员养老保险8.63万人;职工医疗保险参保人数58.18万人,城乡居民医疗保险参保66.97万人。全年发放低保金8551万元,发放困难群众基本生活价格补贴421万元,受惠困难群众1.59万人次。

环境空气质量优良天数279天,无严重污染天气,空气质量优良率(AQI指数)76.4%,上升2.4个百分点,PM2.5平均浓度为38微克/立方米,下降5%。9个湖库水质状况良好,各监测指标平均浓度均达到Ⅲ类饮用水水源地标准,达标率100%;水质功能目标达标率35%,上升10个百分点,7个宁波市控以上断面水质达标率提高14.3个百分点。主要污染指标高锰酸盐指数、氨氮浓度分别下降3.9%、3.8%。《慈溪市生态文明建设规划(2018—2025)》颁布实施。全市新增平原绿化133.3公顷,修复提升海防林36.7公顷,新种植珍贵树种11万株。逍林镇、新浦镇通过省级森林城镇验收。

【世界慈商大会】 2018年5月24日在慈溪举行,海内外700多名慈商代表参会。大会以“汇聚天下慈商,共建美好慈溪”为主题,就“新经济背景下的人工智能”“互联网科技对新经济的引领与提升”等话题进行交流讨论。其间,举行智能制造高峰论坛、新经济论坛、慈溪投资环境说明会等活动。国内工业自动化系统唯一海外上市企业——和利时智能技术有限公司与慈溪市政府签订战略合作协议,共建智能制造基地。复旦大学、上海交通大学、浙江大学、同济大学等18家高校院所与慈溪合作启动慈溪·环杭州湾政产学研联盟。

【慈溪市入选新时代文明实践中心试点县(市、区)】 2018年8月,中共中央办公厅公布全国“新时代文明实践中心建设试点县(市、区)名单”,全国有50个县(市、区)被列入试点,慈溪市名列其中。11月14日,慈溪市召开新时代文明实践中心试点工作动员大会。同月,慈溪市妇联成为全国妇联首批全国新时代巾帼文明实践中心试点单位之一。

(慈溪市委党史研究室　王孙荣)

象山县

【概况】 2018年,象山县辖3个街道、10个镇、5个乡。年末常住人口52.9万人,户籍人口54.86万人。地区生产总值531.65亿元,比上年增长7%。其中:第一产业增加值73.42亿元,增长2.9%;第二产业增加值225.59亿元,增长4.9%;第三产业增加值232.64亿元,增长10.5%。按常住人口计算,人均生产总值10.08万元;按户籍人口计算,人均生产总值96746元。

财政总收入71.28亿元,其中一般公共预算收入41亿元,分别增长6.1%和4.4%。一般公共预算支出68.66亿元,下降2.3%。全体居民人均可支配收入45644元,增长8.6%。其中:城镇居民人均可支配收入54706元,增长8%;农村居民人均可支配收入30882元,增长8.8%。

农林牧渔业产值125.96亿元,增长3.1%。有农业龙头企业58家,其中国家级2家、省市级27家。农民专业合作社880个,注册会员数1.13万户。创建成为国家农产品质量安全县、国家级出口水产品质量安全示范区,获评省畜牧业绿色发展示范县,梭子蟹产业被评为省示范性农业全产业链,象山柑橘获评浙江省名牌农产品,“红美人”等品牌进一步扩大影响,定塘成为全国“一村一品”示范镇。10个美丽示范集镇通过省级验收,新增省级美丽宜居示范村3个、市美丽乡村示范镇村9个和风景线3条。

520家规模以上工业企业产值627.12亿元,增长12.9%;工业销售产值579.25亿元,增长7.5%;利税52.56亿元,其中利润35.26亿元,分别下降5.9%和6.1%。全县净增规模以上企业43家、高新技术企业14家。建筑资质企业132家。建筑业总产值1352.6亿元,增长6.3%。房屋施工面积9238.8万平方米。增长13.1%。

固定资产投资增长25.4%。商品房销售套数7732套,增长67.7%;销售面积94.13万平方米,增长54.4%;销售额90.91亿元,增长59.7%。实施“迎接亚运、城市双修”行动计划,启动市级争优攻坚项目38个、县级攻坚项目40个。客运东站投入运营,天安路改造和环城西路、殷夫路建设加快推进。高速公路新桥、东陈茅洋连接线建成通车,石浦、定塘高速公路连接线加快建设,沿海南线滨海大道至金开路拓宽工程完工。新增城区绿地21.8万平方米,新建绿道21千米,松兰山滨海绿道、大目湾内湾环湾绿道获评第一届“宁波最美绿道”,黄避岙“斑斓西沪”骑行道被评为市级“蝶变样板”,大目湾新城建成海绵城市试点3.14平方千米。

社会消费品零售总额211.87亿元,增长11.2%。网络销售额19.7亿元,增长30%。金融机构本外币存款余额577.73亿元,增长7.3%;贷款余额796.22亿元,增长10%。

外贸进出口总额29.18亿美元,增长3%。其中:出口25.92亿美元,下降2.1%;进口3.26亿美元,增长76.4%。全县有出口实绩企业486家。新批外资项目23个,协议利用外资48061万美元,增长152.1%;实际利用外资16006万美元,增长13.7%。利用内资70.2亿元,其中“浙商回归”资金53亿元,分别增长17%和60.6%。新批中方投资额500万美元以上境外投资企业6家,核准投资额1.62亿美元,实际中方投资额7568万美元。

接待游客2510万人次,旅游总收入276亿元,分别增长14.1%和15%。67个村被评为省A级以上景区村庄。海鲜餐饮、精品民宿与海洋渔业、休闲旅游互动发展,餐饮业实施“名店、名菜、名厨、名区”四名培育工程。全年海洋货物运输量2865.3万吨,增长11.4%。

全区有高新技术企业83家,其中新增国家高新技术企业16家、市级产业创新综合体1个、市级以上企业研发机构14个。有县级科技型小微企业62家、县科技型“小巨人”培育企业22家。省研究生联合培育基地、浙江理工大学象山针织研究院挂牌成立,中国机械科学研究院南方中心、中国电子科学研究院创新分中心签约落户,科创“一基地二中心三院所”(省研究生联合培养基地;科创中心、半岛农业星创天地;中国机械科学研究总院南方中心、中国电子科学研究院创新分中心、浙江理工大学象山现代针织研究院)初步形成。国家级农业科技园区通过验收。实施“半岛英才海纳”计划,引进高层次创新创业团队10个,新增各类人才1.05万人。全年授权专利2289件,其中发明专利104件。

全县有中小学57所,在校学生6.32万人;幼儿园84所,在园幼儿1.9万人。人才总量12.65万人,新增名优教师99人,县级以上名优骨干教师增至512人。实施中小学建设项目19个。

各类卫生机构334个,其中县级医院6个、民营医院9个;卫生技术人员3608人,有病床2477张。每千人拥有床位4.5张、执业医师3.43人、注册护士3.25人。

举办中国·象山帆船公开赛暨国际桨板竞速公开赛、全国帆船锦标赛等赛事。70名运动员参加浙江省第十六届运动会25个项目比赛,获金牌19.3枚、银牌21.1枚、铜牌10枚。

参加各类养老保险(障)39.3万人,工伤保险13.3万人,生育保险9.2万人,医疗保险51.42万人,本地户籍人口参保率92.6%。

环境空气质量优良率(AQI指数)93.2%,优良天数340天,PM2.5均值为25微克/立方米,下降13.8%,居宁波市首位。市控饮用水水源地水质合格率100%,10个乡镇(街道)完成“污水零直排区”创建,再获省“五水共治”(河长制)工作优秀县(市、区)“大禹鼎”。定塘镇入选宁波十大美丽乡镇。

【象山县入选“四好农村路”全国示范县】 2018年9月7日,象山县被交通运输部、农业农村部、国务院扶贫办联合授予“四好农村路”全国示范县称号。象山县融合美丽乡村、全域旅游等创建工作,完善“四好农村路”中长期规划,构建“畅、安、舒、美”美丽经济交通走廊,推进美丽公路建设。全县农村公路通车里程1218千米,完成美丽经济交通走廊292千米、精品线71千米,100%建制村实现通沥青(水泥)路,所有乡镇开通城乡公交。

【中国开渔节被纳入首届中国农民丰收节系列活动】 2018年9月23日是首个中国农民丰收节。第21届中国(宁波象山)开渔节经农业农村部、中央文明办、文化和旅游部等11个国家部门会议审定,与盘锦“蟹稻家”欢乐节、哈尼梯田“稻花鱼”丰收节、千岛湖渔业丰收盛典等一起被纳入首届中国农民丰收节系列活动。中国(宁波象山)开渔节创办于1998年,以善待海洋与挖掘渔文化为主题,挖掘散落在象山县不同地方的渔民开洋谢洋节、石浦—富岗如意信俗、徐福东渡传说、渔民号子等渔文化,将传统文化、民俗特色和时尚元素进行综合演绎,主要内容包括仪式、论坛、文体、经贸和旅游五大板块,逐步形成开船仪式、祭海仪式、妈祖巡安、渔区民俗文化巡游及广场文艺、护海行动、海洋文化夜市等10多项主体和配套品牌活动。中国(宁波象山)开渔节曾获中国十大品牌节庆、中国十大最具魅力节庆等荣誉。

【渔山列岛海域入列首批国家级海洋牧场示范区】 2018年10月25日，在山东烟台召开的全国海洋牧场建设工作现场会上，象山县渔山列岛海域被农业农村部评为首批国家级海洋牧场示范区。渔山列岛海洋牧场示范区建设总面积2250公顷，分期建设规模化人工区、海珍品底播养殖区、海藻移植区等。自2004年探索渔山列岛海洋牧场建设起，该海域累计投放人工鱼礁17.7万空方（体积单位），连续多年实施鱼类、贝类等苗种的大规模增殖放流行动。

（象山县委党史研究室　沈学东）

宁海县

【概况】 2018年，宁海县辖4个街道、11个镇、3个乡。年末常住人口68.5万人，户籍人口63.33万人。地区生产总值603.64亿元，比上年增长7.7%。其中：第一产业增加值43.4亿元，增长2.5%；第二产业增加值315.97亿元，增长7.6%；第三产业增加值244.27亿元，增长8.9%。按常住人口计算，人均生产总值8.83万元；按户籍人口计算，人均生产总值9.54万元。

财政总收入100.07亿元，其中一般公共财政预算收入61.63亿元，分别增长11.1%和11.1%。一般公共预算支出83.43亿元，增长4.2%。城镇居民人均可支配收入56186元，增长8.5%；农村居民人均可支配收入31069元，增长9.4%。新增各类市场主体13371户。其中，内资企业3402家，个体工商户9898户，农民专业合作社47个，外资企业24家。

农林牧渔业总产值61.91亿元，增长2.3%。新增市级龙头企业2家，累计33家。“宁海白”枇杷通过国家林业局品种审定委员会审定，获农业农村部农产品地理标志登记。创建成为省级现代生态循环农业整建制推进县。有无公害农产品产地104个、无公害农产品127个、绿色食品17个、有机食品5个。完成水利建设投资15.3亿元，增长21.4%。水文工作通过全国水利文明单位复核，连续3年获全省水利工作年度综合考核优秀。

工业总产值首次超过1000亿元，其中544家规模以上工业企业产值813.12亿元，增长14.1%；销售产值793.19亿元，增长8.9%；利税91.48亿元，其中利润57.65亿元，分别增长7.8%和4.6%。综合实力50强企业工业总产值451.32亿元，增长20.5%。规模以上工业技术（研究）开发费19.11亿元，增长18.3%。新产品产值285.57亿元，增长12.1%，新产品产值率35.1%。

固定资产投资增长15%。全年有33个项目列入市级“3511”产业（加快发展以新材料、高端装备和新一代信息技术为代表的三大战略引领产业，做强做优以汽车制造、绿色石化、时尚纺织服装、智能家电、清洁能源等为代表的五大传统优势产业，积极培育以生物医药、海洋高技术、节能环保为代表的一批新兴产业和以工业创新设计、软件和信息服务业、科技服务、检验检测为代表的一批生产性服务业）及传统制造业改造提升专项。举办集中开工仪式3次，建成重大项目70个，新开工重大项目100个。261个重点实事工程完成投资202.39亿元。宁波南部滨海新区总投资51.3亿元的10个项目落地，模具产业园二期快速推进，特色商业街、滨江商住区基本完工，三门湾大桥贯通。科技园区发展质量持续提升，软通动力大数据创新体验中心投用，中乌（乌克兰）高端新材料产业园进展顺利。生物产业园入驻企业15家。森林温泉小镇列入省级创建名单，智能汽车小镇位列中国特色小镇第13位，2个小镇入选“浙江大花园”项目。

社会消费品零售总额228.23亿元，增长9.2%。商品销售总额536.71亿元，增长15.7%。网络零售额76.56亿元，增长35.3%。宁海县电商产业园入驻企业64家，交易额38.08亿元，增长3.4倍；跨境电商出口6.21亿美元，133.5%。

接待国内外游客1743.22万人次，增长17.7%；旅游经济总收入171.19亿元，增长18.8%。创建省级景区村庄42个。全年举办展会13场，参展企业958家，成交额12亿元。举办节庆活动31个，其中县级以上节庆20个，镇村级节庆11个。金融机构本外币存款余额733.47亿元，增长6.1%；贷款余额874.66亿元，增长13.6%。保费收入15.3亿元，增长4.8%；赔付支出5.43亿元，增长16.2%。

外贸进出口总额239.23亿元，增长11.9%。其中：出口214.6亿元，增长10.2%；进口24.63亿元，增长28.9%。新批外资企业19家，增资项目12个，合同利用外资1.3亿美元，实际利用外资1.62亿美元，增长14.1%。引进“浙商回归”资金57.01亿元，增长28.4%。

新认定国家高新技术企业24家，备案市级创新型初创企业164家，新增县级科技型企业31家，省、市级企业研究院4个；有国家级工程技术中心2个、省级47个、市级82个、县级200个；全县初步形成“1+4+X”“众创空间”发展布局。获市级及以上科技进步奖11项。专利授权量3254件，其中发明专利292件，分别增长15%和31%。全县人才总量超过17万人，增长10%。建成国家级博士后工作站1个、省级5个，企业专家工作站8个。

全县有中小学80所，在校学生85489人；幼儿园105所，在园幼儿22330人。设立民办教育发展专项资金300万元。公办学校接纳外来民工子女15792人。

各类医疗卫生机构465个，每千人拥有执业（助理）医师3.21人、护士3.43人、病床4.16张。出台《健康宁海2030行动纲要》，培育治未病等重点学科建设，组建县域医共体3个，改造提升乡镇（街道）卫生院12个，创建省卫生乡镇2个。

全年主办、承办各项中小型文化活动80多场，开展“百姓大舞台”演出260场，配送节目80场；举办戏曲纳凉惠民活动1230多场，受惠观众10万余人次；送戏下乡136场，送公益电影下乡3400场。16个宁海非物质文化遗产项目列入第五批宁波市级名录，新增20名市级非物质文化遗产代表性传承人。胡陈乡野户外运动小镇入选省级运动休闲小镇培育名单。举办全国徒步大会、宁海湾山地马拉松赛、环中国自行车业余赛（宁海站）等赛事，承办宁波市青少年跆拳道、柔道、围棋比赛及“善泽甬体杯”浙江省青少年男子（甲组）足球锦标赛等比赛。参加浙江省第十六届运动会获金牌13.46枚、银牌7.3枚、铜牌17枚。

户籍人员参加养老保障45.54万人，参保率90.4%；城镇职工医疗保险22.27万人，城乡居民基本医疗保险42.49万人，户籍人员医疗保险参保率99.4%；符合条件的贫困人员养老保险和医疗保险实现“应保尽保”，参保率100%；参加工伤保险21.72万人，失业保险12.57万人，生育保险11.51万人。

环境空气质量优良率（AQI指数）92.3%，提高2.2个百分点。9个市控以上断面和地表水环境功能区优良率、达标率均100%，县级及以上饮用水水源地水质和跨行政区域河流交接断面水质达标率100%。获省“五水共治”（河长制）工作优秀县（市、区）“大禹鼎”。区域环境噪声53.9分贝，下降0.3分贝。

【十里红妆文化园开园】 2018年5月18日，宁海十里红妆文化园开园。该项目位于新西站东面的徐霞客公园内，总用地面积约7.2万平方米，由主体馆和古文化街区组成。其中主体馆由政府投资建设，占地面积5.2万平方米，建筑面积1.18万平方米，总投资2.21亿元，建筑整体采用仿古风格。工程于2009年开工，2017年底完成初步验收。文化园以“十里红妆风情展”为主题，以十里红妆婚嫁习俗为主线，设置“百世流芳·红妆”“十里迎亲·婚嫁”“鎏金溢彩·妆奁”“洞房花烛·红鸾”“千年情缘·卧榻”“衣香鬓影·女红”“缑乡传承·非遗”“匠心工艺·坐具”“百年好合·婚书”9个主题展厅及“文化创意”1个临时展厅。展示花轿、床、箱柜、房前桌椅、梳妆奁等各类红妆藏品2000多件，包括万工轿、朱金木雕千工床、朱金木雕八仙人物纹杠箱、朱金木雕鹿衔灵芝纹花瓣形和合、泥金彩漆百寿图全家福提桶等。全园通过藏品展示、图文介绍、现场解说、多媒体数字化技术等表现手法，再现浙东地区特有的婚嫁习俗和地方文化。

【宁海县居全国“两山”发展百强县第二位】 2018年8月15日，由浙江大学、生态环境部环境规划院、中国科学院地理科学与资源研究所、中国科学技术协会创新战略研究院联合主办的“两山”理念与实践国际会议在安吉召开，会上公布“两山”发展百强县名单，浙江省安吉、宁海、诸暨、临海、义乌、新昌和象山七地跻身全国“十强”，宁海居第二位。浙江大学环境与资源学院通过对全国1837个县（自治县、县级市）的“两山”建设情况调研，运用灰色层次分析法和大数据分析方法进行研究，提出“两山”发展指数概念，包括生态环境、特色经济、民生发展和保障体系4个部分，用来衡量和考评各地“两山”建设水平。

（宁海县委党史研究室　刘学海）

温　州　市
Wenzhou Municipality

【概况】 2018年，温州市辖鹿城、龙湾、瓯海、洞头4个区，瑞安、乐清2个县级市和永嘉、平阳、苍南、文成、泰顺5个县。面积12110平方千米，其中市区建成区面积1332平方千米。年末常住人口925万人，户籍人口828.7万人。

全市地区生产总值6050.48亿元，比上年增长10.6%。其中：第一产业增加值141.75亿元，增长2%；第二产业增加值2418.03亿元，增长9.5%；第三产业增加值3490.69亿元，增长12%。按常住人口计算，人均地区生产总值6.5万元。国民经济三次产业结构为2.4∶39.6∶58.0。

财政总收入和一般公共预算收入895.3亿元和547.6亿元，分别增长15%和17.7%。一般公共预算支出874.1亿元，增长14.8%。全年新增城镇就业人数11.7万人，城镇失业人员再就业1.8万人，年末城镇登记失业人数3.3万人，城镇登记失业率1.8%，下降0.03%。

农林牧渔业增加值144.8亿元，增长2.1%。在经济作物中，蔬菜播种面积6.74公顷，增长3.2%；油菜籽5400公顷，增长1.9%；中草药材8933.33公顷，增长6.6%；果用瓜1.17万公顷，增长2%；花卉苗木3666.67公顷，增长10.7%。肉类总产量10万吨，增长0.3%。其中：猪肉产量6.1万吨，增长4.5%；牛肉产量0.5万吨，增长4.9%；羊肉产量0.2万吨，增长19.9%；兔肉产量0.1万吨，下降3.2%。全年水产品总产量60.4万吨，下降2.6%。其中：海洋捕捞43.3万吨，下降7.7%；淡水捕捞0.6万吨，增长23.6%；海水养殖14.7万吨，增长14.9%；淡水养殖1.9万吨，下降3.7%。

工业增加值1921.2亿元，增长8.6%。规模以上工业企业4618家，工业增加值996.2亿元，增长8.4%。规模以上工业销售产值4571.7亿元，增长8.5%。规模以上工业新产品产值增长28.4%；新产品产值率32%，提高3.6个百分点。利润255.4亿元，增长4.8%。全员劳动生产率14.7万元/人，增长11.7%。具有总承包和专业承包资质的建筑企业793家，建筑业增加值459.1亿元，占生产总值的7.6%；建筑业总产值2018.2亿元，增长9.7%；工程结算收入1480亿元，增长11.5%；税金总额56.4亿元，增长9.7%。

固定资产投资增长8.1%，居全省第二位。全市招商引资到位资金480.9亿元，实际利用外资5.3亿美元。

货物进出口总额1507.1亿元，增长13.6%。其中：进口204.7亿元，增长20.9%；出口1302.4亿元，增长12.5%。民营企业出口1190亿元，增长14.5%，占全市货物出口总额的91.4%，提高1.6个百分点。向“一带一路”沿线国家出口474.9亿元，增长13.1%，从“一带一路”沿线国家进口102.9亿元，增长65.3%。全市累计获自营进出口权企业1.7万家，增长15.2%，其中本年度自营出口超1000万美元企业403家，增加50家，出口超5000万美元企业数40家。全市国际服务贸易进出口额165.4亿元，增长24.3%。其中服务贸易出口额87.8亿元，增长54.8%。

全年市区居民消费价格上涨2.3%。其中，食品烟酒、医疗保健、居住、教育文化和娱乐、生活用品及服务、衣着、交通和通信类分别上涨4%、3.1%、2.2%、2.1%、1.3%、0.8%和0.7%；其他用品和服务类下降0.4%。

【"最多跑一次"改革深化】 2018年，温州市推出跨境为侨服务"全球通"、惠企政策"直通车"、便民服务终端"瓯e办"，打响温州"最多跑一次"改革海外版、企业版、民生版品牌。先行开展工程建设项目审批制度改革试点，实现一般企业投资项目开工前审批100天。建成投用温州市市民中心。年内，温州市处置"僵尸企业"39家。规模以上工业企业产能利用率80.4%。规模以上工业中，八大高耗能行业增加值占21%。规模以上工业企业资产负债率50.9%，规模以上服务业企业资产负债率53.6%。交通、生态保护和环境治理投资分别比上年增长12.5%、14.6%。年末商品房待售面积下降17.3%，其中商品住宅待售面积下降19.4%。

【新时代"两个健康"先行区与国家自主创新示范区建设】 2018年，温州市出台"两个健康"（非公有制经济健康发展和非公有制经济人士健康成长）80条新政和41条实施意见，设立温州民营企业家节。建立政策性融资担保公司、企业帮扶"白名单"，出台无还本续贷等金融服务实体经济14条、降本减负42条，为企业减负153亿元，不良贷款率降至1.29%。开展"万名干部进万企"活动，帮助企业解决难题3200多个，规模以上工业增加值增长8.4%。温州城市品牌影响力指数居全国地级市第二位。温州市"一区五园"高新技术产业投资超过100亿元，中国科学院大学、浙江大学、北京航空航天大学温州研究院等高能级创新平台落地，温州高新区综合评价全国排名前移5位，浙南科技城新引进科创项目104个，全市研究与试验发展经费支出占比2.1%。新增高新技术企业391家、省级企业研究院30个，新增数均居全省第二位；新增院士专家工作站21个。出台人才新政40条，新增"千人计划""万人计划"等领军人才65人、硕士研究生及以上人才3083人，万人人才资源数综合评价跃居全省第二位。乐清入选国家首批创新型县（市），瑞安获批创建省级高新区。

【产业转型升级与重大产业项目招引】 2018年，温州市实施数字经济五年倍增计划，与中国交通通信信息中心、天心天思集团签约落地一批数字经济项目。11月8日，温州市政府办公室印发《关于加快战略性新兴产业发展的若干政策意见》。全年新增省级以上智能制造和"两化"融合试点项目50个、工业机器人1550台，企业"上云"1.65万家。新增上市企业4家；新增"隐形冠军"培育企业55家、"专精特新"培育企业2898家、"小升规"616家；"个转企"3530家，新注册民营企业4.4万家。建成小微园12个，竣工345万平方米，新入驻企业623家。淘汰落后产能企业132家，整治"低散乱"企业（作坊）5846家。泰顺华东大峡谷等旅游项目开工，洞头、永嘉、文成获评省级全域旅游发展示范县（区），旅游业增加值突破500亿元。年内，全市落地开工"152"工程项目42个，开工数居全省第二位。引进1亿元以上单体制造业项目93个，其中20亿元以上7个。瓯江口、浙南产业集聚区等大平台承载大项目能力增强，威马新能源汽车实现批量生产，唯品会创新创业中心、瑞浦锂电池、百威英博啤酒、益海嘉里粮油加工、欧珑电气、华峰新材料等重大项目加快推进。

【"大建大美"项目开工252个】 2018年，温州市完成温州都市区规划编制。开工"大建大美"项目252个，建成193个，"两线三片"（瓯江两岸沿线、塘河两岸沿线、历史文化街区、中央绿轴、三垟湿地）一批亮点工程在国庆节集中开工。全市完成整村（区块）改造137个，拆除旧房3.2万户，中心城区纳入改造范围的2645处建筑实现"清零"。开工棚改安置住房10.8万套（含货币安置），竣工8.4万套，交付7.7万套。瓯海入选全国新型城镇化质量百强区。实施市区道路综合整治15条，打通断头路22条，建成快速公交3号线、4号线，市区和乐清、瑞安实现全域公交化。

【重大基础设施建设】 2018年，温州市域铁路S1线一期开通运营，甬台温高速公路复线乐清段、绕城高速公路北线二期等建成通车。溧宁高速公路文景段开工，杭温高速铁路一期、龙丽温高速公路瑞文段、溧宁高速公

2018年，温州市域铁路S1线一期开通运营

（温州市委党史研究室 供图 陈 翔 摄）

路文泰段等提速项目开工建设。地铁M线启动报批。龙湾国际机场T2航站楼投用，跻身千万级客流量机场行列。浙能温州液化天然气（LNG）项目开工。完成城镇低效用地再开发1666.67公顷，处置“批而未供”“供而未用”土地5266.67公顷，落实各类新增计划指标1333.33公顷。

【生态环境整治】 2018年，温州市落实中央环保督察、国家海洋督察和土地例行督察反馈问题整改，整治七大重污染行业企业1850家，全市环保执法9.5万次、立案处罚1487起。建成“污水零直排区”72个，76个市控以上断面Ⅰ—Ⅲ类水质占比提高5.2个百分点。实施20个污水处理厂一级A提标改造，中心片污水处理厂建成投用，全市新增污水日处理能力31万立方米。温州创建成为全国水生态文明城市，龙湾、乐清、瑞安、平阳、泰顺5个县（市、区）获省“五水共治”（河长制）工作优秀县（市、区）“大禹鼎”。全市PM2.5平均浓度27微克/立方米，空气质量优良率（AQI指数）96.7%，环境空气质量综合指数在全国169个重点城市中排名17位。温州市区和泰顺县空气优良率分类排名均居全省第一位。

【乡村振兴“六千六万”行动】 2018年，温州市以乡村振兴“六千六万”（千亿社会资本下乡、万家农业经营主体提质；千个景区村庄创建、万亩美丽田园建设；千家文化礼堂引领、万个家庭新风示范；千个村庄善治、万个网格治理；千村经济消薄防滑、万元农民收入新增；千里公路改造提升、万户农民异地搬迁）行动为抓手，全力推动“三农”发展质量变革、效率变革、动力变革。温州西部生态休闲产业带186个产业类项目加快推进，192亿元工商资本下乡，建成乡村振兴示范带16条，创建成为省美丽乡村示范乡镇13个、AAA级景区村76个，新增森林康养基地14个。年内，首个国家级农业科技园落地。完成异地搬迁2.6万人，低收入农户人均可支配收入增幅高于农村居民收入6个百分点。洞头区获评全国“两山”实践创新基地，永嘉县在全省26个加快发展县综合考核中居第一位。新建改造“四好农村路”2929千米。新增32.9万农村居民饮用水达标提标。53个小城镇环境综合整治通过验收。改造提升城镇公厕282座、农村公厕9688座。

【公共服务提升】 2018年，温州市新（扩）建学校296所，新投用中小学（幼儿园）79所，鹿城、瑞安、文成通过省级教育基本现代化县（市、区）创建评估。完成市区普通高中办学体制改革。温州肯恩大学被确定为省部高水平国际化大学建设单位。健康温州和区域医疗康养中心城市建设有力推进，获批2个国家级研究中心，“中国眼谷”等引领性项目加快实施，新增公办医院床位3600张。国家卫生城市通过复评。启动国家公共文化服务体系示范区创建，新增文化礼堂706个，建成城市书房、百姓书屋和文化驿站50个，世界温州人博物馆、南怀瑾书院、温州道德馆建成投用。开展移风易俗主题活动，带动全社会形成文明节俭新风尚。新增体育场地157.5万平方米，温州籍运动员在第18届雅加达亚运会上勇夺10块金牌，创造历史最佳成绩。新增城镇就业11.7万人。建成示范型居家养老服务中心46个、为老助餐服务点1122个。创建省级放心农贸市场40个。

（温州市委党史研究室　潘　达）

鹿　城　区

【概况】 2018年，鹿城区辖12个街道、2个镇。年末户籍人口77.59万人。地区生产总值1024.31亿元，首次突破1000亿元大关，比上年增长6.8%。其中：第一产业增加值1.77亿元，增长2.9%；第二产业增加值254.29亿元，增长8.7%；第三产业增加值768.25亿元，增长6.1%。按户籍人口计算，人均地区生产总值132690元，增加9863元。三次产业结构为0.2∶24.8∶75.0。

财政总收入53.04亿元，增长10.4%。其中一般公共预算收入31.46亿元。全年全区居民人均可支配收入59708元，增长8.4%。其中：城镇常住居民人均可支配收入62507元，增长8.1%；农村常住居民人均可支配收入32954元，增长8.9%。

农林牧渔业总产值3.4亿元。全区有市级以上农民专业合作社14个，其中国家级2个、省级3个。农业电商累计销售额6500万元。农业标准化实施面积3000公顷，农业标准化率63.6%。有无公害农产品10个、中国绿色食品标志认证产品6个。

工业增加值167.08亿元，增长7.6%。其中，247家规模以上工业企业增加值51.24亿元。其中：鞋革制造业增加值24.89亿元，增长7.6%；装备制造业增加值12.13亿元，增长18.4%。全区规模以上高新技术产品增加值占规模以上工业增加值37.7%。战略性新兴产业增加值2.87亿元。固定资产投资增长5%。

外贸进出口总额249.22亿元，其中出口总额236.07亿元。接待游客1695.59万人次，增长17.3%；旅游总收入226.19亿元，增长11.5%。有旅行社157个（含分社），增加18个；星级饭店17个，饭店客房出租率60.7%。

全区新增高新技术企业25家、省科技型中小企业186家，有专利示范企业122家、研发中心108个，孵化器在孵数126个、孵化器毕业数9个，有众创空间25个，集聚各类企业及团队410余家，市级以上众创空间数位列全市第一位。

全区有区属初中8所，在校学生4254万人；小学38所，在校学生64155万人。义务段入学率、三残儿童入学率均达100%。有幼儿园87所，在园幼儿2.97万人，幼儿入园率99.8%。有文化站14个，文化馆1个，博物馆3个，公共图书馆1个，城市书房17个，百姓书屋2个，文化驿站15个。有国家级非物质文化遗产2个，省级非物质文化遗产15个，申报省级非物质文化遗产传承人17人。

各类医疗卫生机构541个，其中医院16个，卫生院（社区卫生服务中心）22个。卫生技术人员1663人，其中执业（助理）医师735人、注册护士591人。年末医疗卫生机构床位数

832张，医院年诊疗53.65万人次。

参加职工基本养老保险41.32万人，职工基本医疗保险20.81万人，城乡居民基本医疗保障参保23.64万人。体育场地面积234.58万平方米，各类公共体育场所2289个。

新建绿地112.8公顷。建成区人均公园绿地面积12.21平方米，建成区绿地率35.33%。环境空气质量优良天数343天，优良率（AQI指数）94%。

【建成“大建大美”项目81个】 2018年，鹿城区城中村改造签约9327户，黄龙商贸城市场平稳关停，南汇、蒲鞋市、南郊等街道实现整街旧村拆迁“清零”，城市核心区腾出土地496.3公顷，出让经营性用地86.3公顷。开工“大建大美”项目113个，建成81个；市重点建设项目投资完成率居全市第一位。瓯江沿线、塘河两岸、历史文化街区、中央绿轴等“两线两片”项目集中开工，国庆期间参加“大建大美·同心同享”体验活动人数突破200万人次。占地4.7公顷、建筑面积4.3万平方米的全市首个蓝领公寓试点项目主体完工，建成后可提供租赁房源1099套。完成2.7万套棚改安置任务，6332套安置房交付使用。

【民营经济提质发展】 2018年，鹿城区新时代“两个健康”先行区创建全面启动，推出“深化改革优环境14条”“执纪监督治怠政11条”，查处破坏营商环境典型案例36起。深入开展“万名干部进万企”“点对点、面对面”服务企业活动，解决难题238个，营商环境满意度明显提升。现代服务业量质并举，温州“5050”购物中心、大南里慢生活街区、南塘新天地投入运营，服务业综合实力首次跃居全省I类地区第三位。传统产业转型升级步伐加快，皮革产业改造提升省级试点扎实推进，小微园竣工面积24.8万平方米，培育“专精特新”企业190家、“隐形冠军”企业2家，新增“小升规”企业40家、“上云”企业2749家、上市企业1家，新三板挂牌数居全市第一位，康奈集团被工业和信息化部列为“两化”融合管理体系贯标试点单位。创新驱动战略深入实施，新增高新企业13家、省科技型中小企业186家，新产品产值增长37.7%，规模以上工业企业研发活动开展率列全省第三位。打好金融风险防控攻坚战，不良贷款率下降到1.43%，下降总量占全市四分之一。

【城市治理成效明显】 2018年，鹿城区“严管重罚”整治事项从10项增至34项，查处交通出行、市容环境、经营秩序等领域不文明行为53万起。改造提升城镇公厕50座、农村公厕284座，打通断头路4处，完成8个片区、6条城市道路、48条背街小巷综合整治。国家卫生城市通过复评。“红色管家”试点工作成效明显。“无违建”创建和危旧房治理加快推进，拆除违法建筑108万平方米，整治城镇D级危旧房310幢、农村D级危旧房535户。全市最大的移民危房区双屿新泽社区启动拆除。推进生态环境治理，整治重污染企业72家，查处影响环境问题168个。完成问题河道销号。污染地块安全利用率100%。深化平安鹿城建设，扫黑除恶、反走私、安全生产、“无欠薪”区创建、地质灾害隐患治理、移民区“黑网吧”整治等工作有力推进，刑事治安、“两抢”、盗窃接警数分别下降6.9%、18.9%和16.8%。保健品行业违法行为整治获《焦点访谈》等媒体连续报道。“雪亮工程”建设成效居全市第一位，平安“三率”创历史新高，群众安全感和满意度居全市同类城区首位。

（鹿城区地方志研究室　李　彬）

龙　湾　区

【概况】 2018年，龙湾区辖10个街道。其中，沙城、天河、海城、星海4个街道委托温州经济技术开发区管理。年末户籍总人口337671人。地区生产总值451.84亿元，比上年增长7%。其中，第一产业增加值2.36亿元，第二产业增加值228.71亿元，第三产业增加值220.78亿元。人均生产总值19.3万元，增长6%。

财政总收入47.89亿元，增长12.4%，其中公共财政预算收入28.41亿元，增长10%。公共财政预算支出33.36亿元，增长2.4%。城镇常住居民人均可支配收入56366元，增长8%；农村常住居民人均可支配收入34279元，增长9.3%。

农林牧渔业总产值3.76亿元，增长2%。其中：农业产值2.43亿元，下降0.8%；林业产值为93万元，增速与上年持平；牧业产值0.79亿元，增长33.7%；渔业产值0.51亿元，下降1.3%；农林牧渔服务业产值138万元，增长3.1%。农作物播种面积3586.7公顷，下降3.8%，其中粮食作物播种面积1026.7公顷，增长5.8%。

规模以上工业增加值66.32亿元。规模以上高新技术产业增加值34.96亿元，占规模以上工业的比重为52.7%。生产总值能耗下降6.5%，其中规模以上工业单位增加值能耗下降5.2%。

社会消费品零售总额332.29亿元，增长2.8%，其中限额以上消费品零售额156.7亿元，下降3.4%。限额以上批发零售、住宿餐饮企业销售（营业）额1160.74亿元，增长1.3%。

外贸进出口总额248.77亿元，增长24.3%，其中出口额150.43亿元，进口额98.34亿元。新批外商直接投资项目10个，减少2个；合同利用外资1.36亿美元，增长92.2%；实际利用外资1.02亿美元，增长121.2%。

接待境内外旅游者456.51万人次，增长23.6%，其中接待国内旅游者456.07万人次。旅游总收入46.66亿元。

金融机构存款余额858.33亿元，增长16.8%，其中城乡居民储蓄存款余额527.09亿元，增长15.5%。年末贷款余额931.06亿元，增长13.6%。

专利申请量9046件，增长25.4%；专利授权量5890件，其中发明专利613件。新增高新技术企业40家、省科技型中小企业205家、省级企业研究院2个、省级研发中心3个、市级研发中心30个。至年末，有高新技术企业127家，省科技型中小企业688家。有市级及以上企业研发中心93个，省级36个。国家知识产权试点园区通过验收。

全区有普通中学学校14所，在校学生1.47万人；中等职业教育学校1所，在校学生2051人；普通小学学校29所，在校学生3.14万人。有小学专任教师1739人、中等职业教育专任教师120人、普通中学专任教师1231人。

各类区级医院2个，公共卫生机构3个，社区卫生服务中心5个。有床位803张，执业医师（助理）977人，注册护士831人。

城镇职工基本养老保险参保人数23.88万人。城乡居民基本养老保险参保人数3.28万人。有公共图书馆1个、博物馆3个。有公共体育场馆2个，业余体校1所，各类公共健身设施298个。

【建成"大建大美"项目49个】 2018年，龙湾区完成32项攻坚村"清零"工作。全年整村（区块）拆迁8个，拆除旧房4117户、67万平方米。完成蒲州、状元街道小城镇环境综合整治，改造旧住宅区面积33万平方米，拆除违法建筑213万平方米，城镇2幢D级和农村1756户C、D级危旧房实现"清零"，创建成为省"基本无违建区"。开工"大建大美"项目62个，建成49个。中心区K11商务大楼建成，永中新联等5个安置房项目竣工。首创土地出让"路演模式"，蒲州商业综合体吾悦广场项目落地。完成温州大道龙湾段、龙腾路、机场大道等道路综合整治，建成T2航站楼、228国道海滨段、瓯江南口大桥南接线工程，改造城市道路8.49千米。完成220千伏蒲州变电站整体改造，建成投用高速公路东进城口和瓯海大道东延景观提升。提升改造城市公厕39座、农村公厕153座。开展垃圾分类试点，创建成为高标准示范小区7个，城镇生活垃圾分类覆盖率85%。

【龙湾区行政服务中心投用】 2018年7月1日，龙湾区行政服务中心举行揭牌仪式，向社会公众提供服务。中心位于龙湾区行政管理中心西侧，占地面积2.2万平方米、总建筑面积5.5万平方米，总投资3.4亿元。进驻中心行政审批职能部门36个，公共服务单位6个，可集中办理行政审批事项1024项。中心全面实行"全科无差别受理"，设置全科无差别综合服务窗口、浙南科技城"一站通"全科无差别综合服务窗口和国税地税、医保社保、出入境、公积金、不动产登记5个主题综合受理窗口。其中，全科无差别综合服务窗口集成32个部门、745项事项，"全科无差别受理"事项占72.8%。

【"中国眼谷"科创园落户龙湾】 2018年9月26日，温州医科大学附属眼视光医院与龙湾区（温州高新区）签订"中国眼谷—温州眼视光国际创新综合体项目"合作协议。"中国眼谷"科创园落户龙湾区（高新区）。科创园位于浙南科技城黄石山东麓，占地面积66.7公顷，总投资5亿元，分3期建设。

（龙湾区地方志研究室　王婷婷）

瓯　海　区

【概况】 2018年，瓯海区辖12个街道、1个镇、1个省级经济开发区。年末户籍人口45.54万人。地区生产总值584.91亿元，比上年增长7.8%。其中，第一产业增加值6.4亿元，第二产业增加值282.97亿元，第三产业增加值295.54亿元。

财政总收入64.87亿元，增长9.7%，其中一般公共预算收入36.85亿元，增长9.8%。城镇常住居民人均可支配收入57945元，增长8.2%，农村常住居民人均可支配收入33435元，增长9.1%，城乡居民人均可支配收入倍差1.73。

农林牧渔业总产值9.43亿元，增长1.9%。其中，种植业产值7.58亿元，林业产值0.15亿元，牧业产值1.45亿元，渔业产值0.11亿元，农林牧渔服务业产值0.14亿元。全区农作物播种面积1.1万公顷，增长3.5%。垦造耕地54.8公顷，建成高标准农田502公顷。

527家规模以上工业企业总产值465.85亿元，增长11.9%，销售产值445.15亿元，增长9.3%。其中，服装、鞋革、电气机械、专用设备和汽摩配五大支柱产业工业产值339.18亿元，占规模以上工业产值的72.8%，增长10.3%。全区规模以上工业企业利税46.82亿元。全员劳动生产率13.49万元/人，增长13.7%。

固定资产投资增长8.4%。第二产业投资增长8.8%，其中工业性投资增长8.4%，工业技术改造投资增长1.8%，占工业性投资的52.7%。第三产业投资增长8.4%。全年投资项目448个，其中新开工项目198个。全社会消费品零售总额313.66亿元，增长10.5%；外贸进出口总额155.76亿元，增长8.1%。

全区有省级高新技术特色产业基地1个；国家级科技创业服务中心（国家级孵化器）1个、国家级大学科技园1个、国家级众创空间4个，省级科技创业服务中心（孵化器）1个、省级众创空间5个，省级企业研究院6个、省级高新技术企业研发中心38个。全年新增高新技术企业31家，有效高新技术企业107家，新培育省级科技型中小企业182家，累计576家。专利授权量5972件。有不可移动文物1390处，省级历史文化村2个。

各类医院（不含省属、市属）8个、社区卫生服务中心（卫生院）10个，其他社会医疗机构37个。床位1143张，执业医师（包括助理）1468人，护士1047人。有42个体育训练基地（点），全年组队参加15个大项比赛，获省级及以上金牌30枚。小康体育村升级工程18个，社区多功能公共运动场2个，新建登山健身步道50千米、健身苑点15个、省中心村全民健身广场1个。

参加企业职工基本养老保险28.2万人，基本医疗保险12.72万人；退休人员纳入社区社会化管理服务6.54万人，参加城乡居民养老保险8.4万人，城乡居民医疗保险36.88万人。创建示范型街道级养老服务中心3个，新增养老床位119张。

【推进"最多跑一次"改革】 2018年，瓯海区推进"最多跑一次"改革，审批事项"跑一次""零次跑""一证办"比例分别为100%、32%和70%。建成

"侨务全球通"服务平台，108个涉侨业务实现"办事不回国"。推出办事材料负面清单，1223类材料实现"免提供"，同步推进"市民之窗全覆盖"行动，292个事项实现"家门口办"。

【生态环境建设】 2018年，瓯海区推进"清垃圾、除破烂"专项行动，建成高速铁路新城城市农业公园、新桥花海等项目，汤家桥南路、泽雅大道获评市级绿化美化示范路。完成瓯海电镀园区等6个"污水零直排区"建设，65个片区管网实现专业化运行维护，黑臭隐患河道达标销号66条。淘汰七类重污染行业企业178家，整顿涉气"散乱污"企业118家；4项主要污染物排放总量削减30%以上。泽雅水库一级水源地保护区村庄整体搬迁，基本完成中央环保督察问题整改。建成首个"上改下"大口径综合管廊，翻新23.5万平方米城市立面，完成饮用水安全提升工程23个，新建改造"四好农村路"110千米，泽雅、瞿溪分别创建成为省级小城镇环境综合整治样板镇、美丽乡村示范镇，肇山、梓上获评省级农村垃圾分类示范村，建成"醉美泽雅·古韵纸山"乡村振兴示范带。提升改造自行车道18千米，新开通社区巴士线路4条、公交线路4条、快速公交线2条，建成公共停车泊位2345个；铁路南站完成三大"疏导工程"。处置违法建筑277万平方米，"基本无违建区"创建通过预验收。

【中国智能锁生产基地落户瓯海】 2018年12月20日，中国五金·门窗产业年度峰会暨物联网+智能制造论坛在瓯海区举行。论坛上，中国五金产业技术创新战略联盟授予瓯海区"中国智能锁生产基地"称号。锁具作为瓯海的支柱产业之一，已发展形成比较完整的产业体系。瓯海区委、区政府以打造"中国智能锁之都"为目标，制定出台"1+1+10"产业政策体系，推动产业转型升级。推出瓯海新城中央商务区一期、温州市智能锁产业园、温州市国家大学科技园等智能锁产业生产基地、商务办公、研发中心招商项目。

（瓯海区地方志研究室 杨 静）

洞头区

【概况】 2018年，洞头区辖5个街道、1个镇、1个乡。年末常住人口10.35万人，户籍人口15.47万人。地区生产总值101.15亿元，比上年增长8.9%。其中：第一产业增加值5.66亿元，下降6.5%；第二产业增加值36.62亿元，增长11.9%；第三产业增加值58.87亿元，增长8.9%。按常住人口计算，人均地区生产总值9.87万元，增长10.4%。

财政总收入12.5亿元，增长2.3%，其中一般公共预算收入8.18亿元，增长15.1%。一般公共预算支出27.97亿元，增长25.4%。全年城镇常住居民人均可支配收入45407元；农村常住居民人均可支配收入27130元。全年城镇居民人均消费支出28089元，农村居民人均消费支出20172元。

农林牧渔业总产值11.93亿元，下降6.4%。其中，农业产值1.21亿元，林业产值572万元，牧业产值3733万元，渔业产值10.25亿元。农作物播种面积2346公顷，下降8%。全年渔业总产量16.31万吨，下降9.7%，其中：捕捞产量13.81万吨，产值8.6亿元；养殖产量2.5万吨，产值4.72亿元。

规模以上工业总产值60.47亿元，增长22.7%；规模以上工业增加值12.66亿元，增长36.5%，增速居全市首位。限额以上固定资产投资增长7.9%，其中重点建设项目完成投资31.26亿元。

社会消费品零售总额33.72亿元，增长2.5%。年末金融机构人民币存款余额94亿元，人民币贷款余额84.4亿元。

新增国家级高新技术企业3家，累计15家；新增省级科技型企业12家，累计66家。企业进入市"专精特新"企业库35家。实施科技发展计划项目12项，科技成果鉴定14项。专利申请授权390件，其中发明专利授权35件。

外贸进出口总额20.37亿元，增长1.7%，其中自营出口额2.82亿元，增长29.2%。全年接待游客770万人次，增长20%；旅游总收入34.73亿元，增长18.3%。

全区有幼儿园26所，在园幼儿3947人，幼儿教师278人；有小学9所，在校学生7117人；初中6所，在校学生3375人；义务教育中小学专任教师981人；普通高中2所，在校学生1373人，专任教师135人；中等职业学校2所，在校学生762人。中等职业教育专任教师(含技工学校)57人。

各类医疗卫生机构88个，卫生院(社区卫生服务中心)7个，社区服务站17个；卫生技术人员710人，平均每千人拥有医生3.35人；医疗卫生机构床位数307张，平均每千人拥有床位3.02张。

参加城镇基本养老保险人数38737人，增加1984人。其中：城镇基本医疗保险人数17574人，增加1119人；城乡居民合作医疗保险人数101972人，减少82人；城乡居民农村社会养老保险人数41072人，减少337人。全年实缴基本养老保险费39556万元，发放养老金37699万元。最低生活保障人数1990人，发放保障金1453.6万元。

有文化馆1个，乡镇(街道)文化站7个，图书馆1个；有文化设施建筑面积2.3万平方米；国家级非物质文化遗产2个，省级非物质文化遗产12个；文化信息资源共享基层支中心1个，省文化强镇1个，省级文化示范村(社区)8个，市级文化示范村(社区)28个。有体育场馆1个，体育场地设施面积39.32万平方米，人均2.54平方米。

【海岛振兴战略实施】 2018年，洞头区委、区政府出台《坚持共创共建共享，打造乡村振兴海岛样板，高水平建设海上花园的行动计划(2018—2022)》。以海岛振兴"五四竞赛"(即实施一个计划、一批项目、一笔资金、一套机制、一项增收"五个一"举措，实现城里人下来、农村人回来、游客住进来、老百姓腰包鼓起来"四个来"目标)活动为载体，实施产业兴旺、生态宜居、乡风文明、治理有效、生活富裕五大行动,推进20项计划,落实60个重点指标。经过两轮竞赛,评出优胜村24个,60%村建成花园村庄。全年投资3.14亿元,开工、竣工村级集体经济项目68个,村集体增收2700多万元。设立海岛振兴基金2亿元,带动社会资金11.2亿元,吸引回乡创业能人200多人,渔农民再就业1800多户。筹集捐款2000多万元。培育特色精品民宿16个、新增床位1000张。村集体经济收入增长45%,经营性收入超过10万元。

【浙能温州液化天然气(LNG)项目开工】 2018年9月18日,浙能温州液化天然气(LNG)项目开工。该项目位于洞头区大门镇小门岛,于2016年9月获国家发展改革委核准,总投资超过90亿元。项目一期设计年接收能力300万吨,包括4座20万立方米储罐,建成后具备4.8亿立方米储气能力。远期设计年接收能力1000万吨,总供气能力140亿立方米,储气能力10.8亿立方米。

【洞头区入选第二批"绿水青山就是金山银山"实践创新基地】 2018年12月12日,生态环境部发布《关于命名第二批"绿水青山就是金山银山"实践创新基地的公告》,洞头区入选。年内,《洞头区生态文明建设规划(修编)》批复实施,国家生态文明建设范区创建技术指标启动编制。制订花园村庄建设实施方案,全面完成"花园洞头"十大工程,全年创建成为省AAA级景区村6个,建成花园村庄33个,提升美丽乡村精品线4条,打造花园厕所34座,建成南塘湾、霓屿红树林湿地公园。开展绿化美化3年行动,栽植苗木85.6万株,面积1800公顷。启动森林康养基地建设,新增森林覆盖率5%以上。启动蓝色海湾修复生态指数模型研究,首创蓝色海湾评价体系;推行海湾滩管理社会化,研发湾滩长助手手机应用,实施湾滩区域信息化管理,修复沙滩6.9万平方米,放流鱼苗1.8亿尾(粒)。实施"污水零直排区"建设,整治入海排污口116个,改造油罐19个,清理整顿涉挥发性有机物排放"散乱污"企业4家。全年危险废物规范化达标率、一般工业固废处置率、危险废物处置率、医疗废物转移及处置率均100%。累计创建成为国家省市各级绿色学校19所、市级生态文明教育示范基地3个。洞头区获评美丽浙江建设优秀区。

(洞头区地方志研究室　曾焕定)

瑞安市

【概况】 2018年,瑞安市辖12个街道、9个镇、2个乡。年末常住人口143.12万人,户籍人口125.34万人。地区生产总值948.02亿元,比上年增长8%,增幅高于温州市平均水平0.2个百分点。其中:第一产业增加值23.64亿元,增长2.9%;第二产业增加值385.37亿元,增长7.1%;第三产业增加值539.01亿元,增长9%。按常住人口计算,全市人均生产总值66295元,增长7.5%。

财政总收入117.72亿元,增长12.1%。一般公共预算支出109.13亿元,增长11.1%。城镇常住居民人均可支配收入59507元,农村常住居民人均可支配收入30455元。城镇居民人均消费支出33841元,农村居民人均生活消费支出23659元。社会消费品零售总额452.68亿元,增长9.3%。

农林牧渔业总产值36.99亿元,增长2.8%。其中种植业产值14.82亿元,林业产值0.4亿元,牧业产值3.77亿元,渔业产值17.3亿元,农林牧渔服务业产值0.69亿元。全年经济作物中油料作物产量2160吨,水产品产量96181吨。推进省首批农业"机器换人"示范县创建工作,建成"机器换人"示范基地2个,农机综合服务中心4个、智慧农机应用示范基地5个以及其他"机器换人"示范项目10个。

规模以上工业总产值832.34亿元,增长10.2%。规模以上工业增加值168.39亿元,增长6.7%。四大主导行业工业总产值716.53亿元,占规模以上工业总产值的86.1%。规模以上工业销售产值806.16亿元。规模以上高新技术产业增加值97.85亿元。规模以上工业企业利润总额46.71亿元。建筑业增加值58.9亿元,建筑业总产值162.27亿元,利润总额3.17亿元。全年完成投资210亿元,完成年度投资计划项目91个。

新增国家级高新技术企业96家,累计282家;新增省级企业研究院3个,累计18个。全年新增省级高新技术企业研发中心7个,有省级企业科技研发中心42个。专利申请授权量6350件,其中发明专利授权462件。签订技术合同131项,技术交易额13.69亿元。

外贸进出口总额277.25亿元,增长9.1%。开展进出口业务企业1444家,其中出口超过1000万元的企业436家,与180个国家(地区)开展贸易关系。利用外资项目8个,实际到位外资6478万美元。

接待国内游客1142.33万人次、海外游客13.19万人次。金融机构人民币存款余额1528.43亿元,增长15.9%。各类保险公司财产险保费收入13.14亿元,支付财产险赔付6.56亿元,人身险赔付支出3.29亿元。

全市有小学87所,在校学生8.9万人;初中49所,在校学生3.99万人;普通高中14所,完全中学1所,在校学生1.6万人;中等职业学校5所,在校学生1.28万人;有幼儿园247所,在园幼儿4.76万人;特殊教育学校1所,在校学生457人。

各类医疗卫生机构1006个,其中医院、社区卫生服务中心41个。卫生技术人员9010人,其中医生3955人;医疗床位4130张。

参加基本养老保险人数58.74万人,基本医疗保险参保人数115.62万人,享受最低生活保障人数1.24万人。有养老机构65个、床位7970张。农村"五保"和城镇"三无"集中供养率均为97%。

有乡镇(街道)综合文化站17个,城市书房(百姓书屋)20个,农家书屋55个,实现全市23个乡镇(街道)实体书店全覆盖。基本完成瑞安城市"文脉"公园路历史文化创意街区改造提升工程建设,"玉海缥缃"文化品牌之18个城市书房向市民免费开放。

【国家知识产权试点城市建设】 2018年，瑞安市出台新动能培育“25条”、科技创新“新15条”、人才新政“40条”，全面落实科创九大行动，列入温州国家自创区建设的重要板块，研究与试验发展经费支出占生产总值的2.5%。实施科技成果转化项目25个，列入省级重大科技项目2个，科技企业孵化器累计入驻初创团队和种子企业30家，“视客VR”入选中国品牌创新发展工程，新增高新技术企业96家、科技型中小企业298家、“上云”企业3000家。投入1亿多元，开展汽摩配、制鞋行业智能制造试点，汽车关键零部件产业创新服务综合体以温州第一的成绩参加省级评审，北航新能源汽车研究院技术转移中心、浙大工业智慧物联研发中心投入运行，瑞安列入全省“数字化车间和无人工厂”培育创建名单，并入选温州唯一的国家技术中心和国家级智能制造新模式应用项目，省级首台（套）、机器换人重点技改项目数量及省级“四个百项”重点技改项目、“品字标”公共品牌使用授权企业数量均居温州首位。

【乡村振兴战略实施】 2018年，瑞安市实施乡村振兴七大工程，被列入省级一事一议财政奖补助推美丽乡村建设试点。全年建成4条温州市级乡村振兴示范带，创建成为省级农业机器换人示范市。举办习近平“三位一体”合作经济思想和瑞安实践研讨会，启动宅基地三权分置改革，上线全省首个农村“三位一体”信用信息数据平台，颁发全国首批农房（宅基地）使用权流转证。列入全国农民专业合作社质量提升整县推进试点，梅屿蔬菜专业合作社入选温州唯一的全国百强农民专业合作社，成为“雪龙号”极地科考船的蔬菜供应商。列为全国首个丁香鱼专项限额捕捞试点。组建旅游投资公司，列入温州西部生态休闲产业带的17个项目完成投资12亿元，创建省AAA级景区村5个，湖岭天然温泉获评省AAAAA级，开工建设陶山瓯窑文创基地、桐浦美丽田园综合体和林川童话小镇等项目。云江南岸融合发展示范带实施20个项目，曹村乡村振兴项目列入温州十大乡村振兴项目，田园综合体列入温州首批试点。云江北岸新引擎培育示范带实施17个项目，建成瑞枫公路沿线清洁田园1666.7公顷，以田长制为主导的美丽田园建设工作成为全省样板。

【瑞安市获评全省“腾笼换鸟”工作先进县（市、区）】 2018年，瑞安市出台民营经济“两个健康”发展政策措施“85条”，开展“千名干部进千企”专项行动，实施公平税负信息化工程和政策刚性兑现“四个一”措施，兑现政策奖补4.6亿元，减免税费15.2亿元，出口退（免）税34.3亿元，银行贷款不良率连续5年下降，通过省级信用市创建预验收。成立县级企业上市促进会，新增上市报会辅导企业2家、签约12家、股权改革企业29家。新增30亿元级企业1家、20亿元级2家、1亿元级20家、“小升规”企业102家、限下转限上企业51家，列入“专精特新”企业培育库509个，浙江华峰热塑性聚氨酯有限公司入选国家第三批单项冠军培育企业。全年工业开工项目55个，竣工35个，完成工业投资60亿元。滨海高新产业园投用进港公路二期工程，开工建设投资均超20亿元的瑞立汽车零部件智造、瑞明汽车关键零部件生产线项目。推进东新科创园一期、安心公寓等项目建设。浙南产业集聚区塘下分区落地15个产业项目，新增3个年产值超过10亿元的高新技术企业项目。侨贸小镇开工建设侨贸进口商品中心等4个项目，设立全国首批直播供应链基地，成为温州首批获评国家AAA级旅游景区的特色小镇。出台开放型经济政策升级版，实施“一带一路”沿线国家企业投资项目2个，跨贸云等平台落地，易达保税仓获批，瑞安（安亭）飞地创新港、国家机动车产品质量监督检验中心实验基地成为温州与嘉定战略合作的样板项目。建立亩均论英雄信息化综合评价运用体系，省级平台工业项目“标准地”供应面积居温州首位。完成313家亩均税收1万元以下企业整治，盘活“僵尸企业”用地22.7公顷，清退市场主体2972户。

【瑞安市获“五水共治”“大禹鼎”】 2018年，瑞安市获省“五水共治”（河长制）工作优秀县（市、区）“大禹鼎”。作为省治水工作的重要战场，成立“剿劣”指挥部，市委书记任总指挥，市四套班子领导分片督查，将治水责任落实到1685名市镇村三级“河长”，并选派2300多名精干力量下沉剿劣一线；建设陶山、湖岭、高楼等污水处理厂主干管工程，联动建设塘下片4期等15个片区截污纳管工程，新建污水管网221.6千米；创新排污口“四色标识”、取水口“身份证”、“挂管+蓄水池”等举措，聘请“蛙人”、出动“机器人”水下排查、管道内部检修，完成排污口整治1.02万个，临时挂管25.5千米；结合环保督政和工业治理、服务业整治等八大行动，关停淘汰重污染企业107家、提升入园145家，整治“四无”生产经营主体3.76万家，整治餐饮、洗车洗涤等服务业2929家，拆除沿河违章建筑106万平方米，关停拆除复养场115个，关停、清理、拆除废弃化粪池（沼气池）317个，完成42个规模化生猪养殖场智能化防控平台建设。设立瑞安辖区总河长，深化河长、督查长、河道警长“三长治水”模式，在“三长治水”基础上，发挥全国首个镇级环保协会——塘下环保协会和工商联作用，引导沿河企业负责人、党员、群众担任河长、分段包干，带动全民治水。温瑞塘河景观提升一期工程成为市民夜游好去处。2条河道入选温州市“美丽河湖”。新建污水管网143千米，建成污水“零直排小区”7个，六大污水处理厂实现一级A标准排放。东山垃圾填埋场污水处理设施改造提升工程通过温州验收。

（瑞安市地方志研究室　谢公望）

乐清市

【概况】 2018年，乐清市辖8个街道、14个镇、3个乡。年末常住人口142.35万人，户籍人口130.89万人。地区生产总值1078.52亿元，比上年增长9.2%，首次突破1000亿元大关。其中，第一产业增加值20亿元，第二产业增加值456.62亿元，第三产业增加值601.9亿元。按常住人口计算，人均地区生产总值76016元。

财政总收入160.31亿元，增长14.5%。一般公共预算支出115.93亿元，其中民生类支出91.49亿元，占一般公共预算支出的78.9%。居民人均可支配收入49739元，增长8.8%。城镇居民和农村居民人均可支配收入分别为59063元和32158元。全市居民人均消费支出33732元。

农林牧渔业增加值20.78亿元，增长3%。蔬菜播种面积6726.7公顷。肉类总产量15795吨。水产品总产量7.08万吨。新建成粮食高产示范区9个，粮食生产功能区面积9340公顷。

工业增加值418.02亿元，增长9.7%。规模以上工业企业1075家，增加值273.96亿元。规模以上工业销售产值1252.29亿元，其中出口交货值112.61亿元。规模以上工业技术研发费33.56亿元。

固定资产投资增长8.6%。18个全省集中开工项目全部进场施工，省"152"工程开工8个。交通重点工程投资56.66亿元。港口货物吞吐量3990.82万吨。

外贸货物进出口总额160.6亿元，其中出口155.18亿元，进口5.42亿元。服务外包执行额4242万美元，实际利用外资7206万美元，新增外资企业6家，新批境外投资项目5个。

社会消费品零售总额461.42亿元，增长10.3%。城镇消费品零售额341.57亿元，乡村消费品零售额119.85亿元。网络零售额192.04亿元。接待游客1836.48万人次，增长20.1%；旅游总收入190.41亿元。有商品交易市场80个，成交额165.47亿元，其中年成交额超亿元市场21个，成交额149.51亿元。新设市场主体2.73万户，年末在册市场主体14.87万户。有重点B2B平台9个，重点B2C平台12个。各类活跃网络零售网店1.4万家。

金融机构人民币存款余额1431.6亿元，金融机构人民币贷款余额1247.27亿元。有上市公司7家，新三板企业20家。新增高新技术企业107家，累计317家。全年专利授权6323件，其中发明专利授权量787件。

全市有小学84所、初中59所、普通高中17所、中等职业学校5所。文化站25个，文化馆、博物馆、公共图书馆各1个。各类医疗机构床位4645张。卫生技术人员8511人，其中，医生3876人，注册护士3159人。

城镇新增就业人员18087人，城镇登记失业人员4821人，城镇登记失业率2.07%。全市参加基本养老保险参保人数38.74万人。有各类社会福利机构61个，拥有床位8664张，每万人拥有床位372张。居家养老服务照料中心621个。

新建农村文化礼堂160个，累计311个。人均体育面积2平方米。医院21个，社区卫生服务中心8个。市区环境空气质量达到Ⅰ级标准的129天，空气质量优良率(AQI指数)95.1%，PM2.5平均浓度为29微克/立方米。

【殡葬综合改革试点】 2018年6月26日，省民政厅等九部门联合印发《深化殡葬改革全省推广树葬工作方案》，确定乐清市为省殡葬综合改革试点市。乐清市委、市政府重视殡葬改革工作，出台开展丧葬礼俗整治工作实施方案，把丧事大操大办、占道搭棚、丧事扰民等行为列入重点整治对象。方案明确市民操办丧事遵守"五个不超""五个禁止"，要求党员干部、公职人员带头遵守"五个规定"，不准利用职权或职务上的便利借机敛财，不准使用公务车辆或安排下属单位、管理服务对象及其他与行使职权有关的单位或个人的车辆参与办丧、送殡活动；出殡酒席置办总数不超过10桌(每桌限10人)等。

【乐清湾大桥通车】 2018年9月28日，乐清湾大桥及接线工程通车。工程全长约38.17千米，起点接台州湾大桥及接线工程，通过茅埏岛跨越乐清湾，止于乐清南塘，与甬台温高速公路复线相接，工程总投资约120.11亿元。其中，乐清湾大桥起自玉环市芦浦镇分水山，终于乐清市南塘枢纽互通，全长13.1千米，其中玉环境内8.9千米，乐清境内4.2千米。12月29日，甬台温高速公路复线乐清南塘至乐成段(南塘收费站至乐清收费站)投用。甬台温高速公路复线南塘至黄华段起于乐清南塘枢纽，与乐清湾大桥及接线工程连接，终于乐清黄华枢纽，与温州绕城高速公路北线二期相接，全长30.9千米，总投资57.16亿元。乐清湾大桥及接线工程是浙江省"两纵两横三绕三通道十八连"高速公路主骨架的重要组成部分，也是沈海国家高速公路浙江段(甬台温高速公路)的辅助线路。

【乐清市获"中国茶文化之乡"称号】 2018年11月29日，中国国际茶文化研究会授予乐清"中国茶文化之乡"的"国字号"称号，雁荡毛峰被授予"中华文化名茶"称号，这是雁荡毛峰继获国家"农产品地理标志"登记产品后的又一荣誉。雁荡毛峰连续3次获浙江省一类名茶称号，被评为浙江名牌农产品、"浙江省十大旅游名茶"，列入第三批浙江省级非物质文化遗产名录等。全市雁荡毛峰总面积生产规模1400公顷，年产量237吨，总产值1.53亿元，主要生产企业30多家。

(乐清市地方志研究室 詹恭学)

永嘉县

【概况】 2018年，永嘉县辖3个功能区、7个街道、11个镇、4个乡。年末常住人口82.94万人，户籍人口98.37万人。地区生产总值414.46亿元，比上年增长8.6%。其中，第一产业增加值14.61亿元，第二产业增加值177.4亿元，第三产业增加值222.45亿元。按户籍人口计算，人均地区生产总值4.98万元，增长10.85%。

财政总收入56.3亿元，增长11.6%。一般公共预算收入35.07亿元，增长11%；一般公共预算支出81.53亿元，增长10.2%。城镇常住居民人均可支配收入45293元，增长8.5%；农村常住居民人均可支配收入22190元，增长9.5%。

农林牧渔业总产值21.61亿元，

增长4.1%。其中,农业总产值14.92亿元,林业总产值1.44亿元,牧业总产值3.97亿元,渔业总产值0.94亿元,农林牧渔服务业总产值0.34亿元。粮食播种面积1.41公顷,下降3.2%;粮食总产量8.24万吨,下降2.8%。肉类总产量1.4万吨,增长6.9%。水产品总产量0.41万吨,增长2.8%。

工业增加值126.2亿元,增长9.3%。规模以上工业企业417家,规模以上工业增加值61.87亿元,增长10.2%。规模以上工业中,高新技术产业、装备制造业和战略性新兴产业工业增加值分别为34.03亿元、26.39亿元和6.11亿元。规模以上工业企业利润20.65亿元,增长57.4%,其中,国有企业0.54亿元,股份制企业10.81亿元,私营企业5.54亿元。

固定资产投资增长8.3%。民间投资增长10.1%,高新技术产业投资增长103.2%,工业投资和服务业投资分别增长26.1%和8.6%。

社会消费品零售总额186.1亿元,增长10.6%。其中:城镇消费品零售额152.4亿元,增长9.7%;乡村消费品零售额33.7亿元,增长14%。

进出口总额55.03亿元,增长15%。其中,进口总额2.1亿元,出口总额52.93亿元。实际利用外资2241万美元,增长11.8%。

接待海内外游客1208.69万人次,旅游总收入139.52亿元,分别增长22.8%和27.7%。其中:接待国内旅游人数1205.25万人次,国内旅游收入138.6亿元;接待入境游客3.55万人次,国际旅游外汇收入1468.28万美元。

全县有幼儿园169所,在园幼儿2.79万人;小学64所,在校学生6.07万人;普通中学47所,在校学生4.49万人,其中普通初中39所,在校学生3.23万人。幼儿园教职工3182人,其中,专任教师1699人;小学专任教师3825人;普通中学专任教师3797人。

各类卫生机构548个,其中综合性医院5个,中医医院1个,公共卫生机构5个,卫生院16个,社区卫生服务中心7个。卫生机构实有床位1971张,执业医师和执业助理医师有2250人,每万人拥有医生数为27人,注册护士1600人。

【"两化"融合发展】 2018年2月8日,省经信委发布《2017年浙江省区域两化融合发展水平评估报告》,评估结果显示,2017年永嘉县"两化"融合发展指数79.29,基础环境、工业应用、应用效益3项主要指数分别为18.43、35.7、25.16,位列全市第四位,连续3年跻身全省"两化"融合发展第一梯队。永嘉县鼓励引导企业实施"零土地"技改,推动传统制造业数字化转型。至年末,全县新增"上云"企业2900家、机器人应用305台、数字车间8个。NB-IoT智能泵阀产业联盟和联合创新实验室在永嘉成立,推动泵阀产业产品升级、服务升级和商业模式升级,提升永嘉泵阀行业与信息化深度融合水平。

【"4+1"基层人民调解模式】 2018年5月10日,全国人民调解工作现场会在温州召开,永嘉县"4+1"基层人民调解工作模式在现场会上被推广。"4+1"基层人民调解工作模式,是指四道防线加一个专业支撑平台,包括重点村调委会、村级联片调委会、镇街联调中心、个人品牌调解室和由一批专家组成的业务支撑平台。永嘉县创新发展新时代"枫桥经验",推出"4+1"基层人民调解工作模式,引导纠纷化解重心下移。年内,全县化解矛盾纠纷6329件,其中镇、村两级调解组织调处案件占全县调解总量的83.9%,村级人民调解组织规范化建设达标率87%。

【省级第二批传统制造业改造提升分行业试点】 2018年7月30日,省政府办公厅公布省级第二批传统制造业改造提升分行业省级试点名单,永嘉县泵阀轴承制造业入选,获资金补助1000万元。永嘉县是国内最大、最集中的泵阀产业基地,其泵阀行业始于20世纪60年代末,经过多年发展,已成为全县的重要支柱产业之一。永嘉县泵阀工业总产值257.89亿元,规模以上工业泵阀行业产值87.49亿元。

【永嘉县列入首批浙江省全域旅游示范县】 2018年12月21日,永嘉县列入浙江省文化和旅游厅发布的浙江省全域旅游示范县(市、区)验收单位名单。永嘉县着力构建"国家AAAAA级旅游景区、国家级旅游度假区—旅游风情小镇(特色小镇)—省A级景区村庄(美丽乡村精品村、民宿特色村)"三大层级全域旅游目的地体系。年内,永嘉县完成美丽经济交通走廊建设投资1.9亿元,建成美丽经济交通走廊523千米,打造精品示范线路100千米,完成雁楠公路、九黄线、41省道3条线路的旅游化改造。获评全省首批万里美丽经济交通走廊达标县。全年全县接待游客1208.69万人次,比上年增长22.8%;旅游收入139.52亿元,增长27.7%;景区接待游客1017.57万人次,增长19.8%;门票收入6549.69万元,增长15.6%。

(永嘉县地方志研究室　陈锦棣)

平　阳　县

【概况】 2018年,平阳县辖14个镇、2个乡。年末常住人口80.27万人,户籍总人口88.62万人。地区生产总值460.17亿元,增长9.2%。其中:第一产业增加值16.92亿元,增长7.1%;第二产业增加值179.25亿元,增长8.6%;第三产业增加值263.99亿元,增长10.3%。按常住人口计算,人均生产总值为5.76万元,增长8%。

财政总收入58.9亿元,增长24.6%。公共财政预算收入39.56亿元,增长32.8%,其中税收收入27.68亿元,增长10.8%。公共财政预算支出71.59亿元,增长18.8%,其中一般公共服务支出11.25亿元,增长13.1%。城镇常住居民人均可支配收入47021元,增长8.6%;农村常住居民人均可支配收入22730元,增长9.7%。

农林牧渔业总产值29.2亿元,增长2.6%。其中:农业产值10.4亿元,增长5.6%;林业产值1.2亿元,增长11.7%;牧业产值6.1亿元,增长5.2%;渔业产值10.9亿元,下降2%;农林牧渔服务业产值0.6亿元,增长6.3%。农作物总播种面积3.08万公顷,增长2.2%。全年粮食总产量10.4万吨,增长0.5%,肉类总产量1.6万吨,增长5.1%。

规模以上工业企业374家,规模以上工业企业总产值332.26亿元,增长12.8%。其中,重工业产值117.77亿元,轻工业产值214.5亿元,分别增长14.7%、11.8%。新产品产值114.82亿元,增长46.8%,新产品产值率34.56%,提高7.3个百分点。完成销售产值310.18亿元,增长9.7%。其中出口交货值50.48亿元,增长4.7%。规模以上工业企业利税总额27.86亿元,增长7.9%。规模以上工业增加值68.54亿元,增长8.9%。规模以上工业中,高新技术产业增加值33.42亿元,增长3.9%;装备制造业增加值22.67亿元,增长2%;战略性新兴产业增加值8.95亿元,下降7.4%。

限额以上固定资产投资增长10.7%。其中:第一产业投资4.79亿元,下降41.2%;第二产业投资84.96亿元,增长31.8%;第三产业投资373.75亿元,增长11.5%。全部投资中,工业投资83.9亿元,增长10.5%,其中:工业技改投资62.8亿元,增长5.3%;基础设施建设投资261.72亿元,增长14.7%。

社会消费品零售总额204.77亿元,增长10.6%。其中:城镇消费品零售额170.22亿元,增长10.1%;乡村消费品零售额34.55亿元,增长12.9%。网络零售额129.6亿元,增长28.6%。

进出口总额69.13亿元,增长9.1%。其中:进口总额3.25亿元,增长11.1%;出口总额65.87亿元,增长9%。从出口贸易方式看,一般贸易出口62.83亿元,增长11.6%;加工贸易出口0.83亿元,下降27.8%。全年实际利用外资10326万美元,增长4.15倍。

旅游总收入125.71亿元,增长24.3%。其中,接待国内旅游1528.29万人次,增长24.1%,国内旅游收入125.45亿元,增长25%。

金融机构本外币各项存款余额578.95亿元,增长8.9%,本外币各项贷款余额527.1亿元,增长13.2%。保险业保费收入14.43亿元,增长11.7%。

参加城镇职工基本养老保险28.29万人,增加2.4万人;参加城镇职工基本医疗保险17.21万人,增加2.06万人;参加失业保险9.01万人,增加0.66万人;参加工伤保险17.32万人,增加0.11万人;参加生育保险8.69万人,增加1.03万人。全县城乡居民基本医疗保险参保67.81万人,减少0.65万人。

【平阳县宠物用品基地成为国家级外贸转型升级基地】 2018年3月,在商务部公布国家级外贸转型升级基地认定名单中,平阳县宠物用品基地上榜,成为国家级外贸转型升级基地。全县宠物用品企业100多家,其中规模以上企业35家,全县宠物用品出口企业23家,90%以上宠物用品主要销往美国、加拿大、澳大利亚、日本、韩国、俄罗斯、欧盟等30多个国家和地区。多家宠物用品企业获中国驰名商标、省著名商标、省名牌产品、省出口名牌产品等荣誉,获100多项专利。自2008年始,宠物用品产业连续9年保持全县外贸出口第一大支柱产业地位。

【平阳县获“五水共治”“大禹鼎”】 2018年,平阳县获省“五水共治”(河长制)工作优秀县(市、区)“大禹鼎”。创新长效管理机制,制订一张作战图,成立剿灭劣Ⅴ类水首席技术顾问团和剿灭劣Ⅴ类水宣讲团,实行“督查日”“会诊日”“封堵日”三日工作法,建立健全门前河边“三包”制度等长效机制,建立劣Ⅴ类水体清单、劣Ⅴ类水体处方清单等6张清单,坚持长效治理不动摇。成立联合执法组开展剿劣专项行动,做到治水全覆盖。创新“河长制”信息化管理,整合水利、环保、公安等监控网点5672个;创新“共建共治共享”举措,完成18条游泳河、20条景观河创建,建成法治、怀古、喷泉等21条特色主题河道,举行首场剿灭劣Ⅴ类水专场千人电视问政,在全县范围内开展“我为五水共治捐一元”活动,拍摄首部治水剿劣微电影《水之情》,设计推广“五水共治”公益游戏棋等。全县349个劣Ⅴ类水体完成销号验收。水头制革业转型升级、顺溪水利枢纽工程、鳌江流域治理等入选浙江治水馆永久展陈内容。

【全国新时代文明实践中心试点县(市、区)建设】 2018年9月11日,平阳县列入全国新时代文明实践中心试点县(市、区)建设。全县搭建“县、镇、村”三级组织架构,挂牌成立新时代文明实践中心和628个文明实践所(站),实现599个村居全覆盖。成立县志愿服务总队和756支服务大队、服务小队及志愿者监督团,注册志愿者12.23万人。全年开展各类志愿服务活动2395场,信用时数30.6万小时。通过线上、线下“两条线”同步推进平台整合,打造“1+7”线上服务平台和一大批线下新时代文明实践示范基地,并依托服务平台和实践基地实施“百千万”工程,完成送博览讲座50多场、送戏135场、送电影5560场、送书40530册,实现“群众聚集在哪里,文明实践就延伸到哪里”。12月5日,平阳县举办“创建全国文明城市·建设新时代文明实践中心”——“平阳擂台·六比竞赛”之局长问政专场,21名主管部门“一把手”,现场接受社会各界代表的现场点评和“阅卷评议”,收视30.25万人,创平阳电视收视率历史新高。

【鳌江四桥通车】 2018年11月28日,鳌江四桥建成通车。鳌江四桥于2015年10月开工建设,始于平阳县鳌江镇疏港大道府前路交叉口,跨越鳌江后,与苍南县龙港镇彩虹大道连接。总投资7.35亿元,全长1400米,其中桥梁净长1105米。

【平阳县河湖管护体制机制创新试点县项目通过部级验收】 2018年,作为全国首批河网管护体制机制创新试点县,平阳县河湖管护体制机制创新试点县项目通过部级验收。平阳县于2015年获批全国河湖管护体制机制创新试点县后,利用3年时间,创新“河长制”模式,形成乡镇(街道)、村(社区)为管护主体,以市场为手段的四级河湖管护模式,建设河湖管护综合管理平台,推进河湖划界、岸线登记及功能区划分,涉河行政审批管理信息化及水政执法队伍建设等工作。平台的投入使用,使河道管理实现从传统管理模式向信息化管理模式的转变。

(平阳县地方志研究室　卢圣蒙)

苍南县

【概况】 2018年,苍南县辖17个镇、2个民族乡。年末常住人口125.22万人,户籍总人口135万人。地区生产总值560.59亿元,比上年增长7.2%。其中:第一产业增加值33.02亿元,增长1.5%;第二产业增加值201.23亿元,增长3.9%;第三产业增加值326.34亿元,增长10.3%。

财政总收入62.1亿元,增长11.1%;一般公共预算收入37.7亿元。城镇居民人均可支配收入47051元,增长8.3%;农村居民人均可支配收入分别22166元,增长9.3%。

农林牧渔业总产值51.2亿元,增长1.4%。经济作物播种面积1.65万公顷。培育美丽乡村特色精品村10个、综合治理村22个;建立扶贫资金互助会55个,互助资金总额1100万元;来料加工点390个,来料加工专业村16个;发放贷款1200万元,扶持320户农户发展生产;休闲观光农业接待游客386万人次。

工业增加值157.9亿元,增长6.1%。其中规模以上工业企业346家,增加值65.9亿元,增长4.3%。规模以上工业行业中产值超过10亿元的行业7个,工业产值255.6亿元,占全县规模以上工业总产值的81.9%。推进产业转型升级,规模以上工业劳动生产率20.7万元/人·年,增长10.3% 。高新技术增加值21.1亿元,占规模以上工业增加值的32.1%。新产品产值60.3亿元,增长25.3%。年内认定高新技术企业26家,累计77家;培育省级科技型中小企业155家,累计369家;专利申请量3018件,增长9%。

固定资产投资增长6.9%。其中工业性投资增长24.3%,占总投资的16.2%。全县城镇职工基本养老保险参保人数23.7万人。城镇基本医疗保险参保人数12.3万人,新型农村合作医疗保险参保108.9万人。新增就业11827人,失业人员再就业2463人,城镇登记失业率2%。

社会消费品零售总额385.6亿元,增长10%。年成交额超1亿元市场13个,年成交额146.4亿元,增长0.3%。

外贸进出口总额50.6亿元,其中进口总额2.2亿元,出口总额48.4亿元。接待海内外旅游者1349.5万人次,增长24.2%;旅游总收入127.91亿元,增长24.7%。

金融机构人民币存款余额695.5亿元,增长10.5%;人民币贷款余额810.4亿元,增长8%。保险业保费收入22.5亿元,增长11.2%;支付各类赔款6亿元,增长10.9%。

全县有小学75所,招生1.8万人,小学学龄儿童入学率100%。初中62所,招生1.5万人,初中毕业升学率98.4%。全县各类中等职业教育学校5所,招生0.4万人;普通高中18所,招生0.6万人。

各类医疗卫生机构722个,其中医院25个,卫生院(社区卫生服务中心)36个,各类诊所(卫生所、医务室)217个;卫生技术人员6275人。平均每万人有医生23.1人,全年诊疗965.6万人次。

有文化馆(站)20个,图书馆20个(包括乡镇图书分馆),博物馆6个,电影放映单位9个,艺术表演团体5个。电影放映10.5万场次,观众130万人次。国家级非物质文化遗产项目3个,省级非物质文化遗产项目21个。有公共体育场馆4个,体育场地设施面积278.6万平方米。完成绿化造林480.3公顷,人工造林466公顷。县城建成区新增绿地面积20.3公顷,绿化率41.3%,建成滨水公园5个。

【全域旅游示范县创建】 2018年,苍南县加大旅游基础设施和重大旅游项目建设,完成全社会旅游投资26亿元,其中政府性投资约7亿元。推进核心旅游产品创建,矾山镇省级旅游风情小镇、碗窑国家AAAA级旅游景区、炎亭国家AAA级旅游景区通过验收评定,建成A级以上景区村庄46个。推出温州矾矿省级工业旅游示范基地、福德湾省级文化旅游示范基地、八亩后省级休闲旅游示范村等特色旅游产品。培育五星级酒店1个、精品民宿3个,新增三星级品质旅行社1个,放心景区3个。接待游客1349.51万人次,增长24.2%;旅游总收入127.91亿,增长24.7%。

(苍南县地方志研究室　杨邦昌)

文成县

【概况】 2018年,文成县辖12个镇、5个乡。年末常住人口24.42万人,户籍总人口40.86万人。地区生产总值97.47亿元,比上年增长7.9%。其中:第一产业增加值8.88亿元,增长3%;第二产业增加值23.56亿元,增长8.7%;第三产业增加值65.03亿元,增长8.4%。按常住人口计算,全县人均生产总值4万元,增长8.29%。

财政总收入11.33亿元,增长2.7%。税收收入4.14亿元,增长2.4%。全县公共财政预算支出47.27亿元,增长4%。批零住餐业销售(营业)额107.22亿元,增长18.4%。城镇常住居民人均可支配收入38687元,增长8.3%;人均生活消费支出31698元,增长10.8%;农村常住居民人均可支配收入17352元,增长9.4%,人均生活消费支出15504元,增长8.5%。

农林牧渔业总产值12.56亿元,增长3%。其中,农业、林业、牧业、渔业产值分别为10.3亿元、0.96亿元、0.98亿元和0.16亿元,分别增长3%、2.4%、2.4%和8.4%。

工业增加值9.89亿元,增长11.2%。全年规模以上工业增加值2.51亿元,增长13.6%。规模以上工业总产值13.01亿元,增长24.6%。销售产值12.58亿元,增长17.7 %。规模以上工业企业利润总额0.44亿元,下降17.1%。

固定资产投资增长8.2%。引进

总部经济企业7家。招商引资到位资金14.35亿元。社会消费品零售总额46.23亿元,增长12.2%。

新增国家级高新技术企业1家,省级科技型企业11家,省高成长型科技企业1家,省专利示范企业1家。建成文成县现代农业与康养产业研究院。创建县级绿色农业科技示范基地5个。全县规模以上工业研发费0.47亿元,增长118.7%;发明专利授权36件,增长38.5%;高新技术增加值占规模以上工业增加值比重22.4%,提高10.2个百分点。

全县有学校70所(含幼儿园27所),在校学生33379人。其中,民办学校15所(含幼儿园),在校学生5507人。小学与初中学龄儿童入学率均100%,外来务工子女入学率100%,初中毕业生升学率98.3%。创建成为浙江省教育基本现代化县。

举办"百场活动惠万民"系列文化活动60场,送戏下乡340场,送展览讲座100场,文化走亲10场。完成"浙江省全域户外智能信息服务平台"建设。铜铃山冰雪运动小镇被列入首批省级运动休闲小镇培育名单。在浙江省第十六届运动会上获金牌4.93枚、银牌6枚、铜牌3枚。

各类医疗机构诊疗病人199.62万人次,入院人数1.6万人次,基层就诊比例65.2%。全县有文化馆1个,乡镇(街道)综合文化站17个,博物馆1个,公共图书馆8个(包括乡镇图书分馆),乡村艺术团63个。

城乡居民基本养老保险参保11.56万人。全县在册最低生活保障对象9326户1.17万人。全年发放低保资金6298万元。城乡特困人员集中供养率100%;城乡特困标准提高到1128元,增长6.8%。

【生态环境保护与美丽乡村建设】 2018年,文成县有森林面积9.37万公顷,森林覆盖率72.3%,森林蓄积量666.57万立方米,人工造林35公顷。县域地表水11个断面水质情况均达标;文瑞交接断面水质为Ⅰ类水质。空气质量优良率(AQI指数)99.1%。城市环境空气PM2.5年均浓度为28微克/立方米。全年建成省级美丽乡村示范乡镇2个、市级示范乡镇2个、省级特色精品村6个、市级样板村4个。续建历史文化村落保护利用项目4个。在册农家乐经营户(点)70个。农村生活垃圾分类减量化资源化处理建制村覆盖率83.8%。加强农村土地流转,累计流转面积7200公顷。低收入农户人均可支配收入9911元,"消除家庭人均收入4600元以下的贫困对象"成果得到巩固。

【优势主导产业扶持发展】 2018年,文成县新建农业产业基地15个。创建成为"省级农产品质量安全放心县"。高山台地田园综合体被确定为年度市级田园综合体培育项目,二源高山蔬果特色农业强镇被认定为第一批省级特色农业强镇。山哥哥农业星创天地列入浙江省"星创天地"创建名单,高山果蔬农业科技园区列入省级农业科技园区培育名单。"文成杨梅"获评浙江省区域名牌产品和浙江省区域名牌农产品。"文成杨梅"品牌授权许可使用企业22家,生产基地面积1413.3公顷,产品销售量1.1万吨,总销售额1.21万元,分别占全县杨梅面积、销售量、销售额的35.6%、56.4%和63.5%。发展杨梅栽培面积3966.7公顷,年产量1.95万吨,年产值1.91亿元,全县有效鲜果销售期45天以上。

【全国首个海外服务中心设立】 2018年,文成县在意大利米兰设立全国首个海外服务中心。中心通过研发涉侨服务信息系统、创新"技术+标准"视频取证等举措,打通国内外涉侨政务服务通道。梳理第一批服务事项59项,70%的政务服务事项实现在海外服务中心申请受理。搭建调解平台,整合法院、公安、司法3个部门的调解功能,通过海外法学会"代替跑"服务,对涉侨案件进行初步调解、预约开庭时间,并利用视频取证系统完成案件审理。涉侨立案审查时间从原来的1个月缩减为半个小时,审理天数从原来的140天降到29天。

(文成县地方志研究室 包芳芳)

泰顺县

【概况】 2018年,泰顺县辖12个镇、7个乡。年末常住人口25.57万人,户籍人口37.35万人。地区生产总值98.97亿元,比上年增长7.1%。其中:第一产业增加值8.08亿元,增长4.2%;第二产业增加值26.03亿元,下降1.2%;第三产业增加值64.86亿元,增长11.4%。按常住人口计算,人均地区生产总值38767元,增长6.5%。

财政总收入13.75亿元,增长20.3%;一般公共预算收入8.76亿元,增长10.7%。全年一般公共预算支出47.3亿元,增长4.8%。

农林牧渔业总产值11.8亿元,增长4.6%。其中:农业产值8.14亿元,增长2.5%;林业产值0.8亿元,增长11.6%;牧业产值2.63亿元,增长8.6%;渔业产值0.1亿元,增长24.3%。农林牧渔业增加值8.17亿元,增长4.2%。全年农作物种植面积1.52万公顷,增长2.9%。有农业龙头企业31家;省级、市级示范合作社分别为7个、35个;生态循环农业示范区3个。

工业增加值9.66亿元,增长6.4%。规模以上工业企业21家,总产值12.28亿元,增长6.9%;工业增加值2.58亿元,增长2.8%。新产品产值4.25亿元,增长56.5%,新产品产值率34.6%;工业销售产值11.94亿元,增长8.4%,产销率97.2%。

社会消费品零售总额50.29亿元,增长11.2%。接待国内外游客553.33万人次,旅游综合产值35.94亿元,分别增长28.5%和28.4%。有各类市场13个。各类市场成交额6.99亿元。

外贸进出口总额36202万元,增长30.5%。全年市外引进项目11个。引进项目资金16.14亿元。金融机构本外币存款余额213.23亿元,增长17%。金融机构本外币贷款余额124.9亿元,增长14.4%。

固定资产投资增长11.8%。有科技型企业134家,专利示范企业5家,省级农业企业科技研发中心10个,市级企业技术研发中心10个，高新技术企业5家。专利申请量999件，专利申请授权量461件。

全县有全日制学校55所，专任教师2756人，在校学生36092人。幼儿园48所，在园幼儿9856人。初中毕业生升学率98.23%，学龄儿童入学率100%。

有文化站19个，文化馆1个，公共图书馆8个（包括乡镇图书馆分馆），博物馆1个，艺术表演团体244个，电影放映单位3个。国家级、省级、市级非物质文化遗产数量分别为6个、15个和102个。有公共体育场馆3个，体育场地设施面积54.02万平方米。建成社区健身广场25个，健身苑点443个。

各类医疗卫生机构151个，各类卫生技术人员1763人，医疗机构床位1218张，医疗机构诊疗病人182.57万人次。

城乡居民基本养老保险参保15.19万人，企业职工基本养老保险参保4.31万人；城乡居民基本医疗保险参保33.81万人，城镇职工基本医疗保险参保2.9万人；失业保险参保1.57万人；工伤保险参保2.63万人；生育保险参保1.86万人。城乡居民最低生活保障人数10588人，全年列支低保（补助）金5379万元。农村“五保”集中供养人数262人，集中供养率98%。

【生态产业转型升级】 2018年，泰顺县坚持旅游主业化、全域景区化发展，启动全域旅游总体规划和重点区块专项规划编制，开展省级全域旅游示范县创建，廊氡国家级旅游度假区通过省级初评，创建成为国家AAA级旅游景区2个、A级景区村庄42个，获评“中国石雕小镇”，新认定国家级农民合作示范社2个、市级示范性家庭农场17个，建成省级美丽生态牧场5个，提标改造粮食生产功能区9个，新增国家绿色食品3个、省无公害农产品9个、国家农产品地理标志1枚，雅阳镇成为首批省级特色农业强镇，泰顺猕猴桃院士专家工作站获评全国模范工作站。推进工业转型发展，加快罗阳、彭月等小微园建设，加强亩均税收1万元以下企业整治，培育“隐形冠军”和“专精特新”企业，新增国家级高新技术企业1家、省级科技型中小企业8家，完成企业股改5家、拟上市企业签约3家、“小升规”企业3家、“个转企”45家，列入市领军企业1家、市高成长型企业1家，推动企业“上云”458家。推进新经济快速发展，建成农村电商新零售产业园和邮政物流仓储中心，网络零售额15.2亿元，增长50.5%。

【民生实事项目实施】 2018年，泰顺县落实民生实事项目人大代表票决制，累计投资17.6亿元，完成十大民生实事项目52个子项。创新实施共有产权房、廉租房制度，完成搬迁4951户1.65万人，承办全省“除险安居”现场会，生态搬迁机制改革获评省公共管理创新十佳案例。全面启动低收入农户高水平全面小康计划，集中开工村集体经济项目104个。坚持教育优质均衡发展，推进基本实现教育现代化县创建和“县管校聘”、校长职级制改革。加快“健康泰顺”建设，推进县域医共体建设和医保支付方式改革，完成县中医院新院搬迁，县中医院成为全国基层中医药工作先进单位。加快文化体育事业发展，完成县文化艺术中心选址，新增文化礼堂、百姓书屋等文化设施43个，举办《采茶舞曲》诞生60周年纪念活动、首届“介堪·去疾杯”全国泰顺石篆刻大赛、美丽乡村·环浙骑游自行车赛、美式台球国际公开赛等赛事活动。推进社会保障提标扩面，户籍法定人员基本养老保险参保率93.1%，基本医疗保险参保率99.7%，住房公积金净增扩面完成率134.7%。

【行政效能改革推进】 2018年，泰顺县落实“两强三提高”（强谋划、强执行，提高行政质量、效率和政府公信力）建设方案，开展“大学习大调研大抓落实”活动。成立县营商环境服务监督局，制订出台营商环境建设“双十条”，实现一般企业投资项目审批“开工前100天、竣工验收30天”。推进“最多跑一次”改革，创新“房小二”、再生育审批“刷脸办”等便民举措，开通“一证通办”事项168项，政务服务事项网上办理开通率100%，实现“办事不出村、审批零上门”行政村全覆盖。全面加强基层社会治理，有序推进全科网格，实现“基层治理四平台”乡镇（街道）全覆盖，创建成为市“无欠薪县”，夺得“平安银鼎”。落实普法责任制，创新“两官两师”乡贤调解机制，建立乡贤调解室19个，建成省级民主法治村3个、市级民主法治村16个。完善府院联席会议机制，行政首长出庭应诉率100%。主动接受县人大法律监督和县政协民主监督，办理人大代表建议249件、政协提案276件。

【国家生态文明建设示范县创建启动】 2018年，泰顺县启动创建国家生态文明建设示范县，创新实施生物多样性保护和开发利用机制，要素生态化配置综合改革经验在全国生态保护与修复现场会上交流推广，空气质量、PM2.5均值、出界断面水质等生态环境指数位列全省第一位，建成“中国天然氧吧”。开展“五水共治”“三改一拆”专项行动，推进中央环保督察反馈意见整改，获省“五水共治”（河长制）工作优秀县（市、区）“大禹鼎”，入选省“无违建县”、省危旧房治理改造优秀县和省“四边三化”优秀县。加强城乡建设和管理，启动全国县级文明城市创建，加快县域总规修编和文祥湖版块等专项规划编制，推进文祥湖水库、天关山路、东入城口公园等基础配套建设。9个乡镇通过验收，获评省小城镇环境综合整治优秀县，竹里创建成为省级旅游风情小镇。实施乡村振兴“五百五万”行动（百亿工商资本扶村、百个景区村庄创建、百村经济消薄防滑、百个文化礼堂引领、百个村庄善治示范；万人生态搬迁安居、万元农民增收致富、万名农村实用人才培训、万户星级文明家庭示范、万名党员示范带动），建成民族乡村振兴示范带，完成“四好农村路”建设268千米，通过美丽经济交通走廊达标县验收，获评省农村公厕改造优秀县、省农村人居环境整治提升示范县。

（泰顺县地方志研究室　庄　璐）

嘉兴市
Jiaxing Municipality

【概况】 2018年,嘉兴市辖南湖、秀洲2个区,海宁、平湖、桐乡3个县级市和嘉善、海盐2个县。陆域面积4223平方千米,海域面积1523平方千米。年末常住人口472.6万人,户籍人口360.4万人。

全市地区生产总值4868.45亿元,比上年增长11%。其中:第一产业增加值115.03亿元,下降15.1%;第二产业增加值2623.51亿元,增长13.3%;第三产业增加值2386.19亿元,增长23.3%。按常住人口计算,人均生产总值10.3万元,增长9.4%。

财政总收入895.29亿元,其中一般公共预算收入518.55亿元,分别增长16.4%和16.8。城镇居民人均可支配收入、农村居民人均可支配收入分别为57437元和34279元,分别增长8.3%和9%,城乡居民人均收入比1.68∶1。城市居民人均消费性支出32366元,增长8.3%;农村居民人均生活消费支出21708元,增长7.3%。

农业总产值194.04亿元,增长0.3%。农作物播种面积27.1万公顷,下降1.8%,其中粮食播种面积15.28万公顷,增长3%。建成粮食生产功能区7.71万公顷。粮食总产量96.42万吨,增长3.9%;生猪存栏18.53万头,增长0.8%,生猪出栏34.2万头,下降4.9%;肉类产量8.57万吨,下降9.8%。蚕茧产量1.08万吨,下降16.8%。

规模以上工业增加值1968.14亿元,增长8.9%。规模以上轻、重工业增加值分别为886亿元和1082.14亿元,分别增长7.7%和10%;高新技术产业、装备制造业、战略性新兴产业增加值1031.84亿元、584.66亿元和781.39亿元,分别增长8.6%、13.9%和7.9%。规模以上工业企业主营业务收入9261.25亿元,增长13.5%;利税总额893.06亿元,增长7.1%,其中利润总额587.84亿元,增长8.5%。

社会消费品零售总额1938.59亿元,增长8.9%。批发和零售业、住宿和餐饮业、金融业、交通运输业分别增长5.2%、6%、3.7%和3%。服务业增加值2132.46亿元,增长7.1%,对经济增长贡献率40.7%。

金融机构人民币存贷款余额分别为8104.32亿元、6770.69亿元,增长10.3%和13.3%。旅游总收入1231.44亿元,增长19.5%;接待国内外游客1.07亿人次,增长16.4%。嘉兴港货物吞吐量9689.35万吨,集装箱吞吐量172.27万标箱,分别增长9.8%、19.4%。

固定资产投资增长7.7%。进出口总额2821.2亿元,增长14.2%。其中:进口803.87亿元,增长15.8%;出口2017.33亿元,增长13.6%。新批外商投资项目350个,合同利用外资63.86亿美元,增长12.2%;实际利用外资31.4亿美元,增长4.9%。完成境外投资19.53亿美元,增长53.6%。实际引进内资390亿元,增长10.4%。

财政用于科技支出23.87亿元,增长17.9%。研究与试验发展经费支出占地区生产总值的2.7%。新产品产值3975.3亿元,增长20.6%;新产品产值率41.3%,提高2.1个百分点。新增省级企业研究院27个、高新技术企业393家。新增发明专利授权2506件,引进各类人才5.3万人。

至年末,全市有各类学校(含幼儿园)699所,在校学生70.65万人。其中:普通高等学校10所,在校学生9.56万人;普通高中37所,在校学生5.32万人;初级中学133所,在校学生10.93万人;小学147所,在校学生26.02万人。初中毕业生升高中段各类学校比例99%。普通高校招生2.63万人,增加9.5%。

推进"健康嘉兴"建设,有各类医疗卫生机构1554个,各类卫生工作人员3.52万人,其中医生1.23万人、注册护士1.51万人、医疗床位2.8万张。平均每千人拥有医生3.42名,每千人拥有医院床位7.76张。

财政用于民生支出464.96亿元,占一般公共预算支出79%。新增职工养老保险参保人数18.91万人,基本养老保险、基本医疗保险参保人数分别为252.31万人、229.58万人。全市发放各类救助金2.92亿元,新开工保障性安居工程15426套。

开展城乡生活垃圾分类处理,新增固体废弃物处置设施10个。启动国家森林城市创建,新增改造绿化1400公顷,新建绿道40千米,凌公塘绿道获评省十大经典绿道。70个镇(街道)通过小城镇环境综合整治省级考核验收。美丽乡村建设全面升级,新建美丽公路635千米,新增美丽乡村特色精品村48个、AAA级景区村庄13个。全市有文化艺术表演团体11个,艺术表演场所16个,文化馆8个,文化站73个,公共图书馆6个,图书总藏量877万册,图书馆总流通量1601万人次。市控以上Ⅳ类及以上水质断面占97.3%,Ⅲ类及以上水质断面占41%。空气质量优良率(AQI指数)82.9%,市区PM2.5平均浓度下降7.1%。完成2家热电企业超低排放改造,淘汰燃煤小锅炉4台,新增光伏并网容量360兆瓦。

【"最多跑一次"改革推进】 2018年4月18日,嘉兴市委、市政府出台《嘉兴市深化"最多跑一次"改革实施方案》,全面实施"最多跑一次""311"行动,即实现"三大突破"、完成十大攻坚事项、健全一套问题破解机制。推进"无差别全科受理",全市行政服务中心前台受理窗口平均压缩51%,日均办件量提升35%以上。推进"证照联办""多证合一""证照分离"改革,常态化企业开办实现当天办结。推进"事项通办",推动各类政务资源共享下沉,273个事项实现市本级"同城通办",174个事项实现"全市通办"。推进部门间"最多跑一次"改革,梳理公布部门间"最多跑一次"事项104项,实现率92.9%。推进民生事项"刷脸通办",627项政务服务事项实现"刷脸通办"。市级"最多跑一次"事项797项、县(市、区)平均692项均实现事项100%全覆盖。全市62.5%的民生事项实现"一证通办",100%政务服务事项实现网上办理。

【数字经济强市建设】 2018年,嘉兴市发挥世界互联网大会永久落户乌镇优势,根据省委、省政府实施数字经济"一号工程"决策部署,制定出台

《关于建设数字经济强市的实施意见》，明确以数字产业化为重点，以产业数字化为根本，构建以数字经济为核心的现代经济体系，加快建设长三角数字产业特色高地、全国传统产业数字化转型标杆区、全球数字经济展示体验中心。年内，全市数字经济核心产业增加值347.2亿元，占地区生产总值的7.1%；“两化”融合指数91.31，继续保持全省第三位。全市新引进签约数字经济超过1亿元投资项目54个，总投资715亿元，其中100亿元以上项目3个。

【全域土地整治“四百工程”启动实施】 2018年，嘉兴市出台《嘉兴市全域土地综合整治“四百工程”行动方案(2018—2022年)》，提出用5年时间实施“四百工程”，即在100个以上的行政村，启动100个左右项目，实施6.67万公顷全域土地综合整治和高标准农田建设，总投资超过100亿元。通过对乡村用地进行全要素、多手段、高效益整治，对农田连片提质改造，对存量建设用地集中盘活，对美丽乡村和产业融合发展用地集约精准保障，对农村人居环境治理修复，采取“一选二调三平四定五实施”的方式，探索农业产业引导型、生态环境修复型、美丽农田建设型、农居环境改善置换型等多种全域土地综合整治模式。10月24日，全省乡村全域土地综合整治与生态修复工程现场会在海宁召开。

【高质量外资集聚先行区建设启动】 2018年，嘉兴市出台《关于高质量外资集聚地建设的实施意见》《关于推动工业和开放型经济高质量发展的意见》等政策文件，并成立全市高质量外资集聚地建设工作领导小组，召开高质量外资集聚地建设工作推进现场会、涉外投资服务提升工作会议。引进世界500强投资项目11个，其中外资项目9个，数量列全省第二位。高能级平台建设持续推进，全市省级以上平台规模以上工业总产值5243.85亿元，占全市总量的54.5%；实际利用外资24.38亿美元，占全市总量的77.6%。涉外营商环境不断改善，国际学校、国际医院、国际友城等“五个一”工程加快推进，全市8个涉外投资服务中心挂牌运作。

【全面接轨上海工作】 2018年，嘉兴市制订《2018年嘉兴市全面接轨上海工作实施方案》，推进7个重点项目和36项工作。联合松江、金山、青浦实施毗邻地区一体化发展三年行动，编制沪嘉轨道交通对接规划，通苏嘉甬、沪乍杭等项目全面展开。首次在上海举办“上海·嘉兴周”活动，与松江、杭州等八地签订共建G60科创走廊战略合作协议，启动嘉兴驻沪孵化器总部建设，嘉善与苏州新加坡工业园区共建产业合作园，张江长三角科技城平湖园建设取得新进展，全市新引进上海产业项目195个、高层次人才350人。实施“沪嘉民生同行”行动，新增合作办学项目27个、办医项目57个，全面实现医保、公交双向“一卡通”。

【中心城市品质提升启动】 2018年11月2日，嘉兴市委城市工作会议暨中心城市建设推进大会召开。11月19日，市委、市政府出台《嘉兴市加快中心城市品质提升打造国际化品质江南水乡名城的实施意见》。年内，组建市中心城市品质提升工作指挥部办公室和十大专项组，计划用两年半时间，全面实施城市景观风貌提升、“绿城花海”、夜景亮化、交通畅行、四个“不带人”(贯通“断头河”、消灭“拎马桶”、整治“筒子楼”、告别“城中村”)、城市环境卫生整治、老(旧)住宅区改造提升、背街小巷综合整治、市场楼宇治理、精细化管理等中心城市品质提升十大专项行动，实现城市环境明显改善、城市品质明显提升、城市活力明显增强。

(嘉兴市政府办公室　宋　纯)

2018年10月24日，全域土地综合整治与生态修复现场会在海宁举行

(嘉兴市政府办公室　供图　盛建生　摄)

南　湖　区

【概况】 2018年，南湖区辖9个街道、4个镇。户籍人口51.93万人。地区生产总值566.12亿元，比上年增长8%。其中：第一产业增加值11.93亿元，下降2.6%；第二产业增加值249.61亿元，增长12%；第三产业增加值304.58亿元，增长5.4%。

财政总收入72.57亿元，增长15.2%，其中一般公共预算收入29.43亿元，增长20.4%。固定资产投资增长0.8%。社会消费品零售总额308.79亿元，增长8.7%。城镇、农村居民人均可支配收入分别为52206元、33145元，分别增长8.6%和9%。

规模以上工业增加值178.25亿元，增长15.3%。数字经济核心产业制造业、装备制造业、高新技术产业规模以上工业产值分别增长31.7%、21.2%、22.7%。完成"个转企"115家、"小升规"30家,新增1亿元企业10家、股份制企业29家。整治"低散乱"企业(作坊)1015家,腾退面积141.67公顷,规模以上工业企业亩均税收提高11.8%。服务业投资169.35亿元;服务业税收46亿元。税收超过1000万元楼宇29幢,其中1亿元以上楼宇5幢。

网络零售额218亿元,增长25%。全区接待游客超过1200万人次,旅游收入160亿元,分别增长25%和26%。粮食生产种植规模2万公顷,总产量12.7万吨。全社会研究与试验发展经费支出占地区生产总值3.1%,科技创新指数首次步入全国百强区。万人发明专利拥有量19件。嘉兴科技城获评国家互联网产业国际创新园,浙江未来技术研究院、浙江清华柔性电子技术研究院等创新平台运作。新增国家高新技术企业36家、省科技型中小企业124家、省级企业研究院及研发中心8个。

合同利用外资10.6亿美元,实到外资3.3亿美元。引进区外内资80.5亿元,"浙商回归"到位资金66.7亿元。新建省级博士后工作站4个、市级院士(专家)工作站3个,新签约海内外院士8人。湘家荡省级旅游度假区开发顺利推进,完成"湘湖八景"建设,七星街道列入省级风情小镇培育创建名单。嘉兴环保产业园、长三角(嘉兴)人力资源产业园开园。118个重大政府投资项目完成投资42亿元,180个重大产业项目完成投资167亿元。

中央环保督察交办信访件整改完成率96.4%。新建三级污水管网36千米,完成创建"污水零直排工业区"1个和"污水零直排居住小区"市级示范点2个,全年跨行政区域交接断面平均水质稳定在Ⅲ类水。加强挥发性有机废气治理、燃煤控制,11个镇(街道)实现环境空气质量监测全覆盖。空气质量优良率(AQI指数)77.5%,PM2.5平均浓度为38微克/立方米。启动"四好农村路"创建(把农村公路建好、管好、护好、运营好)三年行动,完成低等级公路提升改造11.5千米,路面大中修25.5千米。建成城镇社会停车位3923个。拆除各类违法建筑283万平方米,完成道路立面改造26条、传输线路"上改下"82.8千米。全面推进832个小区、35个行政村、424个机关企事业单位生活垃圾分类。

基本养老保险户籍人员法定参保率92.8%,基本医疗保险覆盖率98.2%,长期护理保险对象待遇享受覆盖率87.2%。区、镇(街道)、村(社区)三级退役军人服务管理中心(站)全部建成。建成示范型居家养老服务中心3个。"96345"社区服务中心受理市民各类求助24.3万件次。深化"无欠薪南湖"创建。全面推开"三治融合"(自治、法治、德治相融合),建成"全国民主法治示范村"2个。

【南湖区上榜全国科技创新百强区】 2018年10月9日,《人民日报》刊发《2018年中国中小城市科学发展指数研究成果发布(二)》,南湖区以第87名的排位上榜年度全国科技创新百强区,成为全市唯一一个百强区。7月,浙江清华长三角研究院获省级"双创"示范基地。浙江未来技术研究院、浙江清华柔性电子技术研究院、上海大学新兴产业研究院、浙江南湖求是驿站、航天五院嘉兴军民融合中心等科研创新平台先后入驻南湖高新技术产业园区。全区建成各级各类孵化众创平台18个、孵化面积80多万平方米,在孵企业615家,毕业企业202家。科技成果转化项目127项,85家企业与科研院所开展产学研合作109项,接轨上海科技合作签约项目55个,合同金额39.5亿元。研究与试验发展经费支出占地区生产总值比重、研究与试验发展经费支出与主营业务收入比值分别连续9年居全市第一位。

【南湖区获评省食品安全县(市、区)】 2018年10月24日,浙江省食品安全委员会公布"浙江省食品安全县(市、区)"名单,南湖区入选44个浙江省食品安全县(市、区)之一。南湖区公开征集食品安全宣传卡通形象LOGO"南南",开展"南南带你看食安"系列宣传活动。建立"南湖区食品安全共治联盟",促进食品行业自律和规范。开设"嘉兴南湖食品安全信息网",向社会公开餐饮单位日常检查情况、量化等级评定、阳光厨房、企业自查报告和食品从业人员培训等内容。举办首届"南湖杯"家宴乡厨职业技能竞赛;完成11个农村家宴中心"放心厨房"改造提升;完成创建"名特优小作坊"4个、省"放心农贸市场"5个。

【嘉兴网易联合创新中心开业】 2018年12月9日,嘉兴网易联合创新中心在南湖CBD(中央商务区)开业。该中心系全国规模最大的网易联合创新中心,面积4万多平方米,重点布局云计算、大数据、人工智能,以及传统产业数字化转型升级。开业仪式上,旅创小镇等10个项目签约入驻,网易云技术服务中心授牌。服务中心利用网易云计算与大数据服务平台资源,帮助企业实现"上云"服务,并将云计算、大数据与人工智能技术赋能到企业生产、销售与流通环节中。

(南湖区政府办公室　高亨亭)

秀洲区

【概况】 2018年,秀洲区辖5个镇、4个街道和1个国家级高新区。户籍人口40.47万人。地区生产总值392.64亿元,比上年增长6.2%。其中:第一产业增加值12.62亿元,下降1.3%;第二产业增加值204.41亿元,增长6.5%;第三产业增加值175.6亿元,增长6.4%。

财政总收入56.48亿元,增长16.4%,其中一般公共预算收入24.95亿元,增长18.1%。一般公共预算支出34.27亿元,增长22.8%。城镇居民人均可支配收入51774元,增长8.2%;农村居民人均可支配收入32942元,增长9.3%。

农林牧渔业总产值19.65亿元,下降0.8%,其中农业产值13.05亿元,下降3%。粮食作物播种面积2.15万公顷，粮食总产量13.99万吨。推进美丽乡村升级版建设，优化调整3条精品线路规划，新增省级示范镇1个、特色精品村3个、A级景区村庄12个，建成优美村庄20个，建林村创建成为国家级美丽宜居示范村。

工业增加值185.85亿元，增长6.2%，其中规模以上工业企业增加值146.64亿元，增长6.9%。规模以上工业企业总产值665.25亿元，增长11.2%；工业销售产值647.26亿元，增长11.1%，其中出口交货值151.82亿元，增长4.6%。利税68.99亿元，增长17.8%，其中利润49.27亿元，增长20.6%。全年研究与试验发展经费支出10.67亿元。规模以上工业新产品产值316.18亿元，增长10.5%。社会消费品零售总额108.22亿元，增长10%。接待国内游客368.64万人次，增长57%；旅游收入38.69亿元，增长31.8%。进出口总额195.61亿元，增长20%。其中：出口163.81亿元，增长16.5%；进口31.8亿元，增长42.2%。有进出口实绩企业592家。新批外商投资项目23个，合同利用外资4.5亿美元，下降27%；实际利用外资2.8亿美元，增长4.7%。引进世界500强项目1个，总投资超1亿美元项目4个。引进市外内资47.12亿元。承接服务外包执行额7.77亿元，增长29.9%。

固定资产投资增长8.2%，其中民间投资137.15亿元，增长40.6%。推进秀湖景观提升工程、"一校四中心"等项目建设。实施城市建成区亮化景观打造、城市慢行空间营造和绿化景观塑造等八大城市功能提升工程。城镇生活垃圾分类覆盖率95%，建成省级"定点定时"投放清运小区3个、示范商业街3条和省级高标准示范小区5个。农村生活垃圾分类实现行政村全覆盖。秀洲区通过"基本无违建区"省级考核现场检查。

全区有省级重点研究院6个、省级企业研究院13个、省级企业研发中心43个、市级企业研发中心104个、国家高新技术企业124家、省科技型中小企业375家。专利授权量3989件。申报入选国家"万人计划"专家2人、省"万人计划"专家1人、省"千人计划"专家8人，获批市级院士工作站4个。

高中2所，在校学生2849人；九年一贯制学校4所、初中7所、小学9所，义务教育公办中小学在校学生33305人。幼儿园51所，在园幼儿13578人。举办"百姓微舞台"等文体活动751场，送戏下乡320场，送电影下乡1537场。

公办医疗卫生机构13个，床位1537张，公办医疗机构门急诊200.02万人次。家庭医生规范签约率36.6%，重点人群签约覆盖率75.8%。

健康秀洲建设列入健康浙江优秀考核等次第一方阵。群众性体育比赛获国家级奖项5项、省级奖项12项，市第五届市民运动会上获奖32项。

基本医疗保险户籍人员参保率98.7%。最低生活保障对象2063户2884人。农村"五保"对象、城镇"三无"对象集中供养率100%。

环境空气质量优良率（AQI指数）77.3%，PM2.5平均浓度39.3微克/立方米。秸秆综合利用率95.5%。完成重点区域臭气废气整治和存量黄标车淘汰"清零"。整治工业挥发性有机废气企业8家、无证高污染炉窑315台。

【嘉兴运河文化省级旅游度假区获批】 2018年5月7日，省政府发文同意设立嘉兴市运河文化省级旅游度假区。度假区位于王江泾镇中心区域，总面积32.99平方千米，其中水域面积9.5平方千米，包括莲泗荡、梅家荡两大湖荡。度假区以大运河"申遗"成功为契机，依托浙北水乡优质的"生产、生活、生态"三生合一的空间环境，以"理水、营镇、聚人、兴文"四大开发理念为引领，通过科学布局，打造一处以运河文化风情展示、平原水乡度假、湿地农业休闲、运河民俗体验为核心功能，汇集文化体验、休闲游憩、栖居度假、水乡餐饮、水上运动、娱乐科普等多元业态的文化体验型休闲度假胜地。

【秀洲区获全省工业有效投资和"机器换人"技术改造工作先进县（市、区）一等奖】 2018年6月26日，省经信委印发《关于2017年度浙江省工业投资和"机器换人"技术改造考核评价结果的通报》，秀洲区连续4年获先进县（市、区）一等奖，累计获32公顷新增建设用地计划指标奖励。近年来，秀洲区以招大引强和推进"机器换人"技改为抓手，积极促进有效投资；实施项目全流程推进服务，工业投资平均增长14%；建立"政策引导、机制创新、典型示范、精准服务"四位一体的"机器换人"和智能化技改推进机制，全区规模以上企业"机器换人"实现全覆盖，累计购置工业机器人490台。

【油车港镇获评省首批小城镇文明行动样本镇】 2018年6月，省文明办公布小城镇文明行动测评情况，油车港镇获评年度浙江省小城镇文明行动样板小城镇。油车港镇以建设"美丽麟湖、精致新城"为目标，以开展全国文明镇创建为契机，推进小城镇文明行动，补齐小城镇精神文明建设短板，全力打造环境更加优美、人际更加和谐、治理更加有序、风尚更加文明的小城镇文明建设"基层样板"。针对道路管理、河道保洁、邻里和睦及文明出行等问题，探索新型长效管理机制，分别实施"双路长制""河长制""桥长制"和"楼长制"，实行定人、定岗、定责的网格化管理模式。以文化礼堂、道德讲堂、百姓微舞台为载体，开展"推动移风易俗、树立文明新风"系列宣讲、巡演活动，大力营造文明过节的氛围。

【秀洲国家高新区获批国家高端人才引领型创新创业特色载体】 2018年，嘉兴秀洲国家高新区获评高端人才引领型创新创业特色载体。秀洲国家高新区以"双创"载体提质增效计划、"双创"人才聚合培育计划、"双创"服务融通共享计划、人才生态优化提升计划、产业发展集聚创新计划五大计划为抓手，聚焦聚力促进中小企业专业化、高质量发展，加快形成"人才＋孵化"智力转化机制，推动秀洲国家高新区构建特色区域创新创业生态环境。

（秀洲区政府办公室　姚仲衍）

海　宁　市

【概况】 2018年，海宁市辖4个街道、8个镇。年末常住人口85.85万人，户籍人口69.77万人。地区生产总值948.73亿元，比上年增长6.1%。其中：第一产业增加值17.63亿元，下降0.5%；第二产业增加值538.02亿元，增长7%；第三产业增加值393.09亿元，增长5.2%。按常住人口计算，人均生产总值13.67万元，增长4.9%。

财政总收入153.08亿元，其中一般公共预算收入89亿元，分别增长12.9%和14.5%。一般公共预算支出83.15亿元。城镇常住居民人均可支配收入60600元，农村常住居民人均可支配收入35440元，分别增长7.9%和8.5%。

农业总产值29.14亿元，下降0.1%。农作物总播种面积3.9万公顷，其中粮食播种面积1.9万公顷，经济作物种植面积2万公顷。农业现代化评价、统筹城乡水平分列全省第七位和第五位。

工业增加值470.51亿元，增长7.3%。规模以上工业总产值1810.69亿元，增长11.5%，其中新产品产值802.56亿元，增长15.4%；主营业务收入1790.94亿元，利税145.29亿元，其中利润80.44亿元；出口交货值479.82亿元。产销率97.9%。规模以上皮革工业产值82亿元，规模以上纺织工业产值559.61亿元，两大产业占规模以上工业总量的35.4%。

社会消费品零售总额439.43亿元，增长8.6%。各类商品交易市场61个，全年市场交易成交额360.91亿元。金融机构各项存款余额1504.68亿元，各项贷款余额1211.29亿元。保险业保费收入14.41亿元，其中财产险保费收入5.08亿元、人寿险保费收入9.33亿元；赔付支出3.59亿元。全年接待国内外游客2076.03万人次，旅游总收入248.39亿元，增长10.5%。进出口总额563.15亿元，增长16.2%，全年实际利用外资4.22亿美元，实到市外内资181亿元。

固定资产投资增长7.6%。海宁市通过国家园林城市省级复评，被交通运输部评为全国首批“四好农村路”示范县（市），被省交通运输厅列为首批万里美丽经济交通走廊示范县（市）。

财政科技投入3.1亿元，有国家级高新技术企业262家。申请专利9007件，授权专利4006件。

有小学30所、普通中学29所、中职类学校4所、幼儿园75所、特殊教育学校1所，普通中学在校学生28481人，初中学龄人口入学率100%；小学在校学生44397人，小学学龄人口入学率100%；学龄前儿童在园幼儿数24019人，学龄前幼儿三年净入园率99.97%。

有文化馆（站）13个，全年艺术表演场所演出895场次，艺术表演团体演出4068场次。组织各类文艺演出1703场次，“美丽海宁大舞台”演出场次80场，开展文化走亲活动295场，文化下乡312场。市公共图书馆总藏量189.43万册（件）。新建专项体育场地29个，有52所学校和1789个全民健身点向市民免费开放。海宁市运动员获国家级金牌28枚、省级金牌17枚，在浙江省第十六届运动会上获724.9分、51.5枚奖牌。

各类医院、卫生院26个，医疗床位4619张；卫生技术人员6059人。全市农村自来水普及率100%，卫生厕所普及率100%。创建成为“国家级妇幼健康优质服务示范市”，国家卫生城市、国家慢性病综合防控示范区通过复审。城镇居民人均住房建筑面积41.47平方米，农村居民人均住房建筑面积63.24平方米。全年基本养老保险参保人数45.82万人，医疗保险参保人数78.61万人。社会救济总人数（包括“低保”人数）2.05万人。

全市主要河道四类水及以上水质占89.1%，其中三类水占45%，饮用水水源地原水水质达标率100%。盐官镇获全省剿灭劣五类水工作先进集体，鹃湖创建为省级“美丽河湖”。全年审批新、改、扩建工业性建设项目363个，建设项目环境影响评价制度执行率100%。空气质量优良率（AQI指数）83.9%，PM2.5浓度下降至39微克/立方米。城乡垃圾分类覆盖率96%。

【品质智造强市打造】 2018年8月29日，海宁市委十四届四次全体（扩大）会议审议通过《中共海宁市委关于实施品质智造的决定》。“品质智造”是以提质增效为核心，以“品位、质量、智能、创造”为内涵，推动建成具有海宁特色的现代制造业产业体系。11月6日，海宁市品质智造大会召开，来自全市900多名干部和企业家参会。会议提出要加快推进“海宁制造”向“海宁创造、海宁智造、海宁品牌”转变，打造全省乃至全国一流的品质智造强市。

【全省乡村全域土地综合整治与生态修复工程现场会】 2018年10月24日在海宁召开。省委书记车俊做出批示，省长袁家军出席会议并讲话，省委常委、常务副省长冯飞主持，省政协副主席陈铁雄参加。会议要求各地各有关部门要强化问题导向、效果导向，坚守耕地红线和不违规负债底线，加快建立工作推进、政策激励、工程实施和考核宣传机制，发挥首创精神，加强实践探索，在“比学赶超”中高质量推动乡村全域土地综合整治与生态修复。24日，与会人员考察海宁市海昌街道、马桥街道、袁花镇全域土地综合整治情况。

【特色活动】 2018年4月27日至5月3日，首届世界花园大会在海宁长安花卉小镇举行。活动由海宁市政府和国际植物繁育者协会主办，主题为“探园艺新资源、求零售新商机、谋合作新飞跃”。大会邀请国际植物繁育者协会主席，英国皇家园艺协会评审主席及3名国内造园专家、植物学家，评选出31项观赏植物展品奖、1项大会特别奖、6项展位布置奖、6项花园设计奖。吸引国内外专业客商、市民10万余人次参会观展。其间，中美园艺技术交流中心宣布成立。海宁市政府与浙江天猫网络有限公司在开幕式上签订战略合作协议。6月26日，第25届海宁·中国皮革博览会开幕。博览会以“设计驱动”为主题，开展海宁中国皮革毛皮原辅料展、海宁中国国际皮革时装周、海宁中国国际皮革裘皮时装展、第21届“真皮标志杯”中国国际皮革裘皮时装设计大奖赛、中国国际时尚设计论坛、秋冬中国皮革裘皮设计趋势专题讲座等。9月22日至10月1日，第25届钱江（海宁）观潮节举办。观潮节系列活动包括央视直播海宁潮、祭祀潮神民俗表演、海宁潮音乐节、咖聚海宁·论道村游——长三角文旅大咖海宁采风行等。观潮节吸引全国游客50.12万人次。9月26日，首届海宁“法国日”在尖山新区举行。中法双方代表共同为中法合作高技能人才实训基地揭牌，并围绕推进法国未来工业与海宁工业强市建设经济合作举行中法（海宁）工业经济合作交流会。9月28日，第三届海商大会在浙江大学国际联合学院（海宁国际校区）举行，500多位海内外“海商”和特邀嘉宾参加。其间，有39个重大投资项目签约，总投资额305亿元。

【海宁农业经济开发区成立】 2018年11月30日，海宁农业经济开发区成立仪式在尖山新区（黄湾镇）举行。开发区规划总面积5666.67公顷，实施“1+2”布局模式［“1”为尖山新区（黄湾镇）核心区，“2”为经济开发区（海昌街道）和马桥街道两个分区］。尖山新区（黄湾镇）作为海宁农业经济开发区“1+2”布局模式的核心区域，将与上海市浦东新区大团镇的农业发展全面接轨，打造现代农业产业+旅游产业联动发展的特色区域，农业园区面积4226公顷，以现代农业核心区、粮经（粮食作物和经济作物）共作示范区、休闲农业体验区、森林生态度假区、果园飘香景观带为总体架构，并将与大型专业院校建立战略合作，培育一条融合生产、加工、营销的农业全产业链。

【全国农村集体产权制度改革试点工作】 2018年12月21日，省农业农村厅组织召开海宁市农村集体产权制度改革试点成果论证会。农业农村部及省政府参事室、省农业农村厅、嘉兴市农经局等单位领导和专家参加论证会。会上，海宁市展出全市农村集体产权制度改革试点工作成果，获论证组肯定。该市确定为全国农村集体产权制度改革试点单位后，积极开展农村集体资产清产核资、发展壮大村级集体经济等改革试点工作，重点突破集体经济组织成员身份认定、农村“三权+”抵（质）押贷款两大政策难点，创新建立农村集体“三资”监测中心、村集体资金网上审批和推行“阳光村务卡”、政经分离等工作机制，形成一批集体产权制度改革的阶段性经验。

（海宁市政府办公室　潘品意）

平湖市

【概况】 2018年，平湖市辖3个街道、6个镇。年末常住人口69.59万人，户籍人口49.99万人。地区生产总值693.9亿元，比上年增长9.8%。其中：第一产业增加值11.9亿元，增长1.5%；第二产业增加值417.2亿元，增长10.4%；第三产业增加值264.8亿元，增长9.5%。按常住人口计算，人均生产总值10.02万元。

财政总收入135.7亿元，增长19.9%，其中一般公共预算收入81.9亿元，增长18.9%。一般公共预算支出86.75亿元。城镇和农村居民人均可支配收入分别为58397元和34443元，分别增长8.8%和9.4%。

农业增加值13.4亿元，增长2%。农作物播种面积4.15万公顷，增长1.8%。有无公害农产品基地168个，全国无公害农产品195种，绿色食品23种。完成城乡绿化造林面积621.87公顷。

规模以上工业企业总产值1878.6亿元，增长18%。新产品产值率37.7%。工业产销率98.8%。出口交货值317.3亿元，增长2.5%。利税总额178.1亿元，增长8%，其中利润总额120.1亿元，增长5.5%。社会消费品零售总额216.5亿元，增长8.5%。固定资产投资增长8.9%。新开工超1亿元项目55个，其中超10亿元产业项目4个。外贸进出口总额650.7亿元，增长18.2%。全市新批、增资三资企业95家，增长15.9%；合同利用外资10.6亿美元，增长28.4%；实际利用外资6.5亿美元，增长15.7%。引进总投资超1亿美元项目和世界500强企业及国际行业领先企业投资项目7个。连续18年获评全省利用外资和外贸“双十强”市。新增高新技术企业54家、省科技型企业101家、省级研发中心10个，新建院士专家工作站4个。深化“最多跑一次”改革，推广应用“浙政钉”掌上办公，列入省“浙里办”掌上办事试点市，1426个事项实现网上办理。60%的民生事项实现“一证通办”。实施接轨上海战略，与金山区深化毗邻地区合作，从上海引进项目107个，实到资金85.1亿元。新增上市企业1家、辅导报会企业1家、浙江股交中心挂牌企业5家、股改企业42家、“小升规”44家、“个转企”220家。建成小微企业园5个、23.5万平方米。加大传统产业改造力度，整治提升“低散乱”企业2148家，腾退低效用地166.33公顷。创建成为省级农产品质量安全放心市、省农业“机器换人”示范市。

实施民生共享工程。民生财政支出占一般公共预算支出81.1%。实施“健康平湖2030”行动纲要，深化医药卫生体制改革。重点人群家庭医生服务签约率73.5%。创建成为全省首批“无欠薪”市。全市平安建设知晓率、参与率、满意率和群众安全感进一步提高，连续13年获评“平安县（市、区）”。

实施金平湖新崛起城市建设三年行动计划。完成排污口整治1128个，新建污水管网36.2千米，城区阳台污废水改造9214户。环境空气质量优良率（AQI指数）84.4%，PM2.5平均浓度32微克/立方米。城乡生活垃圾分类覆盖面91.7%。建成美丽乡村项目623个。新建高标准农田2533.33公顷，完成建设用地复垦114.67公顷。

【全国农村社区治理实验区建设】 2018年，平湖市出台《平湖市建设全国农村社区治理实验区加快构建乡村美好生活共同体实施方案》《全面建设社区三级友（乡）邻体系加强社区治理和服务创新的实施意见》《关于加强和完善城乡社区治理的实施意见》等文件，探索建立以“新乡农、新乡规、新乡风、新乡情”四新体系为主要内容的“新乡邻”治理模式。组织召开平湖市创建全国农村社区治理实验区暨城乡社区治理推进会，投入80万元，在16个首批实验区示范村实施农村社区“新乡邻”自治项目。年内，当湖街道通过省级城乡社区治理和服务创新实验区验收工作，3个农村社区被评为省级示范型社区。

【孵化示范基地创建】 2018年初，省人力社保厅公布第三批省级创业孵化示范基地名单，平湖市国际电子商务产业园入选，系平湖市首次获“省级创业孵化示范基地”称号。产业园总建筑面积43210.82平方米，可为180多名创业者提供创业场所。园区定位为集电子商务研发、商务办公、电商服务、产品展示、人才培训、创客空间、商务配套、生活配套等综合功能于一体的电子商务全产业链综合型园区。

【平湖市获评全省外贸十强县（市、区）】 2018年5月9日，在浙江省对外开放大会上，平湖市被评为2017年度浙江省外贸十强县（市、区），也是嘉兴地区唯一获评的县（市、区）。平湖市立足开放型经济发展，大力扶持和激励发展对外贸易，出口方式不断优化，出口规模不断扩大，出口市场趋向多元，对外贸易实现持续快速增长。进出口650.8亿元，比上年增长18.3%。其中：出口310.8亿元，增长11.1%；进口340亿元，增长25.7%。

【平湖车创园建成运营】 2018年6月，浙江省平湖汽车零部件技术创新公共服务平台（简称车创园）建成运营。平台目标定位为打造省级汽车零部件产业创新服务综合体。依据“一链四心”的总体规划，车创园以检验检测解决方案为核心驱动，配置汽车双创中心、转化中心、展示中心、服务中心，形成集研发设计、检验检测、创业孵化、产业展示等功能集聚的汽车产业“双创”服务链。至年末，入驻展示企业86家。

【平湖市通过省级节水型城市现场考核验收】 2018年12月，平湖市通过省级节水型城市现场考核验收。平湖市按照以健全机制、强化管理、大力宣传为抓手，全面推进节水工作，引导社区、企业（单位）、居民主动开展城市节水，在城市节水方面取得明显成效。至年末，平湖市运行良好的城市节水管理体系初步建立，节水考核指标达到国内先进水平，市区万元生产总值取水量、万元工业增加值用水量均领先全国平均水平50%以上。供水管网漏损率6.5%，节水型居民小区覆盖率13.3%，市区节水器具普及率100%，工业企业重复利用率大于85%，省级节水型企业覆盖率大于50%。（平湖市政府办公室　张一鸣）

桐乡市

【概况】 2018年，桐乡市辖3个街道、8个镇。年末常住人口84.81万人。户籍人口70.13万人。地区生产总值893.51亿元，比上年增长8.2%。其中：第一产业增加值21.76亿元，增长1.3%；第二产业增加值466.94亿元，增长9.5%；第三产业增加值404.81亿元，增长7.2%。按常住人口计算，人均生产总值10.59万元。

财政总收入129.43亿元，增长19.5%，其中一般公共预算收入72.4亿元，增长17.4%。固定资产投资增长8.6%。社会消费品零售总额392.74亿元，增长8.9%。城镇居民人均可支配收入56707元，增长8.9%；农村居民人均可支配收入34886元，增长9.1%。

农林牧渔业总产值36.63亿元，增长1.7%，其中种植业20.03亿元，增长2.1%。农作物播种面积5.13万公顷，其中粮食播种面积2.02万公顷。新增平原绿化造林面积111.27公顷，林木覆盖率29.2%。农业标准化程度64.7%。粮食生产耕种收综合机械化水平83.9%，主要粮食作物机收率99%。

工业增加值416.52亿元，增长10%。新增规模以上工业企业93家。规模以上工业总产值1703.53亿元，增长17.3%；工业销售产值1666.66亿元，增长16.4%，产销率97.8%；规模以上工业新产品产值814.92亿元，增长30.4%，新产品产值率47.8%，提高4.8个百分点。

接待国内外游客2286.57万人次，增长12.6%；旅游总收入281.68亿元，增长15.4%。乌镇景区接待游客806.82万人次。有各类商品交易市场67个，其中生产资料市场7个，消费品市场60个。成交额超1亿元的市场37个。市场成交总额645.75亿元，其中濮院羊毛衫市场成交额501.6亿元。

新签外资项目（合同）54个，合同利用外资5.99亿美元，下降36.8%；实际利用外资3.61亿美元，增长2.5%。进出口总额426亿元，增长18.2%。其中：出口285.71亿元，增长17.2%；进口140.29亿元，增长20.2%。

新增高新技术企业64家，累计211家；新认定省科技型中小企业176家，总量576家；新增科技企业孵化器2个；新增省级企业研究院3个，总量24个；新增省级高新技术企业研发中心9个，累计69个。全年专利申请受理量8129件，其中发明专利受理量3010件；专利申请授权量3238件，其中发明专利授权量266件。新增省名牌产品11只、嘉兴市名牌产品12只。引进各类人才5635人，其中高层次人才565人。

农村公路改造提升13.3千米、县道大中修30千米，改造农村桥梁33座。公交移动支付全覆盖。创建成为国家级节水型社会建设达标市。河道清淤161万立方米，连通河道水系41条。凤凰湖获评省级“美丽河湖”；获省“五水共治”（河长制）工作优秀县（市、区）“大禹鼎”。环境空气质量优良率（AQI指数）83.2%。推进美丽乡村建设，马鸣村、荣星村入选中国“最美村镇”，桃园村获评全国“一村一品”示范村，民合村入围中国传统村落名录，桐乡获评省社会主义新农村建设优秀单位和“美丽浙江”建设工作优秀市。

全市有普通中学32所，在校学生3.15万人；小学27所，在校学生4.68万人；中等职业学校3所，在校学生

0.85万人实施幼儿园扩容提升工程，新增学位约1300个。有公共图书馆12个（包括图书分馆）。举办各类广场文化活动203场，文化下乡演出571场，电影下乡3027场。

各类卫生机构324个，实有床位4053张，卫生技术人员5910人，每千人拥有医院床位数和医生数分别为4.78张和2.63人。有42.32万人参加城乡居民合作医疗，城乡居民参保率99.5%。城乡居民社会养老保险参保人数14.53万人。发放低保资金3160万元。

【第五届世界互联网大会】 2018年11月7—9日在乌镇举行。大会以“创造互信共治的数字世界——携手共建网络空间命运共同体”为主题。中共中央总书记、国家主席、中央军委主席习近平致贺信，中共中央政治局委员、中央宣传部部长黄坤明出席开幕式并发表主旨演讲。来自76个国家和地区约1500名嘉宾参会。

（桐乡市政府办公室　周励阳）

嘉善县

【概况】 2018年，嘉善县辖3个街道、6个镇。年末常住人口58.69万人，户籍人口39.93万人。地区生产总值582.6亿元，比上年增长8.5%。其中：第一产业增加值22.4亿元，增长0.2%；第二产业增加值320.5亿元，增长8.7%；第三产业增加值239.7亿元，增长9.2%。按常住人口计算，人均生产总值10.02万元。

财政总收入105.53亿元，增长19.4%，其中一般公共预算收入61.6亿元，增长19.1%。一般公共预算支出75.16亿元，增长26.3%。年末金融机构本外币存款余额1012.09亿元，增长15.8%；贷款余额715.56亿元，增长11.3%。保费收入15.89亿元，增长12.2%。城镇居民人均可支配收入58654元，增长8.3%；农村居民人均可支配收入34788元，增长8.8%。

农林牧渔业总产值40.96亿元，增长0.1%。其中：农业产值31.72亿元，增长0.4%；渔业产值6.28亿元，增长3.9%。粮食作物播种面积21396公顷，粮食总产量13.35万吨。新增省级农业龙头企业1家，累计有县级以上农业龙头企业38家，其中年产值（销售额）超1亿元的6家。创建浙江省美丽乡村特色精品村3个、浙江省美丽乡村示范镇1个。

规模以上工业企业总产值增长12.7%，工业销售产值增长10.3%，其中出口交货值增长5.8%。利税74.94亿元，增长0.3%。工业增加值292.93亿元，增长8.7%，其中规模以上工业企业增长9.9%。规模以上工业新产品产值503.57亿元，增长38%，新产品产值率提高到44.2%。建筑业总产值55.23亿元，增长22.7%。

固定资产投资增长8.6%。社会消费品零售总额216.48亿元，增长8.5%。限额以上贸易企业121家，营业收入140.98亿元，利润1.2亿元。接待国内外游客1717.43万人次，增长14.3%；旅游总收入214.72亿元，增长18.3%。

外贸进出口总额294.73亿元，增长9.9%。其中：进口63.85亿元，增长0.01%；出口230.88亿元，增长12.9%。全年境外总投资额6235万美元，增长3.56倍。合同利用外资11.71亿美元，增长38.4%；实到外资4.53亿美元，绝对值列嘉兴市第一位。连续17年跻身全省利用外资十强县。“浙商回归”项目139个（含结转），实到资金113.27亿元。国内招商引资项目95个，实到资金82.36亿元。

全县有省级企业研究院9个，省级高新技术企业研究开发中心38个，省级企业工程（技术）中心1个。专利授权量3489件，其中发明专利授权276件，增长7.4%。新引进和培育国家“千人计划”人才14人，省“千人计划”人才6人。新增省级博士后科研工作站1个、市级技能大师工作室3个。

全县有各级各类学校94所，在校学生7.7万人。其中：普通高中5所，在校学生0.54万人；中职学校2所，在校学生0.4万人；初中10所，在校学生1.41万人；小学26所，在校学生3.44万人。特殊教育学校1所，在校学生39人。全日制民办中小学（幼儿园）25所，在校（园）生1.95万人。

各类医疗卫生机构184个，其中医院10个；实有病床2637张。各类专业卫生人员3265人，以户籍人口计算，每千人床位数、卫技人员数、执业医师（含助理）数和注册护士数分别为6.76张、8.37人、3.4人和3.4人。

职工基本养老、基本医疗、失业、工伤和生育保险参保人数分别为28.6万人、24.06万人、17.74万人、25.47万人和17.59万人，城乡居民基本养老保险、被征地人员养老保障、城乡居民基本医疗保险和长期护理保险参保人数分别为7.1万人、3.18万人、22.06万人和48.47万人。最低生活保障对象0.44万人，低保资金实际支出2583.68万元。

全年文化惠民演出1299场，送戏602场，放映公益电影1460场次。中心城区空气质量优良天数比例78.1%，下降2.4个百分点；PM2.5浓度为40微克/立方米，上升2.6%。实现建设项目新增排污权交易全覆盖。农村生活污水治理村覆盖率100%。年末绿化覆盖率、绿地率分别为39%和34.2%，人均公园绿地面积16.57平方米。县城区污水集中处理率、生活垃圾无害化处理率分别为92.6%和100%，人均拥有城市道路面积23.3平方米。

【全域土地综合整治工作】 2018年，嘉善县全面启动全域土地综合整治与生态修复工程，通过编制整治规划、依托土地流转、加强集聚建设、强化耕地连片、多点筹措资金等措施，形成“保护耕地、结构优化、资源节化、产业美化、红利转化”的全域土地综合整治“一保四化”嘉善模式。全年完成立项项目14个，区域面积3258.59公顷。年内，完成复垦新增耕地5.16公顷，开发新增耕地3.03公顷，新增高标准农田191.53公顷，新增标准农田89.87公顷，耕地质量等级提升（6等提升到5等）57.36公顷，旱地改水田4.76公顷。大云镇缪家村、惠民街道曙光村、姚庄镇武长村3个项目列入省级示范。

（嘉善县政府办公室　费亚建）

海盐县

【概况】 2018年，海盐县辖4个街道、5个镇。年末常住人口44.79万人，户籍人口38.21万人。地区生产总值503.27亿元，比上年增长7%。其中：第一产业增加值16.67亿元，增长1.1%；第二产业增加值293.85亿元，增长5.5%；第三产业增加值192.75亿元，增长10.1%。按常住人口计算，人均生产总值11.26万元。

财政总收入83.9亿元，增长17.9%，其中一般公共财政预算收入47.52亿元，增长16.9%。一般公共预算支出61.18亿元，增长25.6%。金融机构本外币各项存款余额667.08亿元，增加46.69亿元；贷款余额679.69亿元，增加43.07亿元。城镇居民人均可支配收入59172元，农村居民人均可支配收入34853元，均增长8.3%。

农业总产值26.97亿元，增长1.3%。粮食播种面积2.24万公顷，增长0.2%；总产量13.7万吨，下降0.3%。创建成为国家农产品质量安全县，入选首批创建省农业绿色发展先行县名单。引进千万级重点农业项目4个，累计建成粮食生产功能区376个、省级现代农业园区27个。全省首创农村土地流转费履约保证保险制度，新增土地流转面积472.5公顷。基本完成14个基础版、5个升级版美丽乡村和2条美丽乡村精品线建设，完成创建A级以上景区村庄15个。

规模以上工业企业总产值894.29亿元，增长10.6%。其中核电工业177.53亿元，增长2.8%；县内（不含核电）工业企业总产值716.76亿元，增长12.7%。规模以上工业企业主营业务收入、利税总额、利润总额分别为872.91亿元、156.91亿元和108.02亿元，分别增长10.1%、5.6%和9.6%。

突出招商引资“一号工程”，实际利用外资2.52亿美元，增长17.9%；实到市外内资81.16亿元。全年新签约项目85个，引进超20亿元项目1个、超10亿元项目4个、超1亿美元外资项目3个。新增股份制企业26家、新三板挂牌企业2家，获省第二批传统制造业改造提升试点、全省工业投资和“机器换人”技术改造先进县（市、区）一等奖。累计“上云”企业1800多家。紧固件产业创新服务综合体列入省级创建名单，海盐县通过省知识产权示范创建县验收。全社会研究与试验发展经费13.49亿元，占全县国内生产总值的2.7%。

社会消费品零售总额147.45亿元，增长8.2%。接待国内外游客995.31万人次，增长16.2%；旅游总收入91.81亿元，增长18.2%。完成创建鱼鳞海塘国家水利风景区。货物进出口总额185.36亿元，增长23.1%，其中出口134.95亿元，增长18.3%。

实施服务业发展三年行动计划，投资75.61亿元，增长30.2%。固定资产投资增长8.4%。加快城区有机更新，中心城区拆迁1076户，完成枣园路改造提升，常绿桥、万昌桥建成通车，武袁公路（二期）路基工程完工；城区防洪（一期）工程主体建设完成，杭平申线海塘支线基本完工；县城乡污水处理厂（一期）主体工程完工；浙沪天然气联络线（一期）建成供气。小城镇环境综合整治完成投资18.2亿元，7个小城镇通过省级验收。实施村庄全域环境整治4.56万户，完成农房改造集聚2012户，改造提升农村公路66千米，新（改）建农村公厕180座，农村自来水普及率和卫生厕所覆盖率均达100%。拆除违法建筑306.84万平方米，“三改”面积559.88万平方米，基本“无违建县”创建通过省级复查。

全县有高新技术企业135家，省科技型中小企业367家，市级以上技术研发中心128个。专利申请总量5228件，增长33.7%；专利授权总量3248件，增长37.1%。引进国家“万人计划”专家1人、省“万人计划”专家3人，引育市级创业创新领军人才9人，新增国家级技能大师工作室、国家级模范院士工作站各1个。

全县有幼儿园43所，在园幼儿1.37万人，教师886人；小学21所，在校学生2.44万人，教师1513人；普通中学16所，在校学生1.12万人，教师1548人。九年义务教育对象入学率100%。职业中学2所，在校学生4655人，教师351人。完成中小学教师“县管校聘”工作。有文化馆1个、镇（街道）文化站9个、公共图书馆20个、体育场馆16个。医疗卫生机构142个，医疗卫生机构床位2264张，医疗卫生机构技术人员2795人。

职工基本养老保险参保人数22.58万人，增长5%。城镇职工基本医疗、失业、工伤、生育保险参保人数分别为21.21万人、12.33万人、20万人和12.47万人，分别增长7.5%、2.6%、15.5%和1.3%。城乡居民基本医疗保险参保人数为17.43万人，下降4.7%。全县低保对象4108人，增加57人；享受最低生活保障补贴2573万元，增长32.2%。改造城镇危旧住房175幢、农村危旧住房38户，新开工棚改安置住房4547套，建成保障性安居住房3161套。连续13年获评“平安县（市、区）”。

城区空气质量优良以上天数329天，空气质量优良率（AQI指数）90.1%，年平均PM2.5浓度32微克/立方米以下。县控以上断面水质Ⅲ类及以上比例66.7%，千亩荡饮用水源地水质达标率100%。完成创建“美丽河湖”10条、“污水零直排”工业园区和集镇各1个，城镇生活污水处理率100%。生活垃圾无害化处理率100%。新增绿化面积162.53公顷。

【行政区划调整】 2018年，经嘉兴市政府批复同意，海盐县调整部分地区行政区划。划出武原街道的盐东村、双桥村、南洋村及北荡社区，设立望海街道；撤销元通街道，将其所辖的6个村划入望海街道。调整后，武原街道区域面积65.87平方千米，望海街道区域面积54.55平方千米，2个街道定位为县城中心城区。

（海盐县政府办公室　褚跃飞）

湖州市
Huzhou Municipality

【概况】 2018年，湖州市辖吴兴、南浔2个区，德清、长兴、安吉3个县，面积5820平方千米。年末常住人口302.7万人，户籍人口267.1万人。全市地区生产总值2719亿元，比上年增长8.1%。其中：第一产业增加值127.7亿元，增长2.8%；第二产业增加值1273.6亿元，增长8.2%；第三产业增加值1317.7亿元，增长8.5%。三次产业结构比例为4.7:46.8:48.5。按户籍人口计算，人均生产总值101990元，增长7.6%；按常住人口计算，人均生产总值为9.03万元，增长7.1%。

财政总收入490.7亿元，其中地方财政收入287.1亿元，分别增长20%和20.9%。财政支出397.5亿元，增长22.3%，其中民生支出288.4亿元，增长19.6%。城市居民消费价格总水平上涨2.2%，其中服务项目价格上涨2.4%，消费品价格上涨2%。城镇居民人均可支配收入5.44万元，增长8.9%；人均生活消费支出3.18万元，增长9.9%。农村居民人均可支配收入3.17万元，增长9.5%。按户籍人口计算，本外币住户存款余额7.99万元。

农林牧渔业总产值216.4亿元，增长2.3%。其中：农业产值98.5亿元，增长2.7%；林业产值21.8亿元，增长1.1%；牧业产值17.6亿元，下降16.6%；渔业产值66.5亿元，增长7.3%。经济作物播种面积7.78万公顷，其中蔬菜面积3.79万公顷，花卉苗木面积2.3万公顷。油菜籽产量2万吨；生猪出栏35.7万头，下降25.4%；肉类产量7.2万吨，下降18.2%；蚕茧产量0.5万吨，下降10.1%；家禽出栏2510.3万羽，下降6.7%；禽蛋产量2.9万吨，下降15.7%；水产品产量46.5万吨，增长9.9%。至年末，全市有现代农业示范园342个，其中省级110个；全年新建现代农业示范园30个，其中省级1个。有无公害水产品基地212个；有农业龙头企业261家；有省级无公害农产品基地8.19万公顷。

规模以上工业增加值1152.5亿元，增长9.3%，其中轻、重工业分别增长7.5%和10.6%。全年规模以上工业主营业务收入增长14.2%，利税、利润分别增长7.3%和5.5%。社会消费品零售总额增长10%。限额以上批发零售贸易企业零售额增长21.8%。固定资产投资增长6.2%。房地产开发投资523.3亿元，增长73.8%。房屋施工面积2741.6万平方米，增长25%；商品房销售面积809万平方米，增长8.7%；商品房销售额851.4亿元，增长37%。外贸进出口总额885.1亿元，增长14.6%。

全年接待过夜游客人数4448.6万人次，增长5.1%；旅游景区门票收入12亿元，增长15.3%。全市公路通车里程8079千米。客运量5340万人，增长1.5%；客运周转量18.5亿人千米，增长7.6%。货运量1.88亿吨，增长12.1%；货运周转量186.6亿吨千米，增长5.8%。内河港口货物吞吐量1.05亿吨，下降0.5%；内河集装箱吞吐量47.9万标准箱，增长35.3%。

金融机构年末本外币存款余额4589.4亿元，增长13.4%；贷款余额3886.2亿元，增长18.4%；不良贷款余额27.79亿元，减少3.43亿元；不良贷款率0.72%，下降0.24个百分点。全年证券营业机构股票成交额4517.5亿元，下降18.3%。有上市公司32家。保险公司保费收入100.6亿元，增长11.2%。保险赔款和给付支出34.3亿元，增长14.6%。

至年末，全市有各级各类学校486所，全年招收学生12.49万人，在校学生44.35万人，毕业生11.23万人。高等教育毛入学率61.12%，提高0.52个百分点；初中毕业升高中段比例99.2%，提高0.05个百分点；初中、小学入学率均为100%；十五年教育毛入学率99.59%，提高0.1个百分点。各类学校有专任教师2.99万人，每百名中小学生拥有专任教师6.9人。

全年专利申请量3.73万件，增长29.4%；专利授权量1.87万件。认定登记技术成交项目847项，下降3.4%；技术成交金额66亿元，增长57.9%。有省级高新技术研究开发中心352个，增加55个；有国家级高新技术企业758家，减少211家。全年获市级以上政府奖的科技成果27项。有剧场、影剧院38个，文化馆、艺术馆6个。举办展览291个，组织文艺活动1491次。公共图书馆6个。乡镇（街道）文化站69个，博物馆（纪念馆）29个，文物保护单位404个，其中国家级24个，省级56个。建成文化礼堂110个。完成浙江省第十六届运动会承办任务，首次实现省运会参赛项目全覆盖。

各类医疗卫生机构1460个，其中医院62个、卫生院（社区服务中心）89个、妇幼保健院4个和社区卫生服务站（村卫生室）709个；等级医院24个，其中三级医院8个；有医疗床位1.69万张。

参加城镇基本养老保险人数151.82万人，增加8万人；参加城镇职工基本医疗保险人数135.18万人，增加10.4万人；参加失业保险人数77.17万人，增加4.9万人；参加工伤保险人数95.19万人，增加11.62万人；参加生育保险人数75.68万人，增加4.04万人。住房公积金正常缴存人数37.79万人，增加4.03万人；归集住房公积金55.37亿元，增长14.8%；发放个人住房贷款24.32亿元，下降31.4%。全市有最低生活保障家庭1.9万户、3.03万人；城镇和农村低保标准均为每人每月810元。

完成“湖州城市总规2035”编制，南太湖新区规划基本形成。启动现代智慧城市规划建设，建成物联网安防小区463个。完成城中村改造省定4年目标任务，拆除1462万平方米，腾出发展空间9533.33公顷。市区PM2.5平均浓度每立方米36微克，下降14.3%，空气质量优良率（AQI指数）71%，提高2.5个百分点。全市13个国家“水十条”考核断面全部达标，县控及以上断面水质全部达到或优于Ⅲ类。

【湖州市“‘五未’土地处置+‘标准地’”改革受国务院通报表扬】 2018年，湖州市深化“五未”（批而未供、供而未用、用而未尽、建而未投、投而未

2018年,湖州市"'五未'土地处置+'标准地'"改革被国务院列为典型予以通报表扬。图为湖州市区全景 (湖州年鉴编辑部 供图)

达标)土地处置专项行动,腾出土地2866.67公顷,消化批而未供土地2533.33公顷,盘活存量建设用地1053.33公顷。湖州市将"标准地"制度和"五未"土地处置有机融合,"五未"土地处置收回的工业用地按照"标准地"制度再出让。在全市推广"标准地"改革试点经验,构建"5+X"标准体系,强化"标准地"制度对招商选资和产业转型升级的引导作用。改革经验得到省委、省政府主要领导批示肯定,并入选国务院大督查专刊和国务院第五次大督查发现的典型经验做法。

【茶苗助贫】 2018年,安吉县溪龙乡黄杜村盛阿伟等20名党员给习近平总书记写信,汇报种植白茶致富情况,并提出愿意捐赠1500万株茶苗帮助贫困地区脱贫。习近平总书记专门委托中央办公厅向盛阿伟等安吉县溪龙乡黄杜村党员们转达问候,勉励他们先富帮后富,带动更多人为脱贫攻坚贡献力量。习近平总书记指出,盛阿伟等致富不忘党恩,打算捐赠茶苗帮扶困难群众,这种为党分忧、先富帮后富精神值得肯定。希望盛阿伟等把帮扶困难群众这件事做实做好做出成效,带动更多人为脱贫攻坚贡献力量。接到中央办公厅转达后,省委书记车俊做出批示,指出这是习近平总书记对安吉县溪龙乡黄杜村党员致富不忘党恩,主动帮扶贫困地区群众精神的充分肯定,要求各级党委政府把好事做实,扎实推进扶贫脱贫工作。

【湖州"城中村改造"入选省民生获得感示范工程】 2018年12月26日,在全省"改革促发展,开放惠民生——'浙江省民生获得感示范工程'"颁奖典礼上,"湖州市城中村改造攻坚专项行动"入选社会保障类项目。2017年8月,湖州市开展城中村改造攻坚专项行动,至2018年10月30日收官,完成城中村改造320个、5.94万户、2092.59万平方米,腾空土地9533.33公顷,受益群众29.6万人,创湖州拆迁规模最大、难度最高、速度最快攻坚记录。(湖州年鉴编辑部 吴振振)

吴兴区

【概况】 2018年,吴兴区辖1个高新区、7个街道、6个乡(镇)。至年末,户籍人口45.1万人。地区生产总值547.26亿元,比上年增长8.3%。其中:第一产业增加值20.28亿元,增长2.9%;第二产业增加值214.54亿元,增长9%;第三产业增加值312.44亿元,增长8.3%。三次产业结构为3.7:39.2:57.1。

公共财政预算总收入67.25亿元,增长22.1%。地方税收中,增值税14.3亿元、企业所得税5.64亿元、个人所得税2.17亿元,分别增长10.7%、43%和38.4%。公共财政预算支出38.81亿元,增长25.9%。城镇居民人均可支配收入55996元,增长9%;农村居民人均可支配收入32693元,增长9.1%。

农林牧渔业增加值23.8亿元,增长3.2%。粮食作物播种面积1.46万公顷,蔬菜播种面积0.72万公顷,花卉苗木种植面积0.12万公顷。生猪存栏3.06万头,下降3.6%;水产养殖总面积0.57万公顷,水产品总产量7.87万吨,增长7.2%。实施"现代农业打造行动",提标改造粮食生产功能区400公顷,规模型现代农业园核心区面积5933.33公顷;新引进市农业"大好高"项目8个,培育市级以上农业龙头企业6家。

工业增加值183.59亿元,增长11.2%。其中:规模以上工业增加值93.02亿元,增长11.2%;高新技术产业增加值48.33亿元,增长9.3%;装备制造业增加值27.45亿元,增长11%。规模以上工业总产值523.09亿元,增长22.4%。

固定资产投资增长8.3%。围绕"五个一批"目标,分基础设施项目、集团开发项目、集团合作开发项目3个板块,确保项目质量与进度并进,新开新建项目9个,加快推进项目7个,竣工完工项目8个,投入运营项目3个,吴兴文体中心、丝绸创意文化集市等项目招引入驻企业超过20家。"五水共治"项目全面落实,新建供水管网39千米,污水管网37.75千米,提标改造管网3.3千米,改造供水管网30千米,管道清淤198千米,积水点改造完成率126%,增加应急设备任务完成率207.5%。

社会消费品零售总额370.82亿元,增长10.1%。限额以上批发零售业实现销售额分别为281.53亿元和171.7亿元,分别增长25.6%和7.7%。服务业增加值对地区生产总值增长贡献率53.8%,拉动地区生产总值增长4.5个百分点。在年度浙江省服务业强县(市、区)培育综合评价中,吴兴区位列26个Ⅰ类地区第六位,跻身第二批省服务业强县(市、区)试点地区行列。限额以上单位销售商品分类中,服装、鞋帽、针纺织品类、石油及制品类和化妆品类分别增长33.1%、13.4%和53.2%。网络销售继续保持较高增长,限额以上企业网络销售额增长23%。

外贸进出口总额114.65亿元，增长27.5%，首次超过100亿元。其中：出口87.61亿元，增长18.3%；进口27.05亿元，增长70.3%。对“一带一路”沿线国家和地区出口35.17亿元，增长27.2%，占比提升至39.7%。

国家级金属管道特色产业基地和省级知识产权强区通过复评；童装产业创新服务综合体列入省级培育。全年培育国家高新技术企业19家、省科技型中小企业89家、“双高”优势企业23家。高新技术产业增加值占51.95%，高新技术产业投资增长48.3%；企业研发投入占主营业务收入比例2.39%。浙江德马科技股份有限公司、浙江金洲管道科技股份有限公司等企业的4个科技项目列入省重点研发计划，立项4个市级领军型创新团队，湖州老恒和酿造有限公司被认定为省重点农业企业研究院，取得该领域“零”的突破。新增省级企业研究院2个、省级研发中心9个，新认定市级“众创空间”17家，获评省级优秀3家。创建省级院士专家工作站2个、市级2个。浙江三一装备有限公司创建成为国家知识产权优势企业，新增省专利示范企业5家、市专利示范企业8家。

全区有各级各类学校129所，在校学生8.87万人。每万人拥有公共文化设施建筑面积4435.66平方米，增加10.2平方米。完成农村医疗卫生基本建设等项目24项，总投入1164万元。继续推进家庭医生签约服务工作，签约23.64万人，签约率37.98%。城乡居民基本养老保险参保10.41万人，其中待遇享受人员6.14万人；基本养老保险参保率93.92%。基本医疗保险参保人数31.24万人，基本医疗保险参保率99.77%。

实施“1861治气攻坚行动”，完成45家VOCs排放重点企业及191家一般企业的整治提升，清理整顿“散乱污”企业230家，打造示范重点企业19家。全区PM2.5浓度均值为37微克/立方米，空气质量优良率（AQI指数）64.3%。实施“1246”工程，完成1条美丽样板示范河道和200条美丽生态河道创建，四类22个“污水零直排区”示范项目通过验收，水环境交接断面考核优秀。实施土壤风险排查和能力提升工程，完成174个重点行业企业地块基本信息收集和风险筛查工作，南太湖热电新增300吨/天污泥处置项目。全区土地安全利用率92%以上。

【全面推开涉企证照通办新模式】 2018年，吴兴区出台《关于涉企证照由市场监管部门通办的实施意见》《承诺准营制工作指导意见》《同步备案制工作指导意见》等政策性文件，区市场监管部门联合区大数据管理中心开发和运用好“一窗受理”平台，全力推进“一窗受理”平台功能优化，建立“1+1+X”联动工作机制，即市场监管部门通办窗口统一推送、大数据管理中心平台保障、各相关部门审核反馈，实现各类涉企证照数据部门间通联，实时传输，交互共享，改“群众跑”为“数据跑”，实现“一窗办理”。

【渔业健康养殖示范区创建】 2018年11月8—9日，农业农村部组织有关专家组成验收组，对吴兴区创建农业农村部渔业健康养殖示范县进行验收。经验收组对吴兴区创建工作全面审核、现场考察、充分讨论，吴兴区以高分顺利通过验收，成为全省首个农业农村部渔业健康养殖示范区。年内，吴兴区财政投入7600万元，建设滨湖太湖蟹养殖示范区、八里店南片特色鱼类养殖示范区和东林渔业小镇。通过全域推进龟鳖温室拆除、养殖尾水治理、渔民转产转业等专项行动，全面淘汰温室龟鳖养殖产业，完成池塘、稻田养殖面积治理4253.33公顷，清理拆解座家船702艘，渔民新村住房安置9.4万平方米。实施标准化生产，基本建成3个健康养殖示范核心区，总面积3366.67公顷，占全区水产养殖总面积89.9%。规模化生产经营面积占全区养殖总面积72%。至年末，全区水产品无公害认证有效面积2733.33公顷。经尾水治理4200公顷养殖面积经检测均符合无公害水产品养殖用水标准和养殖废水达标排放标准。

【出台全省首个安全生产统一标准和规范】 2018年11月27日，吴兴区出台《吴兴区矿山企业安全生产标识系统规范化建设标准》《吴兴区矿山企业夜间作业规范（暂行规定）》，2份文件均系全省首例。文件重点明确6类标识线底颜色、文字设置、材料类别、离地高度、设置地点等建设要求；明确矿山企业夜间作业禁止项目及需审批项目，并就照明装置、应急设备等安全管理措施提出具体要求。该区自上年开展全省矿山企业安全生产攻坚克难行动以来，矿山治理规范化、机械化、信息化、科学化水平显著提高，实现矿山企业“零事故”，并通过验收，辖区内新开元碎石有限公司获全国矿山企业双重预防机制建设试点。（吴兴区委办公室　张晨飞）

南浔区

【概况】 2018年，南浔区辖9个镇、1个省级经济开发区。年末常住人口68万人，户籍人口49万人。地区生产总值427.19亿元，比上年增长7.6%。财政总收入60.6亿元，其中一般预算收入35.16亿元，分别增长20.8%和20.6%。城镇和农村居民人均可支配收入分别为52743元和31564元，分别增长8.6%和9.4%。社会消费品零售总额增长9.7%。

发展高效特色农业，设立1亿元农业产业基金，建成千亩现代渔业园区3个、池塘工程化循环水养殖跑道300条和稻虾综合种养基地1333.33公顷，推广“红美人”柑橘示范基地200公顷。培育市级以上现代农业园区6个、农业龙头企业4家和示范性家庭农场16家。发布“南浔知味”品牌，与华润集团等达成产供销协作。创建省级农产品质量安全放心区。桑基鱼塘系统列入全球重要农业文化遗产。新增省级美丽乡村示范镇2个，新建景观线2条、乡村小镇4个，创建美丽乡村24个，扩面提质54个。新建美丽乡村公路206千米，新增公路驿站4个，改造农村公厕526座。实施集体经济三年强村计划，全区村集体经济增收3.46亿元，增长18%，消除欠发达村50个。新增AAA级景区村庄4个，举办农事节庆活动20场，乡村旅游收入增长16.4%，石淙村列入中国美丽休闲乡村，民当村、商墓村入选省级休闲旅游示范村。农村承包地确权登记颁证基本完成，农村存量宅基地盘活利用改革试点有序推进。

规模以上工业增加值792亿元，增长8.7%。新增规模以上工业企业355家，规模以上企业总量超过1000家。持续开展木业行业整治和“低散乱”企业整治提升行动，淘汰企业2057家。加大工业技改力度，完成“机器换人”重点项目91个，新增工信部“两化”融合管理体系贯标试点企业2家，高端装备制造业列入国家级标准化试点。国家知识产权强县工程示范区通过评审，南浔智能机电高新园区通过省级联评联审，创建省级智能电梯产业创新综合体，新认定高新技术企业24家、省科技型企业103家和省级研发中心8个。

接待国内外游客1979万人次，金融业增加值26.4亿元，网络销售额54亿元，新增限额以上企业35家，服务业增加值增长8.3%。国际建材城在全省100个现代服务业集聚示范区综合评价中居第27位，提升14位。古镇文化创意产业园启用，入驻企业15家。开展企业“问难帮困稳增长”专项活动，为企业减免退税11.52亿元，新增上市公司1家、股份制公司41家、“个转企”328家和小微企业1960家。推进“南浔制造”品牌建设，参与制订国家标准18项，发布“浙江制造”产品标准9项，新增专利授权2956件，增长69%。

制定出台项目引推攻坚“十条意见”，成立五大片区十大招商组，建立区四套班子领导带班招商机制。交通、水利等重点工程加快推进，浔练公路整治、湖盐公路（和孚段）拓宽工程完工，“三高”连接线、南浔大桥改造和湖山大道等工程有序推进，和孚漾综合治理和三大圩区整治完成。“标准地+承诺制+一窗代办”工作机制基本建立。坚持“亩均论英雄”，建立涵盖4781家企业亩产数字地图，执行用电、用能等差别化政策。新供工业用地172.4公顷。全区处置“五未”土地478.6公顷，垦造耕地222.67公顷，复垦土地112.13公顷，保障132个项目落地。

新增社会融资208.25亿元，绿色信贷余额111亿元，政府产业引导基金规模17亿元。引进各类人才9956人，引育“千人计划”8人，入选“海外工程师”12人、“南太湖精英计划”项目57个，新建市级以上院士专家工作站5个、省级博士后工作站3个和海内外人才“飞地”2个，成立浙江中德智能制造创新研究院。评选出首届“南浔工匠”98人。

完成中小学和幼儿园改造提升45所。推进医联体建设，浙江省人民医院南浔院区挂牌。菱湖人民医院主体工程完工，区公共卫生中心投入使用。新建文化礼堂26个、体育场地12万平方米。

全年民生事业支出24.48亿元，占一般公共预算支出60.9%。实施低收入群众三年奔小康工程，募集慈善捐款3458万元，帮扶困难群众9.6万人次，发放各类救助资金4120万元。完成528家涉挥发性有机物“散乱污”企业清理整顿，PM2.5平均浓度下降至41微克/立方米。全区出境断面水质均保持在Ⅲ类水以上，建成污水零直排区示范点28个，渔业尾水治理1.09万公顷，创建美丽生态河道200条。

【南浔区获全省县区基本公共卫生服务项目考核第一名】 2018年6月，省卫生计生委、省财政厅通报2017年度全省基本公共卫生服务项目考核情况，南浔区获全省县区基本公共卫生服务项目考核第一名。近年来，南浔区突出建网络、强机制、严考核三项重点，优化资金、人员、机制三项支撑，推动基本公共卫生服务网格化、精准化、均等化。以“三定三制三法”打造基本公共卫生服务项目“购买制”试点区、样板区的做法多次在全国、省、市会议上做经验交流。

【南浔区深化开展“最美家风+”系列活动】 2018年，南浔区深化开展“最美家风+”系列活动，通过弘扬好家风，推动乡风、企风、校风、政风、行风建设，提高群众道德素养和文明程度。年内，南浔区各行政村和社区定期组织群众撰写治家格言、廉洁家训、家风故事，广泛征集优质社区公约、村规民约，并在小区楼道、百姓广场、文化礼堂等公共场所进行展示，把家风文化建设延伸到社会生活和文明创建中，引导群众自觉履行社会责任、家庭责任。至年末，南浔区累计建设完成“最美家风带乡风”示范点65个，镇级家风馆、家风长廊、家风公园、家风传承基地等11个，乡风文明好村庄22个。

【南浔智能电梯小镇入选第四批省级特色小镇创建名单】 2018年9月13日，省政府在全省特色小镇规划建设工作现场推进会上公布省级特色小镇第四批创建名单，南浔智能电梯小镇入选。南浔智能电梯小镇是全国三大电梯制造基地之一。近年来，该小镇围绕打造“中国电梯之都”目标，引入“智能制造”，聚焦设计、制造、产品、管理和基础设施建设的智能化，探索建立起政策引导、龙头企业、科技引领、平台服务“四位一体”智能制造推进模式，促进电梯产业转型升级。南浔智能电梯小镇年生产各类电梯7.5万台，占全省市场50%、全国市场10%；累计培育规模以上电梯整机及配套企业53家，其中电梯整机制造企业28家，形成以整机制造、配套件生产、安装维保相结合的完整产业链。

（南浔区史志办公室　眭桂庆）

德清县

【概况】 2018年，德清县辖4个街道、8个镇。地区生产总值517亿元，比上年增长8%。其中，第一产业增加值22.39亿元，第二产业增加值267.55亿元，第三产业增加值227.06亿元。按常住人口计算，人均生产总值10.12万元。

财政总收入100.8亿元，增长20.4%，其中一般公共预算财政收入59.1亿元，增长21.5%。一般公共预算支出67.2亿元。城镇、农村居民人均可支配收入分别为54863元和32723元，分别增长8.7%和9.7%。65项国家和省级改革试点协同发展，“标准地”试点被誉为全省“最多跑一次”改革典范。

规模以上工业增加值增长8.6%，战略性新兴产业、高新技术产业和装备制造业增加值分别增长11.7%、11.8%和14.2%，装备制造、生物医药和绿色家居等主导产业产值占规模工业比重70%。加快传统制造业改造提升，推进“低散乱”企业整治和“五未”土地处置，整治企业2342家，盘活闲置和低效用地159.57公顷，累计消化处置“五未”土地866.67公顷，规模以上工业“亩均税收”增长28%。出台《智能工业五年发展规划》，开展智能工业“十百千”工程，启动智能工厂(车间)项目46个，完成智能化技术改造项目75个，新认定国家级绿色工厂4个、省级以上工业互联网双创平台7个。现代服务业增加值增长7.7%。培育以数字经济为引领的新技术、新业态和新模式，地理信息小镇集聚企业285家，营业收入102亿元，税收8亿元。

社会消费品零售总额183.9亿元，增长10%。新增社会融资超过220亿元，新增贷款100多亿元，金融业税收超过10亿元，银行不良贷款率降至0.24%。内河集装箱吞吐量14万标准箱，临杭物流园成为省服务业集聚示范区十强。国家数字农业试点县通过部级评审，新市镇获评国家级粮油特色农业强镇，完成创建省淡水渔业智能农业科技园区，连续4年在省农业现代化发展水平综合评价中位列县(市、区)第一位。加强多层次市场主体培育，新认定“双金”(金象、金牛)企业6家、高新技术企业33家、省百强高新技术企业3家。新设立公司制企业2221家，增长19.5%。

固定资产投资增长10.2%。推进项目“双进”行动。实施“7+1”重点产业精准招商、“标准地”招商，盯引省市县长项目5个，4个百亿级大项目和4个世界500强投资项目落户，签约“大好高”项目120个；“浙商回归”到位省外资金120亿元，实到外资及港澳台资2.18亿美元。纳奇科、华东智慧物流等55个重大项目开竣工。

获批国家创新人才培养示范基地、国家创业创新特色载体、国家飞行营地3个“国字号”，地理信息小镇被命名为省级特色小镇，德清莫干山机场取证开航。新一代人工智能应用县建设成果发布，智能生态城小镇客厅运营。农业供给侧结构性改革集成试点任务基本完成，获批财政部农村综合改革试点试验。“农地入市”累计189个、集体收益2.8亿元，德清完成的全国第一宗农村集体经营性建设用地入市交易入选国家庆祝改革开放40周年展览项目。农村土地改革经验被国务院总结报告和国家修法吸收，以改革撬动乡村振兴的做法被推广。国资国企改革持续深化，交通水利集团和高新集团挂牌成立。高新技术产业增加值增幅及占规模以上工业增加值比重均居全市第一位。研究院经济发展取得突破，新引进浙江大学德清先进技术与产业研究院等研究机构7个，新认定省级企业研究院5个、省级高新技术企业研发中心14个。“千人计划”产业园被认定为省级科技企业孵化器，新增“众创空间”10个，杭州“莫干智谷”飞地运营，京东德清AI加速器和腾讯人工智能医学研究院等创新孵化器落地。获评省首批知识产权服务业集聚发展示范区，每万人有效发明专利数保持全省县域领先。引进大学生及各类人才超过1万人，培育高技能人才3442人，入选省领军型创新团队1个、“南太湖精英计划”项目49个，自主培育国家“千人计划”人才5人、省“千人计划”人才6人。

全年进出口总额170亿元，其中出口148.9亿元。组织近50家企业参加首届中国国际进口博览会，浙江鼎力机械股份有限公司、德华兔宝宝装饰新材料股份有限公司等企业加快海外并购，境外项目中方投资1.13亿美元，增长115%。民生事业投入48亿元，占全县公共财政预算支出71.5%。保障性安居工程提前完成省、市任务，城乡居民最低生活保障标准提高至每人每月810元。出台全国首个医共体地方标准规范，承办全省县域医共体建设现场会，实施“先诊疗后付费”等措施。发布全国首个运动休闲指数，举办浙江省第十六届运动会取得历史最好成绩，莫干山镇获评中国体育旅游精品目的地。

推进“水气土废矿”共治，在全省首推工业园区污水零直排“一企一管一表”智能化改造，高标准完成43个“污水零直排区”创建单元，渔业养殖尾水全域治理项目获全国渔业绿色发展突出贡献奖，完成治理1.26万公顷，16个县控以上水质断面100%保持Ⅲ类水以上，建成水梦苕溪景观带等一批美丽生态河道，河湖长制经验在全国做交流，并作为唯一基层典型报中央财经委，获省“五水共治”(河长制)工作优秀县(市、区)“大禹鼎”。完成VOC_S企业治理超过100家，PM2.5平均浓度下降4.9%。全国首个城乡环境生态综合体示范基地投运，城乡生活垃圾分类全覆盖，获评省农村生活垃圾治理工作优胜县。

【第三届浙江生态音乐节】 2018年6月30日在德清举行。生态音乐节以“美丽浙江，我是行动者”为主题，来自全省100户“浙江环保小卫士”家庭来到现场。启动仪式上，省环境保护厅为22名年度浙江省“最美环保人”颁奖。活动期间，表演者通过“传承绿色文化”“唱响绿色未来”“播种绿色希望”3个篇章，阐述科学先进的环保理念和主张，台上台下热情联动，共同唱响“美丽乡村、美丽浙江”的绿色协奏曲。浙江生态音乐节以音乐为主要手段，通过集时尚、生态文明、地方特色和娱乐互动于一体的节目演出，向公众展现浙江生态的活力与魅力，成为展现浙江地方生态文化建设成果的重要平台。

【“全面深化改革看德清”理论研讨会】 2018年9月15日召开。中国经济体制改革研究会、国家发展和改革委员会经济体制综合改革司、中国改革报社、中国城市和小城镇改革发展中心、中国宏观经济研究院经济研究所、国务院发展研究中心农村部、国家卫计委卫生发展研究中心、浙江大学土地与国家发展研究院、中国政法大学国际环境法研究中心，以及省、市、县（市、区）有关领导和专家80多人参会，共同探讨全面深化改革的德清经验。会上，专家们围绕新型城镇化、科技创新、乡村振兴、医改、土地改革、营商环境等专题进行研讨。

【首届联合国地理信息大会】 2018年11月19—21日在德清举行。大会以“同绘空间蓝图，共建美好世界”为主题，来自83个国家和地区的1200多名嘉宾参加。国务院总理李克强致贺信。联合国秘书长古特雷斯致视频贺词。会议形成并发布《莫干山宣言：同绘空间蓝图，共建美好世界》。该宣言呼吁所有会员国、各机构、学术界、产业界和个人，包括联合国系统，明确将地理信息与国家发展议程相关联；塑造和发展数据驱动和位置信息化的智能、综合、韧性和可持续城市。

（德清县史志办公室　旷　怡）

长 兴 县

【概况】 2018年，长兴县辖4个街道、9个镇、2个乡。年末常住人口66.89万人，户籍人口63.64万人。地区生产总值609.8亿元，比上年增长8.5%。第一产业增加值33.39亿元，第二产业增加值300.41亿元。第三产业增加值275.97亿元。按常住人口计算，人均生产总值9.16万元。

财政总收入102.68亿元，增长18%，其中地方财政收入59.37亿元，增长19.9%。固定资产投资增长5.5%。社会消费品零售总额282.4亿元，增长10%。金融机构存款余额831.5亿元，增长13.4%；贷款余额698.4亿元，增长15.2%。城乡居民人均可支配收入分别为54985元、32114元，分别增长9.3%、9.4%。

农业现代化发展水平居全省第六位，提标改造粮食生产功能区1133.33公顷，新发展和改造提升农业七大特色产业1620公顷，列入省级现代农业园区创建名单，创建成省级特色农业强镇1个，建成特色产业“农合联”2家。

规模以上工业增加值增长8.9%，占地区生产总值比重升至27.6%。规模以上产值增长20%，获评国家新型工业化产业示范基地、省级绿色电池制造业创新中心推进省电子商务创新发展试点县建设，网络零售额55.5亿元，增长35.3%；游客接待量、旅游总收入分别增长28.3%、31.3%。

金融机构存贷款余额分别为831.5亿元、698.4亿元，分别增长13.4%和15.2%，社会融资余额增长12.1%；房地产业发展平稳有序；服务业增加值增长9.1%以上。

深化全面创新改革试验区、绿色金融与科技融合创新先导区建设，高新技术产业投资额增长35.9%、增加值增长10.6%，全社会研究与试验发展经费支出占地区生产总值的2.86%，新产品产值率42%。加快新能源装备省级高新技术产业园建设，完善“1+5+N”科创平台体系、新增众创空间12个。引进科技型中小微项目118个，新认定国家高新技术企业37家、省级企业研究院4个，列入市“双高”培育企业50家。发明专利授权534件，参与制修订国家、行业标准17项，新增省名牌产品15个，跻身全国县（市、区）级知识产权影响力50强。集聚省级以上“千人计划”“万人计划”专家18人，创建省级“千人计划”产业园；新增省级院士专家工作站1个；新引进大学生及其他各类人才1.2万人。

合同利用外资6.6亿美元，实到外资及港澳台资2.4亿美元。出口总额156亿元，其中向“一带一路”沿线国家（地区）出口56.5亿元，增长26%。新增出口实绩企业81家、境外投资项目12个，纺织出口基地被商务部认定为国家级外贸转型升级基地。推进省级军民融合创新示范区建设，新增军民融合企业5家、项目19个。健全东西部扶贫协作、对口支援、对口协作和山海协作工作机制，落实资金2889万元。

完成4个乡镇（园区）和16个建设单元“污水零直排区”建设，新建改造雨污管网35.8千米，市控及以上断面水质功能区达标率、集中式饮用水源水质达标率均为100%。全国首个“河长制”展示馆开馆，北横港获评省级“美丽河湖”。完成涉挥发性有机物排放企业治理107家，建成省首个水泥脱硝减排示范工程，南方水泥全电物流输送带建成投用；PM2.5年均浓度为38微克/立方米，下降9.5%，空气质量优良率（AQI指数）79.5%。基本实现城镇生活垃圾分类处理、集中收运。疏港公路、东门大桥等建成通车，建设美丽经济交通走廊145千米。美丽乡村创建实现全覆盖，建成精品村11个，完成13个村环境整治，创建成省高标准农村生活垃圾分类示范村6个。水口乡成为全省首个乡村旅游产业集聚区，小浦镇、虹星桥镇和龙山街道分别创建成为省旅游风情小镇、美丽乡村示范乡镇和森林特色小镇，创建成省AAA级景区村庄7个，举办农事节庆活动23次。

学前教育第三轮行动计划全面落实，职业教育取得国家级赛事金奖2个；基层医疗机构全部上联建立医共体，县内就诊率90%，获评全国医疗健康信息化最高等级县，通过国家卫生县城和全国基层中医药工作先进单位复评。基本养老和医疗保险参保精准扩面，被征地农民基本生活保障制度向职工养老保险制度转接3102人。新增各类保障房2776套，发放住房保障补贴1165万元。

【长兴“双百千亿”工程目标超额完成】 2018年，长兴县做好100个项目1000亿元工程大招引工作，相继在50亿元、100亿元、300亿元项目招引上取得成效，全年累计引进1亿元以上项目101个、总投资1028亿元，项目体量、数量和投资总量均创历史之最。在重大项目的带动下，高质量科技和外资项目加快集聚，累计引进科技中小微项目118个，合同利用外资及港澳台资6.6亿美元，实到外资及港澳台资2.4亿美元。做好100个项目大推进工作，吉利变速器、爱康科技等重大项目相继开工，上年和当年上半年签约的1亿元以上项目开工率分别超过90%和80%，吉利整车项目完成73.33公顷场地平整工程，龙之梦项目基本建成并部分营业。

【全国第一个河长制展示馆在长兴开馆】 2018年6月7日，全国首个河长制展示馆在长兴开馆，水利部部长鄂竟平、副省长彭佳学及湖州市有关领导为“长兴县河长制展示馆”揭牌。该馆于1月开始动工建设，5月完工，展馆面积630平方米，分7个展示区。2003年，长兴县探索对城区部分河道实行“河长制”管理，2008年起在全县推广，初步形成县、镇和村三级河长制管理体系。至2018年末，全县有河道1064条(段)，总长1659千米，其中省级河道1条、市级河道2条、县级河道23条、镇级河道203条(段)和村级河道835条(段)；有湖泊60个，总面积2006公顷，其中省级湖泊1个、市级湖泊2个、县级湖泊6个、镇级湖泊13个和村级湖泊38个；各类小微水体9435个。共落实河长527人，湖长116人，小微水体塘长、渠长和涧长2029人，共设置河(湖)长公示牌1469块。

【入选新时代文明实践中心建设全国试点县】 2018年8月，中共中央办公厅出台《关于建设新时代文明实践中心试点工作的指导意见》，公布全国“新时代文明实践中心建设试点县(市、区)名单”。同批被列入全国试点有50个县(市、区)，其中浙江7个，长兴位列其中。试点工作在2018年8月至2019年8月期间实施，逐步推开新时代文明实践中心建设。新时代文明实践中心建设旨在推动习近平新时代中国特色社会主义思想更加深入人心，进一步加强改进农村基层宣传思想文化工作和精神文明建设，打通宣传群众、教育群众、关心群众和服务群众的“最后一公里”。11月30日，长兴县宣传思想工作会议暨新时代文明实践中心建设动员大会召开。年内，长兴县积极探索新时代文明实践工作新模式，形成可总结、可复制和可推广长兴经验。

(长兴县史志研究室　郭玲玲)

安吉县

【概况】 2018年，安吉县辖4个街道、8个镇、3个乡。年末常住人口49.05万人。地区生产总值404.32亿元，比上年增长8.3%。其中，第一产业增加值26.38亿元，第二产业增加值178.3亿元，第三产业增加值199.65亿元。按常住人口计算，人均生产总值8.29万元。

财政总收入80.08亿元，增长19%，其中地方财政收入46.92亿元，增长18.7%。一般公共预算支出74.3亿元。城乡居民可支配收入分别为52617元和30541元，分别增长9.1%和9.5%。社会消费品零售总额171.43亿元。

规模以上工业增加值137.2亿元，增长8.8%，其中高新技术产业、战略性新兴产业增加值分别为64亿元和21.3亿元，分别增长10.3%和9.3%。工业平台投资6.4亿元。服务业增加值199亿元，增长10.2%。承办全国发展乡村民宿推进全域旅游现场会，全县创建成为全省首批全域旅游示范县，山川乡获批省级旅游度假区，鄣吴镇获评省级旅游风情小镇，天荒坪镇余村村创建成为国家AAAA级旅游景区，全年接待游客2504万人次，旅游收入324.7亿元，分别增长12.1%和15.1%。全年商品房销售129.2万平方米。推进绿色金融改革，实现绿色专营体系机构类型全覆盖，新增贷款132.2亿元，首次突破100亿元大关。

进出口总额254.4亿元，增长15.8%。浙澳(安吉)经贸合作区获省政府批准设立，港口集装箱吞吐量26.2万标准箱。东西部扶贫协作和对口支援成效突出，溪龙乡黄杜村捐赠1500万株“白叶一号”，助力三省四县的34个贫困村增收脱贫。申嘉湖高速公路孝源至唐舍段、304省道矮部里至南北庄段等“十三五”期间省重点交通项目全面开工，商合杭高速铁路安吉段架梁工程全线完工。营商环境持续改善。入选全国绿色发展百强县、全国投资潜力百强县。“亩均论英雄”改革全面启动，创新“6+N”亩均提升模式，整治提升低效企业192家。“标准地”改革全面推进，完成“标准地”出让128.8万平方米承办首届中国农民丰收节安吉分会场活动。提标改造粮食生产功能区492万平方米，建成高标准农田2800万平方米。

引进项目56个，总投资532.2亿元，实到外资和港澳台资金2.01亿美元，“浙商回归”资金86.6亿元。举办第11届中国美丽乡村·安吉投资贸易人才洽谈会，总投资100亿元的格力智能制造产业园、75亿元的云泰大数据中心和60亿元的中国安吉白茶小镇综合体等重大项目相继签约。创新开展项目联推和会商督办，1亿元以上重点项目新开工55个，竣工37个；长龙山抽水蓄能电站、永艺智能家具等项目加快推进；华丰纸业(二期)、华缔生物等项目投产。新增“个转企”380家、“小升规”46家。获批创建全国首批创新型县。新引育“千人计划”10人，入选“南太湖精英计划”54人。新增国家高新技术企业37家，省级高新技术企业研发中心13个。全县首个省级重点实验室——中德智能冷链物流技术研究院成立。

昌硕小学完成改扩建，3所幼儿园新投入使用。通过国家卫生县城复评。新创国家卫生乡(镇)3个。县域医共体试点深入推进。中医师承定向培养全面启动。家庭医生重点人群签约率83.1%。46个社区卫生服务站完成改造。浙江省自然博物院建成试运营。

民生支出增长20%以上。新增住房公积金缴存人员2.1万人，新增公共租赁房、经济适用房受益家庭420户，改造农村困难群众危房145户。养老保险、医疗保险参保率分别为93.2%和99.1%。实现“全国联网一站式即时结报”医疗救助。

【全县空间布局进一步优化】 2018年，安吉县域总体规划修编、自然生态空间用途管制成果编制全面完成。“无违建县”不断巩固，累计拆除违章建筑92.5万平方米，“三改”181.9万平方米，拆后利用90.9%。城中村改造攻坚取得重大突破，山头、余墩、驿站西侧等8个区块多年遗留问题全面“清零”，累计拆除1454户，腾出空间800万平方米。小城镇环境综合整治领跑全省，15个整治点全部通过验收，其中5个点成为省级样板。城镇功能日趋完善。商业配套更加齐全，港中旅地中海俱乐部度假村、绿城悦榕庄度假酒店运营，凤凰中心广场启动建设。灵峰北路、浮玉路等4条道路完成改建,齐云北路、天目南路全线贯通,中心城区“断头路”贯通工程基本完成。城市治堵成效明显,城市公交纯电化实现全覆盖,智慧停车系统建成启用,新增公共停车位3600个。银景花园、芝里四区雨污分流和9条背街小巷等改造全面完成。文明创建有力推进。全国文明城市创建全面启动,《湖州市文明行为促进条例》深入实施,斑马线礼让行人、志愿文明劝导等十大文明专项行动深入开展。烟花爆竹“双禁”实现县域全覆盖。城镇垃圾分类工作全面推进,建成垃圾分类示范小区20个。

【美丽乡村建设提质】 2018年,安吉县政府起草的《美丽乡村建设指南》获首届浙江标准创新重大贡献奖,新增美丽乡村精品示范村15个、省级以上美丽宜居示范村5个。承办全国“四好农村路”现场会,获评首批“四好农村路”全国示范县,新改建农村公路107.9千米。经营活力不断增强。实施农村宅基地退出机制,盘活闲置宅基地23.7万平方米。新增毛竹林经营权流转2266.7万平方米。全国首创毛竹收购价格指数保险,参保面积3533.3万平方米。探索“多村联创”“飞地抱团”等模式,新增乡村经营示范村5个,消除集体经济薄弱村28个。乡村治理成效明显。获评首批全国农村幸福社区建设示范单位。村级公共法律服务站(点)实现全覆盖。建成省级民主法治村8个,“余村经验”获第五届浙江省公共管理创新案例十佳创新奖。

【生态治理推进】 2018年,安吉县获国家生态文明建设示范县、全国首个气候生态县和国家森林城市等称号,获省“五水共治”(河长制)工作优秀县(市、区)“大禹鼎”。《人民日报》、央视《新闻联播》等中央媒体刊发重要报道480多条。年内,安吉县推进“美丽田园”行动,完成农田环境提升40万平方米。新增珍贵彩色森林2866.7万平方米。全省首个综合性滨水景观——乌象坝生态湿地公园全面建成。新增省级森林城镇2个、森林人家7个。建成全国生态文化村8个,居全国首位。完成“准Ⅳ类水”非工程原位提标扩容改造试点,建成“污水零直排区”20个,新增污水管网110千米,完成改造80千米,地表水功能区、集中饮用水源地和出境交接断面水质均100%达标。整治134台高污染燃料锅炉、60家挥发性有机物重点企业减排任务全面完成。工程运输车“三化”管理更加规范。4座废弃矿山完成复绿。

(安吉县史志办公室　徐基本)

绍兴市
Shaoxing Municipality

【概况】 2018年,绍兴市辖越城、柯桥、上虞3个区,诸暨、嵊州2个县级市和新昌1个县,面积8279平方千米。年末常住人口503.5万人,户籍人口447.21万人。

全市地区生产总值5417亿元,比上年增长7.1%。其中:第一产业增加值196亿元,增长2.3%;第二产业增加值2612亿元,增长6.9%;第三产业增加值2609亿元,增长7.7%。三次产业增加值结构为3.6:48.2:48.2。按常住人口计算,人均生产总值10.79万元。

财政总收入812亿元,增长15.1%,其中一般公共预算收入501亿元,增长16.2%。一般公共预算支出557亿元,增长18.5%。金融机构本外币存款余额8437亿元,增长7.6%;贷款余额7517亿元,增长12.1%。全年全体居民人均可支配收入49389元,增长9%。城镇常住居民人均可支配收入59049元,增长8.5%;农村常住居民人均可支配收入33097元,增长9.1%。

农林牧渔业增加值198亿元,增长2.4%。实施粮食生产功能区提标改造2466.67公顷,新创建粮食绿色高产示范片19个。粮食总产量76.26万吨,增长1.5%。有省级以上农业龙头企业42家、农民专业合作社4621个、家庭农场2469个。深化美丽乡村“四级联创”,柯桥区创建成省级美丽乡村示范县,新创建省级美丽乡村示范乡镇9个、特色精品村24个。全面消除年收入15万元以下薄弱村。低收入农户人均可支配收入12803元,增长14.4%。

工业增加值2234亿元,增长7.4%。其中,规模以上工业增加值增长7.4%。八大传统产业(纺织、金属加工、化工、黄酒、珍珠、电机、厨具、轴承)产值3825.43亿元,增长11%;增加值653.08亿元,增长6.3%。战略性新兴产业增加值512亿元,增长15.3%,占规模以上工业的比重达41.5%;高新技术产业增加值598.7亿元,增长10.1%,装备制造业增加值366.7亿元,增长9.2%。规模以上工业利润总额396.59亿元,增长11.1%。

固定资产投资增长1.9%。其中民间投资增长20.2%,占全部投资比重69.7%。交通投资、高新技术产业投资分别增长28.1%、22.9%。金甬铁路、杭绍台铁路、杭绍城际铁路、杭绍台高速公路、31省道北延等加快建设,风情旅游新干线实现三区贯通运营,轨道交通1号线进展顺利,越东路、二环北路、329国道市区段智慧快速路和南部综合交通枢纽工程等开工建设。全市域开展国家、省级生态文明建设示范市创建工作。创建美丽山水城市。新昌县创建成为全国首批国家级生态文明建设示范县,诸暨市创建成为省级生态文明建设示范县。有国家级生态乡镇(街道)63个,省级生态乡镇(街道)109个。

社会消费品零售总额2008亿元,增长11%,其中,城镇消费品零售额1617亿元,增长10.7%;乡村消费品零售额391亿元,增长12%。限额以上社会消费品零售总额761亿元,增长11.7%。纳入统计的商品交易市场392家,其中成交额超过100亿元市场7个。商品市场成交额3545亿元,其中消费品市场成交额2191亿元,生产资料市场成交额1355亿元。中国轻纺城、钱清轻纺原料市场成交额分别为1214亿元、594亿元,增长12.3%和5.8%。

货物进出口2240亿元,增长12.2%。其中:出口2046亿元,增长10.5%;进口194亿元,增长33.3%。按贸易方式分,加工贸易进出口134

亿元，一般贸易进出口2096亿元，其他贸易进出口10亿元。对“一带一路”沿线国家进出口894亿元，增长12%，其中出口841亿元，增长11.2%。按出口产品分，纺织服装出口1221亿元，增长9%；机电产品出口412亿元，增长8.8%；高新技术产品出口38亿元，增长1.6%；化工产品出口167亿元，增长18.7%。新批外资项目230个，合同利用外资21.29亿美元，实到外资13.51亿美元，增长5%。

旅游总收入1184亿元，增长15.1%。其中，国内旅游收入1179亿元，增长17.2%。接待游客10893万人次，增长13.1%。其中接待国内游客10879万人次，增长14%。至年末，有A级景区79处，其中AAAAA级景区1处，AAAA级景区18处。有省AAA级景区村庄84个。

一般公共预算支出中用于科学技术支出32亿元，增长21.1%。编制《绍兴科创大走廊三年建设计划》。新认定国家高新技术企业323家、省高成长企业155家、省科技型中小企业1360家。新认定省重点实验室1个、省级企业研究院13个、省级高新技术企业研发中心33个，实施省级新产品计划1718项、13项成果获省科学技术奖。新增省级产业创新综合体4家。参加实施发明专利产业化项目140个，技术交易额52.25亿元。入选省领军型创新创业团队4个、省“万人计划”4名，总数列全省第二位。

至年末，全市有普通高校11所，普通本专科招生3.34万人，在校学生9.93万人，毕业生2.83万人。中等职业教育学校（含技工学校）19所，招生1.55万人，在校学生4.76万人，毕业生1.59万人。普通高中50所，在校学生9.11万人；初中137所，在校学生13.94万人；小学330所，在校学生25.79万人；幼儿园599所，在园幼儿13.77万人。

全年举办各类演出843场次，观众144万人次。国有剧院6个。群艺馆、文化馆（站）125个。国有艺术表演团体7个。公共图书馆7个。新建图书分馆15个、文化分馆47个，新增城市书房（自助图书馆）10个。国有博物馆10个，非国有博物馆15个。2个镇（街道）被命名为“浙江省文化强镇”，5个村（社区）被命名为“浙江省文化示范村（社区）”。越剧《王阳明》、优秀越剧巡演、小歌剧《外婆桥》、小戏曲《十五的月亮十六圆》4个项目入选年度国家艺术基金扶持项目。王阳明纪念馆建成开放；宋六陵1号陵园遗址考古发掘被评为年度浙江考古十大重要发现。非物质文化遗产保护发展指数列全省第三位。新增国家级非物质文化遗产项目代表性传承人7人。

各类卫生机构2559个（含村卫生室943个），增加57个。其中医院81个，卫生院及分院（社区卫生服务中心、站）848个。卫生机构床位数27329张，增长1%，其中医院床位21651张，增长1.9%。医生数15662人，注册护士数15691人，分别增长3.1%、4.2%。申报国家级卫生乡镇26个，创建省级卫生乡镇35个。市级卫生乡镇实现全覆盖。家庭医生签约170万人，签约率38.1%。65岁以上老人健康管理52.86万人，管理率71.9%。

举办国际性、国家级体育赛事33项。绍兴籍健儿当年获世界级金牌7人次、银牌2人次、铜牌4人次。亚洲级金牌7人次、银牌1人次、铜牌2人次。绍兴国际马拉松赛、第三届曹娥江摩托艇国际公开赛入选浙江省第二届十佳商业品牌赛事。人均体育场地面积2.49平方米，列全省第一位。全年开展各类全民健身活动2318场，体质监测1.3万余例，合格率92.6%。创建成浙江省运动休闲旅游示范基地1个、精品线路1条、优秀项目2个。

基本养老保险参保人数357万人，增长3.2%；基本医疗保险参保人数468万人，增长1.4%。城镇失业保险参保人数120.7万人，下降8.43%。实现低保标准城乡统一，平均标准每人每月810元。基本建成保障性安居工程住房58798套，竣工65533套，完成省定目标的113.7%、109.1%。棚户区改造住房新开工54168套，完成省定目标的108.3%。

病险水库除险加固14座，农村山塘综合整治100座，农村饮用水达标提标5.57万人，新增改善灌溉面积1733.33公顷，新增高效节水面积1646.67公顷。河湖库塘清污（淤）量865万立方米，城镇污水配套管网125千米。水土流失治理36平方千米。全市空气质量综合指数4.02，改善6.1%。空气质量优良天数比例83.8%，提升0.8个百分点。PM2.5浓度37微克/立方米，下降9.8%。全市7个国家“水十条”考核断面、24个省控以上断面、70个市控及以上断面Ⅰ—Ⅲ类水比例均达到100%。128个市级考核断面Ⅰ—Ⅲ类水比例和功能区达标率99.2%。全市域开展国家、省级生态文明建设示范市创建工作。创建美丽山水城市。新昌县创建成为全国首批国家级生态文明建设示范县，诸暨市创建成为省级生态文明建设示范县。有国家级生态乡镇（街道）63个，省级生态乡镇（街道）109个。

【全市经济发展稳中有进】 2018年，绍兴市坚持制造业高质量发展，规模以上工业增加值比上年增长7.4%。开展工业园区整合提升和市区印染化工电镀产业改造提升，举办首届世界布商大会、首届中国黄酒产业博览会，嵊州厨具、新昌轴承列入省级分行业试点，“中欧时尚梦工厂”投入运营，重点传统产业产值、利税保持两位数增长。实施“凤凰行动”计划，新增上市公司4家。新增“个转企”2881家、小微企业2.9万家。淘汰落后产能企业348家，整治“低散乱”企业2549家，处置“僵尸企业”91家，连续6年获省“腾笼换鸟”考核先进市。举办集成电路、工业互联网、新材料等产业论坛，建成省级工业互联网平台6个，新增工业机器人1938台、“上云”企业1万余家，新兴产业产值增长20.5%。推进“市县长项目工程”，落地率85.7%；实到市外资金420亿元，增长15%；实际利用外资13.5亿美元，增长5%；民间投资、高新技术产业投资分别增长20.2%和22.9%。建筑业总产值增长7.3%，装配式建筑占比达到25.2%。服务业增加值增长7.7%，社会消费品零售总额增长11%。发展全域旅游，推广“研学游”等特色线路。房地产市场运行总体平稳。

【城乡建设发展加快】 2018年,绍兴市实施杭绍甬同城化行动,金甬铁路、杭绍台铁路、杭绍城际铁路、杭绍台高速公路、31省道北延等项目积极推进。轨道交通1号线进展顺利,越东路、二环北路、329国道市区段智慧快速路和南部综合交通枢纽工程开工建设,群贤路东延二期建成投运、三期动工建设,风情旅游新干线三区贯通运营。出台《绍兴古城保护利用条例》。拆违949万平方米,改造城中村651万平方米,实现"基本无违建县(市、区)"创建全覆盖。袜艺小镇被命名为省特色小镇。上虞区成为国家农产品质量安全县。

2018年9月27日,全国首个河湖长制标准发布研讨会在江南水城绍兴举行
(绍兴市地方志编纂室 供图 袁 云 摄)

【城市发展动力持续增强】 2018年,绍兴市调整优化越城区(高新区)、袍江开发区管理体制,成立镜湖开发办。稳妥实施新一轮机构改革。推行"承诺制+标准地"改革,工业用地"标准地"出让比例达50%。"亩均论英雄"改革入选全国改革开放40年地方改革创新案例。年内,召开全市对外开放大会,出台深度参与"一带一路"建设方案和"开放型经济新政30条",参与组建长三角协同优势产业基金,举办中日韩商协会合作峰会、中德高端制造峰会、首届香港·绍兴周,上虞、诸暨、嵊州创建成为国家级外贸转型升级基地,外贸出口增幅超过10%。制定实施国家创新型城市、科创大走廊三年建设计划,新认定国家高新技术企业323家、省科技型中小微企业1360家,引进浙江大学等大院名校签约共建研究院8个,授权发明专利增长45%。成立"越商大学堂",建成投用外国高端人才创新集聚区,引进各类人才9.6万人,其中新引进落户"海内外英才计划"人才172人、国家和省"千人计划"人才90人,培养高技能人才3.3万人。

【发展环境优化】 2018年,绍兴市高标准推进中央环保督察反馈问题整改,全面建立生态环境状况报告制度。推进"污水零直排区"试点,发布全国首个河湖长制标准,国家"水十条"考核断面水质达标率、省控以上断面Ⅰ—Ⅲ类水比例和功能区达标率均达100%。建成清新空气负氧离子监测站点24个、挥发性有机物治理示范项目38个,关停热电企业7家,推广新能源汽车5026辆,空气质量优良天数306天,PM2.5浓度下降9.8%。市区城区、县(市)城区和农村垃圾分类覆盖面分别为82.7%、78.3%、81.9%。出台《绍兴会稽山古香榧群保护管理规定》,完成创建会稽山国家森林公园,新昌成为首批国家生态文明建设示范县。不良贷款率1.49%、下降0.56个百分点。市级融资平台公司加快市场化转型,政府性债务风险防控工作全省领先。开展"走企连心"等服务活动,为企业减免税费167亿元。东西部扶贫协作、山海协作、对口合作支援等工作任务全面完成。

【社会建设协调推进】 2018年,绍兴市统一全市医保政策,城乡低保实现统标提标。实行公办中小学教师"县管校聘",义务教育标准化学校建设全省领先,教育基本现代化县实现全覆盖。浙江邮电职业技术学院新校区建成投用。开展柯桥县域医共体省级试点,家庭医生签约服务覆盖率38%,通过国家卫生城市复审。组建新绍兴文理学院附属医院,新批社会办医院5个。获评国家居家和社区养老服务改革试点优秀城市。发布全国首个儿童福利地方规范,市儿童福利院迁建项目开工。举办首届中国气排球公开赛、"水陆国际双马"等赛事。加强"基层治理四平台"建设,成立绍兴枫桥学院。深入开展扫黑除恶等专项行动,刑事案件、侵财案件立案数分别下降12%和17.6%。生产安全事故起数、死亡人数分别下降13.7%和22.9%。

(绍兴市地方志编纂室 俞建华)

越 城 区

【概况】 2018年,越城区(绍兴高新技术产业开发区、袍江经济技术开发区)辖5个镇、11个街道。年末户籍人口76.39万人。地区生产总值883.4亿元,比上年增长7.5%。其中:第一产业增加值11.6亿元,增长2.2%;第二产业增加值338亿元,增长6.7%;第三产业增加值533.8亿元,增长8.1%;三次产业结构比为1.3∶38.3∶60.4。财政总收入116.1亿元,其中一般公共预算收入65.8亿元,增长16%。城乡居民人均可支配收入分别为55164元和33156元,分别增长8.4%和8.7%。

社会消费品零售总额506亿元,增长11%;外贸出口总额426.5亿元,增长10.5%。农村集体产权制度改革列入全国试点,激活闲置农房2万平方米,30个经济薄弱村消薄;建成5个

AAA级示范村、80个五星达标村;小城镇环境综合整治全部通过省级考评,黄酒小镇获评优秀。

规模以上工业总产值1204.9亿元增长11.6%,规模以上工业增加值增长7.2%,规模以上工业万元产值综合能耗、用煤量分别下降12%、9.2%。小微企业"银商合作"列入全省试点,小微园区数和入园企业数居全市首位;"个转企"468家、"小升规"68家、"下升上"129家、"产转法"87家,新增股份公司21家,培育"专精特新"小微企业333家、"隐形冠军"企业18家。整治"低散乱"企业533家,淘汰落后产能61项。

固定资产投资增长27.2%。新签约引进产业项目140个,其中50亿元以上项目3个、10亿元以上项目13个;实际利用外资1.77亿美元,内资到位60.2亿元。108个产业项目开工99个,开工率91.7%;投资265.8亿元,完成率122.9%;"市县长项目工程"落地开工5个,完成省、市目标任务。

新建幼儿园5所、小学1所,扩建中学1所,在建小学2所,完成"县管校聘"管理改革试点。新创建市级以上众创空间9个,新增国家"千人计划"人才、省"千人计划"人才、"绍兴海内外英才"、"越州英才"50名。新增国家高新技术企业42家,省科技型中小企业220家,规模以上高新技术总产值占规模以上工业总产值42.6%,提高1.5个百分点。集成电路小镇入选全省首批"万亩千亿"新产业平台创建培育对象。

举办各类文体活动2380多场次,镇街综合文化站、村(社区)文化活动室基本实现全覆盖。家庭医生签约覆盖率、基层就诊率分别升至35.9%、74.6%。

民生支出43.5亿元,增长37%,占财政总支出的78.6%。社会保障和就业、一般公共服务、城乡社区事务等三项支出分别提高86.6%、30.4%、6.8%。PM2.5浓度年平均值降至41微克/立方米,空气质量优良率(AQI指数)78.4%;34个市级考核断面水质全部达到或优于Ⅲ类水,功能区达标率100%,首获省"五水共治"(河长制)工作优秀县(市、区)"大禹鼎"。城乡生活垃圾分类覆盖率分别为88.9%、83.2%,建成垃圾分类智能化管理小区30个,再生资源回收站点36个。155座城区公厕和618座农村公厕完成提标改造。中央环保督察问题整改实现"全销号"。

【《越城区区级美丽河(湖)评价标准》出台】 2018年3月,越城区(高新区、袍江开发区)出台《越城区区级美丽河(湖)评价标准》(简称《评价标准》),对纳入全区河(湖)名录,河道常年水面宽度5米以上、长度1千米以上,或流域面积0.3平方千米以上,湖泊面积0.5平方千米以上的河(湖)状况进行综合评价,旨在突出河(湖)的功能性,提升环境质量。《评价标准》采取量化评分法,包括共性标准和分类标准,是全省首个美丽河(湖)分类评价标准。

【发展规划调整】 2018年6月,越城区(高新区)与袍江开发区实行合署办公。根据市委关于完善市与越城区(高新区)、袍江开发区管理体制机制及相应领导班子调整变动的决定,袍江开发区党工委、管委会仍为市委、市政府派出的正处级机构,与越城区委(高新区党工委)、区政府(高新区管委会)实行"三块牌子、一套班子"。袍江开发区原有内设机构、事业单位并入越城区(高新区)统一管理。袍江开发区托管的乡镇(街道)由越城区(高新区、袍江开发区)管理,财政体制根据财权与事权相匹配原则进行相应调整。袍江开发区在规划建设范围内继续享有市级经济管理权限和国家级经济技术开发区相关政策。12月,根据《关于越城区部分街道行政区划调整工作的实施意见》,对部分街道行政区划进行调整。以环城河外侧河沿为界,塔山、蕺山、北海、府山、稽山、迪荡6个街道形成古城保护区。保护区内,以人民路为界,南、北成立塔山、府山2个新街道;原蕺山街道和原迪荡街道在古城外区域成立新迪荡街道;原北海街道和原府山街道在古城外区域成立新北海街道;稽山街道渡东社区划给新设立的塔山街道管辖。

【绍兴市首条湖底隧道通车】 2018年5月1日,绍兴市首条湖底隧道——平江路隧道开放试通车,限速每小时50千米,限高4.5米。隧道南起平江路,北接袍中路,穿越萧甬铁路、迪荡湖和二环北路,全长2.1千米,隧道部分1.8千米,工程总投资5.5亿元。隧道于2014年6月动工,2018年2月全线建成并通过初步验收。

【中国(绍兴)集成电路产业高峰论坛】 2018年9月15日在越城区举行。论坛以"融入大湾区,打造'芯'高地"为主题,近200位集成电路产业专家学者、行业代表与会。副省长高兴夫,以及工信部电子司、绍兴市、国家集成电路产业投资基金股份公司有关领导出席峰会。其间,越城区发布绍兴集成电路小镇规划,以集成电路产业为主导,着重引进集成电路设计—制造—封装—测试—装备等全产业链项目形成产业集群。并与绍兴集成电路小镇创新综合体项目、新华越IPT项目、北斗导航产业园项目、吉姆西半导体设备项目等8个项目集中签约,协议总投资超过150亿元,主要涉及集成电路设计、制造、封装、综合运营、产业基金等领域。

(越城区档案局　沈婷婷)

柯桥区

【概况】 2018年,柯桥区辖8个街道、8个镇。区内有1个国家级经济技术开发区、2个省级开发区,有亚洲最大的轻纺专业市场——中国轻纺城。年末常住人口98.62万人,户籍人口68.13万人。

地区生产总值1404.55亿元,比上年增长6.8%。其中,第一产业增加值35.12亿元,第二产业增加值708.87亿元,第三产业增加值660.56亿元。三次产业结构为2.7:48.9:48.4。按常住人口计算,人均生产总值14.29万元。

财政总收入198.58亿元,增长9.7%,其中一般公共预算收入126.36亿元,增长10.8%。一般公共预算支出112.89亿元。社会消费品零售总额305.49亿元,增长11.1%。城乡常住居民人均可支配收入分别为63768元和37345元,分别增长8.5%和8.8%。城镇登记失业率2.25%。

现代农业融合发展,国家级"花香漓渚"田园综合体初具规模,南部省级茶叶产业集聚区一期建成,海丰花卉等项目实现多产联动发展,粮食生产保持稳定,农业总产值增长2%。创建马鞍镇亭山桥等89个五星达标村,安昌街道大山西等10个AAA级景区化示范村。棠棣村入选全国生态文化村。被评为首批"四好农村路"全国示范县。

完成印染产业集聚升级工程,实现退出区内无印染企业。规范提升工业小区,整治1332家"低散乱"企业,盘活闲置厂房50万平方米,建成小微企业园35个,集聚入园小微企业683家。新增"个转企"466家,"下升上"172家。"五大千亿"产业加快发展。实施"标准化+"质量提升工程,推动先进装备制造,参与制定国家、行业标准4项,发布"浙江制造"标准12项,12个产品通过"浙江制造"认证,产值增长10%。建筑业产值突破520亿元,增长31.3%,成为全省首批建筑工业化示范城市。

中国轻纺城加快市场改造步伐,整体拆除老服装市场,建成西市场、南门广场,改造展示中心。打造中国轻纺城国际贸易区,新注册贸易公司1400家。新增电商企业155家,建成轻纺城跨境电商产业园,网络零售额增长25%。保持市场活力,新注册市场主体3500家,市场群成交额约1800亿元,增长10%,网上成交额420亿元,增长38%。举办首届世界布商大会,获"中国版权金奖"保护奖。

引进重大项目36个,总投资661亿元,超额完成省定4个结构性投资指标。开工建设杭金衢至杭绍台高速公路联络线,轻纺城大道高架镜水路互通、钱滨线建成通车。旅游业全域提升,全年实现旅游收入252亿元,增长15.1%,创建成为省全域旅游示范区,获"世界休闲城市"称号。

引进中科湾区(浙江)创新中心、清华长三角研究院国际人才运营中心等知名研发机构;15名外籍院士入驻外国高端人才创新集聚区;设立美国波士顿海外创新孵化器,举办第三届海内外高层次人才创新创业大赛,引进科创项目38个;研究与试验发展经费支出占比2.36%;国家、省"千人计划"人才累计达到105人,数量居全市第一位;"上云"企业3410家,工业机器人540多台;新认定高新技术企业68家、省级企业研发机构8个,打造市级行业"隐形冠军"企业25家。

新(扩)建幼儿园、中小学21所,绍兴财经旅游学校建成投用,开通学生通勤公交线路89条。财政用于民生支出93.1亿元,增长13.8%,占一般公共预算支出的82.5%。全年救助各类困难群众60.5万人次,发放救助金1.34亿元。新增企业冠名慈善基金13个,募集善款3862万元。免费为全区60周岁以上户籍老人办理出行平安保险,向60周岁以上户籍失智老人发放智能"黄手环"。

深化"河长制",创新"湖长制",开展"碧水行动",建设"污水零直排区","五水共治"群众满意度测评全省优秀。百项千亿防洪排涝工程建设走在全省前列,清淤205万立方米,28个市对区考核断面水质全部达到Ⅲ类水标准以上。瓜渚湖入选全省首批十大运动休闲湖泊,鉴湖、大小坂湖获评省级"美丽河湖"。打好"蓝天保卫战",全年空气质量优良率78%,PM2.5均值38微克/立方米,下降5%。提前改造等外路、差等路106千米,被评为首批"四好农村路"全国示范县。

【安昌镇入选首批省级旅游风情小镇】 2018年,柯桥区安昌镇在全省旅游工作会议上获首批省级旅游风情小镇称号。安昌镇先后投入2亿多元,用于规划设计、风情产品体验、人居环境、公共服务、综合保障等,有"绍兴宣卷""绍兴祝福""绍兴师爷故事""绍兴酱油传统酿造技艺""三六九伤科""安昌腊肠制作技艺""绍兴剪纸""水乡社戏""端午习俗""安昌腊月风情节"等1个国家级、4个省级和10个市级非物质文化遗产项目。

【全市首个海外创新孵化中心建成运营】 2018年3月28日,柯桥区在美国波士顿建设的绍兴金柯桥海外创新孵化中心运营。孵化中心由柯桥区内重点企业精工钢构集团首期投资2000多万元建设,由中美波士顿创新中心(CUBIC)采取"服务+股权"的方式进行运营,在海外源头地引进并孵化节能环保、人工智能和生物医药方向的人才及项目,促进海外在孵项目到柯桥加速和产业化,为柯桥搭建直通式的海外智力资源内部对接渠道。柯桥区政府配套扶持政策,根据运营情况及对柯桥的创新贡献等,前三年每年最多给予150万元的运营费扶持;配套设立5亿元规模的落地孵化基金,建立"平台+基金+全球创新社区"的激励机制。

【首届世界会计论坛暨第13届中国CFO大会在柯桥举行】 2018年5月25—26日在柯桥区举行。大会以"智能升级、财领全球"为主题,围绕管理会计、智能财务、全球经济一体化中的会计责任等议题展开讨论。第十二届全国人大常委会委员、财经委员会委员、中国注册会计师协会会长冯淑萍,全国政协常委、财政部会计标准战略委员会委员张连起,北京国家会计学院、上海国家会计学院等单位负责人及柯桥区有关领导出席开幕式。财政部、中国总会计师协会及绍兴市、省财政厅有关领导出席并致辞。

【首届世界布商大会在柯桥举行】 2018年9月20日在柯桥区举行。大会以"合作共赢·责任发展"为主题,探讨"一带一路"倡议下,世界纺织产业的协同发展与中国纺织工业转型升级,展望未来纺织科技的发展趋势与全球时尚产业动态格局。其间,举行"世界布商大会理事会"成立仪式、"世界布商大会永久承办地——中国绍兴柯桥"授牌仪式及"丝路柯桥·布满全球"启动仪式。第十届全国人大常委会副委员长顾秀莲,国际纺织制造商联合会主席(2016—2018)、非洲棉花和棉纺织工业联合会主席贾斯温德·贝迪(Jaswinder Bedi),中国纺织工业联合会会长、国际纺织制造商联合会副主席孙瑞哲，中国商业联合会会长、党委书记姜明，以及来自浙江省、绍兴市有关部门负责人，柯桥区委、区政府领导，国内外纺织行业协会、研究机构、设计院校、知名企业、电商平台、境内外媒体等代表和企业行业代表等1100多人参会。

（柯桥区政府办公室　唐思杰）

上虞区

【概况】 2018年，上虞区辖6个街道、12个镇、3个乡。年末常住人口79.71万人，户籍人口78.04万人。地区生产总值916.52亿元，比上年增长7.4%。其中：第二产业增加值471.77亿元，增长6.8%；第三产业增加值398.17亿元，增长8.8%。按常住人口计算，人均生产总值11.52万元。

财政总收入141.25亿元，增长15.9%，其中，一般公共预算收入82.65亿元，增长17.9%。一般公共预算支出86.42亿元。社会消费品零售总额342.24亿元，增长11.2%。外贸进出口总额286.9亿元，增长6.5%。城乡常住居民人均可支配收入分别为60042元和32423元。

农林牧渔业增加值47.53亿元，增长2.6%，居全市首位。全区农作物播种面积58275公顷，其中粮食播种面积34590公顷；粮食总产量20.77万吨，增长1.9%。上虞创建成为“国家农产品质量安全县”“全国第三批率先基本实现主要农作物生产全程机械化示范县”“浙江省农业生产‘机器换人’示范县”。食用农产品可追溯生产主体196家。全区县级以上重点农（林）业龙头企业76家，其中年销售收入超过1亿元企业5家，省级骨干农（林）龙头企业10家、市级22家。推进“五星达标、AAA级争创”工作，全区首批创建村市级复评验收通过率84%，135个村“五星”达标，9个AAA级村达标。安排美丽乡村PPP（政府和社会资本合作）项目7.3亿元，建成美丽乡村精品线路6条，新增省级AAA级景区村7个、美丽乡村示范乡镇2个、特色精品村8个，市级美丽乡村示范乡镇7个、特色精品村23个。1615座农村公厕完成改造，234个村完成“三线”整治。激活闲置农房1059幢、面积37万平方米，引进农房激活项目51个，吸引社会资本投资5.5亿元。

工业总产值1808.55亿元，增长10.2%，其中规模以上工业产值1461.06亿元，增长12.8%，产销率94.8%。规模以上工业增加值282.53亿元，增长7.1%。分行业看，机械装备业规模以上产值144.87亿元，增长16.2%；医药化工业规模以上产值519.26亿元，增长19.8%；轻工纺织业规模以上产值167.43亿元，增长5.5%；照明电器业规模以上产值55.51亿元，下降1.5%。全区工业用电量46.72亿千瓦时，增长6%。实施“拥江西进”战略和“三个一”重点项目建设，全年新建、续建项目33个，完工19个，投资22.3亿元。15个小城镇环境综合整治点通过省级验收，谢塘镇获评年度小城镇环境综合整治省级样板。城区、农村生活垃圾分类覆盖率分别为82.35%、81.93%。城中村拆迁100万平方米，改造老旧小区12万平方米。改造提升城市道路8.6千米。推进城镇配套污水管网建设项目13个，铺设管网35.83千米。153户农村困难家庭危房完成改造。

社会消费品零售总额342.24亿元，增长11.2%，其中限额以上社会消费品零售总额237.32亿元，增长25%。批发零售业销售额1018.16亿元，增长15.5%；住宿餐饮业营业额63.09亿元，增长16.1%。有实体市场54个，成交额123.17亿元。

外贸进出口总额286.9亿元，增长6.5%。其中：进口总额31.52亿元，增长15.5%；出口总额255.38亿元，增长5.5%。服务贸易进出口总额18亿元，增长33.2%。

接待游客1796.83万人次，增长20.9%；旅游总收入150.61亿元，增长24%。上虞以“首批全国最具特色魅力旅游胜地”登上“旅游业最美中国榜”。

全区有小学51所，在校学生37602人；普通中学32所，在校学生32841人；中等职业学校2所，在校学生7005人。九年制义务教育对象入学率100%。接收义务教育阶段新居民子女入学14935人，入学率100%，占全区义教段学生总数的25.6%。

新引进大学研究院5个、运营团队8个；新认定省级众创空间3个，市级众创空间7个，建成省级企业研发机构5个，引进创新创业项目192项，与清华大学人文学院等高校签订共建教育实践基地协议。新建省级以上院士专家工作站2个。新认定高新技术企业59家，省级科技型中小企业191家，列入国家重点研发计划1项、省级新产品试制计划321项。专利授权量4446件，其中发明专利授权量560件，发明专利产业化项目28个。

各类医疗卫生机构335个，床位3331张，医疗卫生技术人员5064人。其中执业（助理）医师2101人，注册护士2033人。家庭医生规范签约服务25.96万人，签约率35.9%，重点人群签约覆盖率78.45%。建立电子健康档案64.05万人，建档率88.64%。65岁以上老年人体检8.76万人，农民健康体检25.36万人。

【高端医疗教育资源引进】 2018年，上虞区签约浙江大学医学院附属邵逸夫绍兴院区项目，规划（预留）用地33公顷，床位2000张，与邵逸夫医院实行同质化管理。启动浙江大学医学院附属邵逸夫医院与上虞中医院医联体建设，开展紧密型协作，上虞中医院增挂“浙江大学医学院附属邵逸夫医院绍兴院区”牌子。启动建设浙江建设职业技术学院上虞分院，项目位于开发区高端智造集聚区，总投资约12亿元，占地面积33.33公顷，建筑面积约20万平方米，遵循“产教融合”原则，拟达到全日制在校学生5000人办学规模。

【中国卓越校长峰会·新高考改革浙江名校行活动】 2018年6月21日在上虞区春晖中学举行。来自全国21个省、市、自治区的350多位校长出席。春晖中学负责人做《高考改革与中学教育》主题报告。

【王充思想国际学术研讨会】 2018年10月13日在上虞区举行。研讨会以“唯物求真、改革创新”为主题,来自中央党校、中国人民大学、北京师范大学、浙江大学、华东师范大学、浙江省社会科学院等高校和科研院所的专家学者参会。会议分别就“求真的科学哲学家王充”“《论衡》的海洋主题与王充的海洋意识”“王充的生态哲学思想”“王充的批判精神及其历史影响”“王充在越文化发展史上的经典意义”“王充与浙江精神”等主题展开学术研讨。其间,省社科院在上虞授牌创设“王充与浙学研究中心”,省社科联在上虞挂牌成立省级社科普及基地。

【弘一大师研究中心成立】 2018年12月1日,上虞区举行弘一大师研究中心成立大会暨揭牌仪式,专家学者、社会各界人士参加。会上,选举产生第一届理事会领导班子和常务理事,聘请杭州师范大学教授、弘一大师丰子恺研究中心主任陈星等7位专家为中心顾问,省佛教协会副会长诚信大和尚为名誉主任。同时,举办“白马湖畔忆晚晴”音乐雅集、纪念弘一大师诞辰138周年书画展及弘一讲坛等系列文化活动。

(上虞区政府办公室 叶飞 罗兰芬 朱倩男)

诸暨市

【概况】 2018年,诸暨市辖3个街道、24个镇(乡)。年末常住人口118.7万人,户籍人口107.94万人。地区生产总值1225.25亿元,比上年增长6.7%。其中:第一产业增加值45.18亿元,增长2.4%;第二产业增加值605.9亿元,增长7.6%;第三产业增加值574.17亿元,增长5.9%。三次产业增加值结构为3.7:49.4:46.9。按常住人口计算,全市人均生产总值为11.29万元,增长6.5%。

全年财政总收入137.8亿元,增长11.3%。其中一般公共预算收入87.37亿元,增长13.5%,占财政总收入的63.4%;税收收入73.58亿元,增长14.3%,占一般公共预算收入的84.2%。一般公共预算支出92.21亿元。住房保障、交通运输、社保、教育等民生实事支出分别增长71.4%、59.7%、9.3%和4.2%。居民人均可支配收入51130元,增长8.8%。城镇常住居民人均可支配收入62623元,增长8.3%;人均生活消费支出31966元,增长7.8%。农村常住居民人均可支配收入36053元,增长9%。人均生活消费支出22712元,增长9.1%。

社会消费品零售总额350.99亿元。全市网络零售额145亿元,增长23%,新增中国淘宝村24个,服务业增加值增长7%。

规模以上工业增加值增长8.8%;利税增长13.2%,其中,利润总额增长15.5%。新产品产值增长37.7%,高于规模以上工业总产值增速22.5个百分点,新产品产值率45.2%。全市装备制造、高新技术和战略性新兴产业增加值分别增长15.3%、12.4%和5.6%,占规模以上工业增加值的比重分别为50.2%、47.4%和36%。新增“个转企”783家、“小升规”107家、“下升上”104家,市场主体突破17万家。

引进10亿元以上项目12个,海亮有色智造工业园、宝龙商业广场开工建设。产业发展引导基金116亿元,投资省八大万亿产业项目133个,带动社会投资152亿元。制订“与杭同城”三年行动计划,引进都市区项目108个,实到注册资金93亿元。开发区启动“一核一廊五园”规划建设,引入高新技术项目7个,5D智造谷签约落户。高新区加快临杭总规编制,临杭产业园引进项目27个,总投资33亿元。9家企业入驻“诸暨岛”,环保小镇、珍珠小镇入选省大花园、大湾区重大产业项目。接待国内外游客2475.18万人次,旅游总收入257.82亿元,分别增长9.1%和9.2%。签约引进南华大学研究生分院,创建成省教育基本现代化县(市)。开展“双倍增”和“春苗行动”,新增国家高新技术企业66家、省科技型中小企业320家,技术市场交易额突破6亿元。开展“诸暨发展系列周”活动,聘请21位中外院士组建诸暨高端智库。举办“梦想中国·智汇暨阳”全球招才引智推荐会,新增国家“千人计划”和省“千人计划”人才18人、绍兴“海内外英才计划”人才51人。袜艺小镇命名为省特色小镇,建成珍珠产业创新服务综合体,新增国家级大数据应用示范和“两化”融合示范试点企业各1家、省级工业互联网平台4个,企业“上云”突破5800家。发布“品字标浙江制造”先进标准10项。农村保障房建设1万平方米。国家级数字档案馆通过验收,70个农村文化礼堂、8个浣江书房建成投用。

【接沪融杭战略启动】 2018年,诸暨市制订“与杭同城”三年行动计划,推进接沪融杭,杭州都市高速公路诸暨段工程有序实施,诸暨至滨江城际客运专线、直达省级名医院的定制客运班车投入运营。临杭产业园引进项目27个,总投资33亿元。

【“枫桥经验”纪念活动筹备工作】 2018年,诸暨市以纪念毛泽东同志批示学习推广“枫桥经验”55周年暨习近平总书记指示坚持发展“枫桥经验”15周年为契机,实施“枫桥经验”推广提升“十大工程”,抓好总结推广、环境整治、示范点建设等筹备工作,绍兴枫桥学院开工建设,新“枫桥经验”陈列馆、公共法律服务中心建成启用,完成“枫桥经验”55周年纪念活动各项筹备任务。

【传统产业数字化转型】 2018年,诸暨市落实促进经济高质量发展政策,开展工业园区“退转改聚”,启动“亩均论英雄”综合评价,传统产业质量效益稳步提升。规模以上6个主导产业产值、利润分别比上年增长15.5%和5%,高新技术产业增加值、新产品产值分别增长12%和30%。袜艺小镇命名为省特色小镇,建成珍珠产业创新服务综合体,新增国家级大数据应用示范和“两化”融合示范试点企业各1家、省级工业互联网平台4个,“上云”企业超过5800家。

【“标准地+承诺制”改革创新】 2018年,诸暨市探索企业投资项目“标准地+承诺制”改革,指导企业深化项目前期研究、做好项目计划书,在供地阶段开展项目设计工作,政府机关、中介机构、项目单位协同配合,通过流程再造、改革创新,打通影响投资项目高效审批堵点、痛点,实现以"标准化、集成化、清单化"推进企业投资项目高效审批改革。年内,实现企业投资项目审批从立项到施工许可全流程"最多跑一次",从土地摘牌到施工许可最多30天。(诸暨市政府办公室 陈 淦)

嵊州市

【**概况**】 2018年,嵊州市辖21个乡镇(街道)。年末常住人口69.38万人,户籍人口72.64万人。地区生产总值560.65亿元,比上年增长8%。其中,第一产业增加值36.62亿元,第二产业增加值272.16亿元,第三产业增加值251.87亿元。按常住人口计算,人均生产总值8.1万元。

财政总收入69.32亿元,其中一般公共预算收入45.49亿元,分别增长15%和19.6%。城乡居民人均可支配收入分别为56360元和29459元,分别增长8.3%和9.3%。金融机构存款余额762.81亿元,贷款余额635.57亿元,分别增长10.1%和12.9%。

农林牧渔业总产值54.89亿元,增长2.3%。启动实施农业项目"1150"(1个省级农业园区,1个省级特色农业强镇,50个乡村振兴产业先锋基地)工程,推进三界省级现代农业园区、甘霖镇省级特色农业强镇建设,命名乡村振兴产业先锋基地15个。福全粮库建成投运,省级农产品质量安全放心县创建通过验收考核。完成20个乡镇(街道)413个行政村农村土地经营权确权登记颁证工作,通过省市综合验收并被评定等次为优秀。小规模以上工业总产值469.48亿元,增长14.8%。规模以上工业增加值88.15亿元,增长8.6%。传统产业大力改造提升,领带服饰、机械电机、电器厨具三大主导产业产值分别增长9.2%、12.2%和14%,家用电器(厨具)行业被列为全省第二批传统制造业改造提升试点行业。战略性新兴产业、高新技术产业、新产品产值分别增长13.6%、14.8%和22.2%。企业主体加快成长,华汇集团晋升建筑工程施工总承包特级资质,新增纳税1亿元以上企业1家、产值20亿元以上企业1家,培育各类隐形冠军21家,新增"小升规"112家、"下升上"53家,在册各类市场主体突破6万户。

社会消费品零售总额315.23亿元,增长10.8%。服务业投资163.37亿元,网络零售额增长25%。创建国家外贸转型升级基地(服饰)和省外贸创新发展示范单位,申报集成灶海关税则号(HS编码)。与阿里巴巴集团合作全面加强,全领域移动支付覆盖率82.13%,汇通达网络股份有限公司浙江区域总部顺利引进,"嵊特网"成为绍兴首家农产品交易综合性电商平台。

固定资产投资增长17%,其中工业投资51.01亿元,增长14.9%。实际利用外资11.18亿美元,引进市外境内资金50.7亿元,新开工2000万元以上工业项目103个。146个实施性重点建设项目累计投资269.3亿元,147项政府投资项目投资172.79亿元。全年基础设施投资164.14亿元。全社会研究与试验发展经费支出增幅继续位列绍兴市第一位,占生产总值比重2.25%。新培育国家高新技术企业53家、科技型中小微企业153家,新建省级企业研究院3个。北航投星空众创空间主体结顶,新科创大楼主体完工,厨具产业创新服务综合体进入省级创建培育名单,举办第11届电机厨具展。发展数字经济,培育和引进工业互联网平台公司3家,新增企业"上云"1350家,新引进双软企业12家,厨具行业"机器换人"智能化技术改造项目被列入省示范项目。设立基金集聚区,引进投资(基金)类公司12家,管理资本总规模100亿元。

十方面民生实事全面完成,民生支出占到公共预算支出的80.7%。建成农村文化礼堂60个,全市中小学幼儿园"县管校聘"实现全覆盖,城区义务教育阶段学校均纳入集团化办学,创建成为省教育基本现代化市和省区域推进语言文字规范化市。深化省综合医改先行先试建设市试点,基层医疗机构补偿机制改革形成"嵊州样板"。全市养老保险、医疗保险参保率分别为92.1%、98.9%,城乡低保标准提高至810元/月。深化"越乡警务管家"建设,建成新时代"枫桥经验"示范点2个。

落实生态环境状况报告制度,启动省级生态文明建设示范市创建。加大大气污染防治,扩大"双禁"范围,全覆盖建成空气自动监测网络,空气质量优良率(AQI指数)90.7%。加强"美丽河湖"建设,组建"碧水联盟",推进"污水零直排区"建设,制订出台河长巡河"十必到十必看"工作标准,15个绍兴市级以上考核断面水质全部达标,获省"五水共治"(河长制)工作优秀县(市、区)"大禹鼎"。

【**企业服务联盟优化**】 2018年,嵊州市创新建立"优化企业服务联盟",下设服务企业人才引育、服务市镇长项目工程推进、服务重点工业项目建设、服务企业提档升级、服务企业科技创新、服务企业外贸转型升级、服务企业加快上市及资本运作、服务新生代成长、服务企业融资9个专项工作服务小组,建立"五个一"(一个工作服务小组、一位牵头市领导、一个牵头单位、一个固定场所、一套运作机制)联盟运作机制,为企业解决"缺指导、缺资金、缺服务"现实问题。年内,走访企业1640家次,化解问题750个,涉企减负资金10亿元左右,经验做法在《浙江日报》报道。

【**建筑工程施工许可"承诺+预许可"模式**】 2018年9月,嵊州市启动实施一般性工业建设项目施工许可"承诺+预许可"模式。即对符合相应条件工业项目,在建设单位提供"项目用地手续、建设工程规划许可、施工图设计文件、施工合同"4项要素材料,以及在建设单位、设计单位、施工单位、监理单位、属地乡镇(街道)分别出具承诺书后,允许工业项目办理施工预许可并进行基础施工,施工图联合审查等办理施工许可证其他要件在预许可20天期限内继续办理。年内,全市有5个项目采用"承诺+预许可"模式,审批流程优化后,为建设单位项目落地缩短时间近20%。

【“浙东唐诗之路”核心区建设】 2018年10月8—9日，“浙东唐诗之路”剡溪智库成立大会暨“浙东唐诗之路”建设联动倡议仪式在嵊州举行。会议确立剡溪在“浙东唐诗之路”中核心地位，嵊州市成为全省诗路建设引领者。《全唐诗》中收录咏剡诗篇540多首，为浙东唐诗之路沿线各县（市、区）之冠。2200多位作者中，有450多位游览过浙东唐诗之路，其中李白、杜甫、白居易、杜牧等近400位诗人曾到过剡溪，占总数89%。

【乡村振兴农业项目建设“1150工程”启动实施】 2018年，嵊州市启动实施乡村振兴农业项目建设“1150工程”。即到2020年底，全市建成省级现代农业园区1个、省级特色农业强镇1个、“乡村振兴产业先锋基地”50个，引领全市农林产业高质量发展。年内，市乡村振兴农业项目建设“1150工程”领导小组为首批15个乡村振兴产业先锋基地命名。其中，浙江省“看禾选种”水稻新优品种展示示范核心基地，通过抓平台促品种集聚、抓技术促科学管理、抓环境促绿色发展，打造成为在全国具有较大影响力的粮油产业“好品种展示”平台，并举办年度浙江水稻新品种大会。

（嵊州市政府办公室　黄达华）

新昌县

【概况】 2018年，新昌县辖3个街道、8个镇、5个乡。年末常住人口38.81万人，户籍人口43.48万人。地区生产总值421.09亿元，比上年增长7.4%。其中：第一产业增加值21亿元，增长1.9%；第二产业增加值200.08亿元，增长7.4%；第三产业增加值200.01亿元，增长7.9%。按常住人口计算，人均生产总值10.87万元。

财政总收入71.04亿元，增长17.7%，其中一般公共预算收入41.88亿元，增长15.2%。一般公共预算支出56.79亿元。城镇和农村常住居民人均可支配收入分别是55725元、28185元，分别增长8.8%和9.1%。社会消费品零售总额186.3亿元，增长10.8%。全县建设高标准农田3733.33公顷，新增耕地100公顷，新增“万元亩产”面积831.33公顷、珍贵彩色健康森林549.2公顷，建设特色产业基地789.27公顷。完成第四批省级历史文化村落重点村西坑村保护与开发。实施空倒房整治三年行动计划（2018—2020），开展83个村的整治，拆除空倒房20万平方米。创建成为省级农产品质量安全追溯体系县，4个乡镇、12个村创建成为市级美丽乡村示范乡镇和市级特色精品村，梅渚镇列入省级农业特色强镇创建名单。连续9年获评“全国重点产茶县”，居年度中国茶叶品牌影响力全国十强县（市）第一位，中国茶叶大会暨新昌大佛龙井茶文化节获“中国茶事样板十佳”称号。

规模以上工业总产值476.59亿元，增长14.1%；规模以上企业利税总额86.52亿元，增长23.9%；利润总额63.06亿元，增长18.1%。浙江新和成股份有限公司、浙江三花智控股份有限公司等6家企业入围全省高新技术企业创新能力百强。新增市场主体6968家，“个转企”355家、“小升规”38家。“两化”融合发展指数84.58，连续4年居全市首位，其中工业应用指数居全省第一位。

固定资产投资增长4.4%。175个政府投资项目投资124.42亿元，“五个十大”项目投资93.97亿元，37个重点承诺建设项目投资70.4亿元。签约落地三花新能源热管理系统、通策集团牙科工业研发中心及智能制造、美力科技先进复合材料汽车零部件制造产业园、连尚科技小镇等重点招商项目17个，总投资279.3亿元，其中10亿元～50亿元项目5个，50亿元及以上项目2个。中财新型建材智能制造产业园建设项目、SKF球轴承（新昌）生产基地及研发中心、美力科技智能制造生产基地等市县长项目落地。

新增省重点和省重大产业项目6个，争取建设用地指标147.13公顷。深化节约集约用地综合评价机制，实施精准供地，全年供地205.2公顷，盘活闲置低效用地68.4公顷，消化批而未供土地136.8公顷。

全年实现旅游总收入140亿元，增长15.8%。编制完成全域旅游发展规划。大佛寺景区评为“浙江省优质旅游经典景区”，七盘仙谷景区通过国家AAAA级景区景观资源价值评估，智能装备小镇创建成为国家AAA级景区；东茗乡创建成为省级旅游风情小镇，镜岭镇列入第三批省级旅游风情小镇培育创建名单，新增省A级景区村庄60个，镜岭镇安山村、沙溪镇董村村、大市聚东郑村被评为省休闲旅游示范村。尚诗堂、拨云间等高端精品民宿建成营业。新昌创建成为省级全域旅游示范县。

出口总值154.14亿元，增长15.9%；实际利用外资6853万美元，实到内资29.75亿元。金融机构存款余额576.82亿元，增长0.9%；贷款余额505.65亿元，增长24.3%，贷款不良率0.3%。

全县省义务教育标准化学校比例89.47%，学前教育普惠性幼儿园覆盖率90.97%，常住人口非文盲率98.05%，实施教体系统政府投资项目23个，投资额近6亿元，西郊中学、梅渚幼儿园等建设工程完工，通过浙江省教育基本现代化县预评估和国家语言文字工作督导评估。

全县研究与试验发展经费占比连续5年在4%以上，新增国家高新技术企业41家、省级企业研究院3个、省级高新企业技术研发中心5个、省级博士后科研工作站2个、省级外国专家工作站2个。浙江理工大学研究生联合培养基地投入运行，浙江工业大学新昌研究院启动建设，举办科技对接活动53场，首次举办国际科技对接活动。实现专利、著作权“二合一”综合管理，举办中国县域创新发展论坛、国家科学技术获奖项目展等活动。浙江新和成股份有限公司与浙江大学、北京化工大学拥有的专利“一种连续化稳定维生素A微胶囊的制备方法”获市首个国家专利金奖，城南乡琅珂茶艺农创园被认定为国家级星创天地，高新园区科技孵化器创建成省级科技孵化器，轴承产业创新服务综合体列入省第二批综合体创建公示名单。“企业出题、高校解题、政府助题”的产学研合作创新体制改革做法在全省推广。新昌县入选全国首批国家创新型县（市）建设名单，通过国家知识产权强县工程试点县验收，获“全省科技进步目标责任制考核优秀县”。

户籍人员基本养老保险参保率90.49%，基本医疗保险参保率98.61%。低保标准城乡统筹，低保标准提高到810元/月，人均补差440元/月。新增农村文化礼堂40个，送文化下乡118场，送书34761册，送电影3006场。举办第12届农民文化节、庆丰收“树大旗”等传统文化系列活动。举办新昌调腔建团60周年系列活动，赴香港参加“中国戏曲节”，全年调腔演出95场。

小将镇、东茗乡、高新园区南岩五联区块、龙凤山庄、电力新村完成“污水零直排”试点建设，清淤41.1万立方米；新嵊污水厂二期扩建工程建成投用，中央环保督察整改工作完成。清理整顿“散乱污”企业30家，完成全县第二次污染源普查入户调查。新昌环境质量手机应用上线。新昌江、澄潭江、黄泽江出境断面水质均值保持Ⅱ类水标准，空气质量继续保持全市最优。被省委、省政府评为“美丽浙江建设工作优秀县”，列全国“两山”发展百强县第九位，新昌县环境保护局被省政府授予美丽浙江建设突出贡献集体二等功。

【中国·绍兴“一带一路”创新合作暨中东欧国家科技成果对接会】 2018年3月22日在新昌举行。来自俄罗斯、乌克兰、保加利亚等6个国家30多位专家带着24项科技成果，以及绍兴市80多家科技型企业代表参会。在项目路演中，乌克兰国立航空航天大学研究员维大利·科洛布科夫等专家，现场进行AEROPARKT飞机设计局及其产品介绍等科技项目详细演说，现场达成初步意向合作项目10多个。

【轴承行业成批推广智能制造“新昌模式”与制造强县建设论证会】 2018年5月30日在新昌县举行。工业和信息化部副部长辛国斌，国家制造强国建设战略咨询委员会委员、工业和信息化部原副部长杨学山，国家制造强国建设战略咨询委员会委员、中国工程院制造研究室主任、教授级高级工程师屈贤明等国家部委和国家智库方面领导，副省长高兴夫，省智能制造专家委员会主任毛光烈等领导和智库专家，以及绍兴市、新昌县领导出席。其间，举行中国电子信息产业发展研究院新昌联系点签约仪式。

【万丰航空小镇开园】 2018年9月17日，万丰航校入驻万丰通用机场，取得飞行员培训资质。9月25日，万丰航空小镇建成开园并向公众开放，万丰通用机场开航。万丰航空小镇占地3.1平方千米，计划投资100亿元，航空研究院、航空展厅、科技博物馆等完成建设，加拿大镁瑞丁公司等4家航空上游企业落户小镇，智慧工厂、铝镁金铸件工厂进入生产阶段。万丰航空小镇被列入国家级空中游览基地、国家级通航产业综合示范区、国家级航空飞行营地。

【天姥大桥通车】 2018年9月29日，天姥大桥建成通车。大桥南起演溪路，上跨江滨南路、新昌江、沿江中路，北接大道中路，全长800米，路宽32米，双向4车道，其中桥梁长303米，项目总投资2.1亿元，系新昌境内长度最长、投资最大的跨江大桥。

（新昌县政府办公室　王　洋）

金　华　市
Jinhua Municipality

【概况】 2018年，金华市设婺城、金东2个市辖区，辖浦江、武义、磐安3个县，代管兰溪、东阳、义乌、永康4个县级市。全市有镇76个、乡36个（含民族乡1个）、街道40个。面积10942平方千米。年末常住人口488.97万人。

全市地区生产总值4100.23亿元，增长5.5%。其中：第一产业增加值135.86亿元，增长1.2%；第二产业增加值1745.46亿元，增长5.9%；第三产业增加值2218.91亿元，增长5.4%。三次产业结构比例为3.3∶42.6∶54.1。按常住人口计算，人均生产总值7.34万元。

财政总收入661.74亿元，增长10.1%，其中一般公共预算收入392.62亿元，增长9.8%；市区财政总收入166.09亿元，增长13.5%，其中一般公共预算收入93.58亿元，增长8%。全市一般公共预算收入占财政总收入的59.3%，一般公共预算中税收收入占87.9%；市区一般公共预算收入占财政总收入的56.3%，一般公共预算收入中税收收入占86%。全市一般公共预算支出574亿元，增长7%；市区一般公共预算支出139.65亿元，下降3.9%。

社会消费品零售总额2253亿元，增长6.5%。外贸进出口总额3769.04亿元，增长10.7%。全市城镇常住居民人均可支配收入54883元，增长8.4%；农村常住居民人均可支配收入26218元，增长9.6%。按常住人口计算，人均生产总值84152元。

规模以上工业总产值3913.84亿元，增长7.1%。全市累计出口交货值961.2亿元，增长7.7%。全市规模以上工业企业利润172.17亿元，增长19.5%，高于全省平均水平14.2个百分点。全市300个省重点技改项目投资141亿元，增长30%。数字经济核心产业制造业增加值增速20%，高于规模以上工业14个百分点。

粮食播种总面积7.77万公顷，下降5.1%；每公顷产量5854千克，增长3.2%；粮食总产量45.49万吨，减少0.94万吨，下降2%。全市肉、蛋、奶产量分别为13.81万吨、3.85万吨、6.54万吨。牧业产值39.8亿元。全年创建美丽牧场61个。有国家级标准化示范场22个、国家级休闲观光牧场1个、省级美丽休闲牧场1个、省级数字化牧场1个、省级绿色循环体20个。林业总产值735.96亿元，增长11.0%。全市新植珍贵树265.6万株；新建（改造）主干流两岸珍贵彩色林带119千米、彩色林1066.67公顷，完成率分别为132.2%、160%；新增省级自然保护区1个、省级湿地公园4个、市级森林公园6个。

社会消费品零售总额2253亿元，增长6.5%，其中限额以上社会消费品零售总额710.8亿元，增长0.9%。全市批发零售业商品销售额13390.72亿元，增长12.6%，网络零售总额2869.6亿元，增长22.3%，占全省网络零售总额的17.2%；居民网络消费862.9亿元，增长25.6%。

货物贸易进出口3769.1亿元，增长10.7%，其中出口3658.3亿元，增长10.5%，高于全国、全省3.4和1.5个百分点，总量、增幅分别列全省第二位、第七位，占全国22.3‰，全年进口110.8亿元，增长18.1%。全市与232个国家和地区建立贸易关系，其中出口超过10亿元的国家和地区71个。全年培训各类企业1680家，净增有进出口实绩企业1256家，有进出口实绩企业8548家。出口品牌培育成效显现，全年新申报浙江出口名牌23个、金华出口名牌11个。至年末，全市有省、市出口名牌70个和109个。新批外商投资企业1007家，合同利用外资12.14亿美元，实际利用外资3.18亿美元。新设外商投资企业711家，增长25.6%，合同利用外资1.27亿美元，实际利用外资1891万美元，增长14%。经备案核准的境外企业和机构36家，境外投资总额2.34亿美元，其中对外投资中方投资额1.65亿美元。

接待游客1.21亿人次，增长16.3%；旅游收入1350.88亿元，增长17.7%。接待国内旅游者12017.67万人次，增长16.7%；国内旅游收入1317.74亿元，增长19.0%。接待入境旅游者84.3万人次，下降1.1%；旅游外汇收入50088.72万美元，下降0.1%。快递业务量366123.2万件，增长43.3%；业务收入169.9亿元，增长7.7%。

至年末，全市有各级各类学校2102所（不含技工学校、金华市体育运动学校，下同），在校学生109.1116万人，教职工8.6189万人。全市有幼儿专任教师1.6万人。十五年教育普及率99.7%。小学入学率、巩固率100%；初中入学率、巩固率100%；初中毕业生升入高中段学校比例98.8%，升入优质高中比例84.5%。

技术交易总额33.5亿元。新立项实施发明专利产业化项目218个，完成省考核任务的272.5%，完成率居全省第一位。认定国家高新技术企业285家，认定省科技型中小企业613家。全市发明专利申请量8716件，增长85.5%，居全省第一位；授权发明专利1649件，增长28.3%。认定国家高新技术企业285家，增长12.6%。新签约引进四川抗菌素工业研究所金华分所、上海交通大学义乌智能技术研究院、杭州电子科技大学浦江微电子与智能制造研究院等10个高水平研发机构项目。全市快递企业业务量36.56亿件，首次超过上海跃居全国第二位、全省第一位。

各类医院137个，社区卫生服务中心（乡镇卫生院）157个，门诊部131家，个体诊所、医务室等1481个，村卫生室1491个，社区卫生服务站508个。有妇保院10个、采供血机构3个、卫生监督和疾病预防控制机构各10个。医疗床位数33120张，每千人床位数5.91张。全市有卫生专业技术人员44721人。重点培育美丽乡村风景线65条、精品村107个，重点建设历史文化村落保护利用重点村9个、一般村22个。基本养老保险参保人数363.76万人，增加11.41万人，参保率93.4%；基本医疗保险参保人数486.5万人，增加5.91万人，参保率99.62%；失业保险参保人数90.11万人，增加5.1万人；工伤保险参保人数145.78万人，增加5.2万人；生育保险参保人数93.06万人，增加4.23万人；被征地农民基本生活保障参保人数25.01万人，减少0.76万人。

全市43个地表水断面、11个“水十条”国家考核断面、17个省控断面、10个市界出境断面、20个县市交接断面、8个县级以上集中式饮用水源地水质实现6个100%达标，其中5个饮用水源地水质达到Ⅰ类，提高25%。市区空气质量优良率（AQI指数）84.4%，上升6.4%；PM2.5浓度34微克/立方米，下降19%；优良天数308天，增加25天。

【文明城市创建】 2018年4月12日，金华市启动第六轮全国文明城市创建工作。制定出台《金华市创建全国文明城市三年规划》。80个市直部门、39个乡镇（街道）全部实行“一把手”负总责。组织召开千人以上创建专题会议3次，市区新增投入创建专项经费3.5亿元。自主研发“智慧创建”督考系统，把标准体系实地测评中的51个测评项目用信息化语言细化成1466条考评条目，实现创建工作网上督查、实时督查、全民督查，全年督查解决问题1000多个，媒体监督曝

2018年2月14日，中央文明办确定2018—2020年创建周期全国文明城市提名城市名单，金华市成为第6轮全国文明城市创建的资格城市。经过国家有关部门测评，金华市以96.47分名列全国113个地级提名资格城市第一名 （金华市地方志办公室 供图）

光42期，智慧督考系统交办问题1.2万个。开展城乡环境十大整治行动，包括城市环境、社区环境、小城镇环境、农村环境四项综合整治行动以及集贸（农贸）市场、餐饮行业、建筑工地、“停车难、停车乱”、沿街立面、犬类（畜、禽）管理六个专项整治行动。年内，市区全面实施“七化一文明”“两定点两面清”，修复道路路面6.28万平方米，二环内新增机动车泊位10万余个，查处机动车违停23.7万起，完成小餐饮单位硬件改造提升534个，建成餐饮质量安全示范区3个，放心示范餐饮店370个，阳光厨房200个。市、区256个机关、企事业单位4万余名党员干部走进社区，与社区群众一道开展文明示范社区创建工作，进门入户发放文明创建宣传资料100多万份。开展志愿服务2.5万次，服务时长534万小时，市区累计设立学雷锋志愿服务站444个。在首年国家测评中，金华市以96.47分名列全国113个地级提名资格城市第一位。

【市卫生计生监督执法技能竞赛】 2018年10月18日举行。市本级和9个县（市、区）卫生监督所分别组队，全市40人参赛。竞赛通过笔试、现场快检仪器操作考核、现场竞答等形式，考核全市卫计职工关于法律法规和执法技能。最终，金华市卫生监督所获团体第一名，东阳市卫生监督所和武义县卫生监督所分别获第二、三名。

【突发环境事件应急演练】 2018年10月18日，应急演练在永康市举行。金华市环保局、永康市环保局、永康市卫计局、永康消防大队等部门参加应急演练。永康市环保局接到应急电话后，按程序启动“永康市突发环境事件应急预案”，迅速成立事故调查小组、应急监测组、专家组、医疗救护组、消防救援组赶赴事故现场开展应急处置工作，妥善处置“应急事故”，完成演练任务。

【“走进浙中大花园——金华治水建廊道媒体采风”活动】 2018年10月25—26日举行。《人民日报》、新华网、中新社等22家各级媒体记者通过实地走访，了解和感受金华治水建廊道、打造浙中大花园的成果。年内，全市实施项目430个，投资429亿元。在全省“五水共治”工作群众满意度调查中，金华市总得分86.84分，居全省第一位，连续4年获省“五水共治”（河长制）工作优秀市“大禹鼎”。

【金华市人民医院牵头成立浙中产科联盟】 2018年10月27日，以业务协作为纽带、具有医联体性质的浙中产科联盟成立。联盟以金华市人民医院为牵头单位，浙中地区29家医院加盟。金华市人民医院负责人当选为联盟第一任理事长。联盟得到省内多位一线专家支持，多位专家担任浙中产科联盟首席专家，指导联盟发展工作。（金华市地方志办公室　张　峰）

婺　城　区

【概况】 2018年，婺城区辖9个街道、9个镇、9个乡（其中3个镇、1个乡、4个街道由金华市经济开发区托管）。年末常住人口78.74万人，户籍人口64.85万人。地区生产总值282.2亿元，比上年增长3.5%；三次产业结构比为4.5∶21.4∶74.1。

财政总收入45.8亿元，增长8.4%，其中区级财政收入10.4亿元，增长0.8%。固定资产投资增长4.1%。社会消费品零售总额339.6亿元，增长9.4%。

规模以上工业总产值、增加值分别增长9.2%、7.3%。全区推进“两化”融合、“智能制造”、企业“上云”，列入市级“两化”融合重点项目11个，万里扬“无级自动变速器”入围工信部智能制造示范试点项目，先创能源“智能锅炉物联网云平台”入围省级工业互联网平台培育项目，捷特包装“高强度结构材料弹药包装箱”入围省重点研发计划项目。实施“小微企业三年成长计划”，新建小微企业园3个，新增“个转企”91家、“小升规”11家。实施对接多层次资本市场“尖峰行动”，新增股份制企业6家、省股权交易中心挂牌企业9家。牵头制定“浙江制造”标准3个，新增省级名牌2个、市级8个。

全年提标改造粮食生产功能区539.47公顷，粮食播种面积9933.33公顷，总产量6.2万吨。实施安地镇、竹马乡特色农业强镇建设项目18个。新增农业龙头企业2家，省、市示范性家庭农场4家。实施市级生态循环农业项目4个，创建省级美丽生态牧场14家，规模养殖场生态化改造提升全面完成。

商贸服务业加速集聚发展，江北核心商业街区功能进一步完善；开展“放心消费在婺城”行动，培育发展放心消费示范单位200个，180家企业承诺无理由退货。巨龙温泉旅游度假村、喻斯生态旅游区获评国家AAA级景区，全区旅游人数、旅游收入均增长28%。

城镇、农村居民人均可支配收入均增长9.5%。新增被征地农民参保700人，大病保险政策全面实施，城乡居民养老保险基础养老金增长20%。完成“招商地图”编制，引进浙（婺）商回归项目38个，到位资金19.8亿元；内资项目39个，到位资金21.6亿元。外贸进出口总额54.1亿元，增长31.5%。发布人才新政22条，开展“智汇婺城全球引才”“百企万岗进校园”等活动，引进海外院士1名、国家“千人计划”专家4名，新增“万人计划”“双龙计划”等省市领军人才7名。“婺城汽车变速器及车辆齿轮产业创新服务综合体”获市级认定。获批各级科技立项18项，新增国家高新技术企业10家、省级科技型中小企业51家、省高新技术研发中心4个。

全区获省、市各类科技立项19项（省10项、市9项），其中省重点研发项目1项，省级新产品试制计划9项；市科技项目8项（工业7项、农业1项）、市农业科技成果转化项目1项；万里扬股份有限公司获国家科技进步奖二等奖。培育创新主体能力加强。年内，认定高新技术企业29家（国家级10家、市级19家）、省级科技型中小企业51家、市级农业科技企业2家。平台建设创新高。新增市级科技企业孵化器2家、市级以上研发中心12家。全区专利申请量授权量

1080件，其中发明专利授权量192件，发明专利授权占比17.78%。

推进中小学布局优化调整，投入2.8亿元实施教育基建工程12个，维修改造学校25所，金师附小凤山校区投入使用。新改建幼儿园6所，撤并幼儿园13所，公办幼儿园实现乡镇（街道）全覆盖。至年末，全区有职业高中1所、普通初中17所、小学31所、幼儿园120所。

实施公共文化“十百千”工程，建成2个重点乡镇（街道）和17个重点村（社区）。金华四中、环城二小“24小时悦读吧”投入运营，新建、提升改造农村文化礼堂30个，举办文明创建、乡村振兴、改革开放等大型主题文化活动46场。“农民微圈”信息服务“百事通”工程获评国家级“民生示范工程”、省级“宣传思想文化工作创新奖”。

实现省级卫生乡镇（街道）全覆盖，创建省级卫生村46个，区人民医院新院区投入使用。各类医疗卫生机构24个，其中公立医院2个，乡镇卫生院（社区服务中心）19个，疾控中心、妇计中心、卫生监督所各1个，卫生技术人员739人，民营医疗机构150家，其中民营医院8家，门诊部23家，个体诊所117个，医务室2个，核定医疗床位731张。全区有25个具备运行条件的社区卫生服务站和94个村卫生室实施基本药物制度，实施率100%。

完成中央环保督察、国家饮用水源专项督查、城市黑臭水体专项督查、省级环保督察交办问题整改，推进第二次全国污染源普查，开展十大行业专项整治，全区生态环境质量公众满意度全省排名提升30位。推进生态廊道建设。金华江、洪源溪、长湖水质改善工程全面完工，婺窑小镇、琅峰印象、白沙文化主题公园建成开园，长山国际设计走廊完成供地，新建廊道沿线彩色林带6.1千米、绿道15千米。创建省级森林城镇2个、市级森林村庄15个，植树造林451.93公顷。推进“五水共治”。琅琊镇、金轮小区、印染小区“污水零直排区”建设试点通过省级验收，莘畈溪创建市级“美丽河湖”，实施临江污水处理厂二期扩容工程，河道整治8.2千米，清淤345万立方米。集中开展治污减排、降尘抑尘等八大行动，空气质量优良率（AQI指数）84.5%，PM2.5浓度降至34微克/立方米。

【重点领域改革推进】 2018年，婺城区实施“最多跑一次”改革，推广“一窗受理、集成服务”，政府职能部门“八统一”事项标准化工作全面完成，主要服务事项实现“中心全进驻”“无差别全科受理”，网上办事100%全覆盖，67%的民生事项实现“一证通办”；赋码备案的一般企业投资项目实现开工前审批“最多100天”；实施“标准地+承诺制”改革，出让“标准地”8宗。亩均税收1万元以下低效企业出清60家，关停“低散乱”企业（作坊）150家，盘活闲置低效用地72.93公顷，消化批而未供土地72.73公顷。“工商通办”“多证合一”事项拓展至27个，常态化企业开办时间压缩至4个工作日。推进“十大工程项目”“十大产业项目”，全省集中开工及省、市重点项目开工率、投资完成率均100%。交通运输投资16.4亿元，增长22.6%；民间投资52亿元，增长16.9%；生态环境和公共设施投资9.6亿元，增长22.3%；高新技术产业投资8.1亿元。

【创建全国文明城市三年规划全面实施】 2018年，婺城区集中组织城乡环境治理、精神文明提升“双十”行动，广泛开展“心连心共创建”等活动。推进“三改一拆”，改造旧住宅58.2万平方米、旧厂区18.6万平方米、城中村40万平方米，拆除违法建筑216.6万平方米。在建棚改安置住房5400套。启用智慧城管信息系统，严厉整治交通违法行为，新增机动车停车位2万个。实施乡村振兴战略，启动“高水平推进农村人居环境提升三年行动”，实施小城镇环境综合整治项目183个，4个乡镇通过省级考核验收，2个乡获评省级样板；创建美丽宜居示范村2个、美丽乡村精品村13个、秀美村9个、A级以上景区村庄37个。开展“大棚房”专项清理整治。总面积866.67公顷的石道畈区块连片土地综合开发任务过半，美丽田园示范区、乡村振兴先行区“婺城样本”初具规模。330国道跨宾虹西路立交桥建成通车，衢江航运开发主体完工，金义东城际轨道进场施工，S313（45省道）、235国道金武快速路、杭金衢高速公路拓改二期、婺城莘畈至武义白姆公路等重点工程加快推进。“四好农村路”建议完成农村公路大中修60千米。

【重点工程建设】 2018年，婺城区完成高速铁路新城城市设计初步方案编制，铁路新金华站投入使用，双龙北街综合整治提升工程全面完工。二七区块开发建设有序推进，铁路文化公园启动建设，解放西路改造全面完工，婺江西路优化改造，工人路、长山街等工程加快实施。规划面积11平方千米的金华新能源汽车配套产业园项目启动，完成一期征地33.33公顷，拆除建筑2万余平方米。金华银行婺城支行、区消防大队新营房投入使用，马海路跨白沙溪大桥、金华电业局婺城生产基地主体完工。婺州城市广场完成破产重整。仙源湖旅游度假区40.57平方千米扩容总规获省政府批复。紧扣“一心一轴一环三翼”文旅产业规划，开展招商推介。金华水上运动中心二期投入运营。梅溪流域综合整治基本完成。落实市区“数字经济十条”，实施数字经济发展三年行动计划，新华创新基地产业布局调整有序推进，城北区块信息产业集聚提升，婺星产业基地配套设施进一步完善，云安阁智慧信息产业园开园运营。

【平安建设取得成效】 2018年，婺城区开展扫黑除恶专项斗争，完成重大活动安保任务，公共区域视频监控实现全覆盖，连续13年获评省级“平安区”。“七五”普法实现区、乡、村全覆盖；区社区矫正中心投入使用，在全省首推“码上矫正”信息化立体管教平台。健全预防和化解社会矛盾机制，一批突出信访问题得到有效化解。开展金融风险防控，加快处置企业“两链”风险和银行不良贷款，有序推进政府隐性债务风险化解。生产安全事故、火灾事故起数分别下降

56%和6.1%。开展农村道路交通信息化建设试点，创新“两站两员+网格化+信息化”交通安全管理模式，交通事故起数和死亡人数分别下降61.1%和14.3%。完善食品安全监管机制，获评省级“食品安全区”“农产品质量安全放心县”“放心粮油示范县”。提升防灾减灾和应急处置能力，全省应急联动实战演练在婺城举行，区综合应急指挥中心全面启用，建成规范化避灾安置点45个，整治农村C级危旧房2634户，提前完成地质灾害隐患点3年“清零”任务。

（婺城区地方志办公室　范升元）

金东区

【概述】 2018年，金东区辖2个街道、8个镇、1个乡。年末常住人口36.45万人，户籍人口33.74万人。地区生产总值201.47亿元，比上年增长5.8%。其中：第一产业增加值12.95亿元，增长1.9%；第二产业增加值94.74亿元，增长4.9%；第三产业增加值93.78亿元，增长7.6%。全区户籍人口人均GDP为60084元，增长4.4%。三次产业增加值比例为6.4:47.1:46.5。按常住人口计算，人均生产总值为5.55万元，增长5%。

财政收入33.5亿元，增长16.4%。其中，区级一般公共预算收入15.39亿元，增长16.1%。全区财政总支出77.48亿元，增长79.7%。其中，一般公共预算支出29.12亿元，增长13.5%。财政支出重点倾力于民生，一般公共预算支出的73.5%用于保障和改善民生。居民人均可支配收入36068元，增长9.6%。城镇常住居民人均可支配收入45465元，增长8.9%；城镇常住居民人均生活消费支出28320元，增长7.5%。农村常住居民人均可支配收入25257元，增长9.6%；农村常住居民人均生活消费支出20280元，增长8.6%。

农林牧渔业增加值13.26亿元，增长2.1%。全年全区农作物播种面积1.5万公顷，增长1.7%。其中粮食播种面积为2100公顷，总产量为1.14万吨。

工业增加值74.59亿元，增长10%，工业增加值占GDP比重37%。全区295家规模以上工业企业总产值223.99亿元，增长10%；规模以上工业增加值44.73亿元，增长8.1%；规模以上工业销售产值215.05亿元，增长10.4%。规模以上工业企业出口交货值88.86亿元，增长10%，占销售产值的比重41.3%。全区产值超1亿元企业59家。

固定资产投资增长11.9%。按产业分，第二产业投资22.79亿元，增长4.8%；第三产业投资117.88亿元，增长15.5%。按登记注册类型分，国有投资35.16亿元，增长15.2%；非国有投资105.51亿元，增长13.1%。区本级有重点项目49项，投资73.66亿元，完成率84.53%。社会消费品零售总额202.89亿元，增长5.1%，其中限额以上（简称限上，下同）消费品零售总额113.38亿元，下降1.1%。其中：限额以上批发业零售额1.63亿元，下降12.6%；限额以上零售业零售额111.1亿元，下降1.1%；限额以上住宿业零售额3427万元，下降3.6%；限额以上餐饮业零售额3087万元，增长131.8%。

外贸进出口总额129.43亿元，增长44.9%。其中：自营出口116.38亿元，增长34.9%；进口13.05亿元，增长330.7%。区本级引进1亿元以上项目24个，其中10亿元以上项目5个，20亿元以上项目2个。实际到位内资28.52亿元，实际到位外资557万美元，实际到位“浙商回归”资金22.23亿元。全区境内公路总里程1157.631千米，公路密度177.8千米/百平方千米。

接待游客712万人次，旅游总收入53.4亿元，增长17.3%。其中，接待国内旅游者711万人次，国内旅游收入53.34亿元，均增长17.6%。创建国家AAA级景区2个、省级休闲旅游示范村2个、省级白金宿级民宿1个、省级银宿级民宿2个，金华市圣润农业发展有限公司金东钓场被评为省级休闲渔业精品基地，曹宅镇大佛寺景区被评为全省示范型放心景区。完成创建省A级景区村庄38个，其中源东东叶村、源东长塘徐村、曹宅横腊村、塘雅下吴村、孝顺白溪村5个村获评省AAA级景区村庄。

新到位市级以上科技资金1839.8万元。新培育国家高新技术企业11家、市高新技术企业28家、省企业研究院1个、省高新技术企业研发中心1个、市研发中心28个，累计认定省科技型中小微企业48家，列入省级科技重点计划项目立项1项、市级科技计划项目立项17项、区级科技计划项目立项262项。新公布国家知识产权优势企业2家，认定省专利示范企业2家、市专利示范企业6家、区专利示范企业6家。以源东乡为核心申报的“金东区水果花卉农业科技园区”被列为省级培育对象，获评省星创天地备案1家，认定市农业科技企业2家、研发中心1个，市农业科技成果转化项目1项。新增专利2201件，其中发明专利申请量716件；新增授权专利量1179件，其中发明专利授权量94件。专利质押额26605万元，发放科技信贷累计11460万元，发放创新券173.23万元（区本级112万元）。实施“三博”工程，累计有85名博士到金东“入企、联企、办企”。

全区有省级教育强镇（乡、街道）11个，完成创建“浙江省区域推进语言文字规范化区”“浙江省教育技术装备规范管理示范区”。全区有各级各类全日制学校42所，在校学生35232人。其中小学24所、初中18所、幼儿园89所。全区义务教育中小学专任教师2016人，专任教师学历合格率100%。幼儿园专任教师1008人，幼儿教师学历合格率100%。全区义务教育标准化学校39所，标准化学校比例95.12%。

全年投入资金9000万元，实施30个精品村、秀美村创建，推进6条风景线沿线103个节点村美丽乡村建设。公布婺剧弦乐器制作技艺、传统实木雕花制品制作技艺、迎白灯等第八批金东区非物质文化遗产代表性项目名录15项。建立蒲塘武术传承基地，传承非物质文化遗产文化五经拳。

各类医疗卫生机构365个，其中专业公共卫生机构3个、医院6个、卫生院11个、社区卫生服务中心2个、社区卫生服务站37个、村卫生室188个、门诊部（诊所、医务室）等其他卫生机构118个，卫生服务网络进一步完善。全区核定床位数473张（其中公立医疗机构333张，民营医疗机构140张），有卫生技术人员1042人。

城乡居民养老保险参保人员6.79万人，被征地农民基本生活保障参保人员4.1人，新增被征地农民基本生活保障参保人数1710人。新增被征地农民基本生活保障制度转入城镇职工养老保险2047人，累计转保率93.6%。至年末，全区有城乡居民养老保险待遇享受人员3.74万人，新增待遇领取人员1899人，发放养老金11262.2万元，发放率100%。

全区PM2.5浓度为34微克/立方米，下降17.1%。空气质量优良率（AQI指数）82%，优良天数303天，增加14天。全区21条主要支流37个乡镇交接断面三类水占比100%，全区无劣Ⅴ类断面。

【金东工业园区发展空间拓展】 2018年3月26日，在金东区工业园区"二次开发"工作动员会上，明确全年盘活77.93公顷工业用地目标。年内，金东区打出盘活土地、小微企业园建设、低小散企业整治、招商引资、技改投资"组合拳"，加速推进乡镇工业园区（功能区）二次开发。全面推行"标准地+承诺制"改革，建立健全工业园区规模以上工业总产值、工业用地亩均税收排名制度，按园区推行差别化考核。

【"学在金东——特色校园文化建设"专题调研】 2018年10月，由人民日报社《民生周刊》杂志社牵头，人民日报社《民生周刊》杂志社总编全世杰、北京师范大学政府管理研究院院长唐任伍、中国教育科学研究院研究员储朝晖等专家学者，以及《由中国教育报》《中国教师报》等媒体记者组成的调研组，到金东区开展"学在金东——特色校园文化建设"专题调研。金东区以实现义务教育均衡化为目标，发展特色教育，打造"一校一品"。

（金东区史志办公室　姚　敏）

兰溪市

【概述】 2018年，兰溪市辖6个街道、7个镇、3个乡。至年末常住人口56.71万人，户籍人口66.05万人。地区生产总值375.1亿元，比上年增长7.1%。其中，第一产业增加值22.87亿元，第二产业增加值196.94亿元，第三产业增加值155.32亿元。按常住人口计算，人均生产总值6.62万元。

财政总收入45.3亿元，其中一般公共预算收入26.6亿元，增长10%。一般公共预算支出47.56亿元。固定资产投资增长5.5%。外贸出口104亿元，增长15.4%。社会消费品零售总额145.4亿元，增长9.2%。城乡居民人均可支配收入41263元、19906元，分别增长7.9%、9.1%。

规模以上工业增加值138.5亿元，增长6.8%。省委书记车俊批示肯定兰溪传统产业改造提升工作，全省传统制造业改造提升试点工作推进会在兰溪召开。获批筹建全国棉纺织织造产业知名品牌创建示范区。万舟纺织、长隆纺织等重大产业项目有序推进，永红纺织、奥佳纺织试水产业布局国际化，英麒科技成为兰溪市第二家纺织集团。红狮水泥再次入选中国企业500强。光膜产业列入省特色产业发展培育名单，光膜小镇列入省级特色小镇创建名单。深化"亩均论英雄"改革，实质性推行差别化水电气价格政策，整治"低散乱"企业510家，淘汰落后和过剩产能企业26家，开建小微产业园5个。培育"小升规"企业40家、"专精特新"企业170家。

推进农产品交易城电商园区建设，省电子商务示范市通过验收，电商网络零售额50亿元，增长33.7%。加强粮食安全保障，提标改造粮食生产功能区800公顷，完成创建省级粮食高产片区5个。推进新型农业平台建设，完成农业产业地图、白露山现代农业园区发展规划编制。现代农业主体不断壮大，新增金华市级以上农业龙头企业12家。持续做大杨梅、枇杷等特色水果产业，全年接待采摘游客50万人次、产值4亿元。"兰溪小萝卜"连续3年获中国国际农产品交易会金奖，"下陈毛峰"获第二届中国国际茶叶博览会金奖。碾（抹）茶生产线数量全省第二位。政策性农业保险扎实开展，全年理赔1116万元。新增省级美丽牧场14个，生猪养殖场数量由1072个缩减至145个，基本达到"美丽牧场"标准。

省集中开工重点项目、省重点建设项目、金华市重点建设项目开工率均100%。交通项目难中求进，投资10.4亿元，增长30.4%。全年引进内资56亿元、外资3558万美元，"浙商回归"到位资金49亿元。省市县长项目工程谋划5个，核心驱动、珺纺纺织、华宇新能源电动车项目落地开工。开发区招商主平台效应进一步凸显，"二次创业"招引项目38个，总投资超过100亿元。国家高新技术企业总数74家，实现乡镇（街道）全覆盖，新增省级企业研发中心8个、省级企业研究院3个、省"隐形冠军"企业5家，科技创业园入选省级孵化器。

建设衢江、金华江、扬子江和兰江绿道，新增绿道42千米。城防提标应急、溪西水厂迁建、钱塘江堤防加固二期等水利重点工程有序推进。建成省级"美丽乡镇"1个、省级精品村4个，金华市级精品村5个、秀美村10个。黄店、马涧入选省森林城镇，诸葛成为首批省级旅游风情小镇和省级园林镇。永昌下孟塘、梅江聚仁、游埠潦溪桥等10个村列入中国传统村落名录，赤溪常满塘、诸葛厚伦方等4个村获评省AAA级景区村庄。推进厕所革命，提标改造农村公厕800座。成立金华首家乡村振兴学院。持续深化全流域水体治理，3个国控断面全部达到或优于Ⅲ类水质，44条小流域75个考核断面全部达到Ⅲ类以上水质，获省"五水共治"（河长制）工作优秀县（市、区）"大禹鼎"。完成116个行政村生态洗衣房建设，生态洗衣房项目入选省民生获得感示范工程，牵头编制全国首个农村生态洗衣房地方标准。

【十大民生实事项目全面完成】 2018年，兰溪市推进各类社会保险扩面，新增就业2万人，发放市民卡49.9万张。加快建设兰花小学。首创联村导师制度，获评全国地方教育制度创新论坛优秀奖。全面推进健康兰溪建设，积极探索县域医共体改革，建立区域“互联网+”便民智慧医疗服务平台。举办第二届张山雷中医药文化节，大力推进中医药振兴“五个一”工程。加快推进文化重点县建设，完成图书馆、兰溪剧院改造，新建芥子书屋2个、乡村影院4个、文化礼堂74个。“重返芥子园”李渔文化季、马拉松赛、体育大会、龙舟赛等文体活动精彩纷呈。新莫干山会议秋季论坛走进兰溪。新增养老床位634张，康体中心投入运营。深化移风易俗改革，开展“无坟村”创建试点。提前完成地质灾害隐患点“三年清零”任务。改造提升农贸市场4个，新增放心市场3个，建成乡镇(街道)农村家宴放心厨房16个。无线WiFi建设和免费开放工作考核列全省第一位。连续12年获“平安兰溪”称号，并获“平安金鼎”。兰溪市十大民生实事项目全面完成。

【浙江省传统制造业改造提升试点工作推进会】 2018年8月1—2日在兰溪召开。副省长高兴夫出席并讲话，市委、市政府有关领导参加。年内，省委书记车俊对题为“兰溪市产业加快转型的情况及建议”调研报告做出批示，肯定兰溪的传统产业改造提升工作。至年末，全市有省级以上企业研究院2个、技术研发中心13个、省“隐形冠军”培育企业11家。国家高新技术企业2018年预申报24家。

【金秋招商促进会】 2018年10月10日在兰溪举行。会上集中签约10个项目，总投资28.4亿元，涉及新材料、新装备和智能制造等产业。其中，有5个新材料项目落户兰溪光膜小镇，光学膜产业集群进一步壮大。年内，兰溪持续深化招商引资、招商引智，着力培育经济增长新动能。相继出台支持实体经济发展18条政策、出台人才新政20条、加快开发区“二次创业”12条意见、“1+6”人才新政等，实施一系列招商引资、产业加快转型和新动能培育“组合拳”。

【兰溪市研发启用“随行审批”微应用】 2018年5月，兰溪市行政服务中心会同市编办、市电子政务办等部门研究并制定“随行审批”工作实施方案，研发“随行审批”微应用，并于11月1日启用。年内，兰溪全方位推进“最多跑一次”改革，实行线上线下相结合“24小时政务服务超市”。线下在行政服务中心实体大厅推行“无差别全科受理”，通过“一窗受理”信息平台，前台综合收件，后台分类审批，充分运用省政府“浙里办”和“浙钉政”平台，全市各类政务服务事项均实现“网上办”和“掌上办”。

（兰溪市政府办公室　蒋　娜）

义乌市

【概况】 2018年，义乌市辖8个街道、6个镇。年末常住人口131.04万人，户籍人口81.8万人。地区生产总值1248亿元，比上年增长7%。其中，第一产业增加值21.05亿元，第二产业增加值409.53亿元，第三产业增加值817.53亿元。三次产业比例为1.7∶32.8∶65.5。按常住人口计算，人均生产总值9.58万元。

财政总收入153.5亿元，增长8%。其中地方财政收入95.2亿元，增长12%。城镇和农村居民人均收入分别为71207元和36398元，增长7.8%和9%；固定资产投资增长15.5%。进出口总额609.2亿元，增长6.5%。

农林牧渔业总产值30.7亿元，农林牧渔业增加值21.4亿元，增长2.1%。种植业产值24.8亿元，增长2.7%。粮食播种面积7533.33公顷，粮食总产量4.2万吨；经济作物面积1.43万公顷。林业产值0.7亿元，增长0.4%。绿化800公顷，有珍贵彩色森林1606.67公顷、有珍贵树种植28.35万株、有生态公益林保护3.14万公顷。牧业产值3.3亿元，下降3.1%。全年渔业产值1.2亿元，增长1.8%。

工业增加值348.34亿元，增长10.2%。规模以上工业总产值544.5亿元，增长12.6%，销售产值539.6亿元，增长13.6%，出口交货值143.6亿元，增长8.9%。全年累计工业用电量54.2亿千瓦时，增长10%。规模以上工业纺织服装服饰业、纺织和化学纤维制造业、电气机械和器材制造业、文教工美体育和娱乐用品制造业、造纸和纸制品业、计算机、通信其他电子设备制造业、化学原料和化学制品制造业八大主导行业产值342.4亿元，占规模以上工业总产值的62.9%，增长16.6%；主营业务收入341.6亿元，占全市规模以上工业的63.5%；利润总额20.3亿元，占全市规模以上工业的83.2%。

社会消费品零售额668.8亿元，增长4.5%，其中城镇单位消费品零售额500.9亿元，增长4.3%；乡村单位消费品零售额167.9亿元，增长5.3%。其中：批发零售业零售额606.7亿元，增长4.8%；住宿餐饮业零售额62.1亿元，增长2.1%。小商品市场交易额4523.5亿元，增长8.9%。实体市场平稳发展。

全市有证市场建筑面积596万平方米，市场经营户数7.44万户，市场从业人员数23万人，全市有证市场总成交额1593.1亿元，增长6.7%，其中中国小商品城成交额1358.4亿元，增长10.8%。全年电子商务交易额2368.3亿元，增长16.7%。其中：内贸电商1713.6亿元，增长16.4%；跨境电商654.7亿元，增长17.7%；内贸网络零售交易额1487.1亿，增长16.4%；跨境网络零售交易额253.8亿元，增长14.7%。全市在册经济主体总数为45.92万户(其中外资7421户)，增长20.9%。新设内资经济主体10.51万个，增长39.3%，其中内资企业3.79万家，增长36.8%；个体工商户6.71万户，增长40.8%。

进出口总额2560.1亿元，增长9.4%。其中：出口2521.6亿元，增长9.4%；进口38.5亿元，增长10.2%。一般贸易出口额478.9亿元，增长19.1%，占出口额的18.99%；市场采购贸易出口额2037.3亿元，增长7.6%，占全市出口额的80.8%。全年新批外商投资项目946个，增长

29.8%；实际利用外资1.47亿美元，下降29.3%。全年新批境外投资企业14家，累计投资3727.7万美元，其中中方投资3660.62万美元。引进1亿元以上项目50个，总投资826亿元，其中“省市县长项目”8个，“浙商回归”到位资金107.7亿元。规模以上装备制造业、战略性新兴产业比重分别提高6.8和5.7个百分点。规模以上工业增加值增速创5年新高。引进“独角兽”企业9家。稳步存量提质，新建小微企业园32个，建成投用19个，集聚企业1640家，园区数量和质量均居全省前列。新增“小升规”企业70家。建成产业创新服务综合体7个，引进科研院所5个，新增国家高新技术企业29家。新增上市上板挂牌企业38家，资本市场新增直接融资325.7亿元。

全市有职业院校1所，技师学院1所，公办中小学92所，民办中小学12所，幼儿园351所，特殊教育学校2所。谋划教育项目145项，其中市重点新建项目9项、续建项目11项、前期项目10项，一般性新建项目56项、续建项目44项、前期项目15项。9所学校、幼儿园建成投用，44个中小学、幼儿园新建项目开工。

全年培育国家重点支持高新技术企业52家，省级科技型中小企业84家，省级高新技术企业研发中心4个。新培育省级企业研究院2个，新培育省级众创空间4个。种子基金投资项目12项，投资金额1.11亿元，其中义乌项目4项，投资金额3750万元。

全市建成区面积103.81平方千米，建成区绿地面积3924.73公顷，绿地率37.81%；建成区绿化覆盖面积4474.19公顷，绿化覆盖率43.1%，人均公园绿地面积12.7平方米。推进博物馆新馆、美术馆、非物质文化遗产馆、全民健身中心建设。新建阅读场所50个、乡贤图书馆14个、“丝路文化驿站”5个。新建健身路径107条，新建、改建篮球场68个、门球场7个。

各类医院、卫生院数47个，其中三级以上医院4个；实际开放床位数6339张，其中三级以上医院床位数2804张；卫生技术人员9324人，其中执业医师和执业助理医师4638人，注册执业护士5257人。

城镇职工基本养老保险参保人数53.74万人，职工基本医疗保险参保人数47.13万人，失业保险参保人数23.8万人，工伤保险参保人数35.44万人，生育保险参保人数20.74万人，城乡居民基本医疗保险人数43.16万人。

全市生态文明建设和生态环境保护工作取得明显成效，市区空气质量优良率（AQI指数）91%，优良天数增加18天；PM2.5平均浓度降至35微克/立方米，提前达到国家标准，空气质量综合指数全省排名前移8位；全市县控及以上断面水质全部达到或优于Ⅲ类水；生态环境质量公众满意度得分86.55分，提高8.48分。实施“代办制+承诺制”改革，累计完成264个项目审批，推进“区域环评+环境标准”改革扩面，实现省级工业区、省级特色小镇全覆盖，完成区域环评备案项目68个，陆港物流园区等6个扩面区域规划环评完成审查。

【重点领域改革深化】 2018年，义乌市深化“最多跑一次”改革，削减行政权力事项411项，减少群众办事110万件；削减办事材料64%；行政服务中心窗口削减59%。打造“无证明城市”，获中国法治政府奖。设立“跑一次没办成”投诉与代办窗口。实施涉企“证照通办”的做法在全省推广。打造“义网通办”平台，网上办理覆盖率84%，项目入选全国50强。深化国际贸易综合改革，试验区条例列入省人大立法计划。创新实施市场采购进口贸易机制，落地汇总征税、关税担保等改革举措，获批进口非特殊用途化妆品备案制改革。实施“标准地+承诺制+代办制”改革，实现“拿地即开工”。推行工业用地全生命周期管理。深化“亩均论英雄”改革，全面消除亩均税收万元以下工业企业，工业用地亩均税收增长超过10%。深化农村土地制度改革，开展宅基地跨村安置试点，完成集地券144.13公顷，集体经营性建设用地入市19宗7.73公顷，登记发放不动产证6.2万户，撬动农村“沉睡”资产530亿元。

【重点项目建设推进】 2018年，义乌市实施铁路综合枢纽等重大项目192项，新增省重点建设项目8个、省重大产业项目6个、省重大服务业项目9个。固定资产投资增长20%。阳光大道立交化改造、商城大道隧道等工程加快推进，高速公路外环实现闭环通车，义乌迈入绕城高速公路时代。东方日升、岩谷科技、圆通速递等项目开工，义利发动机、爱旭一期、安诺优达基因检测等项目投产，首台“义乌造”新能源整车下线。丝路金融小镇新增企业总部、金融机构113个，光源科技小镇列入省特色小镇创建名单。中国计量大学现代科技学院当年引进、当年奠基，中国科学院大学一带一路学院实现落地即招生。

【民航运输业发展】 2018年，义乌市有国内候机楼1.7万平方米，国际候机楼1.3万平方米。跑道长3千米，停机坪面积6万平方米；中型客机机位11个，飞行区技术等级为4D级，可满足空客300、波音767等大中型客机及波音757货机起降。年内，义乌机场起降航班1.26万架次，增长14.4%。旅客吞吐量163.6万人次，增长26.3%；进港旅客77.1万人次，增长25.9%，出港旅客86.5万人次，增长26.7%。其中出入境旅客16.5万人次，增长367.4%。货邮吞吐为0.88万吨，增长28.1%。旅客吞吐量在全国机场中排名第72位。

【第24届中国义乌国际小商品（标准）博览会】 2018年10月20—24日举行。该届展会设国际标准展位4136个，产品涵盖五金、机电机械、日用品等14大行业，展览面积10万平方米，来自美国、俄罗斯、德国、葡萄牙等国家及国内26个省（市、自治区）2150家企业参展。该届展会最大的特点是标准化——自当年起，展会的主办单位新增国家标准化管理委员会，并更名为中国义乌国际小商品（标准）博览会，提升“义乌小商品”质量形象，引领企业提高品质，打造中国品牌建设新标杆。

（义乌市地方志办公室　楼向华）

东 阳 市

【概况】 2018年，东阳市辖6个街道、11个镇、1个乡。年末常住人口84.39万人。地区生产总值585亿元，比上年增长5.5%。其中：第一产业增加值16.79亿元，增长1%；第二产业增加值276.48亿元，增长5.6%；第三产业增加值291.73亿元，增长5.7%。三次产业结构为2.9∶47.2∶49.9。按常住人口计算，全市人均生产总值6.95万元。

财政总收入112.41亿元，增长11.4%，其中一般公共预算收入65.75亿元，增长12.3%。一般公共预算支出92.52亿元，增长11.9%。居民人均可支配收入43500元，增长8.9%。分城乡看，城镇常住居民人均可支配收入52688元，增长8.3%；农村常住居民人均可支配收入29544元，增长9.7%。固定资产投资增长13.8%。社会消费品零售总额280.18亿元，增长9%。全年进出口总额207.32亿元，增长4.6%，其中：出口额190.17亿元，增长5.4%；进口额17.15亿元，下降3.8%。

粮食作物播种面积减少4.8%，粮食产量8.77万吨，减少0.49万吨，减少5.3%。农业机械总动力47.9948万千瓦。创建成为全国农产品质量安全县、省农业"机器换人"示范县，成为全国第三批基本实现主要农作物生产全程机械化示范县，农业行政执法工作连续12年获全省先进。"东白"春芽在浙江绿茶银川博览会上获金奖，雪舫蒋火腿、西湾香榧在浙江省农博会上获金奖。规模以上工业企业增加值100.57亿元，增长5%。全年规模以上工业销售产值557.34亿元，增长5%。全年规模以上工业出口交货值119.66亿元，增长2.8%。内销产值414.4亿元，增长19.5%，对销售的贡献率78.1%。全年规模以上工业新产品产值增长41.1%，新产品产值率31.9%，提高7.7个百分点。4家企业通过工信部"两化"融合管理体系贯标评定，1家开展贯标，3家企业列入工信部"两化"融合管理体系贯标试点企业。

新批外商投资企业16家；合同利用外资7750.38万美元，增长83.9%；实际利用外资3481万美元，增长3.8%。至年末，全市有商品交易市场45个，商品交易市场成交额370.14亿元，下降9%。金融机构本外币存款余额1231.17亿元，增长10.9%，其中，人民币存款余额1216.55亿元，增长11.1%。金融机构本外币贷款余额838.95亿元，增长11%，其中，人民币贷款余额838.48亿元，增长11%。全市挂牌企业212家（其中新三板挂牌企业13家）。

接待国内外游客2565.02万人次，增长15.2%；旅游收入230.87亿元，增长19.8%。其中：接待国内游客2564.61万人次，增长15.4%；国内旅游收入230.81亿元，增长20.8%。接待入境游客0.42万人次，增长17%。国际旅游外汇收入103.25万美元，增长16.9%。

列入设区市以上科技项目68项，其中省级37项，设区市31项；全市新立市级科技项目53项，其中公益类53项。有设区市以上独立研究开发机构48个，省级高新技术企业研发中心32个，其中国家级企业技术中心2个。全市新认定设区市以上高新技术企业15家，累计166家。全年科技成果鉴定36项。全年专利申请受理4433件，其中发明专利1386件；专利申请授权2483件，其中发明专利334件。

全市有高等院校2所，在校学生15220人。有普通高中13所，在校学生17088人；职业中学5所，在校学生6603人。初中毕业升高中段学校比例99%。全市初中35所，在校学生29591人。初中入学率、巩固率均为100%。全市小学87所，在校学生69349人。小学学龄人口入学率、巩固率均为100%，小学毕业升初中比例100%，义务教育学龄人口入学率100%。全市有幼儿园179所，在园幼儿38714人；有省等级幼儿园168所，省等级幼儿园招生覆盖面96.79%。全市特殊教育学校1所，招生24人，在校学生115人。有文化馆1个，组织文艺活动212次，举办训练班66次；公共图书馆1个，藏书40.22万册；文化艺术表演团体1个，演出场次298场；剧院1个、电影院8个。有农村文化礼堂199个，其中新建农村文化礼堂66个。参加设区市市级以上运动会获金牌49枚、银牌33枚、铜牌27枚。其中，省级比赛金牌11枚、银牌6枚、铜牌4枚。全市有二级运动员13人，向上级输送体育人才4人。全市销售体育彩票30902万元，增长95.96%。举办第四届横店国际马拉松赛。

全市有医疗卫生机构523个，其中医院、卫生院（含社区卫生服务中心）30个，门诊部9个，妇幼保健院1个，疾病预防控制中心1个，卫生监督所1个，其他卫生机构3个，诊所、医务室、村卫生室、社区卫生服务站478个。有床位5248张，其中医院、卫生院床位4898张，妇幼保健院床位350张。全市有卫生技术人员7124人，其中执业医师2434人、执业助理医师393人、注册护士2651人。农村卫生服务继续改善，农村自来水普及率99.9%，自来水受益人数70.32万人。

城镇职工基本养老保险参保人数23.13万人，城镇职工基本医疗保险参保人数21.54万人，失业保险参保人数12.57万人，工伤保险参保人数18.2万人，生育保险参保人数13.51万人。年末全市城乡居民基本养老保险参保人数27.38万人，年内新增参保0.69万人。全市60周岁以上已享受城乡居民基本养老保险金待遇人员10.8万人，发放率100%，全年累计发放金额29443.19万元。年末城乡居民基本医疗保险参保人数64.83万人。城乡基本医疗保险享受待遇548.65万人次。

城区有污水处理厂2座，污水处理厂日处理能力13.9万立方米。县级规范化合格饮用水源保护区1个，水质达标率100%，乡镇级10个，水质达标率100%以上。全市3个出境断面水质达标100%，19个镇乡交接断面水质达标率90.5%，7个市控以上地表水断面水质达标率100%。PM2.5年均浓度为32微克/立方米，下降16.1%；空气质量优良率（AQI指数）88.8%，下降3%。全市生态公益林建设面积4.41万公顷，新增生态公益林优质林分面积201公顷，生态公益林优质林分面积3.8万公顷，占公益林总面积的86.46%。

【“最多跑一次”改革向纵深推进】 2018年5月，东阳民生事项“一证通办”系统开发运行，群众凭居民身份证就可办理相关民生事项。年内，该系统与19个部门进行系统对接互通，完成328项民生事项整理入库工作，梳理并取消各类证明材料100多项。10月8日，东阳市行政服务中心新办事大厅启用。新办事大厅办公面积2.5万平方米，比原来增加5倍，建立“一窗受理、受办分离、协同审查、一证通办、一次办结、全程留痕、综合评价、跟踪督办”的工作机制。人力社保、税务、公安、公积金、不动产、民政等专业区域实行“综合受理、集成服务”。无差别全科受理服务进一步升级，设置窗口22个，整合部门26个，覆盖业务300多项。

【人才新政18条发布】 2018年9月1日，东阳市在浙江大学玉泉校区召开“智汇东阳——人才新政新闻发布会”，发布人才新政18条，是东阳历史上实施力度最大，系统性、针对性最强的人才制度创新。该政策覆盖引进、培育、服务、激励等各个环节，有3个部分、18条举措。发布会上，4名“千人计划”专家分别与东阳水务投资集团、花园金波科技股份有限公司、浙江普洛家园药业有限公司、浙江微度医疗器械有限公司等公司签约，5名博士与相关企业达成技术难题联合攻关合作协议。

【智能制造产业研究院成立】 2018年10月11日，东阳市举行智能制造产业研究院签约成立仪式。成立研究院旨在引进国际先进技术和人才，开展新工艺的研究和关键技术的研发，为红木家具产业乃至整个制造产业提供强有力的技术和人才支撑。研究院由东阳市政府与浙江机器人产业有限公司共同建设，主要任务是打造红木智能制造技术及装备研究中心、工业污染检测与治理中心、工业物联网应用研发中心及红木行业C2M交易平台等。

【清廉东阳建设】 2018年，东阳市累计建成20个家规家训特色村。全市各地广泛开展“晒家训村训、比家风村风”“党员干部明家训”等系列主题活动，推动家训文化建设形成“一镇一品、一村一色、百花齐放”局面。年内，以电信信息系统为依托，推进村级便民服务和“三务”公开信息平台建设。实行村务决策管理“五议”工作法，明确规定凡是村级重大事务和与农民群众切身利益相关的事项，均要按“五议两公开”法进行，即严格按照党（总）支部委员会提议、村两委会商议、党员大会审议、村民代表会议或村民会议决议、群众公开评议五个环节和步骤组织实施。出台关于进一步推进清廉东阳建设的相关决定，以企业家、农村党员干部和机关乡镇干部三支队伍建设为重点，打出全面从严治党的系列组合拳。

（东阳市政府办公室　程　杰）

永康市

【概况】 2018年，永康市辖3个街道、11个镇和1个省级经济开发区、1个省级现代农业装备高新区。年末常住人口79.27万人，户籍人口61.5万人。

地区生产总值557.71亿元，比上年增长6%。其中：第一产业增加值7.93亿元，增长1.5%；第二产业增加值310.33亿元，增长6.5%，其中工业增加值286.92亿元，增长7.2%；第三产业增加值239.44亿元，增长5.4%。按常住人口计算，人均生产总值7.34万元。

财政总收入93.94亿元，增长7.2%，其中地方财政收入56.36亿元，增长7.6%；一般预算支出74.87亿元，增长18.2%。城镇常住居民人均可支配收入54581元，增长8.3%；农村常住居民人均可支配收入28342元，增长9.9%。批发零售业增加值63.7亿元，增长4.3%；住宿餐饮业增加值12.92亿元，增长8.5%；金融业增加值21.85亿元，增长1.6%。

创建成为省农业“机器换人”示范县、省级食品安全城市。农林牧渔业总产值11.99亿元，农作物播种面积13719公顷。其中粮食作物播种面积7207公顷，粮食总产量47532吨，油料播种面积610公顷，蔬菜播种面积4097公顷，果用瓜播种面积711公顷，花卉苗木面积428公顷。单季稻单产1088.3公顷。实施标准农田质量提升1733.33公顷，推广有机肥1.1万吨，测土配方施肥2.13万公顷次，病虫害统防统治5266.67公顷，农药减量6.6吨；开展粮食生产功能区无公害产地认证5066.67公顷。全年肉类产量3213吨。其中：生猪饲养量4.66万头，猪肉产量2380吨；家禽饲养量47.25万只，禽肉产量752吨。永康灰鹅获评国家农产品地理标志。

规模以上工业企业利润总额33.22亿元，其中1亿元以上工业企业利润总额25.83亿元。1亿元以上工业企业家数占全市规模以上工业企业家数的21.84%，利润总额占全市规模以上工业企业利润总额的77.75%。全市入库工业投资项目185项。70项省市重点技改项目总投资69.26亿元，完成年度计划投资的106.31%。全市规模以上工业企业（年主营业务收入2000万元以上的工业企业）641家，1亿元以上工业企业140家，大中型工业企业75家。规模以上工业企业工业总产值755.63亿元，其中大中型企业工业总产值394.31亿元。规模以上工业企业出口交货值222.84亿元，出口交货值占销售产值的比重为29.86%。规模以上工业企业产销率98.76%，增长1.09个百分点。

固定资产投资增长12.7%。社会消费品零售总额238.37亿元，增长5%。按消费形态分，餐饮收入15.54亿元，增长9.8%；商品零售222.82亿元，增长4.7%。

进出口总额46.7亿美元，增长15.56%，其中出口总额45.8亿美元，增长15.95%。全市有自营出口实绩企业1300家，增加142家；出口超过1000万美元企业102家，增加10家；出口4000万美元以上企业15家，增加3家；出口超过1亿美元企业2家；列金华市出口100强企业23家，增加5家。全市新批外资企业9家，合同外资1170万美元，实际利用外资2万美元。全市新批境外投资项目3个，中方投资总额568.4万美元。

金融系统（人民币）各项存款余额1126.95亿元，增长10.9%，其中住户存款679.95亿元，非金融企业存款228.88亿元，广义政府存款201.48亿元；全市金融系统（人民币）各项贷款余额919.52亿元，增长3.3%。保费收入34.38亿元，增长10.9%。

接待旅游者（含国内国外）2043.97万人次，增长21.0%；旅游创汇收入854.54万美元，增长12.0%；接待国内旅游2042.3万人次，增长20.1%，国内旅游收入210.77亿元，增长21.3%。

各类科技计划项目申报数175项，其中省级项目103项，设区市市级项目27项，县市级项目45项。科技项目通过验收91项，其中省级55项，设区市市级13项，县级23项。全市各类专利申请受理量1.02万件，专利授权量7112件。

全市有各类学校293所，其中普通高中6所，初中23所，职业中学2所，小学53所，幼儿园207所，特殊教育学校1所，教师进修学校1所；有教职工10844人；在校学生14万人，其中小学在校学生5.9万人，初中在校学生2.5万人，普通高中在校学生1万人，职业中学在校学生0.5万人。小学适龄儿童入学率100%；初中入学率100%，初中巩固率100%，初中升学率98.32%。

图书馆（流通站）380个、文化馆1个、文化站16个、非物质文化遗产国家级保护项目6个。电影院7个，票房收入4525万元。艺术表演团体35个，演出场次3762次，观众人数131万人次。全市有省级文保单位19个，金华市级文保单位51个，永康市级文物保护点239个，有馆藏文物12701件。

各类医院、卫生院30个，医院、卫生院床位数3699张。有医生1714人，注册护士2167人，有医院、卫生院技术人员4868人（不包括门诊部）。参加城镇职工基本医疗保险人数16.82万人，参加城乡居民基本医疗保险人数45.51万人，城乡居民基本医疗保险参保率99.78%。

全市有室外健身公园、广场591个，室内全民健身中心21个，青少年体育俱乐部3个，体育场馆18个。举办全民健身活动50次，参加活动人数3.3万人。在校中小学体育锻炼达标率98%。

参加城镇基本养老保险人数41.9万人（其中城镇职工24.6万人），参加工伤保险人数23.2万人，参加城乡居民社会养老保险人数17.3万人。

坚持污染防治、生态保护并重，全力打好生态环境保卫战。全年审批建设项目431个，政府储备排污权出让收入2779万元；永康江出境桐琴桥断面水质达到Ⅲ类，浙江省跨行政区域河流交接断面水质保护管理考核为优秀；世雅、塔海、南溪、章店、桐琴桥5个金华市控地表水断面，全部达到Ⅲ类以上水质，水质均有明显提升。集中式饮用水水源地杨溪水库水质综合评价为Ⅱ类，达标率100%。空气质量优良率（AQI指数）87.4%，PM2.5年平均浓度36微克/立方米，改善14.28%。全年无重度污染和严重污染天数。

【企业股改上市工作】 2018年，永康市出台《关于加快企业股改上市工作的指导意见》，谋划新一轮企业股改上市工作，大力鼓励企业兼并重组，加大奖励力度，简化审批程序。以上市公司为平台、并购重组为手段，带动做强产业链，做深价值链，提高产业集中度和核心竞争力，培育能引领产业发展龙头企业。年内，新增股份制公司10家，数量排金华各县（市、区）第一位，累计有股份制企业68家，上市（挂牌）后备企业26家，培育企业33家。

【对口帮扶工作】 至2018年末，永康市向东西部扶贫协作对口帮扶县——四川省阿坝州理县提供援建资金1759万元，实施援建项目10个，主要涉及桥梁建设、高山引水灌溉工程、农业产业开发等基础设施项目，加快半高山渠系列配套工程、半高山农业产业发展工程、电子商务平台建设等项目的实施。永康市对口帮扶工作重在进一步明确帮扶目标、任务、措施，加大对理县的人才支持，强化结对帮扶关系，开展社会帮扶捐助活动，深化经贸交流与合作，推进劳务协作和旅游文化合作等，广泛动员社会力量参与，形成资源优势互补的局面，不断提升帮扶水平，为理县如期实现“整县摘帽”提供各方面支持。

【全面深化推广“龙山经验”工作会议】 2018年8月14日在永康市召开。会议要求在全市范围内学习推广龙山构建矛盾多元化解机制，打造基层社会治理模式的经验。“龙山经验”是永康市人民法院以龙山法庭为试点，龙山镇、西溪镇党委大力推进矛盾纠纷多元化解，形成的一套党委领导，依托法庭职能和靠前指导，发挥群众力量，分层过滤、递进调解的矛盾纠纷多元化解模式。试点工作开展后，龙山镇、西溪镇纠纷减少、信访减少、行政争议大幅减少，龙山法庭收案数5年间下降50%，为基层矛盾纠纷多元化解机制建设提供宝贵经验。

【永康市首个创业青年联合党支部成立】 2018年9月，永康市首个青年创客联盟党支部在前仓镇大陈村成立。至年末，大陈村作为永康乡村振兴排头兵，有4家“青年之家”落户。青创联盟党支部让青年创业者有一个学习提升、互相帮助、信息沟通往来交流平台，更有利于聚拢企业、人才、智力等资源优势，服务青年创业，发挥好联系、凝聚和服务联盟成员的作用。

（永康市地方志编纂室　陈敏佳）

武　义　县

【概况】 2018年，武义县辖3个街道、8个镇、7个乡。年末常住人口36.16万人，户籍人口34.5万人。地区生产总值246.58亿元，比上年增长5%。其中：第一产业增加值14.57亿元，增长4.1%；第二产业增加值127.57亿元，增长5.5%；第三产业增加值104.44亿元，增长4.4%。按常住人口计算，人均生产总值6.83万元。第一、二、三产业增加值结构为5.9:51.7:42.4。

财政总收入43.89亿元,增长7.1%。其中,上划中央“六税”收入17.91亿元,增长7.3%;一般公共预算收入25.98亿元,增长7%。其中,税收收入22.91亿元,增长7.3%。一般公共预算支出42.13亿元,下降8%。居民人均可支配收入31437元,增长9.8%。按常住地分,全县农村居民人均可支配收入17899元,增长10.1%;城镇居民人均可支配收入39252元,增长9.1%。农村常住居民人均生活消费支出13058元,增长9%;城镇常住居民人均消费支出27998元,增长8.1%。金融系统存款余额(本外币)453亿元,增长14.4%。

农林牧渔业增加值15.07亿元,剔除价格因素,实际增长4.2%。全县粮食播种面积9653.33公顷,粮食总产量5.44万吨,下降8.6%。油料面积2366.67公顷,产量4441吨,增长24%。蔬菜面积5960公顷,产量11.58万吨,增长3.5%。药材播种面积613.33公顷,产量2541吨,增长2.7%。果园面积2026.67公顷,水果产量5.31万吨(含果用瓜),增长1.5%。花卉苗木面积1473.33公顷,下降0.1%。茶园总面积6946.67公顷,茶叶产量1.33万吨,增长3.7%。农业增加值11.45亿元,增长3.7%。年末生猪存栏13.6万头,全年生猪出栏25.84万头,增长37.9%;猪肉产量1.94万吨,增长35.7%。家禽年末存栏49.34万只,年内出栏100.2万只,增长10%。全年畜牧业增加值1.79亿元,增长6.3%。

林业增加值0.87亿元,增长4.1%;渔业增加值0.46亿元,增长4.9%;农林牧渔服务业增加值0.49亿元,增长8.6%。化肥施用量1.21万吨,下降0.9%。农林牧渔业用电量2546万千瓦时,增长17%。美丽乡村建设深入推进,全年全县有精品村143个、精品线19条。

工业增加值114.01亿元,增长6.3%。规模以上工业总产值449.66亿元,增长6%。新产品产值103.59亿元,下降4.4%。工业销售产值442.29亿元,增长5.1%。全年规模以上工业企业利税总额34.64亿元,增长9.1%,其中利润总额21.06亿元,增长29.6%。全县开发区和工业功能区累计建成面积18.71平方千米,进区企业2706家(含租赁),投产企业2688家。企业销售产值622.88亿元,工业区每平方千米工业销售产值33.29亿元。

固定资产投资增长7.1%。国有投资28.89亿元,下降5%;非国有投资42.17亿元,增长17.3%,其中民间投资41.85亿元,增长17.6%。全年完成第二产业投资14.61亿元,增长7.7%;第三产业投资56.23亿元,增长6.8%。

接待游客1900.43万人次,增长11.9%;其中国内游客1899.71万人次,增长11.8%;入境游客0.72万人次,增长3.9%。旅游总收入182.39亿元,增长11.1%。景点门票收入1.62亿元,增长4.2%。

社会消费品零售总额90.73亿元,增长7.2%。其中:城镇消费品零售额64.6亿元,增长6.7%;乡村消费品零售额26.13亿元,增长8.4%。按消费形态统计,餐饮收入16.77亿元,增长7.1%;商品零售73.96亿元,增长7.2%。

专利申请量2996件,增长47.5%、授权量1881件,增长59.1%,其中发明专利申请量302件,增长56.5%;授权量58件,增长16%。新认定各类科技型企业138家,增长29%,其中,国家级28家、省级78家、市级32家,新组建企业研发机构16个,其中,省级4个、市级12个。新立项科技计划项目78项,其中省级52项、县级26项。

全县有幼儿园116所、小学26所、初中9所、普通高中3所、职业高中1所、特殊教育学校1所。全县小学、初中的入学率和巩固率均为100%,初中毕业升高中比例98.59%。全年普通高等院校录取1499人。

各类医疗卫生机构313个,其中医院9个,卫生院18个,社区卫生服务中心(站)51个,妇幼保健和计划生育服务指导中心、疾病预防控制中心、卫生监督所、医学教育机构、流动人口计生管理站各1个,门诊部4个,诊所(医务室)148个,村卫生室78个。实际开设床位2011张,增长15.3%。其中,医院1762张、卫生院170张、妇幼保健和计划生育服务指导中心79张。

全县有公共文化馆1个,组织文艺活动98次,举办培训班33次,馆办文艺团体2个。公共图书馆1个,乡镇分馆2个。在册低保对象9652人,其中城镇167人、农村9485人。全年发放最低生活保障金4105.53万元。

县城环境空气质量优良天数299天(空气自动监测站监测有效天数361天),空气质量优良率(AQI指数)82.8%。集中式饮用水源地水质、宣平溪水质和流经县城及6个乡镇(街道)熟溪水质达标率均为100%。5个主要河段及湖库市控以上断面,均达到或优于三类水质标准,满足功能区要求的占100%;全县4个地表水交接断面及3个出境断面达到或优于三类水质标准均为100%。

【行政村规模调整】 2018年,武义县启动近60年调整幅度最大、涉及村数最多、情况最复杂的行政村规模调整工作。全县535个行政村、18个社区居民委员会、1个居民委员会调整为258个行政村、21个社区居民委员会,全县行政村平均人口从526人增加到1084人,行政村平均区域面积从2.88平方千米扩大到5.98平方千米。

【全市首个“中国天然氧吧”】 2018年,武义县成为全国36个、全市首个获“中国天然氧吧”称号县(市、区)。全县坚持“生态立县”战略,着力加强环境整治和生态文明建设,全县森林覆盖率提升至74%,年负氧离子平均浓度7916/立方米,每年度假指数“舒适”月份达9个月,此次创建评选考核的5个一级指标和16个二级指标,均以高分通过。

【武义县“后陈经验”获首届“中国廉洁创新奖”】 2018年,武义县《村务监督委员会的创建及村级监督实践》获中国管理现代化研究会和清华大学联合举办的廉洁建设领域首个学术奖——中国廉洁创新奖。该项活动全国有278个项目参评,武义成为10个获奖项目之一。自2004年成立全国首个村务监督委员会后,全县围绕“清廉村居”建设为核心,不断深化

“后陈经验”,使之从“治村之策”上升为“治国之策”,为打造自治、法治、德治相结合的乡村治理标准体系做出有益探索。

【航空航天产业园建设】 2018年,武义县启动万亩千亿平台即武义县航空航天产业园建设。产业园位于县城东部,主平台选址在县城三江汇流的“三江口”,依托武义县A1类通用航空机场,以通用航空产业园为核心,联合科技城、新材料产业园、高端装备制造园3大区块,规划总面积11.9平方千米,划分9大功能区,其中通用机场及飞机总装基地2.6平方千米、临空产业基地1.1平方千米、航空小镇2.6平方千米、航空零部件及航空材料园1.1平方千米、科技城1.1平方千米、新材料产业园0.7平方千米、高端装备制造园1.5平方千米、物流园0.6平方千米、特色农业休闲区0.6平方千米。邀请“全球航空经济第一人”约翰·卡萨达教授为产业园编制规划,建设航空产业智造、健康生活与特色旅游体验目的地、产城一体与生态宜居活力航空城。与县域交通规划紧密融合,配套建设物流园,与中心城区形成交通互联、功能互补、产业互通、人才互动的产城融合新空间。

(武义县地方志办公室　周云芳)

浦　江　县

【概况】 2018年,浦江县辖3个街道、5个乡、7个镇。年末常住人口42.25万人。地区生产总值221.88亿元,比上年增长2.1%。其中,第一产业增加值9.92亿元,第二产业增加值110.56亿元,第三产业增加值101.4亿元。按常住人口计算,人均生产总值5.27万元。

财政总收入29.74亿元,其中一般公共预算收入19.14亿元,增长7.6%。一般公共预算支出38.57亿元。城镇、农村常住居民人均可支配收入分别为44743元和21471元,分别增长7.4%和9.5%。社会消费品零售总额114.6亿元,增长4.3%。

推行“三分六统”蔬菜产业化经营模式,山地蔬菜产业实现转型升级。推进葡萄产业“控产提质”,创新建立浦江葡萄价格指数综合险,打造浦江葡萄区域公用品牌,葡萄产值首次突破10亿元。

推进田园综合体建设,仙华宝掌山居田园综合体基础建设基本完工,虞宅茜溪花谷被评为省级最美田园,杭坪、浦南分别被确定为省级、市级特色农业强镇,入选全省首批农业绿色发展先行示范县创建单位。规模以上工业数字经济核心产业增加值1.2亿元,增长36.5%。百川导体数字化车间项目通过市级专家评审,浦江县东洲水晶有限公司、浦江德工精密机械有限公司入选市第五批机器换人示范企业,“上云”企业1300家。半导体装备产业园入驻企业4家,智能芯片封装项目和双金属复合材料项目开工建设,双金属复合材料项目入选省重大产业龙头项目。新增“专精特新”入库培育企业110家,百川导体入选省工业强基工程支撑企业和省“百项万亿”重大制造业项目,亚星纤维入选省工业强基工程支撑企业。建筑业新核准建筑企业4家,资质增项企业12家。

实施全域旅游发展战略,完成55个A级景区村庄创建提升,上山考古遗址景区创建国家AAA级旅游景区,江南第一家景区、神丽峡景区获评省示范型放心景区,郑宅镇创建省级旅游风情小镇,嵩溪村获评省休闲旅游示范村,创建省级全域旅游示范县,全县游客接待量和旅游收入分别增长22.5%和24.7%。

电商经济快速发展,国内网络零售额132.5亿元,增长25.8%;跨境小包业务量3710万件,增长14.2%。构建“公交+物流”新模式,实现农村物流全覆盖,获“浙江省快递发展先进县”称号。全年新增各类贷款21.3亿元,其中小微企业贷款新增11.7亿元,不良率降至1.48%。

县科技创业园入驻企业32家、产业化落地企业8家,其中省“千人计划”项目2个、博士项目5个,创建省级科技孵化器;水晶产业园区被认定为省高技能人才公共实训基地。专利授权量和发明专利授权量增幅均居全市首位,博开机电低温真空泵项目填补国内生产半导体领域和光电领域的空白,国家高新技术企业总数31家。

参与“一带一路”建设,沿线国家贸易增加至62个国家,出口额2.6亿美元;鼓励企业建立国际营销网络和境外投资,百川导体在美国成立双金属线研究所;新增自营出口企业90家,全年外贸出口7.7亿美元。举办第十届水晶玻璃产业博览会。

万村景区化工程深入推进,提升美丽乡村精品线7条,修复古道5条,新建绿道10千米,茜溪绿道获评浙江最美绿道,马岭古道获评全国最美森林古道,浦阳江生态廊道入围世界建筑节景观类奖项。创建省级美丽乡村示范乡镇2个、省级美丽乡村特色精品村4个、省级森林城镇1个、省级生态文化村2个,新光村入选全国美丽乡村“百佳范例”,省级美丽宜居示范村创建数量居全市第一位。小城镇环境综合整治三年任务两年完成,创建省级样板乡镇4个,获评全省小城镇环境综合整治优秀县。获评“四好农村路”全国示范县和省万里美丽经济交通走廊示范县,获评农村生活污水治理设施运维省级优秀县。

全县168个集体经济薄弱村年收入全部超过10万元。养老金社会化发放率保持100%,医疗保障参保率99.7%,均列全市第一位。

水环境质量不断提升,与诸暨市签订浦阳江流域水环境补偿协议,浦阳江上仙屋出境断面水质均值达到Ⅲ类,全县51条支流水质全部达到Ⅲ类以上,“五水共治”工作公众满意度居全省第一位。空气环境质量改善明显,全县PM2.5年均浓度下降13.2%。

【重大改革事项取得成效】 2018年,浦江县开展“县领导、百名局长进中心”活动,实现“最多跑一次”事项1360项,其中“零次跑”事项522项,平均办结时间提速57.3%;开通“商事登记钉钉移动审批平台”,实现商事登记全天候移动审批;推行“标准地+承诺制+代办制”“区域环评+环境标准”改革,实现一般企业投资项目审批“最多100天”;“一窗受理、集成服务”改革向基层延伸工作考核排名全市第一位。五大县属国有集团公司组建运营,体制机制不断完善,经营效益、融资效益初步显现。“亩均论英雄”改革成效显著,完成71家D类企业处置和103家亩均税收1万元以下工业企业出清,启动服务业亩均效益改革。农村土地确权工作通过省综合验收,行政村(社区)清产核资全面完成,浦江入选全国农村集体产权制度改革试点县和省农业水价综合改革试点县。

【实体经济发展】 2018年,浦江县明确“12365”奋斗目标(“1”是争创全省营商环境最优县。“2”是实体经济“二次创业”。“3”是“3个确保”:确保接下来3年,金融贷款不良率每年低于1.8%;确保到2021年,县内主板上市企业至少1家;确保未来三年每年至少新供工业用地66.67公顷。“6”是“6个翻一番”:工业企业家数、规模以上工业产值、小微企业园建筑面积、国家高新技术企业、建筑业产值、新增“个转企”家数分别翻一番。“5”是“5个翻两番”:工业、科技财政扶持资金翻两番,金融支持工业企业贷款增量翻两番,工业投资翻两番,年产值10亿元以上企业家数翻两番,工业企业新引进高层次人才和实用人才数翻两番)。出台《浦江县优化营商环境十条意见》,开展“两送两增”活动,解决涉企难题179项,减免税费6.3亿元,组织政银企金融恳谈会,15家金融机构与县内42家重点企业达成融资合作意向,授信金额16.9亿元。绗缝产业全面禁止再加工纤维使用,被中国纺织品商业协会授予“中国领航创新产业集群”奖;“中国水晶玻璃之都”荣誉称号通过复评,东洲水晶入选省“四个百项”重点技术改造项目计划;圣力工贸研发的全自动锁具装配机入选省装备制造业重点领域首台(套)产品名单;梅花锁业起草的金属挂锁标准成为全省首个挂锁产品“浙江制造”品牌认证标准。新增股份制企业4家、浙江股权交易中心挂牌企业10家。4月5—6日举办浦江发展大会暨第二届浦商大会,签约项目15个,计划总投资172.6亿元。县领导带队外出招商63次,招引投资4亿元的磨床智能制造、投资3亿元的年产100条LED封装及高效照明生产线等一批优质高端项目。强化招商信息共享,绘制全县要素资源“一张图”,建立招商项目首报制。全年落地开工项目48个,投资18.1亿元,其中实体经济制造业项目31个,投资3.4亿元。

【文化事业发展】 2018年,浦江县完成33幢历史建筑、民主路、凌宅巷修缮工作,东街开街,县非物质文化遗产馆建成开放,嵩溪村获评省历史文化(传统)村落保护利用示范村。新建农村文化礼堂56个,开展文化活动1300多场,首家城市书房自助悦读吧建成投用。1月26日,下薛宅村获“全国文明村”称号,浦江孝子吴健被评为“中国好人”,“好家风信用贷”被评为全省宣传思想文化工作创新奖,并入选全省公共管理创新案例。3月1日,举办“品味乡愁·两美浦江”全国摄影大赛。3月28日,举办“我们与你在一起”第二届全国大型诗歌公益活动。8月10—30日,举办海外名校学子走进金华古村落·嵩溪活动。9月26日至10月8日,举办第十一届中国书画节、“万年浦江”全国中国画工笔作品展。11月20—22日。举办第二届全球华语诗歌大赛。12月4—5日,举办首届夏青杯文本大赛。10月24—26日,举办首届全国“诸子学”博士论坛。12月3日,举办浙江省第二届残疾人书画摄影大赛作品展。

【城市规划提升】 2018年,浦江县完成中心城区总体城市设计、江南新区控制性详细规划和重要区块城市设计、中心城区城市色彩专项规划、民主路历史文化街区保护规划、县域乡村建设规划等编制。交通治堵工程加快推进,广场东路、少年路、宏业大道向南延伸工程完成建设,新增停车位1299个。环城南路、人民路、和平路、大桥路街景和月泉西路北渠景观提升改造完成。城市有机更新加快推进,金狮湖一期安置房交付使用,二期817户房屋完成征收;城中村改造一期4个集聚区主体完工,毛阳岗自然村完成签约,白林村、毛店村完成拆迁,白林集聚区启动建设;老浦棉区块完成改造。

(浦江县政府办公室 张剑寒)

磐安县

【概况】 2018年,磐安县辖2个街道、7个镇、5个乡。年末常住人口18.09万人,户籍人口21.31万人。地区生产总值96.62亿元,比上年增长7%。其中:第一产业增加值11.57亿元,增长3.8%;第二产业增加值43.6亿元,增长7.4%;第三产业增加值41.45亿元,增长7.5%。第一、二、三产业增加值结构为12.0:45.1:42.9。按常住人口计算,人均生产总值为5.36万元,增长6.4%。

财政总收入16.93亿元,增长12.7%。其中,一般公共预算收入10.01亿元,增长12.3%。一般公共预算支出31.7亿元,增长11.2%。居民人均可支配收入26904元,增长9.9%。城镇常住居民人均可支配收入38621元,增长9%;农村常住居民人均可支配收入17809元,增长10.2%。

农林牧渔业增加值11.72亿元,增长3.8%。其中:农业增加值9.98亿元,增长4.3%;林业增加值1.04亿元,增长5.6%;畜牧业增加值0.53亿元,下降8.8%。全年农作物播种面积1.46万公顷,其中粮食播种面积4573.33公顷,与上年基本持平;粮食总产量2.41万吨,增长2.3%。

规模以上工业增加值20.58亿元,增长6.5%;产值76.95亿元,增长7.7%;销售产值72.65亿元,增长6.1%。其中,出口交货值23.6亿元,增长3.3%。产值超1亿元企业22家。全年整治“低散乱”企业246家,腾出用地空间26.67公顷;盘活闲置低效用地23.33公顷,处置“僵尸”企业10家。企业绩效评价实现全覆盖,供地企业亩均税收8.7万元,增长8.6%。主板上市企业实现“零”的突破。

社会消费品零售总额40.82亿

元，增长10.3%。进出口总额29.44亿元，增长9.3%。其中，出口额28.56亿元，增长8.1%。金融系统存款余额（本外币）205.06亿元，增长19.1%。金融系统贷款余额（本外币）147.71亿元，增长15.6%。

固定资产投资下降18.2%。工业投资中，制造业投资增长13.2%。从四大投资结构看，交通运输投资、高新技术产业投资分别增长32.2%、128.1%；民间投资、生态保护和公共设施投资分别下降6%、1.7%。全县在库建筑业企业68家，其中一级资质11家、二级资质28家、三级资质29家。

接待游客1353.51万人次，增长13.4%；旅游总收入121.84亿元，增长20%。重点旅游项目加快建设，风崖谷、滑雪场等景区相继建成营业，高空玻璃桥、水滑道等“网红”产品先后推出，新创国家水利风景区1个、国家AAA级景区2个、省级生态旅游区1个、四星级旅行社和绿色饭店各1个。在全省首创“共享农屋”模式，“共享农屋·磐安山居”信息平台上线。

新增国家高新技术企业3家、省科技型中小企业20家、省级重点技术创新项目8项。全面加强与省中医药研究院、省中药研究所、浙江理工大学、市农科院等科研院所合作，获评省科技特派员工作先进集体。专利申请量892件（其中发明321件）；专利授权量502件（其中发明41件）。

全县有各级各类全日制学校27所。其中，小学16所、初中8所、高中2所、职高1所。出台人才新政及配套政策，建立院士（首席科学家）工作站3个，引进国内领军专家团队2个，博士19人。重点推进好溪流域、玉山台地2个省级生态循环农业示范区和8个万亩农业基地建设，新渥中药材特色农业强镇通过省级验收。完成粮食生产功能区提标改造366.67公顷。加强农业品牌建设，新增无公害农产品11个、绿色食品12种，“磐五味”被评为省优秀农产品区域公用品牌，“磐安云峰”被评为省区域名牌农产品。加快和美乡村建议。15个小城镇通过省级考核验收，方前、云山被评为省级样板，大盘被评为市级样板。获评小城镇整治工作省级优秀县。入选“中国最美县域榜单”；被命名为“浙江省体育强县”；获评浙江省全域疗休养发展十佳县、省级食品安全县等称号；在省级山区经济发展项目绩效评价中连续2年获优秀等次。创建省级美丽乡村示范乡镇2个、特色精品村4个，评选“十美村”110个；创建A级景区村庄83个、AAA级12个，新增省休闲旅游示范村2个、老年养生旅游示范基地1个。

通过国家卫生县城复审和省级示范文明县城复评，实现省级卫生乡镇（街道）全覆盖。分级诊疗、双向转诊深入推进，双向转诊和远程会诊平台投入运行，基层首诊率65.3%，县域内就诊率80.2%，家庭医生规范签约率36.5%。

社会保障扩面1.1万人次，基本医疗保险参保率98.7%，实现全县选缴大病联网结算，受益人数提升近7倍，平均报销比例提升至84%。

成立“蓝天保卫”工作领导小组及其办公室，PM2.5平均浓度为25微克/立方米，环境空气质量优良率（AQI指数）98.1%。严厉打击各类环境违法行为。实现城乡生活垃圾分类全覆盖，完成5个省资源化利用试点村处理项目建设，创建垃圾分类优秀村218个。规模以上工业企业综合能源消费量（等价能耗）为7.82万吨标准煤，增长20.8%；单位工业增加值能耗为0.38吨标准煤/万元，增长13.4%。

【林业发展加快】 2018年，磐安县以林业股份制改革试点县建设为载体，大力推进林权改革林地流转制度，盘活闲置生态公益林林地，助推生态休闲旅游产业发展。年内，全县新增林地流转200多公顷，累计发放林权抵押贷款6.4亿元，公益林政策性保险100%，办理双溪乡梓誉村165万元、安文街道东川村45万元公益林补偿收益权质押贷款；新增林业股份合作组织1个。8月27日，由磐安县主导起草的省级地方标准《林菌生态循环技术规程》通过审评。全年建设珍贵彩色森林233.33公顷，栽植樱花1.6万株，发展香榧、油茶120公顷和林下经济146.67公顷。创建省级森林人家8个、省级森林城镇4个、市级森林村庄23个。尖山镇被命名为省森林休闲养生小镇。完成283株一级古树名木保护工程，建成32个古树主题公园。新增林地流转206.67公顷，累计发放林权抵押贷款6.3亿元，组建林业股份合作组织2个，建成省级示范性家庭林场1个、省级生态文化基地1个。银杏谷、杜鹃谷被评为“浙江最美赏花胜地”，白云山村获“浙江十大最美银杏村落”。

【社会事业稳步发展】 2018年，磐安县全力改善农村敬老院生活条件，5个公办养老机构全面实行“公建民营”，“虚拟养老院”实现乡镇（街道）全覆盖。殡葬整治持续推进，建成20个安息堂并投入使用。年内，开展扫黑除恶专项斗争，打掉涉恶团伙7个，抓获各类犯罪嫌疑人85人。全面开展信访维稳薄弱带专项整治，化解市级信访积案4件、县级重点信访事项15件。推进安全生产领域改革，各类安全生产事故起数和死亡人数分别下降14.3%和33.3%，全年未发生较大及以上事故。

【金融助力企业发展】 2018年，磐安县开展“金融助力制造业发展”银企对接活动，促成10个金融机构与93个制造业企业对接，提供贷款2.07亿元。年内，国控融资担保有限公司成立，为9家企业提供担保贷款3250万元；使用应急周转金425笔、23亿元，受惠企业283家次。不良贷款率和关注类贷款率分别下降至0.94%和2.2%。普惠金融扎实推进。发放扶贫再贷款2.3亿元、支小再贷款0.5亿元，累计受惠农户655户、小微企业102家。

【城乡建设加速推进】 2018年，磐安县实施乡镇（街道）行政区划和行政村规模调整。将原9镇10乡调整为7镇5乡2街道，将363个行政村8个社区调整为216个行政村20个社区。年内，老城区拆迁改造加快步伐。新实施东溪街北、桃花坞、大田畈、文明街4个区块共1318户、30万平方米房屋拆迁，拆除28万平方米；城上西区块房建主体结顶,东溪街南、五指区块完成工程量的45%和35%,市口、县府东侧区块开工建设,大田畈区块完成土地出让。新、老城区和云山区块“一城三片”加速融合。新城区打通3条“断头路”,“三纵六横”道路框架全面成型。江南药镇加快特色产业培育,浙江道地药材集散交易中心、上海金城药业等项目落地,连续2年获省特色小镇考核优秀。

(磐安县地方志办公室 陈金根)

衢州市
Quzhou Municipality

【概况】 2018年,衢州市辖柯城、衢江2个区,江山市1个县级市,常山、开化、龙游3个县,地域面积8845平方千米。年末常住人口220.9万人,户籍人口257.88万人。全市地区生产总值1470.58亿元,比上年增长7.2%。其中:第一产业增加值80.93亿元,增长2.3%;第二产业增加值661.68亿元,增长8.2%;第三产业增加值727.97亿元,增长7%。三次产业增加值结构为5.5:45.0:49.5。按常住人口计算,人均生产总值为6.69万元,增长6.1%;按户籍人口计算,人均生产总值为5.7万元,增长7.1%。

居民人均可支配收入32269元,增长9.8%。其中:城镇居民人均可支配收入43126元,增长9%;农村居民人均可支配收入22255元,增长7.7%。全体居民生活消费支出18736元,增长9.2%。其中,城镇居民和农村居民人均生活消费支出分别为24273元和13629元,增长10.7%和11.9%。

农林牧渔业增加值82.69亿元,增长2.4%。农作物播种面积184042公顷,其中:粮食播种面积89485公顷。粮食总产量56.84万吨,增长1.4%。油料产量5.32万吨,增长2.3%,其中油菜籽产量4.69万吨,增长2.7%。蔬菜产量111.81万吨,增长0.7%。食用菌产量11.42万吨,下降10.1%。果用瓜产量17.64万吨,下降0.9%。茶叶产量8900吨,增长7.8%。水果产量79.12万吨,下降6.6%,其中柑橘产量53.31万吨,下降10.2%。肉类总产量18.61万吨,下降3.9%,其中猪肉14.05万吨,下降6.3%。

规模以上工业企业873家,其中,主营业务收入1亿元以上的企业275家;大中型企业105家。全年全部工业增加值553.16亿元,增长9.2%。规模以上工业企业完成产值1704.87亿元,增长16.3%。规模以上工业销售产值1664.28亿元,增长14.9%,产销率97.62%,下降1.13个百分点。工业出口交货值142.51亿元,增长18%。在规模以上工业中:化工行业344.24亿元,增长20.6%;机械行业产值310.21亿元,增长9.6%;高新技术产业增加值159.1亿元,增长7.4%,占规模以上工业比重40.9%;装备制造业增加值65.5亿元,增长7.3%,占规模以上工业比重16.8%;战略性新兴产业增加值80.34亿元,增长11.2%,占规模以上工业比重20.6%。固定资产投资增长4.3%。其中民间投资、交通投资、生态环保和公共设施投资、高新技术产业投资四项结构性投资增幅均超过10%。全市有省集中开工项目98个,年内全部开工入库,至年末,完成投资196.5亿元。衢州锂电材料小镇获批第四批省级创建特色小镇,柯城新材料小镇、衢江光导小镇获省级培育小镇。培育和创建省、市级特色小镇30个,其中省级创建类特色小镇7个、省级培育类特色小镇4个。

社会消费品零售总额717.46亿元,增长9.2%,限额以上社会消费品零售额162.1亿元,增长9.6%。培育电子商务产业基地38个。有限额以上电商企业46家。网络零售额277.5亿元,增长43%;居民网络消费164.8亿元,增长25.7%。跨境网络零售出口额3.7亿元,增长31.3%。

进出口总额350.35亿元,下降4.5%。其中:出口232.05亿元,下降11.3%;进口118.3亿元,增长12.5%。出口额在100万元以上企业610家,其中1000万元以上的企业294家,增加10家。出口排前三位的市场依次是:美国、欧盟、东盟,三大主要市场出口额合计占全市出口总额的42%。在主要商品出口中:机电产品出口59.38亿元,下降21.7%;高新技术产品出口9.83亿元,下降13%;化工医药产品出口80.99亿元,增长20.7%;服装、纺织品出口20.29亿元,下降15.6%。全年新批外商投资企业13家,合同利用外资3.32亿美元,下降42.4%;实际利用外资0.74亿美元,增长0.5%。

旅游总收入532.18亿元,增长18.4%,其中,接待国内旅游7453.86万人次,增长15%,国内旅游收入531.79亿元,增长18.4%。有A级旅游景点66个、名胜风景区4个。

金融业增加值98.94亿元,增长7.3%。金融机构本外币存款余额2440.22亿元,增长14.3%,其中人民币存款余额2408.63亿元,增长14%。金融机构本外币贷款余额2248.06亿元,增长16.7%,其中人民币贷款余额2240.11亿元,增长16.6%。全市有证券营业部22个,与上年持平;全年证券交易量3470.84亿元,下降25.3%。全市有挂牌上市企业40家,其中,主板上市企业6家。

国家级高新技术企业269家,市级高新技术企业家264家。国有独立研究开发机构16个,企业技术开发机构418个。全年获省级科技进步奖5项。专利申请授权项6125件,其中发明667件。财政一般公共预算支出中,科学技术支出11.08亿元,增长22.4%。产品质量检验机构85个,法定计量技术机构5个。全年强制检定计量器具9.83万件,检验特种设备1.6万台(件)。

至年末,全市有普通高校2所,其中本科1所、专科1所,在校学生14413人。中等职业教育学校14所,在校学生2.63万人。普通高中29所,在校学生3.84万人。普通初中66所,在校学生7.38万人。小学200所,在校学生13.38万人。特殊教育7所,在校学生575人。全市有幼儿园478所,在园幼儿7.03万人。全市学前教育人园率97.73%,小学入学率100%,初中入学率100%,初中毕业升高中段的比例98.19%,高中段毛入学率98.08%,15年教育普及率98.75%,“三残”儿童入学率98.81%。

公共图书馆7个、博物馆4个、文

化馆7个、文化站102个、广播电台6座、电视台6座。数字电视用户数71.7万户。综合档案馆7个和国家专门档案馆1个，馆藏档案全宗1169个。

各类卫生机构(含村卫生室)1809个，其中医院84个，基层医疗卫生机构1684个，专业卫生机构29个。卫生机构有病床床位14765张，卫生技术人员18310人，其中医生7234人。

参加基本养老保险的人数176.1万人，下降2.4%；城乡居民社会养老保险参保人数92.96万人，下降9.7%。参加基本医疗保险的人数240.71万人，增长1.1%。失业保险的人数32.15万人，增长11.7%；全年享受失业保险待遇人数0.82万人，下降12.1%。参加工伤、生育保险的职工分别为40.53万人和34.59万人，分别增长7.6%和6.8%。农村五保人员集中供养率91.8%，城镇“三无”对象集中供养率87.69%。年末在册低保对象69070人，其中，城镇3832人，农村65238人，最低生活保障标准每人每月680元。低保资金(含各类补贴)支出3.5亿元，增长22%。全年支出医疗救助资金1.41亿元，增长18.5%。

全市地表水环境功能区达标率100%，县级以上城市集中式饮用水水源地水质达标率100%，全市跨行政区域河流交接断面水质达标率100%。全年全市万元GDP综合能耗下降3.4%。完成第四批历史文化村落保护利用项目43个，其中重点村7个、一般村36个；建设实施第五批、第六批项目91个，其中重点村12个、一般村79个。创建省级美丽乡村示范乡镇7个、特色精品村18个，省高标准农村生活垃圾分类示范村19个，省历史文化(传统)村落保护利用示范村2个。农家乐特色村183个，特色点(各类农庄、山庄、渔庄)229个。

【“最多跑一次”改革深入推进】 2018年，衢州市以改善城市大医院看病难和提升县域医疗服务能力为重点，印发《衢州市医疗卫生服务领域深化“最多跑一次”改革实施方案》，从群众看病就医“关键小事”做起，按照分类实施“减少跑”“就近跑”“不用跑”的要求，开通多途径预约、多样化结算，推动建立诊疗更安全、就诊更便利、体验更舒适的医疗服务新模式。围绕群众最关注的“入学”与“办学”事项，制定《衢州市教育服务领域深化“最多跑一次”改革实施方案》，推出入学报名“一网通”、教育缴费“一键办”、资助办理“一端口”等“十个一”举措，被省教育厅确定为全省教育系统“最多跑一次”改革唯一试点单位。出台《关于健全完善社会救助事项联办工作机制的实施意见》，实现低保等困难群众救助事项联办；全面提升老年人优待证办理效率，实现“现场制证、立等可取”，并在衢江区试点，通过与公安人口户籍信息数据共享，主动提取60周岁以上老年人的身份信息后统一制证。出台《衢州市关于进一步推进市区城镇住房保障“最多跑一次”改革的实施办法》及相关审核细则，将户籍、住房、经济收入三方面审核所需要的公安、国土、民政、社保等部门数据整合到市公共数据平台，实现公租房资格确认审核等业务“一网通办、同城通办、一证通办”。年内，推动创新经办模式，开展社银合作，实现社保业务在银行经办“一站式”服务。

【国家级绿色金融改革创新试验区建设】 2018年，衢州市专门成立绿色金融改革工作专班，实行实体化运作，完善交流、督查、考核等各项工作机制。全市上下坚持绿色金融推动绿色发展的理念，出台加快推进国家绿色金融改革创新试验区建设政策意见；在实践中摸索出“三个三”的绿色金融杠杆调节方法：即明确宏观、中观、微观三个层面责任，发挥政府、部门、金融机构三个主体作用，做好标准、产品、政策三件事，有力激发各层级工作活力；形成以“标准、产品、政策、流程”为核心要素的改革成果，建立绿色企业、绿色项目、绿色金融专营机构、绿色信贷统计、地方法人机构绿色银行“五大标准”，总结归纳出绿色信贷、绿色债券、绿色保险、绿色支付以及绿色金融支持传统企业转型升级的“巨化模式”、促进生态环境良性循环“开启模式”“集美模式”、银行“个人碳账户”模式、绿色环境效益计量模式等“八大模式”。在全国8个试验区开展30多项专项工作，被确定为全国两个“金融支持畜禽粪污处置和无害化处理”改革试点之一。在全国八大试验区中唯一举办绿色金融改革成果新闻发布会，全面展示衢州绿色金融改革创新成果。至年末，全市80%的银行业金融机构成立绿色金融事业部，设立绿色金融试点行19个、绿色金融示范行2个，入库绿色金融产品142个。全市绿色贷款余额596.63亿元，占全部贷款的26.5%，比上年增长90.8%，高于各项贷款平均增速74.14个百分点；绿色贷款平均利率5.66%，低于各项贷款利率0.45个百分点。

【“两山”理论实践示范区创建】 2018年，衢州市启动“两山”理论实践示范区创建工作，委托环保部环境规划院编制《浙江(衢州)“两山”理论实践示范区规划大纲》；开展“两山”的理论体系、评价体系、任务体系、实施体系、支撑体系五大体系研究。成立“两山”工作专班，制订挂图作战、细化清单、督导考核的专班推进机制。9月21日，衢州市被生态环境部命名为全国首批13个“绿水青山就是金山银山”实践创新基地之一。9月25日，《浙江(衢州)“两山”理论实践示范区总体方案》通过省深改组审议，衢州“两山”理论实践示范区列入省级试点。11月2日，在四川成都召开的中国环境科学学会环境经济学分会学术会暨“两山”理论研讨会上，衢州市环保局做题为“‘两山’理论衢州实践”的典型发言，全面介绍衢州开展“两山”理论实践示范区创建的做法和经验。

【衢州市获评全省扩大有效投资优秀单位】 2018年，衢州市成立项目工作专班，建立目标责任制、定期会商制、督查通报制、清单倒逼制等工作机制，有效促进投资增长，全面完成省对市扩大有效投资任务，获评全省扩大有效投资优秀单位。全年市级政府投资项目计划安排实施项目171

个（新建108个、续建63个），总投资444.6亿元，年度计划投资115.6亿元，实际完成投资105.3亿元，年度计划执行率91.1%。新开工建设项目98个，新建项目开工率90.7%。完工项目80个，完工率46.8%。为大花园建设、城市赋能、社会事业发展打下良好基础。年内，全市重大项目前期攻坚计划安排项目50个，总投资1293亿元。各级各部门高度重视前期项目推进，分别梳理并制定目标明确、节点细化、责任清晰的攻坚推进计划，倒排工期、责任到人，成效明显。全市开工项目27个，总投资654亿元，开工转化率54%。

【国家资源循环利用基地创建】 2018年10月，衢州市入选首批国家基地创建名单。衢州市资源循环利用基地计划在实施期内建设22个重点支撑项目，总投资47.23亿元，涵盖城市低值废弃物、产业废弃物资源化利用和无害化处置项目、再生资源回收利用、基础设施和公共服务平台项目，通过重点项目建设，实现基地资源回收和循环利用一体化发展，满足市区及周边区域各类废弃物资源化利用和无害化处置需求，服务衢州、辐射周边，形成综合示范效应。

【衢州静脉产业示范基地入选省级静脉产业示范基地试点单位】 2018年12月，衢州静脉产业示范基地入选省级静脉产业示范基地试点单位。试点实施期限为2018—2020年，通过创建省级静脉产业示范基地，进一步完善生活垃圾、餐厨垃圾、危险废物、污泥等典型废弃物分类收运、处置和监管体系。到2020年，基地空间布局进一步优化，新增生活垃圾资源化利用能力1000吨/天、污泥资源化利用能力200吨/天。

【衢州海创园二期开工】 2018年，衢州市与杭州市对接，推进衢州海创园二期项目前期各项工作。5月16日，衢州海创园二期地块网拍成功；10月26日，衢州海创园二期开工。二期项目占地3.26公顷，建筑面积13.09万平方米，总投资11.97亿元，规划建设7幢大楼，计划于2020年底前建成。衢州海创园二期项目定位为“平台+中心+基金+园区”，主要包括研发办公、产业孵化、服务配套等功能，建成后将与衢州海创园一期形成规模效应，巩固衢州在杭州城西科创大走廊的“科技飞地”和“人才飞地”，进一步扩大衢州海创园建设运营成果，打造衢州新兴业态培育的新基地、产业转型的新引擎、高端人才的新特区，成为杭衢山海协作升级版的大平台和融入杭州都市圈、创新生态圈的桥头堡。以衢州海创园一期为产业加速载体，重点引培阿里钉钉生态企业加速器、智网科技等数字经济、智慧产业项目，通过政策保障、基金引导等举措，引导“飞地”的高新项目在衢州落地，浙江智网科技有限公司、浙江牛盾网络技术有限公司等海创园企业落地衢时代创新大厦。至年末，衢州海创园招商引资项目174个。其中：产业项目78个，总注册资本5.67亿元；注册衢州项目11个，总投资额20亿元；基金项目96个，总注册资本53.24亿元，基金管理规模57.71亿元；注册衢州基金项目65个，管理规模44.54亿元。引进硕士、博士54人，海归人才24人，高质量创新创业团队12个。

【农村扶贫健康保险全省推广】 2018年，衢州市把扶贫健康保险作为缓解因病致贫、因病返贫的精准帮扶举措，坚持“定向、精准”原则，为全市13.6万名低收入农户按人均150元进行投保，保费由市、县财政全额承担，保险责任为住院医保报销范围外费用、意外身故和意外残疾，建立“理赔直付系统”，开展“五免理赔”服务（免申请、免填单、免资料、免临柜、免调查），实现扶贫健康保险理赔“一次不跑、一个不漏”。至年末，全市有1.24万名低收入农户得到理赔，累计赔款1667万元，平均每人赔款1344元，最高赔款5万元。副省长彭佳学两次对衢州扶贫健康保险工作做出批示，国务院参事室研究员周彦礼一行专程到衢州调研扶贫健康保险工作。省政府在全省推广衢州市农村扶贫健康保险工作经验。

【“五水共治”成效显著】 2018年1月，衢州市高分通过水利部、生态环境部关于河长制中期评估验收。衢州市连续4年获省“五水共治”（河长制）工作优秀市“大禹鼎”。11月8日，被省委、省政府授予“千万工程”美丽浙江建设集体三等功荣誉称号。全市9个“水十条”国家考核断面、13个省控断面、21个市控以上地表水断面水质达标率均达100%，出境水保持Ⅱ类水以上。全市完成7个工业园区、16个生活小区、11个乡镇（街道）的“污水零直排区”建设任务。完成12条市级“美丽河湖”创建，其中柯城石梁溪、龙游灵山港、江山港江山城

2018年3月26日，阿里巴巴衢州客户体验中心、钉钉企业服务加速器在衢时代创新大厦揭牌

（衢州市地方志办公室　供图）

区段3条河流创建成为省级“美丽河湖”,马金溪被评为国家级水利风景区,龙游姜席堰申遗成功,获“世界灌溉工程遗产”称号。

【全国水生态文明城市创建】 2018年11月27日,衢州市通过部省联合评估验收,成为第二批首个通过验收的全国水生态文明城市。衢州市于2014年列入全国第二批水生态文明城市建设试点。全市围绕建设“浙江最具魅力新水乡”目标任务,推进水安全、水环境、水生态、水文化和水管理“五大体系”建设,建成水生态文明工程142个,完善建立水生态管理制度27项,超额完成试点建设任务,形成水生态环境优越、水管理制度先进、水安全保障扎实、水节约意识深入人心的良好局面。

(衢州市地方志办公室　钱道本)

柯城区

【概况】 2018年,柯城区辖2个镇、7个乡、9个街道。年末户籍人口43.94万人。地区生产总值192.6亿元,比上年增长7%。

财政总收入17.7亿元,增长24.9%。一般公共预算收入11.9亿元,增长25.2%。城镇和农村居民人均可支配收入分别为46446元和23418元,增长9.2%和10.1%。社会消费品零售总额196.9亿元,增长9.5%。固定资产投资增长21.2%,其中交通投资、民间投资、高新技术产业投资、生态环境和公共设施投资均增长10%以上。

培育新型农业经营主体,新增省级示范家庭农场5个,培育农创客25人。搭建省级柑橘产业科技创新服务平台,成立省柑橘研究所衢州分所,建设省级种质资源圃。淘汰“三低”橘园0.2万公顷,新增优质柑橘种植面积96.67公顷,培育市级以上柑橘精品园7个。柴家合作社获评国家级星创天地,柑橘产业农业科技园区列入省级创建名单。新增省级“美丽牧场”3个,实现“美丽牧场”全覆盖。发展中药材等特色产业,新建中药材基地80多公顷。新增蔬菜基地35.67公顷。石梁镇获评全国农业产业强镇。鲶鱼湾农业园区列入省级现代农业园区。获全国有机肥替代化肥示范区。举办“中国农民丰收节”“柑橘音乐节”等系列宣传活动。

“区域能评、环评+区块能耗、环境标准”改革顺利实施,53家规模以上和132家规模以下工业企业完成亩均效益综合评价。通过农村集体产权制度改革全国试点验收。全面完成农村集体土地确权登记颁证。全市首例农村宅基地“三权分置”不动产权登记证颁发。推动柯城余杭山海协作升级扩容,与绍兴越城区建立山海协作关系,协同发展动力不断增强。“新材料+、服装时尚、智能制造”三大重点产业发展路径更加清晰。深化“飞地经济”模式,柯创园暨“一亿中流”上市加速器开园。柯城余杭山海协作产业园连续2年获省考核一等奖。

“园中园”建设有序推进。新材料小镇列入省级特色小镇培育名单。推进航埠时尚低碳小镇建设,低碳社区等项目全面开工。加强企业主体培育,产值1亿元以上企业17家。新增规模以上工业企业8家,国家高新技术企业12家,省级科技型中小企业44家、企业研究院2个、重点研发计划项目1项。全区战略性新兴产业、高新技术产业、智能制造产业增加值分别增长20.8%、27.3%和13.8%。工业增加值25.1亿元,增长8.2%。73个省、市集中开工项目全部开工建设,完成投资64.3亿元。60个区级重点建设项目和65个政府投资项目进展顺利,完成投资80.6亿元。省、市、县长项目工程落地率75%。常山港综合治理等3个市级G50重大前期项目实施。总投资34亿元的鸿盛新材料作为全市项目代表,在全省重大项目集中开工活动中落地。

全面开展全域土地综合整治,新增垦造耕地366.67公顷,建设高标准农田360公顷。全年流转土地近2000公顷。全面开展批而未供和闲置土地清查处置行动,盘活存量建设用地39.73公顷,完成低效用地再开发15.47公顷。争取林地指标117.73公顷。“凤凰行动”取得阶段性成果,企业直接融资1.4亿元。

接待游客人数、营业收入分别增长25.2%和25.7%。全面启动石梁镇、九华乡、万田乡“村民宿集”试点。庙源溪省级湿地公园获批。七里乡入选省级旅游风情小镇培育名单。余东村获评省休闲旅游示范村。举办余杭、台州、南京等旅游专场推介会。

“放学后服务”全面推开。“双下沉、两提升”、分级诊疗、责任医师签约服务有序推进。2个文艺节目获省群星奖。新增国家级历史文化传统村落7个,新建农村文化礼堂25个。

基本养老保险、医疗保险参保率分别为93.6%和98.6%。全年新增参保人数17315人,超过近10年的总和。城乡一体化最低生活保障标准调整到位。

推进小城镇环境综合整治,所有乡镇通过省级验收,4个乡镇获评省样板乡镇,3个乡镇获评市样板乡镇。开工建设农民集聚点4个、安置点7个。完成16个农村小微创业园选址,开工建设2个。开展农村人居环境提升三年行动,新增AAA级景区村庄7个、特色精品村6个。完成荒地整治0.15万公顷,创建美丽庭院2000多个。深化“厕所革命”,新建、改扩建农村公厕356座,新增AAA级旅游公厕6座。建成农村生活污水处理设施标准化运维点10个,4个省控以上断面、15个乡镇(街道)交接断面水质达标率保持100%,空气优良率(AQI指数)保持88%以上。中央、省环保督察交办问题有效整改,华墅乡大平山区域环境综合整治基本完成,航埠工业功能区陶瓷行业废气治理全面完成。

【“最多跑一次”改革深化】 2018年,柯城区行政服务办事大厅完成标准化改造,1149项事项实现“最多跑一次”,662项事项实现无差别全科受理,100%事项实现网上办理,100%民生事项实现“一证通办”。商事登记实现“三全”(全地域、全天候、全事项)模式。推出“无人警局”“新生儿e站”等便民服务。畅通知情问政渠道,探索企业问政路径。一般企业投资项目开工前审批"最多100天"实现率100%,工程建设项目审批时限缩短至100天。

【文明城市创建】 2018年,柯城区合力推进文明城市创建,投入近5亿元,改善基础设施、整治小区"十乱"、序化空中"飞线"、设置公益广告、拓展停车空间。实施改造项目300个,序化线路710万米,设置公益广告8.1万处,新增停车位4.3万个。参加"红手印"志愿服务活动超过30万人次。探索推行"红色物业联盟""红管家"等新型治理模式,有效破解城市管理难题。

【森林运动小镇建设】 2018年,柯城区建立"一个领导小组+一个推进专班+一个国资公司"运行机制,坚持"高起点定位、高品位打造、高标准推进",制定小镇实施方案,完成小镇总体规划编制,启动控制性详规编制,总体谋划20个重大项目。吸引232批次专家、企业团队到小镇考察、调研,其中与阿里体育集团、北京泛华新兴体育产业股份有限公司、衢州岩路汽车文化发展有限公司等6家企业达成项目合作意向,并签订项目合作框架协议。小镇坚持赛事森系品牌开路,总体谋划十大特色品牌赛事,举办灵鹫山国际划骑跑铁人三项公开赛、中国首届国际级越野车森林穿越的大众型赛事——岩路·灵鹫山国际森林汽车穿越大赛、灵鹫山·浙江首届森林运动会、中国大学生山地户外挑战赛、浙江省定向越野锦标赛、奥尼捷灵鹫山越野赛等森林运动特色赛事,打响森林"IP"品牌特色,被中央电视台、《人民日报》等数十家国家级媒体及网站报道,小镇建设经验在年度国家级运动休闲特色小镇建设交流培训班上做典型交流发言。

【农房整治与风貌提升】 2018年4月19日,柯城区启动农房整治,围绕"两个先行",开展宣传报道,组织村民代表到先进地区示范村考察。充分运用网格力量,全面完成农房调查摸底。围绕"三个带头"(村支部书记、村民主任必先拆、带头拆;区机关党员干部、财政供养人员及直系亲属带头拆;"两代表一委员"、村"两委"成员及其他村级组织成员带头拆),12个乡镇(街道)全部实现村主职干部、村"两委"成员违建"清零"。围绕"五个必拆"(一户多宅必先拆;D级危房以及影响公共安全的C级危房必先拆;附属用房有碍观瞻,影响交通、安全的必先拆;临时建筑超审批期限,不符合规划的必先拆;省、市交办督办,媒体曝光,群众举报查实的必先拆),强势推进拆违治乱专项行动。构建"1+4+1+1"规划体系,启动九华集镇农民集聚点建设。拆除各类违建108.6万平方米,整治大围墙897处。开工建设农民集聚点4个、安置点7个。完成16个农村小微创业园选址,创业园开工建设2个。

(柯城区政府办公室 曹兴奇)

衢江区

【概况】 2018年,衢江区辖2个街道、10个镇、8个乡,271个行政村。年末总人口41.27万人。地区生产总值174.62亿元,比上年增长7.8%。

财政总收入26亿元,增长26.7%;一般公共预算收入16.38亿元,增长19.8%;高新技术投资、民间投资、交通投资、生态环境和公共设施投资分别增长50.1%、11.1%、36.4%和44.2%,在19项可比指标中8项增速居全市前二位。

规模以上工业总产值158.78亿元,增长14.2%;规模以上工业企业增加值38.16亿元,增长8.2%。出台工业新政30条、补充新政12条、人才新政27条等政策,全年为企业减税降负4.12亿元,兑现奖补资金2.79亿元。完成创建省级军民融合产业创新示范区,国家高新技术企业38家。社会消费品零售总额72.27亿元,增长8.9%。

以"城市双修"为指引,编制完成"一湖两岛两岸"、引水入城、城市设计等专项规划。城中村改造四期820户房屋征收实现100%签约。通浦路、通江路等城区断头路全线打通,城东污水处理厂二期建成投运。20个乡镇全部通过省级小城镇环境综合整治考核验收,9个乡镇被评为省级样板乡镇,衢江区被评为全省小城镇环境综合整治优秀区。

实施"361工程"(通过三年时间,实施"六大行动",实现乡村环境大变样一个目标),全年垦造水田1200公顷,建成高标准农田2800公顷。富里乡村有机更新经验做法被全省推广。放心农产品"云集网"建成上线,"衢江山农"区域公共品牌启用,北京展销中心揭牌。衢江区作为全国食品安全示范县代表,在全国"双百"对接活动现场会上做典型发言。

全年新增财力77.8%用于民生支出。新增农村饮水安全人口2.84万人,建成示范性居家养老服务中心10个,新建改造城镇公厕17座、农村厕所550座。城乡低保标准实现一体化,低收入农户收入增长快于省市平均水平,城乡收入比保持在1.85以内。启动"1+1"飞地物业助推消薄项目,全面消除集体经济薄弱村。环境质量持续改善,交接断面水质考核优秀,空气质量优良率(AQI指数)89.2%,PM2.5浓度均值下降21.4%。推进"垃圾革命""厕所革命""污水革命"。

【山海协作战略合作项目实施】 2018年,衢江区政府与省建设厅签订《深化推进山海协作工程合作协议》。这是自全省山海协作工程推进会召开后,省内首个厅县(市、区)合作项目。双方将以江心岛开发利用、浙江特色乡土营造研究院建设、浙西建筑工业化产业基地、美丽衢江花园城市三年行动、小城镇环境综合整治、农村建筑工匠队伍建设等项目为实施载体,开展城市空间战略发展、农村人居环境提升、建筑产业现代化、城市建设与管理、小城镇环境综合整治、人才智力培养等六大方面战略合作。

【种粮专业联合社组建】 2018年2月22日,由衢江区全旺镇3位发起人联合镇内25家经营规模在6.67公顷以上专业种粮的家庭农场组建衢州全旺道米家庭农场合作社,该合作社总种植面积400公顷。通过"产""管"并举,加强源头治理,突出全程监管,以"五代""八统一"创新模式为重点,成为浙江省唯一一家省农业农村厅专门试点的种粮专业联合社。

【首创"疑难问诊"专窗】 2018年7月23日,衢江区行政服务中心27号窗口专设为"疑难问诊窗口",每周安排一名市场监管局的业务分管领导或科室负责人到该窗口坐班指导。5名分管领导,5名科室负责人充当服务员、办事员,受理相关业务的咨询服务,查找业务办理过程中可减少的流程、次数、材料、时间,帮助窗口工作人员解决办理中遇到的问题,有针对性地对窗口工作人员进行业务指导,从而进一步优化办事流程,更有效地提升办事效率。

【衢江抽水蓄能电站项目获批复】 2018年12月4日,省发展改革委发文批复,核准衢江抽水蓄能电站项目,标志着该项目进入开工阶段,成为年内全国首个开工的抽蓄核准项目。该项目动态投资73亿元,总装机容量1200兆瓦,工程建成后年平均发电量20亿千瓦时,年创税收1亿元。将承担华东电网的调峰、填谷、调频、调相及紧急事故备用等任务,有效缓解电网调峰矛盾。衢江抽水蓄能电站建成后,由于特殊的地理环境,上、下水库库区形成美丽的自然景观,结合当地水门尖、天脊龙门和药王山的旅游资源,抽水蓄能电站所在衢南山区,将成为全省又一个AAAAA级旅游景区。

(衢江区政府办公室　高建林)

江山市

【概况】 2018年,江山市辖3个街道、11个镇、5个乡,有292个行政村、13个社区居委会。年末常住人口48.37万人,户籍人口61.64万人。地区生产总值300.47亿元,比上年增长8.5%。其中:第一产业增加值20.85亿元,增长3.3%;第二产业增加值140.25亿元,增长8.3%;第三产业增加值139.37亿元,增长9.6%。三次产业增加值结构调整为6.9:46.7:46.4。按常住人口计算,全市人均生产总值6.24万元,增长10%。

财政总收入29.57亿元,增长17.3%。财政支出56.03亿元,增长23.9%。全国县级财政管理绩效评价居全省第二位。城镇常住居民人均可支配收入45464元,增长9.4%;农村常住居民人均可支配收入24082元,增长9.8%。

农林牧渔业增加值21.25亿元,增长3.4%。列为省级放心粮油示范试点县、全国水稻新品种展示和示范基地,郎峰种子有限公司被农业农村部列为首批种子市场观察点。塘源口乡被认定为全国"一村一品"示范村镇,仓坂千亩猕猴桃园入选浙江省"最美田园"。全市茶园面积3433公顷,年产值1.85亿元,获评"中国茶业百强县"称号,江山绿牡丹茶被认定为国家地理标志农产品。自主选育的"江白2号"金针菇品种入选省种植业主导品种,江山白菇获评省食用菌行业优秀品牌。入选首批省畜牧业绿色发展示范市。新增4个省级现代农业科技示范基地、9个省级示范性家庭农场、10个省级美丽生态牧场。

新增规模以上工业企业78家、小微园5个。规模以上工业完成总产值238.98亿元,增长18.8%。完成工业出口交货值20.08亿元,下降4.5%。重点培育门业和装备制造、健康生活、消防应急"1+3"重点产业,新能源、新材料等新兴产业。强势启动门业整治"百日攻坚"专项行动,关停淘汰企业118家,整合集聚61家,改造提升195家,被授予"中国定制家居木质制品名城"称号。入选省智能制造试点,首批20个、总投资3.9亿元的智能制造项目启动建设。启动工业企业综合绩效大数据平台建设,实现全市所有工业企业及工业用地应用全覆盖。落实"凤凰行动"计划,全市22家企业入围衢州市龙头和标杆企业。经济开发区获评省军民融合产业示范基地。

固定资产投资下降5.8%。社会消费品零售总额137.19亿元,增长9%,其中网络零售额57.21亿元,增长46.7%。金融机构本外币存款余额490.45亿元,增长10.5%;本外币贷款余额368.45亿元,增长13.2%。

建立重大项目专班推进机制,实施"融衢接杭"战略。仙霞森林古道江山段建设项目、文化艺术中心二期工程项目被列为省级重大重点工程项目。规范完善产业引导基金投资决策及运作流程,设立运营采用定向投资模式的网联基金。推行绿色金融改革创新,创建"个人碳账户"。

接待国内游客1868.87万人次,增长24.2%;国内旅游收入118.72亿元,增长24.5%。旅游总收入118.83亿元,增长24.4%。省服务业强县综合评价居衢州首位,获评"省首批全域旅游示范县(市、区)""最受欢迎的浙江旅游目的地TOP10""中国汽车(房车)旅游文化基地"。世界自然遗产——江郎山国际文化旅游产业发展集聚区考评位列全省100个示范区第五位;江郎山廿八都景区跻身中国优质服务景区100强。石门镇、大陈乡分别列入省首批运动休闲小镇和省旅游风情小镇培育名单。新增省级示范型放心景区4个。A级景区村庄实现乡镇全覆盖。有省级四星及以上农家乐经营户(点)15个。耕读农场获评全国休闲农业与乡村旅游五星级示范企业,兴墩、洪福、枫石村获评省级休闲旅游示范村。

全市有国家高新技术企业44家,省科技型中小企业241家。工业设计基地为省级特色示范基地。北京大学地球与空间科学学院在江山中学设立地球科学科普基地,江山如画农业科技有限公司创建成为国家级生态农业星创园。新增"院士专家工作站"和"博士工作站"各1个。打造"数字江山",实现总体规划、控制性详细规划、用地红线、土地利用总体规划、生态保护红线一并展示与查询。新增授权专利1193件,其中发明专利186件,均创历史新高。

参加城镇基本养老保险39.27万人、城镇基本医疗保险55.37万人。低保标准首次实现城乡一体化,享受城镇和农村居民最低生活保障13228人,失业保险职工人数减至537人。创建衢州首个省"无欠薪市"。城镇

"三无"对象(农村五保户)集中供养率100%。连续9年获评省"双拥模范城"。

整治"低小散"企业120家、涉VOCs(挥发性有机物)排放"散乱污"企业23家。创建山海协作园区工业"污水零直排区"。列为国家畜禽粪污资源化利用示范县,全面推进垃圾革命、厕所革命。启动生活垃圾焚烧发电工程项目,282个村实施农村生活垃圾分类处理,50个村建成示范村。有垃圾兑换超市282个、阳光堆肥房119个。对34座城镇公厕、79座旅游厕所进行改造提升。开通旅游厕所导航功能。2.55千米江山港城区段首次采用环保型绞吸式挖泥船清淤,获评省级"美丽河湖"。生活垃圾无害化处理率100%,污水处理率95.84%,空气质量优良率(AQI指数)提升2.4%,PM2.5平均浓度下降3微克/立方米,出境水断面水质年均值达到地表水Ⅲ类标准,集中式饮用水源达标率继续保持100%。农村安全卫生饮水人口覆盖率97.3%。获评美丽浙江建设考核优秀单位奖,获省"五水共治"(河长制)工作优秀县(市、区)"大禹鼎"。

【"最多跑一次"改革走在全省前列】 2018年1月,江山市"最多跑一次"改革被衢州市列为争创改革标杆县(市)。自2017年列入全国100个基层政务公开标准化、规范化试点以来,江山市营造门槛最低、成本最小、服务最优、体验最好、效率最高的政务环境。梳理公布群众和企业到政府办事事项1354项,其中"最多跑一次"事项1351项,占99.9%,超过省定标准;完成市行政服务中心"一窗受理、集成服务"改革,推出18项"证照联办"事项和"不动产登记与水电气联办"等"一件事"办理模式。与乡镇(街道)"四个平台"建设有机融合,探索服务前移,建立"跑小二"代办服务机制,将全市划分为807个网格,每个网格配备网格长、网格指导员和专(兼)职网格员,明确一名专职网格员为"跑小二",送服务上门,帮办代办事项97696件,打通乡镇行政审批服务"最后一公里"。实施"百名局长驻窗口"活动,在一线办理群众反映强烈的反复跑、来回跑和多趟跑问题。

【全国基层政务公开试点】 2018年,江山市以"最多跑一次"改革为牵引,依托浙江政务服务网移动端,对接全省统一政务咨询投诉举报平台与基层治理四平台,推进政务服务"无差别受理"改革。"最多跑一次"事项实现率、集中进驻率及民生事项"一证通办"实现率均达100%。浙江华数上线运行"政务公开栏目",构建"六位一体"政务信息发布查询体系。推出《请江山人民阅卷》电视问政栏目,汇聚民智,营造风清气正的发展环境。推出中介服务改革,实现企业投资项目开工前审批"最多100天"。推进"掌上办事之城"建设,1192个事项实现"网上办"、332个事项"掌上办"、982个事项"零跑腿",复印机办理事项缩减率81%。国家园林城市、省示范文明城市通过复查,获评全国法治县创建先进单位。被列为衢州市争创改革标杆县(市),连续8年获评省级"平安县(市、区)",连续9年获评新农村建设优秀县(市)。

【江山市获"国家森林城市"称号】 2018年10月15日,江山市被国家林业和草原局授予"国家森林城市"称号。年初,江山市召开创建"国家森林城市"动员大会,制订《江山市创建国家森林城市工作方案》,将森林城市40项指标分解落实到17个主要责任部门和19个乡镇(街道),形成"财政主导、项目整合、企业自筹、社会支持、个人认建(认养)"的多元化资金投入机制,重点实施城区森林、森林镇村、森林廊道、森林生态屏障与森林提质、生物多样性和湿地保护五大生态建设工程,全市森林覆盖率70.55%,城区绿化覆盖率45.8%,人均公园绿地面积12.14平方米,道路绿化率95.08%,水岸绿化率97.9%,初步构建起城乡一体和山水林田路综合森林网络体系。

【江山市与法国圣日尔韦市缔结友好关系】 2018年11月27日,江山市市长舒畅与法国圣日尔韦市市长让-马克·佩莱克斯签订协议书,缔结友好交流关系。两市以旅游、赛事合作为突破口,发挥双方休闲度假资源优势,推动经济、旅游、文化、教育、体育等领域的务实合作,互派优势项目专家进行培训和指导,增进友谊、分享经验,实现互利共赢。

【江山市获"2018年度中国十佳幸福县市"称号】 2018年12月15日,在第13届中国全面小康论坛上,江山市获"中国十佳幸福县市"称号。江山市以建设"绿色发展、实力支撑、美丽著称、活力开放、人民幸福"现代化大花园为目标,工业转型升级,提质增效,门业和装备制造、健康生活、消防应急"1+3"重点产业,新能源、新材料等新兴产业发展迅速。农村以兴产业推进强村富民,美环境提升农村品质,优治理确保和谐平安,打造"富裕、美丽、文明、和谐、满意"的中国幸福乡村升级版,走乡村振兴之路。

(江山市史志研究室 徐义祥 姜滔)

常山县

【概况】 2018年,常山县辖3个街道、6个镇、5个乡。年末常住人口25.5万人,户籍人口34.4万人。地区生产总值140.4亿元,比上年增长6.7%。其中,第一产业增加值7.91亿元,第二产业增加值59.99亿元,第三产业增加值72.51亿元。按常住人口计算,人均生产总值5.55万元。

财政总收入17.1亿元,其中一般公共预算收入11亿元,分别增长22.3%和11.1%。一般公共预算支出47.05亿元。农村居民人均可支配收入20184元,城镇居民人均可支配收入36423元,分别增长8.6%和10.2%。外贸进出口总额26211万美元,增长0.9%。

农林牧渔业总产值12.4亿元,增长2%;农业增加值8.3亿元,增长2.6%。"衢枳壳"入选"新浙八味""衢六味"。建成胡柚新品种示范推广基地66.67公顷。"常山胡柚"获省优秀农产品区域品牌。"常山猴头菇"注册地理标志证明商标。现代农业园区、东案乡胡柚产业特色强镇入选省“12188工程”，大宝山大坞胡柚基地入选浙江省“最美田园”，爱佳果蔬被认定为农业产业化国家重点龙头企业。

工业总产值177.7亿元，增长18%。工业增加值48.2亿元，增长9.6%。规模以上工业企业增加值增长10.7%、利税增长59%，增幅均居衢州市首位。出台区域环评、企业用工、降本转型等工业新政，兑现涉企奖补资金1.6亿元。实施企业登高“2315”工程，先导产业园建成投产。坚持“亩均论英雄”，强化府院联动，处置“僵尸企业”30家，盘活土地116.67公顷，新增项目投资10.6亿元。加大落后产能淘汰力度，关停轻钙产业相关企业8家，整治“四无”企业101家。

固定资产投资下降6.3%，全县128个重点项目完成投资87.4亿元。深化项目管理“红绿灯”预警机制、项目要素保障“5+1”协调机制、“标准地+承诺制”改革，推进一批重点项目建设。社会消费品零售总额69.9亿元，增长9.1%。服务业增加值72.5亿元，增长6.8%。

接待游客人次、旅游收入分别增长19%和18.7%。全域旅游创建加快推进，梅树底景区成为常山县第二个AAAA级景区，赏石小镇、赛得健康小镇通过AAAA级景区旅游景观质量评价，彤弓山创建成为AAA级景区，何家乡创建成为省级“风情小镇”，西源革命纪念馆建成开馆。获评浙江省全域疗休养发展十佳县、全国百佳乡村旅游目的地。举办第二届常山国际赏石文化节暨首届中国观赏石之乡交流会。建成精品民宿10家，村上酒舍被评为省白金宿级民宿。

制定“东接新衢州·慢城大花园”行动计划，明确“一江、两城、三园、四镇、五通道”实施主路径、主平台，“衢常一体、融合发展”新格局初见雏形。常山江航运工程列入交通部“十三五”规划中期调整项目，常山港列入省级湿地公园。入选全国山水林田湖草生态保护修复工程试点、全国经济林产业区域特色品牌建设试点；入选“中国好粮油”示范县、首批省可持续发展创新示范区创建名单；获省级国土资源节约集约模范县称号，获省奖励建设用地指标20公顷；获省绿色发展奖补资金4.76亿元。8个项目新列入省重点项目。成为全国不动产登记专项工作会议县级考察点。全国首创公安窗口入驻乡镇“四个平台”。新认定国家高新技术企业12家、省级科技型中小企业37家。

推进教育“四个一”(即山区人民实现一人一亩果，一人一亩茶，一人一亩药材，一人一头畜)工程。实施校长奖励职级制改革，创新教师储备员额制度，创建成为省教育基本现代化县。推进省医共体试点县建设，深化与浙大一院医联体建设，信息一体化、采购一体化持续推进。院士专家工作站落户常山。举办胡柚文化节、油茶“两会一节”等活动。入选全国首个县级“志愿之城”试点。社会保障得到加强。大病医疗救助惠及2865人，贫困残疾人“两项补贴”惠及1万余人。十方面民生实事基本完成，累计投入资金2.6亿元。

小城镇环境综合整治三年任务两年完成，11个集镇通过省级验收。开展全域土地综合整治，谋划建设田园综合体整治项目7个。美丽乡村建设富有成效，7个重点实施村面貌明显改观，4条美丽风景线成为旅游新景点。“厕所革命”“垃圾革命”持续发力，建成A级以上公厕130座，创建农村生活垃圾“123”分类法示范乡镇(街道)、村(社区)35个。农村土地承包经营权确权登记颁证通过省级验收。常山港和芳村溪创建成为“美丽河道”。首创出境水质乡镇考核办法，全年出境水Ⅰ类水质天数149天，居钱塘江流域34个县(市、区)首位，获省“五水共治”(河长制)工作优秀县(市、区)“大禹鼎”。城区PM2.5浓度下降到31微克/立方米，空气质量创5年来最好水平。

【常山县入选全国经济林产业区域特色品牌建设试点单位】 2018年4月4日，常山县凭借区域特色品牌“常山山茶油”，入选全国经济林产业区域特色品牌建设试点单位。常山县大力发展山茶油，逐步形成以山茶油为主的经济林产业带，油茶种植面积、产量均列浙江省首位，是浙江省唯一入选油茶示范县千万元建设项目县，被授予全国油茶交易中心、全国山茶油价格指导中心。常山县油茶精加工产业集聚，产品涵盖精制山茶食用油、化妆用油、保健品、药品、茶皂素五大类十六大系列。全县油茶总种植面积1.87万公顷，油茶籽产量5000多吨，茶油1300多吨，油茶籽产量占全省总产量的16.7%、衢州市总产量的41.6%。

【全省首个地质公园院士专家工作站揭牌】 2018年6月17日，常山县国家地质公园院士专家工作站揭牌启用，工作站由常山县国家地质公园管理委员会与中国科学院南京古生物研究所陈旭院士、沈树忠院士合作共建，是浙江省首个地质公园院士专家工作站，也是常山县首个“双院士”专家工作站。该工作站就遗迹保护、综合利用、科教文旅、学术交流等多方面开展实践和探索，促进常山县地质资源保护、科学研究及科教文旅工作。

【常山县列入全国首个县级“志愿之城”试点城市】 2018年6月，中国志愿服务联合会批复同意，确定常山县作为县级“志愿之城”试点城市，为首家县级层面“志愿之城”试点建设城市。中国志愿服务联合会从运行机制、文化氛围、阵地建设、品牌打造等方面对常山县志愿服务水平提升进行指导。

【常山县获省森林资源保护管理工作突出贡献集体奖】 2018年11月12日，省政府印发《关于表扬全省森林资源保护管理工作突出贡献集体和个人的通报》，对全省森林资源保护管理工作突出贡献集体和个人进行表彰，常山县获浙江省森林资源保护管理工作“突出贡献集体”称号。常山县完成绿化造林1333.3公顷、平原绿化140多公顷，创建省市级森林村庄20多个、森林城镇1个。建成“一村万树”示范村64个，种植珍贵彩色树种苗木90万株,建设和提升森林大道5条。建成生态公益林4.06万公顷,森林覆盖率73.2%,活立木蓄积量260万立方米。

(常山县政府办公室　王　威)

开化县

【概况】　2018年,开化县辖8个镇、6个乡、1个办事处、255个行政村和11个社区。年末常住人口25.5万人,户籍人口36.22万人。地区生产总值131.99亿元,比上年增长6.6%。其中,第一产业增加值13.09亿元,第二产业增加值43.44亿元,第三产业增加值75.46亿元。按常住人口计算,人均生产总值5.21万元。

财政总收入14.52亿元,增长9.9%,其中一般公共预算收入9.39亿元,增长11.3%。一般公共预算支出52.48亿元。城镇、农村常住居民人均可支配收入分别为34617元和17283元,增长8.9%和9.8%。

规模以上工业总产值81.4亿元,增长8%。产业发展提质增效,制定支持光伏产业发展政策;推行"一产一策",修订清水鱼、茶产业等农业产业专项扶持政策,全年兑现产业扶持资金2.78亿元,创历史新高。服务业增加值75.46亿元,增长9%。外贸出口总额20.21亿元。开化—桐乡山海协作生态旅游文化产业示范区建设模式被全省推广。

社会消费品零售总额85.51亿元,增长9.4%,列入省级服务业强县试点区、省文化产业发展专项资金扶持县。全县网络零售额25.17亿元,增长44.5%。推行工业企业投资项目"标准地"出让制度,全面实施"亩均论英雄"改革,完成工业企业综合效益评价,处置"僵尸企业"9家,整治"低散乱"企业40家。

开展"四重四比"项目攻坚活动,160个"四大工程"重点项目年度投资90.35亿元,高新技术产业投资、生态环境和公共设施投资、交通基础设施建设投资分别增长36.8%、35%和37.1%。省、市、县长工程项目开工入库率50%。11个项目列入长三角经济带项目库,8个项目入选省国有企业混改推介项目,8个项目列入市绿色项目库。全年新引进项目35个,到位资金26.08亿元。落实各级扶持资金33亿元,增长10%。

制定实施钱江源国家公园体制试点三年行动计划,开展"清源"一号专项行动,集体林地役权改革全面完成,跨行政区域合作保护取得阶段性成果。"多规合一"、国家重点生态功能区等试点稳步推进,省级园区循环化改造示范试点、低碳县试点通过中期评估。华埠镇生态功能区小城市培育试点考核良好,入选全国综合实力千强镇。创新"开化办事通"便民服务体系,实施不动产交易登记"十部门联办"和"无差别受理","最多跑一次"事项实现全覆盖,新行政服务中心大楼投入使用,政务环境从全省91位上升到50位。

开展"千企结千村、消灭薄弱村"专项行动,省定119个集体经济薄弱村全面摘帽。建成全省首个慈善精准扶贫示范基地,低收入农户人均可支配收入增长15.9%。新增公租房政策保障家庭342户。

十方面民生实事工程全面完成。实施教育质量提升三年行动计划。创建浙江省示范学习型城市。列入全国健康促进县试点,获评全国基层中医药工作先进单位。浙江大学医学院附属第二医院高水平"医联体"运行,县第二人民医院迁建工程开工。省级卫生乡镇实现全覆盖。入选省新时代文明实践中心建设试点县,创建有礼乡镇2个、乡风文明示范村20个。开化贡纸、龙顶茶制作技艺和开化根雕列入首批省传统工艺振兴目录。空气质量优良率(AQI指数)98.3%,PM2.5年均值23微克/立方米。

【"一路一入城口"获省级荣誉称号】2018年1月31日,在全省"四边三化""双百"创建活动中,开化205国道(邻里至齐溪段)通过考评,综合评定分数居全省第三位,获评"省级精品示范道路"称号;G3(黄衢南)高速公路开化入口获"省级精品入城口"称号。205国道邻里至齐溪段全长11.3千米,是浙江西大门必经之路,被誉为"天然氧吧负离子之路";G3(黄衢南)高速公路开化入口是G3高速公路连接开化的纽带。

【开化县入选省级服务业强县试点地区】　2018年11月7日,省发展改革委公布《2018年度浙江省服务业强县(市、区)培育综合评价结果公示》,开化县增列为服务业强县(市、区)试点地区,在全省27个Ⅲ类地区中排名第七位。开化县围绕创建"省级服务业强县"总体目标,落实"产业强县"发展战略,抓好政策引导、平台建设、项目推进、企业及行业培育等五大中心工作。"十三五"期间,开化县服务业增加值占地区生产总值的50%,并呈逐年上升趋势,占比达54%;服务业投资长期占全县固定资产投资70%以上,占比达90%;服务业从业人员4.75万人,带动新增就业2000多人,服务业从业人员年平均收入突破7万元,高于全县平均水平23.5个百分点。

【开化县获评"国家生态文明建设示范县"】　2018年12月15日,在全国生态文明建设现场推进会上,生态环境部为45个第二批国家生态文明建设示范市县命名并授牌,开化成为全省6个入选市、县(市、区)之一,也是衢州市唯一入选的县(市)。开化县自1997年确立并实施"生态立县"发展战略,致力于生态文明体制探索,创建成为国家生态示范区、国家级生态县。践行"绿水青山就是金山银山"理念,开展国家、省级重点改革试点,"多规合一"、国家主体功能区建设、国家级生态保护与建设示范区、钱江源国家公园体制试点区等试点相继在开化落地。

【全国首个县域生态产品价值实现机制研究中心成立】　2018年12月28日,全国首个县域生态产品价值实现机制研究中心在开化揭牌。在揭牌仪式暨开化县生态产品价值实现机制论坛上,中国科学院生态环境研究中心发布开化县生态产品价值核算报告。开化借助县域绿色资源优势和战略机遇,探索县域生态产品价值实现新模式和适合县域生态产品价值实现的技术路径。2010—2017年，开化县生态产品价值(GEP)增加208.15亿元，增长32.1%。物质产品价值、调节服务价值和文化服务价值分别增长1.4%、0.4%和3.49倍。

(开化县政府办公室　王子骏)

龙　游　县

【概况】 2018年，龙游县辖2个街道、6个镇、7个乡，有262个行政村、10个社区。年末常住人口37.48万人，户籍人口40.39万人。地区生产总值241.98亿元，比上年增长7.6%。其中：第一产业增加值12.01亿元，增长4.2%；第二产业增加值107.4亿元，增长8.2%；第三产业增加值122.57亿元，增长7.5%。按常住人口计算，人均生产总值6.49万元，增长6.5%。

财政总收入27.5亿元，增长24.6%，其中一般公共预算收入17.63亿元，增长19%。金融机构本外币存款余额328.27亿元，增长13.2%，其中住户存款177.99亿元。城镇居民人均可支配收入44246元，增长8.7%；人均消费支出24990元，增长10.8%。农村居民人均可支配收入22636元，增长10.4%；人均生活消费支出12203元，增长12.1%。

农林牧渔业总产值23.72亿元，增长3.9%。其中：农业产值8.77亿元，增长6.9%；林业产值1.94亿元，增长3.3%；牧业产值10.35亿元，增长1.5%；渔业产值2.27亿元，增长4.8%。粮食产量13.51万吨。编制“1+4+1”乡村规划(即乡村建设规划+村庄布点规划、村庄规划、村庄设计、农房设计+农村特色风貌规划)，完善农民建房管理服务体系。创建成为省级农产品质量安全可追溯县。创建省级美丽宜居示范村8个。深化农村“三权”确权改革，土地确权工作通过省级验收。推进“光伏强村”“龙游飞鸡”等精准扶贫工程，巩固脱贫成果，186个集体经济薄弱村全面消除，集体经济进一步发展壮大。

工业总产值325.52亿元，工业增加值88.73亿元，增长9.6%。工业用电量17.87亿千瓦时，增长16.4%。规模以上工业企业165家，总产值增长14.2%，其中10亿元以上企业3家，拉动全县规模工业产值增长2.2个百分点。以“亩均论英雄”改革为契机，量质并举加快工业提升。创建省级企业研究院4个、高新技术企业研发中心4个，培育科技型中小企业36家，特种纸产业创新服务综合体入选省级创建名单。加快企业上市，签约启动IPO(首次公开募股企业)5家，新增股改5家、浙股交成长板挂牌3家。加快淘汰落后产能，开展工业企业综合效益评价，完成低效出清290家，整治提升“低散乱”企业(作坊)125家。

固定资产投资增长5%。141个实施类项目完成投资157.49亿元。引导民间资本扩大投资，全年民间投资增长12.9%，占全部投资的65%。交通投资增长32.9%，生态环境和公共设施投资增长17.1%，高新技术投资增长38.8%。

社会消费品零售总额155.73亿元，增长8.9%。服务业投资增长28.4%。推进“龙游石窟+红木小镇”AAAAA级景区联创，民居苑聚宝古街开园运营，红木小镇连续3年入选全省优秀小镇。六春湖索道下站房主体结顶，龙游花海、姑蔑城生态园等项目稳步推进，大街横坑、凤栖龙游等精品民宿项目签约落地，新增省AAA级景区村11个。姜席堰入选世界灌溉工程遗产。

外贸进出口总额41.81亿元，增长5.1%。其中出口总额31.72亿元，增长4.7%。实际利用外资1704万美元，增长53.2%。金融机构本外币贷款余额287.7亿元，增长12.9%。

持续加大民生投入，一般公共预算民生支出45.3亿元，占一般公共预算支出的76.7%，十方面民生实事工程如期完成。基本养老、医疗保险参保率分别为94.3%和99.7%，低保标准实现城乡一体化。深化“无欠薪”县创建，欠薪纠纷下降76.3%。加大教育投入，阳光小学、灵江幼儿园建成投用，华岗中学、西门小学、学士幼儿园等一批新改(扩)建项目有序实施，县管校聘改革全面铺开。

城区垃圾减量分类稳步实施，建筑垃圾处置率100%。以“最多跑一次”改革为引领，打造最佳营商环境、最佳基层治理县。推行“无差别受理”，创新“营商专员二人组”“龙商亲清服务日”等机制，建成运行“移动办”平台。创建“无证明县”，列入全省26条经济体制改革典型经验。“龙游通+全民网格”模式入选省十佳公共管理创新案例，获评省民生获得感示范工程。深化绿色金融改革，加强不良资产处置，化解企业“两链”(资金链、担保链)风险，全县不良贷款率降至1.2%，获评省级信用县。深化“五四三”专项，持续改善环境质量，县域空气质量优良率(AQI指数)升幅居全省第一位。

【龙游县获评省级小城镇整治优秀县】 2018年，龙游县被省城乡环境整治工作领导小组评为小城镇环境综合整治工作省级优秀县。龙游县按照市委“三年任务两年完成”工作目标，倒排工作计划，要进度更要高度，保质保量完成各项工作指标。14个整治点全部通过省级验收，其中湖镇、溪口、詹家、沐尘、社阳5个乡镇被评为省级样板，塔石、小南海、石佛3个乡镇被评为市级样板。年内，全市综合排名第一位，其中花小钱办大事、线乱拉整治、道乱占整治被省整治办在全省推广，举办全省道乱占整治现场会、全市“线乱拉”“互看互学”现场会。

【省级公共海外仓建设】 2018年，龙游新丝带公共海外仓入围第四批省级公共海外仓，这是全省唯一一家入驻南美洲的公共海外仓，也是全市首个省级公共海外仓。该项目选址于巴拿马运河沿岸哥伦比亚首都圣菲波哥大，占地面积2800平方米，可提供代客清关、货柜和散货仓储、分拨配货和送货上门、第三方物流、库存管理、商品实体展示及在线销售等一站式贸易产业链服务。自6月运行至年末，有30多家衢州本土及省内外企业入驻，完成南美洲国家业务订单800多万美元。是衢州市引导本地外向型企业“走出去”综合平台，也是衢州响应国家“一带一路”倡议的重要举措。

【姜席堰入选世界灌溉工程遗产】 2018年1月，姜席堰申遗工作启动，2月5日，获国家灌溉排水委员会年度世界灌溉遗产候选名单遴选第三名。5月13日，由8位国家级专家、7位中国水利科学研究院博士组成的国家灌溉排水委员会专家组莅临龙游进行现场考核评估，专家组一致认为姜席堰工程选址、工程布局及建设技术等体现“天人合一”生态治水理念。清代的堰工局、堰长制等“官督民办”管理方式对当代水利工程管理具有非常重要的借鉴价值，同意列入向国际灌排委推荐年度名单，代表中国参加国际评选。8月14日，在加拿大萨斯卡通召开国际灌排委员会第69届国际执行理事会上，姜席堰入选第五批世界灌溉工程遗产名录。

【龙游县入选“浙江制造”品牌培育试点县】 2018年1月16日，龙游县入选第三批“浙江制造”品牌培育试点县（市、区）名单。龙游县深入推进“标准强省、质量强省、品牌强省”和“浙江制造”战略，品牌建设持续发力。龙游特种纸获“浙江区域名牌”，成为全市首个工业类“浙江区域名牌”。全县有3项“浙江制造”团体标准发布实施，开展“浙江制造”认证的企业2家，4家企业5个产品列入“浙江制造”品牌重点培育清单（2017—2020年），“浙江制造”品牌培育重点梯队企业18家。

【“龙游通”获省公共管理创新案例十佳创新奖】 2018年12月18日，在第五届浙江省公共管理创新案例评选结果发布会上，“龙游通”获“十佳创新奖”。评选活动围绕中心工作、体现改革精神，案例丰富鲜活、极具创新特色，基层更加重视、社会影响广泛，为全省以“最多跑一次”改革撬动各领域改革提供一批可复制、可推广的样本。“龙游通+全民网格”源于基层首创，实现村村通、企企联、人人用、随手拍，推动基层党员干部履职尽责接受监督，形成党政村（居）与群众及时沟通机制，开展在线服务和网上约办，走出一条低成本、可推广、高效便民的共建共治共享的基层治理新路。（龙游县政府办公室　叶凌豪）

舟山市
Zhoushan Municipality

【概况】 2018年，舟山市辖定海、普陀2个区及岱山、嵊泗2个县。陆域面积1459平方千米，海域面积2.08万平方千米。包括专属经济区部分在内海域面积达11万平方千米。全市有大小岛屿1390个，其中1万人以上住人岛屿12个。年末常住人口117.3万人，户籍人口96.9万人。

全市地区生产总值1316.7亿元，比上年增长6.7%。其中：第一产业增加值142.6亿元，增长5.8%；第二产业增加值428.4亿元，增长6%；第三产业增加值745.7亿元，增长7.2%。第一产业增加值占地区生产总值的10.8%，第二产业增加值比重为32.6%，第三产业增加值比重为56.6%。按常住人口计算，人均地区生产总值11.25万元，增长6%。

财政总收入218.4亿元，增长16.6%；财政一般公共预算收入146亿元，增长16.1%。一般公共预算支出308.5亿元，增长19.3%。常住居民人均可支配收入49217元，增长8.9%。城镇常住居民人均可支配收入56622元，增长7.8%；城镇常住居民人均生活消费支出33826元，增长5%。渔（农）村常住居民人均可支配收入33812元，增长9.8%；渔（农）村常住居民人均生活消费支出22007元，增长7.5%。城镇居民人均住房建筑面积36.2平方米，渔（农）村居民人均住房建筑面积54.3平方米。

农作物播种面积1.54万公顷，下降4.8%，其中粮食播种面积4900公顷，下降4.4%。粮食总产量2.4万吨，下降4.4%。水产品总产量179.1万吨，增长7.1%，其中远洋渔业产量49.1万吨，增长28.5%。海水养殖面积4401公顷，增长0.5%；海水养殖产量31.8万吨，增长31.2%。建成省级现代农业园区1个，核心区面积1666.67公顷，建成粮食生产功能区2000公顷。省级无公害农产品产地88个，面积8066.67公顷；省级无公害水产品基地38个，面积946.67公顷。渔（农）家乐特色村43个，全年营业收入28.3亿元。

规模以上工业增加值增长6.4%。规模以上工业企业资产2326.1亿元。利税总额24.6亿元，其中利润总额5.9亿元。规模以上工业中，高新技术产业总产值增长6%，产值占规模以上工业的37.9%；装备制造业总产值增长4.8%，产值占规模以上工业的38.8%；战略性新兴产业总产值增长9.1%，产值占规模以上工业的34.2%。规模以上工业新产品产值率19.3%，提高5.2个百分点。

固定资产投资增长7.5%。其中，民间投资增长34.3%，高新技术产业增长95.2%，交通投资增长43.9%，生态环保和环境治理业增长6.5%。在固定资产投资中，第一产业增长2.3倍；第二产业增长26.2%，其中工业增长26.3%；第三产业下降4.6%，其中交运仓储邮政业增长28.2%。

社会消费品零售总额536.9亿元，增长8.7%。按经营地统计，城镇消费品零售额434.8亿元，增长8.9%；乡村消费品零售额102.1亿元，增长7.8%。限额以上批发业销售额2302.4亿元，增长37.4%。登记商品交易实体市场127个，其中消费品市场121个、生产资料市场6个。全年商品交易市场成交额447.5亿元，增长19.9%。1亿元以上商品交易市场27个，年成交额459.1亿元，增长17.6%。居民消费价格（CPI）上涨2.8%，其中食品类价格上涨3.2%。商品零售价格上涨2.2%。工业生产者出厂价格上涨2.9%。

货物进出口总额1135.5亿元，增长44.9%，进出口总额首次突破1000亿元大关，创历史新高。其中：出口424.8亿元，增长10.6%；进口710.7亿元，增长78%。大宗商品进出口额734.8亿元，增长67%，占全市进出口的64.7%。服务贸易进出口153.8亿元，增长17.7%。其中：出口128.2亿元，增长19.5%；进口25.7亿元，增长9.6%。

引进外资合同项目271个，增长3.8倍；实际利用外资4.18亿美元，增长3.1%;实际引进市外资金665.2亿元;“浙商回归”到位资金241.3亿元。国外经济合作营业额9.48亿美元,增长92.8%,其中对外承包工程完成营业额8.08亿美元,增长96.8%,占全市外经合作营业额的85.2%,提升1个百分点。全年新增注册企业7413家(包括新设和换发),注册资本总额2015.9亿元;新增外商投资企业299家,合同外资38.9亿美元,占全市90.3%;实际利用外资2.9亿美元,占全市比重70.4%。

舟山口岸进出口货运量13945万吨,增长6.3%。其中:进口货运量13284万吨,增长5.8%;出口货运量660万吨,增长18.4%。年末舟山口岸对外开放陆海域面积1344.8平方千米,与上年持平。

水路货运量27756万吨,增长19.4%,水路货运周转量3327.9亿吨千米,增长12%;水路客运量2922万人,增长4.1%,水路客运周转量4.86亿人千米,下降0.3%。公路货运量10374万吨,增长22.6%,公路货运周转量176.3亿吨千米,增长17.5%;公路客运量2584万人,下降3.1%,公路客运周转量11.2亿人千米,增长5.5%。舟山港域港口货物吞吐量50787万吨,增长10.9%,其中外贸货物吞吐量15158万吨,增长5.8%。从主要品种看,石油及天然气吞吐量7119万吨,增长1.8%;金属矿石吞吐量18019万吨,增长13.7%;粮油类吞吐量681万吨,下降17.8%;煤炭及制品吞吐量2711万吨,增长9.1%。全年集装箱吞吐量125.6万标箱,增长20.6%。

旅游总收入942.2亿元,增长16.8%;旅游外汇收入16354.1万美元,下降7.2%。旅游接待人数6321.4万人次,增长14.8%,其中入境过夜人数17.7万人次,增长3.7%。有A级景区40个,其中AAAAA级景区1个、AAAA级景区4个。旅行社175家,增加19家。星级宾馆26家,星级宾馆客房入住率45.1%。

各类金融机构71个,其中银行业机构27个、保险业机构23个、证券业营业部11个、小额贷款公司10个。金融机构本外币各项存款余额2034.1亿元,增长1.3%。全部金融机构本外币各项贷款余额2028.9亿元,增长17.9%。金融机构融资总量余额3719.6亿元,新增671.1亿元。

财政一般公共预算支出中科技支出6.8亿元。全年组织实施各级各类科技项目564项,其中国家级50项、省级322项。申请专利2938件、授权专利2216件,其中申请发明专利1332件、授权发明专利508件。高新技术企业140家,省级创新型试点、示范企业13家,省级科技型企业744家,省级农业科技企业80家,省级高新技术研发中心51个,省级农业科技企业研发中心37个。有各类注册商标7100件,其中中国驰名商标11件、中国地理标志(包括证明、集体)商标19件。

全市有小学57所,在校学生49418人,增长2.5%;小学学龄儿童入学率100%。有初中28所,在校学生21151人,增长2.6%,小学毕业生升学率100%。义务教育中小学专任教师5661人,增长3%。全市各类中等职业教育学校4所,在校学生6884人;普通高中13所,在校学生11322人。全市有普通高等院校4所,在校学生26972人;成人高校1所,在校学生1228人。中等职业教育专任教师590人,增长1.2%。幼儿园129所,在园幼儿26875人;3~5周岁幼儿入园率99.97%。

各类卫生机构713个(含村卫生室),其中医院33个、社区卫生服务中心(卫生院)36个、社区卫生服务站140个。卫生技术人员(含村卫生室)9984人,增长8.1%。医疗卫生机构开放床位6407张,增长12%。

全市有文化艺术表演团体1314个,艺术表演场所6处,文化馆5个,文化站36个,公共图书馆5个。全年新设企业1万余家,增长52.2%;新设个体工商户1万多户,下降8.8%。在册市场主体11.4万户,增长15.1%,其中企业4万家,增长20.9%。

参加基本养老保险人数90.9万人,基本医疗保险参保人数96.8万人,失业保险参保人数23.7万人,工伤保险参保人数36.9万人,生育保险参保人数23.3万人。城镇“三无”对象集中供养率100%,渔农村“五保”老人集中供养率95%。

实施小城镇环境综合整治,34个小城镇全部通过省级考核验收。深化“千村示范、万村整治”,实施美丽乡村建设三年行动,重点完成18个省市美丽乡村精品村、4条主题风景线,2个省级历史文化保护利用重点村和3900户美丽庭院创建。推进整洁村庄专项行动,177个社区村环境得到全面整治。低收入渔农户人均可支配收入增长12.1%。开展农村生活污水治理村296个、农村垃圾减量化资源化处理试点村79个。至年末,100%建制村实现生活垃圾集中收集有效处理。在建历史文化村落保护利用重点村5个;创建省级美丽乡村示范乡镇14个、特色精品村40个。

全年PM2.5年平均浓度为22微克/立方米,空气质量优良率(AQI指数)94.8%,居全国前三位。全市县级以上集中式饮用水源水质达标率100%。区域环境噪声平均等效声级52.4分贝。全年实施平原绿化面积109.53公顷,建设珍贵彩色健康森林1026.67公顷,新植珍贵树39.27万株。全年有效灌溉面积15.6千公顷,节水灌溉面积8.1千公顷。

【中国(浙江)自由贸易试验区深化油气全产业链改革创新】 2018年,中国(浙江)自由贸易试验区全面推进总体方案试点任务落实,89项试点任务100%启动实施,有效实施率86.5%。围绕推进油气全产业链投资便利化贸易自由化探索形成59项制度创新成果,其中全国首创23项,6项被国务院复制推广,占第四批复制推广任务的20%。有序推进“一中心三基地一示范区”建设,在船用燃料油经营、原油非国营贸易、外资准入、民营企业参与大石化及LNG建设等方面创新体制机制,实现国际贸易“单一窗口”申报全覆盖,成为全国首个船舶无纸化通关口岸。获批原油非国营贸易进口配额,船用燃料油(保税油)直供量达359.3万吨,比上年增长96.5%;结算量566.3万吨,增长17.8%,占全国50%左右,成为全国第一大加油港,跻身全球前十位。新奥

LNG项目一期运营,LNG供应基地产业布局初步形成。进口非特殊用途化妆品备案试点落地。外轮供应货值增长3.04倍,外轮修理产值增长15.1%,中国舟山波音737完工和交付中心有限公司交付首架飞机。绿色石化基地2000万吨年炼化一体化项目进入基建和设备安装收尾阶段。首艘2万吨级江海直达船投入运营,江海联运量2.1亿吨,占全省总量72%。跨境人民币结算额727.9亿元,增长18倍。在舟山主场举办第二届世界油商大会。

【甬舟铁路通过铁路总公司审查】 2018年11月15—18日,中国铁路总公司在北京组织会议审查《新建宁波至舟山铁路可行性研究报告》。甬舟铁路是"义甬舟开放大通道"的重要组成部分。根据甬舟铁路最新可行性研究数据,推荐方案(邱隘接轨金塘隧道方案)新建线路长度70.92千米,其中宁波段23.77千米、舟山段47.15千米。全线设车站7个,其中新建北仑西、金塘、马岙、舟山(白泉)车站4个,改建宁波东、云龙、邱隘既有车站3个。项目总投资约252亿元(不计舟山境内公铁合建部分的公路投资)。根据方案,甬舟铁路功能定位为客运专线,预留冷链物流动车组运输条件,线路设计速度为250千米/小时,届时,宁波至舟山全程最快仅30分钟,杭州至舟山全程缩短至80分钟左右。甬舟铁路将采取公铁一体的模式建造,跨越金塘水道采用公路、铁路分建隧道方案,其中北仑到金塘铁路海底隧道,全长16.2千米,海底盾构段长10.87千米,是国内首条跨海高速铁路隧道,跨西堠门、桃夭门、富翅门路段采用公铁两用桥方案。 (舟山市委办公室 何 涛)

2018年,甬舟铁路列入全省大通道建设十大标志性项目,并通过中国铁路总公司可行性研究报告审查。图为甬舟铁路基础勘探现场 (舟山市委办公室 供图 姚 峰 摄)

定 海 区

【概况】 2018年,定海区辖10个街道、3个镇。年末户籍人口39.76万人。地区生产总值548.93亿元,比上年增长6.8%。其中:第一产业增加值10.18亿元,增长10%;第二产业增加值211.08亿元,增长4.5%;第三产业增加值327.67亿元,增长8.2%。海洋经济增加值303.48亿元,增长7.3%,占地区生产总值的55.3%。

财政总收入53.39亿元,增长0.7%,一般公共预算收入31.78亿元,下降2.7%,其中区本级一般公共预算收入18.76亿元,增长4.1%。一般公共财政预算支出46.37亿元,增长27.9%。连续4年入选全国中小城市综合实力和投资潜力"双百"强区,列入全国绿色发展百强区。城镇常住居民人均可支配收入61927元,渔(农)村常住居民人均可支配收入33909元,分别增长7.7%和9.8%。城镇常住居民人均生活消费支出34800元,增长4.6%;渔(农)村常住居民人均生活消费支出20009元,增长7.3%。社会消费品零售总额217.15亿元,增长8.6%。城镇居民人均住房建筑面积43.2平方米,渔(农)村居民人均居住住房面积66平方米。

农林牧渔业总产值18.03亿元,增长7.1%。其中:农业总产值4.6亿元,下降2%;林业总产值0.05亿元,增长25.1%;畜牧业总产值1.1亿元,下降29.7%;渔业总产值11.96亿元,增长17.9%。农作物总播种面积8272公顷。全年肉类总产量0.34万吨,下降29.5%。水产养殖总产量3377吨,下降38.6%。无公害农产品37个(国家级)、无公害养殖水产品11个(国家级)、绿色食品17个。新建粮食高产示范区3个,改造提升"菜篮子"蔬菜基地19.33公顷,新增水产精养面积7.6公顷。

规模以上工业总产值、增加值分别增长15%、20.2%。舟山国际粮油产业园区良海粮油120万吨加工项目建成投产,粮油吞吐能力3500万吨。国家远洋渔业基地水产加工及关联企业加快集聚,规模以上工业总产值25.76亿元、规模以上工业增加值2.96亿元。定海海洋科学城"一城三园"布局基本成型,注册引进企业109家,与浙江大学等3所高校共建协同创新中心。港口货物吞吐量达1.55亿吨,集装箱吞吐量达125.31万标箱,分别增长6.1%和20.4%。金塘大浦口集装箱码头二期工程加快推进。固定资产投资增长6%。社会消费品零售总额217.15亿元,增长8.6%。和平路商业中心、三农农产品批发市场、远洋渔业小镇渔人广场开市运营,西部商业中心、新天地广场建设完成。

接待旅游1345.15万人次,增长16.2%;旅游总收入189.1亿元,增长14.7%。远洋渔业小镇、鸦片战争遗址公园、金塘仙人山景区获批国家AAA级旅游景区,舟山群岛旅游咨询服务中心投入运营,获评全国民宿产业发展示范区。申报各类科技项目161项,被立项122项。受理专利申请2375件,授权1487件。科技成果18

项,其中获省级科技进步奖1项。国家高新技术企业44家、省级科技型中小企业201家、省级企业院士工作站1个、省级企业研究院2个,新认定国家知识产权优势企业1家、高新技术企业13家、科技型企业45家。

省级公共文化服务重点县区建设扎实推进,新建农村文化礼堂6个,新建社区、柳行社区文化礼堂获评首批省五星级农村文化礼堂。深入开展古树、古桥等15项历史遗产挖掘保护传承,建成开馆非物质文化遗产展示馆、生活民俗馆。文化艺术表演团体13个,艺术表演场所7个,文化馆1个,文化站11个。

各类医疗卫生机构(含村卫生室)243个,其中医院8个;社区卫生服务中心(卫生院)6个,社区卫生服务站45个。社区卫生服务人口覆盖率97.14%。

城乡居民养老保险和医疗保险参保率分别为97.4%和99.24%,普通门诊保险支付比例从20%提高到25%。全区年收入14000元以下低收入家庭动态消除,12个集体经济经营性年收入10万元以下社区村实现增收。全年交付使用保障性住房4196套,完成农村危房治理改造721户。城镇"三无"对象集中供养率80%,渔(农)村"五保"老人集中供养率96%,城乡低保对象最低生活补助标准均为每月每人720元。

创建市级美丽乡村精品示范村2个、洁净乡村65个,完成彩色健康森林抚育133.33公顷、平原绿化35.33公顷,获评"美丽浙江"建设工作考核先进单位。推进中央环保督察和国家海洋督察问题整改,关停整治企业15家。打造品质河道17条,完成干览镇污水处理厂提标工程,修复改造污水管网38千米,获省"五水共治"(河长制)工作优秀县(市、区)"大禹鼎"。

【全面深化改革】 2018年,定海区以"最多跑一次"改革为牵引,全面深化改革向深入推进,1302个事项实现"最多跑一次"全覆盖,实现一般企业投资项目开工前审批"最多100天",推行高频服务事项镇街道"无差别全科受理",试点出让"标准地"4宗、26.33公顷。纵深推进"亩均论英雄"改革,制定实施定海区企业综合评价暂行办法,完成199家工业企业"亩均效益"综合评价。健全完善产业建设用地标准定价体系,挖掘推动存量低效土地转让10.27公顷、厂房出租3.86万平方米,促进农村土地长期大面积流转433.58公顷,全面完成农村土地承包经营权确权登记颁证工作,土地节约集约利用工作获国务院通报表彰及66.67公顷用地指标奖励。完成省级社区治理和服务创新实验区、农业水价综合改革试点等省级以上改革试点任务。制定实施党的建设提升三年行动计划,创新实行基层党建工作全员责任制,建立巡察问题"全链条式"整改模式、巡察整改质询问责机制。

【社会治理取得成效】 2018年,定海区深入实施"七五"普法规划,获评省法治政府建设先进单位。创新发展新时代"海上枫桥经验",区、镇两级社会治理综合指挥平台进一步规范提升,大调解机制不断完善。开展"大排查、大化解、大稳控"专项活动。开展水上交通、道路交通、危化品、船舶、消防五大领域安全整治,连续14年获评"平安县(市、区)",完成创建国家级农产品质量安全区和省级食品安全区各项任务。

(定海区政策研究中心　王晶晶)

普　陀　区

【概况】 2018年,普陀区辖4个街道、5个镇。年末户籍人口31.73万人。地区生产总值437.46亿元,比上年增长6.6%。

财政总收入40.55亿元,增长8.1%,一般公共预算收入27.74亿元,增长7%。一般公共预算支出61.27亿元,增长6.7%。城乡居民人均可支配收入分别为55438元和33368元,分别增长7.8%和9.9%。

农林牧渔业总产值108.56亿元,增长4.7%。全力推进升级渔业转型发展新县区创建和国家绿色渔业实验基地建设,渔业总产值104.4亿元,增长5.2%;水产品总产量78.64万吨,增长7.2%;远洋渔业生产产量36.04万吨,增长25.9%。深入推进乡村振兴,启动"和美小岛"试点建设,实施农旅融合"十个十"工程,打造展茅省级田园综合体。虾峙河泥槽村获评全省休闲渔业精品基地,白沙岛入围"省特色精品疗休养目的地"。

工业增加值97.18亿元,增长6.3%,其中规模以上工业总产值增长8.1%。新产品产值、高新技术产业和战略性新兴产业分别增长6.2%、14%和18.8%。传统产业转型步伐加快,全面推进"机器换人",重点技改项目投资增长23.9%。加快推进绿色修船基地建设,中远船务工程集团有限公司完成国内首艘超大型油轮修理,世界500强瑞士ABB集团分支机构落户普陀,外轮修理量占全国份额25%。普陀湾众创码头通过"国家级创业孵化示范基地"评审。

固定资产投资增长6%。自贸区体制机制创新加快,入围全省第一批全面创新改革联系点,获评全省"最多跑一次"改革先进集体。招商引资实际到位市外资金117.09亿元,新增各类企业1418家;引进市外资金1亿元以上项目26个,10亿元重大项目5个。全年合同外资金额181125万美元,增长10倍。新增国家高新技术企业12家、省级科技型中小企业52家,分别增长50%和13%。全年引进高校毕业生2049人、国际顶尖人才3人、国家级杰出人才4人、省部级领军人才4人。

社会消费品零售总额199.81亿元,增长8.9%。港口吞吐量10485万吨,增长5.2%,海运运力219.48万载重吨,增长31%。省级外贸转型升级示范区加快建设,获批国家级外贸转型升级基地,外贸进出口74.27亿美元,增长43.1%。电子商务快速发展,网络零售额增长45%。

接待国内外游客3802.89万人次,增长15.9%;旅游总收入496.92亿元,增长20.8%,获评"最受欢迎浙江旅游目的地"。高分通过首批省级全域旅游示范区验收,桃花镇跻身浙江省旅游风情小镇,沈家门渔港特色小镇升级为国家AAAA级景区。举办国际海岛旅游博览会、舟山群岛国际马拉松、东海音乐节、佛茶文化节等重大赛事活动。

【群众幸福感持续增强】 2018年，普陀区集中财力办好民生实事，建设幸福社区、美丽乡村、和美小岛“三大幸福细胞”，获年度“中国最具幸福感城市”。全力创建国家级义务教育优质均衡发展县区，教育品质持续提升。全面推进健康普陀建设，省级综合医改工作先行先试，推进海岛特色区域医共体试点，获评全省公立医院综合改革目标考核优秀县区，获评全国首批健康促进县。推进文化惠民工程，获全省文化产业发展专项资金重点扶持，省文化强镇和省文化示范村创建数居全市首位。

【社会治理取得实效】 2018年，普陀区社会治理综合服务中心解决群众各类诉求4.4万件，按时办结率100%，获评全省公共管理创新优秀案例，得到省委政法委肯定并在全省推广。打造“网格化管理，组团式服务”升级版和“海上枫桥”升级版，构建基于网格化的基层社会治理体系，普陀捧得全省首批“平安金鼎”，连续14年获评省级平安区。

（普陀区政策研究中心　唐　兰）

岱山县

【概况】 2018年，岱山县辖6个镇、1个乡。年末常住人口21.21万人，户籍人口17.9万人。地区生产总值215.49亿元，比上年增长7%。按常住人口计算，人均地区生产总值10.17万元。

财政总收入32.27亿元，增长39.2%，其中一般公共预算收入24.15亿元，增长55.6%。一般公共财政总支出54.17亿元，增长30.2%。城镇常住居民人均可支配收入50192元，增长7.8%。城镇常住居民人均消费性支出27053元，增长4.7%。渔（农）村常住居民人均可支配收入33860元，增长49.8%。城乡居民收入比为1.48∶1，低于省市平均水平。

农林牧渔业总产值87.96亿元，增长3.8%。其中：农业产值1.72亿元，增长4.7%；林业产值0.08亿元，下降0.2%；畜牧业产值0.23亿元，下降4.1%；渔业产值85.81亿元，增长3.9%。渔业结构持续好转，水产品产量43.9万吨，增长4%，渔业增加值增长4%。编制《岱山县乡村振兴战略规划》，引导农业适度规模化经营，全县土地流转面积1333.33公顷，新增农业经营主体15个，建成省级农业科技示范基地3个。衢山田涂和凉峙海钓中心分别成为国家级休闲渔业示范基地、省级休闲渔业精品基地。

规模以上企业总产值增长14.6%；规模以上工业增加值增长9.5%，增速位列全市县（区）第一位。工业经济加速转型。汽配制造业继续保持高速公路增长态势，规模以上产值增长17%。常石集团（舟山）造船有限公司启动邮轮计划，世界500强招商局工业集团并购项目落地开工。舟山市海山密封材料有限公司实现岱山“浙江制造品字标”“零”的突破，晨光电器有限公司获评省“隐形冠军”企业。新增规模以上企业6家、小微企业399家，省股权交易中心创新板、成长板均挂牌5家。启动实施数字经济“一号工程”，制定《岱山县数字经济发展实施意见》，新增机器人60台、“上云”企业70家，通过省级科技型企业认定30家、高新技术企业认定6家，完成市级以上科技项目27项。

固定资产投资增长36.4%，其中工业性投资292.11亿元。基础设施建设项目扎实推进，完成投资86.09亿元。外贸出口额50.6亿美元，下降35.7%。在中国社会科学院发布的全国县域经济投资潜力100强中居第18位。消费品零售总额81.97亿元，增长8.8%。

旅游接待人数648万人次，旅游总收入92.6亿元，均增长17.4%。观音山创建成为国家AAA级景区，岱山海岛旅游成为长三角旅游热点。民宿经济快速兴起，新增民宿52家。港航物流业壮大提升，港口货物吞吐量1.3亿吨，岱山迈入1亿吨大港行列，海运运力159万载重吨。

财政民生支出39.5亿元，占一般公共预算支出的73%，增长30.1%。低保人均月标准提高到720元，发放低保资金、救急难资金、困难残疾人生活补贴等救助资金5052万元，结对帮扶1465对低收入渔农户，完成3个市级集体经济薄弱村脱贫任务。

城乡环境持续改善，通过省级文明县城复评。小城镇环境综合整治全面完成，岱东镇获评省级样板。开展“垃圾革命”“厕所革命”，城镇和渔（农）村生活垃圾分类覆盖面均超过85%，新建改建厕所182座。实施整洁村庄行动，建成3条美丽示范线、1个省级精品村和2个市级精品村。生态文明持续进步，开展渔用船舶修造企业专项整治和橡胶行业硫化废气深度治理，完成“低散乱”企业整治22家。深化“五水共治”，建成品质河道5条，完成污水处理厂一级A提标改造4家，岱东工业园区创建成为污水“零直排区”。推进“森林岱山”建设，新增彩色健康森林334.67公顷，秀山乡、衢山镇创建成为省级森林城镇。岱山获省级生态文明建设示范县称号。

【新型城镇化进程加快】 2018年，岱山县城建成区面积扩大到8.44平方千米，全县常住人口城镇化率65.3%。舟岱大桥顺利推进，鱼山大桥全线贯通，秀山大桥合龙，526国道岱山段改建工程加快推进，岱山人民的连岛梦、大桥梦正变成现实。燕窝山陆岛交通码头开工建设，秀山兰山陆岛交通码头顺利完工。大力发展智慧交通，公交智能调度系统建成投用，车辆过渡实现网上预约售票。新增公共停车位726个，更新运营公交车13辆。

【民生事业改善】 2018年，岱山县成立岱山实验学校教育集团，引进1所优质民办幼儿园。推动县域医共体改革，实行县第一人民医院和县第二人民医院紧密型一体化管理，三甲医院专家到岱山坐诊累计300人次。实施“全面两孩”政策。优化养老服务，新增3家居家养老服务中心，完成8家偏远海岛老年活动中心建设。首次举办海岬半程马拉松赛，举办国际风筝节、自行车挑战赛等群众性文体活动20多场。新建文化礼堂4个，长涂倭井潭入选省级历史文化村落保护利用重点村。推进殡葬改革，县城全面实现集中治丧。

（岱山县政策研究中心　孙　磊）

嵊　泗　县

【概况】 2018年，嵊泗县辖3个镇、4个乡。年末常住人口7.08万人，户籍人口7.52万人。地区生产总值114.3亿元，比上年增长6.6%。其中：第一产业增加值32.2亿元，增长6.9%；第二产业增加值16.4亿元，增长3.3%；第三产业增加值65.7亿元，增长7.2%。按常住人口计算，人均地区生产总值16.11万元。

财政总收入9.98亿元，增长13.8%，其中一般公共预算收入7.2亿元，增长8%。居民人均可支配收入44473元，增长8.8%。其中：城镇居民人均可支配收入50617元，实际增长7.9%；农村居民人均可支配收入32601元，实际增长9.6%。金融机构各项存款余额78.27亿元，下降0.8%。贷款余额41.42亿元，增长9.1%。

农林牧渔业总产值52.68亿元，增长2.2%，其中渔业总产值52.23亿元，增长2.3%。水产品产量37.92万吨，下降0.1%。全县养殖专业合作社27个，深水网箱养殖企业5家。海水养殖总面积1513.33公顷，其中贻贝养殖面积1486.67公顷。

海洋经济总产出218.46亿元，海洋经济增加值86.8亿元，海洋经济增加值占生产总值的75.9%。浙沪合作开发洋山港区纳入《长三角一体化发展三年行动计划（2018—2020）》，浙沪港口集团签订《小洋山综合开发合作协议》。浙江海港集团启动马迹山矿石中转码头三期工程，堆场治理和复绿工程开工建设。海运业持续向好，新增大型散货船5艘，海运运力首次突破100万载重吨大关，达109万载重吨，增长37.5%。全年港口货物吞吐量1.17亿吨，增长0.4%。交通运输、仓储和邮政业增加值18.2亿元，增长6.7%。

接待国内外游客688.4万人次，旅游总收入97.64亿元，分别增长15.4%和15.8%。“东海五渔村”“十里金滩”特色小镇分别获评AAAA级和AAA级景区，五龙“旖旎渔乡”获评省级旅游风情小镇，新增峙岙村、黄沙村、基湖村3个AAA级景区村庄。全县有民宿950家，增长10.4%，其中8家民宿通过省级高等级民宿评定。

实行中小学教师“县管校聘”和海岛教育人才精进计划，完善中高考质量奖励办法，提高奖励力度，突出“初中办学”重点导向。启动“健康嵊泗”建设，提质升级“双下沉、两提升”工程。全县有医疗卫生机构45个，其中医院2个，乡镇（街道）卫生院7个，卫生机构3个，门诊部、诊所类8个，社区服务站9个，村卫生室16个。城乡社区卫生服务人口覆盖率100%。通过省级示范文明县城复评，制定并实施“乡风文明”三年行动计划。

财政用于民生事业支出20.31亿元，占一般公共预算支出的72.2%，增长17.1%。16项票决民生实事项目全部完工，完成投资1.22亿元。全力打好精准扶贫攻坚战，出台4个专项扶贫实施细则和8方面普惠性帮扶政策，建档立卡994户1541人，扶贫就业61人，累计帮扶972户1489人。

创建国家生态文明建设示范县，列入全国“两山”发展百强榜单。小城镇环境综合整治三年任务两年提前完成，4个乡镇全部通过省级考核验收。推进城乡环境卫生整治，18个社区村整洁村庄年度行动任务全部完成。开展城乡生活垃圾分类，实现泗礁本岛生活垃圾外运，建成3个渔农村生活垃圾分类提升村和1个省级高标准分类示范小区。全县环境空气质量优良以上天数340天，空气质量优良率（AQI指数）96%，水环境功能区水质达标率100%。

【“最多跑一次”改革向纵深推进】 2018年，嵊泗县合38个单位设置95个服务窗口进驻县行政服务中心，除5个例外事项外实现“最多跑一次”事项全覆盖。推行容缺受理、代办服务和“县长、局长坐堂”制度，设立“无差别受理”窗口，事项当天办结率93.74%。全面应用企业投资项目在线监管平台2.0版，实现一般企业投资项目开工前审批“最多100天”。加快国有企业优化整合，组建县城乡建设投资开发有限公司，充实国有企业经营管理骨干力量。试点推行渔（农）村宅基地“三权分置”改革，颁发全市首本农村宅基地及住房使用经营权证。建立县、乡镇、村三级物业管理工作机制，2个自治式小区实现物业重新入驻管理。全面完成公务用车制度改革，规范公务用车运行管理。

【海水养殖多样化发展】 2018年，嵊泗县成功育出0.85厘米长葛氏长臂虾仔虾380万尾，并在嵊泗金平大毛峰附近海域实施人工增殖放流，实现规模化培育；引进石吸海水暂养、三疣梭子蟹单体暂养及虎斑乌贼、扇贝、海蜇、南美白对虾等多品种养殖技术，均取得良好效果。有序推进海洋资源养护修复，顺利投放黑鲷、真鲷、大黄鱼等9个增殖放流品种5.5亿尾（粒、只）。

（嵊泗县委办公室　许峻闻）

台　州　市
Taizhou Municipality

【概况】 2018年，台州市辖椒江、黄岩、路桥3个区，临海、温岭、玉环3个县级市，天台、仙居、三门3个县。全市陆地面积10052平方千米，海域面积8万平方千米。年末常住人口613.9万人，户籍人口605.4万人。

全市地区生产总值4874.67亿元，比上年增长7.6%。其中：第一产业增加值264.28亿元，增长0.9%；第二产业增加值2182.6亿元，增长8.7%；第三产业增加值2427.79亿元，增长7.3%。按常住人口计算，人均生产总值7.94万元，增长10.7%。

财政总收入745.19亿元，增长13.4%，其中地方财政收入431.18亿元，增长12.8%。一般公共预算支出653.75亿元，增长16.1%。居民人均可支配收入43973元，增长8.7%，扣除价格因素实际增长6.1%。其中：城镇常住居民人均可支配收入55705元,增长8.4%,扣除价格因素实际增长5.8%;农村常住居民人均可支配收入27631元,增长8.9%。

农林牧渔业总产值469.93亿元,增长0.7%。其中:农业产值152.53亿元,增长3.7%;林业产值6.72亿元,增长3.7%;牧业产值26.17亿元,增长1.5%;渔业产值279.43亿元,下降1.1%;农林牧渔服务业产值5.08亿元,增长8.6%。农作物总播种面积19.97万公顷,增长1.3%。“一区一镇一体”建设稳步推进,创建省级特色农业强镇3个,省农博会金奖数连续16年全省第一位,省级农产品质量安全放心县实现全覆盖,农业“机器换人”走在全省前列,创建成为国家渔船综合管理改革试验基地。出台乡村振兴五年行动计划,建成精品村20个、A级景区村庄223个,提升美丽乡村公路1230千米。“三位一体”农合联改革走在全省前列,农村承包地确权登记颁证工作全面完成。省定集体经济薄弱村全部实现“消薄”目标。培育减贫增收示范村15个,低收入农户增收12%。

工业增加值1895.25亿元,增长9.4%,其中规模以上工业增加值1102.43亿元,增长9.7%。规模以上装备制造业增加值566.38亿元,增长14.5%;规模以上战略性新兴产业增加值176.93亿元,增长6.3%;规模以上数字经济核心产业增加值45.74亿元,增长17%。产业转型升级步伐加快,七大千亿级产业产值增长22.4%。实施低效企业改造提升“135”行动,亩均税收1万元以下低效企业改造提升基本完成,规模以上工业亩均增加值增速居全省第二位。新增小微工业园52个,入驻小微企业1260家,完成老旧工业点改造92个。成为全国首批百城千业万企对标达标试点城市,新增国家级质量提升示范区3个。

固定资产投资增长8.1%。其中,第一产业投资下降52.8%,第二产业投资增长5.2%,第三产业投资增长9.6%。启动40个片区121个整治项目,全年供应工业用地1000公顷。实施“1+5+X”协调推进机制,47个“152”省市县长项目、138个市县长项目落地率分别为61.7%和40.6%,引进省外到位资金520亿元。出台加快服务业高质量发展30条意见,10个省级服务业集聚示范区加快建设。

社会消费品零售总额2366.88亿元,实际增长8.3%。按消费类型分,商品零售额2094.81亿元,增长10%;餐饮收入272.07亿元,增长11.9%。限额以上批发零售企业中,服装鞋帽针纺织品类、中西药品类、石油及制品类和日用品类零售额分别增长94.8%、43.8%、15.8%和11.5%;汽车类零售额增长放缓,增长5.2%。

接待旅游11840.08万人次,增长15%,其中接待国内游客11821.7万人次,增长15%。旅游总收入1302.23亿元,增长16.9%,其中国内旅游收入1298.02亿元,增长16.9%。实施“台州人免费游台州”,获评中国旅游城市30强。

外贸进出口总额1743亿元,增长10.4%。其中:出口总额1537.6亿元,增长11.5%;进口总额205.4亿元,增长3.1%。在出口总额中,一般贸易出口1407.53亿元,增长10.3%;加工贸易出口129.81亿元,增长26%。全年高新技术产品出口96.47亿元,增长15.2%;机电产品出口873.87亿元,增长13.4%。出台稳外贸15条意见,健全出口预警机制,加强出口信用保险支持,推进贸易便利化,进出口货物整体通关时间均压缩二分之一,新增国家级外贸转型升级(出口)基地3个。新批外商投资项目44个,总投资8.21亿美元,合同利用外资5.05亿美元,实际利用外资2.89亿美元。新批境外投资企业35家,中方投资额20.63亿美元。服务贸易进出口总额86.6亿元,其中出口额54.4亿元。全年服务外包离岸合同执行额8470万美元,增长49.1%。

金融机构本外币存款余额8518.92亿元,增长11.8%;贷款余额7354.34亿元,增长14.7%;金融机构本外币存贷款比例86.3%,不良贷款率0.75%。开展金融服务实体经济系列活动,新增社会融资总量超过1000亿元,其中直接融资超过300亿元。制定支持上市公司稳健发展8条意见,成立全国地级市首个纾困基金,全省首个纾困项目落地。全年新增上市公司1家,总数53家。证券营业部108家,股票交易额1.55万亿元,下降26.3%。保险业保费总收入178.5亿元。

台州高新区通过科技部实地评估。规模以上高新技术产业增加值621.81亿元,增长15.1%。省级企业研究院104个,省级高新技术研发中心360个,新增国家重点扶持高新技术企业163家,新增省级科技型中小企业865家。建成市级以上众创空间28个,其中国家级3个、省级18个。申请专利3.57万件,专利授权2.63万件,其中发明2767件,增长50.1%。现代医药化工、橡胶、水暖阀门3家产业创新服务综合体列入省级创建名单。新增国家级高新技术企业163家、省级科技型中小企业865家、企业研发机构282家。出台社会事业人才新政30条,新建国家、省、市三级院士专家工作站20家,柔性引进国内外院士22名,新引进国家“千人计划”、省“千人计划”人才45人,培育“万人计划”专家8人。推进动产质押融资、小微金改标准化国家级试点,成立中国(台州)普惠金融培训中心。深化国家民间投资创新综合改革试点,助推民间投资逆势上扬典型经验受到国务院表扬。

全市有幼儿园1166所,在园幼儿20.11万人;普通小学360所,在校学生44.57万人;初中209所,在校学生22.06万人;高中72所,在校学生9.36万人,中等职业学校22所,在校学生6.84万人,高中段在校学生16.2万人,初升高比例99.44%。全市特殊教育学校招生195人,在校学生1316人。中小学教师“县管校聘”实现全覆盖,市区教育首位度稳步提升。出台高等教育跨越式高质量发展意见,台州学院通过教育部本科教学工作审核评估。全市全日制普通高校在校学生3.52万人,成人高校在校学生3.47万人。

各类医疗卫生机构3691个、床位2.99万张、卫生技术人员4.48万人,每千人拥有卫生技术人员7.4人,其中医生2.99人。创建成为国家公共文化服务体系示范区,开展基层文化惠民活动3万余场,新建成农村文化礼堂476个,中心镇文化馆、图书馆分馆实现全覆盖。市科技馆开馆。举办首届全民运动健身大会暨首届体育文化节、第四届台州国际马拉松比赛、首届全国气排球大奖赛等赛事。获国际比赛金牌10枚、银牌5枚、铜牌1枚,获全国、全省比赛金牌334.7枚、银牌273.5枚、铜牌333.5枚。

城镇职工基本养老保险(含被征地农民)、基本医疗保险、工伤保险、生育保险和失业保险参保人数分别为241.65万人、149.62万人、194.6万人、97.96万人和98.59万人。城乡居民社会养老保险、城乡居民医疗保险参保人数分别为211.38万人和453.98万人。城乡居民最低生活保障人数为8.68万人,投入低保资金4.4亿元。低保对象月人均补助423元。

小城镇环境综合整治三年任务两年完成。实施垃圾、公厕、物业三大革命,生活垃圾分类全面启动;新(改)建生态型公厕212座。推进治水治气治土,全市省控以上断面Ⅰ—Ⅲ水质断面占比65.4%,地表水满足水域功能达标率80%,再获省"五水共治"(河长制)工作优秀市"大禹鼎",成为全国首批无黑臭水体城市。城镇生活污水集中处理率96.38%,城镇生活垃圾无害化处理率100%。城市空气综合污染指数3.19,下降0.18。市区PM2.5年均浓度为29微克/立方米,下降4微克/立方米;市区环境空气质量达到二级标准以上的天数342天,占全年总天数的93.7%,空气质量居全国前十位,土壤污染综合防治先行区建设走在全国前列,"湾(滩)长制"试点工作经验全国推广,生态环境状况指数居全省第二位。

【台州民营经济发展引关注】 2018年2月22日,台州市召开"全面深化改革,再创民营经济新辉煌"大会,提出"高举改革大旗、扛起改革担当、再创新的辉煌"总要求。9月27—28日,李克强总理考察台州民营经济发展并主持召开企业座谈会,强调更大力度推进改革开放,进一步激发市场活力,推动经济高质量发展。11月30日,中国民营经济发展(台州)论坛举行。新华社、《光明日报》头版头条、央视《新闻联播》等中央媒体聚焦台州民营经济。

2018年11月30日,中国民营经济发展(台州)论坛举行　(台州市政府办公室　供图)

【"最多跑一次"改革纵深推进】 2018年,台州市试行"受办分离"改革,"无差别全科受理"做法向全省推广,国家级行政审批服务标准化试点通过验收。全面实施"标准地+承诺制"改革,一般企业投资项目审批"最多跑一次""最多30天"改革领跑全省。启动工程建设项目审批制度改革试点。出台商事登记改革新政10条,取消企业银行账户开户许可证核发试点经验向全国推广。首创"政银联通"机制,推行办事无休日和预约制度,75.9%民生事项实现"一证通办"。

【全域土地综合整治实施】 2018年4月,台州市启动实施全域土地综合整治"341"工程,即用3年时间,在全市所有乡镇(街道)全面开展村庄整治、农地整治、城镇低效用地再开发和矿山环境生态综合治理"四大行动",覆盖率100%。通过综合考虑资源禀赋、产业特色,全区域规划、分区片实施、项目化管理,做好"整治+"生态修复、有机更新、产业升级、现代农业、生态移民、村庄改造等全要素整治修复工作,实现综合效益最大化。坚持政府搭台、农民主体,在全市域提高垦造耕地和村庄建设用地复垦资金补助标准,因地制宜多渠道激发农民主体活力,让村民变"股民""房东""大户",共享全域土地综合整治红利。全年完成村庄整治建设用地复垦立项840公顷、"二改一还"农地整治6740公顷、城镇低效用地再开发773.33公顷,启动废弃矿山整治80个,重构生产、生活和生态空间,相关工作经验被《中国自然资源报》头版头条报道。

【国家渔船综合管理改革试验基地获批】 2018年4月,农业农村部办公厅发文批准台州开展国家渔船综合管理改革试验基地建设。台州作为渔业大市,积极探索渔业管理体制机制改革,主动承担国家渔船检验机制、浙江渔场梭子蟹限额捕捞改革试点,争取到国家海洋渔业资源总量管理信息系统项目,开展温岭石塘渔船安全综合治理改革试点和船检师统筹检验改革。建设国家渔船综合管理改革试验基地,探索建立依港管船新机制,有效实施渔业和渔船管理法律法规政策,将为全国渔业管理和渔船管理提供可复制、可推广的台州经验、台州模块。

【全国取消企业银行账户开户许可证核发试点城市获批】 2018年6月,经国务院批准,中国人民银行在台州开展取消企业银行账户开户许可证核发试点工作,为台州深化金融服务"最多跑一次"改革、全面提升和纵深推进小微金改提供新机遇。此次改革取消企业基本存款账户开户许可证核发,台州辖内人民银行对银行为企业开立基本存款账户由核准制调整为备案制。银行机构通过实行面签制度,强化银行、企业协议约束,实施公转私限额管理,构建逐步递进、由轻到重的银行账户退出机制等方式,实现账户规范开立与使用。

【中国(台州)普惠金融培训中心成立】 2018年10月24日,由台州市政府发起,依托浙江(台州)小微金融研究院设立的新型普惠金融培训平台——中国(台州)普惠金融培训中心在台州学院挂牌成立。该中心以提高普惠金融实践为宗旨,采取公益与市场化运作相结合方式,开展普惠金融服务模式输出。通过搭建省内外普惠金融从业者学习培训平台,更好宣传推广台州普惠金融小微金融经验,完善创新"国家小微金改"经验社会化复制路径与机制,进一步提高从业人员尤其是中高管理层普惠金融服务能力,为台州及全国普惠金融领域培养和输送人才。

(台州市政府办公室　戴丹丹)

椒　江　区

【概况】 2018年,椒江区辖8个街道、1个海岛镇。年末户籍人口54.97万人。地区生产总值627.1亿元,比上年增长8.8%。其中:第一产业增加值20.8亿元,增长0.4%;第二产业增加值276.5亿元,增长9.8%;第三产业增加值329.8亿元,增长8.7%。

财政总收入82.07亿元,增长12.8%,其中一般公共预算收入49.55亿元,增长12.5%。居民人均可支配收入50176元,增长8.4%。其中:城镇居民人均可支配收入61532元,增长8%;农村居民人均可支配收入29394元,增长9.4%。

农林牧渔业总产值42.18亿元。粮食播种面积5973.33公顷,创建成为省千亩水稻绿色高产示范方5个。获省农博会等金奖6个。工业增加值240.88亿元,增长11%,规模以上工业企业增加值175.88亿元,增长11.7%。固定资产投资增长16%。进出口总额214.59亿元,增长16.2%。其中,出口额196.2亿元,增长18.1%。

数字经济核心产业增加值21.58亿元,高新技术产业增加值92.6亿元,战略性新兴产业增加值52.08亿元,分别增长18.1%、16.4%和18%。推广机器人应用128台,"上云"企业2000家。研究制定企业"纾困十条",筹建10亿元产业发展基金,帮助企业解决问题581个,减轻税费负担20亿元,争取政策资金1.2亿元。获评省"两化"深度融合国家示范区。浙江星星科技股份有限公司、浙江怡和卫浴有限公司等4家企业列入国家"两化"融合贯标试点,中新科技等3家企业分别入选国家、省电子信息百强。椒江区入选省首批小微企业园提升试点。绿色药都小镇列入省首批高新技术特色小镇培育名单。智能马桶小镇获批国家级标准化示范区,入选省特色小镇、省创新服务综合体创建名单。老粮坊文创园上榜省重点文化产业园。

新增国家级博士后工作站1个、国家高新技术企业10家、国家科技型中小企业48家,浙江海翔药业股份有限公司创建成为国家级企业技术中心,杰克缝纫机股份有限公司获评国家知识产权示范企业。新增省领军型创业创新团队2个、省级企业研究院3个、省高新技术企业研发中心4个。主导制订国家标准3个,新增前进化工等"浙江制造"品牌认证4个。组建全市首家县级民营经济学院。台州大学生创业园通过国家级创业孵化基地验收。国家"千人计划"、省"千人计划"、浙江工匠人选人数居全市前列,椒江区获评省人才工作先进区。

获评国家家用电器外贸转型升级基地。引进"浙商回归"重大项目13个,省外到位资金51亿元。实施东西扶贫协作项目13个,落实峨边、嘉黎等地帮扶资金1900万元。

完成创建省教育基本现代化区、省首批语言文字规范化区。北大附属台州书生学校、人民小学葭沚校区、学院路小学行知校区建成开学,椒江二中改扩建、椒江八中迁建、文渊小学等项目加快建设。通过全国基层中医药工作先进区复审,实现基层卫生院与市级医院挂号共享。新增综合文化站4个、农村文化礼堂26个。

城乡居民养老保险参保13.5万人、职工养老保险参保18.8万人。特困人员基本生活供养标准提高到1.89万元,认定低保边缘家庭3991户,发放社会救助资金4033万元、慈善善款1700万元、残疾人补贴2136万元。

人工造林40公顷,种植珍贵彩色林173.33公顷。前所、章安获评省美丽乡村示范乡镇、省级森林城镇。省级"基本无违建区"创建通过现场验收。实施村庄整治示范4个、"二改一还"212公顷、低效用地再开发76.67公顷、地质灾害隐患点整治21个。完成113家"散乱污"企业清理整顿,PM2.5下降11.4%,空气质量综合指数居全省前列。完成5个生活小区(工业园区)和椒江农场"污水零直排"创建,椒江通过国家黑臭水体专项督查、国家县域节水型社会达标验收,水质监测断面达标率88.9%,获省"五水共治"(河长制)工作优秀县(市、区)"大禹鼎"。

【医疗美容专项整治行动】 2018年3月,椒江区卫生和计划生育局开展医疗美容专项整治行动,整治行动代号为"卫监金盾行动",为期6个月,由椒江区卫生监督所负责执法。该所出动执法人员240多人次,检查各类生活美容场所90多家次,查处线雕隆鼻、激光脱毛、祛斑、点痣、去扁平疣等各类违法医疗美容行为15起,立案21起,做出行政处罚决定12起,罚没款32.5万元。

【"96345"党员志愿服务总站授牌暨"闪光党愿汇"系统启用】 2018年7月29日,椒江举行"96345"党员志愿服务总站授牌暨"闪光党愿汇"系统启用仪式,该区党员志愿服务工作向体系化、规范化、常态化迈出坚实的一步。椒江"96345"社会公共服务中心成立以来,初步建立党员志愿服务体系。"96345"党员志愿服务总站是党员志愿服务联盟的实体化运行机构，成立后将全面推进党员志愿服务区级总站、镇街道分站、基层服务窗口(服务点)三级网络建设。“闪光党愿汇”是一款集中体现椒江区党员关爱互助的智慧公益小程序，栏目设在“椒江微党建”公众号。用户可以通过系统提交和认领微心愿、微助力，项目完成后，提供帮助的人员奖励闪光币和积分，得到帮助的人对活动进行评价。系统为每名志愿者建立电子档案，通过大数据系统，实现志愿服务需求和供给的无缝对接。

【“无感支付”停车系统启用】 2018年8月22日，椒江区轮渡路等7条路段的停车泊位“无感支付”停车系统启用，标志着椒江正式全面进入智能化停车时代。“无感支付”智慧停车依托支付宝免密支付功能，以“互联网+”思维模式，实现“即停即走”行车。全区37个停车点、1008个泊位全面采用“无感支付”智慧停车。

（椒江区政府办公室　沈　盐）

黄 岩 区

【概况】 2018年，黄岩区辖8个街道、5个镇、6个乡。年末常住人口66.3万人，户籍人口61.52万人。地区生产总值505.94亿元，比上年增长8.6%。其中：第一产业增加值17.55亿元，增长4.2%；第二产业增加值249.36亿元，增长10.6%；第三产业增加值239.03亿元，增长6.9%。

财政总收入78.94亿元，增长12.9%，其中地方财政收入47.72亿元，增长14.5%。一般公共预算收入47.72亿元，增长14.5%；一般公共预算支出53.88亿元，增长13.2%。主要民生科目支出中，一般公共服务、公共安全、教育、科学技术、文化体育与传媒、社会保障和就业、医疗卫生与计划生育、节能环保、农林水支出分别增长13.3%、13.2%、15.5%、16.2%、14.5%、20.4%、6.3%、21.9%和2.9%。居民人均可支配收入44385元，增长8.7%。其中，城镇居民人均可支配收入55861元，农村居民人均纯收入28276元，分别增长8.2%和9.5%。

农林牧渔业总产值23.52亿元，增长4%。其中：农业产值21.63亿元，增长4.4%；林业产值0.35亿元，增长5.3%；牧业产值0.82亿元，下降8%；渔业产值0.34亿元，下降2.7%；农林牧渔服务业产值0.39亿元，增长10.3%。农作物播种面积1.94万公顷，增长5.3%。拓展中药材种植186.67公顷，基本形成浙贝、黄精、三叶青等中药材种植基地。新增绿色食品生产基地84公顷，通过国家级农产品质量安全验收。完成造林面积82公顷，森林抚育530公顷，实有封山育林面积7681公顷。有省级农业龙头企业8家、市级农业龙头企业23家、农民专业合作社792个、无公害农产品产(基)地54个。

工业增加值233.3亿元，增长11.8%。2000万元及以上企业432家，工业增加值为103.03亿元，增长13.2%。增加值总量居前三的主导行业中，橡胶和塑料制品业28.22亿元，增长10.6%；专用设备制造业16.99亿元，增长9.9%；医药制造业12.33亿元，增长24.3%。新增“瞪羚企业”14家、“专精特新”企业145家，发布“浙江制造”标准4项，完成机器换人技改项目40个，“上云”企业1680家。

固定资产投资增长10.8%。其中：第一产业投资0.06亿元，下降84.2%；第二产业24.73亿元，下降21.8%；第三产业133.56亿元，增长20.4%。三次产业投资之比为0.2∶39.06∶60.74。其中：基础设施投资26.35亿元，下降18.5%；工业投资24.73亿元，下降21.8%；民间投资107亿元，增长30.8%。

进出口总额167.86亿元，增长5.2%，其中出口总额157.7亿元，增长4.3%。新批外商投资企业5家，协议外资2874万美元，下降40.9%；实际利用外资2440万美元，下降36.6%。金融机构本外币存款余额866.62亿元，增长13.4%；贷款余额626.76亿元，增长18.1%。

社会消费品零售总额253.47亿元，增长10.8%。各类市场44个，其中消费品市场40个、生产资料市场4个，市场年成交额141.81亿元；年成交额超过1亿元市场3个，市场年成交额15.01亿元。网络零售总额177.62亿元，增长22.2%。全年旅游总收入65.02亿元，增长21%。九峰公园创建成为国家AAAA级景区，大寺基、桐树坑创建成为AAA级景区。

新增国家重点扶持高新技术企业21家、省级科技型中小微企业66家、省级高新技术研发中心2个、市级高新技术研发中心23个，建成市级以上众创空间1个，列入省级科技计划26项。高新技术产业增加值57.72亿元，增长16.9%。专利申请6717件，专利授权5070件。

建成区中小学素质教育基地。建成江口、沙埠等5所幼儿园。建成浙江省区域推进语言文字规范化区。义务教育入学率、巩固率、完成率均为100%，幼儿入园率99.2%，十五年教育普及率99.64%。全区有幼儿园126所、普通小学36所、初中25所、中等职业教育学校2所。

新建新前、沙埠图书分馆，东城街道、九峰书院和合书吧对外开放。建成农村文化礼堂51个，沙埠青瓷窑址申报国家级文保单位，创建国家公共文化服务体系示范区。有文化站19个、博物馆5个。在各类比赛中获国际比赛金牌6枚、银牌1枚，全国比赛获金牌5枚、银牌1枚、铜牌1枚。有医疗机构352个，床位3117张。

参加城镇职工基本养老保险、城乡居民基本养老保险、失业保险、城镇职工基本医疗保险、城乡居民基本医疗保险、工伤保险和生育保险的人数分别为28.51万人、18.42万人、11.24万人、17.38万人、43.85万人、24.9万人和10.65万人。城市居民最低生活保障人数5995人，最低生活保障支出0.47亿元，低保对象月人均补助459.5元；农村“五保”对外集中供养率95%，城镇“三无”人员供养率100%。

通过国家饮用水水源地生态环境保护和城市黑臭水专项督查；被评为首个中国气候生态区。实施小城镇环境综合整治项目270个，9个乡镇(街道)通过省级验收，屿头、上垟、沙埠被评为省级样板乡镇。整治“散乱污”企业338家；改建城区“智能型、生态型”公厕21座、农村公厕873座。城市生活垃圾无害化处理率100%,污水处理率96.8%,环境空气质量优良率(AQI指数)94.1%。

【中国科学院上海有机化学研究所台州研发中心项目签约】 2018年7月23日,中国科学院上海有机化学研究所台州研发中心落户签约仪式在黄岩举行。中心依托有机所高端人才和智力项目,发挥台州浓厚的医药医化产业优势,助推台州医药产业转型升级及向千亿级迈进,为企业提供更多便利。黄岩区为该项目核心团队成员及高层次人才在人才申报、子女入学、医疗保健等方面提供“妈妈式”服务。

【黄岩九峰被批准为国家AAAA级旅游景区】 2018年9月27日,黄岩九峰被批准为国家AAAA级旅游景区。黄岩九峰景区占地2.71平方千米,因三面有灵台、文笔、华盖、接引、宝鼎、灵鹫、双阙、卧龙、翠屏9个山峰环抱而得名。景点密集,景区内资源类型多样,资源丰度高、组合佳,二级以上的旅游资源有32处,其中报春园、瑞隆感应塔、古建筑群3个单体为优良级旅游资源。该景区为台州市十大旅游景区之一,是“人文景观与自然景观相映、观光游览与休闲娱乐相融”的综合型景区。

【全区入河排水口标识牌安装】 2018年,为进一步改善黄岩水环境质量,黄岩区19个乡镇(街道)在完成整治的基础上,对全区1800多个入河排水口挂上具有唯一编号的标识牌,接受群众监督。对于所有安装该标识牌的入河排水口,区五水办工作人员将进行有效监督管理,确保所有入河排水口只能排放雨水。若发现入河排水口有污水流出来,轻则由乡镇自行处理,重则召开协调会,确定由相应的职能部门负责,以保证全区的水环境质量。

(黄岩区政府办公室　傅亚文)

路桥区

【概况】 2018年,路桥区辖6个街道、4个镇。年末常住人口62.8万人,户籍人口46.01万人。地区生产总值675.16亿元,比上年增长7.6%。

财政总收入84.32亿元,增长14.2%。其中,一般公共预算收入47.04亿元,增长10%。年末金融机构本外币存款余额1156亿元,增长17.9%;贷款余额886亿元,增长7.1%。城镇常住居民人均可支配收入67703元,农村常住居民人均可支配收入31534元,分别增长8.7%和9.7%。固定资产投资增长2.9%。外贸出口总额130.84亿元,与上年基本持平。

创建省级农产品质量安全可追溯体系县、农产品质量安全放心县、农业领域“机器换人”示范县。农业“一区一镇一体”顺利推进,金清果蔬特色农业强镇入选省级创建名单。农村土地确权赋权工作获省优秀等次。

完成老旧工业点改造24个、小微企业园建设8个。新增“瞪羚企业”4家、“小升规”企业60家、股份制企业67家。认定国家高新技术企业30家、省级科技型中小企业72家,入选省高成长科技型企业9家,新增省级企业研究院2家、企业研发中心2家。发明专利授权量655件。路桥入选中国知识产权领域最具影响力县域50强,成为全省首批“品字标浙江制造”集中培育县。“浙商回归”到位资金64.6亿元,外资到位2684万美元。东西部扶贫协作、对口支援(合作)和山海协作扎实推进。全域土地综合整治工作居全市第一位,盘活土地资源178.6公顷。国家级学会服务站、省级工程技术研究中心、省级博士后工作站等平台实现“零”的突破。

民生支出占一般公共预算支出的80.4%。省级区域医共体试点取得阶段性成效,公立医院综合改革扎实推进;区级医院与省内外大医院合作实现“零”的突破;区第三人民医院、区妇计中心、路北街道社区卫生服务中心完成搬迁,基层医疗机构改造全面推进。文化礼堂“四Z”管理模式(众筹基金管理模式、众创管理模式、志愿者管理模式、资本采购管理模式)全省推广,区文化活动中心、全民健身中心、档案馆开工,申报并入选国家级非物质文化遗产传承人1名。扶持发展体育社会组织24个,举办中国台州国际武术节、全民运动会,在浙江省第十六届运动会上获金牌数创历史新高。

出台商贸服务业发展“抓大扶中育小一三五”计划。创建放心消费示范单位132个。举办、承办中国塑料交易会、中国民营经济发展(台州)论坛等11个品牌展会。台州银行成为全国首批投资管理型村镇银行试点,泰隆银行被中国银行业协会认定为小微金融培训基地,路桥农商银行成为金融网格管理全国标杆。

深化“最多跑一次”改革,256个事项实现“一证通办”;“社银联通”机制成为省民生获得感示范工程。深化“亩均论英雄”改革,完成亩均税收1万元以下低效企业改造提升。深化“三位一体”农合联改革,区农合联综合服务中心建成。智慧城管平台完成全覆盖,金清镇建成全市首个智慧城管镇。城市有机更新“六个一”项目顺利实施。“三大革命”加快推进,新建公厕7座、改造16座;完成旺能改造提升,启动三期扩建工程,有机物循环利用中心开工,建成生活垃圾分类示范点60个,农村生活垃圾分类基本实现全覆盖;物业小区业委会成立率81.6%,区物业行业协会成立。成为省首批万里美丽经济交通走廊达标县。桐屿坐应村创建成为省AAA级景区村庄、省生态文化基地;小城镇环境综合整治获省级优秀,新桥、蓬街成为省级样板镇。创建成为省“无违建”先进县。坚决推进“大棚房”整治工作。完成国家黑臭水体专项督查迎检工作;“污水零直排区”建设顺利推进;“河(湖)长制”全面深化,获省“五水共治”(河长制)工作优秀县(市、区)“大禹鼎”。

【路桥乡村振兴学院成立】 2018年7月31日,由路桥区与北京大学马克思主义学院共同发起的路桥乡村振兴学院在新桥镇金大田村揭牌成立。路桥区委负责人与北京大学习近平新时代中国特色社会主义思想研究院乡村振兴中心主任温铁军教授共同为学院揭牌。该学院依托北京大学雄厚的学术实力和路桥丰富的实践资源，开展乡村振兴政策研究、课题研究及现代科技、高效农业、新型业态、乡风文明、乡村治理等领域的研究工作，着力打造一个集乡村振兴理论研究、实践指导及人才培养三位一体的综合性学习教育平台，携手培养一支懂农业、爱农村、爱农民，适应新时代乡村发展要求的干部队伍和建设人才。

【文明传习行动启动】 2018年6月7日，在路桥区文明传习行动启动仪式上，各镇（街道）和区级以上文明单位两两结对，共同认领文化项目，为该区增添新的文明色彩。文明传习行动以“聚力乡村振兴·共建美丽路桥”为主题。通过区委宣传部、区文明办、区妇联等多部门“组团”合作，组织开展“文明传习、家风为基”系列评选、“文明传习、百场讲理”系列宣讲、“文明传习、志愿先行”系列公益、“文明传习、礼堂筑基”系列活动，以文明传习矩阵扩大影响力。

（路桥区政府办公室　张　波）

温　岭　市

【概况】 2018年，温岭市辖5个街道、11个镇。年末常住人口136.9万人，户籍人口122.14万人。地区生产总值1091亿元，比上年增长7.7%。其中，第一产业增加值75.11亿元，第二产业增加值454.79亿元，第三产业增加值561.17亿元。按常住人口计算，人均生产总值7.97万元。

财政总收入130.7亿元，增长13%，其中地方财政收入77.29亿元，增长13.5%。一般公共预算支出107.81亿元。城镇、农村常住居民人均可支配收入分别为5.8万元、3.1万元。固定资产投资增长14.5%。

现代农业加快发展，粮食生产保持稳定，提标粮食生产功能区664.33公顷，实施水稻全程机械化生产4866.67公顷。创建省级农业科技示范基地4个。渔业转型稳步推进，新增远洋渔业公司1家，建成省级休闲渔业精品基地3个。全域大花园建设加快推进，完成村庄整治509个，解决254个村6133户农民建房难题。建成A级景区村庄19个、美丽庭院1.5万户，石塘镇创成省级旅游风情小镇。改造提升农村电商服务站40个，精品旅游民宿增至34家。集体经济薄弱村提前完成消薄目标。

规模以上工业增加值增长9%。践行“五心”“妈妈式”服务，稳定企业发展。泵与电机千亿级产业集群培育扎实开展，机床工具区域品牌影响力稳步提升，获评“机械工业引领高质量创新发展产业集聚区”。鞋业整治取得重要进展，淘汰出清无证照及民房内鞋企（作坊）7000多家。全域改造产业升级实验区建设快速推进，14个村全面完成签约。完成老旧工业点改造198.2万平方米，建成投用小微园区16个，入选省小微企业园建设提升工作试点市。

落实稳定外贸增长9条措施，助力企业多元化开拓市场，外贸自营出口增长9.6%，对“一带一路”沿线国家进出口额增长10.1%，获评鞋帽国家级外贸转型升级基地。

设立温岭（杭州）智能制造创新中心，新增院士工作站1个，国家“千人计划”和省“千人计划”专家自主申报2人、引进6人，入选“台州市500精英计划”40人，新认定国家级企业技术中心1个、国家高新技术企业38家。“三强一制造”持续推进，主导制修订国家标准2项、行业标准4项，新增中国驰名商标1件、“浙江制造”标准25项、“品字标”企业7家。市场主体提档升级，完成“个转企”549家、“小升规”企业255家、股改公司110家。新增各类信贷投放185.3亿元、直接融资78.2亿元，浙江股权交易中心“温岭制造板”开板。“最多跑一次”改革纵深推进，“无差别受理”向镇村延伸，77%的民生事项实现“一证通办”，获批商事登记省级标准化试点。全面推进“标准地+承诺制”改革，工业用地“先租后让”供地模式入选省经济体制改革典型经验。“亩均论英雄”改革成效明显，改造提升亩均税收1万元以下企业121家。中介机构联合体改革有效探索，建成网上“中介超市”。

坚持教育优先，保障教育资金26.3亿元，32个教育提升项目全面建成。公办小学“县管校聘”改革试点全面完成，通过省教育基本现代化市评估。健康温岭建设大力推进，台州市中西医结合医院搬迁投用，上海龙华医院在温岭市设立分院。公共文化服务体系逐步完善，博物馆、档案馆建成开馆，温岭书画院启用。

户籍人员基本养老保险参保率98%、基本医疗保险参保率99.4%。“社银联通”机制全面启动，实行生育门诊、住院医疗费实时联网结算。社会救助制度不断完善，支出各类救助资金1.1亿元。建成示范型社区居家养老服务照料中心39个，新增养老床位517个。小城镇环境综合整治三年任务两年完成，获评省优秀单位，新河、温峤、石塘、石桥头创建成为省级样板镇，省级卫生镇实现全覆盖。通过省“基本无违建市”考核验收。“污水零直排区”试点工作顺利推进，新建污水管网158千米、雨水管网41千米、“美丽河道”61千米，牧屿、城北等6座污水处理厂完成准Ⅳ提标。创建国家级县域节水型社会。完成企业废气治理552家，空气质量优良天数363天。湾（滩）长制工作走在全国前列，水产养殖污染有效治理，纳入规范管理的沿海小型船舶1101艘。

【“海浪花·曙光工作室”揭牌】 2018年3月16日，“海浪花·曙光工作室”在温岭市看守所揭牌，该工作室系台州市首家在羁押场所设立的未成年人检察工作室。温岭市检察院于2014年专门设立办理未成年人刑事案件的内设机构，并逐步拓展涉罪未成年人“捕、诉、监、防”四位一体工作职能。在羁押场所设立工作室，旨在积极贯彻落实最高人民检察院、省人民检察院关于未成年人检察工作试点的部署，进一步探索对在押未成年人的监管活动监督方法，增强观护帮教工作实效。工作室设立后，对于看守所在押、服刑的涉罪未成年人，该市检察院未检干警将参与执检部门的定期巡查、入所帮教、出所教育等活动，配合执检部门做好监督教育工作。同时，将少年司法理念融入执法过程中，针对未成年人身心特征，适时采用亲情会见、谈心谈话，心理干预、法制教育等方式，“教育、挽救、感化”涉罪未成年人，促其改过自新、早日回归社会。

【铁路温岭站综合交通枢纽完成PPP招投标】 2018年8月，铁路温岭站综合交通枢纽工程完成PPP（政府和社会资本合作）项目招投标，上海基础设施建设发展（集团）有限公司中标。项目年末开工，并入库财政部PPP综合信息平台。铁路温岭站综合交通枢纽工程规划总用地7.7公顷，总建筑面积10.82万平方米，总投资13.8亿元。项目建设温岭市铁路站场综合交通换乘枢纽工程（东广场立体枢纽）、台州市域铁路S1线站前广场站房、轨道交通配套用房、公交换乘中心、停车楼等，集高速铁路客运、城际铁路客运、城市轨道、地面公交、出租车等多种交通方式于一体，兼具对外及市内换乘功能，承担为台州南片温岭市、玉环市及路桥区、温州乐清北片的交通服务功能，旨在打造台州南部现代化综合交通枢纽。

【平安建设成效明显】 2018年，温岭市以“雪夺平安鼎”为目标，平安系列行动不断深化，安全生产、火灾、道路交通、渔船安全等事故分别比上年下降35.7%、49.5%、33.3%和66.7%。开展“清初访、查重访、化积案”专项行动，做好人民调解工作，化解信访积案。“七五”普法扎实推进。社会治安打防有力，扫黑除恶专项行动强势推进，“铁拳”缉毒示范区加快创建，通过省反走私重点县（市、区）评估考核。“无欠薪”市创建全面推进，欠薪防范处置机制不断健全。金融风险专项整治大力开展，银行业不良贷款余额下降36%。基层治理“四个平台”建设稳步推进，出租房旅馆化管理全面实行，全科网格作用有效发挥。网络安全监管不断加强。

（温岭市政府办公室　杨　智）

临海市

【概况】 2018年，临海市辖5个街道、14个镇。年末常住人口105.4万人，户籍人口120.49万人。全年生产总值670.92亿元，比上年增长7%。其中，第一产业增加值44.58亿元，第二产业增加值310.31亿元，第三产业增加值316.03亿元。按常住人口计算，人均生产总值6.37万元。

财政总收入114.46亿元，地方财政收入64.07亿元，分别增长17.1%和18%。一般公共财政支出94.69亿元。居民人均可支配收入40009元，增长9.4%。其中：城镇常住居民人均可支配收入51520元，增长8.9%；农村常住居民人均可支配收入27418元，增长9.4%。固定资产投资增长8.1%。社会消费品零售总额265.79亿元，增长10.9%。外贸自营进出口总额228.6亿元，增长12.3%。

农林牧渔业增加值44.7亿元，增长1.5%；完成粮食生产功能区提标改造537.3公顷，新增省级现代农业园区1个、美丽生态牧场10个，基本建成粮食储备中心，再添“中国白对虾之乡”和“中国水库胖头鱼之乡”两个“国”字号品牌，完成省级农产品质量安全放心市创建；“三位一体”农合联改革走在全省前列，村级集体经济发展项目成为国家农村综合改革标准化试点。

规模以上工业增加值212.1亿元，增长8%，总量连续3年居台州第一位。出台重点产业培育工作方案，汽车机械、现代医药、时尚休闲三大主导产业产值813.6亿元，占规模以上工业总产值的84%。规模以上工业企业亏损率降低5.2个百分点，利润总额连续4年保持20%以上增速。倡导“妈妈式”服务，出台一系列精准有效的扶持政策，减免企业税费19.5亿元。坚持抓大扶中育小，新增产值10亿元以上企业1家、1亿元以上企业37家、股份制企业95家，完成“个转企”571家、“小升规”企业48家。

固定资产投资增长8.1%；引进省外资金65亿元，实际利用外资5379万美元。设立外贸专项资金，办理出口退税15.7亿元。服务业增加值316亿元，增长7%。“全域旅游”格局加速形成，台州府城文化旅游区成为省优质旅游经典景区，灵湖景区成为国家AAAA级景区和省级生态旅游区，新增国家AAA级景区2个、省AAA级景区3个。

推进省信用县创建，金融机构本外币存款余额首次突破1000亿元，不良贷款率0.51%，继续保持全省较低水平。电子商务和现代物流业加快发展，东部物流中心动工建设，新增淘宝镇1个、淘宝村9个。举办第七届中国（临海）户外家具及庭院休闲用品展览会。省“152”项目落地率60%、市县长项目落地率50%。

传统产业优化升级成效显著，在全省振兴实体经济财政专项激励考核中位列第一位；完成9个老旧工业点改造，动工建设8个小微企业园；完成亩均税收1万元以下低效企业整治提升，规模以上工业企业亩均税收增长53.6%，被评为省“腾笼换鸟”工作考核先进单位。数字经济加快培育，新增“上云”企业1536家，医化园区成为全省首家通过验收的专项类“两化”融合示范区，全市数字经济核心产业制造业产值增长32.3%。设立产业科技发展基金，全市科学研究与试验发展经费支出占生产总值比重居全省第六位，新产品产值突破500亿元，入选首批省级可持续发展创新示范区；新增省级研发机构8个、省级众创空间5个，现代医药化工产业创新服务综合体入选省级创建名单；新认定国家知识产权优势企业和示范企业4家、高新技术企业21家、省级科技型中小企业78家，4家企业登录省高新技术企业创新能力百强榜，浙江华海药业股份有限公司成为年度国家技术创新示范企业。

全年用于民生支出75.5亿元，增长10.7%，占财政总支出的79.7%。推进教育现代化，开展中小学教师“县管校聘”改革，建立健全以市为主的学前教育管理体制，新增国家“万人计划”教学名师1人、省特级教师6

人；集中整治校外培训机构、托管机构1070个；新改建公办幼儿园7所。深化医药卫生体制改革，实现省级卫生镇全覆盖。提升公共文化服务水平，新增省级文化产业示范基地1个、农村文化礼堂120个、和合书吧5个，卢乐群艺术馆开馆，融媒体中心投入使用，临海市入选中国文化竞争力十强市、省文化产业发展重点市，桃渚镇成为中国历史文化名镇，岭根村成为中国历史文化名村。

创办乡村振兴学院，新增省休闲旅游示范村、台州市美丽乡村示范镇各1个，集体经济薄弱村全面消除，行政村规模调整顺利完成，连续4年被评为省社会主义新农村建设优秀单位。"多城联创"工作取得新进展，在全省15个全国文明城市提名城市中年度考核排名第四位。市城管委实质化运行，"五大革命"全面落地，新改建公厕1938座，瓶装燃气安全管理经验在全省推广，创建省级农村生活垃圾分类处理村197个，成为省农村生活垃圾治理工作优胜市。成为"无违建创建先进市"。完成城镇低效用地再开发104.47公顷，成为省级国土资源节约集约模范市。

"五水共治"持续深化，新改建城镇污水管网74千米，完成城市污水处理厂迁建、3个"污水零直排区"试点建设，94个行政村生活污水治理设施提标改造空气质量持续向好，PM2.5平均浓度下降6.2%。完成平原绿化220.67公顷、珍贵彩色森林建设3333.33公顷，临海市被评为省森林资源保护管理工作突出贡献集体。在全省县(市、区)级生态文明建设评价中列第九位，被评为美丽浙江建设工作考核优秀市。

【临海彩灯创业园开工】 2018年8月19日，总投资2亿元的临海首家企业自主开发项目——临海彩灯创业园开工。临海彩灯创业园位于临海市东塍镇川津路，地块呈"L"型，位于原临亚集团铝合型材厂区所在位置。该项目占地面积3.91公顷，总建筑面积8.5万平方米。创业园主要面向扩张升级类、拆迁安置类及作坊转型类等各类彩灯企业，累计引进企业30家。

【"污水零直排区"试点单位建设进入收官阶段】 2018年11月23日，临海市对"污水零直排区"建设试点生活小区檀香公馆进行验收，临海"污水零直排区"试点单位建设进入收官阶段。验收组和专家团队在现场查验过程中，对部分管网和井盖标识不清、部分雨水井仍在排水、小区周边六小行业规范整治等问题进行分析和指导，要求施工单位在12月初整改到位，确保生活试点小区檀香公馆完成全年目标任务。除生活小区檀香公馆外，工业园区江南新区和试点镇汛桥镇紧盯质量倒排工期加快进度，高标准严要求建设"污水零直排区"。各试点单位排查管网长度110千米，各类检查井3万余座，企业100多家，发现各类问题260多个。成立由治水专家、部门业务骨干等组成的智囊团(技术服务组)，引进登高车高空作业解决生活小区户外和屋顶雨污分流改造问题，引进CCTV管网勘察排查技术摸清管网状况，结合CCTV探测解决管口满水气囊封堵、井内降水施工等技术难题。

【湾区开发全面提速】 2018年，浙江头门港经济开发区主要经济指标实现30%以上增长，规模以上工业总产值突破500亿元，税收收入突破30亿元，国家级经济技术开发区创建工作提速推进。港口建设迈开大步，滚装码头实现首航，建成海事监管基地码头、台州海事溢油应急设备库；划定水陆域扩大开放范围，综合保税区建设上报省政府审批；首条班轮航线开通运营，五星金属交易市场开业，实现大宗物资交易市场"零"的突破。临港产业加快集聚，规模以上工业企业突破100家，浙江吉利豪情汽车制造有限公司成为台州首家产值突破300亿元的工业企业，新天和科技产业园、远大住工建筑产业化基地动工建设。现代化港城初具规模，启动区块路网基本成型，建成康居小区一期、美丽海塘、白沙湾海岸带整治工程，台州学院附中头门港分校、五星级酒店动工建设。对外通道更加畅通，头门港公铁水多式联运示范工程获批全国示范项目，83省道杜桥至白沙段、台金高速公路东延二期建成通车。

【基层政务公开标准化规范化试点】 2018年，临海市按照"破难题、立标准、树典型"要求，坚持以"公开为民"为核心，高质量推进决策、执行、管理、服务、结果"五公开"，形成公共权力阳光运行的"临海模式"。7月通过评估验收。年内，确立十大领域723项主动公开事项，比试点前增加654项，创建37个具有临海特色的公开规范；2个标准成为台州市地方标准；相关经验被国务院网站、新华网、人民网、《浙江日报》等各级媒体刊载报道30多篇，《基层政务公开试点半月报》专题刊发2次、省专栏推广15篇。

【地方政府隐性债务风险化解试点工作】 2018年，作为全省4个地方政府隐性债务风险化解试点市之一，临海市按照"增加收入，盘活资产，提高绩效，消旧控新，规范运作，保障有力"总体思路，专门成立隐性债务消化工作领导小组，提出化债五年计划提前至三年完成的目标，制定两套政策、8个方面20条措施，通过源头压缩新申报项目、财政性资金"一支笔"审批等举措严格控制增量，通过国资公司实体化、争取平衡债券等手段科学化解存量，通过"花钱必问效、无效必问责"的绩效考核、盘活存量资金等措施全面提升资金绩效，成为全省唯一的全国"有效控制地方债务增长"的典型县(市)，在全省财政管理工作绩效综合考核中居第一位。至7月，全市完成年度化债计划81.4%。9月，财政部调研组到临海专题调研，对临海做法给予肯定。

(临海市政府办公室　吴鹏翔)

玉环市

【概况】 2018年，玉环市辖3个街道办事处、6个镇、2个乡。年末常住人口62.8万人，户籍人口43.53万人。地区生产总值580.77亿元，比上年增长6.8%。其中：第一产业34.37亿元，下降2.1%；第二产业314.51亿元，增长8%;第三产业231.89亿元,增长6.3%。按常住人口计算,人均生产总值9.25万元。

财政总收入92.38亿元,增长10.8%,其中地方财政收入53.34亿元,增长10%。一般公共预算支出69.98亿元,增长8.2%。居民人均可支配收入53017元,增长8.2%。其中:城镇居民人均可支配收入66027元,增长8.1%;农村居民人均可支配收入32453元,增长8.2%。居全国中小城市综合实力百强第27位。金融机构本外币存款余额690.98亿元,增长11.5%;贷款余额550.25亿元,增长10.8%。

农林牧渔总产值35.11亿元,下降1.9%。现代农业园区纳入省级创建名单,粮食功能区提标改造152.33公顷。农村集体产权制度改革列入国家试点,基本完成农村土地承包经营权确权登记颁证。"玉环文旦"区域农产品公共品牌列入国家农产品地理标志商标保护,获评浙江省"最美田园"2个。建成全国首个海捕虾全产业链海上加工中心,成立全省首个县级海洋产业子基金。

规模以上工业企业总产值789.63亿元,增长11.6%。扶工助企扎实推进,兑现各类工业性扶持资金2.1亿元,为企业减负13.6亿元。完成首批1658家工业企业年度综合评价,试行用地、税收等差别化政策,全面完成亩均税收1万元以下企业的改造提升;新增省"隐形冠军"企业1家、股改企业153家,报上市辅导企业2家。完成中低产田改造401.87公顷,城镇低效用地再开发97.05公顷,争取土地指标140.73公顷,供应土地391.3公顷,其中工业用地122.17公顷。

固定资产投资下降12.4%。新列入"两个一批"省重点项目、省海洋经济发展重大项目数量和体量均居台州市首位,入选省"152"工程、台州市市县长项目12个。省级示范文明城市通过复评,国家森林城市建设总体规划通过评审,省级卫生乡镇实现全覆盖,获评全省小城镇环境综合整治优秀单位。

社会消费品零售总额199.71亿元,增长10.5%。服务业增加值完成231.89亿元,增长6.3%。成立全省首家县级服务业联合会,中国(玉环)国际机床展升格为国字号展会。创新免还本金直接续贷等模式,信保基金玉环分中心为小微企业承保19亿元。

进出口总额273.52亿元,增长14.2%。其中:出口263.96亿元,增长14%;进口9.56亿元,增长20%。出台《支持民营经济健康稳定发展的实施意见》《促进外贸稳定发展若干措施》等扶持政策,组织715家次企业参加71个境内外展会,外贸出口266.2亿元,增长13.8%,分别居台州市第二、三位。浙台(玉环)经贸合作区获评全省十佳开放平台。全年引进省外项目资金80亿元,实际利用外资连续3年居台州市首位。

接待旅游总人数突破1000万人次,旅游总收入突破100亿元,分别增长13.1%、15%。海山旅游岛项目列入财政部PPP(政府和社会资本合作)项目库。成立市旅游投资集团,举办中国台州唐诗之路——玉环文旦旅游节等主题活动。

举办"第13届科技·人才活动周"活动,聘任首批科技智库专家42名;新增国家"千人计划"专家4名;引入浙江清华长三角研究院台州创新中心,共建水暖阀门供应链一体化创新基地,水暖阀门产业创新服务综合体列入省级创建名单;省级高新技术产业园区申报稳步推进,国家重点扶持高新技术企业突破100家;新增省级科技型中小企业270家、"上云"企业1941家,"两化"融合发展指数位列全省第一梯队。

通过省教育基本现代化市预验收,创建义务教育标准化学校10所、省二级幼儿园7所、省现代化成技校2所;评选市首届功勋教师5人,获评省特级教师3人,建立名师工作流动站4所,新增国家"万人计划"教学名师1人。探索"健康共同体"建设,被列为台州市改革试点;获批医疗卫生科研立项70项,市域就诊率提升3.8个百分点;评选市首届终身名医(名中医)13人,获评省基层名中医1人,挂牌成立省级名医团队工作室6个。市图书馆新馆、博物馆和档案馆新馆主体结顶,建成农村文化礼堂38个。

【玉环交通发展取得成效】 2018年9月28日,乐清湾大桥及连接线通车,玉环结束不通高速公路历史。11月22日,大麦屿港完成与宁波舟山港并购合作,集装箱年吞吐量历史性突破15万标箱,比上年增长48.9%。12月29日,杭绍台高速铁路温岭至玉环段项目开工,计划2022年与主线同步建成运行。

【老旧工业点改造提升和小微企业园建设工作】 2018年,玉环市坚持将老旧工业点改造提升和小微企业园建设作为传统产业优化升级破题之举,全市59个老旧工业点违建悉数"清零",10个老旧工业点改造提升和14个小微企业园建设项目开工,4个小微企业园建成,《小微企业园入园企业管理办法》出台,经验做法得到省委主要领导批示肯定,并作为唯一县(市、区)在全省现场推进会上做交流发言。

(玉环市政府办公室 方 达)

三门县

【概况】 2018年,三门县辖3个街道、6个镇、1个乡。年末常住人口35万人,户籍人口44.75万人。地区生产总值229.38亿元,比上年增长7.6%。其中:第一产业增加值30.71亿元,增长3.1%;第二产业增加值86.32亿元,增长11.6%,其中工业增加值64.31亿元,增长15.1%,规模以上工业增加值52.55亿元,增长17.2%;第三产业增加值112.35亿元,增长5.6%。按常住人口计算,人均生产总值6.55万元,增长6%。

财政总收入30.22亿元,增长15%,其中一般公共预算收入18.63亿元,增长11%。一般公共预算支出43.82亿元。城镇常住居民人均可支配收入44933元,增长9.2%;农村居民人均可支配收入24313元,增长9.3%。

社会消费品零售总额102.26亿元,增长10.4%。全年外贸进出口总额56.06亿元,增长10.5%,其中:出口总额53.6亿元，增长10.5%；进口总额2.46亿元，增长9.1%。全县金融机构本外币存款余额289.2亿元，增长9.1%；贷款余额455.38亿元，增长18.2%。

以台州北部湾区为重心，融入浙江大湾区和台州湾区发展试验区建设，以项目引进和推进为着力点，全年谋划省市县长项目13个，其中谋划省“152”项目4个，开工3个。通顺铆钉、天人合、高盛钢结构等7个项目列入省重大产业项目。“浙商回归”到位资金42.5亿元，增长47.6%，引进企业130家，增长51.2%。深化传统产业优化升级，出台科技新政、人才新政、制造业新政和留驻企业、降本减负等一揽子政策，建立六大百亿产业集群培育“十个一”推进机制，六大百亿产业产值增长23.2%。走好科技新长征，三门湾科创广场启动建设，橡胶产业创新服务综合体列入省级创建名单，三门创客工场获评省级众创空间。成立台州首家外籍院士工作站，国家级创新领军人才引进实现“零”的突破。

全域旅游步伐加快，全面启动蛇蟠国家级AAAAA级景区和山海协作生态旅游文化产业园建设，亭旁红色文化教育基地列入长三角区域旅游系统党性教育基地。三门列入省农业绿色发展先行创建单位。

振兴三门教育，新实施教育项目17个，在浙江省教育现代化发展水平监测中排名居全市第三位。启动健康三门建设，加强与浙江大学医学院附属第一医院新一轮合作，建设县域医共体，省级卫生乡镇实现全覆盖。文化、体育事业协调发展，获评浙江省运动休闲基地，举办亭旁起义90周年纪念活动，婚俗改革、城乡社区文化治理做法在全国会议上介绍，三门融媒体改革列入全国试点。连续14年获评“平安县(市、区)”。

深化“最多跑一次”改革，推进“受办”分离改革。实施“标准地+承诺制+代办制”改革，设立工业投资项目审批VIP工作室。推进建设工程审批制度改革，常态化企业开办实现3个工作日办结。深化“亩均论英雄”改革，建成综合评价大数据平台，开展低效企业“一三五”改造提升行动和高能耗企业专项整治行动，完成亩均税收1万元以下企业整治提升，全县规模以上企业亩均税收增长15.8%。

新建绿道15.8千米，新(改)建公厕923座，新(改)建城镇污水管网27.5千米，完成省级生态文明建设示范县创建，获评全国首个“气候康养县”。持续抓好美丽乡村建设，花桥关头塘田园入选浙江百强“最美田园”，沙柳板樟山村入围“中国最美村镇”，横渡岩下村列入中国传统村落名录，沙柳曼岙、海游前郭获评全省首批引领型社区，横渡被评为省美丽乡村示范乡镇，三门获评省新农村建设优秀县。完成行政村规模调整，撤并率46.08%，152个经济薄弱村实现“双达标”。推进全国第二次污染源普查和“污水零直排区”创建工作，城乡生活污水治理设施一体化运维实现全覆盖。

【健跳镇入选海洋旅游特色小镇】 2018年7月，人民网舆情数据中心与北京电视台京视传媒联合发布“7月海洋旅游特色小镇排行榜”，三门县健跳镇成为台州市唯一入选的镇。海洋旅游特色小镇名单是以住房和城乡建设部公布的403个“国家级特色小镇”为筛选对象，从各个沿海特色小镇的知名度、关注度及美誉度三个维度出发，通过海量数据分析与数据模型计算，呈现海洋旅游特色小镇的综合影响力。健跳镇分健跳、六敖两大片区，因湾区经济的高速公路发展先后被列为全国重点镇、国家经济综合开发示范镇、国家现代农业示范园区、浙江省中心镇、浙江小镇综合改革试点镇、国家一级渔港和浙江省重点渔港。

【印尼长友集团在三门签下1亿余元订单】 2018年7月26日，印尼长友集团董事长黄一君带着采购团队到三门，与海啊集团有限公司、浙江三门维艾尔工业有限公司、台州希尔丽橡塑有限公司、台州爱以思休闲用品有限公司、浙江金能体育用品制造有限公司5家企业签下订单，总金额1亿余元，产品涵盖橡塑制品、体育用品、休闲用品等品类。长友集团是印尼的一家主营进口、零售的大企业，在印尼27个主要城市有200多个卖场，员工总数超过2.5万人，代理300多个世界知名品牌在印尼的销售权。

【三门县被评为中国首个气候康养县】 2018年9月19日，三门县在北京举行的国家气候标志评估报告专家评审会上被评为中国首个气候康养县。评审会由全国气候和气候变化标准化委员会组织，11位来自气候、生态、环境、地理等领域的资深专家学者，组成评审专家组，包括中国工程院院士李泽椿、丁一汇等。经过评估，专家组对三门的气候环境给予肯定。会议认为，三门县气候环境符合国家气候标志气候生态类评价标准，在气候宜居评价五大项33个指标中，有31个指标达到优良水平，同意授予“中国气候康养县”称号，并于9月下旬授牌。

（三门县政府办公室　包铁城）

天　台　县

【概况】 2018年，天台县辖3个街道、7个镇、5个乡。年末常住人口10.5万人，户籍人口60.25万人。地区生产总值254.51亿元，比上年增长7.6%。其中：第一产业增加值13.54亿元，增长4%；第二产业增加值104.55亿元，增长7.1%；第三产业增加值136.42亿元，增长8.5%。按常住人口计算，人均生产总值6.32万元。

财政总收入36.36亿元，增长10.4%。一般公共预算收入21.9亿元，增长14%。一般公共预算支出51.14亿元，增长22.9%。城乡常住居民人均可支配收入分别为45265元、22468元，增长8%和8.6%。固定资产投资增长11%。社会消费品零售总额127.32亿元，增长10.6%。金融机构本外币存款余额407.17亿元，增长13.3%；贷款余额381.04亿元，增长23%。

农业总产值13.98亿元，增长2.5%。全域大农场格局初步形成，中农批一期建成投用,完成创建省级现代农业科技示范基地5个、美丽生态牧场4个,农业现代化发展水平年际增速居全省第三位,现代农业园区列入省级农业科技园区创建名单。完成1133.3公顷标准农田质量提升改造,建成5个省级粮食绿色高产高效千亩片,创建成为省现代生态循环农业整建制推进县和省"平安农机"示范县。新增"三品一标"认证6家,天台乌药入选新"浙八味","立钻"牌铁皮枫斗颗粒成为全省唯一通过香港药品注册的中成药。

规模以上工业总产值183.6亿元,增长12.9%。工业"百项千万工程"项目新开工26个,建成投产30个,完成工业性投资23.1亿元。"个转企"180家,净增"小升规"企业24家,新增股份制企业52家、1亿元企业5家,新入选市"瞪羚企业"3家、省隐形冠军培育名单4家。新增浙江股权交易中心挂牌企业6家,并购重组6起、11.45亿元。全面完成亩均税收1万元以下低效企业改造提升,规模以上工业企业亩均税收29.7万元,居全省各县市第七位。完成外贸自营出口48.4亿元,增长9.4%。

旅游总收入209.65亿元,增长12.6%。创建省休闲旅游示范村5个、A级景区村75个、AAA级景区5个、AAAA级景区1个,寒山农旅集聚区被评为省级乡村旅游产业集聚区,"家·天台"全域旅游标准化试点列入国家级服务业标准化试点项目,列入国家AAAAA级旅游景区综合影响力排行榜50强,创建成为省首批全域旅游示范县。

实现县乡(镇)两级无差别"受办分离"改革,一般事项平均30分钟办结。投资项目审批实行"妈妈式""全包服务","标准地+承诺制"改革全面实施,实现一般企业投资项目开工前全流程审批"最多跑一次""最多30天"。全社会研究与试验发展经费支出增幅、高新技术产业增加值占工业增加值比重居全市前列。新增国家高新技术企业7家、省级科技型中小企业35家、省创新型示范中小企业3家、省级海外研发机构1个、省级企业研究院1个、省级高新技术企业研发中心1个,建成院士工作站2个,新增国家级星创天地1个。数字经济加快发展,新增"上云"企业1120家,入选省"四个百项"重点技术改造示范项目3个,数字经济综合评价指数居全市第二位。

总投资超过100亿元的天台抽水蓄能电站列入国家推荐站点并通过预可研评审。入选省重大产业项目数居全市第一位,省市县长项目落地率、固定资产投资增速居全市前列。全域土地综合整治五大行动有力有效,"万户百村"下山移民工作成为全省典型。供地167.3公顷,获评省国土资源节约集约模范县。县域医共体启动组建,新人民医院建成投用,基本医疗保险参保率居全市第一位。和合文化"两地一区"加快推进,文化中心启动建设,建成农村文化礼堂总部。举办"和合之美"首届中国民间工艺文创精品展等活动,《小济公》获亚洲旅游影视艺术周评委会特别奖。基层公共文化服务评估指标居全市第一位,国家级公共文化服务体系示范区通过验收。林药基地基本建成,提前一年完成省定消薄任务。

美丽天台八大行动深入实施,列入省首批大花园典型示范建设县。始丰湖公园被评为省海绵城市建设精品示范项目。小城镇环境综合整治三年任务两年完成,连续2年获评省小城镇环境综合整治工作优秀县。新建成美丽乡村精品村(特色村)12个,获评省农村生活垃圾治理工作优秀县、省社会主义新农村建设优秀县。获评省首批万里美丽经济交通走廊达标县。完成创建"污水零直排区"3个,获省"五水共治"(河长制)工作优秀县(市、区)"大禹鼎"。PM2.5指数29微克/立方米,下降12.2%,城市空气质量达到国家Ⅱ级空气质量标准,入选"美丽浙江十大特色体验地"创建名单,获评省生态文明建设示范县、美丽浙江建设工作考核优秀县。

【天台山中国旅游日主题活动】 2018年5月19日开幕。主题活动由8个子活动组成,包括中国台州·韩国友城旅游文化周系列活动之推介会、浙东唐诗之路文化节暨天台山第二届儒学文化节、和合天台·首届唐诗之旅自驾车房车文化旅游节、慈光艺境书印展暨慈光艺境——诗书画印茶禅雅集、天台山"唐诗之旅"旅游产品发布仪式暨唐诗之旅千人团首游活动、世界女棋手VS天台棋王对抗赛、天台山徐霞客文化促进会理事会暨泳溪乡霞客文化研讨会、天台度过旅游日唐诗吟诵专场活动等。自2011年中国旅游日设立以来,天台连续8年举办"中国旅游日·首游天台山"系列活动,推出"霞客古道"精品游线,打响"霞客首游地"旅游品牌形象。活动加入唐诗之路主题,旨在提升"中国旅游日·首游天台山"品牌内涵,借助对韩推介会和房车自驾车唐诗之路巡游活动,将霞客路线、唐诗之旅等文化路线转化为实际效益。

【第八届香米丰收节】 2018年10月10日,天台泳溪乡北山村举办第八届香米丰收节。该次香米节,泳溪乡以首届"中国农民丰收节"为契机,以"霞客寻踪"党建联盟为纽带,以"天台米缸"稻米新零售模式为抓手,整合全县稻米种植产销合作社成立"天台县全域大农场稻米新零售联合体"。北山村是泳溪乡"霞客寻踪"党建联盟的重要成员之一,该联盟以"霞客寻踪美丽乡村"精品线为核心,通过整合北山村周围6个村的梯田资源,统一规划,形成30多公顷的连片鎏金共享农庄,面向全社会招募农场主。中石油台州分公司将党建扶贫车开进泳溪乡,通过签订协议认购泳溪香米60万斤。

【天台第一家乡级乡贤馆成立】 2018年11月18日,天台第一家乡级乡贤馆在南屏乡成立。乡贤馆富有地方特色、充分展示文化魅力,成为南屏凝聚乡贤精英,引资、引才、引智、引项目的"人才家园"。南屏乡贤馆位于该乡山头郑村,占地250平方米。乡贤馆设置"中华英烈""科苑名流""故乡赤子""杏坛师表""乡风民俗"等板块,以人物图片展、实物展等多种形式,集中展示20名杰出乡贤、重教兴学、非物质文化遗产传承等内容，同时设名人工作室、乡贤书画展厅、教育培训室等。乡贤馆的建立旨在弘扬优秀乡贤精神，凝聚乡贤力量，在广大群众中培育“知贤、颂贤、学贤”社会风尚，传播社会正能量，使乡贤文化在基层治理中发挥积极作用。（天台县政府办公室　郑　日）

仙　居　县

【概况】 2018年，仙居县辖3个街道、7个镇、10个乡。年末常住人口35.7万人，户籍人口51.74万人。地区生产总值230.11亿元，比上年增长5%。其中：第一产业增加值14.72亿元，增长3.5%；第二产业增加值98.04亿元，增长4.4%；第三产业增加值117.35亿元，增长5.6%。按常住人口计算，人均生产总值6.47万元。

财政总收入34.73亿元，增长13.8%，其中一般预算收入20.84亿元，增长12.5%。财政总支出54.55亿元，增长9.3%。居民人均可支配收入31576元，增长9.4%。其中：城镇常住居民人均可支配收入40506元，增长9.1%；农村常住居民人均可支配收入20970元，增长9.6%。

农林牧渔业增加值14.82亿元，增长3.5%。其中：农业增加值10.4亿元，增长3.6%；林业增加值1.7亿元，增长5.1%；牧业增加值2.24亿元，增长1.9%；渔业增加值0.38亿元，增长7.2%。

规模以上工业企业销售产值176.21亿元，增长10.8%，产销率100.1%。规模以上工业企业148家，工业增加值48.46亿元，增长2%。高新技术产业增加值27.38亿元，增长1.2%。规模以上工业企业技术（研究）开发费支出4.37亿元，占主营业务收入的2.5%。新产品产值58.89亿元，增长13.4%，新产品产值率33.5%，提高1.6个百分点。固定资产投资下降27.6%。基础设施投资34.13亿元，下降65.8%，民间投资134.62亿元，增长4.4%。在固定资产投资中，第一产业投资2.26亿元，增长54.7%；第二产业投资53.36亿元，下降9%；第三产业投资109.35亿元，下降30.3%。

外贸自营进出口总额66.27亿元，增长36.2%。其中：出口65.5亿元，增长36.7%；进口0.77亿元，增长5.3%。在出口企业中，生产企业自营出口41.02亿元，增长18.5%；三资企业出口9.11亿元，增长17%；外贸企业出口15.37亿元，增长178.7%。利用外资新签项目3个，协议利用外资2075万美元，实际利用外资1851万美元。招商选资新签约项目38个，总投资285.8亿元。

接待旅游人数1902.04万人次，增长12.2%，旅游总收入209.16亿元，增长14.1%。其中国内旅游人数1896.82万人次，增长12.3%，国内旅游收入208.27亿元，增长14.1%；接待入境旅游人数5.22万人次，旅游外汇收入1343万美元。景点门票收入2.41亿元，增长4.9%。

社会消费品零售总额103.37亿元，增长8.6%。网络零售额38.1亿元，增长35.9%。金融机构本外币各项存款余额439.16亿元，增长13.2%；贷款余额350.28亿元，增长17.3%。新建、续建小微园区6个，新成立院士工作站2个，引进台州“500精英计划”等高层次人才29人。新认定国家高新技术企业6家、省级科技型企业40家、省级高新技术研发中心2个。新增“品字标”品牌认证企业5家。省科技进步奖获奖企业3家。举办首届医疗器械创业创新大赛，台州（仙居）医疗器械产业园新增入园项目5个。新增技能人才自主评价企业2家。全县获专利授权535件，其中发明专利63件。优亿医疗电子可视喉镜获省专利优秀奖。

全县有各级各类学校153所，在校学生总数83263人。其中：普通高中6所，在校学生8617人；职业中学2所，在校学生7185人；初中17所，在校学生23161人；小学40所，在校学生32479人；幼儿园87所，在园幼儿11660人；特殊教育1所，在校学生161人。

各类卫生机构280个，实有病床2105张，卫生技术人员2984人，其中执业医师（含助理）1275人，注册护士1219人。按户籍人口统计，每千人床位数、卫技人员数、执业医师（含助理）数和注册护士数分别为4.07张、5.77人、2.46人和2.36人。

民生支出44.3亿元，增长12%，占一般公共预算支出81.2%。全县有最低生活保障对象8650户14294人，发放低保资金5868万元。救助城乡患病困难群众16155人次，支出医疗救助资金1675万元。建成保障性住房1064套。参加企业基本养老保险人数11.27万人，参加城镇职工基本医疗保险人数7.89万人，参加失业保险人数4.84万人，参加工伤保险人数8.2万人，参加生育保险人数5.31万人。城乡居民基本养老保险参保人数19.53万人。

环境空气质量优良率96.3%，PM2.5平均浓度为27微克/立方米，连续2年获评“中国百佳深呼吸小城”。建成“污水零直排区”试点3个，全县饮用水源和水功能区断面100%达标，罗渡出境断面水质稳定在地表水Ⅱ类标准；被评为小城镇环境综合整治工作优秀县，创成省级样板乡镇9个，列入国家新型城镇化标准化试点。创成省市级森林城镇4个、“一村万树”示范村5个。完成创建国家级卫生乡镇3个、省级卫生乡镇13个，实现省级卫生乡镇全覆盖。

【“最多跑一次”改革深入推进】 2018年，仙居县深入推进“最多跑一次”改革，1337项事项实现“最多跑一次”全覆盖。81.31%民生事项实现“一证通办”。实施“受办”分离，深化一般企业投资项目“最多跑一次”改革，全县新增工业用地全面实行“标准地”出让制度，成为全市“多评合一”试点。

【绿色、生态发展成效明显】 2018年，仙居县列入省级现代生态循环农业整建制推进县、省级农业绿色发展先行县，入选首批全国农村一、二、三产业融合发展先导区创建名单。绿色公约、绿色货币、绿色调解“三绿”乡村治理模式得到省委书记车俊批示肯定。年内，获评年度绿色发展示范城市。台湾农民创业园入选首批国家农村产业融合发展示范园，并获年度中国园区创新力百强称号。仙居—玉环山海协作生态旅游文化产业园完成总体规划。

（仙居县政府办公室　吕润锋）

丽　水　市
Lishui Municipality

【概况】 2018年，丽水市设莲都区，辖青田、缙云、遂昌、松阳、云和、庆元、景宁7个县，代管龙泉市1个市。景宁县是全国唯一的畲族自治县。面积17275平方千米。全市有30个街道、53个镇（畲族镇1个）、90个乡（畲族乡6个）。年末常住人口219.9万人人。丽水有畲族等少数民族44个，少数民族人口10.69万人，其中畲族9.16万人，占全市总人口的3.95%。

全市地区生产总值1394.24亿元，比上年增长8.2%。其中，第一产业增加值94.15亿元，第二产业增加值579.31亿元，第三产业增加值722.79亿元。三次产业结构调整为6.8∶41.4∶51.8。按常住人口计算，人均生产总值6.06万元，增长5.2%。

财政总收入211.18亿元，增长17%；一般公共预算收入130.01亿元，增长15.1%。一般公共预算支出432.02亿元。居民人均可支配收入32245元，增长9.9%。按常住地分，城镇常住居民和农村常住居民人均可支配收入分别为42557元和19922元，分别增长9.1%和10.2%。

全市土地面积172.75万公顷，其中耕地17.49万公顷、园地5.25万公顷、林地134.99万公顷、草地1.49万公顷、城镇及工矿用地4.26万公顷、交通运输用地1.54万公顷、水域及水利设施用地4.18万公顷、其他用地3.54万公顷。

规模以上工业增加值增长12.2%，社会消费品零售总额682.91亿元，增长11.4%，增幅均居全省第一位。跨境网络零售出口增长31.1%，缙云、青田跨境电子商务产业园开园运营。货物进出口总额247.13亿元，增长10.8%。其中：出口225.91亿元，增长10.2%；进口21.23亿元，增长17.4%。全面完成“4+1”投资结构性指标，服务业增加值增长8.1%，全域旅游产业增加值占生产总值比重超过9%，外贸出口增长10.2%。

固定资产投资项目1721个，其中新开工项目960个。41个项目入选省市县长项目，开工建设21个，完成投资34.2亿元。集中开工2批63个重大项目，总投资416亿元。

战略性新兴产业、装备制造业、健康制造业增加值分别增长29.1%、15.3%和27.5%，增幅均居全省第一位。数字经济核心产业增加值增长12.1%，绿谷信息产业园主营业务收入和税收均增长94%，新增“上云”企业2797家。新发布“浙江制造”标准21项，缙云成为“浙江制造”品牌培育试点县。莲都“农米良品”在纳斯达克上市，缙云臻泰能源获中国创新创业大赛一等奖，庆元鸿星文具成为省级隐形冠军企业，新入库“专精特新”培育企业236家，新增规模以上工业企业133家。整治“低散乱”企业、淘汰落后产能企业，分别完成年度任务的208%、150%，推动企业入园338家。实现省级以上开发区（园区）“污水零直排区”全覆盖。丽水开发区在国家级经济技术开发区中排名上升40位，全市规模以上工业企业亩均税收、亩均增加值分别增长16.3%、12.2%，增速均居全省第一位。新引进项目445个，其中落地大项目130个。深化山海协作，产业合作到位资金179.5亿元。特色小镇投资179.09亿元，万洋低碳智造小镇、龙泉汽车空调小镇入选第三批省级培育小镇。建设浙江（青田）华侨经济文化合作试验区、汤显祖—莎士比亚戏曲小镇，被列入省新一轮对外开放10项重大举措。

全市有人类非物质文化遗产项目名录3项，国家级非物质文化遗产项目名录18项，省级非物质文化遗产项目名录104项，市级非物质文化遗产项目名录254项，省非物质文化遗产旅游景区（非物质文化遗产主题小镇和民俗文化村）15个，市级非物质文化遗产主题小镇16个，市级民俗文化村18个，市级非物质文化遗产展示体验点37个。全国重点文物保护单位13处，省级文保单位81处，市县级文保单位413处，其他文物保护点8000多处，占全省的六分之一。

城中村改造完成326.41万平方米，其中市区160.9万平方米，置换出中心城市发展空间546.67公顷。新增城市园林绿地100.89公顷，实现新能源汽车分时租赁网络县（市、区）全覆盖。在全省城市文明程度指数测评中继续保持前列，获评省级小城镇环境综合整治优秀市。常住人口城镇化率61.5%，提高1.8%。获“国家水生态文明城市”“全国卫生城市（2018—2020年）”“全国森林旅游示范市”“中国娃娃鱼之乡”“中国生态溪鱼之乡”“中国休闲垂钓之都”“全国民宿产业发展示范区”称号。获省委、省政府“2017年度美丽浙江建设工作优秀市”“2017年社会主义新农村建设优秀单位”，首届长三角（上海）品牌博览会组委会“首届长三角（上海）品牌博览会组委会优秀组织奖”，中国长寿之乡绿色产业发展联盟“2017中国长寿之乡品牌建设十大亮点工作”等荣誉。

完成十方面民生实事，财政民生支出341亿元，增长14%。生态环境状况指数连续15年居全省第一位，生态环境公众满意度连续11年居全省第一位。通过全国水生态文明城市建设试点验收，城市地表水环境质量继续保持全省首位，国考断面Ⅰ—Ⅲ类水比例、跨行政区域河流交接断面出境水质达标率、县级以上集中式饮用水源地水质达标率实现“三个100%”。空气质量列全国169个排名城市第五位，空气质量优良率（AQI指数）95.6%，PM2.5平均浓度从33微克/立方米降至28微克/立方米。

基本医疗保险参保率巩固在98%以上，基本养老保险参保率92%。“乡村春晚”创建成为国家公共文化服务体系示范项目，对外开放大窑龙泉窑国家考古遗址公园，新增农村文化礼堂248个。举办首届全国全项目轮滑锦标赛、首届省智力运动会等大型赛事，在浙江省第十六届运动会上创历史最好成绩。开工建设棚改安置住房2366套，建成2518套，完成农村危旧房治理改造2.1万户。低收入群众收入增幅持续高于居民收入增幅，完成集体经济薄弱村年度“消薄”任务，低保标准实现城乡统一。云和县获全国脱贫攻坚组织创新奖，景宁畲族自治县举办全国少数民族自治县全面建成小康社会经验交流现场会。开展创业培训10497人次，新增市场主体4.09万家。

【生态产品价值实现机制试点市建设】 2018年，丽水市成为全国首个生态产品价值实现机制试点市，生态产品价值实现机制“丽水样板”入选“改革开放40年地方改革创新40案例”，相关经验被国务院大督查小组列为先进典型。举办首届生态产品价值实现机制国际研讨会，发布丽水绿色发展白皮书及生态系统生产总值(GEP)、生态资产核算研究报告。瓯江流域上下游横向生态补偿、生态环境损害赔偿、环保“守信激励、失信惩戒”等机制全面推行，完成市级自然资源资产负债表编制。遂昌创建成为国家生态文明建设示范县，云和成为全国首批环境健康风险管理试点县。

【国家公园设立试验区建设】 2018年，国家森林和草原局将丽水确定为全国唯一的国家公园设立试验区，生态环境部命名丽水为“两山”实践创新基地，“诗画浙江”大花园最美核心区建设初显成效。对标瑞士等先进国家制定传统村落、美丽乡村、绿道古道游步道骑行道建设等大花园建设标准，瓯江绿道作为大花园建设旗帜性项目先行启动，17个省大花园建设重大项目完成年度投资计划的134.1%。遂昌、龙泉、云和入选第一批全省大花园典型示范建设单位，省大花园建设研究院在丽水市挂牌成立。出台涵盖一、二、三产产业导向清单，启动实时在线监测、全域覆盖的“花园云”(运用物联网、大数据、云计算等先进技术建立的生态环境监测监管全域覆盖、实时在线，集生态环境全领域数据收集、分析、应用和生态预警、生态执法、生态治理等各项功能于一体的数字化、网络化、智能化综合信息平台)建设。

【省级生态工业试点市建设】 2018年，省工业转型升级领导小组办公室印发《浙江(丽水)生态工业试点市实施方案》(简称《方案》)，丽水市获批省级生态工业试点市。《方案》要求，围绕浙江(丽水)绿色发展综合改革创新区建设，坚持生态工业第一经济定位，以产业生态化、生态产业化为主线，加快推进绿色、创新、融合三大试点示范建设，开展产业提升、绿色制造、科技创新、智能改造和平台建设五大行动，着力发展“绿水青山之上、蓝天白云之下”的绿色低碳循环可持续的生态工业体系，创建成为生态工业发展先行区示范区，助力打造全省“大花园”最美核心区。

【生态农业建设】 2018年，丽水市对标欧盟制定“丽水山耕”标准体系、农药化肥准入标准，“丽水山耕”品牌影响力居“中国区域农业形象品牌影响力排行榜”第一位。丽水成为全省现代化生态循环农业整建制试点市，实现省级农产品质量安全可追溯体系县(市、区)全覆盖。缙云烧饼、庆元香菇、松阳香榧获地理标志证明商标，青田杨梅获农产品地理标志登记。缙云、遂昌、松阳创成首批省级全域旅游示范县，缙云仙都创建AAAAA级景区通过省级初验。新增AAAA级景区2个，创建评定A级以上景区村庄242个，其中AAA级景区村庄25个。获评“全国民宿产业发展示范区”，农家乐民宿营业总收入41.5亿元，增长33%。

【“最多跑一次”改革深化】 2018年，丽水市政府部门间“最多跑一次”改革入选全省改革领跑者案例，51.4%民生事项实现“全域一证通办”。中介服务“网上竞价”改革列入国家发展改革委清费减负典型案例、全省经济体制改革26条典型经验。企业投资项目代办覆盖率100%，开工前审批全流程“最多跑一次”“最多100天”。企业常态化开办时间压缩至3个工作日。工程建设项目审批改革取得阶段性成效，由改革前平均200多个工作日压缩至86个工作日内。省级以上平台新批工业用地按“标准地”出让宗数、面积占比分别为59%、55.9%。城乡一体化信用平台上线运行，全国城市信用状况监测排名从上年末的第207位上升至第52位。省级及以上重大改革试点24项，绿色发展综合改革创新区“一县两试点”均取得明显成效。在全省推广“拯救老屋”松阳模式、“政银保”小额扶贫贷款景宁模式等，云和生态公益林收益权质押贷款入选全省绿色金融创新十大优秀案例，龙泉入选全国集体林业综合改革试验区。

【丽水半程马拉松赛】 2018年4月15日在丽水市区举行。赛事主题为“跑进秀山丽水，畅享养生福地”，由中国田径协会、省体育局、丽水市政府主办，丽水市体育局、丽水市体育总会、省马拉松及路跑协会联合承办。7个国家和地区、28个国内省市的1万名跑友参赛，其中浙江选手占总人数94%，丽水本地选手占总人数64%。年内，丽水半程马拉松升级为中国田径协会A1类赛事。赛事组委会从竞赛组织保障、选手服务、配套活动、赛事宣传、赛事奖牌及特许产品等多方面进行提升。在项目设置方面，赛事首次增加10千米健康跑项目，进一步扩大参赛选手范围，提升赛事关注度；为鼓励跑团广泛参与并传播“丽马”，组委会特增设“优秀跑团奖励”，按净计时成绩汇总录取优秀跑团前十名。赛事在医疗保障上，抽调全市医护人员160多人、医疗志愿者300多人、救护车16辆，半程马拉松赛道沿线设置15个医疗站，医疗站点之间设置30名携带AED(自动体外除颤仪)的移动救护员作为补充。通过浙江省竞赛中心向社会招募42名急救跑者在赛道上分区域跟跑，为参赛选手提供医疗保障服务，确保全部运动员在受伤或发生危险的第一时间得到及时救治。丽水本地选手蓝捷怀以1小时14分14秒个人最好成绩获男子组冠军。卢舒怡以1小时21分47秒获女子冠军。

【“日本农村研究中心”揭牌】 2018年10月10日,在丽水职业技术学院梯田广场举行中国社会科学院日本研究所与丽水职业技术学院共建“日本农村研究中心”揭牌仪式,全国政协民族和宗教委员会主任、中国社会科学院大学校长王伟光、丽水市政协主席陈瑞商、副市长卢彩柳为中心成立揭牌。

【第八届全国商务秘书职业技能大赛】 2018年5月18—20日,在丽水职业技术学院举行“慧文杯”第八届全国商务秘书职业技能大赛。来自20个省市自治区73所本专科学校的103支队伍参加,600多名师生同台竞技。丽水职业技术学院学生获团体一等奖,学校获“特别贡献奖”。10月,在丽水职业技术学院举办浙江省第六届大学生秘书技能大赛。学校以全国、省技能大赛为导向,提高学生整体技能水平,形成教学与比赛双赢的态势,全年各类技能竞赛获国家级一等奖2项、二等奖5项、三等奖4项,省级奖项70多项。

【全国轮滑锦标赛】 2018年8月8—15日,由国家体育总局社会体育指导中心、中国轮滑协会主办,浙江省体育局、丽水市政府承办的全国轮滑锦标赛在丽水举行。来自全国34个省、自治区、直辖市和香港特别行政区的2572名选手参赛。该赛事涵盖轮滑项目10个,是国内轮滑比赛中最高规格的赛事。比赛决出金牌178枚,奖牌榜排名前三位的分别是江苏代表团139枚、浙江代表团127枚、上海代表团76枚。浙江代表团以团体总分1880分高居榜首,江苏代表团以1825分居第二位,广东代表团以1126分居第三位。丽水市37名运动员参加自由式轮滑项目比赛,获奖牌16枚,其中金牌4枚、银牌5枚、铜牌7枚。赛事期间投入直播平台6个,比赛首日直播人气峰值超过43万人次,赛事平均人气峰值31万人次,直播平台累积点击量187万人次。

(丽水市地方志办公室 孙长莲)

2018年8月11日,全国轮滑锦标赛开幕式在丽水举行

(丽水市地方志办公室 供图)

莲都区

【概况】 2018年,莲都区辖6个街道、4个镇、5个乡。年末常住人口48.1万人,户籍人口41.39万人。地区生产总值359.11亿元,比上年增长6.2%。其中:第一产业增加值19.05亿元,增长2.9%;第二产业增加值127.71亿元,增长3.6%;第三产业增加值212.35亿元,增长8.2%。

财政总收入80.17亿元,增长15.1%(区属25.79亿元,增长14.2%),其中一般公共预算收入50.41亿元,增长16.1%(区属15.83亿元,增长17%)。一般公共预算支出98.48亿元,增长17.1%(区属43.2亿元,增长10.9%)。城乡居民人均可支配收入分别为45624元、25701元,分别增长9%和9.8%。固定资产投资增长7.2%。金融机构本外币存款余额784.98亿元,增长13.4%;贷款余额768.81亿元,增长16.1%。

垦造水田48公顷、旱地30.5公顷,累计建设粮食生产功能区3337.53公顷。蔬菜、食用菌、茶叶、水果等传统产业产值17.41亿元,培育处州白莲、轩德皇菊、莲都仙桃,古堰画乡茶等一批生态精品农产品。新建“美丽牧场”5个,新增休闲农业产业观光点4个、省级示范性家庭农场3个,新培育农产品旅游地商品生产经营主体34个,新增农产品旅游地商品33个。农产品旅游地商品销售额5.35亿元,新建海拔600米以上绿色有机农林产品基地2880公顷,新培育“丽水山耕”品牌认证产品8个,“丽水山耕”农产品销售额7.75亿元。全年农林牧渔业总产值282174万元,增长2%。粮食播种面积7157公顷,增长3.3%;粮食总产量30484吨,增长4.8%。肉类总产量15251吨,增长4.4%;禽蛋产量3068吨,增长0.5%;奶类产量216吨,增长17.4%。水产品总产量4410吨,增长6.4%。

规模以上工业企业总产值增长9.3%。其中工业销售产值增长9%(区属13.5%),出口交货值增长10.5%。工业增加值102.39亿元,增长6.5%,其中规模以上工业企业增加值增长6.3%。优化土地利用,盘活存量建设用地18.66公顷,收储土地96.67公顷。全省集中开工项目开工率、省重点项目投资完成率、市重点项目投资完成率、市创新区百项清单项目投资完成率均为100%。37个重点建设项目完成投资36.45亿元,增长89.9%,创历史新高。签约实施碧湖第二污水处理厂等PPP(政府和社会资本合作)项目3个,解决项目建设资金14.56亿元。全年引进大项目15个,实际引进内资41.19亿元,实际利用外资1000万美元,招商引资综合考核全市优胜。

城乡居民社会养老保险参保缴费48085人,城乡居民基本医疗保险参保缴费29.22万人,被征地农民基本生活保障参保1253人,市区申领社保卡54.94万人。

启动低收入农户全面奔小康行动，成立残疾人就业创业孵化基地，实现特困人员供养生活标准城乡一体化，标准提高至每人每月1210元。全区低收入农户人均可支配收入9954元，增长16.6%，增速居全市第一位。开展医疗救助、临时救助、孤困儿童救助1.59万人次，发放救助资金3015万元。

【全域旅游规划编制】 2018年，莲都区完成全域旅游规划编制，出台全域旅游发展扶持政策，全年完成旅游项目投资25.35亿元。旅游产品更加丰富，古堰画乡被评为省级优质旅游经典景区，风情东西旅游线路入选省级休闲农业和乡村旅游精品线路，大港头镇获评省级农家乐乡村休闲旅游特色乡镇，下南山村获评省级休闲旅游示范村，堰头村被评为省级养生养老示范基地。打造古堰画乡小镇艺术节、“寻梦田园”乡村旅游季、“三月三”畲族歌会等多个旅游体验品牌活动。全年接待游客1077.69万人次，比上年增长12.4%，旅游综合收入96.7亿元。农家乐民宿营业总收入3.28亿元，增长30.1%。古堰画乡文化创意产业街区被评为省文化创意街区。

【生态环境保护专项行动】 2018年，莲都区开展“蓝天保卫”“护水斩污”“清废净土”等专项行动，全面加强秸秆禁烧和蜂窝煤整治，市区PM2.5平均浓度比上年下降5微克/立方米，空气优良天数347天，增加7天，市区环境空气质量在全国169个重点城市中排名第五位。完成工业园区、雅溪镇、同心新村“污水零直排区”创建，“水十条”(《水污染防治行动计划》)国控断面水质、交接断面水质、饮用水水源水质达标率均为100%。全面启动土壤环境质量调查，组织开展固体废物专项执法检查。成立莲都区生态文明研究中心，生态文明建设工作得到由中央级媒体组成的“大江奔流——来自长江经济带的报道”和“千万工程”建设典型经验采访团的深度报道。

【“农米良品”在美国纳斯达克上市】 2018年2月，农业电商科技企业——农米良品有限公司在美国纳斯达克上市，实现莲都企业上市“零”的突破。公司发行普通股190.84万股，发行价为每股4美元，募集资金约763万美元。农米良品有限公司作为莲都区首家上市公司，是富来森集团重点打造的食品行业主要板块，以食用菌等素食产品为主导，实施基地开发、产品加工、互联网营销、连锁体验店推广全产业链运营。

（丽水市地方志办公室　孙长莲）

龙　泉　市

【概况】 2018年，龙泉市辖4个街道、8个镇、7个乡。年末常住人口24.02万人，户籍人口29.08万人。地区生产总值133.5亿元，比上年增长8.2%。其中，第一产业增加值14.54亿元，第二产业增加值47.61亿元，第三产业增加值71.37亿元。按常住人口计算，人均生产总值5.58万元。

财政总收入14.16亿元，其中一般公共预算收入9.1亿元，增长7%。一般公共预算支出48.37亿元。居民、集体经济收入实现双增长。农村常住居民人均可支配收入连续12年保持两位数增长，首次突破2万元关口；城镇常住居民人均可支配收入44399万元，增加9.5%，增幅居丽水市首位。全市444个村集体经济总收入均超过10万元，其中70%以上村经营性收入超过5万元。

规模以上工业增加值增长13.2%，亩均增加值增长18%，亩均税收增长53%。整治“低散乱”企业190家，工业技改投资增长37.9%，高新技术产业增加值、装备制造业增加值、新产品产值分别增长13.8%、21.4%和106.9%。获评中国汽车工业零部件制造先进基地和全省“两化”深度融合国家示范区域。新增1亿元企业12家、“小升规”企业17家、“上云”企业671家。新拓展空间65.93公顷，盘活闲置低效用地49公顷，完成工业供地29.4公顷，新建成标准厂房16万平方米，获评全省“小微企业三年成长计划”工作优秀县(市、区)。龙谷青创园入选全省小微企业集聚发展十大优秀平台。

交通投资、民间投资、高新技术产业投资、生态环境和公共设施投资分别增长22.6%、24%、44.4%和32.3%。招商引资累计签约项目37个、落地项目33个、投产项目21个。完成全域土地整治636.73公顷，新征收土地62.93公顷。建成美丽经济交通走廊精品示范线3条，获评全省首批万里美丽经济交通走廊达标县，“四好农村路”三化模式成为全省典型。建成运营丽水首个综合交通应急指挥中心，城市智慧停车系统上线运行。

列入全省首批大花园典型示范建设县，入选全国新一轮集体林业综合改革试验区。1346个事项实现“最多跑一次”全覆盖，乡镇(街道)便民服务中心100%实现无差别综合受理，“市乡村”三级代办实现全覆盖。推行部门间“最多跑一次”，创新实施一般企业投资项目开工前“零审批”改革，首个试点项目——中国青瓷小镇维景温泉度假酒店开工建设。实现基层治理“四平台”规范化全覆盖，全科网格建设做法成为全省典型。完成“标准地”供地面积9.4公顷，工业用地“标准地”供地占比达47.5%。省级低碳试点中期评估获评优秀。

社会消费品零售总额61.1亿元，增长12.1%。获评全国“两山”发展百强县，全省26县发展实绩考核连续3年列入二类县第一档次。网络零售额增长32.8%，外贸出口逆势增长24%。为企业减负降本6亿元、应急转贷20.8亿元。龙泉·昭化电商“飞地”挂牌，开设四川昭化原产地直供馆，东西部扶贫协作助力昭化“脱贫摘帽”。

旅游总收入106.5亿元，增长39.5%。过夜游客数、人均消费均增长25%以上。龙泉青瓷文化省级旅游度假区获批设立，宝溪乡入选全省旅游风情小镇，完成创建AAA级景区2个、AAA级景区村3个、省级休闲旅游示范村1个、工业旅游示范基地1个。建成运营智慧旅游服务平台和全域旅游大数据中心，服务业增加值增长8.2%。

规模以上工业企业技术（研究）开发费增长59.5%，专利申请量增长18.2%。汽车空调产业创新服务综合体被列入全省首批建设计划，汽车空调小镇入选省级特色小镇第三批培育名单。产业创新服务中心被评为全国制造业“双创”平台试点示范单位和丽水首个省级双创区域示范基地，成为具有CNAS（中国合格评定国家认可委员会）认证资质的汽车空调检测检验机构和浙江吉利汽车研究院认可的第三方实验室。制定汽车空调冷凝器、蒸发器2项国家行业标准。

基本养老保险、基本医疗保险参保率分别为90.3%和98.4%，低保标准提高到每人每月700元。连续13年获评省级“平安市”，连续7年获评丽水“综治优秀市”。创建成为省级无信访积案县（市、区），被评为第四批“全国法治县”创建活动先进单位。成为全国地质灾害防治高标准“十有”县，获评农村危房治理改造绩效评价优秀县（市、区）。

通过省级文明城市复评，获评“最美骑游城市”。新增城市道路3千米，新（改）建城市污水管网14.5千米，迎宾大道获评省级绿化美化示范路。经济开发区完成“污水零直排区”创建。联建房管理“房长制”全省首创。PM2.5平均浓度21微克/立方米，全省最优，空气质量优良率（AQI指数）99.5%，再度入围“全国百佳深呼吸小城”，水环境质量达标率保持“三个百分之百”，农村污水治理工作成为全国典型，岩樟溪集中式饮用水水源地保护工作获生态环境部点赞。静脉产业项目——垃圾资源化协同处理工程开工建设，新（改）建公厕660座，获评全省农村生活垃圾分类处理工作优胜县（市、区）。与云和签订首个瓯江流域上下游横向生态补偿协议，生态环境损害赔偿机制开始推行。

【特色小镇及产业建设】 2018年，龙泉市高规格举办首届世界青瓷大会·第11届中国陶瓷艺术大展，获评中国陶瓷名城。青瓷小镇国际非物质文化遗产文化中心建成开放，连续2年在全省特色小镇考核中获良好等次。宝剑小镇完成总体规划和核心区规划优化调整，主干道秦溪山道路开工建设。特色产业加快培育。入选全省文化产业发展专项资金扶持县（市、区），青瓷宝剑文创街区成为全省文化创意街区。宝剑出口退税率从零提升至13%。新增省级以上工艺美术大师16人，丽水学院中国青瓷学院启动招生。青瓷窑炉温度控制、宝剑新材料运用等难题破解取得重大突破。举办第四届中国陶瓷电商峰会，集中开展“致匠心”碎瓷行动，试行剑瓷商标和瓷土资源保护管理办法。弘扬特色文化创新。龙泉青瓷首次走进联合国大厦，并参展首届中国国际进口博览会，连续5年入选世界互联网大会礼品。举办故宫龙泉青瓷回家展，102件故宫馆藏青瓷珍品回家展出。“海丝”申遗八大项目全面完工，大窑龙泉窑国家考古遗址公园建成开园。剑瓷文化研究院和故宫博物院龙泉窑研究中心成立，青瓷传统烧制技艺、宝剑传统锻制技艺双双列入首批国家传统工艺振兴目录。《不灭窑火——传统龙泉青瓷烧制》获评全省不可移动文物保护利用优秀案例。《龙泉司法档案选编》第三辑出版发行。

【首届世界青瓷大会在龙泉举行】 2018年10月30日至11月4日，世界青瓷大会·中国陶瓷艺术大展在龙泉举行。大会由中国陶瓷工业协会、省文化和旅游厅、省经信厅、丽水市政府共同主办，龙泉市政府承办，以“青瓷·品质生活”为主题，分“缘聚瓷都、探古溯源、开放之路、创新发展”4个篇章，安排子活动30项，涉及展示展览9个、论坛沙龙14场、雅集市集3场、专场拍卖4场。

【大窑龙泉窑国家考古遗址公园开园】 2018年10月29日，龙泉市大窑龙泉窑国家考古遗址公园向公众开放。该公园于2017年12月入选第三批国家考古遗址公园名单。规划占地面积9.74平方千米，总投资4.5亿元，建设内容包括遗址保护区、游客服务中心、遗址展示博物馆等。遗址公园以大窑龙泉窑遗址为依托，建设汇集遗址文化景观、传统聚落景观、乡土农业景观、生态野趣景观于一体，具有遗址保护、科学研究、教育展示、文化传承、艺术创意、旅游休憩等多种功能。

（丽水市地方志办公室　孙长莲）

青田县

【概况】 2018年，青田县辖4个街道、10个镇、19个乡。年末常住人口35.87万人，户籍人口56.5万人。全县生产总值239.2亿元，比上年增长8.1%。其中：第一产业增加值8.7亿元，增长3.1%；第二产业增加值117.3亿元，增长8.9%；第三产业增加值113.1亿元，增长7.4%。三次产业结构为3.7∶49.0∶47.3。按常住人口计算，人均生产总值6.71万元。

财政总收入30.16亿元，其中一般公共预算收入19.1亿元，增长13.5%。一般公共预算支出53.54亿元。城镇常住居民人均可支配收入43874元，农村常住居民人均可支配收入22825元，分别增长9.1%和10.2%。

农业增加值增长3.1%，创建省级农产品质量安全可追溯体系县、省级生态农业循环示范县。深入实施稻鱼共生百千万、青田杨梅提质扩量、浙南油库振兴三个“三年行动计划”，启动省油茶产业示范县建设，新增稻鱼共生标准化基地533.33公顷、杨梅高产高效示范基地433.33公顷、良种油茶基地406.67公顷，发展高山茶叶基地80公顷。培育特色花样农业，新建各类果园73.33公顷、中药材基地180公顷，建成美丽牧场3个。新增“三品一标”（无公害农产品、绿色食品、有机农产品和农产品地理标志）产品13个，稻鱼米产供销模式被国家供销合作总社认定为农业供给侧改革“青田样板”，稻鱼米成为首届联合国世界地理信息大会指定用米，“青田杨梅”获评国家农产品地理标志产品。创新农产品营销模式，设立海外农产品专柜35个，侨乡农品城获评省级四星级旅游购物场所，出口额超过

1000万美元,“丽水山耕”农产品销售额7.5亿元。

规模以上工业增加值增长11.1%。出台工业发展系列政策,深化“精准服务企业、振兴实体经济”行动,直接减轻企业负担7.7亿元,落实企业发展奖补资金1.9亿元。加快工业平台拓展,连续3年获评省“腾笼换鸟”工作考核先进县。实施华唯机械、球豹阀门、捷升阀门3个省级重点技术改造项目。

出台生态服务业加快发展扶持政策,新增限额以上企业14家,服务业增加值增长7.4%。侨乡进口商品城第四市场开业运营,新增县外分店21家,年销售额18.5亿元。开业运营青田世界红酒中心,发布进口葡萄酒指数,引进国外知名葡萄酒酒庄115个。旅行社地接游客8万人次,增长50.9%。开展省级全域旅游示范县创建,启动咖啡小镇培育,开工建设威尼斯康养小镇,加快推进青都乐园、石门洞改造提升等旅游项目。完成村镇银行改制,新增农村金融服务站19个,年末本外币存贷款余额分别为656.4亿元和264亿元。创建省级放心农贸市场3个、四星级农贸市场1个。

开展“凤凰行动”“金鹤行动”,完成企业股改4家,新增规模以上企业36家,整治“低散乱”企业153家。培育发展数字经济,引进数据及智能制造中心,新增“上云”企业499家。浙江科技大市场青田服务中心投入运营,新增国家高新技术企业7家,实施省级以上科技项目153个,专利授权量、技术交易总额分别增长42.1%和611%。

推进“一窗受理、集成服务”,启用“全域一证通办”数据平台,推行综合窗口无差别受理,1442项民生和涉企事项实现“最多跑一次”,网上办事率90%。创新打造“侨海通”跨境视频服务中心、设立海外站点5个,建成全省首个县级出入境记录查询专窗,317项服务事项实现“国内一次也不用跑”。

完善国有企业绩效考核、资产管理等制度,进口商品城、青田县城市发展投资有限公司、青田县政通石雕文化发展有限公司等国有企业实现市场化运营,稳步推进青田县水利发展投资有限公司、青田县交通发展投资有限公司、青田菜篮子发展集团有限公司改革。全面实施教育、卫生、科技人才新政,新增国家“千人计划”1人、国家工艺美术大师2人、省“万人计划”2人,引进各类紧缺急需人才213人。

全面完成年度县政府十方面民生实事。推进社保提标扩面,新增“五大”保险参保2.9万人,基本养老保险、医疗保险参保率分别为92.2%和98.7%。落实扶贫产业发展资金1356万元,建成光伏小康工程装机8.3兆瓦。完善大中型水库移民后期扶持工作机制。统一城乡低保标准,累计发放低保资金1.1亿元,惠及低保对象1.5万人。加强社会救助工作,发放医疗救助金2050万元、困难学生资助金1458万元、残疾人保障金2260万元。

加快美丽乡村建设,深化“六边三化三美”行动,全面推进厕所革命、垃圾革命,改造提升公厕657座,新增农村生活垃圾分类处理村97个,完成创建A级景区村31个、美丽乡村精品村3个、花样村庄6个。推进“美丽河湖”建设,整治河道20.6千米、山塘水库12个。编制绿道专项规划,启动百里瓯江绿道建设。建立“1+2+3+X”(“1”即一个项目库,“2”即村集体入股平湖“飞地消薄”和小溪水利枢纽开发两个龙头项目,“3”即项目评审、收益分配、多元投入三大机制,“X”即各村因地制宜谋划发展的集体增收项目)消薄工作机制,启动平湖“飞地消薄”项目建设,新建村集体物业项目20个,消除省定集体经济薄弱村94个。推进小城镇环境综合整治,第二批通过省级验收乡镇15个,成为省级样板乡6个,获评省小城镇环境综合整治优秀县。

【“内强素质、外树形象、转型升级、共建大花园”专项行动】 2018年,青田县开展“内强素质、外树形象、转型升级、共建大花园”专项行动,高质量做好环保督察交办问题整改,获评美丽浙江建设工作考核优秀县。开工建设生活垃圾焚烧发电项目,中东部生活垃圾无害化处理一期投入运营,新建污水管网12千米、城乡垃圾中转站14个,完成生态环保基础设施投资2亿元。打好蓝天保卫战,深入推进工业废气、扬尘灰气治理,严控秸秆焚烧,PM2.5平均浓度比上年下降13.3%,空气质量优良率(AQI指数)98.1%。开展碧水攻坚战,推进北山、海口“污水零直排区”创建,地表水断面水质保持在Ⅱ类以上。开展净土行动,实施全域土地整治和生态修复工程2个,完成2.1万吨酸洗污泥存量“清零”。

【“美丽县城 品质提升”三年行动实施】 2018年,青田县实施“美丽县城品质提升”三年行动,推进城市精细化管理,开展城市“六乱”整治,市容市貌持续改善。太鹤湖实现蓄水,城市发展进入环湖时代。前仓大桥建成通车,金三角污水处理厂投入运营,加快建设石郭第二隧道、瓯江步行桥等项目,县城防洪堤湖口平演段、东山路连接线等项目顺利开工,城市基础设施不断完善。实施城区亮化提升工程,推进青田县城酒厂二期、青田县老煤球厂、原糖酒公司等区块改造,完成临江路、水南路、石锦路等道路改造,城市品位不断提升。完成石郭转盘、新大街等堵点治理,开展工程车整治,开通民营微巴,公共自行车延伸至油竹,群众出行更加便捷。加快城镇化步伐,完成祯埠撤乡建镇、三溪口设街道。

【首届青田华侨进口商品博览会暨进口葡萄酒交易会】 2018年11月17—19日,博览会举行。其间,签订进口品牌授权代理686个,115个国外酒庄签约入驻青田世界红酒中心,发布红酒指数,累计意向成交15.6亿元。展会设展区7个,展位1000个,展销面积6.5万平方米。来自63个国家的367家进口日化和食品企业、405个境外葡萄酒庄、960名参展商、国内2689名专业采购商参展。展品囊括1万余款进口葡萄酒、5万余种进口商品,参观10.5万人次。国内外60多家新闻媒体、100多名记者集聚青田,对侨博会进行报道。“青田洋货”“青田世界红酒中心”品牌的知名度和美誉度大幅提升。该博览会获评全国十佳最具发展潜力展会。

（丽水市地方志办公室　孙长莲）

缙云县

【概况】　2018年，缙云县辖3个街道、7个镇、8个乡。年末常住人口37.2万人，户籍总人口47万人。地区生产总值237.05亿元，比上年增长10.5%，其中：第一产业增加值10.64亿元，增长3.4%；第二产业增加值117.05亿元，增长11.5%；第三产业增加值109.36亿元，增长9.8%。三次产业结构为4.5:49.4:46.1。按常住人口计算，人均生产总值6.4万元，增长9.4%。

财政总收入24.68亿元，增长22.9%。其中，一般公共预算收入15.34亿元，增长17.5%。一般公共预算支出52.15亿元，增长22.4%。常住居民人均可支配收入30352元，增长9.6%。其中：城镇常住居民人均可支配收入41555元，增长8.7%；农村常住居民人均可支配收入19571元，增长10.5%。居民人均生活消费支出23568元，增长9.3%。城镇常住居民和农村常住居民人均生活消费支出分别为30452和16944元，分别增长9%和9.2%。

农林牧渔业总产值16.1亿元，增长2%。农作物总播种面积17357公顷，增长2.1%。粮食总产量42084吨，增长4.6%。粮食生产保持稳定，完成高标准基本农田提升1533.33公顷，垦造耕地342.33公顷，建成粮食生产功能区800公顷。小仙都农业园区列入省级现代农业园区，缙云黄茶特色农业科技园区列入省级园区培育名单。新建成休闲观光农业区（点）4家，缙云浙大科技休闲农业观光园入选全省休闲观光农业百例。新培育生态精品示范乡镇3个、示范企业4家，缙云茭白获评国家地理标志农产品。培育农产品转化旅游地商品47个，销售收入5.8亿元。

工业增加值102.84亿元，增长12.5%。其中，规模以上工业增加值增长15.5%，高新技术产业增加值增长11.8%，战略性新兴产业增加值下降2.3%，装备制造业增加值增长11.2%。主导制定国家标准1项、“浙江制造”团体标准6项、智能制造行业标准5项。推广应用工业机器人48台，完成企业“上云”460家，新增“品字标”企业2家、省级首台（套）产品1项。新增省股交中心挂牌企业9家，培育“小升规”企业20家。新认定省级工业新产品23项，新产品产值增长46.3%。

固定资产投资下降5.1%。省、市重点项目日分别完成年度投资计划的135.4%和124.7%。社会消费品零售总额90.23亿元，增长12.6%。年末登记商品交易实体市场14个，交易额14.6亿元。其中1亿元及以上级市场5个。进出口总额51.34亿元，增长12.8%。其中出口总额50.25亿元，增长13.5%。全年实际利用外资2391万美元，实际引进内资33.8亿元。

旅游总收入158.11亿元，增长20.1%。其中旅游外汇收入140.14万美元，增长62.7%。金融机构人民币存款余额280.74亿元，增长10.2%。年末金融机构人民币贷款余额228.77亿元，增加16.02亿元，增长7.5%。保险业保费收入2.98亿元，增加2000万元。

全年专利申请受理数2434件，其中发明538件、实用新型1322件、外观设计574件；专利授权数1329件，其中发明42件、实用新型720件、外观设计567件。全年获中国创业创新大赛一等奖1项。新培育国家高新技术企业9家、省科技型中小企业17家、创新型示范中小企业1家、省级企业研究院3个。主导制定国家标准1项、“浙江制造”团体标准6项、智能制造行业标准5项。省级智能制造示范试点县通过项目验收，锯床和特色机械装备产业创新服务综合体列入省创建名单，臻泰能源公司获中国创新创业大赛一等奖。

全县有普通中学15所、特殊教育学校1所、职业高中2所、小学42所、幼儿园72所。水土流失治理成效显著，缙云县被列入8个水土保持重点县之一。开展“美丽河湖”创建工作，全县创建“美丽河湖”18条。

【戊戌年中国·仙都祭祀轩辕黄帝大典】　2018年10月17日，农历九月初九重阳佳节，戊戌年中国·仙都祭祀轩辕黄帝大典在缙云仙都黄帝祠宇举行。港澳台同胞、海外侨胞、缙云乡贤及社会各界代表齐聚缙云，共同缅怀中华民族人文始祖轩辕黄帝。县委领导担任祭典司仪。祭祀轩辕黄帝大典以“四海同心，家在缙云”为主题，以乡情为感召，以发展为共识，通过“黄帝+旅游”“乡贤+缙云”“文化+产业”等形式，推出缙云乡贤大会、黄帝养生宴、乡贤家乡行、缙云烧饼节（传统小吃品会场）、婺剧品会场、网货展销（网商洽谈）会、第四届乡村旅游季、中国书法名家“朝宗祭祖仙都行”采风、李震坚故居开馆等系列活动，彰显缙云黄帝文化独特魅力，宣传缙云良好的生态环境、秀美的自然风光、独特的民间文化、和谐的创业环境。

【首届浙江省滑翔伞锦标赛】　2018年12月25—28日，由浙江省航空运动协会、丽水市体育局主办，缙云县体育局、壶镇镇政府协办，丽水市航空运动协会、丽水羊上飞行体育运动有限公司承办的浙江省滑翔伞锦标赛（首届）在缙云举行。该赛事设置男子定点、女子定点及团体定点三个组别，比赛采用国际比赛12轮制办法，来自全省11支参赛队伍50多名选手参赛。宁波选手甘偲汶获男子组第一名，温州选手陈立峰获男子组第二名，丽水选手蒋凯获男子组第三名；杭州选手张玲、方燕云、戴琛分别获女子组第一、二、三名；杭州队获团体第一名，温州队获团体第二名，台州队获团体第三名。

【浙江缙云仙都地质公园获批“国家地质公园”资格】　2018年3月16日，浙江缙云仙都地质公园经第八批国家地质公园专家评审组评审通过，批准为“国家地质公园”。该公园位于缙云县，由仙都园区、岩门—大洋山园区组成，经历1亿余年沧桑巨变，经过复杂板块碰撞岩浆活动，记录着自中生代以来跌宕起伏的地质变迁，形成以老年期火山岩地貌、壮年期丹霞地貌和青年期花岗岩地貌为特色地貌景观，是一个以“三石同城三世同堂”为主题的综合性地质公园。有国家级地质遗迹5处、省级地质遗迹23处、省级以下地质遗迹点40处。

（丽水市地方志办公室　孙长莲）

遂昌县

【概况】 2018年，遂昌县辖2个街道、7个镇、11个乡。年末常住人口19.15万人。全县生产总值116.53亿元，比上年增长9.7%。其中，第一产业增加值11.06亿元，第二产业增加值43.33亿元，第三产业增加值62.14亿元。按常住人口计算，人均生产总值6.08万元。

财政总收入17.25亿元，其中一般公共预算收入10.1亿元，增长20.6%。一般公共预算支出41.15亿元。城镇居民人均可支配收入44108元，农村居民人均纯收入18811元，分别增长9.3%和10%；城镇登记失业率2.1%。固定资产投资增长7.4%。社会消费品零售总额57.8亿元，增长9.4%。

农林牧渔业增加值11.2亿元，增长3.1%。中药材产值1.5亿元，建成中药材专业基地30多个。通过国家农产品质量安全县创建验收，创建省级食品安全县。完成“低散乱”企业整治提升30家、“腾笼换鸟”企业6家，盘活存量土地33.27公顷，新招引落地项目58个；中小企业孵化园二期开工建设，园区集中供热项目投入使用，建成全市首个绿色生物医药化工研发平台；新增规模以上企业15家、高新技术企业8家、浙江制造企业12家、浙江制造标准6个、省名牌产品2个，列入省级“隐形冠军”培育企业2家。旅游综合收入135.1亿元，增长18.3%。

1417个办事事项全部实现“最多跑一次”，其中83.1%实现网上办理。深化国资国企改革，初步构建“1+7+1”（1个国投集团+7个子公司+1个委托管理公司）管理运行体制。入选农业农村部农村集体产权制度改革试点县。获评中国营商环境百强区县。

王村口镇创建成为省级旅游风情小镇；新建精品民宿11家，创建成为“诗里湖山”金宿级民宿1家、银宿级民宿2家、省级农家乐集聚村2个、A级景区村33个；入选浙江省全域疗休养发展十佳县，创建成为全省首批全域旅游示范县。

遂昌成为省教育基本现代化县，创办育才高中，后江民族小学和云峰中心幼儿园投入使用，开工建设实验小学迁建和梅溪幼儿园工程，新增小学学位1350个、幼儿园学位900个；完成义务教育段教师“县管校聘”改革。

全面实现低保和特困人员供养标准城乡一体化。全面启动全域土地综合整治三年计划，云峰连头花岗岩项目列入省第一批矿地综合开发利用采矿权试点，完成省级国土资源节约集约模范县创建。完成小城镇环境综合整治任务乡镇10个，入选省级样板乡镇5个，获全省小城镇环境综合整治先进县；打造省级美丽宜居示范村4个，入选第五批中国传统村落名录17个；神龙翠谷入选市级美丽乡村风景线，九龙新韵线被评为省级精品示范道路；新改建农村、景区厕所496座，创建垃圾分类处理示范乡镇2个、示范村21个，农村生活垃圾集中处理率100%，入选年度全省农村生活垃圾分类处理工作优胜县。“文明实践助推乡村振兴”获年度中国十大社会治理创新奖。连续13年获评省级“平安县”。

全面落实“河（湖）长制”，启动“污水零直排区”和“美丽河湖”建设，各监控断面、交接断面水质达标率100%，河湖管护体制创新试点县通过国家评估验收，获省“五水共治”（河长制）工作优秀县（市、区）“大禹鼎”。空气质量优良率（AQI指数）98.9%，环境质量指数上升至全省第二位。创建成为国家生态文明建设示范县，入选全国绿色发展百强县，列入第一批全省大花园典型示范建设单位。

【第八届汤显祖文化节】 2018年4月13日，浙江遂昌汤显祖文化节暨“耕读文化在遂昌的实践”新闻发布会在遂昌召开。该届文化节以“汤公遗爱，盛世遂昌”为主题，活动项目14个。文化节举办“汤显祖、莎士比亚文化的传承与影响”座谈会、“汤公遗爱，盛世遂昌”戏曲周等系列活动。该届汤显祖文化节系列活动重头戏之一的“班春劝农”活动于4月14日举行。活动在石练镇淤溪村设主会场，集中展示“班春劝农”典礼及“班春劝农”成果展，在大柘镇柘溪上村、三仁畲族乡坑口村设分会场，举办“班春劝农”茶文化及竹文化活动，为参与活动的嘉宾及媒体记者献上精美的传统民俗文化视觉盛宴。

【遂昌入选中国营商环境百强区县】 2018年9月，由求是《小康》杂志社、中国小康网在全国范围内发起“中国信用小康指数”之“中国营商环境满意度大调查”，对区县营商环境进行重点关注并推出“中国营商环境百强区县”榜单。遂昌位列第29位，成为全市唯一入选的县区。遂昌始终坚持“绿水青山就是金山银山”发展理念，坚守生态底线，创新各项举措，不断优化企业投资项目审批流程，开展代办服务，规范中介市场等，先后实施《遂昌县振兴生态工业三十九条》《遂昌县振兴生态工业三年行动计划》等政策，牢牢把握产业培育和“腾笼换鸟”两大主线，深入开展“百名局长帮百企”“妈妈式”服务等活动，为企业提供高效优质服务。

【“新时代文明实践助推乡村振兴”工作机制获中国十大社会治理创新奖】 2018年12月15日，在由中国扶贫开发协会、国家信息中心、求是《小康》杂志社联合主办的第13届中国全面小康论坛颁奖盛典上，遂昌县“新时代文明实践助推乡村振兴”工作机制获“中国十大社会治理创新”奖。该县健全长效机制，让乡风文明融入农村工作各个领域，通过美丽乡村建设推动乡风文明传承，逐步引导村庄树立文明乡村、良好家风、淳朴民风。围绕“极品村、精品线、全域美”工作目标，推进美丽乡村风景线等项目建设，并融入年节文化、传统民俗文化，营造浓厚的乡村文化氛围。

（丽水市地方志办公室　孙长莲）

松阳县

【概况】 2018年,松阳县辖3个街道、5个镇、11个乡。年末常住人口19.16万人,户籍人口24.13万人。地区生产总值106.03亿元,比上年增长7.1%。其中,第一产业增加值12.47亿元,第二产业增加值44.44亿元,第三产业增加值49.15亿元。按常住人口计算,人均生产总值5.55万元。

财政总收入11.6亿元,增长17.2%,其中一般公共预算收入7.3亿元,增长15.3%;社会消费品零售总额48.6亿元,增长12%;固定资产投资增长4%;城镇居民人均可支配收入37128元,增长9%;农村居民人均可支配收入17546元,增长10.3%。金融服务地方经济发展能力进一步增强,人民币存贷款余额分别增长9.3%、11.6%,存贷比81%。

农林牧渔业增加值12.5亿元,增长3.3%。完成“600”基地(海拔600米以上的精品生态农业种植基地)建设2666.67公顷,建成原种农业基地10个、自然农法基地15个,种植生态水稻等水生作物1200公顷。新增油茶271.2公顷、香榧245.67公顷,总量分别为6600公顷、5000公顷。连续11年举办中国茶商大会,节会被评为“中国茶事样板十佳”,茶叶全产业链产值108亿元,获评“中国茶旅融合竞争力十强县”之首。举办第五届中国(松阳)香榧节,“松阳香榧”地理标志商标启用。新增农产品旅游地商品购物点12个、产品29个,年销售额5.3亿元。

规模以上工业增加值41.8亿元,增长11.6%,新增规模以上企业17家、工业供地41.55公顷。全面开启“亩均论英雄”改革,完成规模以上企业92家、规模以下企业116家分类评价,落实要素差别化使用机制,处置低效闲置工业用地5宗14.33公顷。启动不锈钢管产业“1331”(1个环保组织体系,雨水、生产废水、生活污水3个收集系统,洁净厂房、洁净设备、洁净地面3个洁净设施,1套固废收集清运管理制度)工程,完成生活污水收集排放系统改造企业46家。工业园区循环化改造试点通过终期验收,创建成为省级绿色企业2家。推进两化融合试点,企业“上云”累计370家。

开展项目集中开工、百日攻坚行动,重点项目开工15个,推进重点续建项目18个,投资30.9亿元。新引进项目51个,其中大项目12个。结合“标准地”改革,出台工业项目快速入园评价决策机制。合力打造山海协作升级版,拓展与余姚的合作领域。

旅游收入41.9亿元,增长46.3%,创成省级全域旅游示范县、松阳老城省级旅游风情小镇和松阴溪国家AAAA级旅游景区。创建省A级景区村28个,开启丽水市首条低空旅游线路。提升旅游配套,启动“四个百公里”绿道建设三年行动计划,新建各类绿道112.6千米,建成独山驿站、水文公园等松阴溪沿线精品节点。新增服务业限额以上企业18家,服务业增加值增长5.5%。

聚焦乡村振兴,制定出台五年行动计划。“拯救老屋行动”入选国家乡村振兴战略规划,并获省公共管理十佳创新奖,首期修缮老屋完工142幢,省政府工作报告明确“全面推广‘拯救老屋’松阳模式”。完成“古韵三都”风景线建设,三都乡获评省级美丽乡村示范乡镇,四都乡西坑村、平田村及大东坝镇白丰村列入省级美丽乡村特色精品村。全年民宿营业收入1.6亿元,增长26%。“最多跑一次”改革事项全部进驻审批中心,实现“一次办结”事项656项,其中网上办理事项占94%,实现“全域一证通办”470项。兑现工业、服务业县级扶持资金8853万元,新增市场主体2852户。推进“小微企业三年成长计划”,新增小微企业471家,完成“个转企”31家。祥瑞电商产业园健康发展,入驻电商87家,全年累计发件量152万件、销售额4.9亿元。举办技能、创业培训班41期,惠及1800多人次。新增国家高新技术企业5家、专利授权336件、省级企业研究院2个,企业研发投入增长64.1%。

出台高层次创业创新人才队伍建设政策,引进各类人才112人,新增高技能人才390人。开展“百名艺术家入驻乡村”行动,60个艺术家工作室签约。实施“乡贤+引资引智”工程,出台乡贤回归实施意见,引进项目7个,总投资9700万元,乡镇(街道)全部完成乡贤馆建设。举办省文物保护工程施工培训班、青年古建工匠培养班,完成“松阳茶师”资格评审2236人、“松阳工匠”评选123人。发挥科技特派员领头作用,新增科技示范基地27个,培育科技示范户77户。

出台加快教育现代化建设政策。推进全国义务教育优质均衡发展县创建,完成2018—2035年中小学及幼儿园布点布局规划修编,推进教师“县管校聘”改革。开展省级智慧教育试点工作,闻莺南城幼儿园、新兴镇中心幼儿园建成投用,职业中专迁建项目开工。

出台健康松阳2030行动纲要。新增农村文化礼堂28个,举办民俗节庆活动140多场。文物保护管理所获评全国文物系统先进集体,《张玉娘》入选第四届中国越剧节展演剧目,郑王义入选“中国非物质文化遗产年度人物”百强。全民健身中心项目开工。举办天空跑国际挑战赛、半程马拉松、全国围棋甲级联赛等高等级体育赛事。

全年民生类支出30.8亿元,占一般公共预算支出的80.9%。扩大社会保险覆盖面,医疗和养老保险参保率分别为98.5%和91.7%。落实低收入农户产业发展项目资金1926万元,“光伏小康工程”项目实现并网发电。落实低保、孤困儿童等救助资金1529万元,发放残疾人补贴1998万元。

开展蓝天、碧水、净土、清废行动,生态环境实现优中提质,创成省级生态文明建设示范县,空气质量优良率(AQI指数)97.8%,PM2.5均值为28微克/立方米,松阴溪及其支流各断面水质100%达标,松阴溪古市段获评省级“美丽河湖”,连续11年发现中华秋沙鸭在松阳越冬。小城镇环境综合整治全部通过省级验收点位11个,获评省级样板点位4个。强力推进“三改一拆”,完成“三改”59.6万平方米、拆违57.4万平方米。扎实推进农村垃圾、厕所和污水“三大革命”,新建乡镇垃圾处理终端10个,完成农村公厕改造587座、农村生活污水提标改造项目23个。

【“丽水·清韵杯”全国业余围棋公开赛】 2018年4月23—27日，由中国围棋协会、丽水市政府主办，丽水市体育局、丽水市围棋协会、松阳县政府承办的“丽水·清韵杯”全国业余围棋公开赛在松阳举行。赛事设置40岁以上组、40岁以下组及女子组3个组别，采取积分编排制，进行11轮比赛，来自全国各地195名选手参赛。比赛成绩团体前三名分别是上海清一精英队、上海清一休闲队、棋手家园队；唐崇哲、周润民、王竣啸分获40岁以下组个人前三名；李岱春、陈国勇、陈友斌分获40岁以上组个人前三名；储可儿、文兆仪、罗楚玥分获女子组前三名。

【松阳县入选中国茶旅融合竞争力全国十强县】 2018年11月15日，在中国茶业流通协会主办的第14届中国茶业经济年会上，松阳县获评“中国茶旅融合竞争力全国十强县”，系浙江省唯一，居十强县之首。松阳围绕加快农业供给侧结构性改革，依托茶园资源、茶文化禀赋，将茶文旅有机融合，建设茶旅景区、茶旅民宿、茶文化体验中心等，深入推进茶产业一二三产融合发展。全县有茶园面积856.67公顷，年产量1.49万吨，产值14.7亿元，茶叶全产业链产值108.1亿元，已开发茶保健品、含茶食品等茶资源综合利用产品30多个，创建茶主题旅游线路8条。大木山茶园创建成为全省首个全国首批绿色食品一二三产融合发展示范园，并被评为全省唯一的“全国茶旅金牌路线”。

【松阴溪景区成为国家AAAA级旅游景区】 2018年12月29日，浙江省旅游区（点）质量等级评定委员会发布公告，批准松阳松阴溪景区为国家AAAA级旅游景区。景区创建范围为水文公园—石门圩段流域及沿岸，总面积4.33平方千米，其中水域面积1.52平方千米，主要包括滨水绿道（江滨公园、独山、水文公园、延庆寺塔等），沿溪水景（鹰嘴潭、青龙湖、白龙湖、独山湖、白沙湖等），千年古堰渠（白龙堰、青龙堰、五羊堰、梁下堰、金梁堰等），现代美学建筑（独山驿站、水文公园、石门驿站等），是兼具山水特色和历史文化价值的观光河段，也是国家级水利风景区、省级湿地公园核心区块，根据国家AAAA级景区标准，打造为集生态观光、农耕体验、滨水休闲、科普教育等多功能于一体的高等级旅游景区。

（丽水市地方志办公室　孙长莲）

云　和　县

【概况】 2018年，云和县辖4个街道、3个镇、3个乡。年末常住人口11.5万人。地区生产总值73.21亿元，比上年增长12.6%。其中，第一产业增加值4.86亿元，第二产业增加值35.92亿元，第三产业增加值32.44亿元。按常住人口计算，人均生产总值6.37万元。

财政总收入9.49亿元，其中一般公共预算收入5.9亿元，增长13.7%。一般公共预算支出25.02亿元。规模以上工业增加值15.5亿元，增长51.2%；城镇居民人均可支配收入40177元，农村居民人均可支配收入18573元，分别增长9.5%和9.9%。社会消费品零售总额32亿元，增长11.7%。

壮大“一果两茶一菌一蜂一鱼”主导产业，新增和改造雪梨基地88公顷、茶园240公顷、油茶基地110.67公顷，新增黑木耳500万袋、中蜂2000箱、有机鱼666.67公顷。新增无公害、绿色、有机农产品19个。创新打造“云云联盟”（内外地云和师傅联合、产销一体的合作模式）模式完成“丽水山耕”销售额5.8亿元，农家乐民宿营业收入2.9亿元，成为全国首批民宿产业发展创建示范区。深化美丽乡村建设，完成历史文化村建设年度任务16个，梅竹、黄处、小顺创建成为省级特色精品村，赤石乡、崇头镇获评省级美丽乡村示范乡镇。出台乡村产业兴旺政策26条，成立全国首个乡村振兴金融服务所，低收入农户收入增速15.7%，集体经济年收入超过10万元行政村比例97.6%。

完善城市基础设施，启动凤凰山公园改造提升工程，完成古坊小学地下空间开发，仙宫大道成为省级精品示范入城口。开展“践行丽水之干、振兴实体经济”专项行动，新增小微企业507家、规模以上企业11家、1亿元企业3家。加快传统产业改造提升，完成企业“零地技改”4万平方米，培育“机器换人”试点企业3家、“上云”企业100家，新增“品字标”浙江制造团体标准2个，整治提升“低散乱”企业217家，城东金属园区老旧厂房全面拆除。木玩行业列入省级传统制造业改造提升试点和智能化技术改造试点，云和县被认定为国家外贸转型升级基地。

发展电商经济，创建成为国家电子商务产品质量提升示范区，网络零售额29.5亿元，增长38.4%。鼓励支持企业股改上市，云和绿林幼教装备股份有限公司挂牌“新三板”，浙江新云木业集团有限公司完成IPO服务签约。开展招商引资，引进大项目7个，实际利用市外内资13.2亿元、外资855.8万美元。稳步推进“山海协作”，占地10公顷“飞地”创业园落户北仑。

旅游综合收入42.1亿元，增长28.5%。推进梯田景区创AAAAA级工作，游客接待中心、观云索道开工建设，加快实施栈云山庄、景区管网“上改下”等项目，梯田大道通车。云和梯田入选践行“八八战略”省级经典案例，成为“全球梯田联盟经济研讨会”永久举办地。长汀、梅湾创成AAA级景区。开展A级景区村建设，黄处、金水坑成为AAA级景区村。金石绿道投入使用，累计建成绿道96千米。

推进“最多跑一次”改革，实现“最多跑一次”权力事项、“一次办结”比例“两个100%”，50%以上民生事项实现“一证通办”，实现全领域“一窗通办”。开展“亩均论英雄”改革，完成亩均效益综合评价企业122家，规模以上工业企业亩均税收增长41.5%，亩均增加值增长20.1%。新增省级以上重大改革试点12项，重点生态功能区小城市培育试点连续4年省考核优秀，生态公益林未来补偿收益质押贷款入选全省绿色金融创新十大优秀案例。加大科技创新力度，新增国家高新技术企业4家、省科技型中小企业14家，专利申请量、授权量稳居全市前列。

加快教育现代化县创建，推进教师“县管校聘”改革，教育现代化发展水平居全市第一位。推进健康云和建设，实施公立医院三年振兴计划，通过国家卫生县城第四轮复审和省卫生重点县考核验收。推进公共文化服务重点县建设，新建农村文化礼堂12个。

提升社会救助和保障水平，分别发放特困供养人员、低保对象救助金415.4万元、1724.9万元，全民医保、养老保险参保率分别为98.4%和90.9%，入选全国社会救助综合改革试点县。营造“放心消费”环境，培育放心消费示范单位53个，云和创建成为省食品安全县。

空气质量优良率（AQI指数）99.2%，PM2.5年均浓度23微克/立方米，空气综合指数排名全省第三位。实施“五水共治”，开工建设紧水滩引调水工程、工业污水分质处理站等项目，完成15个村生活污水治理设施提升改造，新增城乡污水管网26千米，出境水I类水质天数占比提升24个百分点，获省“五水共治”（河长制）工作优秀县（市、区）“大禹鼎”。推进厕所革命、垃圾革命，新（改）建城乡公厕288座、旅游公厕9座，城乡垃圾分类覆盖面分别为67.2%和60%，加快建设美丽林相，营造珍贵彩色林3533.33公顷，全县森林覆盖率81.5%，被列入全国首批环境健康风险管理试点县。

【“省级食品安全示范县”创建成功】 2018年11月，云和县成为全市首批创成的“省级食品安全示范县”。云和县启动省级食品安全县创建工作以来，严格按照“四个最严”要求，建立“上下联动、高效沟通”的工作机制，以“周交办、月通报、季点评、年考核”定期开展信息通报、形势会商、风险交流和协调联动。在“基层治理四平台”建设的新背景下，明确乡镇（街道）食安办、市场监管部门基层派出机构相应运行机制，全县10个乡镇（街道）实现规范化食安办全覆盖，依托217名“全科网格员”，将食品安全责任网络的触角真正延伸到“最后一公里”。坚持“从农田到餐桌”全过程无缝隙监管保障，加强从种养殖到生产、流通、消费全过程监管，开展食品安全排雷“百日攻坚”、农村食品安全专项治理等行动，严把种养殖源头关、生产过程关、餐饮服务关，对病死畜禽实现100%无害化处置，实现畜禽产品“杀白上市”。全县食品生产加工小作坊建档率和登记率、小作坊食品监督抽检合格率、持证小餐饮等级公示率、餐饮具集中消毒企业产品抽检合格率均达100%；建成阳光厨房25个，其中300人以上就餐的学校食堂建成阳光厨房14个，覆盖率87.5%。

【云和县获评2018年全国脱贫攻坚奖（组织创新奖）】 2018年10月17日，在北京召开的全国脱贫攻坚奖表彰大会暨首场脱贫攻坚先进事迹报告会上，云和县获年度全国脱贫攻坚奖（组织创新奖），系全省唯一获奖县。该县紧紧围绕“小县大城”发展战略，从农房集聚建设、空闲农房再利用、农房抵押贷款等方面入手，扎实有序推进农村宅基地科学管理工作，改善农村居住条件，提高农村土地利用率，增加农民经济收入。探索空闲农房二次创业、农民异地搬迁安置、农村宅基地使用权跨村流转等改革经验，为全国宅基地经营管理提供参考。

【云和木制玩具国家级外贸转型升级基地获授牌】 2018年10月25日，在“互联网+中国智造”高峰论坛暨全国轻工外贸基地发展大会上，商务部外贸司授牌新认定轻工行业国家外贸转型升级基地25个，云和木制玩具基地列在其中。该县以试点示范为引领，促进木玩产业转型升级，通过国家质检总局对云和国家级出口木制玩具质量安全示范区的实地复审，木玩文化生态园被省商务厅认定为首批5个省级文化服务和产品出口基地之一。

（丽水市地方志办公室　孙长莲）

庆元县

【概况】 2018年，庆元县下辖3个街道、6个镇、10个乡。年末常住人口13.96万人，户籍人口20.51万人。地区生产总值72.26亿元，比上年增长8%。其中，第一产业增加值6.55亿元，第二产业增加值28.45亿元，第三产业增加值37.26亿元。固定资产投资增长3.5%。按常住人口计算，人均生产总值5.19万元。

财政总收入8.33亿元，增长17.7%，其中一般公共预算收入5.05亿元，增长20.1%。一般公共预算支出32.98亿元。城镇、农村居民人均可支配收入分别为36949元和17157元，增长9.3%和9.8%。

制定农业农村现代化三年行动计划，出台农民增收22条、农林水产业发展扶持等政策，全力助推乡村振兴，农林牧渔业增加值增长3%。推进食用菌全产业链转型升级，实施一二三产融合提升试点项目，建成食用菌标准化生产基地3个，改造菇棚30.6万平方米。新增中药材种植172公顷，香榧种植54公顷，中蜂养殖2100多箱，新兴产业加速发展。天宸农业公园入选全省最美田园，乾宁集团中药材基地初具规模。增殖放流鱼苗439万尾，发展稻鱼共生533.34公顷。打造“庆元800”品牌，建成“丽水山耕”基地2600公顷，新增农业“三品”认证20个，“庆元甜桔柚”获农产品国家地理标志认证。省级农业龙头企业数保持全市第一位。创建成为省级农产品质量安全放心县、现代生态循环农业整建制推进县。

规模以上工业增加值10.72亿元，增长8.5%。铅笔文化园入选省级重点文化产业园，食用菌、铅笔外贸转型基地入选国家外贸转型升级基地。发布“浙江制造”标准4项，数量居全市第一位。培育“小巨人”企业4家，“小升规”企业5家，浙江鸿星文具有限公司获省“隐形冠军”称号，新增省股权交易中心挂牌企业7家。深化“亩均论英雄”改革，开展企业绩效综合评价，整治“低散乱”企业209家。

出让工业用地24.87公顷,其中"标准地"8.73公顷,完成工业投资5.45亿元,建成投产项目9个。修订出台新一轮工业政策,持续开展精准帮扶企业行动,破解企业难题200多个,减轻企业负担2.29亿元。

服务业增加值37.26亿元,增长9.8%。以创建省全域旅游示范县为抓手,实施涉旅项目43个,完成投资11.68亿元,创建国家AAAA级景区和国家AAA级景区各1个,新增省AAA级景区村庄、省老年养生旅游示范基地、市水利风景区各2个。建成全域旅游大数据中心。建成江滨路滨水绿道、庆元大桥至洋心桥慢行系统,建成绿道89.7千米。

新开工项目59个,建成投用55个,省市县重点项目全部开工,民间投资占比39.5%,创历史新高。建成电商人才孵化基地,新建、提升农村电商服务站65个,网络零售额44.6亿元,增长35.6%。金融形势持续稳定,人民币存贷款余额230.45亿元,增长13.5%,存贷比80.41%。创新"新三板"股权质押等融资方式,引进蚂蚁金服"智慧县域普惠金融"项目。

全县三分之二以上财力用于民生事业,民生类支出25.77亿元,占一般公共预算支出的78%。创建成为省教育基本现代化县。出台普惠性民办幼儿园发展扶持办法,新增学位1080个,省农村学前教育补短板改革试点获省政府肯定。

实施"健康庆元"战略,建成国家级胸痛中心,全市首创"巡回诊疗车"服务。通过省级文明县城复评,创成省级卫生乡镇8个。县公共文化服务中心、体育中心、广播电视制作中心完成投资9400万元。建成乡镇(街道)综合文化站9个,新建农村文化礼堂19个,乡村春晚获省"宣传思想文化工作创新奖"。

社会保险扩面提标,提高大病、慢性病、特殊病种报销比例,基本医疗保险参保率和养老保险参保率分别为98.3%和90.9%。实现城乡低保一体化,补助标准提高至每人每月700元。城镇登记失业率稳步下降,最低工资标准调高至每人每月1660元,发放残疾人两项补贴1190万元。开展"千名干部扶千户"和"万人慈孝促增收"活动,办理"慈孝卡"1.1万张,建成村级慈善爱心基金104个。

深化"最多跑一次"改革,建成全省首个跨市利用"一窗平台"受理异地便民服务实体平台。1341项事项实现"最多跑一次"全覆盖,93%以上项目开通网上事项。实施国家重点生态功能区、农民工等人员返乡创业、清洁能源示范县、创新区"一县两试点"等重大改革试点。创建成为省级园林城市。获评省级小城镇环境综合整治优秀县,通过省考核验收乡镇10个,龙溪、贤良、岭头获评省级样板乡镇。坑里、官山头乡村振兴样板示范点建设有序推进,安隆、新窑、双沈、洋背创建成为省级美丽宜居示范村。香菇小镇列入"全国最美特色小镇50强"。实施垃圾分类村198个,生活垃圾分类覆盖面74.6%,无害化处理率100%。改造农村厕所512座,建设示范性公厕30座。生态环境状况指数、生态保护指数、生态环境公众满意度均居全省第一位,入选"美丽浙江十大特色体验地",获评"中国天然氧吧"称号。县城环境空气质量优良率(AQI指数)99.4%,PM2.5平均值26微克/立方米。"五水共治"向纵深推进,实现"河(湖)长"全覆盖,建成市级"美丽河湖"8条,完成入河排污口整治34个,河道综合整治4.7千米,河湖库塘清淤7.6万立方米。

【招商引资工作】 2018年,庆元县深化招商引资"一号工程(把招商引资摆在经济工作头等重要位置)",实行大项目服务"绿色通道",全省首创"首席招商局长"机制。全年引进项目55个,其中大项目6个,总部经济项目3个,实际利用内资18亿元、外资228万美元,"浙商回归"到位资金11亿元。举办首届世界竹藤大会、庆元竹产业招商、精品民宿招商等专场推介会8个,累计签约项目43个,签约总额76亿元。与嘉善县、长兴县、宁波海曙区开展山海协作合作共建,开工建设嘉善—庆元—九寨沟"飞地"产业园。

【"平安庆元"建设】 2018年,庆元县推进"平安庆元"建设,连续13年获省级"平安县"称号。深化大调解、大化解、大防控三大工程,一批信访积案得到攻坚化解。"扫黑除恶"专项斗争侦破涉恶类案件17起,打掉涉恶团伙3个。建立"天罗地网"监测防控系统,金融风险得到有效防范。完善在建工程项目农民工工资支付保证金制度,建成省级劳动人事争议示范仲裁庭。严格落实党政领导干部安全生产责任制,健全"1+8(1个县安委会,加上消防、建设工程、群团民宗、市场与国土、教卫文体、商贸、农林水、交通旅游民政8个专业安委会)"责任体系,事故起数等指标持续下降。深入推进省级食品安全县创建,切实保障老百姓"舌尖上的安全"。获评第四批"全国法治县"创建活动先进单位。"五台合一"(整合110指挥中心、应急联动指挥中心、"96345"社会公共服务中心、"数字城管"指挥中心、网络舆情研判指挥中心,建立庆元社会服务管理指挥中心)社会服务管理国家级标准化试点建设通过中期评估。

(丽水市地方志办公室　孙长莲)

景宁畲族自治县

【概况】 2018年,景宁畲族自治县辖2个街道、4个镇、15个乡。年末常住人口10.94万人,户籍人口17.31万人,其中畲族等少数民族人口1.91万人,约占11%。地区生产总值59.34亿元,比上年增长8.4%。其中,第一产业增加值6.24亿元,第二产业增加值17.52亿元,第三产业增加值35.58亿元。三次产业结构调整为10.5∶29.5∶60。按常住人口计算,人均生产总值5.44万元。

财政总收入15.3亿元,其中一般公共预算收入7.74亿元,增长10.5%。一般公共预算支出42.33亿元。一般公共预算支出42.33亿元。城乡常住居民人均可支配收入36778元和18170元,分别增长9.4%和10.1%。固定资产投资增长6.8%。社会消费品零售总额33.33亿元,增长9.4%。

建成高标准农田1880公顷,提标改造粮食功能区206.67公顷,稳定播种面积7866.67公顷。推进"丽水山耕+景宁600+X"母子品牌体系建设,新建提升茶叶、毛竹、香榧、中药材等基地3666.67公顷,新增中蜂养殖5910箱,累计1.61万箱,完成稻鱼生态综合种养700公顷。硬化林区道路49千米,建成林下经济示范基地361.53公顷。创建"景宁600"示范乡镇4个、先行村22个,开创"飞柜"(与温岭市合作开展山海协作经济试点,双方互设农、渔、特产品展示销售专柜)经济模式。林业总场创建成为省级"现代国有林场"。

"亩均论英雄"改革稳步推进,纳入评价工业企业30家。完成"小升规"企业3家,整治提升"低散乱"企业29家。网络销售额20.37亿元,增长38.3%。推进全域旅游示范县创建,实现农产品旅游地商品转化21个。旅游总收入65.74亿元,增长21.6%。

深化"最多跑一次"改革,设立全省首个"民情速递代表委员窗口",打造功能齐全的一体化新中心。民族地区城乡融合发展创新改革试点入列全省改革要点并获省级批复。完成"区域环评+环境标准"改革,推进"标准地+承诺制+代办制"改革,加快工程建设项目审批制度改革。农村渡运公交化改革走在全省前列。

出台教育新十条。完成"县管校聘"改革。探索优质民办学校托管公办学校办学新模式。医药卫生体制改革有序推进,深化"双下沉、两提升"(医疗人才下沉、医疗资源下沉,提升基层医疗服务能力,提升群众就医满意度),完成乡镇医养结合试点。城区公厕提升改造全面完成,基本建成AAA级旅游公厕2座。启动城区生活垃圾分类,覆盖面68.3%。第二批通过小城镇环境综合整治省级验收乡镇9个,家地、梅岐、景南被评为省级样板,连续2年获评全省小城镇环境综合整治优秀县。建成"基本无违建县"。打造历史文化古村落28个,入列第五批国家传统村落名录村庄47个,数量居全省第一位。建成"三美融合示范村"5个、市级"三治融合村"21个和A级景区村26个。

城乡居民养老保险、医疗保险参保率分别为90%和98%,跨省异地就医实现直接结算,社保业务实现"刷脸办事"。提高被征地农民基本生活保障标准,落实保障金,建成保障性住房50套,分配84套。实现城乡低保标准一体化,发放城乡低保补助3054.37万元,惠及3737户6256人,发放残疾人"两项补贴"1961.39万元。落实精准扶贫各项举措,创新推出"脱贫保"和"防贫保",兜底性保险做法作为典型案例在全市推广。文化项目申报畲辩制入选省公共文化服务领域管理体制机制改革创新项目。新增国家级非物质文化遗产代表性传承人1人、省级7人。

创建省级生态文明建设示范县,生态环境公众满意度位列全省第二位。深化"五水共治",深入实施"河(湖)长制",创建美丽河湖8个,鹤溪河被评为省级美丽河湖。打响"蓝天保卫战",县城空气质量优良率(AQI指数)99.4%,居全省第三位、全市第一位,PM2.5均值23微克/立方米,下降23.2%,位列全省第五位、全市第二位,获评"中国天然氧吧"称号。完成绿化造林310.2公顷、美丽林相建设226.67公顷,新植珍贵树种30.8万株,松材线虫病防控成为全省标杆,获评浙江省森林资源保护管理工作突出贡献集体。

【景宁县获评全国社会治理创新优秀城市】 2018年1月26日,第三届全国社会治理创新经验交流会暨《全国社会治理创新典范案例汇编(2017)》发布"2017全国社会治理创新优秀城市"名单,景宁县获"2017全国社会治理创新优秀城市"荣誉,系全市唯一。该县"四级融合、多元一体"社会治理模式入选《全国社会治安综合治理创新典范案例汇编(2017)》。探索建立"四级融合、多元一体"(县级一个中心指挥+乡镇四个平台运行+村社全科网格管理+域外综治网络延伸)社会治理新模式,有效提升社会治理共建共治共享水平,连续7年获评丽水市综治优秀县,连续12年被评为浙江省级平安县,获浙江省首批"平安金鼎"。"四级融合、多元一体"社会治理模式入选《全国社会治安综合治理创新典范案例汇编(2017)》。

【景宁惠明茶获第二届中国国际茶叶博览会金奖】 2018年5月22日,第二届中国国际茶叶博览会组委会授予景宁惠明茶为第二届中国国际茶叶博览会金奖。该县依托独厚的生态资源,培育茶叶种植主体,大力发展海拔600米以上高山生态精品茶叶基地建设,让"绿水青山"产出更多"金山银山"。推广集约化育苗管理、物理和生物防控技术、减少农药化肥投入、开展"三品"认证,全力推进惠明茶标准化生产。全县茶企统一使用"惠明"茶叶商标,扩大品牌效益,注册"奇尔""敕峰蓝氏""六江源"等10多个茶叶子商标。全县基地总面积4406.67公顷,茶叶总产量2760吨,总产值4.3亿元,产量、产值分别比上年增长4.5%、5.1%。全县从事茶产业4万余人,人均增收超过6000元。

【景宁县获评年度中国十大全域旅游示范县市】 2018年11月10日,在以"新时代、新休闲、新产业"为主题的中国(国际)休闲发展论坛上,景宁县入选"中国十大全域旅游示范县市"。该县坚持"绿水青山就是金山银山"指导思想,贯彻落实"创新、协调、绿色、发展"理念,按照"诗画畲乡、和美景宁"总体定位,立足"民族"和"生态"两张金名片,以融合发展和创新发展为驱动,以畲族特色文化为突破口,以全域旅游发展为抓手,拉高标杆,精准发力,全面推进旅游业转型提质升级,加快全省"大花园"之"民族风情特色园"建设。

(丽水市地方志办公室　孙长莲)

地方性法规选登
Selection of Local Regulations

浙江省志愿服务条例

浙江省人民代表大会常务委员会公告第3号

《浙江省志愿服务条例》已于2018年7月27日经浙江省第十三届人民代表大会常务委员会第四次会议修订通过，现将修订后的《浙江省志愿服务条例》公布，自2018年9月1日起施行。

浙江省人民代表大会常务委员会
2018年7月27日

浙江省志愿服务条例

（2007年11月23日浙江省第十届人民代表大会常务委员会第三十五次会议通过
2018年7月27日浙江省第十三届人民代表大会常务委员会第四次会议修订）

第一章　总　　则

第一条　为了保障志愿者、志愿服务组织、志愿服务对象的合法权益，鼓励和规范志愿服务，发展志愿服务事业，倡导奉献、友爱、互助、进步的志愿服务精神，培育和践行社会主义核心价值观，促进社会文明进步，根据国务院《志愿服务条例》，结合本省实际，制定本条例。

第二条　在本省行政区域内开展志愿服务以及与志愿服务有关的活动，适用本条例。

第三条　本条例所称志愿服务，是指志愿者、志愿服务组织和其他组织自愿、无偿向社会或者他人提供的公益服务。

本条例所称志愿者，是指以自己的时间、知识、技能、体力等从事志愿服务的自然人。

本条例所称志愿服务组织，是指依法成立，以开展志愿服务为宗旨的非营利性组织。

第四条　县级以上人民政府应当将志愿服务事业纳入国民经济和社会发展规划，制定政策和保障措施，合理安排志愿服务所需资金和资源，促进志愿服务事业的发展。

第五条　精神文明建设指导机构（志愿服务工作委员会）应当建立志愿服务工作协调机制，组织有关部门和单位协同做好志愿服务工作，加强对志愿服务工作的统筹规划、协调指导、督促检查和经验推广，并将志愿服务工作纳入群众性精神文明创建活动考核内容。精神文明建设指导机构的办事机构同时承担志愿服务工作委员会的日常工作。

民政部门负责本行政区域内志愿者注册、志愿服务组织登记、管理维护国务院民政部门指定的志愿服务信息系统（以下简称志愿服务信息系统）、制定管理规范、查处相关违法行为等志愿服务行政管理工作。

教育、科技、文化、卫生、体育、社会保障、环境保护、司法行政等其他有关部门按照各自职责，负责与志愿服务有关的工作。

乡镇人民政府、街道办事处应当协助民政部门以及其他有关部门做好与志愿服务有关的工作。

第六条　共产主义青年团应当做好青年志愿服务工作，具体组织大型活动的志愿服务工作，配合民政部门做好志愿服务相关工作，参与志愿服务信息化、教育培训、宣传等工作。

工会、妇女联合会、红十字会、残疾人联合会、科学技术协会、慈善行业组织等团体、组织，应当发挥各自优势做好相应的志愿服务工作。

第七条　精神文明建设指导机构、民政部门应当组织国家机关、团体、企业事业单位和其他组织做好志愿服务宣传工作。

广播、电视、报刊、网络等媒体应当开展志愿服务宣传活动，传播志愿服务文化，弘扬志愿精神，倡导全社会尊重志愿者和志愿服务组织。

第八条　每年3月5日为浙江省志愿者日。

第二章　志愿者

第九条　志愿者应当具备相应的民事行为能力。限制民事行为能力人,可以参加与其年龄、智力、身心健康状况相适应的有关志愿服务活动,但应当征得其监护人的同意或者由监护人陪同。禁止组织未成年人参加抢险救灾等可能发生人身危险的志愿服务活动。

鼓励未成年人的父母或者其他监护人与未成年人共同参加志愿服务。

第十条　志愿者可以将其身份信息、服务技能、服务时间、联系方式等个人基本信息,通过志愿服务信息系统自行注册,也可以通过志愿服务组织进行注册。通过志愿服务组织进行注册的,志愿服务组织应当及时将相关信息录入志愿服务信息系统。

志愿者提供的个人基本信息应当真实、准确、完整。

第十一条　志愿者享有下列权利:

(一)自愿加入或者退出志愿服务组织;

(二)自愿选择与其自身情况相适应的志愿服务项目;

(三)拒绝提供违背自身意愿、超出自身能力或者约定范围的志愿服务;

(四)获得从事志愿服务的相关信息、必要的物质条件、培训和安全保障;

(五)取得志愿服务记录证明;

(六)对志愿服务工作提出批评和建议;

(七)法律、法规和志愿服务组织章程规定的其他权利。

第十二条　志愿者应当履行下列义务:

(一)履行志愿服务承诺并完成志愿服务工作;

(二)参与志愿服务组织开展的志愿服务活动时服从志愿服务组织管理;

(三)维护志愿者、志愿服务组织的形象和声誉;

(四)保守志愿服务中接触到的国家秘密、商业秘密、个人隐私;

(五)尊重和维护志愿服务对象的人格尊严和其他合法权利;

(六)法律、法规和志愿服务组织章程规定的其他义务。

第三章　志愿服务组织

第十三条　志愿服务组织可以依法采取社会团体、社会服务机构、基金会等组织形式。

第十四条　志愿服务组织招募志愿者应当通过志愿服务信息系统或者其他适当方式,公布与志愿服务项目有关的真实、准确、完整的信息,并告知在志愿服务过程中可能出现的风险以及拟采取的保护措施。

第十五条　志愿服务组织应当履行下列职责:

(一)制定、完善志愿服务工作制度;

(二)依照章程和宗旨组织实施志愿服务活动;

(三)招募、登记、培训、管理志愿者并做好志愿者的注册、志愿服务记录等工作;

(四)建立志愿服务档案并为志愿者无偿、如实、及时出具志愿服务记录证明;

(五)筹集、使用和管理志愿服务活动资金、物资;

(六)维护志愿者的合法权益;

(七)法律、法规和志愿服务组织章程规定的其他职责。

第十六条　区域性志愿服务组织、志愿服务行业组织应当加强行业自律,反映行业诉求,维护成员合法权益,培育、发展各类志愿服务组织,做好相应的指导、服务和管理工作。

第四章　志愿服务活动

第十七条　提倡在教育、科技、文化、卫生健康、体育、交通、旅游、社会保障、环境保护、司法等领域,以及在应对突发事件、大型活动中开展志愿服务活动;提倡为残疾人、未成年人、老年人、失业人员和其他有困难需要帮助的个人和家庭提供志愿服务。

第十八条　志愿者可以参与志愿服务组织和其他组织开展的志愿服务活动,也可以自行依法开展志愿服务活动。

任何组织和个人不得强行指派志愿服务组织提供志愿服务,不得强迫他人从事志愿服务活动。

第十九条　志愿服务组织为志愿者安排志愿服务活动,应当与志愿者的年龄、身心等条件相适应,与志愿服务项目所要求的知识、技能相适应,并事先征求志愿者意见。

志愿服务组织应当通过志愿服务信息系统或者其他适当方式向社会公布其服务范围和联系方式。

第二十条　志愿者、志愿服务组织可以根据志愿服务对象的实际需要,主动为其提供力所能及的志愿服务。

需要志愿服务的组织或者个人,可以通过志愿服务信息系统发布需求信息,也可以向志愿服务组织提出申请。发布志愿服务需求信息或者向志愿服务组织提出申请,应当提供与志愿服务有关的真实、准确、完整的信息,并说明在志愿服务过程中可能发生的风险。志愿服务组织收到申请的,应当对有关信息进行核实,并及时予以答复。

第二十一条　志愿者、志愿服务组织、志愿服务对象之间可以根据需要订立协议,明确当事人的权利和义务,约定志愿服务的内容、方式、时间、地点、工作条件和安全保障措施等。

有下列情形之一的,志愿者、志愿服务组织和志愿服务对象之间应当签订书面协议:

(一)开展可能发生人身危险的志愿服务活动的;

(二)开展涉外志愿服务活动的;

(三)志愿服务期限在一个月以上的;

(四)为大型活动提供志愿服务的;

(五)组织志愿者在本省行政区域外开展志愿服务活动的;

(六)志愿者、志愿服务组织、志愿服务对象任何一方要求签订书面协议的。

省民政部门应当会同省有关部门制定志愿服务协议

示范文本。

第二十二条　民政部门可以会同有关部门和单位制定并实施对志愿服务组织负责人和志愿者的培训计划，组织开展相关法律法规、专门知识和技能等免费培训。

志愿服务组织安排志愿者参与医疗卫生、环境保护、网络文明、禁毒宣传教育、社区矫正、平安建设、应对突发事件、大型活动等志愿服务活动，需要专门知识和技能的，应当对志愿者开展相关培训。

第二十三条　志愿服务组织安排志愿者参与可能发生人身危险的志愿服务活动前，应当为志愿者提供相应的人身意外伤害保险。

为大型活动提供志愿服务的，活动举办者应当根据与志愿者、志愿服务组织和其他组织的约定，为志愿者提供相应的人身意外伤害保险。

第二十四条　任何组织和个人不得利用志愿服务组织、志愿者或者以志愿服务组织、志愿者的名义进行非法、营利、违背社会公德以及与志愿服务无关的活动。

第五章　保障和激励

第二十五条　志愿服务组织和志愿服务活动的经费来源包括以下几方面：

（一）政府财政支持；

（二）社会捐赠、资助；

（三）其他合法来源。

志愿服务经费的筹集、使用和管理，应当遵守国家和省对社会团体、社会服务机构和基金会的有关规定，公开透明，接受有关部门和捐赠者、资助者、志愿者以及社会的监督。

任何组织和个人不得私分、挪用、截留或者侵占志愿服务组织和用于志愿服务活动的财物。

第二十六条　鼓励组织、个人对志愿服务组织和志愿服务活动进行捐赠、资助。捐赠、资助的财产使用应当尊重捐赠者、资助者的意愿，符合公益目的。

自然人、法人和其他组织捐赠财产用于志愿服务的，依法享受税收优惠。

第二十七条　民政部门应当按照国家有关规定，做好志愿服务信息系统的维护、管理工作，保证其正常运行。

志愿服务信息系统为志愿者、志愿服务组织和志愿服务对象提供注册登记、活动发布、供需对接、服务记录等服务。

第二十八条　志愿服务信息系统的运营和管理者应当按照规定管理志愿者、志愿服务组织和志愿服务对象的信息，不得泄露个人信息，不得侵害个人隐私。

志愿服务组织、志愿服务对象应当尊重志愿者的人格尊严。志愿服务组织、志愿服务对象未经志愿者本人同意，不得公开或者泄露其信息。

第二十九条　鼓励企业和其他组织在同等条件下优先招用有良好志愿服务记录的志愿者。公务员考录、事业单位招聘应当将志愿服务情况纳入考察内容。

志愿服务组织应当根据国家和省有关规定建立志愿服务记录制度，并可以建立以服务时间和服务质量为主要内容的志愿者星级评定制度，对获得相应星级的志愿者推荐参加相关评选和表彰。

第三十条　对有良好志愿服务记录的志愿者，县级以上人民政府和省有关部门可以采取优先安排志愿服务、免费乘坐公共交通工具、免费游览旅游景点、免费享受健康保健体检等措施予以激励。

有良好志愿服务记录的志愿者的认定标准和激励措施，由省民政部门会同省有关部门和单位制定。设区的市、县（市、区）人民政府可以根据本地实际，规定有良好志愿服务记录的志愿者的激励措施，报省民政部门备案。

鼓励国家机关、团体、企业事业单位和其他组织为志愿者提供便利和相应优惠待遇。

县级以上人民政府应当根据实际对本条第一款规定的为志愿者提供服务的机构给予适当的经费支持。

第三十一条　省民政部门应当建立全省统一的志愿服务信用记录制度。志愿服务组织、志愿者伪造志愿服务记录或者违法从事志愿服务，属于《浙江省公共信用信息管理条例》规定的不良信息的，按照有关规定记入信用档案。

第三十二条　教育行政部门应当将培养青少年志愿服务意识、志愿服务能力纳入素质教育内容。高等学校和高级中等学校应当鼓励学生参加相应的志愿服务活动，将其纳入社会实践或者综合实践活动。

第三十三条　国家机关、企业事业单位和共产主义青年团、工会、妇女联合会、红十字会、残疾人联合会、科学技术协会、慈善行业组织等团体、组织，应当鼓励本单位、本系统的人员参加志愿服务活动，并提供必要的支持。

第三十四条　对在志愿服务事业发展中做出突出贡献的志愿者、志愿服务组织和其他组织、个人，由县级以上人民政府或者有关部门按照法律、法规和国家有关规定予以表彰、奖励。

第三十五条　志愿者、志愿服务组织、志愿服务对象在志愿服务活动中发生争议的，可以通过协商、调解、仲裁等途径解决，也可以依法向人民法院提起诉讼。

第三十六条　违反本条例规定的行为，按照有关法律、法规的规定予以处理。

第六章　附　　则

第三十七条　本条例自2018年9月1日起施行。

浙江省华侨权益保护条例

浙江省第十三届人民代表大会常务委员会公告第5号

《浙江省华侨权益保护条例》已于2018年9月30日经浙江省第十三届人民代表大会常务委员会第五次会议通过，现予公布，自2018年12月1日起施行。

浙江省人民代表大会常务委员会

2018年9月30日

浙江省华侨权益保护条例

（2018年9月30日浙江省第十三届人民代表大会常务委员会第五次会议通过）

第一条　为了保护华侨的合法权益，发挥华侨在本省经济社会发展中的作用，根据宪法和有关法律、行政法规，结合本省实际，制定本条例。

第二条　华侨在本省行政区域内合法权益的保护，适用本条例。

本条例所称华侨，是指定居在国外的中国公民。

华侨身份由侨务行政管理部门按照国家和省规定的条件和程序认定。

第三条　华侨权益保护应当遵循平等保护的原则。华侨享有宪法和法律、法规规定的公民权利，并履行宪法和法律、法规规定的公民义务。

华侨应当自觉维护国家统一和全国各民族团结，维护祖国的安全、荣誉和利益，不得有损害祖国的安全、荣誉和利益的行为。

第四条　鼓励华侨发挥融通中外、联系广泛的优势，参与和服务国家发展战略，在对外开放、合作交流和民间友好往来中，发挥桥梁和纽带作用。

第五条　县级以上人民政府应当加强对华侨合法权益保护工作的领导，组织和督促有关部门做好华侨权益保护工作，并将华侨权益保护工作所需经费列入本级财政预算。

侨务行政管理部门负责指导、协调、监督华侨合法权益保护工作，加强有关华侨合法权益保护的法律、法规和政策的宣传和实施。

其他有关部门按照各自的职责，做好华侨权益保护相关工作。

第六条　本省归国华侨联合会应当发挥桥梁和纽带作用，密切与华侨的联系，反映华侨的意见和要求，依法维护华侨合法权益。

第七条　华侨依法享有参政议政的权利，各级人民政府和有关部门应当为华侨依法参政议政提供保障。

各级人民代表大会可以邀请华侨列席会议。

第八条　在县（市、区）、乡（镇）人民代表大会代表选举期间，华侨在中国境内的，可以在原户籍所在地或者出国前居住地进行选民登记，依法参加选举。

第九条　华侨可以参加其户籍所在村（居）的村（居）民委员会选举。户籍不在本村（居），但已在本村（居）居住一年以上，本人申请参加选举的，经村（居）民会议或者村（居）民代表会议同意，可以参加居住地的村（居）民委员会选举。

第十条　华侨在本省依法成立的社会团体，应当依照法律、法规和章程开展活动，其合法权益受法律保护。

第十一条　华侨的护照与国内居民身份证具有同等身份证明效力。

华侨可以凭本人护照办理金融、教育、就业、医疗、民政、交通、邮政、电信、社会保险、财产登记、住宿登记、房屋租赁、机动车驾驶证申领、税务、公证等事项。

有关部门和单位应当采取措施，完善相关信息系统，按照国家和省有关规定，依法为华侨办理前款规定的事项。

第十二条　华侨申请在本省落户，经落户地县级公安机关审核，符合规定条件的，予以办理落户，并核发居民身份证。

国内外身份信息不一致的华侨，申请在本省落户，经核实符合规定条件的，按照前款规定办理。

华侨在本省落户应当符合的条件，由省公安机关会同省侨务行政管理部门制定。

第十三条　鼓励和引导华侨在信息、环保、健康、旅游、时尚、金融、高端装备制造和文化等领域创新创业。

华侨兴办的高新技术企业，按照国家和省有关规定享受优惠待遇。

第十四条　华侨可以用货币、实物、知识产权、土地使用权、股权、有价证券以及法律、法规允许的其他方式在本省投资。

华侨以其在中国境内拥有全部资本的企业、其他经济组织的名义在本省投资的，适用国内投资及与投资有关的各项政策和规定。

第十五条　华侨在本省依法投资经营获得的合法收益和企业清算后的个人资金，可以依法汇往境外。

华侨在本省的投资收益、知识产权中的财产权益以及其他合法收益，可以依法转让和继承。

第十六条　依法保护华侨和华侨投资企业的专利权、商标权、著作权等知识产权。

支持华侨和华侨投资企业进行专利申请、商标注册、著作权登记等活动。支持华侨投资企业通过知识产权转让交易市场进行知识产权评估、登记、交易、转让等活动。

对涉及经济社会发展、环境保护、保障公众身体健康和生命财产安全等重大发明专利技术的创造和运用，按照国家和省有关规定给予政策和资金支持。

第十七条　华侨从境外捐赠用于慈善活动的物资，经海关审核并符合规定的，依法减征或者免征进口关税和进口环节增值税。

华侨在本省设立的企业所发生的公益性捐赠支出，在年度利润总额百分之十二以内的部分，准予在计算应纳税所得额时扣除；超过年度利润总额百分之十二的部分，准予结转以后三年内在计算应纳税所得额时扣除。

第十八条　华侨捐赠保护、受赠管理以及捐赠人、受赠人、受益人的合法权益保护等，按照国家和省有关规定执行。

第十九条　华侨子女可以在其省内监护人户籍所在地或者经常居住地就读学前教育机构和义务教育学校。

华侨学生可以在其父母出国前或者其祖父母、外祖父母户籍所在地参加高中阶段学校考试招生，并享受与当地户籍学生同等待遇。

华侨学生可以按照国家和省有关规定报考本省联合

招收华侨、香港和澳门特别行政区、台湾地区学生的普通高等学校。

第二十条　夫妻双方原户籍所在地均在本省的华侨，在中国境内生育的，适用本省的生育规定。

夫妻双方一方原户籍所在地在本省的华侨、另一方为国内居民或者原户籍所在地在外省的华侨，在中国境内生育的，按照有利于当事人的原则适用本省或者外省的生育规定。

第二十一条　华侨中的高层次人才来本省创业、就业，符合国家和省规定条件的，按照有关规定给予相应工作条件和生活待遇。

华侨在本省从事专业技术工作的，可以参加专业技术职务任职资格评审和专业技术人员资格考试，其在境外的专业工作年限和成果，可以作为专业技术职务任职资格评审的依据。

第二十二条　公民在获准出国定居前，所在单位不得因其申请出国定居而给予其停职、停薪、免职、辞退处理或者解除劳动（聘用）合同。

获得出国定居签证的公民，应当按照国家和省有关规定办理相关手续。

第二十三条　华侨在本省就业并与用人单位形成劳动关系的，用人单位应当依法为其办理社会保险，并可以按照国家和省有关规定缴存、提取和使用住房公积金。

华侨在本省灵活就业的，可以凭本人的护照，按照国家和省有关规定参加社会保险。

第二十四条　华侨在本省就业并参加职工基本养老保险，达到法定退休年龄时累计缴费不足国家规定最低缴费年限的，可以按照国家和省有关规定缴费至国家规定最低缴费年限；在《中华人民共和国社会保险法》实施前参保、延长缴费五年后仍不足国家规定最低缴费年限的，可以一次性缴费至国家规定最低缴费年限。

达到法定领取养老金条件后出国定居的华侨，其个人账户予以保留，并按照国家和省有关规定享受相应的养老保险待遇。华侨可以委托他人领取养老金，但应当自出国定居次年起，每年向养老金支付机构提供本国驻其所在国使（领）馆或者定居地公证机关出具的本人生存证明文件，或者采取省人力资源和社会保障行政管理部门确定的其他证明方式。华侨在国内时，可以凭本人护照领取养老金。养老金支付机构应当按时足额发放养老金。

第二十五条　按照规定参加基本医疗保险的华侨，回国期间就医的，按照国家和省有关规定享受医疗保险待遇。

第二十六条　为了公共利益需要，征收华侨私有房屋及其附属物、宅基地的，应当符合法律规定，并依法按照当地村（居）民补偿和安置标准给予补偿和安置。

历史遗留的华侨房屋问题，按照国家和省有关规定处理。

第二十七条　具有村集体经济组织成员资格的华侨，可以依法参加本集体经济组织成员大会，享有成员权利，承担成员义务。

华侨出国定居前持有的农村集体资产股权，可以按照本人意愿决定保留或者在本集体经济组织内部转让；保留股权的，享有与其他农村集体经济组织成员同等的收益分配权。

第二十八条　华侨出国定居后，原以家庭为单位承包的耕地、林地和草地，承包合同未到期的，可以依法以转包、出租等形式流转土地承包经营权。任何组织和个人不得非法截留、扣缴或者以其他方式侵占华侨的土地承包经营权流转收益。

在出国定居前交回承包的耕地、林地和草地的，华侨对其在承包地上投入而提高土地生产能力的，有权获得相应的补偿。

第二十九条　华侨原在农村使用的宅基地，以及继承房屋取得的宅基地，符合有关法律、法规和政策规定的，可以依法申请不动产登记。

华侨在农村的房屋坍塌或者因属于危险房屋被拆除，原宅基地未安排其他使用的，可以按照有关规定申请使用原宅基地；原宅基地已安排其他使用，村内有空闲宅基地的，可以按照有关规定申请使用村内空闲宅基地。

第三十条　受省级以上人民政府表彰的华侨，可以获邀参加省人民政府举行的重大庆典或者文化、教育、科技、经贸等活动，并在出入境时给予便利。

第三十一条 华侨认为其合法权益受到侵害的，可以依法通过以下途径解决：

（一）协商和解或者申请调解；

（二）向侨务行政管理部门和其他有关部门投诉；

（三）申请行政裁决、行政复议；

（四）申请仲裁；

（五）向人民法院提起诉讼。

华侨可以按照国家和省有关规定获得法律援助服务。

第三十二条　侨务行政管理部门和其他有关部门应当公布接受华侨投诉的方式，方便华侨投诉。

侨务行政管理部门接到投诉后，对属于本部门职责的，应当及时受理、核实，并及时反馈办理结果；对不属于本部门职责的，应当及时移交其他有关部门办理，并告知投诉人。对移交的投诉事项，应当督促有关部门及时办理。

其他有关部门接到投诉后，对当场能够办理的事项，应当当场办理；对需要调查、取证、协调的事项，应当自受理之日起十五个工作日内将处理意见答复投诉人，同时告知同级侨务行政管理部门。

投诉事项重大，或者投诉事项需由几个部门共同处理的，侨务行政管理部门可以提请本级人民政府或者上级侨务行政管理部门处理。

第三十三条　国家机关及其工作人员滥用职权、玩忽职守、徇私舞弊，致使华侨合法权益受到损害的，对直接负责的主管人员和其他直接责任人员依法给予处分。

第三十四条　外籍华人在本省的有关权益保护，除法律、法规有特别规定的以外，可以参照本条例执行。

第三十五条　本条例自2018年12月1日起施行。

浙江省保障“最多跑一次”改革规定

浙江省第十三届人民代表大会常务委员会公告第6号

《浙江省保障“最多跑一次”改革规定》已于2018年11月30日经浙江省第十三届人民代表大会常务委员会第七次会议通过，现予公布，自2019年1月1日起施行。

浙江省人民代表大会常务委员会

2018年11月30日

浙江省保障“最多跑一次”改革规定

（2018年11月30日浙江省第十三届人民代表大会常务委员会第七次会议通过）

第一章　总　　则

第一条　为了依法推进“最多跑一次”改革，提高行政效能，优化营商环境，建设人民满意的法治政府和服务型政府，推进治理体系和治理能力现代化，根据有关法律、行政法规，结合本省实际，制定本规定。

第二条　本省行政机关和依法授权的具有管理公共事务职能的组织（以下统称行政机关），在提供行政许可、行政确认、行政给付和其他办事服务过程中开展“最多跑一次”改革，适用本规定。

本规定所称“最多跑一次”，是指自然人、法人和非法人组织向行政机关申请办理一件事，申请材料齐全、符合法定形式的，从提出申请到收到办理结果全程只需一次上门或者零上门。

本规定所称一件事，是指一个办事事项或者可以一次性提交申请材料的相关联的多个办事事项。

第三条　县级以上人民政府应当按照简政放权、公开便民、加强监管、优化服务的原则推进“最多跑一次”改革，将“最多跑一次”改革作为政府工作的重要内容，建立健全改革工作协调机制，制定推进改革实施方案，强化保障和责任落实。

县级以上“最多跑一次”改革工作部门具体负责推进、协调、指导、监督有关部门和下级人民政府做好有关工作。

县级以上人民政府其他有关部门和乡镇人民政府（街道办事处）按照各自职责，做好“最多跑一次”改革工作。

第二章　一般规定

第四条　省人民政府应当按照方便申请人办事的原则梳理公布本省统一标准的适用“最多跑一次”的一件事及其办事事项清单，并按照国家和省有关规定实行动态调整。设区的市、县（市、区）人民政府可以结合本地实际，对省人民政府公布的清单予以补充。

“最多跑一次”一件事及其办事事项清单应当附具每件事及其办事事项的办事指南。办事指南应当包含本件事及其事项名称、申请材料、办事流程、办事依据、办事时限等内容，并明确容缺受理申请材料的范围。

“最多跑一次”一件事及其办事事项清单应当在浙江政务服务网（含浙江政务服务网的移动互联网应用程序，下同）公布。公布前，县级以上人民政府应当将清单草案予以公示，广泛征求专家和社会公众的意见。

按照法律、法规规定无法实现“最多跑一次”的办事事项，由省人民政府公布例外事项目录，任何单位不得增加例外事项。

第五条　行政机关应当按照“最多跑一次”改革要求，减少办事环节、整合办事材料、缩短办事时限、减免办事费用，优化办事流程，提高办事效率。

县级以上人民政府可以指定综合行政服务机构以该机构的名义统一负责办事事项的收件工作，并指定综合行政服务机构受行政机关委托统一负责办事事项的受理、送达工作；行政机关也可以将办事事项的收件、受理、送达工作全部或者部分委托其他行政机关办理。行政机关、综合行政服务机构应当加强对其工作人员的业务培训。

实行统一收件或者受理的办事事项可以由不同行政机关同时办理的，统一收件或者受理后视为所有行政机关同时收件或者受理；依法应当由不同行政机关依次办理的，后一行政机关收到前一行政机关办事事项办理完毕的书面告知视为收件或者受理。

第六条　申请人可以以线上或者线下方式提出办事申请；行政机关、综合行政服务机构无法律、法规依据不得限定提出申请的方式。接受线上方式的，应当在浙江政务服务网提供申请入口。

申请人选择线上方式提出申请的，电子申请材料与纸质申请材料具有同等法律效力，行政机关、综合行政服务机构不得要求再提供纸质申请材料。法律、行政法规另有规定的，从其规定。

第七条　实行统一收件或者受理的办事事项，申请人只需按照办事指南提供一套申请材料，有关行政机关、综合行政服务机构不得要求申请人重复提供。

行政机关、综合行政服务机构能够通过公共数据平台提取的材料，不再要求申请人提供，但可以要求申请人予以确认；申请人认为通过公共数据平台提取的材料与实际不符的，以申请人提供的材料作为申请材料。

第八条　通过公共数据平台提取的电子证照、证明等材料，与纸质材料具有同等法律效力。法律、行政法规另有规定的，从其规定。

行政机关、综合行政服务机构可以通过公共数据平台核验线上申请材料真实性的，不再要求申请人提交原件核验。

第九条　申请人不能提供依法应当提交的申请材料，但根据其他证明材料可以证明事实的，行政机关、综合行政服务机构可以不再要求申请人提供，但应当予以记录。

申请人可以使用户口本、居住证、驾驶证、社会保障卡、市民卡、老年卡以及行政机关、综合行政服务机构通过人脸识别技术形成的人像认证结果等记载申请人身份信息的有效证件或者凭证证明身份。法律、行政法规另有规定的,从其规定。

第十条　按照安全规范要求生成的电子签名或者通过生物识别等技术可以确认真实身份的其他验证方式,与本人到场签名具有同等效力,可以作为法定办事依据和归档材料。法律、行政法规另有规定的,从其规定。

行政机关、综合行政服务机构应当使用省人民政府电子印章系统或者经审核评估达到要求的电子签章系统进行电子签名。

第十一条　申请材料齐全、符合法定形式的,行政机关、综合行政服务机构应当出具受理凭证;当场予以办结的,可以不再出具受理凭证。

主要申请材料具备、仅办事指南确定的容缺受理申请材料欠缺的,行政机关、综合行政服务机构可以先予受理,并当场一次性告知需要补正或者更正的内容以及补正或者更正的期限。申请人逾期未补正、更正或者补正、更正后仍不符合要求的,行政机关、综合行政服务机构撤销受理并书面说明理由。

申请材料不齐全或者不符合法定形式的,行政机关、综合行政服务机构应当当场一次性告知需要补正或者更正的内容以及补正或者更正的期限。申请人逾期未补正或者更正的,视为撤回申请;补正或者更正后仍不符合要求的,行政机关、综合行政服务机构不予受理并书面说明理由。

综合行政服务机构按照前三款规定出具受理、先予受理、撤销受理或者不予受理书面凭证的,应当加盖委托机关的专用印章。该书面凭证可以采用加盖委托机关电子印章的数据电文形式推送给申请人。

第十二条　法律、法规、规章对办事期限有规定的,行政机关、综合行政服务机构应当在法定期限内办结;行政机关、综合行政服务机构承诺的办事期限少于法定期限的,应当在承诺期限内办结。无法定办事期限的,行政机关、综合行政服务机构应当合理确定办事期限并向社会公布。

行政机关、综合行政服务机构在公布的办公时间内无正当理由不得拒绝办事服务;未提供预约服务的,不得限定每日办件数量。

行政机关、综合行政服务机构应当为申请人提供办理进度查询服务。

第十三条　行政机关应当依法对申请材料齐全、符合法定形式的申请予以审查确认并作出书面决定,法律、行政法规规定需要对申请材料实质内容进行核实的除外。

第十四条　除直接涉及公共安全、金融安全、生态环境保护以及直接关系人身健康、生命财产安全的外,能够通过事中事后监管达到行政许可条件且不会产生严重后果的行政许可事项(包括事项的部分许可条件,下同),行政机关可以按照国家规定实行行政许可告知承诺制,申请人按照要求书面承诺达到行政许可条件的,行政机关可以先行作出行政许可决定。

行政机关应当自作出行政许可决定的六十个工作日内或者在省人民政府有关部门确定的期限内,对被许可人是否达到许可条件进行检查和验收;经检查和验收未达到许可条件的,责令限期整改;整改后仍未达到许可条件的,撤销行政许可。撤销行政许可的,被许可人基于行政许可取得的利益不受保护;被撤销许可的信息作为不良信息记入被许可人的信用档案,在该不良信息的保存和披露期限届满或者信用修复前,对该被许可人不再适用行政许可告知承诺制。

实行告知承诺制的行政许可事项的具体范围,由省人民政府有关部门根据本行业、领域的实际情况拟定,报省人民政府批准后向社会公布。

第十五条　行政机关向自然人、法人和非法人组织发放的电子证照与纸质证照具有同等法律效力。法律、行政法规另有规定的,从其规定。

自然人、法人和非法人组织可以要求行政机关同时发给电子证照和纸质证照,行政机关已取消纸质证照或者暂时无法提供电子证照的除外。

行政机关按照规范形成的电子档案与纸质档案具有同等法律效力。

第三章　商事登记

第十六条　商事登记实行多证合一、一照一码、证照分离、证照联办制度,推行全程电子化登记。

对商事登记环节中的申请材料按照国家规定实行形式审查,申请材料齐全、符合法定形式的,商事登记主管部门应当予以登记。

除涉及前置审批事项或者企业名称核准与企业设立登记不在同一机关的外,企业名称不再实行预先核准,申请人可以在申请办理企业登记时,以自主申报的企业名称一并申请名称核定。

第十七条　商事登记主管部门按照国家编制的多证合一改革涉企证照事项目录,整合办理商事登记与其他登记、备案等有关事项。省、设区的市商事登记主管部门可以会同有关部门根据国家编制的目录,制定补充目录,并向社会公布。

以多证合一方式登记的,申请人只需提供一套申请材料,填写统一的登记表格,不再另行申请其他登记、备案。

第十八条　企业申请办理证照的,由商事登记主管部门或者综合行政服务机构按照本规定第五条第二款规定的方式实行统一收件或者受理。

法律、法规规定需要多个部门进行现场核查的,设区的市、县(市、区)人民政府确定的部门应当会同其他部门联合进行。

第十九条　申请人办理商事登记时可以提交住所(经营场所)的申报承诺书作为住所(经营场所)的使用证明,法律、法规禁止或者限制作为住所(经营场所)的除外。设区的市、县(市、区)人民政府可以编制和公布商事登记住所(经营场所)负面清单,列明法律、法规禁止或者限制作为住所(经营场所)的具体情形。

同一经营场所能够满足多个主要办事机构共同日常办公的合理需求的,可以登记为多个企业的住所(经营场所)。

依法无需前置许可的企业在其住所(经营场所)所在同一县(市、区)域内设立分支机构,或者依法需要前置许可的企业,前置许可证上已经记载分支机构经营场所的,商事登记主管部门可以直接在该企业营业执照上加注分支机构经营场所,不再另行办理分支机构登记。企业自愿申请办理分支机构登记的,商事登记主管部门应当予以办理。

第二十条 对设立后未开业企业和无债权债务企业的注销,可以按照简易程序减少环节、优化流程、缩短时限。

第四章 企业投资项目

第二十一条 除涉及国家秘密的项目外,企业通过浙江政务服务网投资项目在线审批监管平台(以下简称在线平台)申请办理项目核准、备案,取得项目代码,并通过在线平台填报项目信息、提交项目申报材料,报送项目开工建设、建设进度、竣工等基本信息。

企业选择线下申报的,应当予以收件或者受理,并由收件或者受理单位协助企业录入在线平台。

投资主管部门以及依法对项目负有监督管理职责的其他部门,应当建立项目信息共享机制,通过在线平台实现信息共享。在线平台管理办法由省投资主管部门会同有关部门制定。

第二十二条 省级以上各类经济开发区(含高新技术产业开发区、工业园区、开发区、产业集聚区等,下同)、特色小镇以及县级以上人民政府确定的其他区域(以下统称特定区域),可以根据需要对企业投资项目涉及的环境影响评价、节能评估(民用建筑的节能评估除外)、地质灾害危险性评估、水土保持方案编制、地震安全性评价、压覆重要矿产资源评估等事项,实行区域评估制度。

对区域评估事项可以实行多评合一、联合评估。

实施区域评估制度的特定区域所在地的设区的市、县(市、区)人民政府,应当制定企业投资项目负面清单。

第二十三条 已实施区域评估的,企业投资项目的评估按照下列规定处理:

(一)已实施区域规划环境影响评价的,该区域规划包含的企业投资项目的环境影响评价内容按照国家和省有关规定予以简化;

(二)已按照《浙江省地质灾害防治条例》进行规划区地质灾害危险性评估的,符合该条例规定条件的企业投资项目可以不再进行地质灾害危险性评估;

(三)已按照《浙江省水土保持条例》统一编制水土保持方案报告书并完成场地平整的区域,区域内符合该条例规定条件的企业投资项目不再编制水土保持方案报告书,可以填写水土保持登记表报水行政主管部门备案;

(四)已实施区域地震安全性评价的,区域内的房屋建筑和城市基础设施工程可以不再进行地震安全性评价;

(五)已完成重要矿产资源一次性调查的区域,区域内的企业投资项目不再开展重要矿产资源调查;经一次性调查有重要矿产资源的区域,统一进行区域压覆重要矿产资源评估,区域内的企业投资项目可以不再进行压覆重要矿产资源评估。

第二十四条 对已实施区域评估并在负面清单外的企业投资项目,可以按照国家和省有关规定实行承诺制。县级以上人民政府或者其确定的部门组织有关部门制定具体项目的标准和条件,企业书面承诺符合标准和条件并公示后,相关部门可以直接作出行政许可决定。

第二十五条 以标准地方式出让国有建设用地使用权用于企业投资工业项目的,除依法签订国有建设用地使用权出让合同外,设区的市、县(市、区)人民政府或者其确定的部门(机构)应当与土地使用者签订统一的标准地投资建设合同。

标准地投资建设合同应当载明下列内容:

(一)固定资产投资强度、单位面积税收指标、能耗控制指标、污染物排放控制指标以及县级以上人民政府确定的其他指标;

(二)指标的复核办法;

(三)违约责任;

(四)争议的解决方式;

(五)其他需要约定的内容。

省人民政府确定的部门会同同级有关部门制定标准地投资建设合同示范文本。

标准地投资建设合同签订后,设区的市、县(市、区)人民政府或者其确定的部门(机构)应当通过在线平台对土地使用者履行合同情况进行监督管理。土地使用者未按照合同履行义务的,相关信息作为不良信息记入其信用档案。

不动产登记机构应当按照标准地投资建设合同的约定在标准地的不动产权证书、不动产登记簿上备注“标准地”字样。

第二十六条 推行施工图设计文件联合审查,由施工图设计文件审查机构对涉及建设工程质量、人防、消防、节能、抗震、防雷等公共利益、公众安全、工程建设强制性标准的内容进行全面审查,并分专业出具审查报告。

施工图设计文件联合审查费用纳入政府财政预算,除因建设单位自身原因导致施工图设计文件需要重新审查的外,不得向建设单位收取审查费用。

施工图设计文件审查机构的审查应当全面、准确,首次审查意见应当一次性告知。

第二十七条 没有法律、法规依据,行政许可实施机关不得要求申请人提供技术审查、鉴定、评估、鉴证等报告。法律、法规规定申请人应当提供报告的,申请人可以委托有关中介机构组织编制报告;具备条件的,申请人也可以自行组织编制。省投资主管部门会同有关部门编制行政审批中介(专业技术)服务事项目录并向社会公布。

中介机构为企业投资项目提供中介服务的,有关行政机关应当将中介服务事项以及相关节点信息录入在线平台。

中介机构应当加强行业自律、提高服务质量,保证其出具的报告的真实性和准确性。县级以上人民政府应当采取措施鼓励和培育具有综合资质或者多种业务能力的中介机构的发展。

第二十八条　行政机关作出行政许可决定,法律、法规规定需要检验、检测、检疫、鉴定和专家评审,行政机关委托中介机构实施的,中介机构出具相关报告所需时间不计入行政许可办理期限,行政机关应当将中介机构出具相关报告所需时间书面告知申请人;法律、法规未规定需要检验、检测、检疫、鉴定和专家评审,行政机关委托中介机构实施的,中介机构出具相关报告所需时间计入行政许可办理期限。法律、行政法规另有规定的,从其规定。

行政机关需要委托中介机构提供相关报告作为行政许可依据的,中介机构应当向社会公开承诺出具相关报告的期限,并将相关承诺期限报有关中介机构行业主管部门备案;有正当理由不能承诺期限的,按照约定办理。

第二十九条　有关行政机关依法需要对企业投资项目涉及的多个事项进行建设工程验收的,可以由建设单位委托具有相应资质的测绘机构按照国家和省有关标准对竣工的建设工程进行综合测绘,并分专业出具竣工综合测绘报告。有关行政机关可以依据竣工综合测绘报告进行验收。

第三十条　设区的市、县(市、区)人民政府及其有关部门、经济开发区管理机构,可以根据企业自主、自愿的原则为企业投资项目提供全程或者部分代办服务。提供代办服务不得收取费用。

第五章　事中事后监管

第三十一条　县级以上人民政府应当按照国家和省有关规定,建立健全部门联合、随机抽查、按标监管、一次到位的事中事后监管机制,采取大数据监管、信用管理、风险管理等监管措施,避免多头执法、重复执法、选择性执法。

对取消行政许可、行政许可改为备案、实行告知承诺制、实行区域评估的事项,行政机关应当制定监管方案,加强事中事后监管。

第三十二条　县级以上人民政府应当推行随机抽取检查对象、随机选派监督检查人员、抽查情况及查处结果及时向社会公开的方式实施事中事后监管。省人民政府有关部门应当编制本行业、领域“双随机、一公开”监管事项清单。

设区的市、县(市、区)人民政府应当实行跨部门联合抽查制度,根据“双随机、一公开”监管事项清单,编制跨部门联合抽查事项清单,明确抽查事项名称、执法依据、抽查主体、抽查对象、执法权限等,并向社会公布。

第三十三条　行政许可与事中事后监管不是同一行政机关实施的,行政许可实施机关应当将有关许可信息告知负责事中事后监管的行政机关,配合做好事中事后监管。行政许可实施机关发现被许可人存在违法行为的,应当及时告知负责事中事后监管的行政机关处理。

负责事中事后监管的行政机关应当将与行政许可相关的检查、行政处罚等监管信息及时告知行政许可实施机关。

第三十四条　设区的市、县(市、区)人民政府组织有关部门开展企业“亩均效益”综合评价,并根据公开公示的评价结果,按照法律、法规的规定实施用水、用电、用气、排污等资源要素差别化措施。综合评价指标体系和评价办法,由省人民政府确定的部门制定。

第三十五条　行政机关应当建立健全信用监管体系,按照国家和《浙江省公共信用信息管理条例》等有关规定,对守信主体采取激励措施,对不良信息主体采取监管措施,对列入严重失信名单的主体采取惩戒措施。

第三十六条　行政机关及其工作人员不得随意实施现场检查。实施现场检查应当事先向本机关负责人报告检查对象、检查理由,但具有下列情形之一需要实施现场检查的除外:

(一)调查处理投诉、举报、转办、交办案件;

(二)核查媒体报道的违法线索;

(三)处理巡查、检验检测发现的问题;

(四)实施年度监督检查计划或者其他专项整治行动计划;

(五)对实施行政许可告知承诺制的被许可人是否达到许可条件进行检查和验收;

(六)对电子材料的真实性进行核实;

(七)法律、法规规定不需要事先报告的其他情形。

行政机关应当记录检查情况和处理结果,由检查人员签字后归档。

第六章　数据共享

第三十七条　省人民政府应当组织有关部门加强公共数据平台标准化建设,制定数据汇集、数据平台、数据安全、大数据应用等标准,构建跨部门、跨层级、跨领域的标准模型,推动政府数字化转型。

第三十八条　省公共数据工作机构负责归集、整合公共数据,组织建设人口、法人单位、自然资源和空间地理、宏观经济、公共信用信息等综合数据信息资源库。

行政机关应当按照国家和省有关规定对公共数据和电子文件进行归档和登记备份。

第三十九条　除法律、行政法规另有规定的外,同级行政机关和上下级行政机关之间应当共享公共数据,公共数据共享权限按照国家和省有关规定执行。

行政机关应当确保共享获得的公共数据安全,不得用于与履行职责无关的活动,不得随意更改、编造共享获得的公共数据。

第四十条　设区的市、县(市、区)人民政府依托浙江政务服务网建立“一窗受理”平台。“一窗受理”平台应当延伸至经济开发区管理机构、乡镇人民政府(街道办事处);有条件的地方,延伸至村民(居民)委员会。县级以上人民政府有关部门的业务系统应当与“一窗受理”平台联通。

第四十一条　省口岸主管部门负责推进国际贸易“单一窗口”建设,建立跨部门的综合管理服务平台,实现海关、海事、边检、税务、外汇管理等监管部门之间信息互换、监管互认、执法互助。

申请人可以通过综合管理服务平台一次性递交监管部门需要的标准化电子信息，监管部门通过平台反馈处理结果。

第四十二条　设区的市、县(市、区)人民政府应当依托浙江政务服务网建立统一平台负责受理各类政务咨询和投诉、举报，统一受理电话号码、网站等信息应当向社会公布。

自然人、法人和非法人组织有权通过统一受理电话号码、网站等途径对行政机关、综合行政服务机构及其工作人员不按照“最多跑一次”改革要求履行职责的行为进行投诉、举报。

第七章　法律责任

第四十三条　行政机关、综合行政服务机构及其工作人员有下列行为之一的，由有权机关按照法定职权责令改正；情节严重的，对负有直接责任的主管人员和其他直接责任人员依法给予处分：

(一)违反本规定增加“最多跑一次”例外事项的；

(二)无法律、法规依据限定申请人提出申请方式的；

(三)违反本规定要求申请人提供办事指南列明的申请材料外的材料或者重复提供申请材料的；

(四)未按照规定对实施行政许可告知承诺制的被许可人是否达到许可条件进行检查和验收的；

(五)未按照规定期限或者承诺期限办结申请事项的；

(六)违反本规定实施现场检查的；

(七)无正当理由未将本部门的业务系统与“一窗受理”平台联通的；

(八)违反本规定将公共数据用于与履行职责无关的活动或者随意更改、编造公共数据的；

(九)其他依法应当给予处分的行为。

第四十四条　申请人无正当理由不按照本规定第十四条、第十九条、第二十四条规定履行有关承诺的，按照法律、法规规定予以处罚；尚无法律、法规规定的，有关行政机关可以按照各自职责予以警告；造成危害后果的，处一万元以上十万元以下罚款；造成严重危害后果的，处十万元以上三十万元以下罚款。

第四十五条　中介机构违反本规定第二十八条规定，未向社会公开承诺出具相关报告的期限或者未将相关承诺期限报有关中介机构行业主管部门备案的，由有关中介机构行业主管部门责令限期改正；逾期不改正的，处五千元以上三万元以下罚款；情节严重的，处三万元以上十万元以下罚款。

第四十六条　开展“最多跑一次”改革过程中出现失误，但同时符合下列条件的，对有关单位和个人不作负面评价，免除相关责任：

(一)符合国家和省确定的改革方向；

(二)未违反法律、法规禁止性、义务性规定；

(三)决策程序符合法律、法规规定；

(四)勤勉尽责、未牟取私利；

(五)主动挽回损失、消除不良影响或者有效阻止危害结果发生。

第八章　附　　则

第四十七条　教育、医疗卫生、供水、电力、燃气、通信、公共交通、民航、铁路等公用企业事业单位在提供公共服务过程中开展“最多跑一次”改革，参照适用本规定。

驻浙江的部属行政机关开展“最多跑一次”改革，参照适用本规定。

第四十八条　县级以上人民政府及其有关部门应当按照本规定，根据“最多跑一次”改革需要，制定相关实施规范和具体办法。

法律、行政法规和国务院在简政放权、放管结合、优化服务方面有新的改革举措和要求的，按照新的规定执行。

第四十九条　本规定自2019年1月1日起施行。

浙江省粮食安全保障条例

浙江省第十三届人民代表大会常务委员会公告第7号

《浙江省粮食安全保障条例》已于2018年11月30日经浙江省第十三届人民代表大会常务委员会第七次会议通过，现予公布，自2019年1月1日起施行。

浙江省人民代表大会常务委员会

2018年11月30日

浙江省粮食安全保障条例

(2018年11月30日浙江省第十三届人民代表大会常务委员会第七次会议通过)

第一章　总　　则

第一条　为了保障粮食安全，确保粮食有效供给，规范粮食流通秩序，促进粮食产业发展，维护社会稳定，根据《中华人民共和国国家安全法》、国务院《粮食流通管理条例》和有关法律、行政法规，结合本省实际，制定本条例。

第二条　本省行政区域内从事粮食生产、储备、流通、应急和监管等粮食安全保障活动，适用本条例。

本条例所称粮食，是指谷物(稻谷、小麦、玉米和其他谷物)及其成品粮、豆类、薯类。

本条例所称粮食安全，是指粮食生产稳定发展，粮食供求基本平衡，市场粮食价格基本稳定，居民生活和社会生产对粮食的需求基本满足，粮食质量安全符合国家规定。

第三条　县级以上人民政府按照粮食安全行政首长责任制的要求，承担保障本行政区域粮食安全的主体责任，提高粮食可持续生产能力，保护粮食生产主体种粮积极性，增强地方粮食储备能力，保障粮食市场供应，确保粮食质量安全。

省人民政府应当每年对设区的市人民政府进行粮食安全责任制考核，设区的市人民政府应当每年对县（市、区）人民政府进行粮食安全责任制考核。

第四条　县级以上人民政府粮食行政主管部门负责粮食收储加工、产销合作、储备监管、应急调控等行政管理和行业指导工作。

县级以上人民政府农业农村主管部门负责指导粮食生产，落实有关促进粮食生产发展、培育粮食生产主体、增强粮食综合生产能力的措施。

县级以上人民政府发展改革、财政、自然资源、生态环境、市场监督管理、水利、科学技术、经济信息化、交通运输、统计等部门按照各自职责，做好粮食安全保障的相关工作。

第五条　乡（镇）人民政府、街道办事处应当按照职责做好保护耕地和促进粮食生产等粮食安全保障相关工作。

第六条　各级人民政府应当鼓励节约粮食，推广节粮减损的新技术、新装备；加强爱粮节粮宣传教育，倡导科学消费，提高全社会粮食安全意识。

粮食经营者应当加强粮食收购、销售、储存、运输、加工等环节的节粮减损，改善储粮条件，提高粮食综合利用率，有效减少粮食损失。

餐饮企业、单位食堂应当加大反对浪费粮食的宣传力度，采取措施引导节约用餐。

公民应当增强节约粮食的意识，养成健康、节约的粮食消费习惯。

第二章　粮源保障

第七条　县级以上人民政府应当制定粮食生产发展规划，根据本地区土壤、水资源、农业气候资源条件合理布局粮食生产，组织协调粮食生产功能区的建设与保护工作，采取措施保持粮食生产功能区种粮属性并建立相应的补偿机制，提高粮食综合生产能力。

第八条　各级人民政府应当执行最严格的耕地保护制度，确保国家或者省确定的耕地保有量、永久基本农田面积和粮食生产功能区面积；加强农田水利等农业基础设施建设和维修养护，强化耕地质量建设和管理，改善耕地地力等粮食生产的基础条件，确保粮食生产能力并保持粮食生产稳定发展。

第九条　对粮食生产功能区实行最严格的保护制度，粮食生产功能区应当列入禁止建设区或者限制建设区。

第十条　县（市、区）人民政府应当确保粮食生产功能区内每年至少种植一季粮食作物，鼓励粮食生产主体发展双季稻等粮食多熟制，稳定粮食播种面积。

乡（镇）人民政府、街道办事处应当落实粮食生产扶持相关政策，引导粮食生产主体科学合理种植，做好粮食生产功能区的建设和管护工作。

任何单位和个人不得在粮食生产功能区内从事种植多年生经济作物、苗木、草坪和挖塘养殖等破坏耕作层的非粮食生产经营活动，不得从事取土、堆放固体废弃物等毁坏种植条件的活动。

第十一条　县级以上人民政府应当完善粮食生产扶持政策，按照国家和省有关规定落实配套设施用地，采取给予财政补贴、引导金融机构提供信贷等方式，培育种粮大户、家庭农场、粮食生产专业合作社（联合社）和社会化服务组织等粮食生产经营主体，支持粮食生产适度规模经营、社会化服务、全程机械化、全产业链发展、高产高效绿色生态生产模式创新应用和粮食生产功能区粮田建设提升等。

前款所称配套设施用地，是指直接服务于规模化粮食生产的粮食晾晒、粮食烘干、粮食和农资临时存放、大型农机具临时存放及维护保养等用地。

地方储备粮承储企业应当优先与粮食生产功能区的粮食生产主体签订粮食订单，用于地方储备粮轮换补库。

第十二条　县级以上人民政府应当加大对粮食生产的科技投入，支持科研机构、高等院校和企业等对新技术、新品种的研究开发，加快粮食科技成果推广应用，增强科技支撑保障能力。

县级以上人民政府农业农村主管部门应当加强对粮食生产主体的指导和服务，引导和支持种植符合市场需求的绿色、优质、高产、高效新品种，提高单位面积产量和效益。

县（市、区）、乡（镇）、街道农业技术推广机构应当通过提供培训、技术指导、咨询服务等，提高粮食生产主体应用农业技术的能力。

第十三条　县级以上人民政府农业农村主管部门应当鼓励粮食生产主体采取有利于防止土壤污染的种养结合、轮作休耕等农业耕作措施；指导粮食生产主体合理使用农药、肥料、农用薄膜等农业投入品，控制农药、化肥使用量，推广使用安全、高效的生物防治技术。

县级以上人民政府农业农村主管部门应当结合粮食作物品种和种植习惯等，对安全利用类农用地制定并实施安全利用方案；对严格管控类农用地，应当提出划定特定粮食禁止生产区域的建议，报本级人民政府批准后实施。鼓励对严格管控类农用地采取调整种植结构等风险管控措施。

第十四条　县级以上人民政府应当加强农业生产防灾减灾体系建设，建立健全粮食生产政策性保险制度。

粮食种子实行省、设区的市和县（市、区）分级储备制度，储备费用列入本级财政预算。

第十五条　县级以上人民政府应当支持本行政区域的粮食生产经营主体到粮食主产区建立稳定粮源基地，与粮食主产区建立种植、收储、加工、中转等多种形式的粮食产销合作关系；引导粮食主产区企业到本省建立粮食储存、加工基地和营销网络，稳定和拓展省外粮源；鼓励本行政区域的粮食企业参与国际合作，提高粮食企业竞争力和掌握粮源能力。

县级以上人民政府粮食行政主管部门应当会同财政等部门，制定推动粮食产销合作和对外合作等措施。

第三章 粮食储备

第十六条 县级以上人民政府应当健全地方粮食储备制度，按照省人民政府确定的粮食储备规模，及时足额落实地方储备粮，确保数量真实、质量良好、储存安全，并引导和鼓励社会储粮。

地方储备粮包括粮食和食用植物油。储备成品粮的品种应当适合当地居民口粮消费习惯和应急需要，不得以原粮或者半成品粮折合代替储备成品粮。

第十七条 地方储备粮实行省、市、县分级负责、分级储备、分级管理。地方储备粮的品种结构和收储、轮换计划由本级人民政府批准。

经批准的收储、轮换计划由粮食行政主管部门会同财政部门和农业发展银行下达地方储备粮承储企业，由承储企业具体组织实施。

第十八条 县级以上人民政府应当统筹规划建设与地方粮食收储任务相匹配、符合现代化储粮标准的粮食仓储设施，推广应用绿色储粮和信息化、智能化等先进仓储管理技术，提高管理水平。

第十九条 地方储备粮的质量应当符合国家粮食质量标准和食品安全标准，达到规定的质量要求。

地方储备粮收购入库（或者轮换补库）、销售出库，承储企业应当委托专业粮食质量检验机构进行质量鉴定，储存期间应当按照规定定期进行质量检验。

第二十条 地方储备粮应当优化品种结构、保持宜存状态，根据不同品种特点、储存品质指标和市场情况安排年度轮换计划。

地方储备粮销售出库应当合理安排，避免市场粮食价格大幅波动。原粮销售出库后，应当在六个月内完成补库。补库应当优先收储当地生产的粮食。储备成品粮轮换不得轮空。

在安全可控的前提下，经本级人民政府批准，地方储备粮承储企业可以将部分地方储备粮委托符合条件的粮食企业代储并动态轮换。

第二十一条 未经本级人民政府批准，任何单位和个人不得擅自动用地方储备粮。上级人民政府可以根据调控和应急需要，指令下级人民政府动用地方储备粮。

第二十二条 从事收购、加工、批发销售的粮食企业应当保持不少于上年度日均经营量十倍的粮食库存，批发销售的个体工商户和销售粮食的大型超市应当保持不少于上年度日均经营量五倍的粮食库存。

特殊情形下，由省粮食行政主管部门提出粮食企业实行最低、最高库存量的标准和具体实施时间，报省人民政府批准后向社会公布并实施。

第二十三条 各级人民政府应当支持种粮大户、家庭农场、粮食生产专业合作社（联合社）和社会化服务组织等粮食生产经营主体建设仓储设施，储存一定数量的粮食。

国家机关、学校、医院、大中型企业等单位食堂，应当储存能维持十五日以上的口粮。鼓励居民家庭平时根据需求储存一定数量的口粮。

第四章 粮食流通

第二十四条 县级以上人民政府应当培育和发展统一开放、竞争有序的粮食市场体系，加强粮食流通基础设施建设，规范粮食流通秩序，保障粮食有序流通。

第二十五条 取得粮食收购资格的粮食经营者收购粮食，应当遵守下列规定：

（一）在收购场所公示收购粮食的品种、等级、计价单位和收购价格等有关内容；

（二）按照粮食质量标准和食品安全标准及有关规定，对相关粮食质量安全项目进行检验；

（三）不得将粮食与可能对粮食产生污染的有害物质混存；

（四）法律、法规、规章的其他规定。

第二十六条 粮食经营者在原粮销售出库时，应当按照粮食质量标准和食品安全标准及有关规定，对相关粮食质量安全项目进行检验。

正常储存年限内的原粮销售出库，粮食经营者可以自行检验或者委托专业粮食质量检验机构进行检验。超过正常储存年限的原粮销售出库，粮食经营者应当委托专业粮食质量检验机构进行质量鉴定。

第二十七条 粮食经营者销售的粮食，真菌毒素、农药残留、重金属以及其他危害人体健康的污染物质含量超过食品安全标准限量的，粮食经营者应当立即停止销售，召回已售粮食，并向县级以上人民政府粮食行政主管部门或者市场监督管理部门报告。

第二十八条 真菌毒素、农药残留、重金属以及其他危害人体健康的污染物质含量超过食品安全标准限量的粮食，应当在县级以上人民政府粮食行政主管部门或者市场监督管理部门监督下，按照国家和省有关规定处置，禁止流入口粮市场和用于食品加工。

第二十九条 粮食经营者从事政策性粮食经营活动，不得有下列行为：

（一）擅自动用政策性粮食，以政策性粮食为任何单位和个人的债务提供担保，或者改变政策性粮食指定用途；

（二）通过以陈顶新、低收高转、虚假购销、虚假轮换、虚增库存等方式套取粮食价差、财政补贴，骗取政策性粮食贷款；

（三）挤占、挪用政策性粮食贷款；

（四）阻挠、拖延或者拒不执行政策性粮食计划指令；

（五）其他违反法律、法规、规章规定的行为。

前款所称政策性粮食，是指政府指定或者委托粮食经营者购买、储存、加工、销售，并给予财政、金融等方面政策性支持的粮食，包括地方储备粮、最低收购价粮等。

第三十条 县级以上人民政府应当支持本行政区域内粮食批发市场、粮食物流加工园区、粮食码头等粮食流通基础设施建设；鼓励社会资金投资建设粮食流通基础设施。

第三十一条 省粮食行政主管部门应当根据本行政区域粮食流通基础设施总量、布局及结构等情况，建立国有粮食流通基础设施清单式保护制度，并向社会公布，实行动态管理。

列入保护清单的国有粮食流通基础设施，因重大项目建设或者涉及粮食流通格局优化调整，确需拆除、迁移、置换或者改变其用途的，应当事先经省粮食行政主管部门按照规定程序调整出清单范围。

第三十二条　地方储备粮承储企业可以利用现有仓储设施和技术，按照国家有关规定提供粮食加工、仓储保管和粮食配送等服务。

第三十三条　粮食批发市场应当执行粮食调控政策，履行粮食统计和信息报送等义务，接受县级以上人民政府粮食行政主管部门的监督管理。

第三十四条　县级以上人民政府应当鼓励粮食加工业和食品工业发展；具备条件的，可以发展粮食产业园区，构建粮食加工转化产业体系。

第三十五条　县级以上人民政府应当鼓励粮食品牌建设，增加绿色、有机粮食产品有效供给。

第五章　应急与监管

第三十六条　县级以上人民政府应当建立健全粮食供给安全预警机制，对本行政区域粮食供求、价格情况进行动态监测、分析和预警，及时采取有效调控和应急保障措施，保障粮食供应和价格稳定。

第三十七条　县级以上人民政府应当建立粮食风险基金，列入本级财政预算。设区的市、县(市、区)粮食风险基金的规模由省人民政府确定。

县级以上人民政府应当加强对粮食风险基金的监督管理，防止挤占、截留、挪用。

粮食风险基金管理办法由省财政部门会同粮食等部门制定。

第三十八条　县级以上人民政府粮食行政主管部门应当会同有关部门制定本行政区域的粮食安全应急预案(含军粮应急供应预案)，报本级人民政府批准，并报上一级粮食行政主管部门备案。

第三十九条　当粮食出现或者可能出现严重紧缺时，经省人民政府批准，县级以上人民政府可以决定将生产其他经济作物的耕地用于恢复粮食生产，并组织落实种子、肥料等生产资料。

第四十条　县级以上人民政府粮食行政主管部门应当落实粮食应急粮源、应急加工点、应急供应点、应急运输点，组织开展粮食应急演练和培训。

第四十一条　县级以上人民政府应当采取措施，确保当地具备与口粮供应相匹配的粮食应急加工能力。

地方储备粮承储企业所属的中心粮库可以配套粮食加工车间，保证应急加工需要。

第四十二条　出现抢购粮食、供应脱销断档、价格大幅度上涨等粮食市场急剧波动情况，县级以上人民政府应当按照规定程序及时启动粮食安全应急预案。

启动县级以上粮食安全应急预案，由本级粮食行政主管部门提出建议，报本级人民政府决定，并向上一级人民政府报告。

第四十三条　粮食安全应急预案启动后，县级以上人民政府及其相关部门应当按照职责分工，及时采取相应措施，增加市场供给，平抑粮价，保证粮食供应。

粮食生产主体和经营者应当承担应急任务，服从人民政府的统一安排和调度。

有关单位和粮食生产主体、经营者因承担粮食应急任务遭受损失的，下达粮食应急任务的人民政府应当依法给予相应补偿。

第四十四条　本省行政区域内军队的粮食供应保障工作，由县级以上人民政府负责。

县级以上人民政府粮食行政主管部门应当按照国家规定，明确管理责任，实行军粮统筹，规划网点布局，协调军粮动员力量，落实各项保障措施，增强军粮应急供应保障能力。

第四十五条　县级以上人民政府粮食行政主管部门和统计、市场监督管理等部门，应当按照各自职责对粮食生产、流通、消费环节和供需平衡情况进行统计调查。

第四十六条　县级以上人民政府应当建立健全粮食安全监督检查综合协调机制，及时处理粮食安全管理中的重大问题。

第四十七条　县级以上人民政府粮食行政主管部门依照本条例和有关法律、法规规定，对粮食收购、储存、运输、政策性粮食加工与销售、原粮销售等活动进行监督管理。

农业农村、自然资源、生态环境和市场监督管理等部门依照本条例和有关法律、法规规定，对粮食综合生产能力保护制度执行情况、粮食经营等有关活动进行监督管理。

第四十八条　县级以上人民政府粮食行政主管部门应当健全粮食库存检查制度，会同发展改革、财政部门和农业发展银行对库存粮食的数量、质量和储存安全以及财政补贴、地方储备粮贷款等情况进行检查。

第四十九条　县级以上人民政府粮食行政主管部门应当建立粮食经营者的粮食质量安全信用档案，规范粮食质量的检验、记录、出证、索证等行为，健全粮食质量安全追溯机制。

第六章　法律责任

第五十条　违反本条例规定的行为，法律、行政法规已有法律责任规定的，从其规定。

第五十一条　县级以上人民政府未依照本条例规定落实粮食安全保障责任，有下列情形之一的，由上级人民政府责令改正，通报批评，并对相关责任人员依法给予处分：

(一)地方粮食储备和粮食风险基金未达到省人民政府确定规模的；

(二)擅自拆除、迁移、置换国有粮食流通基础设施或者改变其用途的；

(三)出现粮食紧急情况时未及时采取有效措施，造成粮食价格异常波动、抢购、断供等社会不稳定事件的；

（四）其他不落实粮食安全保障责任的情形。

第五十二条　县级以上人民政府粮食行政主管部门或者其他有关部门及其工作人员违反本条例规定，有下列情形之一的，由本级人民政府或者上级人民政府有关部门责令改正，通报批评，并对主要负责人、负有责任的主管人员和其他直接责任人员依法给予处分：

（一）未按照规定履行监督检查职责，对违法行为不及时制止和处理的；

（二）未按照规定及时下达地方储备粮收储计划，造成地方粮食储备规模不落实的；

（三）未按照规定及时下达地方储备粮轮换计划，造成地方储备粮变质的；

（四）未经批准擅自动用地方储备粮的；

（五）挤占、截留、挪用粮食风险基金的；

（六）未按照规定及时落实粮食市场调控措施，造成粮食市场和社会不稳定的；

（七）其他徇私舞弊、玩忽职守、滥用职权的情形。

第五十三条　粮食经营者有本条例第二十九条规定行为之一的，由县级以上人民政府粮食行政主管部门责令改正，予以警告，处一万元以上十万元以下罚款；情节严重的，处十万元以上五十万元以下罚款；情节特别严重的，处五十万元以上一百万元以下罚款。

第七章　附　　则

第五十四条　油料、食用植物油的收购、销售、储存、运输、加工等经营活动，适用本条例。

第五十五条　《中华人民共和国农产品质量安全法》《中华人民共和国食品安全法》等有关法律、行政法规对粮食的质量安全另有规定的，从其规定。

第五十六条　本条例自2019年1月1日起施行。

政府规章选登
Selection of Government Regulations

浙江省城镇生活垃圾分类管理办法

浙江省人民政府第365号令

《浙江省城镇生活垃圾分类管理办法》已经省人民政府第93次常务会议审议通过，现予公布，自2018年4月1日起施行。

2018年2月2日

浙江省城镇生活垃圾分类管理办法

第一条　为了推动生活垃圾减量化、资源化、无害化处理，保障公众健康，保护生态环境，促进绿色发展，根据《中华人民共和国固体废物污染环境防治法》《中华人民共和国循环经济促进法》《城市市容和环境卫生管理条例》《浙江省城市市容和环境卫生管理条例》等有关法律、法规，结合本省实际，制定本办法。

第二条　本省行政区域内城市建成区的生活垃圾分类投放、分类收集、分类运输、分类处置及其监督管理，适用本办法。

本办法所称的生活垃圾，是指在日常生活中或者为日常生活提供服务的活动中产生的固体废物，以及法律、行政法规规定视为生活垃圾的固体废物。

法律、法规、规章对生活垃圾中的危险废物、餐厨垃圾、可回收物的管理另有规定的，从其规定。

第三条　县级以上人民政府领导本行政区域内生活垃圾分类管理工作，将生活垃圾分类管理纳入国民经济和社会发展规划，作为政府目标责任制考核的内容，所需经费纳入本级财政预算。

第四条　县级以上人民政府市容环境卫生行政主管部门负责本行政区域内生活垃圾分类管理工作。

县级以上人民政府发展和改革、经济和信息化、教育、民政、财政、人力资源和社会保障、环境保护、交通运输、商务、工商行政管理、质量技术监督、旅游、机关事务管理等行政主管部门，根据职责做好生活垃圾分类管理工作。

街道办事处负责本辖区内生活垃圾分类投放的指导、宣传、培训工作，并配合市容环境卫生行政主管部门做好生活垃圾分类收集、运输的监督管理工作。

居民委员会协助有关部门和街道办事处做好生活垃圾分类管理相关工作。

第五条　任何单位和个人都应当承担减少生活垃圾产生并按照规定分类投放生活垃圾的责任与义务。

县级以上人民政府可以通过多种形式对按照规定分类投放生活垃圾的单位和个人予以鼓励。

第六条　鼓励单位和个人开展生活垃圾分类宣传、引导和服务工作，监督生活垃圾分类管理。

县级以上人民政府应当制定措施，推动志愿者和志愿服务组织参与生活垃圾分类志愿服务活动。

县级以上人民政府可以通过政府购买服务等方式引导和支持社会组织，提供生活垃圾分类社会服务。

第七条　县级以上人民政府应当加强生活垃圾分类宣传教育，增强公众生活垃圾减量、分类意识，倡导绿色生活方式。

教育、人力资源和社会保障行政主管部门和各类学校、职业培训机构应当将生活垃圾分类纳入教育和培训的内容。

新闻媒体应当加强生活垃圾分类公益宣传，对违反生活垃圾分类管理有关规定的行为进行舆论监督。

第八条　鼓励市容环境卫生、再生资源回收与利用、餐饮、旅游、物业服务等相关行业协会制定行业自律规范，开展生活垃圾减量、分类的培训和评价，指导、督促会员单位参与生活垃圾分类活动。

第九条　鼓励生活垃圾分类技术研究、开发和应用，提高生活垃圾分类科学技术水平。

有关行政主管部门应当对生活垃圾源头分类分选、就地处置、集中处置以及再生利用的新技术、新工艺的评估、试点和推广，提供必要的协助和指导。

第十条　县级以上人民政府将生活垃圾分类收集、运输、处置基础设施纳入环境卫生专项规划和控制性详细规划，统筹安排生活垃圾分类收集、运输、处置基础设施的布局、用地和规模；有条件的地方，生活垃圾处置基础设施应当集中布局。

县级以上人民政府制定政府投资建设项目年度计划，应当优先安排生活垃圾分类收集、运输、处置基础设施项目建设。

鼓励社会资本参与生活垃圾分类收集、运输、处置基础设施的建设和运营。

第十一条　新建、改建、扩建建设项目时，应当将垃圾房、转运站等生活垃圾分类收集、运输设施作为环境卫生设施配套建设。

已建成的住宅小区、商业和办公区域，应当逐步落实生活垃圾分类收集、运输设施。

第十二条　商品生产者、销售者和运输者应当严格执行国家限制产品过度包装的规定，减少包装材料的过度使用和包装废弃物的产生。鼓励商品生产者以文字、图案等方式，增加便于生活垃圾分类、回收、利用的设计。

禁止生产、销售和经营性使用不可降解的一次性餐具和国家明令禁止的其他不可降解的一次性塑料制品及其复合制品，以及不符合国家规定厚度的塑料袋。

公共机构、企事业单位以及大型群众性活动的承办者应当采取有效措施减少相关场所生活垃圾的产生。

第十三条　生活垃圾按照以下类别实施分类管理：

（一）有害垃圾，是指对人体健康或者自然环境造成直接或者潜在危害的生活垃圾，包括废电池（镉镍电池、氧化汞电池、铅蓄电池等），废荧光灯管（日光灯管、节能灯等），废温度计，废血压计，废药品及其包装物，废油漆、溶剂及其包装物，废杀虫剂、消毒剂及其包装物，废胶片及废相纸等。

（二）易腐垃圾，是指从事餐饮服务、集体供餐等活动的单位在生产经营中和居民在日常生活中产生的餐厨垃圾，以及农贸市场、农产品批发市场产生的蔬菜瓜果垃圾、腐肉、肉碎骨、蛋壳、畜禽类动物内脏等。

（三）可回收物，是指未污染的适宜回收的可资源利用的生活垃圾，包括废纸、废塑料、废金属、废包装物、废旧纺织物、废弃电器电子产品、废玻璃、废纸塑铝复合包装等。

（四）其他垃圾，是指除有害垃圾、易腐垃圾、可回收物以外的其他生活垃圾。

县级以上人民政府可以根据需要，在前款规定的生活垃圾分类基础上再行细分。

第十四条　生活垃圾收集容器应当使用国家标准规定的标识和颜色。本办法施行前已经设置、未使用国家标准规定的标识和颜色的生活垃圾收集容器，可以结合自然更新分批改造、更换。

生活垃圾收集容器应当按照下列规定分类设置：

（一）住宅小区等居民居住区域应当分类设置有害垃圾、易腐垃圾、可回收物、其他垃圾的收集容器，其中，有害垃圾、可回收物收集容器可以集中设置；具备条件的住宅小区，应当按照有害垃圾的具体类型分别设置专门的收集容器。

（二）从事餐饮服务、集体供餐等活动的场所以及农贸市场、农产品批发市场应当分类设置易腐垃圾、其他垃圾收集容器，其中从事餐饮服务、集体供餐等活动的场所应当设置易腐垃圾密闭收集容器。

（三）公共场所、商业楼宇、城市道路等区域应当分类设置可回收物、其他垃圾的收集容器。

鼓励生产经营者以及环保、再生资源回收与利用企业设置特定类型的有害垃圾、可回收物的收集容器。

第十五条　单位和个人应当将生活垃圾分类投放到对应的收集容器或者将生活垃圾中的有害垃圾、可回收物等交给专门的回收经营者。

第十六条　县级以上人民政府应当制定生活垃圾定时定点分类投放工作方案，并逐步推行。确定实施生活垃圾定时定点分类投放的住宅小区，其具体实施方案应当经业主大会或者业主代表大会讨论决定。

第十七条　实行生活垃圾分类投放管理责任区制度，生活垃圾分类投放管理的责任区范围及责任人与城市市容和环境卫生相关法律、法规规定的环境卫生责任区范围及责任人相同。

实施物业管理的住宅小区和商业、办公场所，生活垃圾分类投放管理责任区范围为物业管理区域，责任人为物业服务企业。

第十八条　生活垃圾分类投放管理责任人应当履行下列义务：

（一）建立生活垃圾分类投放责任制和日常管理制度，并接受市容环境卫生行政主管部门的监督检查；

（二）开展生活垃圾分类知识宣传，指导、监督单位和个人分类投放生活垃圾；

（三）按照有关规定设置、清洁和维护生活垃圾收集容器；

（四）将分类投放的生活垃圾交给生活垃圾收集、运输单位，实行中转收集、运输的，分类运送至指定收集站（点）；

（五）督促生活垃圾收集、运输单位分类收集、运输生活垃圾。

对不按照规定分类投放生活垃圾的单位和个人，生活垃圾分类投放管理责任人应当予以劝导，并督促改正。

第十九条　生活垃圾由具备法定条件的单位按照国

家和省有关规定分类收集、运输。

有害垃圾经过分类后属于危险废物的，由依法取得危险废物经营许可证的单位收集，运输过程应当遵守危险废物运输管理有关规定。可回收物可以由回收经营者优先回收。

第二十条 生活垃圾收集、运输单位应当将分类收集的生活垃圾及时运输至规定的处置地点，不得将分类投放的生活垃圾混合收集、运输；确因缺乏处置设施或者处置能力不足，暂时需要混合收集、运输的，应当明确期限并向社会公告。

居民装修垃圾、大件垃圾实行定时定点收集、运输，收集、运输的时间和地点由市容环境卫生行政主管部门确定并公告。

公共机构、企事业单位以及大型群众性活动的承办者不按照规定开展生活垃圾分类的，生活垃圾收集、运输单位可以拒绝收集、运输。

第二十一条 创造条件逐步推行生活垃圾处置前分选预处理。生活垃圾按照下列规定分类处置：

（一）有害垃圾应当进行无害化处置，其中经过分类的危险废物，由取得危险废物经营许可证的单位进行无害化处置；

（二）易腐垃圾采用生化处理、堆肥等方式进行资源化利用或者进行无害化处置；

（三）可回收物采用资源化回收、利用方式处置，无法回收、利用的，可以采用焚烧等方式进行无害化处置；

（四）其他垃圾采用焚烧等方式进行无害化处置。

第二十二条 生活垃圾跨省贮存、处置、利用的，负有垃圾处置责任的单位应当与接受方签订协议，并核实最终贮存、处置、利用情况。

市容环境卫生行政主管部门应当督促负有生活垃圾处置责任的单位核实贮存、处置、利用情况；环境保护行政主管部门应当按照《中华人民共和国固体废物污染环境防治法》的规定做好相关监督管理工作，并与市容环境卫生行政主管部门共享有关监督管理信息。

第二十三条 加强再生资源回收体系建设，合理布局再生资源回收站（点），鼓励市场主体建立再生资源回收利用信息化平台，创新回收模式，推进线上线下分类回收融合发展。

支持再生资源回收经营者对生活垃圾中的废塑料、废玻璃、废旧纺织物等低附加值可回收物进行回收处理；鼓励采用押金、以旧换新、设置自动回收机、网络购物送货回收包装物等方式回收再生资源。

支持家用电器生产企业建立废弃家用电器等产品的新型回收体系；鼓励大型商场（超市）、商业综合体、专业市场和快递企业等经营单位回收废包装物、废弃家具等；鼓励在住宅小区、商场、超市、便利店设置便民回收点。

列入国家强制回收目录的产品或者包装物，有关单位应当按照规定负责回收。

第二十四条 县级以上人民政府应当根据生活垃圾分类管理的需要，按照国家和省有关规定制定、完善生活垃圾处理价格制度。

第二十五条 违反本办法规定的行为，法律、法规、规章已有法律责任规定的，从其规定。

第二十六条 单位和个人违反本办法第十五条规定，未分类投放生活垃圾的，由市容环境卫生行政主管部门责令改正；拒不改正的，对个人处200元以下罚款，对单位处500元以上5000元以下罚款。

第二十七条 生活垃圾分类投放管理责任人违反本办法第十八条第一款规定，未履行生活垃圾分类投放管理责任的，由市容环境卫生行政主管部门责令改正，可以处500元以上5000元以下罚款；情节严重的，处5000元以上3万元以下罚款。

第二十八条 生活垃圾收集、运输单位违反本办法第二十条第一款规定，对分类投放的生活垃圾混合收集、运输的，由市容环境卫生行政主管部门责令改正，可以处5000元以上3万元以下罚款；情节严重的，处3万元以上10万元以下罚款。

第二十九条 负有垃圾处置责任的单位违反本办法第二十二条第一款规定，未签订协议或者未核实最终贮存、处置、利用情况的，由市容环境卫生行政主管部门责令改正，可以处2万元以上10万元以下罚款。

第三十条 市容环境卫生行政主管部门实施本办法规定的行政处罚的，应当按照《浙江省公共信用信息管理条例》的规定，将行政处罚信息作为不良信息，记入有关个人、单位的信用档案。

第三十一条 市容环境卫生行政主管部门和有关部门、街道办事处及其工作人员有下列情形之一的，由有权机关责令改正，对负有直接责任的主管人员和其他直接责任人员依法给予处分：

（一）未按照规定开展生活垃圾分类宣传、教育、培训；

（二）不依法履行监督管理职责，造成重大社会影响；

（三）接到相关投诉、举报，未依法调查处理，造成严重后果；

（四）其他滥用职权、玩忽职守、徇私舞弊的行为。

第三十二条 本省行政区域内的县人民政府所在地镇、中心镇的建成区和县级以上人民政府划定并公布的其他区域的生活垃圾管理，参照本办法执行。

第三十三条 本办法自2018年4月1日起施行。

浙江省人民政府地方性法规案和规章制定办法

浙江省人民政府第368号令

《浙江省人民政府地方性法规案和规章制定办法》已经省人民政府第1次常务会议审议通过，现予公布，自2018年5月1日起施行。

2018年3月23日

浙江省人民政府地方性法规案和规章制定办法

第一章　总　　则

第一条　为了规范省人民政府立法活动，完善地方性法规案和规章制定程序，提高政府立法质量，根据《中华人民共和国立法法》《规章制定程序条例》和《浙江省地方立法条例》等法律、法规，结合本省实际，制定本办法。

第二条　省人民政府提请省人民代表大会或其常务委员会审议的地方性法规案（以下简称地方性法规案）和省人民政府规章（以下简称规章）的制定，适用本办法。

第三条　坚持党对制定地方性法规案和规章的领导，坚持科学立法、民主立法、依法立法，维护社会主义法制统一。

第四条　省人民政府负责组织制定地方性法规案和规章的工作。

省人民政府有关部门（单位）、设区的市人民政府负责地方性法规案和规章的立法前期调研、立法项目申报、送审稿起草，以及其他立法相关工作。

省人民政府法制机构负责编制省人民政府立法工作计划草案、组织实施立法工作计划，以及审核和修改立法项目送审稿等工作。

第二章　立　　项

第五条　省人民政府于每年年底前编制下一年度立法工作计划。

年度立法工作计划项目分为两类：一类项目为年度内力争制定出台的立法项目；二类项目为需要进一步调研、论证，待条件成熟时制定出台的立法项目。

第六条　省人民政府法制机构于每年第三季度向社会公开征集下一年度立法项目建议，同时书面通知省人民政府有关部门（单位）、设区的市人民政府申报下一年度立法项目。

第七条　省人民政府有关部门（单位）、设区的市人民政府申报立法项目的，应当经集体讨论审定。

申报年度立法工作计划一类项目的，应当提交立法前评估报告。

第八条　省人民政府法制机构组织研究、论证立法项目建议和立法前评估报告后，拟订年度立法工作计划草案，报省人民政府审定后实施。

第九条　年度立法工作计划应当明确地方性法规和规章的起草单位。

立法项目拟确定的主要制度和措施涉及两个以上实施单位的，由省人民政府确定其中一个单位组织起草或者相关单位共同起草。必要时，也可以确定由省人民政府法制机构起草或者组织起草。

第十条　年度立法工作计划草案应当按照规定向有关机关履行报告程序。

第十一条　省人民政府法制机构根据年度立法工作计划制定实施方案，明确立法项目办理进度安排。

年度立法工作计划实施中需要新增或者暂缓制定立法项目的，由省人民政府确定。

第三章　起　　草

第十二条　起草工作应当按照年度立法工作计划及其实施方案进行。

起草单位可以邀请有关组织、专家参与起草工作，也可以委托有关组织或者专家起草。

第十三条　起草地方性法规和规章应当听取有关单位、组织和公民的意见。听取意见可以采取书面征求意见、座谈会、论证会、听证会和网上公开征求意见等形式。

第十四条　起草单位按照实施方案向省人民政府报送立法项目送审稿及其说明，同时随附下列材料抄送省人民政府法制机构：

（一）法律、法规依据以及相关参考资料；

（二）召开论证会、听证会和协调情况等的说明材料；

（三）有关单位的意见及其处理情况。

有关单位对立法项目拟确定的制度和措施有分歧意见的，起草单位应当进行协调；经协调仍不能达成一致的，应当在起草说明中载明。

第十五条　立法项目送审稿及其说明应当经起草单位集体讨论，由主要负责人签发。

第十六条　起草单位不能按照实施方案时间要求报送立法项目送审稿及其说明的，应当向省人民政府作出书面报告。

第四章　审核和修改

第十七条　省人民政府法制机构负责对立法项目送审稿下列主要内容进行统一审核和修改：

（一）是否符合立法权限和程序；

（二）是否符合法律、法规和国家有关规定；

（三）拟确定的制度和措施是否具有必要性和可行性；

（四）是否按照规定征求意见，并对有关意见进行采纳或者协调；

（五）是否符合立法技术要求；

（六）需要审核、修改的其他事项。

第十八条　起草单位报送材料不符合要求的，省人民政府法制机构可以要求其在规定期限内予以补正。

第十九条　审核、修改立法项目送审稿应当书面征求省人民政府有关部门（单位）、设区的市人民政府意见，并注重听取有关基层单位和人大代表、政协委员、无党派人士以及民主党派、工商联、人民团体和其他组织的意见。必要时，还应当听取司法机关的意见。

立法项目纳入立法对口协商的，可以通过书面征求意见、联合调研、召开座谈会或者论证会等形式听取政协机关和委员的意见。

第二十条　审核、修改立法项目送审稿应当向社会公众公开征求意见，法律、法规另有规定的除外。

立法项目与公民、法人或者其他组织利益密切相关的，应当采取听证会的形式听取意见。

第二十一条　审核、修改立法项目送审稿应当组织召开专家论证会，就专业性、技术性较强的问题进行论证。

立法项目涉及社会稳定、公平竞争等问题的，应当进行专门评估。

立法项目涉及性别平等、妇女权益保护的，应当进行性别平等咨询评估。

第二十二条 有关单位对立法项目拟确定的主要制度和措施有重大分歧意见，经省人民政府法制机构协调仍不能达成一致的，报请省人民政府决定。

第二十三条 地方性法规或者规章草案经审核、修改后，随附审核报告、征求意见处理情况等材料，报请省人民政府审议。

第五章 审 议

第二十四条 地方性法规或者规章草案经省人民政府有关领导同意后，提交省人民政府常务会议或者全体会议审议。

规章草案按照规定需要向有关机关报告的，应当在提交审议前履行报告程序。

第二十五条 省人民政府审议地方性法规或者规章草案时，由省人民政府法制机构或者起草单位主要负责人作说明，与草案拟确定的主要制度和措施有关的单位主要负责人列席会议。

会议列席人员应当事先了解草案的相关内容，以及本单位在征求意见时书面反馈的意见和协调时的意见。

第二十六条 地方性法规草案经审议通过后，由省人民政府向省人民代表大会或其常务委员会提出地方性法规案。

规章草案经审议通过后，由省长签署命令予以公布，并及时在《浙江省人民政府公报》、浙江省人民政府网站、《浙江日报》等主流媒体上刊登。

第六章 其他规定

第二十七条 规章自公布之日起30日内由省人民政府报送国务院和省人民代表大会常务委员会备案，具体工作由省人民政府法制机构负责。

第二十八条 地方性法规、规章明确要求对专门事项作出配套规定的，有关单位应当自地方性法规或者规章施行之日起1年内作出规定。地方性法规、规章对配套规定制定期限另有规定的，从其规定。

有关单位未能在地方性法规规定期限内作出配套规定的，应当向省人民代表大会常务委员会作出说明；未能在规章规定期限内作出配套规定的，应当向省人民政府作出报告。

第二十九条 规章有下列情形之一的，由省人民政府法制机构或者有关实施单位进行立法后评估，也可以委托高校、科研机构、行业协会以及其他新型智库进行立法后评估：

（一）拟列入地方性法规立法项目的；

（二）有关单位认为需要进行全面修订或者较大修改的；

（三）公民、法人或者其他组织有较多意见的；

（四）与经济社会发展或者社会公众利益密切相关，实施满3年的。

立法后评估报告作为规章修改、废止以及完善配套制度的参考依据。

第三十条 省人民政府每5年组织1次对规章的全面清理；根据国家要求或者本省经济社会发展需要，适时组织对规章的专项清理。清理结果应当向社会公布。

第三十一条 规章有下列情形之一的，其主要实施单位应当及时提出修改或者废止的建议：

（一）所依据的法律、法规已修改或者废止的；

（二）不适应经济社会发展需要的；

（三）行政管理体制机制、调整对象发生重大变化的；

（四）主要制度和措施被其他地方性法规或者规章替代的。

第七章 附 则

第三十二条 设区的市人民政府制定地方性法规案和政府规章，参照本办法执行。

第三十三条 本办法自2018年5月1日起施行。1996年4月23日省人民政府发布的《浙江省人民政府制定地方性法规草案和规章办法》（省政府令第72号）同时废止。

浙江省口岸管理和服务办法

浙江省人民政府第371号令

《浙江省口岸管理和服务办法》已经省人民政府第13次常务会议审议通过，现予公布，自2019年2月1日起施行。

2018年12月5日

浙江省口岸管理和服务办法

第一条 为了规范口岸管理，优化口岸服务，保障口岸安全高效运行，促进对外开放和经济社会发展，根据有关法律、法规规定，结合本省实际，制定本办法。

第二条 本办法所称的口岸，是指依法设立在港口、机场、车站或者跨境通道，供人员、货物、物品和交通运输工具出入国（关、边）境的特定区域。

第三条 本省行政区域内口岸开放管理、通关服务优化、口岸运行保障等工作，适用本办法。

第四条 省人民政府按照国家口岸管理要求，统筹推进本省口岸建设和发展。

省人民政府口岸主管部门负责组织协调全省口岸管理工作，指导下级人民政府口岸管理工作。口岸所在地设区的市、县（市、区）人民政府口岸主管部门负责协调本行政区域内的口岸管理工作。

国家设在本省的海关、海事、边检等口岸查验机构（以下统称口岸查验机构)依法做好检查、检验、检疫和监督管理等工作,协同落实其他口岸管理工作。

第五条 省人民政府口岸主管部门会同有关部门和口岸查验机构根据国家口岸发展规划,以及本省对外开放和经济社会发展的需要,组织编制全省口岸发展规划,并按照规定程序报批和公布。

口岸发展规划应当包括新开放口岸、扩大开放口岸、口岸查验机构及其人员配备的需求测算,并明确口岸开放范围内对外启用的项目名称、位置、预测吞吐量等内容。

编制港口、机场等专项规划涉及口岸开放的,有关部门应当征求同级口岸主管部门和口岸查验机构的意见。

第六条 口岸的开放由省人民政府口岸主管部门和口岸所在地设区的市人民政府按照口岸发展规划和其他有关规定组织实施。

新开放口岸或者扩大开放口岸,由口岸所在地设区的市人民政府向省人民政府提出申请,按照国家规定报国务院批准。

第七条 新开放口岸或者扩大开放口岸应当按照国家批准的要求进行建设,口岸查验设施应当符合国家口岸查验设施标准。

省人民政府口岸主管部门应当会同口岸查验机构、口岸所在地设区的市人民政府等有关单位做好相关协调、落实工作。

港口、机场、铁路等建设项目涉及口岸开放的,有关部门在办理核准、备案手续时,应当征求同级口岸主管部门和有关口岸查验机构的意见。

第八条 新开放口岸或者扩大开放口岸的查验设施建成后,省人民政府口岸主管部门商有关机关、口岸查验机构等单位同意,按照国家规定向国家口岸主管部门提出口岸开放验收申请。

第九条 口岸开放范围内的码头、车站、机场通道等作业区需要正式启用的,由省人民政府口岸主管部门会同口岸查验机构等单位按照国家规定的标准和程序进行验收。验收合格的,报省人民政府批准启用,同时报国家口岸主管部门备案。

第十条 非开放区域需要临时开放,或者已开放区域需要临时突破限制条件供人员、货物、物品和交通运输工具出入境的,经省人民政府口岸主管部门或者省级直属海事机构商有关口岸查验机构同意,并按照规定报国家有关部门批准后,由县级以上人民政府口岸主管部门协调口岸查验机构开展检查、检验、检疫及监督管理等工作。

第十一条 口岸开放范围内尚未正式启用的作业区,因口岸建设、应急保障等情形需要临时启用的,应当经省人民政府口岸主管部门商有关口岸查验机构等单位同意。

第十二条 省人民政府口岸主管部门、口岸查验机构应当加强口岸数字化建设,利用移动互联网、物联网、人工智能、大数据等信息技术,提高口岸查验智能化和信息化水平。

省人民政府口岸主管部门应当推进口岸数据无偿共享。除法律、法规、规章另有规定外,口岸查验机构之间应当实现公共数据共享。

第十三条 省人民政府口岸主管部门负责推进国际贸易“单一窗口”建设,建立跨部门的综合服务管理平台,并对运行情况进行绩效评估。

口岸查验机构应当提高通关申报、查验、放行、后续监管等环节的信息化应用水平,方便自然人、法人和非法人组织通过国际贸易“单一窗口”一次性递交口岸查验机构要求的标准化电子信息,并通过国际贸易“单一窗口”统一反馈处理结果。

省人民政府口岸主管部门会同有关部门建立口岸收费公布制度,规范口岸收费,降低进出口环节合规成本。口岸收费目录清单应当在口岸现场和国际贸易“单一窗口”公布。

第十四条 口岸所在地设区的市人民政府应当建立口岸服务一站式运行协调机制,按照减环节、减材料、减时限的要求,优化通关流程,完善通关服务。

口岸查验机构应当根据业务需要,合理安排人员和通关服务时间,确保通关及时、高效、便捷。

对涉及通关模式创新和影响通关效率的重大问题,县级以上人民政府口岸主管部门应当会同有关单位提出建议,报口岸所在地人民政府协调推进。

第十五条 海事管理机构根据口岸查验需要,组织召集边防检查、海关等其他口岸查验机构对国际航行船舶实施联合登临检查,提高船舶出入境查验效率;因疫病疫情以及打击走私、贩毒、非法出入境等情形需要口岸查验机构单独登临检查的,按照国家有关规定执行。

第十六条 口岸所在地县级以上人民政府及其有关部门、口岸查验机构应当按照国家规定和深化“最多跑一次”改革的要求,实行口岸查验机构之间信息互换、监管互认、执法互助,实现全省口岸跨部门、跨区域的监管一体化,促进贸易便利化,优化营商环境。

省人民政府口岸主管部门应当推进口岸查验机构整合监管资源,创新口岸监管服务模式,运用科技设施和手段,压缩整体通关时间和成本,提升通关效率。

第十七条 省人民政府口岸主管部门应当根据跨区域通关和贸易便利化的需要,与其他省、自治区、直辖市建立口岸跨区域合作机制,提升口岸服务“一带一路”、长江经济带、长三角区域一体化等国家战略和中国(浙江)自由贸易试验区建设的功能。

省人民政府口岸、交通运输等主管部门应当与其他省、自治区、直辖市相关部门加强口岸物流协作,推进江海直达、铁海联运、陆空联运等多式联运发展,支持口岸运营单位、航运企业跨区域合作。

第十八条 口岸所在地县级以上人民政府应当根据举办重要国际会议、重大国际赛事、大型国际展览等重大活动的需要,建立通关服务保障机制,确保重大活动通关安全便捷。

县级以上人民政府口岸主管部门应当会同口岸查验机构、有关部门、口岸运营单位根据重大活动的特点和通关需求,制定专项工作方案,明确具体工作职责,开展通关服务保障工作。

对于需要给予礼遇的国内外重要出入境人员，由外事主管部门通报口岸查验机构按照有关礼遇规定办理。

第十九条 口岸所在地县级以上人民政府住房和城乡建设、交通运输等主管部门应当按照职责加强对口岸及其周边交通、仓储、堆场等基础设施的建设和管理，建立并完善口岸集疏运体系，实现多种运输方式统筹、协调发展。

遇有旅客滞留、交通堵塞等情况时，口岸所在地县级以上人民政府公安、交通运输等主管部门应当及时采取措施疏导旅客和车辆。

第二十条 县级以上人民政府口岸、公安、交通运输、商务、市场监督管理等主管部门应当协同口岸查验机构加强口岸风险的预警防范，配合做好打击走私、防范非法出入境、防控传染病疫情、管控危险货物等口岸安全保障工作。

口岸所在地县级以上人民政府应当建立口岸突发事件应急处置联动机制，协调处理口岸突发事件。边防检查机构应当会同县级以上人民政府划定口岸限定区域，并实施有效的封闭管理。

口岸运营单位应当制定安全生产规章制度和操作规程，加强安全生产教育和培训，落实安全生产责任，排查和消除安全隐患。

第二十一条 口岸建设和日常维护、查验保障等经费按照规定由口岸所在地县级以上人民政府负担的，应当纳入同级人民政府财政预算。

口岸临时开放所需的查验保障经费，由口岸所在地设区的市、县(市、区)人民政府统筹。

第二十二条 县级以上人民政府有关部门和口岸查验机构应当采取措施，支持国际货运代理、国际船舶代理、报检报关代理等市场中介机构发展，加强对市场中介机构的监管。

国际货运代理、国际船舶代理、报检报关代理等行业协会应当建立健全行业管理规范，履行行业服务、自律管理等职能，促进市场中介机构诚信经营、公平竞争，提高市场中介机构的服务能力和水平。

第二十三条 省和设区的市人民政府口岸主管部门应当对口岸运行情况进行分析和监测，定期公布口岸运行情况。口岸查验机构、口岸运营单位应当定期向设区的市人民政府口岸主管部门报送口岸运行情况和有关数据。

第二十四条 省和设区的市人民政府口岸主管部门应当会同口岸查验机构、有关部门对口岸现场查验设施条件、通关业务量、通关效率和服务水平等情况进行评估，并协调落实相应的管理措施。

根据评估情况，口岸需要整改或者退出的，按照国家规定办理。

县级以上人民政府口岸主管部门应当支持口岸查验机构健全通关服务窗口业务规范，组织有关单位、行业协会、企业对口岸服务情况进行评价，并向社会公布评价结果。

第二十五条 对同一口岸范围内涉及两个以上口岸查验机构管理职能并影响口岸正常运行的争议事项，可以根据需要报请口岸所在地人民政府或者上一级口岸主管部门协调处理。

第二十六条 本办法自2019年2月1日起施行。

浙江省行政规范性文件管理办法

浙江省人民政府第372号令

《浙江省行政规范性文件管理办法》已经省人民政府第13次常务会议审议通过，现予公布，自2019年2月1日起施行。

2018年12月5日

浙江省行政规范性文件管理办法

第一章 总 则

第一条 为了加强行政规范性文件管理，保障行政规范性文件合法有效，促进依法行政，根据《中华人民共和国地方各级人民代表大会和地方各级人民政府组织法》《规章制定程序条例》《法规规章备案条例》等法律、法规规定，结合本省实际，制定本办法。

第二条 本省行政区域内行政规范性文件的制定、备案、清理以及相关监督管理工作，适用本办法。法律、法规、规章另有规定的，从其规定。

第三条 本办法所称行政规范性文件，是指除政府规章外，由行政机关或者经法律、法规授权的具有管理公共事务职能的组织(以下统称行政机关)依照法定权限、程序制定并公开发布，涉及公民、法人或者其他组织权利义务，在本行政区域内具有普遍约束力，在一定时期内反复适用的公文。

第四条 行政规范性文件管理应当贯彻执行党的路线方针政策和决策部署，坚持社会主义核心价值观，维护国家法制统一，保障法律、法规、规章的正确实施。

第五条 行政规范性文件应当符合法律、法规、规章的规定，依照法定权限、程序制定。

行政规范性文件不得设定行政许可、行政处罚、行政强制等事项；不得违法制定含有排除或者限制公平竞争内容的措施；没有法律、法规依据，不得减损公民、法人和其他组织的合法权益或者增加其义务。

第六条 县级以上人民政府应当加强对行政规范性文件管理工作的监督检查，建立情况通报制度。

县级以上人民政府负责备案审查的部门(以下简称备案审查部门)可以与党委、人大、司法机关的有关工作机构建立行政规范性文件管理工作衔接机制，形成监督合力，及时发现并纠正违法的行政规范性文件。

第二章 制 定

第七条 下列行政机关可以制定行政规范性文件：

(一)各级人民政府；

(二)县级以上人民政府所属工作部门;

(三)县级以上人民政府依法设立的派出机关。

法律、法规授权的具有管理公共事务职能的组织在其法定授权范围内可以制定行政规范性文件。

县级以上人民政府所属工作部门的内设机构或者派出机构,以及不具有行政管理职能的机构,不得制定行政规范性文件。法律、法规另有规定的除外。

第八条　县级以上人民政府办公室(厅)发布的行政规范性文件,应当经本级人民政府同意,按照本级人民政府制定的行政规范性文件管理。

涉及两个以上行政机关职责的行政规范性文件,应当由其共同的上一级行政机关制定,或者由有关行政机关联合制定。

第九条　行政机关制定行政规范性文件应当加强统筹,从严控制发文数量。内容相近的行政管理事项,应当归并后制定行政规范性文件;法律、法规、规章和上级文件已有明确规定,且现行文件规定仍然适用的,原则上不再制定内容重复或者没有实质性内容的行政规范性文件。

提请县级以上人民政府制定行政规范性文件,起草单位应当事先向县级以上人民政府办公室(厅)报请立项并经同意。

第十条　起草单位应当对制定行政规范性文件的必要性、可行性等内容进行充分调研论证,听取有关公民、法人或者其他组织的意见。

行政规范性文件涉及其他地区或者部门职权范围内的事项,应当征求相关地区或者部门意见;经充分协商不能取得一致意见的,应当在报送草案时说明情况和理由。

第十一条　行政规范性文件涉及专业性、技术性较强的,应当组织相关领域的专家进行论证。

行政规范性文件涉及社会稳定、市场主体经济活动或者性别平等保护内容的,应当按照国家和省有关规定进行风险评估、公平竞争审查或者性别平等咨询评估。

行政规范性文件涉及重大利益调整或者存在重大意见分歧,对公民、法人或者其他组织权利义务有较大影响、公众普遍关注,需要听证的,应当组织听证。

第十二条　行政规范性文件草案应当公开征求意见,但依法应当保密或者为了保障公共安全、社会稳定和其他重大公共利益或者执行上级机关的紧急命令需要即时制定的除外。

起草单位应当将行政规范性文件草案通过浙江政务服务网、政府网站等便于公众知晓的方式公开征求意见,期限一般不少于7个工作日。

起草单位对公开征集的意见应当研究处理。对相对集中的意见建议不予采纳的,应当以适当方式反馈并说明理由。

第十三条　提请县级以上人民政府制定的行政规范性文件,起草单位应当报送行政规范性文件草案送审稿、起草说明、政策解读和有关材料。

前款规定的起草说明,包括制定文件的必要性和可行性、需要解决的主要问题、拟规定的主要制度和拟采取的主要措施、有关方面意见的协调处理情况和集体讨论情况等内容;有关材料,包括制定依据、合法性审核意见、征求意见采纳情况、评估报告等。

第十四条　行政规范性文件草案由制定机关负责合法性审核的部门进行合法性审核。两个以上行政机关联合制定的,由各行政机关就其职责事项分别进行合法性审核;提请县级以上人民政府制定的行政规范性文件,需先经起草单位进行合法性审核。

合法性审核意见应当以书面形式出具。制定机关对合法性审核意见应当认真研究。

行政规范性文件未经合法性审核的,不得提请集体审议。

第十五条　合法性审核包括下列内容:

(一)是否符合制定机关的法定权限;

(二)是否按照法定程序制定;

(三)是否符合法律、法规、规章的规定。

第十六条　行政规范性文件应当经制定机关负责人集体审议决定。

两个以上行政机关联合制定的行政规范性文件,应当经各行政机关的负责人集体审议决定。

集体讨论情况和决定应当如实记录,不同意见应当如实载明。

第十七条　行政规范性文件应当由制定机关的主要负责人或其授权的其他负责人签发。

两个以上行政机关联合制定的行政规范性文件,由各行政机关主要负责人或其授权的其他负责人共同签发。

第十八条　行政规范性文件由制定机关统一登记、统一编号、统一印发。

第十九条　制定机关应当按照《中华人民共和国政府信息公开条例》的有关规定,公布行政规范性文件。行政规范性文件公布时,一般应当同时公布政策解读或者以视频、图表等方式进行解读。

行政规范性文件印发后,县级以上人民政府及其所属工作部门应当在7个工作日内将正式文件及其电子文本转送本级政府公报或者政府门户网站公布。政府公报刊发的行政规范性文件文本为标准文本;政府门户网站登载的行政规范性文件文本为标准电子文本。

县级人民政府及其所属工作部门、乡镇人民政府(街道办事处)制定的涉及农村居民利益的行政规范性文件,应当在乡镇(街道办事处)和村(社区)设立的公告栏上张贴,或者采取其他便于公众知晓的方式公布。

未经公布的行政规范性文件,不得作为行政管理的依据。

第二十条　行政规范性文件应当自公布之日起30日后施行,载明具体施行日期,但因保障公共安全、社会稳定和其他重大公共利益需要,或者公布后不立即施行将有碍行政规范性文件执行的除外。

行政规范性文件涉及的内容属于阶段性工作的,应当载明有效期。

第二十一条　因紧急情况需要即时制定行政规范性

文件的，经制定机关主要负责人批准，可以简化制定程序。

第二十二条 行政规范性文件的修改、废止程序，参照本章有关规定执行。

第三章 备 案

第二十三条 除法律、法规另有规定外，制定机关应当自行政规范性文件发布之日起15日内，依照下列规定报送备案：

（一）各级人民政府制定的行政规范性文件，报上一级人民政府备案；

（二）县级以上人民政府所属工作部门和法律、法规授权的具有管理公共事务职能的组织制定的行政规范性文件，报本级人民政府备案；

（三）县级以上人民政府依法设立的派出机关制定的行政规范性文件，报设立该派出机关的人民政府备案。

两个以上行政机关联合制定的行政规范性文件，由主办机关报送备案。

县级以上人民政府制定的行政规范性文件以及根据地方性法规授权制定的配套行政规范性文件，应当自发布之日起30日内报送本级人民代表大会常务委员会备案。

第二十四条 备案审查部门具体承担向本级人民政府备案的行政规范性文件的审查工作。

备案审查部门就下列事项进行审查：

（一）是否超越法定权限；

（二）是否违反法律、法规、规章的规定；

（三）是否违背法定程序；

（四）行政规范性文件的规定是否适当。

第二十五条 备案审查部门在审查行政规范性文件时，可以向有关行政机关征求意见和要求制定机关说明有关情况；被征求意见的行政机关和制定机关应当在规定期限内回复。

第二十六条 备案审查部门发现报送备案的行政规范性文件有本办法第二十四条第二款规定的违法或者不当情形的，应当及时通知制定机关暂停执行、自行纠正或者予以改进；必要时，报请本级人民政府予以改变或者撤销。

制定机关收到备案审查部门的书面审查意见后，应当在15日内书面回复处理结果。对审查意见有异议的，可以申请复核。备案审查部门应当在收到复核申请之日起15日内书面回复意见。

第二十七条 公民、法人或者其他组织认为行政规范性文件同法律、法规、规章相抵触的，可以向该行政规范性文件的制定机关或者备案审查部门书面提出审查建议。

制定机关应当在收到书面审查建议之日起60日内研究处理并答复建议人；情况复杂的，经本机关负责人批准，可以适当延长不超过30日的处理期限。法律、法规另有规定的，从其规定。

备案审查部门对公民、法人或者其他组织提出的书面审查建议，应当研究并提出处理意见，按照规定程序办理。

第二十八条 公民、法人或者其他组织在申请行政复议时一并提出对有关行政规范性文件的审查申请，或者行政复议机关在审查具体行政行为时认为其依据的行政规范性文件不合法的，依照《中华人民共和国行政复议法》等有关规定执行。

第四章 清 理

第二十九条 制定机关应当每隔两年对本机关制定的行政规范性文件组织全面清理；对不符合法律、法规、规章或者国家的方针政策，以及不适应经济社会发展要求的行政规范性文件，应当及时修改或者废止。

制定机关全面清理行政规范性文件后，应当及时公布继续有效、拟修改、废止和失效的行政规范性文件目录。

第三十条 制定机关根据上级机关的要求或者认为确有必要的，可以对其制定的行政规范性文件开展专项清理或者即时清理。

第三十一条 制定机关应当根据行政规范性文件清理情况，标注行政规范性文件的效力状况并进行动态管理。

第三十二条 制定机关应当建立行政规范性文件后评估制度，适时组织对行政规范性文件的实施情况进行评估；认为行政规范性文件不应继续实施的，应当及时予以修改、废止或者宣布失效。

载明有效期的行政规范性文件在有效期届满后需要继续实施的，制定机关应当在有效期届满前重新公布并明确有效期。

第五章 法律责任

第三十三条 制定机关有下列行为之一的，由备案审查部门通知其改正；逾期不改正的，给予通报批评并督促改正；情节严重或者造成不良后果的，由有权机关按照管理权限对直接负责的主管人员和其他直接责任人员依法给予处分。

（一）未按照规定制定或公布行政规范性文件的；

（二）不报送或者未按照规定报送行政规范性文件备案的；

（三）无正当理由拖延落实或者拒不落实备案审查意见的；

（四）未按照规定办理公民、法人或者其他组织书面提出的审查建议的；

（五）未按照规定清理行政规范性文件的。

第三十四条 行政机关制定的行政规范性文件侵犯公民、法人或者其他组织合法权益的，或者损害政府形象和公信力的，由有权机关对直接负责的主管人员和其他直接责任人员依法追究责任。

第六章 附 则

第三十五条 行政规范性文件的解释权属于行政规范性文件的制定机关。

第三十六条 本办法自2019年2月1日起施行。2010年7月20日省人民政府发布的《浙江省行政规范性文件管理办法》（省政府令第275号）同时废止。

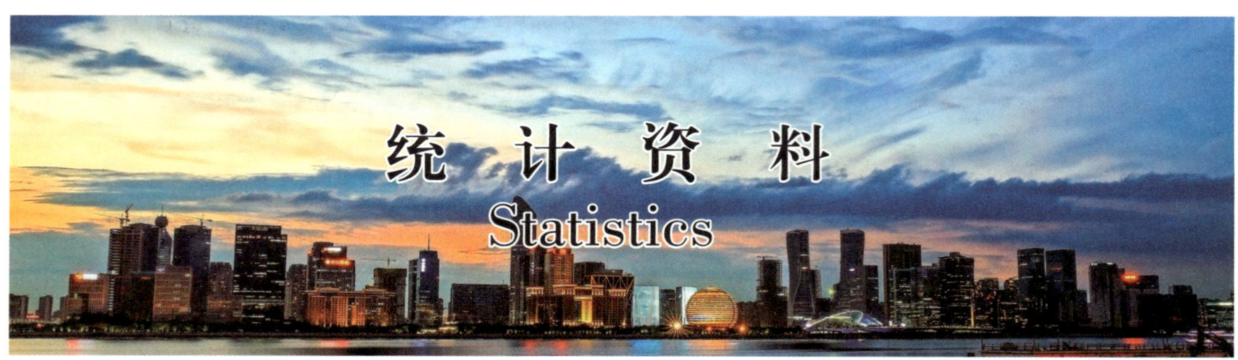

表44 人口和自然资源

指 标	单 位	2014年	2015年	2016年	2017年	2018年
人口						
年末人口总数	万人	4 859.18	4 873.34	4 910.85	4 957.63	4 999.84
人口密度	人/平方千米	461	462	465	469	473
土地						
土地面积	万平方千米	10.55	10.55	10.55	10.56	10.56
农用地面积占比	%	81.7	81.6	81.5	81.4	81.3
建设用地面积占比	%	12.0	12.2	12.3	12.4	12.6
未利用地面积占比	%	6.3	6.2	6.2	6.2	6.1
气候(主要城市)						
年平均降雨量	毫米	1 635.5	1 891.2	1 826.0	1 448.7	1 571.3
年平均气温	摄氏度	17.6	17.7	18.3	18.2	18.2
森林						
林地面积	万公顷	659.77	660.49	660.00	660.95	660.23
森林覆盖率	%	60.91	60.96	61.00	61.17	61.15
林木蓄积量	万立方米	31 385	33 074	34 996	36 725	38 491
水资源						
水资源总量	亿标立方米	1 130.69	1 405.11	1 322.16	895.35	866.54
总供水量	亿标立方米	220.24	211.59	181.15	179.50	173.81
用水量构成						
农田灌溉	%	33.2	33.9	39.2	39.7	39.1
农牧渔畜	%	6.9	6.1	5.6	5.3	5.3
工业	%	25.3	24.4	26.7	25.7	25.3
居民生活	%	12.6	13.1	15.6	15.9	16.4
城镇公共用水	%	7.3	7.8	9.9	10.3	10.7
环境配水	%	12.4	2.1			
生态环境用水	%	2.3	2.6	3.0	3.1	3.2
淡水已养殖面积	千公顷	209.89	213.07	202.09	198.04	179.77
海水已养殖面积	千公顷	88.18	85.88	88.82	75.95	80.93
海岸线总长度	千米	6 486	6 486	6 486	6 486	6 630
矿产资源(保有储量)						
铁矿石	万吨	16 172	18 713	19 702	23 158	21 194
煤	万吨	9 309	9 309	9 306	9 306	9 307
沸石(矿石)	万吨	12 752	12 785	12 817	12 830	12 830
叶蜡石(矿石)	万吨	4 802	4 776	4 694	4 920	4 826
普通萤石	万吨	3 571	3 699	3 812	3 918	4 158
明矾石	万吨	16 831	16 824	16 821	16 820	16 820
水泥用灰岩	万吨	329 123	350 997	363 867	381 133	363 848

表45　国民经济主要指标(一)

指　标	单　位	2013年	2014年	2015年	2016年	2017年	2018年
人口							
年末常住人口	万人	5 498.00	5 508.00	5 539.00	5 590.00	5 657.00	5 737.00
年末就业人员数	万人	3 708.73	3 714.15	3 733.65	3 760.00	37 96.00	3 836.00
其中：国有单位在岗职工	万人	200.23	202.00	206.17	205.40	207.01	201.35
集体单位在岗职工	万人	20.91	19.20	14.81	14.45	15.02	14.32
生产总值	亿元	37 756.58	40 173.03	42 886.49	47 251.36	51 768.26	56 197.15
人均生产总值	元	68 805	73 002	77 644	84 916	92 057	98 643
交通运输及邮电							
旅客周转量	亿人千米	1 025.10	1 056.99	1 092.53	1 074.99	1 096.04	1 103.66
货物周转量	亿吨千米	8 949.57	9 548.09	9 868.98	9 788.76	10 105.81	11 537.91
邮电业务总量	亿元	1 178.60	1 684.46	2 392.11	3 715.39	3 518.01	6 425.51
固定电话普及率	线/百人	32.40	30.00	27.20	23.20	21.70	20.60
移动电话普及率	部/百人	128.70	134.60	135.60	130.40	135.80	148.60
固定资产投资总额	亿元	20 194.07	23 554.76	26 664.72	29 571.00	31 125.99	
财政收支							
财政总收入	亿元	6 908.41	7 521.70	8 549.47	9 225.07	10 301.16	11 705.82
其中：地方财政收入		3 796.92	4 122.02	4 809.94	5 301.98	5 804.38	6 598.08
财政支出	亿元	4 730.47	5 159.57	6 645.98	6 974.25	7 530.32	8 627.51
贸易							
社会消费品零售总额	亿元	15 970.84	17 835.34	19 784.74	21 970.79	24 308.48	25 007.90
出口总额	亿美元	2 487.46	2 733.29	2 763.32	2 678.64	2 868.91	3 211.55

注:(1) 本表2016年起生产总值相关指标包含R&D的数据。(2) 固定资产投资口径范围为计划总投资500万元及以上的投资项目和全部房地产开发投资。(3) 2013年起交通运输指标按新口径统计。(4) 邮政业务总量和电信业务总量2011年起按2010年不变价计算,电信业务总量2017年起按2015年不变价格计算

表46　国民经济主要指标(二)

指　标	单　位	2013年	2014年	2015年	2016年	2017年	2018年
价格指数							
居民消费价格指数(1985年=100)	%	479.2	489.0	495.9	505.6	516.3	528.0
城乡居民收入							
城镇居民人均可支配收入	元	37 080	40 393	43 714	47 237	51 261	55 574
农村居民人均可支配收入	元	17 494	19 373	21 125	22 866	24 956	27 302
教育和文化							
高等学校在校学生数	万人	101.7	103.9	105.5	106.3	107.7	110.2
普通中学在校学生数	万人	232.2	229.0	225.3	226.9	233.2	238.4
小学在校学生数	万人	349.6	354.5	357.0	355.0	354.0	360.6
成人高等学历教育在校生数	万人	27.7	28.5	27.5	24.1	22.0	22.8
报纸出版数量	万份	346 280	337 367	283 634	261 658	230 830	211 181
杂志出版数量	万份	8149	7765	7719	7 690	7 534	7366
图书出版数量	万份	38 491	36 971	36 663	39 894	39 919	41810
卫生							
卫生机构数	个	30 060	30 360	31 139	31 548	31 981	32 755
其中:医院	个	843	935	1 049	1131	1 204	1 288
卫生技术人员	万人	35.24	37.55	40.55	43.24	46.05	48.62
其中:医生	万人	13.83	14.57	15.81	16.82	17.95	19.08
床位数	万张	23.01	24.58	27.25	29.04	31.40	33.21
其中:医院	万张	19.71	21.35	23.94	25.53	27.76	29.37

注:从2013年起,国家统计局开展城乡一体化住户收支与生活状况调查,与2013年前的分城镇和农村住户调查的调查范围、调查方法、指标口径有所不同(以后各表同)。农村居民人均可支配收入2013年前为农村居民人均纯收入

表47　总户数、总人口及人口自然增长率

指　标	单　位	2013年	2014年	2015年	2016年	2017年	2018年
年末总户数	万户	1 622.44	1 630.49	1 642.42	1 652.99	1 672.00	1 694.80
年末总人口数	万人	4 826.89	4 859.18	4 873.34	4 910.85	4 957.63	4 999.84
按性别分							
男	万人	2 445.04	2 458.69	2 462.76	2 479.23	2 499.50	2 517.95
女	万人	2 381.86	2 400.49	2 410.58	2 431.62	2 458.13	2 481.89
年末常住人口	万人	5 498	5 508	5 539	5 590	5 657	5 737
人口出生率	‰	10.01	10.51	10.52	11.22	11.92	11.02
人口死亡率	‰	5.45	5.51	5.50	5.52	5.56	5.58

表48　就业人员数

单位：万人

指　标	2013年	2014年	2015年	2016年	2017年	2018年
就业人员总数	3 708.73	3 714.15	3 733.65	3 760.00	3 796.00	3 836.00
非私营单位在岗职工合计	1 020.58	1 051.02	1 027.53	1 003.06	993.49	960.08
国有单位	200.23	202.00	206.17	205.40	207.01	201.35
城镇集体单位	20.91	19.20	14.81	14.45	15.02	14.32
其他单位	799.44	829.83	806.55	783.21	771.46	744.41
私营、个体和乡村从业人员	2 658.66	2 640.01	2 660.21	2 714.26	2 738.69	2 781.47

表49　农、林、牧、渔业总产值

单位：亿元

指　标	2013年	2014年	2015年	2016年	2017年	2018年
农林牧渔业总产值	2 837.39	2 844.59	2 933.44	3 038.49	3 093.36	3 157.25
农业产值	1 336.79	1 385.96	1 434.71	1 455.29	1 494.49	1 517.96
种植业产值	1 336.79	1 385.96	1 434.71	1 455.29	1 494.49	1 517.96
谷物	197.13	204.90	202.83	156.75	160.11	167.41
豆类	19.55	20.16	20.70	15.98	16.15	16.43
油料	24.17	21.34	21.95	21.08	21.35	23.45
棉花	2.92	3.01	2.44	2.02	1.68	1.02
麻类	0.01	0.01	0.01	0.01	0.01	
林业产值	141.54	147.00	151.63	158.15	170.16	177.01
牧业产值	546.18	472.23	426.18	455.60	371.29	331.80
渔业产值	757.97	779.36	855.86	899.07	979.28	1 043.27
农林牧渔服务产值	54.91	60.04	65.06	70.39	78.14	87.21

注：2016年、2017年数据已与三农普数据衔接

表50　规模以上工业总产值

单位：亿元

指　标	2013年	2014年	2015年	2016年	2017年	2018年
工业总产值	62 980.3	67 039.8	66 819.0	68 953.4	66 328.0	69 775.4
按轻重工业分						
轻工业	24 720.3	26 039.8	26 442.1	26 915.7	25 062.4	24 747.9
重工业	38 260.0	41 000.0	40 376.8	42 037.7	41 265.6	45 027.5
按注册登记注册类型分						
国有企业	3 189.7	3 243.6	3 180.3	3 254.3	2 865.8	505.7
集体企业	52.3	55.8	35.8	33.7	26.6	24.8
股份合作企业	173.7	180.1	187.9	181.7	167.5	166.1
外商及港澳台商投资企业	15 612.8	15 993.6	14 978.4	15 032.2	14 898.4	14 257.1
私营企业	25 792.1	27 270.9	27 789.1	28 399.1	26 430.1	28 277.9
其他企业	18 159.0	20 295.2	20 647.5	22 052.3	21 939.6	26 543.7
在总计中：国有及国有控股企业	9 016.7	9 498.9	9 158.8	9 431.5	10 100.6	11 048.1
按规模分						
大型企业	16 734.0	16 021.6	15 815.6	16 544.2	15 868.0	18 097.1
中型企业	18 941.3	21 135.7	20 956.9	21 781.3	20 957.8	21 588.3
小型企业	25 863.6	28 049.8	28 344.1	28 812.1	27 891.3	28 737.9
微型企业	1 441.5	1 832.8	1 702.4	1 815.8	1 611.0	1 352.0

表51　按行业分的规模以上工业企业总产值

行业	工业总产值(亿元)		
	2016年	2017年	2018年
总计	**68 953.4**	**66 328.0**	**69 775.4**
按工业行业分			
煤炭开采和洗选业	0.4	0.7	0.2
黑色金属矿采选业	7.6	5.8	2.8
有色金属矿采选业	17.6	10.3	7.8
非金属矿采选业	158.5	125.3	128.3
农副食品加工业	11 05.5	947.7	830.0
食品制造业	553.5	506.5	493.1
酒、饮料和精制茶制造业	480.2	430.7	420.8
烟草制品业	498.6	512.0	524.1
纺织业	6 030.7	48 75.0	4 319.7
纺织服装、服饰业	2 495.6	2 248.2	2 064.6
皮革、毛皮、羽毛及其制品和制鞋业	1 484.6	1 082.3	1 103.8
木材加工及木、竹、藤、棕、草制品业	498.1	431.8	439.1
家具制造业	1 031.9	1 001.5	972.7
造纸和纸制品业	1 352.3	1 497.9	1 607.8
印刷和记录媒介复制业	458.6	441.2	447.9
文教、工美、体育和娱乐用品制造业	1 529.0	1 242.6	1 228.4
石油、煤炭及其他燃料加工业	1 553.2	1 475.6	1 676.1
化学原料和化学制品制造业	5 381.7	5 524.0	6 154.8
医药制造业	1 395.1	1 343.1	1 505.5
化学纤维制造业	2 466.9	2 231.5	2 558.2
橡胶和塑料制品业	2 794.5	2 545.7	2 534.5
非金属矿物制品业	1 908.2	2 008.9	2 654.4
黑色金属冶炼和压延加工业	2 202.2	1 750.5	1 944.6
有色金属冶炼和压延加工业	2 406.0	2 289.6	2 398.8
金属制品业	2 483.9	2 648.3	2 772.8
通用设备制造业	4 379.9	4 496.5	4 685.4
专用设备制造业	1 701.8	1 688.8	1 897.3
汽车制造业	4 588.3	5 006.2	5 230.8
铁路、船舶、航空航天和其他运输设备制造业	1 463.9	815.9	679.5
电气机械和器材制造业	6 725.9	6 526.2	6 710.6
计算机、通信和其他电子设备制造业	3 291.9	3 695.3	4 387.7
仪器仪表制造业	813.7	825.6	901.5
其他制造业	307.9	262.9	217.4
废弃资源综合利用业	260.3	267.6	234.6
金属制品、机械和设备修理业	91.8	83.2	53.3
电力、热力生产和供应业	4 446.2	4 882.9	5 191.0
燃气生产和供应业	408.6	402.5	593.1
水的生产和供应业	178.7	197.5	202.1

表52　规模以上工业企业主要指标

指标	2014年	2015年	2016年	2017年	2018年
企业单位数(家)	40 841	41 167	40 128	39 933	41 541
亏损企业单位数(家)	4 747	5 360	4 456	4 559	5 560
工业总产值(当年价)(亿元)	67 039.78	66 818.95	68 953.40	66 328.04	69 775.41
出口交货值(亿元)	11 927.07	11 440.24	11 540.13	10 934.64	11 834.95
平均用工人数(万人)	722.78	705.17	690.30	670.51	669.45
资产总计(亿元)	64 078.22	66 626.71	69 468.91	71 263.09	77 623.44
流动资产合计(亿元)	36 136.44	36 808.14	38 196.89	39 320.70	42 685.40
固定资产净额(亿元)	17 801.63	18 480.92	18 993.74	18 337.58	18 653.92
固定资产原值(亿元)	27 197.27	29 154.42	30 886.89	31 522.26	34 118.42
固定资产净值(亿元)	16 254.31	17 041.79	17 670.88	17 643.89	18 895.93
负债合计(亿元)	37 663.38	38 086.78	38 304.18	39 123.28	43 093.24
流动负债合计(亿元)	32 182.52	32 484.81	32 847.10	33 707.22	36 813.75
非流动负债合计(亿元)	4 354.05	4 555.31	4 797.57	4 848.15	5 992.95
所有者权益(亿元)	26 199.51	28 430.76	30 863.45	32 080.14	34 530.11
实收资本(亿元)	12 080.43	13 569.82	16 395.05	15 624.27	16 424.16
营业收入(亿元)	64 371.53	63 214.41	65 453.88	65 760.08	72 342.96
营业成本(亿元)	54 934.41	53 346.93	54 833.47	54 851.25	60 548.84
营业税金及附加(亿元)	720.20	819.44	856.44	922.24	934.37
利润总额(亿元)	3 729.13	3 839.99	4 469.42	4 605.41	4 649.59
本年应交增值税(亿元)	1 844.10	1 893.70	2 007.19	2 097.42	2 111.07
利税总额(亿元)	6 303.09	6 575.72	7 343.63	7 637.42	7 695.04

表53　规模以上国有及国有控股工业企业主要指标

指标	2015年	2016年	2017年	2018年
企业单位数(家)	750	763	806	815
亏损企业单位数(家)	162	137	141	139
工业总产值(当年价)(亿元)	9 159	9 432	10 101	11 048
出口交货值(亿元)	291	295	323	442
平均用工人数(万人)	31.4	30.9	30	30
资产总计(亿元)	10 618	11 383	11 672	13 102
流动资产合计(亿元)	3 425	3 881	4 186	4 832
固定资产净额(亿元)	5 522	5 882	5 597	5 938
固定资产原值(亿元)	9 225	9 987	10 557	11 616
固定资产净值(亿元)	5 173	5 470	5 465	5 986
负债合计(亿元)	6 024	6 339	6 417	7 355
流动负债合计(亿元)	3 714	3 987	4 122	4 619
非流动负债合计(亿元)	2 174	2 298	2 231	2 719
所有者权益(亿元)	4 595	5 050	5 263	5 747
实收资本(亿元)	2 696	3 632	2 905	3 022
营业收入(亿元)	9 328	9 771	10 916	11 737
营业成本(亿元)	7 680	7 922	8 944	9 713
营业税金及附加(亿元)	542	541	569	567
利润总额(亿元)	598	773	844	818
本年应交增值税(亿元)	380	418	446	411
利税总额(亿元)	1 520	1 732	1 858	1 797

表54　交通运输和邮电

指标	单位	2013年	2014年	2015年	2016年	2017年	2018年
客运量合计	**万人**	**136 790**	**131 486**	**113 315**	**107 377**	**107 293**	**101 516**
铁路	万人	10 579	12 821	14 806	17 766	19 870	21 630
公路	万人	121 185	112 915	92 304	83 033	80 099	72 013
水运	万人	3 111	3 581	3 841	3 950	4 284	4 497
民用航空	万人	1 915	2 169	2 364	2 628	3 040	3 375
旅客周转量合计	亿人千米	1 025.10	1 056.99	1 092.53	1 074.99	1 096.04	1 103.66
铁路	亿人千米	437.02	493.37	541.93	604.03	658.17	694.56
公路	亿人千米	582.99	558.06	544.76	465.12	431.56	402.80
水运	亿人千米	5.09	5.56	5.84	5.84	6.31	6.30
货运量合计	万吨	187 915	194918	200 711	215 018	241 993	268 530
铁路	万吨	4 037	3548	3 332	3 332	3513	3 728
公路	万吨	107 186	117070	122 547	133 999	151 920	166 533
水运	万吨	76 662	74267	74 797	77 646	86 513	98 219
民用航空	万吨	30	33	35	40	47	49
货物周转量合计	亿吨千米	8 949.57	9 548.09	9 868.98	9 788.76	10 105.81	11 537.91
铁路	亿吨千米	270.44	223.02	212.42	211.39	215.39	221.30
公路	亿吨千米	1 322.13	1 419.43	1 513.92	1 626.78	1 821.21	1 964.10
水运	亿吨千米	7 357.00	7 905.64	8 142.64	7 950.58	8 069.22	9 352.50
邮电业务总量	亿元	1 178.60	1 684.46	2 392.11	3 715.39	3 518.01	6 425.51
函件	万件	65 746	59 209	45 208	33 786	30 471	26 194
订销报刊累计份数	万份	183 014	175 418	174 641	140 344	136 453	112 101
快递业务量	万件	141 953	245 745	383 146	598 770	793 231	1011 051
城市电话年末户数	万户	1 051.89	1 128.54	1 124.41	1 036.11	978.11	934.08
农村电话年末户数	万户	729.46	513.37	375.35	251.12	232.96	219.41
交通运输线路长度							
铁路营业里程	千米	2 031	2 310	2 527	2 540	2 587	2 777
公路通车里程	千米	115 426	116 367	118 015	119 053	120 101	120 662
内河通航里程	千米	9 747	9769	9 769	9 769	9 766	9 766
民用航空航线	条	334	389	392	481	586	572
沿海港口货物吞吐量合计	万吨	100 591	108 177	109 930	114 202	125 744	133 534
宁波—舟山港	万吨	80 978	87 346	88 929	92 209	100 933	108 439
温州港	万吨	7 379	7 901	8 490	8 406	8 926	8 239
台州港	万吨	5 628	6 049	6 237	6 771	7 057	7 167
嘉兴港	万吨	6 605	6 880	6 273	6 817	8 829	9 689
内河港口货物吞吐量合计	万吨	37 459	30 894	28 206	26 664	33 088	35 676
其中							
杭州港	万吨	9 382	10 084	9 372	7 279	10 714	11 812
湖州港	万吨	15 312	8 487	8 052	8 664	10 540	10 486
嘉兴港	万吨	11 107	10 110	8 586	8 423	9 432	10 696

注:(1) 邮电业务总量2011年起按2010年不变价计算。邮政业务总量和电信业务总量2011年起按2010年不变价计算,电信业务总量2017年起按2015年不变价格计算。(2) 2013年起公路、水路按新的口径统计

表55 房地产开发投资主要指标

单位:亿元

指 标	2013年	2014年	2015年	2016年	2017年	2018年
房地产开发投资额(亿元)	6 216.25	7 262.38	7 111.93	7 469.37	8 226.78	9 944.93
按构成分						
建筑工程	3 036.79	3 499.23	3 449.34	3 572.40	3 679.05	3 327.23
安装工程	352.91	435.84	473.19	593.41	506.75	314.91
设备工器具购置	64.71	67.99	62.38	86.69	82.45	73.68
其他费用	2 761.84	3 259.31	3 127.01	3 216.87	3 958.53	6 229.12
按用途分						
住宅	4 089.22	4 594.17	4 450.73	4 806.64	5 645.98	7 156.45
办公楼	377.43	487.62	513.31	480.98	439.65	382.66
商业营业用房	717.54	949.34	1 021.09	984.91	942.08	788.19
新增固定资产	2 047.76	3 101.61	3 162.39	4 039.16	3 891.39	2 937.19

表56 社会消费品零售总额

单位:亿元

指 标	2013年	2014年	2015年	2016年	2017年	2018年
社会消费品零售总额	15 970.84	17 835.34	19 784.74	21 970.79	24 308.48	25 007.90
按地区分						
城镇	13 399.10	14 933.13	16 522.56	18 280.62	20 168.11	20 684.28
乡村	2 571.73	2 902.20	3 262.18	3 690.17	4 140.37	4 323.61

表57 进出口总值

单位:亿元

指 标	出 口				进 口			
	2015年	2016年	2017年	2018年	2015年	2016年	2017年	2018年
总值	**17 170.18**	**17 666.48**	**19 439.76**	**21 174.50**	**4 391.99**	**4 535.60**	**6 165.55**	**7 337.06**
机电产品	7 231.75	7 490.48	8 404.39	9 207.65	822.57	853.53	1 066.67	1 275.13
总值中								
国有企业	1 081.11	964.18	1 052.77	1 142.63	480.74	571.27	922.43	1 203.37
三资企业	3 513.38	3 321.97	3 435.36	3 507.13	1 704.94	1 642.89	2 045.68	2 226.17
集体企业	513.92	496.41	511.63	532.53	203.96	193.71	255.12	324.49
私营企业	12 020.74	12 846.90	14 403.80	15 954.24	2 000.97	2 126.35	2 929.03	3 574.79
其他企业	41.03	37.02	36.19	37.98	1.39	1.38	13.29	8.25
总值中								
工业制成品	16 651.53	17 155.00	18 866.80	20 505.97	2 907.07	2 888.34	3 872.17	4 664.26
初级产品	518.65	511.48	572.96	668.54	1 484.92	1 647.26	2 293.38	2 672.80

表58　按行业分的外商直接投资

指标	项目(个)		合同外资(万美元)		实际利用外资(万美元)	
	2017年	2018年	2017年	2018年	2017年	2018年
总计	**3 030**	**3 529**	**3 468 697**	**4 305 661**	**1 790 210**	**1 863 874**
合资企业	806	1 035	952 003	837 180	400 045	412 847
独资企业	2 201	2 473	2 345 016	3 368 143	1 302 941	1 331 149
第一产业	23	14	74 577	6 608	8 114	2 212
第二产业	569	575	1 005 653	1 221 338	614 032	661 864
制造业	518	541	891 171	1 113 959	546 417	596 719
纺织业	31	16	45 029	16 144	23 718	14 207
化学原料及化学制品制造业	23	26	111 491	141 710	65 747	80 779
医药制造业	14	20	12 904	48 223	17 172	16 488
通用设备制造业	67	93	64 991	212 960	42 612	51 328
专用设备制造业	54	77	140 679	103 469	24 599	55 297
计算机、通信和其他电子设备制造业	38	42	108 939	113 593	68 152	63 917
电力、热力、燃气及水生产和供应业	29	14	60 664	58 859	28 453	19 252
建筑业	22	22	53 818	48 327	38 660	46 199
第三产业	2 438	2 940	2 388 467	3 077 715	1 168 064	1 199 798
交通运输、仓储和邮政业	32	41	128 014	130 119	62 314	47 205
信息传输、计算机服务和软件业	300	304	424 363	485 581	210 635	201 710
批发和零售业	1 343	1 522	388 567	332 419	233 898	213 526
住宿和餐饮业	46	61	26 419	67 895	6 506	12 186
金融业	109	181	195 264	464 260	57 752	116 935
房地产业	38	54	93 027	509 724	182 244	277 950
租赁和商务服务业	230	395	656 018	622 322	182 822	176 974
科学研究、技术服务和地质勘查业	277	292	395 283	319 855	209 918	140 181
水利、环境和公共设施管理业	6	4	48 352	14 751	8 433	2 339
居民服务和其他服务业	19	15	18 563	93 840	5 273	2 085
教育	10	18	14	12 509	616	111
卫生和社会工作	4	1	4 247	13 192	3 695	3 379
文化、体育和娱乐业	24	47	10 336	9761	3 958	2 387

表59　国际旅游发展情况

指标	2013年	2014年	2015年	2016年	2017年	2018年
入境旅游者人数(万人)	866.28	931.03	1 012.04	1 120.30	1 211.73	456.76
外国人(万人)	576.57	614.45	672.26	731.62	801.50	323.41
港澳台同胞(万人)	289.71	316.58	157.07	388.68	410.24	133.35
旅游创汇收入(万美元)	539 293	575 348	678 847	743 063	827 600	259 579

表60　2018年价格总指数

年份	居民消费价格指数			商品零售价格指数
	全省	城市	农村	
1978=100		820.8		537.6
1980=100		735.1		487.6
1985=100	528.0	577.7	481.3	395.9
1990=100	311.7	333.5	291.6	233.4
1991=100	301.0	315.8	287.4	226.6
1992=100	280.0	289.2	274.2	212.6
1993=100	233.8	238.3	233.6	182.1
1994=100	187.3	191.1	187.0	149.7
1995=100	160.6	163.3	160.7	131.9
1996=100	148.9	148.5	150.2	124.7
1997=100	145.2	142.7	147.1	124.3
1998=100	145.5	142.0	148.4	126.4
1999=100	147.1	142.7	150.4	129.2
2000=100	145.8	141.4	148.9	130.6
2001=100	146.1	142.0	148.9	133.3
2002=100	147.3	143.8	149.7	134.8
2003=100	144.6	142.9	145.8	135.3
2004=100	139.1	139.2	139.1	131.9
2005=100	137.3	137.1	137.5	130.7
2006=100	135.8	135.6	136.3	129.6
2007=100	130.3	130.4	130.5	124.8
2008=100	124.1	124.4	123.8	117.5
2009=100	126.0	126.2	126.2	118.9
2010=100	121.4	121.3	121.7	114.5
2011=100	115.2	115.3	115.3	108.5
2012=100	112.7	112.7	112.6	106.5
2013=100	110.1	110.3	110.0	105.5
2014=100	107.9	108.1	107.7	104.5
2015=100	106.4	106.5	106.1	104.6
2016=100	104.4	104.5	104.3	103.6
2017=100	102.3	102.3	102.2	102.1

表61　2018年城乡居民消费价格分类指数
（以上年为100）

项目	全省	城市	农村
居民消费价格总指数	102.3	102.3	102.2
服务价格指数	102.3	102.3	102.4
消费品价格指数	102.2	102.3	102.0
扣除食品和能源价格指数	101.9	101.9	101.9
食品烟酒	102.6	102.8	101.9
1.食品	102.6	102.8	102.0
（1）粮食	100.5	100.4	100.8
（2）薯类	105.5	105.2	106.3
（3）豆类	101.7	101.5	102.1
（4）食用油	99.3	99.4	99.1
（5）菜	107.2	107.2	107.3
#鲜菜	107.9	107.8	108.2
（6）畜肉类	98.3	98.5	98.0
#猪肉	96.3	96.3	96.4
（7）禽肉类	106.7	106.8	106.5
（8）水产品	103.8	103.8	103.6
（9）蛋类	109.6	109.6	109.5
（10）奶类	102.3	102.7	100.9
（11）干鲜瓜果类	103.8	104.3	101.8
#鲜瓜果	105.1	105.8	102.5
（12）糖果糕点类	101.2	101.1	101.4
（13）调味品	102.0	101.7	102.6
（14）其他食品类	100.5	100.3	101.4
2.茶及饮料	101.4	101.6	100.9
3.烟酒	101.2	101.3	101.0
（1）烟草	100.0	100.0	100.0
（2）酒类	103.7	104.0	103.1
4.在外餐饮	103.5	103.6	102.8
衣着	101.1	101.1	101.3
1.服装	101.9	102.0	101.9
2.服装材料	103.2	103.5	102.6
3.其他衣着及配件	100.0	99.5	101.9
4.衣着加工服务费	103.4	103.5	103.4
5.鞋类	98.0	97.7	99.1
居住	103.4	103.3	103.8
1.租赁房房租	103.9	103.9	104.1
2.住房保养维修及管理	103.4	102.9	105.1
3.水电燃料	102.2	102.1	102.7
4.自有住房	103.6	103.6	103.8
生活用品及服务	101.4	101.4	101.2
1.家具及室内装饰品	101.7	101.5	102.2
2.家用器具	99.5	99.4	99.7
3.家用纺织品	100.0	100.0	99.9
4.家庭日用杂品	102.0	102.2	101.7
5.个人护理用品	100.1	100.0	101.0
6.家庭服务	107.6	107.7	106.9
交通和通信	101.0	100.9	101.4
1.交通	103.3	103.2	103.7
2.通信	96.3	96.1	97.1
教育文化和娱乐	102.2	102.2	102.3
1.教育	103.0	103.0	102.8
2.文化娱乐	101.1	101.1	100.6
医疗保健	102.6	103.0	101.6
1.药品及医疗器具	105.3	105.9	102.8
2.医疗服务	101.0	101.0	101.0
其他用品和服务	100.2	100.0	101.2
1.其他用品类	99.2	98.9	100.5
2.其他服务类	100.9	100.7	101.7

表62 财政总收支

单位:亿元

指标	2013年	2014年	2015年	2016年	2017年	2018年
财政总收入	**6 908.41**	**7 521.70**	**8 549.47**	**9 225.07**	**10 301.16**	**11 705.82**
一般预算收入合计	3 796.92	4 122.02	4 809.94	5 301.98	5 804.38	6 598.08
一般预算支出合计	4 730.47	5 159.57	6 645.98	6 974.25	7 530.32	8 627.51
一般公共服务	538.88	527.74	584.45	660.26	765.03	875.33
公共安全	347.78	370.69	423.55	518.58	548.44	614.24
教育	950.07	1 030.99	1 264.93	1 300.03	1 430.15	1 572.47
科学技术	191.87	207.99	250.79	269.04	303.50	379.66
社会保障和就业	397.06	435.54	541.70	631.19	801.78	914.93
医疗卫生	350.73	433.80	485.50	542.44	584.17	626.20
环境保护	98.14	120.65	167.89	161.40	190.15	194.75
城乡社区事务	332.93	389.01	541.21	788.93	910.17	1 158.88

表63 金融机构人民币信贷收支表

单位:亿元

项目	2015年	2016年	2017年	2018年
资金来源合计	**91 188.06**	**104 902.66**	**111 929.83**	**124 550.35**
各项存款	87 393.30	96 438.16	104 000.60	113 727.51
境内存款	87 120.62	96 151.89	103 767.65	113 458.07
住户存款	34 218.62	38 077.05	40 192.49	45 812.16
活期存款	13 586.27	16 148.69	17 240.95	19 398.94
定期及其他存款	20 632.35	21 928.36	22 951.54	26 413.23
非金融企业存款	29 364.86	32 338.64	34 905.81	37 672.35
广义政府存款	15 125.75	17 463.25	20 825.82	23 255.07
非银行业金融机构存款	8 411.39	8 272.94	7 843.53	6 718.48
境外存款	272.68	286.27	232.95	269.44
金融债券	861.39	1 077.49	1 464.11	1 614.59
卖出回购资产	34.74	40.89	40.16	13.47
借款及非银行金融机构拆入	3.12	16.07	3.93	32.61
其他	2 895.49	7 330.05	6 421.03	5 752.23
资金运用合计	91 188.06	104 902.66	111 929.83	124 550.35
各项贷款	74 070.20	79 926.05	88 606.47	104 099.82
境内贷款	74 039.41	79 851.14	88 576.04	104 016.55
住户贷款	23 532.38	27 834.26	33 841.96	42 549.14
短期贷款	11 414.84	11 299.02	12 201.23	16 537.27
中长期贷款	12 117.54	16 535.24	21 640.72	26 011.87
非金融企业及机团体贷款	50 482.24	51 978.44	54 684.39	61 460.48
非银行业金融机构贷款	24.79	38.44	49.69	6.92
境外贷款	30.79	74.91	30.44	83.27
债券投资	5 748.95	6 787.12	7 435.93	9 022.81
股权及其他投资	7 343.85	10 270.78	10 303.79	8 921.48
买入返售资产	124.16	185.27	130.51	477.48
存放非银行业金融机构款项	13.63	32.90	41.47	19.92
联行往来(净)	2 298.78	5 782.61	3 488.14	0.00
外汇买卖	−132.48			0.00
应收及预付款	886.31	1 038.28	994.23	1 055.12
投资性房地产	4.65	7.72	9.59	10.75
固定资产	829.99	871.93	919.70	942.97

表64　分行业非私营单位就业人员平均工资

单位:元

行业	平均工资		国有单位		集体单位		其他单位	
	2017年	2018年	2017年	2018年	2017年	2018年	2017年	2018年
总计	**80 750**	**88 883**	**122 415**	**134 000**	**59 295**	**69 033**	**69 739**	**77 046**
农、林、牧、渔业	65 914	69 217	79 274	92 280	42 500	46 273	41 459	38 383
采矿业	57 590	72 427	37 949		38 875	46 220	60 336	72 947
制造业	65 173	73 055	123 985	88 091	55 653	48 683	64 927	73 049
电力、热力、燃气及水生产和供应业	127 722	135 779	161 519	176 385	81 794	87 968	109 142	126 486
建筑业	51 879	56 265	60 467	57 260	44 131	50 037	52 047	56 424
批发和零售业	77 636	87 315	142 701	163 303	48 286	50 845	75 599	85 153
交通运输、仓储和邮政业	87 811	94 562	107 708	111 269	39 289	59 471	83 305	90 924
住宿和餐饮业	47 339	51 433	62 452	68 619	43 667	49 592	46 257	50 415
信息传输、软件和信息技术服务业	165 532	190 839	111 632	164 175	73 431	80 060	167 638	192 636
金融业	132 411	142 951	153 349	144 979	101 868	105 833	131 262	143 053
房地产业	74 546	77 868	82 711	85 530	61 275	87 865	74 313	77 522
租赁和商务服务业	69 885	73 894	63 365	70 498	62 068	58 863	72 480	75 727
科学研究和技术服务业	120 521	142 811	126 672	147 391	116 343	120 330	117 202	140 776
水利、环境和公共设施管理业	66 032	73 390	69 970	79 148	45 598	42 555	61 457	68 664
居民服务、修理和其他服务业	63 285	68 146	102 545	104 143	61 550	57 914	51 758	58 235
教育	114 415	123 681	120 899	130 207	89 827	104 180	74 740	84 969
卫生和社会工作	131 742	143 804	136 798	149 635	112 863	126 801	87 770	98 395
文化、体育和娱乐业	109 932	114 343	117 972	127 923	81 952	52 232	92 098	91 983
公共管理、社会保障和社会组织	124 495	136 641	126 952	139 589	92 029	110 946	56 514	58 411

表65　城乡居民家庭基本情况

指标	全体居民			城镇常住居民			农村常住居民		
	2016年	2017年	2018年	2016年	2017年	2018年	2016年	2017年	2018年
期末常住成员情况									
常住人口(人/户)	2.92	2.96	2.89	2.88	2.93	2.87	3.00	3.03	2.93
常住就业人口(人/户)	1.71	1.73	1.65	1.61	1.63	1.55	1.91	1.92	1.84
常住人口就业面(%)	58.50	58.30	57.10	55.70	55.60	54.00	63.50	63.30	62.90
就业者负担人数(包括就业者本人)(人/户)	1.71	1.72	1.75	1.79	1.80	1.85	1.57	1.58	1.59
可支配收入(元)	38 529	42 046	45 840	47 237	51 261	55 574	22 866	24 956	27 302
工资性收入	22 207	24 137	26 242	26 656	28 818	31 148	14 204	15 457	16 898
经营净收入	6 589	7 123	7 752	7 126	7 669	8 316	5 622	6 112	6 677
财产净收入	4 337	4 742	5 244	6 381	6 911	7 586	662	718	784
转移净收入	5 396	6 043	6 602	7 074	7 863	8 524	2 378	2 669	2 943
居民生活消费支出(元)	25 527	27 079	29 471	30 068	31 924	34 598	17 359	18 093	19 707
食品烟酒	7 414	7 751	8 198	8 467	8 906	9 371	5 520	5 608	5 966
衣着	1 564	1 586	1 814	1 904	1 926	2 232	953	956	1 018
居住	6 133	6 993	7 721	7 385	8 413	9 154	3 882	4 358	4 993
生活用品及服务	1 224	1 346	1 652	1 421	1 617	1 967	870	842	1 053
交通通信	4 377	4 307	4 302	5 101	4 956	5 010	3 076	3 102	2 953
教育文化娱乐	2 794	2 845	3 031	3 452	3 521	3 684	1 611	1 591	1 788
医疗保健	1 507	1 696	2 059	1 692	1 872	2 287	1 173	1 370	1 627
其他用品及服务	513	556	693	645	713	893	274	265	310

表66 2018年浙江省各设区市国民经济主要指标

城市	年末常住人口（万人）	生产总值（亿元）	产业				人均生产总值（元）	全社会就业人员年末数（万人）	社会消费品零售总额（亿元）	进口总额（亿美元）	出口总额（亿美元）	财政总收入（亿元）	一般公共预算收入（亿元）	一般公共预算支出（亿元）	住户存款年末余额（亿元）	城镇居民人均可支配收入（元）	农村居民人均可支配收入（元）
			第一产业（亿元）	第二产业（亿元）	第三产业（亿元）	工业（亿元）											
杭州市	980.60	13 509.15	305.51	4 571.93	8 631.71	4 160.13	140 180	696.10	5 715.33	257.60	477.66	3 457.46	1 825.06	1 717.08	9 981.24	61 172	33 193
宁波市	820.20	10 745.46	305.96	5 507.53	4 931.97	4 953.67	132 603	540.62	4 154.93	459.37	841.68	2 655.28	1 379.69	1 594.10	6 561.26	60 134	33 633
温州市	925.00	6 006.16	141.75	2 379.53	3 484.88	1 921.18	65 055	575.81	3 337.11	31.28	197.24	895.26	547.58	874.14	6 620.92	56 097	27 478
嘉兴市	472.60	4 871.98	115.03	2 624.49	2 132.46	2 387.18	103 858	335.50	1 938.59	121.87	305.85	895.29	518.55	588.87	3 719.47	57 437	34 279
湖州市	302.70	2 719.07	127.69	1 273.63	1 317.75	1 152.53	90 304	191.50	1 297.24	17.36	116.83	490.71	287.10	397.54	2 121.37	54 393	31 767
绍兴市	503.50	5 416.90	196.12	2 611.80	2 608.98	2 234.22	107 853	346.60	2 007.61	29.42	310.52	811.85	501.34	556.65	4 082.87	59 049	33 097
金华市	560.40	4 100.23	135.86	1 745.47	2 218.90	1 502.85	73 428	353.50	2 253.00	16.66	554.97	661.74	392.62	574.00	4 600.89	54 883	26 218
衢州市	220.90	1 470.58	80.93	661.68	727.97	553.16	66 936	134.83	717.46	18.02	35.04	206.90	128.10	355.94	1 167.67	43 126	22 255
舟山市	117.30	1 316.70	142.63	428.37	745.70	303.59	112 490	75.10	536.85	107.46	64.18	218.35	146.02	308.49	831.42	56 622	33 812
台州市	613.90	4 874.67	264.28	2 182.60	2 427.79	1 895.25	79 541	407.79	2 366.88	31.19	232.93	745.19	431.18	653.75	4 580.29	55 705	27 631
丽水市	219.90	1 394.67	94.16	577.79	722.72	478.45	63 611	144.21	682.91	3.22	34.02	211.18	130.01	432.02	1 544.77	42 557	19 922

表67　2018年浙江省各县(市、区)国民经济主要指标

市县名称	土地面积(平方千米)	年末常住人口(万人)	生产总值(亿元)	产业				人均生产总值(元)	社会消费品零售总额(亿元)	财政总收入(亿元)	一般公共预算收入(亿元)	一般公共预算支出(亿元)	住户存款年末余额(亿元)	城镇居民人均可支配收入(元)	农村居民人均可支配收入(元)
				第一产业(亿元)	第二产业(亿元)	第三产业(亿元)	工业(亿元)								
杭州市区	8 292	857.00	12 506.08	212.35	4 143.05	8 150.68	3 797.67	148 784	5 310.88	3 319.87	1 746.63	1 557.33	9 293.64		
萧山区	1 418	150.10	2 106.37	65.58	979.73	1 061.06	919.32	124 859	738.21	474.23	270.32	267.40	1 712.05	65 465	37 770
余杭区	1 228	160.30	2 312.45	50.46	629.68	1 632.30	586.88	150 208	515.79	623.86	336.38	342.54	1 232.60	62 819	37 691
富阳区	1 821	74.20	764.61	45.29	332.90	386.42	310.32	103 256	270.47	123.18	72.70	73.00	493.82	55 985	32 448
临安区	3 119	59.30	539.63	42.91	238.58	258.15	211.93	91 154	199.63	88.48	53.17	74.22	339.74	53 052	30 795
建德市	2 314	44.60	367.90	33.65	165.50	168.75	141.03	82 581	139.37	50.46	28.27	47.71	261.49	49 026	26 302
桐庐县	1 830	43.20	391.99	23.53	195.56	172.90	173.58	91 054	167.94	52.76	30.67	44.87	257.95	50 073	29 222
淳安县	4 417	35.80	243.19	35.99	67.82	139.38	47.85	68 407	97.14	34.37	19.50	67.18	168.16	43 611	19 316
宁波市区	3 730	433.70	6 768.07	92.82	3 270.95	3 404.30	2 919.52	158 558	2 617.27	1 982.80	996.42	1 138.09	3 758.16		
鄞州区	814	134.20	1 820.11	25.14	622.60	1 172.38	523.48	135 380	874.99	435.91	252.99	212.51	1 718.96	64 888	36 589
奉化区	1 268	51.50	602.36	30.01	355.21	217.14	324.66	117 419	175.79	78.61	49.47	71.88	332.06	52 801	30 584
余姚市	1 501	114.20	1 105.08	44.08	642.43	418.57	595.21	98 800	471.78	169.37	100.63	115.37	884.42	57 250	33 792
慈溪市	1 361	150.90	1 737.03	52.24	1 052.59	632.20	990.67	115 379	625.78	331.77	180.00	188.56	1 287.26	59 264	34 927
象山县	1 382	52.90	531.65	73.42	225.59	232.64	168.04	100 786	211.87	71.28	41.00	68.66	284.64	54 706	30 882
宁海县	1 843	68.50	603.64	43.40	315.97	244.27	280.24	88 316	228.23	100.07	61.63	83.43	319.64	56 186	31 069
温州市区	1 332	301.11	2 392.27	16.60	968.57	1 407.11	728.73	79 549	1 549.96	395.72	233.67	296.03	3 006.03		
洞头区	254	10.35	101.15	5.66	36.62	58.87	17.79	98 685	33.72	16.15	10.81	32.72	45.78	45 407	27 130
瑞安市	1 350	143.12	948.02	23.64	385.37	539.01	326.79	66 295	452.68	117.72	71.09	109.13	1 034.31	59 507	30 455
乐清市	1 391	142.35	1 078.52	20.00	456.62	601.90	418.02	76 016	461.42	160.31	94.30	115.93	940.14	59 063	32 158
永嘉县	2 677	82.94	414.47	14.61	177.40	222.45	126.20	49 798	186.13	56.30	35.07	81.53	449.93	45 293	22 190
平阳县	1 042	80.27	460.17	16.92	179.25	263.99	137.55	57 611	204.77	58.90	39.56	71.59	389.23	47 021	22 730
苍南县	1 253	125.22	560.59	33.02	201.23	326.34	157.85	44 975	385.63	81.24	56.86	105.37	452.65	47 051	22 166
文成县	1 296	24.42	97.47	8.88	23.56	65.03	9.89	40 014	46.23	11.33	8.26	47.27	213.72	38 687	17 352
泰顺县	1 768	25.57	98.97	8.08	26.03	64.86	9.66	38 767	50.29	13.75	8.76	47.30	134.91	37 143	17 018

续表

市县名称	土地面积（平方千米）	年末常住人口（万人）	生产总值（亿元）	产业				人均生产总值（元）	社会消费品零售总额（亿元）	财政总收入（亿元）	一般公共预算收入（亿元）	一般公共预算支出（亿元）	住户存款年末余额（亿元）	城镇居民人均可支配收入（元）	农村居民人均可支配收入（元）
				第一产业（亿元）	第二产业（亿元）	第三产业（亿元）	工业（亿元）								
嘉兴市区	987	128.87	1 246.42	24.66	586.97	634.79	528.19	97 720	525.95	287.65	166.16	209.34	1 061.81	52 036	33 001
平湖市	554	69.59	693.92	11.91	417.23	264.78	398.30	100 227	216.54	135.70	81.88	86.75	422.46	58 397	34 443
海宁市	863	85.85	948.73	17.63	538.02	393.09	470.51	111 478	439.43	153.08	89.00	83.15	741.71	60 600	35 440
桐乡市	727	84.81	893.51	21.76	466.94	404.81	416.52	105 910	392.74	129.43	72.40	73.29	715.47	56 707	34 886
嘉善县	507	58.69	582.60	22.40	320.50	239.70	292.93	100 163	216.48	105.53	61.60	75.16	446.77	58 654	34 788
海盐县	585	44.79	503.27	16.67	293.85	192.75	279.74	112 639	147.45	83.90	47.52	61.18	331.26	59 172	34 853
湖州市区	1 565	135.38	1 189.81	45.53	527.45	616.83	464.04	88 371	659.48	207.19	121.66	184.46	1 084.52		
德清县	938	51.38	517.00	22.39	267.55	227.06	247.41	101 186	183.92	100.76	59.15	67.20	361.99	54 863	32 723
长兴县	1 431	66.89	609.78	33.39	300.41	275.97	274.03	91 558	282.41	102.68	59.37	71.58	380.15	54 985	32 114
安吉县	1 886	49.05	404.32	26.38	178.30	199.65	164.96	82 907	171.43	80.08	46.92	74.30	294.71	52 617	30 541
绍兴市区	2 965	276.60	3 204.51	93.32	1 518.68	1 592.52	1 283.20	116 180	1 155.03	533.69	326.60	346.63	2 491.38		
柯桥区	1 066	98.62	1 404.55	35.12	708.87	660.56	609.68	142 879	305.49	198.58	126.36	112.89	954.58	63 768	37 345
上虞区	1 406	79.71	916.52	46.58	471.77	398.17	400.15	115 218	342.24	141.25	82.65	86.42	652.35	60 042	32 423
诸暨市	2 311	118.70	1 225.25	45.18	605.90	574.17	506.68	103 446	350.99	137.80	87.37	92.21	862.04	62 623	36 053
嵊州市	1 789	69.38	560.65	36.62	272.16	251.87	245.30	80 965	315.23	69.32	45.49	61.01	466.66	56 360	29 459
新昌县	1 214	38.81	421.09	21.00	200.08	200.01	183.69	108 704	186.36	71.04	41.88	56.79	262.79	55 725	28 185
金华市区	2 049	115.49	769.20	31.17	270.46	467.58	223.80	66 864	674.18	166.09	93.58	139.65	816.44		
金东区	658	36.45	201.47	12.95	94.74	93.78	74.59	55 502	202.89	33.50	20.39	29.12	0.00	45 465	25 257
兰溪市	1 312	56.71	375.13	22.87	196.94	155.32	184.22	66 207	145.37	45.30	26.60	47.56	280.73	41 263	19 906
东阳市	1 747	84.39	585.00	16.79	276.48	291.73	213.52	69 527	280.18	112.41	65.75	92.52	693.13	52 688	29 544
义乌市	1 105	131.04	1 248.11	21.05	409.53	817.53	348.34	95 795	668.77	153.45	95.20	107.01	1528.26	71 207	36 389
永康市	1 047	76.27	557.71	7.93	310.33	239.44	286.92	73 373	238.37	93.94	56.36	74.87	679.95	54 581	28 342
武义县	1 568	36.16	246.58	14.57	127.57	104.44	114.01	68 268	90.73	43.89	25.98	42.13	247.99	39 252	17 899
浦江县	918	42.25	221.88	9.92	110.56	101.40	99.69	52 691	114.57	29.74	19.14	38.57	258.78	44 743	21 471
磐安县	1 195	18.09	96.62	11.57	43.60	41.45	32.35	53 588	40.82	16.93	10.01	31.70	95.61	38 621	17 809

续表

市县名称	土地面积（平方千米）	年末常住人口（万人）	生产总值（亿元）	产业				人均生产总值（元）	社会消费品零售总额（亿元）	财政总收入（亿元）	一般公共预算收入（亿元）	一般公共预算支出（亿元）	住户存款年末余额（亿元）	城镇居民人均可支配收入（元）	农村居民人均可支配收入（元）
				第一产业（亿元）	第二产业（亿元）	第三产业（亿元）	工业（亿元）								
衢州市区	2 354	84.05	659.47	27.07	311.48	320.92	271.62	78 851	269.12	118.22	70.89	141.36	452.22	43 698	20 961
江山市	2 019	48.37	300.47	20.85	140.25	139.37	122.01	62 383	137.19	29.57	19.21	56.03	296.19	45 464	24 082
常山县	1 097	25.49	140.42	7.91	59.99	72.51	48.21	55 523	69.91	17.09	10.98	47.05	121.22	36 423	20 184
开化县	2 231	25.50	131.99	13.09	43.44	75.46	22.70	52 129	85.51	14.52	9.39	52.48	120.42	34 617	17 283
龙游县	1 143	37.48	241.98	12.01	107.40	122.57	88.73	64 909	155.73	27.50	17.63	59.02	177.61	44 246	22 636
舟山市区	1 036	89.01	986.38	67.24	333.23	585.92	240.59	111 123	416.97	176.10	114.67	226.18	668.44		
岱山县	326	21.21	215.49	43.17	81.66	90.66	58.05	101 719	81.97	32.27	24.15	54.17	119.57	50 192	33 860
嵊泗县	97	7.08	114.35	32.22	16.43	65.69	6.80	161 052	37.92	9.98	7.20	28.14	43.42	50 617	32 601
台州市区	1 680	197.60	1 808.20	51.26	811.82	945.13	724.72	91 717	935.10	306.33	175.12	231.77	1 917.53	61 779	29 626
温岭市	1 074	136.90	1 091.07	75.11	454.79	561.17	373.96	79 698	633.34	130.70	77.29	107.81	988.77	57 793	30 743
临海市	2 251	105.40	670.92	44.58	310.31	316.03	268.68	63 746	265.79	114.46	64.07	94.69	612.44	51 520	27 418
玉环市	510	62.80	580.77	34.37	314.51	231.89	297.32	92 553	199.71	92.38	53.34	69.98	406.16	66 027	32 453
三门县	1 105	35.00	229.38	30.71	86.32	112.35	64.31	65 537	102.26	30.22	18.63	43.82	168.33	44 933	24 313
天台县	1 432	40.50	254.51	13.54	104.55	136.42	88.06	63 233	127.32	36.36	21.90	51.14	249.92	45 265	22 468
仙居县	2 000	35.70	230.11	14.72	98.04	117.35	80.05	64 729	103.37	34.73	20.84	54.55	237.14	40 506	20 970
丽水市区	1 493	48.10	359.11	19.05	127.71	212.35	102.39	74 713	208.60	80.17	50.41	98.48	388.40	45 624	25 701
龙泉市	3 044	24.02	133.53	14.54	47.61	71.37	34.82	55 800	61.13	14.16	9.10	48.37	122.03	44 399	21 249
青田县	2 477	35.87	239.15	8.74	117.28	113.14	104.19	67 064	112.30	30.16	19.11	53.54	466.21	43 874	22 825
云和县	990	11.50	73.21	4.86	35.92	32.44	33.53	63 746	31.97	9.49	5.89	25.02	60.51	40 177	18 573
庆元县	1 897	13.96	72.26	6.55	28.45	37.26	20.97	51 910	39.05	8.33	5.05	32.98	72.59	36 949	17 157
缙云县	1 494	37.20	237.05	10.64	117.05	109.36	102.84	64 034	90.23	24.68	15.34	52.15	185.09	41 555	19 571
遂昌县	2 540	19.15	116.53	11.06	43.33	62.14	35.37	60 849	57.76	17.25	10.10	41.15	98.78	44 108	18 811
松阳县	1 401	19.16	106.06	12.47	44.44	49.15	37.03	55 499	48.55	11.64	7.27	38.00	99.07	37 128	17 546
景宁自治县	1 939	10.94	59.34	6.24	17.52	35.58	8.97	54 394	33.33	15.30	7.74	42.33	52.08	36 778	18 170

说 明

一、本索引分为主题索引、图照索引和表格索引。

二、主题索引涵盖除"特载""特辑""大事记""年度综述""主要组织机构及其负责人名录""附录"外的正文部分;图照索引包括卷首和内文中的全部图照;表格索引包括内文和统计资料中的全部表格。

三、索引中文标目按汉语拼音顺序排列,同音字按笔画数从少到多排列。第一字相同,按第二字音序排列,依次类推。数字开头的标目按数字0~9顺序排列索引标目后的数字表示内容所在的页码。主题数字后的拉丁字母(a、b、c)分别表示版面的1、2、3栏。

四、图照索引仅标注所在页码,不标注分栏。表格索引按序号排列,仅标注所在页码,不标注分栏。

五、不同条目采用相同主题词时,分别标注页码和版面,并括注供稿单位。

主题索引
Subject Index

0~9

A

B

C

D

E

F

G

H

J

K

L

M

N

O

P

Q

T

U

W

X

图照索引
Photo Index

0~9

B

C

D

F

G

H

J

L

M

N

O

Q

R

S

T

W

X

Y

Z

表格索引
Table Index

特　载

Special Issue

特　辑

Featured Articles

2018年浙江大事记

Chronicle of Major Events in 2018

省 情 概 览

General Situation of Zhejiang

人 物

Figures

政 治 建 设

Politics

经 济 建 设

Economy

文化建设

Culture

社会建设

Society

生 态 文 明 建 设

Ecology

市、县(市、区)概览

Brief Introduction of Cities, Counties and Districts

附 录

Appendix

统 计 资 料

Statistics

索 引

Index

中 英 文 目 录

Chinese-English Contents

编 后 记

Afterword

编后记
Afterword

年鉴编纂是地方志工作的一个重要组成部分。2006年,国务院颁布的《地方志工作条例》规定:“地方志,包括地方志书、地方综合年鉴。”“地方综合年鉴,是指系统记述本行政区域自然、政治、经济、文化和社会等方面情况的年度资料性文献。”

《浙江年鉴》首版于1986年,此前一直由省委政策研究室负责编纂出版,总体质量较高,在全国年鉴界也有一定影响。2018年省级机构改革时,省委、省政府决定转由省地方志办公室负责编纂。接到任务后,从2019年年初起,省地方志办公室克服人员少、《浙江通志》编纂任务重等重重困难,举全办之力迅速调整力量、组建班子,开始进行《浙江年鉴2019》的编纂工作。特别后期又克服新冠肺炎疫情所带来的不利因素,确保如期完成编纂出版任务。

在编纂过程中,我们力求凸现浙江作为中国革命红船起航地、改革开放先行地和习近平新时代中国特色社会主义思想重要萌发地的时代主旋律和地域特色,力求全面、客观、系统地反映2018年全省各地、各行各业在政治、经济、文化、社会和生态文明等方面建设的突出成就。2018年恰逢中国改革开放40周年,又是习近平总书记亲自倡导和主持的“八八战略”在浙江实施15周年,因此《浙江年鉴2019》不仅要将2018年围绕这一主题的相关内容记录下来,更要将“八八战略”贯穿于整部年鉴,贯穿于编纂工作始末,力求使广大读者了解浙江一年来在“八八战略”引领下,通过建设“绿水青山”、实施“六个浙江”和开展“最多跑一次”改革等一系列工作举措所发生的重大变化,从而既为后世留下重要的历史印迹,又激励全省广大干部群众继续干在实处、走在前列、勇立潮头,同时也借以向全国和世界展示一年来浙江发展的辉煌历程。

《浙江年鉴2019》的编纂出版工作得到省委、省政府领导高度重视,得到全省各地和各有关部门、单位的大力支持。尤其是各供稿单位及全体编辑人员,都给予积极配合,并在规定时间内按程序较好地完成任务,这是该卷年鉴编纂出版工作得以如期完成的重要保证。在这一过程中,吴伟平、蔡晓春、来颖杰、吴伟斌、盛世豪、朱忠明、俞世裕、何显明、杨守卫等领导从各方面给予热情关心和精心指导。以下各位专家分别参与篇目论证、编纂指导和评审修改等各方面工作(按姓氏笔画排序):孙建军、刘成、杨金荣、张勤文、寿勤泽、吴潮海、林宏、林明达、周春锋、胡军、胡光、胡锡明、唐剑平、高曙明、黄婷伟、梅锦连、楼胆群等等。省地方志办公室举全办之力,除主编、副主编和编辑部等人员外,章其祥、颜越虎、周祝伟、张勤、袁新国、徐鹏等同志和各处室,也都从不同方面积极参与支持这项工作。红旗出版社总编辑徐澜、责任编辑赵洁等同志为该卷年鉴编校和出版工作付出巨大努力。对此我们一并表示衷心感谢!

由于省地方志办公室首次承担综合年鉴编纂任务,还存在经验不足、时间紧促等多种困难,书中难免还有一些不足之处,恳请各方人士给予批评指正。我们将在认真听取各方面意见基础上,扎实做好《浙江年鉴2020》编纂工作,力争为使浙江努力打造成为新时代全面展示中国特色社会主义制度优越性的重要窗口不断做出新贡献。

浙江年鉴编辑部

2020年3月